OSTLER — WEIDNER

ABZAHLUNGSGESETZ

Sammlung Guttentag

Abzahlungsgesetz

Sechste, neubearbeitete Auflage

von

Dr. Fritz Ostler
Rechtsanwalt in München

Jochen Weidner
Regierungsrat in München

1971
WALTER DE GRUYTER
BERLIN · NEW YORK

ISBN 3 11 1727 X

Satz u. Druck: Max Schönherr, Berlin 65

VORWORT ZUR 6. AUFLAGE

Seit dem Erscheinen der 5. Auflage war schon wiederholt die Frage der Neuauflage ernstlich erwogen worden. Sie wurde immer wieder nicht in Angriff genommen, weil Verfasser und Verlag an die Verwirklichung der immer wieder im Gespräch befindlichen wesentlichen Reform des Abzahlungsgesetzes glaubten, insbesondere als 1964 sowohl die Fraktionen der CDU/CSU und FDP einerseits wie die der SPD andererseits Entwürfe einer völligen Erneuerung des Gesetzes im Bundestag eingebracht hatten. Als schließlich nunmehr die Teilreform durch Gesetz vom 1. 9. 1969 erfolgt war, wurde beschlossen mit der Bearbeitung der Neuauflage nicht mehr länger zu warten. Sie konnte auf Grund geleisteter Vorarbeiten und vor allem dadurch, daß nunmehr zwei Verfasser tätig sind, rasch abgeschlossen werden. Die Arbeiten wurden zum Abschluß gebracht, weil die zunächst als möglich erschienene weitere Gesetzesnovelle im besonderen für die sogenannten Haustürgeschäfte offenbar noch nicht vor der Verabschiedung steht.

Die Neuauflage bemühte sich, den „Großkommentar" nicht noch größer werden zu lassen. Das ist bei der Fülle von neuem Material natürlich nicht ganz gelungen und in dem ersichtlichen Maße nur gelungen, weil Anhang A und B zum früheren § 7 entfallen konnte. Andererseits haben wir dem „Großkommentar" insofern Tribut gezollt, als wir uns nicht, diesmal jedenfalls noch nicht, entschließen konnten, die Hinweise auf die ältere Literatur und deren volle Angabe zu streichen.

Wie in der Vorauflage ist für die Literaturangaben zum Zwecke ihrer Übersichtlichkeit diejenige Literatur, die nur Fragen zu bestimmten Gesetzesvorschriften behandelt, am Beginn der Kommentierung dieser Vorschriften gesondert zusammengestellt. Beibehalten und weitergeführt wurde aus der Vorauflage auch das Verzeichnis der Entscheidungen zum Abzahlungsgesetz seit 1946, in dem alle Fundstellen dieser Entscheidungen aufgeführt sind, während in der Kommentierung dann nur die wichtigste Fundstelle, etwa BGHZ, oder die mit der weitesten Vertreibung, etwa NJW, genannt wird. Beibehalten ist ferner im Interesse der Benützer des Buches der besondere Anhang über die steuerliche Behandlung der Abzahlungsgeschäfte. Dem Verlag gilt unser Dank für die weitere Betreuung und Ausstattung des Werks.

Auf Vorschlag des Verlags haben wir uns schweren Herzens entschlossen, im Gegensatz zur Vorauflage die Hervorhebungen innerhalb eines Absatztextes nur mehr in Kursivdruck erscheinen zu lassen, weil der zusätzliche teilweise Fettdruck eine weitere wesentliche Kostensteigerung bedeutet hätte. Durch die Gestaltung der Absätze hoffen wir, daß neben dem eingehenden Gesamtsachverzeichnis und neben der Inhaltsübersicht am Beginn der einzelnen Paragraphen das rasche Finden des Gesuchten dadurch nicht nennenswert beeinträchtigt wird.

Eine besondere Bitte gilt wieder den Benützern des Buches: Trotz aller Sorgfalt sind lästige Druckfehler nicht vermeidbar, die ein Zitat praktisch entwerten können. Wir wären dankbar, wenn uns entdeckte Fehler dieser Art oder auch anderer Art zur Kenntnis gebracht würden.

Die Bearbeitung schließt grundsätzlich mit dem Zeitschriftenstand vom Jahre 1969 ab, wenngleich gelegentlich noch zusätzliche Einarbeitungen erfolgt sind.

München, im Juni 1970

Dr. Fritz Ostler
Jochen Weidner

AUS DEM VORWORT DER 5. AUFLAGE

Um 1930 waren in rascher Folge vier Auflagen einer Kommentierung des Abzahlungsgesetzes durch Herrn Dr. Karl-August Crisolli erschienen, die vierte Auflage im Jahre 1931. Der „Crisolli" war damals die eingehendste und auch gründlichste Erläuterung des Abzahlungsgesetzes. Nach dem frühen Tode des Verfassers, der auch sonst literarisch stark hervorgetreten war, war das Werk nicht mehr aufgelegt worden.

Als der Verlag sich vor einiger Zeit an mich wegen einer Neuauflage des Buches wandte, war es deshalb ... nahegelegen, an den Crisolli anzuknüpfen. Freilich ist dabei ... im Ergebnis ein ganz anderes Werk entstanden.

In dem Bestreben, Literatur und Rechtsprechung der Zwischenzeit restlos und gründlich zu verarbeiten, ist leider eine Art „Großkommentar" zu einem Kleinstgesetz entstanden, ... obwohl ich mich bemüht habe, nicht notwendig in diesen Kommentar gehörige Fragen ... wegzulassen. ... Es ließ sich aber nicht vermeiden, das Recht des Rücktritts eingehend zu behandeln, das den Kern der drei ersten Paragraphen des Gesetzes bedeutet und gegenüber der BGB-Regelung eine Reihe von Abweichungen bringt.

München, im April 1958

Dr. Fritz Ostler

INHALT

SCHRIFTTUM

1. Kommentare und Textausgaben mit Anmerkungen

Aubele: Gesetz betreffend die AbzGeschäfte, 2. Aufl. 1951

Fuld: Das Reichsgesetz betreffend die AbzGeschäfte vom 16. 5. 1894

Hausmann: Das Gesetz betreffend die AbzGeschäfte vom 16. 5. 1894

Hoffmann-Wilke: Das Reichsgesetz betreffend die AbzGeschäfte vom 16. 5. 1894

Klauß: AbzGeschäfte, Gesetz betreffend die AbzGeschäfte vom 16. 5. 1894, 1950

Lechner: Das Gesetz betreffend die AbzGeschäfte vom 16. 5. 1894, 1932

Samter: Kommentar zum Reichsgesetz betreffend die Abzgeschäfte vom 16. 5. 1894, 1927

Schutte: AbzGeschäfte, Kommentar mit ausführlichen Formularen 1948

Schmitt: Reichsgesetz betreffend die AbzGeschäfte vom 16. 5. 1894, 1934

2. Sonstiges Schrifttum

Das Schrifttum, das lediglich Fragen zu einzelnen Paragraphen des Gesetzes behandelt, ist in der Schrifttumsübersicht am Beginn dieser Paragraphen ersichtlich.

Alberty: Ist das Gesetz betreffend die AbzGeschäfte vom 16. 5. 1894 abänderungsbedürftig? DGWR 1940, 27

Arndt: Stichwort „Abzahlungsgeschäft" im rechtsvergleichenden Handwörterbuch, herausgegeben von Schlegelberger

Arndt: Der Autoverkauf auf Kredit RdK 1927, 17

Bähr: Mißbräuchliche Geschäfte, Grenzboten 1890

Baumbach-Lauterbach Kurzkommentar zur ZPO, 29. Aufl.

Benke: Kurzübersicht über das Wesen des AbzGeschäftes BB 1948, 590

Bergmann: Rechtswirksamkeit von Ansparverträgen NJW 1953, 450

Berlack-Felix: Das Teilzahlungsgeschäft, herausgegeben im Einvernehmen mit dem Reichsverband des kreditgebenden Einzelhandel eV. 1928

Bley: Tatsachen über Kredit und Kreditmißbrauch, Heft 2 der Schriftenreihe des Arbeitskreises für Absatzfragen 1954

Beuck: Wechsel im Teilzahlungsgeschäft 1953

Boldt: Das AbzGeschäft und seine privatrechtliche Regelung nach dem Reichsgesetz vom 16. 5. 1894, Halle/Saale 1908

van der Borght: Zur Reform der AbzGeschäfte, Archiv für soziale Gesetzgebung und Statistik 1891

von Brockdorf: Die Rechtsgültigkeit der üblichen Finanzierungsverträge im Automobilhandel, Eger 1928, 29 ff.

Bruniecki: Fragwürdige AbzGeschäfte, DR 1939, 843f.

Cohen: Die volkswirtschaftliche Bedeutung des AbzGeschäfts, Leipzig 1891

Cohen: Das AbzGeschäft im Ausland in Schmöllers Jahrbuch 1891

Cohen: Über Abzahlungssystem beim Maschinenhandel in Schmollers Jahrbuch XV, 609ff.

Crisolli: Artikel „Verbotsgesetz" im HdR Bd. VI, 357

Crisolli: Das AbzG im Lichte der neuen Rechtsanschauung JW 1934, 3043

Delorme: Zur Rechtswirksamkeit von Ansparverträgen, Zeitschrift für das gesamte Kreditwesen 1953, 248

Düringer-Hachenburg: Handelsgesetzbuch, 3. Aufl. 1932

Eitzen: Das Gesetz betreffend die AbzGeschäfte vom 16. 5. 1894 unter der Geltung des Bürgerlichen Gesetzbuches, Heidelberger Diss. 1909

Enneccerus-Lehmann-Wolff: Lehrbuch des Bürgerlichen Rechts, 1. Band allgemeiner Teil, bearbeitet von Nipperdey, 15. Auflage 1959, 2. Band Schuldverhältnisse, bearbeitet von Lehmann 1958

Erman: Handkommentar zum BGB, 4. Auflage mit Kommentierung des AbzG, bearbeitet von Weitnauer-Klingsporn 1967

Ewald: Das geltende AbzG und seine Reform, Heft 6 der Schriftenreihe des Arbeitskreises für Absatzfragen 1956

Ewald: „Neues Teilzahlungsrecht" Arbeitskreis für Absatzfragen, Heft 7, Köln 1959

Fischbach: Die Anwendung des AbzG auf Kaufverträge über Kraftfahrzeuge, RdK 35, 95

Fuld: Streitfragen aus dem Gesetz über die AbzGeschäfte, Gruch 1954, 564ff.

Gareis: Das Reichsgesetz betreffend die AbzGeschäfte 1894 (Separatdruck aus BlfRA 59, 308)

George: Das Gesetz betreffend die AbzGeschäfte vom 16. 5. 1894 unter der Herrschaft des BGB, Diss. Borna-Leipzig 1906

Geßner: Das AbzGeschäft 1898

Giffhorn: Teilzahlungsgeschäfte und Finanzierungsbank MDR 1954, 258

Gillmann: Auf Abzahlung 1926

Gröber: Zur gesetzlichen Regelung der AbzGeschäfte, Soziale Kultur 1905

Groß: Kauf und Verkauf auf Borg durch einen zum Barabschluß Bevollmächtigten und Verwandtes, Leipziger Diss. 1909

Handbuch: der Teilzahlungswirtschaft, Hrsg. Wirtschaftsverband Teilzahlungsbanken e. V., Frankfurt a. M. 1959

Heilbrun: Die besondere privatrechtliche Regelung der Abz-Geschäfte nach dem geltenden deutschen Reichsrecht, Leipziger Diss. 1903

Hein: AbzG und Kredithäuser 1910

Hoehne: Die gesetzliche Regelung der Raten- und AbzGeschäfte 1891

Hörter: Der finanzierte Abzahlungskauf, Sammlung Gehlen 10, Verlag Gehlen, 1969

Immisch: Die Dänen gaben sich liberale und soziale Teilzgesetze, TW 1958, 58

Jastrow: Das Deutsche Reichsgesetz über die AbzGeschäfte, Archiv für soziale Gesetzgebung und Statistik 1894 (Gutachten zum Deutschen Juristentag 1892)

Joniak: Moderner Wucher 1909

Klauß: Gefahren des AbzGeschäfts, IHK Ludwigshafen 1949, 234

Klauß: Klage und Vollstreckung bei AbzGeschäften NJW 1950, 765

Klauß: Das AbzG, Neue Wirtschaftsbriefe, Band 19, 169

Klauß: Aktuelle Probleme des Abzahlungsrechts JZ 1955, 70

Klauß: Die alten Sorgen TW 1957, 153

Klauß: Das AbzG in Rechtsprechung und Schrifttum des Jahres 1957/58 TW 1960, 49

Klauß: Das AbzG in Rechtsprechung und Schrifttum des Jahres 1959 TW 1960, 18

Koch: Das AbzGeschäft in Handel und Industrie und seine Finanzierung 1931

Kohlemann: Das AbzGeschäft, Zeitschrift für das gesamte Kreditwesen 1950, 489

Krauss: Die Ausplünderung der Werktätigen Westdeutschlands mit Hilfe des AbzGeschäftes, Neue Justiz 1956, 271ff.

Langenbeck: Gläubigernot — Rechtsnot — Anwaltsnot, Berliner Anwaltsblatt 1928, 5—19

Larenz: Schuldrecht, Allgemeiner und Besonderer Teil, 3. Auflage.

Lazarus: Das Recht des AbzGeschäfts 1898

Lehmann: Sicherung von Kundenkrediten, Heft 26 der Schriftenreihe der juristischen Studiengesellschaft Karlsruhe 1956

Lex: Zur Finanzierung und Versicherung von AbzGeschäften
Zur Sicherung des Verkäufers bei AbzGeschäften
Mahnung und Klage des Abzahlungsverkäufers
AbzVerträge mit Minderjährigen
Zur Rechtsgültigkeit von AbzVerträgen mit Ansparklausel
Zum Mietkauf von Kraftfahrzeugen
in RWPBl. Gruppe 2 D, Abzahlungsgeschäfte

Lichtenthal: Ratenzahlungssystem, Berlin 1891

Lichtenthal: Der eigene Rechtsanwalt im AbzWesen 1905

Lichtenthal: Das Kredithaus 1912

Liebich: Zur Rechtsfindung in AbzSachen DR 1939, 610

Lieske: Das AbzGeschäft und seine zivilrechtliche Regelung, Leipziger Diss. 1906

Lipschitz: Zur Neuordnung des Abzahlungsrechtes DRiZ 1954, 236

Lipschitz: Schutz gegen Auswüchse der Werbung in Ratenzahlungs- und anderen Kreditgeschäften, insbesondere hinsichtlich des Prozeßrechts DB 1963, 855

Loewenstein: Abzahlungsgeschäfte 1891

Lutz: Der Konsumentenkredit, Heft 1 der Schriftenreihe des Arbeitskreises für Absatzfragen 1954

Marschall v. Bieberstein: Das Abzahlungsgesetz und seine Finanzierung Berlin 1959

Marwitz: Über den Möbelleihvertrag, Gruch XXXV., 214ff.

Mertens: Zur Gerichtspraxis in AbzGeschäften, Recht 1906, 1433

Michaelis: Artikel AbzGeschäft im HdR Bd. 1, 45ff.

Müllereisert: Keine Überspannung des Gläubigerrechts beim AbzGeschäft! HansRGZ 36 A 161

Nöll von der Nahmer: Wie ist unter volkswirtschaftlichen Gesichtspunkten der Teilzahlungskredit zu beurteilen? Heft 4 der Schriftenreihe des Wirtschaftsverbandes Teilzahlungsbanken e. V. 1954

Oertmann: Kommentar zum Recht der Schuldverhältnisse, 5. Aufl.

Oser: Kampf gegen das AbzGeschäft, Schweizerische Juristenzeitung 1905/06 und Gutachten in der Zeitschrift für Schweizerisches Recht 1905

Ostler: Zur Reform des AbzG JR 1957, 96

Ostler: Wieder etwas Neues zum alten AbzG? JR 1957, 252

Palandt: Bürgerliches Gesetzbuch, 28. Aufl. mit Kommentierung des AbzG, bearbeitet von Putzo

Planck: Kommentar zum Bürgerlichen Gesetzbuch, 4. Aufl.

Priggert: Der belgische Industrieverband zum neuen belgischen AbzG v. 9. 7. 1958 TW 1958, 57

Rautmann: Rechtsnatur und Durchführung der Teilzahlungsfinanzierung, Erlanger Diss. 1929; fast identisch mit „Der AbzVerkehr. Seine Finanzierung und Sicherung" 1930

RGR-Komm. z. BGB: Kommentar von Reichsgerichtsräten und Bundesrichtern zum BGB, 11. Aufl.

RGR-Komm. z. HGB: Kommentar zum Handelsgesetzbuch, früher herausgegeben von Mitgliedern des Reichsgerichts, 2. Aufl.

Rohling: Neuregelung des Rechts der AbzGeschäfte, DRiZ 1934, 340

Roos: Recht und Praxis des AbzGeschäftes, Verlag für wirtschaftlichrechtliche Informationsblätter Berlin 1948

Röpke: Borgkauf im Lichte sozialethischer Kritik, Heft 3 der Schriftenreihe des Arbeitskreises für Absatzfragen 1954

Röpke: Vorgegessen Brot, Heft 5 der Schriftenreihe des Arbeitskreises für Absatzfragen 1955

Rosenberg-Schwab: Zivilprozeßrecht, 10. Aufl. 1969

Rosenberg: Die Beweislast, 3. Aufl.1953

Rühl: Eigentumsvorbehalt und AbzGeschäft einschließlich des Rechts der Teilzahlungsfinanzierung 1930

Rühl: Besprechung von OHG Wien 40 b 63/30 in JW 1930, 3815

Rumpf: Die Rechtsstellung des Elektrizitätsunternehmens im Konkurse des Abnehmers JW 1930, 1349

Schantz: Zur Frage des Anwartschaftsrechts des AbzKäufers und seiner vertraglichen Bewertung JW 1931, 507

Schantz: Verlängerter Eigentumsvorbehalt, wie lange noch? Ein kritischer Beitrag zum Recht der Geschäftsbedingungen, Frankfurt/Main 1937

Schlegelberger: Kommentar zum Handelsgesetzbuch 4. Aufl. 1960, Erläuterung von Geßler, Hefermehl, Hildebrandt und Schröder

Schmidt: Das Reichsgesetz betreffend die AbzGeschäfte vom 16. 5. 1894 und seine sozialpolitische Bedeutung, Leipziger Diss. 1918

Scholz: Das Recht der Kreditsicherung, 3. Aufl. 1965

Schreiber: Moderne wirtschaftliche Frage, 1906

Seeger: Generaleigentumsvorbehalt beim AbzGeschäft, KGBl. 1915, 15

Seelig: AbzGeschäfte mit Eigentumsvorbehalt 1919

Seidel: Teilzahlungskredit und Geldschöpfung, Heft 4 der Schriftenreihe des Arbeitskreises für Absatzfragen 1954

Singer: Die Bedeutung des Abzahlungsgesetzes vom 16. Mai 1894 für die Regelung von Abzahlungsgeschäften in allgemeinen Geschäftsbedingungen, Diss. 1968 Münster

Soergel: Kommentar zum Bürgerlichen Gesetzbuch, 9./10. Aufl.

Staudinger: Kommentar zum Bürgerlichen Gesetzbuch, 9./11. Aufl., insbesondere Staudinger-Coing, Allgemeiner Teil; Staudinger-Ostler, Kauf

Stehle: Die Mißstände im Teilzahlungsgeschäft, vom Gericht aus gesehen, TW 1957, 3ff.

Stein-Jonas-Schönke: Kommentar zur Zivilprozeßordnung, 18./19. Aufl.

Strohbach: Einige Bemerkungen zum Teilzahlungsgeschäft, Neue Justiz 1957, 73ff.

Stulz: Der Eigentumsvorbehalt im in- und ausländischen Recht, Veröffentlichungen des Reichsverbandes der Deutschen Industrie 1930 Nr. 51

Veith: AbzGeschäfte RWPBl. 2 D

Vogelmann: Rechtsfragen der Teilzahlungsfinanzierung, Diss. 1966 Tübingen

Voigt: Das Reichsgesetz betreffend die AbzGeschäfte vom 16. 5. 1894 in seinen wichtigsten Streitfragen, Leipziger Diss. 1908

Volkmar: AbzGeschäft im Kriege, KGBl. 1919, 46

Vollrath: Das AbzGeschäft, insbesondere das Rücktrittsrecht des Verkäufers beim AbzGeschäft nach dem Reichsgesetz betreffend die AbzGeschäfte vom 16. 5. 1894, Marburger Diss. 1913

Waldin: Die Geschäftssysteme der Teilzahlungsbanken, Zeitschrift für das gesamte Kreditwesen 1955, 618

Weber: Rechtsgrundlagen und Revision der Teilzahlung? Zeitschrift für das gesamte Kreditwesen 1954, 808

Weidner: Die Vertragsurkunde bei Abzahlungsgeschäften NJW 70, 1779

Weidner: Der Gerichtsstand bei Abzahlungsgeschäften NJW 70, 1870

Weiß: Die Teilzahlungsbanken, Europäische Wirtschaft in Einzeldarstellungen

Werneburg: Zum Autofinanzierungsgeschäft RdK 1939, 269

Wilke: Wie ist den Mißständen, welche sich bei den Abz-Geschäften herausgestellt haben, entgegenzuwirken? Gutachten zum 21. Deutschen Juristentag, Band 2, 117

Wohlrabe: Werbungsauswüchse in der Teilzahlung, Zeitschrift für das gesamte Kreditwesen 1955, 618

Zimmermann: Über Teilzahlungskredite in der DDR, TW 66, 50

Zimmermann: Teilzahlungskredite in der DDR, TW 67, 12

LITERATUR ZUM RECHT DER ALLGEMEINEN GESCHÄFTSBEDINGUNGEN

Buschmann: Barzahlungsrabatt und erlaubte Zusagen als Geschäftsbedingungen DB 61, 731.

Clauss: Zur Auslegung unklarer Allgemeiner Geschäftsbedingungen NJW 54, 905.

Clauss: Zur Systematik der Allgemeinen Geschäftsbedingungen MDR 59, 165

Dilcher: Typenfreiheit und inhaltliche Gestaltungsfreiheit bei Verträgen NJW 60, 1040.

Fischer R.: Die allgemeinen Geschäfts- und Lieferungsbedingungen BB 57, 481.

Kleiner: Die allgemeinen Geschäftsbedingungen der Banken, Giro- und Kontokorrentvertrag, 2. Aufl. der 1960 unter dem Titel „Girovertrag" erschienenen Arbeit.

Kliege: Rechtsprobleme der Allgemeinen Geschäftsbedingungen in wirtschaftswissenschaftlicher Analyse unter besonderer Berücksichtigung der Freizeichnungsklauseln, 1966 (Göttinger rechtswissenschaftl. Studien Bd 61).

Krause: Allgemeine Geschäftsbedingungen und das Prinzip des sozialen Rechtsstaats BB 55, 265.

Kulich: Allgemeine Geschäftsbedingungen für den Verkauf neuer und gebrauchter Kraftfahrzeuge DB 67, 456.

Lintz: Richterliche Kontrolle allgemeiner Geschäftsbedingungen WM 65, 30.

Lüpke: Zur Ausgestaltung allgemeiner Geschäftsbedingungen, insbes. für den Handel mit gebrauchten Kraftfahrzeugen BB 57, 169.

Lukes: § 315 BGB als Ausgangspunkt für die Inhaltskontrolle Allgemeiner Geschäftsbedingungen NJW 63, 1897.

Lukes/Isele: Grundprobleme der Allgemeinen Geschäftsbedingungen JUS 61, 301.

Lukes: Gedanken zur Begrenzung des Inhalts Allgemeiner Geschäftsbedingungen, Festschrift für A. Hueck, 1959 S. 459 ff.

Meyer-Ladewig: Typische Darlehensbedingungen der Teilzahlungsbanken und ihre Rechtswirksamkeit BB 63, 170.

Meeske: Die „Unterwerfung" unter Allgemeine Geschäftsbedingungen BB 59, 857.

Naendrup: Die Teilnichtigkeit im Recht der Allgemeinen Geschäftsbedingungen, Heft 36 der Schriften zum Deutschen und Europäischen Zivil-, Handels- und Prozeßrecht, 1966.

Singer: Die Bedeutung des AbzG v. 16. 5. 1894 für die Regelung von AbzGeschäften in allgemeinen Geschäftsbedingungen, Diss. 1968 Münster.

Schmidt-Salzer: Das Recht der allgemeinen Geschäfts- und Versicherungsbedingungen, 1967.

Schmidt-Salzer: Allgemeine Geschäftsbedingungen, Formularkontrakte und unter wirtschaftlichem Druck geschlossene Verträge NJW 67, 373.

Schmidt-Salzer: Die sog. Unterwerfung unter Allgemeine Geschäftsbedingungen BB 67, 129.

Schmidt-Salzer: Formularmäßige Haftungsfreizeichnungen und Anspruchspauschalierungen NJW 69, 289.

Schmidt-Salzer: Formularmäßige Gewährleistungsregelungen NJW 69, 718.

Scholz: „Faire Formularverträge" — Eine Ergänzung TW 60, 805.

Schoreit: Zwingendes Recht gegen allgemeine Geschäftsbedingungen MDR 64, 206.

Schreiber: Die rechtliche Beurteilung allgemeiner Geschäftsbedingungen NJW 67, 1441.

Seydel: Bindung von Geschäftsbedingungen, inbes. von Teilzahlungsbedingungen DB 55, 841.

Veith: Aus der Praxis der Allgemeinen Geschäftsbedingungen DB 64, 907.

Weber: Die Allgemeinen Geschäftsbedingungen, 1967 (Sonderausgabe aus J. von Staudingers Kommentar zum BGB, 11. Aufl. Band II, Recht der Schuldverhältnisse, Teil 1a).

Weber: Zum Recht der Allgemeinen Geschäftsbedingungen NJW 68, 1.

Weber: Die höchstrichterliche Rechtsprechung zum Recht der Allgemeinen Geschäftsbedingungen WM 68, 22. Sonderbeil. 2, S. 1—32.

ABKÜRZUNGEN

Die stets vorkommenden Abküzungen sind bekannt. Im übrigen kann auf *Kirchner*, Abkürzungsverzeichnis der Rechtssprache, Verlag W. de Gruyter & Co., 1968, 2. Auflage, verwiesen werden. Zur vereinfachten Benützung des Buches werden nur folgende Abkürzungen erläutert:

AcP	Archiv für zivilistische Praxis
BayJMBl.	Bayerisches Justizministerialblatt, herausgegeben vom Bayer. Staatsministerium der Justiz
BayNotZ	Zeitschrift für das Notariat und die freiwillige Rechtspflege in Bayern
BB	Der Betriebsberater
DB	Der Betrieb
BlfJPR	Blätter für internationales Privatrecht
Büro	Das Büro
DGVZ	Deutsche Gerichtsvollzieher-Zeitung
EV	Eigentumsvorbehalt
Gruch.	Beiträge zur Erläuterung des Deutschen Rechts, begründet von Gruchot
HEZ	Höchstrichterl. Entscheidungen in Zivilsachen
HdTw.	Handbuch der Teilzahlungswirtschaft, Hrsg. Wirtschaftsverband Teilzahlungsbanken e. V., Frankfurt a. M. 1959
IHK	Industrie- und Handelskammer
KGBl.	Blätter für Rechtspflege im Bezirk des Kammergerichts
OGHZ	Entscheidungen des Obersten Gerichtshofes für die britische Zone in Zivilsachen
RdK	Das Recht des Kraftfahrers

RWPBl.	Rechts- und Wirtschaftspraxis, lose Blattausgabe, Verlag Forkel
Seuff.	Seufferts Archiv für Entscheidungen der Obersten Gerichte in den deutschen Staaten
TW	Teilzahlungswirtschaft
VersWi.	Versicherungswirtschaft, Halbmonatsschrift für die deutsche Individualversicherung
WM	Wertpapiermitteilungen
ZfK	Zeitschrift für das gesamte Kreditwesen
ZHR	Zeitschrift für das gesamte Handelsrecht

Gericht	Datum	AbzG §§	BGHZ	LM
BGH	9. 10. 51	6	3, 257	(1) § 6 AbzG*
BGH	27. 3. 52	6	—	(2) § 6 AbzG u. (1) § 5 AbzG
BGH	16. 4. 52	2, 5, 6	5, 373	(3) § 6 AbzG* u. (1) § 2 AbzG
BGH	11. 11. 53	6	—	(4) § 6 AbzG*
BGH	2. 2. 54	5	—	(2) § 5 AbzG
BGH	10. 11. 54	5	15, 171	(3) § 5 AbzG*
BGH	24. 11. 54	1, 5	15, 241	(4) § 5 AbzG*
BGH	3. 2. 55	1, 5, 8	—	(6) § 5 AbzG
BGH	7. 12. 55	1,2,5,6	—	(7) § 5 AbzG u. (5) § 6 AbzG*
BGH	22. 12. 55	1,2,5,6	19, 330	(2) § 2 AbzG*
BGH	22. 12. 55	1,2,5,6	19, 326	(5) § 5 AbzG
BGH	8. 2. 56	6	20, 36	(13) § 123 BGB
BGH	29. 10. 56	6	22, 90	—
BGH	30. 10. 56	5	22, 123	(8) § 5 AbzG*
BGH	19. 3. 59	1, 2	—	(1) § 1 AbzG
BGH	11. 5. 59	2	—	—
BGH	9. 7. 59	2	—	(4) § 2 AbzG
BGH	20. 11. 59	5	—	—
BGH	23. 5. 60	6	—	—
BGH	26. 8. 60	5	—	—
BGH . . . . VII ZR 115, 59	17. 11. 60	6	33, 302	§ 276 (Cc) BGB Nr. 15
BGH . . . . VII ZR 56, 59	17. 11. 60	6	33, 293	(14) § 276 (Cc) BGB
BGH	24. 1. 61	5	34, 191	(11) § 455 BGB
BGH	19. 4. 61	5	—	(9) § 5 AbzG
BGH	5. 4. 62	6	37, 95	(6) § 476 BGB
BGH	26. 9. 62	6	—	(30) § 123 BGB

Abzahlungsgesetz seit 1945 mit ihren Fundstellen (* = mit Bespr.)

NJW	MDR	JZ	JR	BB	Sonstige
52, 141	—	52, 33	—	52, 70*	DRspr. I (130) 1001 a
—	52, B55	—	—	—	Betrieb 52, 412; Spark. 53, 61*
52, 874	52, 422	52, 420*	—	52, 417	Betrieb 52, 447; VRS Bd. 4, 350
54, 185	54, B19	—	—	53, 1030	Betrieb 53, 1053; VRS Bd. 6, 7
54, 1001	54, 408	—	—	54, 395	Betrieb 54, 432; RWP-Blattei Gruppe 2 D-Blatt Rechtspr. 5
55, 64	55, B22	55, 85	—	54, 1081	Zk 55, 561; Betrieb 54, 1065
55, 139	55, B22	55, 83	—	55, 7	Betrieb 55, 18; VRS Bd. 8, 20
55, 638	—	—	—	—	—
56, 420	56, 597*	—	—	56, 94	Spark. 56, 92*
56, 418	56, B37	—	—	56, 94	—
56, 338	—	56, 248	—	56, 94	Betrieb 56, 85
56, 705	56, 660	—	—	—	Spark. 56, 173*; Betrieb 56, 279
57, 17	—	—	—	56, 1121	—
57, 20	—	57, 89	57, 262	56, 1084	—
59, 1084	59, 462	59, 423	59, 423	59, 468	DB 59, 483 WM 59, 532
—	—	—	—	—	DB 59, 705
59, 2014	59, 822	—	—	59, 829	WM 59, 1038
60, 205	—	—	—	—	—
—	—	—	—	60, 842	—
60, 2200	—	—	—	—	—
61, 164	61, 47	61, 171	—	60, 1305	WM 60, 1351 Rpfl. 61, 1418 DB 60, 1418
61, 166	61, 137	61, 171	—	60, 1365	WM 60, 1381
61, 1011	61, 497	61, 571	—	61, 429	—
—	—	—	—	61, 552	WM 61, 597 DB 61, 702
62, 1100	62, 560	63, 546	—	62, 534	WM 62, 574 DB 62, 670
62, 2195	63, 45	—	—	62, 1821	—

Gericht	Datum	AbzG §§	BGHZ	LM
BGH	11. 10. 62	5	—	—
BGH	22. 10. 62	6	—	§ 652 BGB Nr. 10
BGH	6. 2. 63	5	39, 97	(10) § 5 AbzG
BGH	14. 3. 63	6	—	(7) § 61 VVG
BGH	20. 3. 63	5	39, 173	(20) Art 7 ff EGBGB (Dt. int. Priv.R.)
BGH	8. 7. 63	6	—	—
BGH	30. 9. 63	6	—	§ 607 BGB Nr. 9
BGH	25. 11. 63	6	40, 297	(5) § 3 AVB f. Kraft. Vers.
BGH	16. 12. 64	5	—	§ 5 AbzG Nr. 11a
BGH	25. 2. 65	6	43, 258	(4) Art. 17 WG
BGH	8. 4. 65	6	—	§ 607 BGB Nr. 11
BGH	13. 10. 65	5	—	—
BGH . . . . VIII ZR 300, 63	8. 11. 65	1, 2	44, 237	—
BGH	8. 11. 65	2	—	—
BGH	5. 1. 66	6	—	—
BGH	7. 2. 66	5	45, 111	(13) § 5 AbzG
BGH	16. 9. 66	2, 5	—	—
BGH . . . . III ZR 243, 64	20. 2. 67	6, 2	47, 241	(7) § 2 AbzG
BGH . . . . III ZR 260, 65	20. 2. 67	6	47, 253	(12) § 6 AbzG
BGH . . . . III ZR 122, 65	20. 2. 67	6	47, 218	(8) § 6 AbzG

Abzahlungsgesetz seit 1945 mit ihren Fundstellen (* = mit Bespr.)

NJW	MDR	JZ	JR	BB	Sonstige
—	—	—	—	—	WM 62, 1263 DB 62, 1535
—	63, 128	—	—	62, 1352	WM 62, 1318
63, 763	63, 406	—	—	63, 329	WM 63, 281 Rpfl. 63, 238 DB 63, 371
63, 1052	63, 477	—	—	63, 498	—
63, 1200	63, 588	—	—	—	WM 63, 506
—	—	—	—	63, 1076	TW 64, 187
64, 36	64, 47	—	—	63, 1354	WM 63, 1276
64, 654	64, 324	—	—	64, 102	—
—	65, 480	—	—	65, 140	WM 65, 123 DB 65, 249
65, 1125	65, 457	65, 322	—	65, 475	DB 65, 625 TW 66, 86
—	65, 557	—	—	65, 564	WM 65, 496 DB 65, 887
65, 2399	66, 47	65, 768	—	65, 1247	WM 65, 1112 DB 65, 1661
66, 446	66, 321	66, 187	—	66, 10	WM 65, 1240 DB 65, 1902
—	—	—	—	—	WM 66, 321
—	—	—	—	66, 140	WM 66, 113
66, 972	66, 498	—	—	66, 307	DB 66, 297 WM 66, 319 DB 66, 417
—	—	—	—	—	WM 66, 1174 DB 66, 1844
67, 1030	67, 567	—	—	67, 519	WM 67, 458 DB 67, 812
67, 1036	67, 566	—	—	67, 517	WM 67, 467 DB 67, 810
67, 1025	67, 569	—	—	67, 517	WM 67, 446 DB 67, 809

Gericht	Datum	AbzG §§	BGHZ	LM
BGH . . . . III ZR 128, 65	20. 2. 67	6	47, 233	(10) § 6 AbzG
BGH . . . . III ZR 134, 65	20. 2. 67	6	47, 208	(7) § 6 AbzG
BGH . . . . III ZR 20, 66	20. 2. 67	6, 2	47, 246	(8) § 2 AbzG
BGH . . . . III ZR 40, 66	20. 2. 67	6	47, 224	(9) § 6 AbzG
BGH . . . . III ZR 51, 66	20. 2. 67	6	47, 248	(11) § 6 AbzG
BGH	14. 6. 67	2	—	(9) § 2 AbzG
BGH	12. 7. 67	2	48, 249	(10) § 2 AbzG
BGH	18. 11. 68	2	—	—
BGH	13. 3. 69	1	—	—
BGH	1. 10. 69	1, 2, 5	—	—
BGH	18. 12. 69	6	—	—
Bundesfinanzhof . .	22. 7. 54		—	—
Kammergericht . .	12. 10. 57	1, 3	—	—
Kammergericht . .	27. 1. 69	1	—	—
OLG Braunschweig	4. 1. 51	6	—	—
OLG Braunschweig	5. 12. 56	5, 6	—	—
OLG Braunschweig	11. 8. 64	6	—	—
OLG Braunschweig	10. 8. 65	6	—	—
OLG Bremen . . .	2. 10. 51	6	—	—
OLG Celle	21. 6. 52	5	—	—
OLG Celle	29. 11. 57	6	—	—
OLG Celle	8. 1. 60	5	—	—
OLG Celle	8. 11. 62	2	—	—
OLG Celle	7. 6. 68	5	—	—
OLG Celle	28. 11. 68	6	—	—
OLG Düsseldorf . .	24. 7. 52	—	—	—
OLG Düsseldorf . .	27. 7. 55	1	—	—
OLG Düsseldorf . .	29. 6. 61	2	—	—
OLG Düsseldorf . .	24. 10. 63	6	—	—

NJW	MDR	JZ	JR	BB	Sonstige
67, 1028	67, 568	—	—	67, 519	WM 67, 455 DB 67, 811
67, 1022	67, 569	—	—	67, 517	WM 67, 448 DB 67, 945
67, 1033	67, 567	—	—	67, 519	WM 67, 461 DB 67, 947
67, 1026	67, 570	—	—	67, 518	WM 67, 451 DB 67, 947
67, 1035	67, 568	—	—	67, 520	WM 67, 464 DB 67, 946
67, 1807	67, 837	—	—	67, 812	WM 67, 695
67, 1808	67, 919	67, 676	—	67, 936	WM 67, 865
69, 691	69, 289	—	—	—	DB 69, 344
69, 1021	—	—	—	—	—
—	—	—	—	70, 13	—
70, 701	—	—	—	70, 417	—
—	—	—	—	54, 924*	BStBl. 54 III S. 278
58, 27	—	—	—	—	DRspr. I (130) 51a; JMBl NRW 58, 126
69, 1255	—	—	—	69, 512	DB 69, 832
—	—	51, 677	—	—	—
—	—	57, 226	—	57, 910	DRspr. I (130) 51 c
—	—	—	—	65, 847	—
—	—	—	—	65, 1203	—
52, 347	—	—	—	—	DRspr. I (130) 25 d
—	52, 751	—	53, 107	52, 674	DNotZ 52, 534; Büro 53, 39; DRspr. I (130) 27e
58, 502	—	—	—	—	—
—	—	—	—	60, 1183	—
—	—	—	—	63, 67	—
—	—	—	—	68, 1308	—
—	—	—	—	69, 558	AGZ 69, 309
—	53, 303	—	53, 182	—	—
—	—	—	—	55, 941	—
—	62, 52	—	—	—	DB 61, 1351
—	64, 756	—	—	—	DB 63, 1761

Gericht	Datum	AbzG §§	BGHZ	LM
OLG Düsseldorf	17. 3. 66	1	—	—
OLG Frankfurt	4. 3. 54	1, 2, 5	—	—
OLG Frankfurt	15. 12. 54	1, 6	—	—
OLG Frankfurt	26. 11. 57	6	—	—
OLG Frankfurt	9. 7. 69	2		
OLG Hamburg	14. 12. 50	1	—	—
OLG Hamburg	4. 5. 54	1	—	—
OLG Hamburg	30. 8. 55	6	—	—
OLG Hamburg	17. 3. 59	6	—	—
OLG Hamburg	26. 6. 62	6	—	—
OLG Hamburg	16. 5. 63	3	—	—
OLG Hamburg	28. 11. 63	2	—	—
OLG Hamburg	6. 11. 64	6	—	—
OLG Hamburg	10. 12. 64	2	—	—
OLG Hamm	12. 12. 63	6	—	—
OLG Karlsruhe	15. 12. 54	6	—	—
OLG Karlsruhe	16. 9. 57	6	—	—
OLG Karlsruhe	8. 5. 64	1	—	—
OLG Karlsruhe	6. 8. 68	5	—	—
OLG Kiel	6. 2. 57	5	—	—
OLG Köln	26. 6. 50	1	—	—
OLG Köln	24. 5. 55	1	—	—
OLG Köln	16. 7. 59	6	—	—
OLG Köln	22. 9. 59	6	—	—
OLG Köln	11. 12. 59	6	—	—
OLG Köln	5. 7. 60	6	—	—
OLG Köln	10. 1. 61	6	—	—
OLG Köln	16. 1. 61	6	—	—
OLG Köln	8. 8. 61	6	—	—
OLG Köln	29. 11. 61	6	—	—
OLG Köln	13. 7. 62	6	—	—
OLG Köln	14. 12. 62	6	—	—
OLG Köln	28. 2. 63	6	—	—
OLG Köln	11. 6. 64	2	—	—
OLG Köln	22. 12. 65	1	—	—
OLG Köln	23. 9. 66	6	—	—
OLG Köln	8. 3. 68	6	—	—
OLG Köln	28. 6. 68	6	—	—

NJW	MDR	JZ	JR	BB	Sonstige
—	—	—	—	—	DB 67, 117
54, 1083	—	—	—	—	—
—	—	—	—	55, 6	DRspr. I (130) 39d
—	—	—	—	58, 680	—
69, 1967	—	—	—	—	—
—	—	—	—	—	Betrieb 51, 77
—	54, 686	—	—	—	—
—	56, 31	—	—	—	—
—	59, 757	—	—	—	—
—	63, 310	—	—	—	—
—	65, 383	—	—	—	TW 66, 88
—	64, 324	—	—	—	—
—	—	—	—	—	SchlHA 65, 236
—	65, 383	—	—	—	—
—	—	—	—	—	TW 64, 190
—	—	—	—	55, 6	—
—	58, 96	—	—	—	—
64, 1802	—	—	—	—	—
—	—	—	—	—	OLGZ 69, 316
—	—	—	—	57, 692	DRspr. I (128) 38c; DRspr. I (130) 54e; 154f.
—	—	—	—	50, 631	—
—	56, 31	—	—	—	—
—	—	—	—	59, 829	DB 59, 1026
—	—	60, 139	—	—	DB 59, 1194
—	60, 580	—	—	—	—
—	60, 1013	—	—	—	DB 60, 950
—	—	—	62, 180	61, 1070	DB 61, 1224
—	61, 597	—	—	—	—
—	62, 214	—	—	—	—
—	—	—	—	62, 862	—
—	—	—	—	63, 667	—
—	—	—	—	—	DB 63, 371
—	—	—	—	—	DB 63, 411
64, 1965	—	—	—	—	—
66, 454	—	—	—	—	—
66, 2217	67, 42	67, 290	—	—	WM 66, 1114 DB 66, 1601 TW 67, 28
68, 1933	—	—	—	—	—
68, 1934	—	—	—	—	—

Gericht	Datum	AbzG §§	BGHZ	LM
OLG München . . .	26. 1. 56	6	—	—
OLG München . . .	8. 11. 56	2	—	—
OLG München . . .	21. 8. 68	5	—	—
OLG München . . .	18. 10. 68	4, 6	—	—
OLG Nürnberg . .	6. 11. 53	1	—	—
OLG Nürnberg . .	27. 6. 66	2	—	—
OLG Oldenburg . .	24. 4. 51	1	—	—
OLG Oldenburg . .	4. 10. 55	6	—	—
OLG Oldenburg . .	11. 1. 57	6	—	—
OLG Saarbrücken .	16. 6. 64	6	—	—
OLG Stuttgart . . .	6. 11. 52	2	—	—
OLG Stuttgart . . .	7. 12. 55	2, 5	—	—
OLG Stuttgart . . .	29. 6. 61	6	—	—
OLG Stuttgart . . .	22. 3. 62	2	—	—
OLG Stuttgart . . .	13. 3. 63	6	—	—
OLG Stuttgart . . .	4. 1. 67	6	—	—
OLG Zweibrücken .	14. 10. 66	2	—	—
LG Aachen	19. 4. 51	1—3, 5	—	—
LG Aachen	1. 4. 58	5	—	—
LG Berlin	25. 6. 48	5	—	—
LG Berlin-West . .	27. 8. 52	5	—	—
LG Berlin	1. 11. 62	1	—	—
LG Bielefeld	7. 3. 52	5	—	—
LG Bielefeld	23. 8. 56	5	—	—
LG Bielefeld	18. 9. 68	6	—	—
LG Bochum	1. 10. 57	1, 2	—	—
LG Bochum	8. 7. 66	1	—	—
LG Bonn	19. 11. 54	1	—	—
LG Bonn	19. 4. 62	5	—	—
LG Bonn	24. 2. 65	5	—	—
LG Braunschweig .	12. 5. 53	6	—	—
LG Braunschweig .	24. 6. 54	6	—	—
LG Braunschweig .	16. 9. 54	6	—	—

NJW	MDR	JZ	JR	BB	Sonstige
56, 1202*	—	—	—	—	—
—	57, 358	—	—	57, 693	BayJMBl. 57, 19; DRspr. I
—	69, 60	—	—	—	—
69, 53	—	—	—	—	—
—	—	—	—	—	(130) 51 b BayJMBl. 54, 16; DGVZ 54, 54
—	66, 999	—	—	—	—
—	—	—	—	—	Büro 51, 399
—	—	—	—	—	Betrieb 55, 1221
57, 913	57, 359	—	—	57, 559	—
—	—	—	—	—	Justizbl. Inn. 65, 5
53, 1066*	—	—	—	—	—
—	—	—	—	56, 255*	—
—	—	—	—	—	DB 61, 1451
—	—	—	—	—	DB 62, 766
—	—	—	—	—	WM 63, 735
67, 2016	—	—	—	—	—
67, 1472	67, 838	—	—	—	—
—	51, 751	—	—	—	JMBl. NRW 51, 239; DRpfl. 52, 249; DGVZ 52, 129
58, 1003	—	—	—	—	—
—	—	—	49, 579	—	—
—	—	—	52, 442	—	—
63, 110	—	—	—	—	JR 63, 222
—	52, 433	—	—	—	—
—	56, 749	—	—	—	—
—	69, 219	—	—	—	—
—	58, 336	—	—	—	—
66, 2215	—	—	—	—	—
—	55, 415	—	—	—	—
—	62, 660	—	—	—	—
65, 1387	—	—	—	—	—
—	53, 744	—	—	—	NdsRpfl. 53, 177; DRspr. I (120) 41 d; ZK 54, 562*
—	54, 611*	—	—	—	—
—	54, 611 u. 739	—	—	54, 980	NdsRpfl. 54, 178; DB 54, 706; DRsp. I (138) 51 d; Spark. 54, 371*; ZK 54, 687

Gericht	Datum	AbzG §§	BGHZ	LM
LG Braunschweig .	22. 2. 55	6	—	—
LG Braunschweig .	6. 7. 55	6	—	—
LG Bremen	29. 6. 51	5	—	—
LG Bremen	24. 9. 59	6	—	—
LG Bremen	24. 4. 60	6	—	—
LG Bremen	1. 4. 63	1, 6	—	—
LG Detmold	14. 7. 53	6	—	—
LG Dortmund . . .	24. 11. 61	6	—	—
LG Düsseldorf . . .	2. 8. 55	2	—	—
LG Düsseldorf . . .	1. 6. 56	1, 2, 5	—	—
LG Düsseldorf . . .	29. 10. 57	2	—	—
LG Düsseldorf . . .	5. 6. 59	6	—	—
LG Düsseldorf . . .	16. 2. 61	5	—	—
LG Düsseldorf . . .	3. 11. 65	3	—	—
LG Essen	6. 11. 53	5	—	—
LG Essen	22. 9. 54	1	—	—
LG Essen	5. 6. 57	6	—	—
LG Essen	19. 9. 57	6	—	—
LG Essen	16. 4. 58	1, 6	—	—
LG Essen	4. 3. 59	5	—	—
LG Essen	19. 4. 61	6	—	—
LG Frankfurt . . .	4. 7. 52	2	—	—
LG Freiburg	15. 6. 54	6	—	—
LG Freiburg	25. 9. 57	1, 6	—	—
LG Freiburg	6. 9. 61	6	—	—
LG Gießen	6. 9. 56	1—3, 5	—	—
LG Gießen	7. 10. 64	2	—	—
LG Göttingen . . .	6. 11. 52	5, 6	—	—
LG Göttingen . . .	15. 1. 54	1	—	—
LG Göttingen . . .	23. 12. 54	6	—	—
LG Hagen	13. 10. 55	1	—	—
LG Hagen	3. 3. 58	1, 5	—	—
LG Hamburg . . .	5. 1. 50	6	—	—
LG Hamburg . . .	12. 5. 52	5	—	—
LG Hamburg . . .	14. 7. 54	1	—	—
LG Hamburg . . .	9. 9. 54	2	—	—
LG Hamburg . . .	13. 10. 55	5, 6	—	—
LG Hamburg . . .	8. 12. 55	5, 6	—	—
LG Hamburg . . .	22. 10. 57	6	—	—
LG Hamburg . . .	4. 11. 57	5	—	—

NJW	MDR	JZ	JR	BB	Sonstige
—	55, 356	—	—	55, 366	NdsRpfl. 55, 68
—	55, 675	—	—	—	—
—	51, 752	—	—	—	—
—	60, 223	—	—	—	—
—	60, 759	—	—	—	—
—	—	—	—	—	FamRZ 63, 658
53, 1635	—	—	—	—	—
—	62, 402	—	—	—	—
56, 304	—	—	—	—	—
—	56, 546	—	—	—	—
—	58, 239	—	—	—	DRspr. I (113) 115
—	60, 310	—	—	—	—
—	61, 696	—	—	—	—
66, 553	—	—	—	—	—
—	54, 416	—	—	—	ZK 54, 688
—	55, 98*	—	—	—	—
57, 1560	—	—	—	—	—
—	58, 33	—	—	—	DRpfl. 58, 87
58, 869	—	—	—	—	—
—	—	—	—	—	Rpfl. 59, 281
—	—	—	—	61, 770	
52, 884	—	—	—	—	DRspr. I (130) 27 d
—	54, 610	—	—	—	—
—	—	—	—	58, 180*	—
—	62, 51	—	—	—	—
57, 348	—	—	—	—	—
65, 256	—	—	—		—
53, 370		—	—	52, 960	—
—	54, 238	—	—	54, 112	NdsRpfl. 54, 225; Büro 54, 185
—	—	—	—	55, 272	—
56, 713*	—	—	—	—	—
58, 871*	—	—	—	—	—
—	50, 220	—	—	50, 278	DRspr. I (130) 20 c
—	52, 561	—	—	—	—
—	55, 97	—	—	—	—
—	55, 476	—	—	—	—
—	56, 293	—	—	—	—
—	56, 292	—	—	—	—
—	58, 162	—	—	—	—
—	58, 109	—	—	—	—

Gericht	Datum	AbzG §§	BGHZ	LM
LG Hamburg . . .	17. 1. 58	1, 3	—	—
LG Hamburg . . .	7. 7. 61	6	—	—
LG Hamburg . . .	10. 4. 62	6	—	—
LG Hannover . . .	27. 5. 55	1	—	—
LG Hannover . . .	15. 5. 61	5	—	—
LG Hannover . . .	12. 6. 61	5	—	—
LG Hildesheim . .	7. 3. 61	5	—	—
LG Kiel	20. 4. 50	5	—	—
LG Kiel	4. 10. 55	5	—	—
LG Köln	26. 5. 53	1	—	—
LG Köln	4. 11. 54	1	—	—
LG Köln	11. 12. 57	5	—	—
LG Köln	1. 7. 59	3	—	—
LG Köln	16. 7. 59	6	—	—
LG Köln	13. 7. 62	6	—	—
LG Köln	5. 3. 63	5	—	—
LG Köln	9. 4. 63	5	—	—
LG Köln	30. 3. 65	1	—	—
LG Krefeld	30. 6. 64	5	—	—
LG Krefeld	7. 9. 65	5	—	—
LG Lüneburg . . .	6. 5. 58	5	—	—
LG Mannheim . . .	14. 2. 62	1	—	—
LG Mannheim . . .	30. 1. 63	6	—	—
LG Mannheim . . .	14. 4. 65	6	—	—
LG Mannheim . . .	27. 4. 66	6	—	—
LG M-Gladbach . .	2. 10. 57	5	—	—
LG M-Gladbach . .	25. 2. 60	5	—	—
LG München	25. 10. 60	1	—	—
LG München	6. 10. 65	5	—	—
LG Münster	20. 3. 62	5	—	—
LG Münster	20. 2. 64	5	—	—
LG Nürnbg-Fürth .	21. 2. 64	1	—	—
LG Nürnbg-Fürth .	12. 2. 65	1	—	—
LG Siegen	12. 12. 55	5	—	—
LG Siegen	6. 8. 56	5	—	—
LG Stuttgart	22. 2. 52	5	—	—
LG Stuttgart	7. 10. 59	6	—	—
LG Stuttgart	25. 2. 66	6	—	—

NJW	MDR	JZ	JR	BB	Sonstige
—	58, 239	—	—	—	—
—	61, 936	—	—	—	—
—	63, 310	—	—	—	—
—	55, 608	—	—	—	—
—	—	—	—	—	NdsRpfl. 61, 203
—	—	—	—	—	NdsRpfl. 61, 204
—	61, 511	—	—	—	—
—	—	—	—	—	SchlHA 50, 242; DRspr. I (130) 20b
—	56, 97	—	—	—	—
—	—	—	—	—	JMBl. NRW 53, 200; DGVZ 53, 170
—	55, 100 u. 414*	—	—	—	—
58, 504*	—	—	—	—	—
59, 1831	—	—	—	—	—
—	—	—	—	59, 829	DB 59, 1026
—	—	—	—	63, 667	—
—	63, 689	—	—	—	—
—	63, 688	—	—	—	—
—	65, 657	—	—	—	—
—	64, 1013	—	—	—	—
—	66, 61	—	—	—	—
58, 1143	—	—	—	—	—
62, 1112	—	—	—	—	—
—	63, 498	—	—	—	—
—	65, 904	—	—	65, 1007	—
—	66, 841	—	—	—	—
58, 66*	—	—	—	—	—
—	60, 680	—	—	—	—
61, 677	—	—	—	—	FamRZ 61, 315
65, 2353	—	—	—	—	—
—	—	—	—	—	Rpfl. 62, 215
—	64, 603	—	—	—	—
64, 1230	—	—	—	—	—
65, 638	—	—	—	—	—
—	56, 292	—	—	—	—
56, 1928	—	—	—	—	—
—	52, 688	—	—	—	—
—	60, 54	—	—	—	—
66, 1078	—	—	—	—	—

Gericht	Datum	AbzG §§	BGHZ	LM
LG Stuttgart	21. 3. 66	1	—	—
LG Stuttgart	29. 6. 66	5	—	—
LG Tübingen	4. 5. 55	2, 5	—	—
LG Verden	20. 1. 54	1	—	—
LG Waldshut	23. 9. 54	1, 4, 6	—	—
LG Wuppertal . . .	21. 1. 58	1, 5, 6	—	—
LG Wuppertal . . .	31. 3. 66	1	—	—
LG Wuppertal . . .	22. 12. 66	6	—	—
AG Bergheim . . .	15. 8. 52	1, 5	—	—
AG Bergheim . . .	1. 9. 52	5, 6	—	—
AG Bergheim . . .	5. 9. 52	1, 2, 3, 5	—	—
AG Bonn	22. 8. 55	5	—	—
AG Bonn	7. 1. 64	5	—	—
AG Delmenhorst . .	15. 5. 56	5	—	—
AG Düsseldorf . . .	21. 5. 52	1, 5	—	—
AG Düsseldorf . . .	17. 1. 56	5	—	—
AG Frankfurt . . .	3. 10. 68	6	—	—
AG Freiburg	7. 5. 63	6	—	—
AG Freiburg	28. 4. 65	6	—	—
AG Freiburg	9. 6. 67	6	—	—
AG Freiburg	17. 4. 68	1	—	—
AG Hamburg . . .	10. 11. 50	1, 6	—	—
AG Hamburg . . .	11. 3. 55	4	—	—
AG Hamburg . . .	12. 5. 55	1	—	—
AG Hamburg . . .	12. 5. 55	6	—	—
AG Hamburg . . .	13. 2. 57	5	—	—
AG Hamburg . . .	8. 2. 65	6	—	—
AG Hamm	23. 6. 60	6	—	—
AG Hannover . . .	31. 3. 51	5	—	—
AG Köln	5. 4. 51	5	—	—
AG Köln	22 3. 66	6	—	—
AG Mannheim . . .	18. 2. 60	6	—	—
AG München				
AG Ulm	23. 1. 57	5	—	—

NJW	MDR	JZ	JR	BB	Sonstige
—	67, 45	—	—	—	—
—	67, 54	—	—	—	—
—	55, 476	—	—	—	—
—	—	—	—	—	DGVZ 54, 92
55, 387	—	—	—	54, 852	—
58, 423	—	—	—	—	—
66, 1129	—	—	—	—	—
67, 1280	—	—	—	—	—
—	—	—	—	—	DVGZ 54, 56
—	53, 51	53, 145*	53, 145*	52, 960	DGVZ 53, 107
—	—	—	—	—	DGVZ 53, 106
56, 187	—	—	—	—	—
—	64, 424	—	—	—	—
—	—	—	—	56, 864	—
—	—	—	—	—	DGVZ 53, 26
56, 753	—	—	—	—	—
—	69, 47	—	—	—	—
—	63, 757	—	—	—	—
—	66, 49	—	—	—	—
—	68, 148	—	—	—	—
—	69, 46	—	—	—	—
—	51, 675	—	—	—	DRspr. I (130) 23 d
—	55, 356	—	—	—	—
—	55, 476	—	—	—	—
—	55, 477	—	—	—	—
—	—	—	—	—	TW 57, 86
—	61, 936	—	—	—	—
—	61, 144	—	—	—	—
—	—	—	—	—	DGVZ 51, 182
—	—	—	—	—	DGVZ 51, 139
—	—	—	—	—	DB 66, 1388
60, 1863	—	—	—	—	—
69, 53	—	—	—	—	—
—	57, 360	—	—	—	DGVZ 57, 47

Einleitung

I. Zum Begriff des Abzahlungsgeschäftes

Anm. 1

Dieser Begriff ist doppeldeutig, weil er im Wirtschaftsleben nicht nur für das einzelne Geschäft im Sinne von Vertrag verwendet wird, sondern auch für das Geschäft im Sinne von Unternehmen, das gewerbsmäßig Abzahlungsverträge abschließt. Hier interessiert der Begriff nur im ersteren Sinne. Dieses Abzgeschäft, auch Teilzahlungsgeschäft genannt, ist zunächst ein wirtschaftlicher Begriff. Es handelt sich dabei um die Verbindung von Güteraustauschgeschäft und Kreditgeschäft. Dabei betrifft der Abzahlungskauf im Sinne des § 1 des Gesetzes die Hauptform der Abzgeschäfte. Während § 6 — ungenau — von „Abzahlungsgeschäften" eng im Sinne des § 1 spricht, verwendet die Überschrift des Gesetzes einen weiteren allgemeineren Begriff des Abzgeschäfts, der die Geschäfte im Sinne des § 1 und des § 6 umschließt.

Was begrifflich für § 1 und für § 6 erforderlich ist, wird in den Anmerkungen dort je am Beginn ausgeführt. Desgleichen finden sich dort Ausführungen zu den immer wieder erscheinenden Begriffen des verhüllten (verdeckten) und unverhüllten (unverdeckten) Abzgeschäftes oder dem Abzgeschäft im weiteren und engeren Sinn. Der Begriff des Abzgeschäftes im Sinne der Gesetzesüberschrift ist offenbar wirtschaftlicher Natur und deckt sich keinesfalls mit einem Vertragstypus oder einigen Vertragstypen. Es handelt sich dabei in etwa um eine Verbindung von Güteraustausch und Kreditgeschäft, durch das ein Nicht-Vollkaufmann als Erwerber vor Entrichtung der ganzen Gegenleistung in den Besitz und Genuß des zu erwerbenden Sachgutes kommt. Weitere Bemühungen um den Begriff des Abzahlungsgeschäftes im Sinn der Gesetzesüberschrift erscheinen unnötig und unersprießlich.

Anm. 2

Der Charakter als Güterumsatzgeschäft schafft weder wirtschaftliche noch rechtliche Besonderheiten, es sei denn, daß man an die verhüllte Form des Umsatzgeschäftes denkt; siehe § 1 Anm. 8 ff., besonders 14, 16—21 und 26—47. Die Hauptprobleme ergeben sich vielmehr aus dem Charakter als Kreditgeschäft, in dem auch die eigentliche Bedeutung des Abzgeschäftes lag und liegt. Dabei hat man sich seit langer Zeit daran gewöhnt, vom Teilzahlungsgeschäft, insbesondere Teilzahlungskredit zu sprechen.

II. Über die geschichtliche Entwicklung und den heutigen Umfang des Teilzahlungswesens

Anm. 3

1. Es kann und soll hier keine Geschichte des Teilzahlungswesens im Rahmen der Einleitung geschrieben werden. Nur Hinweise für den Leser sollen erfolgen, der von der Ausdehnung dieser Geschäfte möglicherweise noch keine Vorstellung hat und Verweisungen für den Leser, der sich näher unterrichten will. S. im übrigen „Handbuch der Teilzahlungswirtschaft" S. 29 ff.

Rühl hat bereits in seinem 1930 erschienenen Werk, Eigentumsvorbehalt und Abzahlungsgeschäft im Zusammenhang mit der Bedeutung des EV auf Seite 17 ff. folgendes geschrieben:

„Die um die Mitte des vorigen Jahrhunderts (zusammen mit der Einführung der Nähmaschinen) nach Europa verpflanzten Geschäfte der Abzahlungshäuser sind in den beiden letzten Jahrzehnten des vorigen Jahrhunderts zur Massenerscheinung geworden, um sodann fortgesetzt an Bedeutung zu wachsen — eine Entwicklung, die auch durch Weltkrieg und Inflationszeit nur unterbrochen, aber nicht beendet wurde — . . . Die Kredithäuser, die in der wirtschaftswissenschaftlichen Literatur meist gemeint sind, wenn das Wort ‚Abzahlungsgeschäft' vorkommt, haben sich in der Zeit nach der Stabilisierung sehr vermehrt. Ihr Jahresumsatz wird von den Führern ihrer Organisation für das Jahr 1927 auf 600—750 Millionen RM geschätzt. Die größten Teilzahlungshäuser geben die Zahl ihrer laufenden Kundenkonten auf 50 000—80 000 an.

Begonnen hatte in Europa das Teilzahlungskreditgeschäft in der Form des Warenkaufes gegen Ratenzahlungen in der Zeit um 1800 in Frankreich. In England fand es dann zu Beginn des 19. Jahrhunderts im Buchhandel Anwendung. In Amerika, das sich dann im Verlaufe seines wirtschaftlichen Aufschwunges zum klassischen Land der Teilzahlung entwickelte, wurden 1807 erstmals Einrichtungsgegenstände gegen Ratenzahlungen verkauft. In Deutschland machte der Hamburger Kaufmann Friedländer im Jahre 1849 als erster den organisierten Kundenkredit zur Grundlage seines Geschäftes, indem er Kleidungsstücke gegen Wochenraten ohne weitere Sicherheiten verkaufte.

In der Zeit der Entwicklung des Teilzahlungswesens wurden die Kredite ausschließlich durch Handel und Industrie mit eigenem Kapital und ausschließlich eigenem Risiko gewährt. Fremdes Kapital kam für diese Kreditgeber nur in der Form des normalen Bankkredites in Betracht. Die Bankkreditgewährungen an den letzten Verbraucher für Kaufzwecke gab es nur bei entsprechenden persönlichen Beziehungen. Die bankmäßige Teilzahlungsfinanzierung änderte diese Verhältnisse grundlegend. Sie hat sich in Deutschland seit 1925, also nach der Stabilisierung der Mark entwickelt, als durch das Anwachsen der Teilzahlungsgeschäfte bei den Industrie- und Handelszweigen ein starker zusätzlicher Kapitalbedarf entstand, der durch die in der Inflation gering gewordenen eigenen Mittel dieser Unternehmen nicht gedeckt werden konnte. Aus diesem Grunde konnten aber Handel und Industrie auch nicht genügend Sicherheit nach den allgemeinen geltenden Bankgrundsätzen bieten, und diese allgemeinen Bankinstitute bebesaßen keine Erfahrung für die Finanzierung des Teilzahlungsgeschäfts. So kam es zur Gründung von speziellen Teilzahlungsfinanzierungsinstituten, den Teilzahlungsbanken, die zunächst an amerikanische Vorbilder anknüpften. Gleichzeitig entstanden die ersten Kundenkreditgesellschaften aus der Initiative des Einzelhandels. Vor dem zweiten Weltkriege gab es in Deutschland etwa 50 Teilzahlungsbanken. Inzwischen haben sich auch die Sparkassen und allgemeinen Bankunternehmungen diesen Finanzierungsgeschäften mit zugewandt.

Anm. 4

2. Die Träger des sogenannten *organisierten Teilzahlungsmarktes* sind somit heute drei große Gruppen: die besonderen Teilzahlungsbanken, die Geschäftsbanken und Sparkassen sowie der ebenfalls organisierte kreditgebende Einzelhandel. Über die Formen des organisierten Teilzahlungskredites im A-, B- und C-Geschäft s. § 6 Anm. 57 ff.

Daneben gibt es den sogenannten *unorganisierten Teilzahlungskredit,* der entweder keine oder keine vertraglich fest vereinbarte Teilzahlung vorsieht, sondern im wesentlichen nur eine bestimmte oder unbestimmte Stundung. Hierher gehört der Verkauf gegen festes Ziel, wobei dann der Preis auf einmal bezahlt wird. Hierher gehört aber vor allem der *Anschreibekredit.* Er ist besonders im Lebensmittelhandel auf dem flachen Lande und in kleinen Städten in Übung, wo noch persönliche Beziehungen zwischen Verkäufer und Kunden bestehen.

Der Kunde bezahlt zu einem ihm genehmen späteren Zeitpunkt. In den Großstädten gibt es die „Monatskonten“, wobei der Monatsbedarf auf Kredit gedeckt und aus Lohn oder Gehalt am Beginn des neuen Monats bezahlt wird.

Anm. 5

3. Über den Umfang der von Finanzierungsinstituten gegebenen Kredite s. TW 69, 76.

III. Das Teilzahlungswesen und sein Für und Wider

Anm. 6

Es sind keineswegs nur die rechtlichen Probleme des Teilzahlungswesens, die das Schrifttum dazu abgeben. Seit es das Teilzahlungswesen in einiger Ausdehnung gibt, und mit seiner Ausdehnung haben auch die ethischen und moralischen Erwägungen hierzu sowie die Erwägungen volkswirtschaftlicher, besonders sozialpolitischer und wirtschaftspolitischer, hier insbesondere währungspolitischer Art, immer breiteren Raum eingenommen. Auch zu diesen Problemen sind hier aber nur orientierende Hinweise möglich.

Anm. 7

1. Der Schlüssel zur Inanspruchnahme von Teilzahlungskredit liegt in einer Feststellung von Prof. R. *Nöll von der Nahmer* („Wie ist unter volkswirtschaftlichen Gesichtpunkten der Teilzahlungskredit zu beurteilen?“, Heft 5 der Schriftenreihe des Wirtschaftsverbandes Teilzahlungsbanken e. V.): „Solange es eine menschliche Geschichte gibt, sehen wir den Menschen in einem unaufhörlichen Ringen um die Verbesserung seiner materiellen Lebensgrundlagen.“ Solche wirkliche Verbesserung ermöglichen die *Vorteile des Teilzahlungskredits:*

a) Er erschließt für den Verbraucher den Zugang zu höherwertigen Konsumgütern, insbesondere auch zu besserer Ware, die wirtschaftlich und auf die Dauer gesehen häufig billiger sein kann als die billige mindere Qualität. Er erschließt dem kapitalarmen, kleinen Unternehmer und Handwerker den Zugang zu Produktionsgütern überhaupt oder zu höherwertigen, teuereren, aber wirtschaftlicheren Produktionsgütern. Damit wird zur Eigentumsbildung ermuntert und Hausstand- und Familiengründung gefördert.

Anm. 8

b) Der Teilzahlungskredit ermöglicht weiter beschleunigten Aufbau und Ausbau bestimmter Wirtschaftszweige, insbesondere zur Intensivierung und Rationalisierung nötige Investitionen beträchtlicher Betriebsmittel. Er fördert also das Tempo der Betriebserweiterung und -modernisierung.

Anm. 9

c) Er kann in der Zeit volkswirtschaftlicher Stagnation und Depression durch Lähmung der Nachfrage zur Ankurbelung der Volkswirtschaft beitragen und auch bei ansteigender Konjunktur mit Geldknappheit diese Funktion erfüllen. Es wird hier unter Vorwegnahme künftiger Kaufkraft die gegenwärtige ausgeweitet und damit der Markt aufnahmefähiger gemacht.

Anm. 10

Zu a bis c: Auf diese Weise trägt der Teilzahlungskredit zur Hebung des Lebensstandards des Volkes bei. Dabei wird eine menschliche Schwäche gut ausgewertet: Bei Menschen mit schwächerer Willenskraft — jedenfalls wohl in Konsumfragen die Mehrheit — ist „die Kraft zu einem vorsorglichen Sparen" gering, besonders nach der Erfahrung mit zwei Geldentwertungen, dagegen die Bereitschaft zum „nachträglichen Zwangssparen" beim Teilzahlungskauf gegeben.

Bley, Tatsachen über Kredit und Kreditmißbrauch, Seite 8 und *Röpke*, Borgkauf im Lichte sozialethischer Kritik, Seite 10 weisen auf diese Umstände näher hin.

Anm. 11

2. All diesen Vorteilen stehen entsprechende *Gefahren des Teilzahlungskredites* gegenüber, durch die aus dem gesunden ein krankes Kreditgeschäft oder sogar Kreditwesen entstehen kann, dessen Nachteile nicht auf den Kreditnehmer beschränkt bleiben. Soweit insbesondere der Kredit nicht Unternehmerkredit ist, sondern nur dem privaten Konsum dient, steht dem sofort gewonnenen wirtschaftlichen Eigentum (siehe *Klauß*, Vorbem. 7 und *Asch* JR 1933, 133) keine Erhöhung der Produktionskraft des Schuldners zum Ausgleich der Kreditkosten gegenüber, so daß das „vorgegessen Brot" (Schrift von *Röpke*) Enttäuschung bringen kann.

a) Das bessere Leben durch „Sparen nachher" lockt natürlich. Es kann verlocken und verführen. Der Vermögenslose und Einkommensschwache täuscht leicht sich und dann den Kreditgeber über seine wirtschaftliche Kraft. Auch wenn die Leistungsfähigkeit für den normalen Ablauf der Dinge gerade noch ausreichen würde, werden die Wechselfälle des Lebens, Krankheit, Arbeitslosigkeit usw. nicht in Rechnung gestellt. Ja, es kommt leicht, im privaten und betrieblichen Bereich, zu einem Leben „über die Verhältnisse“, auch zu einem „Leben in den Tag hinein“. Bei dem in Deutschland etwa gegenüber Amerika wesentlich geringeren Durchschnittseinkommen ist diese Gefahr besonders groß; s. *Bley* a. a. O. Seite 11.

Anm. 12

b) Die Förderung der Eigentumsbildung mit „Sparen nachher“ ist nur bei der Verwendung des Teilzahlungskredits für dauerhafte Gebrauchsgüter gegeben. Seine Verwendung für kurzlebige Konsumgüter, etwa Strümpfe oder gar Lebensmittel, ist offensichtlich gefährlich als Verleitung zum „Leben in den Tag hinein“; die Ware ist längst wertlos oder verbraucht, ehe die Raten bezahlt sind. Dagegen richten sich deshalb im besonderen Maß die Warnungen; s. darüber bei *Ewald,* AbzG und seine Reform, S. 41 f. mit Hinweis auf die Schriften von *Röpke, Bley* und *Lutz.* Bei dem Anweisungssystem des A-Kredites ist aber dieser Gebrauch oder Mißbrauch des Kredites möglich.

Anm. 13

c) Ein sich verallgemeinernder, ungesunder Teilzahlungskredit schafft auch Gefahren für die Kreditgeber und die Arbeitgeber der Kreditnehmer. Für die ersteren entstehen aus nicht ordnungsgemäßer Kreditabwicklung erhöhte Kreditkosten, die durch Abwälzung zu Preissteigerungen führen können und durch Ausfälle bei den Kreditgeschäften möglicherweise Gefahren für das eigentliche Unternehmen. Letztere werden, besonders bei Großbetrieben und in Industriezentren, durch den Umfang von Lohnpfändungen belastet, während Schuldenlast- und Lohnpfändung beim Arbeitnehmer wieder die Arbeitsmoral schädigt. Besonders die Verhältnisse im Ruhrgebiet haben unter diesem Gesichtspunkt Aufsehen erregt. Auf *Bley* a. a. O. Seite 13 und 16 kann verwiesen werden.

Anm. 14

d) Auch *allgemein-volkswirtschaftliche Gefahren* ergeben sich. Solche sind schon aus dem eben unter Anm. 13 Gesagten erkennbar: Der Konkurrenzkampf verlagert sich leicht von der Kaufebene auf die Kreditebene, von Ware und Preis auf die Kreditbedingungen, wie es heute besonders vom Möbelhandel gesagt wird. Der Preis kann damit seine marktregelnde Funktion verlieren; s. *Bley* a. a. O. Seite 14.

Darüber hinaus entstehen solche Gefahren aus dem in Anm. 9 erwähnten volkswirtschaftlich möglichen Vorteil. Der Teilzahlungskredit ist nämlich damit *Geldschöpfung*. In der wirtschaftlichen Flaute ist das ein positiver Umstand; beim Übergang von der aufsteigenden Konjunktur zur Vollbeschäftigung können sich aber daraus inflationistische Wirkungen ergeben, die das wirtschaftliche Gleichgewicht stören, die Lohn-Preisspirale antreiben und bei Rückschlägen die Krise, besonders durch Absinken der Produktion verschärfen können. Vgl. darüber näher *Seidel*, Teilzahlungskredit und Geldschöpfung, besonders Seite 28 f., 36 und 46 sowie *Lutz*, DerKonsumentenkredit, Seite 79 ff. und *Bley*, a. a. O. Seite 19.

Anm. 15

3. Nach dem Gesagten sind Tatsachen für und wider das Teilzahlungsgeschäft nicht zu leugnen. Es haben sich nun zwei Richtungen entwickelt, von denen die eine grundsätzlich das Für und die andere grundsätzlich das Wider unterstreichen. Die erstere hat ihren Exponenten — natürlicherweise — in den Kreisen um die Teilzahlungsbanken, besonders im Wirtschaftsverband Teilzahlungsbanken e. V. und seiner Schriftenreihe, die letztere im Arbeitskreis für Absatzfragen sowie einer Gruppe von Handelsgeschäften, die nur den Barzahlungsverkauf betreibt und für diesen unter Hinweis auf die Gefahren des Teilzahlungsgeschäftes werben. Letztere betonen und bebildern den „Ratenschreck" am ersten des Monats und ihm gegenüber den Herren „Ratenfrei" und die wirtschaftlichen Vorteile des Barkaufs. Die Schriften des Arbeitskreises für Absatzfragen stellen vornehmlich die Gefahren aller Art aus den Abzahlungsgeschäften heraus.

Nicht nur das Für *und* Wider zum Teilzahlungsgeschäft aber ist Tatsache; es ist vor allem auch das Teilzahlungsgeschäft selbst eine nicht mehr wegzuschaffende Tatsache im Wirtschaftsleben. Sogar die *Deutsche Demokratische Republik*, in der *Krauß* in Neue Justiz 1956, 271 ff. über „Ausplünderung der Werktätigen Westdeutschlands mit Hilfe der Abzahlungsgeschäfte" schrieb, hat am 1. 10. 1956 als erstes Land innerhalb des Ostblocks die Abzgeschäfte wieder eingeführt, wenn auch beschränkt auf bestimmte Waren und praktisch beschränkt auf die Geschäfte der staatlichen Handelsorganisation (HO); s. Wirtschaftsblatt der Süddeutschen Zeitung 1956, Nr. 227 sowie SZ-Kommentar „Mangel auf Abzahlung" vom 28. 12. 1956. Über den „Reinfall mit dem Teilzahlungssystem" in der DDR berichtet *Berger* in der Zeitschrift „Aus der Zone des Unrechts" 1957, 44, während nach der Einführung des Teilzahlungssystems hierüber *Strohbach*, Einige Bemerkungen zum Teilzahlungsgeschäft in Neue Justiz 1957,

73—77 geschrieben hat. S. ferner zum Teilzahlungskredit der DDR TW 67, 129; TW 68, 50; Zimmermann TW 67, 12 und 66, 50.

Anm. 16

Im Hinblick auf diese Tatsache kann nur auf Grund sorgfältiger wirtschaftlicher Feststellungen sowie wirtschaftlicher und rechtlicher Überlegungen *die Art der Regelung des Teilzahlungswesens* sinnvoller Gegenstand der Debatte sein, wenn es auch im Rahmen der wirtschaftlichen Freiheit dem einzelnen Geschäftsmann überlassen ist, seinen Geschäftsbetrieb ausschließlich mit Bargeschäften zu führen — genauso wie es andererseits ausschließlich Teilzahlungsgeschäftsbetriebe geben kann. Diesen Gesichtspunkt stellt denn auch in den Schriften des genannten Arbeitskreises *Ewald* im „Geltenden Abzahlungsgesetz und seine Reform" heraus, wenn auch unter dem starken Vorzeichen des grundsätzlichen Mißtrauens und einer an sich bei ihm gegebenen Ablehnung der Teilzahlung. Auch zu diesen Fragen kann die Einleitung zu einem Kommentar des geltenden Gesetzes nicht im einzelnen Stellung nehmen; es kann aber darauf hingewiesen werden, daß der Teilzahlungskauf für *kurzlebige* Verbrauchsgüter, die reißerische Werbung und schließlich auch unvorsichtige Kaufbedingungen einen Großteil der echten Mißstände verursachen, was an einem Beispiel ohne weiteres klar wird, das *Bley* a. a. O. Seite 15 bringt: Ein Berliner Versandhaus bietet laut Prospekt Filzhausschuhe zum Preise von 2,— DM, zahlbar in 10 Raten zu 0,20 DM an! Nach angestellten Untersuchungen findet sich in den Vereinigten Staaten von Nordamerika, die immer als Vorbild für den Konsumentenkredit hingestellt werden, keiner der in Deutschland aufgetretenen Mißbräuche; s. dazu *Bley* a. a. O. S. 10 f. über ein Gutachten von *Lutz*. Dieser Umstand macht übrigens klar, daß mit dem ohnedies nicht zu beseitigenden Teilzahlungswesen *an sich* keine Mißstände verbunden sein müssen. Wie so oft im Leben, ist nicht das *Ob* die Frage, sondern das *Wie* die Kunst, freilich nicht nur des Gesetzgebers, sondern auch des Kaufmannes.

Vgl. näher *Bley*, besonders S. 40 ff., *Röpke* und *Ewald* a. a. O., aber auch *Klauß* NJW 1953, 6 u. a. sowie unten Anm. 22—24.

IV. Die gesetzliche Regelung in Deutschland

Anm. 17

1. Nicht die unter Anm. 6—16 dargestellte Problematik des Teilzahlungsgeschäfts an sich war es, die den Gesetzgeber in Bewegung

setzte. Es waren damals auch nur ganz wenige Stimmen, die sich gegen das Abzahlungswesen überhaupt wandten. Allerdings gehörte zu diesen wenigen der Deutsche Juristentag des Jahres 1892, auf dem Prof. *Heck* ausführte, daß durch das Abzgeschäft die Kunden geschädigt werden durch Verleitung zum Kauf entbehrlicher und ihr Leistungsvermögen überschreitender Gegenstände, durch übermäßige Preisansätze und durch drückende Vertragsbedingungen, insbesondere die Verwirkungsklausel. Außerdem seien die Interessen der persönlichen Gläubiger durch Verschleierung der dinglichen Rechtsverhältnisse und die Interessen der nicht auf Abzahlung verkaufenden Gewerbetreibenden durch die Konkurrenz der Abzgeschäfte gefährdet. Auch das Gutachten des Justizrates R. *Wilke*, Berlin, auf dem gleichen Juristentag richtete sich in gleicher Schärfe gegen die Abzgeschäfte. Außerdem hatte, ebenfalls in der Zeit vor Schaffung des AbzG das Kommerzkollegium in Altona erklärt: „Das Abzgeschäft im engeren Sinn ist unserem Dafürhalten nach keineswegs unentbehrlich, sondern seiner Natur nach ein arger wirtschaftlicher Mißbrauch, da es erstens schlechte, unsolide Waren zu übermäßigen Preisen massenhaft vertreibt, zweitens zur Verschwendung und zum allzu frühen Heiraten anreizt und drittens das solide Geschäft, sowohl das Handwerk wie den Detailhandel wie auch die solide Industrie aufs schwerste schädigt."

Im allgemeinen sah und beanstandete man nur die Problematik, die sich aus der ungleichen wirtschaftlichen und sozialen Position der Geschäftspartner dieser Teilzahlungsgeschäfte ergab. In dieser Richtung häuften sich die Beschwerden über die Praxis der „Abzahlungsbasare", „Warenkredithäuser" usw., die aus dem Boden schossen und deren Umsätze nach ihrer eigenen Angabe um die Wende zum 20. Jahrhundert jährlich schon um 100 Millionen Mark betrug. Der EV in Verbindung mit der Rücktritts- und Verwirkungsklausel ließ den Käufer, wenn er seine Verpflichtungen nicht erfüllte, alle Rechte einschließlich der geleisteten Zahlungen verlieren; er verlor auf diese Weise nur zu leicht Geld und Ware, ohne die Gefährlichkeit der Vertragsbestimmungen ohne weiteres erkennen zu können, die freilich vom Verkäufer her zunächst an sich zur berechtigten Sicherung gegen den oft vermögenslosen Käufer entstanden. *Dagegen* richteten sich seit 1887 eine Reihe von Eingaben an die Petitionskommission des Deutschen Reichstages, die schließlich der Reichskanzler als Material für eine gesetzliche Regelung erhielt. 1892 wurde dem Reichstag der Entwurf des AbzG vorgelegt. Am 12. 4. 1894 wurde es in dritter Lesung als Reichsgesetz betreffend die Abzahlungsgeschäfte verabschiedet und nach Zustimmung des Bundesrats am 16. 5. 1894 vom Kaiser unterzeichnet. In der am 21. 5. 1894 ausgegebenen Nummer 23 des Reichsgesetzblattes wurde es veröffentlicht und trat gemäß Art. 2 der Reichsverfassung am 4. 6. 1894 in Kraft.

In den Jahren 1903 bis 1910 sind verschiedene Resolutionen, darunter von *Hertling,* im Reichstag eingebracht worden, um eine Novelle zum Gesetz zu erreichen, die im Interesse von Verkäufer und Käufer die Auswüchse der Abzgeschäfte bekämpfen sollte.

Über die seinerzeitigen Bemühungen um das AbzG und seine Entstehung im Reichstag kann näher nachgelesen werden in *Aubele* AbzG Einl. II und besonders eingehend bei *Crisolli,* 4. Aufl. Einl. S. 9—25.

Anm. 18

2. Bereits im Jahre 1896 wurden in einer Novelle zur Gewerbeordnung durch deren § 56 a Ziff. 4 Abzgeschäfte in der Form des Wandergewerbes verboten. Diese Bestimmung erfuhr später einige Änderungen; inzwischen wurde sie aufgehoben.

Schließlich wurde 1937 das Gesetz über das Kreditwesen erlassen, das 1939 und 1944 geändert wurde und u. a. das Verbot gewisser Arten von Ansparklauseln gebracht hat.

V. Inhalt und Auslegung des Abzahlungsgesetzes

Anm. 19

1. Als öffentlichrechtliche Vorschrift für dieses Rechtsgebiet ist neben den in Anm. 18 erwähnten Vorschriften § 7 des AbzG zu nennen. Durch ihn wird der Verkauf gewisser Inhaberpapiere auf Abzahlung gegen Strafe verboten, um auf diese Weise die Ausbeutung Unerfahrener und den Spieltrieb zu bekämpfen.

Die übrigen Vorschriften des Gesetzes sind privatrechtlicher Art. Diese sind aus den in Anm. 17 eingangs schon genannten Gründen nur auf die Vermeidung einer Ausbeutung des wirtschaftlich schwachen Kreditnehmers = Käufers ausgerichtet. Das ist der *Zweck des Gesetzes.* Zu seiner Erfüllung schränken zwingende Rechtsnormen die Vertragsfreiheit folgendermaßen ein:

Beim Abzkauf (über den Begriff siehe § 1 Anm. 1 ff.) sowie bei Geschäften, die auf die Zwecke eines Abzkaufes in anderer Rechtsform abzielen (§ 6), sind die Folgen eines aus Vertrag oder Gesetz abgeleiteten Rücktritts des Verkäufers zwingend im Sinne ***beiderseitiger*** Zug-um-Zug-Rückgewährpflicht geregelt (§ 3). Die gegen den Käufer gerichtete Verwirkungsklausel, wonach seine geleisteten Zahlungen verfallen, ist nichtig (§ 1). Auch Aufwendungsersatz, Beschädigungsersatz und Gebrauchsvergütung sind zwingend geregelt (§ 2). Die „Wiederansichnahme der Kaufsache" durch den Verkäufer gilt zwingend als Rücktritt (§ 5). Die vorzeitige Fälligkeit des Kaufpreises durch Verfallklausel kann nur unter den Voraussetzungen des § 4 Abs. 2 eintreten. Eine unverhältnismäßig hohe Vertragsstrafe kann durch den Richter auf den angemessenen Betrag herabgesetzt werden (§ 4 Abs. 1).

Alle diese Bestimmungen gelten nicht, wenn der Käufer als Kaufmann in das Handelsregister eingetragen ist (§ 8). Aus dieser Bestimmung wird besonders deutlich, daß sich der Gesetzgeber nicht gegen bestimmte Geschäfte als solche wandte, sondern nur den Schutz bestimmter Personen anstrebte; beim Vollkaufmann war solcher Schutz nach Meinung des Gesetzgebers wegen der eigenen geschäftlichen Urteilsfähigkeit dieser Kreise nicht geboten.

Mehr oder weniger eingehende systematische Darstellungen des Gesetzesinhalts finden sich bei *Enneccerus-Lehmann,* Schuldrecht § 118 B, *Schubert,* Deutsches Kaufrecht, § 60 ff., *Aubele* AbzG, Einl. III mit der Hervorhebung, daß durch das Gesetz nur ein Teil der beim Abzgeschäft üblichen Abreden betroffen wird, die dort im einzelnen zusammengestellt werden, ferner *Crisolli,* 4. Aufl. S. 25 ff. (mit Kritik am Gesetz).

Anm. 20

2. Für die *Auslegung des Gesetzes* erfordern zwei Umstände besondere Beachtung:

Einmal die Tatsache, daß es sich um Normen handelt, die die Vertragsfreiheit beschränken (oben Anm. 19), und daß solche Normen eng auszulegen sind,

andererseits aber auch die Tatsache, daß das Gesetz selbst die wirtschaftliche Betrachtungsweise und die Berücksichtigung des wirtschaftlichen Erfolges fordert, wie § 6 deutlich macht, ohne daß hier eine Beschränkung auf § 6 gerechtfertigt sein kann; s. § 6 Anm. 7 mit Rechtspr. des Reichsgerichts; s. auch RGZ 67, 386 und RGZ 136, 137 (auch ein Wechsel über den Gesamtkaufpreis ist unzulässig), ferner RGZ 138, 28 (32) sowie 152, 283 (286). Diese wirtschaftliche Betrachtungsweise verlangt wieder die Beachtung des schon erwähnten Gesetzeszweckes, wonach das Gesetz in seinem Grundgedanken ein Gesetz zum Schutz des wirtschaftlich schwächeren Abzkäufers ist, der hierwegen und wegen seiner grundsätzlich geringeren Erfahrung im Wirtschaftsleben diesen Schutz haben soll.

Bei Interessengegensätzen und Fragen der Auslegung des Gesetzes muß also beachtet werden, daß das Gesetz bewußt die Belange des Käufers weit mehr schützt als die des Verkäufers (s. *Plum* JW 1933, 909 f.), ja daß diese Schlechterstellung geradezu der gesamte Inhalt des Abzgesetzes ist (*Crisolli* JW 1934, 1817 unter 1818 I am Ende sowie BGHZ 15, 171 und *Ewald* AbzG, S. 132). Unter diesen Gesichtspunkten sind insbesondere zu § 5 viele Fragen über den gesetzlichen Wortlaut hinaus zu lösen: Es kommt nicht darauf an, daß der Verkäufer *wieder* an *sich* nimmt (§ 5 Anm. 3 und 86 f.); nicht darauf, daß er *auf Grund vorbehaltenen Eigentums* derartiges tut (§ 5 Anm. 4 f. und Anm. 101 ff.); nicht darauf, daß er *die Sache selbst* wegnimmt (§ 5 Anm. 12); nicht darauf, aus welchem Motiv weggenommen wird, sondern nur auf die *Tatsache* des Verlustes von Geld und Ware, die das Gesetz nicht zuläßt (§ 5 Anm. 2, 76 f.). Besonders aber auch bei den Fragen zu § 6 und hier vornehmlich heute zu denen der Finanzierungsverträge ist diese wirtschaftliche Betrachtungsweise bedeutsam; s. z. B. § 6 Anm. 109.

Man darf aber nie, weil der Gesetzesinhalt aus dem Interessengegensatz für den Käufer entstanden ist, die Schranken des Gesetzesinhalts nur aus dieser Interessensphäre heraus überschreiten. Deshalb ist z. B. das Abzgesetz anzuwenden, auch wenn im Einzelfall keine soziale Schutzbedürftigkeit des Käufers gegeben ist; BGHZ 15, 241. Dies wird besonders bedeutsam beim Schutz des Käufers gegenüber dem Darlehnsgeber bei Finanzierungsverträgen (§ 6 Anm. 121 ff.) und bei der Frage der Einreden aus dem bürgerlichen Recht gegenüber dem Kreditgeber (§ 6 Anm. 144 ff.).

Anm. 21

3. Für Inhalt und Auslegung des AbzG ist schließlich sein *Verhältnis zum BGB* von entscheidender Bedeutung. Nach Art. 32 EGBGB ist das Gesetz neben dem BGB in Kraft geblieben; es gilt aber das BGB auch für Abzgeschäfte im wesentlichen so, wie wenn das Gesetz von 1894 ein Teil des BGB wäre; s. RGZ 63, 346 ff.

Deshalb beurteilt sich die Nichtigkeit nach §§ 134, 138 BGB; letzteres spielt bei Vertragsklauseln immer wieder eine erhebliche Rolle; s. auch Stichwortverzeichnis unter „Sittenwidrigkeit“. Deshalb steht § 817 Satz 2 BGB gegebenenfalls einem Rückforderungsanspruch entgegen, der sich aus §§ 1—3 des AbzG ergeben würde; s. RGZ 63, 346 ff. Deshalb gelten die Bestimmungen des BGB über den Schutz Minderjähriger und es beurteilt sich die Frage, ob § 1822 Ziff. 5 und 8 BGB auf Abzahlungsgeschäfte Minderjähriger Anwendung findet und auf den Darlehensvertrag bei Kundenfinanzierungsverträgen anzuwenden sind (s. RG JW 1912, 590 und § 1 Anm. 92 f.), ausschließlich nach BGB. Schließlich gilt § 242 (s. Stichwortverzeichnis unter „Treu und Glauben“), dessen Anwendung aber neben genau bestimmten Voraussetzungen des AbzG gewissen Beschränkungen unterliegen kann (s. z. B. § 4 Anm. 65). Über eine Frage des Verhältnisses zum BGB s. auch § 3 Anm. 7.

VI. Bestrebungen zur Reform des Abzahlungsrechtes

Anm. 22

Gegenüber dem in Kraft getretenen AbzG gab es immer Gegner und Reformer auch nachdem durch gewerberechtliche Änderungen der Gesetzgeber eingegriffen hatte (s. oben Anm. 18). Besonders scharf äußerte sich *Bruniecki* DR 1939, 843. Demgegenüber erkennt *Rohling* DRiZ 1934, 340 an, daß gegen ein allgemeines Verbot der Abzgeschäfte im Hinblick auf die Wirtschaftslage erhebliche Bedenken bestehen würden, und begnügt sich mit Reformvorschlägen; ebenso *Alberti* DGWR 1940, 27 ff. Die Reichswirtschaftskammer hat einen Gesetzentwurf über Kreditkäufe am 9. 9. 1938 gefertigt und beim Reichskommissar für das Kreditwesen wurden Vorarbeiten für eine Reform 1937 durchgeführt. In der neueren Zeit, insbesondere nach der Währungsreform, sind Teilfragen einer Reform behandelt worden, besonders von *Klauß* in NJW 1953, 6 ff. und JZ 1955, 70 und von *Lipschitz* in DRiZ 1954, 236 f., während sich einer eingehenden Gesamtprüfung mit Reformvorschlägen *Ewald* in „Das geltende Abzahlungsgesetz und seine Reform“ unterzogen hat. Aus der DDR kann auf den schon in Anm. 15 erwähnten Artikel von *Kraus* hingewiesen werden. Der Sonderausschuß Bankenaufsicht hat übrigens im November 1952 dem Bundeswirtschaftsministerium eine Denkschrift überreicht.

Anm. 23

Unmittelbar an den Gesetzgeber wandte sich ein Gutachten der Bank deutscher Länder im Jahre 1955, das für eine moderne Neufassung des überalterten AbzG eintritt, eine Reihe von Einzelvorschlägen hierzu vorsieht (s. *Ewald* a. a. O., S. 8 f.) und dabei die Höchstgrenze für die Gültigkeit des Gesetzes bei Geschäften von 50 000,— DM schaffen will. Am 14. 10. 1955 hat der Verband der Teilzahlungsbanken auf seiner Würzburger Tagung die gesetzliche Einführung der in den Vereinigten Staaten erprobten „Regulation W“ empfohlen, die das eben genannte Gutachten der Bank deutscher Länder noch für verfrüht gehalten hatte. Diese Regulation hat die doppelte

Aufgabe, in Zeiten der Konjunktur durch Verschärfung der Kreditbedingungen ein Abbremsen des Konsumkredites zu erreichen, in Zeiten der Krise aber durch Erleichterung der Kreditbedingungen neue Kaufkraft zu schaffen. Dazu ist in den Vereinigten Staaten dem Federal Reserve Bord das Recht gegeben, die Höhe der Anzahlungen sowie die Laufzeit der Raten zu verändern, zwischen einer Anzahlung von 33¹/₃ vom Hundert mit 12 monatiger Laufzeit (in Konjunkturzeiten) und 10 %iger Anzahlung mit bis zu 24monatiger Laufzeit (in Krisenzeiten).

Anm. 24

In den Bundestag gelangte schließlich ein Antrag der *SPD-Fraktion vom 20. 1. 1954* (Bundestagsdrucksacke Nr. 197, 2. Wahlperiode), wonach folgende Änderungen beschlossen werden sollten:

1. Nach § 5 wird ein neuer § 5 a eingeführt:

„§ 5 a

Werden Waren zum Verkauf im Weg eines Abzahlungsgeschäfts angeboten, so müssen aus dem Angebot der Barkaufpreis sowie die gesamten Kosten der Kreditgewährung, gegliedert in Kreditzinsen, Bearbeitungsgebühren, Auskunftspesen usw. ersichtlich sein. Dem Käufer ist über die Vertragsbedingungen eine schriftliche Mitteilung auszuhändigen.

Bei Abzahlungsgeschäften (§ 1) muß, wenn der Gesamtkaufpreis 500 Deutsche Mark nicht übersteigt, eine Anzahlung von mindestens 20 v. H. des Gesamtkaufpreises, sonst eine Anzahlung von mindestens 25 v. H. des Gesamtkaufpreises geleistet werden. Übersteigt der Gesamtkaufpreis nicht 1000 Deutsche Mark, so darf sich die vorgesehene Ratenzahlung nicht länger als auch höchstens 12 Monate, gerechnet vom Tage der ersten Zahlungsfälligkeit ab, erstrecken, bei höheren Krediten nicht länger als auf höchstens 24 Monate.

Ist eine nach Absatz 2 vorgeschriebene Anzahlung nicht geleistet worden, so hat der Käufer innerhalb von 6 Wochen nach Vertragsabschluß das Recht, vom Vertrag zurückzutreten und gegen Rückgabe des Kaufgegenstandes die Rückzahlungen seiner Leistungen zu verlangen; Zinsen und Kosten dürfen ihm in diesem Fall nicht aufgerechnet werden. Bei Nichteinhaltung der Bestimmungen über die Laufzeit der Ratenzahlung hat der Käufer, unbeschadet seiner sonstigen Rechte, das Recht, den Abschluß eines den Bestimmungen entsprechenden Vertrages zu verlangen. Eine Vereinbarung durch die diese Rechte ausgeschlossen oder beschränkt werden sollen, ist nichtig."

2. In § 6 treten an Stelle der Worte „§§ 1 bis 5" die Worte „§§ 1 bis 5 a".

3. § 8 erhält folgende Fassung:

„§ 8

Die Bestimmungen dieses Gesetzes, mit Ausnahme des § 5 a, finden keine Anwendung, wenn der Empfänger der Ware als Kaufmann in das Handelsregister eingetragen ist. Auch § 5 a findet keine Anwendung, wenn der Gesamtkaufpreis den Betrag von 100 000 Deutsche Mark übersteigt."

Anm. 24a

Ein weiterer *Antrag der SPD-Fraktion wurde am 19. 6. 1956 eingebracht* (Bundestagsdrucksache 2522, 2. Wahlperiode). Danach sollte bestimmt werden:

Artikel 1

Das Gesetz betreffend die Abzahlungsgeschäfte vom 16. 5. 1894 (Reichsgesetzbl. S. 450) wird wie folgt ergänzt:

Nach § 8 wird folgender § 8 a eingeführt:

„§ 8 a

(1) Der Bundesminister für Wirtschaft kann nach Anhörung der Bank deutscher Länder durch Rechtsverordnung, die der Zustimmung des Bundesrates bedarf, die Höhe von Mindestanzahlungen und Ratenlaufzeiten festsetzen.

(2) Diese Ermächtigung gilt auch für Kredite, die von Teilzahlungskreditinstituten gegeben werden.

Artikel 2

Dieses Gesetz gilt nach Maßgabe des § 13 Abs. 1 des Dritten Überleitungsgesetzes vom 4. 1. 1952 (Bundesgesetzblatt I S. 1) auch im Land Berlin, Rechtsverordnungen, die auf Grund dieses Gesetzes erlassen werden, gelten im Land Berlin nach § 14 des Dritten Überleitungsgesetzes.

Artikel 3

Das Gesetz tritt am Tage nach seiner Verkündung in Kraft."

Zeitlich zwischen diesen beiden Anträgen liegt der *Antrag der CDU-CSU-Fraktion vom 11. 10. 1955* (Bundestagsdrucksache 1752, 2. Wahlperiode), wonach der Bundestag die Bundesregierung ersuchen sollte, unverzüglich eine Novelle zum Gesetz betreffend die Abzahlungsgeschäfte vorzulegen, durch die der Bundesminister für Wirtschaft ermächtigt wird, im Einvernehmen mit der Bank deutscher Länder bei Teilzahlungsgeschäften Mindestsätze für die zu leistende Anzahlung und Vorschriften für die Begrenzung der Teilzahlungsraten zu erlassen.

Zu dem Vorschlag in der Bundestagsdrucksache Nr. 197 sind eingehende Stellungnahmen dem Bundestag zugegangen, so besonders eine Stellungnahme des Zentralverbandes des Kraftfahrzeughandels und Gewerbes e. V., Frankfurt vom 16. 3. 1954, eine Stellungnahme des Wirtschaftsverbandes Teilzahlungsbanken, Düsseldorf vom 3. 3. 1954, eine Entschließung des Wirtschaftsbeirates der Union, München vom 30. 4. 1954, eine Stellungnahme des Gesamtverbandes des Deutschen Groß- und Außenhandels e. V., Bonn (mit zahlreichen Anlagen), eine Stellungnahme des Deutschen Genossenschaftsverbandes, Wiesbaden vom 21. 6. 1954. Sie alle enthalten, wenn sie auch weitgehend von gewissen Interessenlagen mit bestimmt sind, wichtiges Material.

Die gesamten Anträge sind über einige Ausschußberatungen im zweiten Bundestag nicht hinausgekommen.

Anm. 24b

Am 4. März 1964 erfolgte dann die 1. Lesung zweier gänzlich neuer Entwürfe eines Abzahlungsgesetzes. Es handelte sich um den Entwurf der *Fraktionen der CDU-CSU, FDP vom 24. 1. 1964* (BT-Drucksache IV/1864 neu) und die der *SPD vom 5. 2. 1964* (BT-Drucksache IV/1895); s. Anm. 24c. Der Entwurf der CDU/CSU, FDP lautete wie folgt:

Der Bundestag hat mit Zustimmung des Bundesrates das folgende Gesetz beschlossen:

§ 1

(1) Abzahlungsgeschäfte im Sinne dieses Gesetzes sind

1. Kaufverträge über bewegliche Sachen, bei denen der Kaufpreis in Teilzahlungen zu entrichten und die Kaufsache dem Käufer vor der vollständigen Entrichtung des Kaufpreises zu übergeben ist;
2. Geschäfte, bei denen ein wirtschaftlich gleicher Erfolg auf andere Weise insbesondere dadurch erreicht wird, daß ein Dritter dem Käufer ein zur Tilgung des Kaufpreises bestimmtes und in Raten zurückzuerstattendes Darlehen gewährt.

(2) Werklieferungsverträge stehen bei Anwendung dieses Gesetzes den Kaufverträgen gleich.

(3) Auf Abzahlungsgeschäfte, die ein Kaufmann oder Gewerbetreibender als Käufer im Rahmen seines Gewerbebetriebes abgeschlossen hat, findet das Gesetz keine Anwendung.

§ 2

(1) Stellt ein Kaufvertrag ein Abzahlungsgeschäft dar, so hat der Verkäufer bei Abschluß des Kaufvertrages dem Käufer eine Kaufbestätigung auszuhändigen.

(2) Die Kaufbestätigung muß folgende Angaben enthalten:

1. die Vertragsteile,
2. die Bezeichnung der gekauften Sache,
3. den Preis, der im Falle sofortiger Barzahlung zu entrichten wäre (Barpreis),
4. den bar zu entrichtenden Teil des Preises (Anzahlung),
5. den Unterschied zwischen Barpreis und Anzahlung (Restpreis),
6. den Zeitraum bis zur vollständigen Tilgung des Restpreises (Laufzeit),
7. den Teilzahlungsaufschlag, aufgegliedert nach
   a) den von der Laufzeit und der Höhe des Restpreises abhängigen Teilzahlungskosten unter Angabe der Berechnungsweise,
   b) den sonstigen Teilzahlungskosten unter Angabe von Grund und Höhe,
8. die Summe, die sich aus den unter Nummern 3 und 7 angeführten Beträgen ergibt (Teilzahlungsendpreis),
9. den Betrag, die Zahl und die Fälligkeit der einzelnen Teilzahlungen.

(3) Für Abzahlungsgeschäfte der in § 1 Abs. 1 Nr. 2 bezeichneten Art gelten die Vorschriften der Absätze 1 und 2 sinngemäß.

§ 3

(1) Sind in einer nach § 2 auszuhändigenden Kaufbestätigung Vertragsbedingungen enthalten, so müssen diese deutlich lesbar wiedergegeben sein. Dies gilt insbesondere, wenn der Verkäufer sich das Eigentum an dem Kaufgegenstand oder das Recht vorbehält, bei Vorliegen bestimmter Umstände vom Vertrag zurückzutreten, oder wenn die Sicherungsübereignung des Kaufgegenstandes an den Verkäufer oder einen Dritten vorgesehen oder eine Vereinbarung über den Erfüllungsort oder über den Gerichtsstand getroffen ist.

(2) Wird ein Abzahlungsgeschäft mit einem Reisevertreter abgeschlossen (§ 6), so sind in der Kaufbestätigung § 6 und im Falle einer Vereinbarung, aus der sich ein anderer als der allgemeine Gerichtsstand des Käufers ergibt, § 8 im vollen Wortlaut in einem sich von dem übrigen Text der Kaufbestätigung deutlich hervorhebenden Druck wiederzugeben.

(3) Der Verkäufer kann sich auf Vereinbarungen, die in der Kaufbestätigung nicht enthalten sind, nicht berufen.

§ 4

(1) Stellt ein Kaufvertrag ein Abzahlungsgeschäft dar und ist dem Käufer keine oder eine den Vorschriften des § 2 oder des § 3 nicht genügende Kaufbestätigung ausgehändigt worden, so wird eine Verbindlichkeit in Höhe des Unterschiedes zwischen dem Teilzahlungsendpreis und dem Barpreis nicht begründet. Der Käufer ist in diesem Falle berechtigt, den Barpreis in Teilbeträgen nach dem Verhältnis und in den Fälligkeitszeitpunkten der vereinbarten Teilzahlungen zu entrichten.

(2) Ist bei einem Abzahlungsgeschäft der in § 1 Abs. 1 Nr. 2 bezeichneten Art keine oder eine den Vorschriften des § 2 oder des § 3 nicht genügende Bestätigung ausgehändigt worden, so wird eine Verbindlichkeit in Höhe des Unterschiedes zwischen der Darlehensendschuld und dem Darlehensbetrag nicht begründet. Absatz 1 Satz 2 gilt entsprechend.

§ 5

Eine Vereinbarung, nach der bei einem Abzahlungsgeschäft die Nichterfüllung der dem Käufer obliegenden Verpflichtungen die Fälligkeit der Restschuld zur Folge haben soll, ist nur wirksam für den Fall, daß er mit mindestens zwei Teilzahlungen ganz oder teilweise im Verzug ist und der Betrag, mit dessen Zahlung er im Verzug ist, mindestens dem zehnten Teil des Teilzahlungsendpreises oder bei Abzahlungsgeschäften der in § 1 Abs. 1 Nr. 2 bezeichneten Art mindestens dem zehnten Teil der entsprechenden Darlehensschuld gleichkommt.

§ 6

(1) Wer als Käufer ein Abzahlungsgeschäft außerhalb der Geschäftsräume des Verkäufers abgeschlossen hat, ist berechtigt, von diesem Geschäft innerhalb einer Woche seit dem Abschluß zurückzutreten.

(2) Wer als Käufer außerhalb der Geschäftsräume des Verkäufers einen Antrag auf Abschluß eines Abzahlungsgeschäftes gestellt hat,

ist berechtigt, den Antrag innerhalb einer Woche seit Abgabe der Erklärung zu widerrufen, ohne Rücksicht darauf, ob der andere Teil den Antrag bereits angenommen hat.

(3) Zur Wahrung der Frist in den Fällen der Absätze 1 und 2 genügt die rechtzeitige Absendung der Erklärung.

(4) Absätze 1 und 2 finden auf Abzahlungsgeschäfte, die auf Messen und Ausstellungen geschlossen werden, keine Anwendung.

§ 7

(1) Steht bei einem Abzahlungsgeschäft dem Verkäufer kraft Gesetzes oder Vertrages das Recht zu, wegen Nichterfüllung der dem Käufer obliegenden Verpflichtungen von dem Vertrag zurückzutreten, so ist im Falle dieses Rücktritts jeder Teil verpflichtet, dem anderen Teil die empfangenen Leistungen zurückzugewähren.

(2) Im Falle des Rücktritts nach Absatz 1 hat der Käufer dem Verkäufer für die infolge des Vertrages gemachten Aufwendungen sowie für solche Beschädigungen der Sache Ersatz zu leisten, die durch ein Verschulden des Käufers oder durch einen sonstigen von ihm zu vertretenden Umstand verursacht sind. Für die Überlassung des Gebrauchs oder der Benutzung ist deren Wert zu vergüten, wobei die inzwischen eingetretene Wertminderung der Sache zu berücksichtigen ist. Auf die Festsetzung der Höhe der Vergütung sind die Vorschriften des § 287 Abs. 1 der Zivilprozeßordnung entsprechend anzuwenden.

(3) Die nach den Absätzen 1 und 2 begründeten gegenseitigen Verpflichtungen sind Zug um Zug zu erfüllen.

(4) Als Ausübung des Rücktrittsrechts gilt es auch, wenn der Verkäufer die Sache aufgrund der Rechte aus einem Eigentumsvorbehalt oder einer Sicherungsübereignung wieder an sich genommen oder eine sonstige dem gleichkommende Handlung vorgenommen hat.

(5) Vereinbarungen, die zum Nachteil des Käufers von den Vorschriften der Absätze 1 bis 4 abweichen, sind nichtig.

(6) Für Abzahlungsgeschäfte der in § 1 Abs. 1 Nr. 2 bezeichneten Art gelten die Vorschriften der Absätze 1 bis 5 sinngemäß.

§ 8

(1) Macht der Verkäufer oder ein Dritter Ansprüche aus einem Abzahlungsgeschäft der in § 6 aufgeführten Art gegen den Käufer vor einem anderen als dem Gericht anhängig, bei dem der Käufer seinen allgemeinen Gerichtsstand hat, so hat das Gericht, sofern der Käufer vor der Verhandlung zur Hauptsache dies beantragt, durch Beschluß

den Rechtsstreit an das Gericht zu verweisen, bei dem der Käufer seinen allgemeinen Gerichtsstand hat.

(2) Ist der Antrag in einem vorbereitenden Schriftsatz gestellt, so kann über den Antrag ohne mündliche Verhandlung entschieden werden. Wird die Verweisung beschlossen, so gilt der Rechtsstreit mit der Zustellung des Beschlusses als bei dem im Beschluß bezeichneten Gericht anhängig.

(3) Im übrigen sind die Vorschriften des § 276 Abs. 2, Abs. 3 Satz 1 der Zivilprozeßordnung anzuwenden.

§ 9

Dieses Gesetz gilt nach Maßgabe des § 13 des Dritten Überleitungsgesetzes vom 4. Januar 1952 (Bundesgesetzbl. I S. 1) auch im Land Berlin.

§ 10

(1) Dieses Gesetz tritt am ... in Kraft.

(2) Mit dem Inkrafttreten dieses Gesetzes tritt das Gesetz betreffend die Abzahlungsgeschäfte vom 16. Mai 1894 (Reichsgesetzbl. S. 450) außer Kraft.

Anm. 24c

Der SPD-Entwurf vom 5. 2. 1964 (BT Dr. IV/1895) lautete:

Der Bundestag hat das folgende Gesetz beschlossen:

§ 1

Kaufverträge als Teilzahlungsverträge

Teilzahlungsverträge im Sinne dieses Gesetzes sind Kaufverträge über bewegliche Sachen, deren Kaufpreis außer der Anzahlung in mindestens zwei nach Übergabe der Sache fälligen Teilzahlungen zu begleichen ist, es sei denn, daß der Verkäufer den Kaufvertrag nicht in Ausübung eines Gewerbes abgeschlossen hat oder daß der Käufer Kaufmann ist.

§ 2

Darlehnsverträge als Teilzahlungsverträge

(1) Teilzahlungsverträge im Sinne dieses Gesetzes sind auch Darlehnsverträge, die der Käufer auf Veranlassung des Verkäufers vor, bei oder nach Abschluß eines Kaufvertrages gemäß § 1 mit einem Darlehnsgeber zur Finanzierung der Teilzahlungen abschließt, es sei denn, daß der Darlehnsgeber nicht in Ausübung eines Gewerbes handelt.

(2) Ist ein Darlehnsvertrag ein Teilzahlungsvertrag im Sinne dieses Gesetzes, so gehen alle Rechte des Verkäufers aus dem Kaufvertrag einschließlich der Rechte, die sich aus diesem Gesetz ergeben, auf den Darlehnsgeber über. Weitergehende Rechte aus dem Darlehnsvertrag sind ausgeschlossen.

(3) Alle Rechte des Käufers aus dem Kaufvertrag einschließlich der Rechte, die sich aus diesem Gesetz ergeben, stehen dem Käufer auch gegenüber dem Darlehnsgeber zu. Der Anspruch auf Erfüllung sowie etwaige Ansprüche auf Nachbesserung oder Austausch der gekauften Sache kann jedoch nur dem Verkäufer gegenüber geltend gemacht werden unbeschadet des Rechts, die Ansprüche wegen Nichterfüllung auch insoweit dem Darlehnsgeber gegenüber geltend zu machen.

§ 3

Umgehungsverträge

Die Vorschriften dieses Gesetzes sind auf Verträge, die darauf abzielen, die Zwecke eines Teilzahlungsvertrages in einer anderen Rechtsform, insbesondere durch mietweise Überlassung der Sache, zu erreichen, entsprechend anzuwenden, gleichviel ob dem Empfänger der Sache ein Recht, später daran Eigentum zu erwerben, eingeräumt ist oder nicht.

§ 4

Schriftform und Inhalt des Teilzahlungsvertrages

Der Teilzahlungsvertrag bedarf der Schriftform. Die Vertragsurkunde ist in mindestens zweifacher Ausfertigung zu errichten und muß enthalten

1. die Bezeichnung „Teilzahlungsvertrag" in der Überschrift der Urkunde, die gegenüber dem übrigen Text deutlich hervorgehoben sein muß;
2. Firma und Namen, gewerbliche Niederlassung und Wohnsitz, in Ermangelung eines solchen den gewöhnlichen Aufenthaltsort der Parteien;
3. die genaue Bezeichnung des Vertragsgegenstandes und den Zeitpunkt seiner Übergabe an den Käufer;
4. den Barzahlungspreis;
5. die genaue Angabe der Teilzahlungskosten, wenn solche gefordert werden, und zwar aufgegliedert nach
   a) Bearbeitungsgebühren und Auskunftsspesen in Deutsche Mark und Prozenten vom Barzahlungspreis,

b) Teilzahlungszinsen in Deutsche Mark und Jahresprozenten von dem jeweils noch ausstehenden Kaufpreisrest,

c) Kreditversicherungskosten in Deutsche Mark und in Jahresprozenten vom Barzahlungspreis oder vom jeweils noch ausstehenden Kaufpreisrest,

d) den gesamten Teilzahlungskosten in Deutsche Mark und Prozenten vom Barzahlungspreis;

6. den Betrag der zu leistenden Anzahlung und den Zeitpunkt ihrer Fälligkeit;
7. Anzahlung und Betrag der einzelnen Teilzahlungen und Zeitpunkt ihrer Fälligkeit;
8. die Rechtsfolgen, die eintreten, wenn vor Fälligkeit der einzelnen Teilzahlungen der gesamte Kaufpreis auf einmal beglichen wird;
9. Ort und Datum der Vertragsunterzeichnung.

Die Reihenfolge der Nummern 1 bis 8 ist einzuhalten; andere Vertragsbedingungen sind räumlich abzuheben.

§ 5

Barzahlungspreis

(1) Barzahlungspreis ist der Preis, den der Verkäufer zur Zeit des Vertragsabschlusses allgemein fordert, wenn spätestens bei Übergabe der verkauften Sache der volle Preis entrichtet wird.

(2) Wird in der Vertragsurkunde der Barzahlungspreis zu hoch angegeben, so hat der Käufer nur den wirklichen Barzahlungspreis und die aus ihm errechneten Teilzahlungskosten zu zahlen.

§ 6

Anzahlung

(1) Der Käufer ist verpflichtet, eine Anzahlung in Höhe von mindestens 20 vom Hundert des Barzahlungspreises zu leisten. Die Anzahlung ist bei Wirksamwerden des Vertrages (§ 9) fällig und darf nicht gestundet werden.

(2) Ist die Anzahlung ganz oder teilweise nicht geleistet worden, nachdem sie fällig und die Sache übergeben worden ist, so erlischt der Anspruch auf Zahlung des Kaufpreises in Höhe der nicht geleisteten Anzahlung.

§ 7

Rechtsverordnungen

Der Bundesminister für Wirtschaft kann nach Anhörung der Deutschen Bundesbank durch Rechtsverordnung

1. im Falle einer ernsten Gefahr für die Vollbeschäftigung die Mindesthöhe der Anzahlung auf 15 vom Hundert oder 10 vom Hundert herabsetzen,

2. im Falle einer ernsten Gefahr für die Preisstabilität die Mindesthöhe der Anzahlung auf 25 vom Hundert oder 30 vom Hundert heraufsetzen; in diesem Falle kann durch die Rechtsverordnung auch die Höchstdauer der Laufzeit der Teilzahlungen, beginnend von der Übergabe der Sache an, bis auf zwei Jahre begrenzt werden; bestimmt die Rechtsverordnung die Höchstdauer der Laufzeit, so ist eine nachträgliche Stundung der Teilzahlung über die zulässige Höchstdauer der Laufzeit hinaus zulässig, wenn sich die wirtschaftliche Lage des Käufers nach Vertragsabschluß wesentlich verschlechtert hat.

§ 8

Schriftform der Zustimmung des gesetzlichen Vertreters

Ist der Verkäufer oder Käufer minderjährig, so ist die Zustimmung des gesetzlichen Vertreters zum Teilzahlungsvertrag schriftlich zu erteilen.

§ 9

Wirksamwerden des Teilzahlungsvertrages

Der Teilzahlungsvertrag wird nach Ablauf einer Woche nach Aushändigung der Vertragsurkunde an den Käufer wirksam, sofern nicht der Käufer innerhalb dieser Frist den Vertragsabschluß widerruft. Die Frist beginnt nur zu laufen, wenn der Käufer über sein Widerrufsrecht belehrt worden ist. Die Belehrung darf nicht vor Aushändigung der Urkunde erfolgen und muß dem Käufer schriftlich auf einem besonderen Blatt ausgehändigt werden.

§ 10

Wechselverbot

(1) Für den Anspruch auf die Anzahlung und die einzelnen Teilzahlungen darf eine Wechselschuld nicht begründet werden, wenn der Barzahlungspreis nicht mehr als 3000 DM beträgt.

(2) Der Käufer kann jederzeit vom Verkäufer die Herausgabe des Wechsels verlangen, der entgegen dem Verbot des Absatzes 1 begeben worden ist. Der Verkäufer haftet für jeden Schaden, der dem Käufer aus dieser Wechselbegebung entsteht.

§ 11

Zahlungsverzug des Käufers

Für den Fall des Zahlungsverzugs des Käufers können die gesetzlichen Verzugsfolgen durch Vertrag nur zugunsten des Käufers geändert werden.

§ 12

Vorzeitige Fälligkeit der Teilzahlungen

(1) Dem Verkäufer steht das Recht zu, dem Käufer eine Zahlungsfrist von mindestens zwei Wochen zu setzen, innerhalb deren die noch ausstehenden Teilzahlungen unabhängig von ihrer vertraglichen Fälligkeit zu zahlen sind, wenn

1. der Käufer mit mindestens drei aufeinanderfolgenden Teilzahlungen ganz oder teilweise, jedoch mindestens mit 30 vom Hundert des Barzahlungspreises in Verzug ist,
2. der Käufer über erhebliche Tatsachen, die seine Kreditwürdigkeit betreffen, vorsätzlich oder grobfahrlässig falsche Angaben gemacht hat und der Verkäufer bei Kenntnis der wahren Sachlage den Teilzahlungsvertrag nicht abgeschlossen hätte,
3. der Käufer seinen Wohnsitz oder gewöhnlichen Aufenthaltsort nach dem Vertragsabschluß außerhalb des Geltungsbereiches dieses Gesetzes verlegt hat oder zu verlegen im Begriff ist,
4. der Käufer seine Erwerbstätigkeit aufgibt und dadurch ohne nennenswertes Einkommen ist, es sei denn, daß er für die Sicherungszwecke des Verkäufers ausreichendes pfändbares Vermögen hat,
5. eine Zwangsvollstreckung in das Vermögen des Käufers erfolglos betrieben worden ist,
6. der Käufer oder eine in seinem Haushalt wohnende Person die unter Eigentumsvorbehalt des Verkäufers gekaufte Sache vorsätzlich oder grobfahrlässig zerstört oder über die gewöhnliche Abnützung hinaus wesentlich verschlechtert, es sei denn, daß der Käufer für die Sicherungszwecke des Verkäufers ausreichendes pfändbares Vermögen hat.

(2) Nach Ablauf der Zahlungsfrist ist der Käufer zur Zahlung des Kaufpreisrestes verpflichtet. Die Zahlungsverpflichtung kann der Käufer durch Sicherheitsleistung abwenden.

§ 13

Rücktritt des Verkäufers

(1) Nach fruchtlosem Ablauf der Zahlungsfrist kann der Verkäufer vom Vertrag zurücktreten. Der Rücktritt ist ausgeschlossen, wenn die

in diesem Zeitpunkt bestehende Zahlungsverpflichtung des Käufers nicht höher ist als 25 vom Hundert des Barzahlungspreises; die Verzugskosten bleiben hierbei außer Betracht.

(2) Im Falle des Rücktritts nach Absatz 1 Satz 1 sind beide Parteien verpflichtet, einander die empfangenen Leistungen zurückzugewähren. Darüber hinaus kann der Verkäufer vom Käufer nur verlangen

1. die vom Verkäufer infolge des Vertragsabschlusses gemachten tatsächlichen Aufwendungen, die allgemeine Geschäftskosten nicht enthalten dürfen; von den vom Verkäufer gezahlten Versicherungsprämien ist nur die Kreditversicherungsprämie erstattungspflichtig;
2. Ersatz für die seit der Übergabe der Sache eingetretene Wertminderung, einschließlich von etwaigen Reparaturkosten, die der Verkäufer wegen einer vom Käufer zu vertretenden Beschädigung der Sache vornimmt; im Falle der gewöhnlichen Abnutzung der Sache ist die Wertminderung in der Regel unter Berücksichtigung der seit der Gebrauchsüberlassung verstrichenen Zeit in Vomhundertsätzen vom Barzahlungspreis zu bemessen; der Bundesminister für Wirtschaft kann durch Rechtsverordnung für einzelne Gebrauchsgüter oder Gruppen von Gebrauchsgütern die Vomhundertsätze festsetzen; vor der Festsetzung soll der Bundesminister für Wirtschaft die Verbände der jeweiligen Hersteller, Groß- und Einzelhändler, der Finanzierungsinstitute sowie der Verbraucher anhören;
3. die Kosten des Rücktransports der gekauften Sache vom Käufer zum Verkäufer.

Die insgesamt nach Absatz 2 Satz 2 vom Käufer zu zahlenden Kosten dürfen 90 vom Hundert des Barzahlungspreises nicht übersteigen.

(3) Die Ansprüche aus Absatz 2 sind Zug um Zug zu erfüllen. Sie können nur in der Weise geltend gemacht werden, daß gleichzeitig die Erfüllung des Gegenanspruchs angeboten wird. Enthält in einem Rechtsstreit das mündliche Vorbringen des Klägers keine tatsächlichen Angaben über den Gegenanspruch, so ist der Klageantrag als nicht gerechtfertigt anzusehen.

(4) Ergibt sich für den Verkäufer nach erklärtem Rücktritt, daß die verkaufte Sache zerstört oder so wesentlich verschlechtert ist, daß ihr ein gemeiner Wert nicht mehr oder nur ein solcher von weniger als 10 vom Hundert des Barzahlungspreises beizulegen ist, so kann er anstelle seiner Ansprüche aus Absatz 2 einen Anspruch auf Schaden-

ersatz in Höhe der noch nicht geleisteten vertraglichen Teilzahlungen zuzüglich der Verzugskosten geltend machen.

§ 14

Pfändung der verkauften Sache

Die Rechtsfolgen des § 13 Abs. 2 treten auch ein, wenn der Verkäufer wegen der Teilzahlungsforderungen die verkaufte Sache im Wege der Zwangsvollstreckung pfänden läßt. In einem Rechtsstreit gilt § 13 Abs. 3 entsprechend.

§ 15

Vorbehaltseigentum des Verkäufers

(1) Hat sich der Verkäufer das Eigentum an der verkauften Sache bis zur vollständigen Zahlung des Kaufpreises vorbehalten, so darf er dem Käufer gegenüber den Herausgabeanspruch aus dem Eigentum nur bei oder nach erklärtem Rücktritt geltend machen. Macht der Verkäufer seinen Anspruch auf Schadenersatz nach § 13 Abs. 4 geltend, so kann er dem Käufer gegenüber den Herausgabeanspruch nicht geltend machen; der Vorbehalt erlischt, wenn der Schadenersatzanspruch erfüllt ist.

(2) Das Sicherungseigentum des Darlehnsgebers (§ 2) steht dem Vorbehaltseigentum des Verkäufers gleich.

§ 16

Abweichende Vereinbarungen

Vereinbarungen der Parteien, die den Vorschriften dieses Gesetzes zuwiderlaufen, sind nichtig. Dies gilt nicht für Vereinbarungen, die zugunsten des Käufers die Ausübung der Rechte des Verkäufers nach den §§ 12 bis 15 ausschließen oder an strengere Voraussetzungen knüpfen.

§ 17

Gerichtsstand

(1) Für alle Klagen aus dem Teilzahlungsvertrag ist das Gericht ausschließlich zuständig, in dessen Bezirk der Käufer zur Zeit der Klageerhebung seinen Wohnsitz, in Ermangelung eines solchen seinen gewöhnlichen Aufenthaltsort hat.

(2) Hat der Käufer zur Zeit der Klageerhebung im Geltungsbereich dieses Gesetzes keinen Wohnsitz oder gewöhnlichen Aufenthaltsort, so ist das Gericht ausschließlich zuständig, in dessen Bezirk der Verkäufer seine gewerbliche Niederlassung, in Ermangelung einer solchen seinen Wohnsitz oder gewöhnlichen Aufenthaltsort hat.

§ 18

Berlin-Klausel

Dieses Gesetz gilt nach Maßgabe des § 13 Abs. 1 des Dritten Überleitungsgesetzes vom 4. Januar 1952 (Bundesgesetzbl. I S. 1) auch im Land Berlin. Rechtsverordnungen, die aufgrund dieses Gesetzes erlassen werden, gelten im Land Berlin nach § 14 des Dritten Überleitungsgesetzes.

§ 19

Inkrafttreten

(1) Dieses Gesetz tritt am   in Kraft.

(2) Im gleichen Zeitpunkt tritt das Gesetz betr. die Abzahlungsgeschäfte vom 16. Mai 1894 (Reichsgesetzbl. S. 450) außer Kraft. Es bleibt jedoch auch nach diesem Zeitpunkt anwendbar auf Verträge, die vor Inkrafttreten dieses Gesetzes abgeschlossen worden sind.

Auch dieser Entwurf wurde nicht Gesetz. Im einzelnen s. BB 64, 398, 522; BB 65, 876; *Lipschütz* DB 63, 855; *Kisseler* DB 64, 1652 (ausführlich); *Kaminsky* TW 64, 73; ferner der *Wirtschaftsverband e.V.* in TW 64, 219 sowie *Priggert* TW 60, 154, 193 u. TW 61, 8, 43. Zu Reformvorschlägen s. bes. *Ewald* in „Das neue Teilzahlungsrecht" *Arbeitskreis für Absatzfragen* Heft 7 und *Klauß* TW 59, 116.

Anm. 24d

Nach dem Scheitern dieser beiden Entwürfe eines völlig neuen Abzahlungsgesetzes brachte die Fraktion der *SPD* einen das geltende AbzG lediglich ändernden *Entwurf ein* (*vom 29. 11. 67*; BT-Drucksache V/2309).

BTDr. V/2309

Der Bundestag hat das folgende Gesetz beschlossen:

Artikel 1

Das Gesetz betreffend die Abzahlungsgeschäfte vom 16. Mai 1894 (Reichsgesetzbl. S. 450) wird wie folgt geändert:

1. Nach § 1 werden folgende §§ 1 a und 1 b eingefügt:

„§ 1 a

(1) Die auf den Vertragsschluß gerichtete Willenserklärung des Käufers bedarf der schriftlichen Form. Sie muß insbesondere enthalten
1. den Barzahlungspreis,
2. den Teilzahlungspreis,
3. den Betrag, die Zahl und die Fälligkeit der einzelnen Teilzahlungen.

Der Barzahlungspreis ist der Preis, den der Verkäufer zur Zeit des Vertragsschlusses allgemein fordert, wenn spätestens bei Übergabe der Kaufsache der volle Preis zu entrichten ist. Der Teilzahlungspreis besteht aus dem Gesamtbetrag von Anzahlung und allen vom Käufer zu entrichtenden Raten einschließlich Zinsen und sonstigen Kosten.

(2) Genügt die Willenserklärung des Käufers nicht den Anforderungen des Absatzes 1, so kommt der Vertrag erst zustande, wenn die Kaufsache dem Käufer übergeben wird. Jedoch wird in diesem Falle eine Verbindlichkeit in Höhe des Unterschieds zwischen dem Teilzahlungspreis und dem Barzahlungspreis nicht begründet; der Käufer ist nur verpflichtet, den Unterschied zwischen dem Barzahlungspreis und einer von ihm geleisteten Anzahlung in Teilbeträgen nach dem Verhältnis und in den Fälligkeitspunkten der vereinbarten Raten zu entrichten. Ist ein Barzahlungspreis nicht genannt, so gilt im Zweifel der Marktpreis als Barzahlungspreis.

§ 1 b

(1) Ist der Käufer durch mündliche Verhandlungen außerhalb der ständigen Geschäftsräume des Verkäufers dazu bestimmt worden, eine auf Abschluß eines Abzahlungsgeschäfts gerichtete Willenserklärung abzugeben, so ist er an diese Erklärung nur gebunden, wenn er sie nicht dem Verkäufer gegenüber binnen einer Frist von einer Woche schriftlich widerruft; dies gilt auch dann, wenn der Verkäufer keine ständigen Geschäftsräume hat. Den ständigen Geschäftsräumen stehen Räume und Verkaufsstände des Verkäufers auf Messen und Märkten gleich.

(2) Zur Wahrung der Frist genügt die rechtzeitige Absendung des Widerrufs. Der Lauf der Frist beginnt erst, wenn der Verkäufer dem Käufer eine schriftliche Belehrung über sein Recht zum Widerruf ausgehändigt hat. Ist streitig, ob oder zu welchem Zeitpunkt die Belehrung dem Käufer ausgehändigt worden ist, so trifft die Beweislast den Verkäufer.

(3) Das Recht zum Widerruf besteht nicht,

1. wenn der Käufer seine Willenserklärung später als eine Woche seit dem Ende der Verhandlungen abgegeben hat;
2. bei Abzahlungsgeschäften über Sachen, die ganz oder überwiegend zum Gebrauch oder Verbrauch für die Erwerbstätigkeit oder das Gewerbe des Käufers bestimmt sind, es sei denn, daß es sich lediglich um eine Nebentätigkeit handelt;
3. wenn der Käufer die Verhandlungen selbst angebahnt hat.

(4) Auf das Recht zum Widerruf kann nicht verzichtet werden."

2. Nach § 6 wird folgender § 6 a eingeführt:

„§ 6 a

Für Klagen aus Abzahlungsgeschäften ist das Gericht ausschließlich zuständig, in dessen Bezirk der Käufer zur Zeit der Klageerhebung seinen Wohnsitz, in Ermangelung eines solchen seinen gewöhnlichen Aufenthaltsort hat."

Artikel 2

(1) Die Vorschriften des Artikels 1 Nr. 1 sind auf Abzahlungsgeschäfte, die vor dem Inkrafttreten dieses Gesetzes abgeschlossen worden sind, nicht anzuwenden.

(2) Die Vorschriften des Artikels 1 Nr. 2 finden auch Anwendung auf Klagen aus Abzahlungsgeschäften, die vor dem Inkrafttreten dieses Gesetzes abgeschlossen worden sind.

Artikel 3

Dieses Gesetz gilt nach Maßgabe des § 13 Abs. 1 des Dritten Überleitungsgesetzes vom 4. Januar 1952 (Bundesgesetzbl. I S. 1) auch im Land Berlin.

Artikel 4

Dieses Gesetz tritt am in Kraft.

Dieser Entwurf wurde vom BT am 13. 12. 67 an den federführenden Rechtsausschuß sowie den mitberatenden Ausschuß für Wirtschafts- und Mittelstandsfragen überwiesen. Der Rechtsausschuß beriet die Vorlage in 5 Sitzungen.

Hinsichtlich des vom BT am 3. 7. 1969 kurz vor Ende der Legislaturperiode verabschiedeten Gesetzes zur Änderung des AbzG (BT-Drucksache V/2309, V 4521, zu V/4521) beschloß der BR am 10. 7. 69 zu verlangen, daß der Vermittlungsausschuß gem. Art. 77 II GG einberufen wird. Streitpunkt war § 1 b des Entwurfs, der dem Käufer ein Widerrufsrecht einräumte. Gegen diese Regelung wurde in der Hauptsache vorgebracht, daß sie mit dem im Zivilrecht geltenden Grundsatz „pacta sunt servanda" nicht in Einklang gebracht werden könne, daß ein echter Käuferschutz gegen Schwindelfirmen nicht bestünde, da der Käufer die Unredlichkeit des Verkäufers meist erst nach Ablauf der Wochenfrist entdecke, daß die Vorschrift eine Diskriminierung des Reisegewerbes darstelle, verfassungsrechtlich bedenklich, Art. 3 GG, und für den Händler oft sehr unpraktikabel sei, wenn er eine Woche über die Vertragsbindung im Unklaren gelassen wird.

Da sich eine Mehrheit des BT für den § 1 b des Entwurfs nicht fand, ließ man das Herzstück des Reformgesetzes („das Salz in der

Suppe" MdB Elbrächter) fallen, um nicht das ganze Gesetz zum Scheitern zu bringen. Der Vermittlungsausschuß empfahl am 16. 7. 69 das Gesetz in der vom BT beschlossenen Fassung zu bestätigen.

Es wurde am 4. 9. 1969 im BGBl. Teil I S. 1541 ff. veröffentlicht.

VII. Rechtsvergleichung

Anm. 25

Platon hat den Gesetzgebern der griechischen Städte den Rat gegeben, die Gesetze der anderen Städte aufzunehmen, wenn sie besser sind, ohne Rücksicht auf deren fremden Charakter. Diesem Zweck des Lernens aus den Erfahrungen anderer für das Recht des eigenen Landes hat die Rechtsvergleichung in besonderem Maß zu dienen, da ihr höherer Zweck der Rechtsvereinheitlichung für dieses Gebiet derzeit sicher noch nicht in Betracht kommen kann; s. *Zajtay*, Rezeption fremder Rechte und Rechtsvergleichung, AcP 156, 361 ff.

Diese Rechtsvergleichung ist um so wichtiger als die in absehbarer Zeit sicher kommende Reform des AbzG nicht nur aus den Verhältnissen in Deutschland die Nutzanwendung für das Gesetz ziehen soll, sondern sie zweckmäßigerweise auch aus den internationalen Erfahrungen ziehen wird. Trotzdem soll in der Einleitung zu einem Kommentar des geltenden Rechts nicht die Rechtsvergleichung, die ein eigenes Wissensgebiet bedeutet, als solche mitbehandelt werden, es soll aber wegen ihrer Bedeutung auf einige Fundstellen verwiesen werden.

Dabei ist zunächst wieder, wie auch an verschiedenen Stellen im Kommentar, auf das Werk von *Rühl*, Eigentumsvorbehalt und Abzahlungsgeschäft, 1930 hinzuweisen, das im Gesetzesverzeichnis, S. 330 ff., die damals einschlägigen Gesetze folgender Länder zusammenstellt: Österreich, Schweiz, Frankreich, Belgien, Italien, Rumänien, England, Vereinigte Staaten von Nordamerika und skandinavische Staaten und außerdem auf S. 216 zum Österreichischen Recht einige Hinweise bringt. Einen guten Einblick in das Teilzahlungsrecht der westeuropäischen Länder und der USA vermittelt ein Bericht in TW 59, 178-208. Ferner wird auf die Abhandlung von *Priggert* „Das Abzahlungsgeschäft und seine gesetzliche Regelung im Spiegel der Rechtsordnungen verschiedener europäischer Länder" hingewiesen, TW 58, 122, 189; 59, 22, 57, 32, 120. Über das *Österreichische* Gesetz von 1896 und einen nicht Gesetz gewordenen Entwurf der Dreißiger Jahre enthält eingehende Ausführungen *Crisolli*, 4. Aufl. S. 32—57 u. Literatur hierzu auf S. 66. Dieses Gesetz wurde abgelöst durch das *Ratengesetz* vom 15. 11. 1961 (öBGBl. Nr. 279). *Erdsiek* erörtert in

NJW 61,1806 den diesem Gesetz vorausgegangenen Regierungsentwurf („Probleme des Kundenschutzes im Abzahlungsgeschäft — Ausländische Reformbestrebungen, insbesondere der österreichische Regierungsentwurf"). Vgl. dazu *Ewald* MDR 62, 941 („Das neue österr. Gesetz über das Abzahlungsgeschäft"). S. auch *Mayerhofer*, Das Abzahlungsgeschäft nach dem neuen Ratengesetz mit vergleichenden Hinweisen auf das ausländische Recht, Wien, Springerverlag 1966; *Edelbacher*, Kommentar zum österreichischen Ratengesetz; *Ewald* in MDR 63, 83. Ebenso wie in Österreich ist auch in der *Schweiz* ein neues Abzahlungsgesetz in Kraft getreten. Siehe hierzu *Ewald* „Das schweizerische Bundesgesetz über den Abzahlungs- und Vorauszahlungsvertrag vom 23. 3. 1962" in MDR 63, 970. Über schweizer. Abzahlungsrecht veröffentlichte auch *Meier-Hagoz* in JZ 59, 226. S. auch *Stofer*, Kommentar zum Schweizerischen Bundesgesetz über den Abzahlungs- und Vorauszahlungsvertrag.

Rechtsvergleichende Hinweise enthält *Klauß* NJW 53, 6 (8) und JZ 55, 70. Die eingehendsten Unterlagen vermittelt *Bley*, Tatsachen über Kredit und Kreditmißbrauch, der S. 30—37 über den Rechtszustand in den USA, Großbritannien und Belgien berichtet. Über das englische AbzG von 1938 berichtet außerdem *Domke* DR 39, 915 (916); über das Abzahlungsrecht Belgiens ist zu lesen im Recht der Internationalen Wirtschaft 57, Heft 10 in Ausführungen von *Buchardi*, ferner in TW 57, 189 und 58, 57 (letzteres Ausführungen von *Priggert*) und über die dänischen Teilzahlungsgesetze in TW 58, 58 (Beitrag *Immisch*).

Gesetz betreffend die

Abzahlungsgeschäfte

Vom 16. Mai 1894 (RGBl. S. 450; BGBl. III 402—2)
Geändert durch Gesetz vom 1. September 1969 (BGBl. I S. 1541)

§ 1

[Begriffsmerkmale, Rücktritt und Rückgewähr]

Hat bei dem Verkauf einer dem Käufer übergebenen beweglichen Sache, deren Kaufpreis in Teilzahlungen berichtigt werden soll, der Verkäufer sich das Recht vorbehalten, wegen Nichterfüllung der dem Käufer obliegenden Verpflichtungen von dem Vertrage zurückzutreten, so ist im Falle dieses Rücktritts jeder Teil verpflichtet, dem anderen Teil die empfangenen Leistungen zurückzugewähren. Eine entgegenstehende Vereinbarung ist nichtig.

Dem Vorbehalte des Rücktrittsrechts steht es gleich, wenn der Verkäufer wegen Nichterfüllung der dem Käufer obliegenden Verpflichtungen kraft Gesetzes die Auflösung des Vertrages verlangen kann.

Inhaltsübersicht

Besonderes Schrifttum zu § 1:

Alberty:	Die einzelnen Fälle des Rücktritts vom AbzGeschäft DR 39, 1776.
Asch:	Die Ansprüche des zurücktretenden Abz-Verkäufers JR 32, 258.
Asch:	Der wirtschaftliche und der rechtliche Begriff des Abz-Geschäftes JR 33, 133.
Asch:	Die gegenseitige Rückgewähr beim Rücktritt des Verkäufers vom AbzVertrag LZ 33, 1236.
Asch:	Die Ansprüche des AbzVerkäufers im Fall seines Rücktritts Gruch 73, 2.
Bergmann:	Die Teilzahlungskreditversicherung und ihre volkswirtschaftliche Funktion TW 65, 48.
Blomeyer:	Anspruchsverjährung und dingliche Sicherheiten, JZ 59, 15.
Blomeyer:	Die zeitliche Begrenzung der Gebrauchsvergütung nach § 2 AbzG — zugleich Bemerkungen zum Verhältnis von § 2 AbzG zu §§ 346 ff. BGB MDR 68/6.
Bönicke:	Die Verjährung der Ansprüche nach § 2 AbzG NJW 63, 2262.
Breme:	Ansprüche aus AbzGeschäften JW 14, 578.
Bruness:	Teizahlungsgeschäfte mit Wehrpflichtigen BB 58, 1042. 1042.
Crisolli:	Besprechung zu KG JW 34, 1735 (Rücktrittsvoraussetzungen, Berechnung der Ansprüche des Verkäufers).
Dienst:	Gedanken zur Restschuldversicherung TW 63, 108.
van Dyck:	Aktuelle Probleme beim sog. finanzierten Kfz-Abzahlungskauf, Der Versicherungsnehmer 64, 25.
Eisner:	Über die Nichtigkeit von AbzGeschäften JW 14, 263.
Ewald:	Der Telzahlungsaufschlag MDR 55, 392.
Feaux de la Croix:	Inwieweit berührt die Verpflichtung zur Rückgabe von Kundenwechseln beim AbzGeschäft den Herausgabeantrag? JW 38, 3148.
Gruner:	Der Rücktritt vom Teilzahlungsvertrag TW 57, 88.
Hannes:	Die Warenversicherung bei AbzGeschäften, Veröffentlichungen des Seminars für Versicherungswissenschaft der Universität Hamburg und des versicherungswissenschaftlichen Vereins in Hamburg e. V., Neue Folge — Heft 16.
Helberg:	Bedingungen der Warenversicherung bei AbzGeschäften VersWi 49, 296.
Hentschel:	Kreditversicherung und Kreditwirtschaft TW 66, 170.

Hilleringmann: Besprechung zu LG Hagen NJW 56, 713.

Hörter: Der finanzierte Abzahlungskauf, Sammlung Gehlen 10, Verlag Gehlen 1969.

Hörter: Die vormundschaftsgerichtliche Genehmigung beim (finanzierten) Abzahlungskauf MDR 68, 547.

Klaas: Risikoverteilung bei neueren Finanzierungsmethoden NJW 68, 1502.

Klauss: Sittenwidrige Teilzahlungszuschläge? BB 55, 809

Klauss: Sittenwidrige Teilzahlungsverträge TW 58, 113.

Kniestedt: Schutz des AbzKäufers bereits vor Übergabe der Kaufsache BB 61, 851.

Knippel: Zum Merkmal der Übergabe der Ware nach dem AbzG NJW 65, 1006.

Korsch: AbzGeschäft und Versicherungsabrede JW 12, 230.

Kümpel: Die Finanzierung der Anschaffungen eines Minderjährigen ohne vormundschaftsgerichtliche Mitwirkung, NJW 66, 2092.

Lehmann: Besprechung zu OLG Saarbrücken DRZ 49, 280.

Lex: Finanzierung und Versicherung RWP Bl. 2 D Abz-Geschäfte.

Liebich: Zur Rechtsfindung in AbzSachen (gegen Herausgabeklagen nach langer Zeit) DRW 39, 616.

Lochner: Das AbzG und die Zurücknahme von Kraftwagen RKraft. 31, 399.

Loebell: Nochmals: Grenzen des Rücktrittsrechts beim Abzahlungskauf MDR 59, 4.

Loebell: Die Verjährung der Ansprüche gemäß § 2 des Abzahlungsgesetzes MDR 64, 368.

Maibom: Befriedigungsrecht des Verkäufers für Ansprüche gem. § 2 AbzG aus Wechselakzepten des AbzKäufers? NJW 62, 2286.

Marschall von Bieberstein: Das Abzahlungsgesetz und seine Finanzierung Berlin 1959.

Meessen: Besprechung zu LG Köln MDR 55, 414.

Meyer-Ladewig: Typische Darlehensbedingungen der Teilzahlungsbanken und ihre Rechtswirksamkeit BB 63, 170 ff.

Mezger: Das Abzahlungsgeschäft (Teil I) DB 65, 315.

Möllers: Besprechung zu LG Hagen NJW 58, 871.

Möllers: Abzahlungsgeschäft und Verjährung NJW 67, 2145.

Müller: Nochmals: Grenzen des Rücktrittsrechts beim AbzKauf MDR 59, 3.

Münzel: Die Diskontspesen beim AbzGeschäft JW 36, 158.

Ostler: Wieder etwas Neues zum alten AbzG? JR 57, 252 ff. 252 ff.

Petermann: Probleme der Teilzahlungsfinanzierung Rpfl. 58, 76.

Pohlmann: Besprechung zu LG Esse MDR 55, 98.

Püschel: Die Rechte des AbzVerkäufers beim Zahlungsverzug des AbzKäufers DR 39, 1044.

Rassow: Nichtige Teilzahlungsverträge mit offensichtlich zahlungsunfähigen Käufern, Betr. 58, 359.

Reinicke: Wechsel und Abzahlungsgeschäft Betr. 59, 1103.

Reuß: Die Teilzahlungskreditversicherung TW 68, 197.

Rosseburg: Grenzen des Rücktrittsrechtes bei Abzahlungskauf MDR 58, 558.

Schmidt: Vormundschaftsgerichtliche Genehmigung für Teilzahlungskreditvertrag? BB 63, 1121.

Scholten: Jetzt endlich Klarheit bei der Einklagung von Verzugsgebühren TW 68, 205.

Scholz: Besprechung zu OLG Hamm JW 34, 1865.

Scholz: Zahlungsbefehl = Eigentumsverzicht? TW 59, 19.

Scholz: Teilzahlungsverträge mit Minderjährigen TW 59, 159.

Scholz: Verjährungsfragen im Teilzahlungsgeschäft TW 61, 157.

Scholz: Nochmals: Vorsicht bei TZ-Verträgen mit Minderjährigen TW 62, 179.

Scholz: Nochmals: Teilzahlungskreditbewilligung an Minderjährige TW 63, 127.

Scholz: Nochmals: Die zeitliche Begrenzung der Gebrauchsvergütung nach § 2 AbzG MDR 68, 631.

Schulze: Der Rücktrittsvorbehalt im Gesetz betreffend die Abz-Geschäfte, Leipziger Diss. 1907

Stein: Zusammensetzung des Teilzahlungszuschlages TW 54, 33f.

Vassel: Warenversicherung bei AbzGeschäften BB 58, 826.

Vollrath: Das AbzGeschäft, insbesondere das Rücktrittsrecht des Verkäufers beim AbzGeschäft, nach dem Reichsgesetz betr. die AbzGeschäfte, Marburger Diss. 1913.

Wagner: Teilzahlungszuschläge beim Rücktritt vom AbzKauf JR 56, 370.

Weipert: Teilzahlungsgeschäft und Versicherung Verlag Versicherungswirtschaft e. V. Karlsruhe 1966.

Weisbart: Die Ansprüche des zurücktretenden Verkäufers vom AbzGeschäft JR 32, 205 und RWP Bl. 2 D AbzGeschäfte.

Wendt: Über die Grenzen des Rücktrittsrechts bei Abzahlungskauf MDR 59, 969.

Witt: Zur Frage des Vertragsschlusses mit Minderjährigen im B-Geschäft TW 64, 27.

Wunner: Die Rechtsnatur der Rückgewährspflichten bei Rücktritt und auflösender Bedingung mit Rückwirkungsklausel AcP 48 n. F. 425.

Erste Abteilung:
Der Begriff des AbzKaufes oder des unverhüllten AbzGeschäftes

Anm. 1

§ 1 enthält in Abs. 1 Satz 1 erster Satzteil den Begriff des AbzKaufes. Er ist die typische Form des AbzGeschäftes im wirtschaftlichen Sinn. Die Motive nennen ihn unverhülltes AbzGeschäft. Die Bestimmungen der §§ 1—5 bauen auf dem Begriff des AbzKaufes auf. Andere Verträge mit gleichen Zwecken — sog. verhüllte AbzGeschäfte — fallen unter § 6. Sie werden der entsprechenden Anwendung der §§ 1—5 unterworfen.

Über die verschiedenen Begriffe des Abz-Geschäftes im wirtschaftlichen Sinne und im Sinne des AbzG s. Einl. 1,2. Über die Zwecke des AbzG s. Einl. 19. Über seine Auslegung s. Einl. 20, 21.

Anm. 2

Der AbzKauf ist Kauf einer beweglichen Sache unter Übergabe gegen Teilzahlungen.

A. Die notwendigen Begriffsmerkmale im einzelnen

I. Das AbzGeschäft als Kaufvertrag

Das AbzGeschäft im Sinne des § 1 wird zunächst dadurch gekennzeichnet, daß ein **Kaufvertrag** vorliegt.

Anm. 3

1. Kauf ist die typische Rechtsform für den individuellen Wertumsatz von Sachen und Rechten gegen Geld. So Vorbem. 1 vor § 433 in *Staudinger-Ostler,* ähnlich *Oertmann* Anm. 1 vor § 433 sowie *Enneccerus-Lehmann,* Schuldrecht § 101. Er ist gegenseitiger Vertrag, in dem sich der eine Teil (der Verkäufer) zur Übertragung eines Vermö-

gensgegenstandes in das Vermögen des anderen Teiles (des Käufers) verpflichtet, wofür dieser die Zahlung einer Geldsumme verspricht. Vgl. *Enneccerus-Lehmann* a. a. O.

Anm. 4

Der typische Inhalt des Kaufvertrages. Er ist ein schuldrechtlicher Vertrag. Wird eine Sache i. S. des § 90 BGB verkauft, so enthält er für die Vertragspartner folgende *Hauptverpflichtungen:*

Der Verkäufer ist verpflichtet, die Sache dem Käufer zu übergeben und das Eigentum an der Sache zu verschaffen — § 433 Abs. 1 Satz 1 BGB. Der *Käufer* ist verpflichtet, dem Verkäufer den vereinbarten Kaufpreis zu zahlen und die gekaufte Sache abzunehmen (§ 433 Abs. 2 BGB).

Der AbzKauf unterliegt, soweit das AbzG nichts Besonderes vorschreibt, den Vorschriften des Kaufrechts, §§ 433—514 BGB, ergänzt durch die allgemeinen Bestimmungen über Schuldverhältnisse §§ 241 bis 432 BGB, insbesondere über gegenseitige Verträge, und durch die Normen des allgemeinen Teils des BGB, besonders derjenigen über den Vertragsabschluß. Hinsichtlich der Rechtsfragen hierzu wird auf die Kommentare und Lehrbücher zum BGB, hinsichtlich des Kaufrechts insbesondere auf *Staudinger-Ostler* zu §§ 433 ff., verwiesen.

2. Abgrenzung des Kaufes von ähnlichen Verträgen

Anm. 5

a) Verträge ohne Eigentumsübertragungspflicht. Wenn sich der Veräußerer einer Sache verpflichtet, dem Erwerber die Sache nur zur Nutzung, nicht aber zu Eigentum zu übergeben, so kann hierin gleichwohl ein Kauf und zwar ein Rechtskauf zu erblicken sein, nämlich der Verkauf eines obligatorischen oder dinglichen Besitz- und Nutzungsrechtes, insbesondere eines zu bestellenden dinglichen Nießbrauches (§ 1036 BGB) oder der kaufweisen Übertragung der Ausübung eines solchen Nießbrauches (§ 1059 BGB). Vgl. *Staudinger-Ostler* zu § 441. Soweit nur ein obligatorisches Recht eingeräumt wird, nähert sich der Vertrag einem Miet- oder Pachtvertrag (§§ 535 ff., 581 ff. BGB), insbesondere wenn das Entgelt in Raten gezahlt wird.

Ein solcher Rechtskauf kann, da Kaufgegenstand nicht die bewegliche Sache selbst, sondern das Recht zum Besitz der beweglichen Sache ist, nicht nach § 1, wohl aber nach § 6 als AbzGeschäft zu behandeln sein. Ebenso können sich Miet- oder Pachtverträge als AbzGeschäfte i. S. von § 6 darstellen; vgl. § 6 Anm. 28 ff. und 39.

Anm. 6

b) *Verträge mit anderem Entgelt als einer Geldleistung.* Über den Begriff des Geldes i. S. des § 433 BGB s. *Staudinger-Ostler* Anm. 32 zu § 433.

Die bloße alternative Ermächtigung, an Stelle der Geldschuld eine andere Leistung zu erbringen (z. B. Abarbeiten des Kaufpreises), läßt den Kaufcharakter und damit die Möglichkeit eines AbzGeschäftes im Sinne des § 1 unberührt. Gleiches gilt für die Vereinbarung der Bezahlung durch Verrechnung mit Geldforderungen des Erwerbers. Ist aber eine andere als eine Geldleistung als von Anfang an allein geschuldet vereinbart (dies auch bei Wahlschuldverhältnissen nach getroffener Wahl, § 263 Abs. 2 BGB), so liegt kein Kaufvertrag vor; jedoch kann der Vertrag z. B. als Tausch nach § 6 dem AbzG unterworfen sein; vgl. § 6 Anm. 38.

Anm. 7

c) *Werklieferungsverträge.* Der Werklieferungsvertrag ist Kauf, da die Veräußerung als Hauptleistung im Vordergrund steht; s. *Enneccerus-Lehmann,* Schuldrecht § 150 I 3, § 156. Um einen Kauf handelt es sich auch bei einem Werklieferungsvertrag über eine nicht vertretbare Sache, wobei allerdings das Kaufrecht durch Werkvertragsrecht modifiziert wird; § 651 Abs. 1 Satz 2 BGB. Näheres bei *Staudinger-Ostler* Vorbem. 8 vor § 433 mit weiteren Zitaten; vgl. ferner *Kuhn* in RGRKomm. Anm. 77 zu § 433 und *Oertmann* 3 zu § 651. Gl. M. *Samter* S. 10; a. M. *Aubele* Anm. 2 zu § 6 und *Erman-Weitnauer-Klingsporn* Vorbem. III A a aa vor § 1.

Anm. 8

d) *Vertragsverbindungen und gemischte Verträge.* Näheres bei *Enneccerus-Lehmann,* Schuldrecht § 100 und der dort zitierten Literatur! Liegt eine Vertragsverbindung des Kaufvertrages mit einem anderen Vertrag vor (die Verbindung kann bestehen in der Einheitlichkeit des Abschlusses, der gegenseitigen oder einseitigen Abhängigkeit oder einer alternativen Verbindung), so kann der Kauf dennoch AbzGeschäft im Sinne des § 1 sein; so auch RG JW 08, 592 und *Klauß* Anm. 20 zu § 1.

Hinsichtlich der *gemischten Verträge* wird man in Anknüpfung an die allgemein zivilrechtliche Behandlung bei *Enneccerus-Lehmann* (a. a. O.) folgende Sätze aufstellen können: Bei typischem Kauf mit untergeordneten andersartigen Leistungen (z. B. Getreidekauf in Säcken, die erst nach einiger Zeit zurückgegeben werden sollen) findet Kaufrecht Anwendung. Ist Teilzahlung vereinbart, so liegt ein Abz-Kauf i. S. des § 1 AbzG vor. Bei anderen gemischten Verträgen, den sog. Kombinations- oder Zwillingsverträgen, den Zwitterverträgen und den gemischten Verträgen im engeren Sinn, wird man, sofern der Charakter eines Umsatz- und Kreditgeschäftes gewahrt ist, u. U. ein AbzGeschäft im Sinn des § 6 mit entsprechender Anwendung der auf das Kaufrecht zugeschnittenen Bestimmungen des AbzG annehmen müssen.

II. Bewegliche Sachen

Nur *bewegliche Sachen* bilden den Gegenstand eines AbzKaufes i. S. des § 1. Aber auch das AbzGeschäft i. S. des § 6 setzt eine bewegliche Sache als Gegenstand des Geschäftes voraus; vgl. § 6 Anmerkung 15.

Eine analoge Anwendung des AbzG auf Verträge mit anderen Geschäftsgegenständen ist nicht möglich (RGZ 67, 386 und *Aubele* Anm. 10 zu § 1).

Anm. 9

1. *Der Begriff der beweglichen Sache.* Es kann hier nur das Wesentlichste gesagt werden; hinsichtlich der zahlreichen, oft strittigen Einzelheiten wird auf die BGB-Kommentare zu §§ 90 ff. verwiesen.

Anm. 10

a) Der *Sachbegriff* des AbzG stimmt mit dem des BGB überein. Nach § 90 BGB sind nur körperliche Gegenstände Sachen, dies aber gleichgültig, ob lebendig oder leblos, ob fest, flüssig oder luftförmig. Rechte und Forderungen scheiden daher aus, wenn sie nicht in Inhaber- oder blankoindossierten Orderpapieren verbrieft sind (s. unten Anm. 13, vgl. näher RGZ 87, 45; Gruch 61, 918; *Enneccerus-Lehmann,* Allg. Teil § 49 I; RGRKomm. Anm. 17 zu § 90).

Der *Begriff der beweglichen Sache* kann nur negativ bestimmt werden: Eine bewegliche Sache ist jede Sache, die weder Grundstück noch (wesentlicher oder unwesentlicher) Grundstücksbestandteil ist; vgl. RGZ 55, 281 (284); 59, 19 (20); 87, 43 (51); 158, 368 f.

Hierbei ist aber folgendes zu beachten:

Anm. 11

aa) Der *Begriff des Bestandteiles* wird eingeschränkt durch § 95 BGB. Hiernach sind alle nur zu einem vorübergehenden Zweck mit dem Grund und Boden verbundenen Sachen nicht Grundstücksbestandteile (§ 95 Abs. 1 Satz 1). Hierher gehören u. a. Jahrmarktbuden, Baubuden, Tribünen, Gebäude für Zwecke einer einzelnen Ausstellung (*Enneccerus-Lehmann*, Allg. Teil § 50 mit RG JW 01, 184), die von einem Mieter oder Pächter nur zum Zwecke der Benützung während der Miet- oder Pachtzeit errichteten Bauwerke (RGZ 59, 19 ff.), ferner Behelfsheime und zum Verkauf aufgestellte Fertighäuser; vgl. *Klauß* Anm. 23 zu § 1 und für Behelfsheime auch OGHZ 1, 168 sowie auch BGHZ 8, 1 über den Begriff des vorübergehenden Zweckes, dessen Gegensatz nicht die lange, sondern nur die dauernd gewollte Verbindung ist, s. RGZ 61, 191; 63, 421; 87, 43 (51) und RG JW 35, 418. Maßgebend ist der innere Wille, soweit er mit dem äußeren Tatbestand vereinbar ist, RGZ 158, 376.

Ferner sind nicht Grundstücksbestandteile Gebäudeeinbauten zu vorübergehenden Zwecken (§ 95 Abs. 2 BGB) und Sachen, die in Ausübung eines dinglichen Rechtes vom Berechtigten verbunden wurden (§ 95 Abs. 1 Satz 2 BGB; RGZ 106, 49 ff.). Ausgenommen sind aber solche Sachen, die auf Grund eines grundstücksgleichen Rechtes, wie z. B. des Erbbaurechtes (§ 12 Abs. 2 ErbbauRVO), verbunden wurden.

Die unter § 95 BGB fallenden Sachen können als bewegliche Sachen ohne Trennung vom Grundstück Gegenstand eines AbzGeschäftes sein und kommen als solche auch vor. Zu den Problemen s. auch *Aubele* in BayNotZ 16, 402 ff.

Anm. 12

bb) *Grundstücksbestandteile* werden jedoch mit der *Trennung* bewegliche Sachen. Ein Kaufvertrag über Grundstücksfrüchte, über einen Waldbestand oder über ein Haus auf Abbruch kann nach der Übergabe des unmittelbaren Besitzes AbzKauf sein; vgl. RGZ 60, 317; 62, 135 für Kauf auf Abbruch. Trümmer eines (kriegs-)zerstörten Hauses sind schon bewegliche Sachen geworden; *Klauß* Anm. 23 zu § 1.

Anm. 13

cc) Bewegliche Sachen sind ferner: *Grundstückszubehör* i. S. von § 97 BGB; Schiffe und zwar trotz § 864 ZPO, gleichgültig ob im Schiffsregister eingetragen oder nicht; RGZ 80, 132. Über den Fall eines Schiffskaufes auf Abzahlung s. RG Bl. f. IPR 31, 177 = SeuffA 85, 200.

Schließlich sind bewegliche Sachen auch alle *Wertpapiere*. Ein Wertpapierkauf auf Abzahlung i. S. des AbzG ist aber nur bei Inhaberpapieren und blankoindossierten Orderpapieren denkbar, da nur hier das Recht aus dem Papier dem Recht am Papier folgt (s. auch die Anm. zu § 7).

Anm. 14

b) Die *Art der beweglichen Sache* (vertretbare oder unvertretbare Sachen, verbrauchbare Sachen, §§ 91, 92 BGB) ist für den Begriff des AbzGeschäftes i. S. der §§ 1 und 6 unerheblich. Bei den zuletzt genannten wird in der Regel die Vereinbarung eines EV wegen Verbrauchsrechtes des Käufers ziemlich inhaltlos bleiben; vgl. § 5 Anm. 14. Im übrigen ist ein AbzGeschäft über verbrauchbare Sachen wie auch über andere kurzlebige Güter volkswirtschaftlich unerfreulich; vgl. *Alberty* DGWR 40, 27; *Klauß* Anm. 29 zu § 1; *Bley* S. 8; *Röpke* S. 18.

Auch *nicht nutzbare Sachen* können Gegenstand eines AbzGeschäftes sein. Das ist zunächst insofern unzweifelhaft, als etwa auch über Bilder und Teppiche, die mindestens nicht in einem realen Sinn nutzbar sind, ein AbzKauf geschlossen werden kann. Aber auch die Benutzbarkeit einer an sich, nämlich bei ordnungsgemäßem Zustand nutzbaren Sache, z. B. eines Lkw, ist nicht Erfordernis für das AbzGeschäft. Wenn BGHZ 22, 123 ff. (127) ohne jede Begründung erklärt, daß § 5 (und damit das AbzGeschäft überhaupt) nicht mehr anwendbar sei, wenn die Sache bei Wegnahme ihre Benutzbarkeit verloren hat, so ist diese Meinung weder aus dem Begriff des Kaufes noch des AbzKaufes vertretbar, und zwar weder für eine von Anfang an unbenutzbare noch für eine bei Wegnahme unbenutzbar gewordene Sache. Ganz abgesehen davon, daß aus RGZ 152, 283 (lange Nichtbenutzbarkeit einer reparaturbedürftigen AbzSache) Gegenteiliges sich ergibt und die Regelung über Tragung der Wertminderung für Veralten (s. § 2 Anm. 90) deutlich gegen diese Meinung spricht, würde mit einem Abstellen auf nachträgliche Unbenutzbarkeit der Käuferschutzzweck des Gesetzes völlig ignoriert. Darüber gegen BGH eingehend *Ostler* JR 57, 252 ff.

Anm. 15

2. Bei *Sachmehrheiten* erhebt sich die Frage, ob und unter welchen Umständen man die Veräußerung einer Sachmehrheit als einheitlichen Kauf auffassen darf und ob eine solche Veräußerung auch der Behandlung als AbzGeschäft im Sinne des AbzG (sei es als einheitliches AbzGeschäft oder als Summe von AbzGeschäften) zugänglich ist.

a) Besondere Bedeutung erlangt diese Frage für die *Sachgesamtheit (Sachinbegriff)*.

Eine Sachgesamtheit liegt vor, wenn eine Mehrheit selbständiger Sachen, die zueinander nicht im Verhältnis von Hauptsache und Zubehör stehen, wegen eines gemeinsamen wirtschaftlichen Zweckes im Verkehr als wirtschaftliche Einheit behandelt wird. Beispiele: Warenlager, Inventar eines Betriebes, Fachbibliothek, eine Herde, aber auch ein Paar Schuhe.

Die Sachgesamtheit ist als Gesamtheit oder Inbegriff nicht selbst Sache i. S. des BGB, da sie als bloße wirtschaftliche Einheit dem Körperlichkeitserfordernis des § 90 BGB nicht entspricht. Andererseits ist es aber anerkannt, daß Sach- (und Rechts-) Gesamtheiten Gegenstand einheitlicher schuldrechtlicher Rechtsgeschäfte sein können; vgl. RG Warn. 18 Nr. 186 A 4; RGRKomm. Anm. 15 zu § 90; *Staudinger-Coing* Vorbem. 12 vor § 90 BGB. Kauf einer Sachgesamtheit ist also möglich. Es kann dann ein Gesamtpreis für alle Gegenstände zusammen geschuldet werden, die u. U. selbst mit einem zusammenfassenden Ausdruck bezeichnet werden. Vgl. auch § 469 S. 2 BGB und *Staudinger-Ostler* Anm. 2 hierzu.

Es kann auch das Eigentum an allen Sachen bis zur Bezahlung des Gesamtkaufpreises vorbehalten werden. Allerdings muß die Übereignung und auch die Bestellung des EV bei der Übergabe dem sachenrechtlichen Spezialitätsprinzip entsprechend hinsichtlich jeder einzelnen Sache vorgenommen werden. Dabei bleibt die Verwendung der zusammenfassenden Bezeichnung möglich; BGH NJW 56, 1315 (1316); RGZ 53, 220; 74, 146; 144, 62 (64); RG JW 06, 224; OLG 18, 133. Vgl. auch § 5 Anm. 16. Wenn *Samter* S. 8 den Kauf einer Sachgesamtheit in eine Summe von Einzelkäufen zerlegt, so beruht dies auf einer irrigen Vermengung von schuldrechtlicher und sachenrechtlicher Betrachtung der Veräußerung.

Anm. 16

Trotz Bejahung eines einheitlichen Kaufvertrages ist noch offen, ob die Sachgesamtheit als Vertragsgegenstand dem Begriffserfordernis des AbzGeschäftes „bewegliche Sache" entspricht. Bei der Beantwortung dieser Frage wird man sich hüten müssen, das Moment der Einheit der Sachgesamtheit so stark zu betonen, daß man dabei zu einer grundsätzlichen Ablehnung der Anwendbarkeit des AbzG kommt, da doch auch beim Kauf einer Sachgesamtheit die Übertragung von Besitz und Eigentum an den zur Gesamtheit gehörenden Sachen Vertragsziel ist. Auf den Standpunkt grundsätzlicher Anwendung des AbzG hat sich auch das RG im Falle eines Inventarkaufes auf Teilzahlung gestellt (RGZ 144, 62 = JW 34, 1715 für Gastwirtschaftsinventar). Dagegen mit ablehnender Anm. hierzu *Culemann* in JW 34, 1716. Dieser übersieht aber neben anderem auch, daß bei grundsätzlicher Nichtanwendung des AbzG auf den Kauf von Sachgesamtheiten (worunter ja beispielsweise auch der Kauf von Schuhen oder eines Anzuges zu rechnen ist) die Erreichung des sozialpolitischen Schutzzweckes des Gesetzes großenteils vereitelt wäre.

Anm. 17

Aus der Einheitlichkeit des Kaufes folgt aber noch nicht notwendig seine Behandlung als ein einheitliches AbzGeschäft; denn das AbzGeschäft ist nicht identisch mit dem Kauf als einem schuldrechtlichen Vertragstypus (dies übersieht *Klauß* Anm. 26 zu § 1). Während *Crisolli* 4. Aufl. Anm. 8 zu § 1, *Lechner* Einl. Anm. 3, *Hörle Gruch* 55, 179, *Asch* JR 33, 135 und *Klauß* a. a. O., aber auch das OLG Hamburg SeuffA 65, 441 ohne Einschränkung ein einheitliches AbzGeschäft annehmen, vertreten *Aubele* Anm. 11 zu § 1 und *Samter* S. 8 die Ansicht, daß die Veräußerung einer Sachgesamtheit als Summe von AbzGeschäften hinsichtlich jeder einzelnen Sache zu betrachten sei. *Crisolli* 4. Aufl. Anm. 8 zu § 1 führt dies ad absurdum durch den Hinweis, daß dann z. B. bei dem Verkauf einer Bücherei von 30 000 Büchern für 3 000,— RM, zahlbar in Monatsraten von 300,— RM, der Kaufpreis und die Raten aus einer Summe von Einzelbeträgen, nämlich 30 000 × 0,10 RM, sich zusammensetzen müßten, so daß von jeder Ratenzahlung auf jedes Buch ein entsprechender Teilbetrag von 0,01 RM entfalle, im Falle des Verzuges aber deshalb auch alle Sachen verhältnismäßig gleich hoch bezahlt wären. Eine Stellungnahme des RG hierzu findet sich nicht, wenn auch RGZ 53, 218 ff. sowie 67, 383 ff. und 144, 62 ff. hierzu oft zitiert werden (auch bei *Crisolli* 4. Aufl. Anm. 8 zu § 1). Es wird indessen folgendes anzunehmen sein:

Den Verkauf einer Sachgesamtheit, zu der kein Grundstück gehört, wird man nach vollständiger Übergabe insoweit als einheitliches AbzGeschäft ansehen müssen, als die Vertragsbestimmungen des AbzKaufes an den Normen des AbzG zu messen sind. Dies bedeutet vor allem: Es gibt im Zweifel nur einen Rücktritt vom ganzen Kauf und dieser Rücktritt ist nach den Normen des AbzG (§§ 1—3) für alle Sachen einheitlich zu behandeln; näheres unten Anm. 142 f. Für die Zulässigkeit der Verfallklausel ist der Gesamtpreis maßgebend; näheres Anm. 79 und 80 zu § 4. Dagegen ist für die Rücktrittsfiktion, die an die Wiederansichnahme im Sinne von § 5 geknüpft ist, für jede Sache ein eigenes AbzGeschäft anzunehmen, so daß die Rücktrittsfiktion einen Teilrücktritt vom ganzen darstellt. A. A. *Gramm* in AcP 158, 257, der eine unterschiedliche Behandlung des Rücktritts nach § 1 und § 5 nicht annehmen will, ebenso *Palandt-Putzo* Anm. 2 a zu § 1 AbzG. Haben die verbleibenden Sachen für den Käufer keinen wesentlichen wirtschaftlichen Wert, so liegt in der Wiederansichnahme einzelner Sachen ein Rücktritt vom ganzen Vertrag. Näheres bei § 5 Anm. 16 und 17 sowie RGZ 114, 246, wonach § 469 BGB einen allgemeinen Rechtsgedanken enthält; s. auch *Staudinger-Ostler* Anm. 12 hierzu.

Soweit noch nicht alle Sachen übergeben sind, wird man hinsichtlich der übergebenen Sachen ein einheitliches AbzGeschäft annehmen können, sofern sie in ihrer Gesamtheit bereits einen über den Einzelwert hinausgehenden wirtschaftlichen Wert für den Erwerber darstellen. Andernfalls wird man eine Summe einzelner AbzGeschäfte annehmen müssen. Gehört der Sachgesamtheit ein Grundstück an, so ist die Annahme eines einheitlichen AbzGeschäftes ausgeschlossen.

Anm. 18

b) *Zufällig zusammen gekaufte Sachen,* die keinen gemeinsamen wirtschaftlichen Zweck haben, z. B. die in einem Warenhaus gleichzeitig gekauften einzelnen Möbel, Kleidungsstücke und Bücher, mögen sie äußerlich insofern eine Einheit bilden, als ihre Veräußerung in einem Vertragsabschlußvorgang oder einer Vertragsurkunde zusammengefaßt ist, bilden im Zweifel nur eine Summe von Einzelkäufen. Werden sie gegen Teilzahlung erworben, so liegen ebenso viele AbzGeschäfte vor, wie Sachen verkauft sind. Jeder AbzKauf ist hinsichtlich des Rücktritts, der Vertragsstrafe, der Verfallklausel und der Wiederansichnahme i. S. des § 5 gesondert zu betrachten. Solange aber der Erwerber bei der Ratenzahlung nichts anderes erklärt, wird durch die Zahlung einer Gesamtrate der Kaufpreis für jede einzelne Sache zu dem anteilsmäßig hierauf entfallenden Teilbetrag gedeckt (gl. M. *Aubele* Anm. 13 zu § 1; RG Recht 09 Nr. 651). Vlg. auch unten Anm. 143 und § 4 Anm. 75. Hier kann also — anders als bei der Sachgesamtheit — der einheitliche Kaufvertrag im Zweifel nicht als einheitliches AbzGeschäft aufgefaßt werden.

Anm. 19

Es steht aber den Parteien auf Grund ihrer Freiheit bei der Vertragsgestaltung offen, zu vereinbaren, daß der Schuldner auf die einzelnen Kaufsachen nur verhältnismäßig gleich hohe Beträge einbezahlen dürfe

(RGZ 66, 54) oder daß das Eigentum aller Sachen erst nach Bezahlung des Kaufpreises für alle Sachen übergehen solle (gl. M. *Samter* S. 7; vgl. auch Anm. 19 zu § 5) oder daß der Kauf der einen Sache mit dem einer anderen stehen und fallen solle. In diesen Fällen liegt wegen der gegenseitigen Abhängigkeit eine Verbindung mehrerer Kaufverträge zu einem einheitlichen Vertrag vor. Damit ergibt sich wie im Fall des Kaufes einer Sachgesamtheit die Frage, ob dieser einheitliche Vertrag als ein einheitliches AbzGeschäft behandelt werden darf. Man wird dies mit den gleichen Einschränkungen wie beim Kauf einer Sachgesamtheit bejahen dürfen. S. oben Anm. 17 und unten Anm. 142, ferner Anm. 76 zu § 4 und Anm. 16, 19 zu § 5.

Anm. 20

Vereinbaren die Parteien, es solle bei Hinzukauf weiterer Sachen das Eigentum an allen Sachen erst nach Bezahlung aller — auch der hinzugekauften Sachen — übergehen (sog. Zukaufsklausel), so werden die einzelnen Kaufverträge ebenfalls Teile eines einheitliches Kaufes. Die einzelnen Raten sind auf den Gesamtpreis zu zahlen. Für ein Bestimmungsrecht des Schuldners nach § 366 BGB und eine Verrechnung auf einzelne Sachen ist kein Raum. Für die Behandlung als einheitliches AbzGeschäft gelten die Ausführungen oben Anm. 17 entsprechend. Vgl. auch unten Anm. 143 sowie Anm. 76 und 80 zu § 4 und Anm. 19 und 30 zu § 5; s. auch *Rühl* S. 253.

Gegen die Zulässigkeit der Zukaufsklausel bestehen keine grundsätzlichen Bedenken, zumal der Käufer wirklich oder doch praktisch erst nach starker Abnutzung der zugekauften Sachen mit deren Abnutzung beginnt, der Verkäufer also an erhöhter Sicherung ein schutzwürdiges Interesse hat und ohne diese Abrede den Käufer für den Zukauf nicht kreditwürdig genug angesehen haben würde, so daß dieser gar nicht hätte zukaufen können. Sie stellt also nicht ohne weiteres eine sittenwidrige Knebelung des Schuldners dar, sondern nur allenfalls an Hand der Umstände des Einzelfalles; so RG Recht 07 Nr. 237, Gruch 53, 954, OLG (KG) 33, 271, *Rühl* S. 80 ff. (mit eingehender Begründung), *Kuhnt* DJZ 13, 93, *Lazarus* S. 115, *Gillmann-Jonas* S. 55 ff.; a. M. OLG (Stuttgart) 8, 63; *Samter* S. 68; *Hörle* Gruch 55, 185 f.; *Hein* S. 91; *Eisner* JW 14, 263.

Anm. 21

3. *Rechtsgesamtheiten (Rechtsinbegriffe).* Man versteht darunter wirtschaftliche Einheiten von Sachen und Rechten oder sonstigen immateriellen Gütern — kurz: Inbegriffe von Gegenständen. Dadurch

unterscheiden sie sich scharf von den Sachgesamtheiten oder Inbegriffen von Sachen. Das beste Beispiel einer Rechtsgesamtheit ist das Unternehmen oder das Geschäft als ganzes, eine wirtschaftliche Einheit, welche Sachen — z. B. Geschäftseinrichtungsgegenstände, Warenlager, Grundstücke —, Rechte — z. B. Forderungsrechte — und sonstige immaterielle Güter, z. B. die Kundschaft, umfaßt. Weitere Beispiele: das Vermögen, das Sondervermögen (z. B. der Nachlaß).

Rechtsgesamtheiten können zwar Gegenstand eines Kaufes sein; vgl. RG Warn. 18 Nr. 186 A 4; *Staudinger-Coing* Vorbem. Anm. 11, 15 ff. vor § 90. Eine Anwendung des AbzG ist aber nicht möglich. Durch die Einbeziehung von Rechten und immateriellen Gütern in die Gesamtheit wird der Bereich der beweglichen Sache überschritten. Das AbzG ist aber als Sondergesetz auf bewegliche Sachen, deren Übergabe stattgefunden hat, als den eigentlichen Gegenstand seines Anwendungsbereiches zu beschränken. Eine analoge Anwendung auf andere Gegenstände ist ausgeschlossen, RGZ 67, 383 (386). Beim Verkauf einer Rechtsgesamtheit, z. B. eines Geschäftes, steht auch der Gedanke der Einheit so sehr im Vordergrund, daß eine Zerlegung des Kaufes in seine Bestandteile nicht in Frage kommt. Es geht nicht an, „die einzelnen Teile einer verschiedenen Beurteilung zu unterwerfen, je nach dem sie körperliche Gegenstände, Rechte oder unkörperliche Werte sind"; vgl. RGZ 67, 383 (385); OLG (KG) 24, 325. Nur eine scheinbare Abschwächung dürfte der Standpunkt des RG in JW 35, 3037 erfahren haben, zumal unmittelbar vorher in RGZ 144, 62 die Unterscheidung ausdrücklich aufrecht erhalten wurde. Daß eine Rechtsgesamtheit nicht Gegenstand eines AbzGeschäftes sein kann, wird auch in der Literatur nahezu übereinstimmend vertreten; so *Aubele* Anm. 12 zu § 1; *Samter* S. 8; *Klauß* Anm. 27 zu § 1; *Veith* RWPBl. 2 D AbzGeschäft 2, allg. Aufsatz; a. A. allerdings *Düringer-Hachenburg* HGB Anm. 300. Es ist allerdings ein AbzGeschäft wohl dann anzunehmen, wenn die verkaufte Rechtsgesamtheit in ihrem konkreten Bestand nur bewegliche Sachen umfaßt; z. B. bei Erbschaftskauf, wenn der Nachlaß nur aus wenigen beweglichen Sachen besteht; bei einem Geschäft, mit dem, etwa nach Stillegung, die Kundschaft und sonstige unkörperliche Sachen nicht erworben werden.

III. Übergabe der beweglichen Sache

Die bewegliche Sache, die den Gegenstand des Kaufvertrages bildet, muß dem Käufer übergeben sein.

Anm. 22

1. Die *Übergabe* muß *vor Fälligkeit des vollen Entgelts* erfolgt sein. Dies ist wesentliches Begriffserfordernis jedes AbzGeschäftes — sei es eines AbzKaufes i. S. von § 1 oder eines AbzGeschäftes i. S. von § 6, vgl. BGHZ 15, 171; OLG Frankfurt BB 55, 6; LG Waldshut NJW 55, 387 (388); LG Hannover MDR 55, 608; AG Hamburg MDR 51, 675. Nur im Rahmen des § 7 ist es nicht erforderlich, daß die Übergabe vollzogen ist. Näheres § 7. Allerdings mehren sich die Stimmen derer, die eine Übergabe der Kaufsache nicht als eine Voraussetzung für die Anwendbarkeit des AbzG betrachten.

So ist das LG Wuppertal NJW 66, 1129 der Auffassung, daß es dem Sinn und Zweck des AbzG entspreche, wenn auf die Übergabe der Kaufsache nicht entscheidend abgestellt werde. Soll der AbzKäufer nämlich bei Verzug vor Zahlung des Kaufpreises geschützt werden, so müsse dies erst recht gelten, wenn er ohne sein Verschulden den Besitz und die Nutzung des Kaufgegenstandes nie erhalten hat. Ein weiteres Argument führt *Kniestedt*, BB 61, 851, ins Feld. Der AbzKäufer könne sich den Schutz des AbzG dadurch verschaffen, daß er die Kaufsache erst einmal abnimmt. Es könne aber nicht Sinn des AbzG sein, dem AbzKäufer diesen Schutz nur durch die Aufwendungen für Hin- und Rücktransport der Sache angedeihen zu lassen oder nur den *erfahrenen AbzKäufer* zu schützen, der die Ware annimmt, obwohl er weiß, sie nicht bezahlen zu können bzw. zu wollen (ebenso auch *Marschall von Bieberstein* S. 145 u. *Knippel* NJW 65, 1006). *De lege ferenda* mögen diese Argumente zu bedenken sein, *de lege lata* sind sie jedoch abzulehnen, da sie mit dem klaren und eindeutigen Wortlaut des § 1 nicht vereinbar sind. Eine teleologische Gesetzesinterpretation kann nur zur Ausfüllung einer Gesetzeslücke herangezogen werden, nicht aber zur Abänderung des Gesetzes selbst. So auch *Ewald* ‚Neues Teizahlungsrecht' Arbeitskreis für Absatzfragen Heft 7 1959 S. 12. Infolgedessen ist auch die Meinung von *Marschall von Bieberstein* S. 145 abzulehnen, wonach die Verpflichtung des AbzVerkäufers zur Übergabe der Sache für die Anwendbarkeit des AbzG ausreichen soll.

Bezüglich des zeitlichen Auseinanderfallens von Kaufvertragsabschluß und Übergabe siehe Anm. 39.

Anm. 23

In der Übergabe vor der Fälligkeit des vollen Entgelts wird erkennbar, daß das AbzGeschäft wirtschaftlich nicht nur Umsatzgeschäft, sondern auch Kreditgeschäft ist; vgl. auch unten Anm. 40 ff. Die Übergabe grenzt das AbzGeschäft von den sog. „Sparkäufen" oder „Ansparverträgen" ab. Eine *Verbindung von Sparkauf und AbzKauf* ist denkbar, wenn der Käufer zunächst bis zu einem bestimmten Betrag- in Raten Anzahlungen leistet, dann die Sache übergeben erhält und den Rest nach der Übergabe bezahlt. S. auch *Aubele* Anm. 23 zu § 1; *Veith* RWPBl. 2 D AbzGeschäfte.

Anm. 24

Erfolgt die Übergabe in *Teillieferungen,* so liegt dann kein Abz-Geschäft vor, wenn für jeden solchen Lieferungsteil der darauf entfallende Kaufpreisteil sofort fällig wird. Es handelt sich dann um einen Sukzessivlieferungsvertrag, nicht aber um einen AbzKauf. Gl. M. *Aubele* Anm. 23 a. E. zu § 1, *Veith* RWPBl. 2 D AbzGeschäfte.

Anm. 25

2. *Wann ist im Sinne des AbzG die Kaufsache übergeben?*

Man ist geneigt, die Frage durch Aufzählung der Erfordernisse zu beantworten, denen der Verkäufer genügen muß, um die ihm nach § 433 Abs. 1 BGB aus dem Kaufvertrag obliegende Übergabepflicht zu erfüllen. Man setzt dabei „Übergabe" im Sinne des AbzG gleich mit „Übergabe" im Sinne des § 433 und kommt zum Ergebnis, daß die Sache dann übergeben ist, wenn der Verkäufer dem Käufer den unmittelbaren Besitz an der Sache verschafft hat. Dieses von *Klauß* (Anm. 30 zu § 1) angewandte Verfahren führt zwar in der Regel zu einem richtigen Ergebnis, vermag aber den Begriff der Übergabe im Sinne des AbzG nur unvollkommen zu erfassen. Der Mangel liegt schon darin, daß bei der Auslegung nicht berücksichtigt wird, daß der Begriff „Übergabe" im Aufbau der beiden Rechtsnormen eine ganze verschiedene Stellung einnimmt.

In § 433 Abs. 1 ist Übergabe eine Pflicht des Verkäufers. Wird vertraglich zwischen den Kaufvertragsparteien nichts anderes vereinbart, so kann der Verkäufer diese Pflicht nur dadurch erfüllen, daß er dem Käufer den unmittelbaren Besitz verschafft. Dagegen ist im AbzG die Übergabe — hier; das Übergebensein — eine Umschreibung von (Rechts)Tatsachen, welche vorliegen müssen, damit die Normen des AbzG anwendbar sein sollen. Im Gegensatz zu § 433 Abs. 1 („verpflichtet ... zu übergeben") handelt es sich bei diesem Übergabebegriff nicht um Bestimmung des Inhalts einer Pflicht, sondern um Tatsachenbewertung („bei dem Verkauf einer ... übergebenen ... Sache").

Nach welchem Maßstab hat aber diese Bewertung zu erfolgen? Sie hat zu erfolgen nach dem besonderen Zwecke des AbzG als einem zugunsten des Käufers erlassenen Schutzgesetz. Vgl. BGHZ 15, 171

(173 f.) und 241 und Einl. 19, 20. Mit dem AbzG sollte für kapitalarme Bevölkerungsschichten die Möglichkeit geschaffen und gesichert werden, ohne allzu großes Risiko sich die nötigen Gebrauchsgüter zu verschaffen, so RG SeuffA 85, 200 in sinngemäßer Übereinstimmung mit den Verhandlungen des Reichstages (RT-Drucksache 1892/93 S. 69).

Wegen dieser Gebrauchs- und sonstigen Nutzungsmöglichkeit und der daran zu knüpfenden Hoffnung auf eine wirtschaftliche und soziale Besserstellung erscheint der AbzKäufer erhöht schutzwürdig. Die Übergabe ist in diesem Zusammenhang gesehen der Erfüllungsakt, durch den dem Käufer die Möglichkeit vertragsmäßigen Gebrauchs, sonstiger Nutzung oder Verbrauchs (denn auch verbrauchbare Sachen können Gegenstände des AbzG sein, vgl. oben Anm. 14) eingeräumt wird. Übergabe bedeutet dann aber die *wirtschaftliche Übergabe*, d. h. die Übergabe zum Gebrauch, zur bestimmungsgemäßen sonstigen Nutzung oder zum bestimmungsgemäßen Verbrauch.

Der Übergabebegriff bedarf aber in einer Richtung einer Einschränkung. Die Übergabe der Sache muß *in Erfüllung des Kaufvertrages als fällige (Teil-)Erfüllungsleistung* erfolgt sein. Denn nur das Streben, sich entgeltlich Wirtschaftsgüter zu verschaffen — also in der Regel eben durch Kauf — beinhaltet das große Risiko für den Erwerber, wovor der Gesetzgeber schützen will (s. unten Anm. 27 und 36 f.).

Darüber hinaus den Verkäufer mit den Nachteilen des AbzG zu belasten und den Käufer (der die Sache nicht als Erfüllung des Teilzahlungskaufvertrages erhalten hat) zu schützen, wäre unbillig und entspräche nicht den sozialpolitischen Erwägungen des Gesetzgebers.

Bei der Erfassung des Übergabebegriffes im Sinne des AbzG ergibt sich daher im einzelnen folgendes:

Anm. 26

a) *Übergabe bedeutet Besitzverschaffung.* Welcher Besitz (unmittelbarer oder mittelbarer) dem Käufer oder einem von ihm bestimmten Dritten (hierüber unten Anm. 33 und 35) zu verschaffen ist, ist in der Literatur nicht einheitlich beantwortet worden. *Klauß* Anm. 30 ff. zu § 1, *Benke* BB 48, 590, *Samter* Anm. 4 d zu § 1, *Lazarus* S. 38, *Hörle* Gruch 55, 179, *Asch* JR 33, 135, *Schlegelberger,* Komm. z. jHGB Einl. vor § 373 (zum AbzG), *Schmidt* S. 10, *Palandt-Putzo* Anm. 3 b aa zu § 1 AbzG und auch *Crisolli* 4. Aufl. Anm. 20 zu § 1 halten die Verschaffung des unmittelbaren Besitzes ausnahmslos für erforderlich. Von *Aubele* Anm. 14 und *Erman* Anm. 2 zu § 1 dagegen auch der Erwerb mittelbaren Besitzes als ausreichend angesehen, während *Vollrath* S. 33 eine vermittelnde Stellung bezieht. In der Rechtsprechung wurde nur durch das OLG Karlsruhe HRR 40 Nr. 898 hierzu Stellung genommen und dabei der Schutz des AbzG auch für den mittelbaren Besitz des Käufers bejaht.

Auf Grund des oben Anm. 25 für das AbzG gewonnenen Begriffes der „wirtschaftlichen Übergabe“ wird folgende Unterscheidung zu treffen sein:

Der unmittelbare Besitz ist Ausdruck der tatsächlichen Gewaltausübung und damit die Grundlage für unmittelbare Sachnutzung durch Sachgebrauch oder Verbrauch. Da die Übergabe auf die Ermöglichung der wirtschaftlichen Ausnutzung der Sache durch den Erwerber abzielt, kann *in der Regel* nur durch *Verschaffung des unmittelbaren Besitzes* dem Übergabeerfordernis Rechnung getragen werden.

Mittelbarer Besitz (durch Begründung eines Besitzmittelungsverhältnisses, §§ 868, 930 BGB, oder Abtretung des Herausgabeanspruches, §§ 870, 931 BGB) reicht, *soweit sich* nicht *mit ihm* die Möglichkeit der *Nutzung verknüpft*, nicht aus. Auch *Klauß* Anm. 33 zu § 1 erkennt hier den wesentlichen Zusammenhang von Übergabe und Gebrauchsmöglichkeit, ohne aber allgemeinere Folgerungen hieraus zu ziehen. Eine Übergabe im Sinne des AbzG liegt daher auch dann nicht vor, wenn den Verkäufer die Sache aussondert und für den Käufer dann gesondert verwahrt, etwas bis ein bestimmter Anzahlungsbetrag erreicht ist. § 343 BGB (Ermäßigung von Vertragsstrafen) und § 138 BGB (Nichtigkeit wegen Sittenwidrigkeit) bieten in diesem Fall ausreichenden Schutz für den Käufer. Die von der herrschenden Lehre und auch von *Crisolli* 4. Aufl. vertretene Ansicht trifft jedoch dann nicht zu, wenn mit der Übertragung des mittelbaren Besitzes auch die Möglichkeit der (mittelbaren) Nutzung der Sache dem Käufer eingeräumt wird. Hat z. B. der Verkäufer die Kaufsache an einen Dritten vermietet oder verpachtet und tritt er nun den schuldrechtlichen Herausgabeanspruch und die gegenwärtigen und künftigen Miet- (oder Pacht-) Zinsforderungen gegen den Dritten dem Teilzahlungskäufer ab, so liegt darin die wirtschaftliche Übergabe der Sache. Das AbzG ist daher anwendbar.

Erhält in den übrigen Fällen der mittelbar besitzende Käufer später den unmittelbaren Besitz, so liegt vom Augenblick der Erlangung des unmittelbaren Besitzes an die Übergabe im Sinne des AbzG vor; so z. B., sobald nach genügender Anzahlungsleistung die zunächst nur ausgesondert verwahrte Sache dem Käufer zum Gebrauch überlassen wird. Die Rechtslage ist dann so, wie wenn der Verkäufer auf Grund des Vertrages sofort den unmittelbaren Besitz übertragen hätte. Gl. M. *Gillmann-Jonas* S. 34.

Anm. 27

b) *Der Vollzug der Übergabe.* Die Übergabe als Verschaffung unmittelbaren Besitzes ist zunächst die *körperliche Übergabe* der Sache vom Verkäufer an den Käufer. (Über die Übergabe durch oder an Boten und Stellvertreter s. unten Anm. 31 bis 33 — durch oder an dritte Personen unten Anm. 34 u. 35.) Sie kann im Kaufrecht wie im AbzRecht aber auch durch andere Handlungen tatsächlicher Gewaltverschaffung erfolgen. So genügt z. B. bei einem Warenlager als Sachgesamtheit die Schlüsselübergabe (OGHZ 1, 149, 153), während bei Übergabe eines Teiles davon dessen Ausscheidung erforderlich ist. Vgl. *Staudinger-Ostler* Anm. 100 zu § 433; *Düringer-Hachenburg-Höniger* Anm. 23 vor § 373 HGB.

Zu beachten ist dabei, daß Übergabe sowohl im Sinne des allgemeinen Kaufrechtes wie auch des AbzG dem natürlichen Sprachgebrauch entsprechend ein Zusammenwirken des Erwerbers mit dem bisherigen Besitzer voraussetzt. Bei körperlicher Übergabe oder Verschaffung der tatsächlichen Gewalt in sonstiger Weise (*§ 854 Abs. 1 BGB*) ist Übergabe ein zweiseitiger Rechtsakt (*Enneccerus-Nipperdey*, AllgTeil § 137 IV 2 b, *Düringer-Hachenburg-Höniger* Anm. 24 vor § 373). Entzieht der Käufer dem Verkäufer oder einem Dritten ohne oder gegen dessen Willen, also durch verbotene Eigenmacht, den Besitz, so kann er den Schutz des AbzG nicht in Anspruch nehmen. Die Besitzerlangung beruht dann nicht auf einer berechtigten Handlung zur Erfüllung des Kaufvertrages; vgl. oben Anm. 25. Ebenso *Klauß* Anm. 37 zu § 1 mit dem Hinweis, daß der Käufer sich nicht einseitig unter den Schutz des AbzG stellen könne. Vgl. aber auch im Hinblick auf § 267 BGB unten Anm. 34.

Anm. 28

Vertragliches Einigsein zwischen dem unmittelbar besitzenden Verkäufer und dem Käufer über den Besitzübergang genügt zur Übergabe, sofern der Käufer in der Lage ist, die tatsächliche Gewalt über die Sache auszuüben, vgl. *§ 854 Abs. 2 BGB.* Das Einigsein nach § 854 Abs. 2 hat besondere praktische Bedeutung für solche Fälle, in denen körperliche Übergabe nicht möglich ist, so wenn ein Gebäude auf Abbruch oder Holz auf dem Stamm verkauft ist und übergeben werden soll, vgl. oben Anm. 12. Die Übergabe findet hier im Augenblick der Trennung vom Grundstück statt, sofern die Parteien sich in diesem Zeitpunkt bereits über den Besitzübergang einig sind.

Anm. 29

Besaß der AbzKäufer die Sache schon bisher, aber auf Grund eines anderen Rechtsverhältnisses oder als Eigenbesitzer (§ 872 BGB), so genügt die — gegebenenfalls stillschweigende — Vereinbarung zwischen AbzKäufer und -Verkäufer, daß ersterer die Sache nunmehr als einen auf Grund des AbzGeschäftes geleisteten Gegenstand besitze. Hierbei ist nicht nötig, daß gleichzeitig, wie sonst bei der sog. brevi manu traditio, auch die dingliche Einigung zur Übereignung der Sache vorgenommen wird. Ebenso RG JW 05, 18 und *Aubele* Anm. 14 zu § 1; *Klauß* Anm. 31 a. E. verlangt dagegen Übereignung im Sinne von § 929 Abs. 2 BGB, wenn auch unter Vorbehalt. *Lazarus* S. 112 und *Schmidt* S. 10 schließen ein AbzGeschäft dann aus, wenn die Sache zunächst auf Grund eines Kaufes mit Stundung übergeben war und erst später Ratenzahlung vereinbart wurde. S. hierzu unten Anm. 48 ff.

Anm. 30

Als eine der Verschaffung des unmittelbaren Besitzes gleichwertige Übergabe wird für das Kaufrecht die *Übergabe von* kaufmännischen Orderpapieren *(Dispositions- oder Traditionspapieren,* nämlich Konnossement, Lade- oder Lagerschein) unter der Voraussetzung angesehen, daß diese Erfüllungsart vertraglich vorgesehen ist. Vgl. *Staudinger-Ostler* Anm. 100 zu § 433; *Düringer-Hachenburg-Höniger* Anm. 23 a vor § 373. Im Sinne des AbzG wird man aber hier nur dann von Übergabe sprechen können, wenn der Käufer nach seinen wirtschaftlichen Verhältnissen und der konkreten Gestaltung des Kaufes bereits aus dem Erhalt des Dispositionspapieres wirtschaftlichen Nutzen, nämlich durch Weiterveräußerung ziehen kann, nicht aber, wenn die Sache zu seinem eigenen Gebrauch, etwa als Maschine für seinen Gewerbebetrieb bestimmt ist, vgl. dazu ablehnend *Gramm* in AcP 158, 257.

Anm. 31

c) *Übergabe durch oder an Boten und Stellvertreter.* Hierbei ist zu beachten, daß es bei der Verschaffung unmittelbaren Besitzes, abgesehen von dem Sonderfall des § 854 Abs. 2 BGB, keine Stellvertretung gibt, da der Besitzübertragungsvorgang kein Rechtsgeschäft ist. Wird die Sache durch oder an Mittelspersonen übergeben, so mögen diese bei Abschluß der dinglichen Einigung oder des Erfüllungsvertrages (vgl. *Enneccerus-Lehmann,* Schuldrecht § 60 I und II; *Staudinger* 9. Aufl. Anm. 1 zu § 362 BGB) Erklärungsboten oder Stellvertreter des Verkäufers oder Käufers sein; hinsichtlich der Besitzverschaffung können sie nur handeln als Besitzdiener (§ 855 BGB) oder unmittelbare Fremdbesitzer, welche dem Veräußerer oder dem Erwerber den Besitz vermitteln (§ 868 BGB). Vgl. zum Ganzen RGZ 137, 23 ff. (25—27) und in den Kommentaren zu §§ 854, 855 und 868 BGB.

Anm. 32

aa) *Auf der Verkäuferseite* spielen die Mittelspersonen eine besondere Rolle beim *Versendungskauf*. Bei Versendung der Kaufsache auf Verlangen des Käufers (Fall des § 447 BGB — Näheres bei *Staudinger-Ostler* Anm. 3 ff. zu § 447) liegt die Übergabe sowohl im Sinne des Kaufrechtes wie auch im Sinne des AbzG erst in der Ablieferung der Sache beim Käufer, wobei unter Ablieferung der tatsächliche Akt zu verstehen ist, der den Käufer in diejenige tatsächliche und räumliche Beziehung zur Sache bringt, die es ihm ermöglicht, sich in den Gewahrsam der Sache zu setzen und darüber zu verfügen. Vgl. RGZ 73, 391; 91, 290; ferner *Staudinger-Ostler* Anm. 100 gegen Ende zu § 433 und Anm. 10 zu § 447; *Düringer-Hachenburg-Höniger* Anm. 24 und 25 vor § 373, a. A. *Ermann-Weitnauer-Klingsporn* Anm. 3 zu § 1 AbzG.

Beim sogenannten *Zusendungskauf*, d. i. ein Ladenkauf mit der Abrede, dem Käufer die Ware ins Haus zu senden, ist häufig die Übergabe bereits im Laden erfolgt. Vgl. *Staudinger-Ostler* Anm. 16 zu § 447. Grundsätzlich für die Wohnung des Käufers als Übergabeort *Düringer-Hachenburg-Höniger* Bd. V Einl. Anm. 194. Auch für die Frage, ob ein AbzGeschäft zustande gekommen ist, ist die Übergabe als im Laden erfolgt anzusehen, wenn mit der Zusendung dem Käufer lediglich die Mühe erspart werden soll, die Sache selbst nach Hause zu transportieren, nicht aber, wenn der Verkäufer damit für sich eine Sicherung der Ratenzahlung bezweckt.

Anm. 33

bb) *Übergabe an eine Mittelsperson auf der Käuferseite* ist möglich, wenn es sich um eine vom Käufer zur Annahme angewiesene Hilfsperson im sozialen Abhängigkeitsverhältnis zum Käufer (Besitzdiener, § 855 BGB) handelt oder wenn die Mittelsperson vom Käufer mit der Abholung der Sache und der Überbringung an den Käufer beauftragt ist oder auf Grund eines Vertragsverhältnisses mit dem Käufer zum Besitz berechtigt ist und der Käufer die Übergabe an diese Person gestattet. Im Ergebnis ebenso *Klauß* Anm. 41 zu § 1. Nicht erforderlich ist, daß diese Personen zur Vornahme der dinglichen Einigung oder des Erfüllungsvertrages für den Käufer bevollmächtigt sind, da zur Übergabe nicht notwendig die Übereignung hinzukommen muß. Ferner ist nicht erforderlich, daß dem Käufer in diesen Fällen die Möglichkeit sofortigen Gebrauchs offensteht, wenn er sich dieser Möglichkeit dadurch begeben hat, daß er der Empfangnahme durch einen anderen zugestimmt hat.

Anm. 34

d) *Übergabe durch oder an Dritte.*

aa) *Übergabe durch Dritte.* Dritter ist nicht, wer im Namen des Schuldners oder als seine Hilfsperson oder in Erfüllung eigener Verbindlichkeiten gegenüber dem Käufer handelt. Nach *Klauß* Anm. 37 zu § 1 muß die Erlangung der tatsächlichen Sachherrschaft durch den Käufer immer mit *Wissen und Willen* des Käufers geschehen, wenn das AbzG zur Anwendung kommen soll.. Diese Meinung ist zutreffend für den Fall, daß der Käufer gegenüber dem Verkäufer oder einem Dritten verbotene Eigenmacht übt; vgl. oben Anm. 27 a. E. Sonst aber wird durch diese Meinung für die Übergabe durch dritte Personen der Bestimmung des § 267 BGB nicht Rechnung getragen, wonach folgendes zu gelten hat:

Ist *der Dritte unmittelbarer Besitzer und Eigentümer* der Kaufsache, so ist ein AbzGeschäft ohne Bedenken anzunehmen, wenn der Käufer ohne oder gegen den Willen des Verkäufers die Sache von diesem zwecks Erfüllung des Kaufvertrages erhält und der Verkäufer nach dem Kaufvertrag in diesem Zeitpunkt zur Übergabe verpflichtet war. Denn § 1 verlangt *nicht*, daß die Sache *vom Verkäufer* übergeben wird, sondern spricht nur von einer „dem Käufer übergebenen Sache". Anders bei Leistung vor Fälligkeit, da dann der Verkäufer den Nachteilen des AbzG unterworfen würde, ohne nach dem Vertragsinhalt zur Aufsichnahme dieser Nachteile verpflichtet zu sein.

Ist *der Verkäufer Eigentümer der Sache,* so käme nur ein Recht zur Teilerfüllung des Dritten durch Übergabe in Frage. Ein solches Recht dürfte aber in der Regel ausgeschlossen sein, weil regelmäßig die Erfüllung durch Übergabe und gleichzeitige — wenn auch aufschiebend bedingte — Übereignung zu erfolgen hat. In diesen Fällen dürfte eine Übergabe durch Dritte als Teilerfüllungsleistung nach dem Willen der Vertragsparteien ausgeschlossen sein. Ist aber der Dritte zur Erfüllung des Vertrages nicht berechtigt, so ist auch die Übergabe nicht als Vertragserfüllung zu bewerten und kann ein AbzGeschäft im Sinne von §§ 1 und 6 nicht begründen. Vgl. oben Anm. 26 a. E. Ein AbzGeschäft ist dagegen anzunehmen, wenn der Übergabe eine aufschiebend bedingte Übereignung durch den Verkäufer vorangegangen ist.

Anm. 35

bb) *Übergabe an Dritte.* Ohne besondere vertragliche Vereinbarung mit dem Käufer kann in der Verschaffung des unmittelbaren Besitzes an einen Dritten keine Übergabe im Sinne des AbzG gesehen werden. Es liegt dann weder eine Erfüllungsleistung vor noch erhält der Käufer irgendeine Nutzungsmöglichkeit der Sache. Ein AbzGeschäft kann aber vorliegen, wenn der Kauf zugunsten eines Dritten abgeschlossen ist und die Kaufsache diesem in einer ihre Nutzung ermöglichenden Weise übergeben wird. Gl. M. *Aubele* Anm. 3 zu § 8. Ferner kann der Käufer seinen Erfüllungsanspruch aus dem Kaufvertrag an einen Dritten abtreten, wenn dies nicht vertraglich ausgeschlossen ist, § 399 BGB. Das AbzGeschäft wird dann durch Übergabe an den Dritten begründet. Näheres über die kaufrechtliche Seite bei *Staudinger-Ostler* Anm. 96 ff. zu § 433.

Über die Übergabe an Mittelspersonen des Käufers s. oben Anm. 33.

Anm. 36

e) Übergabe im Sinne des AbzG setzt voraus, daß der *Besitz zum Zweck der Vertragserfüllung verschafft* wird. War aber der Käufer schon im Besitz der Sache, so ist zur Annahme eines AbzGeschäftes eine mindestens stillschweigende vertragliche Vereinbarung von Käufer und Verkäufer erforderlich, daß der Käufer die Sache nunmehr zum Zwecke der Erfüllung des Kaufvertrages besitzen solle. Vgl. oben Anm. 28 und 29.

aa) *Nicht erforderlich ist,* daß gleichzeitig mit der Übergabe auch die *Eigentumsübertragung* der Sache erfolgt. Der Eigentumsvorbehalt als aufschiebend bedingte Übereignung oder als Vereinbarung, daß die Einigung selbst erst später erfolgen solle — vgl. § 5 Anm. 9 — beseitigt den Charakter des Abz-Geschäftes nicht; er ist gerade hier üblich. Der Käufer bleibt bis zum Übergang des Eigentumes, dessen Übertragung beim Sachkauf stets Hauptverpflichtung ist und als solche den Abz-Kauf vom AbzGeschäft i. S. von § 6 unterscheidet (vgl. oben Anm. 4, 5) Fremdbesitzer. Immerhin geschieht die Übergabe „zwecks künftiger (voller) Erfüllung des Kaufvertrages“ und der Käufer tritt in rechtliche und wirtschaftliche Beziehung („Gebrauchsmöglichkeit“) zu der ihm übergebenen Sache; RGZ 64, 337; 74, 129. Er besitzt aber als Käufer, nicht als Verwahrer und Verwalter, wie dies das RG fälschlich annimmt.

Anm. 37

bb) Ein *AbzGeschäft* liegt aber *nicht* vor, wenn nach dem Willen der Vertragsparteien die Kaufsache beim Käufer nur vorübergehend eingestellt und verwahrt werden soll. Der Käufer besitzt dann z. B. nur als Verwahrer oder Verwalter; unabhängig davon, ob der verwahrende Käufer die Sache auch nebenbei gebrauchen darf, ist die Übergabe nicht auf die Erfüllung des Kaufvertrages bezogen und kann daher kein AbzGeschäft i. S. von § 1 oder § 6 begründen. Ebenso *Aubele* Anm. 16 zu § 1, der auf die Absicht der Parteien abstellt, daß der Erwerber den Sachgenuß auf immer haben solle. Wegen der Verwahrung durch den Verkäufer vgl. oben Anm. 26.

Anm. 38

cc) Kein AbzGeschäft liegt vor, wenn der Käufer die Kaufsache durch verbotene Eigenmacht erhält; vgl. oben Anm. 27. Erhält der Käufer den Besitz durch einen Dritten, so muß der Dritte dem Käufer den Besitz in der Absicht verschaffen, den Vertrag zu erfüllen; absichtsloses gelegentliches Aushändigen ist keine Übergabe i. S. des AbzG. Vgl. oben Anm. 25, 34 und 35.

Anm. 39

3. Bei *zeitlichem Auseinanderfallen von Kaufvertragsschluß und Übergabe* ist folgendes zu beachten:

Kein Problem entsteht, wenn die Übergabe vertragsgemäß erst zu einem bestimmten späteren Zeitpunkt oder erst nach Anzahlung eines bestimmten Betrages fällig ist. Erfolgt die Übergabe, so sind die Voraussetzungen für die Anwendbarkeit des AbzG erfüllt. Ein AbzGeschäft liegt erst dann vor, da auf die tatsächliche Übergabe der Kaufsache abzustellen ist, vgl. Anm. 22. Dagegen wendet sich *Knippel*, NJW 65, 1006, weil es unverständlich sei, den Schutz des Käufers aus dem AbzG von einer Handlung des Verkäufers — nämlich der Übergabe der Sache — abhängig zu machen. Jedoch ist auch dieses Argument allenfalls de lege ferenda zu bedenken. Es gilt insofern das bei Anm. 22 Gesagte. Ein AbzGeschäft liegt dann vor. Problematischer ist dagegen der Fall, daß die Übergabe vertragsgemäß erst nach Vollzahlung erfolgen sollte, der Käufer die Sache aber bereits zu einem früheren Zeitpunkt (vor Zahlung der letzten Rate) erhalten hat. Während *Asch* JR 33, 135 und *Theinert* S. 8 das AbzG in diesen Fällen stets für anwendbar erachten, will *Klauß* Anm. 34 zu § 1 dieses Gesetz nur dann angewendet wissen, wenn der Käufer bereits bei Kaufvertragsabschluß den mittelbaren Besitz an der Sache erlangt hatte oder wenn dem Käufer bei Kaufvertragsabschluß erkennbar war, daß er in näherer Zukunft die tatsächliche Gewalt über die Sache würde erlangen können. Es fehlt jedoch eine gesetzliche Grundlage für die Entscheidung nach diesen Gesichtspunkten der Innehabung des mittelbaren Besitzes oder der Voraussehbarkeit der körperlichen Übergabe. Vielmehr ist die Entscheidung so zu treffen: Bestand für den Verkäufer nach dem Kaufvertrag keine Pflicht, die Sache vor Vollzahlung des Kaufpreises zu übergeben, so kann das AbzG nicht angewandt werden, wenn der Verkäufer seine Übergabepflicht vorzeitig erfüllt. Dies wäre nämlich sonst eine Bestrafung des Verkäufers für seine freiwillige Vorleistung, so auch *Knippel* NJW 65, 1006. Sind sich die Parteien aber bei der vorzeitigen (körperlichen) Übergabe darüber einig, daß nunmehr in Abänderung des ursprünglichen Kaufvertrages Leistung und Gegenleistung in ihrem zeitlichen (u. U. auch wertmäßigen) Verhältnis zueinander neu geregelt werden, so ist der nunmehr abgeänderte Kaufvertrag als AbzGeschäft zu behandeln. Wegen freiwilliger späterer Stundung der fälligen Leistung durch den Verkäufer s. unten Anm. 42 und 49.

Über die Fälle, in denen der Käufer bei Kaufabschluß bereits unmittelbarer Fremd- oder Eigenbesitzer gewesen ist, s. oben Anm. 26 a. E., 29 und 36.

IV. Teilzahlungsabrede

Wie *Klauß* Anm. 46 zu § 1 mit Recht bemerkt, ist sie das hervorstechendste Merkmal des AbzGeschäftes. Sie ist eine Vereinbarung über den Modus der Zahlung des Entgeltes für den Sachwert, nämlich die Vereinbarung, daß der Erwerber — entgegen der grundsätzlichen Verpflichtung beim Kauf, s. *Staudinger-Ostler* Anm. 129 zu § 433 — das Entgelt nicht auf einmal bezahlen muß. Die so aufgefaßte Teilzahlungsabrede ist Begriffsmerkmal nicht nur des AbzKaufes i. S. von § 1, sondern auch des AbzGeschäftes im Sinne von § 6.

Anm. 40

1. Die Begriffsmerkmale der Teilzahlungsabrede i. S. des § 1 im einzelnen.

Anm. 41

a) Es handelt sich um eine *Fälligkeitsvereinbarung* im Sinne des § 271 BGB. Es muß danach vereinbart sein, daß der Käufer den Kaufpreis nicht sofort im ganzen erbringen muß, sondern nur in zeitlich auseinanderliegenden Teilleistungen. Unerheblich ist es, ob der Käufer seinerseits nur in Teilbeträgen oder auch sofort im ganzen bezahlen darf, wozu letzteres im Zweifel sogar anzunehmen ist, § 271 Abs. 2 BGB. Vgl. RG Recht 11 Nr. 3612. Ist in einem primär als Barkauf geschlossenen Vertrag die Klausel enthalten „Käufer kann auch in Raten zahlen", so liegt darin eine Teilzahlungsabrede i. S. des AbzG; ebenso *Aubele* Anm. 20 zu § 1; a. A. *Schmitt* Anm. 6 b zu § 1. Dagegen liegt eine Teilzahlungsabrede nicht vor, wenn der Käufer den Kaufpreis lediglich bis zu einem bestimmten Zeitpunkt gleichviel, ob auf einmal oder in beliebigen Raten, zu tilgen hat; so auch *Lechner* Einl. Anm. 5.

Anm. 42

Ob in der Teilzahlungsabrede eine *Stundung oder eine Befristung* der Kaufpreisforderung zu erblicken ist, ist Gegenstand eines unfruchtbaren Meinungsstreites. Beide Lager übersehen nämlich, daß das bürgerliche Recht einen einheitlichen Begriff der Stundung nicht kennt und daß sie selbst den Begriff „Stundung" verschieden gebrauchen. Deshalb lassen sich beide Ansichten durchaus vereinigen, soweit sie nicht zu Schlußfolgerungen führen, die auf einer unklaren Erfassung des Stundungsbegriffs beruhen.

Diejenigen, welche in der Teilzahlungsabrede eine Stundung der Kaufpreisforderung erblicken (*Rühl* S. 263; *Vollrath* S. 38; *Düringer-Hachenburg-Höniger* Anm. 301 vor § 373), haben insofern Recht, als eine *Stundung i. S. der §§ 452 und 454 BGB* jede Vereinbarung ist, nach welcher der Kaufpreis erst nach (im wesentlichen) vollendeter Erfüllung des Verkäufers fällig sein soll; RGZ 50, 140; *Staudinger-Ostler* Anm. 131 zu § 433 und Anm. 6 zu § 452 sowie Anm. 14 ff. zu § 454; *Enneccerus-Lehmann,* Schuldrecht § 105 Anm. 5 („Stundung i. S. dieses Paragraphen"); *Kuhn* in RGRKomm. Anm. 2 zu § 452 BGB; *Oertmann* Anm. 2 zu § 454. In diesem Sinne liegt in der Teilzahlungsabrede eine Kaufpreisstundung vor, wenn und soweit vereinbart wird, daß der Restkaufpreis nach der Übergabe und nach Übereignung der Kaufsache zu bezahlen ist. Unrichtig insoweit meine bisherige Ansicht in *Staudinger-Ostler* Anm. 13 zu § 452 BGB. Näheres hierüber und über die Auswirkungen einer solchen Stundung für das gesetzliche Rücktrittsrecht unten Anm. 57, 58. Hat der Verkäufer nur hinsichtlich der Übergabe, nicht aber hinsichtlich der Übereignungspflicht vorzuleisten, so liegt also eine Stundung im Sinne der §§ 452, 454 BGB nicht vor, RGZ 50, 139 ff.

Einen ganz anderen Stundungsbegriff haben diejenigen im Auge, welche die in der Teilzahlungsabrede liegende Befristung (oder Zeitbestimmung) der Kaufpreisfälligkeit dem Begriffe der Stundung als Gegensatz gegenüberstellen; so *Crisolli* 4. Aufl. Anm. 25, *Klauß* Anm. 49, *Aubele* Anm. 2 je zu § 1 und *Lechner* Einl. Anm. 5. Dieser *zweite engere* (und eigentliche) *Stundungsbegriff* entspricht dem Sprachgebrauch von *§ 202 Abs. 1 BGB* (Verjährungshemmung) und bedeutet die Vereinbarung des Gläubigers mit dem Schuldner, eine fällige Forderung einstweilen nicht zu verlangen. Ist die Forderung aber noch nicht fällig, so liegt keine Stundung i. S. von § 202 Abs. 1 BGB vor, sondern eine Befristung. Vgl. *Staudinger-Coing* Anm. 5 zu § 202; *Planck* Anm. 3 g zu § 163; *Stundung in diesem Sinne ist keine Fälligkeitsvereinbarung*, sondern setzt die Fälligkeit voraus. *Durch eine solche Stundung* entsteht *kein AbzGeschäft i. S. von §§ 1 oder 6.* Es wäre unbillig, dem Verkäufer die mit dem Käuferschutz des AbzG verbundenen Nachteile dafür aufzuerlegen, daß er sich bereit erklärt, eine fällige und aus einem auf Zug-um-Zug-Erfüllung kalkulierten Kauf herrührende Kaufpreisforderung einstweilen nicht zu verlangen (wegen Ratenzahlung vor Übergabe und bei vorzeitiger Übergabe s. oben Anm. 39; vgl. außerdem unten Anm. 47). Auch gehört derjenige Käufer, der einen Barkauf abschließt, dann aber in Zahlungsschwierigkeiten gerät, nicht zu dem Kreis von Käufern, die das AbzG schützen will. Ohne Einfluß auf die Anwendbarkeit des AbzG bleibt es, wenn fällige Teilzahlungen eines AbzGeschäftes gestundet werden.

Anm. 43

b) Die *Teilzahlungsabrede muß den Kaufpreis betreffen,* nicht irgendwelche Nebenverpflichtungen. Der Käufer muß das Recht haben, diejenige Vergütung in Raten zu zahlen, die er als Gegenleistung für die Verschaffung des Eigentums, als Entgelt für den Sachwert, zu entrichten hat. Liegt nur eine Berechtigung vor, aus dem Kaufpreis ausgeschiedene Spesen, Provisionen, Zinsen u. dgl. in Raten zu begleichen, so liegt kein AbzGeschäft vor. Vgl. SeuffBl. 73, 366; *Aubele* Anm. 24 zu § 1.

Anm. 44

c) Die *Mindestzahl der Teilzahlungen.* Über die notwendige Mindestzahl der Teilzahlungen bestehen in Literatur und Rechtsprechung Meinungsverschiedenheiten.

aa) Der erste Streitpunkt liegt in der Frage, *wie viele Teilbeträge* der Kaufpreiszahlung *überhaupt* vereinbart sein müssen, damit das AbzG anwendbar ist.

Eine Aufspaltung des Gesamtpreises in mindestens zwei nacheinander zu entrichtende Teilbeträge lassen genügen RG Recht 07 Nr. 3612; mit eingehender Begründung OLG Nürnberg JW 31, 2753 und *Klauß* Anm. 59 zu § 1; *Aubele* Anm. 23 zu § 1; *Lechner* Einl. 7 a. E.; *Düringer-Hachenburg-Höniger* Anm. 301 vor § 373; *Schlegelberger* HGB S. 1112, *Stenglein* Anm. 6 zu § 7 AbzG, *Roos* S. 2, *Rautmann* S. 20, *Rühl* S. 218, *Voigt* S. 12, *Veith* RWPBl. 2 D AbzGeschäfte, *Hörle* Gruch 55, 180; *Asch* JR 33, 136 sowie *Spiro* AcP 13, 316 und *Erman* Vorbem. III Aa bb vor § 1 AbzG. Dagegen gehen das OLG (Kiel) 22, 221, OLG Stuttgart SeuffA 62, 264 *Samter* Anm. 1 zu § 1, *Theinert* S. 6, *Püschel* DR 39, 1044 und auch *Crisolli* 4. Aufl. Anm. 30 zu § 1 davon aus, daß ein AbzGeschäft nur dann vorliege, wenn der Kaufpreis in einer Reihe von Teilzahlungen, die mindestens drei betragen müssen, berichtigt werden soll. Diese Meinung stützt sich auf § 4 Abs. 2 (Gesamtverfall nur bei Verzug mit zwei Raten), wonach begrifflich mindestens drei Raten erforderlich seien, und ferner auf den Zweck des Gesetzes, der — wie die Verhandlungen des Reichstages (RT-Drucksache 1892/93 S. 69) ergäben — auf den Schutz derjenigen Personen gerichtet sei, die sich mit Hilfe längerer Ratenzahlungen Sachen, namentlich wertvollere Bedarfsgegenstände und Betriebsmittel anschaffen wollen, deren Anschaffung ihnen sonst nur auf Grund von Darlehensaufnahmen möglich wäre.

Diese Begründung vermag nicht zu überzeugen. Es ist nicht einzusehen, warum die Vereinbarung der Kaufpreiszahlung in zwei Raten zur Annahme eines AbzGeschäftes nicht ausreichen sollte. Auch bei Bezahlung in zwei Raten kann man von Teilzahlungen sprechen; dem Gesetzeswortlaut ist damit Genüge getan. Die Vorschrift des § 4 Abs. 2 setzt zur Anwendbarkeit allerdings die Abzahlung des Kaufpreises in mehr als zwei Raten voraus. Da aber die Gesamtverfallsklausel kein Begriffserfordernis des AbzGeschäftes ist, kann aus § 4 Abs. 2 für den Begriff des AbzGeschäftes nichts hergeleitet werden; so zutreffend *Klauß* Anm. 57 zu § 1. Auch der Gesetzeszweck zwingt nicht die Anwendung des AbzG auf Vereinbarung von mindestens drei Raten zu beschränken. Wenn die Verhandlungen des Reichstages überhaupt zur Stützung der Gegenmeinung geeignet sein könnten, so legen sie nur die historische Absicht der an der Gesetzgebung beteiligten Personen dar, aber nicht den für die Auslegung allein maßgebenden objektiven Zweck des Gesetzes (vgl. *Radbruch*, Rechtsphilosophie, 4. Aufl. S. 210 § 15, 3). Daß es sich bei den Teilzahlungsgeschäften mit längeren Ratenzahlungen um die typischen Fälle des AbzGeschäftes handelt, schließt aber nicht aus, daß bei Geschäften mit nur zwei Raten der Käufer im Hinblick auf die Möglichkeit einer Verwirkungsklausel im Rücktrittsfall, auf die Wiederansichnahme und die Vertragsstrafe desselben Schutzes bedürftig sein kann. Dem Gesetz aber ist nichts darüber zu entnehmen, daß es auf diese Fälle nicht angewendet sein will. Es genügen daher zwei Teilzahlungen.

Anm. 45

bb) Im Zusammenhang mit der Frage nach der Mindestzahl der Teilzahlungsraten steht der Streit um das *zeitliche Verhältnis von Übergabe der Kaufsache und Fälligkeit der Teilzahlungen.* Wie oben bereits in Anm. 22 dargelegt, ist es Begriffsmerkmal jedes AbzGeschäftes i. S. des AbzG, daß die Übergabe vor Fälligkeit des vollen Kaufpreises erfolgt.

Aubele Anm. 23 zu § 1, *Klauß* Anm. 61 zu § 1, *Lechner* Einl. Anm. 5, *Stulz* JW 31, 2753 (Anm. zu OLG Nürnberg) und *Palandt-Putzo* Anm. 4 a zu § 1 AbzG halten es für erforderlich, daß mindestens zwei Teilzahlungen vereinbarungsgemäß ihren Fälligkeitstermin nach dem Zeitpunkt der Übergabe der Sache hätten; werde vereinbart, daß der Kaufpreis in nur zwei Teilzahlungen zu begleichen ist, müßten die Fälligkeitstermine beider Zahlungen zeitlich nach der Übergabe liegen; soweit nach Übergabe nur mehr eine Schlußrate zu begleichen sei, liege aber begrifflich kein AbzGeschäft vor.

Den Begriff des AbzGeschäftes so einzuschränken, ist jedoch weder durch den Gesetzeswortlaut noch durch den Zweck des AbzG geboten. Vielmehr ist derjenige, dem die Sache gegen eine oder mehrere Anzahlungen übergeben worden ist und der dann den Rest im ganzen zu zahlen hat, gegen den Verlust der Anzahlung und des Sachgebrauches wie auch gegen eine übermäßige Vertragsstrafe genau so schutzbedürftig wie der Käufer, der nach Übergabe noch viele Raten zu zahlen hat. Allerdings wird man gerade hier sorgfältig prüfen müssen, ob es sich nicht um einen Barkauf mit Stundung des schon bei Übergabe fälligen Kaufpreisrestes handelt. Vgl. oben Anm. 42 a. E. und unten Anm. 47. Wie hier RG Recht 07 Nr. 3612, OLG Nürnberg JW 31, 2753 und *Düringer-Hachenburg-Höniger* Anm. 301 vor § 373; *Schlegelberger-Hildebrandt* HGB, 3. Aufl., Bd. 3, 3. Buch Einl. z. 2. Abschnitt (S. 1673), und *Erman-Weitnauer-Klingsporn* Vorbem. III A a bb vor § 1 AbzG.

Anm. 46

d) Einer vertraglichen Festlegung der *Höhe der Teilzahlungsbeträge und der Zeitpunkte der Teilzahlungen* bedarf es nicht. Vgl. RGZ 136, 137 (139); RG Recht 07 Nr. 3612; BGH NJW 54, 185 ff. (186).

Die Bestimmung durch einen der Vertragspartner hat im Zweifel nach billigem Ermessen zu erfolgen, § 315 BGB. Zur Bestimmung berechtigt ist im Zweifel der Verkäufer hinsichtlich des Umfanges (Höhe) der Zahlungen (§ 316 BGB), aber wohl auch hinsichtlich der Zahl und der Zeit. Ist die Bestimmung ins freie Belieben des Verkäufers gestellt, kann der Vertrag wegen Sittenwidrigkeit nichtig sein; ist die Zahlungszeit ins freie Belieben des Käufers gestellt, so liegt eine vertragliche Gebundenheit u. U. nicht vor. Vgl. *Staudinger-Werner* 9. Aufl. Anm. 1 a zu § 315 BGB. Das Schuldverhältnis muß auf jeden Fall noch genügend bestimmbar bleiben; gl. M. *Planck* zu § 315 BGB, *Aubele* Anm. 21 zu § 1 und JW 23, 691; vgl. auch *Staudinger-Ostler* Anm. 39, 46 und 54 zu § 433. Über Auslegung von Kaufpreisstundung bis zum Verbrauch der Kaufsache vgl. *Staudinger-Ostler* Anm. 131 a. E. zu § 433.

Ein AbzGeschäft liegt auch vor, wenn der Kaufpreis auf verdiente Provisionen des Käufers verrechnet wird; BGH NJW 54, 185 ff. (186).

Anm. 47

2. *Stillschweigende Teilzahlungsabreden.* Die Teilzahlungsabrede kann stillschweigend getroffen werden; so auch *Aubele* Anm. 19 zu § 1. Maßgebend dafür, ob eine Vereinbarung aus den Umständen entnommen werden kann, ist nach §§ 157, 242 BGB der Grundsatz von Treu und Glauben und die Verkehrssitte. Eine Teilzahlungsabrede ist nicht schon darin zu erblicken, daß der Verkäufer einen im ganzen zu zahlenden Kaufpreis in Raten annimmt. Hier liegt höchstens eine Stundung des fälligen Kaufpreises vor; ebenso *Klauß* Anm. 50 zu § 1. Vgl. hierzu oben Anm. 42 und 45. Eine Ratenzahlung kann auch alternativ neben einer Zahlung Zug um Zug vereinbart sein. Über die Klausel „Käufer kann auch in Raten zahlen“ vgl. oben Anm. 41.

Anm. 48

3. *Nachträgliche Teilzahlungsabreden.* Die Vereinbarung der Teilzahlung muß nicht Bestandteil eines ursprünglichen einheitlichen Kaufvertrages sein. Ein AbzGeschäft kann auch vorliegen, wenn Teilzahlung nachträglich — vor oder nach Übergabe der Kaufsache — vereinbart worden ist. Grundsätzlich ebenso *Klauß* Anm. 62 und *Aubele* Anm. 20 zu § 1; a. A. *Lechner* Einl. Anm. 7, *Palandt-Putzo* Anm. 4 a zu § 1 und *Erman-Weitnauer-Klingsporn,* Vorbem. III A a bb am Ende. Werden Ratenzahlungen vereinbart, die zum Teil vor der Übergabe, zum Teil nach der Übergabe zu zahlen sind, so liegt erst nach

der Übergabe der Sache ein AbzGeschäft vor; s. oben Anm. 23; so auch *Samter* Anm. 1 zu § 1. (Wegen vorzeitiger Übergabe s. oben Anm. 39.) Kaufpreis i. S. von § 4 Abs. 2 ist aber die Summe aller — nicht nur der nach der Übergabe geleisteten Teilzahlungen s. § 4 Anm. 72.

Anm. 49

Besondere Schwierigkeiten macht aber bei der nachträglichen Teilzahlungsabrede die *Abgrenzung von den auszuscheidenden Stundungsvereinbarungen* i. S. einer Zusage des einstweiligen Nichtforderns des (vollen) fälligen Kaufpreises; vgl. oben Anm. 42. Ob eine Fälligkeitsvereinbarung oder eine Stundung in diesem Sinne vorliegt, richtet sich allein nach dem Willen der Vertragsparteien. In den seltensten Fällen aber wird dieser Wille ausdrücklich erklärt werden. Bei der ursprünglichen Teilzahlungsvereinbarung liegt in der Regel mit besonderer Sicherheit aber dann eine Fälligkeitsvereinbarung vor, wenn mehrere Teilbeträge vereinbart sind und wenn sich der Verkäufer für seine Vorleistungspflicht und die damit verbundene Kreditierung des Kaufpreises Zinsen oder Teilzahlungszuschläge versprechen läßt. Bei nachträglicher Vereinbarung der Teilzahlung wird man, wenn das Geschäft ursprünglich Zug um Zug zu erfüllen gewesen wäre und auf Zug-um-Zug-Erfüllung kalkuliert ist, eher eine Stundung annehmen müssen, so *Aubele* Anm. 20 zu § 1. Dies gilt insbesondere dann, wenn die Bezahlung eines Kaufpreisrestbetrages mit Einverständnis des Gläubigers lediglich hinausgeschoben wird. Wird dagegen für den nach Übergabe zu leisten Kaufpreis Bezahlung in mehreren Teilbeträgen unter Festsetzung von Teilzahlungszuschlägen vereinbart, so liegt hierin eine Neuordnung des zeitlichen Verhältnisses und des Wertes von Leistung und Gegenleistung, was mit Sicherheit auf eine Teilzahlungsvereinbarung i. S. des AbzG schließen läßt; vgl. auch oben Anm. 39. Keinen Unterschied macht es, ob die Teilzahlungsabrede der Übergabe oder die Übergabe der Teilzahlungsabrede vorausgegangen ist. Ferner ist es unerheblich, ob die Fälligkeit bereits eingetreten war oder nicht, da diese durch den nachträglichen Teilzahlungsvertrag ohne weiteres wieder aufgehoben werden kann.

Anm. 50

Abzulehnen ist die Ansicht von *Lazarus* S. 112 § 102, *Weiße* S. 18 und *Schmitt* S. 10, wonach dann durch eine nachträgliche Teilzahlungsvereinbarung ein AbzGeschäft nicht begründet werden könne, wenn der Teilzahlungsabrede die Übergabe vorausgegangen und diese auf

Grund eines Kaufvertrages mit Stundung des ganzen Kaufpreises erfolgt sei. Es kann vielmehr nicht von Einfluß auf die rechtliche Beurteilung sein, ob die Parteien vertragsmäßig die Stundung in eine Ratenzahlung umwandeln und dabei gleichzeitig die Sache dem Verkäufer zurück übertragen, der sie dann sofort von neuem übergibt, oder ob sie es bei der bereits erfolgten Übergabe bewenden lassen. Wie hier *Aubele* Anm. 14 zu § 1.

Anm. 51

Abzulehnen ist ferner auch die Ansicht von *Klauß* Anm. 62, 63 zu § 1, welcher für die nach Übergabe getroffene Teilzahlungsabrede die Anwendung des AbzG auf die Fälle beschränkt, in denen der Käufer wenigstens im Zeitpunkt der Übergabe auf die Teilzahlungsbewilligung des Verkäufers vertrauen konnte. Es trifft keineswegs zu, daß nur unter den Umständen der Schutz des AbzG für den Käufer gerechtfertigt ist. Die Teilzahlungsabrede in dem hier verstandenen Sinn bedeutet stets eine vertragliche Neuregelung des zeit- und wertmäßigen Verhältnisses von Leistung und Gegenleistung unter Berücksichtigung des erhöhten Verkäuferrisikos. Dies kann nach außen sichtbar werden — muß aber nicht — in der Vereinbarung eines besonderen Teilzahlungszuschlages oder -zinses. Liegt eine solche Teilzahlungsabrede vor, so sind die Verhältnisse genau dieselben wie bei einem ursprünglichen Ratenkauf. Es ist nicht einzusehen, warum die Anwendung des AbzG hier eine besondere Einschränkung erfahren soll.

Anm. 52

Kein AbzGeschäft entsteht *bei richterlicher Ratenbewilligung* in der Zwangsvollstreckung (§ 813 ZPO) und im Vertragshilfeverfahren (G über richterliche Vertragshilfe vom 26. 3. 1952, BGBl. I 198, § 1 Abs. 1 und 3). Hier handelt es sich um *Stundungen* fälliger Leistungen. Vgl. oben Anm. 42; ebenso *Klauß* Anm. 64 zu § 1 und *Aubele* Anm. 20 a. E. zu § 1.

Anm. 53

Ebenso liegt *kein AbzGeschäft* vor *bei Ratenbewilligung im Vergleich.* Dies liegt im Wesen des Vergleiches als gegenseitiges Nachgeben begründet. Vgl. § 779 BGB; ebenso *Klauß* Anm. 64 zu § 1; a. A. *Aubele* Anm. 20 zu § 1. Wird aber ein bestehender oder durch Rücktritt beseitigter AbzKauf durch einen Vergleich ersetzt, so kann dieser jedoch als neues AbzGeschäft zu behandeln sein; so *Klauß* NJW 50, 766.

Anm. 54

4. *Teilzahlungsabrede und Begründung von Wechselverbindlichkeiten.* Zu Sicherungs- und Finanzierungszwecken ist namentlich bei AbzGeschäften über höherwertige Güter wie Autos und Maschinen (sog. C-Kredit) die Begründung einer wechselmäßigen Haftung des AbzKäufers üblich. Über die hierbei entstehenden zahlreichen Einzelprobleme s. *Beuck,* Wechsel im Teilzahlungsgeschäft. Dabei kann die wechselmäßige Haftung begründet werden unter Verwendung von mehreren Wechseln, die hinsichtlich ihres Betrages und Fälligkeit den Kaufpreisraten entsprechen (sog. „gestückelte" Wechsel) oder durch Verwendung eines zu einem bestimmten Zeitpunkt im ganzen fälligen Wechsels über den Betrag des gesamten Kaufpreises (sog. Rahmenwechsel). Ein als „Ratenwechsel" in einem Stück, aber mit mehreren aufeinanderfolgenden Verfallzeiten ausgestellter Wechsel ist nichtig, Art. 33 Abs. 2 WG.

Anm. 55

Für die Entscheidung der Frage, ob die Wechselhingabe durch den Käufer den Charakter des AbzGeschäftes beseitigt, ist maßgebend, ob die Wechselverbindlichkeit *zahlungshalber* oder an *Zahlungs statt* begründet ist. Nach § 364 Abs. 2 BGB ist *im Zweifel* anzunehmen, daß die Wechselverbindlichkeit vom Schuldner *zahlungshalber* eingegangen wird. Die Kaufpreisschuld bleibt damit unberührt bestehen. *Durch Wechselhingabe zahlungshalber wird daher ein AbzGeschäft nicht ausgeschlossen,* BGHZ 15, 171; RGZ 136, 137 ff.; OLG Nürnberg Bay JMBl. 54, 16; OLG Oldenburg Büro 51, 399; KG *Soergel* Rspr. 30 § 5 AbzG Ziff. 1; ebenso *Klauß* Anm. 52 zu § 1; *Beuck* S. 23. Hierbei spielt es keine Rolle, ob der Käufer mehrere „gestückelte Wechsel" oder einen „Rahmenwechsel" hingegeben hat. Bei Hingabe eines fälligen Rahmenwechsels mit der Abrede der Prolongation für den jeweiligen Restkaufpreis nach Zahlung der fälligen Raten nehmen das KG (OLG 10,50), *Klauß* Anm. 53 zu § 1 und *Aubele* Anm. 6 zu § 6 zu Unrecht ein AbzGeschäft nach § 6 AbzG an. Es handelt sich vielmehr um ein AbzGeschäft nach § 1, da die Wechselhingabe zahlungshalber den zugrunde liegenden Teilzahlungskaufvertrag nicht berührt. So auch RGZ 136, 137 ff.; *Beuck* S. 25 ff. Die Rückgabe des prolongierten Wechsels gegen Hingabe des Prolongationswechsels ist zwar eine Novation der Wechselschuld (RGZ 107, 35), läßt aber das zugrunde liegende Schuldverhältnis — den AbzKauf — unberührt. Unrichtig — weil inkonsequent — die gegenteilige Ansicht bei *Beuck* S. 43.

Die Abrede, daß der Käufer über den Preis einen fälligen Rahmenwechsel zu akzeptieren habe, ist wegen Verstoßes gegen § 4 Abs. 2 (Gesamtverfallklausel) und § 134 BGB nichtig, was jedoch die Gültigkeit des AbzKaufvertrages im übrigen unberührt läßt, so RGZ 136, 137 ff. (140) = JW 32, 2708 (mit Bespr. *Plum*). Gegen die Ungültigkeit der Akzeptabrede auch *Beuck* S. 33 ff. Möglicherweise richtet sich die Einwendung auch gegen den Wechselindossatar. Vgl. näher bei § 4 Anm. 89.

Anm. 56

Werden die *Wechsel an Zahlungs Statt* hingegeben, so ist damit die Kaufpreisforderung erloschen, § 364 Abs. 1 BGB. Ein AbzKauf liegt dann nicht vor. Nach *Beuck* (S. 24) mag allerdings im Einzelfall ein AbzGeschäft nach § 6 AbzG vorliegen, z. B. wenn sich der Käufer unabhängig von der durch die Hergabe von gestückelten Wechseln erloschenen Kaufpreisschuld zur Anschaffung der Wechselsumme in regelmäßig wiederkehrenden Zahlungen verpflichtet.

Anm. 57

5. *Exkurs: Die Folgen der Verletzung der Teilzahlungspflicht.* Die Verletzung der Ratenzahlungspflicht kann ein vertragliches Rücktrittsrecht wegen Nichterfüllung begründen. Näheres hierüber unten Anm. 77 ff. Schuldhaftes Nichtzahlen oder verspätetes Zahlen (Verzug §§ 284, 285 BGB) begründet im Zweifel das Recht zur Wiederansichnahme der Sache auf Grund vorbehaltenen Eigentums (vgl. unten § 5 Anm. 62 ff.), ferner das Recht auf eine ausbedungene Vertragsstrafe (§ 339 BGB — vgl. unten § 4 Anm. 13 ff.) sowie bei Verzug mit mindestens zwei aueinanderfolgenden Raten und mindestens einem Zehntel des Gesamtpreises einen vereinbarten Gesamtverfall (vgl. unten § 4 Anm. 60 ff.).

Anm. 58

Die Ratenzahlungspflicht ist als Pflicht zur (Teil-) Zahlung des Kaufpreises Hauptverpflichtung des Käufers. Unabhängig von einer vertraglichen Abmachung knüpfen sich an die Verletzung dieser Pflicht die Rechtsfolgen der Vorschriften über Leistungsstörungen bei gegenseitigen Verträgen, §§ 325, 326 BGB, unter den dort genannten Voraussetzungen. Zu beachten ist aber, daß bei Übergabe und sofortiger unbedingter Übereignung *das gesetzliche Rücktrittsrecht nach § 325 Abs. 2, § 326 BGB durch § 454 BGB ausgeschlossen ist.* Denn eine gestundete Kaufpreisforderung i. S. des § 454 BGB ist auch jede befristete und noch nicht fällige Forderung, wenn der Verkäufer im wesentlichen erfüllt hat; RGZ 50, 140; *Staudinger-Ostler* Anm. 14 zu § 454 und 131 zu § 433; s. auch mit weiteren Zitaten oben Anm. 42 über die Grenzen der Anwendbarkeit.

Die von *Crisolli* 4. Aufl. Anm. 120 zu § 1 vertretene Auffassung, daß § 454 bei AbzGeschäften keine Anwendung finde, läßt sich nicht aufrechterhalten, da sie den Stundungsbegriff des § 454 BGB nicht richtig erfaßt. Aus demselben Grunde kann auch meine in *Staudinger-Ostler* Anm. 12 und 25 zu § 454 und Anm. 13 zu § 452 bisher vertretene Ansicht einer Nachprüfung nicht standhalten. Auch die Berufung auf Art. 32 EGBGB (*Staudinger-Ostler* Anm. 25 zu § 454), wonach die Vorschriften des AbzG durch das BGB nicht berührt werden, ist nicht stichhaltig, da § 1 Abs. 2 AbzG kein besonderes gesetzliches Rücktrittsrecht für AbzGeschäfte schafft, sondern ein gesetzliches Rücktrittsrecht nach allgemeinen bürgerlich-rechtlichen Bestimmungen voraussetzt, wie es Art. 1183 und 1654 des Code civil und die inhaltsgleichen Bestimmungen des Badischen Landrechts (Art. 1184 und 1654) vorsahen. Mit der nunmehr hier vertretenen Ansicht stimmen überein *Rühl* S. 263 und *Samter* S. 34. In Verkennung der Vorschrift des § 454 BGB wird das gesetzliche Rücktrittsrecht bejaht von KG JW 34. 1735, *Klauß* Anm. 152 zu § 1, *Aubele* Anm. 43 zu § 1 und *Hörle* Gruch 55, 182.

Allerdings ist die Frage nur von geringer praktischer Bedeutung, da in der Regel vertraglich mindestens entweder das Rücktrittsrecht oder das Eigentum vorbehalten ist.

B. Nicht notwendige Begriffsmerkmale

I. Nicht notwendig

Anm. 59

Außer der Teilzahlungsabrede sind beim Kauf (oben A I, Anm. 3 ff.) übergebener (oben A III Anm. 22 ff.) beweglicher Sachen (oben A II Anm. 9 ff.) keine bestimmten weiteren Abreden zwischen den Vertragsparteien für die Anwendbarkeit des AbzG erforderlich. Im einzelnen ist dies jedoch nicht unbestritten.

Anm. 60

1. Besonders gehen hinsichtlich der *Vereinbarung des Rücktrittsrechtes* die Ansichten sehr auseinander.

Nach *Klauß* Anm. 66 zu § 1, *Hein* S. 1, *Hörle* Gruch 55, 178, *Roos* S. 1, *Beuck* S. 23 und *Palandt-Putzo* Anm. 5 a zu § 1 AbzG gehört zum Abz-Geschäft notwendig entweder die Vereinbarung eines Rücktrittsvorbehaltes oder das Bestehen des gesetzlichen Rücktrittsrechts nach §§ 325, 326 BGB. Auf demselben Standpunkt steht auch das RG in Recht 16, 298, während RGZ 144, 182 und neuerdings BGH NJW 56, 338 die Frage nur am Rande berühren und ohne nähere Untersuchung des Problemes ebenfalls einen Rücktrittsvorbehalt für wesentlich halten. Zur Begründung dieser Ansicht wird vor allem auf den Gesetzeswortlaut, die Motive und darauf verwiesen, daß das Rücktrittsrecht für das AbzGeschäft charakteristisch sei. Diese Begründung ist jedoch zunächst nicht stichhaltig.

Es zwingt schon der Gesetzeswortlaut keineswegs zu dieser Annahme. Vielmehr ergibt sich bei genauer Betrachtung das Gegenteil. §§ 1—3 enthalten die zwingende Normierung des Abwicklungsverhältnisses nach erklärtem Rücktritt. § 1 verpflichtet zur gegenseitigen Rückgewähr der Leistungen; als Voraussetzungen für diese Rückgewährpflicht nennt er: a) einen wirksam erklärten Rücktritt auf Grund Rücktrittsvorbehalts („Hat ... der Verkäufer sich das Recht vorbehalten ... von dem Vertrag zurückzutreten, so ist im Falle dieses Rücktritts jeder Teil verpflichtet ...“) und b) das Vorliegen eines AbzGeschäftes. Diese zweite Voraussetzung umschreibt der Gesetzgeber mit den Worten „ ... bei dem Verkauf einer dem Käufer übergebenen beweglichen Sache, deren Kaufpreis in Teilzahlungen berichtigt werden soll ...“. Es kann somit schon aus dem Gesetz entnommen werden, daß der Rücktrittsvorbehalt oder das gesetzliche Rücktrittsrecht aus dem Begriff (Tatbestand) des AbzGeschäftes auszuscheiden ist, a. A. *Gramm* in AcP 158, 257.

Was ferner die — für die Auslegung übrigens keineswegs bindende — Ansicht des historischen Gesetzgebers betrifft, so geben die Motive zu § 6 darüber Auskunft. Der Gesetzgeber, dem übrigens die Möglichkeit der Wiedereinsichtnahme eigener Sachen im Wege der Zwangsvollstreckung nicht bekannt war (vgl. § 5 Anm. 5, 112), hält es für das AbzGeschäft i. S. von § 6 für kennzeichnend, daß dem Veräußerer ein Recht zusteht, zurückzutreten oder doch die Sache dem Erwerber wieder zu entziehen. Da § 6 nur den Begriff des AbzKaufes i. S. von § 1 erweitert, müßte Gleiches auch für § 1 gelten. Dieser Vorstellung des historischen Gesetzgebers kann man aber auch durchaus dann gerecht werden, wenn man die Notwendigkeit eines Rücktrittsrechtes für den Begriff des AbzKaufes ablehnt. Die Möglichkeit der Wiederansichnahme im Wege der Selbsteinsteigerung stellt ja auch ein Recht zum Entzug der Sache und zur Wiedererlangung dar, wenn auch kein materielles rücktrittsähnliches Recht, so doch einen vom Verfahrensrecht dargebotenen rechtlichen Weg. Für die aber gerade beim

AbzRecht gebotene wirtschaftliche Betrachtungsweise dürfte dies keinen Unterschied machen. Vgl. auch § 6 Anm. 22.

Schließlich dürften die Vertreter der Theorie, daß entweder ein vertragliches oder ein gesetzliches Rücktrittsrecht des Verkäufers bestehen müsse, sich auch kaum über die Tragweite dieser Alternative im klaren sein. Wird nämlich kein Rücktrittsrecht vertraglich vereinbart, so steht — abgesehen von den seltenen Fällen des § 325 Abs. I BGB, vgl. unten Anm. 133 — dem Verkäufer wegen § 454 BGB (vgl. oben Anm. 58) ein gesetzliches Rücktrittsrecht nur zu, wenn er sich das Eigentum an der Sache bei Übergabe vorbehalten hat. Hat er aber die Sache sofort unter aufschiebender Bedingung übereignet, so ist das gesetzliche Rücktrittsrecht der §§ 325 Abs. 2, 326 BGB nach § 454 BGB ausgeschlossen. Damit würden alternativ Rücktrittsvorbehalt und EV zu Begriffsmerkmalen des AbzGeschäftes, was nicht nur im Gesetzeswortlaut keine Stütze fände, sondern auch zu einer sinnlosen Eröffnung von Umgehungsmöglichkeiten der für den Verkäufer nachteiligen Bestimmungen führen würde.

Zuzugeben ist zwar, daß die AbzVerträge gewöhnlich den Rücktritts- oder den Eigentumsvorbehalt oder (meist sogar) beide Vorbehaltsvereinbarungen zusammen enthalten. In manchen Branchen, insbesondere bei kurzlebigen Gebrauchsgütern, findet im deutschen AbzGeschäft, aber auch z. B. in dem der USA (*Paul* S. 23), der EV keine Verwendung oder ist etwa wegen des Verarbeitungsrechtes als Sicherheit ziemlich bedeutungslos. Hier stellt dann das vertragliche Rücktrittsrecht u. U. die einzige vertragliche Sicherungsklausel des Verkäufers dar. Diese Sicherungsklausel kann jedoch auch weitgehend ersetzt werden durch die für den Verkäufer gegebene rechtliche Möglichkeit, im Wege der Zwangsvollstreckung in die eigene Sache diese wieder zu erlangen, eine Möglichkeit, von der seit langer Zeit ausgiebig Gebrauch gemacht wird. Deshalb ergreift nach heute herrschender Meinung der Käuferschutz des § 5 auch die Fälle der Wiederansichnahme auf Grund der Kaufpreiszwangsvollstreckung ohne Rücksicht, ob sich der Verkäufer das Eigentum an der Sache vorbehalten hatte. Vgl. § 5 Anm. 4, 5. Es wäre nun ein starker Anreiz zur Umgehung des AbzG, ließe man den durch die Rücktrittsfiktion des § 5 gewährten Käuferschutz nur dann Platz greifen, wenn ein Rücktrittsrecht oder ein EV vereinbart ist, wozu diejenigen zwangsläufig kommen müssen, die ein Rücktrittsrecht als notwendiges Begriffsmerkmal des AbzGeschäftes ansehen wollen. Verführerische Werbung durch „großzügigen" Verzicht auf Rücktritts- und Eigentumsvorbehalt gegen dafür allerdings erhöhte Teilzahlungszuschläge als „Risikoprämien" könnte gerade hier sehr wohl einhaken. In dieser Frage liegt wohl die wichtigste Bedeutung dieses Streites, wenn auch seine praktische Bedeutung zunächst bei der Anwendung der §§ 4—8 heute in Erscheinung treten mag, was *Klauß* in Anm. 68 zu § 1 allein betont. Beim Teilzahlungswesen unveränderliche Charakteristika im genannten Sinn festhalten zu wollen, heißt, den Erfindungsgeist und das Streben nach immer neuen Wegen zu neuen Absatzmöglichkeiten für Industrie und Handel zu verkennen.

Das Rücktrittsrecht wird als notwendiges Begriffsmerkmal des AbzGeschäftes wie hier verneint von KG in OLG 10, 50; *Aubele* Anm. 28 zu § 1; *Lechner* Einl. Anm. 9; *Rühl* S. 217; *Samter* S. 3; *Theinert* S. 6; *Asch* JR 33, 136; *Lazarus* S. 36; *Enneccerus-Lehmann*, Schuldrecht § 118 B; *Paul* S. 22 ff. (unter Hinweis darauf, daß auch im österreichischen RatenzahlungsG vom 27. 4. 1896 und im schweizerischen Obligationenrecht vom 30. 3. 1911 das Rücktrittsrecht nicht Begriffsmerkmal des AbzGeschäftes ist). Unentschieden hierzu verhalten sich *Erman-Weitnauer-Klingsporn* vgl. Vorbem. III Aa dd vor § 1 AbzG.

Anm. 61

2. *Eigentumsvorbehalt — kein notwendiges Merkmal des AbzGeschäftes.* Das die Vereinbarung eines EV nicht Voraussetzung für die Anwendbarkeit des AbzG ist, ist nahezu unbestritten. Es ergibt sich dies aus denselben Erwägungen, welche zur Ablehnung des Rücktrittsvorbehaltes als notwendiges Merkmal führten. Eine Beschränkung des Schutzes auf die Fälle des EV ist weder nach dem Wortlaut des AbzG noch nach seinem Zweck gerechtfertigt. Ebenso BGHZ 19, 326 (mit aufschlußreicher Begründung); *Klauß* Anm. 43 ff. zu § 1; *Püschel* DRW 39, 1044; *Lechner* Einl. Anm. 9; *Samter* S. 3; *Rühl* S. 217; *Kuhn* in RGRKomm. Anm. 19 zu § 455 BGB; *Enneccerus-Lehmann*, Schuldrecht § 118 B; *Schlegelberger* Komm. zu HGB Einl. vor § 373 (z. AbzG) Anm. 47 f. a. A. lediglich *Hirsch* S. 249.

Anm. 62

3. Daß die Vereinbarung einer *Vertragsstrafe* und die *Gesamtverfallklausel* nicht zu den notwendigen Merkmalen des AbzGeschäftes gehören, ist allgemein anerkannt.

II. Form des AbzKaufes

Anm. 63

Wegen der Form des AbzKaufs s. die Ausführungen zu § 1a.

III. Konkrete Schutzwürdigkeit von Käufer und Kaufgeschäft

Anm. 64

Der Gesetzgeber geht zwar von der Annahme aus, daß derjenige, der gegen Teilzahlungen kauft, in der Regel wirtschaftlich schwach und unerfahren ist und wegen der besonderen Art des Geschäftes und seiner Risiken eines besonderen Schutzes bedarf. Auf die Schutzwürdigkeit des Käufers im konkreten Einzelfall sowie auf den Wert und den Preis des Kaufgegenstandes kommt es aber nicht an; so BGHZ 15, 241, BGHZ 47, 218 und. 47, 241 vom 20. 2. 1967.

Der BGH hat hier wie schon in BGHZ 3, 257, BGHZ 5, 373 und 15, 171 z. B. für Lastkraftwagenkäufe auf Teilzahlung das AbzG für anwendbar erklärt, wie dies auch schon das RG wiederholt getan hat (RGZ 139, 205; 146, 182).

Gegen die Annahme eines AbzGeschäftes im Fall eines Inventarkaufes im Wert von 22 000,— RM in RGZ 144, 62 ff. wendet sich *Culemann* JW 34, 1716 u. a. deswegen, weil der soziale Zweck des Gesetzes nicht mehr erfüllt werden könne; denn es könne sich hier nicht mehr um einen Schutz wirtschaftlich Schwacher in bedrohter Lage — dringend notwendiger Bedarf einerseits und Mangel an den zu dessen unmittelbarer Deckung notwendigen Mitteln andererseits — vor Übervorteilung durch untragbare Bedingungen des Verkäufers handeln.

Diese Kritik ist allenfalls, aber nur rechtspolitisch gerechtfertigt. Das geltende Gesetz hält nur den eingetragenen Kaufmann wegen seiner geschäftlichen Erfahrungen nicht mehr für schutzbedürftig, § 8 AbzG, wobei es sich übrigens nicht um eine Beschränkung des Begriffs „AbzGeschäft“ handelt, wie *Aubele* Anm. 17 zu § 1 offenbar annimmt. Eine Einschränkung des gesetzlichen Schutzes darüber hinaus läßt das AbzG nicht erkennen; s. auch BGHZ 15, 241 (243 f.).

Der Ruf *de lege ferenda*, die Anwendung des AbzG auf Geschäfte unter einer bestimmten Preisgrenze ausländischen Vorbildern entsprechend zu beschränken, ist aber neuerdings wieder zu vernehmen. Vgl. *Klauß* NJW 53, 5 ff. und JZ 55, 70 ff. (71 und 73); *Bley* zu § 8 Satz 2 des AbzG — BT-Drucksache Wahlperiode 1953 Nr. 197. Vgl. Einl. Anm. 24!

Zweite Abteilung: Der Rücktritt beim AbzKauf

A. Allgemeines

I. Wesen und Erscheinungsformen des Rücktrittsrechtes im allgemeinen

Anm. 65

1. Das Rücktrittsrecht ist das Recht einer Vertragspartei, durch *einseitige*, empfangsbedürftige *Willenserklärung* an den Vertragsgegner das durch den (Kauf-)Vertrag begründete gegenseitige Schuldverhältnis mit Rückgewährspflichten in ein „Abwicklungsverhältnis" umzugestalten. Mit der im Vordringen begriffenen Zivilrechtsdogmatik (vgl. schon *Stoll* in JW 28, 57; heute vor allem *Wolf* in AcP 153, 102; *Esser*, Schuldrecht 2. Aufl. § 82 Ziff. 5; *Larenz*, Schuldrecht, Allg. Teil 8. Aufl. § 25; *Wunner* AcP Bd. 168 a. F., 425 ff., *Hörter* S. 239 ff.; *Palandt-Danckelmann* 28. Aufl. Einf. zu § 346 Anm. 1 sprechen sogar von der heute überwiegenden Meinung) ist anzunehmen, daß der Rücktritt den Vertrag *nicht* ex tunc vernichtet, sondern das vertragliche Schuldverhältnis inhaltlich umgestaltet, es also als „Ganzes" bestehen bleibt (so *Larenz* a. a. O.); s. Anm. 162 ff.; a. A. die Vorauflage.

Über den Theorienstreit, der sich an das Wesen und an die Wirkung des Rücktritts knüpft (ex tunc- oder ex nunc-Wirkung, Vertragsauflösungs- oder Einredebegründung) s. die Literaturzusammenstellung bei *Enneccerus-Lehmann*, Schuldrecht § 38 Fußn. 5. Das Rücktrittsrecht ist Gestaltungsrecht und unterliegt als solches nicht der Verjährung.

Anm. 66

Dem Rücktritt vom schuldrechtlichen Vertrag (z. B. Kaufvertrag) kommt keine dingliche Wirkung zu. Es kann aber das dingliche Erfüllungsgeschäft unter auflösender Bedingung des Rücktritts vom schuldrechtlichen Vertrag vorgenommen sein, RGZ 54, 341.

Was mit den auf Grund des aufgelösten Vertrages erbrachten Leistungen geschehen soll, steht im allgemeinen bürgerlichen Recht zur freien Disposition der Parteien; denn die §§ 346 ff. BGB enthalten nur nachgiebige Vorschriften über gegenseitige Rückgewähr der erbrachten Leistungen. Diese Bestimmungen werden bei AbzGeschäften aber, allerdings nur zum Teil, durch die zwingenden Vorschriften der §§ 1—3 ersetzt. Vgl. im einzelnen unten Anm. 169 ff.

Anm. 67

2. Nach den Voraussetzungen seiner Ausübung lassen sich folgende *Arten des Rücktrittsrechtes* unterscheiden:

a) *Das vertragliche Rücktrittsrecht,* als Rücktrittsvorbehalt oder Rücktrittsklausel Bestandteil des schuldrechtlichen Vertrages, z. B. des Kaufvertrages. Ein solches Rücktrittsrecht kann

aa) als unbedingtes und jederzeit ausübbares Rücktrittsrecht oder

bb) als Rücktrittsrecht wegen schuldhafter oder schuldloser Nichterfüllung von Vertragspflichten oder unter sonstigen Voraussetzungen und Bedingungen vereinbart werden. Wenngleich das Rücktrittsrecht selbst einer Verjährung nicht unterliegt, kann seine Ausübung vertraglich befristet sein, vgl. § 355 BGB.

b) *Die gesetzlichen Rücktrittsrechte.*

aa) Wegen nachträglichen zu vertretenden Unvermögens oder wegen Verzugs nach erfolgter Fristsetzung bei gegenseitigen Verträgen, §§ 325, 326 BGB. Hierbei ist allerdings zu beachten, daß bei AbzKäufen dieses Recht durch § 454 BGB stark eingeschränkt wird. Vgl. oben Anm. 58 und unten Anm. 78 ff.

bb) Wegen Wegfalls der Vertragsgrundlage und wegen positiver Vertragsverletzung s. näheres unten Anm. 138 f.

Anm. 68

3. *Ähnliche einseitige Aufhebungsrechte:* Vom Rücktrittsrecht zu unterscheiden sind:

a) Die *Kündigung:* Diese hebt das Vertragsverhältnis für die Zukunft auf, RGZ 83, 400; 90, 330.

b) Der *Widerruf:* Dieser bezieht sich regelmäßig nur auf Willenserklärungen, die noch nicht zum Geschäftsabschluß geführt haben und hebt die Bindung des Widerrufenden auf.

Zu a) und b): Ein als Kündigung oder Widerruf bezeichnetes Recht des Verkäufers, einseitig den AbzKauf aufzulösen, ist wie ein Rücktrittsrecht zu behandeln, wenn seine Ausübung für den Käufer zum Verlust der Kaufsache führt. Näheres unten Anm. 75.

c) *Die Erklärung, daß man die Leistung zurückweise und Schadenersatz wegen Nichterfüllung fordere* (Fall der §§ 325, 326 BGB): Hier bleibt der Vertrag bestehen, da auf Grund des Vertrages das Erfüllungsinteresse gefordert wird. Vgl. *Enneccerus-Lehmann,* Schuldrecht § 38 I c; über die Rechtsfolgen bei Zurückforderung einer im Vorbehaltseigentum des Verkäufers stehenden Kaufsache s. unten Anm. 135.

d) Die *Anfechtungserklärung*, welche einen dem Rechtsgeschäft von vornherein anhaftenden Mangel geltend macht, RGZ 101, 390; vgl. unten Anm. 95.

e) *Wandelung* als Rückgängigmachung des Vertrages bei Lieferung einer mit Sachmängeln behafteten Sache; vgl. hierüber unten Anm. 113 ff.

II. Das Rücktrittsrecht des Verkäufers vom AbzKaufvertrag im allgemeinen

Anm. 69

1. Entsprechend der Risikoverteilung bei AbzGeschäften *kommt lediglich dem Rücktrittsrecht des Verkäufers Bedeutung zu.* Rücktrittsvorbehalt des Verkäufers oder ein an die Vereinbarung des EV geknüpftes Rücktrittsrecht (§ 455 BGB) gehören zu den regelmäßig wiederkehrenden — wenn auch nicht wesentlichen — Bestandteilen der AbzKaufverträge. S. oben Anm. 60.

Der Rücktritt des *Käufers* unterliegt nicht dem AbzG, LG Berlin *Soergel* Rspr. 32 § 1 AbzG Nr. 3; BGH LM § 6 AbzG Nr. 5.

Anm. 70

2. *Wegen der Form der Vereinbarung eines solchen Rücktrittsvorbehaltes s. § 1 a.* Die *inhaltliche Gestaltungsfreiheit* wird nur hinsichtlich des Rückgewährverhältnisses als Wirkung des erklärten Rücktritts beschränkt; darüber unten Anm. 169. Bezüglich der Vereinbarung der Voraussetzungen der Ausübung des Rücktrittsrechtes besteht voll die allgemeine bürgerlich-rechtliche Vertragsfreiheit, der lediglich durch die Anforderung guter Sitten (§ 138 BGB) und der Gesetze (§ 134 BGB) Grenzen gesetzt sind.

Anm. 71

In der Praxis der AbzVerträge wird das Rücktrittsrecht meist für folgende Fälle vereinbart:

a) falls ungünstige Auskünfte über den Käufer eingehen,

b) falls sich herausstellt, daß dieser kreditunwürdig ist,

c) falls der Käufer unwahre Angaben, insbesondere über die seine Kreditwürdigkeit bedingenden Verhältnisse gemacht hat.

d) falls er seine Verpflichtungen nicht erfüllt. Als solche Verpflichtungen kommen außer der Ratenzahlungspflicht kraft besonderer vertraglicher Abmachungen in Frage: Die Pflicht, Wohnsitz- oder Wohnungs-Veränderungen sowie Pfändungen der Kaufsache durch Dritte dem Verkäufer anzuzeigen, die Kaufsache gegen Feuer usw. zu versichern, dem Verkäufer oder seinen Beauftragten Zutritt in die Wohnung zur Besichtigung der Kaufsache zu gestatten, schließlich aber auch die Kaufsache sorgfältig oder in einer bestimmten Weise zu benutzen. Vgl. unten Anm. 82 ff. zu § 1.

Alle diese Vereinbarungen sind zulässig; gl. M. *Rühl* S. 266. Näheres zu den unter d) genannten Pflichten s. Anm. 82 ff. *Crisolli* 4. Aufl. Anm. 87 zu § 1 hat allerdings gegen die erste Art von Vereinbarungen (Rücktritt bei ungünstiger Auskunft) Bedenken geäußert und wollte nur insoweit ein Rücktrittsrecht für verbindlich erachten, als es auf eine angemessene Zeit nach Vertragsschluß befristet sein würde. Nach seiner Ansicht bedeutet es eine zu große Unsicherheit für den Käufer und eine unangemessene Beeinträchtigung seiner Interessen, wenn er über die ganze Vertragsdauer hin befürchten müßte, daß der Verkäufer auf Grund einer für ihn nicht nachprüfbaren, vielleicht auf irrigen Voraussetzungen beruhenden ungünstigen Auskunft zurücktreten könnte.

Eine solche zwingende Befristung des Rücktrittsrechts entspricht dem geltenden Recht aber wohl nicht. Es darf freilich nicht übersehen werden, daß die Ausübung des Rücktrittsrechts den Anforderungen von Treu und Glauben unterliegt. Das Rücktrittsrecht wird danach ausgeschlossen sein, wenn der Käufer den größten Teil seiner Raten bezahlt hat, so daß das berechtigte Sicherungsbedürfnis des Verkäufers nicht mehr erheblich ist. Vgl. unten Anm. 149 und *Staudinger-Ostler* Anm. 11 zu § 454. Im übrigen wird es auch auf die Zuverlässigkeit der Informationsquellen des Verkäufers ankommen und darauf, inwieweit der Käufer bisher seinen Verpflichtungen gewissenhaft nachgekommen ist. Ein Rücktritt auf Grund vager nachteiliger Gerüchte bei einem in der Erfüllung seiner Vertragspflichten gewissenhaften Käufer widerspricht daher regelmäßig dem Grundsatz von Treu und Glauben und stellt eine unzulässige Rechtsausübung dar. Dieses Ergebnis aus § 242 BGB wird für die Praxis voll ausreichen.

Anm. 72

Auch gegen die Zulässigkeit der — im AbzGeschäft übrigens kaum üblichen — Vereinbarung eines unbedingten (jederzeitigen) Rücktrittsrechtes des Verkäufers bestehen keine Bedenken. A. A. *Samter* S. 15. Auch *Crisolli* 4. Aufl. Anm. 88 zu § 1 wollte aus ähnlichen Erwägungen wie den oben Anm. 71 dargestellten nur ein befristetes Rücktrittsrecht zulassen. Mit Recht weist aber *Klauß* Anm. 71 zu § 1 darauf hin, daß es für eine solche Beschränkung der Vertragsfreiheit an der gesetzlichen Grundlage fehlt. Die Vereinbarung eines solchen Rücktrittsrechtes kann z. B. zur Anpassung an eine ungewisse Zukunft ihren berechtigten Zweck haben. Ein soziales Bedürfnis eines besonderen Käuferschutzes besteht hier nicht. Da solche Rücktrittsabreden keineswegs allgemein üblich sind, steht es dem Käufer auch bei lebenswichtigen Gebrauchsgütern regelmäßig offen, sich anderswo unter günstigeren Bedingungen einzudecken. Allerdings wird auch eine solche Rücktrittsvereinbarung von Treu und Glauben beherrscht. Daraus wird sich ergeben, daß die Ausübung eines Rücktrittsrechts dann als unzulässige Rechtsausübung ausgeschlossen ist, wenn der Käufer seine Vertragspflichten bis auf einen geringfügigen Rest erfüllt hat. Vgl. auch *Staudinger-Ostler* Anm. 11 zu § 454 und RGZ 169, 141 (143) und unten Anm. 149.

III. **Der Umfang des Anwendungsbereiches der zwingenden Sonderbestimmungen über die Rücktrittsfolgen bei AbzGeschäften** (§§ 1—3 AbzG — vgl. Anm. 66 und 70) **ergibt sich aus § 1 AbzG.**

Alle oben Anm. 3—56 für den Begriff des AbzG als notwendig erkannten Begriffsmerkmale müssen erfüllt sein; insbesondere muß die Kaufsache übergeben sein; vgl. oben Anm. 22 ff.; a. A. *Lechner* Anm. 6 b zu § 1, und *Kniestedt* BB 61 851, welche die §§ 1—3 auch schon bei Rücktritt vor Übergabe, z. B. Verzug mit Anzahlungsraten, anwenden wollen. Dies widerspricht nicht nur dem Wortlaut des Gesetzes, sondern ist auch nach seinem Zweck nicht gerechtfertigt; vgl. oben Anm. 25.

Anm. 73

1. Der sozialpolitischen Tendenz des AbzG nach sind seine Rücktrittsvorschriften *nur* dann *anwendbar, wenn der Verkäufer zurücktritt.* Dies gilt auch für die Kundenfinanzierungsverträge im Verhältnis zum Darlehensgeber, BGH NJW 56, 420 sowie Anm. 119, 121 zu § 6.

Anm. 74

2. Die *Folgen des Verkäuferrücktritts* richten sich *in allen Fällen* der Ausübung eines vertraglichen (§ 1 Abs. 1) oder eines gesetzlichen (§ 1 Abs. 2) Rücktrittsrechtes nach den Vorschriften des AbzG.

Eine *Beschränkung* der *Anwendbarkeit der §§ 1—3 auf Fälle des Rücktritts wegen Nichterfüllung darf weder für die Ausübung eines vertraglichen Rücktrittsrechtes aus § 1 Abs. 1 noch für die Ausübung eines gesetzlichen Rücktrittsrechtes aus § 1 Abs. 2 hergeleitet werden.*

Würde man dies — in enger wörtlicher Auslegung — tun, so wäre damit die Erreichung des sozialpolitischen Schutzzweckes des Gesetzes (durch Umgehungsmöglichkeit) erheblich gefährdet. Über den Anspruch auf Ersatz von Aufwendungen nach § 2 s. § 2 Anm. 3 f.

Dies gilt namentlich für die Ausübung vertraglichen Rücktrittsrechtes. Es wäre der Umgehung Tür und Tor geöffnet und Hilfe aus § 138 BGB grundsätzlich nicht möglich (das Gesetz würde ja gerade solche Verträge nicht allgemein verbieten), wenn für das Rücktrittsrecht aus einem anderen Grund als dem der Nichterfüllung nur die nachgiebigen Vorschriften des BGB gelten würden. Die Parteien bräuchten nur dem Verkäufer das Recht jederzeitigen Rücktritts vorzubehalten und könnten dann für den Fall des Rücktritts beinahe alles vereinbaren, was das AbzG verbietet. Dies kann aber nicht der Sinn des Gesetzes sein, zumal aus den §§ 5 und 6 entnommen werden muß, daß es das Bestreben des Gesetzes ist, den Schutz des Käufers möglichst lückenlos zu gestalten. Der (in den folgenden Paragraphen wiederkehrende) irreführende Wortlaut des Gesetzes kann nur auf die Entstehungsgeschichte zurückgeführt werden. Es muß angenommen werden, daß bei der Abfassung (1892—1894) versehentlich nur der zu enge Begriff der lex commissoria des Gemeinen Rechtes berücksichtigt worden ist. Das AbzG gilt daher auch, man kann sagen erst recht, für die, für den Käufer nämlich viel ungünstigeren Fälle, in denen das Rücktrittsrecht an andere Voraussetzungen als die Nichterfüllung der dem Käufer obliegenden Vertragsverpflichtungen geknüpft ist. Ebenso *Klauß* Anm. 71 zu § 1; a. A. *Aubele* Anm. 28 zu § 1, *Vollrath* S. 39, 40; *Schmidt* S. 13, *Gillmann-Jonas* S. 39; *Michaelis* HdR I S. 51.

Diese nicht auf Nichterfüllung beschränkte Anwendbarkeit hat aber auch für das gesetzliche Rücktrittsrecht ihren Sinn. Wenn auch im AbzGeschäft das gesetzliche Rücktrittsrecht an sich eine untergeordnete Bedeutung hat (s. oben Anm. 58), so hat es doch seinen guten Sinn, wenn der Käufer nicht nur in dem Fall des Verzuges (§§ 326, 455 BGB) oder schuldhaften nachträglichen Unvermögens (§ 325 BGB) oder der positiven Vertragsverletzung, sondern auch für den Fall eines Rücktritts wegen Wegfalls der Vertragsgrundlage (§ 242 BGB) davor geschützt wird, daß er die Kaufsache verliert, ohne die Gegenleistung zurückzuerhalten.

Anm. 75

3. Die *Anwendung des AbzG ist nicht davon abhängig*, daß das *Recht des Verkäufers*, unter einseitiger Auflösung des Kaufvertrages die Sache zurückzuverlangen, im Vertrag *als Rücktrittsrecht bezeichnet*

wird. Da nach § 5 jede Wiederansichnahme der Kaufsache durch den Verkäufer als Rücktritt anzusehen ist (Näheres bei § 5 Anm. 1—5), greifen die §§ 1—3 auch dann Platz, wenn ein solches Rücknahmerecht etwa als Kündigung oder als Widerrufsrecht im Vertrage vorgesehen ist. Über die Behandlung des gesetzlichen Kündigungsrechtes bei AbzGeschäften in der Rechtsform der Miete, Pacht oder Leihe s. unten Anm. 132.

Anm. 76

IV. Über das Verhältnis der Vorschriften der §§ 1—3 zu den Bestimmungen des BGB über die Rücktrittsfolgen (§§ 346 ff. BGB) s. unten Anm. 169 ff.

B. Voraussetzungen berechtigter Ausübung des Rücktritts

Anm. 77

Die hiermit zusammenhängenden Rechtsfragen gehören eigentlich nicht mehr dem Problemkreis des § 1 AbzG an. Es handelt sich vielmehr um Fragen des allgemeinen Schuldrechts. Trotzdem erscheint wegen des Zusammenhanges mit den hier zu erörternden Fragen eine Behandlung an dieser Stelle gerechtfertigt, ja fast nötig, wobei sich allerdings die Erörterungen der Rücktrittsvoraussetzungen auf die wichtigsten Fälle bedingten Rücktrittsrechtes des Verkäufers, nämlich auf das vertragliche Rücktrittsrecht wegen Nichterfüllung (s. unten I — Anm. 78 bis 130) und auf die gesetzlichen Rücktrittsrechte (s. unten II — Anm. 131—139) beschränken können.

I. Voraussetzungen der Ausübung eines dem Verkäufer vorbehaltenen (vertraglichen) Rücktrittsrechtes wegen Nichterfüllung

Anm. 78

1. Das Rücktrittsrecht wegen Nichterfüllung ist aufschiebend bedingt. Bedingung ist die *Nichterfüllung einer dem Käufer obliegengen Vertragspflicht.* Welche Vertragspflicht durch den Rücktrittsvorbehalt gesichert werden soll, ist aus dem AbzVertrag durch Auslegung zu ermitteln. *Jede inhaltlich zulässige Vertragspflicht* kann im Falle ihrer Nichterfüllung durch den Käufer das Recht des Verkäufers zum Rücktritt begründen, wenn sich der Rücktrittsvorbehalt auf die Nichterfüllung dieser Vertragspflicht bezieht. Ebenso *Klauß* Anm. 104 a. E., *Aubele* Anm. 29 zu § 1, *Rühl* S. 266, *Samter* S. 25, *Hörle* Gruch 55,

187. A.M. *Lazarus* S. 49, der das Rücktrittsrecht aber zu einseitig als Nachteil für den Erwerber sieht und die vom Käufer durch den Vertragsabschluß gebilligte Sicherungsfunktion außer acht läßt.

Im einzelnen ist hinsichtlich der Vertragspflichten des Käufers, an deren Nichterfüllung das Rücktrittsrecht häufig geknüpft wird, folgendes zu bemerken:

Anm. 79

a) *Hauptverpflichtung* des AbzKäufers ist die Pflicht, die vereinbarten Teilzahlungen des Kaufpreises pünktlich zu entrichten. Das Rücktrittsrecht wird daher in erster Linie an die Nichterfüllung dieser Verpflichtung geknüpft. Der Rücktrittsgrund ist mangels anderer Vereinbarung schon dann gegeben, wenn der Käufer mit *einer* Rate in Rückstand kommt; denn die in § 4 Abs. II aufgestellten Voraussetzungen für das Eintreten der Gesamtfälligkeit des Kaufpreises gelten nicht für den Rücktritt, was von den AbzKäufern häufig übersehen wird.

Anm. 80

Für die Frage, wann der Käufer seine Ratenzahlungspflicht erfüllt, ist zu beachten, daß die Ratenzahlungspflicht als Geldschuld im Zweifel *Schickschuld* ist. Mangels abweichender vertraglicher Vereinbarung hat also der Käufer die Raten auf eigene Gefahr und Kosten dem Verkäufer an seine gewerbliche Niederlassung oder mangels einer solchen an seinen Wohnsitz zu übermitteln, § 270 BGB. Erst mit der Auszahlung des Geldbetrages an den Verkäufer oder mit Gutschrift auf dessen Konto, wenn sich der Verkäufer durch Kontoangabe mit Überweisung einverstanden erklärt hat (Angabe auf Briefkopf oder Rechnung des Verkäufers ist als Einverständniserklärung ausreichend), kommt der Käufer seiner Kaufpreiszahlungspflicht nach. Näheres in den BGB-Komm. zu §§ 269, 270 und bei *Staudinger-Ostler* Anm. 123 und 124 zu § 433. Über weitere Zahlungsarten mittels Wechsel, Scheck, Verrechnung, Akkreditiv, Anweisung s. *Staudinger-Ostler* Anm. 125—128 zu § 433.

Anm. 81

Läßt der Verkäufer bereits von der ersten Rate an das Geld beim Käufer in dessen Wohnung durch einen Kassierer ohne Vorbehalt abholen, so liegt in dieser Zahlungsregelung mangels einer vorausgegangenen ausdrücklichen gegenteiligen Vereinbarung eine stillschweigende Umwandlung der Schickschuld in eine *Holschuld* mit Kosten-

und Gefahrtragung des Verkäufers. Ebenso *Samter* S. 6, *Rühl* S. 250; a. A. *Lazarus* S. 69. Über die Vollmacht des Kassierers vgl. § 370 BGB. Gleiches wird gelten, wenn der Verkäufer die Raten vom ersten Fälligkeitstermin an durch Postnachnahme einhebt. Über die Gefahrtragung in diesem Fall s. *Staudinger-Ostler* Anm. 129a zu § 433.

Ist Abholung in der Wohnung vereinbart, so hat der Käufer das Geld zu übersenden, falls der dort an dem vereinbarten Zahltag zu einer zumutbaren Tageszeit erscheinende Kassierer den Käufer oder eine vom Käufer mit der Zahlung beauftragte Person nicht angetroffen hat. Erscheint der Kassierer an diesem Tage nicht, so ist dem Käufer nicht zuzumuten, daß er tagelang auf ihn wartet. Der Verkäufer hat dann dem Käufer einen neuen Zahltag anzuzeigen. Geschieht dies nicht, so wird der Käufer zwar von der Zahlungspflicht dieser Rate nicht frei, der Verkäufer kann sich aber nicht auf die Nichterfüllung des Käufers berufen. Vgl. unten Anm. 150. Der Verkäufer kommt gemäß § 296 BGB in diesem Falle in Annahmeverzug und der Käufer hat nur Vorsatz und grobe Fahrlässigkeit zu vertreten, wenn er das geschuldete Geld ausgesondert hat, RG JW 25, 470. Hat er das Geld abgezählt in einem besonderen Briefumschlag in seinem Schreibtisch verschlossen verwahrt, so wird er frei, wenn es ihm gestohlen wird. Die Kaufsache kann vom Verkäufer nicht zurückgefordert werden, § 324 Abs. 2 BGB. Bei *Wohnungsänderungen* hat der Käufer durch rechtzeitige Mitteilung an den Verkäufer dafür zu sorgen, daß die nächstfolgende Rate ohne Schwierigkeit am Zahltag abgeholt werden kann. Unterbleibt die Mitteilung, so kann darin ein rücktrittsbegründender Fall der Nichterfüllung liegen. Ist die Abholung infolge zu großer Entfernung der neuen Wohnung unzumutbar, so verwandelt sich die Holschuld in eine Schickschuld.

Läßt der Verkäufer trotz ausdrücklich vereinbarter Schickschuld die Raten abholen, so kann der Verkäufer aus einer verspäteten Zahlung infolge verzögerter Abholung ein Rücktrittsrecht nicht herleiten; vgl. unten Anm. 150. Unterbleibt die Abholung ganz, so muß der Käufer das Geld innerhalb einer angemessenen Frist an den Verkäufer absenden; ebenso *Rühl* S. 250.

Die *Beweislast* der Zahlung trägt der Käufer, § 358 BGB, vgl. unten Anm. 99 und 101.

Anm. 82

b) In der Schaffung von *Nebenpflichten* ist den Vertragsparteien in weitem, nur durch die §§ 138, 134 BGB begrenztem Umfange Vertragsfreiheit gewährt.

Nichterfüllung einer Nebenpflicht ist nur dann rücktrittsbegründend, wenn sich der vereinbarte Rücktrittsvorbehalt gerade auch auf die Nichterfüllung dieser Pflicht erstreckt. Unabhängig davon kann sich die Nichterfüllung einer Vertragspflicht als positive Vertragsverletzung darstellen und ein gesetzliches Rücktrittsrecht begründen, wenn ein weiteres Festhalten am Vertrag unzumutbar ist. Näheres unten Anm. 138. Besteht die Pflicht in einem Unterlassen, so liegt Nichterfüllung bereits in der einmaligen Zuwiderhandlung.

Besonders häufig finden sich in den AbzVerträgen folgende Nebenverpflichtungen des Käufers, an deren Nichterfüllung ein Rücktrittsrecht des Verkäufers geknüpft ist:

Anm. 83

aa) Verpflichtung, jede *Veränderung des Wohnsitzes oder der Wohnung* dem Verkäufer vorher oder innerhalb einer bestimmten Frist *anzuzeigen.* Eine solche Verpflichtung ist im Interesse der Sicherheit der Abwicklung des AbzGeschäftes und des Zugriffs auf den Käufer berechtigt. *Klauß* Anm. 96 zu § 1 hält bei dem heute ausgeprägten Meldesystem einen Rücktritt wegen Nichterfüllung der Anzeigepflicht aber nur dann für gerechtfertigt, wenn sich nach besonders sorgfältiger Prüfung ein Verschulden des Käufers ergeben hat und das weitere Festhalten am Vertrag dem Verkäufer nicht zumutbar ist. Diese Einschränkung des Rücktrittsrechts dürfte zu weit gehen. Daß die Vereinbarung eines bedingten, jederzeit ausübbaren Rücktrittsrechtes zulässig ist (vgl. oben Anm. 72), wird auch von *Klauß* Anm. 71 zu § 1 zugegeben. Um so mehr muß ein an die objektive Nichterfüllung der Anzeigepflicht geknüpftes Rücktrittsrecht zulässig sein. Im übrigen hat ein solches ohne Verschuldens- und Unzumutbarkeitsvoraussetzungen gegebenes Rücktrittsrecht seine besondere Rechtfertigung darin, daß auf der Verkäuferseite meist Unternehmen stehen, die durch umfangreichen Verkauf auf Teilzahlung ein besonders hohes Risiko tragen. Für diese ist die Möglichkeit der raschen Schaffung klarer Rechtslagen von besonderer Bedeutung. Eine endgültige Feststellung des Verschuldens und der Unzumutbarkeit könnte erst eine gerichtliche Entscheidung erbringen. Bis dahin würde der Handlungsweise des Verkäufers eine große Unsicherheit anhaften, die das Risiko weiterhin erhöhte. Wäre zudem der Verkäufer gezwungen, eigene umfangreiche Ermittlungen anzustellen, so würden außerdem auch die Unkosten steigen. Diese träfen zuletzt auch die Käufer als Preisaufschläge und den nichterfüllenden Käufer nach § 2 nach wirksam erklärtem Verkäuferrücktritt als Ersatzansprüche für Aufwendungen.

Anm. 84

bb) Verpflichtung, *Arbeitsplatz- und Lohnänderungen*, insbesondere Kündigungen *anzuzeigen*.

cc) Verpflichtung, *alle Zwangsvollstreckungsmaßnahmen* gegen den Käufer einschließlich der Ladung zum Offenbarungseid *anzuzeigen*.

Zu bb) und cc): Diese Vereinbarungen dienen dem berechtigten Interesse des Verkäufers, sich über die Kreditwürdigkeit und die Kreditunterlage des Käufers auf dem laufenden zu halten. Werden diese Käuferpflichten durch ein Rücktrittsrecht des Verkäufers wegen Nichterfüllung gesichert, so ist dies nicht zu beanstanden. Ebenso *Klauß* Anm. 98, 100, 104 a. E. zu § 1.

Anm. 85

dd) Verpflichtung, eine *Pfändung der AbzSache* durch Dritte sofort *anzuzeigen*. Diese besonders bei EV zu Interventionszwecken auferlegte Verpflichtung ist rechtlich unbedenklich; auch kann an ihre Nichterfüllung ein Rücktrittsrecht bedenkenfrei geknüpft werden.

Anm. 86

ee) Verpflichtung, die *Kaufsache* bis zur Vollzahlung des Kaufpreises *nicht weiter zu veräußern oder zu belasten*. Ist die Kaufsache unter EV geliefert, so ist ein solches Verbot in der Regel schon stillschweigend mitvereinbart. Ein an die Zuwiderhandlung geknüpftes Rücktrittsrecht ist bedenkenfrei zulässig.

Anm. 87

ff) Verpflichtung, die *Sache sorgfältig* und (oder) nur *in* einer *bestimmten Weise zu benutzen*.

gg) Verpflichtung, dem Verkäufer oder seinen Beauftragten jederzeit den *Zutritt in die Wohnung zur Besichtigung* der Kaufsache *zu gestatten*.

Zu ff) und gg): Die Gestattungspflicht (gg) gibt dem Verkäufer die Möglichkeit, die Erfüllung der Obhuts- und Sorgfaltspflicht (ff) zu überprüfen und findet darin ihre Rechtfertigung. Je weniger der Käufer auf die Zweckerreichung des AbzGeschäftes vertrauen darf, um so höher sind die an die Sorgfaltspflicht zu stellenden Anforderungen. Je sicherer die Zweckerreichung ist, um so niedriger bemißt sie sich, wobei sie regelmäßig für den seinen Vertrag ordnungsgemäß erfüllenden Käufer, der ja einmal Eigentümer der Sache werden soll, geringer ist als die eines Mieters; so auch *Klauß* Anm. 95 zu § 1. Nach diesen

Grundsätzen hat sich auch die Ausübung des Rücktrittsrechts zu bemessen. Da die Verletzung jeder der beiden Pflichten eine Bedrohung der Sicherheit des Gläubigers darstellt, kann bedenkenfrei hieran ein Rücktrittsrecht geknüpft werden.

Anm. 88

hh) *Verpflichtung,* die *Kaufsache zu versichern*[1]) (gegen Schaden oder Diebstahl usw. — z. B. eine Kaskoversicherung abzuschließen) und (oder) die *Prämien* hierfür pünktlich *zu bezahlen.* Gelegentlich wird auch die Bezahlung der Prämien für eine vom Verkäufer abgeschlossene Kreditversicherung dem Käufer überbürdet. Solche Vereinbarungen dienen einem berechtigten Interesse des Verkäufers. Bei vorbehaltenem Eigentum trägt er das periculum rei und verliert die für erforderlich gehaltene Sicherung seines Ratenanspruches, wenn die Sache untergeht. In jedem Fall aber muß er befürchten, daß der ohnehin zahlungsschwache und durch den Untergang oder die Beschädigung der Sache weiter geschädigte Käufer nicht mehr in der Lage, vielleicht sogar überhaupt nicht mehr willens sein wird, seinen Verpflichtungen nachzukommen. Die Versicherung liegt aber auch im Kaufinteresse. Der Käufer trägt die Gefahr des zufälligen Unterganges und der zufälligen Verschlechterung der Kaufsache (Vergütungs- oder Preisgefahr — periculum obligationis, § 446 BGB und Anm. 57, 61 zu § 5), und zwar gleichgültig, ob der Verkauf mit oder ohne EV geschlossen ist. Bei Untergang oder Beschädigung der Sache bleibt seine Zahlungspflicht bestehen, obwohl er den Gegenwert verloren hat. Gerade da aber kommt dem Käufer die Versicherungssumme bei der Schuldentilgung zustatten. In erster Linie ist allerdings die Kaskoversicherungssumme zweckgebunden für die Wiederherstellung der Kaufsache, so daß sie der Verkäufer, auch bei voller Abtretung an ihn, nicht gegen den Willen des Käufers zur Verrechnung auf rückständige oder gar künftig fällig werdende Kaufpreisraten verwenden kann, OLG Hamburg JW 38, 3235. Da im übrigen der Käufer die Sache im Hinblick auf seinen künftigen Eigentumserwerb übergeben erhält und besitzt, dient die Versicherung auch seinem mindestens eventuellen Eigentumsinteresse. Vgl. RGZ 74, 126; JW 10, 835. *Klauß* macht in Anm. 101 zu § 1 mit Recht auch auf das Käuferinteresse aus § 282 BGB aufmerksam, wonach dem Käufer die Beweislast dafür obliegt, daß — im Rücktrittsfalle — die Unmöglichkeit der Herausgabe nicht von ihm zu vertreten ist.

---

[1]) Über Versicherungsbedingungen bei AbzGeschäften s. *Helberg* und *Lex* RWPBl. 2 D in der Schrifttumsangabe zu § 1.

Samter S. 62, 63 sieht allerdings in der Vereinbarung einer Versicherungspflicht des AbzKäufers einen Verstoß gegen die §§ 1 und 2 und hält sie daher für nichtig. Der Verkäufer erlange hierdurch einen in § 2 nicht vorgesehenen Schadensersatzanspruch und erhalte Widerspruch zu § 2 im Rücktrittsfall durch die bezahlten Versicherungsprämien einen nicht zurückzugewährenden Vorteil. Dem ist aber entgegenzuhalten, daß nicht der Käufer, sondern das Versicherungsunternehmen im Schadensfall die Entschädigung zu bezahlen hat, und daß der Verkäufer berechtigt ist, die Kaufsache für eigene Rechnung zu versichern und für die aufgewendeten Versicherungsprämien im Rücktrittsfall Aufwendungsersatz zu verlangen. Näheres bei § 2 Anm. 44, 45.

Die Schadensversicherung der AbzSache und Prämienzahlung durch den Käufer wirkt sich außerdem auch als Risikominderung für den Verkäufer aus, so daß sich auch die im Rücktrittsfall geschuldete Überlassungsvergütung dementsprechend zugunsten des Käufers mindert. In diesem Sinne wohl RGZ GS 169, 140 ff. (144). Vgl. § 2 Anm. 76 und 80 ff., insbesondere 83 unter dd).

Die h. M. billigt daher die Vereinbarung einer Verpflichtung zur Versicherung und zur Prämienzahlung durch den Käufer zu Recht. So *Klauß* Anm. 101 ff. zu § 1; *Aubele* Anm. 20 zu § 2; *Lechner* Anm. 7 d zu § 2; *Rühl* S. 202 ff. und mit eingehender Widerlegung *Samter* a.a.O.; *Korsch* JW 12, 230 ff.; *Josef* Recht 12, 398 ff.; *Berlak-Felix* S. 45, *Asch*, Gruch 73, 21; *Fuld* Gruch 54, 570 unklar; *Hörle* Gruch 55, 184 vermittelnd. Von offenbarer Zulässigkeit gehen ohne weitere Begründung aus RGZ (GS) 169, 141; RGZ 131, 213 (222); 74, 129; OLG Hamburg JW 38, 3235; KG RdK 30, 503. Über Versicherungsschutz gegen Veruntreuung von Kraftfahrzeugen KG RdK 30, 323.

Zu allen versicherungsrechtlichen Einzelfragen vgl. *Vassel* Die Warenversicherung bei Abzahlungsgeschäften in BB 58, 826; *Weipert* Teilzahlungsgeschäft und Versicherung; *Hannes* Die Warenversicherung bei Abzahlungsgeschäften; *Reuß* Die Teilzahlungskreditversicherung in TW 68, 197; *Dienst* Gedanken zur Restschuld-Versicherung in TW 63, 108; *Bergmann* Die Teilzahlungskreditversicherung und ihre volkswirtschaftliche Funktion in TW 65, 48; *Hentschel* Kreditversicherung und Kreditwirtschaft TW 66, 170 ff.; *Klaas* Risikoverteilung bei neueren Finanzierungsmethoden NJW 68, 1502; *Sieg* Sicherungsmöglichkeiten des Anzahlungsgläubigers durch Versicherung BB 64, 17; Anzahlungskredit und Sicherung des Anzahlungsgläubigers BB 63, 1321 und BGH NJW 69, 1021 (Leitsatz).

An die Nichterfüllung der Versicherungs- oder Prämienzahlungspflicht ein vertragliches Rücktrittsrecht zu knüpfen, unterliegt bei der eingangs dargelegten Interessenlage keinen Bedenken; ebenso *Klauß* Anm. 104 a. E. zu § 1.

Anm. 89

Exkurs: Des Zusammenhangs wegen sei darauf hingewiesen, daß die Nichterfüllung der Versicherungs- und Prämienzahlungspflicht den Verkäufer zum Schadensersatz berechtigt; OLG Düsseldorf RdK 39, 242. Die Schadensersatzpflicht des Käufers entfällt nach Rücktritt. Vgl. unten Anm. 162. Der Verkäufer ist im Schadensfalle verpflichtet, die Versicherungssumme zur Wiederherstellung der Kaufsache zu verwenden, wenn der Käufer dem Verkäufer den Anspruch auf die Versicherungssumme aus einer von ihm abgeschlossenen Versicherung im voraus (Regelfall!) abgetreten hat. Anrechnung der Versicherungssumme auf die Kaufpreisraten ist nur bei Reparaturunwürdigkeit zulässig; so OLG Hamburg JW 38, 3235.

Über die Pflicht, die Versicherungssumme bei Rücktritt nach Schadenseintritt gemäß § 281 BGB an den Verkäufer abzuführen oder den Versicherungsanspruch abzutreten, s. unten Anm. 173 und § 2 Anm. 63, 64.

Über Rückgewähransprüche des Käufers gegen das Versicherungsunternehmen im Falle des Verkäuferrücktritts, wenn das Versicherungsunternehmen mit dem Verkäufer wirtschaftlich identisch ist, s. unten Anm. 187.

Anm. 90

ii) Verpflichtung, dem Verkäufer oder seinen Angestellten oder Beauftragten jederzeit ohne vorgängiges Urteil *die Fortschaffung* der Sache zu *gestatten (Selbsthilfeklausel)*. Da nach § 5 die Wiederansichnahme der Kaufsache als Rücktritt vom Vertrag anzusehen ist (vgl. unten Anm. 161 f.), handelt es sich bei dieser vertraglichen Vereinbarung für den Bereich der AbzGeschäfte im Ergebnis um die Vereinbarung eines Rücktrittsrechtes des Verkäufers, so RG LZ 31, 173 mit weiteren Zitaten. Die Selbsthilfeklausel wird — zu Unrecht — von vielen allgemein oder doch für den Fall eines AbzGeschäftes für grundsätzlich nichtig angesehen; so *Crisolli* 4. Aufl. Anm. 54 zu § 1; *Hörle* Gruch 55, 184, 185; *Samter* S. 96, 97; *Rautmann* S. 41. *Samter* und *Rautmann* rechtfertigen die Nichtigkeit mit dem Hinweis darauf, daß die Klausel dem Verkäufer eine Selbsthilfe außerhalb der Voraussetzungen der §§ 229, 230 BGB gewähren wolle, was nicht zulässig sei.

Dies dürfte die Rechtslage nicht erschöpfen; denn die Selbsthilfeklausel wirkt nur schuldrechtlich. Die schuldrechtliche Gestattung aber steht den Fällen der gesetzlich zugelassenen Besitzentziehung nicht gleich. Vgl. *Planck* § 858 Anm. 1c und RGZ 146, 182 ff. Wenn man in dem vertraglich vereinbarten Wegnahmerecht die ausdrückliche Zustimmung zur Besitzentziehung sieht, so kann dies doch nur dann auf seiten des Wegnehmenden verbotene Eigenmacht ausschließen, wenn im Augenblick der Wegnahme ein Wille zur Gestattung noch besteht. So RG JW 28, 497; RGZ 146, 182 (186); RG SeuffA 66, 16; *Rühl* S. 103 und *Staudinger-Seufert* Anm. 7 zu § 858 BGB. Ändert der Käufer seinen Willen in erkennbarer Weise, so findet dieser der ursprünglichen Abmachung widersprechende Wille seinen Schutz in der Bestimmung über verbotene Eigenmacht und in den Strafbestimmungen über Hausfriedensbruch. Die Selbsthilfeklausel hat daher nur den Sinn der Einräumung eines Anspruches auf Duldung der Selbsthilfehandlung, dessen Geltendmachung jedoch den allgemeinen Grundsätzen untersteht; so auch RGZ 131, 213 (222). Sie berechtigt also den Verkäufer, falls der Käufer der eingegangenen Verpflichtung zuwider die Wegnahme nicht gestattet, nicht zu einem eigenmächtigen Vorgehen, sondern begründet nur einen Anspruch auf Ersatz des etwa durch die Weigerung des Käufers entstandenen Schadens.

Die so aufgefaßte Selbsthilfeklausel ist grundsätzlich nicht sittenwidrig; so auch *Rühl* S. 103 ff.; RGZ 131, 213 und 146, 182. RGZ 131, 213 (222) hält aber zu Recht eine Klausel mit der Folge der Teilnichtigkeit des Vertrages (§ 138 Abs. 1, § 139 BGB) für sittenwidrig, in welcher vereinbart ist, daß der Verkäufer berechtigt sein soll, die Kaufsache ohne vorherige Androhung oder Ankündigung, wann und wo er will, sei es in öffentlicher Versteigerung oder freihändig zu einem beliebigen Preis zu verkaufen, sich für alle auch etwa nicht fälligen Ansprüche gegen den Beklagten zu befriedigen und ihn für einen etwaigen Ausfall in Anspruch zu nehmen. Noch weitergehend in der Anwendung von § 138 ist RGZ 128, 256 f. = JW 29, 1380.

Die Selbsthilfeklausel ist entgegen der Ansicht *Crisollis* 4. Aufl. Anm. 54 a. E. auch nicht wegen Verstoßes gegen § 3 nichtig. Da allerdings im Fall des Verkäuferrücktritts nach §§ 5, 1 und 3 die Leistungen Zug um Zug zurückzugewähren sind, ist das Wegnahmeverlangen des Verkäufers nur dann rechtsmäßig, wenn er die gleichzeitige Erfüllung der dem Käufer zustehenden Gegenansprüche anbietet; so auch RGZ 146, 182 (186). Für die Zulässigkeit der Klausel im übrigen *Aubele* Anm. 9 zu § 5; *Lazarus* S. 115. Auch in den Motiven zum AbzG wird die Zulässigkeit bejaht.

Anm. 91

2. Nur *Nichterfüllung einer rechtswirksamen und fälligen Vertragspflicht* berechtigt den Verkäufer zum Rücktritt. Auch eine Verzug begründende Leistungsverzögerung liegt nur unter diesen Voraussetzungen vor. Vgl. RGZ 168, 261 (266); 59, 23 (25) und unten Anm. 121 ff. Soweit ein Rücktrittsrecht an Nichterfüllung von zur Sicherung des Verkäufers dienenden Nebenpflichten geknüpft ist, muß nicht nur darauf geachtet werden, ob die Nebenpflicht besteht und fällig ist, sondern auch, ob der Kaufpreisanspruch noch besteht und nicht einredebehaftet ist. Hierzu im einzelnen:

Anm. 92

a) Der *AbzKaufvertrag darf nicht* aus irgendeinem Grund im ganzen *unwirksam sein.*

aa) Der Vertrag ist nichtig, wenn ein Vertragspartner geschäftsunfähig ist (§§ 104, 105 BGB). Er ist ferner unwirksam, wenn ein Vertragspartner in der *Geschäftsfähigkeit* beschränkt ist (§ 106 Abs. 2, §§ 114, 107 BGB). Nicht selten schließen Minderjährige zwischen 7 und 21 Jahren ohne Einwilligung ihres gesetzlichen Vertreters AbzGeschäfte ab. Der Kaufvertrag ist in diesem Fall schwebend unwirksam. Mit Erteilung der Genehmigung durch den gesetzlichen Vertreter wird der Vertrag aber rückwirkend wirksam; bei Verweigerung der Genehmigung ist er endgültig nichtig, § 108 BGB. Wird der minderjährige Käufer nach Abschluß des Kaufvertrages volljährig, so kann der Vertrag von ihm stillschweigend nur genehmigt werden, wenn er dessen Unwirksamkeit kannte, vgl. bes. BGH BB 70, 13. Näheres bei §§ 108 und 109 BGB und den Kommentaren hierzu.

Anm. 93

Die vormundschaftsgerichtliche Genehmigung beim finanzierten und nicht finanzierten Abzahlungskauf nach den §§ 1822 Ziff. 5 und Ziff. 8 BGB, die über § 1643 BGB auch für die Eltern (gesetzliche Vertreter) des Minderjährigen gelten.

1. Beim nicht finanzierten AbzKauf:

Bei diesem „normalen" AbzKauf finden die §§ 1822 Ziff. 5 und Ziff. 8 keine Anwendung; *§ 1822 Ziff. 5 BGB* deshalb nicht, weil die Ratenzahlungen des Minderjährigen keine „wiederkehrenden Leistungen" im Sinn dieser Bestimmung darstellen. Wenn man unter „wiederkehrenden Leistungen" in gewissen Zeitabständen aus demselben

Schuldverhältnis fällig werdende Leistungen versteht (so LG Berlin NJW 63, 110; *Schmidt* BB 63, 1121), so ist diese Definition zwar nicht falsch, aber zu ungenau. Das charakteristische an der „wiederkehrenden Leistung" ist, daß der Schuldner in gewissen Zeitabschnitten Leistungen erbringt, ohne dabei eine „Gesamtverbindlichkeit" teilweise zu tilgen, also keine Amortisationszahlungen entrichtet. Wird aber eine bestehende Gesamtverbindlichkeit in Einzelverbindlichkeiten aufgeteilt, also z. B. in Ratenzahlungen, so wird die eigentliche Leistung des Schuldners dem Inhalt und Umfange nach nur durch die Gesamtverbindlichkeit" festgelegt. Diese Leistung erfolgt nur einmal. Die einzelnen in Zeitabschnitten erfolgenden Teilleistungen dagegen stellen nur die Art und Weise der zu erbringenden Gesamtleistung dar (so auch *Larenz*, Schuldrecht Allg. Teil 8. Auflage § 2 VI; BGHZ 28, 148; siehe ferner *Lüder Witt* TW 64, 27). Für den AbzKauf bedeutet dies: Die Ratenzahlungen selbst werden keine nach Inhalt und Umfang besonderen Verbindlichkeiten des AbzKäufers, sondern umschreiben nur die Abwicklung seiner durch den Kaufvertrag festgesetzten Leistungsverpflichtung.

§ 1822 Ziff. 8 BGB ist beim nichtfinanzierten AbzKauf ebenfalls unanwendbar. Dies dürfte unstreitig sein. Die in der Ratenzahlung liegende teilweise Stundung des Kaufpreises ist kein vom AbzVerkäufer gewährtes Darlehen; denn der AbzVerkäufer zahlt dem AbzKäufer keine Valuta aus (vgl. § 607 BGB), sondern schiebt lediglich die Fälligkeit der Leistungspflicht des AbzKäufers hinaus. Zwar kommt die Stundung des Kaufpreises wirtschaftlich einer Darlehensgewährung gleich, aber § 1822 Ziff. 8 BGB spricht klar von der Kreditaufnahme und nimmt damit allein auf die §§ 607 ff. BGB Bezug, vgl. auch Motive IV S. 1144.

2. Beim finanzierten AbzKauf:

Vorweg ist zu bemerken, daß es keinen Unterschied macht, ob der gesetzliche Vertreter den Vertrag für den Minderjährigen schließt oder ob der vom Minderjährigen geschlossene Vertrag von dem gesetzlichen Vertreter nur genehmigt wird, vgl. RG JW 12, 590. Dies folgt aus dem Sinn des § 1822 BGB (Schutz des Minderjährigen).

§ 1822 Ziff. 5 BGB ist auch für den finanzierten AbzKauf mit den oben angeführten Gründen abzulehnen.

Schwierigkeiten ergeben sich bei der Frage der Anwendbarkeit von *§ 1822 Ziff. 8 BGB.*

Problemlos ist allerdings die Anwendbarkeit des § 1822 Ziff. 8 BGB beim sog. A-Geschäft (vgl. § 6 Anm. 63). Hier nimmt der Käufer ohne Einschaltung des Verkäufers bei der Finanzierungsbank einen Kredit auf. Der Darlehensvertrag mit der Bank ist rechtlich und auch wirtschaftlich vom Kaufvertrag klar getrennt. § 1822 Ziff. 8 BGB muß zum Schutze des Minderjährigen eingreifen (siehe auch *Scholz* TW 59, 159 und *Schmidt* BB 63, 1121). Die weitaus häufigsten Teilfinanzierungsgeschäfte sind das B- und das C-Geschäft. Aber auch für sie muß § 1822 Ziff. 8 BGB bejaht werden; a. A. noch die 5. Aufl. Vgl. auch *Schmidt* BB 63, 1121; *Scholz* TW 59, 159; LG Bremen FamRZ 63, 658; LG Mannheim NJW 62, 112; *Hörter* MDR 68, 547; *Möllers* HdTw S. 475.

a) Der Kaufvertrag und der Darlehensvertrag sind zwei rechtlich selbständige Verträge (siehe § 6 Anm. 149a sowie u. a. BGHZ 47, 218 und 47, 208 vom 20. 2. 67). Diese Selbständigkeit ist trotz der im Einzelfall anzuerkennenden wirtschaftlichen Einheit der beiden Verträge den Überlegungen stets zugrunde zu legen. Das Darlehensgeschäft kann nicht als „Nebenzweck" oder „Anhängsel" des Kaufs in seiner rechtlichen Bedeutung verkleinert werden, wie dies das LG Berlin NJW 63, 110 tut; dagegen mit Recht *Schmidt* BB 63, 1121, der darauf hinweist, daß fast jede Kreditaufnahme wirtschaftlich mit einem bestimmten Zweck und somit einem anderen Rechtsgeschäft verbunden ist.

Diese Betrachtung des B- (und C-) Geschäftes ist nicht rein formaljuristisch. Vielmehr besteht auch

b) ein erhöhtes Schutzbedürfnis für den Minderjährigen gegenüber dem nicht finanzierten AbzKauf. Die Einwendungen aus dem Kaufvertrag lassen den Darlehensvertrag grundsätzlich unberührt (siehe § 6 Anm. 144 ff.), so daß der Minderjährige dem FinInst. gegenüber eine schlechtere Rechtsposition einnimmt als dem Verkäufer gegenüber. Beim finanzierten AbzKauf besteht bekanntermaßen für den Käufer die Gefahr der Abgabe einer unwahren Warenempfangsbestätigung, was dem Käufer grundsätzlich über § 254 BGB angelastet wird und er damit einen Gegenanspruch gegen die Finanzierungsbank ganz oder teilweise verliert (vgl. § 6 Anm. 94c). Diese Gefahr ist bei minderjährigen, in der Regel geschäftsungewandteren Käufern besonders groß.

Der Begriff „Kreditaufnahme" i. S. des § 1822 Ziff. 8 BGB ist aber jedenfalls weit auszulegen, da die Schutzfunktion dieser Bestimmung gewährleistet sein muß, so auch *Schmidt* BB 63, 1121.

Weil demnach das B- und C-Geschäft dem § 1822 Ziff. 8 BGB unterworfen ist, es ohne Bedeutung ist, ob der AbzVerkäufer die

Minderjährigkeit des Käufers *kannte oder nicht*. Der gute Glaube deckt nicht mangelnde Geschäftsfähigkeit, so RGZ 120, 174.

Nach LG Bremen FamRZ 63, 658 ist § 1822 Ziff. 8 BGB auch in den Fällen anwendbar, in denen die Voraussetzungen zur Wirksamkeit des Rechtsgeschäfts nach § 110 BGB („Taschengeldparagraph") gegeben wären; denn es kann keinen Unterschied machen, ob die zur Vertragserfüllung nötigen Geldmittel dem Minderjährigen von seinem gesetzlichen Vertreter zur freien Verfügung überlassen werden oder nicht. Vorschläge zur Vermeidung dieses das Wirtschaftsleben erschwerenden Ergebnisses bringen *Scholz* TW 59, 159 und *Kumpel* NJW 66, 2093 sowie AG Freiburg MDR 69, 46, das das Vorliegen eines Scheingeschäftes nach § 117 BGB verneint, wenn der Verkäufer den Darlehensvertrag mit dem FinInst. abschließt und der Minderjährige im Verhältnis zum Verkäufer die Raten an die Bank zu zahlen hat.

Anm. 94

Ohne Zustimmung des gesetzlichen Vertreters gültig sind AbzVerträge eines Minderjährigen im Falle des § 112 BGB (Geschäfte innerhalb eines Erwerbsbetriebes, zu dessen Führung der Minderjährige durch den gesetzlichen Vertreter mit Genehmigung des Vormundschaftsgerichts ermächtigt ist), während im Falle des § 110 BGB (Bezahlung mit „Taschengeld") ein AbzGeschäft erst nach Vollzahlung rückwirkend wirksam wird. Dies gilt aber nicht für den Fall, daß eine vormundschaftsgerichtliche Genehmigung nach § 1822 Ziff. 8 BGB erforderlich ist, s. Anm. 93. § 110 BGB kann diese Genehmigung nicht ersetzen, so auch LG Bremen FamRZ 63, 658.

Zur Frage der Teilzahlungsgeschäfte mit Wehrpflichtigen, insbesondere auch der Zwangsvollstreckung gegen Soldaten, vgl. *Bruness* BB 58, 1042.

Anm. 94a

Durch die *Schlüsselgewalt* der Ehefrau, § 1357 BGB, werden von ihr geschlossene Teilzahlungsverträge dann nicht mehr gedeckt, wenn die finanzielle Belastung des ehelichen Haushalts durch den Gesamtbetrag des Kaufpreises über den üblichen Rahmen hinausgeht. Auf die Höhe der einzelnen Raten kommt es nicht an. Mit Recht halten LG München NJW 61, 677 und LG Stuttgart MDR 67, 45 § 1357 BGB nur dann für gegeben, wenn sowohl der Gesamtpreis wie die einzelnen Raten im Verhältnis zu den Einkommensverhältnissen des Ehemannes als ganz geringfügig bezeichnet werden können.

Beim fin. AbzKauf, vgl. Anm. 119a zu § 6 spielt es keine Rolle, ob Gegenstände des Hausrats angeschafft werden sollen oder nicht; denn wegen des rechtlich selbständigen Darlehensvertrages fällt der Kauf nicht in den Rahmen des häuslichen Wirkungskreises der Ehefrau und bedarf daher der Zustimmung des verdienenden Ehemannes, vgl. *Palandt-Lauterbach* Anm. 2 b zu § 1357 BGB. Zur Wirksamkeit der sog. „Gemeinschaftskontoerklärungen" vgl. *Scholz* TW 65, 196.

Anm. 95

bb) Der AbzKaufvertrag ist von Anfang an nichtig (§ 142 Abs. 1 BGB), wenn der Vertrag wegen Irrtums (§ 119 BGB), irriger Übermittlung (§ 120 BGB), arglistiger Täuschung oder Drohung (§ 123 BGB) angefochten wird. *Anfechtungsfrist* bei Irrtum: § 124 BGB. Näheres in den BGB-Kommentaren hierzu. Die Möglichkeit der Anfechtung durch den Käufer als rückwirkende Vernichtung des ganzen Vertrages wird rechtslogisch nicht dadurch ausgeschlossen, daß der Verkäufer vom Vertrag bereits zurückgetreten ist und damit die Gesamtwirkungen des Vertrages mit rückwirkender Kraft beseitigt hat (vgl. oben Anm. 65). Vgl. die Lehre von *Kipp* zu dem verwandten Problem der Anfechtung nichtiger Rechtsgeschäfte bei *Enneccerus-Lehmann*, Schuldrecht § 27 II 2 f.

Anm. 96

cc) Nichtigkeit des ganzen Vertrages wegen *Sittenwidrigkeit* (§ 138 Abs. 1 BGB) ist bei AbzGeschäften die Ausnahme. Sie setzt voraus, daß das Geschäft allgemein als verwerflich betrachtet wird. Vgl. LG Flensburg NJW 53, 1432 und OLG Oldenburg MDR 52, 38. OLG Düsseldorf DB 67, 117 stellt Nichtigkeit des Kaufvertrages nach § 138 BGB fest, wenn schon bei Abschluß des Vertrages feststeht, daß der AbzKäufer außerstande ist, seine Kaufpreisschuld zu erfüllen und der AbzVerkäufer deshalb die Sache nicht werde liefern müssen. Dem Lieferversprechen des Verkäufers kommt dann kein wirtschaftlicher Wert zu, während der Käufer zur Schadenersatzleistung verpflichtet ist. Vgl. auch LG Bielefeld MDR 69, 219. Regelmäßig sind nur einzelne Klauseln nichtig, § 139 BGB. Das RG hat jedoch Totalnichtigkeit eines AbzVertrages angenommen, wenn er in Kenntnis des Verkäufers nach dem voraussichtlichen Laufe der Dinge von vornherein mit Wahrscheinlichkeit durch die der einen Seite auferlegten Lasten und die der anderen Seite eingeräumten geldwerten Vorteile und Berechtigungen nicht zur Durchführung kommen kann. Vgl. RGZ 147, 344 (347), ferner RGZ 128, 251; 131, 213 (220) und HRR 34 Nr. 1096 sowie auch *Ewald* AbzG S. 102, 105 und 108 und *Rassow,* Betr. 58, 359. *Westermann,* Interessen-Kollisionen und ihre richterliche Wertung bei den Sicherungsrechten an Fahrnis und Forderungen S. 10 weist mit Recht darauf hin, daß für die Annahme sittenwidriger Knebelung nicht so sehr die dingliche Rechtslage entscheidend ist, sondern die schuldrechtliche Einschränkung des Dürfens und Könnens, besonders aber die Behinderung des Schuldners, eingehende Mittel dem geschäftlichen Kreislauf wieder zuzuführen. Über zulässige Grenzen der Sicherung der Finanzierungsbanken s. OLG Hamburg MDR 56, 31 und unten § 6 Anm. 88 ff. Über die Annahme wucherischer Ausbeutung vgl. RGZ 128, 251 ff. a. E. und zum Begriff „Ausbeutung der Notlage" eines Kreditsuchenden BGH BB 58, 1153. Vgl. aber auch Anm. 194 a. E. mit Anm. 98.

Anm. 97

Teilzahlungszuschläge von 1 % pro Monat aus dem bei der Übergabe verbleibenden Kaufpreisrestbetrag reichen jedenfalls bei Abz-Käufen von mittelfristiger Laufzeit nicht zur Annahme der Sittenwidrigkeit aus. S. hierzu die Stellungnahme der Industrie- und Handelskammer Duisburg Nr. 13 vom 1. 7. 1952 in Betr. 52, 622. Gegen Sittenwidrigkeit ferner *Klauß* BB 55, 809; *Ewald* MDR 55, 392; AG Hamburg MDR 55, 476; LG Köln MDR 56, 31. Bejahend LG Essen MDR 55, 98 und 99, welches neben der Zinshöhe auf die irreführende Wirkung des „1 % pro Monat" abstellt, mit interessanter ablehnender Anmerkung von *Pohlmann;* ferner LG Köln MDR 55, 100, welches bemerkenswerterweise gem. § 242 BGB an Stelle des überhöhten Zuschlages einen angemessenen Zinssatz treten läßt. Ablehnende Besprechung dieser Entscheidung von *Meessen* MDR 55, 414; vgl. auch *Ewald,* AbzG S. 103 ff. sowie auch S. 56; *Meyer-Ladewig* BB 63, 170 ff. Ist eine Bearbeitungsgebühr vereinbart, so ist in Bezug auf die Wirksamkeit dieser Vereinbarung auf die dem Kreditnehmer treffende Gesamtbelastung abzustellen. Das bedeutet, daß § 138 BGB dann zu bejahen ist, wenn die Bearbeitungsgebühr über den tatsächlichen Aufwendungen der Bank liegt, der Kreditnehmer daneben noch eine hohe Verzinsung des Kreditbetrages tragen muß (so LG Köln BB 63, 667) und außer Verhältnis zu dem mit der Hingabe des Geldes verbundenen Risiko steht; so BGH vom 28. 10. 66 MDR 67, 119. S. auch bei § 6 Anm. 90.

OLG Köln NJW 68, 1933 (in TW 68, 205 Besprechung von *Scholten*) bestätigt die Ansicht, daß die Vereinbarung von Verzugszinsen von 0,75 % pro Monat nicht sittenwidrig ist. In einer weiteren Entscheidung hält das OLG Köln eine Gesamtverzinsung von 24 % für nicht unangemessen hoch, wenn die Darlehensgewährung für die Bank mit einem hohen Risiko verbunden ist, NJW 68, 1934. S. aber AG Frankfurt MDR 69, 47, das eine Gesamtbelastung von 31,2 % für sittenwidrig hält. *S. auch § 6 Anm. 90.* Über die Zusammensetzung des Teilzahlungszuschlages s. *Stein* TW 54, 33. Vereinbarung von *Verzugszinsen* von 1 % pro Monat ist nach § 138 Abs. 2 BGB nichtig, wenn der Kaufpreis schon einen *Kreditkostenzuschlag* von 22 % pro Jahr enthält. Es handelt sich aber nur um *Teilnichtigkeit;* so auch *Lex* RWPBl. 2 D AbzGeschäfte Einzelfragen 3 IV. A. A. *Meyer-Ladewig* BB 63, 170. Gleiches gilt auch für *Gerichtsstandsklauseln* — zu deren Zulässigkeit vgl. 6 a —, die gegen §§ 138, 242 BGB verstoßen, wie z. B. die Klausel, daß der Gerichtsstand von dem Wohnsitz desjenigen abhängig sein soll, an den der Verkäufer bzw. das Kreditinstitut seine Forderung abtritt, LG Dortmund MDR 55, 112. Solche Verstöße bewirken auch grundsätzlich nicht die Nichtigkeit des ganzen Vertrages; BGH NJW 57, 17. Für den AbzVerkäufer ist nunmehr zu beachten, daß BGH NJW 59, 1182 in der Ankündigung und Gewährung von Teilzahlungen ohne Zuschlag, wenn der Barpeis als Normalpreis im Sinne des § 1 Abs. 2 Rabatt-Gesetz anzusehen ist, einen Verstoß gegen das RabattG erblickt. Siehe dazu auch *Weber* und *Lehmann* NJW 59, 1668.

Anm. 98

Zu aa) bis cc) Eine *Totalnichtigkeit* des AbzGeschäftes hat zur *Folge,* daß die gegenseitig erbrachten Leistungen nach den Vorschriften über die *Herausgabe einer ungerechtfertigten Bereicherung* (§§ 812 ff. BGB) zurückzugewähren sind. Die Rückgewährvorschriften des AbzG (§§ 1—3) sind ausgeschlossen; vgl. RGZ 151, 361 ff. (371). Dies kann im konkreten Fall von erheblicher Bedeutung sein. Der wesentliche Unterschied der beiden Regelungen liegt in der Vergütung der Gebrauchsvorteile. Käme Rücktrittsrecht zur Anwendung, hätte der Käufer den Wert der Gebrauchsüberlassung unter Berücksichtigung der durch den Kauf eingetretenen Wertminderung zu ersetzen, § 2 Abs. 1 Satz 2. Näheres Anm. 66 ff. zu § 2. Dagegen ist nach dem Recht der ungerechtfertigten Bereicherung nur für die tatsächlich gezogenen Gebrauchsvorteile Ersatz zu leisten ohne Rücksicht auf unverschuldete Wertminderung. Die Ersatzpflicht trifft den Käufer nur insoweit, als er im Zeitpunkt der Rechtsabhängigkeit oder der positiven Kenntnis der Nichtigkeit oder Anfechtbarkeit (Kenntnis eines nicht voll Geschäftsfähigen, der bei Leistungsempfang nicht vertreten ist, schadet nicht, RG JW 17, 465; Kenntnis des gesetzlichen Vertreters schadet,

RGZ 81, 266); noch bereichert ist, §§ 818, 819 BGB. Der Käufer kann außerdem nach § 818 BGB Verwendungsersatz verlangen, nach § 2 Abs. 1 aber nicht. In der Haftung für schuldhafte Beschädigung der Sache dürften allerdings wegen § 820 Abs. 1 BGB keine Unterschiede bestehen. Bei einem auf eine sittenwidrige Leistung gerichteten Abz-Geschäft ist eine Rückforderung überhaupt ausgeschlossen, § 817 Satz 2 BGB; z. B. beim Kauf von Bordellinventar auf Abzahlung, sofern dadurch der Bordellbetrieb ermöglicht werden soll; RGZ 63, 346 ff. (349); OLG 20, 51; *Aubele* Anm. 40 zu § 1; *Klauß* Anm. 154 f. zu § 1. § 817 Satz 2 greift nicht Platz bei Sittenwidrigkeit aus anderen Gründen, z. B. wegen Knebelung des Käufers, weil hier nicht der Leistungszweck gegen die guten Sitten verstößt, s. *Aubele* a. a. O. Hinsichtlich der mannigfachen Zweifelsfragen zum Bereicherungsrecht wird auf die BGB-Kommentare verwiesen.

Anm. 99

b) Die *Vertragspflicht,* an deren Nichterfüllung das Rücktrittsrecht geknüpft ist, *darf nicht erloschen sein.* Die Hauptrolle spielt hierbei die *Erfüllung.* Sie muß vom Käufer bewiesen werden, wenn es sich um eine Pflicht zu einer positiven Leistung, zu einem Tun handelt; z. B. Zahlung, rechtzeitige Anzeige des Wohnungswechsels u. dgl. Die Zuwiderhandlung gegen eine Unterlassungspflicht hat dagegen der Verkäufer zu beweisen, § 358 BGB. Der dem Käufer obliegende Beweis der Erfüllung beschränkt sich aber auf den Beweis der Annahme durch den Verkäufer als Erfüllung. Der Verkäufer hat hingegen die Beweislast dafür, daß die Leistung eine andere oder eine unvollständige gewesen ist, § 363 BGB.

Anm. 100

Die *Erfüllung der Zahlungsverpflichtung* kann nur in der vollen und pünktlichen Zahlung der fälligen Raten bestehen; vgl. oben Anm. 79—81. Verspätete Zahlung begründet ein Rücktrittsrecht aber dann nicht mehr, wenn der Verkäufer sie vorbehaltlos angenommen hat. Vgl. unten Anm. 126 und 152. Nach Treu und Glauben ist aber gem. § 242 BGB anzunehmen, daß auch geringe und wenig bedeutende Restbeträge, die der Schuldner auf einzelne Raten nicht leistet, ein Rücktrittsrecht des Verkäufers nicht hervorrufen; denn der Verkäufer ist in der Lage, nach § 266 BGB Teilzahlungen auf die Raten, soweit es sich hierin nicht bloß um eine nach § 226 BGB unzulässige Schikane handelt, abzulehnen und ist dadurch in genügender Weise geschützt; so auch RGZ (GS) 169, 141, (143); RGZ 82, 54; 86, 339. Vgl. unten

Anm. 149. Die Bezahlung kann auch durch Dritte erfolgen. Der Verkäufer ist gem. § 267 Abs. 2 BGB nur dann berechtigt, die Bezahlung von ausstehenden Raten durch einen Dritten abzulehnen, wenn der Käufer dem widerspricht. Dies ist für die Drittgläubiger des Käufers, die einen auf Abzahlung mit EV gekauften Gegenstand gepfändet haben, besonders wichtig. Vgl. § 5 Anm. 32. Bilden mehrere Sachen den Gegenstand eines Kaufes, so muß die gesamte Kaufpreisforderung, soweit sie fällig ist, bezahlt sein. Dies gilt vor allem für den Kauf einer Sachgesamtheit (oben Anm. 15 ff.) und für die Verbindung mehrerer Kaufverträge zu einem einheitlichen Vertrag (oben Anm. 19) sowie für die Zukaufsklausel (oben Anm. 20; s. über ihre Gültigkeit auch Anm. 19 und 30 zu § 5). Aber auch dann, wenn der Käufer beim selben Verkäufer ohne inneren Zusammenhang zufällig mehrere Sachen kauft, ist der Verkäufer im Zweifel berechtigt, die Raten anteilsmäßig und auf die einzelnen Sachen zu verrechnen; vgl. oben Anm. 18. Hier müssen daher alle fälligen Raten bezahlt sein. Näheres unten Anm. 142.

Anm. 101

Da der Käufer, wenn nichts anderes vereinbart ist, das Geld auf eigene Gefahr dem Verkäufer zu übersenden hat (§ 270 Abs. 1 BGB), muß er den Empfang des Geldes durch den Verkäufer *beweisen,* falls dieser ihn bestreitet. Die Vorlegung eines Posteinlieferungsscheines genügt daher nicht. Eine von § 270 BGB abweichende, dem Käufer günstigere Vereinbarung (z. B. eine Holschuld) hat der Käufer zu beweisen. Vgl. auch oben Anm. 80, 81.

Anm. 102

Für die Ratenzahlungspflicht kommen folgende *weitere Erlöschensgründe* in Betracht:

aa) *Hinterlegung unter Rücknahmeverzicht bei Annahmeverzug des Verkäufers.* Befindet sich der Verkäufer in Verzug der Annahme der Kaufpreiszahlung, so ist der Käufer berechtigt, das Geld für den Verkäufer bei der Hinterlegungsstelle eines Amtsgerichtes zu hinterlegen, § 372 Satz 1 BGB, § 1 Abs. 2 HinterlegungsO. Die Hinterlegung muß beim Amtsgericht des Leistungsortes (dies ist im Zweifel der Wohnsitz des Schuldners — auch bei Schickschulden) erfolgen, § 374 Abs. 1 BGB. Daß das Geld etwa nach § 270 BGB dem Verkäufer zu übermitteln ist, ändert nichts am Leistungs- und Hinterlegungsort, § 270 Abs. 4 BGB; ebenso *Staudinger-Werner* 9. Aufl. Anm. 1 zu § 374. Die Hinterlegung ist dem Verkäufer, soweit tunlich, unverzüglich anzuzeigen. Nichterfüllung dieser Erfordernisse macht schadenersatzpflichtig, § 374 BGB. Voraussetzungen des Annahmeverzuges: §§ 293 ff. BGB. In der Regel ist hiernach ein vergebliches tatsächliches Zahlungsangebot erforderlich, wenn es sich um eine Schickschuld handelt, §§ 294, 270 BGB. Ein Angebot ist überflüssig, wenn der Verkäufer am kalendermäßig bestimmten Zahltag einer übernommenen Abholungspflicht nicht nachgekommen ist, § 296 BGB. Verzichtet der Käufer in einer Erklärung gegenüber der Hinterlegungsstelle auf Rücknahme, so wird er von der Zahlungspflicht frei, §§ 378, 376 Abs. 2 Ziff. 1 BGB.

Befindet sich der Verkäufer in Annahmeverzug, so kann er auch dann von seinem Rücktrittsrecht wegen Nichterfüllung keinen Gebrauch machen, wenn der Käufer nicht hinterlegt. Der Rücktritt verstieße unter diesen Umständen gegen Treu und Glauben und wäre als unzulässige Rechtsausübung unwirksam. Vgl. oben Anm. 81 und unten Anm. 150.

Anm. 103

bb) *Aufrechnung mit einer auf Geldleistung gerichteten Gegenforderung,* die dem Käufer gegen den Verkäufer zusteht. Die Aufrechnung bewirkt, daß die Forderungen, soweit sie sich decken, in dem Zeitpunkt als erloschen gelten, in welchen sie zur Aufrechnung geeignet einander gegenüber getreten sind, § 389 BGB. Die Gegenforderung muß fällig, § 387 BGB, die Aufrechnungserklärung unbedingt und ohne Zeitbestimmung abgegeben sein, § 388 BGB. Die Aufrechnungserklärung ist eine gegenüber dem Verkäufer abzugebende empfangsbedürftige Willenserklärung. Näheres bei §§ 130 ff. BGB. S. hierüber auch unten Anm. 156 ff. Von besonderer Wichtigkeit ist die Bestimmung des § 357 BGB: Ein vom Verkäufer erklärter *Rücktritt wegen Nichterfüllung* der Kaufpreiszahlungspflicht ist *unwirksam,* wenn der Käufer sich von seiner Kaufpreiszahlungspflicht durch Aufrechnung schon vor Rücktrittserklärung hätte befreien können und die Aufrechnung unverzüglich (= ohne schuldhaftes Zögern) nach dem Rücktritt erklärt.

Anm. 104

Die Aufrechnungsmöglichkeit gewinnt vor allem dann Bedeutung, wenn aus dem Vorliegen von Sachmängeln im Sinne des § 459 BGB (hierüber unten Anm. 113 ff.) ein Schadenersatzanspruch wegen Nichterfüllung hergeleitet wird. Ein solcher Schadenersatzanspruch steht dem Käufer zu, wenn der Kaufsache eine zugesicherte Eigenschaft fehlt

(§§ 463 Satz 1, 480 Abs. 2 BGB), wenn der Verkäufer einen Fehler arglistig verschwiegen hat (§§ 463 Satz 2, 480 Abs. 2 BGB) oder — nach ständiger Rechtsprechung, z. B. RGZ 83, 247; 96, 156; 103, 160; 132, 78; RG DRW 42, 465 = RG HRR 42 Nr. 106 — wenn der Verkäufer eine nicht vorhandene Eigenschaft oder die Abwesenheit von Mängeln arglistig vorgespiegelt hat, ohne eine vertragliche Zusicherung eingegangen zu sein. Näheres bei *Staudinger-Ostler* zu § 463, insbesondere Anm. 9 f. und § 480 Anm. 38 ff. Schließlich können sich aufrechenbare Schadenersatzansprüche auch aus positiver Vertragsverletzung ergeben, wenn über den Sachmangel hinaus besondere Schadensfolgen eingetreten sind. Näheres bei *Staudinger-Ostler* Vorbem. 18 vor § 459. Verjährung der Ansprüche (nach § 477 Abs. 1 BGB innerhalb einer Frist von 6 Monaten seit der Ablieferung, wenn der Verkäufer nicht arglistig gehandelt hat) hindert die Aufrechnung nicht, § 390 Satz 2 BGB, sofern der Käufer vor Verjährungseintritt den Mangel dem Verkäufer angezeigt oder die Anzeige an ihn abgesendet hat (gleiche Wirkung hat Antrag auf gerichtliches Beweissicherungsverfahren oder Streitverkündung gegenüber Verkäufer), §§ 479, 478 Abs. 1 BGB. Die Gewährleistungspflicht kann vertraglich ausgeschlossen werden. Dem sind aber durch §§ 476, 276 Abs. 2 und § 138 BGB Grenzen gesetzt. Näheres unten Anm. 114.

Anm. 105

Auch das Recht zur *einseitigen Aufrechnung kann* vertraglich erweitert, beschränkt und ganz *ausgeschlossen werden.* Letzteres ist bei AbzGeschäften — wie bei Kaufgeschäften überhaupt — häufig der Fall. Eine gesetzliche Vermutung für Aufrechnungsausschluß enthält § 391 Abs. 2 BGB für Gegenforderungen, die nicht am Leistungsort der Hauptforderung zu erbringen sind, wenn die Hauptforderung durch Leistungsort und -zeit wesentlich bestimmt wird. Ebenso *Staudinger-Werner* 9. Aufl. Anm. 3 zu § 391 mit Beispielen: Kreditbrief des Bankiers, Auszahlung von Geld an einem bestimmten, auf einer Reise berührten Ort. Für die Ratenzahlungspflicht dürfte daher § 391 Abs. 2 BGB kaum anwendbar sein. Aufrechnungsausschluß liegt auch insoweit vor, als vereinbart ist, daß der Käufer seine Zahlungen nicht wegen angeblicher Minderwertigkeit oder Schadhaftigkeit der Kaufsache einstellen dürfe, sondern seine vermeintlichen Ansprüche vielmehr auf besonderem Klagewege zu verfolgen habe. Ebenso RGZ 60, 357 und *Rühl* S. 246. Dieser Ausschluß gilt aber nicht für Forderungen, die nicht in der Gewährleistungspflicht des Verkäufers begründet sind. Die Klausel enthält auch einen Ausschluß des Zurückbehaltungsrechtes

— vgl. unten Anm. 120 —. Bedenken gegen die Zulässigkeit der Klausel sind unbegründet; s. unten Anm. 114. Vgl. auch *Ewald*, AbzG S. 101 ff.

Anm. 106

Dieselbe Wirkung wie die einseitig-erklärte Aufrechnung hat ein Aufrechnungsvertrag zwischen Käufer und Verkäufer. Er ist auch dann wirksam, wenn die einseitige Aufrechnung ausgeschlossen ist.

Anm. 107

cc) *Auch durch Erlaßvertrag* zwischen Käufer und Verkäufer (sog. *Verzicht*, § 397 Abs. 1 BGB) erlischt die Kaufpreisschuld. Der Erlaß ist, auch wenn er schenkweise erfolgt, formlos gültig, RGZ 53, 294. Das gleiche gilt, wenn der Verkäufer anerkennt, daß die Forderung nicht besteht, sog. *negatives Schuldanerkenntnis*. Es handelt sich um einen Erlaßvertrag, wenn es in Kenntnis (der Möglichkeit) des Bestehens der Schuld abgegeben ist. Sollte aber nur die wirkliche Rechtslage klar gestellt werden, so ist die Rückforderung des Anerkenntnisses nach § 812 Abs. 1 und 2 BGB (ungerechtfertigte Bereicherung) möglich, wenn die Schuld entgegen der Annahme doch bestand; vgl. RGZ 108, 107. Der Verkäufer hat aber den Irrtum zu beweisen.

Anm. 108

Gleiche Wirkung wie ein Erlaßvertrag hat eine *Novation*, wenn an Stelle der Kaufpreisverbindlichkeit eine neue Verbindlichkeit, z. B. ein Darlehen, vereinbart wird.

Anm. 109

dd) Der Käufer kann auch durch *befreiende Schuldübernahme* eines Dritten (durch Vertrag mit dem Verkäufer, § 414 BGB, oder mit dem Käufer und Genehmigung des Verkäufers, § 415 BGB) von seiner Zahlungspflicht befreit werden. Auch in diesem Fall ist ein Rücktritt gegenüber dem Käufer wegen Nichterfüllung der Kaufpreiszahlungspflicht ausgeschlossen. Ein EV an der Kaufsache bleibt aber *so lange* bestehen, als die Bedingung (Vollzahlung des Kaufpreises) durch den Schuldübernehmer nicht erfüllt ist. Eine analoge Anwendung von § 418 BGB (Wegfall der Sicherungen) ist damit ausgeschlossen. Fordert der Verkäufer sein Eigentum zurück, so gilt dies nach § 5 als Rücktritt. Näheres § 5 Anm. 3 und 75 ff. Sofern der Dritte nicht in den ganzen AbzKauf eintritt, können dem Käufer noch Nebenpflichten (z. B.

Wohnungswechselanzeige, Anzeige von Zwangsvollstreckungen in die AbzSache, sorgfältige Benutzung usw., s. Anm. 82 ff.) verbleiben. Erfüllt er diese Verpflichtungen nicht, so kann der Verkäufer, unbeschadet der Befreiung des Käufers von der Kaufpreiszahlungspflicht, vom Vertrag zurücktreten.

Anm. 110

ee) *Verlangen einer für den Fall der Nichterfüllung versprochenen Vertragsstrafe.* Gem. § 340 Abs. 1 Satz 2 BGB erlischt der Erfüllungsanspruch, wenn der Verkäufer eine für den Fall der Nichterfüllung versprochene Vertragsstrafe verlangt. Hierbei ist jedoch zu unterscheiden, ob die Vertragsstrafe für den Fall der Nichterfüllung des ganzen Vertrags, einer einzelnen Ratenzahlung oder einer Nebenpflicht versprochen ist. Die erste Möglichkeit kommt kaum in Betracht, weil ein solches Vertragsstrafversprechen in der Regel eine nach § 4 Abs. 2 verbotene Gesamtverfallklausel enthält. Regelmäßig liegt der 2. Fall vor — eine für die Nichterfüllung einer Rate versprochene Vertragsstrafe. Mit dem Verlangen der Zahlung der Strafe entfällt der Anspruch auf Zahlung der Rate, mit der sich der Käuer in Verzug befindet. Damit ist das Rücktrittsrecht wegen Nichterfüllung dieser Teilzahlung ausgeschlossen. Dies hindert jedoch nicht, daß der Verkäufer vom Vertrag zurücktritt, wenn der Käufer mit einer weiteren Rate in Rückstand gerät oder wenn er Nebenpflichten nicht erfüllt. Gleiches gilt auch für die Nichterfüllung von Nebenpflichten, wenn für den Fall der Nichterfüllung dieser Pflicht eine Vertragsstrafe versprochen ist. Ebenso *Klauß* Anm. 326 zu § 4.

Über Begriff und Arten der Vertragsstrafe s. bei § 4 Anm. 2 ff. und 8. Über die Voraussetzungen der Verwirkung s. § 4 Anm. 13 ff. Über die Voraussetzungen des Gesamtverfalls unten § 4 Anm. 60 ff.

Anm. 111

c) *Die Vertragspflicht,* an deren Nichterfüllung das Rücktrittsrecht geknüpft ist, *muß eine fällige Verbindlichkeit sein.* Wann die einzelnen Raten fällig werden, wird in den AbzVerträgen wohl stets genau geregelt. Die Erfüllung einer Nebenpflicht (z. B. Verpflichtung, die Sache in einer bestimmten Weise zu gebrauchen) kann der Verkäufer mangels abweichender Vereinbarung sofort verlangen, § 271 Satz 1 BGB.

Die *Fälligkeit ist ausgeschlossen oder wird beseitigt,* wenn dem Erfüllungsanspruch eine dauernde (peremptorische) *Einrede* entgegensteht. So die h. M.; vgl. RGZ 59, 23 (25); *Eneccerus-Lehmann,* Schuldrecht § 51 I 1; *Staudinger-Werner* 11. Aufl. § 284 Anm. 3; *Ermann*

§ 284 Anm. 4aa; *Palandt* § 284 Anm. 2; *Oertmann* § 284 Anm. 1 A. A. *Larenz* Allg. Teil § 22 I c, nach welchem nur ein „Vertretenmüssen" (vgl. unten) Anm. 121 ff.) ausgeschlossen ist. Besteht die rechtsvernichtende Einrede gegenüber der gesamten Kaufpreisrestforderung, so sind alle der Sicherung dienenden Nebenpflichten einredehaftet. Die Fälligkeit soll aber auch durch aufschiebende (dilatorische) Einreden ausgeschlossen sein; so *Enneccerus-Lehmann,* Schuldrecht a. a. O.; *Erman* a. a. O. Die herrschende Meinung neigt wohl zu Recht hier dazu, nicht die Fälligkeit, sondern nur das „Vertretenmüssen" der Nichtleistung als ausgeschlossen zu betrachten. Vgl. RG JW 21, 523 Nr. 2; RGZ 126, 280 (285); *Staudinger-Werner* 11. Aufl. § 284 Anm. 3 mit weiteren Nachweisen. Wesentlich ist, daß die genannten Wirkungen nur das Bestehen des Einrederechtes, nicht aber die vorherige Geltendmachung des Einrederechtes durch den Schuldner (Käufer) voraussetzen. So die ständige Rechtsprechung; vgl. RGZ 59, 23 (25) und 126, 280 (285); RG JW 11, 486; 21 425; 25, 1748; a. A. *Larenz* a. a. O. Der Käufer braucht nicht einmal die Gründe, auf welche sich das Einrederecht stützt, zu kennen; so RGZ 59, 25. Die Berücksichtigung des Einrederechts im Prozeß setzt allerdings voraus, daß sich der Käufer im Verfahren auf die Einrede beruft. So auch *Erman* a. a. O., *Palandt* a. a. O. Klagt der Verkäufer auf Herausgabe der Kaufsache, weil er vom Kaufvertrag wegen Nichterfüllung zurückgetreten ist, so muß die Klage als unbegründet abgewiesen werden, wenn sich der Käufer in diesem Prozeß auf eine begründete Einrede gegen die nichterfüllte Forderung beruft. Dabei ist es gleichgültig, ob er sich schon vor dem Rücktritt auf dieses Recht berufen hat. Denn allein das Bestehen des Einrederechts schließt einen begründeten Rücktritt aus (s. unten Anm. 120). Dieses Ergebnis ist schon deshalb billig, weil es einen Wettlauf der Vertragsparteien um die Ausübung ihrer Rechte ausschließt. Für die Aufrechnung hat dieser Gedanke in § 357 BGB seinen Niederschlag gefunden, vgl. oben Anm. 103.

Folgende Einreden kommen für den Käufer als Verteidigungsmittel in Betracht:

Anm. 112

aa) *Dauernde (peremptorische) Einreden.*

α) Die *Einrede der Verjährung* der Teilzahlungsforderungen, §§ 194 ff. BGB. Diese wird nicht dadurch ausgeschlossen, daß das Rücktrittsrecht selbst als Gestaltungsrecht der Verjährung nicht unterliegt; vgl. oben Anm. 65. Bei AbzGeschäften wird in den seltensten Fällen die gewöhnliche mit dem Fälligkeitstag der Ratenzahlung beginnende 30jährige Verjährungsfrist (§§ 195, 198 BGB) Platz greifen. In den meisten Fällen steht nämlich auf der Verkäuferseite ein Kaufmann, Fabrikant, Handwerker oder Kunstgewerbetreibender. In diesen Fällen beträgt die Verjährungsfrist 2 Jahre, ist die Kaufsache aber für einen Gewerbebetrieb des Käufers bestimmt, 4 Jahre, § 196 Abs. 1 Ziff. 1 und Abs. 2. Zweijährige Frist greift ferner Platz, wenn das AbzGeschäft in eine Miete oder Leihe gekleidet ist, § 196 Abs. 1 Ziff. 6 BGB. Die Frist beginnt in diesen Fällen mit Ende des Kalenderjahres der Fälligkeit, § 198 BGB.

Zu beachten ist, daß der Fristbeginn für die Verjährung je nach Fälligkeit der Rate verschieden ist, soweit nicht in den Fällen kurzer Verjährungsfristen die Raten im selben Kalenderjahr fällig werden. Unter den Voraussetzungen einer zulässig vereinbarten Gesamtverfallklausel (§ 4 Abs. 2 — Näheres bei Anm. 80 zu § 4) verjährt die gesamte Restsumme nach den dargelegten Grundsätzen einheitlich und möglicherweise vorzeitig. Die Geltendmachung der Verjährung schließt den Rücktritt nicht aus, wenn der Käufer außer mit den verjährten Raten auch mit nichtverjährten Raten im Rückstand ist. Ist der Käufer mit mehreren Raten im Rückstand, so kann er nicht die Verjährung der älteren Raten dadurch herbeiführen, daß er nur auf die letztfälligen Raten Zahlung leistet; denn ein Bestimmungsrecht im Sinn von § 366 Abs. 1 BGB ist bei AbzKäufen für den Käufer ausgeschlossen. Vgl. § 4 Anm. 66 ff. Der Käufer kann sich auch nicht auf eine Verjährung berufen, die er arglistig herbeigeführt hat; so z. B. wenn ein AbzKäufer in der Absicht, sich eine bald eintretende Verjährung zu Nutze zu machen, den Verkäufer von der Klageerhebung, die die Verjährung nach § 209 BGB unterbricht, abgehalten hat. Einem derartig dolos handelnden AbzKäufer steht, wenn er die Einrede der Verjährung erhebt, die Einrede der Arglist entgegen, RGZ 57, 376. Ein im voraus abgegebener Verzicht auf die Verjährungseinrede ist nichtig, § 225 BGB, ein nach Eintritt abgegebener Verzicht auf die Geltendmachung jedoch wirksam. Trotz Verjährung der Kaufpreisansprüche kann der Verkäufer die Sache herausverlangen, wenn er sich das Eigentum daran vorbehalten hat; str; s. näheres bei § 5 Anm. 44 ff. bes. 47 63 f. und unten Anm. 126.

Anm. 113

β) Die Einreden der Wandelung (Rückgängigmachung des Kaufes) *und der Minderung* (Herabsetzung des Kaufpreises). Sie sind nach § 462 BGB gegeben *bei Sachmängeln,* wenn der Kaufsache im Zeitpunkt des Gefahrüberganges (= Übergabe im Sinn der §§ 446, 447 BGB) physische Fehler anhaften, welche ihren Wert oder die Tauglichkeit zum gewöhnlichen oder nach dem Vertrag vorausgesetzten Gebrauch aufheben oder erheblich mindern (§ 459 Abs. 1 BGB) oder wenn im genannten Zeitpunkt vertraglich zugesicherte Sacheigenschaften fehlen (§ 459 Abs. 2). Vgl. ausführlich hierzu *Staudinger-Ostler* § 459, und zwar zu Abs. 1 bes. Anm. 21—46, zu Abs. 2 Anm. 47—75. Unter besonderen Voraussetzungen stehen dem Käufer auch noch weitere Gewährschaftsrechte zu, die ihm bei seiner Verteidigung gegen die Herausgabeklage wegen Nichterfüllung nützlich sein können, nämlich der Anspruch auf Schadenersatz wegen Nichterfüllung nach § 463 BGB (vgl. oben Anm. 104), auf Lieferung einer anderen mangelfreien Sache nach § 480 Abs. 1 BGB (vgl. unten Anm. 120) und auf Nachbesserung nach § 651 Abs. 1 Satz 2, § 634 BGB (hier Beschränkung des Wandelungs- und Minderungsrechtes durch das Erfordernis vorausgegangenen erfolglosen Nachbesserungsverlangens — vgl. unten Anm. 120). *Gesetzliche Ausschlußgründe der Gewährschaftspflicht* finden sich im § 460 und 464 BGB. Wegen Verjährung der Gewährschaftsrechte und über einredeweise Geltendmachung nach Verjährung s. oben Anm. 104.

Anm. 114

Vertragliche Beschränkung oder Ausschluß der Gewährschaftspflicht des Verkäufers ist an sich zulässig. Sie ist aber nichtig, soweit darin ein Ausschluß für Vorsatz liegt nach § 276 Abs. 2 BGB, und bei Arglist des Verkäufers nach § 476 BGB. Sie kann es auch wegen eines sonstigen Verstoßes gegen die guten Sitten sein, §§ 138, 139 BGB; wenn z. B. der Verkäufer seine Monopolstellung oder den Ausschluß einer Konkurrenzmöglichkeit ausgenutzt hat. Vgl. RGZ 20, 117; 62, 266; 99, 107; 102, 82 und 386; 110, 429; 115, 127 und 218; JW 25, 1395; OLG (München) 28, 172.

Für den Ausschluß der Gewährschaftspflicht durch *allgemeine Geschäftsbedingungen* ergeben sich aus §§ 138, 242 BGB besondere Schranken. Es können beim Verkauf fabrikneuer Waren, z. B. Möbel, die Sachmängeleinwendungen des Käufers durch die allg. Geschäftsbedingungen des Verkäufers nur ausgeschlossen werden, wenn dem Käufer statt dessen ein Nachbesserungsrecht eingeräumt ist. Ist jedoch die Nachbesserung unmöglich oder wird sie vom Verkäufer verweigert, unzulänglich vorgenommen oder ungebührlich verzögert, so stehen ihm statt dessen die Sachmängeleinwendungen gegenüber dem Verkäufer und bei Kundenfinanzierung unter Umständen auch gegenüber dem Darlehensgeber zu, vgl. dazu Anm. 158 zu § 6 und *Staudinger-Ostler* § 476 Anm. 4.

Grundsätzlich unbedenklich ist die der Verhinderung der Prozeßverschleppung dienende Abrede, daß der Käufer seine Zahlungen nicht wegen Mängel der Ware einstellen dürfe, sondern seine Rechte in einem besonderen Verfahren zu verfolgen habe. Die Abrede enthält an sich überhaupt keinen materiellrechtlichen Verzicht auf Gewährschaftsrechte; vielmehr handelt es sich neben dem *Ausschluß der Aufrechnung* und des *Zurückbehaltungsrechts* für Gewährschaftsansprüche des Käufers (vgl. oben Anm. 104 und unten Anm. 120) nur um die prozessuale Ausschließung von Einwendungen und Einreden im Zahlungs- und Herausgabeprozeß. Ein solcher Vertrag mit prozessualer Wirkung ist möglich, weil er sich auf die Verpflichtung zur Unterlassung solcher Prozeßhandlungen bezieht, die im Belieben der Parteien stehen. Vgl. RGZ 160, 243; 102, 217; 110, 418; RG LZ 26, 326; *Rosenberg*, Lehrbuch 9. Auflage § 59, 2a. Zu Unrecht nimmt *Samter* S. 10 und 13 an, die Abrede verstoße gegen die guten Sitten, weil sie den Schwachen Käufer zur Zahlung verpflichte, die nur in Rücksicht auf die Gebrauchsmöglichkeit der Sache versprochen wird. Abgesehen davon, daß der Käufer einer im wesentlichen unbrauchbaren Sache alsbald seinerseits wandeln wird, führt auch der vom Verkäufer wegen Nichterfüllung der Ratenzahlungspflicht erklärte Rücktritt zu Rechtsfolgen, die denen der Wandelung im wesentlichen gleichkommen, vgl. unten Anm. 115. Eine Härte kann sich für den Käufer nur daraus ergeben, daß die Abrede dazu führt, die wegen der kurzen Verjährung (§ 477 BGB) besonders im Hinblick auf erst später hervortretende Mängel wichtige Minderungseinrede (§ 478 BGB) auf prozessualem Wege auszuschließen. Aber daraus läßt sich keinesfalls die Unwirksamkeit der Abrede herleiten. Jedoch kann die Auslegung unter Beachtung der Grundsätze von Treu und Glauben und der Verkehrssitte (§§ 157, 242 BGB) im Einzelfall ergeben, daß die Minderungseinrede zuzulassen ist, weil die Parteien Gewährschaftsrechte nicht ausschließen wollten. Man wird die Abrede allerdings dann für unwirksam erachten müssen, wenn sie dazu dienen soll, die Rechtsverfolgung des Käufers gegenüber einem arglistigen Verkäufer zu erschweren und zu beschränken, § 476 BGB. Im grundsätzlichen ebenso *Rühl* S. 245 f., *Hein* S. 107. Die von *Samter* S. 10 angeführten RG-Entscheidungen (RGZ 63, 390 und RG JW 10, 142) betreffen die Frage nicht. Der Verzicht auf Zurückbehaltung enthält auch den Verzicht auf Aufrechnung, RGZ 60, 357 und *Rühl* S. 246.

Durch einen derartigen Verzicht auf Zurückbehaltung und Aufrechnung wird auch eine *Widerklage* unzulässig; denn für sie muß Zusammenhang zwischen dem Gegenanspruch und den gegen den Klageanspruch vorgebrachten Verteidigungsmitteln bestehen; dazu aber muß das Verteidigungsmittel sachlich-rechtlich zulässig sein; die Geltendmachung eines unzulässigen Verteidigungsmittels kann nicht die Möglichkeit zulässiger Widerklage schaffen; so auch *Rosenberg*, Lehrbuch 9. Auflage § 92 II 2c β; anders aber offenbar BGH in NJW 58, 419. Dieser Mangel des Zusammenhanges führt aber nur auf Rüge des Widerbeklagten zur Abweisung der Widerklage als unzulässig (RG JW 36, 806) und nur, wenn der Mangel nicht nach § 295 ZPO geheilt ist.

Anm. 115

Wandelung als Rückgängigmachung des Kaufes (§ 462 BGB) wickelt sich nach den Rücktrittsvorschriften des BGB ab, §§ 467, 346 ff. BGB. Die Wandelungseinrede kann daher in der Regel nicht zur Abweisung der Herausgabeklage führen. Die Rechtsfolgen sind nur insofern anders, als die Rücktrittsbestimmungen des BGB von denen des AbzG (§§ 1 und 2) abweichen. Hierüber unten Anm. 169 ff. Nur dann kann die Wandelungseinrede zur Abweisung der Herausgabeklage führen, wenn Wandelung in Ansehnung einzelner von mehreren Kaufsachen begehrt wird und die verhältnismäßige Herabsetzung des Gesamtpreises (§ 471 BGB) das Erlöschen des Kaufpreisrechtes ergibt (s. hierzu unten Anm. 116) oder — falls kein Gesamtpreis vereinbart ist — die Kaufschulden durch Aufrechnung mit den für die mangelhaften Sachen geleisteten Zahlungen zum Erlöschen gebracht werden.

Anm. 116

Ausgeschlossen ist die Wandelung hinsichtlich einzelner Sachen allerdings bei Sachgemeinschaften und bei Sachen, welche nach dem Parteiwillen und unter Berücksichtigung der hervortretenden rechtlichen Interessen sich als Kaufgegenstand verbinden (vgl. oben Anm. 15 ff.), wenn ein Vertragsteil Gesamtwandelung begehrt und die Einzelwandelung nicht ohne seine Benachteiligung durchgeführt werden könnte, § 469 BGB. Näheres in den Kommentaren hierzu, insbesondere bei *Staudinger-Ostler* § 469 Anm. 2 ff. Gleicher Meinung *Samter* S. 9. Anders *Crisolli* 4. Aufl. Anm. 38 zu § 1, welcher ohne Grund die Einzelwandelung bei Sachgesamtheiten überhaupt ausschließt; ferner *Hörle*-Gruch 55, 188, der stets nur Wandelung des ganzen Kaufvertrages zulassen will; hingewiesen sei noch auf die besonderen Ausschlußgründe für Wandelung, §§ 351—353 in Verbindung mit § 467 BGB. Ein Verzicht auf Wandelung kann u. U. in der Weiterzahlung von Raten trotz Kenntnis des Mangels (vgl. RG Recht 15 Nr. 1063), evtl. auch in dem Weitergebrauch der Sache liegen. Näheres hierzu bei *Staudinger-Ostler* Anm. 8 bis 20 zu § 467 BGB.

Anm. 117

Wesentlich größere Bedeutung kommt der *Minderungseinrede* als Verteidigungsmittel gegen die Herausgabeklage zu. Die Durchführung der Minderung erfolgt durch Herabsetzung des Kaufpreises im Verhältnis des objektiven Wertes der mangelfreien Sache zum objektiven Wert der mangelhaften Sache im Zeitpunkt des Kaufvertragsabschlusses, § 472 Abs. 1 BGB. Besteht für mehrere Sachen ein Gesamtpreis, so ist auch bei Einzelminderung der Gesamtwert zugrunde zu legen, § 472 Abs. 2 BGB. Die verhältnismäßige Herabsetzung hat sich auch auf einen im Kaufpreis eingeschlossenen Teilzahlungszuschlag zu erstrecken, da es sich hierbei um eine Verzinsung des Barkaufpreises handelt. Strittig ist, ob bei AbzGeschäften eine Kürzung jeder einzelnen Rate vorzunehmen ist oder ob die Preisherabsetzung die jeweils letzte Rate trifft. Da die Minderung keine neue Kreditierung des Kaufpreises enthält, gilt im Zweifel das letztere; ebenso *Lechner* Einl. 17, *Lazarus* S. 71. Eine Mittelmeinung vertritt *Klauß* Anm. 91 zu § 1. Das gleiche wird für die infolge einer Teilwandelung gekürzten Raten zu gelten haben. Ein Recht, die Minderung gegen die gerade fälligen Raten aufzurechnen, kann dem Käufer dagegen nicht zugesprochen werden. A. A. *Samter* S. 10. Kommt durch Minderung der ganze offenstehende Kaufpreisrest in Wegfall, so muß nach den oben Anm. 111 dargelegten Grundsätzen die auf Rücktritt wegen Nichterfüllung gestützte Herausgabeklage als unbegründet abgewiesen werden. Gl. M. *Samter* S. 13. A. A. *Lechner* Einl. Anm. 19. Verbleibt aber trotz Minderung ein — nicht geringfügiger — Kaufpreisrest, der noch nicht bezahlt ist, so ist Rücktritt und die hierauf gestützte Herausgabeklage begründet.

Anm. 118

bb) *Aufschiebende (dilatorische) Einreden.* Hierbei kommt in Betracht:

α) *Stundung:* Über die verschiedenen Stundungsbegriffe s. oben Anm. 42. Danach kann Stundung eine Fälligkeitsvereinbarung sein. Handelt es sich aber nur um die Zusage des einstweiligen Nichtforderns der fälligen Leistung, so fragt es sich, ob dann die Nichterfüllung an sich berechtigt oder nur vom Käufer nicht zu vertreten ist (vgl. unten Anm. 121). RGZ 147, 377 (381) beantwortet die Frage durch Hinweis auf § 285 BGB in letzterem Sinne. *Enneccerus-Lehmann,* Schuldrecht § 51 I 1 mit weiteren Zitaten beantwortet sie dagegen wohl zu Recht im ersteren Sinne, wenn er dafür eintritt, einen gestundeten Anspruch wie einen noch nicht fälligen zu behandeln. Solange die Kaufpreisforderung gestundet ist, ist ein vertragliches Rücktrittsrecht wegen Nichterfüllung daher ausgeschlossen.

Anm. 119

β) Einrede des nichterfüllten Vertrags, § 320 BGB. Sie setzt voraus, daß der Verkäufer mit einer der Ratenzahlungspflicht im Gegenseitigkeitsverhältnis gegenüberstehenden Hauptpflicht im Rückstand ist und berechtigt zur Zahlungsverweigerung, nicht aber zur Nichterfüllung von vertraglichen Nebenpflichten. Sie ist unbegründet, wenn der Verkäufer zur Erfüllung imstande und (zu gerechtfertigten Bedingungen) bereit ist, vgl. RGZ 126, 285 (286); RG JW 21, 523; 33, 2205; OGHZ 4, 175. Einer ausdrücklichen Erklärung des Verkäufers bedarf es nicht, RGZ 151, 310 f. Die Beweislast trägt der Verkäufer, RGZ 76, 413; RG HRR 32 Nr. 436. Anwendungsmöglichkeiten der Einrede bei AbzGeschäften lassen sich nur für Ausnahmefälle denken, da regelmäßig der Verkäufer seiner Übergabepflicht nachgekommen sein wird (wie ja das Übergebensein der Sache notwendiges Begriffsmerkmal des AbzGeschäftes ist; vgl. oben Anm. 22 ff.). Dem Käufer steht die Einrede des nichterfüllten Vertrages zu, wenn der Verkäufer die Sache unter Eigentumsvorbehalt übergibt, ohne daß dies im zugrunde liegenden schuldrechtlichen Kaufvertrag vorgesehen war; ferner, wenn der Verkäufer vertragswidrig die Kaufsachen in Teilleistungen oder unvollständig übergibt, § 266 BGB (Beweislast trifft nach Annahme den Käufer, § 363 BGB); ferner wenn der Verkäufer mit einer vertragsmäßigen Teillieferung im Rückstand ist; schließlich auch, wenn die Kaufsache vertragswidrig mit einem Rechtsmangel, d. h. mit Rechten Dritter, die gegen den Käufer geltend gemacht werden können, behaftet ist, §§ 434, 440 Abs. 1, § 320 BGB. Kenntnis des Käufers bei Vertragsschluß schließt die Gewährleistung wegen Rechtsmängel aus. Die Beweislast für den Rechtsmangel trifft den Käufer nach § 442 BGB. Näheres bei den §§ 434—445 BGB und den Kommentaren hierzu. Das Bestehen des Einrederechts schließt nach herrschender Meinung das Vertretenmüssen der Nichterfüllung und damit den Verkäuferrücktritt aus, sofern nicht das Rücktrittsrecht an die objektive Tatsache der Nichterfüllung geknüpft ist; vgl. unten Anm. 121 ff.

Anm. 120

γ) Einrede des Zurückbehaltungsrechts, § 273 Abs. 1 BGB. Sie ist mit und gegenüber allen Ansprüchen aus dem Vertrag gegeben, die nicht als Hauptpflichten im Gegenseitigkeitsverhältnis stehen. Die Fähigkeit und Bereitschaft des Verkäufers zur Leistung schließt auch hier die Einrede aus. Das oben Anm. 119 Ausgeführte gilt auch hier. Der Käufer muß außerdem vor der Leistungsverweigerung dem Verkäufer angezeigt haben, daß er vom Zurückbehaltungsrecht Gebrauch machen wolle. Dies ist eine Ausnahme vom oben Anm. 111 dargelegten Grundsatz, daß das objektive Bestehen der Einredevoraussetzungen für den Ausschluß der Fälligkeit oder des Vertretenmüssens ausreicht. Der Gläubiger (Verkäufer) soll durch Ausübung des Zurückbehaltungsrechtes in die Lage versetzt werden, das Zurückbehaltungsrecht durch Sicherheitsleistung abzuwenden, vgl. § 273 Abs. 3 BGB und RGZ 77, 438 sowie ständige Rechtsprechung. Ein Zurückbehaltungsrecht kommt vor allem in Frage, wenn der Käufer die Erteilung einer Quittung wegen einer früheren Ratenzahlung beanspruchen kann (§ 368 BGB), wenn er statt einer mit Sachmängeln behafteten, nur der Gattung nach bestimmten Sache Lieferung einer mangelfreien Sache beansprucht (§ 480 Abs. 1 BGB) und wenn der Käufer im Fall eines Werklieferungsvertrages über eine nicht vertretbare Sache (§ 651 Abs. 1 Satz 2 BGB) nach § 633 Abs. 2 BGB Nachbesserung verlangt. Verjährte Ansprüche des Schuldners begründen nach der h. L. dann ein Zurückbehaltungsrecht, wenn die Verjährung noch nicht eingetreten war, als der Anspruch des Gläubigers entstand, so auch BGHZ 48, 116 = JZ 67, 757 mit Anm. von *Canaris.* Über Sachmängel und Gewährschaftsrechte, insbesondere über Ausschluß dieser Rechte vgl. oben Anm. 113, 114.

Anm. 121

3. Der *Verkäufer ist zum Rücktritt im Zweifel nur berechtigt,* wenn die Nichterfüllung auf einem *vom Käufer zu vertretenden Umstande* beruht. Bei positiven Leistungspflichten muß in der Regel *Verzug* vorliegen. Es ist jedoch zulässig, daß die Vertragsparteien das Rücktrittsrecht an die bloße objektive Nichterfüllung knüpfen. Näheres hierzu unten Anm. 128.

Anm. 122

Im Schrifttum zum AbzRecht findet sich die Lehre, es sei im Zweifel „verschuldete Nichterfüllung“ erforderlich, so z. B. bei *Crisolli* 4. Aufl. Anm. 89 ff. und *Klauß* Anm. 74 ff. je zu § 1. Die Vertreter dieser

Ansicht folgen damit der ständigen Rechtsprechung des RG zu der Parallelfrage des § 360 BGB und den Ansichten einiger Kommentare hierzu. Vgl. RGZ 92, 391; 121, 53; 142, 275; RG JW 19, 570 Nr. 4; 23; 47; 29, 1384; RG LZ 26, 533; 29, 717 (sämtlich zur Verwirkungs- und Verfallklausel, wobei in keinem Fall ein Abz-Geschäft vorlag); ferner *Wilde* in RGR-Komm. Anm. 3 zu § 360; *Staudinger-Werner* 9. Aufl. Anm. 2a zu § 360; *Palandt* Anm. 2 zu § 360. Die Ausdrucksweise „Verschulden" ist zumindest ungenau und kann zu unrichtigen Ergebnissen führen; vgl. z. B. RG JW 19, 570 Nr. 4 mit der kritischen, aber zutreffenden Anm. *Oertmanns*. Die Frage, ob zur Ausübung des Rücktrittsrechts außer der objektiven Tatsache der Nichterfüllung noch eine weitere Bedingung erfüllt sein muß, kann mangels Parteivereinbarung nur dadurch richtig beantwortet werden, daß aus dem Gesetz das Prinzip aufgespürt wird, nach dem der Gesetzgeber gleichgelagerte Interessen-Kollisionen zwischen Gläubiger und Schuldner gelöst wissen will. Dies findet sich in der Bestimmung des § 339 BGB über Verwirkung einer für den Fall der Nichterfüllung oder nicht ordnungsgemäßen Erfüllung versprochenen Vertragsstrafe. Gleicher Ansicht *Oertmann* Anm. 2 zu § 360. Hiernach ist bei Nichterfüllung einer Pflicht, die auf eine positive Leistung, ein Tun gerichtet ist, Verzug erforderlich; bei Unterlassungspflichten tritt die Verwirkung mit der Zuwiderhandlung ein. Das Verzugserfordernis folgt für Kaufpreizzahlungspflicht außerdem aus § 455 BGB für den in der Vereinbarung eines EV vermuteten Rücktrittsvorbehalt. Hieraus ergibt sich aber eine unterschiedliche Beantwortung der Frage nach den Rücktrittsvoraussetzungen je nach dem, welche Vertragspflicht vom Käufer nicht erfüllt wird.

Anm. 123

a) *Nichterfüllung von Pflichten zu einer positiven Leistung oder einem Tun.* Der Rücktritt des Verkäufers setzt hier im Zweifel Verzug des Käufers im Sinn der §§ 284 ff. BGB voraus. Ebenso *Rühl* S. 266, *Aubele* Anm. 27 f. zu § 1, *Lechner* Anm. 2 zu § 1, *Samter* S. 4 ff. Hinsichtlich der Einzelfragen zu den Verzugsvoraussetzungen wird auf die BGB Komm. zu den §§ 284 ff. verwiesen. Im Zusammenhang mit AbzGeschäften gewinnt jedoch folgendes besondere Bedeutung:

Anm. 124

Verzug tritt grundsätzlich erst ein, wenn der Schuldner (Käufer) auf *Mahnung*, Erhebung der Zahlungsklage oder nach Zustellung eines

Zahlungsbefehls im Mahnverfahren nicht leistet. Ist aber die Leistung *kalendermäßig bestimmt*, was namentlich bei der Teilzahlungsleistung der Fall sein wird, so kommt der Käufer schon dadurch in Verzug, daß er die kalendermäßig bestimmte Zeit verstreichen läßt, § 284 Abs. 2 Satz 1 BGB. Einer Mahnung bedarf es dann nicht. Nach dem Kalender bestimmt ist aber die Zeit nicht nur dann, wenn ein Datum angegeben ist, sondern auch, wenn sie sich nach dem Inhalt der Vereinbarung kalendermäßig bestimmen läßt, so RGZ 103, 34. Deshalb sind vertragliche Vereinbarungen wie „am Ende jeder Woche", „Mitte des Monats", „spätestens zum Ende des Monats" Vereinbarungen einer kalendermäßig bestimmten Zeit, so auch RGZ 106, 89. A. A. *Samter* S. 4 f. Die von ihm zum Beleg seiner Ansicht angeführte Entscheidung RGZ 60, 84 wird dabei aber nicht richtig ausgelegt. RGZ 60, 84 betrifft nämlich nicht die Vereinbarung „am Ende jeder Woche"; es behandelt vielmehr den Fall, daß vereinbart war, zum „Ende jeder Empfangswoche". Hier erklärt das RG richtig, daß die Vereinbarung einen kalendermäßig bestimmten Zeitpunkt nicht enthalte, „weil sie einen bestimmten, an sich nach dem Kalender zu berechnenden Tag nicht ergibt, vielmehr noch von dem Eintritt eines sonstigen Ereignisses" — gemeint ist der Empfang — „abhängig ist"; so auch RGZ 68, 22. Um eine kalendermäßig bestimmte Zeit handelt es sich ferner nicht bei Vereinbarungen wie „bei Eintritt der Volljährigkeit", „spätestens bei Verheiratung". Ist der nach Datum bestimmte Tag ein Sonn- oder Feiertag, so tritt — mangels anderer Vereinbarung — nach § 193 BGB erst mit Ablauf des nächsten Werktags Verzug ein, so RG JW 07, 705. Ein weiterer Fall überflüssiger Mahnung, nämlich der der kalendermäßigen Bestimmbarkeit durch vorausgegangene Kündigung (§ 284 Abs. 2 Satz 2 BGB) kommt im Zusammenhang mit AbzGeschäften kaum vor und bedarf daher keiner Erörterung.

Anm. 125

Verzug setzt weiter voraus, daß die Leistung auf Grund eines Umstandes unterbleibt, den der *Schuldner* (Käufer) *zu vertreten* hat. Nach § 276 Abs. 1 BGB hat zwar der Schuldner grundsätzlich nur Verschulden, nämlich Vorsatz und Fahrlässigkeit zu vertreten. Dieser Verschuldensgrundsatz erfährt aber durch § 279 BGB eine wichtige Durchbrechung. Ist nämlich der geschuldete Gegenstand nur der Gattung nach bestimmt, so hat der Schuldner, solange die Leistung aus der Gattung möglich ist, sein Unvermögen zur Leistung auch dann zu vertreten, wenn ihm *kein Verschulden* zur Last fällt; § 279 BGB gilt besonders auch *bei Geldschulden*. Nichterfüllung der Ratenzahlungspflicht infolge unverschuldeter (z. B. auf Krankheit beruhender) Mittellosigkeit schließt den Verzugseintritt daher grundsätzlich nicht aus, vgl. RDZ 75, 337; 106, 181; *Nastelski* in RGRKomm. z. BGB § 275 Anm. 18 und zu § 279 Anm. 1; *Rühl* S. 249; *Aubele* Anm. 29 zu § 1; Bedenken bei *Heck*, Grundriß des Schuldrechts S. 97. Mittellosigkeit hat der Käufer nur ausnahmsweise nicht zu vertreten, wenn die Raten vertragsgemäß etwa nur aus den laufenden Einkünften (Arbeitslohn u. a.) zu zahlen sind. Es liegt dann eine beschränkte Gattungsschuld vor. Mit Ausfall der Einkünfte ist die Gattung erschöpft; so auch *Rühl* S. 250; sehr weitgehend *Samter* S. 5. Verzug tritt außerdem nicht ein, wenn für den Fall der Arbeitslosigkeit oder Krankheit die Zahlungspflicht vertraglich ausdrücklich oder den Umständen nach ausgeschlossen ist; so *Lechner* Anm. 2 zu § 1. Eine Ausnahme soll nach Treu und Glauben mit Rücksicht auf die Verkehrssitte aber auch dann gelten, wenn die Möglichkeit zur Verschaffung des Geldes durch völlig unvorhergesehene Umstände erheblich erschwert wird, so RG HRR 28 Nr. 1576 = SeuffA. 82, 297. Für AbzGeschäfte können hieraus jedoch nur in seltenen Fällen Folgerungen hergeleitet werden; gleicher Ansicht *Rühl* S. 250. Dagegen ist es häufiger der Fall, daß der Schuldner eine nicht auf Mangel an Geldmitteln beruhende Verzögerung der Zahlung nicht zu vertreten hat. Allgemeiner Stillstand des Zahlungsverkehrs und Eingriffe höherer Gewalt können nach Treu und Glauben nicht zum Nachteil des Käufers geltend gemacht werden; so auch *Lechner* Anm. 2 zu § 1. Die Beweislast für das Vorliegen solcher den Verzug ausschließender Umstände trägt der Käufer in Analogie zu § 358 BGB. Über die Behandlung der Fälle verzögerter Abholung der Raten durch den Käufer siehe oben Anm. 81. Weitere Kasuistik zu diesem Problem RGRKomm. z. BGB § 285 Anm. 2.

Anm. 126

Zusammenfassend ergibt sich: Bei *Nichterfüllung der Ratenzahlungspflicht* kann der Verkäufer regelmäßig ohne Mahnung und ohne Rücksicht auf Vorliegen oder Nichtvorliegen eines Verschuldens des Käufers zurücktreten, falls der Käufer eine Rate unpünktlich bezahlt. Über Verlust des Rücktrittsrecht durch Verwirkung, wenn der Verkäufer eine verspätete Zahlung vorbehaltlos annimmt, s. unten Anm. 152. Durch *Verjährung* der Kaufpreisforderung wird der Verzug des Käufers zwar beendet (a. A. die Vorauflage und *Möllers* zu LG Hagen NJW 58, 871; siehe auch § 5 Anm. 44 ff.), denn wenn die Verjährung als peremptorische Einrede den Eintritt des Verzugs verhindert, muß umgekehrt der Verzug mit später eintretender Verjährung enden.

Dennoch steht dem AbzVerkäufer in entsprechender Anwendung des § 223 Abs. 1 und 2 BGB i. V. m. § 985 BGB auch dann ein Recht zur Rückforderung der die Kaufpreisforderung sichernden AbzSache zu, s. *Blomeyer* JZ 59, 15 und § 5 Anm. 44 ff. bes. 49 und oben Anm. 112.

Dieses Ergebnis ist nicht unbillig. Das AbzGeschäft ist in erster Linie Güteraustauschgeschäft. Der Schutz des AbzKäufers darf nicht dazu führen, den Verkäufer am Risiko des Lebenskampfes des Käufers mittragen zu lassen. Dem Verkäufer muß es daher rechtlich möglich sein, sich auch im Fall unverschuldeter Mittellosigkeit des Käufers vom Vertrag zu lösen, um sich vor Schaden zu bewahren.

Anm. 127

Bei *Nichterfüllung einer Nebenpflicht zu einer positiven Leistung, einem Tun,* werden regelmäßig vorausgegangene Mahnung durch den Verkäufer und Verschulden des Käufers Verzugs- und damit Rücktrittsvoraussetzungen sein. Bei den Pflichten zur Anzeige von Wohnungs- und Wohnsitzwechsel (s. oben Anm. 83), zur Anzeige von Änderungen des Arbeitsplatzes (s. oben Anm. 84) und von Vollstreckungsmaßnahmen (s. oben Anm. 84, 85) wird man entsprechend ihren Sicherungszwecken sinngemäß das Erfordernis der Mahnung als hinwegbedungen ansehen müssen, wenn nicht überhaupt das Rücktrittsrecht an die objektive Tatsache der Nichterfüllung geknüpft ist. Die grundsätzliche Beibehaltung des Verschuldenserfordernisses entspricht hier insofern der Billigkeit, als es sich bei den Nebenpflichten in erster Linie um Sicherungspflichten handelt. Nur ihre verschuldete Verletzung stellt eine ernst zu nehmende Bedrohung der Verkäuferinteressen dar.

Anm. 128

b) *Nichterfüllung von Nebenpflichten, die auf ein Unterlassen gerichtet sind.* In entsprechender Anwendung von § 339 Satz 2 BGB ist der Verkäufer zur Ausübung des Rücktrittsvorbehaltes befugt, wenn der Käufer einer Unterlassungspflicht zuwiderhandelt. Die Ablehnung des Verzugserfordernisses ist hier schon deshalb gerechtfertigt, weil mit der Zuwiderhandlung die Erfüllung der Unterlassungspflicht meist unmöglich geworden ist. Vgl. RGZ 71, 441; *Planck* Anm. 9 zu § 284; *Staudinger-Werner* 11. Aufl. Anm. 47 zu § 284 mit weiteren Zitaten.

Dagegen wird man sich durch die analoge Anwendung von § 339 BGB nicht dazu verleiten lassen dürfen, das Erfordernis des Vertretenmüssens (nach § 276 Abs. 1 BGB Vorsatz und Fahrlässigkeit) zu vernachlässigen. Die Bestimmung des § 339 Satz 2 BGB wird von den Motiven (II Seite 278) damit begründet, daß sie der mutmaßlichen Absicht der Vertragsschließenden am besten entspräche. Mag dieser Standpunkt für die Vertragsstrafenverwirkung annehmbar sein, für das weit schwererwiegende Rücktrittsrecht erscheint er nicht gerechtfertigt. Im übrigen läßt der Wortlaut des § 339 Satz 2 BGB eine Interpretation aus dem Grundgedanken des bürgerlichen Rechts (vgl. das Verschuldenserfordernis in § 276 Abs. 1, §§ 280, 325 BGB) in Richtung auf ein zu vertretendes schuldhaftes Zuwiderhandeln durchaus zu. So im Ergebnis auch *Erman-Westermann* § 339 Anm. 3 mit Zitaten; *Palandt* Anm. 3 zu § 339; *Enneccerus-Lehmann*, Schuldrecht § 37 II 2. Das RG, das bei § 339 Satz 2 BGB in ständiger Rechtsprechung (vgl. RGZ 55, 78; 95, 103; 147, 232), ganz im Gegensatz zu einer ständigen Rechtsprechung zu § 360 BGB, das Verschuldenserfordernis grundsätzlich verneinte, korrigierte sein Ergebnis durch Heranziehung des Gedankens von Treu und Glauben; vgl. RGZ 147, 233. Für die Ausübung des Rücktrittsrechtes wegen Nichterfüllung einer dem AbzKäufer obliegenden, auf eine Unterlassung gerichteten Nebenpflicht wird man bei *Bejahung des Verschuldenserfordernisses* der Interessenlage der Partei wohl am besten gerecht, ohne daß sich ein Widerspruch zum Gesetz ergäbe. Im Ergebnis ebenso *Klauß* Anm. 73 ff. Den Käufer trifft die Beweislast seines Nichtverschuldens, § 282 BGB.

Anm. 129

Zu a) und b): Die dargelegten Rücktrittsvoraussetzungen — *Verzug* bei positiven Leistungspflichten (vgl. oben Anm. 123—127), *Verschulden* bei Zuwiderhandlungen gegen Unterlassungspflichten — *können vertraglich abbedungen werden;* d. h. es steht den Vertragsparteien des AbzKaufes frei, dem Verkäufer ein Rücktrittsrecht einzuräumen, welches lediglich durch die objektive Tatsache der Nichterfüllung bedingt ist. Ebenso *Lechner* Anm. 2 zu § 1; *Rühl* S. 266; *Vollrath* S. 41; mit Einschränkungen *Klauß* Anm. 75 zu § 1; a. A. *Hörle* Gruch 55, 187 und *Gillmann-Jonas* S. 39; vermittelnd *Lazarus* S. 49. Es handelt sich hier um eine Streitfrage des allgemeinen bürgerlichen Rechtes. Nur hiernach kann sie entschieden werden. Das AbzG bestimmt hierüber nichts. Aus den Motiven des 2. Entwurfes des BGB (II S. 285, 286) kann für den in der hier entscheidenden Beziehung gleichgelagerten Tatbestand des § 360 BGB entnommen werden, daß der historische Gesetzgeber den Ausschluß der Verzugsvoraussetzung nicht für rechtlich unzulässig gehalten hat. In § 339 Satz 2 BGB ging der Gesetzgeber sogar vom Verschuldensausschluß als Normalfall aus; so die

Motive II S. 279. Auch das RG hat in seiner Rechtsprechung zu § 360 BGB es für zulässig erachtet, wenn die Vertragsparteien die Verfallklausel allein an die objektive Tatsache der Nichterfüllung knüpften; vgl. RGZ 92, 391; RG JW 23, 47 (48); 29, 1384. Diese Stellungnahme kann bedenkenlos auf den Rücktrittsvorbehalt wegen Nichterfüllung im AbzRecht übertragen werden. Im Einzelfall könnte allerdings eine sittenwidrige Knebelung vorliegen, was die Nichtigkeit der Rücktrittsklausel zur Folge hätte, §§ 138, 139 BGB. Es dürfte sich hierbei vor allem um solche Fälle handeln, in denen das Rücktrittsrecht an die objektive Tatsache der Nichterfüllung einer solchen Nebenpflicht geknüpft ist, welche für den Käufer schwer erfüllbar, für den Verkäufer aber bedeutungslos ist und keinem schutzwürdigen Interesse des Verkäufers dient. Es bedarf aber in jedem Fall individueller Prüfung dieser Frage. Wegen Einwirkung des § 242 BGB vgl. auch unten Anm. 150.

Die von *Klauß* Anm. 75 zu § 1 vertretene Ansicht, daß ein Rücktrittsvorbehalt nur in Ausnahmefällen ohne Verschulden des Käufers ausgeübt werden könne, dürfte als zu weitgehend abzulehnen sein. Im besonderen Maß gilt dies für seine Forderungen nach besonders sorgfältiger Schuldprüfung bei Verletzung der Pflichten zur Anzeige eines Wohnungs- oder Wohnsitzwechsels (bei *Klauß* Anm. 96). Hierzu Näheres oben Anm. 83.

Anm. 130

4. Auch dann, wenn das vertragliche Rücktrittsrecht an die Nichterfüllung einer inhaltlich zulässigen Vertragspflicht in zulässiger Weise geknüpft ist (vgl. oben Anm. 78 ff.), der der Vertragspflicht gegenüberstehende Anspruch des Verkäufers voll wirksam und fällig ist (Anm. 91 ff.), und der Käufer die Nichterfüllung der Vertragspflicht zu vertreten hat (vgl. oben Anm. 121 ff.), kann das Rücktrittsrecht durch einen vertraglichen oder gesetzlichen *Ausnahmetatbestand*, insbesondere durch die Grundsätze von Treu und Glauben ausgeschlossen sein. Hierüber unten Anm. 144 ff.

II. Die Voraussetzungen der Ausübung gesetzlicher Rücktrittsrechte des Verkäufers

Anm. 131

§ 1 Abs. 2 gibt dem Käufer kein besonderes Recht, die Auflösung des Vertrags im Fall der Nichterfüllung zu verlangen, sondern verweist auf die allgemeinen Bestimmungen. Ursprünglich bezog sich

§ 1 Abs. 2 auf die in den Gebieten des französischen Rechts geltenden Bestimmungen der Art. 1183 und 1654 des code civil und die inhaltlich gleichen Art. 1184 und 1654 des Badischen Landrechts, nach denen bei allen gegenseitigen Verträgen, insbesondere Kaufverträgen, dem Verkäufer von Gesetzes wegen das Rücktrittsrecht zustand, wenn der Käufer seiner Verpflichtung nicht nachkam, insbesondere den Kaufpreis nicht zahlte.

Anm. 132

Seit dem Inkrafttreten des BGB sind gem. Art. 4 EGBGB die gesetzlichen Voraussetzungen des Rechtes zur einseitigen Vertragsauflösung wegen Nichterfüllung dem BGB zu entnehmen. Für den Abz-Kauf kommen die im folgenden behandelten gesetzlichen Rücktrittstatbestände in Frage; über den Rücktritt ausschließende Tatbestände s. unten Anm. 144 ff. Für verhüllte AbzGeschäfte in der Rechtsform der Miete, Pacht oder Leihe treten an ihrer Stelle die Kündigungsbestimmungen, §§ 553 ff., 581 Abs. 2, § 605 BGB; die Vorschriften des AbzGeschäftes finden dann entsprechende Anwendung. Vgl. § 6 Anm. 26 ff., 39 und 48 ff.

Die gesetzlichen Rücktrittstatbestände

Anm. 133

1. *Ausschließlich für die Nichterfüllung der Ratenzahlungspflicht* kommen in Frage die Vorschriften der *§§ 325, 326 und 455 BGB.*

a) *§ 325 Abs. 1 BGB* betrifft die dauernde, vom Schuldner zu vertretende, nach Kaufvertragsabschluß eingetretene Unmöglichkeit der Leistung. Der Unmöglichkeit steht ein dauerndes Unvermögen gleich, § 275 Abs. 2 BGB. Da der Verkäufer den Nachweis dauernder Unmöglichkeit bzw. Unvermögens zu erbringen hat, kommt dem Rücktrittsrecht nach § 325 Abs. 1 für das AbzGeschäft nur dann Bedeutung zu, wenn dem Verkäufer kein vertragliches Rücktrittsrecht zusteht und das gesetzliche Rücktrittsrecht wegen Verzugs (§ 326 BGB) durch § 454 BGB ausgeschlossen ist. Näheres unten Anm. 137. Dauerndes zu vertretendes Unvermögen liegt vor, wenn der Käufer infolge einer dauernden (wenn auch unverschuldeten) Mittellosigkeit zur Zahlung außerstande ist, § 279 BGB; vgl. RGZ 75, 373; 106, 181. Hat der Käufer bereits Raten bezahlt oder eine Anzahlung geleistet, so liegt nur teilweises Unvermögen vor; der Verkäufer ist dann nur rücktrittsberechtigt, wenn die teilweise Erfüllung für ihn kein Interesse hat, § 325 Abs. 1 Satz 2 BGB.

§ 325 Abs. 2 BGB gewährt mit der Fiktion dauernder Unmöglichkeit bei fruchtloser Fristsetzung unter Androhung der Leistungsablehnung nach rechtskräftiger Verurteilung zur Leistung (§ 283 BGB) ein eigenes Rücktrittsrecht, welches aber beim AbzGeschäft gegenüber dem des § 326 BGB gänzlich bedeutungslos ist. S. auch unten Anm. 137 und zu Einzelfragen in den BGB-Kommentaren.

Anm. 134

b) *§ 326 BGB* betrifft Verzug des Schuldners mit einer Hauptleistung aus einem gegenseitigen Vertrag. Außer den Verzugsvoraussetzungen, hinsichtlich derer auf Anm. 91 ff. und 124, 125 verwiesen wird, verlangt § 326 BGB grundsätzlich, daß der Verkäufer dem Käufer eine angemessene Frist gesetzt hat mit der Erklärung, er werde nach Ablauf der Frist die Leistung ablehnen, und daß der Käufer die Frist hat verstreichen lassen. Bei AbzGeschäften wird allerdings fast immer Fristsetzung unnötig sein, wenn sich der Verkäufer vertragsgemäß an der Kaufsache das Eigentum vorbehalten hat. S. hierüber unten Anm. 136 und 137. Beschränkt sich der Verzug nur auf einzelne Raten oder Teilbeträge von Raten, so ist der Verkäufer zum Rücktritt nur berechtigt, wenn die Teilleistung für ihn kein Interesse hat, § 326 Abs. 1 Satz 3 BGB.

Anm. 135

Zu a) und b): §§ 325, 326 BGB gewähren das Rücktrittsrecht nur wahlweise neben einem Anspruch auf Schadenersatz wegen Nichterfüllung. Übergang vom Schadenersatzanspruch zum Rücktritt ist möglich, jedoch nicht umgekehrt; vgl. RGZ 85, 280 und 109, 186 mit Nachw. § 325 BGB gewährt dem Gläubiger ferner die Rechte aus § 323 BGB (Fall der nicht zu vertretenden Unmöglichkeit der Leistung — hier ohne Bedeutung). Auch der AbzKäufer ist keineswegs gehindert, anstatt vom Vertrag zurückzutreten, Schadenersatz wegen Nichterfüllung zu verlangen. Die Vorschriften des AbzG schließen dies nicht aus. Hierbei ist aber zu beachten: Mit der Forderung des Schadenersatzes erlischt der Erfüllungsanspruch; damit fällt die Bedingung für den Eigentumsübergang bei einer unter EV übergebenen Sache aus. Das Recht zum Besitz erlischt; vgl. RGZ 141, 259 ff.; 144, 62 ff. Der AbzVerkäufer kann die Sache zurückfordern. Tut er dies, so greifen bei AbzGeschäften die Rücktrittsfiktion des § 5 und damit die Rücktrittsvorschriften des AbzG über Rückgewähr der Leistungen Platz. Der Schadenersatzanspruch wegen Nichterfüllung ist dadurch ausgeschlossen; so RGZ 144, 62 (65). Vgl. im Ergebnis auch § 5 Anm. 93.

Anm. 136

c) *§ 455 BGB* gibt kein gesetzliches Rücktrittsrecht, sondern stellt nur ein Reegel für die Auslegung des Kaufvertrages auf. Hiernach ist im Zweifel ein vertragliches Rücktrittsrecht für den Fall des Verzugs des Käufers mit der Kaufpreiszahlung anzunehmen, wenn die Kaufsache vertragsgemäß unter EV übergeben worden ist. Näheres bei *Staudinger-Ostler* Anm. 32 ff. zu § 455 BGB. Für den AbzKauf wird man unter diesen Voraussetzungen eine Berechtigung des Verkäufers zum Rücktritt im Zweifel schon dann bejahen müssen, wenn der Käufer mit einer fälligen Teilzahlung in Verzug gerät. Über die Voraussetzungen des Verzugs s. oben Anm. 91 ff. und 124, 125.

Anm. 137

Zu a—c: Eine wesentliche Einschränkung der Anwendbarkeit bei AbzKäufen erfahren § 325 Abs. 2 und § 326 BGB allerdings durch *§ 454 BGB.* Zu dem Meinungsstreit über die Geltung dieser Bestimmung bei AbzKäufen s. oben Anm. 58. Für AbzGeschäfte in anderer Rechtsform als der des Kaufes oder des Tausches gilt § 454 BGB nicht; so auch *Paul* S. 26.

Nach § 454 BGB steht dem AbzVerkäufer ein gesetzliches Rücktrittsrecht nach § 325 Abs. 2 und § 326 BGB nicht zu, wenn er den Kaufvertrag durch Übergabe der Kaufsache an den Käufer und durch unbedingte und unbefristete Übereignung der Sache erfüllt hat. Erfüllung ist auch anzunehmen, wenn nur noch unwesentliche Erfüllungsteile ausstehen. Vgl. RGZ 50, 140; 133, 117; RG Warn. 37, 268. § 454 BGB kann unter Umständen auch eingreifen, wenn der Verkäufer zwar unter EV übergeben hat, den Verbrauch, die Weiterveräußerung und Umgestaltung aber ausdrücklich gestattet hat. Es dürfte jedoch eine unzulässige extensive Auslegung des als Ausnahmevorschrift eng auszulegenden § 454 BGB (vgl. RGZ JW 15, 1190 ff.) und eine unzulässige Übertragung der in RGZ 118, 100 = JW 27, 2919 für das Verhältnis von Auflassung und Eintragung bei Grundstücksübereignung getroffenen Entscheidung sein, wenn *Rühl* S. 264 den § 454 BGB allgemein auch bei Übergabe der Sache unter EV für anwendbar erachtet. § 454 BGB ist aber anwendbar, wenn der Verkäufer seine Vorleistungspflicht schuldhaft nicht erfüllt. Vgl. RGZ 118, 100 (101). Dies ist der Fall, wenn sich der Verkäufer das Eigentum bei der Übergabe vertragswidrig vorbehält. Zu weiteren Fragen bezüglich Teilerfüllung

Staudinger-Ostler § 454 Anm. 5—11. Die dort unter Anm. 12 vertretene Auffassung wird aufgegeben; vgl. oben Anm. 58.

Hat sich der Verkäufer das Eigentum vertragsgemäß vorbehalten, so sind § 325 Abs. 2 und § 326 BGB anwendbar. In diesen Fällen konkurriert das gesetzliche Rücktrittsrecht regelmäßig mit einem vertraglichen, welches nach der Auslegungsregel des § 455 BGB im Zweifel in der EV-Vereinbarung zu erblicken ist. Kommt der Käufer mit seinen Zahlungen in Verzug, so kann der Verkäufer ohne Fristsetzung zurücktreten, RGZ 144, 62 ff. (65). Ist im Einzelfall entgegen der Auslegungsregel des § 455 BGB kein vertragliches Rücktrittsrecht ausbedungen, so ist Fristsetzung nach § 326 BGB erforderlich. Ebenso — aber zu allgemein — *Samter* S. 34, 35.

Anm. 138

2. *Bei Verletzung jeglicher Vertragspflicht,* sofern sie nicht die Unmöglichkeit der Teilzahlungsleistung oder den Verzug mit derselben zur Folge hat, kann sich ein Rücktrittsrecht des Verkäufers unter dem Gesichtspunkt der *„positiven Vertragsverletzung"* ergeben. Neben der nicht ordnungsgemäßen Erfüllung der Zahlungspflicht kommen vor allem in Frage Verletzung von vertraglich vereinbarten Nebenpflichten (Beispiele: die oben Anm. 83 ff. behandelten Vertragspflichten) sowie aller aus dem Grundsatz von Treu und Glauben im Rechtsverkehr (§ 242 BGB) sich ergebenden Schutz- und Treuepflichten.

Wird durch die positive Vertragsverletzung der Vertragszweck in einer vom Käufer zu vertretenden Weise (durch Vorsatz oder Fahrlässigkeit des Käufers, eines Erfüllungsgehilfen oder eines gesetzlichen Vertreters desselben, §§ 276, 278 BGB) derartig gefährdet, daß unter Berücksichtigung aller Umstände des Falles nach Treu und Glauben die Fortsetzung des Vertrages nicht zugemutet werden kann, so kann der Verkäufer nach seiner Wahl Schadenersatz wegen Nichterfüllung verlangen oder *vom Vertrage zurücktreten;* BGH Z 11, 80 = NJW 54, 229 = JZ 54, 238 mit Anm. *Lehmann;* RGZ 54, 89; 67, 5 und 311; 104, 15; 106, 22; 161, 330. Dies gilt auch, falls mehrere Verträge dem Willen der Parteien nach in ihrer Behandlung zusamengehören sollen, RGZ 171, 301. Die rechtswirksame Ausübung des Rücktrittsrechts setzt voraus, daß der Verkäufer nicht selbst vertragsuntreu ist; vgl. BGH a. a. O.; RGZ 57, 319; 152, 123; 171, 301. Einer Fristsetzung unter Androhung der Ablehnung der Erfüllung bedarf es nicht. Vgl. BGH a. a. O.; RGZ 104, 39; *Enneccerus-Lehmann,* Schuldrecht § 55 II.

Als Rechtsgrundlage der an die „positive Vertragsverletzung" geknüpften Folgen hat das RG in ständiger Rechtsprechung die Bestimmung des § 276 BGB herangezogen, eine Vorschrift, die aber nur den Haftungsmaßstab (Verschulden), nicht den Haftungsinhalt betrifft. In dem höchst bedeutsamen Urteil BGHZ 11, 80 (s. o.) hat sich der BGH die in der Wissenschaft vorherrschende, von *Stoll,* Abschied von der Lehre der positiven Vertragsverletzung AcP 136, 277 ff. entwickelte Lehre zu eigen gemacht, wonach der Inhalt der Rechte aus positiver Vertragsverletzung aus rechtsähnlicher Anwendung der Bestimmungen der §§ 280, 286, 325, 326 BGB herzuleiten ist. Näheres in den BGBKomm. zu § 276 BGB sowie bei *Enneccerus-Lehmann,* Schuldrecht § 55 und bei *Larenz* Allg. Teil § 23.

Die gegenseitige Rückgewähr der erbrachten Leistungen vollzieht sich auch bei einem auf positive Vertragsverletzung gestützten Rücktritt zwingend nach den Vorschriften des AbzG; vgl. oben Anm. 74.

Anm. 139

3. *Wegfall der Geschäftsgrundlage* berechtigt gem. § 242 BGB zum Rücktritt. „Die Geschäftsgrundlage wird nach der Rechtsprechung gebildet durch die beim Vertragsschluß zutage getretene, vom Geschäftsgegner in ihrer Bedeutung erkannte und nicht beanstandete Vorstellung eines Beteiligten oder die gemeinsame Vorstellung beider Teile vom Vorhandensein oder dem künftigen Eintritt oder Nichteintritt gewisser Umstände, auf denen sich der Geschäftswille aufbaut". Vgl. RGZ 168, 126 in Übereinstimmung mit RG JW 37, 2036. Vgl. allgemein hierzu *Palandt* Anm 6 zu § 242!

Zu diesen Umständen rechnen die grundsätzliche Gleichwertigkeit von Leistung und Gegenleistung und die Stabilität der Währung. Grund für einen Rücktritt des AbzVerkäufers kann vor allem eine Geldentwertung durch Inflation und das hierdurch hervorgerufene unerträgliche Mißverhältnis von Sachleistung und Entgelt sein. Starkes Steigen der Preise während der Laufzeit des AbzGeschäftes allein berechtigt bei dem solchen Geschäften innewohnenden spekulativen Element nicht zum Rücktritt. Vgl. RGZ 109, 149; 159, 266; RG HRR 37 Nr. 549. Ein Rücktritt ist nur dann berechtigt, wenn bei Festhalten am Vertrag der Verkäufer über die nach Treu und Glauben zumutbare Opfergrenze belastet würde. Er ist ausgeschlossen, wenn sich der Käufer zur Anpassung an die veränderte Lage bereit erklärt. Ebenso *Enneccerus-Lehmann,* Schuldrecht § 41 III.

Auch bei einem Rücktritt wegen Wegfall der Geschäftsgrundlage sind die Rückgewährvorschriften des AbzG anzuwenden. Ebenso

Klauß Anm. 152 zu § 1. Vgl. auch oben Anm. 74. Es handelt sich auch hier um einen Rücktritt wegen Nichterfüllung. Allerdings besteht die Nichterfüllung nicht in der Nichterfüllung der geschuldeten Leistung an sich, sondern in der Nichterfüllung des Vertragszwecks.

III. Rücktrittsvoraussetzungen bei Personen- oder Sachmehrheiten

Anm. 140

1. Sind am AbzKauf einer Sache *auf der Verkäufer- oder Käuferseite mehrere Personen* beteiligt, so kann das Rücktrittsrecht nur von allen und gegen alle ausgeübt werden; dies bestimmt § 356 BGB, der jedoch abdingbar ist, RGZ 153, 398. Gleiches gilt, wenn mehrere Personen an einem einheitlichen AbzKauf über eine Mehrheit von Sachen auf der Verkäufer- oder Käuferseite beteiligt sind. Wann ein einheitlicher AbzKauf vorliegt, ergibt sich aus den in Anm. 15—21 entwickelten Grundsätzen. Über die Ausübung von und gegen alle s. auch unten Anm. 157.

Anm. 141

Ein Rücktrittsrecht des Verkäufers gegen alle auf der Käuferseite beteiligten Personen ist auch dann begründet, wenn die Rücktrittsvoraussetzungen nur durch das Verhalten einer Person geschaffen werden. Ebenso RGRKomm. z. BGB Anm. 1 zu § 356 *Erman* Anm. 2 zu § 356 schränkt dies allerdings unter Berufung auf RG HRR 31 Nr. 1214 auf die Fälle gegenseitigen Einstehenmüssens der Beteiligten füreinander ein. Ein Rücktrittsrecht wegen Verletzung der Ratenzahlungspflicht ist aber so lange nicht begründet, als die Raten von einem der Beteiligten pünktlich und vollständig entrichtet werden, gleichgültig, ob dieser für den Kaufpreis gesamtschuldnerisch haftet oder nicht. Vgl. oben Anm. 100. Dies gilt auch für die Erfüllung von Nebenpflichten, die auf ein Tun gerichtet sind und deren Erfüllung nicht von der Mitwirkung eines Beteiligten abhängig ist. Nichterfüllung einer Anzeigepflicht, der Obhuts- und Sorgfaltspflicht und ähnlicher Pflichten (vgl. oben Anm. 83 ff.), besonders aber Zuwiderhandlungen gegen Unterlassungspflichten durch einen Beteiligten können ein vertragliches oder gesetzliches Rücktrittsrecht gegen alle begründen. Vgl. oben Anm. 82 und 138. Über Erlöschen des Rücktrittsrechtes gegenüber einer Personenmehrheit s. unten Anm. 144 ff.

Anm. 142

2. *Rücktritt bei Sachmehrheiten.* Rücktritt wird vom ganzen schuldrechtlichen Vertrage zulässig. Sind mehrere Sachen Gegenstand eines

einheitlichen Vertrags, so ist ein Rücktrittsrecht nur hinsichtlich aller gekauften Sachen möglich. Dies ist der Fall, wenn es sich um den Kauf einer *Sachgesamtheit* handelt *oder* wenn der Kauf mehrerer Sachen nach dem Willen der Vertragschließenden als *untrennbares Ganzes* anzusehen ist. Näheres oben Anm. 15—21. Eine Anrechnung von Zahlungen auf einzelne Sachen ist in diesen Fällen nicht möglich. Der Käufer hat erst erfüllt, wenn er alle fälligen Raten *voll* bezahlt hat; s. oben Anm. 100.

Bei zufällig zusammen gekauften Sachen wird der Verkäufer hinsichtlich der Sachen zurücktreten dürfen, hinsichtlich deren der Käufer seinen Verpflichtungen nicht nachgekommen ist, die er z. B. beschädigt und nicht mitversichert hat. Die entgegengesetzte von *Samter* S. 16 vertretene Ansicht kann nicht anerkannt werden. Gewiß kann der Verkäufer nur von dem ganzen Vertrag zurücktreten. Bei zufällig zusammen gekauften Sachen setzt sich der „AbzVertrag" jedoch gerade aus einer Summe von einzelnen Geschäften zusammen, von denen unbedenklich jedes als ein ganzes angesehen werden kann. Gl. A. *Planck* Vorbem. 1 b vor § 346; *Rühl* S. 79 ff.; a. M. *Hörle* Gruch 55, 188.

Anm. 143

Schwierigkeiten ergeben sich, wenn ein Käufer Gesamtraten für *zufällig zusammen gekaufte Sachen* zu bezahlen hat und mit der Ratenzahlungspflicht in rücktrittsbegründender Weise in Rückstand kommt. Da der Verkäufer die gezahlten Gesamtraten mangels besonderer Vereinbarung auf die einzelnen Sachen anteilsmäßig zu verrechnen hat (vgl. oben Anm. 18 und 100), bieten sich zwei Möglichkeiten: Rücktritt von allen Sachkäufen oder Rücktritt von einem einzelnen Sachkauf, wobei der Verkäufer bei der zweiten Alternative wiederum wählen kann, hinsichtlich welcher Sache er zurücktreten will. *Crisolli* 4. Aufl. Anm. 99 zu § 1 hält ein Einzelrücktrittsrecht entsprechend der zweiten Alternative für grundsätzlich unzulässig, da der Käufer in einem solchen Fall in einer nicht zu billigenden Weise der Willkür des Verkäufers ausgeliefert würde. Dieser Ansicht ist jedoch nicht in vollem Umfange zuzustimmen. Es ist zunächst nicht zu erkennen, aus welcher Vorschrift die generelle Unzulässigkeit eines solchen Vorgehens des Verkäufers hergeleitet werden könnte. Auch entstünde für den Käufer gerade dann eine Härte, wenn der Verkäufer Verletzungen der Ratenzahlungspflicht stets nur mit einem Gesamtrücktritt beantworten könnte. Der *Einzelrücktritt nach Wahl des Verkäufers* ist daher als *zulässig* zu erachten. Er kann sich im Einzelfall aber als mißbräuchliche und daher nach § 242 BGB unzulässige Rechtsausübung darstellen, wenn der Verkäufer z. B. wegen verhältnismäßig geringer Ratenrückstände in schikanöser Weise vom Kauf eines besonders hochwertigen und für den Käufer wertvollen Gegenstands zurücktritt, die übrigen minderwertigen Sachen dem Käufer aber beläßt und den auf die zurückgenommene Sache entfallenden Ratenanteil durch eine hohe Gebrauchsüberlassungsvergütung zum Erlöschen bringt.

Eine nach Muster der Einheitsbedingungen des ehemaligen Reichsverbandes des kreditgebenden Einzelhandels in den Vertrag aufgenommene Klausel, nach welcher der Verkäufer berechtigt sein soll, bei Käuferverzug die geleisteten Zahlungen auf von ihm zu bestimmende Waren zu verrechnen und die Rücktrittserklärung auf die übrigen zu beschränken (im Wortlaut abgedruckt bei *Lubbe* JW 38, 1990 f. und *Klauß* Anm. 147 zu § 1), ist gültig. Sie enthält nur eine ausdrückliche Festlegung der bei Zahlung von Gesamtraten im Zweifel ohnehin eingetretenen Rechtslage. Es ist aber auch hier die Rechtmäßigkeit der Ausübung der Verrechnungsbefugnis und des Rücktritts stets unter dem Gesichtspunkt von Treu und Glauben und einer unzulässigen Rechtsausübung (§ 242 BGB) zu würdigen. Hieraus kann sich im Einzelfall die Unzulässigkeit der Verrechnungsweise und des Rücktritts ergeben. Ebenso *Klauß* Anm. 147 zu § 1.

IV. Den Rücktritt ausschließende Tatbestände

Anm. 144

Trotz Erfüllung aller vertraglichen oder gesetzlichen Voraussetzungen des Rücktritts ist die Ausübung des Rücktritts ausgeschlossen, wenn einer der folgenden Tatbestände verwirklicht ist. Diese Ausschlußgründe gelten auch für ein vertraglich vereinbartes unbedingtes und jederzeit ausübbares Rücktrittsrecht (vgl. oben Anm. 72). Erlischt das Rücktrittsrecht für eine von mehreren auf der Verkäuferseite stehenden Personen, so erlischt es auch für die übrigen, § 356 Satz 2 BGB. Entsprechendes gilt bei Erlöschen gegenüber einer Person aus einer Mehrheit von Rücktrittsgegnern; so *Erman* Anm. 2 zu § 356. Vgl. auch oben Anm. 140 f. und unten Anm. 157.

Anm. 145

1. *Ausschluß durch Verzicht des Verkäufers.* Das Rücktrittsrecht erlischt durch Verzichtsvertrag, der stillschweigend geschlossen und aus den Umständen des Einzelfalles entnommen werden kann. Als ein solcher stillschweigender Verzicht ist die *vorbehaltlose Annahme* der verspäteten Leistung oder einer Abschlagszahlung in Kenntnis des

Rücktrittsgrundes anzusehen. Ebenso *Enneccerus-Lehmann*, Schuldrecht § 40 I 4; *Klauß* Anm. 106 zu § 1; *Rühl* S. 267; *Lazarus* S. 53; einschränkend *Erman* Anm. 2 zu § 346. Eines Vorbehaltes bei Zahlungsannahme bedarf es zur Wahrung des Rücktrittsrechtes aber nicht, wenn im AbzKaufvertrag ausdrücklich bestimmt ist, daß alle Zahlungen stets nur unter Vorbehalt aller Rechte angenommen werden. Man wird dann aber in der Leistung einer Abschlagszahlung oder der Nachholung einer versäumten Zahlung gleichzeitig die stillschweigende Setzung einer angemessenen Frist zur Rücktrittserklärung im Sinn des § 355 BGB von Seite des Käufers zu erblicken haben, so daß der Rücktritt in diesem Fall nach einer angemessenen Frist ausgeschlossen ist. Im Ergebnis gleicher Ansicht RG JW 08, 234; *Planck* Anm. II, 1 zu § 355.

Über vorbehaltlose Annahme von Ratenzahlungen *nach erklärtem Rücktritt* oder ernstlichem Herausgabeverlangen oder Erhebung der Herausgabeklage s. unten Anm. 166.

Anm. 146

2. *Ausschluß durch Fristablauf*

a) Der Rücktritt ist nicht mehr möglich, wenn im Vertrag eine bestimmte Frist für die Rücktrittsausübung vereinbart ist — was bei AbzGeschäften allerdings kaum der Fall sein wird — und der Verkäufer diese Frist hat verstreichen lassen.

Anm. 147

b) Ist für die Ausübung des Rücktrittsrechts keine Frist vereinbart, so kann der Käufer dem Verkäufer zur Schaffung klarer Verhältnisse eine angemessene Frist setzen; mit Fristablauf erlischt das Rücktrittsrecht, falls dem Käufer nicht vorher eine Rücktrittserklärung zugegangen ist; § 355 BGB. Die Fristsetzung ist jedoch erst möglich, wenn das Rücktrittsrecht ausgeübt werden kann (RG JW 02, 10), bei einem Rücktrittsrecht wegen Nichterfüllung also erst mit der Verletzung einer dem Käufer obliegenden Verpflichtung. Fristsetzung kann auch in der Leistung einer Abschlagszahlung liegen; vgl. oben Anm. 145.

Über Wegfall des Rücktrittsrechtes bei treuwidrigem Zögern mit der Ausübung s. unten Anm. 152.

Anm. 148

3. Der *Ausschluß* durch die Tatbestände der *§§ 351—353 BGB* ist jedenfalls für das Rücktrittsrecht des AbzVerkäufers bedeutungslos. Näheres in den BGB-Kommentaren.

Anm. 149

4. *Ausschluß des Rücktrittsrechtes als unzulässige Rechtsausübung.* Die Ausübung des Rücktrittsrechtes kann nach den zwingenden Grundsätzen von *Treu und Glauben* (§ 242 BGB) *ausgeschlossen* sein.

a) Dies ist der Fall, wenn ein *rechtlich beachtlicher Rücktrittsgrund fehlt.*

aa) *Geringfügigkeit des Ratenrückstandes* kann die Ausübung des vertraglichen Rücktrittsrechtes wegen Nichterfüllung als mit den Grundsätzen von Treu und Glauben unvereinbar erscheinen lassen; RGZ (GS) 169, 140 (143); 68, 22; *Samter* S. 15. Für das Rücktrittsrecht nach §§ 325, 326 BGB ist im Gesetz gleiches ausdrücklich bestimmt, wenn es heißt, daß bei Teilerfüllung Rücktritt nur dann zulässig ist, wenn die Teilerfüllung für den Gläubiger kein Interesse hat. Hierbei ist das „Interesse" objektiv zu bestimmen. Dieses dem Gesetz innewohnende Prinzip der Interessenabwägung wird man auch für die Beurteilung der Zulässigkeit eines an andere Bedingungen als die der Nichterfüllung geknüpften oder eines unbedingten, jederzeitigen Rücktrittsrechtes heranziehen können; allerdings mit der Maßgabe, daß ein den Rücktritt rechtfertigendes Gläubigerinteresse auf der Verkäuferseite nur dann nicht anerkannt werden kann, wenn der Käufer den Kaufpreis im wesentlichen abbezahlt hat und der Vertragszweck damit im wesentlichen erreicht ist; vgl. oben Anm. 71 f., 100.

Anm. 150

bb) *Treuwidrige Herbeiführung der Bedingung des Rücktrittsrechtes* schließt nach § 162 Abs. 2 BGB die Ausübung des Rücktrittsrechtes aus. Außerdem ist aber ein Rücktritt immer dann ausgeschlossen, wenn die Ausübung des Rücktritts im Widerspruch zu dem eigenen Verhalten des Verkäufers steht. Ein solches „venire contra factum proprium" liegt vor, wenn der Verkäufer zu dem vertragswidrigen Verhalten des Käufers Anlaß gegeben hat (vgl. für den gleichgelagerten Fall der Vertragsstrafe RGZ 147, 233), wenn sich der Verkäufer in Annahmeverzug befindet (§§ 293 ff. BGB und oben Anm. 102) oder wenn eine Zahlungsverzögerung dadurch entsteht, daß der Verkäufer die Ratenzahlungen am Zahltag einmal nicht abholen läßt, während er dies sonst durch einen Kassierer regelmäßig — wenngleich ohne Nachlassung der dem Käufer grundsätzlich obliegenden Übersendungspflicht — getan hat. In einem solchen Fall ist ein Rücktrittsrecht selbst dann ausgeschlossen, wenn es nur an die objektive Tatsache der Nichterfüllung geknüpft ist (vgl. oben Anm. 81). Ein schuldhaftes Verhalten des Verkäufers ist nicht erforderlich; vgl. RGZ 145, 239 und Warn. 37, 17.

Anm. 151

b) *Ausschluß bei unzulässigem Zweck — Mittelverhältnis.* Zu denken ist dabei an die nach § 226 BGB verbotene, ausschließlich schikanöse Ausübung eines unbedingten, jederzeitigen Rücktrittsrechtes. Nach § 242 BGB ist ein Rücktritt auch dann unzulässig, wenn der Verkäufer mit der Ausübung unlautere Zwecke in anderer Richtung verfolgt. S. auch oben Anm. 143. Eine nach §§ 226, 242 BGB unzulässige Rücktrittsausübung liegt vor, wenn die Kaufsache für den Käufer einen wichtigen Gebrauchsgegenstand darstellt, während sie für den Verkäufer infolge des Neuheitsverlustes durch vertragsmäßigen Gebrauch ihren Wert völlig oder doch fast völlig verloren hat, und die Rücknahme nicht als Vergeltung für böswillige Nichterfüllung des Vertrages gerechtfertigt erscheint. Ein solcher Fall sinnlosen Rücktritts kann vor allem bei AbzGeschäften über Matratzen und Bettwäsche vorkommen. S. z. B. die bei *Ewald,* AbzG S. 107 zitierten, nach § 2 nichtigen Vertragsklauseln, welche eine 100 %ige Wertersatzpflicht vorsehen. Ferner die Richtlinien und Richtsätze der IHK Berlin vom 19. 3. 1934, s. *Crisolli* JW 34, 1089 und *Janka* BB 49, 381.

Anm. 152

c) *Ausschluß durch Verwirkung.* Verwirkung setzt nicht nur voraus, daß der Rücktrittsberechtigte mit der Ausübung seines Rechtes längere Zeit zögert; es müssen auch weitere besondere Umstände hinzutreten, welche die verspätete Ausübung als Verstoß gegen Treu und Glauben erscheinen lassen. Vgl. RGZ 155, 152; 158, 105 (107); RG DR 41, 2334; OGH NJW 49, 22. Untätigkeit allein genügt also nicht; erforderlich ist, daß sich der Schuldner nach dem Verhalten des Gläubigers darauf einrichten durfte, daß dieser sein Recht nicht mehr ausübe. Vgl. RG HRR 41 Nr. 810; *Brumby* JR 51, 590. Die Geltendmachung des Rechtsinstitutes der Verwirkung für den Rücktritt vom AbzVertrag wurde von *Crisolli* 4. Aufl. Anm. 94 zu § 1 und von *Rühl* S. 167 mit der Begründung geleugnet, daß der Käufer durch die Möglichkeit der Fristsetzung nach § 355 BGB (vgl. oben Anm. 147) den Schwebezustand beenden und eine klare Rechtslage schaffen könne. Damit wird jedoch das Problem nicht erschöpft. Die Ansicht, daß das Rücktrittsrecht überhaupt nur binnen angemessener Frist ausgeübt werden könne, ist allerdings mit *Crisolli* in Übereinstimmung mit den oben dargelegten Grundsätzen abzulehnen. Der in RGRKomm. z. BGB zu

§ 349, ferner dort in Anm. 4 zu § 360, bei *Samter* S. 30 und *Klauß* Anm. 108 zu § 1 vertretenen Auffassung ist nicht zu folgen. Auch kommt den dort angezogenen Entscheidungen RGZ 88, 143; 91, 108 sowie 107, 106 (109) nur für das kaufmännische Geschäftsleben Bedeutung zu.

Die Verwirkung ist im AbzRecht von besonderer Bedeutung, wenn ein Verzicht des Verkäufers trotz vorbehaltloser Annahme verspäteter Ratenzahlungen (vgl. oben Anm. 145) nicht angenommen werden kann, weil ein Verzichtswille des Verkäufers nicht festzustellen ist (der Verkäufer hat z. B. vom Rücktrittsgrund oder vom Rücktrittsrecht gar keine Kenntnis). Über das Verhältnis von Verzicht und Verwirkung s. auch OGH MDR 49, 540. Ferner kann ein Rücktrittsrecht verwirkt sein, wenn der Verkäufer eine regelmäßig verspätete Ratenzahlung über mehrere Fälligkeitstermine hin duldet. Hier muß der Verkäufer den Käufer in Kenntnis setzen, daß er in Zukunft genaue Einhaltung des Vertrages verlange, wenn er wegen unpünktlicher Zahlung zurücktreten will. Vgl. auch RG JW 12, 385; Gruch 56, 889; 62, 773 = Warn. 28, 203; *Soergel* Anm. 2 zu § 360; *Staudinger-Weber* 11. Aufl. Anm. D 703 zu § 242 und *Klauß* Anm. 107 zu § 1 (dieser aber zu weitgehend). Der Verkäufer verwirkt sein Rücktrittsrecht aber auch dann, wenn er mit der Ausübung gegenüber einem zahlungsunfähigen Käufer zögert, um den Anspruch auf die Gebrauchsüberlassungsvergütung recht hoch anwachsen zu lassen. In diesem Falle kommt zur reinen Verzögerung des Rücktritts noch ein weiteres treuwidriges Verhalten hinzu, welches die Verwirkung begründet. Im Ergebnis ebenso wie hier, aber im übrigen zu weitgehend *Klauß* Anm. 109, *Liebich* DR 39, 616, viel zu weitgehend auch *Rosseburg* MDR 58, 558. Allerdings ist zu beachten, daß es nicht Zweck des AbzG ist, den AbzKauf bei Störungen so schnell wie möglich rückgängig zu machen. Häufig wäre damit auch dem Käufer nicht gedient, nämlich wenn er sich die Sache nochmals kaufen muß oder möchte. Infolgedessen kann nur der Satz aufgestellt werden, daß der Verkäufer mit seiner Rücktrittserklärung nicht beliebig lange warten darf. Wann dabei gegen § 242 BGB verstoßen wird, kann nur von Fall zu Fall beantwortet werden und ist insbesondere dann zu bejahen, wenn der Verkäufer den Rücktritt bewußt deshalb hinausschiebt, um die ihm nach § 2 zustehende Gegenforderung anwachsen zu lassen, s. auch *Möllers* NJW 58, 871 und *Scholz* TW 59, 19.

Blomeyer MDR 68, 6 will statt des in seinen Voraussetzungen zu engen und in seinen Wirkungen zu weiten Rechtsinstituts der Verwirkung den Rechtsgedanken des § 814 BGB heranziehen, wenn der Abz-

Verkäufer die Sache beim AbzKäufer nur deshalb beläßt, um die Gebrauchsüberlassungsvergütung hoch anwachsen zu lassen. Hiergegen wendet sich mit Recht *Scholz* MDR 68, 631. Dem AbzVerkäufer obliegt keine Pflicht zum Rücktritt.

Nach BGH BB 58, 787 ist der Rücktritt dann auch treuwidrig, wenn er für den Fall vorbehalten wurde, daß eine vom Verkäufer einzuholende Auskunft ungünstig ausfällt, der Verkäufer es unterläßt *alsbald* die Auskunft einzuholen und aufgrund der verspäteten eingeholten Auskunft den Rücktritt erklärt.

Im Sinne eines Rücktrittsausschlusses bei jeder die Verjährung bedingenden Verzögerung *Möllers* NJW 58, 872. Über die aus Treu und Glauben sich ergebende Einschränkung eines wirksamen Rücktrittsrechtes durch das Erfordernis vorheriger Androhung s. unten Anm. 158.

Anm. 153

Zu 1—4: Neben diesen Tatbeständen, deren Vorliegen das Rücktrittsrecht ausschließt, gibt es noch solche, welche die Wirksamkeit der Rücktrittserklärung rückwirkend beseitigen, z. B. § 354 BGB (Verzug mit Rückgewähr) und § 359 BGB (hier ohne Bedeutung). Vgl. auch unten Anm. 167 und 158.

Anm. 154

Der Rücktritt wird nicht dadurch ausgeschlossen, daß der Verkäufer zunächst die Zahlungsklage erhebt. Unrichtig LG Gnesen Pos. M. Schr. 17, 69; unrichtig ferner *Rosseburg* MDR 58, 558, der ganz allgemein den Rücktritt nur alsbald nach Kenntnis von dem vertragswidrigen Verhalten des Käufers zulassen will und einen Rücktritt nach Erhebung der Zahlungsklage als venire contra factum proprium ansieht. Der Rücktritt soll nach *Rosseburg* auch gem. § 134 BGB nichtig sein, da er infolge Verspätung geeignet sei, gerade diejenigen Wirkungen herbeizuführen, welche das AbzG vermeiden will (besonders hohe Ansprüche des Verkäufers nach § 2 und Verlust des Kaufgegenstandes für den Käufer).

Dieses Ergebnis ist schon deswegen unrichtig, weil die Ausübung des Rücktrittsrechts voraussetzt, daß der AbzKäufer nicht erfüllt und es dem Verkäufer unbenommen sein muß, sein aus dem Kaufvertrag fließendes Recht auf Erfüllung zunächst gerichtlich geltend zu machen, ohne sich damit des Rücktrittsrechtes zu begeben. Für die gesetzlichen Rücktrittsrechte des BGB ist dies anerkannt, vgl. *Palandt* Anm. 14a zu § 326 BGB und *Soergel-Siebert* § 326 Nr. 14; für das AbzG kann nichts anderes gelten. S. auch *Müller* MDR 59, 3; *Loebell* MDR 59, 4,

Wendt MDR 59, 969, der insbesondere auf die dingliche Rechtslage abstellt; *Scholz* TW 59, 19; *van Dyck*, Der Versicherungsnehmer 64, 25.

Ebenso wenig schließt den Rücktritt aus, daß der Käufer das Eigentum an der Kaufsache erworben hat; ebenso *Klauß* Anm. 271. Der Rücktritt wird ferner nicht ausgeschlossen dadurch, daß der Verkäufer Schadenersatz wegen Nichterfüllung fordert, RGZ 85, 280 und 109, 184; ständige Rechtsprechung. Wohl aber schließt Rücktritt spätere Schadenersatzforderungen aus (s. oben Anm. 135).

C. Die Ausübung des Rücktrittsrechts

Anm. 155

Sie erfolgt grundsätzlich durch formfreie Erklärung gegenüber dem anderen Vertragsteil, § 349 BGB. Daneben knüpft aber § 5 die Rücktrittsfolgen auch an bestimmte, vom Verkäufer veranlaßte objektive Sachverhalte, ohne daß es auf den Willen des Verkäufers, sich vom Vertrage zu lösen, ankommt. Hierüber unten Anm. 161a.

Aus dem oben Anm. 77 dargelegten Grunde wird auch im Folgenden ausschließlich auf den Rücktritt des Verkäufers abgestellt.

I. Die Voraussetzungen wirksamer Erklärung des Rücktritts

Es handelt sich hier nicht um das Vorliegen der Voraussetzungen wirksamer Ausübung des Rücktritts (das „Ob“ des Rücktritts) — hierüber oben Anm. 77 ff. —, sondern um die Wirksamkeit der Erklärung selbst (das „Wie“ des Rücktritts).

Anm. 156

1. Aus ihrer Natur als *empfangsbedürftige Willenserklärung und* als *einseitiges Rechtsgeschäft* ergibt sich für die Rücktrittserklärung zunächst folgendes:

a) Wird sie einem nicht unmittelbar anwesenden Käufer gegenüber abgegeben, so ist sie erst wirksam, wenn sie dem Käufer oder, falls dieser nicht voll geschäftsfähig ist, dessen gesetzlichem Vertreter zugeht (§§ 130, 131 BGB). Nicht erforderlich ist, daß der Käufer den Rücktritt annimmt.

b) Ist der Verkäufer nicht voll geschäftsfähig, so bestimmt sich die Gültigkeit seiner Erklärung nach §§ 111, 114 BGB.

c) Stellvertretung auf Grund Vollmacht ist zulässig. Die gegenüber einem vollmachtlosen Stellvertreter abgegebene Rücktrittserklärung ist grundsätzlich unwirksam; näheres bei § 180 BGB. Im Prozeß kann der Rücktritt von und gegenüber Prozeßbevollmächtigten erklärt werden, RGZ 50, 138 (144).

Anm. 157

2. Befinden sich *auf der Verkäufer- oder Käuferseite mehrere Personen*, sei es auch nur infolge Erbganges, so kann der Rücktritt wirksam nur von oder gegenüber allen erklärt werden, § 356 Satz 1 BGB. Abweichende Vereinbarungen sind jedoch zulässig. Vgl. oben Anm. 140 ff. Gleichzeitigkeit der Erklärungen ist nicht erforderlich. Die Befugnis eines Beteiligten, Erklärungen mit Wirkung für und gegen die übrigen abzugeben (z. B. eines Gesellschafters einer oHG, § 125 Abs. 1 HGB), bleibt unberührt.

Nichts besonderes gilt für die Erklärung des Rücktritts beim Kauf von *Sachmehrheiten*. Auslegungsfrage ist es, von welchen von mehreren Kaufverträgen der Verkäufer zurücktreten will. S. auch oben Anm. 142 ff.

Anm. 158

3. Die Rücktrittserklärung ist *formlos gültig* und grundsätzlich an *keinerlei sonstige Modalitäten* gebunden.

Im Einzelfall kann nach Treu und Glauben vorherige Androhung des Rücktritts geboten sein. Vgl. RG Gruch 62, 773; Warn. 18, 136; 28, 203. S. auch oben Anm. 152. Die Wirksamkeit der Rücktrittserklärung ist nicht davon abhängig, daß der Verkäufer gleichzeitig die Rückerstattung der empfangenen Leistungen anbietet, RGZ 59, 38 ff. (40). Gleichzeitige Entrichtung eines Reuegeldes ist allerdings nach § 359 BGB erforderlich, wenn der Rücktritt gegen Reuegeld vorbehalten ist. Über diese bei AbzGeschäften kaum vorkommenden Fälle näheres bei § 359 BGB.

Anm. 159

4. *Der Rücktritt muß grundsätzlich unbedingt erklärt werden.* Vgl. RG Warn. 15 Nr. 103 und *Püschel* DR 39, 1044 f. Die Rücktrittserklärung ist jedoch wirksam, wenn sie von solchen Bedingungen abhängig gemacht wird, durch welche die berechtigten Interessen des anderen Teiles (Käufers) nicht verletzt werden. So *Enneccerus-Nipperdey*, Allg. Teil § 195 II 2a, b und *Planck* zu § 349, der aber nur aufschiebende Bedingungen zuläßt. Zulässig sind hiernach Bedingungen, die vom Willen des anderen Teiles, des Käufers oder von seinem tatsächlichen Verhalten (z. B. Zahlung innerhalb bestimmter Frist) abhängen;

vgl. *Erman* Anm. zu § 349; *Staudinger-Werner* 9. Aufl. Anm. 1 zu § 349. Ferner sind zulässig unechte Bedingungen, z. B. Rechtsbedingungen, und die Abhängigmachung vom Vorliegen bestimmter, dem Erklärungsgegner bekannter tatsächlicher Voraussetzungen. Vgl. *Lehmann*, Allg. Teil § 35 V 2. Dagegen lehnen *Soergel* Anm. 2 zu § 349, RGR-Komm. z. BGB Vorbem. 12 zu § 158, *Klauß* Anm. 116 zu § 1, *Samter* S. 18, *Cohn* Recht 08, 34 und *Hörle* Gruch 55, 188 die Zulässigkeit jeder echten Bedingung ab. Über das Vorliegen eines unzulässigen bedingten Rücktritts, wenn Zahlungs- und Herausgabeklage verbunden werden, s. Anhang zu § 3. Über die *Unwiderruflichkeit* des Rücktritts s. unten Anm. 163.

Anm. 160

5. Eine *Begründung* braucht die Rücktrittserklärung grundsätzlich nicht zu enthalten. Aus Treu und Glauben kann sich jedoch in Ausnahmefällen eine Verpflichtung zur Bekanntgabe der Rücktrittsgründe gegenüber dem Käufer ergeben. Dies namentlich dann, wenn der Verkäufer ein vertragliches Rücktrittsrecht ausübt, welches an andere Bedingungen als die der Nichterfüllung der Teilzahlungspflicht geknüpft ist. S. hierzu *Lent*, Die Notwendigkeit einer Begründung bei Ausübung von Gestaltungsrechten AcP 152, 401.

II. Die Erscheinungsform der Rücktrittserklärung im AbzGeschäft

Vgl. zum ganzen *Alberty*, Die einzelnen Fälle des Rücktritts vom AbzGeschäft DR 39, 1776.

Anm. 161

1. Die Formfreiheit läßt es zu, den Rücktritt durch schlüssiges (konkludentes) Verhalten zu erklären. Eine Rücktrittserklärung kann daher unter rücktrittsbegründenden Voraussetzungen, z. B. in dem ernstlichen Verlangen nach Rückgabe der Kaufsache oder in der Klageerhebung liegen. Die Möglichkeit dieser Annahme entfällt aber natürlich, wenn andere Umstände vorliegen, die es verbieten, aus dem äußeren Verhalten des Verkäufers auf einen auf den Rücktritt gerichteten Geschäftswillen zu schließen.

Anm. 161a

2. Das Erfordernis der *Erschließbarkeit des Geschäftswillens* aus dem äußeren Verhalten ist für den Bereich des AbzG insoweit beseitigt, als die Fiktion des § 5 eingreift. Hiernach ist jede vom Verkäufer veranlaßte Entziehung der Nutzung der Sache oder des an ihre Stelle

getretenen wirtschaftlichen Wertes sowie jede unmittelbar zur Entziehung führende Handlung des Verkäufers als Rücktritt zu werten. Entscheidend ist hier, dem sozialpolitischen Zweck des Gesetzes entsprechend, allein die wirtschaftliche Bewertung eines objektiven Sachverhaltes. Über Grund, Inhalt und Zweck des § 5 s. dort Anm. 1 und 2 mit Nachw.

Hauptfälle des Eingreifens der Rücktrittsfiktion sind „die Wiederansichnahme auf Grund vorbehaltenen Eigentums" (über die einzelnen hierunter zählenden Vorgänge s. § 5 Anm. 83 ff.), außerdem aber besonders die Sachentziehung durch Kaufpreis-Zwangsvollstreckung in die Kaufsache (näheres bei § 5 Anm. 101 ff.).

D. Die Wirkung des Rücktritts

I. Die Rücktrittswirkung im allgemeinen und ihre Wiederbeseitigung

Anm. 162

1. Der Rücktritt beseitigt den AbzKaufvertrag *nicht mit rückwirkender Kraft,* sondern gestaltet das fortbestehende Schuldverhältnis nur inhaltlich um, vgl. oben Anm. 65, a. A. die Vorauflage. Er stellt nicht mit dinglicher Wirkung den Zustand wieder her, wie er vor dem Vertragsabschluß bestanden hat, sondern begründet unter den Parteien das auf Rückgewähr gerichtete Abwicklungsverhältnis, für das die besonderen hierfür gegebenen Vorschriften maßgebend sind. Daraus folgt, daß keiner der beiden Teile mehr einen Anspruch auf Erfüllung der ursprünglichen vertraglichen Leistungspflichten oder auf Schadenersatz wegen Nichterfüllung hat oder die Rechte aus § 323 BGB geltend machen kann, da der AbzVertrag inhaltlich umgewandelt worden ist und nunmehr lediglich Leistungspflichten mit umgekehrtem Vorzeichen (*Larenz,* Schuldrecht, Allg. Teil 8. Aufl. § 25), nämlich Rückgewährspflichten bestehen. Die Ansprüche auf Erfüllung und auf Rückgewähr der empfangenen Leistungen schließen einander also derart aus, daß vor dem Rücktritt nur ein Anspruch auf Erfüllung, nachher nur ein Anspruch auf Rückgewähr besteht. Als reine Vertragsumgestaltung wirkt der Rücktritt nur zwischen den Vertragsparteien, nicht aber gegenüber einem Dritten, der sich im Besitz der zurückzugebenden Sache befindet. Gegen diesen besteht zugunsten des Eigentümers nur ein Anspruch aus §§ 985, 823 BGB; so auch *Palandt-Gramm* Anm. 6c zu § 1 AbzG, a. A. Anssem-Prabl NJW 66, 1904.

Anm. 163

2. *Die Wiederbeseitigung der Rücktrittswirkungen.* Die Rücktrittserklärung ist unwiderruflich. Eine *Wiederherstellung* des ursprünglichen, auf Erfüllung gerichteten Vertragsinhalts ist daher grundsätzlich nicht durch einseitigen Verzicht auf die Rücktrittsfolgen, sondern *nur durch Vertrag möglich.* So auch RGZ 66, 430 und die herrschende Lehre. Vgl. *Enneccerus-Lehmann,* Schuldrecht § 39 I; *Erman* Anm. 3 zu § 346; RGRKomm. z. BGB Anm. 4 zu § 346; *Staudinger-Werner* 9. Aufl. Anm. 3 zu § 349; *Klauß* Anm. 117 zu § 1; *Alberty* DR 39, 1776; *Vollrath* S. 47 und *Samter* S. 17. Über vertraglichen Verzicht auf das Recht zum Rücktritt vgl. oben Anm. 145. Auch der nach § 5 fingierte Rücktritt ist unwiderruflich, siehe § 5 Anm. 8. Anderer Ansicht noch die Vorauflage.

Anm. 164

Auch *für die Fälle des § 5* ist von diesem Grundsatz keine Ausnahme zu machen. Der gesetzlich fingierte Rücktritt ist aus denselben Gründen wie der rechtsgeschäftlich erklärte nicht widerruflich. Vertragsumgestaltungen können der Eindeutigkeit der Rechtslage wegen nicht einseitig aufgehoben werden. Dieser allgemein für Gestaltungsrechte anerkannte Satz gilt bei gesetzlicher Umgestaltung gleichermaßen. Vgl. § 5 Anm. 8.

Anm. 165

Eine weitere — jedoch nur scheinbare — Ausnahme von dem oben Anm. 163 dargelegten Grundsatz besteht insofern, als es möglich ist, bereits im vorhinein, also im ursprünglichen AbzKaufvertrag die Möglichkeit einseitiger Rückgängigmachung des Rücktritts durch Verzicht zu vereinbaren. Hier handelt es sich aber um nichts anderes als um einen bereits mit dem ursprünglichen Vertrag geschlossenen aufschiebend bedingten zweiten inhaltsgleichen AbzKauf, welcher durch die „Verzichtserklärung" voll wirksam wird. Gleiches wird für die Ersetzungsbefugnis des Käufers nach erklärtem Rücktritt gelten; vgl. unten Anm. 200 am Ende. Höchst bestritten ist es, ob die Rücktrittserklärung auch kondiziert werden kann (§ 812 Abs. 1 Satz 2 BGB), wenn die Rückgabe der Kaufsache nachträglich unmöglich wird; so OLG Saarbrücken DRZ 49, 290 mit kritischer Bemerkung von *Lehmann.*

Anm. 166

Die im übrigen allein mögliche vertragliche Wiederbeseitigung des Rücktritts kann durch Abschluß eines neuen Kaufvertrages oder aber auch durch bloße Einigung über die Wiederinkraftsetzung des ursprünglichen Vertragsinhalts anstelle des Abwicklungsverhältnisses erfolgen; so auch *Rühl* S. 269, *Heilbrun* S. 52. Ein solcher Vertrag kann stillschweigend geschlossen werden, so z. B., wenn der Verkäufer nach erklärtem Rücktritt vorbehaltlos Abschlagszahlungen oder eine größere Teilzahlung entgegennimmt. Gl. A. *Rühl* S. 269, *Samter* S. 17, *Plum* in Anm. zu RG JW 33, 909 = RGZ 139, 205; *Klauß* Anm. 119 ff. zu § 1 (jedoch mit Einschränkung) und AG Tübingen DRpfleger 38 Nr. 833. *Samter* läßt dies aber unbegründeterweise nur dann gelten, wenn es sich nicht um Zahlung von Raten handelt, die bereits vor dem Rücktritt fällig waren; es müsse eine Zahlung solcher Raten sein, deren Fälligkeitstermin nach der Rücktrittserklärung liegt. Überweisung von Raten auf das Konto des Verkäufers genügt als Indiz für den stillschweigenden Abschluß eines rücktrittsbeseitigenden Vertrages nicht; erst längeres Schweigen des Verkäufers in Kenntnis der Überweisung läßt auf einen solchen Vertragsabschluß schließen; vgl. OLG Halle HEZ 1, 6 und *Klauß* Anm. 120 zu § 1. Dem Vorbehalt der Rechte bei der Zahlungsannahme steht ein im AbzKaufvertrag vereinbarter Vorbehalt gleich. Solche Vorbehalte finden sich in den Formularverträgen sehr häufig, z. B. „Zahlungen werden stets nur unter Vorbehalt aller Rechte angenommen“ oder „Zahlungen nach Erhebung der Herausgabeklage oder Urteilserlaß werden nur unter Vorbehalt aller Rechte angenommen“. Ein solcher Vorbehalt im voraus schließt aber die Annahme eines stillschweigenden, rücktrittsbeseitigenden Vertragsschlusses nicht schlechthin aus, da auch auf den Vorbehalt stillschweigend verzichtet werden kann; es müssen aber besondere Umstände hinzutreten, damit in einem solchen Fall aus der vorbehaltlosen Zahlungsannahme auf einen Verzicht geschlossen werden kann; z. B. wiederholte Zahlung und Annahme von Raten. Gleicher Ansicht *Klauß* Anm. 122 zu § 1. Umgekehrt schließen besondere Umstände einen neuen Vertragsschluß auch dann aus, wenn der Verkäufer die Zahlung ohne jeden Vorbehalt angenommen hat. *Samter* S. 17 hält einen Vorbehalt für grundsätzlich unzulässig. Dieser Ansicht ist nicht zu folgen. Der Verkäufer kann ein berechtigtes Interesse daran haben, die Entscheidung über die Wiederinkraftsetzung des ursprünglichen Vertragsinhalts solange hinauszuschieben, bis er die Gewißheit hat, daß der Käufer es mit der weiteren Erfüllung ernst meint. *Samter* übersieht bei seinen Ausführungen auch, daß der Käufer die nach dem

Rücktritt geleisteten Zahlungen auch dann nicht verliert, wenn der Verkäufer auf Grund seines Vorbehalts die Zustimmung zu der Vereinbarung auf Beseitigung der Rücktrittsfolgen nachdrücklich verweigert. Er kann sie zwar nicht auf Grund des § 2 verlangen, hat aber gem. § 812 BGB einen Rückforderungsanspruch.

Anm. 167

Kraft Gesetzes wird der Rücktritt mit rückwirkender Kraft beseitigt:

a) Nach *§ 354 BGB,* wenn der Verkäufer mit der Rückgewähr der empfangenen Ratenzahlungen oder einem erheblichen Teil davon in Verzug gerät (§ 284 BGB) und eine vom Käufer mit Androhung der Leistungsablehnung gesetzte Frist fruchtlos verstreichen läßt. In diesem Fall leben die ursprünglichen Leistungspflichten wieder auf. Das vertragliche Rücktrittsrecht, welches für den Fall der Nichterfüllung vorbehalten war, erlischt; vgl. RGZ 123, 388. Ein gesetzliches Rücktrittsrecht bleibt jedoch für die Zukunft bestehen; vgl. auch oben Anm. 153. Zu beachten ist dabei, daß Schuldnerverzug des Verkäufers wegen der Zug-um-Zugleistungspflicht nach § 3 erfordert, daß der Käufer zur Rückgewähr der Kaufsache im Zeitpunkt der Mahnung bereit und fähig ist; vgl. RGZ 76, 413.

Anm. 168

b) Nach *§ 357 BGB,* wenn der Rücktritt wegen Nichterfüllung vorbehalten und erklärt ist und der Käufer mit einer schon vor Erklärung des Rücktritts aufrechenbaren Gegenforderung unverzüglich aufrechnet. Vgl. oben Anm. 103 ff.

II. Das gesetzliche Rückgewähr- oder Rücktrittsverhältnis

Anm. 169

1. *Die einschlägigen Rechtsnormen.* Das Rücktrittsverhältnis richtet sich, wenn der Rücktritt vom Verkäufer erklärt worden ist, nach den *§§ 1—3,* bei Rücktritt des Käufers aber nach den Bestimmungen des BGB, §§ 346—348. Vgl. oben auch Anm. 73—76. Während §§ 346—348 abdingbar sind, sind die entsprechenden Bestimmungen des AbzG *insofern zwingend, als die Rechtstellung des Käufers* im Rücktrittsfall durch vertragliche Vereinbarungen *nicht verschlechtert werden darf.* Vgl. oben Anm. 66, 70, unten Anm. 193 ff. und § 2 Anm. 2!

Anm. 170

Die §§ 1—3 stellen eine im wesentlichen abschließende Sonderregelung für den Rücktritt des Verkäufers dar. Dies ergibt sich sowohl aus der Entstehungsgeschichte (vgl. Einl. *17, 18* und *Lazarus* S. 80—87) als auch aus dem Wortlaut des § 3, wonach „die nach den Bestimmungen der §§ 1 und 2 begründeten gegenseitigen Verpflichtungen Zug um Zug zu erfüllen sind" und aus dem in diesen Bestimmungen sichtbar werdenden Gegeneinanderabwägen der Interessen der Vertragsparteien durch den Gesetzgeber. Im Ergebnis gl. A. RGZ 138, 28 ff. (32), *Klauß* Anm. 131 zu § 1, *Rühl* S. 268, *Samter.* S. 56, *Lazarus* S. 80—87 (anders aber S. 102), *Vollrath* S. 49 ff. (mit Zitaten), *Enneccerus-Lehmann,* Schuldrecht § 118 B I, *Soergel* Vorbem. 5 vor § 346 und *Püschel* DR 39, 1044; a. A. *Aubele* Anm. 38 f. zu § 1.

Eine *ergänzende Heranziehung* der Vorschriften des *BGB* ist jedoch zulässig, soweit das AbzG über Rechte und Pflichten der Parteien hinsichtlich des Rücktritts und dessen Rechtsfolgen keine Aussagen macht, siehe auch BGH NJW 66, 446. Gl. A. *Klauß* a. a. O. Vgl. auch unten Anm. 174. So ist z. B. § 1 Abs. 1 Satz 1 durch § 346 Satz 2 BGB dahin zu ergänzen, daß der Verkäufer dem Käufer *Dienstleistungen* nach ihrem Werte zu vergüten hat, falls der Käufer solche, etwa als vertragliche Nebenleistung oder an Zahlungs Statt, erbracht hat. Im Ergebnis gl. A. *Aubele* Anm. 40 zu § 1 (Abarbeiten des Preises ist grundsätzlich nicht sittenwidrig. Vgl. RAGRspr. 31, 201).

Anm. 171

Die Rückgewährvorschriften des AbzG weichen von denen des BGB teilweise erheblich ab. Allerdings entspricht § 1 Abs. 1 Satz 1 im wesentlichen dem § 346 Satz 1 BGB, dessen Satz 2 wiederum in § 2 Abs. 1 Satz 2 sein (im wesentlichen) inhaltsgleiches Gegenstück findet (näheres § 2 Anm. 66 ff.). § 3 entspricht dem § 348 BGB, begründet aber anders als diese BGB-Vorschrift nicht nur eine Einrede, sondern ist Teil des Anspruchsgrundes (näheres bei § 3 Anm. 6). Mit § 347 BGB deckt sich das AbzG nur insoweit, als § 2 Abs. 1 Satz 1 dem AbzVerkäufer einen Anspruch auf Ersatz von Aufwendungen und auf Schadenersatz für verschuldete Beschädigung, Untergang oder sonstige Unmöglichkeit der Herausgabe einräumt (näheres bei § 2 Anm. 15 ff. und 54 ff.). Die übrigen Ansprüche nach § 347 BGB werden beim AbzGeschäft nur im beschränkten Ausmaß gewährt. So kann der Verkäufer die bis zum Rücktritt gezogenen Früchte und sonstigen Nutzungen der Sache nicht verlangen, so auch BGH NJW 66, 446. Vgl. aber unten

Anm. 174; er wird hierfür gem. § 2 besonders entschädigt. Gl. A. *Rühl* S. 107 und 202, *Samter* S. 57; a. A. *Aubele* Anm. 39 zu § 1. Andererseits hat er dem Käufer die zurückzugewährenden Raten nicht zu verzinsen (gl. A. *Klauß* Anm. 135 zu § 1, *Rühl* S. 268, *Samter* S. 59) und ihm auch seine Verwendungen nicht zu ersetzen; gl. A. *Rühl* S. 108; a. A. *Samter* S. 5 und *Aubele* Anm. 6 zu § 2. Über Wegnahme einer Einrichtung s. unten Anm. 188!

Anm. 171a

Diese *Einschränkungen* gelten nach den §§ 347, 987 ff. BGB. Grund dafür ist der Charakter des AbzG als Ausnahmeregelung, die nur die Rechtsfolgen im Auge hat, welche sich bis zum und durch den Rücktritt ergeben. Nach dem Rücktritt hat das AbzG seinen Schutzzweck erfüllt, so daß dann die allgemeinen Rücktrittsvorschriften des BGB eingreifen; siehe auch § 2 Anm. 6. Gl. A. *Klauß* Anm. 230, *Enneccerus-Lehmann* § 118 c II 1, *Palandt-Gramm* 6 c zu § 1 AbzG; *Hörle* Gruch 55, 198. A. A. *Erman-Weitnauer-Klingsporn* Anm. 1 c zu § 2 AbzG u. *Lechner* Anm. 1 zu § 2 und OLG Zweibrücken JW 34, 307. Diese gelten daher insbesondere für die Verzinsung (s. unten Anm. 179), für Haftung und Schadenersatz. Auch können die Parteien nach dem Rücktritt rechtswirksam Vereinbarungen über die Regelung und Abwicklung des Rücktrittsverhältnisses treffen, die vor dem Rücktritt nicht zulässig sind. Näheres hierzu unten Anm. 193 ff. und bei § 2 Anm. 108 ff.

2. *Die Rückgewähransprüche im einzelnen*

Anm. 172

a) *Die Ansprüche des Verkäufers.* Der Verkäufer kann die auf Abzahlung dem Käufer oder einem durch den Vertrag begünstigten Dritten übergebene *Sache vom Käufer zurückverlangen,* aber auch nur diese Sache und keine andere. Daneben hat er die nach § 2 gewährten Vergütungs- und Ersatzansprüche. Über den Erfüllungsort s. unten Anm. 190 und § 3 Anm. 12.

Ist die Herausgabe der Kaufsache unmöglich, z. B. weil die Sache untergegangen ist, so kann der Verkäufer *statt Herausgabe Schadenersatz* fordern, wenn der Käufer die Unmöglichkeit zu vertreten hat. Näheres bei § 2 Anm. 54 ff. Auch bei unverschuldeter Unmöglichkeit hat der Käufer Schadenersatz zu leisten, wenn er im Zeitpunkt des Unmöglichwerdens mit der Rückgabe der Kaufsache bereits im Verzug war, §§ 287, 284 BGB. Näheres bei § 2 Anm. 111.

Anm. 173

Der Verkäufer kann auch Herausgabe einer *Ersatzsache oder* Abtretung von *Ersatzansprüchen* verlangen, die der Käufer infolge des Umstandes, der die Herausgabe der Kaufsache unmöglich macht, erlangt hat, § 281 BGB. Vgl. auch § 2 Anm. 64. Hierbei ist in erster Linie an die Abtretung von Schadenersatzansprüchen gegen Dritte oder von Versicherungsansprüchen zu denken. Doch ist es bei AbzGeschäften üblich, den Versicherungsanspruch bereits im voraus an den Verkäufer abzutreten. Bei der modernen Warenversicherung, bei welcher der Händler die Versicherung selbst für eigene Rechnung und für Rechnung des Käufers abschließt, kommt der Abtretung an den Verkäufer keine große Bedeutung mehr zu. S. *Helberg*, Bedingungen der Warenversicherung bei AbzGeschäften — Vers.Wi. 49, 290 ff. und oben Anm. 88 ff.

Anm. 174

Einen *Anspruch auf Nutzungen*, die vor Wirksamwerden des Rücktrittes anfallen, hat der Verkäufer nicht, so auch BGH NJW 66, 446. Dafür billigt ihm § 2 Abs. 1 Satz 2 einen Anspruch auf Vergütung des Wertes der Überlassung des Gebrauches oder der Benutzung zu; ebenso *Rühl* S. 107, 202, *Samter* S. 57, *Klauß* § 1 Anm. 135; a. A. *Aubele* Anm. 39 zu § 1. Über das Verhältnis der Begriffe „Gebrauch" und „Benutzung" und über die Behandlung der Fruchtziehung im einzelnen s. § 2 Anm. 68 ff. Nach Rücktritt gezogene Früchte sind herauszugeben; für schuldhaft nicht gezogene ist Ersatz zu leisten, §§ 347, 987 BGB; vgl. § 2 Anm. 110.

Nur *ausnahmsweise* kann der Verkäufer auch vor Rücktritt gezogene Früchte herausverlangen, nämlich nach § 985 BGB, wenn die Kaufsache unter EV übergeben ist und sich dieser Vorbehalt auf die Bestandteile und anfallenden Früchte nach der Trennung erstreckt; ob dies der Fall ist, bestimmt sich nach der Parteivereinbarung; §§ 953, 956 BGB; näheres bei *Staudinger-Ostler* Anm. 24 zu § 455. Einem solchen verlängerten EV stehen die Vorschriften des AbzG, die ja über die Erfüllung des Kaufvertrages nichts enthalten, nicht entgegen. Doch kann in einem besonders unbilligen Einzelfall, z. B. bei vertraglicher Pflicht zur Fruchtziehung, verbunden mit außergewöhnlicher Höhe der notwendigen Verwendungen auf die Muttersache, Sittenwidrigkeit vorliegen. S. auch bei § 5 Anm. 17. Falls der Verkäufer die von einem rechtswirksamen EV mitumfaßten Früchte herauszugeben hat, wird man ihm auch einen Anspruch auf die Fruchtgewinnungskosten nach § 102 BGB zubilligen müssen (z. B. bei Herausgabe eines Tierjungen die Kosten für Decken, für den Tierarzt und ähnliche Ausgaben). Zwar stellen die Bestimmungen des AbzG eine abschließende Regelung der Rücktrittsfolgen dar, die einen solchen Ersatzanspruch nicht vorsieht. Da aber das Gesetz offenbar auch die Möglichkeit eines Anspruchs auf Herausgabe der Sachfrüchte nicht berücksichtigt hat, verstößt die Zubilligung des Anspruches auf Ersatz der Fruchtgewinnungskosten keineswegs gegen die vom Gesetz angestrebte Art des Interessenausgleichs, sondern ergänzt den bezweckten, aber gerade hier lückenhaften Schutz des Käufers und ist daher geboten. Soweit der Käufer zur Herausgabe der Früchte verpflichtet ist, steht dem Verkäufer eine Überlassungsvergütung hinsichtlich der Muttersache nach § 2 Abs. 1 Satz 2 zu; vgl. § 2 Anm. 69.

Anm. 175

a) *Die Rückgewähransprüche des Käufers.* Die hier zu behandelnden einzelnen Ansprüche des Käufers auf Leistungsrückgewähr stellen in ihrer Mannigfaltigkeit das Spiegelbild all der geldwerten Leistungen und Berechtigungen dar, welche sich der Verkäufer auf Grund des Vertrages als Entgelt zur Sicherung und zur Herabminderung seines hohen Risikos hat erbringen oder einräumen lassen. Eine Gruppierung läßt sich aber nur schwer vornehmen. Bei der Bestimmung der Rückgewährbarkeit der einzelnen, dem Verkäufer zugewandten Vermögensvorteile ergibt sich auch immer die Frage nach der Bedeutung der Worte *„empfangene Leistungen"* im Rahmen des § 1. Diese im bisherigen Schrifttum nur im Hinblick auf die Leistung von Vertragsstrafen behandelte und umstrittene Frage ist von älteren Schriftstellern wie *Schmidt* S. 17 ff., *Gillmann-Jonas* S. 50, *Hörle* Gruch 55, 183 ff., aber auch von *Rühl* S. 268 und von *Samter* S. 77 unter Berufung auf die Motive S. 725 mit einer ganz engen Auslegung dieser Gesetzesworte beantwortet worden; vgl. auch OLG (Kiel) 22, 221. Nach ihnen sollen nur geleistete Anzahlungen und die bereits entrichteten Raten zurückzugewähren sein. Dem Wesen des Rücktritts als Umgestaltung des AbzKaufes entspricht aber einzig und allein eine ganz *weite Auslegung;* und zwar kommt grundsätzlich jeder dem Verkäufer auf Grund des Vertrages zugewandte Vermögensvorteil einschließlich der geleisteten Vertragsstrafen, über den genauen Streitstand zu diesem Punkte s. unten Anm. 186) in Betracht, wobei allerdings für jede einzelne Leistung eine besondere Prüfung notwendig ist. Dieser grundsätzliche Ausgangspunkt wird offenbar auch geteilt von *Lechner* Anm. 7 zu § 2, *Klauß* Anm. 130 zu § 1, *Beuck* S. 57 f., *Féaux de la Croix*

JW 38, 3148. Über unrichtige enge Auslegung s. unten Anm. 180.

Im einzelnen gilt daher folgendes:

Anm. 176

aa) *Rückgewähr der erbrachten Hauptleistungen.* Zurückzugewähren sind in erster Linie die auf den Kaufpreis geleisteten *Zahlungen.* Die Rückgewähr ist allerdings insoweit ausgeschlossen, als der Verkäufer mit Ersatz- und Vergütungsansprüchen nach § 2 Abs. 1 aufrechnen kann. Von der Rückgewährpflicht nach § 1 werden auch Ratenleistungen erfaßt, die auf Grund eines vorausgegangenen Vertrages und vor Übergabe der Kaufsache geleistet worden sind, wenn der frühere Vertrag mit dem nachfolgenden AbzGeschäft, das die Merkmale des § 1 enthält, eine wirtschaftliche Einheit bildet. So RG *Seuff* A. 85, 200 = Bl f instPrivR 31, 177 ff., in welchem Fall ein gewöhnlicher Kaufvertrag nach Anzahlung erst in einen als AbzGeschäft angesehenen „Mietkaufvertrag" abgeändert wurde.

Rückgewähr „empfangener Leistungen" bedeutet, daß es nicht darauf ankommt, ob der Verkäufer im Augenblick des Rücktritts um die Zahlungen bereichert ist oder nicht; ebenso *Erman* Anm. 3 zu § 346. Andererseits kann der Verkäufer nur solche Zahlungen zurückverlangen, die er mit *befreiender Wirkung* gegenüber dem Verkäufer an diesen oder an einen Dritten entrichtet hat. Vgl. z. B. § 362 Abs. 2, § 409 BGB.

Anm. 177

Hat der Käufer statt Zahlung einen anderen Gegenstand geleistet, den der Verkäufer an *Zahlungs Statt* angenommen hat (§ 364 Abs. 1 BGB), so kann der Käufer diesen zurückverlangen; ebenso *Erman* Anm. 4 zu § 346. Hat er den Kaufpreis teilweise abgearbeitet (Dienst- oder Werkleistung), so hat der Verkäufer in ergänzender ausnahmsweiser Heranziehung von § 346 Satz 2 BGB den Wert dieser Leistungen zu vergüten. Vgl. *Aubele* Anm. 24 und 40 zu § 1 und oben Anm. 170.

Anm. 178

Zu verzinsen ist die vom Verkäufer zurückzugewährende Geldsumme grundsätzlich erst vom Zeitpunkt des Wirksamwerdens des Rücktritts an, § 347 Satz 3 BGB und oben Anm. 171. Ebenso *Enneccerus-Lehmann,* Schuldrecht § 118 B II 1; *Rühl* S. 268; *Samter* S. 59, 60; *Lazarus* S. 103; *Schmidt* S. 18; *Vollrath* S. 51; wohl ebenso, wenn auch mißverständlich, *Crisolli* 4. Aufl. Anm. 109 und *Klauß* Anm. 135

je zu § 1 A. A. wohl *Lechner* Anm. 1 zu § 2, der für die Zeit nach Rücktritt nicht den § 347 BGB, sondern §§ 990, 987, 989 BGB eingreifen läßt; ebenso OLG Zweibrücken JW 34, 307. Nach ihm tritt die Zinspflicht erst ein, wenn sich der Verkäufer mit der Rückgewähr in Verzug befindet (*Lechner* Anm. 7 A zu § 2). Der Zinssatz ist 4 %, §§ 246, 288 BGB. Die Ansicht von *Lazarus* S. 104, *Vollrath* a. a. O. und *Schmidt* a. a. O., daß es den Parteien freistünde, auch für die Zeit vor Rücktritt eine Verzinsungspflicht zu vereinbaren, wird trotz des zwingenden Chrakters der Vorschriften des AbzG zu teilen sein, da eine solche Vereinbarung, falls sie jemals praktisch werden sollte, dem vom Gesetz bezweckten Schutz des Käufers nicht nur nicht zuwiderlaufen, sondern einen Vorteil über das Gesetz hinaus für ihn bedeuten würde; s. oben Anm. 169.

Anm. 179

bb) *Rückgewähr von Teilzahlungszinsen, -zuschlägen oder Diskontvergütungen.* Sind im AbzKaufvertrag *Zinsen oder Teilzahlungszuschläge* neben dem Kaufpreis (Barkaufpreis) gesondert angesetzt, so sind die hierauf geleisteten Zahlungen ebenso wie die Kaufpreiszahlungen nach § 1 Abs. 1 zurückzugewähren. S. auch *Wagner* Teilzahlungszuschläge beim Rücktritt vom AbzKauf JR 56, 370. Gleiches gilt für eine geleistete *Diskontvergütung*, ungenau gelegentlich auch „*Diskontspesen*" genannt, bei wechselmäßig gedeckten AbzGeschäften. Es handelt sich immer um die Verzinsung des in der Kaufsache gelegenen Kapitalwertes, wie sie auch in der nach § 2 vom Käufer geschuldeten Vergütung für die Gebrauchs- und Benützungsüberlassung enthalten ist.

Um eine Doppelberücksichtigung dieses Wertes zu vermeiden, ist die Zahlung der Zinsen- oder der Diskontvergütung auf die Überlassungsvergütung anzurechnen und, soweit sie die Überlassungsvergütung übersteigt, zurückzugewähren. Ebenso RGZ 152, 283 (291) unter Anlehnung einer abweichenden Ansicht von *Münzel* (JW 36, 158). Die bei bankmäßiger Diskontierung entstehenden „Diskontkosten" als Entgelt für die Arbeit der Bank, das sind die eigentlichen Diskontspesen (Bearbeitungsgebühr, Wechselprovision), sind dagegen Aufwendungen i. S. von § 2 Abs. 1 Satz 1, für welche der Verkäufer Ersatz verlangen kann. Vgl. KG JW 34, 1735. S. auch § 2 Anm. 33.

Anm. 180

cc) *Anspruch auf Befreiung von eingegangenen Wechselverbindlichkeiten.* S. zunächst oben Anm. 54—56.

Der Käufer kann nach § 1 Abs. 1 Satz 1 die *Rückgabe der Wechsel* verlangen, welche er dem Verkäufer für den Kaufpreis oder für einzelne Raten des Kaufpreises zahlungshalber hingegeben und noch nicht eingelöst hat. Gl. A. *Beuck* S. 58 f., *Féaux de la Croix* JW 38, 3148; *Klauß* Anm. 130 zu § 1; *Lechner* Anm. 7c zu § 2 u. KG NJW 58, 27. Die in der Wechselhingabe liegende Begründung der Wechselverbindlichkeit ist schon eine „Leistung" im Sinne des § 1 Abs. 1. Unabhängig von seiner Diskontfähigkeit stellt jeder Wechsel einen eigenen Vermögenswert dar, der sich in der Verbesserung der prozessualen Rechtsstellung des Verkäufers und in der Erleichterung des Inkassos (durch Inkassozession) äußert. Vgl. *Beuck* a. a. O.

Eine Heranziehung der Vorschriften über ungerechtfertigte Bereicherung, insbesondere des § 812 Abs. 1 Satz 2 BGB, als Begründung der Pflicht zur Wechselrückgabe ist von dem hier vertretenen Standpunkt aus überflüssig und unrichtig. Das OLG Kiel griff in OLG 22, 221 allerdings konsequenterweise auf § 812 Abs. 1 Satz 2 BGB zurück, weil es § 1 Abs. 1 („empfangene Leistungen") zu eng auslegte und daher für unanwendbar erachtete; s. auch KG a. a. O. Über die richtige weite Auslegung vgl. oben Anm. 175. Die praktische Auswirkung der Verschiedenheit der rechtlichen Konstruktion zeigt sich in der Geltung von § 3 für die Schlüssigkeit der Klage auf Herausgabe der Kaufsache. Vgl. § 3 Anm. 6, 19 und *Féaux de la Croix* a. a. O.

Anm. 181

Der Verkäufer kann jedoch die Rückgabe von Wechseln nach § 3 insoweit verweigern, als ihm nach § 2 Ansprüche auf Ersatz- oder Vergütungsleistung zustehen, welche die geleisteten Kaufpreiszahlungen übersteigen. Gl. A. *Klauß* Anm. 130 zu § 1, aber ohne Begründung; *Féaux de la Croix* JW 38, 3148 f.; *Beuck* S. 57 und 59; vgl. ferner RGZ 75, 199 ff. (202) über ein verwandtes Problem. Eine andere Frage ist es, ob Wechsel, soweit sie der Verkäufer nach § 3 zurückbehalten darf, für die Ersatz- und Vergütungsansprüche aus § 2 haften, vgl. Anm. 12 zu § 2. Nur das Zurückbehaltungsrecht besteht gemäß KG NJW 48, 27; anders LG Hamburg MDR 58, 239.

War über den Kaufpreis ein *Gesamtwechsel* ausgestellt, so kann der Käufer die Rückgabe dieses Wechsels ebenfalls nur gegen Erfüllung seiner Ersatz- und Vergütungspflicht nach § 2 verlangen, soweit die hierauf gerichteten Ansprüche nicht schon durch die geleisteten Kaufpreiszahlungen gedeckt sind. Unerheblich für das Recht zur Zurückbehaltung der Wechsel ist es, ob die *Wechsel zu Finanzierungszwecken* oder zur Sicherung als Depotwechsel hingegeben worden sind. Ebenso *Beuck* S. 56.

Anm. 182

Hat der Verkäufer *Wechsel weitergegeben,* so tritt an die Stelle der Rückgabepflicht die Verpflichtung, den Käufer *vor Inanspruchnahme durch Dritte freizustellen.* Gleiches wird auch gelten, wenn der Käufer nicht als Aussteller des Wechsels, sondern als *Akzeptant* desselben haftet, da der Verkäufer seine wechselrechtlichen Ansprüche gegen die übrigen aus dem Wechsel haftenden Personen verlieren würde, wenn er den Wechsel aus der Hand gäbe. Diese Verpflichtung zur Freistellung besteht jedoch nur insoweit, als dem Verkäufer nicht gemäß § 2 ungedeckte Ansprüche auf Ersatz oder Vergütung zustehen. Ebenso *Beuck* S. 60.

Anm. 183

Dem Käufer steht gegen die Geltendmachung der Wechselforderung durch den Verkäufer eine *prozessuale Einrede* insoweit zu, als er die Rückgabe von Wechseln verlangen kann. So auch BGHZ 15, 171, im Ergebnis ebenso OLG Düsseldorf JR 53, 182. Diese Einrede gründet sich aber unmittelbar auf § 1. Der vom OLG Düsseldorf beschrittene Umweg über das Bereicherungsrecht ist hier ebensowenig geboten, wie bei der Begründung der Rückgabepflicht; vgl. oben Anm. 180. Es handelt sich aber um eine persönliche Einwendung (RGZ 136, 137), die einem Indossatar nur entgegengesetzt werden kann, wenn dieser beim Erwerbe des Wechsels bewußt zum Nachteil des Käufers gehandelt hat, Art. 17 WG. Der zum Art. 82 der früheren WO ergangenen Rechtsprechung, z. B. OLG Stuttgart HRR 32 Nr. 2290 kommt daher nur in besonderen Fällen noch Bedeutung zu. Über die Fälle bei dauernder Absatzfinanzierung durch den Indossatar s. § 6 Anm. 83! Eine Ausnahme gilt aber vor allem für die von Inkassoinstituten mit dem Vermerk *„zum Inkasso"* und dgl. erworbenen Wechsel. Der Einwand des Rücktritts ist hier unbeschränkt zulässig. Art. 18 Abs. 2 WG.

Steigert der Verkäufer die Kaufsache im Wege der Zwangsvollstreckung aus einem im Wechselprozeß erwirkten vorläufig vollstreckbaren Vorbehaltsurteil ein, so begründet dies nach § 5 und § 1 eine im Hinblick auf § 17 WG zulässige Einrede, welche im Nachverfahren geltend gemacht werden kann; vgl. BGHZ 15, 171 ff.

Anm. 184

dd) *Anspruch auf Rückgewähr dinglicher Sicherungen.* Nach § 1 Abs. 1 zurückzugewähren sind auch die Leistungen dinglicher Sicherungen, es sei denn, sie haften auch für die aus dem Rücktritt sich gemäß § 2 Abs. 1 ergebenden Ansprüche auf Ersatz- und Vergütungsleistung. Die Haftung dauert grundsätzlich nur dann fort, wenn eine solche Sicherung ausdrücklich auch für einen Ersatz- oder Vergütungsanspruch bestellt worden ist. Ebenso *Lechner* Anm. 6 und *Klauß* Anm. 128 je zu § 1. Gegenteiliger Meinung *Féaux de la Croix* JW 38, 3149 und *Beuck* S. 57. Hierzu schon oben Anm. 181 und KG NJW 58, 27, das Nichtigkeit nach § 1 Satz 2 annimmt.

Seine besondere Zuspitzung hat der Streit erfahren in der Frage der *Forthaftung einer für den Restkaufpreis bestellten Hypothek.* Das OLG Hamm JW 34, 1865 hat die Haftung für Ansprüche aus dem Rücktritt verneint. Nachdem gegen diese Entscheidung schon in der Besprechung von *Scholz* (JW a. a. O.) vom Standpunkt „deutscher, nationalsozialistischer Rechtsfindung“ Bedenken geltend gemacht worden waren, hat das OLG Breslau HRR 39 Nr. 1246 die Weiterhaftung der Restkaufgeldhypothek bejaht. Den zwingenden Bestimmungen des Hypothekenrechts, vor allem dem Prinzip der Akzessorietät der Hypothek, aber auch den Anforderungen an die Publizität des Grundstücksrechts (vgl. §§ 1113, 1115, 1163 Abs. 1 Satz 2, § 1177 Abs. 1, § 1180 BGB) entspricht aber nur die vom OLG Hamm vertretene Auffassung. Die Weiterhaftung einer Restkaufgeldhypothek ist daher zu verneinen, so daß grundsätzlich nach dem Rücktritt keine Vollstreckung aus dem Hypothekentitel mehr möglich ist. A. A. *Aubele* Anm. 5 zu § 3, der sich ohne Begründung der Auffassung des OLG Breslau anschließt. Es ist allerdings denkbar, daß eine Hypothek bereits bei Kaufvertragsschluß für den Restkaufpreis und für zukünftige und bedingte Ansprüche auf Ersatz oder Vergütung im Rücktrittsfall als Höchstbetragshypothek bestellt wird. Vgl. § 1113 Abs. 2, § 1190 BGB. Über Forthaftung von Sicherungen s. auch bei § 2 Anm. 12.

Hat der AbzKäufer beim *finanzieren AbzKauf* zur Sicherung der Ansprüche des FinInst. gegen den AbzVerkäufer dem Institut Sicherheiten gegeben, so werden diese beim Rücktritt des AbzVerkäufers frei; OLG Köln NJW 66, 454. Dabei ist es gleichgültig, ob die Hingabe der Sicherheit den AbzKauf selbst erst ermöglichen sollte oder nicht. Denn auch im letzteren Fall besteht ein mittelbarer Zusammenhang zwischen Sicherheitsleistung des Käufers und dem AbzKauf. Es sollen nämlich mit der Sicherheit Ansprüche des FinInst. gegen den zurücktretenden Verkäufer gesichert werden. Würde diese Sicherheit nicht frei werden, so könnte sich das FinInst. daraus befriedigen, was einer Zahlung des Käufers gleichkäme. Diese Zahlung widerspricht aber dem Schutzzweck des AbzG und den §§ 1 und 5.

Anm. 185

Kommt eine Weiterhaftung nicht in Frage, so kann der Käufer nach § 1 Abs. 1 die Rückgabe des Hypotheken-, Grund- oder Rentenschuldbriefes und die grundbuchrechtliche Löschungsbewilligung verlangen (letzteres auch nach § 894 BGB). Er hat ferner einen Anspruch auf Rückgabe eines Faustpfandes, auf Mitteilung an den Drittschuldner bei Erlöschen eines Pfandrechts an einer Forderung und gegebenenfalls auf Rückübertragung des Sicherungseigentums an einer beweglichen Sache oder auf Rückabtretung einer zur Sicherung abgetretenen Forderung. Zu beachten ist aber, daß der Käufer all dies nach § 3 nur Zug um Zug gegen Erfüllung seiner eigenen Verbindlichkeiten aus § 2 Abs. 1, nämlich seiner Ersatz- und Vergütungspflicht verlangen kann. Die Zug-um-Zug Erfüllungspflicht nach § 3 gilt auch für die Rückgabe des Hypothekenbriefes und die Erteilung der Löschungsbewilligung zwecks Grundbuchberichtigung, was das OLG Hamm JW 34, 1865 verkennt.

Anm. 186

ee) *Anspruch auf Rückgewähr entrichteter Vertragsstrafen.* Zu den nach § 1 zurückzugewährenden Leistungen gehören auch die entrichteten Vertragsstrafen und zwar gleichgültig, ob es sich dabei um die Leistung einer für den Fall der Nichterfüllung oder der nicht gehörigen Erfüllung versprochenen Vertragsstrafe handelt. Ebenso *Lechner* Anm. 1 b zu § 2, *Aubele* Anm. 6 zu § 4, *Theinert* Anm. A zu § 4, *Vollrath* S. 75, *Lazarus* S. 106, *Asch* LZ 33, 1240, *Erman* Anm. 6a bb zu § 1 AbzG. Dagegen lehnen freilich *Samter* S. 77, *Rühl* S. 268 und *Schmidt* S. 17 unter Berufung auf die Motive zu § 4 eine Rückgewährpflicht schlechthin ab. Den Motiven kann jedoch ein ausschlaggebendes Gewicht nicht zugemessen werden, wie auch *Schmidt* S. 17 zugibt. A. M. *Samter* S. 78. Sie bedeuten nur die Auffassung des Schöpfers des Entwurfes und binden daher die Auslegung des aus sich selbst zu verstehenden Gesetzes nicht; s. auch Anm. 44. Die Rückgewährpflicht nach § 1 ist Ausdruck der Rücktrittswirkung im Sinne der inhaltlichen Umwandlung des ursprünglichen Vertragsverhältnisses in ein Abwicklungsverhältnis. Wegen der Abhängigkeit der Vertragsstrafe von der Hauptverpflichtung (Akzessorität; vgl. § 4 Anm. 3 und 20) fällt in den Kreis der rückgängig zu machenden Wirkungen des ursprünglichen Vertrages auch das, was in Erfüllung einer Vertragsstrafe dem Verkäufer geleistet worden ist, ebenso wie auch der Anspruch auf Entrichtung einer verwirkten Vertragsstrafe erlischt (vgl. § 4 Anm. 21 unter ee) und 36). Demgegenüber enthält der von *Klauß* Anm. 327 zu § 4 gebrachte Gesichtspunkt, es handle sich bei der Vertragsstrafe nicht um eine „infolge des Vertrages", sondern um eine „infolge der Vertragsverletzung" erbrachte Leistung, keine Unterscheidung, die geeignet wäre, die Vertragsstrafe von der Leistungsrückgewähr auszuklammern.

Auch für die von *Crisolli* 4. Aufl. Anm. 110 zu § 1, *Klauß* Anm. 327 f. zu § 4 und *Paul* S. 38 ff. vertretene Mittelmeinung ist kein Raum. Nach ihnen sind Vertragsstrafen insoweit nicht zurückzugewähren, als sie neben den jeweiligen Raten (Vertragsstrafe für nicht gehörige Erfüllung) gezahlt sind oder als die an Stelle von Kaufpreisraten gezahlten Vertragsstrafen (Vertragsstrafe wegen Nichterfüllung) den Betrag der ursprünglichen Raten übersteigen. Auch hier wird der tiefere Grund der Rückgewähr verkannt.

Die Bejahung der Rückgewährpflicht entrichtete Vertragsstrafen ist auch nicht unbillig. Und zwar auch dann nicht, wenn man in der Leistung der Vertragsstrafe eine Art von pauschaler Schadenersatzleistung erblicken will. Denn auch ein wegen Verzugs mit einer einzelnen Rate geleisteter Schadenersatz ist zurückzuerstatten, wenn der Verkäufer bei Verzug des Käufers mit einer der folgenden Raten zurücktritt. Dieser Anspruch ergibt sich daraus, daß § 326 BGB die Rechte auf Schadenersatz und auf Rücktritt nur wahlweise gewährt. Im übrigen bezweckt gerade das AbzG die Begrenzung der Vermögensnachteile des Käufers im Rücktrittsfall auf das in § 1 festgelegte Höchstmaß. Für zusätzliche vermögensmäßige Belastungen des Käufers ist kein Raum. Der Verkäufer ist hierdurch auch gehalten, den Rücktritt frühzeitig zu erklären, nämlich immer dann, wenn er glaubt, daß der Kauf nicht mehr oder nicht ohne erhebliche Schwierigkeiten abgewickelt werden kann. Dies ist ein durchaus gesundes Ergebnis. Die Versuchung, sich durch Forderung von Vertragsstrafen noch vor Rücktritt Vorteile zu verschaffen und den Käufer unter Druck zu setzen, ist damit ausgeschlossen. Vgl. oben Anm. 152.

Anm. 187

ff) *Anspruch auf Rückgewähr sonstiger vertraglicher Nebenleistungen.* Hat der Käufer vertraglich die Versicherung der Kaufsache gegen Schaden (etwa eine Kaskoversicherung) übernommen und die *Ver-*

sicherungsprämien bezahlt, so entspricht es an sich dem Grundsatz der Umwandlung des Kaufvertrages, daß der Verkäufer den Käufer von einem noch laufenden Versicherungsvertrage befreit und ihm die bereits gezahlten Versicherungsprämien vergütet; so *Lechner* Anm. 7 d zu § 2. Andererseits würde der Käufer nach § 2 Abs. 1 Satz 1 für die vom Verkäufer gezahlten Versicherungsprämien Aufwendungsersatz zu leisten haben, wenn und insoweit sich die Prämienzahlung im Einzelfall als „Aufwendung infolge Vertrages“ darstellte.

Aus dem Verhältnis von § 2 Abs. 1 Satz 1 zu § 1 (vgl. auch § 2 Anm. 4) ergibt sich daher, daß der Käufer nicht in jedem Fall eine Vergütung der Prämienzahlung beanspruchen kann. Er kann sie nicht beanspruchen, wenn sich die Eingehung der Versicherung und die Prämienzahlung in der Person des Verkäufers als Aufwendung „infolge des Vertrages“ darstellen würden, falls nicht der Käufer, sondern der Verkäufer die Versicherung eingegangen und die Prämien entrichtet hätte. Wann die Versicherungsprämien als Aufwendungen infolge des Vertrages anzusehen sind, ist bei § 2 Anm. 44, 45 behandelt. Hiernach hat der Käufer in der Regel nur einen Anspruch auf Vergütung der Versicherungsprämien für Kaskoversicherungen, wenn der Verkäufer nicht nur die Kaufsache wegen des Vertrages unter Versicherungsschutz stellen ließ, sondern auch sein ganzes Warenlager unter Versicherungsschutz gestellt hat. Der Käufer hat auch dann einen Vergütungs- bzw. Rückgewährsanspruch gegen den Verkäufer, wenn der Verkäufer dem Käufer nur einen entsprechenden Anteil an den Versicherungskosten für sein Warenlager überbürdet hat.

Ist das Versicherungsinstitut mit dem Verkäufer *wirtschaftlich identisch* (was namentlich bei den Absatzorganisationen des Kraftfahrzeughandels und der Kraftfahrzeugindustrie vorkommt), so ist eine Vergütungspflicht — d. h. Pflicht des Verkäufers zur Rückgewähr der vom Käufer gezahlten Versicherungsprämien — ohne Einschränkung stets zu bejahen; vgl. *Klauß* § 1 Anm. 102. Vgl. im übrigen auch oben Anm. 88 ff. und 173 sowie § 2 Anm. 63, 64.

Anm. 188

Ersatz für *Verwendungen* auf die Kaufsache kann der Käufer für die Zeit vor der Erklärung des Rücktritts nicht verlangen, da ihm hierfür die Nutzungen verbleiben. Vgl. hierzu Anm. 171. Demzufolge kann der Käufer auch nicht Ersatz der gewöhnlichen Erhaltungskosten verlangen. Wie ein Mieter muß auch der AbzKäufer diese Aufwendungen bei der Prüfung der Wirtschaftlichkeit des von ihm zu entrichtenden Kaufpreises einkalkulieren, vgl. BGH NJW 66, 446. Der

Käufer ist aber zur *Wegnahme einer Einrichtung* berechtigt, mit der er die Kaufsache während der Zeit seiner Gebrauchsberechtigung versehen hat. Dieser Anspruch ergibt sich aber nicht unmittelbar aus § 1, sondern erst in Verbindung von §§ 1 und 2 mit dem Gedanken des § 547 Abs. 2 BGB (Wegnahmerecht des Mieters).

Ersatz von *Fruchtgewinnungskosten* wird man dem Käufer dann zubilligen müssen, wenn er die gezogenen Früchte herausgeben muß, weil sie von einem verlängerten EV mitumfaßt werden. Näheres hierzu oben Anm. 174.

Anm. 189

3. *Die Verjährung der Rückgewähransprüche:*

Hier sind zu unterscheiden die Ansprüche des AbzKäufers und die des AbzVerkäufers, bzw. beim finanzierten AbzKauf die des FinInst. aus dem Abwicklungsverhältnis.

a) Die Ansprüche des *Käufers* verjähren in 30 Jahren, § 195 BGB. Die unten zu b) angeführte Rechtsprechung zu § 196 Abs. 1 BGB muß hier völlig außer Betracht bleiben; denn § 196 Abs. 1 S. 1 BGB schreibt eine besondere Verjährungsfrist nur für Ansprüche des Verkäufers (des Lieferers u. a.) vor, nicht aber für die des Käufers. Infolgedessen bleibt es bei der Grundregel des § 195 BGB.

b) Anders hingegen liegt es bei den Ansprüchen des kaufmännischen *Verkäufers* (bzw. des FinInst. beim finanz. AbzKauf) aus dem Abwicklungsverhältnis. Diese Ansprüche verjähren in 2 Jahren entsprechend § 196 Abs. 1 S. 1 BGB bzw. 4 Jahren entsprechend § 196 Abs. 2 BGB; so auch OLG Oldenburg NJW 63, 910; LG Nürnberg-Fürth NJW 65, 638 und NJW 64, 1230; LG Bochum NJW 66, 2215; KG NJW 69, 1255; *Möllers* NJW 67, 2145 — a. A.: Die Vorauflage; *Bönicke* NJW 63, 2262; OLG Karlsruhe NJW 64, 1802; *Loebell* MDR 64, 368; *Mezger* DB 65, 315, 319; *Erman* § 2 Anm. 1 f.; *Palandt-Putzo* § 2 Anm. 5; *Scholz* TW 61, 157, 159; OLG Königsberg HRR 37 Nr. 788; OLG Breslau HRR 39 Nr. 1246; LG Düsseldorf MDR 58, 239; *Staudinger-Coing* § 195 Anm. 3; *Soergel* § 195 Anm. 2 e und *Aubele* Anm. 36 zu 1.

Es ist nämlich gefestigte Rechtsprechung und Lehre, daß unter § 196 Abs. 1 S. 1 BGB nicht nur vertragliche Ansprüche des Kaufmanns fallen, sondern auch solche Ansprüche, die bei Vertragsstörung an Stelle oder neben den Vertragsanspruch treten; vgl. *Staudinger* Anm. 4 zu § 196 BGB; *Palandt* Anm. 1 zu § 196 BGB. Das gilt insbesondere für Ansprüche aus ungerechtfertigter Bereicherung, Geschäftsführung ohne Auftrag und auf Schadenersatz wegen Nichterfüllung. Für die Ansprüche des Kaufmanns aus dem Rücktrittsverhältnis kann nichts anderes gelten: Die Rücktrittserklärung beseitigt das Vertragsverhältnis nicht, vgl. Anm. 65. Sie schafft lediglich ein Abwicklungsverhältnis. Das bedeutet, daß die Leistungspflichten des Käufers und Verkäufers inhaltlich nur umgestaltet werden. Das Rücktrittsverhältnis ist also eine Folge des „Liefergeschäftes". Schon deshalb kann *Bönicke* (a. a. O.), der Erlöschen des Kaufvertrags durch Rücktritt annimmt, nicht gefolgt werden. Es leuchtet auch nicht ein, warum der Anspruch des Kaufmanns aus dem Rücktrittsverhältnis anders behandelt werden soll, wie der aus § 812 BGB (ebenso LG Nürnberg-Fürth a. a. O.); denn auch § 812 BGB regelt einen Fall der Rückabwicklung fehlgegangener Leistungen.

Die 30jährige Verjährungsfrist kann auch nicht damit begründet werden, daß der im AbzG geregelte Rücktritt dem des BGB entspreche; denn damit wird — so mit Recht *Möllers* (a. a. O.) — das Problem nicht gelöst, sondern nur auf die Ebene des BGB verschoben. Auch der Begründung von *Loebell* a. a. O., der Anspruch aus dem Rücktrittsverhältnis sei „den dinglichen Ansprüchen angenähert"; indem § 347 BGB auf die §§ 987 ff BGB verweise, kann nicht gefolgt werden. Wenn dem Gesetzgeber die Tatbestandsmerkmale der §§ 987 ff. BGB zur entsprechenden Anwendung zweckmäßig erscheinen, so ist damit in keiner Weise eine Wesensverwandtschaft zu dinglichen Rechten ausgedrückt. Die 2jährige Verjährungsfrist ist aber auch sinnvoll, so mit Recht LG Nürnberg-Fürth a. a. O. Dieser Verjährungsfrist unterliegen nicht nur der aus dem Rücktrittsverhältnis resultierende Anspruch auf Rückgabe der Kaufsache, sondern auch die Ansprüche aus § 2, s. auch bei § 2 Anm. 11 und *Scholz* TW 61, 157. Eine 6monatige Verjährungsfrist in analoger Anwendung der §§ 558, 606, 1057 BGB ist abzulehnen, da diese Bestimmungen gegenüber der allgemeinen Verjährungsvorschrift des § 196 BGB Spezialvorschriften sind, welche einer analogen Anwendung grundsätzlich nicht fähig sind. Zu bedenken ist auch, daß dasselbe Problem auch bei dem Rücktrittsverhältnis nach §§ 346 ff. BGB vorliegt.

Anm. 190

4. *Die Abwicklung des Rücktrittsverhältnisses. Die Rückgewähr* der empfangenen Leistungen *hat Zug um Zug zu erfolgen;* § 3 gilt nicht nur für die Rückgewähransprüche, die sich unmittelbar aus §§ 1 und 2 ergeben, sondern auch für die Ansprüche, die aus anderen für besondere Fälle zur Ergänzung heranzuziehenden Bestimmungen abgeleitet

werden; vgl. z. B. oben Anm. 174, 178, 188. Näheres hierüber und über den *Erfüllungsort* bei § 3 Anm. 5 ff., bes. 12.

Der Anspruch auf Rückgewähr der Ratenzahlungen kann mit *selbständiger Klage* oder mit *Widerklage* gegen die Herausgabeklage verfolgt werden; so auch KG JW 34, 1735 mit zustimmender Anm. *Crisolli;* vgl. § 3 Anm. 4. Gleiches gilt aber auch für die übrigen Rückgewähransprüche.

Anm. 191

Zu 1—4: Ein Rücktrittsverhältnis nach den Bestimmungen der §§ 1—3 liegt nicht vor, wenn der Kaufvertrag von Anfang an nichtig war — sei es auch nur auf Grund wirksamer Anfechtung. Vgl. oben Anm. 92—97. Über Rückgewähr nach den Vorschriften der ungerechtfertigten Bereicherung s. oben Anm. 98.

Anm. 192

Das Rücktrittsverhältnis richtet sich *nur* dann nach den Bestimmungen der §§ 1—3, *wenn der Verkäufer* den Rücktritt erklärt, nicht aber wenn der Käufer *zurücktritt*, vgl. oben Anm. 69, 73 ff. und 169.

III. Nichtigkeit entgegenstehender Vereinbarungen (§ 1 Abs. 1 Satz 2)

Anm. 193

1. Dem vom Gesetzgeber bezweckten Schutz des AbzKäufers entspricht es, den Vorschriften über das Rücktritts- oder Rückgewährverhältnis zwingenden Charakter zu verleihen. Vgl. oben Anm. 66, 70, 169. Hierzu dient die in § 1 Abs. 1 Satz 2 und § 2 Abs. 1 Satz 3 enthaltene Nichtigkeitsdrohung für abweichende vertragliche Vereinbarungen. In welchen Grenzen Vereinbarungen über das Rücktrittsverhältnis zulässig sind, ergibt sich ebenfalls aus dem sozialpolitischen Schutzzweck des Gesetzes. § 1 Abs. 1 Satz 2 ist nicht so zu verstehen, daß eine vom Gesetz abweichende vertragliche Regelung überhaupt unmöglich sei. Die Vorschrift ist vielmehr einschränkend dahin auszulegen, daß nur eine dem sozialpolitischen Schutzzweck des AbzG entgegenstehende Vereinbarung nichtig sein soll. Daher sind Vereinbarungen nur dann nichtig, wenn sie dem Verkäufer über seine oben Anm. 172—174 dargestellten gesetzlichen Rückgewähransprüche hinaus weitere Rechte einräumen oder wenn sie die gesetzlichen Rückgewähransprüche des Käufers — vgl. oben Anm. 175—188 — schmälern. Eine weitere Voraussetzung der Nichtigkeitsfolge ist, daß die Vereinbarung schon vor dem Rücktritt getroffen wurde. Dabei ist aber nicht erfor-

derlich, daß sie ursprünglicher Bestandteil des AbzKaufvertrages ist. Nach Rücktritt sind Vereinbarungen der Vertragsparteien, auch wenn sie einen Verzicht auf die Rechte aus dem AbzG enthalten, unbeschränkt zulässig. Ebenso BGH LM § 6 AbzG Nr. 5; OLG Stuttgart NJW 53, 1066; *Benke* BB 48, 591; *Veith* RWPBl. 2 D AbzGeschäfte III 3; *Klauß* Anm. 149 zu § 1. *Klauß* äußert jedoch in der Besprechung von OLG Stuttgart NJW 53, 1067 Bedenken, der sozialpolitische Schutzzweck bestehe auch nach dem Rücktritt fort, da der Käufer alles daran setze, die Ware zu behalten. Man wird dem insoweit zustimmen, als Rückgewährvereinbarungen selbstverständlich dann nach §§ 1 und 2 zu beurteilen sind, wenn sie Bestandteil eines neuen AbzGeschäftes sind. Vgl. auch oben Anm. 171 a und unten Anm. 195 a. E. sowie § 2 Anm. 105.

Anm. 194

2. Der Verstoß gegen § 1 Abs. 1 Satz 2 hat *nur die Nichtigkeit dieser Vereinbarung* über das Rücktrittsverhältnis, nicht aber der übrigen Teile des AbzKaufes zur Folge. Allg. M.; vgl. *Aubele* Anm. 41 und *Klauß* Anm. 148 je zu § 1; *Rühl* S. 247 f.; *Samter* S. 33; *Hörle* Gruch 55, 182. Streitig ist aber, ob sich diese Beschränkung der Nichtigkeit unmittelbar aus dem Zweck des AbzG ergibt oder ob sie dem *§ 139 BGB* zu entnehmen ist und nur unter dessen Voraussetzungen eintritt. Dies hat folgende praktische Bedeutung: Im letzteren Fall entscheidet der subjektive Wille der Partei, also auch desjenigen, zu dessen Gunsten die nichtige Vertragsabrede getroffen war, darüber, ob der Vertrag im ganzen aufrecht erhalten wird. Hält man jedoch den § 139 BGB überhaupt für unanwendbar, so wird auf den Parteiwillen keine Rücksicht genommen; das Gesetz läßt in die Lücke einfach seine Vorschriften eintreten. Nur die letztere Auffassung entspricht dem Wesen von Bestimmungen, die ausdrücklich auf den Schutz eines bei dem Rechtsgeschäft Beteiligten hinzielen, wie dies beim AbzG der Fall ist (*Rühl* S. 248). Für ein anderes Rechtsgebiet ist der Ausschluß von § 139 BGB heute allgemein anerkannt, nämlich im Arbeitsrecht. Dort treten die gesetzlichen Arbeitnehmerschutzbestimmungen bei Aufrechterhaltung des Vertrags an die Stelle von verbotenen Vereinbarungen. Vgl. *Staudinger-Nipperdey* 11. Aufl. Anm. 99 zu § 611 mit ausführlichen Nachw.: *Staudinger-Coing* 11. Aufl. Anm. 16 zu § 139; RGRKomm z. BGB Anm. 15 zu § 139. Unanwendbar von § 139 BGB wird von einer im Schrifttum verbreiteten Ansicht auch für Verträge angenommen, die einen gegen § 276 Abs. 2, §§ 443, 476, 540, 670 BGB verstoßenden Haftungsausschluß enthalten. So v. *Tuhr*,

Allg. Teil des BGB II 1 286; *Oertmann* Anm. 3 zu § 139; *Kuhn* in RGRKomm z. BGB Anm. 3 zu § 476; *Staudinger-Ostler* Anm. 9 a. E. zu § 476 sowie dort Einl. 3 vor § 433; ferner RGZ 62, 125. Für das AbzG weist auch die Rechtsprechung des RG zu § 4 Abs. 2 in dieselbe Richtung. Hiernach ist eine unzulässige Gesamtverfallklausel nicht im ganzen ungültig, sondern gilt mit Beschränkung auf den gesetzlichen Inhalt; RGZ 64, 92; 136, 136 (140). Es darf daher auch für § 1 Abs. 1 Satz 2 angenommen werden, daß die gesetzlichen Rückgewährvorschriften stets an die Stelle entgegenstehender Parteivereinbarungen treten und daß für § 139 BGB kein Raum ist. Ebenso *Klauß* Anm. 148 zu § 1, *Rühl* S. 247 ff., *Samter* S. 33, *Hörle*-Gruch 55, 182, Graf *Brockendorff*, *Eger* 28, 33 ff. Für die Anwendung von § 139 BGB allerdings *Aubele* Anm. 41 zu § 1 und *Fuld* Gruch 39, 570.

Nach *Ewald* S. 108 sollen AbzVerträge dann wegen arglistiger Täuschung anfechtbar *(§ 123 BGB)* oder sogar wegen Sittenwidrigkeit *(§ 138 BGB)* total nichtig sein, wenn sie eine Häufung besonders drükkender (wenn auch nichtiger) Rücktrittsvereinbarungen enthalten, um den Käufer zu düpieren und zu besonders korrekter Erfüllung anzuhalten. Dem ist nicht voll zuzustimmen. Für eine Anfechtbarkeit wegen arglistiger Täuschung fehlt es an dem Kausalzusammenhang von Täuschung und Vertragsschluß. Bei Annahme der Sittenwidrigkeit (s. oben Anm. 96) würde zwar der Verkäufer bestraft, aber auch der Käufer schlechter gestellt als nach dem AbzG; dies muß zu enger Anwendung des § 138 BGB führen.

Anm. 195

Die *Nichtigkeit* wegen eines Verstoßes gegen das AbzG ist im Prozeß stets von *amtswegen* zu berücksichtigen. Vgl. RG Gruch 70, 546 und RGZ 111, 128. Ein vor dem Rücktritt erklärter Verzicht des Käufers auf die Geltendmachung der Nichtigkeit ist selbstverständlich wirkungslos. Ein bewußter nachträglicher Verzicht des Käufers auf die ihm bekannte Nichtigkeit ist dagegen wirksam, da der Käufer auf die Rechte aus dem AbzG nach dem Rücktritt wirksam verzichten kann. Vgl. oben Anm. 193 a. E. und Anm. 171 a. E.

Anm. 196

3. *Vereinbarungen, die dem § 1 Abs. 1 Satz 2 entgegenstehen.* Das folgende stellt nur den Versuch einer Gruppierung, nicht aber eine erschöpfende Aufzählung dar.

a) Die sogenannte *Verwirkungsklausel.* Es handelt sich um eine vor Rücktritt getroffene Vereinbarung, wonach der Verkäufer nach seinem

Rücktritt vom AbzKauf die Sache zurückfordern könne, ohne zur Rückgewähr der vom Käufer erbrachten Leistungen verpflichtet zu sein. Eine solche bei AbzGeschäften früher sehr häufige Abrede kann nicht wirksam vereinbart werden.

Der Unterschied zwischen § 1 Abs. 2 und § 360 BGB besteht hinsichtlich der Behandlung der Verwirkungsklausel darin, daß § 360 BGB nur die Auslegungsregel gibt, wie die Abrede einer Verwirkungsklausel im Zweifelsfall zu verstehen sei. Gl. M. RGRKomm z. BGB Anm. 2 zu § 360; *Staudinger-Werner* 9. Aufl. Anm. 4 zu § 360; *Soergel* Anm. 1 zu § 360; *Rühl* S. 254; a. A. *Aubele* Anm. 42 zu § 1. Außerhalb des AbzGeschäftes können die Parteien daher eine ausdrückliche Verwirkungsabrede treffen. Für das AbzGeschäft ist eine solche Abrede jedoch nichtig.

Anm. 197

b) Nichtig sind auch Vereinbarungen, wonach die *Kaufpreiszahlungspflicht nicht* durch den Rücktritt *erlischt,* sondern neben der Pflicht zur Rückgewähr der Kaufsache bestehen bleiben soll. Ferner ist die Vereinbarung einer *Schadenersatzpflicht* wegen Nichterfüllung *neben* den *Rückgewährpflichten* aus dem Rücktritt nicht möglich. Nichtig ist daher die bei *Ewald,* AbzG S. 108 aufgeführte Vertragsklausel: „Falls durch den Verkauf der Ware die Restschuld nicht abgegolten ist, bleibt die Haftung aus diesem Vertrag bestehen". In all diesen Fällen ergibt sich die Nichtigkeit auch aus § 2 Abs. 1 Satz 3. Weitere Beispiele daher bei § 2 Anm. 100 ff.

Über Vereinbarung eines Wechselverwertungsrechtes für Rückgewährforderungen s. oben Anm. 180 f., 184 und § 2 Anm. 12.

Anm. 198

c) § 1 Abs. 1 Satz 2 verbietet auch die Abrede einer *Vertragsstrafe* insoweit, als sie neben der Rückgewähr der gekauften Sache vom Käufer zu entrichten wäre. Der Verkäufer kann vielmehr nur entweder Erfüllung und unter Umständen Vertragsstrafe (vgl. § 4 Anm. 14 und 30) oder gegenseitige Rückgewähr der empfangenen Leistungen verlangen. Gl. M. Motive zu § 4 S. 725; *Tillmann-Jonas* S. 50. Vgl. oben auch Anm. 186.

Anm. 199

d) Da gemäß § 5 jede vom Verkäufer veranlaßte dauernde Entziehung des Besitzes und des Gebrauches als Ausübung des Rücktritts gilt (vgl. § 5 Anm. 6), sind auch die für einen solchen Fall getroffenen Vereinbarungen insoweit nichtig, als sie eine vom gesetzlichen Rückgewährverhältnis der §§ 1—3 zuungunsten des Käufers abweichende Regelung enthalten; vgl. § 5 Anm. 7.

Anm. 200

e) Unzulässig nach §§ 1, 3 und 5 ist auch die Vereinbarung eines *Wahlschuldverhältnisses* des Inhalts, daß der Käufer jeweils zwischen Zahlung einer Rate oder der Rückgabe der Kaufsache zu wählen hat. Die Gesetzwidrigkeit liegt schon darin, daß damit die Auflösung des Vertrags leicht dem Käufer zugeschoben werden kann und daß in diesem Fall der Umgehung der Schutzvorschriften des AbzG Tür und Tor geöffnet wäre; vgl. oben Anm. 73. Außerdem könnte der Verkäufer die Zwangsvollstreckung unmittelbar auf die Herausgabe der Kaufsache richten, wenn der Käufer mit der Ausübung des Wahlrechts zögert, § 264 BGB. Dies würde zwar nach § 5 als Rücktritt anzusehen sein, jedoch eine Umgehung der Zug-um-Zug-Rückgewährpflicht nach § 3 ermöglichen. Ebenso *Klauß* Anm. 302 ff. zu § 3. Die Vereinbarung eines solchen Wahlschuldverhältnisses wird daher dahin umzudeuten sein, daß der Käufer lediglich zur Zahlung verpflichtet ist, beiden Parteien aber ein Rücktrittsrecht zusteht. Über die Unzulässigkeit eines Klageantrags auf Zahlung oder Herausgabe s. Anhang zu § 3.

Zulässig ist dagegen die *Vereinbarung einer Ersetzungsbefugnis* (facultas alternativa) des Inhalts, daß der Käufer nach Rücktritt des Verkäufers berechtigt sein solle, die Herausgabe der Kaufsache durch Zahlung eines Betrages in Höhe des offenen Kaufpreises abzuwenden. Gl. A. *Klauß* Anm. 305 zu § 3 und außerdem *Aubele* Anm. 30 zu § 5.

Anm. 201

4. *Beispiele von Vereinbarungen, welche nicht gegen § 1 Abs. 1 Satz 2 verstoßen.* Alle nicht für das Rücktrittsverhältnis geltenden Vereinbarungen: z. B. Ausschluß der Aufrechnung, vgl. oben Anm. 105; Ausschluß eines Zurückbehaltungsrechtes oder der Gewährschaftspflichten, vgl. oben Anm. 114; die Verrechnungs- und Wahlrechtsklausel hinsichtlich eines Rücktritts von mehreren Sachkäufen nach Muster der Einheitsbedingungen des ehemaligen Reichsverbandes des kreditgebenden Einzelhandels, vgl. oben Anm. 143; die Selbsthilfeklausel, vgl. oben Anm. 90. Über Zulässigkeit einer Ersetzungsbefugnis vgl. Anm. 200 a. E.!

Anm. 202

IV. Zu § 1 Abs. 2 s. vor allem oben Anm. 131 ff. und 74 ff.

§ 1 a
[Formvorschriften]

(1) Die auf den Vertragsschluß gerichtete Willenserklärung des Käufers bedarf der schriftlichen Form. Die Urkunde muß insbesondere enthalten

1. den Barzahlungspreis,
2. den Teilzahlungspreis,
3. den Betrag, die Zahl und die Fälligkeit der einzelnen Teilzahlungen.

Der Barzahlungspreis ist der Preis, den der Käufer zu entrichten hätte, wenn spätestens bei Übergabe der Sache der Preis in voller Höhe fällig wäre. Der Teilzahlungspreis besteht aus dem Gesamtbetrag von Anzahlung und allen vom Käufer zu entrichtenden Raten einschließlich Zinsen und sonstigen Kosten.

(2) Der Verkäufer hat dem Käufer eine Abschrift der Urkunde auszuhändigen.

(3) Genügt die Willenserklärung des Käufers nicht den Anforderungen des Absatzes 1, so kommt der Vertrag erst zustande, wenn die Sache dem Käufer übergeben wird. Jedoch wird in diesem Falle eine Verbindlichkeit nur in Höhe des Barzahlungspreises begründet; der Käufer ist berechtigt, den Unterschied zwischen dem Barzahlungspreis und einer von ihm geleisteten Anzahlung in Teilbeträgen nach dem Verhältnis und in den Fällgkeitszeitpunkten dre vereinbarten Raten zu entrichten. Ist ein Barzahlungspreis nicht genannt, so gilt im Zweifel der Marktpreis als Barzahlungspreis.

(4) Die Absätze 1 und 2 finden keine Anwendung, wenn der Käufer ohne vorherige mündliche Verhandlung mit dem Verkäufer das auf den Vertragsabschluß gerichtete Angebot auf Grund eines Verkaufsprospektes abgibt, aus dem der Barzahlungspreis der Teilzahlungspreis sowie di eZahl und Fälligkeit der einzelnen Teilzahlungen ersichtlich sind.

(5) Der Angabe eines Barzahlungspreises (Absatz 1 Satz 2 Nr. 1) bedarf es nicht, wenn der Verkäufer nur gegen Teilzahlungen verkauft und hierauf im Verkaufsprospekt deutlich erkennbar hinweist.

Inhaltsübersicht

Besonderes Schrifttum zu § 1a:

Gerlach: Änderung des AbzG NJW 69,1939
Loebelli: Die neuen Bestimmungen des AbzG MDR 69,979
Petermann: Die Reform des AbzG Rpfleger 70,79
Stoppok: Die Abfassung u. Abwicklung von Darlehensverträgen nach dem Gesetz zur Änderung des AbzG v. 1. 9. 1969 TW 70,25
Weidner: Die Vertragsurkunde bei AbzGeschäften NJW 70,1779

A. Grundgedanke und Bedeutung des § 1a

Anm. 1

§ 1a wurde eingefügt durch das Gesetz zur Änderung des AbzG vom 1. 9. 1969 (BGBl. Teil I S. 1541). Zur Vorgeschichte s. Einl. Anm. 24. § 1a *tritt* im Gegensatz zu den übrigen Vorschriften des Gesetzes erst am *1. Juli 1970 in Kraft,* Art. 4; s. auch Anm. 23.

Dem § 1a liegt die verbreitete Erfahrung zu Grunde, daß AbzKäufer häufig die finanzielle Belastung ihrer Ratenzahlungsverpflichtung unterschätzen. Niedrig gehaltene Teilzahlungen täuschen unerfahrene Käufer leicht über die Wirtschaftlichkeit des Kaufs und lassen die Überlegung in den Hintergrund treten, welche Einsparungen wegen der langfristigen Verschuldung des Käufers notwendig werden.

Es ist Sinn des § 1a, dem Käufer den Umfang der von ihm einzugehenden Verpflichtung klar vor Augen zu halten. Er soll erkennen können, wieviel teurer ihm der Kauf in Raten als in bar zu stehen kommt und welchen Betrag er in den einzelnen Zahlungsabschnitten zu leisten hat. In der Praxis wurden zwar bisher fast alle AbzGeschäfte schriftlich fixiert (meist Formularverträge), obwohl Formvorschriften nicht bestanden. Das machte aber § 1a mit seinen besonderen Vorschriften und Rechtsfolgen nicht entbehrlich.

B. Das Erfordernis der Schriftform

I. Umfang der Beurkundung

Anm. 2

Der schriftlichen Form (s. Anm. 3) bedarf die *auf den Vertragsschluß gerichtete Willenserklärung des Käufers.* Gemeint ist die Willenserklärung, mit der der Käufer den Abschluß des (obligatorischen) Kaufvertrags dem Verkäufer anbietet bzw. dessen Angebot annimmt. Die gesamte Willenserklärung ist formbedürftig, d. h. alles, was Bestandteil des schuldrechtlichen Vertrags sein soll. Dazu gehören auch Nebenabreden, wie der Verzicht auf die Geltendmachung von Einreden oder Gegenrechten, die Sicherungsabrede, soweit sie den Käufer schuldrechtlich, nicht dinglich betrifft und ferner die vom Käufer zu leistende Anzahlung. Dazu gehört auch *beim fin. AbzKauf* (§ 6 Anm. 56 ff.) die gesamte auf den Darlehensvertrag gerichtete Willenserklärung. Dies folgt aus der entspr. Anwendung des § 6 und damit auch des § 1a. Der Schutz des AbzG soll dem Käufer nicht durch die Aufspaltung eines AbzKaufs in zwei rechtlich selbständige Verträge entzogen werden können. Das Bedürfnis des Käufers nach einer leichten und einwandfreien Feststellung seiner finanziellen Belastung bleibt auch beim fin. AbzKauf bestehen und die Angaben nach § 1a Abs. 1 Satz 2 Ziff. 2 u. 3 sind Bestandteil des Darlehensvertrages. S. auch Anm. 3 zu § 6a.

II. Formerfordernisse

Anm. 3

Die Willenserklärung des Käufers bedarf der *schriftlichen Form.* Was dieser Form entspricht, bestimmt § 126 BGB. Notwendig ist zunächst, daß die Urkunde die gesamte formbedürftige Erklärung enthält. Bezugnahmen auf Vorgänge außerhalb der Urkunde genügen der Formvorschrift dann nicht mehr, wenn sich der Inhalt nicht durch Auslegung unmittelbar aus der Urkunde feststellen läßt, vgl. BGHZ 26, 146. Vollständig ungenügend wäre die Beurkundung des Satzes: „Ich nehme das Vertragsangebot des Verkäufers über den Kauf eines Kfz an". Es müssen alle Einzelheiten der Willenserklärung des Käufers aufgenommen werden, vgl. Anm. 2. Bestehen allgemeine Geschäftsbedingungen, so müssen auch diese vom Käufer unterschrieben werden.

Erforderlich ist die *eigenhändige Unterschrift* des Ausstellers, also des Käufers. Ist der Käufer minderjährig, so ist Unterschrift des gesetzl. Vertreters erforderlich. Bei rechtsgeschäftlicher Vertretung kann der Vertreter sowohl im eigenen Namen (dann aber mit dem Zusatz i. V.) als auch im Namen des Vertretenen unterzeichnen, s. RGZ 81, 1. Im übrigen s. die Kommentare zu § 126 BGB. Die Rechtsfolgen bei Nichteinhaltung der Formvorschrift regelt § 1a Abs. 3 abweichend von § 125 BGB, s. dazu Anm. 12 ff.

III. Die Angaben nach § 1a Abs. 1 Satz 2

Anm. 4

Nach § 1 a Abs. 1 S. 1 bedarf die gesamte Willenserklärung des Käufers der Schriftform. Dennoch *hebt § 1a Abs. 1 S. 2 einige Punkte* hervor. Diese Bestimmung ist nicht eine teilweise Wiederholung des Satzes 1 und daher nicht „überflüssig". Denn zum wirksamen Abschluß eines AbzKaufs würde eine Einigung über den Barpreis nicht erforderlich sein. Dasselbe hätte für den Teilzahlungspreis zu gelten, da es ausreichen würde, wenn sich die Parteien über die Zahl und Höhe der einzelnen Raten geeinigt hätten. Lediglich die Ziff. 3 des Satzes 2 versteht sich aus § 1a Abs. 1 S. 1 als selbstverständlich. Aber im Zusammenhang mit Ziff. 3 macht der Gesetzgeber deutlich, daß § 1a Abs. 1 S. 2 im *besonderen Maße der Klarheit und Wahrheit* dienen soll, der Käufer also rasch und sicher die wirkliche wirtschaftliche Tragweite seiner Verpflichtung soll erkennen können.

Nicht erforderlich ist, daß die Angaben des Satzes 2 in der Urkunde *optisch besonders hervorgehoben* werden. Das ist mit dieser Vorschrift nicht bezweckt. Es ergibt sich aber allgemein aus dem Sinn des § 1a, (vgl. Anm. 1) die Notwendigkeit einer klaren und verständlichen Gliederung und Formulierung des Textes. Verwirrendes Verstreuen der einzelnen Punkte in vom Käufer oft unbeachtet gelassenen Geschäftsbedingungen kann u. U. sittenwidriges Verhalten sein.

Bei *Sammelbestellungen* eines Käufers brauchen die Angaben des § 1a Abs. 1 Satz 1 nicht für jede einzelne zur selben Gattung gehörende Ware angegeben zu werden. Es genügt die Summe der einzelnen Angaben für diese Waren, da der Käufer daraus schon die wirtschaftliche Tragweite des Geschäfts erkennen kann.

IV. Der Barzahlungspreis

Anm. 5

1. Die Urkunde muß den *Barzahlungspreis* (Barzpr.) enthalten, § 1 a Abs. 1 S. 2 Ziff. 1. Ausnahme nach Abs. 5. Eine Legaldefinition des Barzpr. enthält Abs. 1 Satz 3. Unklar ist dabei, ob der Verkäufer mit dem Käufer einen beliebigen Barzpr. vereinbaren kann oder aber an den Preis gebunden ist, den er üblicherweise zu verlangen pflegt. Der Gesetzeswortlaut spricht zwar eher für die volle Dispositionsfreiheit der Parteien über den Barzpr. Jedoch könnte damit der vom Gesetzgeber gewollte Zweck, dem Käufer die finanzielle Mehrbelastung beim Ratenkauf gegenüber dem Barkauf deutlich zu machen, vereitelt werden. Je höher der Barzpr., je niedriger deshalb die Differenz zum Teilzahlungspreis, um so günstiger wird dem Käufer das Geschäft erscheinen. Ein auf diese Weise überhöhter Barzpr. würde dem Käufer die Wirtschaftlichkeit des Geschäfts zu seinen Ungunsten verschleiern, dem Verkäufer dagegen u. U. von großem Vorteil sein, vgl. § 1a Abs. 3 Satz 2. Der Verkäufer muß also den Barzpr. zugrundelegen, den er z. Z. des Kaufabschlusses sonst üblich in Rechnung stellt. Dieses Ergebnis folgt auch aus § 1a Abs. 5, wonach der Barzpr. nicht angegeben werden muß, wenn ein solcher mangels Barverkäufe nicht bekannt ist, allenfalls kostenmäßig ermittelt werden könnte. S. auch Weidner NJW 70, 1779.

Die Höhe des Barzpr. kann trotzdem Gegenstand rechtsgeschäftlicher Einigung der Vertragspartner sein, sei es, daß sich die Parteien von Anfang darüber einig waren oder sich nach Verhandlungen einigten. Man wird dann von der *vom Käufer zu widerlegenden Vermutung* auszugehen haben, daß der in der Urkunde genannte Barzpr. dem vom Verkäufer üblich geforderten Preis entspricht. Mit dem *Marktpreis* muß der Barzpr. *nicht identisch* sein, vgl. § 1a Abs. 3 Satz 3 u. Anm. 18.

Anm. 6

Der Barzpr. *ist der Bruttopreis.* Die Mehrwertsteuer ist mit einzubeziehen. Ein Skontoabzug ist auch dann nicht zulässig, wenn der Verkäufer ihn üblicherweise bei sofortiger Zahlung gewährt. § 1a Abs. 1 Satz 3 spricht ausdrücklich von dem Preis, der *fällig* wäre, nicht von dem, der bei Sofortzahlung zu entrichten ist. Es ist auch völlig ungewiß, ob der AbzKäufer sofort zahlen und damit in den Genuß des Skonto kommen würde.

Anm. 7

2. Da der Barzpr. mit der Einigung darauf Bestandteil der Willenserklärung des Käufers (und Verkäufers) geworden ist, kann eine *Anfechtung wegen Irrtums* über den Barzpr. oder wegen *arglistiger Täuschung* über dessen wahre Höhe u. U. durchgreifen. Schwierig dürfte allerdings der Nachweis der Kausalität des Irrtums bzw. der Täuschung auf die Abgabe der Willenserklärung sein. Jedenfalls gehört die Höhe des Barzpr. nicht zum (unbeachtlichen) Kaufmotiv des Käufers.

V. Der Teilzahlungspreis

Anm. 8

Der Teilzahlungspreis (Tzpr.) wird in § 1a Abs. 1 Satz 4 definiert. Er besteht aus dem Gesamtbetrag von Anzahlung und allen vom Käufer zu entrichtenden Raten einschließlich Zinsen und sonstigen Kosten. Nur der Gesamtbetrag ist anzugeben. Zu den „sonstigen Kosten" gehören insbesondere Spesen, Provision, Kredit- und Warenversicherungskosten und die Mehrwertsteuer. Nicht hierher gehören Kosten und Zinsen, die der Käufer auf Grund einer Vertragsverletzung zu zahlen hätte, z. B. Verzug.

Beim fin. AbzKauf deckt sich der Tzpr. regelmäßig nicht mit dem vom Käufer zurückzuzahlenden Darlehen. Der Käufer leistet meist an den Verkäufer eine Anzahlung, so daß die vom FinInst. an den Verkäufer zu zahlende Darlehensvaluta um diesen Betrag unter dem Tzpr. liegt.

Über die Rechtsfolgen, wenn der Tzpr. fälschlich zu hoch bzw. zu niedrig angegeben ist, s. Anm. 12.

VI. Betrag, Zahl und Fälligkeit der einzelnen Teilzahlungen

Anm. 9

Die Urkunde muß ferner enthalten *den Betrag, die Zahl und die Fälligkeit* der einzelnen Teilzahlungen, § 1a Abs. 1 Satz 2 Ziff. 3. Der Käufer soll aus diesen Angaben sofort die in gewissen Zeitabständen auf ihn zukommende Belastung ersehen können, um in der Lage zu sein, sie in die Kosten seiner Lebenshaltung von Anfang an einzubeziehen. Bezüglich der Fälligkeit genügt die turnusmäßige Angabe des Zahltags, wie z. B. »jeden 1. des Monats". Vgl. auch § 1 Anm. 44.

C. Die Abschrift der Urkunde

I. Pflicht des Verkäufers: Anspruch des Käufers

Anm. 10

Der Verkäufer hat dem Käufer *eine Abschrift der Urkunde auszuhändigen,* Abs. 2. Damit soll dem Käufer die Möglichkeit gegeben werden, sich auch später noch über die Höhe und Dauer der finanziellen Belastung vergewissern zu können, ohne erst den Verkäufer aufsuchen zu müssen. Weiter bezweckt die Vorschrift, daß der Käufer die Einhaltung der Formvorschrift nachprüfen (lassen) kann, um ggf. seine Rechte nach Abs. 3 geltend zu machen.

Die Aushändigung der Urkunde ist eine *gesetzliche Pflicht* des Verkäufers. Beim *fin AbzKauf* trifft diese Pflicht auch das FinInst. Die Willenserklärung bezüglich des Darlehensvertrages unterliegt ebenfalls der Formvorschrift des § 1a, vgl. Anm. 2. Diese Beurkundung erfolgt im Rechtskreis des FinInst, Es kann sich bei der Erfüllung dieser Pflicht des Verkäufers als Erfüllungsgehilfen bedienen, § 278 BGB.

Der Pflicht des Verkäufers steht *ein Anspruch des Käufers* auf Aushändigung gegenüber. Auszuhändigen ist eine *Abschrift,* also ein nachträglich hergestelltes, mit der Reinschrift vollständig übereinstimmendes Schriftstück. Doch wird Abs. 2 auch mit der Aushändigung einer Ablichtung oder Durchschrift entsprochen, da diese Unterlagen dem Käufer ebenso gut dienen wie die Abschrift.

II. Rechtsfolgen aus Verletzung der Pflicht nach Abs. 2

Anm. 11

Die Aushändigung kann der Käufer unmittelbar nach der Ausstellung der Urkunde verlangen. Dies ergibt sich aus dem Sinn des Abs. 2, vlg. Anm. 10, und aus dem Schweigen des Gesetzes über den Zeitpunkt, was darauf hindeutet, daß die Aushändigung zum frühest möglichen Zeitpunkt zu erfolgen hat.

Verweigert der Verkäufer die Herausgabe der Abschrift, so verletzt er damit eine gesetzliche Nebenpflicht. § 326 BGB ist dafür nicht anwendbar, vgl. *Palandt* § 326 Anm. 3b.

Dem Käufer steht jedoch ein *Leistungsverweigerungsrecht nach § 320 BGB zu.* Das dafür erforderliche Synallagma (Gegenseitigkeitsverhältnis) zwischen der Pflicht des Verkäufers aus Abs. 2 und der Zahlungsverpflichtung des Käufers ist dadurch gegeben, daß der Käufer nur durch die Kontrolle der Abschrift die Einhaltung des § 1a Abs. 1 nachprüfen und ggf. seine einzelnen Teilzahlungen der Vorschrift des Abs. 3 entsprechend ganz verweigern oder jedenfalls kürzen kann.

D. Rechtsfolgen bei Verstoß gegen die Formvorschrift

I. Arten des Verstoßes

Anm. 12

§ 1 a Abs. 3 regelt die Rechtsfolgen, wenn die *Willenserklärung des Käufers nicht den Anforderungen des Abs. 1 entspricht*. Den Anforderungen des Abs. 1 ist nicht nur dann nicht entsprochen, wenn die Angaben des § 1a Abs. 1 Satz 2 fehlen, sondern auch, wenn die übrigen nach Abs. 1 Satz 1 zu beurkundenden Erklärungen des Käufers der Form nicht entsprechen, vgl. Anm. 2 u. 3. Dem Fehlen dieser Angaben steht deren unrichtige Angabe dann gleich, wenn die Unrichtigkeit dem Käufer objektiv das Geschäft wirtschaftlich günstiger erscheinen läßt, als es in Wahrheit ist. So gilt Abs. 3 bei unzulässig überhöhtem Barzpr., vgl. Anm. 5. S. dazu die folgenden Ausführungen zum Tzpr.

Sind die einzelnen Beträge, aus denen sich der Tzpr. zusammensetzt, *unrichtig addiert worden* oder einzelne Posten dabei unberücksichtigt gelassen, so ist zu unterscheiden, ob der in der Urkunde ausgewiesene Betrag über dem echten Tzpr. oder darunter liegt. Liegt er darüber, so ist zwar nicht der Tzpr. nach der wörtlich verstandenen Definition des § 1a Abs. 1 Satz 4 angegeben, sondern ein anderer Preis. Doch wird die Rechtsfolge nach Abs. 3 nicht eintreten. Der Tzpr. stellt lediglich eine Orientierungshilfe über die Wirtschaftlichkeit des Geschäfts für den Käufer dar. Entschließt sich der Käufer zum Kauf trotz eines überhöht angegebenen Tzpr., dann hätte er sich erst recht bei Kenntnis des wahren (niedrigeren) Tzpr. entschlossen. Es besteht kein Grund, den den Schutz des Käufers bezweckenden Abs. 3 anzuwenden. Dem Sinn des § 1a entsprechend muß man also sagen, daß der Tzpr. i. S. des Abs. 1 Satz 4 angegeben ist, wenn er dem tatsächlichen Tzpr. entspricht oder darüber liegt.

Anders, wenn der beurkundete „Tzpr." unter dem wahren Tzpr. liegt. Hier kann der Käufer entgegnen, daß der niedrigere Preis für seine Überlegungen von Bedeutung war. Der Vergleich mit dem Barzpr. ließ ihm das Geschäft wirtschaftlich erscheinen. Das Geschäft erscheint günstiger, als es tatsächlich ist. Diesen Anschein will § 1a gerade durch die Gegenüberstellung von Barzpr. und Tzpr. vermeiden. Daß der Käufer den Tzpr. selbst hätte ermitteln und den Fehler aufdecken können, ist unerheblich, da ihm diese Nachprüfung nicht zur Pflicht gemacht ist. Unerheblich ist ferner die Frage, ob der Käufer den Kauf bei Kenntnis des wahren Tzpr. nicht geschlossen hätte. Diese Kausalität verlangt Abs. 3 nicht. Sie ist jedoch bedeutsam für die Frage, ob der Käufer den Vertrag wegen Irrtums, § 119 BGB, ggf.

wegen arglistiger Täuschung, § 123 BGB, anfechten könnte, vgl. auch Anm. 7. — Aus dem Zweck des § 1a, vgl. Anm. 1, folgt, daß die Schriftform nicht gewahrt ist.

II. Das Erfordernis der Übergabe

Anm. 13

Der Kaufvertrag kommt erst zustande, wenn die Sache dem Käufer übergeben wird. Zu dieser Formulierung ist zunächst auf folgendes hinzuweisen: Ist die Sache nicht übergeben, liegt überhaupt kein Abz Kauf vor, § 1 Anm. 22 ff. Folglich fände das AbzG und damit § 1a Abs. 3 keine Anwendung. Folglich wäre ein „normaler" Kaufvertrag zustandegekommen. Um dieses Ergebnis zu vermeiden, muß § 1a dahin verstanden werden, daß bei fehlender Übergabe der Sache der Kaufvertrag, der bei Übergabe ein AbzKauf wäre, unwirksam ist. Nur wegen des engen Sachzusammenhangs mit dem AbzGeschäft erfolgte diese Regelung im AbzG, die formal ins Kaufrecht des BGB gehören mußte. — § 1a Abs. 3 Satz 1 stellt ausdrücklich fest, daß die fehlende Schriftform nicht zur Nichtigkeit des Vertrages führt. § 125 BGB ist unanwendbar. Der Grund für die vom BGB abweichende Regelung besteht darin, daß die Nichtigkeit des Vertrages weder im Interesse des Käufers noch des Verkäufers liegt. Der eine ist auf den weiteren Gebrauch der Sache angewiesen oder möchte ihn zumindest nicht entbehren, dem anderen ist aus geschäftlichen Gründen am Bestehen des Vertrages gelegen. Das Gesetz entspricht mit dieser Regelung den Ausführungen von Ewald „Neues Teilzahlungsrecht" S. 26.

Abs. 3 Satz 1 macht die Wirksamkeit des Kaufvertrags *nicht von einer aufschiebenden Bedingung* (der Übergabe der Sache) abhängig. Es handelt sich um eine bloße Rechtsbedingung, die nicht unter die §§ 158 ff. BGB zu reihen ist, vgl. *Palandt* Einf. § 158 Anm. 2. Die Übergabe der Sache ist gesetzliches Erfordernis für die Wirksamkeit des Vertrages, also eines der mehreren Tatbestandsmerkmale, die für dessen Wirksamkeit vorliegen müssen. Folglich ist der Vertrag trotz Einigung bis zur Übergabe (schwebend) unwirksam. Ein Anwartschaftsrecht des Käufers auf die Ansprüche aus dem Kaufvertrag, wie es bei Bedingtheit des Vertrages anzunehmen wäre, besteht nicht.

Ist der Vertrag wirksam, weil die Sache übergeben wurde, dann ist das Vertragsinhalt, worauf sich die Parteien geeinigt haben. Gleichgültig ist, ob er beurkundet ist oder nicht. Die Beweislast, ob und inwieweit Einigung erzielt wurde, trifft denjenigen, der Rechte daraus herleiten will. Wegen der Bedeutung des Barzpr. und Marktpreises s. Abs. 3 Satz 2 u. 3 und Anm. 18 u. 19.

Bezüglich des *fin AbzKaufs* s. Anm. 16.

Anm. 14

Zur Wirksamkeit des Vertrages ist *die Übergabe der Sache an den Käufer* erforderlich. Denn mit der Ansichnahme der Sache dokumentiert der Käufer erneut seinen Kaufentschluß und gibt damit für den Verkäufer zu erkennen, daß er die wirtschaftlichen Konsequenzen des Kaufs genügend überdacht hat. Für den Begriff der Übergabe i. S. des § 1a Abs. 3 Satz 1 ist also die Mitwirkung des Käufers bei der Übergabe notwendig. Es reicht deshalb nicht aus, wenn schon im Vertrage die Übergabe durch Begründung eines Besitzmittlungsverhältnisses, § 868 BGB, zwischen Käufer und Verkäufer vereinbart wird. Darüber hinaus muß jede Übergabe als unzureichend angesehen werden, die dem Käufer nicht die Nutzungsmöglichkeit der Sache verschafft. Denn nur dann ist das AbzG anwendbar, s. § 1 Anm. 22 ff; vgl. auch Anm. 13 oben. Es kann aber nicht Sinn des Gesetzes sein, über § 1a einen Vertrag wirksam sein zu lassen, der dann aber den den Käufer nicht schützenden Vorschriften des BGB-Kaufrechts unterliegt und nicht dem AbzG. Das wären für den Käufer Steine statt Brot. Bezüglich des Übergabebegriffs s. im übrigen Anm. 22 ff. zu § 1, s. auch Anm. 15.

III. Das Recht des Käufers, die Übergabe abzulehnen

Anm. 15

Da vor Übergabe der Sache ein Vertrag und damit eine Verpflichtung des Käufers die Sache abzunehmen, nicht besteht, kann *der Käufer die Übergabe ablehnen.* Dies entspricht auch dem Sinn des Abs. 3 Satz 1, der dem Käufer Gelegenheit geben will, das Geschäft anhand der wahren Angaben noch einmal zu überdenken. Deshalb ist die Sache auch noch nicht übergeben, wenn der Verkäufer sie dem Käufer zuschickt oder bei ihm abstellt. Entscheidend ist in diesen Fällen, daß der Käufer daraufhin seinen Besitzwillen an der Sache nach außen kundbar macht. Dies ist insbesondere der Fall, wenn er sie in Gebrauch nimmt. Ausreichend ist die Übergabe an einen zum Kauf bevollmächtigten Vertreter.

IV. Beim fin AbzKauf

Anm. 16

Die auf den Darlehensvertrag gerichtete Willenserklärung des Käufers bedarf ebenfalls der Form nach § 1a, vgl. Anm. 2. Unproblematisch dürfte die Anwendung des Abs. 3 sein, wenn die Form insoweit nicht gewahrt ist. Entspricht die auf den Kaufvertrag gerichtete Willenserklärung nicht der Form, so muß Abs. 3 auch auf den Darlehensvertrag angewendet werden. Über § 6 kommt dem Käufer der volle Schutz des AbzG zu, d. h. soweit das AbzG in Rede steht, kommt es auf die rechtliche Trennung von Kauf- und Darlehensvertrag nicht an. Daher besteht keine Inkonsequenz zu der in § 6 Anm. 149a vertretenen Meinung, daß Mängel des Kaufvertrages grundsätzlich nicht auf den Darlehensvertrag, auch nicht in der Form einer Einrede, übergreifen. In § 6 Anm. 149a sind außerhalb des AbzG begründete Mängel angesprochen.

Folglich kommt auch der Darlehensvertrag erst mit der Übergabe der Sache zustande. Wegen der Bereicherungsabwicklung im Dreiecksverhältnis s. § 6 Anm. 156.

V. Verbindlichkeit nur in Höhe des Barzahlungspreises

Anm. 17

Es handelt sich um eine gesetzliche Fiktion, da der Tzpr. vereinbart wurde und diese Einigung nach Übergabe der Sache wirksam ist. Statt des Tzpr. ist der Barzpr., § 1a Abs. 1 Satz 3, geschuldet. Ist ein Barzpr. in der Urkunde nicht genannt, so gilt i. Zw. der Marktpreis, s. dazu Anm. 18. Über den Begriff des Barzpr. s. Anm. 5. Er gilt als von Anfang an geschuldet, da eine Verbindlichkeit in dieser Höhe „begründet" wird. Folglich bestehen akzessorische Rechte auch von Anfang an in dieser Höhe (z. B. Hypothek und Bürgschaft). Die Fiktion des Abs. 3 Satz 2 1. Halbs. ändert nichts an der Rechtsnatur des Geschäfts. Es bleibt AbzKauf, auf das das ganze AbzG Anwendung findet. Beim *fin AbzKauf* schuldet der Käufer dem FinInst ebenfalls nur die Rückzahlung des Darlehens in Höhe des Barzpr. abzüglich der an den Verkäufer geleisteten Anzahlung, vgl. Anm. 16.

Anm. 18

Ist der Barzpr. nicht genannt, so gilt *im Zweifel der Marktpreis als Barzpr.*, § 1a Abs. 3 Satz 3. Nicht genannt ist der Barzpr., wenn er in der Urkunde, sei es entgegen der Vorschrift des § 1a Abs. 1, sei es berechtigterweise aufgrund des Abs. 5, nicht festgehalten ist. Er ist ferner dann nicht genannt, wenn ein überhöhter Barzpr. angegeben ist, vgl. Anm. 5.

In diesen Fällen gilt *im Zweifel* der Marktpreis. Vorrang vor dem Marktpreis hat die mündliche Einigung der Parteien über den Barzpr. Erst wenn eine solche nicht zustandekam oder nicht nachgewiesen oder der Barzpr. z. Z. des Kaufabschlusses nicht ermittelt werden kann, tritt der Marktpreis an die Stelle des Barzpr. Bestehende Zweifel über den Barzpr. hat der Verkäufer auszuräumen. Kann er die mündliche Einigung der Parteien über den Barzpr. nicht nachweisen, so genügt der Verkäufer seiner Beweisführungspflicht durch Ermittlung des Barzpr. in seinem Geschäft wie er z. Z. des Abschlusses des Kaufvertrages üblich war. Das folgt daraus, daß der Verkäufer den Barzpr. nicht beliebig durch Vereinbarung mit dem Käufer festsetzen kann, vgl. Anm. 5.

Vermag der Verkäufer den Barzpr. nicht nachzuweisen, so *gilt der Marktpreis*. Marktpreis ist der zu einer bestimmten Zeit gezahlte Durchschnittspreis für eine an einem bestimmten Ort gekaufte Sache bestimmter Menge und Güte. Welcher Ort ausschlaggebend ist, bestimmt § 453 BGB, i. Zw. der Erfüllungsort, § 269 BGB. Im einzelnen s. hierzu *Palandt* u. *Staudinger* § 453 BGB.

Anm. 19

Der Käufer hat ein *Wahlrecht zwischen 2 Modalitäten der zu leistenden Raten*. Er kann entweder die Raten in der dem Tzpr. zugrundeliegenden Höhe (weiter-)zahlen. Dadurch erreicht er eine zeitliche Verkürzung seiner Zahlungsbelastung, da er statt des Tzpr. nur den geringeren Barzpr. schuldet. Er ist aber auch „berechtigt", den Unterschied zwischen dem Barzpr. und einer von ihm geleisteten Anzahlung in Teilbeträgen nach dem Verhältnis und in den Fälligkeitszeitpunkten der vereinbarten Raten zu entrichten, Abs. 3 Satz 2,2. Halbs. Die Laufzeit der Ratenzahlungsverpflichtung bleibt gegenüber der vereinbarten unverändert, jedoch erfolgt eine verhältnismäßige Kürzung der einzelnen Teilzahlungen. An die einmal getroffene Entscheidung zu Gunsten der einen oder anderen Zahlungsweise ist der Käufer gebunden, da er damit die Art seiner vertraglichen Verpflichtung festgelegt hat.

Wählt der Käufer den Weg des Abs. 3 Satz 2,2. Halbs., so hat er folgende Rechnung durchzuführen, wenn er außer einer Anzahlung noch nichts geleistet hat: Die Differenz aus Barzpr. und Anzahlung ist durch die vereinbarte Zahl von Raten zu dividieren. Der sich daraus ergebende Betrag ist zu den jeweiligen Fälligkeitstagen geschuldet. Hat der Käufer neben der Anzahlung schon einige Raten entrichtet, so gilt: Die Differenz aus Barzpr. und der Summe von Anzahlung und geleisteten Raten ist durch die verbleibende Zahl von Raten zu dividieren. Der sich ergebende Betrag ist zu den jeweiligen Fälligkeitstagen geschuldet. Das Gesetz schweigt zwar zu dieser Fallgestaltung. Sie ist aber nur ein Unterfall des vom Gesetz aufgezeigten

Weges. Hat der Käufer schon alle Raten, also den Tzpr. entrichtet, dann steht ihm in Höhe der Differnz zwischen Tzpr. und Barzpr. ein Anspruch aus § 812 Abs. 1 Satz 1 BGB gegen den Verkäufer und beim fin AbzKauf vermindert um die Anzahlung gegen das FinInst zu.

E. Die Anwendung des § 1 a Abs. 4

Anm. 20

§ 1 a Abs. 1 und 2 (und damit auch Abs. 3) *finden keine* Anwendung im Fall des *Abs. 4,* der vorwiegend den Katalogversandhandel anspricht. Die Vorschrift stellt folgende Voraussetzungen auf:

Der Verkäufer muß die Ware in einem *Verkaufsprospekt* anbieten. Verkaufsprospekt ist nicht nur ein das gesamte Warensortiment umfassendes Angebot, sondern jedes schriftlich gemachte Warenangebot, das nur Preisschlager oder eine Auswahl betrifft, z. B. Anzeigen in Zeitungen.

Dieser Verkaufsprospekt muß die *Angaben des § 1a Abs. 1 Satz 2* enthalten. Ausgenommen sind der Barzpr. im Fall des Abs. 5 und der Betrag der einzelnen Teilzahlung, den der Käufer selbst ermitteln kann. Wegen der Begriffe Barzpr. und Tzpr. s. Anm. 5 ff. Diese Angaben müssen aus dem Katalog „ersichtlich" sein, d. h. sie müssen bei jeder Ware aufgeführt werden. Die Zusammensetzung des Tzpr. muß nicht kenntlich gemacht werden, doch dürfte es zweckmäßig sein, die gesetzliche Definition von Barzpr. und Tzpr. an einer Stelle des Katalogs zu übernehmen. Das auf den Vertragsschluß gerichtete Angebot muß *ohne vorherige mündliche Verhandlung* mit dem Verkäufer *und aufgrund des Verkaufsprospekts* gemacht werden. Die beiden Tatbestandsmerkmale hängen zusammen und müssen zusammen verstanden werden. Der Käufer bestellt auch dann „ohne vorherige mündliche Verhandlung", wenn er sich in den Geschäftsräumen des Verkäufers oder dessen Filialen die im Katalog ausgesuchte Ware ansieht, sich erklären und die Vertragsbedingungen mitteilen läßt, sie aber nicht anschließend im Geschäftslokal, sondern später bestellt. Er bestellt hier auch „aufgrund des Verkaufsprospekts", selbst wenn die Besichtigung der Ware an Ort und Stelle den eigentlichen Ausschlag gegeben hat. Denn nur so ist dem Sinn des Abs. 4 entsprochen: Hat der Käufer genügend Zeit ohne unmittelbare Einwirkung anderer am Geschäft Interessierter sich die wirtschaftliche Tragweite des Geschäfts anhand der Angaben des Katalogs zu überlegen, so bedarf er nicht des durch § 1 a Abs. 1—3 bezweckten Schutzes. Diese Möglichkeit hat der Käufer, wenn er die Ware ohne jede Verhandlung mit dem Verkäufer bestellt. Er hat sie auch dann noch, wenn er vorher mit dem Verkäufer unverbindlich verhandelt hat. Es muß in diesem Fall ausreichen, wenn die Zeitspanne zwischen Verhandlung mit dem Verkäufer und Aufgabe der Bestellung so bemessen ist, daß angenommen werden kann, der Käufer habe das Geschäft durch einen erneuten Blick in den Katalog überprüft. Ob er es wirklich tat, ist unerheblich. Das Kriterium „ohne mündliche Verhandlung" ist also dahin zu verstehen, daß der Käufer nicht sofort nach der Verhandlung die Bestellung beim Verkäufer abgibt. Das Angebot ist schon „aufgrund des Verkaufsprospekts" abgegeben, wenn er kausal für die Besichtigung der Ware im Geschäft des Verkäufers geworden ist, auch wenn der eigentliche Kaufentschluß erst aufgrund der Besichtigung gefaßt wird.

Anm. 21

Ein Verkäufer, der *ausschließlich TzKäufe abschließt, braucht den Barzpr. nicht anzugeben,* wenn er in seinem Verkaufsprospekt darauf deutlich hinweist, *Abs. 5.* Grund dafür ist, daß dieser Verkäufer keinen Barzpr. hat und folglich auf Schätzung angewiesen wäre. Mit einem so fiktiven Barzpr. wäre dem Käufer wenig gedient, wenn er bei Gegenüberstellung mit dem Tzpr. die Mehrkosten errechnen will. Allerdings „bedarf" es der Angabe des Barzpr. nicht. Er kann also angegeben werden. Da der Verkäufer aber nicht jeden beliebigen Barzpr. festlegen darf, vgl. Anm. 5, muß er den fiktiven Barzpr. so genau wie möglich durch betriebswirtschaftliche Kostenrechnung ermitteln. Abs. 5 will dem Verkäufer diese Belastung nicht vorschreiben.

Verkauft der Verkäufer nur bestimmte Warengruppen ausschließlich im Wege der Teilzahlung, andere dagegen auch bar, so wird man Abs. 5 auf jene entsprechend anwenden müssen. Dies folgt aus dem oben genannten Sinn der Vorschrift.

Anm. 22

Der Verkäufer muß *im Verkaufsprospekt,* s. Anm. 20, *deutlich erkennbar* darauf *hinweisen,* daß er nur gegen Teilzahlung verkauft. Der Hinweis muß an einer unübersehbaren, hervorgehobenen Stelle im Verkaufsprospekt angebracht werden. Es genügt ein einziger Hinweis, der z. B. sofort erkennbar bei den Verkaufsbedingungen eingefügt werden kann.

F. Übergangsregelung, Inkafttreten

Anm. 23

§ 1 a findet auf Verträge, die vor dem 1. 1. 1970 abgeschlossen worden sind, keine Anwendung. Nach diesem Zeitpunkt abgeschlossene Verträge unterliegen dieser Vorschrift, die jedoch erst am 1. 7. 1970 in Kraft tritt, Art. 2 und 4 des Änderungsgesetzes (Text s. nach § 9).

§ 2

[Ansprüche des Verkäufers bei Rücktritt]

Der Käufer hat im Falle des Rücktritts dem Verkäufer für die infolge des Vertrages gemachten Aufwendungen, sowie für solche Beschädigungen der Sache Ersatz zu leisten, welche durch ein Verschulden des Käufers oder durch einen sonstigen von ihm zu vertretenden Umstand verursacht sind. Für die Überlassung des Gebrauchs oder der Benutzung ist deren Wert zu vergüten, wobei auf die inzwischen eingetretene Wertminderung der Sache Rücksicht zu nehmen ist. Eine entgegenstehende Vereinbarung, insbesondere die vor Ausübung des Rücktrittsrechts erfolgte vertragsmäßige Festsetzung einer höheren Vergütung, ist nichtig.

Auf der Festsetzung der Höhe der Vergütung finden die Vorschriften des § 260 (jetzt § 287) Abs. 1 der Zivilprozeßordnung entsprechende Anwendung.

Inhaltsübersicht

Besonderes Schrifttum zu § 2

Vgl. zunächst die Literatur zu § 1, die teilweise auch Fragen zu § 2 mitenthält.

Asch: Gebrauchsvergütung und Wertminderung im AbzRecht DRiZ 33, 289 f.

Blomeyer: Die zeitliche Begrenzung der Gebrauchsvergütung nach § 2 AbzG. — Zugleich Bemerkungen zum Verhältnis von § 2 AbzG zu §§ 346 f. BGB, MDR 68, 6 ff.

Crisolli: Ansprüche des Verkäufers auf die Vergütung nach § 2 AbzG JR 32, 133 ff.

Crisolli: Die Bewertung der Ansprüche des Verkäufers auf die Vergütungen nach § 2 AbzG JW 34, 1089 ff., 1826 f.

Crisolli: Besprechung zu OLG Nürnberg JW 34, 3006

Crisolli: Besprechung zu OLG Braunschweig JW 34, 3006

Erlanger: Zur Behandlung der AbzGeschäfte DRiZ 32, 289

Flume: Besprechung zu BGHZ 5, 573 in JZ 52, 420 f.

Gruner: Der Rücktritt vom Teilzahlungsvertrag, TW 57, 88

Hamelbeck: Wertminderung der AbzSache und Kaufkraft des Geldes DRiZ 33, 108

Janka: Rücktritt vom AbzGeschäft. Was muß der Käufer für Gebrauch und Abnutzung bezahlen? BB 50, 10

Klauß: Besprechung zu OLG Stuttgart NJW 53, 1066

Klauß: Der Versteigerungsverlust TW 61, 156

Maibom: Befriedigungsrecht des AbzVerkäufers für Ansprüche gem § 2 AbzG aus Wechselakzepten des Abzahlungskäufers? NJW 62/2286

Mezger: Das Abzahlungsgeschäft (Teil I), DB 65, 315

Molt: Die Höhe der vom AbzKäufer eines Kraftfahrzeuges nach § 2 AbzG dem Käufer im Falle des Rücktritts für die Überlassung und die Benutzung zu bezahlende Vergütung RK 33, 100

Ochs: Die Berechnung der Wertminderung bei der Zwangsvollstreckung in die AbzSache NJW 60, 1984

Ochs: Nochmals: Der „Versteigerungsverlust" bei der Zwangsvollstreckung in die AbzSache NJW 61, 1149

Pikart: Die Rechtsprechung des BGH zum AbzGeschäft WM 61, 813

Reinicke: Wechsel- und AbzGeschäft DB 59, 1103

Rewolle: Die Provision des Handelsvertreters nach Rücktritt vom Vertrag nach dem AbzG DB 64, 467

Scholz: Ansprüche des Verkäufers nach § 2 AbzG unter besonderer Berücksichtigung der Erstattungsfähigkeit von Versicherungsprämien, TW 62, 88

Scholz: Nochmals: Die zeitliche Begrenzung der Gebrauchsvergütung nach § 2 AbzG MDR 68, 631

Teplitzky: Der Austausch des Kausalverhältnisses bei Wechselgeschäften NJW 62, 724

Wangemann: Wer trägt den Versteigerungsverlust bei der Zwangsvollstreckung in die AbzSache? MDR 61, 111

Wesemann: Die Bewertung der Ansprüche des Verkäufers auf die Vergütung nach § 2 AbzG JW 34, 1826

Woltereck: Sind die Rechte des AbzVerkäufers aus § 2 Abs. 1 des AbzG durch das Erfüllungsinteresse begrenzt? BB 63, 1117

A. Grundgedanke und Bedeutung des § 2

Anm. 1

§ 2 ist zu verstehen als Teil der durch §§ 1—3 gegebenen — im wesentlichen abschließenden — Sonderregelungen des Rückgewährverhältnisses, das die Folge der inhaltlichen Umwandlung eines AbzKaufes durch Rücktritt des Verkäufers ist. Vgl. auch § 1 Anm.

162 ff., insbes. 169—171. Den Kern des § 2 bildet sein Abs. 1. Allgemeiner Ansicht nach bedeutet er, daß der Verkäufer neben Rückgabe der Kaufsache unter keinen Umständen mehr verlangen könne, als die Erfüllung der drei durch § 2 Abs. 1 Satz 1 und Satz 2 gewährten genau umschriebenen Ansprüche, nämlich:

Ersatz für Aufwendungen „infolge des Vertrages", Ersatz für vom Käufer zu vertretende Beschädigung der Kaufsache und Vergütung des Wertes der Überlassung zum Gebrauch oder zur Benutzung.

Anm. 2

1. Auf der Suche nach dem *tragenden Gedanken* der Anspruchsregelung des § 2 Abs. 1 stößt man zunächst auf den sozialpolitischen Zweck des AbzG: *Schutz des Käufers* vor dem Bestreben des sozial und wirtschaftlich stärkeren Verkäufers, sich möglichst schadlos zu halten und aus dem mißglückten Geschäft doch noch Nutzen zu ziehen; somit Verhinderung allzu großer finanzieller Einbußen des Käufers.

Diese Berufung auf den Schutzzweck beantwortet freilich nur die im Hinblick auf Abs. 1 Satz 3 zu stellende Frage, warum der Verkäufer nicht mehr verlangen kann. Außerdem kann man allerdings aus dem Zweck den Schluß ziehen, daß die Ansprüche aus § 2 in ihrer Summe keinesfalls die Höhe des Kaufpreises und der Zinsen, die angefallen wären, wenn der Vertrag mit seinen ursprünglichen Leistungspflichten noch bestünde, übersteigen können, s. Anm. 10. Vgl. RGZ 138, 28 ff. a. E.; *Crisolli* in ablehnender Anm. zu OLG Nürnberg JW 34, 2716 und OLG Braunschweig JW 34, 3006.

Anm. 3

Die Frage aber, warum dem Verkäufer überhaupt dieses Maß an Rechten gewährt wird, wird allgemein damit beantwortet, daß diese Regelung auf einen *billigen Interessenausgleich* zwischen Verkäufer und Käufer beruhe. Es wäre natürlich höchst unbillig, wenn der Verkäufer genötigt wäre, die in der Zwischenzeit vom Käufer abgenutzte und sogar vielleicht beschädigte Sache ohne jede Entschädigung zurückzunehmen. Aber bei der Erklärung der einzelnen Ansprüche gehen die Ansichten bereits auseinander: Während *Crisolli* 4. Aufl. Anm. 2 zu § 2 in dem Anspruch auf Ersatz von Verwendungen und in der Berücksichtigung der Wertminderung eine Haftungsverschärfung sieht, um den Verkäufer wenigstens vor unmittelbarem Schaden zu bewahren, dem bei Nichterfüllung praktisch nichts anderes übrig bleibe als der Rücktritt, sehen *Lazarus* S. 82 ff., *Samter* S. 35 ff. und *Paul*

S. 46 in den Ansprüchen aus § 2 den Ausgleich für schuldhaftes Verhalten des Käufers.

Ein klareres Ergebnis kann nur erzielt werden, wenn man den Inhalt des Rückgewährverhältnisses nach dem AbzG mit dem nach den allgemeinen Rücktrittsbestimmungen des BGB auf die Abweichungen hin untersucht.

Anm. 4

Der Umwandlung des Kaufvertrages in ein Abwicklungsverhältnis entspricht die *Rückgewähr der empfangenen Leistungen.* Die Rückgewährpflicht (§ 346 BGB) ist das tragende Prinzip der Regelung des BGB. Vgl. Motive zum BGB II S. 280, 281. Sie besteht, wo die Rückgabe der ursprünglichen Leistung wesensmäßig ausgeschlossen ist, in der Vergütung ihres gemeinen Wertes. Vgl. § 346 Satz 2 BGB und RG JW 11, 756; RG *Warn.* 14 Nr. 45; *Soergel* Anm. 4 zu § 346; *Staudinger-Werner* 9. Aufl. Anm. 2 zu § 346. Auch das AbzG stellt in § 1 den Rückgewährgrundsatz auf. Nichts deutet darauf hin, daß diese Pflicht nur auf die Rückgabe der Kaufsache und die Rückgewähr der geleisteten Zahlungen gerichtet sei, wie im Anschluß an die Motive zum AbzG (S. 725) und an die amtliche Begründung zum Entwurf des § 2 (zitiert bei *Aubele* Anm. 1 zu § 2) von der älteren Literatur und der Rechtsprechung zumeist angenommen wird. Die Ausgestaltung des modernen AbzGeschäfts gebietet im Interesse eines umfassenden Käuferschutzes gerade eine weite Auslegung des Begriffes „empfangene Leistungen". Vgl. § 1 Anm. 175 ff. mit Nachweisen. Da aber dieser Begriff nur einheitlich gefaßt werden kann, gilt er nicht nur für die Leistungen des Käufers an den Verkäufer, sondern auch umgekehrt für die Leistungen, welche der Käufer vom Verkäufer empfängt. Von diesem Standpunkt aus erscheint der Anspruch auf Schadenersatz (§ 2 Abs. 1 Satz 1 2. Halbsatz), der dem des § 347 Satz 1 BGB entspricht, und der Anspruch auf Vergütung des Wertes der Überlassung (§ 2 Abs. 1 Satz 2) nur als nähere Ausgestaltung der Leistungsrückgewährpflicht. Gleicher Gedanke bei *Klauß* Anm. 195 zu § 2 und RG JW 33, 907 (908).

§ 2 Abs. 1 Satz 2 bedeutet gleichzeitig eine *Einschränkung des Rückgewährprinzips zugunsten des Käufers* insoweit, als für die Überlassung nur ihr Wert zu vergüten ist, während andere Nebenleistungen des Verkäufers (z. B. Transport und Montage) nur hinsichtlich ihrer Kosten als Aufwendung berücksichtigt werden können. Andererseits soll es der wesentlichen Gleichheit der Interessenlage wegen nicht darauf ankommen, ob sich die Überlassung zum Gebrauch wirklich als besondere vertragliche Leistung darstellt — m. a. W., ob die Kaufsache unter EV zum Gebrauch übergeben oder gleich voll wirksam übereignet worden war. Was die Berücksichtigung der (bei vertragsmäßigem Gebrauch eingetretenen konkreten) Wertminderung anbetrifft, so kann sie sich je nach den Umständen als eine Begünstigung des Verkäufers oder auch des Käufers darstellen. Berücksichtigung der konkreten Wertminderung bedeutet, daß die Überlassungsvergütung nicht ausschließlich nach dem gemeinen Wert der Überlassung, in welchem eine Durchschnittsquote der Wertminderung inbegriffen wäre, bestimmt, sondern daß der gemeine Wert entsprechend der konkreten Wertminderung zu berichtigen ist — eine Belohnung des Käufers, der die Sache wenig und schonend benutzt hat, und ein Schutz des Verkäufers vor übermäßiger Abnutzung.

Anm. 5

Die einzige *wesentliche Abweichung von der* allgemeinen *BGB-Regelung* besteht in dem Anspruch auf Ersatz der Aufwendungen „infolge des Vertrages", soweit es sich dabei nicht um die Kosten der Erbringung vertraglicher Nebenleistungen handelt, für die auch nach der allgemeinen BGB-Regelung Ersatz geschuldet wird. *Die Rechtsposition des Verkäufers* erfährt hier eine *Erweiterung*, die nur damit erklärt werden kann, daß das Gesetz hier auf den speziellen Fall eines Rücktritts wegen Nichterfüllung abstellt. Die Vorschriften des AbzG gehen, wie die Formulierungen des § 1 zeigen, in der Tat von einem wegen Nichterfüllung erklärten Rücktritt aus, wenngleich sie nach allgemeiner Meinung für alle Fälle eines vom Verkäufer erklärten Rücktritts Anwendung finden; vgl. § 1 Anm. 74. Man wird hieraus aber die Folgerung ziehen müssen, daß dem Verkäufer ein über den Ersatz der Kosten vertraglicher Nebenleistungen hinausgehender Anspruch auf Aufwendungsersatz unter Umständen nach Treu und Glauben zu versagen ist, wenn die Gründe seines Rücktritts nur in seiner eigenen Person liegen und der Käufer durch keinen in seiner Person liegenden Umstand zum Rücktritt Anlaß gegeben hat. Rechtsprechung und Literatur haben hierzu noch nicht Stellung genommen.

Anm. 6

2. Die Anspruchsregelung des *§ 2 Abs. 1* bezieht sich *nur* auf die Zeit *bis zur Erklärung des Rücktritts* vgl. *Blomeyer* MDR 68, 6 ff. u. Anm .91. Da von diesem Augenblick an die Gebrauchs- und Benutzungsbefugnis des Käufers wegfällt, richtet sich das Rücktrittsverhältnis für die Folgezeit nach den *allgemeinen Regeln des BGB* (bestr., s.

§ 1 Anm. 171a). *Vom Zeitpunkt des Rücktritts* an unterliegt das Rückgewährverhältnis allerdings der Vertragsfreiheit vgl. § 1 Anm. 193. Das Verbot abweichender Vereinbarung, insbesondere der Festsetzung einer bestimmtn Überlassungsvergütung (§ 2 Abs. 1 Satz 3) schien dem Gesetzgeber nur in dieser Zeitlichen Beschränkung gerechtfertigt; denn die für den Abschluß und die Dauer des AbzGeschäftes charakteristische soziale und wirtschaftliche Ungleichheit in der Stellung von AbzKäufer und -Verkäufer ist nach dem Rücktritt nicht mehr ausschlaggebend. Der Käufer kann dann die Lage besser überschauen. Er wird sich kaum mehr durch die Hoffnung, die Sache doch erwerben zu können und unter dem Druck des Verkäufes bestimmen lassen, für ihn nachteiligere Vereinbarungen zu treffen. Die allgemeinen Vorschriften des BGB reichen daher für den Schutz des Käufers voll aus. Etwas anderes wäre es freilich, wenn ein neues AbzGeschäft abgeschlossen würde. Näheres vgl. unten Anm. 91, 105 f., 108 ff. und zu § 1 auch schon dort Anm. 171 a, 193.

Anm. 7

3. Dem *§ 2* kommt in der AbzPraxis *größte Bedeutung* zu. „Er bildet einen der Angelpunkte des Gesetzes" (*Ewald* AbzG S. 50), auch insofern, als durch hohe Bezifferung der Aufwendungen und hohe Ansätze für Wertminderung und anderer Rechnungsposten der Überlassungsvergütung der Schutzzweck des Gesetzes leicht vereitelt werden kann. Die Ansprüche des § 2 wirken sich dann wie eine nach § 1 Abs. 1 Satz 2 verbotene Verwirkungsklausel aus (vgl. Anm. 196 zu § 1) oder übertreffen sie sogar in *ihrer* Wirkung. Die Gefahr erhöht sich noch durch die Schwierigkeiten bei der Berechnung des Wertes der Überlassung. Über Reformvorschläge s. *Ewald* Abz. S. 50 ff. Für das geltende Recht ist für den Richter eine knappe Kalkulation der Ansprüche im Rahmen seines durch § 2 Abs. 2 und § 287 ZPO gegebenen Ermessensspielraumes meist dringend geboten. Ebenso schon *Erlanger* DRiZ 32, 298 mit im übrigen nicht annehmbaren Vorschlägen.

B. Die Ansprüche des Verkäufers nach § 2 Abs. 1 im allgemeinen

I. Die drei selbständigen Ansprüche

Anm. 8

§ 2 Abs. 1 gewährt dem Verkäufer *drei selbständige Ansprüche* auf

1. Ersatz der vertragsbedingten Aufwendungen,

2. Schadenersatz bei Beschädigungen der Kaufsache, wenn der Käufer die Beschädigung zu vertreten hat (mitumfaßt werden die Fälle

eines vom Käufer zu vertretenden Unterganges oder sonstiger von ihm zu vertretender Unmöglichkeit der Herausgabe der Kaufsache),

3. Vergütung des Wertes der Überlassung der Kaufsache zum Gebrauch oder zur Benutzung.

Ein selbständiger vierter Anspruch auf Ersatz der bei vertragsmäßigem Gebrauch eingetretenen Wertminderung *besteht dagegen nicht.* A. A. *Aubele* Anm. 3 zu § 2. Der nach § 2 Abs. 1 Satz 2 vorgeschriebenen Berücksichtigung der Wertminderung kommt nur eine Hilfsfunktion bei Ermittlung des Wertes der Gebrauchs- oder Benutzungsüberlassung zu; so zutreffend *Flume* in Anm. zu BGH JZ 52, 420 f.; vgl. auch oben Anm. 4. Die Wertminderung wird daher nur als Rechnungsposten bei Ermittlung des zu vergütenden Wertes der Gebrauchs- oder Benutzungsüberlassung berücksichtigt. Gl. A. RGZ (GS) 169, 140 ff. (144); BGHZ 19, 330 ff.; *Klauß* Anm. 217 a. E. zu § 2; *Rühl S. 275.* Einzelheiten unten Anm. 66 ff., bes. 73 ff.

Anm. 9

Die oben Ziff. 1—3 genannten Ansprüche können vom Verkäufer *einzeln oder zusammen* geltend gemacht werden. Sie stehen dem Verkäufer zu *neben dem Anspruch auf Rückgabe der Kaufsache* (§ 1 Abs. 1) und können sowohl zugleich mit diesem Anspruch in einer Klage als auch mit einer selbständigen neuen Klage verfolgt werden.

Anm. 10

Obere Grenze der Ansprüche ist das Erfüllungsinteresse des Verkäufers. D. h. sie können in ihrer Summe keinesfalls die Höhe des Kaufpreises zuzüglich der Zinsen, die ohne den Rücktritt angefallen wären, übersteigen, da der Verkäufer aus dem Rücktritt keinen Nutzen ziehen, sondern nur Ersatz dafür erhalten soll, daß die Sache an Wert verloren hat; vgl. oben Anm. 2 und 3; ebenso BGH NJW 67, 1807; OLG Hamburg MDR 65, 383; OLG Nürnberg WM 59, 358: *Palandt-Putzo* Anm. 4 zu § 2 AbzG und *Woltereck* BB 63, 1117 — A. A. *Erman-Weitnauer-Klingsporn* Anm. 1 d zu § 2 AbzG, die meinen, daß das Erfüllungsinteresse alles umfasse, was bei der Aufrechterhaltung des Vertrags als Schadenersatz wegen Nichterfüllung zu leisten gewesen wäre. Diese Ansicht ist abzulehnen, da einmal dem AbzVerkäufer kein Schadensersatz wegen Nichterfüllung aufgrund des Rücktritts zusteht, zum andern § 2 Abs. 1 nur einen billigen Ausgleich gewähren, dem Verkäufer aber nicht einen Gewinn verschaffen will. Die Beschränkung wirkt sich in erster Linie auf den Anspruch der Überlassungsvergütung aus, weshalb die Frage in Literatur und Rechtsprechung bisher nur für diesen Anspruch erörtert wurde. S. daher auch unten Anm. 97 mit Nachweisen.

Anm. 11

Die Verjährung der Ansprüche aus § 2 erfolgt grundsätzlich wie die aller Ansprüche aus dem Rücktrittsverhältnis in 30 Jahren, § 195 BGB. Soweit der AbzVerkäufer aber Kaufmann, Fabrikant oder Handwerker ist, also bei der weitaus überwiegenden Zahl der Abz-Geschäfte, verjähren die Ansprüche aus § 2 in 2 bzw. 4 Jahren gem. § 196 Abs. 1 S. 1, Abs. 2 BGB, siehe näheres bei § 1 Anm. 189.

Der Verkäufer kann vom Käufer auch dann die Ansprüche aus § 2 nicht mehr geltend machen, wenn er vom Kaufvertrag zurücktritt nachdem bereits sein Kaufpreisanspruch *verjährt* ist, so mit Recht BGH NJW 67, 1808. Das ergibt sich daraus, daß das AbzG ein Schutzgesetz zu Gunsten des Käufers ist, er also nicht schlechter gestellt sein darf, als der sonstige Käufer. Der sonstige Käufer schuldet aber dem Verkäufer bei Verjährung des Kaufpreisanspruchs nur die Rückgabe der unter Eigentumsvorbehalt gelieferten Sache. Es richten sich gegen den Käufer auch keine Zahlungsansprüche aus Rücktrittsrecht, da der Käufer bei Verjährung der Kaufpreisforderung nicht mehr in Verzug kommen kann; vgl. BGHZ 34, 191 u. § 1 Anm. 126.

II. Persönliche und dingliche Sicherungen des Kaufpreisanspruches

Anm. 12

Solche Sicherungen haften für die Ansprüche aus § 2 nur, wenn sie von den Vertragsparteien auch hierfür bestellt worden sind. Ebenso *Lechner* Anm. 6 zu § 1, *Aubele* Anm. 128 zu § 1; vgl. auch § 1 Anm. 181. A. A. *Féaux de la Croix* JW 38, 3148 und *Beuck* S. 57. Die eingangs aufgestellte Regel gilt ohne Einschränkung, wenn das Sicherungsrecht streng akzessorisch (d. h. vom Bestand der Hauptforderung abhängig) ist. Für die Haftung eines Bürgen folgt dies aus § 767 BGB (ebenso RG Recht 30, Nr. 1244; LG Bochum MDR 58, 336. *Erman* Anm. 1 zu § 767; *Palandt* Anm. 2 c zu § 767; OLG Hamburg MDR 64, 324; OLG Schleswig-Holstein SchlHA 65, 236; LG Gießen NJW 65, 256). Veranlaßt dagegen der Bürge den Abz-Verkäufer die Kaufsache beim Käufer zurückzunehmen, wobei der Bürge sich bereit erklärt, für die dem Verkäufer entstandene Wertdifferenz zwischen Kaufpreis und zurückgenommener Ware einzustehen, so haftet der Bürge aus dieser vertraglichen Abrede auf die Wertdifferenz, so LG Gießen NJW 65, 256, jedoch nicht als Bürge (!). Für alle Pfandrechte an beweglichen Sachen und an Forderungen aus §§ 1210, 1251, 1273 BGB und für Hypotheken aus §§ 1113, 1115, 1163 Abs. 1 Satz 2, § 1177 Abs. 1, 1180 BGB. Die Forthaftung eines mit einer Kaufpreisresthypothek belasteten Grundstücks für die aus § 2 erwachsenen Ansprüche wird daher zu Recht verneint von OLG Hamm JW 34, 1864. Unrichtig die gegenteilige Ansicht des OLG Breslau HRR 39 Nr. 1246 und *Aubele* Anm. 5 zu § 3. Hinsichtlich des Streites um die Forthaftung von Kaufpreisresthypotheken s. auch § 1 Anm. 184. Die Regel wird aber durchbrochen, wenn es sich um die Begründung abstrakter (d. h. von dem Bestand der zu sichernden Kaufpreisrestforderung unabhängiger) Sicherungsrechte handelt, da nach § 3 die Rückgewähr der Sicherheit nur Zug um Zug gegen Erfüllung der dem Käufer nach §§ 1 und 2 obliegenden Pflichten verlangt werden kann. Bis zur Rückgewähr bleibt der Verkäufer daher aus dem abstrakten Recht berechtigt. Zu diesen Rechten zählen Grund- und Rentenschulden (§§ 1191, 1199 BGB), Sicherungsübereignungen und Abtretungen (soweit sie nicht auflösend bedingt sind) und Wechselverbindlichkeiten.

Zur Frage, ob die auf die Kaufpreisforderung gegebenen *Wechsel* auch für die Ansprüche *nach § 2 haften,* gilt folgendes: Ohne eine entsprechende Vereinbarung haften die Wechsel *nicht* für die Ansprüche des Verkäufers aus § 2; so auch BGH DB 69, 344; KG NJW 58, 27; OLG Celle BB 63, 67; OLG Zweibrücken NJW 67, 1472; *Reinicke* DB 59, 1103; *Maibom* NJW 62, 2286; *Mezger* DB 65, 315 — A. A. OLG Düsseldorf JR 53, 182; *Baumbach-Hefermehl* WechselG Art 17 RdNR. 61; *Palandt-Putzo* Anm. 6 c zu § 1 AbzG).

Die aus dem Abwicklungsverhältnis (vgl. § 1 Anm. 65) resultierenden Forderungen sind nicht mit den Vertragsansprüchen identisch — dies weder dem Inhalt noch dem Umfang nach. Stellt aber der auf § 2 beruhende Anspruch eine andersartige Forderung dar, so können die für die Kaufpreisforderung gegebenen Wechsel dafür nicht ohne weiteres verwendet werden. Die Haftung der Wechsel für die Ansprüche aus § 2 kann auch nicht mit dem dem Verkäufer nach § 3 zustehenden Zurückbehaltungsrecht begründet werden. Ob das Zurückbehaltungsrecht wirtschaftlich wertlos ist oder nicht, kann nicht entscheidend sein, da § 3 keinesfalls ein Befriedigungsrecht an der zurückbehaltenen Sache gewährt. Insofern ist das Zurückbehaltungsrecht aus Wechsel stets wirtschaftlich wertlos. Die Gegenmeinung stützt sich auch auf die Entscheidung des RG vom 25. 1. 11 in RGZ

75, 199, die zu § 348 BGB erging. Gegen die Anwendung der Grundsätze dieser Entscheidung auf das vorliegende Problem spricht sich mit Recht *Reinicke* DB 59, 1103 aus.

Eine Haftung der Wechsel für die Ansprüche aus § 2 ohne entsprechende Vereinbarung kann allenfalls im Wege *ergänzender Vertragsauslegung* bejaht werden. Diese wird man jedoch nur bei Vorliegen ganz besonderer Umstände für zulässig zu erachten haben; vgl. *Palandt-Danckelmann* Anm. 2 a zu § 157. Hat der Verkäufer die Wechselsicherung des AbzGeschäfts verlangt, weil er die Vermögenslosigkeit des Käufers kannte, so ist vereinbarte Haftung für die Ansprüche nach § 2 anzunehmen, BGH BB 57, 14.

Eine *Vereinbarung der Haftung der Wechsel* auch für diese Ansprüche *verstößt nicht gegen* § 1 Abs. 1. Zwar gehören die Wechsel zu den „empfangenen Leistungen" i. S. des § 1 Abs. 1. Aber mit der Vereinbarung werden dem Verkäufer nicht Rechte außerhalb des AbzG eingeräumt, sondern nur die Sicherheit für Ansprüche gegeben, die das AbzG selbst schafft. Anders wäre es freilich, wenn die Vereinbarung lediglich dahin ginge, daß der Verkäufer auch bei Rücktritt die Wechsel verwerten dürfte, so auch BGH NJW 59, 1084; Teplitzky NJW 62, 724:

Ist eine zulässige Vereinbarung getroffen, so trägt der Käufer die *Beweislast* dafür, daß dem Verkäufer keine Ansprüche aus § 2 zustehen. Der Verkäufer seinerseits hat dagegen die Pflicht, substantiier Tatsachen zu behaupten, die seinen Anspruch begründen; so BGH NJW 59, 1084, vgl. ferner BGH NJW 58, 1188 und BGH DB 59, 705.

Wechsel haften dann für die Ersatz- und Vergütungsansprüche aus § 2, wenn der Verkäufer die Wechselsicherung des AbzGeschäftes verlangte, weil er die Vermögenslosigkeit des Käufers kannte, BGH BB 57, 14. Über Wechselhaftung, über die Pflicht zur Rückgabe von Wechseln und Freistellung von Inanspruchnahme des Käufers s. Anm. 180 ff. sowie 197 zu § 1; über die Rückgabe dinglicher Sicherungen s. auch Anm. 184 f., insbesondere 185 zu § 1.

Anm. 13

Pfändungspfandrechte aus der Kaufpreiszwangsvollstreckung umfassen die Ansprüche aus § 2 nicht; OLG Karlsruhe HRR 4040 Nr. 898.

III. Beweislast

Anm. 14

Der Verkäufer trägt die Beweislast hinsichtlich des Grundes und der Höhe der Ansprüche. Doch wird sie durch die Vorschrift des § 2 Abs. 2 (vgl. unten Anm. 114) gemildert. Den Käufer trifft die Beweislast dafür, daß die Beschädigung der Sache, für die der Verkäufer Ersatz verlangt, nicht auf einen von ihm zu vertretenden Umstand beruht. Gl. M. RG JW 08, 478; *Rühl* S. 273; *Samter* S. 42. Bezüglich der Beweislast für den Fall *wechselmäßiger* Haftung siehe Anm. 12 am Ende.

C. Die Ansprüche des § 2 Abs. 1 im einzelnen

I. Anspruch auf Ersatz von Aufwendungen (§ 2 Abs. 1 Satz 1 erster Halbsatz)

Anm. 15

1. Der *Begriff der Aufwendungen* ist weder im AbzG noch im BGB bestimmt. Nach der für das BGB herrschenden Ansicht sind Aufwendungen die *auf freiem Willen beruhenden* Auslagen und sonstigen *Aufopferungen von Vermögenswerten zur Erreichung eines bestimmten Zweckes*; so RGZ 75, 208; 122, 303; RG JW 10, 803; *Erman* Anm. 1 zu § 256; *Palandt* Anm. 1 zu § 256. Eine solche freiwillige Aufopferung liegt auch in der Übernahme von Verbindlichkeiten, so RGZ 151, 99. Der gleiche Aufwendungsbegriff gilt für das AbzG. Gl. M. *Klauß* Anm. 160 zu § 2; *Aubele* Anm. 4 zu § 2. A. A. *Crisolli* 4. Aufl. Anm. 7 zu § 2, der ihn im Hinblick auf Sinn und Zweck des § 2 Abs. 1 Satz 1 für zu eng hält, weil er angeblich einen Ersatz von Ausgaben, zu denen der Verkäufer auf Grund des Vertrags verpflichtet war, ausschließe. Die Bedenken sind unbegründet. Der angenommene Aufwendungsbegriff schließt die Ausgaben zur Bewirkung vertraglicher Leistungen keineswegs aus (Gl. A. *Asch* Gruch 73, 3; *Klauß* Anm. 160 zu § 2). Er umfaßt vielmehr auch gerade die Vermögensaufopferungen, die in Bewirkung vertraglicher Leistungen bestehen, s. unten Anm. 29 ff. Über das Verhältnis der Pflicht zum Ersatz der Leistungskosten zur Leistungsrückgewährpflicht s. unten Anm. 26. Das Erfordernis der Freiwilligkeit stellt nur eine Abgrenzung dar gegenüber solchen Schädigungen, die nicht aus einer freiwillig übernommenen besonderen Gefahr einer Handlung zur Erreichung eines bestimmten Zweckes herrühren.

Anm. 16

Nicht um eine *Aufwendung* handelt es sich bei dem *Zinsausfall,* den der Verkäufer dadurch erleidet, daß der Käufer seiner Pflicht zur Zahlung der Raten oder der geschuldeten Zinsen nicht nachkommt. Ein Ersatzanspruch hierfür besteht nicht. Ebenso KG JW 34, 1735. Das gilt auch für Verzugszinsen.

Anm. 17

2. *Voraussetzungen der Ersatzpflicht.* Nicht für seine *„infolge des Vertrages"* gemachten Aufwendungen kann der Verkäufer dem Gesetzeswortlaut nach Ersatz verlangen. Die hiermit getroffene Umschreibung des Kreises der ersatzfähigen Aufwendungen erweist sich im Hinblick auf den Zweck gerade dieses Ersatzanspruches — ein letztes Feingewicht zur Erzielung eines erstrebten billigen Ausgleiches des speziellen Interesses der Partner des AbzGeschäftes — als zu grob und ungenügend.

Anm. 18

So ist der Gesetzeswortlaut einerseits zu weit. Denn die Aufwendung darf nicht als schlichte Vermögensminderung betrachtet werden; sie ist vielmehr Vermögensaufopferung zur Erreichung eines bestimmten Zweckes. Daher genügt das abgrenzende Merkmal der Ursächlichkeit (als condicio sine qua non) allein nicht. Der Aufwendungsersatz muß auch durch den Aufwendungszweck gerechtfertigt sein (hierüber unten Anm. 24) und die Ersatzpflicht ist unter dem Gesichtspunkt der Erforderlichkeit der Aufwendung zu beschränken (unten Anm. 25).

Ersatz für Aufwendungen kann nach verständiger Gesetzesauslegung außerdem dann nicht verlangt werden, wenn der Wert der Aufwendung in der zurückzugebenden Kaufsache steckt oder wenn er im Schadenersatz wegen Beschädigung oder in der Überlassungsvergütung (Berücksichtigung der Wertminderung) inbegriffen ist (unten Anm. 26).

Schließlich findet der Anspruch auf Aufwendungsersatz seine volle Berechtigung nur dann, wenn der Käufer durch einen in seiner Person liegenden Umstand (z. B. Nichterfüllung, Kreditunwürdigkeit) dem Verkäufer zum Rücktritt Anlaß gegeben hat. Näheres oben Anm. 5.

Anm. 19

Andererseits ist der Wortlaut „infolge des Vertrages" zu eng, weil auch die sogenannten „Vertragskosten“ mit ersetzt werden sollen. S. hierzu unten Anm. 21 und 27.

Anm. 20

Grundsätzlich ist es für die Ersatzpflichtigkeit einer Aufwendung unerheblich, ob sie *in den Kaufpreis einkalkuliert* war oder nicht, da der Verkäufer den Kaufpreis ja nicht erhält; a. A. *Hörle* Gruch 55, 201: *Schmidt* S. 22. Besonderes gilt aber für werterhöhende Aufwendungen. Vgl. unten Anm. 26.

Die Voraussetzungen der Ersatzpflicht im einzelnen:

Anm. 21

a) *Aufwendung „infolge des Vertrages“*. Allgemeiner Meinung entsprechend ist die Ersatzpflicht nicht etwa in streng wörtlicher Auslegung auf solche Aufwendungen zu beschränken, welche durch den *abgeschlossenen* AbzKaufvertrag verursacht worden sind. Sie umfaßt auch Aufwendungen zum Zweck des Vertragsschlusses in der von den Parteien vereinbarten Art und Weise. Der Verkäufer kann daher Ersatz für die sogenannten *Vertragskosten* verlangen. Über die einzelnen hierunter fallenden Aufwendungen s. unten Anm. 27. Dagegen sind Ausgaben *vor Vertragsschluß*, etwa zur Werbung oder zur Ermöglichung des Geschäfts mit dem Käufer, von der Ersatzpflicht ausgeschlossen. Gl. A. *Lechner* Anm. 2 a zu § 2, *Samter* S. 37, *Hein* S. 111.

Zu den ersatzpflichtigen Aufwendungen sind andererseits auch solche zu zählen, die durch einen früher zwischen den Parteien des AbzGeschäfts geschlossenen Vertrag verursacht sind, wenn dieser Vertrag mit dem AbzGeschäft wirtschaftlich eine Einheit bildet und die Aufwendung auch dem Zweck des AbzGeschäftes dient; z. B. besondere Eindeckungskosten für eine ursprünglich Zug um Zug zu bezahlende Ware, wenn der Kauf nach der Beschaffung in einen AbzKauf umgewandelt wird. Zu den hier auftretenden Fragen des Begriffs des AbzGeschäfts s. § 1 Anm. 22 ff. und 48 ff.

Anm. 22

Das Erfordernis der Vertragsbedingtheit ist vor allem Maßstab zur Ausscheidung aller Aufwendungen, die nur der Inganghaltung des Gewerbebetriebs dienen (z. B. Kosten für Fabrikationsanlagen, Geschäftsräume, Löhne, Reklame) oder sonst mit dem Betrieb des

Gewerbes an sich notwendig verbunden sind, z. B. Steuerzahlungen (Ausnahme: Umsatzsteuer; vgl. aber hierüber unten Anm. 24 und 27).

All diese Ausgaben werden stets unter dem Sammelbegriff *„allgemeine Geschäftsunkosten"* zusammengefaßt. Zur Unterscheidung der ersatzfähigen von den nichtersatzfähigen Aufwendungen ist dieser Begriff jedoch ungeeignet, wenngleich er bisher in der Literatur allgemein hierzu verwendet wurde. So rechnet *Ewald*, AbzG S. 52 ff. zu den allgemeinen Geschäftsunkosten auch alle Kosten, mit denen der Verkäufer auf Grund der Erfahrung, daß nur ein Teil der Verträge durchgeführt wird, rechnen muß (z. B. Rücktransportkosten). Allerdings fällt *Ewald* bei der Verneinung der Ersatzpflicht für diese Aufwendungen einem unzulässigen Zirkelschluß zum Opfer; denn der Verkäufer muß nur mit der Auslage selbst und der Möglichkeit der Uneinbringlichkeit von Ersatzansprüchen rechnen; ob eine Ersatzpflicht besteht, ist damit nicht entschieden. Sieht man von dieser falschen Schlußfolgerung, die zu einer völligen Aushöhlung des Ersatzanspruches für Aufwendungen contra legem führen würde, ab, so zeigt sich doch, daß der Begriff „allgemeine Geschäftsunkosten" — wenn er die endgültigen Ausfälle mit umfaßt — nur als Kalkulationsfaktor, nicht aber als rechtliche Abgrenzung Bedeutung hat.

Anm. 23

Bei mehreren zwischen Käufer und Verkäufer geschlossenen *Abz-Verträgen* kann der Verkäufer Ersatz von Aufwendungen nur insoweit und nur in der Höhe verlangen, als sie gerade durch den durch Rücktritt umgestalteten Vertrag verursacht worden sind.

Anm. 24

b) *Der Ersatz muß durch den Zweck der Aufwendung gerechtfertigt sein.* Dieses Erfordernis hat bisher weder im Schrifttum noch in der Rechtsprechung besondere Berücksichtigung gefunden, sondern wurde mit den Gesichtspunkten der Ursächlichkeit und der Notwendigkeit (unten Anm. 25) vermengt und daher nur unklar erfaßt. Siehe z. B. *Criolli* 4. Aufl. § 2 Anm. 8,1. Satz, *Aubele* Anm. 4 zu § 2 2. Absatz. Die Aufwendung muß in ihrer Art und Höhe entweder die Erfüllung, die Sicherung des Verkäufers vor den besonderen Risiken gerade dieses abgeschlossenen Vertrages oder die Verfolgung und Wahrung seiner Rechte einschließlich der Erlangung des Gegenwertes bezweckt haben. Im Ergebnis gl. A. *Aubele* a.a.O.

Daher kann der Verkäufer nicht Ersatz verlangen für Ausgaben, die er in Erwartung der Kaufpreiszahlungen gemacht hat (man würde sonst einen Anspruch auf Ersatz des Erfüllungsinteresses zulassen), ferner nicht für gezahlte Vermittlungs- und Abschlußprovisionen (diese sind lediglich Entgelt für eine auf Umsatzerzielung und damit allgemein auf den Betrieb des Gewerbes gerichtete Tätigkeit vgl. unten Anm. 28), endlich nicht für die entrichtete Umsatzsteuer (näheres unten Anm. 27).

Anm. 25

c) *Erforderlichkeit der Aufwendung.* Es wäre unbillig, wenn der Käufer zum Ersatz völlig überflüssiger oder verfehlter Ausgaben des Verkäufers verpflichtet wäre. Von *Klauß* Anm. 181 zu § 2 und *Aubele* Anm. 4 zu § 2 wird die Ersatzpflicht daher auf die notwendigen Aufwendungen beschränkt. Das Abstellen auf objektive Notwendigkeit würde den Verkäufer aber zu sehr benachteiligen. Richtiger erscheint es darauf abzustellen, ob die Aufwendung in ihrer Art und Höhe im Hinblick auf die Vertragserfüllung, auf die Sicherung oder Verfolgung der Rechte des Verkäufers (vgl. oben Anm. 24) für erforderlich gehalten werden dürfte. Vgl. § 670 BGB, für dessen Formulierung die gleichen Erwägungen maßgebend waren; s. Mot. zu BGB II S. 541. Maßgebend ist somit für die Beurteilung der Erforderlichkeit der objektive Standpunkt eines ordentlichen Geschäftsmannes, nicht der subjektive des Verkäufers; ebenso *Erman-Weitnauer-Klingsporn* Anm. 2 d zu § 2 AbzG. Eine Überprüfung der Erforderlichkeit der Aufwendung erübrigt sich in den Fällen, in denen die Aufwendung im *Einvernehmen mit dem Käufer* gemacht wurde. So *A*sch Gruch 73, 4; *Klauß* § 2 Anm. 181 a. E.

Anm. 26

d) *Kein Aufwendungsersatz* greift überall da Platz, wo die Aufwendung durch Leistungsrückgewähr oder (und) durch die Überlassungsvergütung Berücksichtigung findet. Der Aufwendungsbegriff umfaßt auch die Vermögensaufopferung, die in der Bewirkung der vertraglichen Leistung selbst liegt. Vgl. oben Anm. 15 und 18. Da aber der Käufer die Kaufsache zurückgeben, für von ihm zu vertretende Beschädigungen Schadenersatz und für die Überlassung unter Berücksichtigung der eingetretenen Wertminderung eine Wertvergütung zu leisten hat, muß ein Doppelersatz als nicht im Sinne des Gesetzes liegend vermieden werden. Aufwendungen, die üblicherweise im Mietzins abgegolten sind, sind nur dann zu ersetzen, wenn sie bei der Berechnung der Überlassungsvergütung abweichend vom anzusetzenden Mietzins außer Betracht gelassen werden, z. B. Transport-Versicherungs- oder Vertragskosten, siehe Anm. 32. Für Aufwendungen zur *Beschaffung, Herstellung, Änderung* oder *Aufbesserung* der verkauften Sachen, für den *Anteil an den allgemeinen Produktionskosten* und den Verzicht auf die eigene Nutzung des in der Sache steckenden Kapitals kann der Verkäufer keinen Ersatz verlangen, da er den hierfür aufgeopferten Vermögenswert durch Rückgabe der Kaufsache oder durch Schadenersatz wegen Unmöglichkeit unbeschädigter Rückgabe und durch die Berücksichtigung der Wertminderung bei der Überlassungsvergütung zurückerhält. Gl. A. *Klauß* Anm. 164 zu § 2, *Lechner* Anm. 2 b zu § 2, *Lazarus* S. 87 f. und im Ergebnis *Samter* S. 37.

Eine Ausnahme gilt nur für die Kosten solcher Änderungen, die nur auf besonderen Wunsch des Käufers vorgenommen worden sind und durch die der gemeine Wert der Sache nicht erhöht worden ist. Gl. M *Hörle* Gruch 55, 201; *Klauß* § 2 Anm. 164; *Erman-Weitnauer-Klingsporn* § 2; *Palandt-Putzo* Anm. 3 a bb zu § 2 AbzG.

Ob die Aufwendungen *in den Kaufpreis einkalkuliert waren*, spielt, da der Verkäufer ja den Kaufpreis nicht erhält, keine Rolle. A. A. *Hörle* Gruch, 55, 201; *Schmidt* S. 22; *Aubele* § 2 Anm. 4 Abs. 13. Vgl. auch oben Anm. 20. Die Einkalkulierung in den Kaufpreis soll aber nach *Klauß* a.a.O. und nach *Asch* Gruch, S. 73, 3 wenigstens als Indiz dafür zu bewerten sein, daß die Aufwendung den gemeinen Wert der Sache erhöht (und daher kein gesonderter Aufwendungsanspruch besteht).

3. *Die Hauptfälle von Aufwendungen*

Anm. 27

a) *Aufwendungen,* welche *durch den Abschluß* des Vertrags in der von den Parteien vorgesehenen Art und Weise veranlaßt sind:

Unter diesen Aufwendungen sind *nicht ersatzpflichtig* alle bloßen *Reklamekosten* und solche Kosten, die nur die *allgemeine Vorbereitung* des Vertrages, nicht aber den Abschluß selbst betrafen; gl. A. Lechner Anm. 2 a zu § 2. S. auch oben Anm. 22.

Ersatzpflichtig sind dagegen die meisten unter dem Begriff „*Vertragskosten*" zusammen gefaßten Aufwendungen. Sie entsprechen in der Hauptsache dem berechtigten Sicherungsbestreben des Verkäufers, indem sie auf die Aufklärung des Käufers über die inhaltliche Tragweite des Vertrags, auf einen inhaltlich klaren und zu Beweiszwecken schriftlichen Vertrag gerichtet sind. Soweit sie diesem Zweck dienen, rechtfertigt sich auch ihr Ersatz.

Die Ersatzpflicht für die Vertragskosten wird ohne nähere Begründung bejaht und Rühl S. 273, während sie Ewald, AbzG S. 56 jedenfalls für typische Fälle (Formularkosten und Porto) als angeblich „allgemeine Geschäftsunkosten" verneint. Über die falsche Schlußfolgerung *Ewalds* s. schon oben Anm. 22.

Ersatzpflichtige Vertragskosten sind neben den Kosten für das im Einzelfall verwendete *Vertragsformular* auch die *Portoauslagen* für die Vertragsannahmeerklärung des Verkäufers (h. M.) sowie die Gebühren für *telegrafische Annahmeerklärung* des Verkäufers (vgl. auch OLG Celle 22, 230), ebenso die *Kosten der Bevollmächtigung* eines Dritten, der als Vertreter des Verkäufers abschließt, und gegebenenfalls auch die Kosten der Reise zum Abschlußort — immer jedoch nur unter der Voraussetzung, daß der Verkäufer diese Aufwendungen im Hinblick auf seine Sicherung für erforderlich halten durfte oder sie im Einvernehmen mit dem Käufer gemacht wurden (s. oben Anm. 25).

Ersatzpflichtig sind auch die weiteren Kosten technischer Vertragsabwicklung (ob man sie zu den Vertragskosten zählen will, ist gleichgültig), wie z. B. die Kosten für verwendet *Quittungsvordrucke*, Zahlbücher (sog. Kontrabücher), Porti für nach Vertragsschluß erforderliche Mitteilungen (z. B. *Mahnungen*, vgl. unten Anm. 37) an den Käufer (ebenso *Samter* S. 38, vgl. auch unten Anm. 29), nicht aber die Buchungs- und sonstigen Büroarbeiten, die durch den AbzKaufvertrag oder den Darlehensvertrag (bei Kundenfinanzierung) entstanden sind, so auch LG Bonn MDR 55, 55, 415 u. LG Hannover NJW 59, 677. Musterbeispiel ersatzfähiger Aufwendungen waren auch die für die heute weggefallene *Vertragsstempelsteuer* entrichteten Beträge.

Für die entrichtete Umsatzsteuer hat der Käufer dagegen keinen Ersatz zu leisten. Der Zweck dieser Aufwendung liegt außerhalb des Vertrags und seiner Gefahren. Vgl. oben Anm. 24. Der Verkäufer kann hierfür nach § 17 I UStG 1957 Ausgleich erlangen, ebenso OLG Hamm JMBl NRW 58, 255 und OLG Nürnberg WM 59, 358, das auch darauf hinweist, daß es unbeachtlich ist, wenn bei der Jahressteuererklärung die Berücksichtigung des Rücktritts übersehen wurde. Ein Verschulden des Verkäufers kann dem Käufer nicht zum Nachteil gereichen; a. M. OLG München MDR 57, 429, wonach die bezahlte Umsatzsteuer eine ersatzpflichtige Aufwendung ist.

Anm. 28

Kein Ersatz ist zu leisten *für die* vom Verkäufer *gezahlten Provisionen* für Vertretertätigkeit zu Vermittlung und Abschluß des Vertrags. Im Ergebnis ebenso BGH NJW 59, 2014; LG Nürnberg-Fürth JW 33, 2168; *Ewald*, AbzG S. 52 f.; *Alberty* DGWR 40, 27 ff.; *Lechner* Anm. 2 d zu § 2; *Samter* S. 37; *Hein* S. 111 f.; *Hörle* Gruch 55, 202; *Schmidt* S. 22 f.; *Gillmann-Jonas* S. 41; A. A. OLG Hamm JMBl NRW 58, 255; *Klauß* § 2 Anm. 165; *Aubele* Anm. 4 zu § 2; *Roos* S. 5; *Asch* Gruch 73, 8; *Crisolli* 4. Aufl. Anm. 23 zu § 2; Lex RWPBl. 2 D, AbzGeschäfte, Einzelfragen 4 (unter II 3) und OLG München MDR 57, 427.

Diese Aufwendungen sind zwar durch das Abschließen des Vertrags versucht (im Sinne der Bedingungstheorie) und kein Teil der allgemeinen Geschäftsunkosten, wie *Hörle* a.a.O. meint. Die Provision wird für den Abschluß des einzelnen Vertrags gezahlt, deshalb ist sie „infolge des Vertrags" gezahlt; vgl. BGH NJW 59, 829. Trotzdem muß die Ersatzpflicht unter zwei Gesichtspunkten verneint werden: Die bereits gezahlten Provisionsbeträge sind, wenn der Verkäufer wegen Nichterfüllung zurücktritt, gemäß § 87 a Abs. 2 HGB vom Vertreter zurückzugewähren; dem Verkäufer erwächst daher keine endgültige Vermögensdifferenz. Die Ersatzpflicht ist auch dann zu verneinen, wenn der Verkäufer von seinem Recht die Provision vom Handelsvertreter zurückzufordern, keinen Gebrauch macht. Die im Nichtzurückfordern liegende Aufwendung des Verkäufers ist nicht infolge des Kaufvertrags gemacht (BGH a.a.O.) Außerdem aber dient die Provisionszahlung keinem der mit dem konkreten Vertrag in Zusammenhang stehenden Zwecke, die allein die Ersatzpflicht rechtfertigen könnten. Vgl. oben Anm. 17, 18 und 24. Sie wird weder im Hinblick auf die Erfüllung des AbzVertrags noch wegen des Risikos gezahlt. Als Entgelt (wenn auch als Erfolgsentgelt) für die eingesetzte Vertretertätigkeit bezweckt sie lediglich die Erzielung und Erweiterung des Umsatzes, also die Förderung des Unternehmens im allgemeinen. Eine Überwälzung solcher Ausgaben auf den Käufer kann aber unter keinem Gesichtspunkt dem vom Gesetz angestrebten billigen Interessenausgleich dienen.

Hat der Verkäufer mit dem Handelsvertreter wirksam vereinbart, daß dem Handelsvertreter die Provision auch nach Rücktritt vom Kaufvertrag zustehen soll, so will Reinicke DB 59, 1103 die Zahlung der Provision dann als Aufwendung i. S. des § 2 ansehen, wenn diese Vereinbarung spätestens bei Abschluß des Kaufvertrages getroffen war. Andernfalls fehlt es am Tatbestandsmerkmal „infolge des Vertrags". Dabei wäre aber stets zu prüfen, ob eine derartige Vereinbarung erforderlich ist (Anm. 25), was selten der Fall sein dürfte.

Anm. 29

b) *Aufwendungen zur Erfüllung des Vertrags.* Kein Ersatz kann für die Kosten der Beschaffungs-, Herstellungs-, Änderungs- und Ausbesserungskosten der Sache verlangt werden (Ausnahme: Änderungen auf Wunsch des Käufers, welche den gemeinen Wert nicht erhöhen); näheres oben Anm. 26.

Ersatz kann der Verkäufer dagegen verlangen für *Portoauslagen* der Lieferung oder sich hierauf beziehender *Benachrichtigungen* sowie für *Zollauslagen*, wenn die Ware aus dem Ausland geliefert wird.

Anm. 30

Transportkosten gehören grundsätzlich zu den ersatzfähigen Aufwendungen; so schon die amtliche Begründung und AG Hamburg Hans RGZ 1930 B 623. Die Ausführung des Transportes zum Käufer stellt regelmäßig auch eine *vertragliche Leistung* dar. Kraft ausdrücklicher gesetzlicher Regelung kann jedoch nur für die tatsächlich entstandenen Kosten als Aufwendungen „infolge des Vertrages“ Ersatz verlangt werden. Ein Anspruch auf Vergütung des Wertes der Transportleistung ist ausgeschlossen; daher ist es unrichtig, wenn Asch Gruch 73, 3 meint, daß der Wert der Transportleistung zum Verkehrswert zu ersetzen sei, auch wenn im Einzelfall die Beförderung der Ware ohne Kosten erfolgte. Aus demselben Grund darf entgegen der Ansicht *Albertys* (DGWR 40, 32) auch keine Gewinnquote zu den Kosten hinzugerechnet werden; vgl. auch oben Anm. 4.

Anm. 31

Gleichgültig ist, ob der Verkäufer den Transport mit eigenen oder fremden Transportmitteln ausführt; so auch *Rühl* S. 273 Fußnote 3. Es ist unrichtig, die Kosten eines mit fremden Transportmitteln ausgeführten Transportes stets für erstattungsfähig zu erachten, wie dies z. B. von *Veith* RWPBl. 2 D Abzgeschäfte III 3 getan wird. Wenn der Verkäufer mit einer Speditionsfirma einen Vertrag geschlossen hat, nach dem diese die Beförderung der vom Verkäufer zur Versendung gelangenden Sachen gegen eine feste Pauschvergütung übernommen hat, ist der rechnerisch auf die Beförderung einzelner Sachen entfallende Bruchteil nicht infolge des Vertrags aufgewendet. Der Verkäufer hätte nicht weniger aufzuwenden gehabt, wenn der Kauf nicht abgeschlossen worden wäre.

Andererseits kann auch nicht der Ansicht von *Klauß* Anm. 162 und *Lechner* Anm. 2 b je zu § 2, *Samter* S. 37 und *Hein* S. 111 gefolgt werden: Diese *verneinen* die Ersatzpflicht *stets* dann, wenn der Verkäufer den Transport mit eigenen Fahrzeugen und Hilfskräften ausführt. Es können auch in diesem Fall Kosten entstehen, die ohne den Abschluß des Vertrags nicht aufgewendet worden wären. Bei einer Benutzung von Lastkraftwagen wäre z. B. der zur Fahrt nötige Brennstoff ohne den Verkauf nicht aufgewendet worden. Das gleiche gilt von Tagegeldern, die der Verkäufer seinen Leuten bei einer Lieferung nach außerhalb, etwa über den festen Wochen- oder Monatslohn hinaus gezahlt hat. Auch für die durch die Beförderung verursachte Abnützung der Fahrzeuge, insbesondere der Kraftwagenbereifung, wird man dem Verkäufer einen Anspruch auf eine angemessene Entschädigung zugestehen müssen. Wegen der Rücktransportkosten s. Anm. 48!

Anm. 32

Bei Verpackungs-, Aufstellungs- und Montagekosten gilt hinsichtlich der Ersatzpflicht dasselbe, wie für die Transportkosten (s. oben Anm. 26, Anm. 30 und 31). Auch hier muß es sich um besondere, gerade für den Einzelfall aufgewendete Auslagen handeln, die nicht auch ohne den Abschluß des Vertrags hätten bezahlt werden müssen; gl. A. *Samter* S. 38; *Lechner* Anm. 2 b und *Klauß* Anm. 166 je zu § 2. Der Ersatzanspruch geht auch hier nur auf reinen Kostenersatz, nicht aber auf eine Leistungsvergütung (etwa für Montage) mit Gewinnkalkulation.

Anm. 32a

Reklamekosten sind nicht erstattungsfähig. Sie entstehen nicht infolge des einzelnen Vertrags, sondern gehören zu den allgemeinen Geschäftsunkosten. Vgl. hierzu Anm. 22.

Anm. 33

c) *Aufwendungen zur Erlangung des Gegenwertes und zur Sicherung und Verteidigung eigener Rechte. Diskontspesen* im weiteren Sinn: Die Praxis versteht hierunter sowohl den eigentlichen Zwischenzins als auch die sog. Bearbeitungsgebühren, Wechselprovisionen (Diskontkosten oder eigentliche Diskontspesen als Entgelt für die Dienstleistung der Bank). Die Pflicht zum Aufwendungsersatz besteht nur hinsichtlich der eigentlichen Diskontspesen oder -kosten. Insoweit zutreffend KG JW 34, 1735; *Mezger* DB 65, 315 und OLG Düsseldorf MDR 62, 52; *A. A. Erman-Weitnauer-Klingsporn* Anm. 36 zu § 2; vgl. auch Anm. 179 zu § 1.

Keine Ersatzpflicht besteht dagegen *hinsichtlich der Zwischenzinsen;* so auch RGZ 152, 283 (291); *Ewald,* AbzG S. 55 OLG Düsseldorf MDR 62, 52 und im Ergebnis ebenso *Asch* LZ 33, 1239. Denn der Verkäufer erhielte bei Zubilligung dieses Ersatzes zusammen mit der Vergütung der Gebrauchsüberlassung eine doppelte Verzinsung des in der AbzSache steckenden Kapitalwertes. Aus dem Gesetzeszweck kann aber entnommen werden, daß der Verkäufer eine Verzinsung des Kapitalwertes nur im Rahmen der Überlassungsvergütung erhalten soll; vgl. auch oben Anm. 26. Hat der Käufer auf Grund des Vertrages den Diskont vergütet, so ist diese Vergütung gemäß § 1 zurückzugewähren, soweit sie die Ansprüche aus § 2 übersteigt; so auch RGZ 152, 283 (291). Vgl. auch Anm. 179 zu § 1.

Nach einer anderen Auffassung soll auch der Zwischenzins als Aufwendung in Ansatz zu bringen sein, die Verzinsung des Kapitalwertes bei Berechnung der Gebrauchsvergütung aber außer Betracht bleiben; so *Münzel* JW 36, 158; *Fischbach* RdK 35, 95; *Klauß* § 2 Anm. 174; *Beuck* S. 49 ff. und wohl auch schon KG JW 34, 1735 sowie BGH WM 66, 1174; BGHZ 19, 330 ff.; *Mezger* DB 65, 315 und OLG München MDR 57, 427. Diese schwierige Methode stellt jedoch bei näherer Betrachtung keineswegs den angestrebten Ausgleich von Vor- und Nachteilen zwischen Käufer und Verkäufer (vgl. *Münzel* a.a.O.), sondern eine über die vom Gesetz gezogene Grenze hinausgehende einseitige Belastung des Käufers dar. Das RG (a.a.O.) hat sie daher zu Recht abgelehnt; BGHZ 19, 330 ff. jedoch bejaht, obwohl dabei — hierzu im Widerspruch — zustimmend auf RGZ 152, 283, verwiesen wird. Ob es sich bei Wechseln um ursprünglich begebene oder prolongierte Wechsel handelt, ist für die Behandlung der Diskontspeken (im weiteren Sinn) ohne Bedeutung; insoweit zutreffend OLG München BayJMBl 57, 19.

Anm. 34

Sogen. Darlehensgebühren: Hierbei handelt es sich um Aufwendungen des Verkäufers oder des FinInstitutes zur Refinanzierung. Die Aufwendungen bestehen aus den Bankzinsen und der Bearbeitungsgebühr. Die Ersatzpflicht wird vom LG Bonn MDR 55, 415 grundsätzlich bejaht, wobei es die tatsächlichen Aufwendungen unter Berücksichtigung der vom Käufer geleisteten Zahlungen nach § 287 Abs. 2 ZPO feststellt. *Ewald* AbzG S. 61 ff. weist demgegenüber zu Recht darauf hin, daß die Refinanzierung im Regelfall nicht hinsichtlich eines bestimmten Vertrags erfolge, sondern allgemein zur Aufrechterhaltung des Geschäftsbetriebs als Ganzem. Der in Ansatz gebrachte

Betrag stellt in solchen Fällen nur einen Rechnungsposten dar, nicht aber eine gerade infolge dieses Vertrags entstandene Aufwendung. Ein Ersatzanspruch ist daher abzulehnen. Aber auch bei einer speziellen Refinanzierung ist ein Aufwendungsersatz wegen der für das Refinanzierungs-Darlehen gezahlten Zinsen ausgeschlossen. Die Zinsen sind (ebenso wie beim Wechseldiskont — vgl. oben Anm. 33) nichts anderes als die Verzinsung des Kapitalwertes. Diese Verzinsung findet ihre ausschließliche Berücksichtigung im Rahmen der Vergütung der Gebrauchs- oder Benutzungsüberlassung; so auch RGZ 152, 283, (291). Die Zubilligung eines Anspruchs auf Aufwendungsersatz würde daher eine unzulässige Doppelberücksichtigung der Verzinsung des Kapitalwertes darstellen, vgl. auch OLG Köln NJW 64, 1965; *Palandt-Putzo* Anm. 3 a bb zu § 2; *Erman-Weitnauer-Klingsporn* Anm. 3 c zu § 2 und oben Anm. 26.

Hinsichtlich der *Bearbeitungsgebühr* bei spezieller Refinanzierung ist die Ersatzpflicht zu bejahen, so auch OLG Düsseldorf MDR 62, 52 (vgl. auch LG Hannover NJW 59, 677).

Anm. 34a

Beim *fin. AbzKauf* kann das FinIst. die ausgezahlten *Darlehensvaluta* nicht als Aufwendung verlangen. Vielmehr muß es sich über § 6 wie ein AbzVerkäufer behandeln lassen, der aber seinerseits nicht die Kosten für den Erwerb der AbzSache berechnen kann, so mit Recht BGHZ 47, 246 vom 20. 2. 67. Unentschieden ließ der BGH in dieser Entscheidung ausdrücklich die Frage, ob Kosten der *Kreditkündigung* oder einer *Lohnabtretungsanzeige* nach § 2 zurückverlangt werden können, siehe hierzu § 6 Anm. 140.

Anm. 35

Inkassokosten: Ihnen kommt gerade im modernen AbzGeschäft besondere Bedeutung zu. *Alberty* DGWR 40, 32 hält sie allgemein für erstattungsfähig, während *Ewald* AbzG S. 53 wie auch schon *Hein* S. 112 die Ersatzpflicht unter dem Gesichtspunkt der allgemeinen Geschäftsunkosten (hierzu oben Anm. 22) gänzlich ablehnt. Beide Ansichten gehen zu weit:

Keinesfalls ersatzfähig sind allerdings die für den Verkäufer oder den Darlehensgeber (bei KundenFin.) entstehenden Buchungs- oder sonstigen Bürokosten, welche Teil der allgemeinen Aufwendungen für den Geschäftsbetrieb sind; so auch LG Bonn MDR 55, 415.

Abzulehnen ist eine Beschränkung der Ersatzpflicht auf diejenigen eingezogenen Ratenbeträge, die der Verkäufer auf Grund des Rücktritts zurückgewähren muß; so *Lazarus* S. 88. Ob der Verkäufer den einbezogenen Betrag wegen seiner Gegenansprüche aus § 2 behalten darf oder nicht, ist für den Aufwendungsersatz von Inkassokosten ebenso gleichgültig wie die Frage, ob die Einziehung überhaupt Erfolg hatte. *Samter* S. 38, *Lechner* § 2 Anm. 2 b, *Rühl* S. 273 und *Klauß* § 2 Anm. 168 sowie *Roos* S. 5 nehmen nur dann eine ersatzpflichtige Aufwendung „infolge des Vertrages" an, wenn der Verkäufer oder das KundenFinInstitut durch Inkassovereinbarung mit dem Käufer zur Einziehung verpflichtet oder berechtigt war, wobei *Klauß* in der regelmäßigen Zahlung an einen Inkassobeamten eine stillschweigende Inkassovereinbarung die Erforderlichkeit der Einziehung als Voraussetzung der Ersatzpflicht (vgl. oben Anm. 25) nicht mehr geprüft zu werden braucht, während in den Fällen des Fehlens einer Inkassovereinbarung darauf abzustellen ist, ob der Verkäufer (bzw. Darlehensgeber) die Einziehung im Hinblick auf die Sicherung und Verfolgung seiner Rechte gerade aus diesem Vertrag den Umständen nach für erforderlich halten durfte oder ob er darauf hätte vertrauen müssen, daß der Käufer seiner Pflicht gem. § 270 BGB, die Zahlungen an den Verkäufer pünktlich in dessen Geschäftslokal zu entrichten, nachkommen würde. *Klauß* a.a.O. bejaht außerdem eine Ersatzpflicht unter dem Gesichtspunkt der Geschäftsführung ohne Auftrag, deren Voraussetzungen aber hier kaum wirklich vorliegen werden.

Anm. 36

Handelt es sich um eine Einziehung auf Grund einer Inkassovereinbarung oder um seine solche, die der Verkäufer den Umständen nach für erforderlich halten durfte, so sind hinsichtlich der Ersatzfähigkeit der Einzelausgaben folgende zwei Fälle zu unterscheiden: Der Verkäufer oder das KundenFinInstitut zieht selbst oder durch die Post ein (aa) oder aber die fälligen Forderungen werden an ein Inkassoinstitut zur Einziehung abgetreten (bb).

aa) Bei *Selbsteinziehung* sind ersatzfähig nur die Postgebühren oder die tatsächlich entstandenen, besonderen und erforderlichen Auslagen (selten), wie z. B. etwaige besondere Kosten der Fahrt eines Kassierers zum Käufer; die Vergütung für Dienste eines Dritten, der nicht in einem allgemeinen, die Inkassotätigkeit miteinschließenden Dienstverhältnis zum Verkäufer steht.

Anteiligen Ersatz für den Lohn eines Kassierers oder Ersatz für Inkassoprovisionen, welche dem Kassierer im Dienstvertrag versprochen sind, kann der Verkäufer oder das KundenFinInstitut nicht verlangen. Im ersteren Fall handelt es sich überhaupt nicht um Aufwendungen infolge des einzelnen AbzVertrags; im letzteren Fall aber ist die Aufwendung (Provision) in ihrer Art und Höhe nicht im Hinblick auf die Erreichung von Zwecken erforderlich, welche den Aufwendungsersatz rechtfertigen würden (vgl. oben Anm. 24 und 25), sondern bezweckt die Erfüllung einer ohne Zusammenhang mit dem einzelnen AbzVertrag vereinbarten, besonders gestalteten Vergütungspflicht aus dem Dienstvertrag.

bb) *Inkassozession*: Es kann sich hier nur um den Ersatz der Inkassoprovision im Ganzen handeln. Die Erforderlichkeit der Einziehung durch ein Inkassoinstitut ist für jeden Einzelfall besonders zu prüfen; sie wird jedoch beim organisierten Teilzahlungskreditwesen regelmäßig zu bejahen sein, wenn die arbeitsteilige hochrationalisierte Durchführung des Teilzahlungsgeschäftes für den Verkäufer oder Darlehensgeber umfangreiche, besondere Einrichtungen für die Abwicklung notleidender Teilzahlungsverträge erforderlich machen würde.

Anm. 37

Mahnauslagen: Die Ersatzpflicht ist zu bejahen, jedoch nur hinsichtlich der tatsächlichen Kosten der Mahnung. Eine Pflicht zur Entrichtung von im vorhinein, z. B. in formularmäßigen Bedingungen festgesetzten „Mahngebühren" oder „Verzugsspesen" besteht dagegen nicht und kann vor Rücktritt auch nicht wirksam vereinbart werden, § 2 Abs. 1 Satz 3. Gl. A. *Ewald* AbzG S. 61. A. A. *Klauß* § 4 Anm. 329.

Anm. 38

Kosten eines Wechselprotestes und einer vom Käufer entrichteten Wechselvergütung (Art. 48 Abs. 1 Ziff. 3 und 4 WG): Die Ersatzpflicht ist zu bejahren, wenn der Protest vor Rücktritt erfolgt ist; so KG JW 1934, 1735; und BGH NJW 59, 2014 OLG Nürnberg WM 59, 358. Die Ersatzpflicht hinsichtlich der Protestkosten besteht auch, wenn nicht der Käufer selbst, sondern der Indossatar den Wechselprotest veranlaßt hat und der Verkäufer den Wechsel und die Protestkosten bezahlt hat. Einen Ersatz für entrichtete Wechselzinsen (Art. 48 Abs. 1 Ziff. 2 WG) kann der Verkäufer nicht beanspruchen.

Anm. 39

Prozeßkosten (Kosten eines Zahlungsprozesses, in dem der Verkäufer obsiegt hat, Kosten des gerichtlichen Mahnverfahrens sowie die Kosten der Zwangsvollstreckung wegen des Kaufpreises) sind Aufwendungen, zu deren Ersatz der Käufer nach § 2 verpflichtet ist. Die Pflicht zum Aufwendungsersatz besteht auch für die Kosten der Selbstersteigerung der Kaufsache durch den Verkäufer oder der Zwangsüberweisung an ihn gem. § 825 ZPO (beides gilt gem. § 5 als Rücktritt, vgl. § 5 Anm. 5 u. 101 ff.); gl. A. LG Hamburg MDR 59, 300 *Klauß* Anm. 173 und *Aubele* Anm. 4 je zu § 2; *Crisolli* JW 34, 1819: a. A. *Ewald*, AbzG S. 54, welcher einmal zu Unrecht den Aufwendungscharakter leugnet, dann aber auch die Ersatzpflicht als mit dem Gesetzeszweck nicht vereinbar erachtet, weil der Verkäufer in der Regel die Fruchtlosigkeit einer Kaufpreisklage und der Zwangsvollstreckung im Hinblick auf die Vermögenslosigkeit des Käufers vorhersehen könne; das zweite Argument ist in dieser Verallgemeinerung abzulehnen, aber freilich insofern nicht ganz unbeachtlich, als es im *Einzelfall* bei für den Verkäufer vorhersehbarer Zwecklosigkeit seines Vorgehens an der Erforderlichkeit als Voraussetzung der Ersatzpflicht fehlen kann (vgl. oben Anm. 25).

Anm. 40

Eine Auswirkung von § 2 Abs. 1 Satz 1 auf die Anwendung kostenrechtlicher Vorschriften der ZPO (§§ 91 ff., § 794 Ziff. 2, § 795 ZPO) ergibt sich insofern, als aus dem Rücktritt Einwendungen im Sinn von § 767 ZPO gegen den Kostentitel (z. B. Kostenfestsetzungsbeschluß) nur insoweit hergeleitet werden können (vgl. § 795 ZPO) als die Kosten nicht nach § 2 ersatzpflichtige Aufwendungen darstellen, s. auch *Erman-Weitnauer-Klingsporn* Anm. 3 i zu § 2 AbzG.

Anm. 41

Für die *Kosten eines siegreichen Interventionsprozesses* des Verkäufers gem. § 771 ZPO wegen Zwangsvollstreckung eines Dritten in die unter EV übergebene Kaufsache hat der Käufer Aufwendungsersatz zu leisten, soweit die Kosten nicht beim Interventionsbeklagten beigetrieben werden können. Der Käufer kann jedoch in entsprechender Anwendung von § 255 BGB Abtretung der noch offenen Kostenforderung verlangen. Ebenso *Klauß* Anm. 170, *Aubele* Anm. 4 Abs. 15 und *Lechner* Anm. 2 c je zu § 2; *Rühl* S. 273; *Asch* Gruch 73, 10; *Alberty* DGWR 40, 33; *Hausmann* S. 72; *Schmidt* S. 23; *Erman-Weitnauer-Klingsporn* Anm. 3 f. zu § 2 AbzG. Zweifelnd *Ewald* AbzG S. 53.

Die Gegenmeinung, von *Crisolli* 4. Aufl. Anm. 16 zu § 2, *Samter* S. 39 f. und *Hörle* Gruch 55, 202 vertreten, lehnt die Ersatzpflicht ab, weil die Aufwendung nicht infolge des AbzVertrags, sondern infolge des Dritteingriffes entstanden sei. Die Vertreter dieser Ansicht messen dem Erfordernis „infolge des Vertrages" einen unzulässigen Inhalt bei. Es handelt sich insoweit nur um das Unsächlichkeitserfordernis im Sinn einer condicio sine qua non (vgl. auch oben Anm. 17 ff.), welches durch den AbzVertrag bezüglich der Interventionskosten klar erfüllt wird. Die Ersatzpflicht ist auch nicht, wie *Crisolli* a.a.O. meint, deshalb abzulehnen, weil der Verkäufer nicht im Interesse des Käufers, sondern stets nur in eigenem Interesse interveniere (in welchen Fällen ist schon das Käuferinteresse für die ersatzpflichtige Aufwendung maßgebend?). Auch wenn man davon ausginge, daß der Verkäufer stets im eigenen Interesse interveniere (es ist durchaus nicht so), so hat die Intervention gerade darin ihren rechtfertigenden Zweck: Verfolgung und Sicherung eigener Rechte und Sicherung der eigenen Position von den besonderen Risiken des konkreten AbzKaufvertrages.

Anm. 42

Keine Ersatzpflicht ist gegeben für die *Kosten eines verlorenen Interventionsprozesses* oder für die nach § 93 ZPO dem Verkäufer auferlegten Kosten. Regelmäßig fehlt es dann an der Erforderlichkeit der Aufwendung, manchmal auch an der Ursächlichkeit des AbzVertrags. *Klauß* § 2 Anm. 172 nimmt stets Fehlen des (adäquaten!) Kausalzusammenhangs an: *Asch* Gruch 73, 11 spricht von Unterbrechung des Kausalzusammenhangs. Die Ersatzpflicht wird bejaht von *Erman-Weitnauer-Klingsporn* Anm. 3 f. zu § 2.

Anm. 43

Die von *Samter* S. 40 und *Klauß* § 2 Anm. 171 vertretene Ansicht, daß der Verkäufer für nicht nach § 2 zu erstattende Interventionskosten einen Schadenersatzanspruch gegen den Käufer haben könne, wenn der Prozeß durch ein Mitverschulden des Käufers veranlaßt sei, kann nicht geteilt werden. Die Rechte, die den Parteien nach dem Rücktritt gegeneinander zustehen, sind in den §§ 1 und 2 abschließend geregelt. Zu einem Schadenersatzanspruch wegen positiver Vertragsverletzung ist daher kein Raum. Ein Anspruch aus unerlaubter Handlung kann allerdings unter Umständen in Frage kommen. Der Geltendmachung eines solchen wird es aber in der Regel nicht bedürfen, da der Käufer für eine von ihm verschuldete Unmöglichkeit der Rückgabe nach § 2 Abs. 1 Satz 1 haftet.

Anm. 44

Aufwendungen für Versicherung. Vgl. zunächst § 1 Anm. 187! Zu den ersatzfähigen Aufwendungen des Verkäufers gehören grundsätzlich auch die von ihm entrichteten *Prämien* für eine *Kasko*versicherung der Kaufsache *oder für* eine im Hinblick auf gerade diesen AbzKauf eingegangene *Kreditversicherung*; ebenso OLG Düsseldorf MDR 62, 52; BGH vom 23. 5. 58 (VIII ZR 214, 57) zitiert bei *Mezger* DB 65, 315, *Aubele* § 2 Anm. 4 a.E.; vgl. auch *Scholz* TW 62, 88; *Erman-Weitnauer-Klingsporn* Anm. 30 zu § 2. In Verkennung der Vertragsursächlichkeit will *Klauß* § 2 Anm. 180 die Ersatzpflicht bei Kaskoversicherung auf die Fälle beschränken, in denen der Käufer auf Grund des AbzVertrags versicherungspflichtig war und der Verkäufer die Prämien für ihn entrichtet oder die Versicherung für ihn abgeschlossen hatte. *Lechner* Anm. 7 d zu § 2 lehnt ohne ersichtliche Gründe eine Ersatzpflicht für gezahlte Prämien überhaupt ab. Allerdings ist bei Kaskoversicherungsprämien eine Ersatzpflicht nicht anzunehmen, wenn der Verkäufer nicht nur die unter EV an den Käufer gelieferte Kaufsache, sondern auch das eigene nicht verkaufte Warenlager unter Kaskoversicherungsschutz gestellt hat. Die Versicherung ist dann nicht infolge gerade dieses Kaufvertrags abgeschlossen und die Prämien sind nicht zum Zweck der Sicherung gegenüber den Risiken gerade dieses Vertrags gezahlt worden. Gl. A. *Ewald*, AbzG. S. 58.

Bei kombinierter Kasko-Kreditversicherung hat das Gericht gegebenenfalls gemäß § 2 Abs. 2 in Verbindung mit § 287 Abs. 2 ZPO unter Würdigung aller Umstände nach freier Überzeugung den ersatzfähigen Anteil der Kreditversicherung an den gezahlten Prämien festzustellen, falls die Kaskoversicherung als nicht „infolge des Vertrages" abgeschlossen, für den Aufwendungsersatz ausscheidet. A. A. *Ewald*, AbzG S. 58 f., der je nach dem Überwiegen des einen oder anderen Anteils vollen oder gar keinen Ersatz zugestehen will.

Für die Pflicht zum Ersatz der entrichteten Kaskoversicherungsprämien ist es belanglos, ob die Versicherung im Interesse des Verkäufers oder des Käufers, für *Rechnung des Käufers oder* für Rechnung *des Verkäufers* abgeschlossen ist so auch OLG Düsseldorf MDR 62, 52. Der Verkäufer kann aber immer nur für die tatsächlich von ihm entrichteten Versicherungsprämien Ersatz verlangen, wobei der Ersatzanspruch sowohl durch evtl. bezweckte Vertragserfüllung (wenn sich der Verkäufer gegenüber dem Käufer zur Versicherung und Prämienzahlung verpflichtet hatte) als auch durch bezweckte eigene Sicherung gerechtfertigt wird, vgl. oben Anm. 24. Wäre nach dem Abz-

Kaufvertrag der Käufer versicherungspflichtig gewesen, so kann dessen ungeachtet der Verkäufer Ersatz derjenigen Prämien verlangen, die er an Stelle des Käufers an das Versicherungsunternehmen entrichtet hat.

Allerdings ist festzuhalten, daß zur Verminderung eines Doppelersatzes die Prämien nur zurückverlangt werden können, wenn sie nicht bei der Bemessung der Gebrauchsvergütung berücksichtigt wurden, s. dazu Anm. 26. Ferner ist zu bedenken, daß die Prämie nur soweit zurückverlangt werden kann, als sie für die Dauer des Vertrags bezahlt wurde. Wird der AbzVertrag vorzeitig durch Rücktritt beendigt und decken die geleisteten Versicherungsprämien noch einen darüber hinausgehenden Zeitraum, so kann die Prämie nur anteilig für die Zeit bis zum wirksamen Rücktritt zurückverlangt werden.

Ob die vorstehenden Grundsätze auch für *andere neuartige Versicherungsarten* z. B. Personengarantie-Restschuldversicherung u. a. (vgl. § 1 Anm. 88) gelten, ist in erster Linie eine Frage der Erforderlichkeit i. S. der Anm. 25. Man hat hier auf den Einzelfall abzustellen, insbesondere darauf, ob wegen besonderer Empfindlichkeit oder wegen des besonderen Wertes der AbzSache begründeter Anlaß bestand, eine Teilzahlungsversicherung oder wegen gesundheitlicher Labilität des AbzKäufers eine Restschuldversicherung abzuschließen. Zu weitgehend Scholz TW 62, 88, der auch bei der Personengarantieversicherung stets den Anspruch nach § 2 bejaht.

Anm. 45

Hat der Käufer vertraglicher Verpflichtung entsprechend Versicherungsprämien für Kasko- oder Kreditversicherung bezahlt, so kann er in der Regel hierfür vom Verkäufer keinen Ersatz verlangen. Es gibt aber besondere Fälle, in denen die Prämienzahlung eine vertragliche Leistung an den Verkäufer darstellt, die dem Käufer gem. § 1 Abs. 1 im Rücktrittsfall zurückzugewähren ist. S. § 1 Anm. 187. Die Übernahme der Kosten einer Kaskoversicherung durch den Käufer kann bei Festsetzung der angemessenen Gebrauchsüberlassungsvergütung ins Gewicht fallen, da sich die in der Vergütung enthaltene Risikoprämie hierdurch verringert. S. RGZ (GS) 169, 141 ff. = DR 42, 1601.

Anm. 46

Kosten für Auskünfte über die Person und die Kreditwürdigkeit des Käufers: Holt der Verkäufer Auskünfte ein, um eine Grundlage für den Abschluß des TeilzGeschäftes zu erhalten, so sind die hierbei entstehenden Kosten als Aufwendungen zur Vertragsvorbereitung nicht ersatzfähig. Vgl. oben Anm. 21. Werden die Auskünfte nach Vertragsschluß eingeholt, etwa wegen Nichterfüllung der Ratenzahlungspflicht, so wird man dem Verkäufer oder Darlehensgeber (bei Kunden-Fin.) nach Prüfung und Bejahung der Erforderlichkeit (vgl. oben Anm. 25) einen Anspruch auf Aufwendungsersatz zubilligen müssen; ebenso *Klauß* § 2 Anm. 178.

Anm. 47

Aufwendungen für Wohnungsermittlungen sind ersatzfähig, falls sie der Verkäufer unter Berücksichtigung aller Umstände für erforderlich halten durfte. Wo die Anfrage beim Einwohnermeldeamt zum Ziel führt, ist die Inanspruchnahme eines Dedektivbüros überflüssig und es sind die hierbei entstehenden Kosten nicht ersatzfähig. Ebenso *Klauß* § 2 Anm. 179.

Anm. 47 a

Aufwendungsersatz beim *finanzierten AbzKauf* siehe auch Anm. 140 zu § 6.

Anm. 48

d) *Aufwendungen infolge des Rücktritts:* Die wichtigsten Aufwendungen infolge des Rücktritts sind die *Rücktransportkosten.* Sie sind nicht erstattungsfähig.

Die Ersatzpflicht für diese Kosten wird *bejaht* von OLG Jena Recht 13 Nr. 569 = *Seuff.* A. 68, 94; *Aubele* § 2 Anm. 4 Abs. 11; *Asch* Gruch 73, 12; *Hausmann* Anm. 2 a zu § 2; *Vollrath* S. 56; *Crisolli* 4. Aufl. Anm. 24 (gegenteilige Ansicht jedoch in JW 34, 1819 für die nach der Selbstersteigerung entstehenden Rücktransportkosten); *Klauß* § 2 Anm. 163 (in sich widerspruchsvoll); *Lechner* § 2 Anm. 5 (leitet aber die Ersatzpflicht nicht aus § 2 ab, sondern aus Geschäftsführung ohne Auftrag); *Palandt-Putzo* § 2 AbzG Anm. 3 a bb; *Soergel-Siebert* RdNr. 16 zu § 455 BGB; *Erman-Weitnauer-Klingsporn* Anm. 31 zu § 2. Die Ersatzpflicht wird *verneint* von KG JW 34, 1835 f.; AG Hamburg HansRGZ 30 B 623; *Samter* S. 37 f.; *Lazarus* S. 88 f.; *Hein* S. 111; *Hörle* Gruch 55, 201 und *Ewald,* AbzG S. 51 f. Nach *Ewald* handelt es sich niemals um Aufwendungen „infolge des Vertrages", weil der Verkäufer mit der Notwendigkeit des Rücktransportes von vornherein rechnen muß und die Kosten in die allgemeinen Geschäftsunkosten einkalkulieren kann; über die Fehlerhaftigkeit dieser Beweisführung s. schon oben Anm. 22. Nach anderer Ansicht (KG,

AG Hamburg und *Samter*) handelt es sich immer nur um Aufwendungen „infolge des Rücktritts“, nicht aber um Aufwendungen „infolge des Vertrages“. Diese wenig einleuchtende begriffliche Unterscheidung — sie beruht auf keinem Gegensatz im Kausalverhältnis — trifft aber nicht den Kern des Problems.

Gegen die Ersatzpflicht spricht aber, daß beim Rücktritt der Erfüllungsort für die Pflicht zur Sachrückgewähr dort ist, wo sich die Sache dem Vertrag entsprechend befindet; h. M.; so *Erman* § 346 Anm. 4; *Palandt* § 346 Anm. 2; *Staudinger-Werner* 9. Aufl. Anm. II 1; *Staudinger-Ostler* Anm. 44 zu § 467; a. A. nur *Wilde* in RGR-Komm. z. BGB Anm. 3 zu § 346 BGB.

Diese allgemeinen Regeln des bürgerlichen Rechts gelten aber vom Zeitpunkt des Rücktritts an — also auch für die Zeit der Entstehung der Rücktransportkosten — da ja nach allgemeiner Meinung § 2 Abs. 1 nur für die Zeit vor Ausübung des Rücktrittsrechtes in Betracht kommt; s. oben Anm. 6. Schon deshalb würde man auch dann zu keinem anderen Ergebnis kommen, wenn man aus der Regelung des § 2 Abs. 1 eine Änderung des Leistungsortes zugunsten des Käufers herauslesen wollte, ganz abgesehen davon, daß dies eine Verkennung der dem Gesetz innewohnenden sozialpolitischen Tedenz zur Begünstigung des Käufers wäre. Diese Lösung der Frage aus dem allgemeinen bürgerlichen Recht macht klar, daß auch ein Ersatzanspruch auf Grund Geschäftsführung ohne Auftrag, wie ihn *Lechner* a.a.O. annimmt, nicht in Betracht kommt. Die Kosten der Rücknahme und des Rücktransportes trägt also der Verkäufer.

Von ihm sind auch die *Kosten* zu tragen, die nach dem Rücktritt im Zusammenhang mit dem *Unterstellen und Weiterverkauf* der AbzSache anfallen. Diese Aufwendungen gründen sich nicht mehr auf den ursprünglichen Kaufvertrag. Sie haben auch nichts mit dem Rückabwicklungsverhältnis (vgl. § 1 Anm. 65) zu tun, da dieses mit der Rückgabe der Sache an den AbzVerkäufer von der Sicht des schuldenden AbzKäufers erfüllt ist; s. auch BGHZ 47, 246 v. 20. 2. 67.

Hinsichtlich der Rechtslage nach dem Rücktritt siehe Anm. 108 ff.

4. Art und Umfang des Aufwendungsersatzes.

Anm. 49

a) Aufwendungsersatz ist kein *Schadenersatz, sondern Kostenersatz*. Die Ersatzleistung besteht daher drundsätzlich in Geld und nicht in Naturalrestitution, § 256 Satz 1 BGB. Bestr. Vgl. *Palandt* Anm. 2 zu § 256; *Erman* Anm. 6 zu § 256. Bei Geldentwertung kann unter Umständen nach § 242 BGB Naturalersatz verlangt werden. Vgl. OLG Braunschweig BB 47, 349 = NdsRechtspfl. 48, 36.

Anm. 50

Ist Geldersatz zu leisten für eine Aufwendung, die in einem anderen Vermögensgegenstand als Geld bestanden hat, so ist ein Betrag zu zahlen, welcher im Augenblick der Zahlung ausreicht, die Aufwendung auszugleichen; so *Erman* Anm. 6 zu § 256. A. A. *Asch* JR 32, 257, welcher den Verkehrswert der Aufwendung ersetzt wissen will.

Anm. 51

Hat der Verkäufer die Aufwendung noch nicht gemacht, ist er jedoch eine *Verbindlichkeit eingegangen,* nach deren Erfüllung ihm ein Entschädigungsanspruch zustehen würde, so geht die Entschädigungspflicht des Käufers gem. § 257 BGB auf Befreiung von dieser Verbindlichkeit.

Anm. 52

b) Der Anspruch auf Aufwendungsersatz umfaßt *nicht* einen *entgangenen Gewinn.* Die §§ 249—255 BGB, insbesondere § 252, sind grundsätzlich unanwendbar, weil kein Schadensersatzanspruch gegeben ist. S. auch unten Anm. 62.

Anm. 53

Verzinsung der Aufwendungen kann der Verkäufer für die Zeit vor Rücktritt entgegen der Regelung des § 256 Satz 2 BGB nicht verlangen, weil das AbzGesetz seiner sozialpolitischen Tendenz nach als Sonderregelung alle Rechte des Verkäufers, die über das im AbzG zugebilligte Maß hinausgehen, ausschließt. Außerdem entstehen die Ansprüche nach § 2 erst mit dem Rücktritt, so daß sich eine Verzinsung für die vor dem Rücktritt liegende Zeit schon deshalb verbietet. Gl. A. BGH WM 59, 1038; *Lechner* § 2 Anm. 2 d, der mit Recht darauf hinweist, daß ja auch der Käufer keine Verzinsung für seine Raten fordern (vgl. § 1 Anm. 187); A. A. *Palandt-Putzo* Anm. 3 a zu § 2; *Erman-Weitnauer-Klingsporn* Anm. 2 b zu § 2; *Crisolli* 4. Aufl. Anm. 26, *Klauß* Anm. 176 und *Aubele* Anm. 4 Abs. 4 zu je § 2. Für die Zeit nach Rücktritt, in der ja die Vorschriften des allgemeinen bürgerlichen Rechts gelten (s. oben Anm. 6 und unten Anm. 108 ff.), ist sowohl der Betrag der ersatzfähigen Aufwendungen als auch der der gezahlten Raten zu verzinsen.

II. Anspruch auf Schadensersatz bei Beschädigung der Kaufsache (§ 2 Abs. 1, Satz 1, 2. Halbsatz)

Anm. 54

1. *Begriff der Beschädigung* im Sinn dieser Vorschrift. Eine Beschädigung der Sache liegt *nicht* vor, wenn es sich um eine durch den vertragsmäßigen Gebrauch verursachte *Abnutzung* handelt. Sie findet bei der Vergütung der Überlassung nach § 2 Abs. 1 Satz 2 (unten Anm. 66 ff.) ihre Berücksichtigung. Die Abgrenzung zwischen bloßer Abnutzung und Beschädigung wird in der Praxis allerdings nicht immer leicht sein.

Anm. 55

Unter Beschädigung der Sache ist zu verstehen sowohl ihre *Verschlechterung* (z. B. durch mangelhafte Pflege, vgl. RGZ 147, 344), sei es durch unmittelbaren Eingriff in ihre Substanz oder durch übermäßige Inanspruchnahme (gl. A. *Rühl* S. 272) als auch, wie die Motive ergeben, ihr *völliger Untergang*; gl. A. *Klauß* Anm. 185, *Lechner* Anm. 3 a und *Aubele* Anm. 8 je zu § 2, *Hausmann* S. 44, *Samter* S. 42, *Hörle*-Gruch 55, 202; *Vollrath* S. 56, *Schmidt* S. 23.

Darüber hinaus wird man in Anlehnung an § 989 BGB eine Ersatzpflicht nicht nur für den Fall eines körperlichen Unterganges sondern auch für den Fall *einer aus anderen Gründen verursachten Unmöglichkeit der Rückgabe* anerkennen müssen. Ebenso wird eine Beschädigung im Sinne des Gesetzes auch bei einer *Belastung der Sache* mit einem Recht, z. B. in einer Verpfändung, zu erblicken sein; gl. A. *Klauß* Anm. 186 und *Lechner* Anm. 3 a je zu § 2, *Lazarus* S. 90, *Aubele* Anm. 8 zu § 2.

Anm. 56

2. *Voraussetzungen der Ersatzpflicht.* Der Käufer muß die Beschädigung zu vertreten haben. Entsprechend der Regelung des BGB (§ 276 Abs. 1) setzt dies regelmäßig ein Verschulden des Käufers voraus. Der Schadenersatzanspruch hat daher zur Voraussetzung, daß die Beschädigung entweder „durch Verschulden des Käufers verursacht ist" (unten a) oder daß sie auf einen „sonstigen von ihm zu vertretenden Umstand beruht" (unten b).

Anm. 57

a) *Verursachung durch Verschulden des Käufers.*

aa) *Ursächlicher Zusammenhang* zwischen Schaden und Verschulden liegt vor, wenn das schuldhafte Verhalten nicht hinweggedacht werden kann, ohne daß der Schadenserfolg entfiele, wenn also das Verschulden Bedingung (im logischen Sinn) für den Schadenseintritt war. Wie bei der Schadenshaftung des allgemeinen bürgerlichen Rechts kann nur eine *adäquate Verursachung* die Schadenersatzhaftung begründen" gl. A. *Klauß* § 2 Anm. 191. Der Käufer haftet daher nicht, wenn die Möglichkeit des Schadenseintrittes „außerhalb aller Wahrscheinlichkeit liegt", RGZ 152, 401; 169, 91. Näheres in den BGB-Kommentaren zu § 249.

Anm. 58

bb) *Verschuldung* bedeutet Vorsatz oder Fahrlässigkeit. Näheres in den BGB-Kommentaren zu § 276. Vorsatz oder Fahrlässigkeit brauchen sich nur auf die unmittelbare schädigende Einwirkung auf die Sache, nicht aber auf die weiteren Schadensfolgen zu beziehen; gl. A. *Klauß* Anm. 187 und *Aubele* Anm. 9 je zu § 2.

Der Käufer muß mit der Möglichkeit eines Rücktritts rechnen und hat daher die — übrigens meist auch noch vertraglich besonders ausbedungene — Pflicht, die Sache so zu behandeln, daß er sie im gehörigen Zustande zurückgeben kann. Er ist deshalb schadenersatzpflichtig, wenn er die Sache bewußt beschädigt oder vernichtet oder wenn die Beschädigung oder Vernichtung bei Anwendung der im Verkehr erforderlichen Sorgfalt nicht eingetreten wäre. Verschulden ist stets anzunehmen, wenn der Verkäufer eine vertraglich übernommene besondere Anweisung zur Behandlung oder Aufbewahrung der Sache verletzt hat.

Anm. 59

b) *Verursachung „durch einen sonstigen vom Käufer zu vertretenden Umstand"*. *Crisolli* 4. Aufl. Anm. 33 hält diese Worte zu Unrecht heute für bedeutungslos. Sie stellen aber die notwendige Bestätigung dafür dar, daß der Käufer nicht nur eigenes Verschulden zu vertreten hat, sondern — wie auch nach § 278 BGB — auch für Verschulden seines gesetzlichen Vertreters und der Personen, deren er sich zur Erfüllung seiner Verbindlichkeiten bedient (Erfüllungsgehilfen) wie für eigenes Verschulden haftet.

Erfüllungsgehilfen des Käufers sind alle Personen, die mit seinem Willen zu einer Einwirkung auf die Sache in der Lage sind. Denn der Käufer schuldet dem Verkäufer im Falle des Rücktritts, mit dem er von vornherein rechnen muß, die unbeschädigte Rückgabe der Sache. Er haftet deshalb für ein Verschulden seiner deliktsfähigen (§§ 276, 827, 828 BGB) Hausgenossen, wenn sich die Sache in seinem Haushalt befindet, oder seiner Arbeiter und Angestellten, wenn sich die Sache in seinem Betrieb befindet. Der theoretisch denkbare Fall, daß der Erfüllungsgehilfe nur bei Gelegenheit der Hilfsleistung vorsätzlich eine Beschädigung begeht (*Aubele* Anm. 11 zu § 2), wird bei den besonderen Verhältnissen des AbzKaufes kaum möglich sein, da die Erfüllung ja gerade in der pfleglichen Behandlung der AbzSache besteht.

Anm. 60

Eine Beschädigung der Sache durch einen Dritten, durch ein deliktsunfähiges Kind des Käufers (§ 828 BGB), durch einen der Aufsichtspflicht des Käufers unterstehenden deliksunfähigen Geisteskranken (§ 827 BGB) oder ein zum Haushalt gehöriges Tier hat der Käufer als eigenes Verschulden zu vertreten, da schon die Gewährung der Einwirkungsmöglichkeit ein vertretbares Verschulden darstellt; gl. A. *Neumann* S. 245, *Klauß* § 2 Anm. 188.

Für die *Beweislast* sind hierbei die §§ 831—833 BGB anwendbar (a. A. *Crisolli* 4. Aufl. Anm. 36 und *Klauß* Anm. 188 je zu § 2), so daß der Käufer z. B. nach § 832 BGB nachzuweisen hat, daß er seiner Aufsichtspflicht über das Kind oder den Geisteskranken nachgekommen ist oder daß der Schaden auch bei gehöriger Aufsichtsführung entstanden wäre.

Anm. 61

3. *Art und Umfang der Ersatzpflicht* richtet sich nach den §§ 249 ff. BGB; gl. A. *Klauß* Anm. 192 und *Aubele* Anm. 13 je zu § 2. Hinsichtlich Einzelfragen des Schadenersatzes wird auf die BGB-Kommentare zu §§ 249 ff. verwiesen. Der Käufer ist grundsätzlich zur Herstellung des Zustandes verpflichtet, der bestehen würde, wenn die Sache nicht beschädigt worden wäre, RGZ 147, 344 a. E. Er ist also verpflichtet, die Sache in den Zustand zu versetzen, in dem sie sich bei vertragsgemäßer Behandlung und Abnutzung befinden würde. An Stelle der Naturalrestitution kann der Verkäufer auch den dazu erforderlichen Geldbetrag verlangen. Falls die Herstellung nicht möglich oder nur mit unverhältnismäßigen Kosten möglich ist, braucht der Käufer die Entschädigung nur in Geld zu leisten.

Anm. 62

Auch *Ersatz des entgangenen Gewinns* kann der Verkäufer verlangen, § 252 BGB. Dabei ist es gleichgültig, ob der Gewinnentgang auf der Unmöglichkeit der Rückgabe oder auf der Beschädigung der Sache beruht. Auch im letzteren Fall ist dem Verkäufer der Gewinn zu ersetzen, den er während der Dauer der Reparatur aller Voraussicht nach hätte erzielen können. Mit Recht macht *Mezger* DB 65, 315 allerdings die Einschränkung, daß der Gewinnentgang nicht ersetzt wird, soweit mit der Reparatur die gewöhnlichen Abnutzungserscheinungen an der Kaufsache behoben werden sollen.

Gl. A. zum Ersatz des entgangenen Gewinns RGZ 147, 344 ff.; *Erman-Weitnauer-Klingsporn* Anm. 4 c; *Lazarus* S. 90; *Klauß* Anm. 193 und *Aubele* Anm. 13 je zu § 2; A. A. *Samter* S. 42, weil das Gesetz den Verkäufer auf die drei Schadenersatzansprüche des § 2 beschränke, die als solche einen entgangenen Gewinn nicht umfassen. Dabei unterscheidet jedoch *Samter* nicht scharf genug zwischen dem Gewinn, der dem Verkäufer durch die Rückgängigmachung des Vertrags entgeht, und dem Gewinn, der ihm durch die Beschädigung der Sache entgeht. Den ersteren kann der Verkäufer nicht verlangen, da er auf die Ansprüche aus den §§ 1 und 2 beschränkt ist; s. oben Anm. 52. Daraus ergibt sich jedoch noch nicht, daß ihm nicht auf Grund des § 2 der zweite Anspruch zusteht. Der hier erörterte Schadenersatzanspruch wegen Beschädigung dient nicht, wie die beiden anderen Ansprüche des § 2, einer Regelung der normalen Beziehungen aus dem Rücktrittsverhältnis, sondern ist eine echte Schadenersatzbestimmung für den vom Standpunkt des Gesetzes nicht mehr normalen Fall, daß der Käufer seiner Verpflichtung zur Rückgewähr der unbeschädigten Sache schuldhaft nicht mehr genügen kann. Wenn der Käufer die Sache unbeschädigt zurückgeben kann, kommt dieser Schadenersatzanspruch nicht in Frage. Dann hat der Verkäufer außer der zurückerhaltenen Sache noch die Möglichkeit, sie mit Gewinn anderweitig zu verkaufen. Diese Möglichkeit wird ihm durch die Beschädigung teilweise genommen. Der Verkäufer ist also durch den bloßen Ersatz des jetzigen Wertes, der aus seinem Vermögen verschwunden ist, mehr geschädigt, als er es bei normaler Abwicklung des Rücktrittsverhältnisses wäre. Diesen Zustand kann das Gesetz nicht gewollt haben. Deshalb muß auch die Bestimmung des § 252 BGB zur Anwendung gelangen, deren Anwendung übrigens dem echten Schadensverhältnis entspricht.

Anm. 63

Der Verkäufer ist bei Unmöglichkeit der Herausgabe der Kaufsache — gleichgültig, ob der Käufer die Unmöglichkeit zu vertreten hat oder nicht — berechtigt, gemäß § 281 BGB die Herausgabe eines erlangten Ersatzgegenstandes oder die Abtretung eines Ersatzanspruches zu verlangen. Gl. A. *Klauß* § 2 Anm. 190, 194. Besondere Bedeutung erlangt dies für die Versicherungssumme oder den Versicherungsanspruch, wenn der Käufer die Kaufsache versichern ließ. Vgl. § 1 Anm. 89 und 173.

Anm. 64

4. *Für zufällige Beschädigung* oder *zufällige Unmöglichkeit der Herausgabe* haftet der Käufer nicht. Daraus ergibt sich, daß der Verkäufer die empfangenen Raten zurückzahlen muß und seinerseits sich mit der Rückgabe der beschädigten Sache und den beiden anderen Entschädigungsforderungen begnügen muß. Hat der Käufer auf Grund der Beschädigung oder des Unmöglichwerdens der Rückgabe einen Ersatz oder einen Ersatzanspruch erlangt, z. B. auf Grund einer Versicherung, so kann der Verkäufer die Herausgabe des Ersatzes oder die Abtretung des Ersatzanspruches verlangen, § 281 BGB. Vgl. auch § 1 Anm. 89 und Anm. 173. Gl. A. *Klauß* Anm. 194 und *Aubele* Anm. 13 je zu § 2.

Anm. 65

Ein Schadensersatzanspruch kann auch nicht aus § 446 BGB hergeleitet werden, da es sich dort lediglich um die Regelung der Vergütungsgefahr im Kaufrecht handelt; gl. A. *Klauß* § 2 Anm. 189; *Asch* LZ 33, 1236; Gruch 73, 17. Vgl. auch *Staudinger-Ostler* Anm. 2 zu § 446.

III. Anspruch auf Vergütung des Wertes der Überlassung zum Gebrauch oder Benutzung (§ 2 Abs. 1 Satz 2 — Überlassungsvergütung)

Anm. 66

Dieser wichtigste in § 2 gewährte Anspruch stellt nichts anderes dar, als eine *besondere* dem § 346 Satz 2 BGB ähnliche *Ausgestaltung des Prinzips der Rückgewähr* empfangener Leistungen (§ 1 Abs. 1) *durch Wertvergütung.* Gl. A. *Klauß* § 2 Anm. 195. Es kommt dabei, der allgemeinen Meinung entsprechend, nicht darauf an, daß sich die Überlassung zum Gebrauch oder zur Benutzung im Einzelfall als besondere vertragliche Leistung darstellt. Daher ist es unerheblich, ob der Verkäufer die Sache unter EV lediglich zur einstweiligen Benutzung übergeben oder voll wirksam übereignet hat (wodurch dem Käufer auch das Nutzungsrecht eingeräumt ist). Vgl. zum ganzen oben Anm. 4.

Anm. 67

1. *Inhalt und Umfang des Vergütungsanspruches* ergibt sich aus genauer Bestimmung der zu vergütenden Vermögensvorteile (unten a) und der vom Gesetz gegebenen Bemessungsgrundlagen für Art und Höhe der geschuldeten Vergütung (unten b).

Anm. 68

a) Für *Überlassung* der Sache *zum Gebrauch oder zur Benutzung* ist die Vergütung geschuldet.

aa) *Gebrauch oder Benutzung* i. S. von § 2 umfaßt jeglichen Genuß von Sachnutzungen i. S. von § 100 BGB.

Der erste Entwurf des AbzG sah eine „angemessene Vergütung für die dem Käufer *überlassene Nutzung*" vor. Die heute geltende Fassung des zweiten Entwurfes beruht auf dem Bestreben redaktioneller Angleichung an das BGB (vgl. § 346 Satz 2 BGB, der damals als § 298 Abs. 1 des zweiten Entwurfes zum BGB vorlag), sollte aber keine sachliche Änderung gegenüber dem ersten Entwurf darstellen. So auch *Hoffmann-Wilke* S. 54, *Samter* S. 43, *Klauß* § 2 Anm. 198. Die unglückliche geltende Fassung mit den im wesentlichen gleichbedeutenden Begriffen „Gebrauch" und „Benutzung" hat denn auch hinsichtlich der rechtlichen Behandlung der *Fruchtziehung* durch den Käufer in der Literatur zu Meinungsverschiedenheiten geführt. Es handelt sich dabei hauptsächlich um die Fälle, daß ein auf Abzahlung gekauftes Tier beim Käufer Junge zur Welt bringt, oder daß der Käufer die AbzSache durch Vermietung oder Verpachtung nutzt; vgl. § 99 Abs. 1 und Abs. 3 BGB. Im Sprachgebrauch des BGB umfaßt der „Gebrauch der Sache" nicht den „Genuß der Sachfrüchte" (vgl. § 535 und § 581 BGB); aber beide Begriffe werden zusammengefaßt durch den Oberbegriff des Genusses der Sachnutzungen, § 100 BGB.

In Übertragung dieser BGB-Terminologie auf das AbzG verneint *Aubele* § 2 Anm. 14 einen Vergütungsanspruch nach § 2 für Überlassung zur Fruchtziehung, will aber die § 347 Satz 2 und § 987 BGB angewendet wissen, wonach der Käufer die gezogenen Früchte herauszugeben und für schuldhaft nicht gezogene Schadenersatz zu leisten hätte. *Enneccerus-Lehmann*, Schuldrecht § 118 B II 1 verneint dagegen jeden Anspruch auf Erstattung von Früchten für die Zeit vor Rücktritt.

Beide Ansichten sind abzulehnen: So wenig es nach dem Sinn und Zweck des AbzG gerechtfertig wäre, dem Käufer die Früchte der Sache unentgeltlich zu belassen, so unrichtig erscheint die Heranziehung der für die Sach- und Rechtslage so völlig unpassenden Vorschrift des § 347 Satz 2 i. V. mit § 987 BGB. Dagegen spricht für die Erstreckung des Vergütungsanspruches des § 2 auf die Überlassung zur Fruchtziehung nicht nur die Entstehungsgeschichte, sondern auch das Bestreben des Gesetzgebers nach Schaffung einer umfassenden, abschließenden Sonderregelung des Rücktrittsverhältnisses. Diese Auslegung erklärt auch den sonst sinnlosen Pleonasmus „Gebrauch oder Benutzung". Es kann angenommen werden, daß durch die beiden Worte gerade der umfassende Geltungsbereich der Regelung zum Ausdruck gebracht werden sollte. Im Ergebnis gl. A. *Klauß* Anm. 198; *Lechner* Anm. 4 a; *Erman-Weitnauer-Klingsporn* Anm. 5 b aa je zu § 2; *Samter* S. 43, 57; *Paul* S. 42. Vgl. auch RGZ 147, 344 und BGHZ 19, 330 ff., worin stets der Ausdruck „Nutzung" verwendet wird.

Anm. 69

Rückgabe gezogener Früchte in Natur kann der Verkäufer für die Zeit vor Rücktrittserklärung nur dann verlangen, wenn sie vom EV an der AbzSache mitumfaßt werden, § 985 BGB. Der Verkäufer kann dann aber für die Überlassung der Muttersache zur Fruchtziehung nicht noch zusätzlich eine Vergütung nach § 2 verlangen; *Erman-Weitnauer-Klingsporn* Anm. 5 b cc zu § 2 AbzG. Näheres bei § 1 Anm. 174.

Anm. 70

bb) *Für die Überlassung zur Nutzung* hat der Käufer diese Vergütung zu leisten. Maßgebend ist, daß der Verkäufer dem Käufer durch Sachübergabe die Möglichkeit der Ausnutzung der Sache (Gebrauch oder Fruchtziehung) gewährt (vgl. § 1 Anm. 25 ff.) und, falls er sich das Eigentum vorbehalten hatte, die Befugnis zur Nutzung eingeräumt hat. Unerheblich ist es dagegen, ob und in welchem Umfang der Käufer die Sache tatsächlich genutzt hat, st. Rspr.; RGZ 138, 28 ff (32) = JW 33, 907 ff. (908); RGZ 647, 344 ff. = JW 35, 2193 ff. (2194); RGZ (GS) 169, 140 ff. = DR 42, 1601; KG JW 34, 1735 ff. (1736); OLG Nürnberg JW 34, 2716 ff. (2717); LG Tübingen MDR 55, 476.

In Analogie zum Mietrecht (§§ 552 Satz 3, 536, 537 BGB) *entfällt die Verpflichtung* zur Zahlung der Vergütung insoweit, als der Käufer aus Gründen, die in den Verantwortungsbereich des Verkäufers fallen, die Sache nicht benutzen konnte. So etwa, wenn die Sache sich nicht in einem vertragsmäßigen Zustand befand und daher dem Verkäufer oder dessen Lieferer vorübergehend zur Beseitigung der Mängel zurückgegeben werden mußte, so LG Oldenburg, MRD 58, 770.

Für verbotswidrig gezogene Nutzungen gelten die §§ 347, 987 BGB, denn § 2 Abs. 1 S. 2 AbzG ist nur insoweit anwendbar, als der Käufer zu der Nutzung vertraglich berechtigt war. Das gleiche hat hinsichtlich derjenigen Früchte zu gelten, die nach den Regeln einer ordnungsmäßigen Wirtschaft nicht als Ertrag der Sache anzusehen sind, vgl. dazu *Erman-Weitnauer-Klingsporn* Anm. 5 b bb zu § 2 AbzG.

Die zur Berechnung der Nutzungsvergütung *maßgebende Zeitspanne umfaßt den Zeitraum* zwischen Übergabe der Kaufsache und deren Wegnahme, auch wenn letztere nicht § 5 auslöst, vgl. Anm. 126 zu § 5. Würde der Verkäufer Nutzungsvergütung auch für die Zeit nach Wegnahme verlangen, so würde er sich damit in Widerspruch zu seinem Verhalten (Wegnahme) setzen, § 242 BGB.

Anm. 71

b) Als *Bemessungsgrundlagen* für die Höhe des Vergütungsanspruches gibt das Gesetz *zwei Maßstäbe* den *Wert der Überlassung* und die während des Überlassungszeitraumes eingetretene *Wertminderung* der Sache.

Anm. 72

aa) Der *Wert der Überlassung:* Die Vergütung hierfür bemißt sich nicht nach dem Umfang der tatsächlichen Nutzung der Sache durch den Käufer, sondern nach dem gegenständlichen Wert der Gebrauchsüberlassung, also nach dem in der *Möglichkeit der Ausnutzung der Sache* liegenden Vermögenswert, RGZ 169, 140 ff. = DR 42, 1601. Dieser Grundsatz gilt jedoch mit einer Einschränkung: Hängt der für die Ermittlung der Nutzungsvergütung gedachte Mietzins seiner Höhe nach wesentlich vom Umfang der Nutzung ab, so ist auch das Maß der Nutzung zu berücksichtigen. Darauf ist insbesondere beim Verkauf von Kraftfahrzeugen zu achten, s. Anm. 78. Andernfalls ist weder der subjektive Wert der Ausnutzungsmöglichkeit für den Käufer noch derjenige für den Verkäufer bestimmend, sondern allein maßgebend der objektive Wert dieser Benutzung, RGZ 138, 28 ff. (32) = JW 33, 907 ff.; KG JW 34, 1735 (1736); oder besser: der objektive oder *gemeingewöhnliche Wert der Benutzungsüberlassung,* RGZ 147, 344 (in Anlehnung an die amtliche Begründung); vgl. *Aubele* Anm. 1 zu § 2; OLG Nürnberg JW 34, 2716 ff. (2717).

Bei dem Wert der Überlassung handelt es sich schließlich um den gemeingewöhnlichen Wert der Möglichkeit der *Fremdbenutzung*. Die Rückgewähr dieses Wertes entspricht allein dem für das Rücktrittsverhältnis geltenden Prinzip der Leistungsrückgewähr in Natur oder durch Vergütung des gemeinen Wertes, § 1 Abs. 1. Vgl. auch oben Anm. 4.

Anm. 73

bb) *Werminderung:* Die vorgeschriebene Rücksichtnahme auf die inzwischen eingetretene Wertminderung der Sache beruht auf einem in zweiter Lesung des Gesetzes angenommenen Antrag des Reichstagsabgeordneten Dr. *Enneccerus.* Dem Verkäufer wird hierdurch kein selbständiger Anspruch neben der Überlassungsvergütung gewährt; so auch BGHZ 19, 330 ff. (333) und schon RGZ (GS) 169, 140 ff.; a. A. *Aubele* § 2 Anm. 3. Andererseits darf Wertminderung und Überlassungsvergütung nicht begrifflich gleichgesetzt werden, RGZ 152, 283 ff. = JW 37, 304 ff. (307). In dem auf allgemeinen Berechnungen beruhenden gemeingewöhnlichen Wert der Nutzungsüberlassung ist an sich bereits ein abstrakt berechneter gemeingewöhnlicher Wertminderungssatz enthalten. Dies zeigt sich dann, wenn für die Sache ein der Überlassungszeit entsprechender üblicher Mietzins besteht, der dem gemeingewöhnlichen Wert der Überlassung gleichgesetzt werden kann. Vgl. unten Anm. 76. Die vorgeschriebene Berücksichtigung der inzwischen eingetretenen Wertminderung bedeutet demgegenüber *eine Korrektur* des gefundenen Überlassungswertes in Richtung des Konkreten und Speziellen. Die *tatsächlich eingetretene* Wertminderung tritt stets *an* die *Stelle* eines Satzes für *normale Wertminderung,* vgl. auch OLG Düsseldorf MDR 62, 52. Hierdurch erhöht sich die Vergütung, wenn die Sache durch Neuheitsverlust (s. unten Anm. 78) oder durch eine dem Überlassungszweck entsprechende besonders starke Abnützung eine besondere Wertminderung erleidet. Andererseits ermäßigt sie sich um den Betrag, um den die tatsächliche Wertminderung hinter der als normal vorausgesetzten Wertminderung zurückbleibt. Die Berücksichtigung der Wertminderung gehört daher mit zu den Rechnungsgrundlagen der Überlassungsvergütung, RGZ 152, 283 ff., vgl. JW 37, 304 ff. (307). Sie ist lediglich Rechnungsposten, RGZ 169, 140 ff. (144); BGHZ 19, 330 ff. (333); OLG Nürnberg WM 59, 358, 58; OLG Köln NJW 64, 1965; ebenso *Klauß* § 2 Anm. 217 a. E.; *Rühl* S. 275. Es kommt ihr nur eine Hilfsfunktion bei Ermittlung des Wertes der Nutzungsüberlassung zu, so *Flume* in JZ 52, 420 f. (Anm. zu BGHZ 5, 373 ff.). Die Überlassungsvergütung muß die Wertminderung voll ausgleichen; bei Berücksichtigung der Wertminderung handelt es sich nicht um einen vom billigen Ermessen abhängigen Zuschlag; RGZ 138, 28 ff. (32), OLG Nürnberg JW 34, 2716 ff.

Anm. 74

Gegen die *gesonderte Berechnung und Feststellung* der tatsächlichen Wertminderung bestehen keine rechtlichen Bedenken. Sie ist jedoch unzulässig, wenn ein üblicher Mietzins besteht und die Wertminderung nicht von dem im Mietzins als normal zugrunde gelegten Wertminderungssatz abweicht. Nur eine über die regelmäßige Abnutzung hinausgehende Wertminderung darf neben einem solchen Mietzinsbetrag besonders in Rechnung gestellt werden, RGZ 138, 28 ff. (33); 147, 344 (351); OLG München MDR 57, 427; s. auch OLG Köln NJW 64, 1965.

Nach BGHZ 19, 330 ff. bietet allerdings der Gesetzestext keinen Raum für voneinander unabhängige Berechnungen der Gebrauchsvergütung und der Wertminderung, wenn auch die in der Praxis eingebürgerte Trennung nicht grundsätzlich zu beanstanden sei. Diese Ansicht des BGH ist nur insoweit gerechtfertigt, als der BGH im folgenden auf die Möglichkeit hierbei entstehender Rechtsirrtümer hinweist. Rein rechnerisch ist aber eine getrennte Feststellung der tatsächlichen Wertminderung und der Höhe der übrigen Kalkulationsbestandteile der Überlassungsvergütung — bei Bestehen einer üblichen Miete die Feststellung der Abweichung der tatsächlichen von der als normal vorausgesetzten Wertminderung — unumgänglich; hierbei ist allerdings eine Doppelberücksichtigung der Wertminderung stets als unzulässig zu vermeiden.

Anm. 75

c) *Überlassungsvergütung für verbrauchbare Sachen:* Gemeint sind hier rein tatsächlich verbrauchbare Sachen (§ 92 Abs. 1 BGB), z. B. Lebensmittel, Brennmaterial. Nicht zu den verbrauchbaren Sachen gehören Sachen wie Teppiche, Bekleidungsstücke, Bettwäsche u. dgl., auch wenn sie durch den Gebrauch schnell abgenützt werden. Für sie gilt hinsichtlich der Überlassungsvergütung nichts besonders. Verbrauchbare Sachen können nur durch Verbrauch, nicht aber durch Gebrauch genutzt werden. Da es sich aber insoweit um Nutzung handelt, bestimmt sich die Vergütung nach dem gemeingewöhnlichen Wert des Verbrauches und der Wertminderung. Das ist bei Totalverbrauch oder Totalentwertung der gemeine Barverkaufswert der Sache einschließlich seiner Verzinsung. A. A. *Klauß* § 2 Anm. 223, der anscheinend bloß die Verzinsung des gemeinen Wertes zubilligt.

2. *Die Ermittelung des Wertes der Überlassung.*

Anm. 76

a) *Bei Sachen mit üblichem Miet- oder Pachtzins.* Auch der bei Miete oder Pacht geschuldete Zins ist Wertvergütung für Nutzungsüberlassung. Grundlegender rechtlicher Unterschied ist nur, daß der Miet- oder Pachtzins im voraus vertraglich vereinbart ist (§ 535 Abs. 2 BGB), während bei der Überlassungsvergütung des § 2 Abs. 1 Satz 2 eine solche Vereinbarung nichtig wäre, § 2 Abs. 1 Satz 3.

Der nach § 2 geschuldeten Vergütung des gemeingewöhnlichen Wertes der Nutzungsüberlassung entspricht jedoch die übliche Miete oder Pacht. Es ist daher ständige Rechtsprechung und herrschende Ansicht des Schrifttums, daß *bei Sachen, die üblicherweise vermietet werden, für die Berechnung* der Vergütung der Gebrauchsüberlassung von dem *üblichen Mietzins* auszugehen ist, der dann je nach den Umständen des Einzelfalles daraufhin nachzuprüfen ist, ob und inwieweit er *abzuwandeln* ist, BGHZ 19, 330 ff.

Die Überlassungsvergütung ist dann geringer anzusetzen, wenn sich ergibt, daß in dem üblichen Mietzins auch ein Entgelt für solche Aufwendungen, z. B. Versicherungsprämien, einbezogen ist, für welche der Verkäufer der AbzSache bereits Aufwendungsersatz nach § 2 Abs. 1 Satz 1 verlangen kann. Über ersatzfähige Aufwendungsn s. oben Anm. 15 ff., insbesondere Anm. 27 ff. Der übliche Mietzins ist ferner daraufhin zu untersuchen, ob er Entgelte für die vom Vermieter zu tragenden Kosten der Instandhaltung der Mietsache enthält, § 536 BGB. Fallen nämlich bei der Abrechnung diese Kosten dem AbzKäufer zur Last, so ist der übliche Mietzins um diesen Betrag zu kürzen. Der AbzKäufer hat zwar für die Kosten der gewöhnlichen Erhaltung aufzukommen (Anm. 188 zu § 1), aber es ist eine Doppelanrechnung zu vermeiden, so auch BGH NJW 66, 446 mit kritischer Anm. von *Loewenheim* NJW 66, 971, vgl. Anm. 188 zu § 1. Der übliche Mietzins ist außerdem insoweit abzuwandeln, als die Höhe der tatsächlichen Wertminderung von der als normal vorausgesetzen nach oben oder unten abweicht. Ein besonderer Entwertungszuschlag ist insbesondere dann gerechtfertigt, wenn der nach dem Kaufvertrag vorausgesetzte Gebrauch eine stärkere Abnutzung mit sich bringt, als sie bei der Vermietung üblicherweise erwartet wird, oder wenn der Mietzins nach einer längeren Dauer bemessen wird, aber auch schon eine nach der gegebenen Sachlage zu berücksichtigende kürzere Benutzung eine entsprechend hohe oder nur unverhältnismäßig geringe Entwertung zur Folge gehabt hat, RGZ 169, 140 ff.; gl. A. *Mezger* DB 65, 315; *Samter* S. 48; vgl. auch oben Anm. 73 und unten Anm. 78 ff.

Schließlich ist der Mietzins auch insoweit herabzusetzen, als der AbzVerkäufer mehr erhielte, als ihm bei vollständiger Zahlung durch den AbzKäufer zustünde. Der Verkäufer hat nur Anspruch auf das negative Interesse, siehe Anm. 10 und Anm. 97.

Der übliche Mietzins für eine Sache kann im Einzelfall ein überhaupt unanwendbarer Maßstab sein, wenn der Mietzins für längere Dauer der Vermietung bemessen ist, die AbzSache aber auch schon bei Nutzung von kürzester Dauer entwertet ist, weil sie bei äußerer Unversehrtheit und völliger Brauchbarkeit nach der Verkehrsauffassung nicht mehr als neu angesehen wird, RGZ 138, 28 ff., JW 33, 907 ff. (908 Sp. 2).

Nicht vom üblichen Mietzins, sondern vom *üblichen Pachtzins* wird man ausgehen müssen, wenn die Nutzung der Sache im Fruchtgenuß bestanden hat.

Anm. 77

Ewald AbzG S. 68 ff. erhebt gegen die vergleichsweise Heranziehung der üblichen Miete hauptsächlich folgende Einwände:

Wer einen Gegenstand vermiete, entäußere sich des eigenen Gebrauches grundsätzlich nur auf Zeit; wer einen Gegenstand auf Abz. verkaufe, wolle sich des eigenen Gebrauches grundsätzlich auf immer entäußern; die Rücknahme stelle nur eine im Prinzip unerwünschte Ausnahme dar. Die Miete sei daher nicht zum Vergleich heranziebar; ihre Heranziehung führe zu einer ungerechtfertigten Verschiedenheit in der Berechnung der Vergütung bei Sachen, die üblicherweise vermietet und solchen, die gewöhnlich nicht vermiet würden. Dabei verkennt *Ewald* einmal, daß die Miete nur mit der Rechtslage beim aufgelösten AbzKauf ex post verglichen wird; s. auch RGZ 152, 283 (291). Er verkennt ferner, daß die Kalkulationsbestandteile der üblichen Miete auch für die Ermittlung der Überlassungsvergütung herangezogen werden können, wenn keine übliche Miete besteht, so daß von einem unerwünschten Methodendualismus keine Rede sein kann.

Ewald wendet sich ferner gegen den im Mietzins enthaltenen Unternehmergewinn. Hierbei geht er zwar mit Recht davon aus, daß die Parteien bei Rücktritt so zu stellen seien, als sei der Vertrag nie geschlossen worden. Vgl. *Klauß* § 2 Anm. 158 und Mot. zu BGB II S. 281; s. auch oben Anm. 4 f. Damit ist aber nicht gesagt, ob das

Rücktrittsverhältnis bloß auf gegenseitigen Schadenausgleich (wie *Ewald* wohl annimmt) oder auf Rückgewähr der gegenseitig gewährten Vorteile gerichtet ist. Das Gesetz hat in letzterem Sinne entschieden. *Nicht* die vom Verkäufer *entbehrte Nutzung* der Sache ist zu vergüten, sondern gerade die *Überlassung* als Leistung; im Ergebnis gl. A. RGZ 152, 283 ff. (291). Da die entgeltliche Überlassung zur Nutzung wie jede entgeltliche Leistung regelmäßig nur so erfolgt, daß der Leistende einen Gewinn erzielt, gehört auch ein mäßiger Reingewinn zu den Bestimmungsfaktoren für die gemeingewöhnlichen Werte der Überlassung und damit für die geschuldete Überlassungsvergütung. Gl. A. BGHZ 19, 330 ff. Vgl. auch unten Anm. 83.

Anm. 78

Ob ein üblicher Mietzins besteht, muß für jede Sache sorgfältig geprüft werden. Es ist allerdings unerheblich, ob gerade in dem Betrieb des Verkäufers eine Vermietung solcher Gegenstände üblich ist, was in der Regel nicht der Fall sein wird. Entscheidend ist, ob die Vermietung einer bestimmten Sache im Wirtschaftsleben mit einer gewissen Häufigkeit oder Regelmäßigkeit auftritt, also typisch geworden ist, so daß sich bestimmte Grundsätze für die Bildung eines üblichen Mietzinses haben entwickeln können; BGHZ 19, 330 (334); s. auch *Pikart* WM 61, 813 u. Anm. 78, ähnlich *Klauß* § 2 Anm. 199.

Die Gebrauchsüberlassungsvergütung bei *Lastkraftwagen:* Bei Lastkraftwagen größeren Gewichts ist Vermietung nicht gebräuchlich, vgl. auch unten und OLG Frankfurt NJW 69, 1967, das auch für fabrikneue PKW einen üblichen Mietzins nicht anerkannt (keine langfristige Vermietung üblich). Bei der Berechnung des dem Nutzungswert zu Grunde zu legenden gedachten Mietszinses ging das OLG München BayJMBl 57, 19 von den Tagesmieten und km-Geldhöchstsätzen für Fuhrleistungen mit Kraftfahrzeugen im Nahverkehr nach der VO Pr. Nr. 45, 51 v. 14. 9. 1951 (BAnz Nr. 85, 51) aus. Dabei sind allerdings in Abzug zu bringen angemessene Beträge für laufende Unterhaltungskosten einschließlich Bereifung und tatsächlich bezahlter Reparaturen, Versicherungsleistungen des Käufers (diese werden als Aufwendungen berücksichtigt), Kraftfahrerlohn und Unternehmerzuschlag sowie Treibstoff und Ölverbrauch, nicht aber für die Verzinsung des Anlagekapitales; hinsichtlich letzterer vgl. unten Anm. 83 und oben 33 gegen OLG München a.a.O.

Dem Einzelfall mehr angepaßt ist jedoch die Berechnung einer konkreten Wertminderung, wie sie überwiegend gefordert wird, vgl. Anm. 73 und BGH MDR 59, 822; OLG Düsseldorf MDR 62, 52 und

Reinicke DB 59, 1103. Demzufolge kommt es nicht nur auf die Dauer der Mietzeit an, sondern auch auf die Länge der in dieser Zeit zurückgelegten Strecke. Nicht maßgebend ist dabei die Strecke, die das Fahrzeug hätte zurücklegen müssen, um wirtschaftlich eingesetzt zu werden, sondern lediglich die tatsächlich gefahrenen Kilometer entscheiden, BGH MDR 59, 822. Da die Wertminderung von Reifen und übrigem Fahrgestell verschiedene Ausmaße hat, sind sie getrennt zu behandeln, vgl. BGH a.a.O. und OLG Stuttgart DB 62, 766. Das OLG Stuttgart a.a.O. geht bezüglich des Fahrgestells von einem Abschreibungssatz für feste und variable, von der km-Leistung abhängige Kosten aus. Dazu wird der Listenpreis des Kfz abzüglich des Preises der Reifen durch 2 geteilt und von der einen Hälfte die Abschreibung für die festen, von der anderen Hälfte für die variablen Kosten vorgenommen. Die Höhe des Abschreibungssatzes selbst hängt von der Lebensdauer des Kfz ab.

Von der ermittelten Wertminderung sind die vom Käufer tatsächlich aufgewendeten Kosten für Reparatur normaler Verschleißschäden abzusetzen, denn um diesen Betrag wird der normale Verschleiß wieder vermindert. So mit Recht BGH NJW 66, 446 und OLG Düsselgütung nimmt OLG Nürnberg WM 59, 358 vor. S. auch OLG Frankfurt NJW 69, 1967.

Besonders bedeutungsvoll ist in diesem Zusammenhang der *Zustand, in dem die Sache gekauft* wurde. Fabrikneue Sachen werden in den seltensten Fällen vermietet und werden daher im allgemeinen keinen üblichen Mietzins haben. Ein für gebrauchte Sachen bestehender üblicher Mietzins kann daher bei neuen Sachen als Überlassungsvergütung nur unter wesentlicher Abwandlung hinsichtlich der zu berücksichtigenden Wertminderung durch Neuheitsverlust in Ansatz gebracht werden; über die erhebliche Entwertung neuer Sachen durch den Neuheitsverlust s. BB 51, 151 und *Staudinger-Ostler* Anm. 41 zu § 459; umgekehrt besteht auch dann kein üblicher Mietzins, wenn die Sache als völlig veraltet oder als nur teilweise brauchbar gekauft wurde.

Die Rechtsprechung hat einen *üblichen Mietzins verneint* für fabrikneue Lastkraftwagen, OLG Nürnberg JW 34, 2716 ff.; für neuwertige Lastkraftwagen, OLG Braunschweig JW 34, 3006; für neue Radioapparate, LG Nürnberg-Fürth JW 33, 2168; für fabrikneuen, an Schullehrer zu Unterrichtszwecken überlassenen Flügel, KG KGBl. 34, 43 = *Soergel* Rechtspr. 34 § 2 AbzG Ziff. 2. Dagegen besteht üblicher Mietzins für Überlassung von Flügeln zu normaler Beanspruchung, LG Tübingen MDR 55, 476. Ein üblicher Mietzins kann auch dann nicht als Berechnungsgrundlage herangezogen werden, wenn die AbzSache öfters reparaturbedürftig war und daher längere Zeit nicht benutzt werden konnte, RGZ 152, 283 ff.

Als üblicher Mietzins können nicht die von der Deutschen Reichsbahn herausgegebenen Richtlinien über die für gemietete LKW zu zahlende Vergütung herangezogen werden. Diese sind für die Errechnung der Ansprüche des Verkäufers nicht maßgebend, OLG Braunschweig JW 34, 3007.

Anm. 79

Maßgebend ist der zur Zeit des Kaufvertragsabschlusses bestehende übliche Mietzins. Konjunkturschwankungen bleiben außer Ansatz; so auch *Asch* JR 32, 257 ff. (IV und VI); a. A. *Weisbart* JR 32, 205.

Anm. 80

b) *Die Ermittlung des Wertes der Überlassung bei Sachen ohne üblichen Miet- oder Pachtzins* zeigt besondere Schwierigkeiten. Ziel der gesetzlichen Regelung ist es, die Parteien so zu stellen, als sei eine entgeltliche Gebrauchsüberlassung vereinbart, RGZ 152, 283 (291), wobei das Entgelt sich nach dem gemeingewöhnlichen Wert der Überlassung bemißt; vgl. oben Anm. 72. Die Feststellung dieses Wertes kann nach freier richterlicher Überzeugung unter Würdigung aller Umstände erfolgen, § 2 Abs. 2 und § 287 Abs. 1 ZPO. Vgl. auch unten Anm. 114. Die Möglichkeit der Feststellung nach § 287 Abs. 1 ZPO bedeutet aber keineswegs die Lösung des Problems. Die Hauptschwierigkeit liegt vor allem darin, daß der gemeingewöhnliche Wert der Überlassung hier nur auf der Fiktion beruht, daß die zeitlich begrenzte entgeltliche Überlassung der Sache zur Nutzung (= Vermietung oder Verpachtung) üblich, d. h. gemeingewöhnlich ist. Außerdem ist einer exakten Ermittlung oder wenigstens einigermaßen sicheren Schätzung nur der in der Sache steckende Anlagewert, der gemeine Neu- und Altwert und die Wertminderung der Sache (hierüber unten Anm. 85 ff.) zugänglich. Die anderen für die Feststellung einer „gedachten" üblichen Miete wesentlichen Berechnungsgrundlagen können nur aus unsicheren Vergleichungen hergeleitet werden. *Samter* S. 46 will daher die Vergütung hier nur nach der Wertminderung bemessen, da der Wert der Überlassung zum Gebrauch oder zur Benutzung selbst unbezifferbar sei. Diese Ansicht ist abzulehnen, weil auch hier die Überlassung zur Nutzung einen objektiven Wert darstellt, der deshalb ermittelt und berücksichtigt werden muß.

Alle Lösungsversuche der Rechtsprechung und Literatur sollten im übrigen jedoch nicht nur nach ihrer theoretischen Exaktheit, sondern gerade hier auch nach ihrer Brauchbarkeit für die Praxis bewertet werden. Nicht ganz zu Unrecht wurden auch schon wiederholt einheitliche verbindliche Berechnungsgrundsätze gefordert, so von *Stulz* in Anm. zu RG JW 33, 907 ff., *Sachweh* DGWR 39, 42 und neuerdings von *Ewald,* AbzG S. 73 ff.; erlassen wurden solche nie. Über die Richtsätze der IHKammern für Wertminderung s. unten Anm. 95.

Anm. 81

Der *BGH* geht in Übereinstimmung mit dem *RG* davon aus, daß die zu ermittelnde Vergütung einen angemessenen Ausgleich der Interessen der Parteien des AbzGeschäftes schaffen solle, BGH NJW 69, 2014; BGHZ 19, 330 ff. (334); RGZ 138, 28 ff. (33); 147, 344 ff. (350); RGZ 169, 140 ff. (143). Ziel der Ermittlung kann daher nur eine Vergütung sein, wie sie sich unter gewöhnlichen Umständen als üblicher Mietzins ergeben würde, wenn eine Vergütung üblich wäre oder einmal üblich würde, BGH a.a.O. und BGH BB 70, 13.

Es kommt also nicht auf die typischen Käufer- und Verkäuferinteressen an, sondern es muß auf die Interessen des Verkäufers als eines gedachten Vermieters und auf die des Käufers als eines gedachten Mieters abgestellt werden, vgl. BGH a.a.O. Der Wert der Überlassung (= gedachter üblicher Mietzins) liegt daher in der *Spannung* zwischen einer für den Vermieter gerade noch lohnenden Vermietung und einer für den Mieter gerade noch lohnenden Mietung; vgl. RGZ 147, 344 (350) und BGH a.a.O.

Deshalb sind einerseits alle Umstände zu berücksichtigen, welche bei einer nach kaufmännischen Grundsätzen erfolgenden Errechnung einer gewinnbringenden Miete als Kalkulationselemente zugrunde gelegt werden müßten. Die Vergütung umfaßt also neben dem Ausgleich der Wertminderung (näheres unten Anm. 85 ff.) die Zinsen für das Anlagekapital, einen Anteil an den allgemeinen Geschäftsunkosten, unter Umständen einen Ausgleich für ein etwa vorhandenes besonderes Risiko und Gewinn, BGH a.a.O. S. 335 und näher unten Anm. 83.

Die Vergütung ist andererseits *nach oben begrenzt* durch den Wert der Nutzungsmöglichkeit für den Mieter. Bei einer Miete zu Zwecken gewerblicher Nutzung wird diese Grenze durch den Nutzen bestimmt, den der Mieter durch den Gebrauch der Mietsache glaubt erzielen zu können; sie ist aber nicht gleich hoch wie dieser Nutzen; denn durch ihn will der Mieter noch einen entsprechenden Anteil an seinen Betriebsunkosten und den allgemeinen Geschäftsunkosten decken und dabei noch einen Gewinn erzielen, ohne den er den Mietvertrag von seinem Standpunkt aus nicht abschließen würde, BGH a.a.O. Die Einnahmen, die der Käufer bei ordnungsgemäßer Bewirtschaftung erzielen kann, dürfen also nicht ohne weiteres dem Wert der Überlassung gleichgesetzt werden, weil sie auch das Ergebnis der auf die Betriebsführung verwendeten Arbeit enthalten, auf welches der Verkäufer keinen Anspruch hat. Sie können aber als Fingerzeig dafür gelten, was sich aus dem Kaufgegenstand herauswirtschaften läßt, und damit eine gewisse Grundlage für die Bemessung der danach als billig anzusehenden Überlassungsvergütung darstellen, RGZ 147, 344 ff. (350). Verfehlt also OLG Nürnberg JW 34, 2716 ff., wonach als Wert der Gebrauchsüberlassung der Betrag anzusehen sein soll, der unter normalen Verhältnissen mit der Sache (LKW) verdient werden konnte. Zur Berechnung der Überlassungsvergütung bei *Lastkraftwagen* vgl. Anm. 78.

Anm. 82

In der Literatur ist die Methode zur Ermittlung der Überlassungsvergütung sehr umstritten. Neben der eingangs schon erwähnten Ansicht *Samters* (vgl. oben Anm. 80) lassen sich folgende zwei Hauptmeinungen erkennen:

Nach der h. M., auf deren Grundgedanken die bereits dargestellte Rechtsprechung des RG und des BGH aufbaut, ist der Wert der Überlassung aus den dem üblichen Mietzins zugrunde liegenden Kalkulationselementen zu ermitteln. Auf dem Boden dieser Lehre stehen *Aubele* § 2 Anm. 16, *Lazarus* S. 93 ff., *Hein* S. 48, *Hörle,* Gruch 55, 207; *Asch* JR 32, 257 und DRiZ 33, 289.

Crisolli 4. Aufl. Anm. 49 zu § 2 und *Janka* BB 1950, 10 halten diese Methode für unzulässig, da sie nur den Mietzins ergäbe, zu dem der Verkäufer abschließen müßte, um auf seine Kosten zu kommen, nicht jedoch den Wert, den der Käufer zu erstatten habe. Der erstattungspflichtige Wert sei die objektive Bereicherung des Käufers. Daher bemesse sich die Vergütung nach dem Wert des reinen Nutzens unter gemeingewöhnlichen Verhältnissen. Die Kritik *Crisollis* und *Jankas* geht im wesentlichen fehl; der Wert des reinen Nutzens ist in der Regel höher als die geschuldete Vergütung (s. auch Anm. 83); es kann ihm bei der Ermittlung des Wertes der Überlassung nur die Funktion eines Grenzwertes nach oben zugebilligt werden, wie dies der BGH in Übereinstimmung mit dem RG getan hat.

Der wirkliche Wert der Überlassung und damit die Höhe der Vergütung liegt meist aber unter diesem Wert. Die Ermittlung aus den Kalkulationselementen des üblichen Mietzinses ist daher grundsätzlich nicht zu beanstanden.

Anm. 83

Auch über den *Kreis der* als *Kalkulationselemente* des gedachten üblichen Mietzinses zu berücksichtigenden Umstände besteht in der Literatur und Rechtsprechung keine volle Übereinstimmung. Als Beispielsfall für die Berücksichtigung der Kalkulationselemente vgl. OLG Nürnberg MDR 66, 999. *Neben* der konkreten zu berechnenden *Wertminderung* (s. unten Anm. 85 ff.) sind zu berücksichtigen:

aa) *Verzinsung des in der Kaufsache steckenden Anlagekapitals*, wobei es gleichgültig ist, ob es sich um eigenes oder fremdes handelt; BGHZ 19, 330 ff. und oben Anm. 81 „Anlagekapital" ist der Anschaffungswert der Kaufsache für den Verkäufer unter gewöhnlichen Verhältnissen im Zeitpunkt des Abschlusses des Abz-Geschäftes. Dagegen sind die Zinsen nicht aus dem Abz.- oder Barkaufpreis der Sache, wie er sich im Verhältnis Einzelhändler — Käufer ergibt, zu berechnen; a. A. Ansicht *Weisbart* JR 32, 205 (206). Da eine doppelte Berücksichtigung der Verzinsung unzulässig ist, kann eine Verzinsung des dem Käufer in Gestalt des Restkaufpreises zur Verfügung gestellten Kapitalwerts nicht in Betracht kommen, vgl. auch Anm. 34.

Anm. 83a

bb) *Angemessener Anteil an den allgemeinen Geschäftsunkosten eines gedachten Vermieters:* vgl. BGH a.a.O. Auf keinen Fall dürfen hierbei die Aufwendungen berücksichtigt werden, für welche der Verkäufer nach § 2 Abs. 1 Satz 1 Ersatz verlangen kann, vgl. oben Anm. 15 ff., insbesondere 27 ff. und bei üblichem Mietzins auch oben Anm. 76. Unzulässig ist es auch, bei der Ermittlung einer gedachten Kostenmiete zu dem Verkehrswert der Kaufsache die Unkosten zu schlagen, die dem Verkäufer gerade durch den AbzKaufvertrag entstanden sind, so für Provision und Finanzierung OLG Hamm JWBl NRW 58, 255.

Anm. 83b

cc) *Mäßiger Unternehmergewinn*, ohne den eine gedachte Vermietung nicht lohnend wäre, BGHZ 119, 330; BGH WM 66, 174 und BGH NJW 59, 2014. In der zuletzt genannten Entscheidung stellt der BGH mit Recht fest, daß der Unternehmergewinn falsch berechnet ist, wenn von dem vom Verkäufer erzielten Verkaufsgewinn ausgegangen wird und dieser Betrag mit $\frac{x}{365}$ multipliziert wird (x ist dabei die Anzahl der Gebrauchstage). Diese Rechnung setzt voraus, daß ein Vermieter denselben Jahresgewinn erzielt, wie der Verkäufer durch den Verkauf. Diese Annahme kann aber nicht unterstellt werden. Da der Unternehmergewinn nicht geringer wird, wenn sich aus irgendwelchen Gründen die Verzinsung des Kapitals vermindert, ist dieser von der Verzinsung des Kapitals unabhängig, BGH WM 66, 1174. Im Unternehmergewinn ist auch eine Entschädigung für die Entbehrung der Sache mit enthalten. Regelmäßig wird es daher zu einer unzulässigen Doppelberücksichtigung dieses Wertes führen, wenn *Aubele* § 2 Anm. 16. neben dem Gewinn noch eine solche Entschädigung zubilligen will.

Gegen die Einbeziehung des Gewinnelementes werden grundsätzliche Bedenken erhoben von *Crisolli* § 2 Anm. 49, *Lazarus* S. 100 und neuerdings auch von *Ewald*, AbzG S. 69 f. Diese Bedenken sind unbegründet. Vgl. zunächst oben Anm. 77. *Crisolli* und *Ewald* verkennen ferner, daß die von ihnen vertretene Vergütung des reinen Nutzens den Käufer härter trifft, da die nach dem „gedachten üblichen Mietzins" berechnete Vergütung trotz Einbeziehung des Gewinnelements den vollen Wert des reinen Nutzens nicht aufzehren soll und darf; s. Anm. 81 gg Ende. Im übrigen enthält auch die von *Crisolli* vorgeschlagene Berechnung der Vergütung aus der Verzinsung des Barkaufpreises (näheres unten Anm. 84) ein Gewinnelement, da die Gewinnspanne des Verkäufers mit verzinst wird.

Anm. 83c

dd) Die Einbeziehung einer *besonderen Risikoprämie* kann unter besonderen Umständen gerechtfertigt sein, BGH a.a.O., *Asch* JR 32, 257 ff. Nicht gerechtfertigt ist eine Unterscheidung von *Wertminderung* durch gewöhnliche Abnutzung und Wertminderung durch Neuheitsverlust, wie sie von *Aubele* § 2 Anm. 17 getroffen wird. Beide Faktoren sind in dem einheitlich zu bestimmenden Wertminderungssatz enthalten.

Anm. 83d

ee) *Der Firmenwert ist nicht in die Berechnung der Nutzungsvergütung einzubeziehen* (also nicht der in der Lage, Organisation, wie Kundenstamm u. ä. liegende wirtschaftliche Vorteil eines Betriebs). Nimmt also der Verkäufer die auf Abzahlung gekaufte Sache in der

Weise an sich, daß er den Betrieb des Käufers fortführt, so ist ihm der in der Verwendung der AbzSache liegende Vorteil nicht anzurechnen. Der BGH BB 70, 13 bemerkt hierzu mit Recht, daß dieser Vorteil im Geschäftsbetrieb und nicht in der AbzSache liege. Ein Entgelt hierfür muß von den Parteien besonders (auch stillschweigend) vereinbart werden.

Anm. 84

Der *Wertermittlung* der Überlassung nach der gedachten üblichen Miete haftet — obwohl sie grundsätzlich richtig ist — der Mangel großer Umständlichkeit und Unsicherheit in der Schätzung der einzelnen Kalkulationsfaktoren an. Handelt es sich doch zum Teil um die Feststellung hypothetischer Werte, so z. B. beim Anteil der allgemeinen Geschäftsunkosten des Vermieters einer Sache von der Art der Kaufsache.

Daher muß auch eine Methode zulässig sein, durch die zwar nicht der Wert der Überlassung selbst, wohl aber ein ihr ähnlicher und somit annähernd richtiger Wert ermittel werden kann. Entspricht der reine Nutzen der Kaufsache normaler und durchschnittlicher Kapitalverzinsung, so können keine Bedenken bestehen, den Wert der Überlassung aus der Wertminderung der Sache und der Verzinsung des objektiven Geldwertes der Sache im Zeitpunkt des Vertragsabschlusses zu errechnen. So OLG Zweibrücken JW 34, 307; *Crisolli* 4. Aufl. § 2 Anm. 49 a E.; *Janka* BB 1950, 10; *Lechner* § 2 Anm. 4 b. Da hier eine übliche Handelsspanne mitverzinst wird, ist auch ein Unkostenelement und ein Gewinnelement (Verzinsung der Gewinnspanne) für den Verkäufer mit einbegriffen, was *Crisolli* und *Janka* verkennen; s. auch Anm. 83.

Diese Methode ist auch dann am Platz, wenn es sich um Luxusgegenstände handelt, wie Teppiche, Bilder u. dgl., die keinen bezifferbaren Nutzen bringen. Die Zinshöhe hat diesen Umständen angemessen zu sein, so richtig *Lechner* a.a.O.

Anm. 85

3. *Die Ermittelung der Wertminderung.* Aus den Verhandlungen des Reichstages (Sten. Ber. IX. Leg. Per., II. *Sess* Bd. 3 S. 2031 ff.) ergibt sich, daß über die Bedeutung des bei der 2. Lesung des Gesetzes entstandenen (s. oben Anm. 73) Zusatzes „... wobei auf die inzwischen eingetretene Wertminderung der Sache Rücksicht zu nehmen ist ..." bei den Beratungen keine völlige Klarheit bestand. Fest steht danach nur, daß der Reichstag den Zusatz nicht dahin verstanden hat,

daß jede Wertminderung berücksichtigt werden solle. Es bedarf daher nicht nur einer Erörterung der für die Errechnung der Wertminderung maßgebenden Werte und der Zeitpunkte, sondern zunächst einer Bestimmung, welche Art von Wertminderung zu berücksichtigen ist. Über die Reichstagsverhandlungen hierzu s. *Crisolli* JR 32, 133 ff.

Anm. 86

a) *Wertminderung* i. S. von § 2 Abs. 1 Satz 2 läßt sich somit folgendermaßen bestimmen:

aa) *In negativer Abgrenzung:* Nach der h. M. kommt nur diejenige Wertminderung in Betracht, welche nicht auf der Marktentwicklung beruht und nicht auf solche Sachschäden zurückzuführen ist, die außerhalb der vertragsmäßigen Nutzung entstanden sind.

Anm. 87

Daher fallen nicht dem Käufer zur Last Preisrückgänge *durch allgemeine Preis-*, insbesondere *Konjunkturschwankungen* so BGHZ 5, 373 ff. (376) mit zustimmender Anm. von *Flume* in JZ 52, 420; BDHZ 19, 330 (335); LG Frankfurt NJW 52, 884; RGZ 138, 28 ff. (34); LG Nürnberg-Fürth JW 33, 2168; ferner *Klauß* Anm. 211; *Aubele* Anm. 17 Abs. 6 und *Lechner* Anm. 4 c je zu § 2; *Asch* LZ 33, 1237 und JR 32, 257 ff. (258): *Hörle*, Gruch 55, 205. Auch Preisrückgänge infolge wachsender Abneigung gegen ausländische Erzeugnisse und dgl. gehören hierher, sind also nicht zuungunsten des Käufers zu berücksichtigen; OLG Zweibrücken JW 34, 307. Demgegenüber wollen OLG Leipzig JW 33, 1041 o. Gr., *Fischbach* RdK 35, 95; *Weisbart* JR 32, 205 ff. und *Ochs* NJW 60, 1948 u. NJW 61, 1149 jede Wertminderung ohne Unterscheidung der Ursachen — also auch konjunkturbedingte Preisrückgänge — zuungusten des Käufers in Betracht ziehen, eine Auffassung, die dem Sinn des Gesetzes nicht entspricht, weil sie entgangenen Gewinn zubilligt; s. oben Anm. 52, 62. Über Entwertung durch Modeänderungen und Erscheinen von Neuheiten s. unten Anm. 90; vgl. ferner unten Anm. 94.

Anm. 87a

Der sogen. *Versteigerungsverlust:* Er entsteht, wenn der Verkäufer die Kaufsache von einem Dritten ersteigern läßt. Der Verkäufer erhält dann nicht den vollen Sachwert, sondern nur den Versteigerungserlös, der regelmäßig unter dem Verkehrswert liegt. Diesen Verlust hat der Verkäufer selbst zu tragen, so auch *Klauß* TW 61, 156 und

Wangemann MDR 61, 111 — A. A. *Ochs* NJW 60, 1984 und NJW 61, 1149. *Ochs* meint, wenn bei der Zwangsversteigerung § 5 entsprechend angewendet werde, dann müsse dies auch für § 2 gelten, indem die Entschädigung des § 2 nicht nach dem gemeinen Wert der AbzSache, sondern nach dem in sein Vermögen gelangten Versteigerungserlös berechnet wird. Als Wertminderung ergebe sich dann die Differenz zwischen ursprünglichem Wert der Sache und dem Versteigerungserlös. Es ist aber nicht einzusehen, warum der Käufer den Verlust zu tragen hat, der durch die Initiative des Verkäufers entstanden ist. Es kann für den Käufer außerdem keine Rolle spielen, wer die Kaufsache erlangt — der Verkäufer selbst oder ein Dritter —, da er darauf keinen Einfluß nehmen kann. Der Verkäufer ist grundsätzlich auch nicht gezwungen, in die AbzSache zu vollstrecken. Eingehend *Wangemann* a.a.O., siehe ferner *Palandt-Putzo* Anm. 3 c cc unter 3, zu § 2 AbzG; ferner *Erman-Weitnauer-Klingsporn* Anm. 5 c I C d zu § 2 AbzG.

Anm. 88

Ferner scheiden für die Berücksichtigung diejenigen *Wertminderungen* aus, die *durch* eine *Beschädigung der Sache* verursacht sind, da für diese im Falle des Verschuldens ein besonderer Ersatzanspruch schon nach § 2 Abs. 1 Satz 1 gegeben ist; RGZ 147, 344 ff. (353); vgl. auch oben Anm. 54 ff. Gl. M. *Janka* BB 1950, 10 ff. (II); *Klauß* § 2 Anm. 209. Eine nochmalige Berücksichtigung bei der Überlassungsvergütung scheidet für solche Wertminderungen aus. Unklar BGHZ 19, 330 ff. (335). Das gleiche gilt für eine Wertminderung infolge Verletzung der Sorgfaltspflicht, z. B. mangelnde Bewahrung kostbar eingebundener Bücher vor der Einwirkung von Staub und Sonnenstrahlen.

Anm. 89

Für eine *unverschuldete Beschädigung* kann andererseits die nach Satz 1 des § 2 abgelehnte Ersatzpflicht (s. Anm. 64) nicht nach Satz 2 wegen Wertminderung vorgeschrieben sein. Deshalb ist z. B. keine Ersatzpflicht gegeben, wenn ein Dritter das gekaufte Buch ohne Wissen des Käufers aus dem Bücherschrank genommen hatte und auf dem Schreibtisch liegen ließ, wo es zu Schaden kam und wo es der Käufer erst nach dem Urlaub gefunden hat, oder wenn ein Dritter dem Käufer in der Straßenbahn ein Loch in den Anzug gebrannt hat; teilweise anderer Meinung *Samter* S. 47.

Anm. 90

bb) *In positiver Abgrenzung:* Wertminderung ist der durch Abnutzung bei vertragsmäßiger Nutzung oder durch Verlust der Neuheit durch Ingebrauchnahme eintretende Minderwert; BGHZ 5, 373ff. (376); RGZ 169, 140 ff. (144); 147, 344 (363); 138, 28 ff. (34).

Im Gegensatz zu dieser der h. M. entsprechenden engen Umgrenzung wird gelegentlich gefordert, daß der Käufer bei *Modesachen* oder bei in *rascher Folge* immer wieder *in neuer Ausführung* erscheinenden sonstigen Artikeln (z. B. Radiogeräten) auch die Wertminderung durch *Veralten* zu tragen habe. Dieser Ansicht sind *Klauß* § 2 Anm. 210 und *Weisbart* JR 32, 205 ff. (II). Die Rechtsprechung hat in Übereinstimmung mit der in der Literatur herrschenden Ansicht bisher eine Berücksichtigung von Wertminderungen durch Änderung der Geschmacksrichtung und neue Erfindungen abgelehnt; so LG Frankfurt NJW 52, 884; LG Nürnberg-Fürth JW 33, 2168. Gl. A. *Aubele* Anm. 17 und *Lechner* Anm. 4 je zu § 2; *Paul* S. 60. Das Veralten der Sache wird man nur unter ganz besonderen Umständen als Wertminderung zuungunsten des Käufers berücksichtigen können, nämlich dann, wenn die Modeänderungen oder die Neuerscheinungen in rascher, regelmäßiger Folge vor sich gehen und nach der Marktlage im Zeitpunkt des Vertragsabschlusses mit Sicherheit der restlose Verkauf der Warenbestände des Verkäufers auch dann zu erwarten gewesen wäre, wenn mit dem Käufer kein Vertrag abgeschlossen worden wäre (so daß das bei Nichterfüllung gegebene Verkäuferrisiko dem Käufer von vornherein erkennbar war). In allen übrigen Fällen wird man die Mitberücksichtigung des Veraltens ablehnen und der angeführten Rechtsprechung beipflichten müssen, teilweise anderer Ansicht *Erman-Weitnauer-Klingsporn* Anm. 5 c I Cc zu § 2 AbzG.

Nicht annehmbar ist der Vorschlag von *Asch* JR 32, 257 ff. (V), die Gefahr des Veraltens als „besonderes Risiko“ in der Überlassungsvergütung zu berücksichtigen, da es sich keinesfalls um ein Risiko der „Vermietung“ handelt. Vgl. oben Anm. 80 f.

Anm. 91

b) *Nur die „inzwischen“*, d. h. während der Zeit der Nutzungsüberlassung, *eingetretene Wertminderung* ist zu berücksichtigen. Maßgebend ist daher in der Regel der Wertunterschied zwischen dem Zeitpunkt der *Übergabe* als Beginn der Nutzungsüberlassung *und* dem *Zugang der Rücktrittserklärung* als Beendigung des Rechtes zum Gebrauch und zur Benutzung, vgl. Anm. 6. Dies folgt, worauf *Blomeyer*

MDR 68, 6 ff. richtig hinweist, daraus, daß § 2 in engem Zusammenhang mit § 1 zu sehen ist — beide Vorschriften regeln die Abwicklung des Vertrags — und nur die „aufgrund des Vertrags" erbrachten Leistungen der Rückabwicklung noch dem AbzG unterliegen. Nach dem Rücktritt entfällt dieser Grund, da sich der Vertrag in ein Abwicklungsverhältnis umgestaltet, vgl. Anm. 65 zu § 1. Gl. A. *Lechner* § 2 Anm. 4 d; *Samter* S. 46, 52, 53 — a. A. RGZ 138, 28 ff. (34); OLG Nürnberg JW 34, 2716 ff.; LG Nürnberg-Fürth JW 33, 2168; *Klauß* § 2 Anm. 204 f.; *Aubele* § 2 Anm. 17; *Asch* DRiZ 33, 289; *Janka* BB 50, 10 ff.; auch *Erman* Anm. 1 c zu § 2 AbzG, OLG Köln NJW 64, 1965; *Mezger* DB *Weitnauer-Klingsporn* 65, 319 und *Pikart* WM 61, 816, die auf den Zeitpunkt der Rücknahme der Kaufsache durch den Verkäufer abstellen. Dagegen will *Rühl* S. 275 den Zeitpunkt zwischen *Vertragsschluß* und Rückgabe in Betracht ziehen. Wertminderung durch Gebrauch oder Beschädigung und Nutzungsvergütung *nach Rücktritt* finden nach den allgemeinen Vorschriften der §§ 347, 987 ff. BGB ihren Ausgleich. Siehe dazu Anm. 108 ff.

Anm. 92

c) *Die Höhe der Vergleichswerte:* Auszugehen ist vom gemeinen Wert der Sache im Zustand bei Übergabe, nicht aber von einem überhöhten AbzKaufpreis, so BGHZ 19, 330 ff.; RGZ 138, 28 ff. (34 ff.); LG Nürnberg-Fürth JW 33, 2168; gl. A. *Klauß* Anm. 204 und *Aubele* Anm. 17 je zu § 2. Besonderes Augenmerk ist hierauf bei Verwertung von Richtsätzen über Wertminderung der IHKammern zu richten. Diese Sätze wurden früher nach dem AbzPreis berechnet; s. hierzu eingehend *Crisolli* JR 32, 133 ff. und JW 34, 1089 f.; *Weisbart* JR 32, 205 ff.; *Wesemann* JW 34, 1826 mit einer Entgegnung von *Crisolli* ebenda. Wertminderungssätze, die nach dem AbzPreis berechnet sind, sind aber nicht ohne weiteres brauchbar. Es kann jedoch statt vom gemeinen Wert vom Kaufpreis ausgegangen werden, wenn dieser keine Erhöhung durch einen AbzZuschlag erfahren hat, so OLG Zweibrücken JW 34, 307 und KG JW 34, 1735. Man wird das jedoch nur unter den weiteren Voraussetzungen für zulässig erachten dürfen, daß der Kaufpreis dem für die Sache nach ihrer Art und Güte verkehrsüblichen Kaufpreis entspricht (vgl. OLG Nürnberg JW 34, 2716 ff.) und daß die Sache in der Zeit zwischen Vertragsschluß und Übergabekeine Wertminderung erfahren hat.

Mit dem gemeinen Wert der Sache im Zustand bei Übergabe ist zu vergleichen der gemeine Wert der Sache im Zustand zur Zeit des Zugangs der Rücktrittserklärung; vgl. hierzu aber oben Anm. 91. Dieser zweite Wert ist jedoch zu verstehen als *Durchschnittswert* von Sachen gleicher Art und Güte, OLG Nürnberg JW 34, 2716 ff., die der gleichen Nutzung, wie sie im Vertrag vorgesehen ist, für eine gleiche Zeitspanne unterworfen waren. Schuldhafte oder zufällige Beschädigungen sind nicht in Betracht zu ziehen; vgl. oben Anm. 88, 89. Die Angriffe von *Klauß* § 2 Anm. 207 gegen die gleiche von *Crisolli* 4. Aufl. Anm. 58 zu § 2 vertretene Ansicht gehen fehl, weil die Einbeziehung von Beschädigungen, die nicht eine Abnutzungsfolge sind, im Hinblick auf § 2 Abs. 1 Satz 1 zu einer Doppelberücksichtigung und zu einer wesentlichen Erweiterung der Rechte des Verkäufers führen würde.

Anm. 93

Der Wiederverkaufspreis, den der Verkäufer erzielt, wenn er die Kaufsache sofort nach Rücknahme weiterveräußert, kann ein Beweisanzeichen für den Altwert (= Wert bei Beendigung der Nutzungsüberlassung) darstellen und ist ein Umstand, der nach § 287 ZPO mit zu würdigen ist, RGZ 147, 344 (352). Der Verkäufer muß aber die Kosten des Weiterverkaufes tragen sowie auch den erzielten Preis insoweit gegen sich gelten lassen, als er auf dem in der AbzSache stekkenden Wert beruht, wenn er auch gleichwohl nur durch vollen Einsatz der Organisation des Verkäufers erzielt werden konnte, RGZ 138, 28 ff. (36). Der Wiederverkaufspreis des zurückgenommenen Kaufgegenstandes stellt jedoch nicht ohne weiteres den Rücknahmewert dar, OLG Braunschweig JW 34, 3007, mit zust. Anm. v. *Crisolli.* Dagegen will OLG Braunschweig JW 34, 3006 bei sofortiger Weiterveräußerung des Fahrzeuges die Wertminderung aus dem Unterschied zwischen dem dabei erzielten Nettoerlös und dem Barverkaufspreis eines neuen Wagens errechnen; diese Methode erscheint, wie sich aus den oben aufgeführten Grundsätzen ergibt, im allgemeinen nicht unbedenklich.

Anm. 94

d) *Die maßgebenden Preisverhältnisse:* Wie bereits oben Anm. 87 und 90 dargelegt, sollen Preisrückgänge durch konjunkturelle Schwankungen, sowie Preisrückgänge durch Geschmacksänderungen und Neuerscheinungen den Käufer nicht belasten. Für die Bemessung des gemeinen Alt- und Neuwertes und die Vergleichung dieser Werte bedarf es daher eines einheitlichen Maßstabes der Preise. Nach dem grundlegenden Urteil RGZ 138, 28 ff. (34) dürften sich, wenn dies auch nicht ausdrücklich festgestellt wird, Neuwert wie Altwert nach den Preisverhältnissen zur Zeit der Übergabe bemessen. Dagegen wollen *Lechner* § 2 Anm. 4 d, *Asch* JR 32, 257 ff. (V) und neuerdings *Flume* in Anm. zu BGH JZ 52, 420 f. dem Käufer einen Preisrückgang sogar zugute kommen lassen, indem sie Neuwert wie Altwert der Sache nach dem Marktpreis im Zeitpunkt der Ausübung des Rücktrittsrechtes bestimmen. Diese Methode erscheint nicht richtig und auch nicht empfehlenswert. Bei konsequenter Durchführung bedeutet sie nicht nur eine Begünstigung des Käufers bei sinkenden Preisen, sondern eine wesentlich stärkere Benachteiligung des Käufers bei steigenden Preisen. Im übrigen erscheint eine Feststellung nach den Marktpreisverhältnissen zur Zeit der Übergabe oder des Kaufvertragsabschlusses richtiger, weil das Ergebnis von den Parteien nach den für sie überschaubaren Marktverhältnissen eher vorhersehbar und berechenbar erscheint. Gegenüber einem sozialpolitisch nicht mehr gerechtfertigten Käuferschutz bedeutet dies, daß weder ein Sinken noch ein Steigen des Marktpreises auf die Höhe der Überlassungsvergütung Einfluß gewinnen kann. So auch RGZ 138, 28 ff. (34).

Anm. 95

4. *Die Richtsätze der IHK für Wertminderung* stellen allgemeine Sachverständigengutachten dar, so *Janka* BB 50, 10 ff. (IV); *Ewald* MDR 55, 655. Sie sind aber keine Handelskammergutachten in dem Sinne, daß die IHK etwa selbst auf Grund objektiver Untersuchungen diese Sätze ermittelt hätten. Es handelt sich vielmehr um Äußerungen der Interessenverbände auf Ersuchen der IHK, *Ewald* MDR a.a.O.

Richtsätze können nur Anhaltspunkte für die Wertminderung nach § 287 ZPO sein; das gesetzliche Prinzip der Individualfeststellung bleibt unangetastet; vgl. *Ewald*, AbzG S. 72 ff. Die bestehenden Richtsätze der IHK sind nur bedingt brauchbar, einmal weil sie keine *objektiven* Gutachten darstellen, ferner, weil die von den einzelnen IHK herausgegebenen Richtsätze sehr stark voneinander abweichen. Näheres bei *Ewald* AbzG S. 73 und MDR 55, 655 und weil die nach Halbjahren gestaffelten Sätze eine zu grobe Staffelung darstellen. Dies gilt insbesondere für eine Nutzungsdauer von mehr als einem halben Jahr. Näheres bei *Crisolli* JR 32, 133 ff. (135), JW 34, 1089 ff. (1091) und *Janka* BB 50, 10 ff. (V). Schließlich sind alle Richtlinien unbrauchbar, welche nicht nach dem Barkaufpreis, sondern nach dem AbzKaufpreis berechnet sind. Vgl. oben Anm. 92.

Die Bezugnahme des Verkäufers auf irgendwelche Richtsätze einer IHK ist lediglich Parteibehauptung einer bestimmten Wertminderung, so *Ewald* MDR 55, 655. Ihre vertragliche Vereinbarung ist nach § 2 Abs. 1 Satz 3 nichtig, s. unten Anm. 103. Über die einzelnen Richtsätze der IHK, des DIHT und die in der Prozeßrichterbesprechung des AG Stuttgart I vom 26. 5. 1930 (JW 30, 2765) angenommenen Richtsätze s. Anhang zu § 2.

Anm. 96

5. Über die Besonderheiten bei der *Überlassungsvergütung für verbrauchbare Sachen* s. oben Anm. 75.

Anm. 97

6. *Höchstgrenze der Überlassungsvergütung* ist die Summe aus Kaufpreis und Kaufpreiszinsen, die angefallen wären, wenn der Vertrag aufrechterhalten worden wäre, unter Abzug dessen, was der Verkäufer als Ersatz für Aufwendungen und Beschädigungen verlangen kann. Der Grund hierfür liegt im Zweck der gesetzlichen Regelung, der sich in der Rückgängigmachung des Vertrages durch Leistungsrückgewähr — und damit in der Erzielung eines billigen Ausgleiches erschöpft. Der Verkäufer soll daher durch den Rücktritt nicht eine über das Erfüllungsinteresse hinausgehende Besserstellung erfahrren. Ebenso RGZ 138, 28 ff. a. E.; *Crisolli* JR 32, 132 und JW 34 2716, 3006 und 3043 sowie *Müllereisert* Hans RGZ 36 A 161 — beide gegen OLG Nürnberg JW 34, 2716 und OLG Braunschweig JW 34, 3006. *Klauß* § 2 Anm. 224 begrenzt die Überlassungsvergütung lediglich durch den Kaufpreis. Dies dürfte gegenüber der hier vertretenen Ansicht nur eine Ungenauigkeit darstellen. Dem Gesetzeszweck wird man nur gerecht, wenn man die Summe aller drei Ansprüche aus § 2 nach oben begrenzt durch die Summe des Kaufpreises und der Zinen hieraus, die bei Fortbestehen des Vertrages angefallen wären. Vgl. oben Anm. 10.

D. Nichtigkeit entgegenstehender Vereinbarungen (§ 2 Abs. 1 Satz 3)

I. Allgemeines und Hauptbeispiele nichtiger Abreden

Anm. 98

Dem vom Gesetzgeber bezweckten Schutz des AbzKäufers entspricht es, den Vorschriften über das Rückgewährverhältnis zwingenden Charakter zu verleihen. Vgl. oben Anm. 1 und 2. Diesem Bestreben dient die Nichtigkeitsdrohung des § 1 Abs. 1 Satz 2 und die des § 2 Abs. 1 Satz 3. Beide Bestimmungen ergänzen sich auf das engste, so daß meistens beide Vorschriften gleichzeitig einschlägig sind.

Dem Gesetzeszweck entsprechend stimmen § 1 Abs. 1 Satz 2 und § 2 Abs. 1 Satz 3 in ihrem Geltungsbereich und in den Folgen überein. So sind keineswegs alle vertraglichen Vereinbarungen ausgeschlossen, sondern nur vor dem Rücktritt abgeschlossene Vereinbarungen, die die Rechtsstellung des Verkäufers erweitern und (oder) die Rechte des Käufers schmälern. Auch die Nichtigkeitsfolge ist bei § 1 und § 2 die gleiche. Die entgegenstehende Klausel ist nichtig, was von Amts wegen zu berücksichtigen ist. Die Nichtigkeit ist jedoch nur eine Teilnichtigkeit, welche die Gültigkeit der übrigen Vertragsbestimmungen nicht beeinträchtigt. § 139 BGB ist unanwendbar. Die zu § 1 Abs. 1 Satz 2 gemachten Ausführungen (§ 1 Anm. 193 bis 195) gelten daher grundsätzlich auch für § 2 Abs. 1 Satz 3.

Anm. 99

§ 2 Abs. 1 *Satz 3 verbietet* alle vor Rücktritt für den Fall des Rücktritts getroffenen Vereinbarungen, wonach dem Verkäufer andere oder höhere Ansprüche zustehen sollen, als sie ihm nach dem Gesetz (§ 1 Abs. 1 Satz 1 und § 2 Abs. 1 Satz 1 und 2) gewährt werden. Vgl. auch oben Anm. 1 und 2. Dabei ist es ohne Bedeutung, ob die dem Gesetz widersprechenden Abreden gleichzeitig mit dem Abschluß des AbzVertrages oder erst während des Vertragsverhältnisses getroffen sind. Das Gesetz hebt besonders hervor die Vereinbarung einer höheren Vergütung, ohne jedoch seine Nichtigkeitsdrohung hierauf zu beschränken.

Entsprechend dem sozialpolitischen Zweck des Gesetzes wird man den Sinn der Bestimmung dahin zu verstehen haben, daß die Nichtigkeit nur dann eintreten soll, wenn hierdurch dem Käufer mehr Pflichten auferlegt werden sollen, als ihm das Gesetz auferlegt; BGH WM 66, 321 u. WM 66, 1174 *Rühl* S. 276; *Aubele* Anm. 20; *Klauß* Anm. 226 ff. u. *Erman-Weitnauer-Klingsporn* Anm. 7 je zu § 2. Eine Vereinbarung, nach der z. B. der Käufer von der Verpflichtung zur Entschädigung wegen der Wertminderung entbunden würde, wäre deshalb als rechtswirksam anzusehen; gl. A. *Klauß* § 2 Anm. 226 ff

Anm. 100

Danach sind *insbesondere folgende* in der Praxis anzutreffende *Abreden nichtig* (vgl. auch § 1 Anm. 196 ff.).

1. Vereinbarungen, durch die dem Käufer für andere als für die infolge des Vertrages gemachten *Aufwendungen* eine *Ersatzpflicht*

auferlegt wird (vgl. oben Anm. 17 ff. insbesondere 27 ff.). Beispiele: Überbürdung der Auslagen für Vermittlungs- und Abschlußprovisionen oder der Kosten eines verlorenen Interventionsprozesses des Verkäufers auf den Käufer; ferner: Vereinbarungen über den Umfang der Ersatzpflicht, wenn ein anderer als reiner Kostenersatz vereinbart wird, so z. B. Pauschalisierung des Aufwendungsersatzes auf 10 % des Bestellkassapreises, vgl. dazu LG Hannover NJW 59, 677. Nichtig ist z. B. die Vereinbarung der Verzinsung der Aufwendungskosten. Vgl. oben Anm. 49 ff., insbesondere 53.

Anm. 101

2. Vereinbarungen einer *Ersatzpflicht für unverschuldete Beschädigungen* oder bei zufälligem Untergang; gl. A. *Benke* BB 48, 591.

Anm. 101a

Nichtig ist eine Vereinbarung zwischen Verkäufer und Käufer, wonach der Verkäufer nach Rücktritt berechtigt sein soll, die Kaufsache weiterzuveräußern und der dabei erzielte Erlös auf den ursprünglichen Kaufpreis anzurechnen sei. Eine Vereinbarung in dieser allgemeinen Form überbürdet dem Käufer das Risiko der Weiterveräußerung, obwohl er gem. § 1 die ihm gewährte Leistung voll zurückgegeben hat. Deshalb fordert der BGH WM 66, 1174 mit Recht, daß für die Abwicklung des Vertrages nach § 2 die Vereinbarung dahin zu lauten hat, daß dem Käufer der bestmöglich zu erzielende Weiterverkaufspreis, *sofern* dieser über den objektiven Wert der Sache hinausgeht (vgl. Anm. 99), anzurechnen ist.

Anm. 102

3. Verpflichtung des Käufers zur *Herausgabe der gezogenen Früchte in Natur;* gl. A. *Benke* BB 48, 591. Ausnahmsweise ist die Vereinbarung zulässig, wenn der EV an der Kaufsache auch die Früchte nach der Trennung mitumfaßt. Vgl. oben Anm. 69 und § 1 Anm. 174.

Anm. 103

4. Vertragliche Festsetzung einer *höheren* als der nach dem Gesetz geschuldeten *Überlassungsvergütung*; gl. A. *Rühl* S. 276; *Lechner* § 2 Anm. 4 b; *Aubele* § 2 Anm. 20. Nichtig ist z. B. eine Vereinbarung: „alle bis dahin geleisteten Zahlungen gelten als volle Benutzungsgebühr des Fahrzeuges, worüber keine Aufrechnung erfolgt", OLG Oldenburg Büro 51, 399. Unzulässig ist auch die Vereinbarung von Prozentsätzen als anzunehmende und zu vergütende Wertminderung,

da das Gesetz eine Vergütung nur der tatsächlich eingetretenen und daher konkret festzustellenden Wertminderung zuläßt; gl. A. *Rühl* S. 276; *Ewald*, AbzG S. 107 ff.; grundsätzlich auch *Berlak-Felix* S. 47, der — unbegründeterweise — aber dann eine Ausnahme macht, wenn der Wertminderungsprozentsatz nach der Benutzungsdauer gestaffelt ist. Unwirksam ist aus den genannten Gründen auch eine Bezugnahme auf *Wertminderungssätze* einer IHK, z. B. „hierfür sollen die im IHK-Bezirk geltenden Wertminderungssätze gelten"; vgl. *Ewald* AbzG S. 108. Derartige Abreden dürfen auch nicht, wie es in der Praxis leider vielfach noch geschieht, als Schätzungsunterlagen für einen angemessenen Wert angesehen werden, da hierdurch der vom Gesetz erstrebte Erfolg vereitelt würde; gl. A. *Rühl* S. 276; *Ewald*, AbzG S. 107. Sollen nach dem Willen der Parteien die vereinbarten Wertminderungssätze als Höchstsätze zugunsten des Käufers gelten, auch wenn die tatsächliche Wertminderung die im voraus angenommene übersteigt, so wird man einer solchen Vereinbarung die Wirksamkeit insoweit nicht absprechen können, als sie zugunsten des Käufers wirkt.

Nichtig sind schließlich auch Vereinbarungen, nach welchen Preisschwankungen durch Konjunkturrückgang, Änderung der Geschmacksrichtung, neue Erfindungen bei der zu gewährenden Vergütung für Gebrauchsüberlassung und Wertminderung berücksichtigt werden sollen, RGZ 138, 28 ff. (33); LG Frankfurt NJW 52, 884.

II. Nichtausgeschlossene Vereinbarungen

Anm. 104

1. Abreden, die dem Käufer nicht mehr als die gesetzlichen Pflichten auferlegen, sowie *Abreden, die nicht die Vergütungsansprüche des Verkäufers im Falle des Rücktritts betreffen*, fallen nicht unter das Verbot des § 2 Abs. 1 S. 3. Deshalb ist die Vereinbarung, die dem Verkäufer eine *Entschädigung dafür* zubilligt, *daß er* sein *Rücktrittsrecht nicht ausübt*, nach § 2 Abs. 1 Satz 3 nicht verboten, weil § 2 nur die Pflichten des Käufers im Rücktrittsfall regelt; dies übersieht *Samter* S. 65. Gleichwohl wird man eine solche Vereinbarung nicht unumschränkt für zulässig ansehen dürfen. Der wirtschaftlich unterlegene Käufer wird sich hierzu vielfach bereit finden müssen, nur um die AbzSache nicht herausgeben zu müssen. Eine solche Vereinbarung wird daher unter Umständen geeignet sein, die Bestimmungen des AbzG illusorisch zu machen. Sie ist deshalb mit dem AbzG unvereinbar. Dies ergibt sich aus § 4 Abs. 1. Die von dem Verkäufer verlangte Vergütung für Nichtausübung des Rücktritts ist wirtschaftlich das

gleiche, wie eine von vornherein vereinbarte Vertragsstrafe für den Fall der Nichterfüllung. Die Vorschrift des § 4 Abs. 1 wird daher auf diesen Fall anzuwenden sein. Die völlige Nichtigkeit einer solchen Vereinbarung anzunehmen, würde dagegen zu weit gehen, da der Verkäufer sich ja eine angemessene Vertragsstrafe für diesen Fall von vornherein hätte vorbehalten dürfen; gl. A. *Lazarus* S. 110; a. A. *Samter* S. 65. Vgl. auch § 4 Anm. 14.

Anm. 105

2. *Nach der Ausübung des Rücktrittsrechtes* steht § 2 Abs. 1 Satz 3 der Vereinbarung weitergehender Rückgewähr- und Entschädigungsverpflichtungen des Käufers nicht mehr entgegen. Es besteht dann Vertragsfreiheit; es kann insbesondere auch über die Höhe der Vergütung eine Einigung erzielt werden, bei der es sein Bewenden hat; so übereinstimmend die Begründung des 1. und 2. Regierungsentwurfes zu § 2. Über die Gründe vgl. oben Anm. 6.

Anm. 106

Wenn die Parteien des in ein Abwicklungsverhältnis umgewandelten AbzKaufvertrags die ursprünglichen Leistungspflichten durch Vereinbarung wieder in Geltung setzen, finden für einen *neuerlichen* Rücktritt die Bestimmungen von § 1 und § 2 wiederum Anwendung. Das gleiche gilt vom Abschluß eines *Vergleiches,* wenn dieser die Merkmale eines AbzGeschäftes aufweist. Verschiedentlich werden in der Literatur zu § 2 Überlegungen darüber angestellt, wie zu verfahren sei, wenn sich der Käufer im Bestreben, die Sache doch noch zu erwerben, in einem neuen AbzVertrag oder in einem Wiederinkraftsetzungsvertrag oder Vergleich auf übermäßig harte Bedingungen einläßt — z. B., wenn sich der Verkäufer neben der Zahlung des Kaufpreises in alter Höhe noch die Entrichtung der aus dem alten Rücktrittsverhältnis geschuldeten Beträge versprechen läßt oder wenn gar diese Verpflichtungen noch eine Verschärfung erfahren. *Crisolli* 4. Aufl. Anm. 75 ff. hält solche Vereinbarungen aus begrifflichen Gründen für nichtig, weil durch die rückwirkende Beseitigung des Rücktritts dieser mit samt seinen Folgen beseitigt werde. Dabei übersieht er aber, daß die Vertragsfreiheit durchaus auch abweichende Vereinbarungen zuläßt. *Klauß* § 2 Anm. 228 f. und NJW 50, 766 (vgl. auch NJW 1953, 1067) will § 2 Abs. 1 Satz 3 in solchen Fällen analog anwenden, da der sozialpolitische Schutzzweck fortbestehe. Dieser Lösungsversuch scheitert aber am Analogieverbot (s. § 1 Anm. 9); es kann außerdem auch nicht anerkannt werden, daß der Käufer sich in einer gleichen sozialpolitisch schutzwürdigen Lage befindet. Denn es handelt sich hier nicht um den Schutz des Käufers vor dem Bestreben des Verkäufers, sich bei dem mißglückten Geschäft möglichst schadlos zu halten und doch noch möglichst viel Nutzen zu ziehen (vgl. oben Anm. 2), sondern um die Frage nach dem richtigen Verhältnis von Leistung und Gegenleistung. § 2 Abs. 1 Satz 3 ist daher grundsätzlich unanwendbar. Eine Ausnahme ergibt sich jedoch, wenn es sich um eine *auf Umgehung* dieser Vorschrift *abzielendes* Geschäft handelt; s. § 117 Abs. 2 BGB. Dies wird man nur dann annehmen können, wenn zwischen Rücktritt und Neuabschluß ein besonders enger, von vornherein gewollter Zusammenhang vorliegt. Ebenso *Aubele* § 2 Anm. 23. Im übrigen erweisen sich aber die Vorschriften über Wucher § 138 Abs. 2 BGB, arglistige Täuschung und Drohung § 123 Abs. 1 BGB als ausreichend.

Anm. 107

Gesetzwidrige *Vergleiche* sind vom Richter von der Protokollierung zurückzuweisen, gl. M. *Hein* S. 86; *Lazarus* S. 110; *Crisolli* ZHR 95, 275. Etwa gleichwohl aufgenommene Vergleiche können mit der Zwangsvollstreckungsgegenklage nach § 767 ZPO angegriffen werden, gl. M. RGZ 37, 419; *Crisolli* a.a.O.

E. Die Rechtslage nach dem Rücktritt

I. Geltung der BGB-Vorschriften

Anm. 108

Nach dem Rücktritt unterliegen die zwischen den Parteien bestehenden Rechtsverhältnisse, von der Vorschrift des § 3 abgesehen, ausschließlich den allgemeinen Vorschriften. Damit fallen alle einschränkenden Bestimmungen des AbzG nunmehr fort; es gilt für nun zu begründende Rechtsfolgen unbeschränkte Vertragsfreiheit; vgl. oben Anm. 6, 104 f. § 1 Anm. 171 a. E., 193 a. E. und 195 a E.

Anm. 109

Die *Ansprüche* aus der Zeit *nach dem Rücktritt* sind im AbzG nicht geregelt. Wegen der inneren Verwandtschaft müssen auf sie die für das vertragsmäßige Rücktrittsrecht *nach dem BGB* geltenden Bestimmungen Anwendung finden. Der Käufer haftet demgemäß dem Verkäufer nunmehr gemäß § 347 BGB nach Maßgabe der §§ 987 ff. BGB, wobei der AbzKäufer dem bösgläubigen Besitzer gleichgestellt wird; BGH NJW 66, 446; siehe auch Anm. 91; gl. A *Klauß* § 2 Anm. 230; *Hörle* Gruch 55, 198; a. A. OLG Zweibrücken JW 34,

307 sowie *Lechner* § 2 Anm. 1 und *Samter* S. 55, die das Rechtsverhältnis nicht nach §§ 347 ff. BGB, sondern nach § 990 Abs. 1 BGB (bösgläubiger Besitz) betrachtet wissen wollen. Letztere Ansicht ist abzulehnen, weil sie den besonderen, beim Rücktritt gegebenen Verhältnissen weniger Rechnung trägt als der allgemeine, für das Rücktrittsverhältnis einschlägige § 347 BGB. Der Umstand, daß diese Bestimmung für die Zeit vor Ausübung des Rücktritts durch die Sondervorschriften der §§ 1 und 2 ersetzt wird, rechtfertigt nicht ihren Ausschluß für die Zeit nach Rücktritt.

Anm. 110

Im einzelnen ergibt sich hiernach folgendes:

1. Der Käufer ist nach Rücktritt *nicht mehr zum Gebrauch* der Kaufsache berechtigt. Wegen seines Besitzrechtes s. aber unten Anm. 111.

2. Der Käufer hat über die Verpflichtung aus dem AbzG hinaus dem Verkäufer die *Nutzungen,* die er nach dem Rücktritt gezogen hat, herauszugeben und bei Unmöglichkeit der Herausgabe vollen Wertersatz zu leisten § 987 BGB. Eine Ersatzpflicht für die schuldhafterweise nicht gezogenen Nutzungen ist abzulehnen; anders noch die Vorauflage. § 987 I BGB spricht nur von den „gezogenen Nutzungen" und außerdem kann nicht dem Käufer auf der einen Seite der Gebrauch der Kaufsache verwehrt werden, auf der anderen Seite ihn aber eine Ersatzpflicht für nicht gezogene Nutzungen treffen, vgl. auch *Blomeyer* MDR 68, 6. Logische Folge ist dann, daß der auf Herausgabe der Nutzungen klagende Verkäufer behaupten und beweisen muß, daß der Käufer die Sache benützt hat. Für die auf die herauszugebenden Nutzungen gemachten Aufwendungen kann der AbzKäufer nach § 102 BGB Ersatz verlangen; vgl. auch Anm. 171 zu § 1.

Anm. 110a

3. Die vom Käufer auf den Kaufpreis entrichteten Teilzahlungen sowie die entrichteten Diskontvergütungen und Teilzahlungszuschläge sind vom Zeitpunkt des Rücktritts an vom Verkäufer zu *verzinsen.* Das gleiche gilt für die vom Käufer nach § 2 geschuldeten Geldsummen, § 347 Satz 3 BGB. Vgl. näher § 1 Anm. 178.

II. Verzug mit der Rückgabe

Anm. 111

Bei *Verzug mit der Rückgabe* der Kaufsache verschärft sich die Haftung des Käufers, § 990 Abs. 2 BGB. Hierbei ist aber zu beachten, daß der Käufer gemäß § 3 so lange zum Besitz der Sache berechtigt ist, als ihm der Verkäufer nicht die zurückzugewährende Gegenleistung anbietet. Näheres bei § 3 Anm. 5 ff. Bei einem Streit über die Höhe der ihm gebührenden Leistungen kommt der Käufer nicht in Verzug, wenn er die angebotene Gegenleistung aus einem entschuldbaren Irrtum heraus für zu gering hält und sie daher zurückweist. Er kommt jedoch in Verzug, wenn er die Rückgabe der Kaufsache verweigert, obwohl er erkennen mußte, daß das Angebot des Verkäufers ausreichend war, § 285 BGB. Zum verzugsausschließenden Rechtsirrtum s. OGHZ 4, 180 = NJW 50, 822; BGH NJW 51, 398 = MDR 51, 217. Bloße Zweifelhaftigkeit der Rechtslage genügt nicht, RG JW 39, 356. Näheres bei *Erman* Anm. 2 d und *Palandt* Anm. 2 je zu § 285 BGB.

Gerät der Käufer in Verzug, so hat er gemäß § 287 BGB auch die während des Verzuges durch Zufall eintretende Unmöglichkeit der Rückgabe, d. h. auch den zufälligen Untergang und die zufällige Wertminderung zu vertreten und dem Verkäufer den durch den Verzug entstehenden Schaden zu ersetzen, es sei denn, daß der Schaden auch bei rechtzeitiger Leistung eingetreten wäre.

III. Kein Anspruch auf Gebrauchsvergütung nach dem Rücktritt

Anm. 112

Für die Zeit *nach dem Rücktritt* hat der Käufer *keine Gebrauchsvergütung* zu leisten; s. oben Anm. 91 und 110. Der Verkäufer kann ihn ja in Verzug setzen und hat dann Anspruch auf vollen Schadenersatz, gl. M. *Samter* S. 67; a. A. *Lazarus* S. 104.

IV. Abwicklung der gegenseitigen Ansprüche

Anm. 113

Die Abwicklung der gegenseitigen Ansprüche erfolgt durch Herausgabe der Sache, Zahlung der geschuldeten Geldbeträge oder Aufrechnung der Geldansprüche gegeneinander, vgl. §§ 387 ff. BGB.

F. Wertfeststellung durch das Gericht nach § 287 Abs. 1 ZPO (§ 2 Abs. 2)

Anm. 114

§ 2 Abs. 2 erklärt für die Festsetzung der *Höhe* der Vergütung „§ 260 Abs. 1 der Civilprozeßordnung" für entsprechend anwendbar. An seine Stelle ist inzwischen § 287 Abs. 1 ZPO getreten.

§ 287 Abs. 1 ZPO i. V. mit § 2 Abs. 2 AbzG gilt nur hinsichtlich der Feststellung der Überlassungsvergütung, und zwar nur für die

Feststellung ihrer Höhe, nicht aber für die Beantwortung der Frage, ob der Anspruch dem Grund nach überhaupt gerechtfertigt ist. Die Voraussetzungen des § 287 Abs. 2 ZPO brauchen nicht erfüllt zu sein; *Lechner* Anm. 10 zu § 2. Es muß aber über die Höhe der Überlassungsvergütung Streit bestehen.

Die Entscheidung nach freier Überzeugung über die Höhe des Anspruches ist nach § 2 Abs. 2 nur bei der Überlassungsvergütung zulässig, nicht aber für die Feststellung der Höhe der Aufwendungsersatzansprüche. Bei Schadenersatzansprüchen nach § 2 Abs. 1 Satz 1 zweiter Halbsatz ist dagegen § 287 Abs. 1 ZPO im vollen Umfang unmittelbar anwendbar.

Die Bedeutung von § 2 Abs. 2 liegt darin, daß der namentlich bei Sachen ohne üblichen Mietzins äußerst schwierige Beweis des Wertes der Überlassung vom Verkäufer nicht restlos geführt zu werden braucht. Der Verkäufer muß lediglich die einzelnen Umstände darlegen und beweisen, aus denen sich der Wert der Vergütung errechnen soll.

Das Gericht hat alle ihm bekannten wesentlichen Umstände von sich aus zu berücksichtigen. Es hat auch die einzelnen Kalkulationselemente des Überlassungswertes nach freier Überzeugung zu bewerten, so z. B. die eingetretene Wertminderung, vgl. RG JW 37, 304 ff. (307); BGH BB 70, 13; OLG Zweibrücken JW 34, 307. Über die bei der Ermittlung des Wertes der überlassung zur berücksichtigenden Umstände s. oben Anm. 67 ff. bei Bestehen eines üblichen Mietzinses, und Anm. 80 ff., wenn kein üblicher Mietzins besteht. Im übrigen wird auf die Ausführungen zu § 287 Ab. 1 ZPO in den Kommentaren zur ZPO verwiesen.

Anhang zu § 2

Richtsätze über die Bemessung der Überlassungsvergütung nach § 2

(s. § 2 Anm. 92, 95)

I. Richtsätze gemäß Beschluß der Prozeßrichterbesprechung des Amtsgerichts Stuttgart I vom 26. 5. 1930:

I. Warengruppe: Kleidungsstücke;

II. Warengruppe: Bettstücke, Vorhänge u. dgl.;

III. Warengruppe; Möbel, Nähmaschinen, Fahrräder u. dgl.;

bei Rückforderung nach	I	II	III
1/4 Jahr	30 v. H.	20 v. H.	15 v. H.
1/2 Jahr	50 v. H.	40 v. H.	25 v. H.

1 Jahr	80 v. H.	60 v. H.	40 v. H.
$1^{1}/_{2}$ Jahren	100 v. H.	75 v. H.	50 v. H.
2 Jahren		90. v. H.	60 v. H.
$2^{1}/_{2}$ Jahren		100 v. H.	70 v. H.
3 Jahren			75 v. H.

Ausgangspunkt für diese Richtsätze ist der AbzKaufpreis. Vgl. hierzu JW 30, 2765 = *Janka* BB 51, 10 f. (11).

II. Die offiziell noch nicht geänderten, aber teilweise überholten *Richtsätze der IHK Berlin von 1934 und 1936* (vgl. *Crisolli* JW 34, 1089 sowie *Janka* BB 51, 381 und 497). Die Prozent-Sätze erstrekken sich vom Kaufpreis abzüglich eines evtl. Teilzahlungszuschlages:

1. Für *Fahrräder* sind folgende Abzüge üblich und angemessen:

Bei Rücktritt innerhalb der ersten drei Monate	35 v. H.
Bei Rücktritt innerhalb des 2. Vierteljahres	50 v. H.
Bei Rücktritt innerhalb des 3. Vierteljahres	60 v. H.
Bei Rücktritt innerhalb des 4. Vierteljahres	70 v. H.
Bei Rücktritt innerhalb des 2. Jahres	80 v. H.

2. Für *Gardinen* läßt sich eine einheitliche oder durchschnittliche Wertminderung nicht feststellen, da es einmal auf die Gebrauchsfähigkeit der Ware an sich und außerdem auf die Form und Art der Anbringung (Sonne, Staub usw.) ankommt. Als Anhalt könnte vielleicht dienen, daß bei einem siebenmonatigen Gebrauch ein Minderwert von 50 bis 70 v. H. angenommen worden ist.

3. Bei einem fehlerfreien *Kraftrad*, das in dieser Ausführung von der Fabrik noch laufend hergestellt wird, sind im allgemeinen die folgenden Abschläge auf die Bruttolistenpreise vorzunehmen:

	in der Zeit vom 15. 2.—31. 7.		in der Zeit vom 1. 8.—14. 2.	
Bei einer Betriebsleistung	für Kraftfahrräder mit Zylinderinhalt bis		für Kraftfahrräder mit Zylinderinhalt bis	
	200 ccm v. H.	höher v. H.	200 ccm v. H.	höher v. H.
0—1000 km	15	20	20	25
über 1000—2000 km	15—20	20—25	20—25	25—30
über 2000—4000 km	20—25	25—30	25—30	30—35
über 4000—6000 km	25—30	30—35	30—35	35—40
über 6000—8000 km	30—$33^{1}/_{3}$	35—40	35—40	40—45

4. Im Handel mit *Kraftwagen* lassen sich ebenfalls allgemeingültige Wertminderungssätze (einschließlich Benutzungsvergütung) nicht feststellen, da die Abnutzung der Kraftwagen infolge verschieden starker Inanspruchnahme und Pflege sehr ungleichmäßig ist. Im allgemeinen wird davon auszugehen sein, daß die von den Schätzungsstellen der Deutschen Automobil-Treuhand G. m. b. H. ausgefertigen Schätzungsurkunden die besten Anhaltspunkte für die Feststellung des Wertes eines gebrauchten Kraftwagens geben.

Es ist daher die Differenz zwischen dem Bruttolistenpreis und dem Schätzungspreis der Schätzungsurkunden der Schätzungsstellen der DAT. als Wertminderungssatz (einschließlich Gebrauchsüberlassung) anzusehen. Falls ein Finanzierungszuschlag berechnet worden ist, so bleibt dieser für die Feststellung der Wertminderung außer Ansatz. Das gilt, wenn die Wertminderung in der Hand des ersten Verbrauchers, der den Wagen neu gekauft hat, festzustellen ist.

Im Altwagengeschäft wird im allgemeinen, wenn eine Schätzung beim Verkauf nicht vorliegt, von dem Verkaufspreis an Stelle des Listenpreises auszugehen sein. Im übrigen gilt das gleiche.

5. Für *landwirtschaftliche Maschinen und Geräte* können ebenfalls einheitliche Sätze nicht festgestellt werden, da die Zweckbestimmung und der Gebrauch der landwirtschaftlichen Geräte eine solche Verschiedenartigkeit der Benutzung und Aufbewahrung zur Folge haben, daß sich die tatsächliche Wertminderung und der Wert der Gebrauchsüberlassung immer nur im Einzelfall sachverständig feststellen lassen.

6. Für *Möbel* sind die Sätze je nach Art der Mögel verschieden. Sie betragen für;

Möbel mit Ausnahme von polierten Zimmern, Schlafzimmern, Küchen und Polsterwaren

bei Rücktritt und Rückgabe innerhalb des 1. Halbjahres	25 v. H.
bei Rücktritt und Rückgabe innerhalb des 2. Halbjahres	35 v. H.
bei Rücktritt und Rückgabe innerhalb des 3. Halbjahres	45 v. H.
bei Rücktritt und Rückgabe innerhalb des 4. Halbjahres	55 v. H.
bei Rücktritt und Rückgabe innerhalb des 3. Jahres	60 v. H.
bei Rücktritt und Rückgabe innerhalb des 4. Jahres	70 v. H.
bei Rücktritt und Rückgabe innerhalb des 5. Jahres	75 v. H.
bei Rücktritt und Rückgabe innerhalb des 6. Jahres	80 v. H.

Polierte und Schleiflackzimmer, Schlafzimmer und Küchen

bei Rücktritt und Rückgabe innerhalb des 1. Halbjahres	30 v. H.
bei Rücktritt und Rückgabe innerhalb des 2. Halbjahres	35 v. H.

bei Rücktritt und Rückgabe innerhalb des 3. Halbjahres		45 v. H.
bei Rücktritt und Rückgabe innerhalb des 4. Halbjahres		55 v. H.
bei Rücktritt und Rückgabe innerhalb des 3. Jahres		60 v. H.
bei Rücktritt und Rückgabe innerhalb des 4. Jahres		70 v. H.
bei Rücktritt und Rückgabe innerhalb des 5. Jahres		75 v. H.
bei Rücktritt und Rückgabe innerhalb des 6. Jahres		80 v. H.

Polsterwaren mit Ausnahme von Matratzen

bei Rücktritt und Rückgabe innerhalb des 1. Halbjahres		35 v. H.
bei Rücktritt und Rückgabe innerhalb des 2. Halbjahres		45 v. H.
bei Rücktritt und Rückgabe innerhalb des 3. Halbjahres		60 v. H.
bei Rücktritt und Rückgabe innerhalb des 4. Halbjahres		70 v. H.
bei Rücktritt und Rückgabe innerhalb des 3. Jahres		80 v. H.
bei Rücktritt und Rückgabe innerhalb des 4. Jahres		90 v. H.

7. *Matratzen und Bettwäsche* sind für den Verkäufer wertlos. Bei ihnen ist im Falle der Zurücknahme der volle Verkehrswert zu ersetzen, in der Regel also ein Betrag von 80 v. H. des Verkaufspreises.

8. Für *Nähmaschinen* (mit Ausnahme gewerblicher Nähmaschinen) sind folgende Sätze angemessen:

bei Rücktritt und Rückgabe innerhalb des 1. Halbjahres		25 v. H.
bei Rücktritt und Rückgabe innerhalb des 2. Halbjahres		30 v. H.
bei Rücktritt und Rückgabe nach	1 Jahr	40 v. H.
bei Rücktritt und Rückgabe nach	1½ Jahren	50 v. H.
bei Rücktritt und Rückgabe nach	2 Jahren	60 v. H.
bei Rücktritt und Rückgabe nach	2½ Jahren	70 v. H.
bei Rücktritt und Rückgabe nach	3 Jahren	75 v. H.

9. Bei *Pianos* ist zu unterscheiden zwischen neuen Pianos, gebrauchten, aufgearbeiteten Pianos und gebrauchten, nicht aufgearbeiteten Pianos. Die Sätze betragen *für neue* Pianos:

Bei Rücktritt und Rückgabe innerhalb
des 1. Jahres 20 v. H. Minderung zuzüglich 1½ v. H. je Monat des Gebrauchs

bei Rücktritt und Rückgabe innerhalb
des 2. Jahres 20 v. H. Minderung zuzüglich 1½ v. H. je Monat des Gebrauchs

bei Rücktritt und Rückgabe innerhalb
des 3. Jahres 20 v. H. Minderung zuzüglich 1½ v. H. je Monat des 1. und 2. Jahres und 1 v. H. je Monat des 3. Jahres des Gebrauchs.

Gebrauchte, aufgearbeitete Pianos:

1. Bei Rücktritt und Rückgabe innerhalb des 1. Jahres 10 v. H. Minderung zuzüglich 2 v. H. je Monat des Gebrauchs
2. bei Rücktritt und Rückgabe innerhalb des 2. Jahres wie zu 1 zuzüglich 1½ v. H. je Monat des 2. Jahres des Gebrauchs
3. bei Rücktritt und Rückgabe innerhalb des 3. Jahres wie zu 2 zuzüglich 1 v. H. je Monat des 3. Jahres des Gebrauchs.

Gebrauchte, nicht aufgearbeitete Pianos:
Berechnung wie vor, jedoch unter Wegfall des feststehenden Postens von 10 v. H.

10. Für *Pikiermaschinen* beträgt der übliche Satz für Abnutzung und Gebrauchsüberlassung nach einem Jahr 40 v. H. des Kassapreises.

11. Für *Plättmaschinen* (Muldenplättmaschinen, Universalpressen und Schlittenmaschinen) betragen die Sätze in den beiden ersten Jahren je etwa 15 v. H., im dritten Jahre 13 v. H., im vierten Jahre 12 v. H. des verkehrsüblichen Verkaufspreises zur Zeit der Übergabe.

12. Für *Registrierkassen* gelten folgende Sätze:

bei Rücktritt und Rückgabe innerhalb des 1. Halbjahres		25 v. H.
bei Rücktritt und Rückgabe innerhalb des 2. Halbjahres		30 v. H.
bei Rücktritt und Rückgabe nach	1 Jahr	40 v. H.
bei Rücktritt und Rückgabe nach	1½ Jahren	50 v. H.
bei Rücktritt und Rückgabe nach	2 Jahren	60 v. H.
bei Rücktritt und Rückgabe nach	2½ Jahren	70 v. H.
bei Rücktritt und Rückgabe nach	3 Jahren	75 v. H.

Im Handel mit *Rundfunkapparaten* werden folgende Abzüge berechnet, und zwar von dem reinen Apparatepreis ohne den Preis für den Röhrensatz:

Für alle Typen:

für die ersten 3 Monate je 10 v. H. des Verkaufspreises,
für die nächsten 3 Monate je 5 v. H. des Verkaufspreises,
für jeden weiteren Monat 3 v. H. des Verkaufspreises.

Die Röhren werden während der Garantiefrist (vom 1. bis 6. Monat) mit 20 v. H. angerechnet, nach Ablauf der Garantie mit 10 v. H.

Für Rundfunkapparate, die als gebraucht verkauft worden sind, gelten vorstehende Sätze nicht. Hier lassen sich allgemeingültige Sätze nicht feststellen. Die Wertminderung für einen gebrauchten Apparat richtet sich allein nach dem Alter und der sonstigen Beschaffenheit (technisch veraltet oder nicht) des einzelnen Apparates. Diese kann nur von einem Sachverständigen von Fall zu Fall festgestellt werden.

14. Für *Schnellwaagen* sind folgende Sätze angemessen:

bei Rücktritt und Rückgabe innerhalb des 1. Halbjahres		25 v. H.
bei Rücktritt und Rückgabe innerhalb des 2. Halbjahres		30 v. H.
bei Rücktritt und Rückgabe nach	1 Jahr	40 v. H.
bei Rücktritt und Rückgabe nach	$1^1/_2$ Jahren	50 v. H.
bei Rücktritt und Rückgabe nach	2 Jahren	60 v. H.
bei Rücktritt und Rückgabe nach	$2^1/_2$ Jahren	70 v. H.
bei Rücktritt und Rückgabe nach	3 Jahren	75 v. H.

15. Für *Schreibmaschinen* gibt es keine festen Sätze. Es werden Sätze von 10 bis 50 v. H. im ersten Jahr genannt. Bei Kleinschreibmaschinen ist die Abnutzung größer als bei großen Büromaschinen und hängt entscheidend von der Benutzung und Behandlung der Maschine ab. Genaue Feststellungen könnten nur von Fall zu Fall von einem Sachverständigen auf Grund einer Besichtigung der Maschine getroffen werden.

16. Für *Teppiche* läßt sich eine einheitliche oder durchschnittliche Wertminderung nicht feststellen, da die Gebrauchsfähigkeit der Ware an sich bestimmend ist. Erwähnt sei, daß in einem Falle bei siebenmonatigem Gebrauch ein Satz von 25 bis 35 v. H. als angemessen angenommen worden ist.

17. Für *Waschmaschinen* (gasbeheizte Dampfwaschmaschinen-Automaten) kann für das erste Jahr ein Satz von etwa 30 v. H. als angemessen angesehen werden.

18. Bei einem *Akkordeon* läßt sich ein handelsüblicher Satz für die monatlich zu berechnende Wertminderung nicht ermitteln. Gerade bei derartigen Instrumenten kommt alles auf Pflege und Art der Benutzung an. Den tatsächlichen Minderungswert kann nur ein Sachverständiger nach Durchsicht des Instrumentes feststellen.

Allgemein sei noch bemerkt, daß mit den vorgenannten Sätzen die üblichen Aufwendungen des Verkäufers, wie Transportkosten, Vertreterprovision und etwaige sonstige Werbungskosten abgegolten sind.

III. *Eine Zusammenstellung des Deutschen Industrie- und Handelstages,* die am 23. 11. 1953 an die IHK des Bundesgebietes versandt wurde, liefert in 69 Schreibmaschinenseiten eine Übersicht über Wertminderungssätze bei Teilzahlungsgeschäften, wie sie aus Umfragen bei den Kammern sich ergaben. Es ist dies aber eine noch nicht ausgewertete rohe Übersicht, die erst mit den Spitzenverbänden der gewerblichen Wirtschaft abgestimmt werden soll. Die endgültige Zusammenstellung ist noch nicht erfolgt. Der folgende *Auszug* bringt für die wichtigsten Waren oder Warengruppen die Stellungnahme meist rheinischer IHK, soweit diese heute von den Berliner Sätzen (s. unten II) abweichen, solche Sätze des DIHT nicht bestehen. Die Richtsätze konnten durch die Wertminderungssätze ergänzt werden, die der Deutsche Industrie- und Handelstag im Jahre 1960 durch Umfrage bei den Kammern und nach Anhörung der Fachverbände als üblich und angemessen festgestellt hat. Neuere Werte sind seither nicht mehr ermittelt worden. Die Sätze des DIHT umfassen sowohl den Wert der Gebrauchsüberlassungsvergütung als auch eine bei bestimmungsgemäßen Gebrauch normalerweise eintretende Wertminderung.

1. *Bestecke (Silber u. Edelstahl)*

Nach 3 Monaten	30 %
Nach 6 Monaten	40 %
Nach 9 Monaten	45 %
Nach 12 Monaten	50 %

Diese Sätze werden nur für ganz oder teilweise in Gebrauch genommene Bestecke angewandt. S. auch IV „sonstige Richtsätze".

2. *Büromaschinen*

Im. 1. Monat	25 %
Für jeden weiteren Monat	3 %

3. *Elektromotorische Geräte*

Im 1. Halbjahr		30 %
Im 2. Halbjahr	weitere	20 %
Für jedes weitere Halbjahr	weitere	10 %

Zu elektromotorischen Geräten gehören:

Staubsauger	Haartrockner	Küchenmotore	Bohner
Ventilatoren	Rasierer	Kaffeemühlen	

4. *Fahrräder*

DIHT:

Innerhalb des 1. Vierteljahres	35 %
Innerhalb des 2. Vierteljahres	50 %
Innerhalb des 3. Vierteljahres	60 %
Innerhalb des 4. Vierteljahres	70 %
Innerhalb des 2. Jahres	80 %

IHK Köln

Die Berliner Wertminderungssätze werden grundsätzlich anerkannt. Mit Rücksicht darauf, daß infolge der üblicherweise sehr kleinen Anzahlungen beim Kauf eines Fahrrades immer wieder Rücknahmen von Rädern innerhalb der ersten drei Monate vorkommen und daß gerade diese Fahrräder in der Regel nicht sehr pfleglich behandelt worden sind, wurde uns mitgeteilt, bei Rücknahme innerhalb der ersten vier Wochen werde ein Wertminderungssatz von 30 v. H., bei Rücktritt innerhalb des zweiten und dritten Monats ein Satz von 40 v. H. für erforderlich gehalten und um entsprechende Abänderung der ersten Gruppe der Berliner Wertminderungssätze gebeten. Es ist uns bekannt geworden, daß sich in der Praxis die Wertminderungssätze für Fahrräder für kaum anwendbar erwiesen haben, da ihr Wert von dem jeweiligen Zustand des Fahrrades bei seiner Rückgabe bestimmt ist.

5. *Fotoapparate*, s. optische Geräte

6. *Haushaltwaren*

A) Berliner Sätze bestehen bisher nicht.

B) IHK Wuppertal
festgelegt durch IHK Hagen und Fachvereinigung.

Nach einer Benutzungsdauer von:

etwa	3 Monaten	=	20—25 v. H.	Wertminderung
etwa	6 Monaten	=	25—30 v. H.	Wertminderung
etwa	9 Monaten	=	30—35 v. H.	Wertminderung
etwa	12 Monaten	=	40 v. H.	Wertminderung

Diese Sätze sollen nur gelten, wenn

1. die Gußrahmen mit Einlage bruchfrei sind
2. die emaillierten und vernickelten Teile keine erheblichen Beschädigungen aufweisen.

7. *Elektro- Heiz- und Kochgeräte*

Im 1. Halbjahr	35 %
Im 2. Halbjahr	**45 %**
Im 3. Halbjahr	55 %
Im 4. Halbjahr	60 %

Zu elektrischen Koch- und Wärmegeräten gehören:

Bratöfen,	Bratpfannen,	Küchenherde,	Futterdämpfer,
Kochplatten,	Kochkessel,	Wasserkocher,	Bügeleisen,
Tauchsieder,	Brotröster,	Waffeleisen,	Bügelautomaten,
Höhensonnen.	Heizöfen,	Grillgeräte,	Infrarotstrahler,

Heißwasserspeicher.

Berliner Sätze bestehen bisher nicht.

IHK Bochum

bei Rücktritt und Rückgabe innerhalb des 1. Halbjahres	40 v. H.
bei Rücktritt und Rückgabe innerhalb des 2. Halbjahres	50 v. H.
bei Rücktritt und Rückgabe innerhalb des 2. Jahres	70 v. H.
bei Rücktritt und Rückgabe innerhalb des 3. Jahres	75 v. H.

Die für Heiz- und Kochgeräte angegebenen Sätze sind für den Normalfall, d. h. unter der Voraussetzung normaler Benutzung und bei normaler Behandlung der Sache gedacht. Die im Einzelfall entstehenden Aufwendungen (Transportkosten, Montagekosten) sind ebenso wie die Kreditkosten und der Anteil an den allgemeinen Geschäftsunkosten in den obigen Sätzen nicht enthalten.

8. *Gas- Heiz- und Kochgeräte*

A) Keine Berliner Sätze.

B) IHK Köln

Für Gas- Heiz- und Kochgeräte werden die gleichen Sätze vorgeschlagen, die später unter Waschmaschinen genannt werden. Auch hier muß berücksichtigt werden, daß der Käufer für gebrauchte Geräte eine erhebliche Preisreduzierung erwartet.

9. *Herde u. Öfen*

DIHT:

a) Elektrische Öfen
Siehe Elektrogeräte

b) Öfen für feste Brennstoffe (einschließlich Kohleherde)

Im 1. Halbjahr	45 %
Im 2. Halbjahr	50 %
Im 3. Halbjahr	55 %
Im 4. Halbjahr	60 %

c) Eiserne Öfen für flüssige Brennstoffe (Ölöfen)

Im 1. Halbjahr	50 %
Im 2. Halbjahr	55 %
Im 3. Halbjahr	60 %
Im 4. Halbjahr	65 %

d) Transportable Kachelöfen

Im 1. Halbjahr	40 %
Im 2. Halbjahr	50 %
Im 3. Halbjahr	60 %
Im 4. Halbjahr	65 %

f) Gaskochgeräte für Stadt- und Flüssiggas
(Gasherde — Gaskocher)

Im 1. Halbjahr	35 %
Im 2. Halbjahr	45 %
Im 3. Halbjahr	55 %
Im 4. Halbjahr	60 %

g) Gasheizgeräte wie f.,

Für kombinierte Kochgeräte werden jeweils die Sätze des Warenkreises angesetzt, die die höchsten Beträge aufweisen.

10. *Klaviere*

DIHT:

Innerhalb des 1. Jahres	20 % zuzüglich 1½ % je Monat
Innerhalb des 2. Jahres	20 % zuzüglich 1½ % je Monat
Innerhalb des 3. Jahres	20 % zuzüglich 1½ % je Monat des 1. und 2. Jahres und 1 % je Monat des 3. Jahres

Diese Sätze werden nur für *neue* Klaviere angewandt.

11. *Kraftfahrzeuge*

DIHT:

Für Lastkraftwagen
Lieferwagen
Anhänger
Personenkraftwagen
Kleinwagen
Kabinenfahrzeuge
Motorräder
Motorroller

ließen sich übliche Wertminderungssätze wegen der großen Unterschiedlichkeit in der Pflege und Nutzung der Fahrzeuge nicht ermitteln. Die Annahme eines Normalfalles ist nach Ansicht der Praxis irrelevant. In Streitfällen wird daher die Schätzung durch einen Sachverständigen zu empfehlen sein. Mopeds s. unter diesem Stichwort.

12. *Kühlschränke*

DIHT:

Im 1. Halbjahr		30 %
Im 2. Halbjahr	weitere	20 %
Für jedes weitere Halbjahr	weitere	10 %

Zu Kühlschränken gehören:

Absorbtionsschränke Kompressorschränke

13. *Möbel*

DIHT:

a) Kastenmöbel mit Ausnahme von polierten und Schleiflackmöbeln, Schlafzimmern und Küchen

Bei Rücktritt und Rückgabe	
Innerhalb des 1. Halbjahres	25 %
Innerhalb des 2. Halbjahres	35 %
Innerhalb des 3. Halbjahres	45 %
Innerhalb des 4. Halbjahres	55 %
Innerhalb des 3. Jahres	60 %
Innerhalb des 4. Jahres	70 %
Innerhalb des 5. Jahres	80 %

b) Polierte und Schleiflackmöbel, Schlafzimmer und Küchen

Bei Rücktritt und Rückgabe	
Innerhalb des 1. Halbjahres	30 %
Innerhalb des 2. Halbjahres	35 %
Innerhalb des 3. Halbjahres	45 %
Innerhalb des 4. Halbjahres	55 %
Innerhalb des 3. Jahres	60 %
Innerhalb des 4. Jahres	70 %
Innerhalb des 5. Jahres	75 %
Innerhalb des 6. Jahres	80 %

c) Polstermöbel

Bei Rücktritt und Rückgabe	
Innerhalb des 1. Halbjahres	35 %
Innerhalb des 2. Halbjahres	45 %
Innerhalb des 3. Halbjahres	60 %
Innerhalb des 4. Halbjahres	70 %
Innerhalb des 3. Jahres	80 %
Innerhalb des 4. Jahres	90 %

d) Kleinmöbel, Korbmöbel, Garten- und Balkonmöbel
wie Polstermöbel

e) Büromöbel aus Holz und Stahl
wie Polstermöbel

14. *Mopeds*

DIHT:

Innerhalb des 1. Vierteljahres	35 %
Innerhalb des 2. Vierteljahres	50 %
Innerhalb des 3. Vierteljahres	60 %
Innerhalb des 4. Vierteljahres	70 %
Innerhalb des 2. Jahres	80 %

15. *Nähmaschinen*
DIHT:

a) *Haushaltsnähmaschinen aller Art*

Bei Rücktritt und Rückgabe

Innerhalb des 1. Halbjahres	25 %
Innerhalb des 2. Halbjahres	30 %
Innerhalb des 3. Halbjahres	40 %
Innerhalb des 4. Halbjahres	50 %
Innerhalb des 5. Halbjahres	60 %
Innerhalb des 6. Halbjahres	70 %
Innerhalb des 7. Halbjahres	75 %

b) *Gewerblich genutzte Nähmaschinen*

Bei Rücktritt und Rückgabe innerhalb

	aa) mit Fußbetrieb	bb) mit elektrischem Betrieb
1. Halbjahr	$33^1/_3$ %	$38^1/_3$ %
2. Halbjahr	40 %	45 %
3. Halbjahr	45 %	50 %
4. Halbjahr	55 %	60 %
5. Halbjahr	65 %	70 %
6. Halbjahr	75 %	80 %

16. *Optische Geräte*
DIHT:

a) Fotografische Apparate, Schmalfilmkameras

Im 1. Monat	10 %
Im 2. und 3. Monat	20 %
Im 4. und 5. und 6. Monat	30 %
Im 7. bis 12. Monat	35 %
Im 13. bis 18. Monat	50 %

b) Stehbildwerfer, Schmalfilmprojektoren wie a)

c) Ferngläser

Im 1. Monat	10 %
Im 2. und 3. Monat	20 %
Im 4. bis 6. Monat	25 %
Im 7. bis 12. Monat	30 %

17. *Pelze und Pelzwaren*

A) Keine Berliner Sätze

B) IHK Köln

Einheitliche Wertminderungssätze können wegen der unterschiedlichen Qualität nicht aufgestellt werden.

18. *Rundfunkgeräte u. verwandte Waren*
DIHT:

a) Heimradiogeräte, Kofferradiogeräte, Autosuper (einschl. Batteriegeräte für Netz- und Batteriestrom verwendbare Geräte, diese abzüglich des Wertes der Batterie)
ohne Röhren

Für die ersten 3 Monate	je 10 %
Für die nächsten 3 Monate	je 5 %
Für jeden weiteren Monat	je 3 %

b) *Fernsehgeräte ohne Röhren* wie a)

c) *Kombinierte Rundfunk- und Fernsehgeräte ohne Röhren* wie a)

d) *Rundfunkgeräte mit Plattenspieler oder Plattenwechsler, Fernsehgeräte mit Plattenspieler oder Plattenwechsler ohne Röhren*
Soweit nach dem 31. 12. 1955 gekauft, wie a)

e) *Tonbandgeräte* (auch Drahttongeräte)
lose und eingebaut, mit Röhren
Soweit nach dem 31. 12. 1955 gekauft

Im 1. und 2. Monat	15 %
Im 3. Monat	weitere 10 %
Im 4. und 5. Monat	weitere 7,5 %
Für jeden weiteren Monat	weitere 3 %

f) *Phonomöbel, Phonokoffer mit Röhren* wie a)

Röhren

a) *Rundfunkröhren*

Im 1.—4. Monat	60 %
Im 5. und 6. Monat	80 %
Ab 7. Monat	90 %

b) *Fernsehbildröhren*
Soweit nach dem 31. 12. 1955 gekauft wie Rundfunkröhren

19. *Schreibmachinen*
IHK Köln

Für Schreib- und Büromaschinen können auch heute noch keine einheitlichen Wertminderungssätze festgelegt werden. Die Wertminderung hängt entscheidend von der Qualität und der Beanspruchung der Maschine ab und muß daher nach wie vor von Fall zu Fall entschieden werden.

20. *Schuhe und Lederwaren*

A) Keine Berliner Sätze

B) betr. Schuhe: IHK Köln

Teilzahlungsverkäufe in dieser Branche sind in unserem Kammerbezirk nicht üblich, so daß keine Wertminderungssätze bekannt sind.

C) IHK Mainz

Schuhe

Bei dieser Warengruppe wird einheitlich die Auffassung vertreten, daß die Aufstellung von Wertminderungssätzen nicht notwendig ist, da die Rücknahme gebrauchter Schuhe im Hinblick auf die großen Schwierigkeiten, sie nochmals absetzen zu können, nicht erfolgt.

Ledermäntel

bei Rücktritt innerhalb der ersten 6 Monate	45 v. H.
bei Rücktritt innerhalb von 12 Monaten	55 v. H.
bei Rücktritt innerhalb von 18 Monaten	65 v. H.
bei Rücktritt innerhalb von 2 Jahren	75 v. H.

D) IHK Solingen

Ledermäntel

Bei Rücktritt und Rückgabe innerhalb

des 1. Vierteljahres	25 v. H.
des 2. und 3. Vierteljahres	50 v. H.
des 4. Vierteljahres	85 v. H.
des 5. und 6. Vierteljahres	100 v. H.

21. *Textilien und Bekleidung*

A) Keine Berliner Sätze (mit Ausnahme des Grundsatzes, daß Matratzen und Bettwäsche wertlos seien).

B) IHK Hamburg

Der Textilhandel schlägt für seine Warengattungen folgende bislang noch nicht geregelten Wertminderungssätze vor:

Oberbetten, Steppdecken	*Konfektion und Strickwaren*
nach 2 Monaten 33$^1/_3$ v. H.	nach 2 Monaten 33$^1/_3$ v. H.
nach 4 Monaten 45 v. H.	nach 4 Monaten 50 v. H.
nach 6 Monaten 75 v. H.	nach 6 Monaten 80 v. H.
nach 8 Monaten 85 v. H.	nach 8 Monaten 95 v. H.
nach 10 Monaten 95 v. H.	

Leibwäsche, Wirkwaren und Haushaltswäsche

bis 2 Monate 50 v. H.
bis 4 Monate 75 v. H.

und darüber hinaus 100 v. H. jeweils vom Kassapreis, ohne Teilzahlungszuschläge.

22. *Uhren*

DIHT:

a) *Kleinuhren*

(Taschenuhren und Armbanduhren, außer Brillantuhren)

Im 1. Monat	10 %
Im 2. und 3. Monat	20 %
Im 4. bis 6. Monat	40 %
Im 7. bis 12. Monat	50 %
Im 13. bis 18. Monat	60 %

Bei Uhren aus Dublee und mit Edelstahlauflage werden die vorstehenden Sätze um 5 % erhöht.

b) *Großuhren*

(Stiluhren, Tischuhren, Wanduhren, Standuhren, elektrische Uhren mit mechanischem Antrieb)

Im 1. Monat	10 %
Im 2. bis 6. Monat	20 %
Im 7. bis 12. Monat	30 %
Im 13. bis 18. Monat	40 %
Im 19. bis 24. Monat	50 %

23. *Waschmaschinen aller Art und Wäscheschleudern*

Im 1. Halbjahr	40 %
Im 2. Halbjahr	50 %
Im 3. Halbjahr	60 %
Im 4. Halbjahr	70 %

IV. Sonstige Richtsätze:

1. IHK Solingen: Über die Wertminderung bei gebrauchten *silbernen Bestecken* (vgl. BB 51, 348). Allgemeine Wertminderungssätze hierfür können nicht aufgestellt werden, da versilbertes Besteck, das im Haushalt etwa wöchentlich oder monatlich einmal benutzt wird, sehr viel geringere Abnutzung zeigt als solches, das in der Gaststätte etwa 10—20 mal täglich auf den Tisch kommt. Auch die Behandlung spielt eine wichtige Rolle, da die Silberschicht empfindlich ist und bei unvorsichtiger Behandlung leicht erhebliche Schäden erleiden kann. Gebrauchte Bestecke müssen, wenn sie gut behandelt wurden und geringen Verschleiß zeigen, doch noch, um wieder verkaufsfähig zu

werden, so aufgefrischt werden, vor allem aufpoliert werden, daß die Aufwendungen hierfür etwa 25 v. H. des Verkaufspreises an den Letztverbraucher ausmachen. Bei stark benutzter Ware, die neue Versilberung erfordert, machen die Kosten hierfür etwa 50 v. H. aus.

Als allgemeine Wertminderungssätze können angesehen werden:

Von Ingebrauchnahme an:	rund 30 v. H.
nach 1 Monat	rund 32 v. H.
nach 3 Monaten	rund 34 v. H.
nach 6 Monaten	rund 40 v. H.
nach 9 Monaten	rund 45 v. H.
nach 12 Monaten	rund 50 v. H.

2. Der Regierungspräsident von Hildesheim: Über die Wertminderung bei *Fahrrädern* (Schreiben vom 10. 8. 1949 und 3. 9. 1950) BB 51, 151:

„Ein Ansatz fester monatlicher Benutzungsentgelte ist nicht angebracht. Würde hierfür fester Betrag angesetzt, wie z. B. bei Vermietung von Schreibmaschinen bis zur Währungsreform (dort 4. v. H. des Verkaufspreises), so ergäbe sich bei einem Verkaufswert eines Rades von DM 180,— ein monatliches Entgelt von DM 7,20. Bei kurzer Benutzungsdauer liegt solches Entgelt weit unter der wirklichen Wertminderung. Nach der bis zur Währungsreform geltenden VO über Höchstpreise für gebrauchte Waren vom 21. 7. 1942 (RGBl. I S. 43) durfte für eine gebrauchte Ware im Höchstfall ein Verkaufspreis von 75 v. H. des Neuwertes berechnet werden. Dies ist auch heute noch als Norm zu betrachten. Demnach hätte das Fahrrad auch bei nur geringer Benutzung eine Wertminderung von 25 v. H. erfahren; das ist im obigen Beispiel DM 45,—, während für dreimonatliche Benutzung nur DM 21,60 als Entgelt berechnet werden könnten, so daß der Entgelt niederer wäre, als die eingetretene Wertminderung. Bei höheren AbzLeistungen und bei starken Wertminderungen durch Beschädigungen oder schlechte Behandlung des Rades muß der Gebrauchswert durch vereidigten Sachverständigen festgestellt werden."

3. Aus BB 52, 181 = „Das Büro" 52, 189 über Wertminderungssätze für *Rundfunkgeräte:*

„Die Wertminderungs- und Abnutzungssätze für Rundfunkgeräte, die insbesondere beim Rücktritt vom AbzGeschäft von Bedeutung sind, hatten sich in der Zeit nach 1945 entsprechend der damals verringerten Qualität der Geräte gegenüber der Vorkriegszeit verändert. Die Arbeitsgemeinschaft der Deutschen Rundfunkwirtschaft hat des-

halb nunmehr die nachstehenden Wertminderungssätze vorgeschlagen:
für den 1. Monat 20 v. H.
für den 2. und 3. Monat je 10 v. H. und
für jeden weiteren Monat je 4 v. H. des Verkaufspreises.

Eine Unterscheidung zwischen Wertminderung des Gerätes und der Röhren — wie dies in der Vorkriegszeit üblich war — ist nicht mehr vorgesehen.

4. Durch Bayer. FMinE vom 21. 7. 1956 O 1375/1—67 486 III sind Richtlinien über „Behandlung der Entschädigungsanträge für Inanspruchnahme von Räumen des Hotel- und Gaststättengewerbes zur Flüchtlingsunterbringung" ergangen, deren Anlage 1 folgende *Richtsätze* zur Ermittlung der *Wertminderung* infolge Abnutzung *bei Betriebseinrichtungen des Hotel- und Gaststättengewerbes* enthält:

Möbel aus Holz 4 v. H.
sonstige Ausstattungsgegenstände 4 v. H.
Polstermöbel 8 v. H.
Betten, Steppdecken u. ä., Matratzen 5 v. H.
Gardinen, Vorhänge, Teppiche 10 v. H.
Orientteppiche 1 v. H.
Bett-, Tisch- und Haushaltswäsche 20 v. H.
Elektro- und Gasgeräte, Beleuchtungskörper 10 v. H.
Radio- und Musikapparate 12 v. H.
Kücheneinrichtungen 5 v. H.
Küchengeräte 10 v. H.
aller Art Geschirr einschließlich Kristall 25 v. H.
Geschirr aus Edelmetall 10 v. H.
Bestecke 10 v. H.
Bestecke aus Edelmetall 6 v. H.
Herde und Öfen 5 v. H.
Garten- und Korbmöbel 15 v. H.
Gartengeräte 10 v. H.
Brüoeinrichtung 5 v. H.
Büromaschinen 10 v. H.

Diese Richtsätze für jährliche Wertminderung sind der Anlage 3 der Richtlinien des bayer. Finanzministeriums vom 28. 3. 1956 zum Gesetz über die Abgeltung von Besatzungsschäden entnommen, wo sich auch noch Richtsätze für Spezialmaschinen, sonstige Maschinen und maschinelle Einrichtungen finden. Diese Richtsätze werden auch hier von Interesse sein können."

§ 3

[Zug-um-Zug Rückgewähr]

Die nach den Bestimmungen der §§ 1, 2 begründeten gegenseitigen Verpflichtungen sind Zug um Zug zu erfüllen.

Inhaltsübersicht

Anhang:
Prozessuale Fragen im Anschluß an §§ 1—3

Besonderes Schrifttum zu § 3:

Breme: Ansprüche aus BbzGeschäften JW 14, 578

Breuer: Der Streitwert der Widerspruchsklage JW 37, 1039

Cohn: Kann aus AbzKäufen Herausgabe neben Zahlung verlangt werden? Recht 08, 34

Crisolli: Die Anträge und der Streitwert bei Klagen aus dem AbzGeschäft ZHR 95, 273 ff.

Crisolli: Die Anträge und der Streitwert bei Klagen aus dem AbzGeschäft JR 30, 57

Erlanger: Zur Behandlung der AbzGeschäfte DRZ 32, 298

Féaux de la Croix: Inwieweit berührt die Pflicht zur Rückgabe von Käuferwechseln beim AbzGeschäft den Herausgabeantrag? JW 38, 3148

Herrmann: Von den AbzGeschäften, Holdheim 16, 63

Klauß: Klage und Vollstreckung bei AbzGeschäften JW 56, 765 765

Kurtze: Buchbespr. Crisolli-Ostler AbzG JR 60, 38

Lazarus: Die Klageanträge bei Klagen aus AbzGeschäften DJZ 08, 302 und 09, 141

Lubbe: Einige Zweifelsfragen bei Klagen aus AbzGeschäften JW 38, 90

Lücke: Die Zwangsvollstreckung des Verkäufers in die auf Abzahlung verkaufte Sache JZ 59, 114

Marschall v. Biberstein: Bespr. von Crisolli-Ostler, Kom. z. AbzG JZ 59, 647

Mertens: Recht 06, 1433

Paehler: Der Klageantrag bei Klagen aus AbzGeschäften DJZ 08, 190

Püschel: Das Recht des AbzVerkäufers beim Zahlungsverzug des AbzKäufers DR 39, 1044

Seligsohn: Antrag bei Klagen des AbzVerkäufers KGBl. 12, 2

Staud: Klageantrag und Urteilsformel in AbzSachen DJ 36, 1803

Stein: Die Voraussetzung des Rechtsschutzes, insbesondere bei der Verurteilungsklage, Festschrift für Fitting 03, 333 ff.

Thiesing: Alternativ- und Eventualantrag Recht 07, 119

Ulrich: Die prozessuale Bedeutung des Herausgabeanspruches im Zahlungsvergleich bei AbzGeschäften DR 40, 437

A. Allgemeine Bemerkungen

Anm. 1

Die im ursprünglichen Regierungsentwurf nicht enthaltene Bestimmung des § 3 wurde auf Vorschlag der Reichstagskommission in den zweiten Regierungsentwurf aufgenommen und in den Motiven hierzu wie folgt begründet: „Die Bestimmung in § 3 bringt zum Ausdruck, daß einerseits der Käufer die Sache nur zurückzugeben braucht, wenn ihm gleichzeitig die Leistungen zurückgewährt werden, deren Rückvergütung er zu beanspruchen hat, und daß andererseits der Verkäufer von den empfangenen Zahlungen den Betrag in Abzug bringen darf, der zur Deckung seiner nach § 2 begründeten Ansprüche erforderlich ist."

Anm. 2

Der *Zweck* der Bestimmung ist in erster Linie — wie auch sonst beim AbzG — in sozialpolitischen Erwägungen zu suchen. Handelt es sich in Fällen, in denen das BGB eine Zug-um-Zug-Erfüllung vorsieht, um eine Folgerung aus dem allgemeinen Gedanken von Treu und Glauben (vgl. RGZ 152, 73; *Enneccerus-Lehmann* Schuldrecht § 25 I 1 und § 33 I, wonach z. B. die Einreden des Zurückbehaltungsrechts nach § 273 BGB und des nichterfüllten Vertrags gemäß § 320 BGB nur Sonderfälle der allgemeinen Arglisteinrede darstellen), so steht bei § 3 im Vordergrund das Bestreben, eine möglichst einheitliche Abwicklung des Rückgewährverhältnisses im Interesse des meist geschäftsungewandten Käufers zu gewährleisten. Der Käufer soll davor bewahrt bleiben, die AbzSache herauszugeben, seine Ansprüche aber seinerseits einklagen zu müssen. Die dem § 3 zugrunde liegende sozialpolitische Zielsetzung schließt andererseits jedoch die Geltung der Grundsätze von Treu und Glauben keineswegs aus. Auch die Parteien des Rücktrittsverhältnisses beim AbzGeschäft haben ihr Verhalten mit den Geboten von Treu und Glauben in Einklang zu bringen.

Anm. 3

§ 3 ergänzt die §§ 1 und 2, indem er die Abwicklung der sich aus dem Rücktritt ergebenden Verpflichtungen regelt. Der Gehalt der Vorschrift ist materiell-rechtlicher Art (hierüber unten B Anm. 5 ff.), jedoch mit wesentlichen prozessualen Auswirkungen (hierüber unten C Anm. 15 ff.).

Anm. 4

§ 3 hindert den Käufer nicht, seine Rückgewähransprüche selbständig durch Klage oder Widerklage geltend zu machen; gl. A. *Klauß* § 3 Anm. 285. Jedoch kann auch der Käufer nur Rückgewähr Zug um Zug gegen Rückgabe der Kaufsache verlangen.

B. Die materiellrechtliche Bedeutung der Zug-um-Zug-Rückgewährpflicht im Abzahlungsrecht

I. Das Verhältnis funktioneller Abhängigkeit der gegenseitigen Ansprüche

Anm. 5

I. § 3, der inhaltsgleich mit § 348 Satz 1 BGB ist, stellt die Ansprüche, welche den Parteien des AbzGeschäfts aus dem Rückgewährverhältnis zustehen, in ein *Verhältnis sog. funktioneller Abhängigkeit:* Keiner der aus dem Rückgewährverhältnis erwachsenden Ansprüche kann geltend gemacht werden, ohne daß die eigenen Verpflichtungen aus diesem Rechtsverhältnis erfüllt werden. Im Zug-um-Zug-Verhältnis stehen sich nicht etwa die Ansprüche auf Rückgabe der Kaufsache und Rückzahlung des entrichteten Teils des Kaufpreises gegenüber, sondern ausnahmslos *alle* aus §§ 1 und 2 entspringenden Ansprüche, somit all die Ansprüche, die in Anm. 172—188 zu § 1 behandelt wurden. In Literatur und Rechtsprechung wird der Anwendungsbereich des § 1 allerdings teilweise enger gefaßt, wodurch sich dann auch der Geltungsbereich des § 3 beschränkt. Näheres hierzu § 1, insbesondere Anm. 180 ff., 184 ff., 186, 190.

Zum Besitz der Kaufsache ist der Käufer daher so lange berechtigt, als der Verkäufer nicht seinerseits die Rückgewähr der Leistungen des Käufers in der Höhe anbietet, in der sie der Käufer unter

Berücksichtigung seiner Ersatz- und Vergütungspflicht nach § 2 noch verlangen kann (vgl. Anm. 111 zu § 2).

II. § 3 ist Anspruchsbeschränkung

Anm. 6

Während das BGB die Pflicht zur Zug-um-Zug-Erfüllung in Übereinstimmung mit dem Gemeinen Recht stets von der Erhebung einer Einrede abhängig macht, gestaltete das Preuß. ALR gegenseitige Verpflichtungen dahin aus, daß jeder Anspruch von vornherin nur auf Leistung Zug um Zug gegen Erbringung der Gegenleistung gerichtet war, ALR § 271 I 5. Da im AbzG eine dem § 348 Satz 2 BGB entsprechende Verweisung auf die Einrede des nichterfüllten Vertrages fehlt, ist der Charakter der Zug-um-Zug-Leistungspflicht in der Literatur zum AbzRecht umstritten.

Die Annahme einer Anspruchsbeschränkung entspricht der auch heute noch herrschenden Rechtsprechung, wonach das Angebot der Gegenleistung, Voraussetzung der Schlüssigkeit der Klage ist; so OLG Bremen NJW 52, 347 f.; OLG Oldenburg Büro 51, 399; LG Hamburg MDR 55, 476 (477); LG Kiel SchlHA 50, 242 = DRSpr. I (130) Bl. 20 c; LG Krefeld-Uerdingen JW 35, 1113 (1114): AG Hamburg HansRGZ 30 B 623; Beschluß der Prozeßrichtervereinigung von Groß-Berlin JW 29, 3142. Eine Anspruchsbeschränkung sehen als gegeben an auch *Schlegelberger-Hildebrandt*, Komm. zu HGB 3 Aufl. Einleitung zum 3. Buch 2. Abschnitt S. 1676; *Theinert* Anm. A zu § 3; *Beuck* S. 59; *Samter* S. 70; *Spiro* AcP. 13, 322; *Hörle*, Gruch 55, 220; *Lubbe* JW 38, 1990; *Féaux de la Croix* JW 38, 3148; *Püschel* DR 39, 1044; *Alberty* DR 39, 1776 (1779); *Marschall von Bieberstein* JZ 59, 647; *Kurtze* JR 60, 38 und offenbar auch *Petermann* DRpfleger 58, 169 (unter II. 1). Gl. An. auch das OLG Hamburg MDR 65, 383, das lediglich im Ergebnis anders entscheidet, weil sich der Käufer damit einverstanden erklärte, daß der Verkäufer die ihm zustehende, dem Käufer aber trotz Verlangen nicht aufgeschlüsselte und der Höhe nach mitgeteilte Forderung aus § 2 in Abzug bringen könne.

Dagegen wird ein bloßes Einrederecht in Analogie zu § 348 Satz 2 BGB angenommen von LG Köln NJW 59, 1831; *Lücke* JZ 59, 114; *Erman-Weitnauer-Klingsporn* Anm. 1 zu § 3; *Palandt-Putzo* Anm. 1 zu § 3; *Lechner* Anm. 1 zu § 3; *Aubele* Anm. 2 zu § 3; *Schmidt* S. 34; *Vollrath* S. 64; *Veith* RWPBl. 2 D Gr. AbzGeschäfte III 4 und in der neueren Literatur von *Klauß* § 3 Anm. 232 ff. und 237 ff.; *Palandt-Putzo* Anm. 1 zu § 3 AbzG. *Putzo* (a.a.O.) begründet seine Ansicht mit Hinweis auf die dem Art. 32 Satz 2 EGBGB zu entnehmende Regel über das Verhältnis des BGB zu früher erlassenen Reichsgesetzen, wonach solche Gesetze so auszulegen seien, als ob sie Bestandteil des BGB seien, und wonach jede dem BGB widersprechende Auslegung unzulässig sei, ferner *Gramm* AcP 158, 257 mit weiteren Argumenten. *Klauß* (nm. 238) sieht in § 3 nur eine Vorwegnahme der Regelung des § 348 BGB, die, ohne daß es das Gesetz ausdrücklich sagt, wie § 348 BGB als Einrede zu behandeln sei. Die Annahme einer Anspruchsbeschränkung bedeute eine verbotene ausdehnende Auslegung einer lex specialis (a.a.O. Anm. 239) und stehe in ihren prozessualen Auswirkungen in Widerspruch zur zivilprozessualen Verhandlungsmaxime (a.a.O.) Anm. 276 ff. und 283 ff.). Der hierdurch prozessual benachteiligte Verkäufer werde schließlich zu einer Höherbewertung seiner Gegenansprüche und somit zu einem im Sinn der sozialpolitischen Zielsetzung des AbzG unerwünschten Verhaltensweise veranlaßt.

Anm. 7

Die Lehrmeinung, welche ein bloßes Leistungsverweigerungsrecht annimmt, hält jedoch einer genauen Nachprüfung nicht stand. Es ist zunächst festzustellen, daß der Zug-um-Zug-Leistungspflicht — als Anspruchsbeschränkung aufgefaßt — trotz der von *Klauß* vorgebrachten Bedenken ein sehr hoher Schutzwert zukommt. Bewirken doch die Gerichtsstandsvereinbarungen der Formularverträge in zahlreichen Fällen, daß der Käufer im Herausgabeprozeß nicht erscheinen kann und sich aus Unkenntnis der Folgen des Ausbleibens nicht durch geeignete Personen vertreten läßt. In vielen Fällen könnte ein Einrederecht daher nicht geltend gemacht werden. Da andererseits der Verkäufer auch im Versäumnisverfahren stets genötigt sein wird, Tatsachen vorzutragen, aus denen das Gericht das Vorliegen eines Abz-Geschäftes ersehen kann, ist das Gericht in der Lage, ein solches Vorbringen ohne weiteres zuungunsten des Klägers (Verkäufers) zu werten, wenn man eine Anspruchsbeschränkung annimmt. Näheres unten Anm. 15 ff.

Als Anspruchsbeschränkung war § 3 aber schon seit seinem Inkrafttreten auszulegen. Schon die oben Anm. 1 zit. Motive lassen den Willen des historischen Gesetzgebers erkennen, die gegenseitigen Rückgewähransprüche in ein Verhältnis unbedingter Zug-um-Zug-Abhängigkeit zu bringen. Dies brauchte im Gesetz nicht besonders hervorgehoben zu werden. Das AbzG gehört nicht zum Gesetzgebungskomplex der im Zug der Schaffung des BGB erlassenen Zivilgesetze:

es läßt, wie sich aus § 1 Abs. 2 und § 4 Abs. 1 ergibt, daß damals kommende BGB unberücksichtigt und stellt nur auf den zur Zeit seines Erlasses bestehenden Rechtszustand ab. Die damals im Gemeinen Recht und im Preußischen ALR unterschiedliche Ausgestaltung der Zug-um-Zug-Abhängigkeit gegenseitiger Verpflichtungen begründete keine Auslegungsvermutung für eine Einrede, die durch eine ausdrückliche gegenteilige Bestimmung hätte entkräftet werden müssen. § 3 war daher im Zeitpunkt seines Inkrafttretens so zu verstehen, wie es sein Wortlaut und sein sozialpolitischer Zweck nahelegt; nämlich als Anspruchsbeschränkung.

War aber § 3 zur Zeit seines Inkrafttretens als Anspruchsbeschränkung anzusehen, so erfuhr sein Inhalt auch keine Änderung durch das Inkrafttreten des BGB. Nichts anderes kann auch — entgegen *Gramm* — aus Art. 32 Satz 2 EGBGB hergeleitet werden. Denn auch unter der Herrschaft des BGB dient die Vorschrift des § 3 dem sozialpolitischen Schutzzweck des AbzG und ist nicht wie die Einrede des nichterfüllten Vertrags oder das Zurückbehaltungsrecht lediglich ein Ausfluß von Treu und Glauben (vgl. oben Anm. 2). Als lex specialis kann § 3 eine vom BGB abweichende Regelung enthalten. Soweit solche Sondervorschriften ihrem Inhalt und Zweck entsprechend ausgelegt werden, kann von einer den Grundsätzen des BGB widersprechenden und daher unzulässigen Auslegung nicht die Rede sein. Ferner ist nicht ersichtlich, worin eine, wie *Klauß* meint, unzulässige extensive Auslegung liegen könnte. Endlich zeigt auch die hier vertretene Auslegung keine Ergebnisse, die mit den Grundsätzen des Zivilprozeßrechts in Widerspruch stünden. Der Unterschied der beiden Auslegungsmöglichkeiten des § 3 in prozessualer Hinsicht liegt einzig und allein in der Veränderung der Voraussetzung der Schlüssigkeit der Klage. Die Geltung der Verhandlungsmaxime wird nicht durch die von Amts wegen erfolgende Prüfung der Schlüssigkeit beeinträchtigt; letztere ist eine rein logische Voraussetzung für die Subsumtion des Sachverhaltes unter die Tatbestände des materiellen Rechts und im Zivilprozeßrecht ausnahmslos die Regel; nur aus dem *Inhalt des materiellen Rechtes* ergibt sich diese Schlüssigkeit.

Anm. 8

Die Zug-um-Zug-Leistungspflicht des § 3 beschränkt die Rückgewähransprüche dahin, daß ihre Fälligkeit voneinander abhängig gemacht wird. Es handelt sich also um eine *Fälligkeitsvoraussetzung* in dem Sinne, daß jeder Vertragsteil vom Zeitpunkt des Rücktritts an berechtigt ist, seine Rückgewährpflicht zu erfüllen, jedoch die Erfüllung vom anderen Vertragsteil nur gegen Erbringung oder Angebot der eigenen geschuldeten Leistung verlangen kann; vgl. § 271 Abs. 2 BGB.

III. Grenzen der Pflicht zur Zug-um-Zug-Rückgewähr

Anm. 9

1. *Keine Abwendung durch Sicherheitsleistung:* Die Anwendung von § 273 Abs. 3 BGB wäre schon dann ausgeschlossen, wenn § 320 BGB anwendbar wäre. Der tiefere Grund dafür, daß eine Abwendung durch Sicherheitsleistung im Rahmen des § 3 nicht möglich ist, liegt darin, daß § 3 die Vertragspartner anhalten will, das Rückgewährverhältnis uno actu abzuwickeln. Vgl. oben Anm. 2; a. A. lediglich *Samter* S. 71.

Anm. 10

2. Die Abhängigkeit der Rückgewähransprüche im Zug-um-Zug-Verhältnis hat jedoch dort ihre Grenze, wo sich die Berufung hierauf gem. §§ 226, 242 BGB als *mißbräuchliche* oder wenigstens *unrichtige Rechtsausübung* darstellt. § 320 Abs. 2 BGB findet insoweit analoge Anwendung. Jedoch darf im AbzRecht entsprechend der besonderen Zwecksetzung des Gesetzes nur unter äußersten Umständen eine Auflösung der Zug-um-Zug-Abhängigkeit angenommen werden.

IV. Einzelne materiellrechtliche Auswirkungen in der Zug-um-Zug-Abhängigkeit

Anm. 11

1. *Die Voraussetzungen des Leistungsverzugs bei der Rückgewähr.* Da § 3 nicht Einrede, sondern Fälligkeitsvoraussetzung ist, tritt der Leistungsverzug erst nach Angebot der Gegenleistung ein, §§ 284, 298 BGB. Für den Verzug mit der Rückgabe der Kaufsache ist aber auch noch erforderlich, daß der Käufer schuldhaft nicht leistet, § 285 BGB. Hält der Käufer zu Recht die angebotene Gegenleistung für zu niedrig, weil der Verkäufer die Ersatz- und Vergütungsforderungen aus § 2 zu hoch ansetzt, so kommt er nicht in Verzug, wenn er die Herausgabe der Kaufsache verweigert. Zum Problem der irrtümlichen Weigerung des Käufers und über Verzugsfolgen s. § 2 Anm. 111.

Anm. 12

2. *Zug-um-Zug-Rückgewähr und Erfüllungsort.* Die Frage nach dem Erfüllungsort ist für die Ansprüche aus dem Rückgewährverhältnis ebenso zu beantworten wie für Wandelung und Minderung, § 467

BGB. Mangels besonderer Vereinbarung ist für die dem Käufer obliegende Pflicht zur Rückgewähr der Kaufsache der Ort Erfüllungsort, an dem sich die Kaufsache vertragsgemäß befindet, in aller Regel somit der Wohnsitz des Käufers.

Im Anschluß an die Rechtsprechung des RG (RGZ 55, 112 ff.; 57, 12) und die herrschende Meinung über den Erfüllungsort bei Wandelung und Minderung wird auch für das Rückgewährverhältnis vorwiegend die Meinung vertreten, daß der Erfüllungsort der Kaufsache wegen der Pflicht zur Zug-um-Zug-Leistung gleichzeitig gemeinsamer Erfüllungs- oder Austauschort für alle aus dem Rückgewährverhältnis entspringenden Pflichten sein soll; so *Klauß* Anm. 241 ff.; *Aubele* § 3 Anm. 3; *Erman-Weitnauer-Klingsporn* Anm. 3 zu § 3; *Palandt-Putzo* Anm. 2 zu § 3 und auch *Crisolli* in der 4. Aufl. Anm. 11 zu § 1. Diese Ansicht findet aber sowohl für Wandelung und Minderung als auch für Rücktritt im Gesetz keine Stütze. Vgl. zunächst die Darstellung des Streitstandes zum Recht der Wandelung und Minderung mit ausführlicher Begründung bei *Staudinger-Ostler,* § 465 Anm 27 ff. und § 467 Anm. 44. Für das AbzRecht im besonderen aber gilt, daß die Zug-umZug-Abhängigkeit nichts anderes ist als eine besondere Fälligkeitsvoraussetzung, s. oben Anm. 8. Es kommen ihr keine anderen rechtlichen Wirkungen zu als die einer solchen Fälligkeitsvoraussetzung. Die Fälligkeit liegt jedoch auf einer ganz anderen Ebene als die Frage nach dem Erfüllungsort. Die Zug-um-Zug-Leistungspflicht beeinflußt den Erfüllungsort auch nicht auf dem Umweg über die Zwangsvollstreckung, da die ZPO hier besondere Vorschriften enthält; vgl. § 756 ZPO. Richtiger Ansicht nach ist für jede einzelne Leistung der Erfüllungsort unabhängig von anderen Leistungen aus dem Rücktrittsverhältnis gem. § 269 ff. BGB, somit nach dem Ort der gewerblichen Niederlassung des Rückgewährschuldners, wenn das AbzG zu seinem Gewerbebetrieb gehört, andernfalls oder in Ermangelung eines solchen nach dem Wohnsitz des Schuldners zu bestimmen, § 269 BGB.

Anm. 13

Auch für das Rückgewährverhältnis kann der Erfüllungsort vertraglich festgelegt werden. Zu beachten ist aber, daß ein für die Erfüllung des AbzKaufes vereinbarter Erfüllungsort im Zweifel nicht auch für die Abwicklung des Rückgewährverhältnisses gilt. Vgl. auch *Staudinger-Ostler* § 455 Anm. 75. Es ist vielmehr nötig, daß die Vereinbarung ausdrücklich (auch) für das Rücktrittsverhältnis getroffen wird; dies kann allerdings bereits vor Rücktritt geschehen. S. auch unten Anm. 34.

Anm. 14

3. *Zug-um-Zug-Abhängigkeit und Verjährungsfrist.* Die Ansprüche aus dem Rückgewährverhältnis verjähren grundsätzlich in 30 bzw. in 2 Jahren. Näheres bei § 1 Anm. 189. Die Frist beginnt mit dem Tag nach Wirksamwerden des Rücktritts, § 187 Abs. 2 BGB. Trotz der Auslegung des § 3 als Anspruchsbeschränkung, und zwar als Fälligkeitsvoraussetzung kann nicht geschlossen werden, daß die Verjährung erst mit Erbringen oder Anbieten der Gegenleistung zu laufen beginne. Denn für den Verjährungsbeginn auch § 198 BGB genügt es, daß der Anspruch klageweise — auch durch eine Klage auf Verurteilung Zug um Zug — geltend gemacht werden kann. Vgl. auch RGZ 83, 354.

Anm. 14a

4. Auch die Ausübung des *Wegnahmerechts* des Verkäufers aus einer *Selbsthilfeklausel* ist von der Zug-um-Zug-Rückgewähr abhängig, RGZ 146, 182 (189). Über das Wesen, die Zulässigkeit und die Ausübung der Selbsthilfeklausel s. Näheres bei § 1 Anm. 90.

C. Die prozessualen Auswirkungen der Zug-um-Zug-Leistungspflicht

I. Der Klageantrag

Anm. 15

Die folgenden Ausführungen beschränken sich auf den Regelfall der Praxis: Die *Klage des Verkäufers auf Herausgabe* der Kaufsache. Aber auch, wenn die Parteirollen vertauscht sind (Klage des Käufers auf Rückzahlung des Kaufpreises) gilt hinsichtlich der Verteilung der Behauptungs- und Beweisführungslast grundsätzlich das gleiche, da sie von den Parteirollen unabhängig ist; vgl. *Rosenberg*, Beweislast § 13 II. Die sich für Klageantrag und Schlüssigkeit der Klage ergebenden Konsequenzen treffen dann jedoch den Käufer.

Anm. 16

Ein Antrag auf Verurteilung zur Herausgabe schlechthin führt zu ungünstiger Kostenfolge, wenn das Gericht wegen Gegenansprüchen des Käufers zu einer Zug-um-Zug-Verurteilung kommt, § 92 ZPO. Der Verkäufer kann diesen Nachteil dadurch abwenden, daß er von vornherein beantragt, den Käufer zur Herausgabe der AbzSache Zug um Zug gegen Erfüllung der dem Käufer zustehenden Gegenansprüche (Zahlung, Rückgabe von Wechseln usw.) zu verurteilen. Der Antrag unterliegt hinsichtlich der genauen *Bezeichnung dere herauszugebenden*

Sachen den allgemeinen Anforderungen: Es darf hinsichtlich Art und Umfang der Leistung keine Ungewißheit bestehen; insbesondere ist auf die Möglichkeit der Vollstreckung und auf die Sicherheit der Verteidigung des Beklagten Rücksicht zu nehmen; so auch *Stein-Jonas-Schönke* § 253 Anm. III 2 a α; vgl. auch RGZ 130, 265; RG JW 16, 854, BayObLG 17. 40.

Die genaue Bezifferung einer vom Verkäufer Zug um Zug zurückzuzahlenden *Geldsumme kann* im Antrag wegen § 2 Abs. 2 und § 287 Abs. 1 ZPO *unterbleiben*, wenn die zur Aufrechnung zu stellenden Ansprüche aus § 2 Abs. 1 in den Gründen ausreichend substantiiert werden. Eine weitere Ausnahme vom Erfordeernis genauer Bezifferung gilt für die Einbeziehung der bei Klageerhebung noch nicht bestimmbaren Prozeß- und Vollstreckungskosten in den Zug-um-Zug-Austausch der Leistungen: Es ist zulässig, die Verurteilung zur Herausgabe zu beantragen, Zug um Zug gegen Zahlung eines bezifferten Betrages abzüglich der im Kostenfestsetzungsbeschluß festzusetzenden Kosten des Rechtsstreites und der nachzuweisenden notwendigen außergerichtlichen Kosten der Zwangsvollstreckung.

Anm. 16a

Auf die *Höhe des Streitwertes* hat der Antrag zur Verurteilung Zug um Zug keinen Einfluß; vgl. *Crisolli* JR 30, 57 mit zit. Entscheidung des LG Berlin (29 T 220/29). Der Streitwert bestimmt sich ausschließlich nach dem Neuwert der Sache abzüglich eines angemessenen Betrages für Wertminderung im Zeitpunkt der Klageerhebung und nicht nach dem Wert der Restkaufpreisforderung, § 4 ZPO; LG Berlin a.a.O. und OLG Stuttgart, AnwBl. 59, 41.

II. Die Behauptungs- und Beweislast des Verkäufers und des Käufers

Anm. 17

1 *Die Behauptungs- und Beweislast des Verkäufers*

a) *Die Schlüssigkeit der Klage (Umfang der Behauptungslast).* Die entscheidende Bedeutung des Umfangs der Behauptungslast zeigt sich im Versäumnisverfahren, welches in AbzSachen erfahrungsgemäß die Regel ist. Beantragt der Verkäufer (Kläger) das Versäumnisurteil, so ist das tatsächliche mündliche Vorbringen des Klägers als zugestanden anzunehmen und, soweit es den Klageantrag rechtfertigt, nach dem Klageantrag zu erkennen, im übrigen aber die Klage abzuweichsen, § 331 ZPO.

Anm. 18

Es ist natürlich denkbar, daß der Kläger das Vorliegen eines Abz-Geschäftes überhaupt verschweigt und eine nur auf Eigentum gestützte Klage auf Herausgabe schlechthin (§ 985 BGB) erhebt. Eine solche Klage ist schlüssig und rechtfertigt ein Versäumnisurteil zugunsten des Klägers. In den allermeisten Fällen kann aber der Verkäufer nicht umhin, Tatsachen zu erwähnen, aus denen sich das Vorliegen eines AbzGeschäfts ergibt. Die Zug-um-Zug-Abhängigkeit der Rückgewähransprüche äußerst hier ihre stärkste Wirkung, in der sich auch nie praktischen Folgen des oben Anm. 6 ff. behandelten Meinungsstreites klar zeigen. Dabei spielt es wegen § 5 keine Rolle, ob die Herausgabeklage auf Rücktritt oder auf Eigentum gestützt wird; s. hierzu auch LG Kiel SchlHA 50, 242.

Anm. 19

Hinsichtlich des *Streites, welche Tatsachen zur schlüssigen Begründung vorgetragen werden müssen,* lassen sich die Meinungen in folgende drei Gruppen zusammenfassen (aa—cc):

a) Abschluß des Kaufvertrages, Erfüllung der Voraussetzungen eines vertraglichen oder gesetzlichen Rücktrittsrechtes (Näheres § 1 Anm. 65—90, 91, 121 ff.) oder Vorbehalt des Eigentums und Erfüllung der Voraussetzungen des Zahlungsverzugs beim Käufer, vgl. § 455 BGB; dieser Ansicht *Klauß* § 3 Anm. 273 und allgemeine Meinung.

Anm. 20

bb) In Konsequenz der hier (oben Anm. 6 ff.) vertretenen Auffassung, daß § 3 Anspruchsbeschränkung ist, muß der klagende Verkäufer auch darlegen, ob, in welcher Art und in welcher Höhe der Käufer Gegenleistungen für die Kaufsache erbracht hat, ob und in welcher Höhe der Verkäufer bereits solche Leistungen zurückgewährt hat und ob der Verkäufer mit Ersatz- und Vergütungsansprüchen gem. § 2 Abs. 1 (mit welchen der in § 2 Abs. 1 genannten Ansprüche und in welcher Höhe?) gegen die vom Käufer geleisteten Anzahlungen aufrechnet oder wegen solcher Ansprüche noch nicht fällige Wechsel oder andere geleistete Sicherungen zurückbehält. Ein Verstoß gegen § 3 hindert die Geständnisfiktion, *Hörle* Gruch 55, 220.

Nach der bereits oben Anm. 6 ff. unter genauer Übersicht über den Streitstand abgelehnten Ansicht derjenigen, welche nur eine Einrede annehmen, entfällt für den Verkäufer eine Behauptungslast in dem unter bb) aufgezeichneten Umfange, solange der Käufer nicht seinerseits die Gegensprüche behauptet und sich auf sein Leistungsverweigerungsrecht beruft.

Anm. 21

cc) Auf der hier vertretenen Ansicht aufbauend, ergibt sich für die Darlegung der Ersatz- und Vergütungsansprüche aus § 2 durch den Verkäufer folgendes weitere Problem: Genügt es, wenn der Verkäufer für die Ansprüche lediglich bestimmte Summen behauptet oder muß er seine Anspruchsbehauptungen durch Tatsachenbehauptungen dem Grunde und der Höhe nach genau substantiieren?

In letzterem Sinne haben sich ausgesprochen LG Hamburg MDR 55, 477 hinsichtlich der Schadensdarlegung; AG Hamburg HansRGZ 30 B 623 hinsichtlich der Angemessenheit und Üblichkeit der Überlassungsvergütung, ferner die Prozeßrichtervereinigung von Großberlin, Beschluß vom 11. 2. 29 JW 29, 3142, wonach die Berechtigung der Ansprüche von Amts wegen zu prüfen ist; *Hörle* Gruch 55, 220; *Lubbe* JW 39, 1990.

Die erste Alternative dagegen vertreten *Crisolli* 4. Aufl. Anm. 4 zu § 3; *Schlegelberger-Hildebrandt* 3. Aufl. 3. Buch des HGB 2. Abschnitt Einleitung S. 1676, schließlich wohl auch der Beschluß der Prozeßrichter des AG Stuttgart I vom 26. 5. 30 JW 30, 2765. Auf völlig anderer Ebene, weil von einer anderen Grundlage ausgehend, *Klauß* in heftiger Polemik gegen die Amtprüfung in Anm. 284 zu § 3.

Welcher von den beiden Meinungen der Vorzug gebührt, kann nur aus einer klaren Unterscheidung von Rechts- und Tatsachenbehauptungen beantwortet werden; denn nur Tatsachenbehauptungen gelten im Rahmen des § 331 ZPO als zugestanden. Bei der Behauptung, daß ein *Anspruch auf Aufwendungs- oder Schadenersatz* bestehe, handelt es sich um Rechtsbehauptungen, an welche die Geständnisfiktion nicht anknüpfen kann. Eines Geständnisses fähig sind vielmehr nur die zugrunde liegenden Tatsachen. Stellt der Verkäufer einen Anspruch auf Aufwendungsersatz zur Aufrechnung, so muß er vortragen, daß er infolge des Abz-Vertrags diese oder jene Handlung vorgenommen und dabei einen bestimmten Vermögenswert geopfert habe, für welchen er Aufwendungsersatz verlange. Nicht genügt dagegen die zusammenfassende Behauptung des Verkäufers, es seien Aufwendungen gemacht worden, weil sie nicht erkennen läßt, ob der Aufwendungsbegriff im Sinne des Gesetzes gebraucht wird und es sich um ersatzpflichtige Aufwendungen handelt; vgl. *Stein-Jonas-Schönke* zu § 282 Anm. II 2 a mit Zitaten.

Stellt der Verkäufer eine Schadenersatzforderung zur Aufrechnung, so muß aus seinem Vorbringen die Art und Höhe der Schädigung, das ursächliche Ereignis und die Schuld des Käufers ersichtlich sein.

Anm. 22

Auch die Behauptung, daß eine bestimmte Summe als *Vergütung für die Gebrauchsüberlassung* zustehe, ist eine Rechtsbehauptung; als solche ist sie nicht der Geständnisfiktion zugänglich und reicht zur Substantiierung der Herausgabeklage nicht aus. Das gleiche gilt von der Behauptung eines bestimmten gemeingewöhnlichen Wertes der Überlassung und einer bestimmten Wertminderung. Der Wert der Überlassung und die Wertminderung sind technische Urteile (ähnlich *Ewald* AbzG S. 114 mit Zitierung AG Hamburg — 5 C 821/54 —) und als solche kraft Gesetzes Maßstäbe für die Höhe des Vergütungsanspruches; vgl. § 2 Anm. 71. Ob der Wert der Überlassung und der Wertminderung auf betriebswirtschaftlich zulässigen Berechnungsfaktoren beruht, ist damit eine Frage nach der Anwendung des richtigen gesetzlichen Maßstabes, also Rechtsfrage. Es genügt daher nicht die Behauptung eines bestimmten gemeingewöhnlichen Wertes der Überlassung und der konkreten Wertminderung, sondern es muß gleichzeitig ersichtlich sein, auf welchen Kalkulationselementen diese behaupteten Werte resultieren. Die dieser Rechnung zugrunde liegenden tatsächlichen Behauptungen unterliegen der Geständnisfiktion, soweit sie nicht nach der Erfahrung unmöglich sind oder ihr Gegenteil offenkundig ist. Für eine Schätzung durch das Gericht nach freier Überzeugung ist im Versäumnisverfahren allerdings kein Raum. So *Stein-Jonas-Schönke* § 331 Anm. II und *Baumbach-Lauterbach* § 287 Anm. 1 A. Dies gilt auch bei AbzSachen. Unrichtig daher *Hörle* Gruch 55, 221. Bedenklich auch die Begründung von LG Hamburg MDR 55, 476 (Beschw. Entsch. zu AG Hamburg 5 C 821/54). Notwendig ist daher, daß der Verkäufer die Dauer der Gebrauchsüberlassung und den Zeitpunkt des Rücktritts angibt, ferner daß er den Zustand der Sache im Zeitpunkt der Übergabe und im Zeitpunkt der Rückgabe sowie die Benutzungsart darlegt. Er hat ferner anzugeben, ob er seiner Berechnung einen üblichen Mietzins zugrunde legt und, wenn ein üblicher Mietzins nicht besteht, auf welchen anderen Rechnungsgrundlagen seine Rechnung basiert. Näheres hierüber § 2 Anm. 76 ff. für die Ermittlung des Wertes der Überlassung und Anm. 85 ff. für die Ermittlung der Wertminderung. Für die Wertminderung genügt in der Regel die Bezugnahme auf Richtsätze der IHK; so *Ewald* AbzG S. 116.

Anm. 23

b) Der *Umfang, der dem Verkäufer obliegenden Beweislast* deckt sich allgemeiner Regel entsprechend mit dem der Behauptungslast.

Anm. 24

2. *Die Behauptungs- und Beweislast des Käufers.* Der Käufer trägt die Behautpungs- und Beweislast für seine eigenen Leistungen und dafür, daß er mehr geleistet hat, als der Verkäufer zugesteht.

III. Das Urteil

Anm. 25

Sind Gegenforderungen des Käufers begründet, so hat das Urteil auf Herausgabe Zug um Zug gegen Leistung eines genau zu beziffernden Geldbetrages zu lauten. Hatte der Verkäufer Herausgabe schlechthin oder Herausgabe gegen eine niedrigere Gegenleistung beantragt, so unterliegt er insoweit und ist zur Tragung eines Kostenteiles zu verurteilen, § 92 ZPO.

Anm. 26

Hat der klagende Verkäufere Versäumnisurteil beantragt und läßt das tatsächliche mündliche Vorbringen nicht erkennen, ob der beklagte Käufer Leistungen erbracht hat und ihm noch Gegenforderungen zustehen, so hat das Gericht von seinem Fragerecht gem. § 139 ZPO Gebrauch zu machen und nach erhaltener Aufklärung gegebenenfalls den Antrag auf Versäumnisurteil gem. § 335 Abs. 2 Ziff. 3 ZPO durch Beschluß zurückzuweisen. Siehe auch *Stein-Jonas-Schönke* § 331 Anm. III 3. Verweigert der Verkäufer die Aufklärung oder kann er sie nicht geben, so ist die Klage als nicht schlüssig durch kontradiktorisches Urteil (unechtes Versäumnisurteil) abzuweisen. Gl. A. AG Hamburg HansRGZ 30 B 623; LG Kiel SchlHA 50, 242 f.; *Schlegelberger-Hildebrandt* 3. Aufl. Einl. zu Buch 3 Abschnitt 2 HGB S. 1677; *Hörle* Gruch 55, 221; *Samter* S. 71; *Theinert* § 3 Anm. A; *Féaux de la Croix* JW 38, 3148; *Lubbe* JW 38, 1990 *Püschel* DR 39, 1044; *Alberty* DR 39, 1779. A. A. *Palandt-Putzo* § 3 AbzG Anm. 1, *Aubele* § 3 Anm. 2, *Lechner* § 3 Anm. 1 a. Vgl. hierzu schon oben Anm. 6 ff. Einen Mittelweg beschreitet LG Hamburg MDR 55, 476, welches nur den Antrag auf Versäumnisurteil ablehnt; billigend *Ewald* AbzG S. 117.

Anm. 26a

In diesem Zusammenhang ist noch ein besonderes Problem des *Mahnverfahrens* zu erörtern. In vielen Zahlungsbefehlen, die von AbzVerkäufern oder FinInst. wegen der Überlassungsvergütung erwirkt werden, ist als Grund des Anspruchs lediglich angegeben: „Minderwert für das am ... gelieferte und am ... zurückgegebene Gerät". Der Erlaß solcher Zahlungsbefehle ist unzulässig: Nach § 3 sind die aus dem Rücktritt des AbzVerkäufers entstehenden gegenseitigen Verpflichtungen Zug um Zug zu erfüllen. Macht der Verkäufer den angeblichen Minderwert wie oben geltend, so begehrt er eine Leistung, die „nach dem Inhalt des Gesuches von einer noch nicht erfolgten Gegenleistung abhängig ist". Dann ist aber das Mahnverfahren unzulässig, § 688 II ZPO — gleichgültig, ob man in § 3 mit der h. L. eine Anspruchsbeschränkung oder nur eine Einrede sieht; vgl. *Stein-Jonas*, ZPO, § 688 Anm. I 5. Stehen dem AbzKäufere aus dem Rücktrittschuldverhältnis infolge Aufrechnung oder Verrechnung mit weiteren Ansprüchen des Verkäufers aus § 2 keine Forderung mehr zu, so muß der Verkäufer das hinreichend substantiiert vortragen, vgl. *Baumbach-Lauterbach* ZPO § 688 Anm. 2 A.

D. Die Auswirkungen der Zug-um-Zug-Leistungspflicht auf die Zwangsvollstreckung

I. Bei Herausgabeurteilen

Anm. 27

Die Zug-um-Zug-Abhängigkeit der Rückgewährungsansprüche gem. § 3 ist bei der Zwangsvollstreckung des Herausgabeurteils nur beachtlich, wenn das Urteil in seinem Entscheidungssatz die Herausgabe Zug um Zug ausspricht. Lautet das *Urteil auf Herausgabe schlechthin*, so hat der Käufer vom Zeitpunkt der Rechtskraft an keine Möglichkeit mehr, eine Berücksichtigung der Zug-um-Zug-Leistungspflicht im Zwangsvollstreckungsverfahren zu erreichen. Auch die Vollstreckungsgegenklage (§ 767 ZPO) versagt wegen der Präklusionswirkung des § 767 Abs. 2 ZPO. Gl. A. *Klauß* § 5 Anm. 440. Nach LG Bielefeld DGVZ 19, 12 ist allerdings die Zwangsvollstreckung aus einem auf Herausgabe schlechthin lautenden Urteil von Amts wegen bis zum Nachweis der Befriedigung des Käufers als unzulässig einzustellen, wenn der mit dem AbzG vertraute Verkäufer die Zwangsvollstrekkung betreibt, obwohl er weiß, daß er nach materiellem Recht nicht die reine Herausgabe der Sache, sondern nur ihre Herausgabe Zug um Zug gegen Rückgabe der geleisteten Teilzahlungen verlangen kann. Das Gericht sieht nämlich in der Durchführung einer solchen Zwangsvollstreckung einen Verstoß gegen die guten Sitten. Diese Ansicht ist mit *Klauß* Anm. 441 zu § 5 als zu weirgehend anzusehen, wenngleich sie eines billigenswerten Ausgangspunktes nicht entbehrt. Einen Sittenverstoß und damit die Unzulässigkeit der Zwangsvollstreckung wird man indessen nur in ganz extremen Fällen annehmen können, nämlich dann, wenn der Verkäufer die durch das Urteil gewonnene Rechtsstellung zu einer das Rechtsgefühl aller billig und gerecht Denkenden verletzenden Schädigung des Käufers mißbraucht.

Zur Zwangsvollstreckung eines auf Herausgabe Zug um Zug lautenden Urteils ist im einzelnen folgendes zu bemerken:

Anm. 28

1. Die *Vollstreckungsklausel* ist gemäß § 726 Abs. 2 ZPO ohne urkundlichen Nachweis der Befriedigung oder des Annahmeverzuges des Käufers zu erteilen. Das Urteil unterscheidet sich in keiner Weise von anderen auf eine Zug-um-Zug-Leistung erkennenden Herausgabeurteilen. Ebenso im Ergebnis *Samter* S. 72.

Anm. 29

2. Die *Zwangsvollstreckung selbst* erfolgt nach Maßgabe des § 756 ZPO. Danach ist Voraussetzung für den Beginn der Zwangsvollstrekkung, daß entweder der Gerichtsvollzieher dem Käufer die diesem gebührende Leistung in einer den Annahmeverzug begründenden Weise angeboten hat oder daß der Verkäufer ihm durch öffentliche oder durch öffentlich beglaubigte Urkunde (z. B. eine notariell begl. Quittung oder ein Gerichtsvollzieherprotokoll) nachweist, daß der Schuldner befriedigt oder im Annahmeverzug ist und eine Abschrift dieser Urkunde bereits zugetellt ist oder gleichzeitig zugestellt wird.

Samter (S. 72) will über die Bestimmung des § 756 ZPO hinaus eine Zwangsvollstreckung nur dann zulassen, wenn der Annahmeverzug nach der Urteilsverkündung eingetreten ist und der Verkäufer die zurückzugewährende Summe hinterlegt hat. Er folgert dies aus dem Gegensatz der §§ 1, 2 zu § 322 Abs. 3 und § 274 Abs. 2 BGB und der amtlichen Begründung zu § 3. Diese Ansicht geht zu weit. Das AbzG regelt nur die materiellrechtliche Seite des Rücktrittsverhältnisses. Der Gegensatz des § 3 zu den entsprechenden Vorschriften des BGB erschöpft sich darin, daß die Verpflichtung zur Zug-um-Zug-Leistung von Gesetzes wegen begründet ist und nicht erst durch Einrede geltend gemacht werden muß. Die Wirkung des eine Zug-um-Zug-Leistung aussprechenden Urteils wird hierdurch nicht berührt.

Auch aus dem offenbar nur den Umfang der materiellen Ansprüche umschreibenden Satz der Begründung, den *Samter* anführt, kann nicht geschlossen werden, daß das AbzG unter Erfüllung Zug um Zug etwas anderes versteht als das BGB und die ZPO. Wäre dies der Fall, so hätte das AbzG in § 3 darüber Bestimmung treffen müssen, in welcher Weise die Erfüllung Zug um Zug zu vollstrecken sei. Aus dem Schweigen des Gesetzes muß daher geschlossen werden, daß insoweit die allgemeinen Bestimmungen Anwendung finden sollen. Zu einer abweichenden Regelung hätte auch kein Anlaß vorgelegen. Für die Frage der Vollstreckung ist es gleichgültig, ob der Verurteilung zu einer Zug-um-Zug-Leistung ein AbzGeschäft oder ein anderes Rechtsverhältnis zugrunde liegt. Der Schuldner ist durch die Verurteilung Zug um Zug, die die Höhe seines Anspruches zahlenmäßig feststellt, schon genügend geschützt. Ob der Verzug vor oder nach dem Erlaß des Urteils eingetreten ist, kann keinen Unterschied machen. Wenn der Schuldner sich in Verzug befindet, so hat er sich die Folgen desselben selbst zuzuschreiben. Deshalb kann nicht verlangt werden, daß der Gläubiger die ihm gebührende Leistung hinterlegt Somit ist § 756 ZPO auf die Zwangsvollstreckung eines Urteils, das die Herausgabe von AbzSachen Zug um Zug gegen die Rückzahlung eines bestimmten Betrages ausspricht, ohne Einschränkung anzuwenden. Wenn z. B. der Verzug schon vor dem Urteil eingetreten und dies im Urteil festgestellt ist, so kann nach der Zustellung des Urteils zur Zwangsvollstreckung geschritten werden.

II. Zug-um-Zug-Rückgewähr und Wiederansichnahme der Kaufsache im Wege der Kaufpreiszwangsvollstreckung

Anm. 30

Die Zulässigkeit der Zwangsvollstreckung in die Kaufsache aus einem auf Zahlung des Kaufpreises gerichteten Vollstreckungstitels wird durch die Vorschrift des § 3 grundsätzlich nicht berührt, es sei denn, daß der Verkäufer den Weg der Kaufpreiszwangsvollstreckung offensichtlich zum Zweck mißbräulicher Umgehung der Vorschrift des § 3 gewählt hat. Näheres hierüber bei § 5 Anm. 122.

E. § 3 als zwingende Vorschrift

Anm. 31

Abweichende Vereinbarungen vor Ausübung des Rücktritts, insbesondere im AbzVertrag selbst und solche nach Rücktritt, wenn sie Bestandteil eines neuen AbzGeschäftes sind, sind nichtig; allgemeine

Meinung. Es handelt sich jedoch nur um eine Teilnichtigkeit, die die Gültigkeit der anderen Vertragsbestimmungen nicht berührt. Die zu § 1 entwickelten Grundsätze gelten entsprechend; vgl. § 1 Anm. 194 f.

Anhang zu § 3

[Prozessuale Fragen im Anschluß an §§ 1—3]

A. Gerichtsstandsvereinbarungen für Klagen auf Herausgabe

Anm. 32 bis 38 entfallen. S. Anmerkungen zu § 6 a.

B. Verbindungen von Zahlungs- und Herausgabeklage

I. Klagenhäufung und Ersetzungsbefugnis

Anm. 39

Nicht nur aus besonderer Geschäftstüchtigkeit, sondern manchmal auch aus dem Bestreben, dem Käufer die Fortsetzung des AbzGeschäftes zu ermöglichen und ihm die Herausgabe der Kaufsache zu ersparen, versuchen die klagenden Verkäufer immer wieder die *Zahlungsklage und* die *Herausgabeklage* in irgendeiner Form zu verbinden. Solche *Verbindungen* führen fast nie zum Ziel. Meist unterliegt die Klage mindestens in einem der beiden Anträge aus prozessualen oder materiellrechtlichen Gründen der Abweisung.

Anm. 40

Unbedenklich ist es dagegen, wenn der Verkäufer dem Käufer eine *Ersetzungs oder Abwendungsbefugnis* (facultas alternativa) einräumt.

Der Verkäufer kann nämlich die Herausgabeklage erheben mit der Bestimmung, daß der Käufer berechtigt sein soll, die Vollstreckung der Herausgabe durch Zahlung eines bestimmten Betrages (in Höhe des ausstehenden Kaufpreisrestes) abzuwenden, wenn er dem Käufer die Möglichkeit offenhalten will, die Kaufsache doch noch zu erwerben. Umgekehrt kann der Verkäufer eine Zahlungsklage mit der Abwendungsbefugnis durch Herausgabe verbinden, wenn er dem Käufer Gelegenheit geben will, von seiner Zahlungspflicht, der dieser nicht mehr nachkommen kann, loszukommen. Vertragliche Begründung der Ersetzungsbefugnis ist möglich, jedoch nicht notwendig. Notwendig ist allein, daß sie im Urteil vorbehalten wird, wenn sich der Käufer in der Zwangsvollstreckung darauf berufen will. Fehlt der Vorbehalt, so kann auch durch Vollstreckungsschutzantrag Hilfe nicht erlangt werden. Die gegenteilige Entscheidung des LG Schweidnitz DR 43, 454 entspricht heutigem Recht nicht mehr; a. A. *Klauß* § 3 Anm. 305

Anm. 41

Die *Herausgabeklage* mit *Ersetzungsbefugnis* des Käufers enthält nur *einen* Antrag, der gegenüber einer Herausgabeklage ohne Ersetzungsbefugnis ein minus an Klagebegehren darstellt.

Einem solchen Antrag fehlt es auch nicht an der nötigen Bestimmtheit, wenn die herauszugebende Sache genau bezeichnet und die Abwendungssumme beziffert ist. Er wird, wie hier, für zulässig erachtet von *Baumbach-Lauterbach* § 260 Anm. 2 D; *Schlegelberger-Hildebrandt* § 368 Anm. 13; *Palandt-Putzo* § 3 AbzG Anm. 3 b; *Erman-Weitnauer-Klingsporn* § 3 Anm. 4 a; *Klauß* § 3 Anm. 304; *Staud* DJ 36, 1803 (a. E.); *Lechner* Anm. 2 d zu § 5; *Stölzel*, Schulung für ziv. Prax. II. Aufl. 36, 260 ff.; Beschluß der Prozeßrichter des AG Stuttgart I JW 30, 2765. A. A. jedoch Prozeßrichtervereinigung von Groß-Berlin JW 30, 2765 sowie *Crisolli* 4. Aufl. Anm. 33 und *Püschel* DR 39, 1044 (1045). Diese beiden verneinen die Zulässigkeit deshalb, weil es nicht Sache des Gerichts sei, in das Urteil Angebote des Verkäufers aufzunehmen. Diese Auffassung ist jedoch unhaltbar. Zweifellos enthält die Einräumung der Ersetzungsbefugnis im Klageantrag eine rechtsgeschäftliche Willenserklärung, nämlich das Angebot, den durch die Rücktrittserklärung inhaltlich umgewandelten Kaufvertrag wieder mit seinen ursprünglichen Leistungspflichten in Kraft zu setzen; so richtig *Lechner* Anm. 2 d zu § 5. Es ist indes keineswegs ungewöhnlich, daß Prozeßhandlungen gleichzeitig rechtsgeschäftliche Willenserklärungen (Erklärungen durch konkludentes Verhalten) darstellen. Ein schlagendes Beispiel ist die Erhebung der Herausgabeklage selbst, in welcher in aller Regel der konkludent erklärte Rücktritt vom Vertrag zu erblicken ist. Vgl. § 1 Anm. 161 sowie § 5 und dort Anm. 83 ff. Welch privatrechtlicher Inhalt einer Parteihandlung im Prozeß beizumessen ist, ist für das Prozeßrecht aber ohne Bedeutung, soweit nicht Normen des Prozeßrechts an privatrechtliche Erklärungen anknüpfen. Es ist daher nicht einzusehen, weshalb die Einräumung der Ersetzungsbefugnis im Klageantrag mit prozessualen Normen unvereinbar sein sollte.

Ebenso unbegründet sind auch die Bedenken ähnlicher Art bei *Ewald* AbzG S. 118. Nach diesem begehrt der Kläger ohne Rechtsgrundlage eine einseitige richterliche Rechtsgestaltung, wozu der Richter jedenfalls im Versäumnisverfahren nicht befugt sei. Von richterlicher Rechtsgestaltung kann indes nur in prozessualer Hinsicht die Rede sein. Sie erfolgt aber nicht ohne Rechtsgrundlage. Denn in der richterlichen Befugnis, den Beklagten dem Klageantrag entsprechend ohne Vorbehalt zu verurteilen, ist als ein Geringeres auch die richterliche Befugnis enthalten, antragsgemäß ein für den Beklagten im Vollstreckungsverfahren weniger einschneidendes Urteil zu erlassen.

Aubele Anm. 29 zu § 5 hält eine Herausgabeklage mit Ersetzungsbefugnis des Käufers für *unbegründet*, weil der in der Herausgabeklage zu erblickenden Rücktrittserklärung eine unzulässige auflösende Bedingung beigefügt werde. Auch diese Ansicht überzeugt nicht. Es ist vielmehr ein unbedingt erklärter Rücktritt anzunehmen. Völlig losgelöst hiervon steht die Ersetzungsbefugnis als Angebot der Wiederherstellung der ursprünglichen Leistungspflichten, welches bis zur Beendigung der Zwangsvollstreckung aufrecht erhalten wird. Gegen die Begründetheit einer Herausgabeklage mit Abwendungsbefugnis des Käufers bestehen auch aus dem AbzRecht heraus keine Bedenken. Insbesondere muß immer beachtet werden, daß das mit einem bindenden Vertragsangebot zur Wiederherstellung des Vertrages verknüpfte Herausgabeverlangen für den Käufer eine Besserstellung gegenüber dem reinen Herausgabeverlangen bedeutet. Allerdings ist nicht zu übersehen, daß der Verkäufer gemäß § 3 die Herausgabe auch dann, wenn er eine Abwendungsbefugnis einräumt, immer nur Zug um Zug gegen Rückgewähr der empfangenen Zahlungen Leistung verlangen kann.

Anm. 42

Für eine *Klage auf Zahlung* der Kaufpreises *mit Abwendungsbefugnis* durch Rückgabe der Kaufsache ist zu beachten, daß der Verkäufer die Kaufsache mit der Wirkung gemäß § 5 wieder an sich nimmt, wenn er die vom Käufer an Stelle der Zahlung angebotene Kaufsache in Empfang nimmt.

II. Die einzelnen Fälle von Klagenhäufung

Anm. 43

Bei all den im folgenden behandelten Fällen kommt der Aufklärungspflicht des Gerichts nach § 139 Abs. 1 ZPO besondere Bedeutung zu. Es ist stets beim Kläger auf die Stellung sachdienlicher Anträge hinzuwirken; eine entsprechende Klageänderung ist entweder nach § 268 Ziff. 2 ZPO ohne weiteres zulässig oder nach §264 ZPO vom Gericht als sachdienlich zuzulassen. Aber auch da, wo der Kläger auf seinen Anträgen beharrt, ist möglichst so zu entscheiden, daß für beide Parteien ein vernünftiges Ergebnis erzielt wird. Die zum Teil im Schrifttum vertretenen Tendenzen, an die prozessuale Zulässigkeit der Klageanträge in AbzSachen besondere Voraussetzungen zu knüpfen und dann regelmäßig zu einer Prozeßabweisung zu kommen, entsprechen nicht dem geltenden Prozeßrecht und sind als prozeßunwirtschaftlich abzulehnen. RG *Warn.* 22, 129 sagte schon: „Die Bestimmungen der ZPO wollen den Parteien bei der Verfolgung und Erledigung ihrer Ansprüche nicht hemmend und hindernd entgegentreten, sondern im Gegenteil für die möglichst schnelle Herbeiführung einer endgültigen sachlichen Entscheidung die Wege ebnen und geordnete Bahnen schaffen." Vgl. auch RGZ 102, 278 und 144, 116.

Anm. 44

1. *Kumulative Verbindung:* Klage auf *Zahlung und Herausgabe.* Gleichzeitige Begründetheit beider Anträge ist nur möglich, wenn mit dem Antrag auf Verurteilung zur Zahlung die Ersatz- oder Vergütungsansprüche aus § 2 geltend gemacht werden. Will der Verkäufer aber den Kaufpreis einklagen, so schließt die Erhebung des Herausgabeanspruches die Begründetheit des Zahlungsanspruches aus. Nach gesicherter Rechtsprechung und nach allgemeiner Ansicht der Literatur knüpft sich an die Erhebung der Herausgabeklage die Rücktrittsfiktion des § 5. Näheres bei § 5 Anm. 83.

Damit ist, gleichgültig, ob der Verkäufer den Rücktritt tatsächlich erklärt hat oder ihn durch die Klageerhebung konkludent erklären wollte oder nicht, die Kaufpreisforderung erloschen und dem Antrag auf Verurteilung zur Zahlung des Kaufpreises der Boden entzogen. Gl. A. *Klauß* § 3 Anm. 287. A. A. Prozeßrichter des AG StuttgartI JW 30, 2765, wonach dem Zahlungsantrag entsprechend zu erkennen und der Herausgabeantrag abzuweisen ist. A. A. auch *Crisolli* 4. Aufl. Anm. 9 zu § 3, welcher wegen gegenseitigen Sichausschließens der Klagegründe Unzulässigkeit beider Anträge annimmt. Richtiger Ansicht nach ist der Käufer zur Herausgabe zu verurteilen (gegebenenfalls zur Herausgabe Zug um Zug), wenn der Antrag auf Herausgabe schlüssig ist; vgl. zur Frage der Schlüssigkeit oben Anm. 17—22. Im Antrag auf Verurteilung zur Zahlung ist die Klage dagegen stets abzuweisen. Dies gilt auch dann, wenn der Verkäufer neben der Zahlung nur die Herausgabe zum Zwecke der Sicherung verlangt oder wenn er Verurteilung zur Zahlung und Herausgabe der unter EV verkauften Sache an den Gerichtsvollzieher zur Befriedigung des Zahlungsanspruches begehrt; LG Kiel DR I (130) Bl. 20 und § 5 Anm. 83 sowie 77 und 142.

Anm. 45

2. *Alternative Verbindungen:* Klagen auf *Zahlung oder Herausgabe, Herausgabe oder Zahlung* — jeweils mit oder ohne Zusatz, daß die Wahl der Leistung dem Kläger oder Beklagten zukomme.

Solche Klagen sind stets in beiden Anträgen unzulässig, gleichgültig, ob sie vor oder nach Erklärung des Rücktritts erhoben werden; denn sie entsprechen nicht dem Bestimmtheitserfordernis des § 253 Abs. 2 Ziff. 2 ZPO. Ebenso *Klauß* § 3 Anm. 298 ff., *Palandt-Putzo* Anm. 3 b u. *Erman-Weitnauer-Klingsporn* Anm. 4 a je zu § 3 AbzG.

Zu einer Vollabweisung aus materiellrechtlichen Gesichtspunkten kommen dagegen *Püschel* DR 39, 1044 wegen Umgehung des AbzG und *Staud* DJ 36, 1803, weil der Kläger mit dem Wahlantrag etwas anderes als das geschuldete verlange. LG Krefeld-Uerdingen JW 35, 1113 f. will bei einer Klage auf „Zahlung bzw. nach Wahl des Klägers auf Herausgabe" stets nur auf Zahlung erkennen, da im Herausgabeantrag ein bedingter und daher unwirksamer Rücktritt liege. Unzulässigkeit (gemeint ist Unbegründetheit) nur des Wahlantrages auf Herausgabe nimmt an *Crisolli* ZHR 95, 273 ff. und in der 4. Aufl. des Kommentars für Klagen auf Zahlung, nach Wahl des Klägers auf Herausgabe (a.a.O. Anm. 20 zu § 3) und auf Zahlung oder nach Wahl des Klägers auf Herausgabe (a.a.O. Anm. 27 zu § 3) und auf Zahlung oder nach Wahl des Beklagten auf Herausgabe (a.a.O. Anm. 27 zu § 3) — bei Klage auf Herausgabe oder Zahlung jedoch unzulässigkeit des Herausgabeantrages (a.a.O. Anm. 29 zu § 3). Umgekehrt erachten die Prozeßrichter von Groß-Berlin (Beschluß vom 13. 1. 30) und die Prozeßrichter des AG Stuttgart I (Beschluß vom 26. 5. 30) — beide JW 30, 2765 — eine Klage auf Zahlung oder nach Wahl des *Beklagten* auf Herausgabe für begründet, Klagen mit anderen Wahlanträgen jedoch für unbegründet. Schließlich hält *Aubele* § 5 Anm. 29 nur eine vor Rücktritt erhobene Klage auf Zahlung oder Herausgabe für „unzulässig", und zwar aus Gründen der Umgehung des § 5. Ältere Literatur zu den gleichen Fragen: *Pachler* DJZ 1908, 190; *Thiesing* Recht 07, 119; *Mertens* Recht 06, 1433; *Lazarus* DJZ 08, 302; *Cohn* Recht 08, 34; *Breme* JW 14, 578; *Herrmann* bei Holdheim 16, 63; ferner OLG Karlsruhe OL 38, 123; LG Berlin I KGBl. 11, 124.

Anm. 46

Die hier vertretene Ansicht steht auf dem Boden der h. L. des Zivilprozeßrechtes, welche Alternativanträge nur bei Vorliegen einer echten Alternativobligation zuläßt; vgl. *Rosenberg*, Lehrbuch des ZivProzeßrechts 9. Auflage § 93 III 2a und b; *Stein-Jonas-Schönke* § 253 Anm. III 2 a; *Baumbach-Lauterbach* § 260 Anm. 2 B. Der AbzKauf enthält keine Wahlobligation zwischen Zahlung oder Herausgabe. Der Verkäufer hat nur den Anspruch auf Zahlung; er kann den

Rücktritt erklären, so daß er dann den Anspruch auf Herausgabe, aber nicht mehr den auf Zahlung hat. Er hat also nur eine mehrfache Möglichkeit der Rechtsausübung (elektive Konkurrenz), nicht eine Mehrheit von Ansprüchen nebeneinander, wie es das Wesen der Alternativobligation ist. Dies führt *Herrmann* in Holdheim 16, 63 mit aller Deutlichkeit aus und betont dabei damals schon, daß die Alternativanträge leider „ein unrottbares, durch Übung vieler Gerichte gepflegtes Dasein" führen. Eine Alternativverpflichtung kann — jedenfalls vor Rücktritt — auch nicht vertraglich vereinbart werden. Eine Verpflichtung des Käufers, bei unpünktlichen Ratenzahlungen nach Wahl des Verkäufers entweder den auf einmal fälligen Kaufpreis zu zahlen oder die gekaufte Sache herauszugeben (diese Form ist in den AbzFormularen einzelner Berliner AbzGeschäfte eingeführt), ist nichtig. Sie enthält in gesetzeswidriger Umgehung (a. M. ohne Begründung *Seligsohn* in KGBl. 12, 2) des § 1 Abs. 1 letzter Satz die Vereinbarung einer Herausgabepflicht, ohne daß der Rücktritt des Verkäufers die Rechtsfolge etwaiger Herauszahlung von Raten hat. In gleicher Weise würde aber auch die vertragliche Ausgestaltung des AbzVertrages als Wahlobligation mit Wahlrecht des Käufers gegen § 1 verstoßen. S. hierzu näheres § 1 Anm. 200.

Anm. 47

Gemäß § 139 Abs. 1 ZPO hat das Gericht auf die Änderung der Klage hinzuwirken. In Frage kommt hierbei, daß der Kläger seine Klage auf einen Antrag beschränkt und so die nötige Bestimmtheit des Klageantrages herstellt. In dieser Beschränkung liegt keine zustimmungsbedürftige Klageteilrücknahme im Sinne des § 271 ZPO, sondern nur eine Konkretisierung des Klagebegehrens. Der ursprünglich neben dem Zahlungsklageantrag im Alternativverhältnis erhobene Herausgabeklageantrag kann, so lange die Alternativverbindung besteht, weder als Rücktrittserklärung noch als „Wiederansichnahme" mit der Wirkung einer Rücktrittsfiktion gemäß § 5 ausgelegt werden. Gl. A. *Paehler* DJZ 08, 190; *Crisolli* ZHR 95, 283. Der Verkäufer kann daher, je nachdem, ob er am Vertrag festhalten will, entweder den Zahlungsklageantrag oder den Herausgabeklageantrag aufrechterhalten. Der Kläger ist nicht gehindert, sein Klagebegehren durch Einräumung einer Abwendungsbefugnis des Beklagten zu beschränken. Vgl. hierzu oben Anm. 40—42.

Der Kläger kann aber auch die Alternativverbindung der Klageanträge in ein echtes Eventualverhältnis umwandeln. So kann er, falls das Bestehen des Vertrages ungewiß erscheint, auf Zahlung, hilfsweise aber auf Herausgabe — oder umgekehrt auf Herausgabe, hilfsweise auf Zahlung klagen; (s. unten Anm. 49). Unterläßt der Kläger die Richtigstellung, so ist die Klage in beiden Anträgen durch Prozeßurteil — im Versäumnisverfahren durch unechtes Versäumnisurteil, § 331 ZPO — abzuweisen.

Anm. 48

Soweit angesichts der Aufklärungspflicht des Gerichtes der Auslegung der Klageanträge überhaupt irgendeine Bedeutung zukommt, ist eine Klage auf Zahlung oder Herausgabe der Kaufsache im Zweifel sinngemäß als Verbindung im Eventualverhältnis aufzufassen; so auch *Stein-Jonas-Schönke* § 260 Anm. II B 1 a. E. Eine Klage auf Zahlung oder nach Wahl des Beklagten auf Herausgabe wird, soweit es die Klagebegründung zuläßt, vor Ausübung des Rücktrittsrechtes als Zahlungsklage mit Abwendungsbefugnis des Käufers durch Herausgabe, nach Erklärung des Rücktritts als Herausgabeklage mit Abwendungsbefugnis des Käufers durch Zahlung aufzufassen sein.

Eine solche Auslegung ist auch geboten bei Alternativklagen, die sich auf Vertragsabreden folgenden Inhalts stützen: „Ist indessen der Besteller nach Lieferung nur im Zahlungsverzug und tritt deshalb der Gläubiger vom Vertrage zurück, so soll vertraglich der Besteller zu seinen Gunsten trotzdem durch eine alternative Klage des Gläubigers noch bis zum Beginn der Zwangsvollstreckung im Urteil wahlweise das Recht haben,

entweder

die Sache unter Tragung des Betrages für Gebrauch, Abnutzung oder Aufwendungen usw. dem Gläubiger herauszugeben,

oder

durch Zahlung der rückständigen Raten bzw. fälligen Forderung den Rücktritt des Gläubigers aufzuheben, wodurch der vorher bestandene Vertragszustand bezüglich der Sachen wieder hergestellt werden soll."

A. A. *Crisolli* 4. Aufl. Anm. 28, der auch hier eine unzulässige Klage annimmt.

Anm. 49

3. *Echte Eventualverbindungen:* Klage auf Zahlung, *hilfsweise auf Herausgabe* — oder Klage auf Herausgabe, *hilfsweise auf Zahlung.*

Solche bei AbzSachen allerdings seltenen Klagen sind zulässig, wenn der Hilfs- oder Eventualantrag nur für den Fall erhoben wird, daß der Hauptanspruch unzulässig oder unbegründet ist. Das Urteil muß stets auf *eine* Leistung gerichtet sein, darf also nicht zwei Vollstrekkungsmöglichkeiten offen lassen. Ebenso *Klauß* § 3 Anm. 293.

Anm. 50

a) Eine Klage auf *Zahlung, hilfsweise auf Herausgabe* ist nur sinnvoll, wenn die Herausgabe für den Fall der Vertragsnichtigkeit auf Eigentum oder ungerechtfertigte Bereicherung gestützt werden kann. Im Eventualantrag auf Herausgabe liegt keine Rücktrittserklärung, da eine solche Erklärung eine Bedingung nicht verträgt. Erweist sich der Vertrag als gültig zustande gekommen, so kann nur über den Zahlungsantrag erkannt werden. Die bei *Baumbach-Lauterbach* § 260 Anm. 2 D und *Klauß* § 3 Anm. 297 gegen die Zulässigkeit des Hilfsantrages erhobenen Bedenken wegen Umgehung der §§ 1, 3, 5 erweisen sich somit als unbegründet. Wenn aber der Verkäufer den Rücktritt vor Klageerhebung erklärt hat, so erweist sich der auf Kaufpreisschuld gestützte Zahlungsantrag als unbegründet. Im Herausgabeantrag ist die Klage aber nur begründet, wenn der Verkäufer (Kläger) sie den oben Anm. 18—22 dargelegten Schlüssigkeitsvoraussetzungen entsprechend begründet hat.

Anm. 51

b) Bei einer Klage auf *Herausgabe, hilfsweise auf Zahlung*, ist der Hilfsantrag stets bedeutungslos; denn der Herausgabeantrag ist entweder als Rücktrittserklärung oder doch als „Wiederansichnahme“ im Sinne von § 5 mit der Wirkung der Rücktrittsfiktion anzusehen. Damit ist dem Hilfsantrag stets der Boden entzogen. A. A. *Erman-Weitnauer-Klingsporn* Anm. 4 b zu § 3. wonach es von den Umständen des Einzelfalls abhängen soll, ob ein Herausgabeantrag als Rücktrittserklärung aufzufassen ist.

Anm. 52

4. *Unechte Eventualverbindungen:* Klagen auf Zahlung im *Unvermögensfall* — im Nichtbeitreibungsfall — im *Fall der Fruchtlosigkeit der Zwangsvollstreckung* auf Herausgabe.

Daß solche Klagen jedenfalls im Herausgabeantrag abzuweisen sind, ist nahezu unbestritten. Anders lediglich ältere Autoren, wie *Paehler* DJZ 08, 190; *Lazarus* S. 51, 52; *Seelig* S. 41; *Seligsohn* KGBl. 12, 2 sowie für Unvermögensfall Prozeßrichter des AG Stuttgart I JW 30, 2765. Aus welchem Grunde die Abweisung des Herausgabeantrages zu erfolgen habe, wird dagegen nicht einheitlich beantwortet. Unzulässigkeit der Klage nehmen an *Staud* DJ 36, 1803;

Aubele § 5 Anm. 29; *Crisolli* ZHR 95, 277 ff.; *Klauß* § 3 Anm. 289 (Unzulässigkeit der ganzen Klage!); *Spiro* AcP 133, 332. Zur Abweisung des Herausgabeantrages aus materiellrechtlichen Gründen kommen dagegen LG Krefeld-Uerdingen JW 35, 1113 f.; LG Berlin I KGBl. 11, 124; Prozeßrichtervereinigung von Groß-Berlin JW 30, 2765; *Püschel* DR 39, 1044; *Rühl* S. 271; *Samter* S. 18; *Hörle* Gruch 55, 212; *Breme* JW 14, 579; *Cohn* Recht 08, 35; *Mertens* Recht 06, 1433; *Hein* S. 21; *Herrmann* bei Holdheim 16, 63.

Anm. 53

Der Abweisung aus prozessualen Gründen gebührt der Vorzug. Es trifft zwar nicht zu, daß der Verkäufer (Kläger) hier eine an sich unzulässige Eventualverurteilung begehrt, wie *Staud* meint. Denn der im Urteil enthaltene Befehl zur Leistung ergeht auch hier unbedingt; lediglich die Vollstreckbarkeit würde unter eine Bedingung gestellt werden; vgl. § 726 ZPO. Alle in diesem Abschnitt zu behandelnden Klagen sind im Herausgabeantrag Klagen auf künftige Leistungen und unterliegen insoweit den besonderen Prozeßvoraussetzungen für Klagen auf künftige Leistung, §§ 257—259 ZPO. Vgl. *Stein-Jonas-Schönke* § 260 II B 3. Aus dem allein näher in Betracht kommenden § 259 ZPO ergibt sich aber sofort die Unzulässigkeit eines solchen Herausgabeantrages:

§ 259 ZPO setzt voraus, daß der Anspruch abgesehen von einer Befristung oder Bedingung bereits im Zeitpunkt der letzten mündlichen Verhandlung *besteht*; vgl. *Stein-Jonas-Schönke* § 259 Anm. 2; RGZ 168, 323; OLG Dresden ZZP 47, 396. Hieran fehlt es aber, weil der Herausgabeanspruch aus dem Rücktrittsverhältnis so lange überhaupt noch nicht besteht, als der Rücktritt nicht erklärt ist. Der Tatbestand des § 259 ZPO ist aber auch dann nicht erfüllt, wenn der Verkäufer (Kläger) die Kaufsache auf Grund seines vorbehaltenen Eigentums herausverlangt. Ein solcher Anspruch ist nach §§ 5, 3 von dem Angebot der Rückgewähr der erbrachten Gegenleistungen abhängig. Die Höhe der zurückzugewährenden Gegenleistungen kann im Zeitpunkt der Entscheidung über die im Hauptantrag auf Zahlung gerichtete Klage unmöglich einwandfrei bestimmt werden. Da aber die Bestimmbarkeit der Gegenleistung eine Voraussetzung für die Anwendbarkeit des § 259 ZPO ist (vgl. *Stein-Jonas-Schönke* § 259 Anm. I 1), scheitert der Herausgabeantrag auch dann, wenn er auf Eigentum gestützt wird. Dem Herausgabeantrag fehlt schließlich auch das nach § 259 ZPO erfrderliche *besondere Rechtsschutzinteresse*, das nur durch die gerechtfertigte Besorgnis begründet wird, daß sich der

Schuldner der rechtzeitigen Leistung entziehen werde. Die voraussichtliche Zahlungsunfähigkeit reicht hierfür nach allgemeiner Meinung nicht aus. Vgl. *Stein-Jonas-Schönke* § 259 Anm. II mit Zitaten unter Note 9; ferner *Baumbach-Lauterbach* § 259 Anm. 1 B mit Zitaten; OLG 31, 375.

Es zeigt sich somit, daß für die Herausgabeanträge im Unvermögens-, Nichtbeitreibungsfall oder im Fall der Fruchtlosigkeit der Zwangsvollstreckung jegliche Grundlage fehlt, um in ihnen eine nach § 259 ZPO zulässige Klage auf künftige Leistung zu erblicken. Das geltende Zivilprozeßrecht läßt solchen Anträgen keinen Raum. Wer aber die Zulässigkeit solcher Anträge bejahen wollte, müßte ihre Begründetheit verneinen, und zwar meistens schon deshalb, weil es an einer wirksamen Erklärung des bedingungsfeindlichen Rücktritts fehlt. Aber auch ein auf Eigentum gestützter Herausgabeantrag wäre unschlüssig, weil es an einer schlüssigen Darlegung des Nichtbestehens von Gegenansprüchen mangeln dürfte. Vgl. oben Anm. 20—22.

Vom Praktischen her gesehen, besteht für unechte Eventualverträge der behandelten Art kein Bedürfnis. Denn der Verkäufer kann, was heute unbestritten ist, im Wege der Kaufpreiszwangsvollstreckung auch die Kaufsache pfänden lassen, sie selbst einsteigern und sich nach § 825 ZPO überweisen lassen. Vlg. § 5 Anm. 112 ff., 132 ff., 136 ff.

Anm. 54

Klagen auf Zahlung im Unvermögensfall, Nichtbeitreibungsfall oder im Fall der Fruchtlosigkeit der Zwangsvollstreckung auf Herausgabe sind im *Herausgabeantrag* abzuweisen. Der Klage auf Zahlung ist dagegen stattzugeben, soweit die Kaufpreisschuld besteht; gl. A. *Ewald*, AbzG S. 119; *Aubele* Anm. 29 zu § 5; *Staud* DJ 36, 1803; Prozeßrichtervereinigung von Groß-Berlin JW 30, 2765; *Rühl* S. 271; *Crisolli* ZHR 95, 282.

Dagegen wollen *Klauß* § 3 Anm. 292; *Samter* S. 18; LG Berlin KGBl. 11, 124 die ganze Klage abweisen — eine Auffassung die abzulehnen ist, weil sie die Selbständigkeit des Zahlungsantrages nicht berücksichtigt. Beide Anträge unterliegen vielmehr nach Zulässigkeit und Begründetheit selbständiger Beurteilung.

III. Streitwertprobleme

Anm. 55

1. Bei Anträgen auf *Zahlung oder nach Wahl des Käufers* (Beklagten) auf Herausgabe ist der jeweilige Wert des niedrigeren An-

spruchs, bei Anträgen auf Zahlung oder nach *Wahl des Verkäufers* (Klägers) auf Herausgabe der jeweilige Wert des höheren Anspruches maßgebend; vgl. RGZ 55, 81; KG JVbl 32, 28; *Stein-Jonas-Schönke* § 5 Anm. I 3; *Baumbach-Lauterbach* § 5 Anm. 2 B.

A. A. *Crisolli* 4. Aufl. Anm. 35 sowie ZHR 95, 291 und JR 30, 57, wonach bei den unzulässigen Alternativklagen mit Wahlrecht des Klägers eine Zusammenrechnung beider Ansprüche zu erfolgen habe, und sich bei Wahlrecht des Beklagten der Wert nach dem höheren Antrag bestimme. In letzterer Hinsicht übereinstimmend Prozeßrichtervereinigung von Groß-Berlin JW 30, 2765. Diese zuletzt genannten Auffassungen entbehren jedoch der inneren Berechtigung.

Anm. 56

2. Bei *unechter Eventualhäufung* (vgl. oben Anm. 52) wird der Streitwert gemäß § 9 GKG und § 5 ZPO durch Zusammenrechnung der Werte beider Anträge ermittelt. Dabei ist für die Bewertung des Herausgabeanspruches gemäß §§ 9 und 6 ZPO der Neuwert der herausverlangten Sache maßgebend, von dem nur ein Abzug wegen des Gebrauchs der Sache zu machen ist (gl. M. LG Berlin I vom 27. 3. 29 — 39 D 220/29 —; JW 30, 2765; Prozeßrichtervereinigung Groß-Berlin JW 30, 2765; *Crisolli* ZHR 95, 289 ff.; a. M. KG vom 22. 4. 29 — 23 W 3429/29 — und Beschluß des AG Stuttgart I aus der Prozeßrichterbesprechung vom 26. 5. 30 JW 30, 2765, die beide den Streitwert nur nach dem Zahlungsantrag festsetzen.

C. Probleme des Prozeßvergleiches

Anm. 57

Vielfach werden Herausgabeprozesse in AbzSachen durch Prozeßvergleich beendigt, indem dem Käufer meist in Verbindung mit einer Herausgabeklausel erneut Ratenzahlung bewilligt wird. Solche Vergleiche sind als AbzGeschäfte zu behandeln. Verlangt der Verkäufer die Herausgabe der Sache, so ist dies als Rücktritt anzusehen, § 5. Bei Verfallklauseln ist § 4 Abs. 2 zu beachten.

Muster eines Vergleiches s. JW 30, 2765.

Anm. 58

Gegen die Forderungsvollstreckung aus dem Vergleich steht dem Käufer die Klage aus § 767 ZPO zu, wenn der Verkäufer die Sache an sich genommen hat. Gl. A. *Klauß* Anm. 309 zu § 3.

Anm. 59

Rücktritt vom Prozeßvergleich läßt den beendeten Prozeß nicht wieder aufleben. Die Rechtshängigkeit des Klageanspruchs bleibt beseitigt. Ebenso *Baumbach-Lauterbach* Anh. zu § 307 Anm. 6 C. Über die prozessuale Bedeutung des Vorbehalts des Herausgabeanspruches im Zahlungsvergleich s. *Ulrich* DR 40, 437.

§ 4

[Vertragsstrafe, Verfallklausel]

Eine wegen Nichterfüllung der dem Käufer obliegenden Verpflichtungen verwirkte Vertragsstrafe kann, wenn sie unverhältnismäßig hoch ist, auf Antrag des Käufers durch Urteil auf den angemessenen Betrag herabgesetzt werden. Die Herabsetzung einer entrichteten Strafe ist ausgeschlossen.

Die Abrede, daß die Nichterfüllung der dem Käufer obliegenden Verpflichtungen die Fälligkeit der Restschuld zur Folge haben solle, kann rechtsgültig nur für den Fall getroffen werden, daß der Käufer mit mindestens zwei aufeinanderfolgenden Teilzahlungen ganz oder teilweise im Verzug ist und der Betrag, mit dessen Zahlung er im Verzug ist, mindestens dem zehnten Teile des Kaufpreises der übergebenen Sache gleichkommt.

Inhaltsübersicht

Besonderes Schrifttum zu § 4:

Hölder:	Recht 1900, 162
Lehmann:	Besprechung zu RG JW 36, 179
Lex und Veith:	RWPBl. III 6—7 Gruppe D 2 AbzGeschäfte
Lubbe:	Einige Zweifelsfragen bei Klagen aus AbzGeschäften JW 38, 1990
Plum:	Besprechung zu RG JW 29, 1384
Plum:	Besprechung zu RGZ 136, 137 in JW 32, 2709
Schmidt:	Verwirkungsklausel und Vertragsstrafe beim Abzahlungsgeschäft, 02
Voigt:	Das Reichsgesetz betreffend die AbzGeschäfte in seinen wichtigsten Streitfragen, Leipziger Diss. 08
Wolf:	Herabsetzung der Vertragsstrafe bei AbzGeschäften DJZ 01, 554 ff.

A. Allgemeine Bemerkungen

Anm. 1

Die §§ 1—3 regeln den Rücktritt vom AbzGeschäft und seine Folgen. Mit der Bestimmung des § 4 Abs. 1 über die Vertragsstrafe und der des § 4 Abs. 2 über die Verfallklausel werden weitere Tatbestände in die gesetzliche Regelung des AbzG einbezogen. Dabei können Rücktrittsvorbehalt, Vertragsstrafe und Verfallklausel jeweils unabhängig voneinander vereinbart werden.

B. Vertragsstrafe (§ 4 Abs. 1)

I. Allgemeines über die Vertragsstrafe

Anm. 2

1. Begriff und Arten der Vertragsstrafe.

a) Der *Begriff* ist im BGB (§§ 399 ff.) und hier in § 4 Abs. 1 ein einheitlicher: eine Leistung, gewöhnlich eine Geldleistung, welche ein Schuldner seinem Gläubiger vertraglich als Strafe für den Fall versprochen hat, daß er seine Verbindlichkeit nicht oder nicht gehörig erfüllt. So auch *Enneccerus-Lehmann,* Schuldrecht § 37 I; *Palandt* Vorbem. 1 vor § 339 BGB. Nach OLG Celle NJW 63, 351 liegt die vereinbarte Vertragsstrafe in der formularmäßigen Bestimmung, daß der Verkäufer berechtigt ist, von dem vertragsbrüchigen Käufer 15 % des Verkaufskreises als Entschädigung zu fordern, NJW 63/351.

Anm. 3

b) Ein solches Versprechen setzt eine *zwischen* dem *Gläubiger und dem Versprechenden bestehende Hauptverbindlichkeit* voraus und hat somit diese Abhängigkeit von der Hauptverpflichtung, die Akzessorietät (s. unten Anm. 20) gemeinsam mit der Bürgschaft. Bei letzterer handelt es sich um das Einstehen eines Dritten für die Erfüllung, hier dagegen um die Strafe des Schuldners für *eigene Verletzung der Leistungspflicht.* Den Strafcharakter im Sinne der §§ 339 f. BGB hat die Vertragsstrafe gemeinsam mit dem selbständigen Strafversprechen (§ 343 Abs. 2 BGB) und gegebenenfalls auch mit einem Garantievertrag (s. *Staudinger-Ostler* Einl. Anm. 8 vor § 433 und *Staudinger-Brändl* 10. Aufl. Vorbem. 54 vor § 765), bei dem aber die Akzessorietät wiederum fehlt.

Anm. 4

c) Das BGB unterscheidet zwischen einer für den Fall der Nichterfüllung und einer für den Fall nicht gehöriger Erfüllung versprochenen Vertragsstrafe (s. §§ 339 bis 341 BGB). Diese Unterscheidung betrifft nicht die Frage, wann die Strafe verwirkt ist, was in beiden Fällen regelmäßig bei Verzug der Fall ist (s. § 339 BGB), sondern was bei Verwirkung zu leisten ist: Entweder nur die Strafe bei einer für den Fall der Nichterfüllung versprochenen Strafe (§ 340 BGB) oder *Strafe* und Vertragsleistung bei einer für den Fall nicht gehöriger Erfüllung versprochenen Strafe (§ 341 BGB). Vgl. im einzelnen unten Anm. 28 ff.

d) Der *Gegenstand des Strafversprechens* braucht nicht nur die Zahlung einer *Geldsumme* zu sein, sondern kann in jeder anderen erlaubten Leistung bestehen (§ 343 BGB). Die *Höhe* der Geldsumme, die für den Fall der Verwirkung gezahlt werden soll, braucht im Vertrag nicht ausdrücklich bestimmt zu sein. In diesem Fall greift die Bestimmung des § 315 BGB ein; außerdem ist der Käufer gerade durch die Möglichkeit der Herabsetzung der Strafe vor der Willkür des Verkäufers geschützt.

2. *Die Vertragsstrafe im AbzGeschäft*

Anm. 6

a) Nur das Strafversprechen des *Käufers* ist häufig. Es dient als Druckmittel zur Erfüllung der Vertragsverbindlichkeit und bezweckt außerdem für den Verkäufer die Ersparung des Beweises der Schadenshöhe bei Nichterfüllung; RGZ 103, 99 sowie *Enneccerus-Lehmann*, Schuldrecht § 37 I 1.

Daß sie kein wesentliches Erfordernis des AbzGeschäftes ist, ergibt der Text des § 1; s. dort auch Anm. 62.

Anm. 7

b) § 4 Abs. 1 enthält nur das richterliche Moderationsrecht und enthält keine abschließende Regelung.

aa) *Nur* über eine *vom Käufer versprochene* Vertragsstrafe spricht § 4 Abs. 1. Im Schweigen des AbzG über ein Strafversprechen *des Verkäufers* liegt aber nicht das Verbot eines solchen; dieses unterliegt damit lediglich den allgemeinen Vorschriften des BGB. Entsprechend seinem sozialpolitischen Zweck, den Käufer vor Ausbeutung zu schützen, bestand keine Veranlassung, eine Schutzbestimmung für den Verkäufer in das AbzG aufzunehmen.

Anm. 8

bb) Nur von einer Vertragsstrafe *wegen Nichterfüllung* einer Käuferpflicht spricht ferner § 4 Abs. 1. Hierin liegt jedoch kein Ausschluß der Vereinbarung einer Vertragsstrafe für den Fall nicht gehöriger Erfüllung (s. dazu auch oben Anm. 4 und unten Anm. 12). So auch die allgemeine Meinung, z. B. *Klauß* Anm. 314 und *Aubele* Anm. 3 zu § 4 sowie *Samter* S. 74. Über die etwaige Nichtigkeit gerade dieses Strafversprechens wegen Knebelung s. unten Anm. 19.

3. Verhältnis von § 4 Abs. 1 AbzG zu §§ 339 ff. BGB

Anm. 9

a) § 4 Abs. 1 war eine lückenhafte *Vorwegnahme* des § 343 BGB, dessen Rechtsgedanke bei Schaffung des AbzG in den Entwurf des BGB bereits aufgenommen war. Er bezweckt also nicht einen Schutz gerade des AbzKäufers, der etwas stärker sein soll als der, den jeder Strafversprechende heute nach dem BGB genießt. Mangels gegenteiliger Bestimmungen ist daher § 4 Abs. 1, wenn einschlägig, an Stelle des § 343 BGB anzuwenden, aber doch in der gleichen Weise *auszulegen* wie § 343 BGB und es sind zur Entscheidung der bei seiner Anwendung auftauchenden Zweifelsfragen die zur Ausführung der beiden Vorschriften gemeinsamen Rechtsgedanken gegebenen Vorschriften der §§ 339—345 BGB anzuwenden.

Demgegenüber meint *Samter* S. 73 einschränkend, die §§ 339—345 BGB könnten nur Anwendung finden, soweit die zwingenden Vorschriften der §§ 1 und 2 nicht eingreifen. Diese Meinung, die allerdings zu keinen anderen Ergebnissen führt, ist nicht gerechtfertigt. Denn die Vorschriften der §§ 1—3 einerseits und des § 4 Abs. 1 andererseits regeln ganz verschiedene Dinge und haben miteinander nichts zu tun. Insbesondere ist aber auch zu beachten, daß Rücktritt und das Verlangen nach Vertragsstrafe einander ausschließen, weil auf Grund des Rücktritts nach § 1 keine Vertragsstrafe mehr verlangt werden kann; s. darüber unten Anm. 21, 30, 36 und 56.

Anm. 10

b) Über das *Verhältnis von* § 4 Abs. 1 *zu* § 343 BGB im besonderen gilt:

aa) Beide sind *zwingende Vorschriften*; s. unten Anm. 54.

bb) *Gemeinsamer Inhalt* ist dadurch gegeben, daß § 4 Abs. 1 Satz 1 dem § 343 Abs. 1 Satz 1 BGB (mit Beschränkung der ersteren Vorschrift auf „Nichterfüllung" und auf „Käufer") und § 4 Abs. 1 Satz 2 dem § 343 Abs. 1 Satz 3 BGB entspricht.

cc) *Ergänzend* gilt auch für § 4 Abs. 1 die Vorschrift des § 343 Abs. 1 Satz 2 BGB; der Begriff der Angemessenheit ist nicht etwa hier anders zu bestimmen. Vgl. unten Anm. 40.

Anm. 11

dd) § 4 ist über seinen Inhalt hinaus anwendbar für die Vertragsstrafe, die *wegen nicht gehöriger Erfüllung* von Käuferpflichten vereinbart wird (wegen der Unterscheidung s. oben Anm. 4 und unten Anm. 31 ff.), was sich übrigens bei wortlautmäßig enger Auslegung des § 4 Abs. 1 aus den subsidiären Vorschriften des BGB ohnedies ergeben würde. Es kann also auch wegen nicht gehöriger Erfüllung eine Vertragsstrafe ausbedungen, verwirkt und herabgesetzt werden; s. oben **Anm. 8.**

§ 4 Abs. 1 ist auch analog anzuwenden insoweit, als § 343 Abs. 2 BGB analog angewendet wird oder überhaupt *analoge Anwendung* nach § 343 BGB Platz greift. So würde das Strafversprechen eines Ehegatten für den Fall, daß der andere Ehegatte seine Verpflichtungen aus dem AbzKauf nicht erfüllt, kein Versprechen des Schuldners sein; s. oben Anm. 3. § 343 BGB und damit § 4 Abs. 1 ist aber hier analog anzuwenden; s. *Staudinger-Werner* 9. Aufl. Anm. 6 zu § 343 BGB. Diese Anwendung kommt freilich überhaupt nur in Betracht, wenn man nicht solche Bestimmungen wegen versuchter Umgehung des zwingenden § 4 Abs. 1 als nichtig ansehen muß.

Anm. 12

c) Trotz des in Anm. 9—11 Ausgeführten ist § 4 Abs. 1 als lex specialis *sachlich nicht vollkommen überflüssig* geworden. Es kommt ihm selbständige Bedeutung zu im Hinblick auf den Gegensatz zwischen § 8 und §§ 348, 351 HGB. § 8 schützt durch Anwendung des AbzG und damit auch durch Anwendung seines § 4 auch den Vollkaufmann, der nicht oder noch nicht im Handelsregister eingetragen ist; s. Anm. 10 zu § 8. Anders §§ 348, 351 HGB, wonach einen Vollkaufmann ohne weiteres, also auch bei fehlender Eintragung im Handelsregister, allerdings nur für Verträge im Betrieb seines Handelsgewerbes, *auf Grund des* § 343 BGB eine Vertragsstrafe nicht herabgesetzt werden kann. Nach dieser gesetzlichen Formulierung fallen Ermäßigungsrechte, die in anderen Gesetzen gegeben sind, also nicht fort. Der nicht eingetragene Vollkaufmann hat also das Ermäßigungsrecht des § 4 Abs. 1, allerdings nur, wenn das Geschäft für ihn kein Handelsgeschäft ist. Ebenso v. *Godin* in RGRKomm. z. HGB Anm. 30 zu § 348 und *Baumbach-Duden* HGB Anm. 3 B zu § 348; ferner *Klauß* Anm. 524 zu § 8 und *Aubele* Anm. 12 zu § 4 sowie schon *Wolf* DJZ 01, 553, Diss. von *Schmidt* (1918) S. 37 und *Voigt* (1908) S. 28, ferner *Veith* RWPBl. III 6 Gruppe 2 D AbzG.

Es ist also nicht richtig, daß dem AbzKäufer bereits ohne die Spezialbestimmung des § 4 Abs. 1 die ganz gleichen Rechte wie nach dem allgemeinen bürgerlichen Recht zustehen; das behauptet zu Unrecht die Diss. *Lieske* (1906) S. 57 und *Vollrath* (1913) S. 70 und allgemein auch *Rühl* S. 255.

II. Die Verwirkung der Strafe

Anm. 13

1. Eine Vertragsstrafe kann grundsätzlich *für jede Art der Verletzung jeglicher Vertragspflicht* versprochen werden; s. aber nachstehend Anm. 14. Sie kann insbesondere versprochen werden sowohl für den Fall der Nichterfüllung wie auch der nicht gehörigen Erfüllung und nicht rechtzeitigen Erfüllung; s. oben Anm. 8. Der AbzVertrag enthält gewöhnlich die genaue Festlegung der Voraussetzungen für die Verwirkung der Strafe; es kommt in Betracht die Nichtzahlung, die unpünktliche Zahlung, das Unterlassen der Anzeige einer Wohnungsveränderung oder der Pfändung für einen Dritten oder die unterlassene Erfüllung einer vertraglichen Versicherungspflicht.

a) *Nichterfüllung* umschließt im Zweifel nicht den Fall der nicht gehörigen oder nicht rechtzeitigen Erfüllung; s. auch die Unterscheidung in §§ 339—341 BGB. Nichterfüllung durch den Käufer liegt vor, wenn er überhaupt nicht leistet oder aber sein Angebot so mangelhaft ist, daß der Verkäufer nach Umfang oder Art die Annahme mit Recht abgelehnt hat; s. *Wilde* in RGRKomm. z. BGB Anm. 6 zu § 339. *Nicht gehörige Erfüllung* liegt vor allem vor, wenn der Käufer nur einen Teil seiner Rate bezahlt oder wenn er sie nicht zur bestimmmten Zeit bezahlt; s. für letzteres § 341 BGB. Unrichtig wäre es, wie es möglicherweise von *Aubele* Anm. 4 zu § 4 geschieht, die „Nichterfüllung" im Gegensatz zum Leistungsverzug und zu positiver Vertragsverletzung zu setzen.

Die Unterscheidung zwischen Vertragsstrafe für Nichterfüllung oder nicht gehörige Erfüllung ist bedeutsam für die Frage des Verhältnisses von Strafe und Erfüllung (s. oben Anm. 4 und unten Anm. 28) und der zulässigen — angemessenen — Strafhöhe. Letzteres hat für die Auslegung einer Verpflichtung RGZ 112, 366 betont; vgl. auch RGZ 70, 441; s. ferner unten Anm. 40.

Anm. 14

b) Wie schon oben gesagt, kann grundsätzlich die *Verletzung jeder Vertragspflicht* Voraussetzung für die Verwirkung einer Strafe sein. Eine Ausnahme kann sich jedoch aus dem Zweck des AbzG und seinen zwingenden Vorschriften ergeben (s. dazu § 344 BGB und unten Anm. 20); wegen Widerspruchs zu § 2 ist deshalb eine Vertragsstrafe für Beschädigung oder übermäßige Absetzung grundsätzlich verboten. Denn der Anspruch des Verkäufers auf Zahlung oder auf Rückgewähr im Falle seines Rücktritts wird durch eine schlechte Behandlung der Sache nicht gefährdet; so lange nämlich der Käufer die Raten bezahlt, erleidet der Verkäufer durch sie keinen Schaden. Die Ansprüche aber, die er nach dem Rücktritt bei Rückgabe einer beschädigten Sache gegen den Käufer hat, bemessen sich ausschließlich nach § 2 und können durch eine Vertragsstrafe also nicht verändert, insbesondere nicht erhöht werden; der Verkäufer kann sich hier auch nicht von dem Beweis des Schadens befreien, sondern er muß gerade nach § 2 abrechnen. Deshalb widerspricht jede vor dem Rücktritt vereinbarte Vertragsstrafe für den Fall der Nichterfüllung aus dem Rücktritt entstehender Verpflichtungen den zwingenden Vorschriften der §§ 1 und 2 und ist nichtig. Ebenso *Aubele* Anm. 7 zu § 4 unter Hinweis auf die Motive, die besagen: „Sollte für den Fall, daß der Verkäufer vom Vertrage zurücktritt, weil der Käufer eine ihm obliegende Verpflichtung nicht erfüllt hat, eine Vertragsstrafe wegen des aus dieser Nichterfüllung für den Verkäufer sich ergebenden Schadens festgesetzt sein, so kann eine solche Vertragsstrafe nach § 2 des Entwurfs überhaupt nicht gefordert werden ..." Anders *Erman-Weitnauer-Klingsporn* Anm. 9 und *Klauß* Anm. 329 je zu § 4; letzterer übersieht aber bei dem Hinweis auf seine Anm. 136 zu § 1, daß er dort mit Recht die Vertragsfreiheit des BGB nur für solche Rechtsfolgen vorsieht, die in der Zeit nach der Rücktrittserklärung *begründet* werden. Vgl. auch *Palandt-Putzo* Anm. 4 c zu § 4 AbzG Anm. 104, 105—108 zu § 2 und Anm. 198 zu § 1.

Anders aber bei Sicherung eines vom eigentlichen Interesse des Abz-Verkäufers verschiedenen Interesses an pfleglicher Behandlung der Kaufsache; so wenn der Verkäufer im Hinblick auf den Kunstwert der verkauften Sache, deren pflegliche Behandlung gewährleisten will, also vom AbzVertrag als solchem unabhängige Interessen sichert.

Anm. 15

Ob das *Maß der Pflichtverletzung* die Strafverwirkung rechtfertigt, beurteilt sich aus § 242 BGB sowie im Einzelvertrag nach §§ 133, 157 BGB. Deshalb sind *geringfügige* Pflichtverletzungen, insbesondere geringe Zeitüberschreitungen unerheblich; so RGZ 117, 356 und *Palandt* Anm. 4 zu § 242. Treu und Glauben sowie die Auslegung ergeben schon an Hand einer Reihe einzelner Gesetzesvorschriften, die aber Ausdruck eines allgemeinen Grundsatzes sind, daß die Verwirkung ausscheidet, wenn kein oder nur ein unerhebliches Interesse des Gläubigers noch gegeben ist; so trotz allgemein vorgesehener Vertragsstrafe, etwa für „jeden Tag der verzögerten Lieferung" dann, wenn in der Hauptsache schon erfüllt ist und nur noch wegen eines geringfügigen Teiles der Vertragsleistungen eine Verletzung in Frage steht, von der nicht anzunehmen ist, daß die Parteien hierwegen die Vertragsstrafe zur Sicherung noch bedungen hätten, RG JW 04, 139 und OLG (Colmar) LZ 09, 82.

Anm. 16

c) Bei Nicht- oder Schlechterfüllung einer *Handlungspflicht* ist gem. § 339 Satz 1 BGB regelmäßige Voraussetzung der Verwirkung ein *Verzug* des Käufers. Damit ist ein vom Käufer vertretbarer Umstand, gewöhnlich also Verschulden bezüglich Nicht- oder Schlechterfüllung trotz Mahnung erforderlich, §§ 284, 285 BGB. Das Maß des Verschuldens kann nach § 242 BGB eine Rolle spielen, RGZ 152, 260. Besonders beim Kauf als gegenseitigem Vertrag tritt Verzug nicht ein, wenn dem Schuldner seinerseits ein Leistungsverweigerungsrecht (Einrede des nichterfüllten Vertrages) zusteht, *Palandt* Anm. 3 a zu § 320. Für Nichtvertretbarkeit hat der Schuldner die Beweislast.

Auch ohne Mahnung begründet schuldhafte Nichterfüllung dann eine Strafverwirkung, wenn die durch die Strafe gesicherte Verpflichtung des Käufers in einer Leistung besteht, bei der ihrer Natur nach eine Mahnung entfällt; so wenn der Käufer sich unter Vertragsstrafe verpflichtet hat, jeden Wohnungswechsel binnen 3 Tagen nach dem Umzug anzuzeigen oder sonst eine positive Vertragsverletzung vorliegt; ebenso *v. Godin* in RGRKomm. z. HGB Anm. 11 zu § 348. Die Aufschiebung der Anzeige bis zur nächsten Ratenzahlung wird aber im allgemeinen aus dem in Anm. 15 behandelten Gesichtspunkt diese Verwirkung der Vertragsstrafe nicht herbeiführen.

Anm. 17

Die Voraussetzungen des § 339 BGB und damit das *Verschuldenserfordernis* sind jedoch nachgiebigen Rechtes. Es können deshalb durch Vereinbarung nur bestimmte Umstände als Entschuldigung zugelassen werden (RG HRR 1934 Nr. 1349); es kann aber auch, selbst stillschweigend, vorgesehen werden, daß die Vertragsstrafe ohne Verschulden verwirkt sein soll. Es kommt hier auf die Feststellung des Vereinbarten an. Allerdings kann die Vereinbarung einer Strafverwirkung ohne Verschulden nach § 138 BGB wegen Sittenverstoßes nichtig sein, ebenso *Samter* S. 75.

Anm. 18

d) Bei einer durch Vertragsstrafe gesicherten *Unterlassungspflicht* tritt nach § 339 Satz 2 BGB die Verwirkung mit der Zuwiderhandlung ein. Dies bedeutet im Sinne der herrschenden Lehre, daß mit der Verwirklichung des äußeren Tatbestandes der Zuwiderhandlung, die freilich objektiv rechtswidrig sein muß, auch ohne Verschulden die Vertragsstrafe verwirkt ist, so Motive zum BGB II, 278 und ständige Rechtsprechung des RG, zuletzt RGZ 147, 232. Nach *Enneccerus-Lehmann*, Schuldrecht § 37 II 2 (und andere laut der bei ihm gegebenen Übersicht) wird man aber auch hier, wenn nicht Garantieübernahme gewollt ist, nach dem vermutlichen Willen der Parteien eine Ausnahme machen müssen, wenn die Zuwiderhandlung auf einem vom Schuldner nicht zu vertretenden Umstand, insbesondere weder auf seinem, noch seines Vertreters oder Gehilfen Verschulden beruht. Das Besondere liegt hier offenbar darin, daß ein solcher Parteiwille ohne Rücksicht auf Einzeluntersuchung in die Vereinbarung gelegt werden will. Unzweifelhaft ist nämlich, daß die Parteien, weil nachgiebiges Recht in Frage steht (s. oben Anm. 17), das Verschuldenserfordernis tatsächlich hinzubedingen können; diesen Inhalt der Vereinbarung auf Grund Treu und Glauben im Einzelfall betont auch RGZ 147, 232. Vgl. auch *Palandt* Anm. 3 zu § 339 BGB. Nach BGH NJW 60, 2332 ist auch bei einem „für jeden Fall der Zuwiderhandlung" gegen eine Unterlassungspflicht abgegebenen Strafversprechen, sofern die Auslegung nichts Gegenteiliges ergibt, die Zusammenfassung mehrerer gleichartiger Einzelhandlungen zu *einem* Fall der Zuwiderhandlung möglich. Hierbei ist der strafrechtliche Begriff des Fortsetzungszusammenhangs nicht schlechthin maßgebend und deshalb eine Zusammenfassung auch fahrlässig begangener Handlungen statthaft.

Anm. 19

2. Das vertragliche *Strafversprechen muß rechtswirksam*, darf insbesondere *nicht* aus selbständigen Gründen *nichtig* sein. Letzteres kommt besonders wegen Verstoßes gegen ein gesetzliches Verbot, insbesondere zwingende Vorschriften des AbzG oder wegen Sittenverstoßes in Betracht. Wegen des Verstoßes gegen § 2 s. oben Anm. 14. Wegen Prüfung auf Sittenverstoß bei einer vom Verschulden unabhängigen Vertragsstrafe s. oben Anm. 17. Sittenverstoß kann auch nach der Natur der unter Strafe versprochenen Leistung oder wegen der außerordentlichen Höhe der versprochenen Geldstrafe oder aber auch wegen des Ausmaßes der Käuferlasten, die die Durchführbarkeit des Vertrages von vorneherein ernstlich in Frage stellen, in Betracht kommen, s. RGZ 68, 229 und 147, 344 = JW 35, 2193. Es braucht bei Nichtigkeit bedingenden Verstößen aber durchaus nicht der ganze Vertrag nichtig sein. Ob dies der Fall ist oder nur das Vertragsversprechen nichtig ist, entscheidet sich nach § 139 BGB, wobei aber zu beachten ist, daß der Alles- oder Nichts-Grundsatz weitgehend überholt ist; s. *Staudinger-Ostler* Einl. 3 vor § 433; vgl. auch Anm. 194 zu § 1.

Anm. 20

3. Wegen der Akzessorität (s. oben Anm. 3) muß *der durch die Strafe gesicherte Anspruch rechtswirksam entstanden und fällig* sein. Diese Abhängigkeit rechtfertigt sich aus dem oben Anm. 6 erwähnten Zweck des Strafversprechens. Wenn Nebenverpflichtungen durch Strafversprechen gesichert werden, muß auch die Hauptverpflichtung wirksam sein und jedenfalls bis zu ihrer Erfüllung wirksam bestanden haben; anderenfalls kann von einer Verwirkung wegen Verletzung einer *obliegenden* Vertragspflicht keine Rede sein.

a) Es darf deshalb *nicht* das gesamte AbzGeschäft *nichtig oder durch Anfechtung vernichtet* sein. Es darf aber auch nicht die durch die

Strafe gesicherte Verpflichtung für sich unwirksam sein; so ausdrücklich § 344 BGB, wonach die Unwirksamkeit des Strafversprechens auch dann gegeben ist, wenn die Vertragsteile die Unwirksamkeit der Hauptverpflichtung gekannt haben. Über Nichtigkeit wegen Verstoßes gegen ein gesetzliches Verbot s. besonders oben Anm. 14 und über Sittenverstoß oben Anm. 19.

Auch eine *nach* dem Zeitpunkt der Verwirkung erklärte Anfechtung vernichtet die Forderung auf die Vertragsstrafe.

Anm. 21

b) Die durch das Strafversprechen gesicherte *Verpflichtung* darf vor Strafverwirkung *noch nicht erloschen sein.* Es darf deshalb nicht erfolgt sein:

aa) *Erfüllung* (§ 362 f. BGB), *Annahme an Erfüllungsstatt* (§ 364 BGB) oder *befreiende Hinterlegung* (§§ 372, 378 BGB). Sie lassen die Schuldverpflichtung erlöschen, so daß der Schuldner diese nicht mehr verletzten kann. Über den Fall, daß die Strafe schon vor Erfüllung verwirkt ist, s. unten Anm. 34; darüber, daß sie vor Annahme an Erfüllungs statt oder vor befreiender Hinterlegung verwirkt ist, s. unten Anm. 35.

bb) *Aufrechnung* (§§ 387 ff. BGB). Über den Fall, daß vor der Aufrechnung die Strafe verwirkt ist, s. unten Anm. 35.

cc) *Erlaß oder Verzicht* (§ 397 Abs. 1 BGB). Anders bei dem nach § 340 Abs. 1 Satz 2 BGB eintretenden Untergang des Erfüllungsanspruchs, wenn der Verkäufer nach der Wahl zwischen Erfüllung und einer für Nichterfüllung versprochenen Vertragsstrafe die letztere wählt.

dd) *Schuldübernahme* (§ 415 BGB).

ee) *Rücktritt.* Damit — auch mit der Rücktrittsfiktion nach § 5 — ist der Kaufvertrag in ein Abwicklungsverhältnis umgewandelt worden; s. Anm. 162 zu § 1. Auch das Strafversprechen — wegen Nichterfüllung oder Schlechterfüllung — als Teil der ursprünglichen, nun nicht mehr bestehenden Leistungspflichten des Kaufvertrags ist damit weggefallen. Es ist sogar die wegen Nichterfüllung oder Schlechterfüllung schon entrichtete Vertragsstrafe zurückzugewähren; s. Anm. 186 zu § 1.

ff) *Wandelung,* die rücktrittsähnliche Wirkungen hat (§ 467 BGB).

gg) *Minderung,* wenn dadurch die Vertragsverletzung in Wegfall kommt; s. auch unten Anm. 22.

Anm. 22

hh) Bei *Teilleistung* ist die Rechtslage strittig. Mit der wohl herrschenden Ansicht kommt damit der Anspruch des Verkäufers auf die Vertragsstrafe nicht in Wegfall, weil teilweise Erfüllung eben grundsätzlich nicht Erfüllung ist. Die Strafe kann also gefordert werden, allerdings gegen Rückgabe der Teilleistung. So *Staudinger-Werner* 9. Aufl. Anm. II 1; *Planck-Sieber* Anm. 1 a und *Palandt* Anm. 1 je zu § 340; *v. Godin* in RGRKomm. z. HGB Anm. 23 zu § 348; *Klauß* Anm. 321 zu § 4. A. M. *Enneccerus-Lehmann,* Schuldrecht § 37 III 1 a, der für seine Meinung anführt, daß sonst der Gläubiger (teilweise) Erfüllung und Strafe verlangen könnte. Mit Recht weist aber *Lehmann* darauf hin, daß der Vertrag so auszulegen sein kann, daß für den Fall teilweiser Nichterfüllung ein entsprechender Teil der Strafe verwirkt sein soll und daß gegen Rückgewähr des empfangenen Teiles die Strafe noch verlangt werden kann, wenn die teilweise Erfüllung für den Gläubiger kein Interesse hat (analog §§ 280 Abs. 2, 325 f. BGB). Es kann natürlich im Einzelfall in der Annahme der Teilleistung auch ein Verzicht auf Vertragsstrafe liegen. Falls die Vertragsstrafe aber für den Fall der Nichterfüllung einer Teilleistung vereinbart worden ist, kann sie nicht mehr verwirkt werden, wenn der Vertrag vor dem Fälligkeitstage der betreffenden Teilleistung aufgelöst worden ist. Das gilt — vorbehaltlich anderer Parteivereinbarung — selbst dann, wenn die Vertragsauflösung durch endgültige Leistungsverweigerung des Schuldners herbeigeführt worden ist; so BGH NJW 62, 1340.

Anm. 23

c) Auch dürfen der durch Strafe gesicherten Verpflichtung *nicht dauernde Einreden* entgegenstehen. Das gilt insbesondere für die Einrede der *Verjährung*. Der Zeitpunkt der Erhebung der Einrede ist ohne Belang.

Anm. 24

d) Schließlich dürfen der gesicherten Verpflichtung auch *nicht aufschiebende Einreden* entgegenstehen. Für das Leistungsverweigerungsrecht des Schuldners ergibt sich dies gewöhnlich schon daraus, daß es dann bereits an der Voraussetzung des Verzuges (s. oben Anm. 16) und der Fälligkeit (s. oben Anm. 20) fehlt.

Anm. 25

4. Die *Geltendmachung* der Vertragsstrafe darf *nicht durch Treu und Glauben ausgeschlossen* sein. Unter diesem Gesichtspunkt ist der

Grundsatz des § 242 BGB der Vollständigkeit halber nochmals zu erwähnen. In Wirklichkeit beschränkt aber Treu und Glauben das vertragliche Recht selbst entsprechend, nicht nur seine Geltendmachung; s. oben Anm. 15 und 16.

Anm. 26

5. Die *Beweislast* richtet sich bei der Akzessorietät der Strafverbindlichkeit nach den für die Hauptverpflichtung geltenden Regeln. So *Enneccerus-Lehmann*, Schuldrecht § 37 IV. Es hat deshalb der *Verkäufer* das Bestehen des Vertrages mit dem Strafversprechen, ferner der Hauptverbindlichkeit, die Verletzung einer Handlungspflicht des Käufers und, soweit Verzug Voraussetzung ist, auch den Verzug zu beweisen; s. oben Anm. 16. Bei Vertragsstrafe wegen nicht gehöriger Erfüllung hat der Verkäufer diese nicht gehörige Erfüllung und den rechtzeitigen Vorbehalt seines Strafanspruchs (§ 341 Abs. 3 BGB) zu beweisen. Bei einer Vertragsstrafe wegen Verletzung einer Unterlassungspflicht muß der Verkäufer die erfolgte Zuwiderhandlung beweisen (§ 345 BGB); auch dies, entsprechend der eingangs erwähnten Regel, weil er diesen Beweis auch bei Klage aus der Hauptverpflichtung zu erbringen hätte.

Anm. 27

Der *Käufer* hat das strittige Erlöschen der Hauptverpflichtung (s. oben Anm. 21) zu beweisen, also insbesondere, daß er erfüllt hat; so ausdrücklich § 345 BGB, der aber nur Ausdruck der allgemeinen Beweislastregel ist. Er hat ferner Einreden gegen die Hauptverpflichtung zu beweisen sowie, wenn Verzug Voraussetzung der Strafverwirkung ist, die Nichtvertretbarkeit der unterlassenen Leistung; s. § 285 BGB. Ihn trifft außerdem grundsätzlich die Beweislast für den Wegfall der Verwirkung aus Treu und Glauben, etwa wegen Unerheblichkeit der Zuwiderhandlung (s. oben Anm. 15 und 16).

Nach § 363 BGB kehrt sich die Beweislast durch *Annahme als Erfüllung* um. Nach solcher Annahme der Leistung trifft deshalb den Käufer die Beweislast, wenn er die Leistung nicht als Erfüllung gelten lassen will; über den Begriff der „Annahme“ s. unten Anm. 31.

Vgl. zur Beweislast auch *v. Godin* in RGRKomm. z. HGB Anm. 14 zu § 348.

III. Rechtsfolgen der Verwirkung der Vertragsstrafe

Anm. 28

1. *Allgemeines.* Es besteht grundsätzlich Freiheit der Vertragsgestaltung; bei Fehlen einer anderen Vereinbarung kommt es für die Folgen

darauf an, ob die Strafe für den Fall der Nichterfüllung oder der nicht gehörigen Erfüllung der gesicherten Hauptverpflichtung vereinbart ist; s. oben Anm. 4. Über die *Begriffe* Nichterfüllung und nicht gehörige Erfüllung s. oben Anm. 13.

Für welchen Fall das Strafversprechen gegeben ist, ist durch die *Auslegung des Parteiwillens* zu ermitteln. Es ist dabei auf die gesamten Umstände zu sehen; z. B. darauf, ob bei einer Unterlassungspflicht die Strafe das Interesse an der *ganzen* Unterlassung decken soll (§ 340 BGB) oder nur an einer einzelnen Zuwiderhandlung (§ 341 BGB). Die Strafhöhe wird dabei einen entscheidenden Hinweis geben, wie auch umgekehrt die *zulässige Höhe,* die Angemessenheit, davon mit abhängt; s. oben Anm. 13. Im Zweifel ist die Strafe als solche nur für den Fall der Nichterfüllung anzusehen, weil das die für den Käufer günstigere Regelung ist, dessen Schutz das Gesetz bezweckt.

2. Die gesetzlichen Folgen im einzelnen.

Anm. 29

a) *Geldstrafe wegen Nichterfüllung* (§ 340 BGB).

Der Verkäufer hat die Wahl zwischen Vertragsstrafe oder Erfüllung, ohne daß Wahlschuld nach § 262 BGB vorliegt. Das Erfüllungsverlangen schließt hier den Anspruch auf die Vertragsstrafe noch nicht aus, RG JW 13, 319; dagegen die Annahme der Erfüllung Wegen der Beweislast s. auch oben Anm. 27 a. E. Andererseits schließt das Verlangen der Vertragsstrafe gem. § 340 Abs. 1 Satz 2 BGB den Erfüllungsanspruch aus, RGZ 77, 292. Eine wegen Nichtzahlung einer Rate vereinbarte Vertragsstrafe kann also nicht neben dieser Rate verlangt werden; es bleibt der Anspruch auf die übrigen Raten aber unberührt. Dieses Verlangen ist ein einseitiges empfangsbedürftiges und unwiderrufliches Rechtsgeschäft. Es kann auch in der Klageerhebung liegen. Ob der Verkäufer bei der Strafforderung zu einer eigenen Leistung verpflichtet bleibt, ist ebenfalls Sache der Auslegung und im Zweifel auch wieder aus der Strafhöhe zu ermitteln; *Palandt* Anm. 2 zu § 340 BGB.

Ein *Schadenersatzanspruch wegen Nichterfüllung* kann in dem die Strafe übersteigenden Betrag neben dieser noch geltend gemacht werden, § 340 Abs. 2 BGB.

Anm. 30

Aus § 340 Abs. 1 Satz 2 BGB ergibt sich, daß die *Forderung der Vertragsstrafe auch das Rücktrittsrecht nimmt*; denn nach dem Verlust des Erfüllungsanspruchs ist auch ein Rücktritt *wegen Nichterfül-*

lung nicht mehr möglich. In vollem Umfang gilt dies freilich nur, wenn die Vertragsstrafe für den Fall der Nichterfüllung des *ganzen* Vertrages versprochen wurde. Bei der Vertragsstrafe zur Sicherung *einzelner* Verpflichtungen des Käufers bleibt auch nach der Forderung der Vertragsstrafe wegen Verletzung einer solchen Verpflichtung das Rücktrittsrecht *aus anderem Grund* unberührt. So kann bei Vertragsstrafe für die Nichterfüllung *einer* Teilzahlungsrate nicht wegen dieser Rate, wohl aber bei Fälligkeit und Nichtleistung einer anderen Rate zurückgetreten werden. So auch *Klauß* Anm. 326 zu § 4.

Daraus, daß der Verkäufer nur *entweder* Erfüllung und allenfalls Vertragsstrafe *oder* bei Rücktritt Rückgewähr der empfangenen Leistung verlangen kann und entgegenstehende Vereinbarungen nach § 1 Abs. 1 Satz 2 unwirksam sind, ergibt sich auch, daß eine Vertragsstrafe neben der Rückgewähr nicht wirksam vereinbart werden kann; s. auch oben Anm. 14.

Anm. 31

b) *Geldstrafe wegen nicht gehöriger Erfüllung* (§ 341 BGB).

Hier, insbesondere bei nicht rechtzeitiger Erfüllung, kann der Verkäufer Strafe und Erfüllung und, wenn der durch die nicht gehörige Erfüllung entstandene Schaden den Betrag der Geldstrafe übersteigt, auch den Ersatz des weiteren Schadens verlangen. Dabei braucht sich aber der Verkäufer die vom Käufer zu zahlende Vertragsstrafe nicht auf die Verzugszinsen für die Zeit *nach* der Verwirkung der Vertragsstrafe anrechnen zu lassen, so BGH NJW 63, 1197.

Anm. 32

Die Annahme als Erfüllung schließt den Strafanspruch aus, wenn der Verkäufer sich diesen bei der Annahme nicht vorbehält (§ 341 Abs. 2 BGB). Hierzu betont RG JW 36, 2860 unter Bezugnahme auf die ständige Rechtsprechung des RG mit Recht: Das Erfordernis des *Vorbehalts „bei* der *Annahme"* ist streng zu nehmen; ohne die Wahrung der Gleichzeitigkeit bleibt der Wille des Gläubigers, sich das Recht auf Strafe vorzubehalten, außer Betracht. Es ist dabei aber zu beachten, daß die „Annahme" mehr als der nur tatsächliche Akt der „Abnahme" nach § 433 Abs. 2 BGB ist. Erstere ist über die Abnahme hinaus eine rechtsgeschäftliche Erklärung, die übernommene Ware im allgemeinen, vorbehaltlich von Mängelrügen, als die geschuldete Leistung gelten zu lassen; ob derartiges gegeben ist, ist Tatfrage des Einzelfalles. Sie ist schneller und leichter zu bejahen bei vertretbaren Serienerzeugnissen, während bei nicht vertretbaren, hochwertigen und neuartig konstruierten Gegenständen dafür eine genaue Untersuchung Voraussetzung sein kann.

Unter Beachtung dieser Gesichtspunkte ist bei *Zahlung in Abwesenheit des Verkäufers* ein Vorbehalt nur dann rechtzeitig, wenn er innerhalb des dem regelmäßigen Geschäftsverkehr entsprechenden Zeitraumes erklärt wird und allenfalls unverzüglich nach der für die Annahme zuzubilligenden Untersuchung. Nur beim Vorliegen besonderer, vom Verkäufer nachzuweisender Umstände ist dies noch nach dessen Ablauf anzunehmen, RG Recht 07, 1315, Gruch 52, 664.

Wegen der strengen Anforderung an den Vorbehalt „bei Annahme" genügt ein nach der Annahme erklärter Vorbehalt nicht. *Enneccerus-Lehmann*, Schuldrecht § 37 III 1b lehnt es aber mit Recht als zu formalistisch ab, wenn das RG (RGZ 73, 147; RG Recht 10 Nr. 299, und RG JW 11, 400) auch einen vor der Annahme erklärten Vorbehalt als wirkungslos bezeichnet, selbst wenn er als aufrechterhalten zu unterstellen ist; letzterenfalls ist ja das Erfordernis des Vorbehalts „bei der Annahme" gegeben. S. dazu jetzt aber BGH JZ 61, 56, der ebenfalls einen vor der Annahme erklärten Vorbehalt nicht genügen läßt, wenn er bei der Annahme nicht nochmals erkennbar geäußert wird. Im übrigen hat das RG selbst für die Aufrechterhaltung des Vorbehalts bei der Annahme jede dem Schuldner gegenüber getätigte Willenserklärung gelten lassen, die von ihm bei verständiger Würdigung als Wahrung des Anspruchs auf die Strafe aufgefaßt werden muß, RGZ 61, 67. Aus diesem Grunde oder aber unter dem Gesichtpunkt der vertraglichen Änderung des § 341 Abs. 3 BGB (s. unten Anm. 33) ist auch die formularmäßige Vertragsbestimmung, daß die Annahme unpünktlicher Zahlungen nur vorbehaltlich aller Rechte geschehe, auch bezüglich der Vertragsstrafe wirksam; anders *Samter* S. 74 und *Klauß* Anm. 324 sowie *Aubele* Anm. 5 je zu § 4. Auch nach RGZ 72, 170 bedarf es keines weiteren Vorbehalts bei der Annahme, wenn vor der Annahme bereits eine Vereinbarung über die verwirkte Strafe getroffen ist.

Bei *Teilleistung* ergibt sich aus dem unter Anm. 22 Vorgetragenen, daß die Annahme der Restleistung der für die Erklärung des Vorbehalts maßgebende Zeitpunkt ist; so auch RG JW 07, 1315 und Gruch 52, 664. Bezahlt der Käufer eine Einzelrate in 3 Teilen, so verliert der Verkäufer den Anspruch auf die Vertragsstrafe also erst bei der vorbehaltlosen Annahme der dritten Teilzahlung.

Vgl. zu diesen Fragen auch *v. Godin* in RGRKomm. z. HGB Anm. 20 zu § 358 mit weiterer Rechtsprechung. Den Verkäufer trifft die Beweislast für diesen Vorbehalt; s. oben Anm. 26.

Anm. 33

c) Zu a) und b) ist zu beachten, daß die §§ 340 und 341 BGB *nicht zwingendes* Recht sind, RG HRR 34 Nr. 1349; das gilt auch für § 341 Abs. 3 BGB, RG Warn. 14 Nr. 329 und Recht 17 Nr. 1597 sowie einhellige Meinung; anders nur Samter S. 74. Bei einer Vertragsstrafe, die nicht in einer Geldsumme besteht, kann — entgegen § 340 Abs. 2 und § 341 Abs. 2 BGB kein Schadenersatzanspruch neben der Vertragsstrafe verlangt werden, § 342 BGB. Auch diese Vorschrift ist dispositiv.

IV. Erlöschen des Anspruchs auf Vertragsstrafe

Anm. 34

Der Anspruch auf die Vertragsstrafe kann durch Annahme der durch die Strafe gesicherten Vertragsleistung oder durch anderweitiges Erlöschen dieser Leistung selbst zum Erlöschen kommen. Dabei handelt es sich weitgehend einfach um die Umkehrfolge aus dem unter Anm. 28—33 bereits Gesagten.

1. Durch *Annahme der* mit dem Vertragsversprechen versehenen *Vertragsleistung* erlischt der Anspruch auf eine *Vertragsstrafe wegen Nichterfüllung*. Das Erfüllungsverlangen hat jedoch diese Wirkung noch nicht. Vgl. oben Anm. 29. Desgleichen bewirkt die Annahme einer Teilleistung noch nicht das Erlöschen des Strafanspruchs; s. hierwegen oben Anm. 22.

Bei der Strafe *wegen nicht gehöriger Erfüllung* erlischt der Strafanspruch durch Annahme nur, wenn bei der Annahme nicht der Vorbehalt der Vertragsstrafe erfolgt; vgl. hierwegen oben Anm. 31—33.

Anm. 35

2. Gleiches gilt für jede *andere Art der Erfüllung der* mit Strafe versehenen *Vertragsleistung*, also für deren Erlöschen durch Annahme an Erfüllungs Statt, Hinterlegung, Aufrechnung usw.; s. oben Anm. 21.

Anm. 36

3. Der Anspruch auf die mit Strafe versehene Vertragsleistung erlischt auch durch *Rücktritt und Wandelung*. Durch nachfolgenden Rücktritt oder Wandelung entfällt deshalb auch der Anspruch auf die Vertragsstrafe; eine bereits entrichtete ist zurückzuerstatten; s. oben Anm. 21 unter ee) und ff). Darüber, daß andererseits die Forderung

auf Vertragsstrafe wegen Nichterfüllung grundsätzlich das Rücktrittsrecht nimmt, s. oben Anm. 30.

V. Die Ermäßigung unverhältnismäßig hoher Vertragsstrafen

Anm. 37

1. *Allgemeines.* Die Vertragsteile sind in der Vereinbarung über die Höhe der Vertragsstrafe nicht beschränkt. Die übermäßige Höhe dieser Strafe bewirkt für sich allein keine Nichtigkeit der Strafvereinbarung, oder gar des Vertrags überhaupt; RGZ 114, 307; RG JW 36, 179 und BGH LM § 343 Nr. 1 b; BayObLGZ 34, 175. Mit der — zwingenden (s. oben Anm. 10) — Vorschrift des § 4 Abs. 1 schützt das Gesetz einmal den Vertrag und damit beide Vertragsteile, im besonderen aber den Käufer. Nichtigkeit des Strafversprechens oder gar des ganzen Vertrages kann deshalb nur beim Vorliegen weiterer Umstände in Betracht kommen, die für den Strafvertrag oder den ganzen Vertrag, insbesondere einen Verstoß gegen gesetzliches Verbot oder gegen die guten Sitten ergeben. Vgl. hierzu oben Anm. 19 und 20.

Im Falle solcher Nichtigkeit des Strafversprechens (oder des Vertrages überhaupt) hat der Verkäufer überhaupt keinen Anspruch auf Vertragsstrafe; eine Herabsetzung ist gegenstandslos; RGZ 68, 229 und 90, 183.

Gegen eine wirksame, aber unverhältnismäßig hohe Vertragsstrafe gibt das Gesetz das Recht auf richterliche Ermäßigung, und zwar ohne Rücksicht darauf, ob die Strafe in Geld oder einer anderen Leistung besteht. Es hat überhaupt § 4 die Bestimmung des § 343 BGB vorweggenommen, die damals im Entwurf schon vorlag. § 343 BGB kann bei der Anwendung des § 4 mit herangezogen werden; s. dazu oben Anm. 10 und über die Unterschiede, die sich aus § 8 AbzG ergeben, oben Anm. 12. Das Recht auf richterliche Ermäßigung einer Vertragsstrafe kommt einem unselbständigen und höchstpersönlichen Gestaltungsrecht am nächsten und ist daher *nicht abtretbar* und daher auch *nicht pfändbar* §§ 400 BGB, 851 ZPO. So richtig LG Hannover NJW 59, 1279.

Über analoge Anwendung auf selbständige und uneigentliche Strafversprechen s. oben Anm. 11 und *Palandt* Anm. 2 zu § 343.

Anm. 38

2. *Die Voraussetzungen der richterlichen Ermäßigung.*

a) Die Strafe muß *verwirkt* sein. Über diese Verwirkung vgl. oben Anm. 13—25. Der Käufer kann also bei Gericht nicht eine Änderung der Straf*abrede* verlangen. Er kann vielmehr die Herabsetzung der einzelnen Vertragsstrafe erst verlangen, wenn sie fällig geworden ist. So sieht es das Gesetz mit Recht vor, weil vor der Verletzung der Erfüllungspflicht davon auszugehen ist, daß der Käufer seine Vertragspflichten erfüllen wird, so *Klauß* Anm. 334 zu § 4.

Anm. 39

Vor der Verwirkung ist deshalb auch *keine Feststellungsklage* zulässig, RG JW 13, 604. Es fehlt hierfür ein rechtliches Interesse an alsbaldiger Feststellung. Es würde sich um die Feststellung einer gedachten Rechtsfolge handeln, die nicht zulässig ist. So auch *Baumbach* ZPO Anm. 2 C zu § 256 und *Klauß* Anm. 335 zu § 4, der mit Recht darauf hinweist, daß die bestehende Unsicherheit über die Höhe der Strafe auch ein brauchbares Mittel sein wird, einen lässigen Verkäufer zur Erfüllung seiner Vertragsverpflichtungen anzuhalten; vgl. auch unten Anm. 42.

Anm. 40

b) Die Strafe muß *unverhältnismäßig hoch* sein. Wann dies der Fall ist, sagt § 4 Abs. 1 nicht. Dies ist nach den Umständen des einzelnen Falles zu beurteilen und im Rechtszug der Revision nur daraufhin überprüfbar, ob der Richter bei Ausübung des Ermessens von falschen Gesichtspunkten ausging. Der Auslegungshinweis des § 343 Satz 2 BGB gilt auch hier; s. oben Anm. 10 und 37. Danach ist — und zwar in erster Linie — jedes berechtigte Interesse des *Gläubigers*, nicht bloß das Vermögensinteresse in Betracht zu ziehen. Es sind aber überhaupt *alle erheblichen Umstände* und dabei auch die auf Seite des Käufers heranzuziehen: Das Interesse des Verkäufers an der Erfüllung unter Berücksichtigung des entstandenen oder *möglichen* Schadens und der Gefahr der Wiederholung der Zuwiderhandlung, der Grad des Verschuldens des Käufers, sein bisheriges Verhalten, die für ihn gegebene Möglichkeit eines Rückgriffs auf einen Dritten, schließlich die wirtschaftliche Lage der Vertragsteile, insbesondere auch des Käufers. Dies alles ist zu beurteilen nicht nur nach den Verhältnissen zur Zeit des Vertragsschlusses, sondern auch nach denen im Zeitpunkt der Verwirkung und der Geltendmachung der Strafe, schließlich auch nach den Verhältnissen im Zeitpunkt der Urteilsfällung (der letzten mündlichen Verhandlung); der Umstand, daß kein Schaden eingetreten ist, rechtfertigt aber allein nicht die Herabsetzung. Vgl. dazu RG HRR 32 Nr. 1645; s. auch RG JW 36, 179 mit Anm. *Lehmann* und BGH LM Nr. 2 zu § 339 BGB und für den freien Spielraum des

Richters bezüglich des maßgeblichen Zeitpunkts RGZ 64, 293 und 86, 28 sowie RG Recht 15 Nr. 177. So auch *Klauß* Anm. 332 und *Aubele* Anm. 9 je zu § 4.

Anm. 41

c) Die Strafe darf noch *nicht entrichtet* sein. Hierüber s. unten Anm. 48 ff.

d) Der Strafanspruch darf *nicht in sonstiger Weise erloschen* sein. Hierüber s. oben Anm. 34—36.

Anm. 42

3. *Die Geltendmachung des Anspruchs auf richterliche Ermäßigung.*

a) Sie erfolgt durch *Klage* oder Widerklage, wobei letztere aber für den Beklagten nicht nötig ist. Die Klage ist Gestaltungsklage, weil sie nicht auf die Feststellung des Nichtbestehens einer Verpflichtung, sondern auf die Herabsetzung der schon verwirkten Strafe sich richtet. Es geht bei diesem Streit um die Herabsetzung im Sinne des § 304 ZPO nicht um den Grund, sondern um den Betrag des Anspruchs; der Streit über die Ermäßigung kann dem Betragsverfahren vorbehalten bleiben, wenn feststeht, daß ein Teil der Strafe jedenfalls geleistet werden muß; RG Gruch 59, 499. Ein rechtliches Interesse nach § 256 ZPO setzt diese Klage also nicht voraus, die die schon verwirkte Strafe rechtsgestaltend herabsetzen soll; so die herrschende Meinung, s. *v. Godin* in RGRKomm. z. HGB Anm. 27 zu § 348 und *Klauß* Anm. 337 zu § 4; anders nur *Samter* S. 76 und *Hölder* Recht 1900, 162. Darüber, daß eine Feststellungklage überhaupt nicht zulässig ist, s. obn Anm. 39.

Anm. 43

b) Der Herabsetzungsanspruch kann auch geltend gemacht werden durch *Einrede.* Es ist dieses Recht des Käufers zwar keine Einrede im Sinne des BGB; es schließt aber das Einrederecht als das mindere in sich. Der im Urteil liegende Gestaltungscharakter steht dem nicht entgegen. So auch die herrschende Meinung; z. B. RG JW 03 Beil. 96; BayZ 1, 368 und *Enneccerus-Lehmann*, Schuldrecht § 37 V.

Die Einrede der Unangemessenheit ist aber nötig. In dem bloßen Bestreiten des Anspruchs auf Vertragsstrafe liegt das Verlangen auf Herabsetzung noch nicht, weil die Behauptung der unverhältnismäßigen Höhe darin nicht zu finden ist (a. M. Hamburg HansGZ 03 Beibl. 286); anders beim Bestreiten nach Grund und Betrag.

Anm. 44

c) *Beweisbedürftigkeit und Beweislast.* Es kann sein, daß der Richter nach freiem Ermessen einen Beweis nicht für nötig erachtet, weil er von der unangemessenen Höhe der Strafe überzeugt ist. Wenn aber Beweis nötig ist, so trifft die Beweislast für die unverhältnismäßige Höhe der Strafe den *Käufer*; ebenso *Staudinger-Werner* 9. Aufl. Anm. 3 b zu § 343, *Aubele* Anm. 10 zu § 4 und RG JW 36, 179. Kann der Käufer nicht beweisen, verbleibt es bei der vereinbarten Strafhöhe. Man kann für den Beweis aber keine zu hohen Anforderungen an den Käufer stellen. Es genügt, wenn er das Mißverhältnis der Strafe zum äußeren Tatbestand und zu *seiner* wirtschaftlichen Lage dartut. Es ist dann Sache des *Verkäufers*, darzulegen, daß die Strafe gleichwohl mit Rücksicht auf seine berechtigten Interessen, etwa die Höhe des bei ihm möglichen Schadens, nicht zu hoch bemessen ist.

Anm. 45

4. *Die gerichtliche Rechtsgestaltung durch Urteil.* Die rechtsgestaltende Herabsetzung erfolgt durch *Endurteil.* Freilich kann der Rechtsstreit auch durch eine Einigung der Parteien im Wege des Vergleiches endigen.

Anm. 46

Der Richter hat auf den angemessenen Betrag herabzusetzen. Dieser Betrag ist nach den oben in Anm. 40 genannten Gesichtspunkten zu bestimmen. Da dabei grundsätzlich in erster Linie das Interesse des Gläubigers (Verkäufers) maßgebend ist, hat die Herabsetzung auf den *höchsten noch angemessenen Betrag* zu erfolgen; so auch *Soergel-Schmidt* Anm. 2 zu § 343.

Anm. 47

5. *Erlöschen des Herabsetzungsrechtes.*

a) Es erlischt materiellrechtlich nicht durch eine Entscheidung über den Leistungsanspruch. Die Wirkung der Rechtskraft steht aber dann der Verwirklichung entgegen; so auch *Klauß* Anm. 336 und *Aubele* Anm. 12 je zu § 4.

Anm. 48

b) Nach § 4 Satz 2 erlischt das Herabsetzungsrecht durch *Entrichten der Strafe.* Dabei ist unter Entrichtung eine freiwillige Leistung des Verpflichteten zu verstehen, die das Schuldverhältnis zum Erlöschen bringt.

aa) *Leistung* ist nicht nur die Bezahlung der geschuldeten Strafe, sondern grundsätzlich auch das vom Käufer herbeigeführte Erlöschen durch andere Umstände, so durch Hingabe einer Leistung an Zahlungs statt, durch berechtigte Hinterlegung oder Aufrechnung.

Die *Leistung erfüllungshalber* bewirkt noch kein Erlöschen der Schuld, § 364 Abs. 2 BGB. Sie kann deshalb nicht als Leistung nach § 4 Satz 2 angesehen werden. Deshalb bewirkt die *Hingabe von Wechseln* noch kein Erlöschen des Herabsetzungsrechtes, freilich aber die Einlösung. Anders *Klauß* Anm. 336 und *Aubele* Anm. 11 je zu § 4.

Anm. 49

bb) Eine *Teilleistung* der Strafe bewirkt das Erlöschen des Herabsetzungsrechts nur soweit, als Leistung erfolgt ist. Sie schließt also nur die Rückforderung des Geleisteten aus und beschränkt dementsprechend das Herabsetzungsrecht. Es kann aber der noch rückständige Teil vom Richter ganz verneint werde, wenn mit der Teilleistung die angemessene Leistung bereits erbracht ist.

Anm. 50

cc) Die erforderliche Freiwilligkeit fehlt und das Herabsetzungsrecht erlischt deshalb nicht bei einer Tilgung der Strafforderung durch eine *Aufrechnung des Verkäufers*, die gegen den ausdrücklichen oder stillschweigend erklärten Willen des Käufers erfolgt, da nach § 366 Abs. 1 BGB der Käufer die zu tilgende Schuld bestimmt und mangels solcher Bestimmung nach § 366 Abs. 2 BGB die Verrechnung auf die dem Käufer lästigere Schuld erfolgt; das aber wird in der Regel die Ratenschuld sein. Dies gilt aber auch dann, wenn dem Verkäufer nach dem Vertrage das Recht eingeräumt ist, die Zahlungen nach seinem Willen zu verrechnen oder gar ausgemacht wäre, daß sämtliche Zahlungen zunächst auf verwirkte Strafen zu verrechnen sind. Eine solche Abmachung kann nur eine Verrechnung auf eine tatsächliche und rechtlich bestehende Schuld zum Gegenstand haben. Es würde wider Treu und Glauben verstoßen und den dem Käufer in der zwingenden (s. auch unten Anm. 54) Vorschrift des § 4 Abs. 1 eingeräumten Ermäßigungsanspruch wirkungslos machen, wenn der Verkäufer eine Zahlung, die der Käufer notgedrungen zur Erfüllung seiner übrigen Verpflichtungen leisten muß, auf die Vertragsstrafe verrechnen und so die Herabsetzung der Strafe vereiteln dürfte. Wenn der Käufer also die angemessene Höhe der Vertragsstrafe bestreitet, so kann der Verkäufer eine ihm zur Deckung einer anderen Schuld, z. B. der inzwischen fällig gewordenen Rate, angebotene Zahlung nur insoweit auf die Vertragsstrafe verrechnen, als diese vom Richter auf den angemessenen Betrag herabgesetzt wird. Der Käufer verliert durch eine Verrechnung daher seinen Herabsetzungsanspruch nicht.

Anm. 51

Die Freiwilligkeit fehlt auch bei Leistungen im Wege der *Zwangsvollstreckung* auf Grund vorläufig vollstreckbaren Urteils. Bei Leistung aus rechtskräftigem Urteil s. oben Anm. 47.

Anm. 52

dd) Auch eine *Leistung unter Vorbehalt* wird nach allgemeinen Grundsätzen das Herabsetzungsrecht nicht erlöschen lassen. S. auch die Regelung bei Annahme der Hauptleistung nach § 341 Abs. 3 BGB und oben Anm. 32. So auch *Aubele* Anm. 12 zu § 4.

Anm. 53

c) Die *Beweislast* für das Erlöschen des Herabsetzungsrechts durch Leistung hat der Gläubiger; die Beweislast dafür, daß nur erfüllungshalber, nur teilweise, unfreiwillig oder unter Vorbehalt geleistet wurde und deshalb — trotz der an sich gegebenen Leistung — das Herabsetzungsrecht nicht erloschen ist, hat der Schuldner.

VI. Abweichende Parteivereinbarungen

Anm. 54

1. § 4 Abs. 1 ist ebenso wie § 343 BGB *zwingendes Recht*, BGHZ 5, 136 hat dies schon für § 343 BGB unter besonderem Hinweis auf den Zweck der Vorschrift für den sozialen Schutz des Strafschuldners ausgesprochen. Letzterer Gesichtspunkt gilt im AbzG besonders bei dem hinzukommenden Schutzzweck gerade für den Käufer. Vereinbarungen, die den Schuldner schlechter stellen, sind also nichtig.

Anm. 55

2. Im übrigen besteht *Vertragsfreiheit*. Dies gilt hinsichtlich der Voraussetzungen der Verwirkung (s. oben Anm. 13—25) und hinsichtlich der Folgen der Verwirkung (s. oben Anm. 28—32 und besonders Anm. 33). Es kann deshalb bei der Strafe wegen Nichterfüllung vereinbart werden, daß nur die Strafe und nicht die Erfüllung oder umgekehrt neben der Strafe auch die Erfüllung oder der volle Schadenersatz verlangt werden kann. Bei der Strafe wegen nicht ge-

höriger Erfüllung kann vereinbart werden, daß der Verkäufer nur die gehörige Erfüllung oder die Strafe wählen kann. Ferner ist, gerade für den AbzKauf von Bedeutung, die Abrede zulässig, wonach die Strafe mehrfach, also bei jeder einzelnen Vertragsverletzung, verwirkt sein soll.

Auch hinsichtlich der Gründe für das Erlöschen des Strafanspruchs (s. oben Anm 47—52) besteht volle Vertragsfreiheit; dies auch bezüglich der in § 341 Abs. 3 BGB enthaltenen Regelung; s. oben Anm. 32 und dort auch wegen der Vertragsbestimmung über „Annahme vorbehaltlich aller Rechte".

VII. Vertragsstrafe und Rücktritt

Anm. 56

Darüber sei zusammenfassend noch gesagt:

1. Die Forderung der Vertragsstrafe wegen Nichterfüllung schließt das Rücktrittsrecht (wegen Nichterfüllung) aus; s. oben Anm. 30.

2. Rücktritt (und Wandelung) bringt den Anspruch auf die mit Strafe versehene Vertragsleistung in Wegfall, weil der Rücktritt die usprünglichen Leistungspflichten in Rückgewährspflichten umwandelt, auf die sich das Strafversprechen nicht bezieht. Deshalb läßt der Rücktritt den Anspruch auf die Strafe, auch auf eine schon verwirkte Strafe, wegfallen; s. oben Anm 21 unter ee) und 36.

3. Nach dem Rücktritt sind gezahlte Vertragsstrafen auf Grund des nunmehr bestehenden Abwicklungsschuldverhältnisses zurückzuerstatten; so auch *Palandt-Putzo* Anm. 4 a zu § 4 AbzG und Anm. 186 zu § 1.

4. Eine (vor Rücktritt getroffene) Vertragsstrafvereinbarung für den Fall der Nichterfüllung aus dem Rücktritt entstehender Verpflichtungen ist nichtig; s. oben Anm. 14.

C. Die Verfallsklausel (§ 4 Abs. 2)

I. Allgemeines über Inhalt und Zweck der Bestimmung

Anm. 57

1. § 4 Abs. 2 enthält eine Einschränkung der Vertragsfreiheit (im Sinne der Gestaltungsfreiheit) bei Verfallklauseln für den Fall der Nichterfüllung. Von dem gesetzlich normierten Klauselinhalt kann nur zugunsten, nicht aber zuungunsten des Käufer abgewichen werden.

Anm. 58

2. Die Vorschrift dient dem sozialpolitischen Zweck des Gesetzes überhaupt, nämlich dem Schutz des Käufers vor der Gefahr, daß der Verkäufer schon bei geringfügigen Verletzungen der Vertragspflicht die gesamte Restschuld auf einmal fordern und damit den in der Regel zahlungsschwachen AbzKäufer möglicherweise wirtschaftlich vernichten kann. Vor dieser Gefahr muß der Käufer auch insbesondere deshalb geschützt werden, weil sonst der Verkäufer auf Grund der Fälligkeitsklausel „unter Entziehung der Kreditgewährung einen Preis fordern kann, der in dieser Höhe nur mit Rücksicht auf die Kreditgewährung normiert ist" (Motive zu § 4 Abs. 2), s. auch *Klauß* Anm. 341 zu § 4 und RGZ 136, 137 ff.

Anm. 59

3. *Der Inhalt der Bestimmung* ist nicht etwa ein wesentlicher Bestandteil des AbzGeschäftes (im Sinne der §§ 1 und 6). Immerhin handelt es sich um einen so häufig vorkommenden Bestandteil dieser Geschäfte, daß die Behandlung im AbzG gerechtfertig erschien.

Die Vorschrift des Abs. 2 enthält aber auch *keinen allgemeinen Rechtsgedanken*, der einer analogen Anwendung im übrigen Bereich des AbzG fähig wäre. Man kann also nicht daraus ableiten, daß eine Verletzung der Vertragspflichten des Käufers, die geringeren als den hier im Gesetz genannten Umfang hat, immer als geringfügig dem Verkäufer zuzumuten sei. Weil dem nicht so ist, ist der Rücktritt schon wegen Verzuges mit einer Ratenzahlung möglich und eine Vertragsstrafe für den Fall nicht rechtzeitiger Leistung *einer* Rate zulässig. S. oben Anm. 13 und 29 f. So mit Recht *Klauß* Anm. 355 zu § 4.

II. Die gesetzlichen Mindestvoraussetzungen für den Eintritt des Gesamtverfalls

Anm. 60

Die in Abs. 2 des Gesetzes genannten Voraussetzungen, die nachstehend behandelt werden, müssen *zusammen* vorliegen. Fehlt auch nur eine von ihnen, so wird die Restschuld nicht fällig.

Anm. 61

1. *Verletzung der Ratenzahlungspflicht. Nur diese* kann einen vereinbarten Gesamtverfall rechtswirksam begründen. Die Nichterfüllung anderer Vertragspflichten, mögen sie noch so schwerwiegender Natur sein, kann niemals als Voraussetzung für die Fälligkeit der

Restschuld vereinbart werden. Sehr wohl aber kann die Gesamtfälligkeit an andere Voraussetzungen geknüpft werden, an solche, die mit Fällen der Nichterfüllung von Käuferpflichten nichts zu tun haben; s. darüber unten Anm. 82.

Anm. 62

2. *Verzug des Käufers.* Der Ratenverfall kann — im Gegensatz zum Rücktritt — rechtswirksam nicht vereinbart werden, wenn die Ratenzahlungen infolge eines Umstandes unterbleiben, den der Käufer nicht zu vertreten hat, § 285 BGB. Näheres über den Verzug des Käufers überhaupt und über Verzug bei einer Ratenzahlungsverpflichtung im besonderen s. § 1 Anm. 121 ff. und 133 ff.

Leistet der Käufer, nachdem er in Verzug gekommen ist, so beseitigt dies nicht den als Verzugsfolge eingetretenen Gesamtverfall.

3. *Völliger oder teilweiser Rückstand mit mindestens zwei aufeinander folgenden Raten.*

Anm. 63

a) Die Ratenrückstände müssen gleichzeitig bestehen, *und* es muß Verzug des Käufers bezüglich jeder Rate *gleichzeitig* gegeben sein (natürlich nicht zur gleichen Zeit eingetreten sein): „mit mindestens zwei aufeinander folgenden Teilzahlungen im Verzuge *ist*".

Anm. 64

b) *Teilrückstände* genügen („ganz oder teilweise"). Der Käufer kann also mit zwei (oder mehr) aufeinanderfolgenden Teilzahlungen ganz in Verzug sein; er kann mit einer Teilzahlung ganz und mit einer anderen unmittelbar folgenden oder unmittelbar vorausgehenden teilweise in Verzug sein. Es genügt aber schon, wenn er mit zwei aufeinanderfolgenden Teilzahlungen je nur teilweise in Verzug ist.

Anm. 65

Zweifelhaft ist, wie es ich bei *Rückständen bezüglich der Einzelrate in nur geringfügiger Höhe oder für nur geringfügige Zeit* verhält. Es liegt dabei nahe, den § 242 BGB in gleicher Weise wie oben zu Anm. 15 heranzuziehen mit dem Ergebnis, daß dann die Verfallklausel nicht wirksam wird. Trotzdem kann dies zunächst einmal für den Teilrückstand in geringfügiger Höhe bei *einer* Rate nicht gelten; hier hat nämlich das Gesetz den Käufer vor einer gegen Treu und Glauben verstoßenden Ausnutzung dieser geringfügigen Rückstände dadurch geschützt, daß die Summe der Beträge, mit denen er im Verzuge ist, eine bestimmte Höhe (ein Zehntel des Kaufpreises, s. unten Anm. 71) erreicht haben muß. Auch wenn der Gläubiger mit Rücksicht auf Treu und Glauben im Geschäftsverkehr die Annahme einer Leistung gemäß § 266 BGB nicht zurückweisen darf, weil der Rückstand ganz unerheblich ist, wird dadurch doch der Verzug des Schuldners mit dem Rückstand nicht ausgeschlossen; das ist auch der Sinn von RGZ 68, 22; anders *Samter* S. 78.

Gleiches gilt grundsätzlich bei *Fristüberschreitung* um nur wenige Tage. Die Verfallklausel soll gerade zur Sicherung des Gläubigers auf den Schuldner einen Druck zur pünktlichen Zahlung ausüben, und es kann von den für Fälligkeitsklauseln allgemein geltenden Erwägungen für das Gebiet der AbzGeschäfte keine Ausnahme gemacht werden; § 4 Abs. 2 weicht in dieser Hinsicht von den allgemeinen Normen nicht ab; so auch *Rühl* S. 252 f. und RG JW 29, 1384 (bei Fristüberschreitung von nur 4 Tagen lediglich aus Versehen, aber immerhin als leicht schuldhaft) mit grundsätzlich zustimmender Besprechung von *Plum*. Ein abweichendes Ergebnis kann *im Einzelfall* nur gewonnen werden im Wege der Auslegung (§ 157 BGB) oder bei besonderem nach § 242 BGB bedeutsamen Verhalten des Gläubigers; s. dazu RG und *Plum* a.a.O. Der vorgenannte Zweck der Fälligkeitsklausel spricht aber jedenfalls grundsätzlich für die Beachtlichkeit auch bei geringen Fristüberschreitungen, und es wird dieser Zweck verkannt, wenn OLG Hamburg Hans RGZ 28 B 392 ausführt, „die kassatorische Klausel soll nicht dazu dienen, ein Versehen des Schuldners auszunützen, um die Fälligkeit sämtlicher Raten zu erreichen; mindestens ist sie nicht geltend zu machen, wenn eine geringfügige, für den Gläubiger ganz gleichgültige und sofort beseitigte Verzögerung eingetreten ist".

Anm. 66

c) Für „mindestens *zwei aufeinander folgende Teilzahlungen*" muß ganz oder teilweise Verzug bestehen. Über die Frage, was sich hieraus bezüglich der Ratenmindestzahl für den Begriff des TeilzGeschäftes ergibt, vgl. § 1 Anm. 44. Über den Verjährungsbeginn vgl. § 1 Anm. 112. Hier ist zum *Problem der Ratenverrechnung* folgendes zu sagen:

aa) Der *Käufer* hat dabei *kein Bestimmungsrecht nach* § 366 BGB. Zwar findet § 366 BGB, der allerdings nur von „gleichartigen Leistungen aus *mehreren* Schuldverhältnissen" spricht, auch Anwendung bei mehreren Forderungen aus einem Schuldverhältnis; so die durchaus herrschende Lehre mit RGZ 57, 99; *Enneccerus-Lehmann*, Schuldrecht § 62 I und *Rühl* S. 252; a. M. OLG (KG) 22, 290. § 366 BGB ist aber unstreitig dispositives Recht, RGZ 66, 54 ff. Die Vertragsteile können also abweichende Regelung treffen und dabei insbesondere das Bestimmungsrecht des Schuldners ausschließen. Eine solche stillschweigende Vereinbarung ist beim AbzGeschäft grundsätzlich anzunehmen; es liegt in seinen Wesen begründet, daß zunächst die älteren Raten getilgt werden müssen und daß der Käufer deshalb kein Recht hat, eine abweichende Bestimmung zu treffen. So die heute herrschende Meinung, z. B. *Rühl* S. 252; *Lazarus* S. 108; *Hein* S. 44; *Schmidt* S. 39; *Vollrath* S. 77; *Gillmann-Jonas* S. 50; *Aubele* Anm. 19 und besonders *Klauß* NJW 50 S. 765 sowie Anm. 344 f. zu § 4, der mit Recht darauf hinweist, daß durch die Anwendung des § 366 BGB der Verkäufer zu Spielball der Launen des Käufers würde und die Verfallklausel nur mehr wenig Wert hätte; a. m. *Michaelis* HWR Bd. I 51; *Samter* S. 79; *Hausmann* S. 93 und *Fuld* S. 39 sowie *Veith* III 7 in RWP Bl. Gruppe 2 D AbzGeschäfte, wonach der Wille des Käufers für die Anrechnung entscheiden soll.

Es finden sich auch Vertragsbestimmungen, die dem Käufer das Bestimmungsrecht nach § 366 BGB ausdrücklich nehmen oder — mit dem gleichen Erfolg — ausdrücklich vorschreiben, daß alle Zahlungen zunächst zur Tilgung der jeweils ältesten Rückstände zu dienen haben. Solche Bestimmungen sind nach dem Gesagten rechtswirksam und sogar zu empfehlen.

Anm. 67

bb) Streitig in der Begründung, aber nicht im Ergebnis, ist auch vom Standpunkt der herrschenden Lehre aus die *Wirkung einer gegenteiligen Bestimmung des Käufers*, also einer gegen den mindestens stillschweigenden Vertragsinhalt verstoßenden Bestimmung über die Zahlungsverrechnung. RGZ 66, 54 ff. und *Lechner* Anm. 2 c zu § 4 sowie *Rühl* S. 252 sehen eine solche Bestimmung mit Recht als rechtlich bedeutungslos an, weil mit der *Vereinbarung* über die Anrechnung eine *einseitige Bestimmung* des Schuldners ausgeschlossen wurde. Nach anderer, im Schrifttum stark verbreiteter Meinung, kann lediglich der Gläubiger die Annahme ablehnen, weil der Schuldner durch eine solche Bestimmung vertragswidrig handle; der Schuldner mache sich zwar schadenersatzpflichtig, der Gläubiger könne aber nicht einseitig die Leistung anders als vom Schuldner bestimmt verrechnen. Über diese Meinung s. die Ausführungen in RGZ 66, 54 ff. und *Enneccerus-Lehmann*, Schuldrecht § 62 I. Für die hierzu entscheidende Frage der Wirkung im Sinne des § 4 Abs. 2 ist dieser Streit jedoch nur ein solcher um die Begründung eines gleichen Ergebnisses: Nach der erwähnten und wohl richtigen Meinung des RG ist nur die älteste Rate bezahlt, der Käufer also mit zwei aufeinanderfolgenden Raten im Rückstand. Nach der gegenteiligen Ansicht steht nur die erste und die dritte Rate offen, liegt die Voraussetzung des § 4 Abs. 2 also direkt nicht vor. Der Käufer hat dem Verkäufer jedoch wegen der vertragswidrigen Zahlung Schadenersatz zu leisten. Dieser geht auf Herstellung des Zustandes, der ohne das schadenstiftende Ereignis bestanden hätte, § 249 BGB. Bei vertragstreuem Verhalten hätte der Käufer mit der geleisteten Zahlung die älteste rückständige Rate tilgen müssen. Er würde dann mit zwei aufeinander folgenden Raten im Rückstand sein. Daher muß er sich aus dem Gesichtspunkt des Schadenersatzes so behandeln lassen, als wenn dieser Fall eingetreten wäre. Beide Ansichten gelangen zu dem gleichen Ergebnis, das auch allein der Billigkeit entspricht.

Anm. 68

Zweifelhaft kann im Einzelfall sein, ob eine *stillschweigende Bestimmung des Schuldners* über eine bestimmte (vertragswidrige) Verrechnung in seiner Zahlung liegt. Eine solche wird häufig anzunehmen sein, wenn eine Summe bezahlt wird, die betragsmäßig genau einem bestimmten Ratenrest entspricht oder wenn etwa wegen einer gerade in Höhe der Zahlung lautenden Betrages Zwangsvollstreckung droht; RG JW 04, 58 und Recht 1900, 334. Dagegen kann man nicht aus dem zeitlichen Zusammenhang der Zahlung mit dem Fälligkeitstermin einer Rate eine Verrechnungsbestimmung *auf diese* Rate entnehmen, wie es *Aubele* Anm. 19 und *Erman-Weitnauer-Klingsporn* Anm. 11 d je zu § 4 AbzG immer dann tun wollen, wenn der Käufer genau im Zeitpunkt der Fälligkeit einer Rate oder doch noch in einem durch die Nähe mit dem Fälligkeitstermin unverkennbar zusammenhängenden Termin die Rate bezahlt. Gleiches nimmt OLG Hamburg DR 40, 1185 an, allerdings für Unterhaltszahlungen. Die Richtigkeit der letzteren Entscheidung mag offen bleiben. Für *AbzGeschäfte* kann diese Meinung jedenfalls nicht zutreffen. Wenn schon das Wesen des AbzGeschäftes die Anwendung des § 366 ausschließt (s. oben Anm. 66; so auch *Aubele*), dann gehört die Zahlung jeweils für die älteste Schuld gleichgültig, *wann* der Schuldner sie leistet. Wenn damit eine stillschweigende gegenteilige Bestimmung überhaupt noch möglich ist, dann jedenfalls nur in einem engen Rahmen, wofür nicht der *Zeitpunkt der Zahlung*, sondern nur andere sachliche Umstände in Betracht kommen können.

Anm. 69

cc) Über die *Wirkung der Annahme einer Schuldnerleistung, die entgegen einer Verrechnungsvereinbarung verrechnet werden soll*, gilt folgendes: Nimmt der Gläubiger *unter Vorbehalt* an, dann beruft er sich damit deutlich auf die Vereinbarung, und es gilt das in Anm. 67 Ausgeführte, nach hier vertretener Meinung unmittelbar, allenfalls über den Weg des Schadenersatzanspruchs. Nimmt der Gläubiger aber *vorbehaltlos* an, so taucht die Frage seines Einverständnisses mit der vom Schuldner erklärten Verrechnungsbestimmung auf. Selbstverständlich kann der Verkäufer mit einer an sich vertragswidrigen Verrechnungsbestimmung des Verkäufers einverstanden sein. Damit wird die ursprüngliche ausdrückliche oder stillschweigende Verrechnungsvereinbarung durch Übereinkunft abgeändert und beide Parteien sind sich bei der Leistung über die Anrechnung einig, ein Fall, der in § 366 BGB überhaupt nicht geregelt wird (RGZ 105, 31). Zweifelhaft kann nur sein, wann im Einzelfall *stillschweigend* eine solche Abänderungsvereinbarung zustande kommt. Mit RG *Warn.* 20 Nr. 192 wird die vorbehaltlose Annahme der vom Verkäufer vertragswidrig zur Deckung der späteren Rate angebotenen Zahlung nach Treu und Glauben als solches Einverständnis zu werten sein.

Anm. 70

dd) Auch wenn der Käufer sich im Einzelfall etwa der Verfallklausel entziehen kann, bleibt übrigens das Rücktrittsrecht des Verkäufers wegen des Verzugs bestehen; s. Anm. 79 zu § 1.

Die Rechtslage hat aber für den Käufer nicht nur Nachteile, insoweit sie es nicht zuläßt, daß er den Gesamtverfall trotz Verzuges mit jeder zweiten Rate verhindert. *Gillmann-Jonas* S. 51 betont das mit Recht: Da jede Zahlung auf die jeweils ältesten Raten zu verrechnen ist, können auf die Dauer keine kleinen Teilbeträge offen bleiben. Jede Zahlung beseitigt also, soweit sie reicht, zunächst den Verzug der ältesten Raten. Der Käufer bleibt immer nur mit den jüngsten Zahlungen im Verzug. Dadurch kann u. U. die für ihn günstige Folge eintreten, daß er zwar mit einem Zehntel des Kaufpreises, aber nur mit einer Rate im Verzug ist, so daß die Voraussetzungen des Gesamtverfalls nicht eintreten. Wenn z. B. bei einem in 10 Raten von je 100,— DM zu zahlenden Kaufpreis von 1000,— DM der Käufer an zwei hintereinanderfolgenden Terminen nur je 50,— DM zahlt, ist er nicht mit zwei aufeinanderfolgenden Raten von zusammen 100,— DM, sondern nur mit einer Rate von 100,— DM in Rückstand.

Anm. 71

4. Mit einem *Betrag von mindestens dem zehnten Teil des Kaufpreises der übergebenen Sache* muß der Käufer im Zahlungsverzug sein. Diese Ein-Zehntel-Grenze ist maßgebend, ohne daß grundsätzlich bei Unter- oder Überschreitung noch § 242 BGB eine Rolle spielen kann, s. oben Anm. 65.

a) Dieses Erfordernis muß zu dem in Anm. 63—70 Behandelten hinzutreten („und"). *Alle Rückstände* sind dabei zusammenzurechnen; also auch Beträge, die außer den beiden aufeinanderfolgenden Raten rückständig sind. Es müssen nicht etwa die Rückstände aus den zwei aufeinander folgenden Raten allein den Ein-Zehntel-Betrag erreichen. Mitzurechnen ist auch eine nicht gezahlte Anzahlungsrate, wenn die Sache trotzdem übergeben wurde; s. unten Anm. 72. Hinsichtlich aller Beträge (jedenfalls für mindestens ein Zehntel des Kaufpreises) muß aber auch der Verzug des Käufers bestehen. Wenn der AbzKäufer also 4950,— DM in monatlichen Raten von je 225,— DM zu zahlen hat, so tritt der Gesamtverfall nicht ein, wenn er am 1. Januar oder 1. Februar *mit Zustimmung des Verkäufers* nur je 200,— DM gezahlt hat und am 1. März und 1. April mit den vollen Ratenzahlungen in Verzug geraten ist.

Anm. 72

b) Unter dem *Kaufpreis* ist nicht nur der in Raten abzuzahlende Betrag, sondern der gesamte Kaufpreis einschließlich der etwa vor der Übergabe der Sachen geleisteten Anzahlung zu verstehen.

Nur der Kaufpreis der *übergebenen Sache* kommt — nach den erst vom Reichstag eingefügten Worten — in Betracht. Dies ist wichtig bei Teillieferungen: Das Zehntel des Kaufpreises berechnet sich deshalb bei solchen, etwa beim AbzKauf von Büchern, die auf Lieferung erscheinen, nicht nach dem Gesamtverkaufspreis, sondern nur nach dem Teil des Kaufpreises, der auf die bereits übergebenen Sachen entfällt. So auch *Klauß* Anm. 350 zu § 4 und NJW 50, 765 (766) sowie *Veith* und *Lex* RWP Bl. III 7 Gruppe 2 D AbzGeschäfte Einzelfragen 1; vgl. auch Anm. 24 zu § 1. Über den Umfang der hier fällig werdenden „Restschuld" s. unten Anm. 80.

Anm. 73

Der Verzug des Käufers mit sogenannten *Anzahlungsraten,* also Raten, die vor Übergabe der Sache vom Käufer zu entrichten sind, interessiert hierher nicht. In diesem Zeitpunkt gilt der Schutz des

AbzG noch nicht, weil das Begriffsmerkmal der übergebenen Sache noch fehlt. Eine Verfallklausel hierfür ist deshalb überhaupt den Beschränkungen des § 4 nicht unterworfen. Es ergibt sich aber aus der Rechtslage beim Kauf überhaupt, daß der Verkäufer den Restkaufpreis nur Zug um Zug gegen Übergabe und Übereignung der Kaufsache verlangen kann. So mit Recht *Klauß* Anm. 351 zu § 4. Nach *Erman-Weitnauer-Klingsporn* Anm. 11 b zu § 4 ist dagegen § 4 II in diesen Fällen zumindest entsprechend anwendbar, weil die Zug-um-Zug-Leistungspflicht den Käufer zu wenig schütze, da der Verkäufer im Fall des Annahmeverzugs des Käufers (§ 298 BGB) seinen Anspruch ohne Bewirkung der ihm obliegenden Leistung im Wege der Zwangsvollstreckung verfolgen kann (§ 247 II BGB).

Anm. 74

5. Bei *Gesamtraten für mehrere gekaufte Sachen* gilt folgendes:

a) Für Sachgesamtheit oder wirtschaftliche Einheit ist der Gesamtpreis maßgebend; s. Anm. 142 zu § 1.

Anm. 75

b) Für zufällig zusammen gekaufte Sachen ist häufig vereinbart, daß sämtliche geleisteten Zahlungen als auf die Gesamtschuld geleistet gelten und der Verkäufer bei Verzug des Käufers die geleisteten Zahlungen ganz oder teilweise auf einzelne vom Verkäufer zu bestimmende Waren verrechnen darf; s. *Lubbe* JW 38, 1990 f. und hier § 1 Anm. 18, 19 und 143. Für die Verfallklausel ist dies ohne Bedeutung.

Anm. 76

c) Bei der *Zukaufsklausel* (s. Anm. 20 zu § 1) werden die Einzelverträge Teile eines einheitlichen Kaufvertrages. Deshalb ist eine „Teilzahlung" im Sinne des § 4 Abs. 2 nicht mehr die Rate des früheren Einzelvertrages, sondern die Summe der Raten aus den früheren Einzelverträgen. Es wird deshalb die Restschuld nur auf einmal fällig, wenn der Käufer mit zwei aufeinanderfolgenden Gesamtraten ganz oder teilweise in Verzug ist und der Rückstand mindestens den zehnten Teil der Gesamtschuld ausmacht; ebenso *Rühl* S. 253 und *Klauß* Anm. 350 zu § 4. Freilich kann auch hier nur der Kaufpreis der übergebenen Sachen in Betracht kommen. Die Restschuld, die fällig wird, ist dann der Kaufpreis aller übergebenen Sachen; s. unten Anm. 79.

Anm. 77

6. Die *Beweislast* für das Vorliegen aller dieser Voraussetzungen des Verfalls hat der Verkäufer. Dies gehört mit zum zwingenden Inhalt des Käuferschutzes; s. unten Anm. 86.

III. Gesamtfälligkeit als Folge der gegebenen Verfallvoraussetzungen

Anm. 78

1. Bei gegebenen Verfallvoraussetzungen tritt *die Fälligkeit* ein, *ohne* daß es einer auf den Gesamtverfall gerichteten *Erklärung des Verkäufers* bedarf. Es gilt § 158 BGB entsprechend; a. M. *Lazarus* S. 109; *Vollrath* S. 79; *Schmidt* S. 41. Die Vertreter dieser Meinung wollen den Verfall nicht schon mit dem Verzuge, sondern erst mit einer entsprechenden Verkäufererklärung eintreten lassen. Sie folgern daraus, daß eine vor der Erklärung des Verkäufers erfolgte Zahlung die Rechtsfolgen des Verzuges beseitige. Diese Ansicht trifft aber nicht zu. Eine Abrede, „daß die Nichterfüllung der dem Käufer obliegenden Verpflichtungen die Fälligkeit der Restschuld zur Folge haben soll", macht die Fälligkeit der gesamten Restschuld von einer Bedingung abhängig. Mit dem Eintritt der Bedingung tritt daher die von ihr abhängig gemachte Wirkung ipso jure ein. Eine nachträgliche Zahlung kann die eingetretene Fälligkeit daher nicht mehr beseitigen; ebenso RGZ 64, 95; *Klauß* Anm. 353 und *Erman-Weitnauer-Klingsporn* Anm. 13 je zu § 4 AbzG und *v. Godin* in RGRKomm. z. HGB Anh. zu § 382 Anm. 74.

Anm. 79

2. *Verzicht des Verkäufers auf die Verfallfolgen* beseitigt die Fälligkeit. Er kann nicht nur ausdrücklich, sondern auch stillschweigend erklärt werden. Er wird in der vorbehaltlosen Annahme weiterer Zahlungen ohne Geltendmachung des Verfalls sowie dann vorliegen, wenn der Verkäufer die ihm zustehende Restforderung nicht in angemessener Frist geltend macht. So auch RGZ 64, 95, das den Verzichtswillen des Gläubigers klarstellende Umstände verlangt, die aber in den eben genannten Fällen vorliegen, in denen der Käufer aus dem Verhalten des Verkäufers den Schluß ziehen darf, daß der Gläubiger aus dem Verzug keine Rechte herleitet. Es gilt Gleiches wie nach Anm. 145 zu § 1 für das Rücktrittsrecht.

Anm. 80

3. *Der Umfang der Fälligkeit.* Es tritt die sofortige Fälligkeit der *gesamten Restschuld* ein. „Restschuld" ist der Barkaufpreis einschließ-

lich der vereinbarten Teilzahlungszuschläge abzüglich der geleisteten Teilzahlungen, AG München NJW 69, 53.

Bei Teillieferungsverträgen, bei denen der Zehntelbetrag des Rückstandes nur nach dem Kaufpreis der übergebenen Sache zu berechnen ist (s. oben Anm. 72), kommt auch für den Verfall nur der Kaufpreis dieser übergebenen Sachen in Betracht. Ebenso *Klauß* Anm. 350 und *Aubele* Anm. 23 je zu § 4 sowie *Samter* S. 80. Bei Zukauf tritt aber, wie sich aus Anm. 76 ergibt, die Fälligkeit des Restkaufpreises *aller* übergebenen Sachen ein.

Anm. 81

4. Für die *Verjährung der* fällig gewordenen *Restschuld* gelten die § 196 Ziff. 1, §§ 198, 201 BGB; vgl. auch Anm. 112 zu § 1. Die Verjährung der gesamten Restsumme beginnt mit dem Zeitpunkt zu laufen, in dem die Verjährung der zweiten oder der den Zentelkaufpreisbetrag vollmachenden Rate beginnt. Dadurch kann die merkwürdige Rechtslage eintreten, daß der Anspruch auf Zahlung der gesamten Summe bei Nichtzahlung der Raten durch den Käufer früher verjährt, als der Verkäufer diese bei Zahlung der Raten verlangen konnte. Verkauft z. B. der Kaufmann A am 1. Juli 1950 ohne Anzahlung unter Fälligkeitsklausel mit monatlichen Raten von 50— DM dem B eine Möbeleinrichtung von 2400,— DM und zahlt B überhaupt keine Raten, so ist hier die August-, September-, Oktober-, November- und Dezemberrate am 31. 12. 1952 verjährt. Die Fälligkeit der Gesamtforderung tritt dann ein, wenn der Käufer mit mindestens zwei aufeinanderfolgenden Raten im Betrage von einem Zehntel des Kaufpreises in Verzug ist. Dies liegt vor, wenn er fünf Raten = 250,— DM nicht gezahlt hat, also mit Fälligkeit der Dezemberrate 1950. Die Hauptforderung ist demnach am 31. 12. 1952 verjährt. Hätte B seine Raten gezahlt, so würde A die gesamte Forderung erst stufenweise nach 4 Jahren, d. h. bis zum Juni 1954 verlangen können.

IV. Abweichende Vereinbarungen

Anm. 82

1. Die *zwingende Natur* der Vorschrift („kann nur") wirkt in folgenden Richtungen:

a) Für *andere Fälle der Nichterfüllung von Vertragspflichten* als den des Zahlungsverzugs ist eine Verfallklausel nicht zulässig; s. auch oben Anm. 61. Dies gilt z. B. für eine Verfallklausel bei Beschädigung der Sache oder bei Nichterfüllung der im Vertrag auferlegten Verpflichtung zur fristbegrenzten Anzeige eines Wohnungswechsels. Dagegen ist durch § 4 Abs. 2 nicht verboten die Vereinbarung der Gesamtfälligkeit unter anderen Voraussetzungen als solchen der Nichterfüllung von Vertragsverpflichtungen. So kann die Fälligkeit für den Fall der Verlegung der Wohnung des Käufers ins Ausland oder der Aufgabe seines Geschäftes oder auch der Verbringung der Sachen in eine besonders gefährdete Umgebung vereinbart werden. Hier liegt dann ein modifizierter AbzKauf vor, gegen dessen Gültigkeit keine Bedenken aus § 4 Abs. 2 bestehen, sofern nicht Umgehung festzustellen sein sollte. Mit Recht bemerkt *Klauß* Anm. 356 zu § 4, daß aber solche Bestimmungen unter allgemeinen Gesichtspunkten, etwa § 138 oder § 242 BGB, natürlich nachzuprüfen sind. Gegen die oben erwähnten Fälligkeitsbestimmungen bestehen aber auch daraus keine Bedenken, weil solche Veränderungen die Durchsetzung langer Ratenzahlungen erheblich erschweren oder gefährden, so daß ein berechtigtes Interesse des Verkäufers an der sofortigen Fälligkeit der Restschuld besteht. Auch die Verletzung der Eigentumsübertragungspflicht des Käufers (auf den Finanzier), kann als wesentlicher Verstoß gegen vertraglich begründete Pflichten die Fälligkeit rechtfertigen, AG Hamburg MDR 55, 356.

Anm. 83

b) Bezüglich der Verletzung der Kaufpreiszahlungspflicht sind *keine härteren Bedingungen* zulässig, als im § 4 Abs. 2 vorgesehen; vgl. oben Anm. 63 ff.

Anm. 84

c) Die unter a) und b) erwähnten gesetzlichen Beschränkungen gelten *erst vom Zeitpunkt der Übergabe* der Kaufsache an. Deshalb gilt für die Regelung des Verzuges mit Anzahlungsraten nicht die Bestimmung des Abs. 2; s. oben Anm. 72 und 73 sowie LG Waldshut NJW 55, 387. Die genannten Beschränkungen gelten ferner *nur bis zum ersten Gesamtverfall*; ist dieser eingetreten, dann hat der Verkäufer volle Vertragsfreiheit für eine spätere neue Vereinbarung über Fälligkeit und Verfall; die Regelung in einem nach Verfall geschlossenen gerichtlichen oder außergerichtlichen Vergleich ist deshalb nicht an § 4 Abs. 2 gebunden. Ebenso *Klauß* Anm. 359 und *Lechner* Anm. 3 je zu § 4.

Anm. 85

d) Verboten ist auch eine Vertragsstrafe für den Fall der Nichterfüllung des ganzen Vertrages wenn sie, wie es gewöhnlich der Fall sein wird, die nach § 4 Abs. 2 unzulässige Gesamtverfallsklausel bedeutet; s. Anm. 110 zu § 1.

Anm. 86

e) Verboten ist auch die Veränderung der dem Verkäufer nach dem Gesetz obliegenden Beweislast; RGZ 136, 139 f.

Anm. 87

f) Verboten ist ein Verstoß gegen Absatz 2 nicht nur dem Verkäufer, sondern i. V. mit § 6 insbesondere auch dem Finanzier des AbzGeschäftes. Auch er kann nur nach Maßgabe des Abs. 2 die Gesamtfälligkeit des Darlehens geltend machen. Ebenso *Ewald,* AbzG S. 152, AG Hamburg MDR 55, 356 und hier § 6 Anm. 50, 81, 109 f. und 121 ff. Es ist nicht und nicht nur nach § 138 BGB die Nichtigkeit einschlägiger Bestimmungen zu prüfen, wie es in RGZ 128, 257 noch geschehen ist; s. dazu § 6 Anm. 117 und 121 ff.

Anm. 88

2. Die *Folgen eines Verstoßes* bestehen in der Nichtigkeit der dem Gesetz entgegenstehenden Vereinbarung. Die Nichtigkeit reicht dabei so weit, als die Vereinbarung die Grenzen des § 4 Abs. 2 überschreitet. Es ist also nicht der ganze Vertrag nichtig, und die Rücksichtnahme auf den Parteiwillen gemäß § 139 BGB gilt nicht; s. dazu § 1 Anm. 194. Nur die Klausel oder ein Teil der Klausel ist nichtig. Diese Beschränkung der Nichtigkeit ergibt sich aus dem Zweck des Absatzes 2, der nicht etwa eine Strafvorschrift zum Nachteil des Verkäufers ist, aber als Schutzvorschrift für den Käufer auch nicht auf den Parteiwillen abstellt; RGZ 64, 92; 136, 139 f. und *Rühl* S. 248, ferner *Klauß* Anm. 357 und *Lechner* Anm. 2a je zu § 4. Die ganze Klausel ist danach nichtig in den Fällen oben Anm. 1a und d (Anm. 82, 85). Sie bleibt beschränkt wirksam im Falle 1b und e (Anm. 83 und 86).

Anm. 89

Wenn eine inhaltlich unzulässige Verfallklausel vereinbart und dem Käufer über den Gesamtpreis ein Wechselakzept gegeben ist, das nach Maßgabe dieser unzulässigen Klausel die Einziehung und die Einklagung des Restpreises ermöglicht, so ist nicht nur diese Verfallklausel, sondern auch die Abrede über die Verpflichtung zur Wechselhergabe nichtig, weil diese entgegen § 4 Abs. 2 den ganzen Entlastungsbeweis dem Käufer aufbürdet; RGZ 136, 137 ff. = JW 32, 2708 (mit Besprechung *Plum*), *Beuck* S. 31 f. sowie *Klauß* Anm. 360

zu § 4 und oben Anm. 86. Die Zahlung aus einem solchen Wechsel kann auch gegenüber dem Indossatar verweigert werden, wenn dieser bei Erwerb des Wechsels das AbzGeschäft kannte; OLG Stuttgart HRR 32 Nr. 2290; s. auch *Beuck* S. 75 ff.; vgl. auch § 1 Anm. 55 f.

Diese Wirkungen treten auch ein, wenn die vereinbarte Verfallklausel in einem gerichtlichen Vergleich enthalten ist, ohne daß schon durch Gesamtverfall Vertragsfreiheit eingetreten war; s. oben Anm. 84.

Anm. 90

3. Als *zulässige Vertragsbestimmungen* ergeben sich damit folgende:

a) Eine Verfallklausel, die von anderen Umständen als der Nichterfüllung einer Vertragspflicht abhängig ist, s. oben Anm. 82;

b) eine Vereinbarung nach Eintritt der Gesamtfälligkeit, wenn nicht ein neues AbzGeschäft vereinbart wird; s. oben Anm. 84;

c) eine Verfallklausel für Anzahlungsraten, für die der Schutz des AbzG noch nicht gilt; s. oben Anm. 73 und 84;

d) eine Abrede, wonach ein gewisser Teil des Preises fällig werden soll, wenn ein diesem Preis entsprechender Teil der Ware geliefert ist. Hier liegt überhaupt kein AbzGeschäft vor, sondern ein gewöhnlicher Sukzessivlieferungsvertrag. Dieser Abrede steht daher nicht § 4 Abs. 2 entgegen.

§ 5

[Wiederansichnahme der verkauften Sache durch den Verkäufer]

Hat der Verkäufer auf Grund des ihm vorbehaltenen Eigentums die verkaufte Sache wieder an sich genommen, so gilt dies als Ausübung des Rücktrittsrechts.

Inhaltsübersicht

Besonderes Schrifttum zu § 5:

Das Schrifttum über allgemeine Fragen des EV ist anderweit auffindbar und hier nicht mit aufgenommen.

Alberty: Die Einzelfälle des Rücktritts vom AbzGeschäft DR 39, 1776

Arnold: Das Teilzahlungsgeschäft in dem Übereignungsverfahren nach § 825 ZPO TW 63, 190

Aubele: Wirkungen des § 5 AbzG auf die Vertragsstrafe JW 14, 179

Aussem u. Prahl: Ein Rückgewährsanspruch des Abzahlungsverkäufers gegen Dritte? NJW 66, 1904

Bauknecht: Kann der Vorbehaltskäufer nach Verjährung des Kaufpreisanspruches die Herausgabe der Sache verweigern? MDR 56, 722

Benkendorff: Die Anwendbarkeit des § 825 ZPO auf AbzGeschäfte JW 33, 2754

Benkendorff: AbzGeschäfte und Unpfändbarkeit nach § 811 ZPO, DRpfleger 37, 113

Bing: Vollstreckung in dem Schuldner nicht gehörige Sachen, Recht 07, 1047

Blomeyer: Anspruchsverjährung und dingliche Sicherheiten JZ 59, 15

Blomeyer: Das Besitzrecht des Vorbehaltskäufers aufgrund des Kaufvertrags JZ 68, 691

Bull: Rücknahme der Abzahlungssache in der Vollstreckung, DRiZ 58, 117

Cohn: Kann aus AbzKäufen Herausgabe neben Zahlung verlangt werden? Recht 08, 34

Cremer· Die Wiederansichnahme der AbzSache durch den Verkäufer als Rücktritt vom AbzKauf, Kölner Diss. 1950

Crisolli: Zur Zwangsvollstreckung in AbzSachen JW 34, 1817 ff.

Danielcik: Fällt die Rücknahme im Wege der Zwangsvollstreckung unter § 5 AbzG? JW 37, 290.

van Dyck: Aktuelle Probleme beim sog. finanzierten Kfz-AbzKauf, Der Versicherungsnehmer 64, 25

Etzold: Die Zwangsvollstreckung des Verkäufers in die unter EV verkaufte Sache, Frankfurter Diss. 28

Ewald: Vorenthaltung des reparierten AbzKauf-Gegenstandes MDR 62, 255

Ewald: Die Zwangsvollstreckung in die auf Abzahlung gekaufte Sache aufgrund eines Zahlungstitels de lege ferenda AcP 159, 76

Fischbach: Die Anwendung des AbzG auf Kaufverträge über Kraftfahrzeuge, RdK 35, 95

Flechtheim: Die Zwangsvollstreckung in Forderungen aus gegenseitigen Verträgen, ZZP 28, 262

Fromherz: EV und Zwangsvollstreckung, RheinArch 08, 275 ff.

Fromherz: Zwangsvollstreckung in den Anspruch aus einem Kaufvertrag, in welchem dem Verkäufer das Eigentum bis zur Abzahlung vorbehalten ist, ZZP 38, 49 ff.

Fuchs, R.: Das gesetzliche Pfandrecht in bedingt übereignete Sachen, Arch BürgR 34, 368 ff.

Furtner: Die Pfändung eigener Sachen des Gläubigers MDR 63, 445

Gerstberger: Beiträge zur Zwangsüberweisung von gepfändeten Sachen an den Gläubiger gemäß § 825 ZPO, JR 33, 269 (auszugsweise JW 34, 332)

Grund: Die Zwangsvollstreckung in die AbzSache NJW 57, 1216

Gülow: Gläubigerschutz bei Pfändung des Anwartschaftsrechtes JW 36, 631

Hagedorn: Die Pfändung eigener Sachen JW 33, 1759

Häring: Die Zwangsvollstreckung des AbzVerkäufers in die unter EV verkaufte Sache NJW 53, 973

Hampel: Abzahlungskauf und Zuweisung der Kauf-Sache an den Verkäufer in der Zwangsvollstreckung JR 58, 401

Havestadt: Zur Frage der Pfändbarkeit von Rundfunkgeräten, Recht 38, 7871

Heidenhain: EV und Eigentumsübertragung als Sicherung im AbzGeschäft, Gesetz und Recht 30, 177

Hein: Zwangsvollstreckung bei EV, Handbuch der Zwangsvollstreckung Hannover 11, 203 ff.

Hein: Ist die Arglisteinrede in dem Verfahren nach §§ 766 ZPO und 765 a ZPO in der Mobiliarzwangsvollstrekkung in die eigene AbzSache zulässig? ZZP 69, 231 ff.

Henke: Der Vorbehaltskäufer — doppelter Besitzmittler? JZ 59, 202

Herminghausen: Überweisung zu Eigentum gemäß § 825 ZPO und AbzG, NJW 54, 67

Herminghausen: Zur Überweisung nach § 825 ZPO, DRiZ 54, 49

Herschel: Vollstreckungsmißbrauch, Aufrechnung und Abtretung, DGWR 34, 360

Hörle: AbzGeschäfte Gruch 55, 177

Immerwahr: Die Pfändung eigener Sache im Falle des Möbelleihkontraktes, DJZ 05, 597

Janberg: Zwangsvollstreckung in Vorbehaltseigentum bei AbzGeschäften, RWP Bl. Gr. II D AbzGeschäfte Einzelfrage 6.

Janberg: Pfändungsschutz bei AbzSachen, RWP Bl. Gr. II D AbzGeschäfte, Einzelfrage 6.

Jonas: Gläubigerschutz bei Pfändung des Anwartschaftsrechtes JW 36, 632

Kaufmann: Zwangsvollstreckung und Eigentumsvorbehalt, Gruch 53, 325 ff.

Klauß: Klage und Vollstreckung bei AbzGeschäften NJW 50, 765

Klauß: Die Zwangsvollstreckung in die AbzSache, TW 57, 84

Klauß: Eigentumsvorbehalt bei Verjährung der Kaufpreisforderung TW 59, 14

Kleinknecht: Unzulässigkeit der Zwangsvollstreckung des AbzVerkäufers in die Kaufsache JW 38, 3206

Kubisch: Die Zwangsvollstreckung in die AbzSache NJW 57, 568

Kupfer: Offenbarungseidtermin und EV, BayZR 28, 21

Lange: Eigentumsvorbehalt und Verjährung der Kaufpreisforderung — BGHZ 34, 191 Jus 63, 59

Lehmann: Gläubigerschutz 1926

Lehmann: Reform der Kreditsicherung in Fahrnis und Forderungen, Arbeitsberichte der Akademie für Deutsches Recht 37, 56 ff.

Lemke: Vollstreckung in dem Schuldner nicht gehörige Sachen, Recht 07, 1957

Levy:	Der EV im Konkurs- und Vergleichsverfahren in „Der Eigentumsvorbehalt in Wirtschaft und Recht" 31
Lex:	Zwangsvollstreckung des AbzVerkäufers in die unter EV verkaufte Sache und § 5 AbzG, RWP Bl. Gr. II D AbzGeschäfte, Einzelfragen 6 a.
Lochner:	AbzGeschäfte und Zurücknahme von Kraftwagen RdK 31, 399
Lücke:	Pfändungsschutz und Arglisteinrede NJW 54, 1316
Lüke:	Die Zwangsvollstreckung in die auf Abzahlung verkaufte Sache JZ 59, 114
Luther:	Die Rechtsprechung der Berliner Gerichte zu § 825 ZPO, KGBl. 33, 37
Michaelis:	Artikel „AbzGeschäft" HdR Bd. I, 45 ff.
Merkel:	EV im Vergleichsverfahren, JW 31, 2088
Meyer:	Abzahlungsgeschäft und Finanzierungsinstitute, MDR 58, 79
Möllers:	Abzahlungsgeschäft und Verjährung NJW 67,2145.
Mormann:	Die neuere Rechtsprechung, insbesondere des BGH zum AbzG WM 65,834.
Noack:	Der § 811 Ziff. 5 ZPO im Lichte der Rechtsprechung der Gerichte zu besonderen durch die Praxis aufgeworfenen Fragen DGVZ 51, 157
Noack:	Der § 811 ZPO in der täglichen Praxis DGVZ 55, 58 ff.
Noack:	Das Abzahlungsgeschäft in der Zwangsvollstreckung JR 67, 46
Nöldeke:	Zur Zwangsüberweisung einer Abzahlungssache an den Abzahlungskäufer gem. § 825 ZPO NJW 64, 2243
Ohr:	Steht das Kahlpfändungsverbot des § 811 ZPO dem Gläubiger auch dann entgegen, wenn er wegen seiner Kaufpreisforderung in die verkaufte Sache vollstreckt? NJW 54, 787
Ohr:	Kann der Vorbehaltskäufer den wirtschaftlichen Wert seiner Anwartschaft auf Erwerb des Eigentums an der Kaufsache auch ohne Zustimmung des Vorbehaltsverkäufers zur Kreditsicherung nutzbar machen? MDR 54, 343
Orgler:	Der EV in Interventionsprozessen in „Der EV in Wirtschaft und Recht" 1931
Ostler:	Wieder etwas Neues zum alten AbzG? JR 57, 252 ff.
Pauli, G.:	Die Zwangsvollstreckung des AbzVerkäufers in die unter EV verkaufte Sache, Münchner Diss. 1955

Petermann: Abzahlungsgeschäfte in der Zwangsvollstreckung DRpfleger 58, 169

Plum: Die Vollstreckung des Verkäufers in die unter EV verkaufte Sache JW 38, 3207

Prahl: Die Verjährung des Kaufpreisanspruchs und der Eigentumsvorbehalt beim AbzKauf MDR 67, 545

Püschel: Die Pfändung der unter EV verkauften Sache durch den AbzVerkäufer und ihre Wirkungen LZ 14, 1785

Püschel: Die Vollstreckung des Verkäufers in die unter EV verkaufte Sache und § 825 ZPO, JW 38, 3207

Rochlitz: Gläubigerinteresse oder Schuldnerschutz? BB 51, 983 ff.

Roiger: Kann der Gläubiger seine eigene im Gewahrsam des Schuldners befindliche Sache pfänden? Sind gegen die Pfändung Einwendungen nach § 766 ZPO zulässig? BayZR 06, 477

Salomon: EV im Vergleichsverfahren JW 31, 2088

Sallinger: Die Zwangsüberweisung an den Gläubiger gemäß § 825 ZPO bei auf Abz unter EV gekauften Gegenständen, HansRGZ 33 A, 177.

Schantz: Zur Frage des Anwartschaftsrechtes des AbzKäufers und seiner vertraglichen Verwertung, JW 31, 507

Scheld: Die Vollstreckung in die dem Gläubiger zur Sicherung übereignete Sache JW 39, 140.

Schneider-Ludorff: AbzGeschäfte in der Vollstreckung, Büro 52, 33 und 71 ff.

Schönke: Zwangsvollstreckungsnotrecht, Karlsruhe 1948

Scholz: Verjährungsfragen im Teilzahlungsgeschäft TW 61, 157

Schultz: Die Zwangsvollstreckung in unter EV verkaufte Sachen, RWP Bl. Gr. 3 D, Pfändung II, 3.

Schulz: Zur Übereignung nach § 825 ZPO, DRiZ 33, 115

Seeger: General-EV beim AbzGeschäft, KGBl. 15, 15

Sebode: Pfändung und Verwertung von auf Abzahlung gekauften beweglichen Sachen DGVZ 63,147.

Selb: Die Zwangsvollstreckung des Abzahlungsverkäufers in die verkaufte Sache und Wiederansichnahme gem. § 5 AbzG JZ 59,585.

Singer: Die Bedeutung des AbzG vom 16. 5. 1894 für die Regelung von AbzGeschäften in allgemeinen Geschäftsbedingungen Diss. 1968 Münster.

Sommer: Verliert der AbzVerkäufer den Restkaufpreisanspruch, wenn er die unter EV verkaufte Sache versteigert? RWP Bl. Gr. II D AbzGeschäfte.

Spiro: Die Rechtsbehelfe des Verkäufers bei Verkäufen unter EV, AcP 133, 315.

Spiro: Zur Pfändung der unter EV gelieferten Sache durch den Verkäufer JW 32, 151.

Stehle: Die entsprechende Anwendung des § 5 AbzG bei der Zwangsvollstreckung des AbzVerkäufers in die eigene Sache, Die Justiz, Amtsblatt des Justizministeriums Baden-Württemberg, 57, 94 ff.

Stulz: Der Eigentumsvorbehalt im in- und ausländischen Recht, Veröffentlichungen des Reichsverbandes der Deutschen Industrie 30, 51 (Besprechung in JW 30, 2772).

Then: Pfändung eigener Sachen, BayZ 07, 384.

Thomsen: Ist bei einer dem Schuldner auf Abzahlung unter EV käuflich gelieferten und vom Gläubiger gepfändeten Sache Zwangsüberweisung gemäß § 825 ZPO zulässig? HansRGZ 33 A, 7.

Thölke: Das Teilzahlungsgeschäft in dem Übereignungsverfahren nach § 825 ZPO TW 61, 55.

Wangemann: Die Zwangsvollstreckung des Abzverkäufers in die unter EV verkaufte Sache NJW 53, 1318.

Wangemann: Die Zwangsüberweisung und ihre Rechtsbehelfe im Verfahren gemäß § 825 ZPO, NJW 53, 1012.

Wangemann: Pfändungsschutz und Arglist bei der Zwangsvollstreckung in Sicherungs- und Vorbehaltseigentum MDR 53, 593.

Wangemann: Die Zwangsvollstreckung in die unter EV verkaufte Sache DGVZ 53, 165.

Wangemann: Pfändungsschutz und Arglist bei der Zwangsvollstreckung in Sicherungs- und Vorbehaltseigentum NJW 54, 667.

Wangemann: Die Bedeutung des § 5 AbzG für den Zuweisungsantrag gemäß § 825 ZPO NJW 56, 732.

Weimar: Führt ein einseitiger Verzicht des AbzVerkäufers zum Übergang des Eigentums auf den Käufer? JR 58, 55.

Weimar: Ist § 5 AbzG bei Zurückhaltung der dem Verkäufer zur Reparatur übergebenen Kaufsache anwendbar? MDR 61, 827.

Weinschenk: EV und Verjährung, BayZ 26, 317 ff.

Weiße: Der EV beim AbzGeschäft, Leipziger Diss. 1911

Wendt: AbzGeschäfte und Finanzierungsinstitute in der Rechtsprechung MDR 57, 455 ff.

Wolff: Die Zwangsvollstreckung in eine dem Schuldner nicht gehörige bewegliche Sache, Festausgabe für Hübler, 1905.

Ziffer: Uneigentlicher EV mit „dinglicher Surrogation" JW 30, 1358.

Zinkeisen: Rückgabe von auf Abzahlung gekauften Gegenständen im Wege der Zwangsvollstreckung, HansRGZ 37 A, 477.

Einzelne Entscheidungsbesprechungen

Artl: zu BGH in LM Nr. 8 zu § 5 AbzG.
Buchmann: zu OLG Königsberg JW 30, 177 in JW 30, 1090.
Busch: zu BGH 3, 257 in BB 52, 71.
Carstens: zu OLG Stuttgart JW 31, 2755 f.
Crisolli: zu LG Nürnberg JW 33, 2168.
Crisolli: zu LG Krefeld-Uerdingen JW 35, 1113.
Crisolli: zu OLG Nürnberg JW 35, 1115.
Crisolli: zu LG Breslau JW 35, 2218.
Delbrück: zu BGHZ 15, 241 in LM Nr. 4 § 5 AbzG.
Etzold: zu LG Düsseldorf JW 29, 3193 in JW 30, 2083.
Fangmann: zu AG Freiberg in DJ 38, 1366.
Hahn: zu BGHZ 34, 191 in NJW 66, 1131
Herzstein: zu LG Düsseldorf JW 29, 3193 in JW 30, 3365.
Jakobi: zu OLG Breslau JW 29, 2958 in JW 30, 331.
Klauß: zu OLG Stuttgart JW 53, 1066.
Klauß: zu LG Gießen NJW 57, 348.
Klaussen: BGHZ 22, 123 in JW 57, 23.
Lent: zu AG Bergheim JR 53, 145.
Lindemeyer: zu LG Braunschweig JW 30, 3786.
Mayer: zu KG JW 30, 1077.
Möllers: zu LG Hagen NJW 58, 871.
Münzel: zu OLG Königsberg JW 30, 177 in JW 30, 2234.
Oertmann: zu LG Dresden JW 26, 725.
Oertmann: zu LG Düsseldorf JW 29, 3193.
Oertmann: zu OLG Königsberg JW 30, 177.
Oertmann: zu RG 30, 264.
Ostler: zu BGHZ 22, 123 in JR 57, 252.
Plum: zu RGZ 139, 205 in JW 33, 909.
Rühl: zu LG Braunschweig JW 30, 1725 in JW 30, 3786.

Sebode:	zu LG Hagen JW 38, 1049.
Wangemann:	zu LG Siegen JW 56, 1928.
Wangemann:	zu LG Mönchen-Gladbach in NJW 58, 66.
Wangemann:	zu LG Köln in NJW 58, 504.
Wangemann:	zu LG Lüneburg NJW 58, 1143.

A. Allgemeiner Sinngehalt der Vorschrift

Anm. 1

1. *Ihr Inhalt und Zweck.* Während andere Bestimmungen des Gesetzes auf das Verbot und die Nichtigkeit bestimmter Vertragsklauseln abstellen, wie § 2 und § 4, aber auch §§ 1—3, und damit den Vertragsinhalt unmittelbar und zwingend regeln, wird hier an eine *Handlung des Verkäufers* eine gesetzliche Regelung geknüpft: Die Wiederansichnahme der Kaufsache gilt als Rücktritt, ist Rücktritt; s. dazu auch Anm. 6. Diese Bestimmung enthält — und zwar mit Rücksicht auf ihren gleich zu erläuternden Zweck — *zwingendes Recht.* Das ist heute eigentlich unstreitig; so *Rühl* S. 236, 247, 265; OLG Stuttgart JW 31, 2755 mit zustimmender Bespr. von *Carstens* und RGZ 139, 205 mit zustimmender Bespr. von *Plum* 33, 909 (in den Bespr. jeweils mit weiteren Literaturangaben); a. M. *Samter* S. 82. Vgl. auch Anm. 2 a. E. und Anm. 7. Damit steht § 5 im deutlichen Gegensatz zu § 455 BGB, der im Falle des EV nur eine im Zweifel anwendbare Auslegungsregel im Sinne eines Rücktritts*rechtes* gibt. Das AbzG unterstellt aber mit dieser Regelung nicht etwa (im Gegensatz zum BGB), daß der EV ein Rücktrittsrecht dem Verkäufer gewährt. Die Motive zeigen vielmehr deutlich, daß das Gesetz den rechtlichen Charakter des EV überhaupt nicht regelt, sondern lediglich zwischen den Parteien nach Geltendmachung des EV die gleichen Rechtsbeziehungen schaffen will, wie sie bestehen würden, wenn der Verkäufer auf Grund des Rücktrittsrechtes zurückgetreten wäre.

Anm. 2

Der *Zweck der Vorschrift* ist die Verhinderung einer Umgehung der §§ 1—3. Ohne die Vorschrift des § 5 würde es dem Verkäufer möglich sein, die Sache auf Grund seines Eigentums zurückzunehmen, ohne gleichzeitig vom Vertrag zurückzutreten; s. *Staudinger-Ostler* § 455 Anm. 44 f. Der Käufer würde damit die Sache und die gezahlten Raten häufig oder sogar meist endgültig verlieren, bliebe aber zur Weiterleistung der Ratenzahlungen verpflichtet und könnte die Wiedereinlösung der Sachen nur bei restloser Tilgung der Kaufpreisschuld nebst Verzugszinsen erreichen, die dem zahlungsschwachen Käufer eben in sehr vielen Fällen unmöglich ist. Das AbzG will gerade den Käufer davor schützen, daß er den Besitz und die (daraus fließende) Nutzung des Kaufgegenstandes verliert, aber trotzdem zur Zahlung des Kaufpreises verpflichtet bleibt, also Geld und Ware verliert; s. RGZ 139, 205 (207 f.); RGZ 146, 182 (189) und BGHZ 15, 171 (173); ebenso OLG Stuttgart HRR 34 Nr. 1664; LG Dortmund JW 38, 1830 und OLG Nürnberg BayJMBl. 54, 16. An den objektiven Tatbestand des Besitzverlustes des Käufers knüpft deshalb das Gesetz bezüglich der Rücktrittsfolge an, wenn Verkäufer die Veranlassung dazu gegeben hat, s. Anm. 5, 77 u. 95.

Gerade zur Durchsetzung dieses sozialpolitischen Schutzzweckes des AbzG war gegenüber dem allgemeinen Zivilrecht die Sonderregelung des § 5 nötig. Diese Vorschrift verhindert also erst die Umgehung der Rücktrittsvorschriften. Sie ist damit zusammen mit diesen Rücktrittsvorschriften das Kernstück der der Erreichung des gesetzlichen Schutzzweckes dienenden Vorschriften, dem ganz besondere Bedeutung in der Zwangsvollstreckung wegen der Kaufpreisforderung zukommt, insbesondere wenn beim AbzKäufer sonstige pfändbare Habe fehlt; s. hierzu unten Anm. 76.

Gerade aus diesem rechts- und sozialpolitischen Zweck leitet *Carstens* JW 31, 2755 den zwingenden Charkter des § 5 ab, der übrigens nicht wegen sachlich anderer Bewertung nicht gleich in §§ 1 und 2 eingearbeitet ist, sondern nur deshalb, weil der EV damals noch nicht in allen Landesrechten anerkannt war; s. auch unten Anm. 7.

Anm. 3

2. Das „*Wiederansichnehmen der verkauften Sache*" verlangt dem Wortlaut nach, daß der Verkäufer den unmittelbaren Besitz des Kaufgegenstandes sich wieder verschafft und läßt erst damit die Rücktrittswirkung eintreten. Der Sinn des Gesetzes verlangt aber den Besitzverlust des Käufers und führt damit andererseits (s. unten Anm. 76) über diesen Wortlaut hinaus, weil gerade auch dieser „Rücktritt" die Rücktrittsvorschriften der §§ 1 ff. voll zur Anwendung kommen lassen will und deshalb auch die Rückgewähr Zug um Zug gemäß § 3 zugunsten des Käufers Platz zu greifen hat. Dies führt dazu, daß — grundsätzlich jedenfalls — schon das *Rückgabeverlangen* des Verkäufers ein „Wiederansichnehmen" im Sinne des § 5 bedeutet. Vgl. näher unten Anm. 86 f.

Anm. 4

3. *Wiederansichnehmen „auf Grund vorbehaltenen Eigentums"* verlangt der Gesetzeswortlaut. Auch hier ist sein Wortlaut aber zu

eng und könnte zu falschen Schlüssen verleiten, wenn nicht der oben in Anm. 2 erwähnte Gesetzeszweck nachdrückliche Beachtung findet.

In erster Linie ist dazu folgendes zu sagen: § 5 will bestimmen, daß *auch* die Wiederansichnahme *auf Grund Eigentumsvorbehalts* als Ausübung des Rücktritts gilt. Dies bringt bereits die Stellung des § 5 zum Ausdruck; nachdem voraus die *schuldrechtliche* Folge der Nichterfüllung geregelt ist, soll gesagt werden, daß das gleiche auch beim Vorgehen auf Grund des Sachenrechts gilt, daß also durch diese Gestaltung zivilrechtlicher Möglichkeiten kein anderer Erfolg herbeigeführt werden kann. Nur so kann die Vorschrift in ihrem Kern verstanden werden, auch deshalb, weil das Gesetz zweifellos *keinen Unterschied* machen wollte in der Behandlung der AbzGeschäfte mit und der ohne EV, worauf auch *Crisolli* JW 34, 1817 hinweist, wozu um so weniger Veranlassung bestand, als der EV nicht Wesensmerkmal des AbzGeschäftes ist; s. § 1 Anm. 61. Ebenso *Crisolli* a. a. O. und *Kleinknecht* NJW 38, 3206 und im Ergebnis auch BGHZ 19, 326, wobei BGH den § 5 auch dann bejaht, wenn der Verkäufer die AbzSache ersteigert, nachdem er zunächst auf das Eigentum daran verzichtet hat; das fehlende Eigentum stört den BGH also nicht, weil der vom Wortlaut erfaßte Fall eben nur der war, an den der Gesetzgeber in erster Linie gedacht hat und der einer Regelung bedürftig erschien.

Allerdings stellt der BGH für seine Entscheidung nicht die damit auch für ihn sehr naheliegende Erwägung wie hier an, sondern er kommt zu seiner Entscheidung erst auf dem Weg über die Rechtsprechung, nach der einer Wiederansichnahme auf Grund des EV der Erwerb der Kaufsache in der Zwangsversteigerung gleichgestellt ist, welcher Grundsatz auch bei Verzicht zu gelten habe. Diesen Umweg brauchte der BGH aber gar nicht, weil er in dem hier vertretenen Sinne a.a.O. S. 328 selbst erklärt: „Wenn nun die Rechtsprechung diesem Tatbestand der ‚Ansichnahme' auf Grund des EV den Erwerb in der Zwangsversteigerung gleichgestellt hat, so liegt darin die Anwendung des § 5 AbzG auf einen Tatbestand, der von seinem Wortlaut nicht unmittelbar betroffen wird; die Anwendung auf einen solchen Tatbestand kann dann aber auch nicht von der Erfüllung der einzelnen Tatbestandsmerkmale des Wortlauts des § 5 AbzG abhängig sein. Wie sich aus der Entwicklung des Schrifttums und der Rechtsprechung ergibt, betrachtete man diesen EV zunächst überhaupt nicht als Voraussetzung, sondern eher als ein rechtliches Hindernis für die Pfändung und den anschließenden Erwerb in der Zwangsversteigerung. Daraus folgt, daß die Wirkungen des AbzG auch dann eintreten müssen, wenn der Verkäufer sich entgegen der Übung das Eigentum überhaupt nicht vorbehalten hatte, wenn er aber den Gegenstand in der Zwangsversteigerung erworben und ihn auf diese Weise wieder an sich gebracht hat." Abzulehnen ist es, wenn *Benkendorff* JW 33, 2754 aus der Unterscheidung zwischen AbzGeschäften mit oder ohne EV gerade die Ablehnung des § 5 auf Zwangsvollstreckungsmaßnahmen entnimmt, weil sonst bei AbzKäufen ohne EV der Verkäufer grundlos viel besser stünde, während andererseits *Danielcik* JW 37, 291 meint, daß die Schlechterstellung des Verkäufers mit EV ein Ausgleich für die durch den EV bewirkte Besserstellung sei; so auch *G. Pauli* Diss. S. 35 und 54 f. *Lehmann*, Sicherung von Kundenkrediten S. 9 betont mit Recht, daß § 5 die unerträgliche Härte beseitigen soll, die beim gewöhnlichen EV dadurch entstehen kann, daß die Sache (auf Grund des EV) weggenommen wird, insbesondere nur vorbeugend, nicht zum Zwecke der Befriedigung weggenommen wird, ohne daß gleichzeitig die Fesseln des undurchführbar gewordenen Kaufgeschäfts entfallen.

§ 5 will also nicht unterscheiden, sondern gleichstellen, um alle Möglichkeiten auszuschließen, daß der Käufer Besitz und Nutzung der Sache verlieren könnte, ohne von der Kaufpreisforderung frei zu werden. Die Wiederansichnahme auf Grund Geltendmachung des Eigentums — und zwar ohne oder mit Erwirkung eines Titels auf Grund des dinglichen Rechtes — wird wie eine Wiederansichnahme auf Grund Rücktritts behandelt. Darüber, daß damit nur für den zweiten denkbaren Fall der Sachwegnahme im Sinne des Käufers gesorgt und die letzte Möglichkeit ausgeschlossen werden sollte, wonach der Käufer die Sache verlieren könnte, ohne von der Kaufpreisforderung frei zu werden, s. *Wangemann* NJW 52, 1318 (1320) und näher auch *Alberty* DR 39, 1776 (1777 f.).

Auch die *Zurückhaltung* der dem Verkäufer zur Reparatur übergebenen Kaufsache löst die Wirkung des § 5 aus, wenn sie geschieht, weil der Käufer die Kaufpreisraten nicht bezahlt. Es genügt, wenn der Verkäufer den Käufer damit zur Zahlung der Raten anhalten will und ihm gleichzeitig die Nutzungsmöglichkeit der Kaufsache nimmt; vgl. auch Weimar MDR 61, 827. Anders hingegen, wenn der Verkäufer die Sache zurückbehält, weil der Käufer die Reparaturkosten nicht begleicht. Hier besteht kein unmittelbarer rechtlicher Zusammenhang zwischen AbzKaufvertrag und Vorenthaltung des Besitzes, vielmehr steht dem Verkäufer unabhängig davon ein Zurückbehaltungsrecht aus dem Werkvertrag oder ein Unternehmerpfandrecht nach § 647 BGB zu. Vlg. dazu *Ewald* MDR 62, 255.

Anm. 5

Das vorstehend betonte „auch", im Wortlaut des Gesetzes fehlend, aber nach Zweck und Stellung des § 5 ohne weiteres klar, wurd allerdings bei den Lösungsversuchen zu den aus § 5 in Literatur und Rechtsprechung behandelten Streitfragen bisher kaum hervorgekehrt (*Aubele* formuliert zwar in § 5 Anm. 24 ebenso, hat aber die Bedeutung dieses „auch" nicht gesehen, wie seine Anm. 10 und besonders Anm. 25 zu § 5 zeigen; in diesem Sinne aber *Wangemann* NJW 52, 1320; anders *Ewald* AbzG S. 110). Es vermag aber diese Streitfragen weitgehend zu klären, insbesondere: Die *vom Verkäufer betriebene Versteigerung der AbzSache* führt zur Anwendung der Rücktrittsvorschriften. Man muß wohl sagen, daß dies für das Gesetz selbstverständlich war, für ein Gesetz, das durch alle seine Vorschriften „den Käufer davor schützen will, daß er Besitz und Nutzungen des Kaufgegenstandes verliert, obwohl er für die Zahlung des Kaufpreises haftbar bleibt. Es kommt also nicht darauf an, ob der Verkäufer den alleinigen Besitz der Kaufsache zurückerlangt, sondern darauf, ob der Käufer auf Veranlassung des Verkäufers den Besitz einbüßt, der es ihm ermöglicht, die Sache zu nutzen", RGZ 139, 205 (207); 146, 182; BGHZ 15, 171 (173) und oben Anm. 2. Wegen dieser Selbstverständlichkeit hat das Gesetz dies nicht ausgesprochen, zumal in den meisten Fällen der Verkäufer bei solchem Vorgehen sich über den damit herbeigeführten wirtschaftlichen Erfolg im Sinne eines Rücktritts klar sein wird. Auf diese wirtschaftliche Betrachtungsweise und den wirtschaftlichen Erfolg aber stellt das Gesetz durchwegs ab (s. besonders arg. aus § 6). Nur den Fall, der mit gutem Grund in seiner Lösung hätte bezweifelt werden können, nämlich das Vorgehen unter Geltendmachung des dinglichen Rechtes, regelte der Gesetzgeber noch ausdrücklich, dem bekannt war, daß sonst sehr häufig rechtliche Unterschiede beim Vorgehen aus dem Schuldrecht oder aus dem dinglichen Recht, aus Forderungstitel oder dinglichem Titel bestehen, z. B. bei der Beschlagnahme nach ZVG. In konsequenter Verfolgung des Gesetzeszweckes wird auch hierfür die Gleichstellung bestimmt, um alle Fälle des objektiven, vom Verkäufer veranlaßten Besitzverlustes des Käufers zu erfassen. Daraus ergibt sich auch, daß es unerheblich ist, ob der Verkäufer die noch ihm gehörige Sache versteigert; wesentlich ist, daß er es bezüglich der AbzSache tut; s. auch unten Anm. 37.

Daß dies wirklich die Meinung des Gesetzgebers war, wird dadurch besonders unter Beweis gestellt, daß schon die amtliche Begründung zu § 5 die öffentliche Versteigerung der AbzSache auf Grund einer für den Verzugsfall getroffenen Abrede als Wiederansichnahme bezeichnet und davon spricht, daß die Fiktion des § 5 „für alle Fälle" aufgestellt sei, auf Grund deren der Verkäufer seine Sache zurückerhalte, ohne Zug um Zug mit dem Käufer abzurechnen (stenogr. RTBer. 9. Legislaturperiode II. Session Anl. Bd. 1 S. 725 und *Samter* S. 109). Dies ist deutlich genug, zumal das Schweigen über den Fall der Pfändung der AbzSache durch den Verkäufer sich wohl daraus ergeben wird, daß die Pfändung eigener Sachen damals für unzulässig gehalten wurde; s. auch unten Anm. 112.

Man wird dabei nur nicht von „entsprechender" Anwendung des § 5 sprechen dürfen, wie es im allgemeinen bei Billigung der Meinung geschieht — so auch BGHZ 15, 171 und 22, 123 ff. —, sondern von einem Argument, das sich aus § 5 zusammen mit §§ 1—3 und mit § 6 unter Beachtung des allgemeinen Gesetzeszweckes zwingend ergibt; s. auch *Ostler* JR 57, 252 ff. (unter II 1). Die Gesetzesworte „auf Grund vorbehaltenen Eigentums" haben also nicht die normative Kraft einer Beschränkung der Vorschrift nur auf bestimmte Fälle, insbesondere nicht etwa auf die mit dem EV motivierte Zurücknahme; so auch *Klauß* Anm. 382 und *Aubele* Anm. 6 je zu § 5.

An der wortlautmäßigen Voraussetzung des vorhandenen EV hält aber fest *Klauß* Anm. 381 *Kuhn* in RGRKomm. z. BGB § 455 Anm. V. G. *Pauli,* Diss. 1954 und wohl auch *Wendt* MDR 57, 455 ff. Der Verzicht auf das Eigentum könnte dann Bedeutung insbesondere für Vollstreckungsfragen bekommen; s. unten Anm. 37 Vgl. im einzelnen unten Anm. 101 ff. Besondere Bedeutung gewinnt diese Frage bei FinVerträgen; s. *Busch* BB 52, 71 und § 6 Anm. 136 ff.

Anm. 6

4. Gesetzliche Fiktion des Rücktritts.

a) Der zwingende Charakter der Vorschrift (s. oben Anm. 1) wird durch diese Fiktion geschaffen. Daß es sich um eine solche Fiktion hier handelt, ist unstreitig; s. schon RGZ 67, 387 f. und 96, 297; *Rühl* S. 236, 247, 265; *Lazarus* S. 56; OLG Stuttgart JW 31, 2755 und *Carstens* hierzu; anders nur *Samter,* der in Anm. 3 b zu § 5 nur eine präsumtio juris gegeben sieht, die nur eingreife, wenn keine Abrede über das Rücktrittsrecht getroffen sei. Diese Fiktion, deren Inhalt von §§ 349 und 455 BGB abweicht, wirkt also auch dann, wenn nicht ein stillschweigender Rücktritt des Verkäufers angenommen werden könnte. Sie wirkt ohne und sogar gegen den Willen des Verkäufers; so auch RG a.a.O. und *Klauß* Anm. 384 zu § 5.

Ihre Folge ist das Rückgewährverhältnis nach §§ 1—3 des Gesetzes. Der Käufer braucht also die Sache nur Zug um Zug gegen Rückgewähr der gezahlten Raten unter Berücksichtigung der Ansprüche aus § 2 herauszugeben. Vgl. im einzelnen die Ausführungen zu den §§ 1—3.

Anm. 7

b) *Entgegenstehende Vereinbarungen* sind, anders als in §§ 1 und 2, nicht ausdrücklich für unzulässig erklärt. Durch den zwingenden Charakter der Fiktion sind aber entgegenstehende Vereinbarungen, z. B. der allgemeinen Verkaufsbedingungen, wirkunslos. So auch *Klauß* Anm. 395 und *Aubele* Anm. 24 je zu § 5: RGZ 139, 205 a. E. sowie *Plum* in der Bespr. dieser Entscheidung in JW 33, 910 sowie auch RGZ 146, 182 ff. = JW 35, 1554; ebenso OLG Stuttgart JW 30, 2755 mit zustimmender Bespr. *Carstens* (und weiteren Zitaten) und OLG Königsberg LZ 32, 189; s. auch § 1 Anm. 199 und oben Anm. 2! A. M. nur *Lochner* RdK 31, 399, weil in solchen Fällen die Rücknahme nicht auf Grund des EV, sondern auf Grund der besonderen Vertragsvereinbarung erfolge, wobei er aber übersieht, was oben Anm. 4 und 5 sowie über den Schutzzweck des Gesetzes, der an den objektiven Tatbestand anknüpft (oben Anm. 2), ausgeführt ist.

Die herrschende Meinung findet auch in den Motiven (S. 527 Unterstützung, wonach der AbzKauf unter EV nur deshalb einen Sonderplatz im Gesetz gefunden hat, weil der EV damals noch nicht in allen Landesrechten anerkannt war; nur deshalb, nicht aus *sachlich* anderer Bewertung erscheint er nicht schon beim § 1, womit entgegenstehende Vereinbarungen ausdrücklich nichtig wären; s. *Carstens* JW 31, 2755.

Nichtig ist deshalb die vertragliche Vereinbarung, daß Rücknahme zur Sicherung erfolgen könne, ohne daß dies als Rücktritt zu gelten habe, OLG Königsberg LZ 32, 189; obenso OLG Stuttgart JW 35, 2755 mit zustimmender Anm. von *Carstens* sowie RGZ 139, 205; a. A. *Samter* S. 82 und unrichtig deshalb OLG Kiel BB 57, 692 (s. dazu unten Anm. 76). Auch die *vertragliche Vereinbarung* eines Wahlschuldverhältnisses — Zahlung oder Rückgabe — ist wegen Widerspruch zu § 5 unzulässig; so *Klauß* Anm. 302 zu § 3 und NJW 50, 765 sowie weiter LG Krefeld-Uerdingen JW 35, 1113 mit zustimmender Anm. von *Crisolli*; vgl. auch hier Anm. 200 zu § 1. Wegen der Auswirkung auf die Selbsthilfeklausel vgl. unten Anm. 66 sowie dort über die Unwirksamkeit vertraglicher strengerer Rücktrittsvorschriften. Vgl. übrigens auch unten Anm. 77.

Anm. 8

Der nach § 5 fingierte Rücktritt ist *nicht widerruflich* anders noch die Vorauflage. Wie beim rechtsgeschäftlich erklärten Rücktritt muß auch bei dem durch Gesetz fingierten eine klare Rechtslage geschaffen werden, auf die sich der Käufer verlassen kann. Hat der Verkäufer die AbzSache einmal endgültig an sich genommen, dann darf der Käufer seine künftigen wirtschaftlichen Dispositionen unter der Gewißheit treffen, daß er den Kaufpreis aus dem Kaufvertrag nie mehr schulden werde. Eine andere Auffassung könnte für den Käufer schwerwiegende Folgen haben. Da die Widerruflichkeit der Fiktion des § 5 zeitlich allenfalls durch Treu und Glauben, § 242 BGB, ausgeschlossen sein würde, könnte der Verkäufer häufig noch Jahre nach der Wiederansichnahme der Sache den Käufer an den Kaufvertrag binden. Der Käufer hat sein Interesse an der Sache inzwischen meist aufgegeben oder anderweitig gedeckt. Durch die Unwiderruflichkeit ist der Käufer auch keineswegs benachteiligt. Ist er ebenso wie der Verkäufer an dem Kaufvertrag nach wie vor interessiert, so steht es beiden Parteien frei, einen Vertrag desselben Inhalts zu schließen oder das Abwicklungsverhältnis wieder in den ursprünglichen Kaufvertrag umzuwandeln. Gl. A. BGHZ 39, 97 *Crisolli* JW 34, 1817 ff. (1820); *Spiro* AcP 133, 321; *Plum* in Bespr. JW 33, 909 u. *Alberty* DR 39, 1776 sowie offenbar *Aubele* Anm. 26 zu § 5. — A. A. die Vorauflage; *Klauß* Anm. 394 zu § 5 un OLG Stuttgart NJW 53, 1066 sowie *Klauß* in der Bespr. hierzu und AG Tübingen DR-pfleger 38, Nr. 833.

B. Der Eigentumsvorbehalt

Anm. 9

Der EV ist kein Wesensmerkmal des AbzG, wie in Anm. 61 zu § 1 dargelegt ist. Er ist ferner kein entscheidendes Moment für die Anwendung des § 5, wie oben Anm. 4 und 5 ausgeführt ist, was, wenn auch mit etwas anderer Begründung als der hier wiedergegebenen, jetzt durchaus der Rechtsprechung und überwiegend auch der Rechtslehre entspricht; s. neben BGHZ 15, 171 auch BGHZ 19, 326. Deshalb erscheint es nicht veranlaßt, die Lehre vom EV im einzelnen mit näherer Begründung für alle Streitfragen hier darzulegen. Eine zusammenfassende, grundrißartige Behandlung mit Hinweis auf bei den AbzGeschäften besonders zu beachtende Rechtsregeln erscheint genügend.

Im näheren kann verwiesen werden auf die Kommentare zum BGB, die zu § 455 und zu § 929 eingehende Erläuterungen bringen; so

Staudinger-Ostler zu § 455 und *Staudinger-Berg* Anm. 28 ff. zu § 929; ferner *Enneccerus-Lehmann,* Schuldrecht § 118 A und *Enneccerus-Wolff-Raiser* Sachenrecht § 66 I, 3.

I. Der Eigentumsvorbehalt im Sinn des § 5

Anm. 9a

1. Es gehören hierher alle Rechtsgestaltungen, die dem Verkäufer zu seiner Sicherung eine Rechtsstellung belassen oder einräumen, kraft deren er die Kaufsache auf Grund Eigentums herausverlangen kann. Hierher zählen deshalb:

a) Der *Eigentumsvorbehalt* im gewöhnlichen Sinn, d. i. *im Sinne des §455 BGB.* Hierbei wird vorbehalten — gewöhnlich durch eine im Kaufvertrag enthaltene Bestimmung (s. unten Anm. 22) —, daß das Eigentum an der Kaufsache trotz Übergabe erst mit der vollständigen Bezahlung des Kaufpreises an den Käufer übergehen soll. Das ist der Normalfall der *aufschiebend bedingten Übereignung,* die im Zweifel nach § 455 BGB anzunehmen ist und den wirtschaftlichen Interessen der Beteiligten, insbesondere des Verkäufers, entspricht. Auch die *Übereignung unter auflösender Bedingung* d. i. der Fall sofortigen mit der Übergabe erfolgenden Eigentumsübergangs, mit der Vereinbarung, daß das Eigentum bei Nichterfüllung der Käuferpflichten an den Verkäufer zurückfällt, ist möglich, wenn auch nach § 455 BGB im Zweifel nicht anzunehmen, und bedeutet, wenn sie vorkommen sollte, einen Fall i. S. des § 5; so ausdrücklich *Veith* RWP-Bl. Gruppe II D AbzGeschäfte.

Nur vom EV i. S. der aufschiebend bedingten Übereignung wird im wesentlichen nachfolgend unter Anm. 14 ff. gesprochen werden.

Anm. 10

b) *Der Eigentumsvorbehalt im weiteren Sinn.* Hier ist schon die schuldrechtliche Verpflichtung zur Eigentumsübertragung aufschiebend bedingt. Der Hauptfall im Bereich der beweglichen Sachen ist der sog. *Möbelleihvertrag,* bei dem zunächst nur ein Mietvertrag geschlossen wird in Verbindung mit einem aufschiebend bedingten Kaufvertrag oder in Verbindung mit der schuldrechtlichen Abrede der Übereignung nach Bezahlung einer bestimmten Summe von Mietzinsbeträgen. Näheres hierüber s. Anm. 28 ff. zu § 6. Hierbei handelt es sich nicht um einen EV nach § 455 BGB; wohl aber ist § 5 anwendbar; s. auch unten Anm. 24.

Anm. 11

c) Auch die *Sicherungsübereignung* der AbzSache zur Sicherung der Kaufpreisforderung ist kein EV i. S. des § 455 BGB. Sie ist im Zusammenhang mit Geschäften, die nach § 6 als AbzGeschäfte behandelt werden, üblich, insbesondere bei den sog. Kunden-FinVerträgen. Es ergibt sich deshalb hierfür die Anwendbarkeit des § 5. Vgl. hierüber Anm. 97 zu § 6.

Gleiches hätte von einer *Verpfändung der AbzSache* zu gelten, wenn sie im Zusammenhang mit der Sicherung der Kaufpreisforderung vorkommen sollte. Auch das spätere Vorgehen aus diesem dinglichen Recht, einen minus gegenüber dem Eigentum, würde ein Vorgehen sein, das in den Raum zwischen dem Vorgehen aus dem Schuldrecht und dem *auch* unter die Folgen des AbzG fallenden Vorgehen aus dem Eigentum fällt; s. oben Anm. 4.

Anm. 11a

Zu a—c: Es genügt jedes *tatsächlich* beim Verkäufer verbliebene oder ihm zustehende Eigentum. Es kommt also nicht darauf an, ob diese Rechtslage dem Vertrag entspricht; es gehören hierher also auch die Fälle, in denen mit der Übergabe vertragswidrigerweise die Übereignung nicht verbunden wurde, weil der Übereignungwille des Verkäufers fehlte oder die Übereignung durch Anfechtung oder von Anfang an nichtig war; s. näher *Staudinger-Ostler* Anm. 9—11 zu § 455 und auch unten Anm. 22.

Anm. 12

d) Die nach dem ausdrücklichen Inhalt des Gesetzes geltende wirtschaftliche Betrachtungsweise (s. Einl. 20) führt dazu, daß nicht nur das Eigentum an der AbzSache selbst, sondern auch *der an ihre Stelle getretene wirtschaftliche Wert* einzubeziehen ist; s. auch den Rechtsgedanken des § 281 BGB. Die Wiederansichnahme der Kaufsache auf Grund des vorbehaltenen Eigentums liegt deshalb insbesondere auch vor, wenn

aa) die Vorbehaltssache mangels Intervention im Wege der Vollstreckung versteigert wurde, aber dann die *Herausgabe des Versteigerungserlöses* verlangt wird. Vgl. hierwegen RGZ 156, 398 und *Baumbach-Lauterbach,* ZPO Anm. 3 zu § 817. S. näher unter Anm. 95:

bb) wenn bei verlängertem EV der *an* die *Stelle der Kaufsache tretende Gegenstand* (die verarbeitete Sache, die Kaufpreisforderung aus dem Weiterverkauf) herausverlangt wird; vgl. hierzu unten Anm. 18 und Anm. 40.

Anm. 13

2. Kein EV i. S. des § 5 ist der *sogenannte uneigentliche Eigentumsvorbehalt.* Hier erfolgt die unbedingte Übereignung, jedoch mit der Verpflichtung des Schuldners, über die Sache vor Bezahlung nicht wie ein Eigentümer zu verfügen, sie also insbesondere nicht zu verpfänden oder zu übereignen. Diese Abrede hat nur schuldrechtliche Wirkung und kann sich gegen den bösgläubigen Dritten nur gemäß § 826 BGB auswirken. So auch *Rühl* S. 76; *Stulz* S. 56 ff.; *Meisner* S. 4; *Ziffer* JW 30, 1358 und *Senf* JW 30, 3540. Hier kommt also nicht der Tatbestand des § 5 in Frage; beim schuldrechtlichen Vorgehen des Verkäufers aus dem Kaufvertrag gelten aber §§ 1—3 unmittelbar.

II. Die Erscheinungsformen des Eigentumsvorbehalts

Anm. 14

1. Obwohl das Eigentum zwar auch an unbeweglichen Sachen vorbehalten werden kann, kommt der EV i. S. des § 5 im Hinblick auf § 1 des Gesetzes *nur an beweglichen Sachen* in Betracht. Über den Begriff der beweglichen Sache s. Anm. 9 ff. zu § 1.

a) Dabei ist der EV auch an *verbrauchbaren Sachen* möglich; ebenso OLG (Karlsruhe) 2, 343; OLG (Colmar) 15, 235; OLG Stuttgart JW 31, 84 mit Anm. *Bibergeil* und *Rühl* S. 36. Vgl. allerdings auch Anm. 14 zu § 1. Der EV ist ferner auch möglich *an Sachen, deren bestimmungsgemäßer Gebrauch in der Weiterveräußerung besteht*; ebenso RGZ 115, 262; RGSt. 62, 31; OLG Naumburg JW 27, 1497; KG JW 29, 2164; OLG Stuttgart JW 31, 84 mit Anm. *Bibergeil*; OLG Hamburg JW 33, 1142; OLG (München und Hamm) 33, 271; *Wassermann* LZ 28, 803 und 1318 sowie mit eingehender Begründung *Rühl* S. 36 ff. A. m. Landgericht I Berlin in Mitt. IHK 28, 165. Vgl. auch *Staudinger-Ostler* Anm. 22 zu § 455. Wenn der Verkäufer in diesen Fällen auch durch den Verbrauch oder die Weiterveräußerung sein Eigentum verliert, so schützt der EV den Verkäufer doch, so lange dies noch nicht geschehen ist, vor dem Zugriff anderer Gläubiger. Gleiches gilt übrigens für den EV an *Bestandteilen*, die zum Einbau kommen sollen, wenn auch bei einem Einbau, der den §§ 93, 94 BGB entspricht, das Verkäufereigentum untergeht, RGZ 67, 30 und 69, 150. Vgl. auch unten Anm. 39 und 41.

b) Auch an *unpfändbaren Sachen* ist der EV möglich. Über die Folgen bei der Zwangsvollstreckung s. unten Anm. 107 f.

Anm. 15

c) Unmöglich ist der EV an *Rechtsgesamtheiten* als solchen, etwa einem Unternehmen oder Geschäft als ganzem, während er allerdings an dem dazugehörigen verkauften körperlichen Gegenständen wirken kann; RGZ 67, 383 und JW 35, 3037. Eine solche Rechtsgesamtheit kann aber ohnedies nicht Gegenstand eines AbzGeschäftes sein. S. Anm. 21 zu § 1.

Anm. 16

d) An *Sachgesamtheiten* z. B. Warenlager, Inventar, kann Eigentum bis zur Bezahlung des Gesamtkaufpreises vorbehalten werden. Der EV muß aber dem sachenrechtlichen Spezialtiätsprinzip entsprechend hinsichtlich jeder einzelnen Sache vorgenommen werden, wenn dies auch unter der zusammenfassenden Bezeichnung möglich ist Vgl. näher § 1 Anm. 15 ff. und wegen der Wiederansichnahme unten Anm. 99. S. auch *Gramm* AcP 59, 257.

Anm. 17

e) Auf *Bestandteile* der beweglichen Sache wird sich i. S. der Vereinbarung der EV stets mit erstrecken. Er erstreckt sich nach § 947 Abs. 2 BGB hierauf auch, wenn diese erst nach dem Kauf mit der (Haupt-) Sache verbunden worden sind; RGZ 81, 143. Bei AbzGeschäften über Kraftfahrzeuge wird dies häufig besonders vereinbart, *Rühl* S. 56 und *Schalfejew* S. 111.

Ob der EV sich auf *Zubehör* erstreckt, ist Sache der Einzelvereinbarung. Ohne gegenteilige Anhaltspunkte ist im Hinblick auf §§ 314 und 926 BGB anzunehmen, daß es vom EV mit erfaßt ist. Gleiches gilt für Früchte; s. hierwegen Anm. 174 zu § 1.

Zur Frage, wann die Voraussetzung der Wiederansichnahme in diesen Fällen gegeben ist, s. unten Anm. 100.

Anm. 18

2. Durch Vertragsbestimmung haben sich die verschiedensten Formen des sog. *verlängerten Eigentumsvorbehalts* entwickelt, die den Vorbehalt in gewissem Sinne in vertikaler Richtung erstrecken, nämlich auf drei nach der Lieferung sich ergebende Entwicklungsstadien, nämlich *Verarbeitung, Weiterverkauf und Bezahlung.* So wird durch die *Verarbeitungsklausel* zur Vermeidung der Grenzen des EV, die sich sonst aus §§ 93, 94, 946 ff. BGB ergeben, der Vorbehaltsverkäufer Eigentümer des Arbeitserzeugnisses, sei es kraft vertraglicher An-

derung des § 950 BGB, sei es dadurch, daß der Käufer „für den Stoffeigentümer" (= Verkäufer) hergestellt und dieser damit der Hersteller i. S. des § 950 BGB ist. Durch die *Vorausabtretungsklausel* wird die künftige Forderung des Käufers gegen seinen Abkäufer im Voraus dem Vorbehaltsverkäufer abgetreten. Hierfür sind von der Rechtsprechung folgende Wirksamkeitsvoraussetzungen aufgestellt worden:

a) Die im voraus abgetretene Forderung muß für den konkreten Einzelfall bestimmt, mindestens aber bestimmbar sein.

b) Das Einziehungsrecht des Vorbehaltsverkäufers darf nicht dauernd ausgeschlossen sein. Eine nur vorübergehende Beschränkung ist unschädlich.

c) Die Forderungsabtretung darf die wirtschaftliche Bewegungsfreiheit des Käufers nicht übermäßig einschränken, andernfalls ist Sittenwidrigkeit anzunehmen, § 138 BGB, vgl. BGH NJW 64, 666.

Bezüglich des Verhältnisses zwischen Globalzession und verlängertem EV siehe BGH NJW 59, 1533 u. NJW 60, 1716.

Beim sog. *weitergeleiteten EV* vereinbart, daß der Käufer nur unter Vorbehalt des Eigentums des Vorbehaltsverkäufers weiterverkaufen darf. Diese Weiterleitung ergibt sich aber auch ohne ausdrückliche Vereinbarung aus dem Wissen des Abkäufers und dem dann bei ihm zu verneinenden guten Glauben; s. unten Anm. 42. Schließlich kann für den Fall der Bezahlung durch den Abkäufer im *voraus Sicherungsübereignung des Kaufpreiserlöses* (mit der Notwendigkeit seiner gesonderten Verwahrung) vereinbart werden. Im einzelnen ist hierzu auf die Kommentare zum BGB zu verweisen, z. B. *Staudinger-Ostler* § 455 Anm. 26 a und ff.

Der verlängerte EV ist in allen diesen Formen natürlich auch im Sinne des § 5 von Bedeutung. Besondere Fragen können sich dahin ergeben, ob und wann hier „Wiederansichnahme der Kaufsache" vorliegt. Darüber oben Anm. 12 und unten Anm. 40 und 97.

Anm. 19

3. Ebenfalls durch Vertragsbestimmungen wurde der *erweiterte Eigentumsvorbehalt* entwickelt, der den Vorbehalt sozusagen in horizontaler Richtung erstreckt, in dem der EV nicht nur die Kaufpreisforderung des Verkäufers aus diesem Kaufgeschäft sichern soll. Dies geschieht durch den *Kontokorrentvorbehalt*, wonach das Eigentum an keiner der Kaufsachen vor Bezahlung aller bestehenden und noch entstehenden Forderungen aus der Geschäftsverbindung übergeht. Ein

eigentlicher Vorbehalt dieser Art wird zwar beim AbzGeschäft selten sein. In der Form der *Zukaufs-* und *Zusammenkaufsklausel* ergeben sich aber entsprechende Fragen für das AbzGeschäft; vgl. hierzu Anm. 11, 12, 15, 19, 20 und 100 zu § 1. Auch der *Konzernvorbehalt* (EV nicht nur bis zur Bezahlung der Forderungen des Verkäufers, sondern bis zur Bezahlung anderer, insbesondere dem Konzern angehöriger Gläubiger) wird selten für das AbzGeschäft in Betracht kommen, ist aber auch hier möglich. Im einzelnen sind zum erweiterten EV die BGB-Kommentare zu vergleichen; z. B. *Staudinger-Ostler* Anm. 28 zu § 455.

Wegen der sich bei dieser Gestaltung ergebenden Fragen zur „Wiederansichnahme der Kaufsache" vgl. unten Anm. 98.

III. Das Entstehen des Eigentumsvorbehalts

Anm. 20

1. Der EV setzt grundsätzlich *Vereinbarung vor oder bei der Übergabe* der Sache voraus.

a) Diese Vereinbarung kann eine *ausdrückliche oder stillschweigende* sein des Inhalts, daß trotz Übergabe (oder Übergabesurrogats) das Eigentum erst mit der Bezahlung übergehen soll. Die stillschweigende Vereinbarung wird bei AbzGeschäften nur wenig Bedeutung haben; es ist aber denkbar, daß sich der EV stillschweigend aus der Wiederholung gleicher Geschäfte unter gleichen Partnern ergibt; s. außerdem unten Anm. 21 über stillschweigende Vereinbarung durch widerspruchslose Annahme. Durch *Handelsbrauch* besteht die Vereinbarung eines EV für keine Ware, auch nicht für Kraftfahrzeuge (RGZ 143, 14) und auch nicht für nicht bar bezahlte Maschinen (IHK Köln BB 51, 207). Wenn man dieses Fehlen des Handelsbrauches feststellen muß, wird der EV auch nicht auf Grund *Verkehrssitte* für AbzGeschäfte angenommen werden können; so auch *Lechner* Anm. 5 zu § 5, während *Klauß* Anm. 363 zu § 5 zu anderer Annahme neigt.

Anm. 21

b) Es ist *unerheblich, ob* der EV *Inhalt des schuldrechtlichen Vertrages von Anfang an* war *oder nachträglich, aber vor oder bei Übergabe der Sache* vereinbart wurde. Die nachträgliche Vereinbarung liegt insbesondere dann vor, wenn der Käufer trotz eines ohne EV abgeschlossenen Kaufvertrages die nur unter EV zur Übergabe angebotene Sache ohne Widerspruch entgegennimmt, insbesondere trotz

Kenntnis von dem auf der (vor oder mit der Ware gelieferten) Faktura oder dem Lieferschein enthaltenen Vermerk über den EV. Vgl. auch *Staudinger-Ostler* Anm. 12 zu § 455.

Anm. 22

c) Für § 5 ist sogar *unerheblich, ob der EV überhaupt Bestandteil des schuldrechtlichen Vertrages geworden ist.* Hierin liegt eine Abweichung zu § 455 BGB (s. *Staudinger-Ostler* Anm. 7, 8 und 12 zu § 455). Der *Verkäufer kann einseitig* und unabhängig vom Vertragsinhalt *den Eigentumsübergang* bei Übergabe *hindern,* wenn er die sachenrechtlich hierzu nötige Einigung nicht oder nicht in unbedingter Weise erklärt, wozu allerdings unter dem Gesichtspunkt des Zugehens der Erklärung, wenn sie der nach dem Vertrag zu erwartenden Erklärung widerspricht, eine *deutliche* Erklärung zu verlangen ist. Der Käufer kann freilich wegen der Verletzung der vertraglichen Eigentumsverschaffungspflicht die sofortige bedingungslose Übereignung verlangen. Der sofortige Eigentumsübergang ist aber gehindert und die spätere Wiederansichnahme der Kaufsache durch den Verkäufer ist ohne weiteres eine solche i. S. des § 5; s. auch oben Anm. 11. Vgl. über diese Fragen, die im einzelnen für das AbzG nach dem Gesagten nicht interessieren, näher *Staudinger-Ostler* Anm. 7 und 9—11 zu § 455 und Anm. 101 zu § 433.

Wirksam wird der EV zugunsten des Verkäufers mit der Übergabe der Sache oder Übergabesurrogat.

Anm. 23

2. Der *nachträglich vereinbarte Eigentumsvorbehalt,* d. h. eine Vereinbarung des „Eigentumsvorbehalts" bis zur völligen Bezahlung der Kaufsache, die erst nach der bedingungslos erfolgten Übereignung getroffen wird, ist begrifflich kein *Vorbehalt* des Eigentums, das ja im Zeitpunkt der Vereinbarung dem Verkäufer gar nicht mehr zusteht, sondern die Vereinbarung eines Eigentums*rückfalls* mit dinglichen und schuldrechtlichen Wirkungen (einer Vereinbarung wie nach § 455 BGB). Zur Frage der dinglichen Wirkung, die im Wege des § 930 BGB eintreten kann, besteht mancherlei Streit, der aber zum AbzG uninteressant ist, weil § 5 auf jeden Fall entweder unmittelbar oder aber auf dem Wege über § 6 Geltung hat; s. auch oben Anm. 11 wegen der Sicherungsübereignung. Vgl. auch *Klauß* Anm. 370 und *Aubele* Anm. 2 ju zu § 5 und näher *Staudinger-Ostler* Anm. 13—15 zu § 455.

Anm. 24

3. Der eben erwähnte Streit über die dingliche Lage ist auch deshalb uninteressant, weil auch der nur *„schuldrechtliche Eigentumsvorbehalt“*, wenn dieses Wort geprägt werden darf, im Sinne des § 5 genügt. Auch wenn nämlich der EV nicht ordnungsgemäß begründet ist, gerade etwa bei dem in Anm. 22 behandelten Fall, wird der Wille der Parteivereinbarung sein, daß jedenfalls im Verhältnis der Parteien zueinander obligatorisch der Rechtszustand gelten soll, der im Falle rechtzeitiger und ordnungsgemäßer Vereinbarung des EV gelten würde; s. RG JW 05, 18. Mit Rücksicht auf den Zweck des § 5, der ja nur besagt, daß neben dem rein obligatorischen Vorgehen auch das Vorgehen auf Grund dinglichen Rechtes die Anwendung der §§ 1—3 auslöst (s. oben Anm. 4 und 5), löst auch die hier behandelte, unter den Parteien bestehende Rechtslage die Anwendung des § 5 aus. S. auch oben Anm. 9.

Anm. 25

4. Der EV kann auch vereinbart werden an Sachen, *die dem Verkäufer noch nicht gehören*. Er gilt dann für den Fall des Eigentumserwerbs durch den Verkäufer und wird mit diesem wirksam. Diese Vereinbarung ist eine solche im Sinne des § 455 BGB und des § 5. Vgl. auch *Staudinger-Ostler* Anm. 16 zu § 455.

IV. Die Übertragung des Vorbehaltseigentums und des Anwartschaftsrechtes

Anm. 26

1. Die Übertragung des *vorbehaltenen Eigentums* kann im Wege des § 931 BGB, d. i. durch Einigung und Abtretung des Herausgabeanspruchs, erfolgen, da ja dem Verkäufer das (auflösend bedingte) Eigentum noch zusteht. Den Vorbehaltskäufer schützen dabei die §§ 161 und 986 Abs. 2 BGB gegen eine ihn benachteiligende Verfügung; RGZ 138, 298 und unten Anm. 42; vgl. auch BGH LM Nr. 2 zu § 5 AbzG und *Stein* BayZ 05, 388 und *Aubele* Anm. 16 zu § 1.

Die Übertragung kann *sowohl mit wie ohne die gesicherte Forderung* erfolgen, die ihrerseits wie jede andere Forderung aus einem gegenseitigen Vertrag abgetreten werden kann, RGZ 55, 402, Die Ansicht *Samter* (S. 30), daß ein Anspruch aus dem Eigentum wegen § 401 BGB nur zusammen mit dem obligatorischen Anspruch abgetreten werden könne, ist irrig. Zunächst kommt § 401 BGB nicht unmittelbar zur Anwendung, da der EV kein Pfandrecht ist; gegen die an sich mögliche analoge Anwendung (RGZ 126, 384) der übrigens nicht zwingenden Vorschrift des § 401 BGB (RG Recht 17 Nr. 179) spricht aber der Umstand, daß eine selbständige Übertragung der dort aufgezählten Nebenrechte nur deshalb nicht möglich ist, weil sie selbständig nicht bestehen könne, s. RG JW 05, 428. Das ist jedoch beim bedingten Eigentum der Fall. Da § 401 BGB hier also weder unmittelbar noch entsprechend anwendbar ist, ist das bedingte Eigentum selbständig übertragbar; ebenso *Rühl* (ohne Begründung) S. 83; *Soergel* Anm. 3 zu § 401 und OLG Stuttgart Recht 13 Nr. 329. Gegen Mitübergang nach § 401 BGB bezüglich eines Nebenrechtes des AbzVerkäufers auch OLG Kiel DRspr. I (128) Bl. 38 c (s. zu dieser Entsch. aber auch unten Anm. 76 gg Ende).

Anm. 27

RGZ 91, 277 will im Falle der Sicherungsübereignung den § 401 BGB dahin entsprechend anwenden, daß der Abtretende schuldrechtlich auch zu einer Übertragung des ihm sicherungshalber abgetretenen Rechtes verpflichtet ist; ebenso *Soergel* und RGRKomm. z. BGB Anm. 3 bzw. Anm. 5 zu § 401. *Rühl* S. 83 nimmt in ergänzender Auslegung des Parteiwillens den Eigentumsübergang selbst als von den Parteien gewollt an, weil der Abtretende kein Interesse mehr daran hat, „nach Abtretung seiner aus dem Kaufvertrage fließenden Rechte noch das Eigentum zu behalten"; vgl. auch *Scholz* Nr. 179 über stillschweigende Abtretung des Herausgabeanspruchs. *Rühl* geht aber zu weit; man kann nicht, wenn die Kaufpreisforderung ohne Abrede über das Eigentum abgetreten ist, beim Fehlen von Anhaltspunkten aus der Forderungsabtretung die Einigung über den Eigentumsübergang entnehmen. Man wird aber für den EV der Meinung beizupflichten haben, die das RG a.a.O. (s. auch RGZ 89, 195) für die Sicherungsübereignung vertritt; während für letztere allerdings die Meinung im Hinblick auf den fiduziarischen Charakter bedenklich ist und deshalb von *Enneccerus-Lehmann*, Schuldrecht § 79 III 1 f. abgelehnt wird, wird sie für den EV zu akzeptieren sein; so auch *Palandt* § 401 Anm. 1 c.

Anm. 28

2. Die *Übertragung des Anwartschaftsrechts* des Käufers durch diesen ist möglich. Denn er besitzt schon vor dem Eintritt der Bedingung ein subjektives Recht, über das er bereits verfügen kann; so RGZ 101, 185 (187) und BGHZ 10, 69 sowie BGH NJW 54, 1325. Er verfügt dabei nicht als Nichtberechtigter im Sinne des § 185 BGB;

ebenso *Rühl* S. 97; *Letzgus* S. 16; *Schantz* JW 31, 507. Der auf Grund eigenen Rechtes über fremdes Recht verfügende Anwartschaftsberechtigte ist dem gleichzustellen, der im Einverständnis des Berechtigten handelt. Einer Mitwirkung, insbesondere des Einverständnisses des Vorbehaltsverkäufers zur Verfügung bedarf es deshalb zur Wirksamkeit der letzteren nicht. Andernfalls wäre der Anwartschaftsberechtigte schlechter gestellt als derjenige Käufer, der lediglich den Anspruch aus § 433 BGB auf Eigentumsverschaffung besitzt. Das ist zwar streitig (über Entwicklung und Stand in Literatur und Rechtsprechung s. *Ohr* MDR 54, 353), jetzt aber durchaus herrschende Lehre, s. *Staudinger-Berg* § 929 Anm. 28 *cy* sowie BGHZ 10, 69 und 20, 88. Die Folge solcher Verfügung über das Anwartschaftsrecht ist, daß der Erwerber das Eigentum bei Eintritt der Bedingung unmittelbar, ohne Durchgang durch das Vermögen seines Rechtsvorgängers erwirbt, so daß der Zweiterwerber den gegen seinen Vormann ausgebrachten Pfändungen im Wege des § 771 ZPO widersprechen kann und gesetzliche, insbesondere Vermieterpfandrechte an der Sache gegen den Vormann nicht zur Entstehung kommen. So im Anschluß an LG Köln NJW 54, 1773, LG Bückeburg NJW 55, 1156 und OLG Celle NJW 55, 673 und in Abweichung von RGZ 140, 223 nun BGHZ 20, 88 ff. = NJW 56, 665 = JZ 56, 413 (Anm. *Blomeyer*) = MDR 1956, 593 (Anm. *Reinicke*) = LM § 455 BGB Nr. 7 (Anm. *Ascher*). Vgl. auch unten Anm. 33. *Zur Sicherungsübereignung des Anwartschaftsrechtes* und den damit zusammenhängenden besitzrechtlichen Problemen vgl. *Henke* JZ 59, 202 sowie BGHZ 28, 16.

Die Übertragung des Anwartschaftsrechts *erfolgt* grundsätzlich nach den für die Übertragung des Vollrechts geltenden Vorschriften. (Ausnahme, wenn dazu Eintragung im Grundbuch erforderlich wäre). Sehr instruktiv BGHZ 49, 197 = NJW 68, 493.

Anm. 29

Eine *Verletzung des Anwartschaftsrechts* führt zum Schadenersatz, da das Eigentumsanwartschaftsrecht als ein dem Vollrecht angenähertes Recht behandelt wird und deshalb ein „sonstiges Recht" i. S. des § 823 I BGB darstellt. Näheres siehe OLG Celle BB 60, 1183.

V. Das Erlöschen des Eigentumsvorbehalts

Anm. 30

1. Entsprechend dem Inhalt des Kaufvertrages, also *vereinbarungs-*

gemäß, erlischt der EV durch Bedingungseintritt oder Bedingungsausfall.

a) Er erlischt bei aufschiebend bedingter Übereignung, also im Normalfall, durch *Eintritt der Bedingung*, das ist in der Regel durch die *vollständige Zahlung* des Kaufpreises. Dazu gehört die Tilgung der Forderung in Haupt- und Nebensache, also mit Zinsen und Frachtkosten (§ 367 BGB). Der Bezahlung der Forderung steht der Untergang der Forderung aus anderen Gründen gleich: z. B. Annahme an Erfüllungs Statt gemäß § 364 BGB, Hinterlegung unter Ausschluß der Rücknahme nach § 378 BGB, Aufrechnung gemäß § 389 BGB, Leistung einer an die Stelle der Erfüllung tretenden Vertragsstrafe wegen Nichterfüllung gemäß § 340 BGB; für letzteren Fall s. auch § 4 Anm. 29 f. und *Aubele* JW 14, 179. Auch der Untergang der Forderung durch Erlaß (§ 397 BGB) gehört hierher; ebenso *Rühl* S. 92. Dagegen ist die Saldierung und Saldoanerkennung beim Kontokorrentverkehr nicht der Bezahlung gleichzusetzen; so *Meisner* S. 19, *Geiler* JW 30, 2901 und *Flume* NJW 50, 849; *Scholz*, Recht der Kreditsicherung Nr. 94—179. Auch die befreiende Schuldübernahme beendigt das Schuldverhältnis und läßt den EV untergehen; anders OLG Köln JW 34, 438; gegen diese Entscheidung aber *Thiesing* a.a.O.

Die *teilweise Zahlung* bewirkt aber nicht teilweises Erlöschen des EV. Sämtliche Sachen bleiben Eigentum des Verkäufers, bis der ganze Kaufpreis bezahlt ist. Es kann allerdings der EV nach Höhe des jeweils noch ausstehenden Kaufgeldes vereinbart werden, *Seuff* A 70 Nr. 9. Regelmäßig aber bleibt, selbst *wenn später andere Sachen hinzugekauft werden* (s. Anm. 20 zu § 1), der EV auch nach Bezahlung der früher gekauften Sachen an diesen bestehen, wenn von vornherein oder bei dem Zukauf der anderen Sachen vereinbart worden ist, daß sämtliche Sachen bis zur Bezahlung des Gesamtkaufpreises Eigentum des Verkäufers bleiben sollen; ebenso *Rühl* S. 81 und OLG Zweibrücken BayZ 06, 66; a. M. *Samter* S. 69 f. und OLG (Stuttgart) 8, 63. Voraussetzung ist, daß die Abrede vor der völligen Bezahlung der erstgekauften Sachen erfolgt, da sonst das Eigentum hieran bereits auf den Käufer übergegangen ist; s. für diesen Fall oben Anm. 23. Sind *mehrere Sachen zufällig zusammen gekauft* (s. Anm. 18 zu § 1), z. B. beim Einkauf in verschiedenen Abteilungen eines Warenhauses zu Einzelpreisen, so erlischt im Zweifel der EV für die Stücke jedes Vertrages besonders, sobald der darin vereinbarte Einzelkaufpreis bezahlt ist. Bei der Absprache der Bedingung, unter denen der EV erlöschen soll, sind die Vertragsteile völlig frei; RGZ 147, 321 ff.

Anm. 31

Bei *nur noch geringfügiger Zahlungsrestschuld* kann das Recht zur Ausübung des EV gemäß Treu und Glauben im Einzelfall entfallen; vgl. hierzu RGZ 50, 140 und 133, 113 (117); LG Berlin JW 32, 2186; BGHZ 10, 69 ff. (75) und *Staudinger-Ostler* Anm. 11 zu § 454 und Anm. 37 zu § 455 sowie hier Anm. 100 zu § 1 und unten Anm. 55. Auch *Ewald,* AbzG macht auf die Bekämpfung von mißbräuchlicher Ausnutzung des EV mit §§ 138, 242 BGB aufmerksam (S. 47—50, besonders S. 48) und will de lege ferenda eine Bestimmung, nach der der EV erlöschen soll, wenn 75 % des Kaufpreises gezahlt sind (S. 167 f.), eine Grenze, bei der de lega lata keinesfalls die Berufung auf § 242 BGB Platz greifen kann.

Anm. 32

Ob die *Bezahlung* durch den Käufer oder *durch Dritte* erfolgt, ist grundsätzlich gleichgültig; der Dritte kann nach § 267 Abs. 1 BGB Zahlung an den AbzVerkäufer leisten und damit erreichen, daß das Eigentum an den AbzKäufer übergeht. Wenn allerdings der AbzKäufer widerspricht, ist nach § 267 Abs. 2 BGB der AbzVerkäufer berechtigt, — nach manchen Verträgen sogar verpflichtet — die Leistung des Dritten abzulehnen, sofern die Ablehnung nicht gegen Treu und Glauben verstößt. Letzteres wird aber grundsätzlich nicht der Fall sein, und zwar weder nach § 242 BGB noch nach § 162 BGB; so auch LG I Berlin KGBl. 02, 48; 04, 56; 10, 88; *Staudinger-Werner* 11. Aufl. Anm. 7 zu § 267; anscheinend auch *Samter* S. 72 und mit anderer Begründung *Kaufmann* Gruch 53, 336. Der Käufer ist aus dem zwischen ihm und dem Dritten bestehenden Rechtsverhältnis nicht verpflichtet, diesem die Zwangsvollstreckung dadurch zu ermöglichen, daß er der Leistung an den Verkäufer nicht widerspricht. Zwischen dem Verkäufer und dem Drittgläubiger besteht andererseits überhaupt kein Rechtsverhältnis, kraft dessen der Dritte von dem Verkäufer eine Rücksichtnahme auf seine Interessen verlangen kann. Der Verkäufer kann an der Ablehnung der Leistung auch ein beachtliches Interesse haben, ja trotz mangelnden eigenen Interessen dem Käufer gegenüber hierzu sogar verpflichtet sein; gl. M. KG KGBl. 04, 39; 11, 95; *Seuff* A 65, 37; OLG 20, 350; 23, 219; *Fromherz* ZZP 38, 54; 39, 479 und 486; *Rühl* S. 91. Nur in Ausnahmefällen, z. B. wenn der Käufer mit Billigung des Verkäufers längere Zeit hindurch nur noch einen verhältnismäßig und absolut geringen Restbetrag schuldig ist, um den Eigentumsübergang zu verhindern, kann in der Verweigerung der Annahme ein Verstoß gegen §§ 826, 226 und auch 162 BGB erblickt werden; vgl. OLG (KG) 14, 429.

Ein Widerspruch des Käufers kann aber durch Pfändung und Überweisung des Anwartschaftsrechtes ausgeschaltet werden; ebenso *Enneccerus-Lehmann*, Schuldrecht § 118 A III 1 b; *Rühl* S. 89 ff. und 167; *Stulz* S. 61 ff.; *Meisner* S. 34; *Palandt* BGB Anm. 6 zu § 267; OLG (KG) 20, 349 sowie 26, 56 und 33, 271; *Klauß* Anm. 463 und *Aubele* Anm. 19 je zu § 5.

Die Pfändung erfolgt dabei gemäß § 857 Abs. 1 ZPO und ist zulässig, falls die Sachen nicht etwa nach § 811 ZPO unpfändbar sind und sie wird wirksam mit Zustellung des Pfändungsbeschlusses an den Vorbehaltsverkäufer (§ 829 ZPO). Auf Grund dieser Pfändung steht dem Käufer gegenüber dem Drittgläubiger das Widerspruchsrecht des § 267 Abs. 2 BGB nicht mehr zu, da der Widerspruch nun eine nach der Pfändung gemäß § 829 ZPO nicht mehr zulässige Verfügung über das gepfändete Recht zum Nachteil des Gläubigers bedeuten würde. Der Verkäufer ist deshalb nach § 271 Abs. 2 BGB nunmehr verpflichtet, die gesamte Restzahlung anzunehmen. Der Verkäufer ist ferner gemäß § 840 ZPO verpflichtet, dem Drittschuldner die Höhe seiner Restforderung mitzuteilen; ebenso KG KGBl. 10, 28.

Nur diese Verfügungsbeschränkung des Schuldners und das Recht für den Dritten, den Restkaufpreis an den Vorbehaltsverkäufer zu bezahlen, wird jedoch durch diese Pfändung bewirkt; so auch BGH NJW 54, 1325. Ein Pfandrecht an der Sache selbst erwirbt der Pfändungsgläubiger noch nicht, sondern erst dann, wenn er auch die Sache im Wege einer Sachpfändung gemäß § 808 ZPO pfändet. Dies ist notwendig, da § 847 ZPO nicht anwendbar ist; ebenso *Ascher* NJW 55, 46; allerdings strittig, s. *Staudinger-Berg* § 929 Anm. 28 d. Ob die Pfändung der Sachen vor oder nach der Pfändung des Anwartschaftsrechtes erfolgt, ist ohne Bedeutung; insbesondere kann der Drittgläubiger schon vor der Pfändung des Anwartschaftsrechtes gültig pfänden, wenn auch das Pfandrecht erst mit der Befriedigung des Gläubigers entsteht; ebenso *Rühl* S. 172.

Strittig ist auch die Frage, wie der Drittgläubiger zum Ersatz seiner Zahlung an den Verkäufer gelangt; vielfach werden die Aufwendungen als Kosten der Zwangsvollstreckung im Sinne des § 788 ZPO betrachtet; dies ist jedoch verfehlt; es steht dem Drittgläubiger lediglich ein Anspruch aus ungerechtfertigter Bereicherung zu. Gl. M. *Nußbaum* KGBl. 04, 53; *Bing* Recht 07, 1247 f. und wohl auch RG Gruch 61, 798 *Rühl* S. 179 bezeichnete die Frage als zweifelhaft. Vgl. auch *Petermann* DRpfleger 58, 169 (unter IV).

Anm. 33

Als *Wirkung des Eintritts der Bedingung* fällt das Eigentum unbeschränkt dem Käufer an, ohne daß es noch eines besonderen Übereignungsaktes bedarf und ohne Rücksicht darauf, ob der Wille des Verkäufers zur Eigentumsübertragung in diesem Zeitpunkt noch vorhanden ist und ohne Rücksicht darauf, ob der Käufer die Kaufsache bei Bedingungseintritt noch im Besitz hat. So heute die fast unbestrittene Meinung; s. *Rühl* S. 87; *Meisner* S. 34 und mit eingehenden Nachweisen *Staudinger-Berg* Anm. 28 c zu § 929.

Im Zeitpunkt des Eigentumsanfalls entstehen gesetzliche Pfandrechte, wie etwa das Vermieterpfandrecht, und werden vom Drittgläubiger vorgenommene Pfändungen wirksam; solche Pfandrechte entstehen gleichzeitig und haben dann auch gleichen Rang. Ebenso RGZ 60, 72; OLG (KG) 22, 163; a. M. *Rühl* S. 124 und 169. Zu beachten ist aber, daß die gesetzlichen Pfandrechte des Kommissionärs, Lagerhalters, Frachtführers und Spediteurs nach §§ 366 Abs. 3 und § 623 Abs. 3 HGB kraft guten Glaubens, also schon vor dem Eigentumserwerb entstehen können.

Wenn der Käufer aber im Zeitpunkt des Eigentumsanfalles schon über das Anwartschaftsrecht durch Übertragung verfügt hatte, so erwirbt das Eigentum ohne Durchgang durch die Person des Käufers der Dritterwerber; Rechte der Gläubiger des Käufers kommen daher in diesem Falle nicht zur Entstehung; s. oben Anm. 28. Auch bei „Übertragung der Sache" ist im Zweifel die Übertragung des Anwartschaftsrechtes anzunehmen, wenn den Beteiligten bekannt war, daß der Veräußerer noch nicht Eigentümer der Sache ist und sofortige Sicherung des Erwerbers gewollt ist; so RGZ 140, 225 und LG Bückeburg NJW 55, 1156 sowie *Staudinger-Berg* Anm. 28 c am Ende zu § 929.

Über die gewollte Veräußerung der Sache an Dritte s. unten Anm. 41 f.

Anm. 34

b) Der EV erlischt bei auflösend bedingter Übereignung durch *Ausfall der Bedingung*, das ist in der Regel auch hier die Vollzahlung des Kaufpreises, mit der die Bedingung des Eigentumsrückfalles ausfällt und die Endgültigkeit des Eigentumsanfalles an den Käufer feststeht.

Der Ausfall der Bedingung ist an sich aber *auch bei aufschiebend bedingter Übereignung* möglich mit der Wirkung, daß das Anwartschaftsrecht des Käufers endigt und der Verkäufer wieder uneingeschränktes Eigentum hat. Auch die schuldrechtliche Übereignungspflicht entfällt dabei, wenn der Erfüllungsanspruch erlischt, etwa wegen Forderung von Schadenersatz unter Ablehnung der Erfüllung, s. Anm. 135 zu § 1. Bei Bestehenbleiben der schuldrechtlichen Übereignungspflicht des Verkäufers hat diese Übereignung später nach § 929 BGB zu erfolgen. Für das Recht des BGB kommt letzteres in Betracht, wenn der Eigentumsübergang nicht (nur) an die Bedingung der vollständigen, sondern an die Bedingung der rechtzeitigen Zahlung geknüpft ist, so daß mit der nicht rechtzeitigen Zahlung, ohne Rücksicht auf Verzug sogar, die Bedingung ausgefallen ist und einem Herausgabeverlangen des Verkäufers vom Käufer nicht mehr das Recht auf Besitz nach § 986 BGB entgegengehalten werden kann. Die für den BGB-Bereich streitige Frage, wann dieser Bedingungsausfall im Zweifel eintritt, ist im Bereich des AbzG ohne besondere praktische Bedeutung, da hier die hauptsächlichste Geltendmachung des EV, nämlich die Rückforderung der Sache, die gleiche Wirkung hat, wie der Rücktritt, also auch den schuldrechtlichen Vertrag löst. Die Erklärung des Bedingungsausfalls durch den Verkäufer bei Nichtzahlung ohne Erklärung des Rücktritts vom Vertrag wäre hier höchstens möglich, wenn der Verkäufer dem Käufer z. B. erklärt, daß er die Sache zurückverlange, wenn der Käufer in Zukunft irgendeine Vertragsbedingung nicht erfüllt, deren Verletzung an sich weder den Rücktritt noch die Geltendmachung des EV begründen würde.

Die Frage, ob der EV erloschen ist, darf nicht beliebig lang in der Schwebe bleiben. Deshalb muß § 355 BGB hier analog Anwendung finden. Über Erlöschen der Anwartschaft bei endgültiger Verweigerung der Bezahlung durch den Käufer s. unten Anm. 49.

Anm. 35

2. Der EV erlischt ferner durch *Verzicht des Verkäufers.*

a) Ein solcher Verzicht auf das Eigentum ist nach der herrschenden Ansicht nur eine empfangsbedürftige, nicht aber eine annahmebedürftige Kundgabe durch den Verkäufer gegenüber dem Käufer. Denn nach § 959 BGB genügt einseitiges Handeln für den Verzicht auf das Eigentum, so daß kein Vertrag nötig ist. Gleiches muß für den Verzicht auf den EV, d. h. auf die Bedingung für die dingliche Übereignung gelten. Gl. M. RGZ 66, 348; 79, 243; *Staudinger-Ostler* Anm. 58 zu § 455; *Klauß* Anm. 379 zu § 5; *Rühl* S. 84; *Hein* S. 97. A. M. *Planck* Anm. 1 b zu § 397 und Anm. 3 zu § 959 sowie *Lechner* Anm. 9 zu § 5 und Weimar JR 58, 55. Die Kundgabe kann auch stillschweigend und auch durch nicht-rechtsgeschäftliches Verhalten geschehen, so durch Duldung der Zwangsvollstreckung des Dritten in die AbzSache; Stuttgart Recht 15 Nr. 302 und *Rühl* S. 181. Dagegen ist die Anmeldung der Kaufpreisforderung im Konkurs des Käufers kein Verzicht auf den EV, OLG Hamm Recht 07 Nr. 1344.

Anm. 36

b) Das eben Gesagte ist die *dingliche Rechtslage*, nach der also dem Verkäufer nicht verwehrt werden kann, einseitig auf sein Recht zu verzichten. Nach der *schuldrechtlichen Lage*, dem Vertragsinhalt, kann dem Verkäufer aber ein solcher vorzeitiger Verzicht auf den EV verwehrt sein; so wenn der Käufer in seinem Interesse (Schutz der Sache gegen Pfändungen Dritter, solange sie noch nicht bezahlt ist) auf den EV Gewicht gelegt hat, was in einer Vertragsbestimmung zum Ausdruck kommt, nach der der Verkäufer zur Erhebung einer Widerspruchsklage *verpflichtet* ist.

Auf diese schuldrechtliche Lage, darauf, daß durch den *einseitigen* Eigentumsverzicht des Verkäufers der Rechtsinhalt des AbzVertrages nicht geändert werden kann und daß deshalb die Verpflichtung des Verkäufers zur Rückgewähr nach § 1—3 auch dann bestehen bleibt, wenn der Verkäufer nach einem Verzicht auf den EV die Kaufsache, etwa durch Zwangsversteigerung, wieder an sich nimmt, stellt in der Begründung entscheidend BGHZ 19, 326 (329) mit Recht ab; dies insbesondere auch deshalb, weil der EV gar nicht zu den Wesensmerkmalen des AbzGeschäftes gehört (s. Anm. 61 zu § 1). Gleiches ergibt sich aus den Erwägungen, die oben Anm. 4 und 5 über den Sinngehalt des § 5 angestellt wurden.

Anm. 37

c) Die sehr bestrittene Frage, ob ein Verzicht des Verkäufers auf sein Eigentum (hier: auf die Bedingung für die dingliche Übereignung) *in der Pfändung oder Versteigerung der ihm gehörigen Sache* (über deren Zulässigkeit s. unten Anm. 112) liegt, hat im Bereich des AbzG selbst keine eigene Bedeutung, weil die Anwendbarkeit des § 5 nach dem Gesagten außer Zweifel steht; s. dazu auch oben Anm. 5 über die Zulässigkeit dieses Verfahrens und ferner über die Frage, wann hier „Wiederansichnahme" gegeben ist, unten Anm. 124 ff. Die dingliche Rechtslage ist aber natürlich von Bedeutung, weil z. B. die — nicht gerechtfertigte — Annahme, daß schon mit der Pfändung das Eigentum verloren würde, das gesamte Vermieterpfandrecht bereits entstehen lassen würde; aber auch Pfändungspfandrechte anderer Gläubiger würden als ältere entstehen und frühere Verfügung des Schuldners würden nach § 185 Abs. 2 BGB wirksam. Über und gegen die Verzichtstheorie sehr eingehend G. *Pauli* § 2, der aber in § 13 den Verzicht auf das Eigentum als für die Vollstreckung bedeutungslos ansieht, obwohl er den bestehenden EV als Voraussetzung des § 5 erachtet; allerdings auch a.a.O. S. 97. Vgl. Auch *Stein-Jonas-Schönke* § 804 Anm. II 3. Mit der Versteigerung aber wird das Vorbehaltseigentum aufgegeben und zwar auch bei Selbsteinsteigerung, die zur Entstehung neuen Eigentums führt; vgl. auch *Staudinger-Ostler* Anm. 59 zu § 455 sowie *Stein-Jonas-Schönke* a.a.O. Über solche Aufgabe des EV durch Verzicht und insbesondere über den Zeitpunkt dieses Verzichts s. die unten Anm. 114 behandelte Entscheidung des LG Düsseldorf JW 29, 3193 und *Etzold* hierzu JW 30, 2083 sowie *Crisolli* JW 34, 1817 (1818). Weil der Verzicht nicht zu früh erfolgen darf (sonst könnte die Vollstreckung vielleicht ohne Befriedigung des Gläubigers, etwa nach § 766 ZPO zu Ende gehen), aber auch nicht zu spät (damit wegen § 325 BGB der Verkäufer seine Verschaffungspflicht erfüllt), wird der Zeitpunkt der Ablieferung des Versteigerungserlöses und eine durch die Ablieferung dieses Erlöses aufschiebend bedingte Verzichtserklärung angenommen.

Anm. 38

3. Der EV *erlischt* ferner *bei durchgeführter Zwangsvollstreckung eines Dritten* in die Abzsache, sei es, daß die Durchführung durch Versteigerung oder gemäß § 825 ZPO erfolgt. Es tritt aber der Erlös an die Stelle der Sache. bei Rücknahme des Erlöses oder bei Geltendmachung von Bereicherungsansprüchen gegen den Käufer und Vollstreckungsschuldner liegt Wiederansichnahme vor; s. oben Anm. 12 und und unten Anm. 95; über die Widerspruchsklage des Verkäufers s. unten Anm. 53. Über die Vollstreckung des Vorbehaltseigentümers in die Kaufsache s. oben Anm. 37 mit Verweisungen.

Anm. 39

4. Der EV *erlischt* auch *durch Verbindung, Vermischung, Verarbeitung.* Durch *Verbindung* geschieht es, wenn die Kaufsache dadurch wesentlicher Bestandteil (§§ 93—95 BGB) einer anderen wird, was besonders bei *Baustoffen* in Betracht kommt; s. §§ 946, 947 BGB. *Maschinen* werden aber durch Einbau nur unter recht selten gegebenen Voraussetzungen wesentliche Bestandteile des Hauses. Die bloße Verbindung der Sachen zu unwesentlichen Bestandteilen oder die Ent-

stehung eines Zubehörverhältnisses läßt den EV unberührt. Bei *Vermischung* gilt § 948 BGB in Verbindung mit § 947 BGB, wobei aber die Gesamtmenge aus *abgegrenzten* Einzelmengen zusammengesetzt sein muß; bei Vermischung mit einer dem Maße nach unbestimmten Menge wird der EV unwirksam, RGZ 112, 102. Bei *Verarbeitung* erwirbt nach Maßgabe des § 950 BGB normalerweise der Hersteller das Eigentum an der neuen Sache, so daß ein anderes Eigentum am Stoff untergeht. Vgl. hierzu *Staudinger-Ostler* Anm. 55—57 zu § 455 mit Rechtsprechungs- und Literaturangaben.

Die dem Verkäufer gemäß § 951 BGB aus Bereicherung oder unerlaubter Handlung entstehenden Ansprüche stehen auf Grund des untergegangenen Anwartschaftsrechtes auch dem Käufer, aber unter der Bedingung der Vollzahlung zu. Wenn er den Kaufpreis bezahlt hat, aber auch erst dann, kann er diese Ansprüche erheben. Mit der Vollzahlung des Kaufpreises wachsen die Ansprüche des Verkäufers dem Käufer zu, ohne daß es einer Abtretung bedarf.

Anm. 40

§ 5 kann in diesen Fällen insbesondere zur Anwendung kommen, wenn der verlängerte EV in Gestalt der Verarbeitungsklausel gegeben ist und die verarbeitete Sache herausverlangt wird, s. auch oben Anm. 12 und 18 desgleichen dann, wenn der durch die dingliche Rechtsfolge der Verbindung nicht berührte vertragliche Herausgabeanspruch geltend gemacht wird; RGZ 63, 416.

Anm. 41

5. Der EV *erlischt durch Weiterveräußerung der Sache* durch den Käufer an einen Dritten.

a) Das gilt bei der *befugten Weiterveräußerung* durch den Käufer, wenn also der Verkäufer der Verfügung des Käufers zugestimmt hat. Diese Zustimmung kann auch *stillschweigend* geschehen. Ob in dem solche stillschweigende Zustimmung zur Weiterveräußerung zu erblicken ist, ist strittig; verneinend *Naumburg* JW 27, 1947; bejahend RGZ 115, 262; RGSt. 62, 31; KG JW 29, 2164; OLG Hamm JW 27, 730; OLG (München) 33, 271 und *Rühl* S. 36 ff. Dieser Ansicht ist beizutreten, wenn dem Verkäufer beim Kaufabschluß bekannt war, daß der Käufer die Sache weiterveräußern wollte. Dann kann der Sinn des Geschäftes nicht dahin gehen, daß der Käufer erst zur Weiterveräußerung befugt sein soll, wenn er die Waren vollständig abbezahlt hat, da ihm der AbzKauf dann nichts nützen würde. Daß der Verkäufer durch die Weiterveräußerung das Eigentum verliert, steht dem nicht entgegen; der EV schützt ihn jedenfalls bis zur Weiterveräußerung vor dem Zugriff anderer Gläubiger. Vgl. auch oben Anm. 14. Ein *Widerruf* der Einwilligung zur Weiterveräußerung durch den Verkäufer ist zulässig (§ 183 BGB) und erst ausgeschlossen, wenn die Sache einem Dritten übereignet ist, nicht schon, wenn sie von einem Dritten gekauft und bezahlt wurde, BGHZ 14 114 (118 f.).

Bei Einräumung der Veräußerungsbefugnis wird als Parteiwille in der Regel anzunehmen sein, daß das Eigentum des Verkäufers schon im Zeitpunkt der Weiterveräußerung endigen soll, nicht erst bei Zahlung des Kaufpreises; s. RG JW 34, 353 und *Kernert* hierzu. Im Wege der Vereinbarung ist aber die Weiterleitung des EV möglich; s. oben Anm. 12 und 18. Wegen der evtl. stillschweigenden Weiterleitung des EV s. auch nachfolgend unter Anm. 42.

Anm. 42

b) Das gilt aber auch bei unbefugter Weiterveräußerung, wenn der Dritte auf Grund seines guten Glaubens Eigentum erwirbt. Dies ist möglich, da die Sache dem Verkäufer nicht abhanden gekommen ist im Sinne des § 935 BGB, RGZ 54, 68. Fehlender guter Glaube wegen grober Fahrlässigkeit ist gegeben, wenn die erforderliche Sorgfalt in ungewöhnlich großem Maße verletzt wurde, RGZ 141, 131 und 166, 101; BGHZ 10, 69 (74). Weiß der Dritte vom Kreditkauf seines Verkäufers bezüglich der veräußerten Gegenstände oder konnte er sich darüber unterrichten, so bleibt der EV des Erstverkäufers erhalten, weil der EV bei wertvollen Gegenständen des täglichen Bedarfs bekannt ist, ohne daß eigens darauf hingewiesen zu werden braucht; OLG Düsseldorf BB 55, 941 = DR I (125) Bl. 60. Dabei ist für den gutgläubigen Erwerb einer aufschiebend bedingt übereigneten Sache erforderlich und genügend, daß der Erwerber zur Zeit der Einigung und Übergabe der Sache im guten Glauben ist; er muß im Zeitpunkt des Bedingungseintrittes nicht mehr bestehen; BGHZ 10, 69 (73).

Anm. 43

c) Rechtsgeschäftliche Verfügungen des Verkäufers mit einem Dritten können die Rechte des Käufers nicht schmälern; s. § 161 BGB und oben Anm. 26. Gutgläubiger Erwerb wäre nur nach § 934 BGB erster Fall denkbar; es scheidet aber auch dieser aus, solange der Käufer zum Besitz der Sache berechtigt ist, weil insolange vom Verkäufer nur der bedingte Herausgabeanspruch abgetreten werden kann, was der

Käufer auch dem Dritten nach § 404 BGB entgegenhalten kann; *Meisner* S. 35.

Anm. 44

6. Der EV *erlischt nicht durch Verjährung der Kaufpreisforderung.* So jetzt die herrschende Meinung; *Kuhn* in RGRKomm. z. BGB Anm. 10 zu § 455; *Staudinger-Ostler* Anm. 60 zu § 455; *Soergel* Anm. 8 zu § 223 *Klauß* Anm. 380 zu § 5; *Aubele* Anm. 25 zu § 1 und Anm. 13 zu § 5; *Lechner* Anm. 9 zu § 5; *Oertmann* JW 26, 725; *Crisolli* JW 35, 2218; *Möllers* NJW 58, 871; *Rühl* S. 48 f.; *Meisner* S. 33; *Schubert*, Kaufrecht S. 138; *Palandt* Anm. 1 II UND *Erman* Anm. 2 c je zu § 223; *Möllers* NJW 67, 2149; *Klauß* TW 59, 14; *Scholz* TW 61, 157; siehe auch BGH NJW 61, 1011 — A. A. *Samter* S. 28; *Theinert* Anm. A III zu § 5; *Hein* (1910) S. 52 ff.; *Jacobi* KGBl. 15, 111; *Selig* (1919) S. 24; LG Dresden JW 26, 725; LG Breslau JW 35, 2218; AG Freiberg JW 38, 866 und hierzu *Fangmann* DJ 38, 1366 sowie LG Kiel MDR 56, 97 u. LG Hagen NJW 58, 871. — Wegen Rücktritt nach Verjährung s. allgemein § 1 Anm. 112.

Anm. 45

Die Tilgung der Kaufpreisforderung ist nicht erfolgt, der Eigentumsanfall also nicht eingetreten. Der EV soll aber der Sicherung der Forderung des Verkäufers dienen, solange diese besteht. Den Untergang des Forderungsrechtes führt die Verjährung aber nicht herbei (a. M. *Hein* S. 55). Die bestehende Forderung des Verkäufers kann trotz ihrer Verjährung nach wie vor erfüllt, anerkannt und gesichert werden. Schon deshalb ergibt sich als gesicherter Ausgangspunkt, daß die Verjährung der Kaufpreisforderung den EV und das Anwartschaftsrecht nicht berührt. Die Sache bleibt Eigentum des Verkäufers, der Käufer aber berechtigt, durch Tilgung der Kaufpreisforderung das Vollrecht an ihr zu erwerben.

Es kann aber auch keine Rede davon sein, daß nach dem Parteiwillen mit der Verjährung der Kaufpreisforderung der EV seinen Zweck und seine Wirksamkeit verlieren soll, genau so, wie wenn der Verkäufer die Forderung aus anderen Gründen, etwa Befriedigung, nicht mehr geltend machen kann; so insbesondere LG Dresden, Breslau und Hagen a.a.O. Das Sicherungsbedürfnis des Verkäufers ergibt aber das klare Gegenteil, so daß ein *übereinstimmender* Parteiwille keinesfalls gegeben ist und unterstellt werden kann. Nach dem Sicherungszweck des EV muß als Wille des Verkäufers angenommen werden, daß er so lange Eigentümer bleiben will, bis der Kaufpreis tatsächlich bezahlt ist, nicht nur solange, als der die Bezahlung des Kaufpreises erzwingen kann. Solange letzteres möglich ist, braucht er den EV *dem Käufer gegenüber* gar nicht, da er dann den für ihn vorteilhafteren Weg der Erfüllungsklage beschreiten kann.

Anm. 46

§ 223 BGB ergibt nichts gegen die hier vertretene Meinung, so aber LG Dresden und Breslau a.a.O, weil nach § 223 BGB unmittelbarer Besitz gefordert sei. Dies ist jedoch nur für Abs. 1 nicht aber für Abs. 2 zutreffend, der unzweifelhaft für die Sicherungsübereignung gilt, die die gleiche fiduziarische Rechtsstellung wie das Vorbehaltseigentum schafft. Es kann auch keine Rede davon sein, daß die Analogie zu § 223 Abs. 3 BGB gegen die herrschende Meinung spricht; so *Samter* S. 30. Wiederkehrende Leistungen in diesem Sinne sind nicht Amortisationszahlungen; so *Rühl* S. 86; *Sachs Jherings* J 58, 354; *Planck* Anm. 2 a zu § 197; *Palandt* Anm. 2 zu § 223 und die übrigen Kommentare. § 223 BGB wird gerade für die herrschende Meinung verwendet, weil die fiduziarische Natur des EV die analoge Anwendung rechtfertige; das, was für die Sicherungsübereignung gelte, müsse erst recht für den EV gelten; so BGHZ 34, 191; LG München NJW 65, 2353 mit kritischen Bemerkungen von *Hahn* NJW 66, 1131. Siehe ferner *Blomeyer* JZ 59, 15; *Möllers* NJW 67, 2145; *Lange* Jus 63, 59; *Oertmann* JW 26, 725; *Rühl* S. 86; *Bauknecht* MDR 56, 722; *Klarß* Anm. 380 zu § 5. Aber auch wenn man den § 223 BGB nicht für anwendbar hält (*Staudinger-Ostler* Anm. 60 zu § 455), ist zu sagen, daß man für das nicht akzessorische, sondern selbständige Eigentumsrecht einer entsprechenden Bestimmung überhaupt nicht bedarf. Ein Argument ergibt sich allerdings aus § 223 BGB: Es könnte nicht richtig sein, daß der Vorbehaltsverkäufer, der sich mit dem EV in stärkster Weise sichert, stärker als der Pfandrechtsgläubiger, schließlich ein schwächeres Recht haben soll als der letztere.

Anm. 47

Auch aus § 5 läßt sich die herrschende Lehre nicht bekämpfen. Diese dem Schutz des AbzKäufers dienende und stets weit ausgelegte Vorschrift zwinge zu dem Gegenschluß, daß dem Verkäufer die Rücknahme der Sache auf Grund des EV nicht mehr gestattet sein dürfe, wenn er Rücktrittsrechte mit Rücksicht auf die Verjährung seiner Ansprüche nicht mehr geltend machen kann; so meinen LG Breslau a.a.O. u. *Prahl* MDR 67, 545. Hiermit wird der Sinngehalt des § 5 aber völlig verkannt. Auch die Wiederansichnahme der Sache auf Grund des EV soll danach als Vertragsrücktritt bestimmt werden, damit nicht die sonst gegebene volle Trennung zwischen dinglichem und schuldrechtlichem Recht einen Einbruch in den Gesetzesgrundsatz schaffen kann, daß der Käufer unter keinen Umständen auf Veranlassung des Verkäufers die Sachnutzung verlieren und doch an den Vertrag gebunden bleiben soll. S. dazu oben Anm. 4 und 5. § 5 ergibt also überhaupt nichts darüber, ob und wann der EV besteht (und deshalb geltend gemacht werden kann).

Anm. 48

Der Streit beruht wohl im Grund darauf, daß die Gegenseite nicht genügend zwischen der schuldrechtlichen und der dinglichen Wirkung, dem Einfluß der Verjährung auf die Kaufpreisforderung und auf den Herausgabeanspruch unterscheidet. Das wird besonders deutlich bei *Hein S.* 53 ff. (der allerdings auch bei Verjährung einen Untergang der Kaufpreisforderung noch annimmt), der S. 53 ff. ausführt: „Bisher hat noch niemand daran gezweifelt, daß die Klage des Verkäufers auf Rückgewähr der mit EV verkauften Sachen eine Klage aus dem Kaufgeschäft ist; muß der Verkäufer doch aus dem Kaufvertrage seine Befugnis zum Rücktritt darlegen und sich nach §§ 1—3 des AbzG zur Rückgabe des Kaufpreises erbieten“; *Hein* fährt dann fort, daß durch die Trennung der Eigentumsklage und der Kaufklage das Wesen des AbzGeschäftes zerstört werde; es gebe nur eine Klage für den Verkäufer, und zwar die, die sich auf den Kaufvertrag stütze und mit der allerdings der dingliche EV zugleich geltend gemacht werde, also eine „Kaufklage mit dinglichem Einschlag“. *Hein* wendet sich damit nicht nur gegen einen Grundsatz unseres bürgerlichen Rechtes, das Schuld- und Sachenrecht durchwegs trennt, ein Grundsatz der — selbstverständlich — auch beim AbzGeschäft gilt, was früher schon das RG und jetzt auch der BGH deutlich anerkennen. Auf BGHZ 19, 326 und oben Anm. 36 wird hingewiesen. Vgl. für diese immer wieder nötige Unterscheidung auch oben Anm. 21 f. Der — allerdings wichtige — Einbruch in die Trennung der beiden Rechtsbereiche sagt nur, daß sich hier eine schuldrechtliche Folge (Rücktritt) an das dingliche Vorgehen knüpft, bestätigt aber damit die im übrigen auch von diesem Gesetz nicht angetastete Trennung der beiden Rechtslagen.

Anm. 49

Nur in Verkennung der in Anm. 47 und 48 dargelegten Verhältnisse wird von der Gegenmeinung offenbar deren Ergebnis gewollt. Dies wird deutlich, wenn *Hein* S. 55 bemerkt, daß der Verkäufer nach der von ihm bekämpften und der hier vertretenen Meinung nach der Verjährung besser gestellt wäre als vor der Verjährung. In Wirklichkeit aber kann der Verkäufer auch nach Eintritt der Verjährung der Kaufpreisforderung die Sache nur nach Maßgabe der §§ 1—3 des Gesetzes herausverlangen; er macht ja den weiterbestehenden EV geltend und dies gilt schon nach dem Gesetzeswortlaut als Rücktritt.

Gegenüber dem Herausgabeanspruch auf Grund des weiterbestehenden EV des Verkäufers kann der Käufer auch kein Besitz- und Zurückbehaltungsrecht geltend machen. Letzteres ist nach § 273 BGB nur unter ganz bestimmten, hier nicht vorliegenden Voraussetzungen gegeben. Der Kaufvertrag gewährt auch *kein Recht zum Besitz* i. S. des § 986 BGB. Zwar ist der Verzug des Käufers mit Eintritt der Verjährung der Kaufpreisforderung erloschen (s. § 1 Anm. 126). Aber dem Verkäufer steht andererseits ein Befriedigungsrecht an der die Kaufpreisforderung sichernden Ware zu, so die h. L. in entsprechender Anwendung des § 223 Abs. 1 u. 2 BGB, vgl. Anm. 46. Für das Befriedigungsrecht ist Anspruchsgrundlage allerdings nicht § 223 BGB. Maßgebend dafür sind die jeweils einschlägigen Bestimmungen des BGB über die einzelnen Sicherungsrechte. Eine „Verwertung" sicherungshalber übertragenen bzw. belassenen Eigentums, wie sie bei dinglichen Pfandrechten geregelt ist, gibt es nicht. An ihre Stelle tritt die Verschaffung des unmittelbaren Besitzes beim Sicherungsnehmer (Verkäufer), was durch das Herausgabeverlangen nach § 985 BGB zu realisieren ist. Die entsprechende Anwendung des § 223 BGB hat also nur den Ausschluß des § 986 BGB zur Folge. Im Ergebnis auch *Staudinger-Ostler* § 455 Anm. 45; *Palandt-Gramm* § 986 Anm. 2; *Klauß* TW 59, 14; Bankrecht MDR 56, 722; siehe ferner Anm. 26 u. 63. Über das „Recht zum Besitz" s. Anm. 62 ff. — A. A. *Jacobi* KGBl. 15, 111 und LG Kiel MDR 56, 97.

Anm. 50

Zurückfordern kann der Verkäufer alle Gegenstände, an denen sein Eigentum noch besteht, also nicht, wie LG II Berlin (KGBl. 13, 27) meint, bei einer Mehrheit von Sachen „nur den nichtbezahlten Teil des Kaufobjektes". Es gilt hiernach bei — ganzer oder teilweiser — Verjährung der Kaufpreisforderung nichts Besonderes; s. oben Anm. 30, 31.

Ist es dem Käufer durch sein Verschulden unmöglich, den Gegenstand herauszugeben, dann ergibt sich aus dem bestehenden Eigentum — auch nach Verjährung der Kaufpreisforderung — gemäß §§ 823, 989, 990 BGB unter den allgemeinen Voraussetzungen dieser Vorschriften ein Schadenersatzanspruch des Verkäufers.

Anm. 51

7. Der EV *erlischt nicht durch*

a) *Anmeldung und Anerkennung* der Kaufpreisforderung *im Konkurs des Käufers,* OLG Hamm Recht 07 Nr. 1344 und oben Anm. 35;

b) *Zwangsvergleich im Konkurs- oder Vergleichsverfahren des Käufers;* s. § 193 KO, § 82 VerglO und *Scholz* Nr. 179;

c) *Saldierung und Saldoanerkenntnis* s. oben Anm. 30;

d) über den EV im *Vergleichsverfahren* s. unten Anm. 73.

VI. Rechtslage zwischen Entstehen und Erlöschen des Eigentumsvorbehalts

Anm. 52

1. Über die *Rechtsstellung des Verkäufers* soll zusammenfassend kurz folgendes hier gesagt werden unter Hinweis darauf, daß nähere Darlegungen in den Kommentaren zu §§ 455 und 929 BGB zu finden sind; so *Staudinger-Ostler* Anm. 36 ff. zu § 455 und *Staudinger-Berg* Anm. 28 b und ff. zu § 929.

a) Bei der üblicherweise gegebenen aufschiebenden Bedingung der Übereignung steht dem Verkäufer auch nach der Übergabe der Kaufsache *wahres und volles Eigentum* bis zum Bedingungseintritt zu; so *Schwister* JW 31, 1160 ff. und BGHZ 10, 69 (71 f.); *Meisner* S. 6. So bleibt es für diese Zeit auch nach Eintritt der Bedingung, da nach §§ 158, 159 BGB der Eintritt der Bedingung keine rückwirkende Kraft hat. Bei auflösender Bedingung steht das Eigentum — und zwar ebenfalls bei Bedingungseintritt ohne Rückwirkung — dem Käufer zu.

Der Verkäufer ist *mittelbarer* Besitzer (§ 868 BGB) und *Eigenbesitzer* (§ 872 BGB). Aus dem Eigentum des Verkäufers ergibt sich für ihn der Abwehranspruch des § 1004 BGB und der Herausgabeanspruch des § 985 BGB; letzterer allerdings gegenüber dem Käufer mit Einschränkungen aus seinem Besitzrecht, s. unten Anm. 62 f.

Das Eigentumsrecht bleibt *übertragbar* und *verpfändbar* (§ 1205 Abs. 2 BGB); es ist aber der Vorbehaltskäufer gegen eine ihn benachteiligende Verfügung geschützt; s. oben Anm. 25. Wegen Übertragbarkeit mit oder ohne die Kaufpreisforderung s. oben Anm. 26 f.

Anm. 53

b) Das *Motiv* für den EV ist gewöhnlich die Sicherung der dem Verkäufer zustehenden Forderung. Dieser *Sicherungszweck* wird für den Verkäufer durch den EV erfüllt.

aa) Bei der Zwangsvollstreckung Dritter kann mit der dem Verkäufer zustehenden *Widerspruchsklage* nach § 771 ZPO das Eigentum als „ein die Veräußerung hinderndes Recht" geltend gemacht werden. S. dazu unten Anm. 94. Der Verkäufer ist also zur Intervention *berechtigt*; er ist häufig dazu durch Vertragsbestimmung *verpflichtet* und ist dies auch ohne Vertragsbestimmung, wenn der Käufer für die Prozeßkosten Sorge trägt; *Meisner* S. 15 und *Staudinger-Ostler* Anm. 37 zu § 455. Das Recht zur Widerspruchsklage erlischt durch Zustimmung der Verkäufers zur Pfändung, OLG (KG) 41, 184. Es erlischt ferner bei Übergang des Eigentums auf Drittgläubiger, die durch Übertragung geschehen kann, aber dann möglicherweise Schadenersatzpflicht des Verkäufers auslöst. Schließlich erlischt es bei Übergang auf den Käufer. Wegen der Möglichkeiten für die Drittgläubiger selbst nach §267 BGB s. oben Anm. 32.

bb) Im Konkurs des Käufers steht dem Verkäufer das *Aussonderungsrecht nach* § 43 K O zu. S. dazu unten Anm. 56.

Anm. 54

c) der *Schutz* des Verkäufers durch die genannten Vorschriften *versagt:*

aa) insoweit *durch guten Glauben* Rechte von nicht Berechtigten erworben werden können. Durch gutläubigen Eigentumserwerb eines Dritten kann das Eigentum des Verkäufers verloren gehen; s. darüber oben Anm. 42 f. Durch gutgläubigen Pfandrechtserwerb kann das Eigentum des Verkäufers belastet werden, s. oben Anm. 33. Die Schadenersatzansprüche des Verkäufers gegen den Käufer interessieren an dieser Stelle nicht.

Anm. 55

bb) wenn seine Rechte ihre Grenze am *Grundsatz von Treu und Glauben* finden, der auch auf dem Gebiete des Sachenrechts gilt und deshalb der Herausgabeklage und auch der Interventionsklage entgegenstehen kann; s. oben Anm. 31 und die dort genannte Rechtsprechung und Literatur.

Anm. 56

d) Der *Kaufvertrag ist noch nicht voll erfüllt;* dies weil die Eigentumsübertragungspflicht eine Hauptpflicht des Verkäufers ist; s. *Staudinger-Ostler* Anm. 104 zu § 433. Im Konkurs des Käufers ist daher im Sinne des § 17 KO der Vertrag noch nicht erfüllt, RGZ 140, 160 und *Jäger* KO Anm. 10 und 11 zu § 17. Lehnt der Konkursverwalter die Erfüllung ab, so erlöschen die Erfüllungsansprüche, der Vorbehaltskäufer verliert sein Recht zum Besitz (§ 986 BGB) und der Verkäufer kann aussondern; RG JW 36, 655. Für den Fall auflösend bedingter Übereignung s. unten Anm. 70.

Anm. 57

e) Die *Gefahr des Eigentumsverlustes* als solchen, das periculum rei, trifft noch den Verkäufer, der ja Eigentümer ist. Die Gefahr im Sinne des § 446 BGB, das periculum obligationis, im Sinne der Vergütungsgefahr, Preisgefahr, trägt der Käufer ab Übergabe bereits, so daß auch bei Untergang der Sache ohne Verschulden des Käufers der Verkäufer seinen Zahlungsanspruch nicht einbüßt; s. dazu *Staudinger-Ostler* Anm. 41 zu § 455 und Anm. 2 zu § 446.

Anm. 58

2. Über die *Rechtsstellung des Käufers* soll kurz folgendes ausgeführt werden mit Hinweis darauf, daß nähere Ausführungen in den BGB-Kommentaren zu §§ 455 und 929 zu finden sind bei *Staudinger-Ostler* Anm. 43 zu § 455 und vor allem *Staudinger-Berg* Anm. 28 c zu § 929.

a) Der Käufer hat das dinglich wirkende *Anwartschaftsrecht* auf den Erwerb des Eigentums. Es ist ein *übertragbares* Recht; s. hierwegen oben Anm. 28. Diese Übertragung kann auch eine solche zur Sicherung sein. Es ist ferner *pfändbar;* s. hierzu oben Anm. 32. Es ist auch verpfändbar und mit einem Nießbrauch zu belasten. Es gehört als bedingtes Recht zum Vermögen (und daher auch zur Konkursmasse) des Käufers, ist ein sonstiges Recht nach § 823 Abs. 1 BGB, aber kein gegen jedermann wirkendes dingliches Recht, BGHZ 10, 69 (72) und BGH NJW 54, 1327. Es wird ihm aber teilweise Rechtsschutz entsprechend den §§ 985, 1004 BGB zugesprochen; so hält

Graue. Der Eigentumsvorbehalt im deutschen Recht, die Anwendbarkeit des § 1004 BGB für gegeben; s. auch *Bauknecht* NJW 56, 1251 ff.

Anm. 59

b) Der Käufer hat das *Recht zum Besitz der Kaufsache*- s. darüber unten Anm. 62. Er hat ferner das Recht zu ihrer *Nutzung* nach Maßgabe des Vertrages, evtl. der Verkehrsübung. Bei verbrauchbaren Sachen ist der Käufer in der Regel zum Verbrauch und bei zur Weiterveräußerung bestimmten Sachen zur Weiterveräußerung berechtigt; s. oben Anm. 14 und 41.

Anm. 60

c) Im Zweifel besteht kein Verfügungsrecht über die Sache. Wegen des Verbrauches verbrauchbarer Sachen und wegen befugter Weiterveräußerung s. oben Anm. 14 und 41. Wegen der Verfügung über das Anwartschaftsrecht s. aber Anm. 28 u. 33. Eine unbefugte, d. h. ohne ausdrückliche oder aus den Umständen zu entnehmende Zustimmung des Verkäufers erfolgende Verfügung über die Sache ist strafrechtlich Unterschlagung (RGSt. 2, 132) und zivilrechtlich eine die Schadenersatzpflicht auslösende Handlung. Der Kaufvertrag wird davon im allgemeinen nicht berührt, so daß der Käufer nachträglich durch die Zahlung des Kaufpreises Eigentum an der Sache erwerben kann (RGZ 67, 21), aber auch zu dieser Zahlung verpflichtet bleibt. Hiermit erlangen die vorher von ihm über die Sache getroffenen Verfügungen gemäß §§ 158, 161 BGB Rechtswirksamkeit. Sehr zu beachten ist, aber, daß nach den Ausführungen oben Anm. 33 im Zweifel eine — zulässige — Übertragung des Anwartschaftsrechtes anzunehmen ist.

Ein Schadenersatzanspruch gegen den Dritten kann aus § 823 Abs. 1 BGB bei Verletzung des EV gegeben sein; dagegen nicht bei Verletzung des in der antizipierten Forderungszession bestehenden verlängerten EV, wenn es sich nur noch um Forderung auf Zahlung einer Geldsumme handelt, da die Forderungsrechte keine sonstigen Rechte nach § 823 Abs. 1 BGB sind; s. LG Hamburg MDR 55, 97 a. E.

Die Geltendmachung des Schadenersatzanspruchs wegen unberechtigter Verfügung über die Sache muß als Wiederansichnahme im Sinne des § 5 angesehen werden, wodurch sich bezüglich des Kaufvertrages hier eine von der sonstigen bürgerlichrechtlichen Beurteilung abweichende Folge ergibt, s. auch unten Anm. 96.

Anm. 61

d) Der Käufer trägt bereits die Vergütungs- oder Preisgefahr. S. dazu oben Anm. 57.

Anm. 62

3. *Herausgabeanspruch des Verkäufers und Besitzrecht des Käufers.* Das Recht des Käufers zum Besitz erwächst nicht aus seinem Anwartschaftsrecht, das kein gegen jedermann wirkendes Recht ist; s. oben Anm. 58. Dieses Besitzrecht ist nur aus den schuldrechtlichen Vereinbarungen herzuleiten (s. auch BGHZ 10, 72) und besteht deshalb nur nach Maßgabe dieser schuldrechtlichen Rechtslage; anders aber Bauknecht NJW 55, 1251 und MDR 56, 722. Es besteht zunächst nach der Übergabe auf Grund des Kaufvertrages und gemäß § 986 Abs. 2 BGB Schutz für den Käufer gegen Verfügungen des Verkäufers; s. oben Anm. 26.

Anm. 63

a) Dieses *Besitzrecht* ist aber *auflösend bedingt:*

aa) *Mangels besonderer Vereinbarung* gemäß dem insoweit anwendbaren § 455 BGB, als der Verkäufer erst und nur rückforderungsberechtigt ist, *wenn* er vom Vertrag zurücktritt, weil der *Käufer* mit der Kaufpreiszahlung *in Verzug kommt.* Beim Rücktritt ist dies klar, weil mit der Auflösung des Vertrages die schuldrechtliche Grundlage für das Besitzrecht entfällt. § 455 BGB spricht nun nur vom *Rücktritt des Verkäufers* (bei Verzug des Käufers), während aber das Herausgabeverlangen im Sinne des BGB noch nicht Rücktritt ist. Es verliert der Käufer aber das Besitzrecht im Falle des Verzuges auch ohne Rücktrittserklärung des Verkäufers, weil der Parteiwille beim Vertrag die Wertminderung der Sache durch ihre Benutzung zu ihrer Bezahlung in ein bestimmtes Verhältnis gesetzt hat; im Sinne des Vertrages soll also der Käufer die Wertminderung nicht zu Lasten des Verkäufers verschlechtern dürfen, die Sache also nicht weiterbenutzen dürfen, wenn er das vereinbarte Vertrauensverhältnis durch schuldhaftes Verhalten seinerseits, insbesondere durch Verzug in der Zahlung, verletzt. In diesem Falle endigt also das Besitzrecht; so auch *Heinichen* in RGRKomm. z. HGB Anh. zu § 382 Anm. 64 sowie *Staudinger-Ostler* Anm. 45 zu § 455 sowie oben Anm. 49. A. A. *Blomeyer* JZ 68, 691. Auch darauf kann hingewiesen werden, daß das *bloße* Herausverlangen der Sache im Sinne des BGB weniger, ein minus gegenüber der sofortigen Auflösung des Vertrages ist.

Abweichend nimmt *Lechner* Anm. 11 zu § 455 den Bedingungsausfall erst an, wenn die Erfüllung der Zahlungspflicht des Käufers nicht mehr möglich ist.

Bei Verjährung der Kaufpreisforderung s. Anm. 49; bei Ablehnung der Erfüllung des Vertrags durch den Konkursverwalter im Konkurs des Käufers s. Anm. 56. Das Besitzrecht endigt ferner, wenn mit der Forderung von Schadenersatz unter Ablehnung der Erfüllung der Erfüllungsanspruch erlischt; s. Anm. 135 zu § 1.

Anm. 64

bb) *Bei besonderer Vereinbarung* ist das Besitzrecht nach Maßgabe dieser Vereinbarung bedingt. So kann schon jede Verletzung der *rechtzeitigen* Zahlung ohne Rücksicht auf Verschulden des Käufers und damit auf Verzug, durch Vertragsbestimmung den Verkäufer zum Herausgabeverlangen berechtigen.

Häufig wird der Herausgabeanspruch des Verkäufers und das Rücktrittsrecht des Verkäufers vertraglich an verschiedene Voraussetzungen geknüpft; so Rücknahmerecht bei Verzug mit einer Rate, Rücktrittsrecht erst bei Verzug mit zwei oder mehr Raten. Auch die *Selbsthilfeklausel* (vgl. § 1 Anm. 90) schafft für den Verkäufer ein Recht zur Wegnahme, ergibt aber übrigens nicht das Recht zur Wegnahme gegen den Willen des Käufers, falls nicht die Voraussetzungen des § 229 BGB vorliegen; sie ist also im Wege der Klage durchzusetzen, wenn nicht obrigkeitliche Hilfe erst verspätet zu erlangen wäre und ohne sofortiges Eingreifen die Gefahr besteht, daß die Verwirklichung des Anspruchs des AbzVerkäufers vereitelt oder wesentlich erschwert wird, RGZ 128, 251 = JW 29, 1830; RGZ 131, 22 und 146, 182 (186, 189); *Rühl* S. 103. S. hierzu aber unten Anm. 66 und darüber, daß vereinbartes Wegnahmerecht auch vereinbartes Rücktrittsrecht bedeutet, unten Anm. 79.

Anm. 65

b) Bei der Frage der Anwendung des § 5 ist aber die vorstehend im Zusammenhang mit dem Besitzrecht des Käufers behandelte Frage der Unterscheidung zwischen bloßen Herausgabeverlangen und Rücktritt vom Vertrag ohne Bedeutung. *Abzahlungsrechtlich ist jede Wiederansichnahme* kraft der Fiktion des § 5 *Rücktritt.*

aa) Dadurch bestehen wesentliche *Unterschiede* zu § 455 und § 326 BGB. Die Unterschiede zu § 455 sind schon behandelt: widerlegbare Vermutung, und zwar für den Fall des Verzuges gegenüber der zwingenden Fiktion des § 5; s. oben Anm. 1 und 5. Der Unterschied des § 5 gegenüber § 326 BGB liegt darin, daß bei § 5 das Erfordernis einer Fristsetzung entfällt (wie übrigens auch bei § 455 BGB); s. auch Anm. 134 zu § 1. Freilich wird der Weg des Schadenersatzanspruchs nach § 326 BGB mit Ablehnung der Erfüllung durch den EV und durch § 5 nicht ausgeschlossen. Wird aber das Eigentum in diesem Falle herausverlangt, so greift auch hier die Rücktrittsfiktion Platz; s. Anm. 135 zu § 1 und RGZ 141, 261 sowie 144, 62.

Anm. 66

bb) Wegen dieser Bestimmung des § 5 sind verschiedene der oben in Anm. 64 behandelten Vertragsbestimmungen uninteressant, *wenn* der Verkäufer Herausgabe verlangt; s. zunächst oben Anm. 7. Ist z. B. der Rücktritt bei Verzug des Käufers mit zwei Raten, das Rücknahmerecht aber schon bei Verzug mit einer Rate vorgesehen und nimmt der Käufer bei Verzug mit nur einer Rate die Sache zurück, so ist trotz der grundsätzlichen Wirksamkeit der vertraglichen Abrede wegen des § 5 die Wiederansichnahme auf alle Fälle Rücktritt, so daß vertragliche strengere Rücktrittsvorschriften gegenstandslos werden. So mit Recht auch *Klauß* Anm. 391 zu § 5 unter Ablehnung der Meinung von *Samter* S. 82, der § 5 nur dann eingreifen lassen will, wenn eine Abrede über das Rücktrittsrecht nicht getroffen ist; vgl. auch unten Anm. 79. Auch die Anwendung der *Selbsthilfeklausel* bedeutet Rücktritt; es darf deshalb vom Selbsthilferecht nur Gebrauch gemacht werden unter Rückgewähr der Leistungen an den Verkäufer; s. RGZ 146, 182 ff. und RG LZ 31, 173.

Anm. 67

4. *Die Rechtslage im Konkursverfahren und Vergleichsverfahren.*

a) *Konkurs des Käufers.* Die Anwartschaft ist ein zur Konkursmasse gehörender Vermögenswert; s. oben Anm. 58.

Oben Anm. 56 ist schon ausgeführt, daß der Vertrag im Sinne des § 17 KO noch nicht vollständig erfüllt ist. Der Konkursverwalter hat deshalb nach der durchaus herrschenden Meinung das *Wahlrecht gemäß* § 17 KO dahin, ob er Erfüllung oder Nichterfüllung verlangen will; so RGZ 85, 403; OLG Hamm JW 26, 2116; *Jäger,* KO Anm. 10 und 11 zu § 17; *Klauß* Anm. 448 und *Aubele* Anm. 24 je zu § 5 und andere; a. M. *Stulz* JW 30, 2772 und *Rühl* S. 204 ff., der als Ergebnis der herrschenden Meinung beklagt, daß der Konkursverwalter den Verkäufer zur Rückzahlung des Kaufpreises zwingen kann, obwohl dieser vielleicht lieber die Konkursquote erhalten hätte. *Rühl* übersieht dabei aber, daß dieses Ergebnis im Interesse aller Gläubiger liegt und deshalb dem Zweck des § 17 KO durchaus nicht zuwiderläuft. Außerdem beachtet *Rühl* nicht, daß die Rechtslage bei Ablehnung des Wahlrechtes des Konkursverwalters dem Verkäufer nur dann einen Anspruch auf die Konkursquote gewährt, wenn er freiwillig auf sein Aussonderungsrecht verzichtet; *diesen* Erfolg wird der Verkäufer aber trotz des Wahlrechts des Konkursverwalters durch Vereinbarung mit diesem herbeiführen können, der, wenn es sich nicht um schwer verwertbare Sachen handelt, in der Regel einen solchen Vergleich eingehen wird.

Anm. 68

Wählt der Konkursverwalter die Erfüllung, so hat der Verkäufer kein Aussonderungsrechts; die Kaufpreisschuld ist dann Masseschuld geworden; ebenso RGZ 77, 439 = JW 12, 201; *Rumpf* JW 30, 1349; *Bendix* JW 30, 1361.

Anm. 69

Wählt der Konkursverwalter die Nichterfüllung oder erklärt er auf Verlangen des Verkäufers nicht unverzüglich, daß er Erfüllung verlangt, so kann der Verkäufer die Sache aussondern (s. oben Anm. 56) und hat die Rechte nach § 26 KO; er kann aber auch den Rücktritt erklären, wenn die Voraussetzungen hierfür gegeben sind; s. hierwegen *Westerhausen* und *Kiesow* JW 33, 1811. In der Geltendmachung des Aussonderungsrechtes liegt aber Rücktritt gemäß der Fiktion des § 5; s. unten Anm. 88. Insolange die Fiktion des § 5 nicht eingreift, der Besitz des Konkursverwalters vom Verkäufer nicht angegriffen wird, kann aber Eigentum und Zahlungsanspruch im Konkurs nebeneinander geltend gemacht werden und es bleibt der Verkäufer wegen seiner gemäß § 164 KO verbleibenden Restforderung durch den EV geschützt; ebenso *Jäger* Anm. 15 zu § 26 KO und *Klauß* Anm. 453 zu § 5.

Anm. 70

Weder durch Anmeldung noch durch Anerkennung der Forderung im Konkurs noch durch Zwangsvergleich erlischt der EV; s. oben Anm. 35 und Anm. 51.

Ein *Ersatzaussonderungsrecht* des Verkäufers besteht bei unbefugter Weiterveräußerung der Sache durch den Käufer oder den Konkursverwalter, wobei die Veräußerung durch den letzteren immer unrechtmäßig ist, weil sie im Zweifel durch den Parteiwillen nicht gedeckt ist; RGZ 133, 40 und BGH NJW 53, 217.

Über die Rechtslage bei *auflösend bedingter Übereignung* S. *Veith* RWPBl. II D AbzGeschäfte, der hier § 17 KO nicht für anwendbar hält und ein Aussonderungsrecht des Verkäufers verneint, dem der für Kaufpreisrest nur die Konkursforderung bleibe.

Anm. 71

b) Im *Konkurs des Verkäufers* besteht ebenfalls das Wahlrecht des Konkursverwalters nach § 17 KO.

Wählt der Konkursverwalter die Erfüllung, so behält der Abz-Käufer Besitz und Nutzung an der Sache und hat seinerseits zur Erfüllung des Kaufvertrages an die Konkursmasse zu bezahlen.

Anm. 72

Wählt der Konkursverwalter die Nichterfüllung und fordert deshalb die Kaufsache zur Masse zurück, so gilt dies gemäß § 5 als Rücktritt. Die Folge ist Rückgewähr nach §§ 1—3. Von manchen wird aber der Rückgewähranspruch des Käufers nur als Konkursforderung angesehen; so *Klauß* Anm. 455 zu § 5 und NJW 50, 765 (unter 8). Mit Recht wird dies abgelehnt. *Lechner* begründet in Anm. 17 zu § 5 dies dahin, daß der fiktive Rücktritt vom Konkursverwalter ausgehe, so daß darin ein Verlangen nach Erfüllung des durch den Rücktritt ausgelösten Anspruches liege und damit dem Käufer eine Masseforderung nach § 59 Ziff. 2 KO zustehe; ebenso anscheinend *Aubele* Anm. 24 (S. 155 oben) zu § 5. Wenn sich auch gegen diese Begründung — mit *Klauß* — sagen läßt, daß die Wahl des Konkursverwalters im Sinne der Nichterfüllung nicht gut in ein Erfüllungsverlangen umgedeutet werden könne, so ist das Ergebnis doch richtig im Hinblick auf das Recht des AbzKäufers, bei Rücktritt zur Zug um Zug gegen Erfüllung seiner Ansprüche zurückzugewähren. Auf Grund dieses Zurückbehaltungsrechtes kann der Konkursverwalter also die Sache nur gegen volle Befriedigung des Käufers verlangen, ein Ergebnis, das auch dem allgemeinen Schutzzweck des Gesetzes entspricht, daß der Käufer nicht auf Veranlassung des Verkäufers Sachnutzung und Zahlung verlieren dürfe.

Anm. 73

c) Im *Vergleichsverfahren des Käufers* wird das Verhältnis zum AbzVerkäufer nicht berührt; der Verkäufer ist aussonderungsberechtigt und deshalb nach § 26 VerglO nicht beteiligter Gläubiger. Wie im Konkursverfahren liegt ein von keiner Partei vollständig erfüllter Vertrag vor; s. § 36 Abs. 1 VerglO. Für die Teilerfüllung gilt aber § 36 Abs. 2. Wegen schon erbrachter Teilleistung kann nämlich der Verkäufer nach Verfahrenseröffnung nicht mehr zurücktreten (§ 36 Abs. 2 Satz 2 VerglO), so daß er insoweit Vergleichsgläubiger bleibt. Bei unberechtigter Veräußerung besteht ein Ersatzaussonderungsrecht; *Vogels-Nölte,* Vergleichsordnung § 26 A I 3.

Lehnt der Käufer gemäß § 50 VerglO die Weitererfüllung ab und nimmt der Verkäufer die Sache daraufhin zurück, so liegt hierin gemäß § 5 Rücktritt. Die Ausgleichsansprüche nach Rücktritt werden vom Vergleichsverfahren nicht betroffen.

Der EV erlischt nicht durch Zwangsvergleich im Vergleichsverfahren; s. oben Anm. 51.

Vgl. dazu auch *Ohr.* Der EV im Vergleichsverfahren des Käufers BB 54, 334 und *Staudinger-Ostler* Anm. 73 zu § 455.

Anm. 74

d) Im *Vergleichsverfahren des Verkäufers* greift nicht § 26, aber § 36 VerglO ein. Hat der AbzKäufer Teilzahlungen bereits geleistet, dann ist er mit dem der Teilleistung entsprechenden Betrag seiner Forderung auf die Gegenleistung Vergleichsgläubiger. Wegen mangelhafter Leistung s. § 36 Abs. 3 VerglO.

C. Das Wiederansichnehmen der Kaufsache durch den Verkäufer

I. Grundsatz und Begriff. Vgl. zunächst oben Anm. 1—8!

Anm. 75

1. Für viele Auslegungsfragen ist, da wirtschaftliche Betrachtungsweise gilt (s. oben Anm. 12), der *Zweck der Vorschrift* von Bedeutung, nämlich eine Umgehung der Vorschriften der §§ 1—3 zu verhindern; s. oben Anm. 2.

Eine „Wiederansichnahme“ i. S. des § 5 scheidet stets dann aus, wenn *vorher* der *Käufer wirksam vom Kaufvertrag zurückgetreten ist.* Die Rechtsfolgen richten sich dann ausschließlich nach den §§ 346 ff. BGB, nicht nach dem AbzG vgl. auch OLG Karlsruhe OLGZ 69, 316.

Anm. 75a

2. Dieser eben genannte Zweck ergibt, daß nicht erst an die Inbesitznahme durch den Verkäufer, an die Rückgabe, die Rücktritts-

folgen sich knüpfen, wodurch die dem Gesetz wesentliche Vorschrift des § 3, der Vorteil des Rückgewähr Zug um Zug, zu Lasten des Käufers nicht zum Zuge kommen könnte und so die Vorschrift für den Käufer nur einen geringen Vorteil bedeuten würde. Um die gewollte Anwendung auch des § 3 zu ermöglichen, muß — über den Wortlaut des § 5 hinaus — schon ein früherer Zeitpunkt die Wirkungen des § 5 auslösen, also grundsätzlich *bereits das Rückgabeverlangen*, ähnlich wie der Rücktritt durch die Rücktritts*erklärung* wirksam wird. Vgl. oben Anm. 3 und unten Anm. 86.

Anm. 76

3. Es ist weiter hier von Bedeutung der *Zweck des gesamten Gesetzes*, den Käufer vor *Verlust von Besitz* und (daraus fließender) Nutzung der Sache bei Fortbestand seiner vertraglichen Zahlungspflicht zu schützen; s. oben Anm. 2. Es kommt deshalb für das Wiederansichnehmen, freilich wieder über den Wortlaut hinaus, zunächst nicht darauf an, ob der Verkäufer die Kaufsache schon einmal besessen hat (was durchaus nicht immer der Fall ist, insbesondere nicht für den wiederansichnehmenden Dritten in Fällen des § 6; so BGH LM Nr. 2 zu § 6 gegen Ende), ferner vor allem *nicht darauf an, ob der Verkäufer überhaupt den Besitz*, den Alleinbesitz oder Gewahrsam an der Sache erlangt. Entscheidend ist, daß der Käufer den Besitz der Kaufsache und damit auch die Nutzungsmöglichkeit verliert.

Der Verlust der Nutzungsmöglichkeit alleine genügt nicht, OLG Celle BB 68, 1308 (der Verkäufer eines Kfz hatte heimlich die Nummernschilder und Zulassungspapiere entfernen lassen), da der Käufer durch das ihm noch zustehende Zurückbehaltungsrecht nach § 3 genügend geschützt ist (vgl. Anm. 3) und ein Rückgabeverlangen im bloßen Entzug der Nutzung gewöhnlich nicht enthalten ist. A. A. die Vorauflage. Deshalb auch kein § 5, wenn dem Käufer die Nutzungsmöglichkeit durch Wegnahme funktionstechnisch wesentlicher Teile (des Lenkrades eines Schleppers) genommen wird, OLG Kiel BB 57, 692. Für den Begriff der Wegnahme genügt allerdings, daß sich der Verkäufer den Wert der Sache zuführt, z. B. durch Schadensersatzverlangen wegen Untergangs der Sache, vgl. Anm. 96. S. auch BGHZ 45, 111, oben Anm. 2 und Anm. 126.

Bezüglich der Herausgabe an einen Gerichtsvollzieher im Rahmen der Zwangsvollstreckung siehe Anm. 126 und Anm. 142 ff.

Anm. 76a

Es ist aber verfehlt, wenn BGHZ 22, 123 (128) die Anwendung des § 5 in Fällen ablehnt, in denen die Kaufsache (bei Wegnahme) ihre Benutzbarkeit endgültig verloren hatte und deshalb dem Käufer keine Nutzungsmöglichkeit entzogen wird. Offenbar wird der Grund für diese Annahme der hierzu nur mit Sinn und Zweck des § 5 begründeten Entscheidung darin gesehen, daß gemeinhin, und zwar schon in den Motiven, hierzu vom „Verlust von Besitz und Nutzung" tatsächlich die Rede ist. Nun muß zwar die aus dem Besitz fließende Nutzungsmöglichkeit gegeben sein und belassen bleiben (s. oben Anm. 76 gegen Ende); es ergibt sich aber weder aus dem Kaufrecht noch aus dem AbzRecht, daß dem „und Nutzung" Bedeutung im Sinne der tatsächlichen Benutzbarkeit der Sache an sich zukommen kann. Der Kaufvertrag bleibt ja unberührt, auch wenn der Sache die erforderliche Benutzbarkeit fehlt; es ergeben sich lediglich kaufrechtliche Folgen. Auch für den Begriff des Abz*Kaufes* ergibt sich deshalb nichts anderes. Aber auch aus dem AbzG selbst ergibt sich, daß die Rechtsmeinung des BGH verfehlt ist und die gegenteilige Meinung während der über 60 Jahre der Gesetzesgeltung mit Recht unangefochten bestanden hat; das zeigt sich aus der Anwendung des AbzG auf kurzlebige und verbrauchbare Sachen (s. Anm. 14 zu § 1 und oben Anm. 14), aus der Behandlung des modischen oder technischen Veraltens bei Sache nach § 2 des Gesetzes (Anm. 90 zu § 2) mit Rechtsprechung des RG und BGH hierzu sowie aus den Rechtsverhältnissen bei den Möbelleihverträgen (Anm. 18 zu § 6) und schließlich aus der bisherigen Behandlung des Rücktritts und der Wiederansichnahme der AbzSachen meist erst nach langer, die Sache bis zur Wertlosigkeit abnutzender Nutzung, die der Verkäufer bisher weitgehend gewährt hat, weil er nach § 1 und 2 abrechnen muß. Das Entscheidende für § 5 ist eben nicht der Verlust von Besitz *und Nutzung* neben dem Gild, sondern der Verlust von Geld und Ware, der unterbunden werden soll. Vom BGH ist also hier mit Unrecht ein neues Problem gesehen worden, das nicht mehr auf dem Boden des Gesetzes gelöst wurde und in einer Weise gelöst wurde, die der Umgehung des AbzG Tür und Tor öffnet, mit dessen § 5 Lücken in der Anwendung geschlossen werden sollen (s. z. B. oben Anm. 4); s. in diesem Sinne eingehend gegen den BGH *Ostler* JR 57, 252 ff. und, aber ohne nähere Untersuchung *Wangemann* NJW 58, 504 (505).

Anm. 77

4. Auf *Motiv und Willen des Verkäufers* kommt es nicht an, sondern allein auf den *objektiven Tatbestand* der Besitzentziehung auf Veranlassung des Verkäufers. Es ist also unerheblich, ob der Verkäufer mit der Wiederansichnahme zurücktreten *wollte* oder ob er

nur sein Eigentum sichern wollte; selbst wenn mit letzterem Verlangen der Käufer einverstanden ist, sind die Voraussetzungen des § 5 erfüllt, OLG Nürnberg WM 59, 358; RGZ 67, 387; 96, 297; 139, 206 = JW 33, 909 mit Bespr. *Plum;* RG LZ 31, 173; BGH LM Nr. 2 zu § 5 AbzG; OLG Königsberg LZ 32, 189; OLG Stuttgart JW 31, 2755 mit Bespr. *Carstens;* OLG Karlsruhe HRR 40, 898; LG Kiel in DRspr. I (130) Bl. 20; *Klauß* Anm. 384 und 393 zu § 5 und NJW 50, 765 (unter 3); *Samter* S. 83; *Hörle* Gruch 55, 193; *Rühl* S. 82; *Bendix* JW 30, 1362; *Carstens* JW 31, 2756; *Düringer-Hachenburg* HBG Vorbem. § 368 Anm. 153; *Jäger* KO § 26 Anm. 15 und *Benke* BB 48, 590 (501) sowie *Ewald*, AbzG S. 110.

Soll nach der vertraglichen Vereinbarung ein *kommissionsweiser Verkauf der AbzSache* erfolgen, wenn der Käufer in Zahlungsschwierigkeiten gerät, so ist § 5 nicht auf jeden Fall einschlägig. Entscheidend für die Anwendbarkeit des § 5 ist die Frage, ob der kommissionsweise verkaufende Verkäufer an die Stelle des Käufers tritt, d. h. dessen Interessen wahrnimmt. Dies ist dann nicht der Fall, wenn es der Verkäufer ablehnt, zu einem Mindestpreis zu verkaufen und vor dem Abschluß des Veräußerungsvertrages nicht das Einverständnis mit dem AbzKäufer zu erreichen sucht. In diesem Fall greift § 5 ein, BGH WM 66, 1174. Im andern Fall würde der kommissionsweise Verkauf der AbzSache nicht „auf Veranlassung des Verkäufers" erfolgen, vgl. hierzu Anm. 80.

§ 5 würde ebenfalls dann gelten, wenn der AbzVerkäufer die AbzSache bei Zahlungsverzug einem Dritten zum Kauf anbietet und ehe eine Einigung über den Kaufpreis erreicht wurde, sich vom Dritten Zahlungen auf die künftige Kaufpreisschuld leisten läßt. Der Besitz des Dritten erfolgt dann nämlich im wirtschaftlichen Interesse des AbzVerkäufers, BGHZ 45, 111. Unbeachtlich ist dabei ein etwaiger Vorbehalt des Verkäufers bei der Entgegennahme der Zahlungen.

Dasselbe hat auch dann zu gelten, wenn sich der Verkäufer vom Dritten ein Entgelt für die Nutzung der Kaufsache geben läßt und dieses auf die Kaufpreisschuld des AbzKäufers anrechnet, denn dieser hat damit ebenfalls Besitz *und* Nutzung der Kaufsache verloren.

Auch die Vertragsklausel, daß eine Rücknahme immer nur zur kommissionsweisen Verwertung für den Käufer geschehe, vermag die Wirkung des § 5 nicht aufzuhalten, OLG Braunschweig BB 57, 910. Über die besondere Bedeutung des § 5 gerade bei bloßen Sicherungsmaßnahmen s. auch *Lehmann*, Sicherung von Kundenkrediten S. 9 und oben Anm. 4 gegen Ende. A. A. in dieser Frage aber *Lech-*

ner RdK 31, 399. Nicht mit Unrecht erklärt *Plum* JW 33, 909 (unter II), daß als Folge dieser Starre leicht für den Käufer Wohltat Plage werden kann, weist aber auch mit Recht darauf hin, daß ja schon durch stillschweigende Verständigung zwischen Verkäufer und Käufer die Rücktrittsfolgen wieder aufgehoben werden können (s. auch Anm. 163 und 166 zu § 1), ganz abgesehen davon, daß bei Rücktritt nach § 5 schon einseitiges Handeln zur Rückgängigmachung des Rücktritts ausreicht; s. Anm. 164 zu § 1. Über Sicherungswegnahme von Teilen s. oben Anm. 76. Auf die Absicht *endgültiger* Besitzentziehung kommt es also nicht an; so mit Recht auch *Wangemann* NJW 58, 1143 gegen LG Lüneburg a.a.O.

Endgültig aber *muß die Besitzentziehung sein*, wenn sie durch behördlichen Akt, insbes. durch Zwangsvollstreckung erfolgt. Eine derartige Maßnahme ist von subjektiven Elementen frei. Objektiv liegt aber eine Wegnahme durch eine Behörde nur vor, wenn der hoheitliche Akt endgültig, d. h. unanfechtbar geworden ist, siehe Anm. 126.

Keine Wiederansichnahme ist aber gegeben, wenn der Verkäufer die Sache in Ausübung vertraglicher Rechte oder Pflichten lediglich zur Reparatur oder Nachbesserung übernimmt; *Petermann* DRpfleger 55, 148 ff. (150).

Anm. 78

5. § 5 knüpft den Rücktritt *nicht nur* an Wiederansichnahme *„auf Grund vorbehaltenen Eigentums"*, sondern auch an diese Wiederansichnahme. Hierüber vgl. näher oben Anm. 4.

Anm. 79

6. Weil die Wiederansichnahme der Rücktrittserklärung gleichsteht, können die Rücktrittswirkungen durch Wiederansichnahme nur eintreten, *wenn* eine *Berechtigung zum Rücktritt besteht.* Darunter ist nicht ein Recht zum Rücktritt zu verstehen. Gemeint ist ein Rangverhältnis zwischen dem bestehenden vertraglichen Anspruch des Verkäufers und dem Herausgabeverlangen. Steht dem Verkäufer kein Rücktrittsrecht zu, so hat er den Vertragsanspruch zu realisieren. Scheitert dies aus rechtlichen oder tatsächlichen Gründen, dann steht dem Herausgabeverlangen mit der Wirkung des § 5 nichts im Wege, s. auch *Möllers* NJW 67, 2145. § 5 schafft — selbstverständlich — seinerseits kein Rücktrittsrecht nach Belieben des Verkäufers; selbstverständlich nicht, weil dies mit den Interessen des Käufers, deren Schutz das Gesetz grundsätzlich im Auge hat, unvereinbar wäre. So auch *Plum* in JW 33, 909 (unter 6) und *Klauß* Anm. 387 zu § 5.

Eine *unbegründete* Herausgabeklage ist deshalb kein Rücktritt; s. unten Anm. 84. Mangels einer vertraglichen Regelung steht dem Rücktrittsrecht grundsätzlich das Besitzrecht des Käufers entgegen, solange dieses gegeben ist; s. oben Anm. 62 ff. Auch aus §§ 455 oder 326 BGB kann sich ein Rücktrittsrecht ergeben; s. oben Anm. 65. Vgl. hierzu auch *Samter* § 5 Anm. 3 und RG *Warn* R 30 Nr. 149.

Die vertragliche Regelung besonderer Rücktrittsvoraussetzungen ist im Zweifel nicht auch eine Voraussetzung für die Rücknahme, also keine Einschränkung des Rückforderungsrechtes des Verkäufers auf Grund seines Eigentums; ebenso *Samter* S. 82; s. ferner oben Anm. 66. Die vertragliche Vereinbarung des *Rücktrittsrechtes* liegt schon in der Vereinbarung eines Wegnahmerechtes des Verkäufers; denn wenn die Wegnahme als Rücktritt gilt, muß auch die Vereinbarung des Wegnahmerechtes die Vereinbarung des Rechtes zum Rücktritt in sich schließen; RG Recht 30 Nr. 1998 = Warn R 30 Nr. 300 und RGZ LZ 31, 173.

Als Berechtigung zum Rücktritt erscheint aber auch die *Möglichkeit der Zwangsvollstreckung* in die Sache. Vgl. unten Anm. 101 ff. sowie Anm. 22 und 24 zu § 6.

Anm. 80

7. Der Besitzverlust der Käufers *auf Veranlassung des Verkäufers* ist weitere Voraussetzung des § 5. Genau so wenig, wie § 5 dem Verkäufer ein Recht zur beliebigen Rücknahme gibt (s. oben Anm. 79), genau so wenig erhält der Käufer die Möglichkeit, durch einseitige Handlung einen Rücktritt des Verkäufers herbeizuführen; sonst würde § 5 zu einem Freibrief für den AbzKäufer. Wenn eine solche Rückgabe vom Käufer aus erfolgt, weil ihm die Sache nicht mehr gefällt oder weil er glaubt, seinen Zahlungspflichten nicht mehr nachkommen zu können, so löst das nicht die Wirkungen des § 5 aus. Ebenso BGH BB 70, 13; BGH LM Nr. 2 zu § 5 AbzG = LG Berlin RdK 32, 65 = *Soergel* Rspr. 32 § 1 AbzG Nr. 3; *Klauß* Anm. 385 zu § 5. S. auch RGZ 146, 182 und oben Anm. 5. Das gleiche gilt deshalb bei Rücknahme auf Grund Wandlung des Käufers; *Ewald* MDR 55, 69 (72); LG Freiburg MDR 54, 611 und *Petermann* DRpfleger 55, 148 (150). Das gleiche muß bei Anfechtung des Kaufvertrages durch den Käufer gelten; anders LG Tübingen MDR 55, 476. § 5 liegt deshalb schließlich auch nicht vor, wenn der Verkäufer auf Veranlassung des Käufers die Kaufsache nur zur kommissionsweisen Verwertung übernimmt, so daß der AbzKäufer jederzeit die Sache zurückverlangen. Dieser Falle ist nicht anders zu behandeln, als wenn der Käufer die

AbzSache im Einverständnis des Verkäufers selbst veräußert, so auch BGH MDR 65, 480; BGH WM 62, 1263 und OLG Braunschweig BB 57, 910 (s. aber auch oben Anf. 77).

Die Wirkung des § 5 wird trotz freiwilliger jedoch nicht endgültiger Besitzaufgabe des Käufers ausgelöst, wenn der Verkäufer nachträglich mit der Sache so verfährt, daß er dem Käufer die Möglichkeit nimmt, sich die Sache wieder zu beschaffen, indem der Verkäufer sie z. B. an einen Dritten übereignet, vgl. BGHZ 45, 111 und BGH DB 61, 702.

BGH WM 61, 597 läßt zu Recht § 5 nicht zur Anwendung kommen, wenn der AbzKäufer die AbzSache in von ihm gemieteten Geschäftsräumen abstellt und das Mietverhältnis dann beendet ohne die Kaufgegenstände weiter in Besitz zu halten. Erlangt der AbzVerkäufer daraufhin über den Vermieter den Besitz an diesen Gegenständen, so hat er sie nicht „wieder an sich genommen". Hinzuzufügen ist jedoch, daß § 5 eingreift, wenn der Verkäufer weiterhin Zahlung der Raten verlangt ohne dem Käufer gleichzeitig die erneute Inbesitznahme der Gegenstände anzubieten. Andernfalls würde der ursprünglichen Besitzaufgabe durch den Käufer die Bedeutung eines Verzichtes auf den Schutz des AbzG zukommen. Insoweit fehlt den Parteien jedoch die Dispositionsbefugnis.

Mormann WM 65, 834 erwähnt eine BGH-Entscheidung vom 30. 9. 1963 (VIII ZR 26, 62), nicht veröffentlicht, der folgender Sachverhalt zugrunde lag: Der Käufer stellte wegen Differenzen mit dem Verkäufer das unter Abzahlung gekaufte Kfz. auf dem Werkgelände des Verkäufers ohne dessen Wissen ab. Später einigten sich die Parteien, daß der Verkäufer das Kfz. zu einem Mindestpreis zurücknehme. Als der Verkäufer den Restkaufpreis einklagte, entschied der BGH, daß der Vertrag durch § 5 nicht aufgelöst sein. Der Käufer habe den Besitz der Kaufsache aufgegeben, der Verkäufer habe sie sich lediglich demnächst wieder verschafft. Auch dieser Entscheidung ist zuzustimmen, da der Verkäufer über das Kfz. nicht eigenmächtig verfügt hat.

Anm. 81

An dem Fehlen der Voraussetzungen des § 5 ändert sich nichts, wenn der Verkäufer in dem eben behandelten Fall die Sache unter Ablehnung der Rücknahme lediglich für den Käufer zunächst verwahrt und ihm zur Verfügung hält. Es ist aber das für § 5 erforderliche Verhalten des Verkäufers gegeben, *wenn der Verkäufer* eine solche vom Käufer zurückgegebene Sache ohne Widerspruch, also mit *Einver-*

ständnis zur Rückgabe, *entgegennimmt.* Dieses Einverständnis des Verkäufers — aus eigenem Interesse an der Wiedererlangung gegeben oder doch mit solchem verbunden — mit dem Verhalten des Käufers genügt für § 5 genau so — und zwar dann ohne Rücksicht auf die Motive — wie ein vom Verkäufer ausgehendes Verhalten, dem der Käufer zustimmt (s. oben Anm. 77). Es kommt also nicht darauf an, von welchem Teil der Anstoß zur Wiederansichnahme ausgegangen ist; nur ein arglistig auf die Rücknahme hinziehendes Verhalten des Käufers würde die Folgen des § 5 nicht auslösen; so BGH LM Nr. 2 zu § 5 AbzG und OLG Braunschweig BB 57, 910, wo das Eigeninteresse des entgegennehmenden Verkäufers besonders deutlich ist; über Rücknahme auf Grund der Wandlung, also auf Entschluß und nur im Interesse des Käufers, s. oben Anm. 80.

Die Voraussetzung des § 5 ist aber auch erfüllt, wenn nicht der Verkäufer, sondern — in Fällen des § 6 — ein an dem Vertrag *beteiligter Dritter*, der durch das ihm übertragene Eigentum dazu befugt war, den Rücktritt erklärt hat, BGHZ 3, 257 (260). Beachte aber Anm. 95 a. E.

Anm. 82

8. Im Gegensatz zu der Ansicht der Vorauflage ist auch der *fingierte Rücktritt* des § 5 *nicht widerruflich*, siehe Anm. 8. § 5 bindet an die Wiederansichnahme zwingend die Rechtsfolge, daß sich der Kaufvertrag in ein Abwicklungsverhältnis umwandelt. Es handelt sich dabei um eine Vertragsgestaltung kraft Gesetzes, die ebenso Eindeutigkeit und Fortbestehen verlangt, wie dies bei Gestaltungsrechten bejaht wird.

II. Die Fälle der Wiederansichnahme

Anm. 83

Aus den unter I dargelegten Grundsätzen ergibt sich, daß folgende Fälle schon eine Wiederansichnahme im Sinne des Gesetzes darstellen:

1. Die Erhebung der *Klage auf Herausgabe* der AbzSache ist Wiederansichnahme. Dies ergibt sich aus dem in Anm. 75 behandelten Grundsatz. Ebenso die durchaus herrschende Meinung: RGZ 139, 206 und 144, 62 (64); BGH LM Nr. 2 zu § 6 AbzG; BGH NJW 55, 638 und BGH NJW 65, 2399; ferner OLG (Marienwerder) 38, 123; KG JW 34, 1735; OLG Köln JW 34, 438; LG Krefeld-Uerdingen JW 35, 1113 (1114); AG Tübingen DRpfleger 38, 833; LG Kiel DRsp. I (130) Bl. 20; OLG Bremen NJW 52, 347; *Rühl*

S. 261; *Lubbe* JW 38, 1990; *Hörle* Gruch 55, 193; *Klauß* Anm. 387 zu § 5 und NJW 50, 765 (unter 3); *Samter* S. 83; *Aubele* Anm. 23 zu § 5; diese Meinung stellt auch die Grundlage dar für die Aufführung von *Crisolli* JW 34, 1817. Entscheidend ist die zu erwartende Besitzentziehung, die nicht ohne Entscheidung über die Ansprüche des Käufers erfolgen soll, *Wangemann* NJW 58, 1143, A. A. *Michaelis* (HdR von Stier-Somlo Bd. I, 49) u. *Veith* III, 4 RWP Bl. II DGr. AbzGesch., *Blomeyer* JZ 68, 696.

Die Herausgabeklage des AbzVerkäufers gegen den AbzKäufer ist selbst dann eine „Wiederansichnahme", wenn der Käufer die Sache unberechtigt aus der Hand gegeben hat und auch bei Klageerhebung nicht im Besitz der Kaufsache ist, so richtig BGH NJW 65, 2399. Dies mit Recht, weil es nicht darauf ankommt, daß der AbzVerkäufer wieder den unmittelbaren Besitz an der Sache erlangt, sondern nach dem Sinn und Zweck des § 5 vermieden werden muß, daß sich der Verkäufer den Wert der Sache zuführt und gleichzeitig der Käufer an der Zahlungsverpflichtung festgehalten wird. Ob der Verkäufer die Ware selbst oder deren Wert in Geld erhält, spielt keine Rolle. Wegen des geltend gemachten Schadensersatzanspruchs bei Untergang der Sache s. Anm. 96.

Anm. 84

Nur eine *begründete Klage* löst die Rücktrittsfiktion aus; s. oben Anm. 79. Bei der *Zurücknahme der Klage* in prozessual zulässiger Weise entsteht nicht das Problem der Widerruflichkeit der Rücktrittsfiktion, s. Anm. 8. Vielmehr ist wegen der *rückwirkenden* Beseitigung der Rechtshängigkeit (*Baumbach-Lauterbach* § 271 Anm. 4), die Klage als nie erhoben anzusehen, vgl. § 263 I ZPO. Folglich ist § 5 niemals zum Zuge gekommen; s. auch *Wangemann* NJW 58, 1143.

Anm. 85

Bei *Abweisung der Klage* — als unbegründet, aber auch als unzulässig, etwa schon mangels schlüssiger Begründung — steht deshalb fest, daß unbegründetes Rückgabeverlangen vorlag und die Rücktrittsfiktion nicht eingetreten ist. Unbegründet ist die Herausgabeklage insbesondere bei einem für den Käufer weiterbestehenden Besitzrecht; s. oben Anm. 62 f.

Anm. 86

2. Auch das *außergerichtliche Herausgabeverlangen* des Verkäufers bezüglich der AbzSache ist deren Wiederansichnahme. Ebenso OLG

Stuttgart NJW 53, 1066 f. mit zustimmender Anm. von *Klauß;* LG Tübingen MDR 55, 476; *Klauß* Anm. 383 und 399 zu § 5; *Palandt-Putzo* Anm. 3 b zu § 5; *Lazarus* S. 56; *Hörle*, Gruch 55, 193; *Seelig* S. 20; *Plum* JW 33, 901; *Benke* BB 48, 591 f. und *van Dyck* „Der Versicherungsnehmer" 64, 25 — — — A. A. aber *Rühl* S. 262 und *Lechner* Anm. 13 a zu § 5; beide aber nur deshalb, weil sie die Widerruflichkeit des fingierten Rücktritts verkennen; s. oben Anm. 8, 82 und 84.

Anm. 87

Daß nur ein ernstliches Rückgabeverlangen dem Erfordernis der Wiederansichnahme genügt, ist klar und wird auch in Rechtsprechung und Literatur betont. Es muß aber auch ein *begründetes Rückgabeverlangen* sein. Das ergibt sich aus oben Anm. 79 und Anm. 84; es gilt dasselbe wie beim gerichtlichen Herausgabeverlangen. Woraus sich die Begründung dieses Rückgabeverlangens ergibt, ist an sich unerheblich. Es muß aber immerhin eine Begründung sein, die das Abz-Geschäft unberührt läßt; es kann deshalb nicht als richtig anerkannt werden, wenn das LG Tübingen MDR 55, 476 in der Klage des Verkäufers auf Herausgabe nach einer vom Käufer erklärten *Anfechtung* des Vertrages den § 5 mit den Folgen aus §§ 1—3 des Gesetzes anwendet.

Anm. 88

3. Auch die — gerichtliche oder außergerichtliche — *Geltendmachung des Aussonderungsrechtes* im *Konkurs des Käufers* ist Wiederansichnahme. S. hierzu zunächst oben Anm. 69 und 70. Wie hier RGZ 56, 241 und 96, 297; OLG (Marienwerder) 38, 123; *Klauß* NJW 50, 765 (unten 9) und Anm. 452 zu § 5; *Aubele* Anm. 24 (S. 154 unten) und *Lechner* Anm. 16 je zu § 5; *Samter* S. 83; *Rühl* S. 262; *Bendix* JW 30, 1362 und *Benke* BB 48, 591 f.; *Jäger* KO Anm. 15 zu § 26.

Die Geltendmachung des *Ersatzaussonderungsrechtes* gemäß §§ 46 oder 59 Ziff. 3 KO steht der Geltendmachung des Aussonderungsrechtes selbst gleich; *Klauß* Anm. 452 zu § 5 und *Jäger*, KO Anm. 15 zu § 26.

Anm. 89

Wird jedoch mit der Geltendmachung des Aussonderungsrechtes ein Herausgabeverlangen nicht verbunden, dann greift auch

§ 5 nicht ein. Dies gilt insbesondere bei der bloßen *Klage auf Feststellung* des Aussonderungsrechtes oder dem außergerichtlichen Verlangen auf *Anerkennung des Eigentums.* So auch RG JW 06, 436; OLG (Colmar) 15, 235; *Klauß* Anm. 453 zu § 5 und *Jäger,* KO Anm. 15 zu § 26 sowie *Seelig* S. 57 f. In diesen Fällen bleibt auch die Möglichkeit, Eigentums- und Zahlungsanspruch nebeneinander geltend zu machen; s. oben Anm. 69.

Anm. 90

Im Vergleichsverfahren des Käufers gilt das oben in Anm. 88 Gesagte in gleicher Weise, wenn der Käufer ablehnt und Verkäufer daraufhin die Sache zurückverlangt; s. oben Anm. 73.

Anm. 91

4. Im *Konkursverfahren des Verkäufers* gilt ebenfalls § 5, falls der Konkursverwalter Nichterfüllung wählt und die *Sache zur Masse zurückverlangt.* Hierin liegt nicht Geltendmachung des Aussonderungsrechtes; aber es ergibt sich dies unmittelbar aus dem in Anm. 83 und 86 gesagten, weil der Konkursverwalter hier nur die Rechte des Verkäufers geltend macht.

Anm. 92

5. Auch *Wiedererlangung* der Kaufsache *in sonstiger Weise mit Einverständnis des Käufers* fällt unter § 5, s. aber oben Anm. 80; so wenn der Käufer die Wegnahme der Sache duldet, obwohl er sie nicht zu dulden bräuchte, weil die vertraglichen Rücktrittsvoraussetzungen nicht gegeben sind (s. oben Anm. 66) oder weil aus sonstigen Gründen das Besitzrecht an der Sache für ihn noch gegeben ist (s. oben Anm. 62 f.) oder weil verbotene Eigenmacht vorliegt. Wenn der Käufer seine Rechte verfolgen kann und will, steht dieser Verfolgung aber nicht die als *Käuferschutz* gedachte Bestimmung des § 5 entgegen; andernfalls würde man ja zu dem nicht vertretbaren Ergebnis kommen, daß § 5 dem Verkäufer ein Recht zum beliebigen Rücktritt verschafft; s. oben Anm. 79 und 80. Anders aber ist der Fall dann zu beurteilen, wenn der Käufer arglistig dem Verkäufer die Sache aufdrängt oder der Verkäufer bei Rückgabe der Sache durch den Käufer sie zunächst nur verwahrungsweise entgegennimmt; hierdurch kann sich der Käufer nicht die Möglichkeit verschaffen, sich auf § 5 zu berufen, s. oben Anm. 80 und 81.

Anm. 93

6. Auch jede *sonstige Besitzentziehung gegen den Willen* des Käufers ist Wiederansichnahme nach § 5. Hierher gehört die verbotene Eigenmacht, die einem sachlichen Recht des Verkäufers entspricht (s. § 864 Abs. 2 BGB; wenn der Käufer sie nicht dulden müßte, aber durch bewußte Duldung den Weg des § 5 wählt, ist ein Fall nach Anm. 92 gegeben. Zur Wegnahme durch Täuschung s. OLG Celle OLGZ 69, 319. Zur Besitzentziehung durch einstw. Verfügung s. unten Anm. 144. Ferner gehört hierher der Rücktritt, RGZ 141, 261. Schließlich fällt hierunter auch das Schadenersatzverlangen, wenn zur Minderung des Schadens die Sache zurückgenommen wird.

Anm. 93a

Dem Käufer eines Kfz steht ein Rücktrittsrecht nach § 326 BGB zu, wenn der Verkäufer die *Zulassung des Kfz verhindert*, so auch OLG Karlsruhe OLGZ 69, 316. Die Zulassung ist Voraussetzung für den Gebrauch. Hierzu mitzuwirken ist eine Hauptpflicht des Verkäufers.

Anm. 94

7. Über alle Fragen der *Wiederansichnahme durch Akte der Zwangsvollstreckung* s. unten 101 ff. S. auch oben Anm. 6, 37 und 38.

III. Die Wiederansichnahme der Kaufsache

Anm. 95

Im allgemeinen ist diese Voraussetzung des § 5 eindeutig. Es gibt aber insbesondere Fälle, bei denen für die Lösung zu beachten ist, daß nach der wirtschaftlichen Betrachtungsweise nicht nur die AbzSache selbst, sondern auch der an ihre Stelle getretene wirtschaftliche Wert mit einbezogen ist; s. oben Anm. 12. Ferner ergeben sich unter dem Gesichtspunkt des Umfanges der Sicherung Zweifelsfragen. Hierzu gilt folgendes:

1. Betreibt ein *Dritter die Zwangsvollstreckung* in den dem Abz Verkäufer gehörenden Gegenstand, so steht dem AbzVerkäufer die Drittwiderspruchsklage des § 771 ZPO zu. Bis zur Verteilung des Erlöses kann er sie erheben, da so lange die Zwangsvollstreckung in die Sache noch nicht beendet ist.

Eine *erfolgreiche Drittwiderspruchsklage* löst § 5 nicht aus, wenn die Versteigerung der AbzSache dadurch verhindert wird. Sie hat dann dem Käufer Besitz und Nutzung der Sache erhalten. So auch

Klauß Anm. 468 zu § 5. Darüber, daß ihre pflichtwidrige Unterlassung Wiederansichnahme sein kann, s. *Wangemann* NJW 68, 504, a. A. *Selb* JZ 59, 585.

Wenn die unter EV verkaufte *Sache mangels Intervention* des Verkäufers durch einen Drittgläubiger des Käufers *versteigert* wurde, aber der *Verkäufer nach der Versteigerung* die *Herausgabe des Erlöses* wegen ungerechtfertigter Bereicherung *verlangt*, ist Wiederansichnahme der Kaufsache gegeben. Eine andere Auffassung würde zu dem vom Gesetz mißbilligten Ergebnis führen, daß der Verkäufer Erlös und Raten behalten könnte. Es wäre dann sogar möglich, daß der Verkäufer die Sache selbst ersteigert und den Erlös für sich in Anspruch nimmt, also neben den Sachen die Raten und den Erlös, sowie den Anspruch auf die noch nicht gezahlten Raten behält, soweit diese nicht durch den Erlös gedeckt sind. Das alles aber mißbilligt das Gesetz; s. oben Anm. 4 und 5. Der Käufer würde durch das Eingreifen des Verkäufers dem Drittgläubiger gegenüber auch nicht besser gestellt sein, da dieser seinen Anspruch auf die zurückzugewährenden Raten pfänden lassen könnte. So auch *Klauß* Anm. 548 f. zu § 5 und *Fuld* Gruch 39, 572, s. ferner *Selb* JZ 59, 585.

Gegen die dargestellte Ansicht kann auch nicht geltend gemacht werden, daß der Käufer wegen der Versteigerung nicht in der Lage ist, seine Rückgabeverpflichtung zu erfüllen. Der Fall liegt ebenso wie jeder andere Fall der verschuldeten Unmöglichkeit der Rückgabe. Der Käufer ist schadenersatzpflichtig. Der von ihm zu ersetzende Schaden kann aber geringer sein, als die vom Verkäufer zurückzugewährenden Leistungen. Hat der Verkäufer die Sachen selbst ersteigert, so beschränkt sich der dem Verkäufer zu ersetzende Schaden, da dieser die Sache ja erhalten hat, auf sein Gebot. Dieses erhält er jedoch auf Grund seines Bereicherungsanspruches von dem Drittgläubiger zurück, so daß ihm in diesem Falle regelmäßig überhaupt kein Schaden zu ersetzen ist. Der Käufer hat in diesem Falle also einen Anspruch auf Rückgewähr der gezahlten Raten, soweit diese die Ansprüche des Verkäufers aus § 2 überschreiten.

Darüber, daß die Rücknahme des Erlöses so zu behandeln ist, wie die der Sache selbst, s. auch *Etzold* in Urteilsbespr. JW 30, 2083 (unter 5), dessen sonstige Ausführungen allerdings in den entscheidenden Punkten abzulehnen sind, wie in Anm. 114 ausgeführt wird.

Anders verhält es sich dann, wenn der Verkäufer wegen Unkenntnis von der Pfändung die Widerspruchsklage unterlassen hat und dann nur zur Sicherung wenigstens des Surrogates, das an die Stelle seines ohne sein Wissen und ohne sein Wollen untergegangenen Eigentums getreten ist, den Versteigerungserlös, evtl. mit Bereicherungsklage heraus verlangt. Hier fehlt das Bindeglied für § 5, nämlich der durch eine vom Verkäufer gewollte Unterlassung der Intervention veranlaßte Besitzverlust des Käufers; im Verhältnis Verkäufer—Käufer ist der Besitzverlust dann ausschließlich vom Käufer zu vertreten und deshalb für die Anwendung des § 5 nicht geeignet; siehe oben Anm. 80. Dann hat freilich der Käufer die Sache verloren und bleibt trotzdem zur Zahlung des Kreispreises (gemäß § 281 BGB im Ergebnis vermindert um den Erlös) verpflichtet; es hängt dies aber damit zusammen, daß nicht der Verkäufer den Besitzverlust veranlaßt hat. So mit Recht LG Köln NJW 58, 504 und *Wangemann* hierzu. Es ist aber nicht richtig, wenn letzterer deshalb die hier vertretene Meinung überhaupt ablehnt; in Verfolgung der auch von ihm anerkannten Grundregeln ist diese Meinung zutreffend, aber ihre den allgemeinen Grundsätzen entsprechende Voraussetzung zu beachten.

Über die allgemeine Rechtslage in solchem Falle der Versteigerung fremder Sachen s. RGZ 156, 398; *Baumbach-Lauterbach* ZPO Anm. 3 zu § 817, *Petermann* DRpfleger 58, 169 (inter IV) sowie oben Anm. 5 und Anm. 38.

Anm. 96

2. Auch die Geltendmachung des *Schadenersatzanspruches wegen Verlustes der Sache,* besonders wegen *unberechtiger Verfügung über die Sache, ist* Wiederansichnahme, weil auch hier der Verkäufer den an die Stelle der Kaufsache getretenen wirtschaftlichen Wert verlangt. Der AbzVerkäufer kann deshalb auch in solchem Fall nicht den Wert der Sache als Schaden *und* die Erfüllung des Kaufvertrages verlangen; s. auch oben Anm. 60 und 83.

Anm. 97

3. Beim *verlängerten EV* liegt eine Wiederansichnahme der Kaufsache auch vor, wenn *der* durch die Verlängerung des Vorbehalts *an die Stelle der Kaufsache tretende Gegenstand herausverlangt* wird, also die *verarbeitete Sache* auf Grund der Verarbeitungsklausel, die *Kaufpreisforderung* oder der Kaufpreiserlös aus dem Weiterverkauf bei Vorausabtretungsklausel oder weitergeleiteten EV; vgl. oben Anm. 12, 18 und 40.

Anm. 98

4. Als Folge des § 5 beim *erweiterten EV* ist (s. oben Anm. 19) anzunehmen, daß die Voraussetzungen dieser Vorschrift erfüllt sind,

wenn die Sache auf Grund dieser Sicherungsverhältnisse (Kontokorrentvorbehalt, Zukaufs- und Zusammenkaufsklausel, Konzernvorbehalt) herausverlangt wird und sowohl die Forderung, auf Grund deren der Verkäufer vorgeht, wie die Sache, die er verlangt, Gegenstand eines *AbzGeschäftes* sind, wobei nicht das identische Geschäft für Forderung und Sache gegeben sein muß. *Diese* Lockerung ergibt sich zwangsläufig aus der Erweiterung der Sicherung auf mehrere Geschäfte oder Geschäfte mehrerer Gläubiger. Andererseits kann aber der Schutz des AbzG doch nicht Geschäfte mit ergreifen, die überhaupt nicht AbzGeschäfte sind.

Anm. 99

5. Wird beim *Verkauf von Sachgesamtheit* vor Bezahlung des Gesamtkaufpreises Herausgabe verlangt, so ist bei Rückforderung der ganzen Sachgesamtheit der Rücktritt vom ganzen Vertrag gegeben, sofern nicht etwa die verbleibenden Sachen für den Käufer keinen wesentlichen wirtschaftlichen Wert mehr darstellen. Vgl. hierzu oben Anm. 16 und außerdem Anm. 15—17 zu § 1.

Anm. 100

6. Oben in Anm. 17 ist ausgeführt, was bezüglich des EV bei *Bestandteilen, Zubehör und Früchten* gilt. Soweit die Sache mit diesen Teilen weggenommen wird, ist auch die Rücktrittsfiktion für den gesamten Vertrag gegeben, ohne daß nach dem in Anm. 4 und 5 gesagten die Eigentumslage interessiert. Wenn aber der Verkäufer nur solche Teile, nicht die Hauptsache herausverlangt, ist die Rücktrittsfiktion nur für einen entsprechenden Kaufpreisteil anwendbar; man muß insoweit — wie bei den Sachgesamtheiten — eigene AbzGeschäfte annehmen. Vgl. auch oben Anm. 76, 99 und 17 sowie wegen der Früchte auch Anm. 174 zu § 1.

7. Daß es auf die dingliche Rechtslage, auf das (noch) bestehende Eigentum des Verkäufers nicht ankommt, ist unter Hinweis auf die obigen Anm. 24 und 35—37 nochmals zu wiederholen.

D. Die Wiederansichnahme durch Zwangsvollstreckung im besonderen

Anm. 101

Die hiermit verbundenen Fragen haben in den letzten Jahren, eigentlich schon Jahrzehnten, Literatur und Rechtsprechung außerordentlich beschäftigt. Ihre zunehmende Bedeutung wird klar, wenn man feststellt, daß *Crisolli* in der 4. Aufl. den Fragen, zu denen sich dann im besonderen die Meinungsverschiedenheiten entwickelten, etwa nur eine Seite widmete (Anm. 87—91), dann aber alsbald eigentlich nur zu den Fragen der Zwangsüberweisung nach § 825 ZPO seinen umfangreichen Aufsatz JW 34, 1817 ff. schrieb und *Klauß* in seinem Kommentar 1950 in einem eigenen Anhang zu § 5 das Abz-Geschäft in der Zwangsvollstreckung auf 15 Seiten behandelt (hier freilich unter Einschluß verschiedener Fragen, die *Crisolli* seinerzeit an anderer Stelle des § 5 ebenfalls behandelt hatte).

Dabei ist darauf hinzuweisen, daß eine „Wiederansichnahme" nicht deshalb hier entfällt, weil Pfändung, Versteigerung usw. nicht von diesem Begriff umfaßt würde, sondern das BGB darunter nur privatrechtliche Tatbestände erfasse; so *Spiro* AcP 133, 331 und JW 32, 152. Schon dadurch, daß unzweifelhaft, ja nach dem Gesetzeswortlaut, die Vollstreckung des Herausgabeurteils unter § 5 fällt, wird diese Meinung widerlegt.

Das Kernproblem bei diesen Fragen liegt aber darin:

1. ob und wann in Maßnahmen der Zwangsvollstreckung eine Wiederansichnahme der Kaufsache vorliegt;

2. insoweit die Frage zu 1. zu bejahen ist, ob überhaupt, ob bei jeder Verwertungsart und schließlich in welcher Weise hier die den Käuferschutz bezweckenden Vorschriften der §§ 1—3 zum Zuge kommen können.

Ein wesentlicher Unterschied liegt dabei darin, ob die Zwangsvollstreckung wegen der Kaufpreisforderung oder die Zwangsvollstrekkung auf Grund Herausgabetitels betrieben wird; eine Unterscheidung, die eine ähnliche wichtige Rolle spielt, wie materiell-rechtlich häufig die Unterscheidung zwischen der schuldrechtlichen und der dinglichen Rechtslage.

I. Die Zwangsvollstreckung zur Erwirkung der Herausgabe der Kaufsache

Anm. 102

Die Probleme sind in diesem Bereich einigermaßen klar zu lösen.

1. Im *Zeitpunkt des Urteils* — ob rechtskräftig oder vorläufig vollstreckbar — liegt zweifellos *bereits* der *fingierte Rücktritt* nach § 5 vor. Da schon die Klage auf Herausgabe und sogar schon das ernstliche außergerichtliche Herausgabeverlangen Wiederansichnahme bedeuten (s. oben Anm. 83 und 87), steht dies außer Zweifel. Daß es für

diese Folge unerheblich ist, ob EV besteht oder nicht, ergibt sich aus oben Anm. 4.

a) Wenn die Klage auf *Herausgabe Zug um Zug* gegen die sich nach §§ 1 und 2 ergebende Rückzahlung an den Käufer lautet, so gelten für die Zwangsvollstreckung die §§ 726 Abs. 2, 756 und 765 ZPO, die die Ausführung der Zug-um-Zug-Verurteilung bei der Durchführung der Zwangsvollstreckung gewährleisten und gegen deren Verletzung dem Schuldner die Erinnerung gemäß § 766 ZPO zur Verfügung steht.

Anm. 103

b) *Wenn* die Rechte *nach* §§ 1 und 2 im Prozeßverfahren geprüft wurden und *sich* dabei *keine Rückzahlungsforderung des Käufers* ergeben hat, kann in der Zwangsvollstreckung hierwegen keine Frage mehr auftauchen. In der Praxis wird dieser Fall sehr häufig sein, da meist nur geringe Raten über lange Zeit hin zu erbringen sind, die Herausgabeklage aber meist erst spät und als letztes Mittel nach erheblicher Vertragsverletzung vom Verkäufer gewählt wird, so daß die bezahlten Raten häufig nicht annähernd Wertminderung und Gebrauchsvergütung decken.

Anm. 104

2. Aber auch wenn die *Zug-um-Zug-Klausel* im Urteil deshalb *fehlt, weil die Gegenrechte des Käufers* im Prozeßverfahren nicht geprüft wurden, etwa weil der Prozeßrichter eine Prüfungspflicht von Amts wegen nicht bejahte und der Käufer hierwegen nichts vorgebracht hatte, ist das vollstreckbare Urteil nach Maßgabe seines Inhaltes grundsätzlich (s. aber unter Anm. 105) vollstreckbar, also ohne daß der Verkäufer Gegenleistungen zu erbringen braucht. Das widerspricht zwar dem Streben des Gesetzes, durch seine §§ 1—3 und 5 dem Käufer zu gewährleisten, daß er seine Gegenrechte nicht erst in einem weiteren Verfahren verfolgen muß, sondern noch im gleichen Rechtsstreit, in dem der Verkäufer seine Rechte aus dem Rücktritt verfolgt, seine Gegenrechte überprüft werden. Aber dieser Rechtsstreit ist eben bereits abgeschlossen und die Verletzung des sachlichen Rechtes im Prozeßverfahren berührt — grundsätzlich wenigstens — nicht den Eintritt der Rechtskraft nach Maßgabe dieses Urteils und nicht die Vollstreckbarkeit dieses rechtskräftigen (oder auch nur vorläufig vollstreckbaren Urteils. Das Vollstreckungsrecht selbst aber gibt dem Schuldner keinen brauchbaren Rechtsbehelf in die Hand; insbesondere ist § 767 ZPO (mit § 769) im Hinblick auf § 767 Abs. 2 keine Hilfe.

Das materiellrechtliche Leistungsverweigerungsrecht des Schuldners (Käufers) ist zwar eine Einwendung, die den durch das Urteil festgestellten Anspruch selbst betrifft; aber der Käufer hätte diese Einwendung schon im Rechtsstreit geltend machen können, weil schon mit der Herausgabeklage die Rücktrittsfiktion und damit seine Gegenrechte gegeben waren. Deshalb versagt die Vollstreckungsgegenklage. Der Käufer muß dann seine Gegenrechte in einem besonderen Rechtsstreit verfolgen; ebenso *Klauß* Anm. 440 zu § 5. Ein solcher eigener Prozeß kann aber auch durch das Verhalten des Käufers nötig werden z. B. wenn außerhalb der Zwangsvollstreckung der Käufer auf außergerichtliches Herausgabeverlangen dem Verkäufer die Sache zurückgibt, ohne sogleich seine Gegenrechte geltend zu machen. Es liegt dann ein bewußter oder unbewußter Verzicht auf die Zug-um-Zug-Leistung vor, der noch nicht Verzicht auf die Gegenrechte überhaupt ist.

Anm. 105

3. *Grundsätzlich* können im Prozeßverfahren nicht berücksichtigte Forderungen des Käufers aus der Abrechnung nach §§ 1 und 2 bei der Vollstreckung nicht mehr Berücksichtigung finden. *Ausnahme: Bei Rechtsmißbrauch* (Schikane, Verstoß gegen Treu und Glauben, Verstoß gegen die guten Sitten) kann aber die Arglisteinrede, genauer der *Einwand der unzulässigen Rechtsausübung*, vom Schuldner (Käufer) der ohne Berücksichtigung seiner Gegenforderungen erfolgenden Vollstreckung des Urteils entgegengesetzt werden.

Ob und inwieweit diese Einrede möglich ist, ist zwar wiederum Gegenstand erheblicher Meinungsverschiedenheiten, deren Lösung davon abhängt, ob und inwieweit Treu und Glauben auch im Vollstreckungsrecht gilt. Dies wird zwar grundsätzlich heute bejaht: *Baumbach-Lauterbach*, Grundzüge vor § 704 ZPO Anm. 6 D und auch Einl. III Anm. 6 A; *Stein-Jonas-Schönke* Anm. 27 bei § 704 ZPO und Anm. II 7 vor § 128 ZPO; über den besonderen Streit zu § 811 ZPO s. unten Anm. 117 ff. Man wird sich dem anzuschließen haben, womit freilich die Grenzziehung eine noch offene Frage bleibt. Ebenso grundsätzlich *Klauß* Anm. 441 zu § 5. Es gibt aber eindeutige Fälle, etwa den, daß der Gläubiger (Verkäufer) die rechtskräftige Entscheidung ohne Zug-um-Zug-Klausel arglistig herbeigeführt hat, indem er in der Klage bewußt falsche Angaben zu den für §§ 1 und 2 maßgebenden Tatsachen (über Ratenzahlungen, Gebrauchszeit, Wertminderung) gemacht hat, die im Versäumnisverfahren das Gericht, das von Amts wegen prüfte, zur unrichtigen Feststellung führen mußte, daß keine Gegenforderung des Käufers in Betracht komme (über die Bekämpfung der Rechtskraft mit Mitteln des sachlichen Rechts s. *Baumbach-Lauterbach* Anm. 6 vor § 322 ZPO, der seinerseits aber entgegen der Rechtsprechung auf die Restitutionsklage verweist). Wegen der Abgrenzung vgl. auch unten Anm. 108 f.

Anm. 106

Diesen Ausgangspunkt hat auch die von *Klauß* Anm. 441 zu § 5 wiedergegebene Entscheidung des LG Bielefeld DGVZ 19, 12, die aber auch von *Klauß* dann mit Recht als zu weitgehend kritisiert wird, vertreten: „Die Zwangsvollstreckung aus einem auf die Herausgabe gerichteten Urteil, das die Zug-um-Zug-Verpflichtung nicht enthält, ist unzulässig, wenn die mit dem AbzG vertraute Gläubigerin die Zwangsvollstreckung betreibt, obwohl sie weiß, daß sie nicht reine Herausgabe der Sache verlangen kann, sondern nur Zug um Zug gegen die Rückgabe der vom Schuldner geleisteten Teilzahlungen. Die Zwangsvollstreckung verstößt gegen die guten Sitten. Zu einer solchen schadenersatzpflichtigen Handlungsweise darf der Gerichtsvollzieher seine Amtstätigkeit nicht darbieten."

Anm. 107

4. Der Käufer hat in diesem Fall *keine Möglichkeit*, gegen die Zwangsvollstreckung sich auf die *Unpfändbarkeit der Sache*, insbesondere § 811 Ziff. 1 ZPO zu berufen. Dies ergibt sich zunächst schon aus der Systematik der ZPO, deren § 811 eine Bestimmung nur in dem Abschnitt „Zwangsvollstreckung wegen Geldforderungen" ist, während § 883 ZPO in dem Abschnitt über die „Zwangsvollstreckung nur Erwirkung der Herausgabe von Sachen" enthalten ist, der Bestimmungen über die Unpfändbarkeit nicht kennt. Der Gläubiger hat, jedenfalls bei EV, die Wahl, das Forderungsrecht oder das Eigentumsrecht geltend zu machen. Je nach seinem Entschluß ergeben sich aber auch die für jeden Fall verschiedenen vollstreckungsrechtlichen Vorschriften. Ebenso *Baumbach-Lauterbach* Anm. 2 zu § 883 ZPO unter Berufung auf die allgemeine Meinung und *Klauß* JZ 55, 70 ff. (unter II am Ende), der dabei auch darauf hinweist, daß eine andere Entscheidung den Eigentumsbegriff gefährlich aushöhlen und dem EV seine wirtschaftliche Bedeutung nehmen würde; ferner *Lüke* NJW 54, 1316 und OLG Marienwerder HRR 38 Nr. 1200 sowie *Püschel* DR 39, 1044 (1045).

Im Einzelfall wird aber auch hier eine Unpfändbarkeit der Sache eine Rolle spielen können; s. unten Anm. 108.

Anm. 108

5. Die Rechtsgrundlage zur Berücksichtigung von Einwendungen des Schuldners aus dem in Anm. 105—107 behandelten bildet *§ 765 a ZPO*, eine der Bestimmungen, die an Stelle der außerhalb der ZPO geschaffenen Sondervorschriften über den Vollstreckungsmißbrauch zu dessen Berücksichtigung in die ZPO im Jahre 1953 eingebaut wurden. Diese Vorschrift setzt einen *Antrag des Schuldners* voraus, so daß also in der Zwangsvollstreckung die im Prozeßverfahren nicht berücksichtigten Rechte des Schuldners zweifellos nicht mehr von Amts wegen Berücksichtigung finden können. Über die Voraussetzungen dieser Härteklausel hat der Vollstreckungsrichter im Einzelfall zu befinden, und zwar gerade dann zu befinden, wenn das vollstreckungsweise Vorgehen vollstreckungsrechtlich in Ordnung ist und dabei dem Antrag stattzugeben, „wenn die Maßnahme unter voller Würdigung des Schutzbedürfnisses des Gläubigers wegen ganz besonderer Umstände eine Härte bedeutet, die mit den guten Sitten nicht vereinbar ist„. Es können also hier materiellrechtliche Erwägungen, — Erwägungen, die an sich durch die Rechtskraft nicht mehr zu beachten wären —, Gesichtpunkte, die bei *dieser* Zwangsvollstreckung vollstreckungsrechtlich nicht berücksichtigt werden könnten, unter den genannten Voraussetzungen zum Zuge kommen und dem Antrag zum Erfolg verhelfen, wobei nach dem Gesetz nicht bloß eine einstweilige Einstellung der Vollstreckung, sondern auch Aufhebung und Untersagung der Vollstreckung möglich ist.

Anm. 109

Nach dieser Norm bemißt sich heute, was als *Rechtsmißbrauch* mit dem Einwand der unzulässigen Rechtsausübung bekämpft werden kann, inwieweit also die unter Anm. 105—107 behandelten Einwendungen berücksichtigt werden können. Diese Norm stellt nämlich als die gesetzliche Generalklausel des Schuldnerschutzes die für diesen Bereich erfolgte gesetzliche Fixierung der Anwendung materiellrechtlicher und prozeßrechtlicher Erwägungen aus Treu und Glauben dar, nach der nunmehr ausschließlich diese Fragen zu beurteilen sind. Dabei wird im Einzelfall auch der Einwand des § 811 ZPO durchgreifen können, wenn auch nur unter besonders strenger Prüfung im Hinblick auf die Grundsätze *dieser* Zwangsvollstreckung. Dies ist z. B. denkbar bei einer fast restlosen Abzahlung, deren Beendigung vielleicht im Erkenntnisverfahren nicht zu erwarten war, aber jetzt wiederum möglich erscheint. Hier kann an sich schon nach den Grundsätzen der

Anm. 105 die Härteklausel des § 765 a ZPO durchgreifen, insbesondere aber — vielleicht hier schon etwas früher — bei einer unpfändbaren Sache, deren Verlust für den Schuldner noch besondere Härtefolgen hätte. Gerade für die Anwendung des § 811 ZPO gegenüber der Herausgabevollstreckung verweist auf die neue prozessuale Härteklausel *Jonas-Pohle* im Zwangsvollstreckungsnotrecht 16. Aufl. 54, S. 66 und *Klauß* JZ 55, 70 ff. (unter II a. E.). Nachdrücklich behandelt die Bedeutung dieser Härteklausel (im Gegensatz zum Wirkungsbereich des § 766 ZPO) *Hein* ZPP Bd. 69, 231 ff. Für das Vollstreckungsmißbrauchsgesetz ausdrücklich ebenso *Püschel* DR 39, 1044 (1045). Über den Fall fehlender Gegenansprüche und über Ersetzungsbefungnis s. § 3 Anm. 27 und 41 f.

Damit wird folgendes erreicht: Weitgehend wurde für die Zulassung der Arglisteinrede in derartigen Fällen verlangt, daß eine Umgehung des AbzG, insbesondere seiner §§ 1—3 vorliegen oder gar beabsichtigt sein müsse oder (auch: und) daß die tatsächlichen Voraussetzungen für die Gegenforderung des Käufers nach §§ 1 und 2 unstreitig oder offenkundig seien; s. *Jonas-Pohle*. Zwangsvollstrekkungsnotrecht S. 68 f. Dabei war bezüglich der Berufung auf § 811 ZPO bei Herausgabevollstreckung die Situation zu Lasten des Schuldners die umgekehrte wie bei der Forderungsvollstreckung; wegen letzterer s. unten Anm. 117 ff.; s. z. B. OLG Hamburg MDR 54, 686. Seit der Schaffung des § 753 a ZPO (und vorher schon nach den inhaltlich ähnlichen Vollstreckungsschutzvorschriften, die allerdings im § 765 a ZPO eine Einengung erfahren haben), sind dies die Fälle, in denen die Berufung auf die Härteklausel sehr häufig begründet sein wird, die aber auch in anderen Fällen durchgreifen kann, weil das Vollstreckungsgericht bezüglich seines Verfahrens frei ist, also zur noch nicht vorhandenen Aufklärung mündliche Verhandlung anordnen und zweifellos in gewissem Umfang auch Beweise erheben kann. Dies betont grundsätzlich auch *Hein* a.a.O. S. 250 und dort Anm. 44.

Damit entspricht das Ergebnis auch einem sauberen System: Rechtliche Gesichtspunkte, für die an sich in dem Vollstreckungsverfahren nach §§ 883 ff. ZPO kein Raum ist, haben nur Platz, soweit das Gesetz selbst sie im Rahmen seiner Härteklausel zuläßt. Entscheidungen, deren Begründung bloße Billigkeit oder Prozeßwirtschaftlichkeit ist, sind abzulehnen, wenn sie nicht nach §§ 765 a ZPO zu rechtfertigen sind; gegen die bloße Billigkeit auch *Schiedermair* ZZP Bd. 68, 118 (119).

Anm. 110

6. In der *Praxis* dient als erstes *Druckmittel* auf den nicht mehr ordnungsgemäß zahlenden Schuldner, wenn außergerichtliche Schritte nicht mehr ausreichen, die Forderungsklage, um dem Schuldner auch bei bestehendem EV den Ernst der Situation klar zu machen. Es wäre jedoch viel *zweckmäßiger, die Herausgabeklage* als ernstes, aber auch schon erstes Druckmittel zu verwenden; zweckmäßiger aus mehrfachen Gründen, einmal weil diese schon vor Beginn der Zwangsvollstreckung dem Schuldner den Ernst der Situation zeigt, sodann weil sie in der Zwangsvollstreckung wirksamer ist, indem sie grundsätzlich nicht an § 811 ZPO scheitern kann und die uferlose Ausdehnung des Vollstreckungsschutzes hier nie in dem Maß, wie bei der Geldvollstreckung zu befürchten ist und weil schließlich auch nach § 765 a ZPO bei der Herausgabevollstreckung engere Grenzen grundsätzlich gegeben sein werden, schließlich weil dann nicht *nach* einer Forderungsklage, deren Vollstreckung an § 811 ZPO scheitert, erst ein zweites Verfahren mit weiteren Kosten zu Lasten des Schuldners notwendig wird.

Die Praxis wird hier noch lernen können. Auch die Ausführungen von *Klauß* JZ 55, 70 ff. (unter II 2 und 3) zielen auf eine Empfehlung der Herausgabeklage offenbar hin; s. auch *Hein* a.a.O. Anm. 47.

II. Die Zwangsvollstreckung wegen der Kaufpreisforderung

Anm. 111

Die Zwangsvollstreckung des Verkäufers gegen den Käufer wegen der Kaufpreisforderung bemißt sich nach den Vorschriften der §§ 803 ff. ZPO, den Vorschriften über die Zwangsvollstreckung wegen Geldforderungen. Erhebliche Probleme tauchen hier bei der *Vollstreckung in die Kaufsache* auf.

1. Für die im folgenden behandelten Fragen ist es *unerheblich*, ob die Sache mit *EV* verkauft wurde und ob der EV noch besteht. Darauf kommt es für die Anwendbarkeit des AbzG überhaupt nicht an (s. Anm. 61 zu § 1) und darauf kommt es auch bei § 5 trotz der Worte, „auf Grund des vorbehaltenen Eigentums“ nicht an; s. oben Anm. 4 und insbesondere die dort schon erwähnten Ausführungen von *Alberty* DR 39, 1777 f. (die freilich in einem anderen Teil nachdrücklich abzulehnen sind; s. unten Anm. 114). Aber auch für die Frage der Anwendbarkeit des § 5 in der Zwangsvollstreckung spielt das Eigentum des Verkäufers keine Rolle; s. oben Anm. 4 und 5.

Diese Meinung ist aber nicht unbestritten. *Klauß* (Anm. 401 und auch 381 sowie 392 zu § 5 und NJW 50, 765 Anm. 15) lehnt jede Besonderheit ab, wenn an der Sache kein EV besteht, weil er den EV als Voraussetzung des § 5 ansieht. Seine Meinung ist aber mit seiner Anerkennung der Versteigerung des Sache als Fall des § 5 (Anm. 418 f. zu § 5) nicht recht vereinbar und auch nicht vereinbar mit seiner Anerkennung von BGHZ 15, 171 ff., die er in JZ 55, 70 ff. (74) ausgesprochen hat, welche Entscheidung aber das AbzG und insbesondere auch den § 5 gerade auch dann anwendet, wenn der Abz-Verkäufer den Kaufgegenstand ohne Rücksicht auf einen EV in der Zwangsvollstreckung erwirbt; s. auch Anm. in JZ 56, 248 Übrigens kommt auch innerhalb der Anm. 392 und 393 zu § 5 bei *Klauß* eine gewisse Unvereinbarkeit der Meinungen zum Ausdruck. Vgl. auch unten Anm. 116. Grundsätzlich eng auch *Wendt* MDR 57, 455 ff.

Mit Rücksicht auf dieses Ergebnis ist *hier* die Frage uninteressant, ob und wann bei Zwangsvollstreckung in die eigene Sache das Eigentum des Vollstreckungsgläubigers erlischt, s. oben Anm. 37.

Anm. 112

2. Da jedoch meist EV vereinbart ist, ist es von Bedeutung, daß die *Pfändung der dem Gläubiger gehörigen Sache zulässig* ist. Das ist heute gesicherte und schon seit 1912 die eindeutig herrschende Meinung, wenn man auch nicht sagen kann, wie *Hein* ZZP 69, 231 ff. (232), daß heute überhaupt kein Streit mehr besteht. Wie hier RGZ 79, 241 (244 f.) = JW 12, 690 mit dort zitierten älteren Entscheidungen; RGZ 156, 398; BGHZ 15, 171 (173); KG JW 31, 2138 und JW 38, 3059; OLG Stuttgart HRR 34 Nr. 1664; OLG Frankfurt NJW 54, 1083; *Stein-Jonas-Schönke* Anm. II 3 und *Baumbach-Lauterbach* Anm. 2 B je zu § 804 ZPO; *Rosenberg* 191 I, 1 a; *Crisolli* JW 34, 1817 ff.; *Klauß* Anm. 403 zu § 5 sowie NJW 50, 765 (unter 6) und TW 57, 89; *Aubele* Anm. 25 und 31 zu § 5; *Schönke*, Zwangsvollstreckungsrecht 48 § 26 I 5; *Hoche*, Zwangsvollstreckungsrecht 55 S. 71; *Püschel* LZ 14, 1786 (1787); *Spiro* AcP 13, 327 und JW 32, 152; *Rühl* S. 262; *Herzstein* JW 30, 3365. A. M. OLG (München) 18, 400 und *Seuff*. A 58, 125 und *Kubisch* NJW 57, 568 (unter II), der u. a. dafür auf das fehlende Rechtsschutzbedürfnis zum nochmaligen Eigentumserwerb abstellen will. Seine Meinung wird eingehend von *Klauß*, TW 57, 84 widerlegt, desgleichen von *Grund* NJW 57, 1216, der dabei auf die wirtschaftliche Bedeutung der Pfändung der eigenen Sache mit hinweist.

Gegen den Willen des Gläubigers wird aber die Pfändung nicht zuzulassen sein; vgl. OLG Celle DGVZ 53, 42.

Daß das Eigentum als vorbehaltenes Eigentum aber auf einem AbzGeschäft beruht, ändert an diesem Grundsatz nichts. Anders einige wenige, die hier wegen § 3 Unzulässigkeit der Zwangsvollstreckung annehmen; s. unten Anm. 114. Wenn *Hein* ZZP 69, 232 dies ebenfalls behauptet, so verkehrt er die Voraussetzung und Folge; nur bei den Folgen kann hier Streit auftauchen.

Vgl. aber über die Frage der Pfändung unpfändbarer, aber unter EV stehender Sachen unten Anm. 117! Im übrigen vgl. unten Anm. 114 und 116!

Anm. 113

Einigermaßen strittig ist noch die Frage, ob mit der Pfändung der eigenen Sache wirkliches Pfandrecht oder nur Pfandverstrickung entsteht; im letzteren Sinne RGZ 156, 398. Der Frage ist hier nicht weiter nachzugehen. Überhaupt gibt es zur Begründung der Zulässigkeit der Pfändung eigener Sachen verschiedene Meinungen, die bei G. *Pauli* behandelt werden, insbesondere die sogenannte öffentlich-rechtliche Theorie, die das Pfändungspfandrecht für die Zulässigkeit der Vollstreckung für nötig hält, aber solches Pfandrecht auch mit ordnungsgemäßer Pfändung entstehen läßt; ferner die sogenannte Verzichtstheorie, die mit stillschweigendem Verzicht des Gläubiger auf sein Eigentum zur Zulässigkeit dieser Vollstreckung kommt; s. dazu oben Anm. 37. Wieder andere lassen ein Pfandrecht an eigener Sache grundsätzlich zu und schließlich wird die Zulässigkeit der Zwangsvollstreckung nur von der Verstrickung, nicht vom Pfandrecht abhängig gemacht. Darüber, daß es nach bürgerlichem Recht grundsätzlich kein Pfandrecht an eigener beweglicher Sache gibt, s. *Etzold*, Frankfurter Diss. S. 18, *Aubele* § 5 Anm. 10 und OLG Bamberg *Seuff*. A 58, 124 Nr. 66 sowie LG Braunschweig JW 30, 1527 und *Rühl* S. 176. Vgl. hierzu auch *Petermann* DRpfleger 58, 169 (unter I).

Anm. 114

3. Der in Anm. 112 behandelte Grundsatz gilt, *auch wenn* das Eigentum des Verkäufers vorbehaltenes *Eigentum auf Grund eines AbzGeschäftes* ist. Demgegenüber gibt es allerdings eine Meinung, die im Hinblick auf die §§ 5 und 3 die *Zulässigkeit jeder Zwangsvollstreckungsmaßnahme verneit.* So *Kleinknecht* JW 38, 3206; *Al-*

berty DR 39, 1776 ff. (1779) sowie DGWR 40, 33 (mit ähnlichem Ergebnis auch *Danielcik* JW 37, 290) und *Kubisch* NJW 57, 568 (5 III). Sie stimmen in dem von *Kleinknecht* als „Befehl des AbzG" formulierten Ergebnis überein, daß die AbzSache vor ihrer völligen Bezahlung nicht der Pfändung durch den Verkäufer unterliegt, und sehen darin eine Vollstreckungsbeschränkung, ähnlich der des § 811 ZPO, die der Schuldner mit § 766 ZPO verfolgen könne, aber auch das Vollstreckungsorgan von Amts wegen zu beachten habe. *Alberty* gelangt dabei zu diesem Ergebnis dadurch, daß er § 3 als prozessuale, im öffentlichen Interesse erlassene Vorschrift (nach Art des § 811 ZPO) betrachtet, während *Kleinknecht* einfach auf die sonst mit staatlicher Hilfe sich ergebende Umgehung des AbzG hinweis und *Kubisch* aus dem richtig verstandenen Sinn des AbzVertrages mit EV eine derartige (vertragliche) Beschränkung der Vollstreckung entnimmt.

Auch *Lent* JR 53, 145 kommt zur Unzulässigkeit der Vollstrekkung, weil es nicht zulässig sei, daß ein Vertragsteil die Vollstreckung benütze, um vertragliche Pflichten zu umgehen. So auch *Grund* NJW 57, 1216 (unter IV), indem er beim AbzKauf mit EV aus der noch nicht erfüllten Eigentumsverschaffungspflicht des Verkäufers die materiellrechtliche Unzulässigkeit einer vollstreckungsweisen Wegnahme dieser Sache entnimmt und diese durch Beschränkung bei der Verurteilung im Zahlungsprozeß berücksichtigen will. Mit überhaupt unzureichender Begründung gibt gegenüber einer Pfändung der Kaufsache durch den AbzVerkäufer dem Käufer die Rechte nach § 766 ZPO *Püschel* DR 39, 1044 ff. (1046) im Gegensatz zu JW 38, 3207. *Grund* a.a.O. (S. 1218) kommt von seinem Standpunkt aus zu Recht zu einer Anwendungsmöglichkeit des § 766 ZPO.

Diese Meinung ist abzulehnen und übrigens auch in dieser Allgemeinheit nicht mehr vertreten (s. aber zu § 825 ZPO unten Anm. 138 f.). Sie entstand, wie die obigen Zitate zeigen, in der Zeit des NS-Staates, in der manch rechtlich nicht Vertretbares mit juristischem Pathos vertreten wurde, vielfach einfach vom vermeintlichen Ziel her gesehen. Diese Zeit merkt man sehr wohl in den Begründungen DR 39, 1779 wie auch JW 38, 3206 und selbst *Crisolli* ist ihr einmal verfallen, wenn er JW 34, 1817 ff. (1821) „zur Erreichung der Ziele der neuen Rechtsentwicklung" dem Vollstreckungsgericht eine Zuständigkeit beimißt, die ihm nach dem Gesetz keinesfalls beigemessen werden kann. *Püschel* JW 38, 3207 weist auf den Hauptfehler dieser Lehre hin, der darin liegt, daß sie ohne gesetzliche Grundlage einfach aus Gründen vermeintlicher Prozeßökonomie den

Vollstreckungsrichter an die Stelle des Prozeßrichters setzen will, der bei Veränderung des vollstreckbaren Anspruchs gemäß § 767 ZPO zu entscheiden hat. Außerdem konnte man eben nicht nach mehr als 40jährigem Bestehen des Gesetzes aus diesem (auch) ein Prozeßgesetz machen, da es unzweifelhaft als Sondergesetz des bürgerlichen Rechts geschaffen worden war; s. *Klauß* Vorbem. 15 und JZ 55, 70 f. sowie *Aubele* Einl. II S. 13; ferner *Cremer*. Die Wiederansichnahme der AbzSache durch den Verkäufer als Rücktritt vom AbzKauf, Kölner Diss. S. 59 f. und hier § 3 Anm. 7.

Für die grundsätzlich vertretene Zulässigkeit der Zwangsvollstrekkung s. z. B. *Ohr* NJW 54, 787 *Aubele*, Anm. 25 zu § 5 sowie BGHZ 15, 171 ff. und 241 ff.

Anm. 115

4. Abzulehnen ist aber auch die Meinung, daß die Zwangsvollstrekkung in die Kaufsache durch das AbzG weder behindert noch beeinflußt wird, die verschiedenen Zwangsvollstreckungsmaßnahmen *möglich sind ohne irgendwelche Einwirkungen auf den Bestand des Kaufvertrages*, so daß die Zwangsvollstreckung in die Kaufsache aus der Kaufpreisforderung keinen Unterschied von der Zwangsvollstreckung in andere Vermögenswerte des Schuldners zeige und nie als Ausübung des Rücktrittsrechtes anzusehen sei; so *Oertmann* JW 29, 3193 unter Zustimmung zu der dort besprochenen Entscheidung des LG Düsseldorf und *Etzold* in seiner Besprechung der gleichen Entscheidung in JW 30, 2083; derselbe Diss. S. 76; ferner *Herzstein* JW 30, 3365; *Spiro* JW 32, 151 und AcP 133, 30 f.; *Benkendorff* JW 33, 2754; *Püschel* LZ 14, 1785 f.; *Kaufmann* Gruch 53, 347; *Meyer* KGBl. 14, 146 und neuerdings *Stehle*, Die Justiz 57, 95 ff. (99); *Aubele* Anm. 10 und 25 zu § 5; LG Hamburg JW 31, 1140; *Düringer-Hachenburg* Bd. V, 1 Allg. Einl. Anm. 306, 307 und offenbar auch *Wendt* MDR 57, 455 ff.; so auch noch *Crisolli* 4. Aufl. Anm. 87 ff., der jedoch dann diese Meinung im Aufsatz JW 34, 1817 ff. aufgab.

Begründet wird diese Meinung damit, daß der Verkäufer hier nicht *auf Grund des ihm vorbehaltenen Eigentums* die Sache wieder an sich nehme (§ 5), sondern bei der Vollstreckung auf Grund Forderungstitels gerade keine Rechte aus dem Eigentum ableitet, das er zur Durchführung dieser Vollstreckung gerade durch Verzicht aufgebe und daß ferner ein echter Rücktritt zu verneinen sei. Damit wird § 5 auch bei Selbsteinsteigerung der Sache durch den Verkäufer oder bei ihrer

Überweisung an den Verkäufer gemäß § 825 ZPO verneint, in welchen Fällen doch die Rücknahme der Sache direkt ins Auge springt.

Diese Meinung, die auch in der späteren Literatur und Rechtsprechung, in der sonst weiterhin alle überhaupt möglichen Auffassungen zu den Problemen dieses Abschnitts vertreten werden, nicht wieder erscheint, ist unrichtig schon aus dem oben in Anm. 111 und schon in Anm. 4 dargelegten Verhältnis des § 5 zu den übrigen Gesetzesvorschriften, der gerade jede denkbare Lücke im Käuferschutz schließen will, die trotz der Regelung in den §§ 1—3 entstehen könnte. Sie sollte aber auch unmöglich sein, wenn man bedenkt, daß schon das außergerichtliche Herausgabeverlangen des Verkäufers und eine Reihe von Fällen *einverständlicher* Rücknahme Rücktritt oder Rücktrittsfiktion bedeuten, womit es unvereinbar wäre, in der einseitigen und zwangsweisen Wegnahme der Sache, die doch zweifellos in der Vollstreckung erfolgt und die sich von der unmittelbaren Wegnahme nur durch die Zwischenschaltung des Gerichtsvollziehers unterscheidet, einen solchen fiktiven Rücktritt nicht zu sehen. Eine solche Auslegung könnte schon an sich nicht als richtig angesehen werden; sie verbietet sich bei der Betrachtungsweise, die das AbzG aus dem Zusammenhang zwischen seinen §§ 1—3 mit § 5 und aus seinem § 6 eindeutig verlangt. Daß § 5 auch beim vollstreckungsweisen Vorgehen angewendet werden muß, begründet schließlich BGHZ 15, 171 (173) und 15, 241 (244 f.) zu Recht mit der wirtschaftlichen Betrachtungsweise, nach der der Erfolg, den § 5 treffen will, bei beiden Fällen der gleiche ist.

Gelegentlich wurde auch die Meinung vertreten, daß ja dem Käufer durch Verrechnung des Versteigerungserlöses ein Surrogat für die Kaufsache zukomme und deshalb kaufrechtliche Wirkungen sich nicht ergeben. Der AbzKäufer hat aber nicht auf dieses Surrogat Anspruch, das für ihn ein aliud ist, sondern auf den Besitz der Kaufsache, ohne sofortige Bezahlung; dieses Recht wird ihm genommen und daraus rechtfertigt sich die Anwendbarkeit des § 5; s. *Alberty* DR 39, 1776 (1778) und unten Anm. 133.

Anm. 116

Hinzuweisen ist nur darauf, daß diese Meinung aber eigentlich die Konsequenz der auch von *Klauß* in Anm. 401 zu § 5 vertretenen Meinung ist, denn wenn der fehlende EV keinerlei Besonderheit zuläßt, weil das Verkäufereigentum wesentlich für § 5 ist (s. auch seine Anm. 392), dann allerdings ergeben sich die Konsequenzen der eben abgelehnten Rechtsmeinung. *Klauß* als Mann der Praxis sieht diese

Konsequenz mit Recht nicht; aber unkonsequenterweise von seinem Standpunkt aus. Vgl. auch oben Anm. 111!

Anm. 117

5. Auch bei der Kaufpreisvollstreckung ist die verkaufte eigene Sache des Verkäufers sind die *Unpfändbarkeitsbestimmungen* insbesondere *§ 811 ZPO* grundsätzlich zugunsten des Schuldners (Käufers) zu *beachten*. Das ist heute, wenigstens dem Grundsatz nach, herrschende Lehre innerhalb einer Unfülle von Literatur und Rechtsprechung, wobei die Literatur die Frage häufig gemeinsam für die Vollstreckung in Vorbehalts- oder Sicherungseigentum behandelt.

Dieses Ergebnis wird sofort zwingend deutlich, wenn der wesentliche Unterschied zwischen der Vollstreckung aus der Kaufpreisforderung und der Vollstreckung auf Grund Herausgabetitels wieder beachtet wird, auf dessen Bedeutung schon oben Anm. 101 hingewiesen wurde, worauf in diesem Zusammenhang mit Recht auch von anderer Seite oft verwiesen wird, so z. B. *Klauß* Anm. 399 zu § 5 und *Lüke* NJW 54, 1316. Die Entschließung zum einen oder anderen Vorgehen steht beim Verkäufer; daraus ergeben sich aber dann verschiedene vollstreckungsrechtliche Konsequenzen. Vgl. dazu schon für den umgekehrten Fall Anm. 107 und besonders OLG Marienwerder HRR 38 Nr. 1200, das den Grundsatz ausspricht, daß „wer sich entschließt, anstatt seinen Eigentumsanspruch geltend zu machen, in die eigene Sache zu vollstrecken, auch den Teil des Vollstreckungsrechtes gegen sich gelten lassen muß, der ohne Rücksicht auf die Eigentumsverhältnisse an den im Besitz des Schuldners befindlichen Gegenständen aus öffentlichen Gründen den Schutz des Schuldners bezweckt".

Dieses Ergebnis wird unterstützt dadurch, daß sich anerkanntermaßen der Gerichtsvollzieher bei der Pfändung nach § 808 ZPO grundsätzlich nicht darum zu kümmern hat, ob eine Sache in fremdem Eigentum steht (dergleichen nicht das nachprüfende Vollstreckungsgericht); *Baumbach-Lauterbach* Anm. 1 A zu § 808 ZPO; ferner *Jonas-Pohle*, Zwangsvollstreckungsnotrecht 54, 68, sowie *Püschel* JW 38, 3207 und schon *Then* BayZ 07, 385; ferner RGZ 79, 244; BGH BB 57, 163 und LG Düsseldorf DGVZ 53, 170 f.; es kann dann aus dem Eigentum des *Gläubigers* an der Sache nichts anderes zur Anwendung des § 811 ZPO hergeleitet werden, weil die Zugehörigkeit der Sache zum Schuldnervermögen nicht Voraussetzung der Zwangsvollstreckung ist; so *Rosenberg* § 191 I 1 a; *Rühl* S. 176; *Enneccerus*, Schuldrecht § 118 IV in Fußnote 19 und viele andere. LG Aachen MDR 51, 751 verneint die Pfändbarkeit unpfändbarer

Sachen unter dem Gesichtspunkt unzulässiger Umgehung des AbzG, wobei die Umgehung des Gesetzes und die Unpfändbarkeit in einem sicher nicht gegebenen Zusammenhang gebracht werden.

Anm. 118

a) Demgegenüber versagt aber eine weitverbreitete Meinung dem Schuldner die Berufung auf § 811 ZPO, weil es gegen Treu und Glauben (ja sogar gegen die guten Sitten) verstoße, wenn der Schuldner sich den Besitz an der Kaufsache beim Vorgehen des Gläubigers aus der Kaufpreisforderung gemäß § 811 ZPO sichern könnte, während er auf Herausgabeklage hin ohne weiteres ihn aufgeben müßte. Es ist dies offenbar der aus § 242 BGB genommene Gedanke des „dolo agit, qui petit, quod statim redditurus est". Diese Meinung ist grundsätzlich abzulehnen, weil in der Vollstreckung nicht zu prüfen ist, ob überhaupt die materiellen Voraussetzungen für ein Herausgabeurteil gegeben wären; es kann hier also gar nicht *im gleichen Verfahren* Anspruch und Gegenanspruch geprüft werden, wie es der eben erwähnte Satz zu § 242 BGB voraussetzt, für dessen Anwendung außerdem zwei sich in der Wirkung aufhebende Ansprüche des materiellen Rechts gegenüberstehen müssen; das betont mit Recht OLG Frankfurt NJW 53, 1835 und LG Stuttgart ZZP 69, 447. Außerdem obliegt die Prüfung materiellrechtlicher Fragen überhaupt dem *Prozeßgericht*; das Vollstreckungsorgan — Gerichtsvollzieher oder Vollstreckungsgericht — hat diese Frage nicht zu prüfen; es fehlt ihm die Zuständigkeit hierfür. *Eine Ausnahme* hiervon ist jedoch für die Fälle zu machen, in denen der Herausgabeanspruch des Verkäufers unstreitig besteht oder „liquide" ist, a. A. noch die Vorauflage. S. dazu unten Anm. 119.

Anm. 118a

b) Auch mit einem *Verzicht* auf den Schutz des § 811 ZPO läßt sich diese Annahme nicht rechtfertigen; dies deshalb nicht, weil die Vollstreckungsgewalt des Staates sich auf solche Gegenstände nicht erstreckt, was schon der Wortlaut des § 811 ZPO deutlich macht („... sind der Pfändung nicht unterworfen"). So mit Recht *Hellwig-Oertmann* im „System des Deutschen Zivilprozeßrechts" 1919, Bd. 2 S. 226, LG Stuttgart ZZP 96, 447 (448) und LG Braunschweig 18 T 96/54 in TW 57, 153, während BayObLG NJW 50, 679 für die Begründung des gleichen Ergebnisses den sozialpolitischen Charakter der Vorschrift verwendet, der Kahlpfändung ausschließen soll. Ein Verzicht ist also hier wirkungslos.

Aus dem gleichen Grunde der fehlenden staatlichen Vollstreckungsgewalt versagt die Berufung auf Treu und Glauben in einer anderen als der oben Anm. 118 behandelten Weise, nämlich der Hinweis darauf, daß der Schuldner mit solcher Berufung auf die Unpfändbarkeit dem durch die Sicherungsübereignung geschaffenen Anschein widerspreche, daß er die Sache zur Befriedigung des Gläubigers bereit halte. Auch bei solchem Anschein kann aber die staatliche Vollstreckungsgewalt nicht über ihre Grenzen hinaus erstreckt werden. Abzulehnen ist deshalb KG-West JR 52, 281 sowie LG Bremen MDR 51, 752.

Anm. 119

c) Die Berufung des Schuldners auf § 811 ZPO ist allerdings dann unzulässige Rechtsausübung, wenn der Gläubiger unstreitig einen unbedingten Herausgabeanspruch hat und wenn beim AbzGeschäft mit Sicherheit keine nennenswerten Gegenansprüche aus §§ 1 und 2 in Betracht kommen; anders ausgedrückt: Die Berufung des Schuldners auf § 811 ZPO versagt dann, wenn es offenkundig und unstreitig ist, daß dem Herausgabeanspruch des Gläubigers gegenüber keine Rechte aus §§ 1 und 2 in Betracht kommen, wenn der Herausgabeanspruch also liquide ist. Der *Herausgabeanspruch ist dann liquide,* wenn der Käufer Zahlung auf den Kaufpreis noch nicht bewirkt hat oder diese so niedrig sind, daß sie mit Sicherheit den Anspruch des Verkäufers aus § 2 nicht übersteigen. Ebenso *Furtner* MDR 63, 445; *Wangemann* MDR 53, 593 ff.; LG Berlin JR 49; 579 und 52, 281; LG Hamburg MDR 52, 561 (für Sicherungsübereignung); LG Bielefeld MDR 52, 433; OLG Hamburg 54, 686 und MDR 53, 685; LG Verden lt. Anm. in MDR 54, 238; auch *Noack* DGVZ 55, 58; AG Bergheim DGVZ 54, 56; LG Hamburg MDR 58, 109; LG Essen Rpfl. 60, 172; LG Hildesheim MDR 61, 511; *Baumbach-Lauterbach* § 811 Anm. 1 B.; *Stein-Jonas* ZPO § 811 Anm. II. 3. — — — A. A. OLG Frankfurt NJW 53, 1835; LG Köln DGVZ 53, 170 und die Vorauflage. Die dort geäußerten Bedenken werden aufgegeben, da eine an sich unzulässige Prüfung materiellen Rechts im Zwangsvollstreckungsverfahren nicht vorgenommen wird. Es erfolgt lediglich eine wirtschaftliche Gegenüberstellung der unbestrittenen Ansprüche beider Vertragspartner.

Anm. 121

d) Für die grundsätzliche Anwendbarkeit des § 811 ZPO bei Pfändung der eigenen AbzSache des Gl.: OLG Karlsruhe JW 26, 1608 und HRR 33 Nr. 1705; OLG Königsberg JW 30, 177 mit zustimmender

Anm. von *Oertmann;* OLG Jena JW 31, 2145; OLG Stuttgart HRR 32 Nr. 1170; LG Berlin DGVZ 37, 218; AG Berlin JW 37, 2790; LG Altona JW 37, 1669; OLG Marienwerder HRR 38 Nr. 1200; OLG Hamburg JW 38, 3256; LG Frankfurt JW 34, 1432 und DR 40, 1485; OLG Bremen MDR 52, 237; LG Stuttgart MDR 52, 688; LG Berlin- West JR 52, 442; LG Köln DGVZ 53, 170; OLG Frankfurt NJW 53, 1835 (sehr eingehend) und schon JW 34, 1432; LG Göttingen MDR 54, 238 (s. auch LG Göttingen BB 51, 769) und (ebenfalls recht eingehend) LG Stuttgart ZZP 69, 447; ferner OLG München MDR 57, 427 sowie LG Braunschweig 18 T 96/54 in TW 57, 153 u. LG Darmstadt MDR 58, 43. Ebenso *Klauß* Anm. 399 und JZ 55, 70 (unter II 3), der aber ohne Hinweis auf diese Meinung seines Kommentars in TW 57, 84 (86) offensichtlich die entgegengesetzte Meinung vertritt; *Lüke* NJW 54, 1316 und *Benkendorff* DRpfleger 37, 113 sowie *Seebode* in Urteilsbespr. JW 38, 1049; desgleichen *Münzel* JW 30, 2234, *Püschel* JW 38, 3207; *Hein* ZZP 69, 231 ff. mit nachdrücklicher Herausarbeitung des Verfahrensgegenstandes im Verfahren nach § 766 ZPO, in dessen Rahmen die Arglisteinrede nicht zu bringen ist; ferner *Rosenberg*, Zivilprozeßrecht § 191 I 2 sowie *Stein-Jonas-Schönke* § 811 ZPO Anm. II 1 und 3, *Lüke* JZ 59, 114.

Im besonderen für AbzGeschäfte OLG Karlsruhe HRR 33 Nr. 1705, OLG Hamburg JW 38, 3256; LG Aachen MDR 51, 751; LG Göttingen MDR 54, 238 und LG Köln DGVZ 51, 140 und 53, 170.

A. A.: OLG Karlsruhe DRiZ 32 Nr. 810; LG Altona JW 37, 1669; AG Berlin JW 37, 2790 (ausnahmsweise sei Arglist gerechtfertigt); LG Hagen JW 38, 1049 (mit ablehnender Bespr. von *Seebode);* LG Bamberg JW 38, 897; LG Berlin JR 49, 579 (s. auch JR 52, 442); LG Bremen MDR 51, 752; LG Bielefeld MDR 52, 433; LG Hamburg MDR 52, 561; OLG Hamburg MDR 53, 685 und AG Hamburg TW 57, 86; LG Bonn JMBl NRW 52, 237; *Rühl* S. 212 und JW 30, 3786 (mit Hervorhebung, daß auch nach seiner Meinung der Käufer im Hinblick auf seine Rechte aus dem Vertrag nicht schutzlos werde); *Sachweh* DGWR 39, 42 ff. (unter II); *Ohr* NJW 54, 787 und *G. Pauli* Diss. S. 104 ff. sowie *Petermann* RPfleger 58, 169 (unter III).

Anm. 122

6. Genau so, wie bei der Herausgabevollstreckung ist bei der Kaufpreisvollstreckung, die im Jahre 1953 an die Stelle der sonstigen Voll-

streckungsmißbrauchsvorschriften getretene Bestimmung des *§ 765 a ZPO* einschlägig. Für ihre Bedeutung s. oben Anm. 108 und 109. Nur *auf Antrag* ist dieser Schutz möglich, wobei freilich ein unbegründeter Antrag nach § 766 ZPO in dieser Weise zu deuten ist. Der Antrag ist aber nicht bloß bei *offenbaren* Mißbräuchen begründet; das Gericht kann darüber auch Beweise erheben. *Hier* kann, darf und muß gegebenenfalls das Gericht in gewissem Umfang auch die materielle Seite prüfen und kann bis zur Untersagung oder Aufhebung einer Vollstreckung kommen. Vgl. auch wieder *Hein* ZZP 69, 231 ff., besonders S. 250 ff.; *Klauß* JZ 1955, 70 ff. (unter II 3) verweist auf § 765 a ZPO nur bei der Herausgabevollstreckung, was aber wohl kaum eine Einschränkung dieses Rechtsbehelfes auf diesen Fall nach seiner Meinung sein soll.

Über Fälle im Sinne des § 765 a ZPO s. OLG Frankfurt NJW 53, 1835; OLG Hamburg MDR 54, 427; s. auch BayObLG NJW 50, 697.

Anm. 123

7. Voraussetzung dafür, daß § 5 in Betracht kommen kann, ist es, daß *Geschäftsidentität bezüglich Kaufpreisforderung und Kaufsache* gegeben ist, daß also in die AbzSache wegen *derjenigen* Forderung vollstreckt wird, die aus dem Kauf *dieser* Sache entstanden ist. Wenn der Vollstreckungstitel für eine ganz andere Forderung allerdings desselben Gläubigers gegen denselben Schuldern erlangt wurde, etwa für eine Schadenersatz- oder Darlehensforderung, für eine Forderung ohne Zusammenhang mit dem AbzGeschäft, dann kann in der Zwangsvollstreckungsmaßnahme keine Wiederansichnahme der Kaufsache liegen. Darüber besteht offenbar Einigkeit; ausdrücklich so auch *Klauß* Anm. 402 zu § 5; *Palandt-Putzo* Anm. 3 b zu § 5; *Alberty* DR 39, 1776 (unter IV Eing.), G. *Pauli* Diss. S. 54 und offenbar auch *Crisolli* in seinem Aufsatz JW 34, 1817 ff. (1822 a. E.).

Mindestens im Ergebnis wird man zu einer Ausnahme kommen, wenn zwischen Gläubiger und Schuldner (Verkäufer und Käufer) mehrere nicht erfüllte AbzGeschäfte bestehen und der Gläubiger etwa aus der Forderung des Geschäftes A in die Sache des Geschäftes B und umgekehrt vollstreckt; ebenso *Alberty* DR 39, 1777 und *G. Pauli* Diss. S. 55. Zwar ist dann § 5 beim einzelnen Geschäft nicht gegeben; aber es würde hier zweifellos durch diesen vom Gläubiger besonders gewählten Weg eine Härte entstehen, die mit den guten Sitten nicht vereinbar ist, da ja hier wirklich nur die Umgehung zum Schaden des Käufers betrieben wird. Es würde also § 765 a ZPO zu helfen vermögen, allerdings vollstreckungsrechtlich natürlich nicht weiter helfen können, als es auch beim Vorliegen des § 5 der Fall ist.

Anm. 123a

8. Bei gegebenen Voraussetzungen ist § 5 auf die Fälle der Wegnahme durch Zwangsvollstreckung aber auch anzuwenden, wenn die dem Käufer entzogene Kaufsache ihre Benutzbarkeit schon endgültig verloren hat. Vgl. dazu näher oben Anm. 76 a.

Anm. 123b

9. Die *Zwangsvollstreckung wegen der Kaufforderung* in die AbzSache wird deshalb mit Recht von der herrschenden Meinung grundsätzlich *als Wiederansichnahme gemäß § 5* angesehen. So schon *Samter* Anm. 3 b zu § 5, *Hörle* Gruch 55, 193; *Sachweh* DGWR 39, 44; *Alberty* DR 39, 1776 (1778); OLG Dresden NJW 37, 2291 f.; LG Berlin JW 37, 335 und JW 38, 2300; LG Dortmund JW 38, 1830. Ferner für die Zeit ab 1945; *Klauß* Anm. 402 zu § 5 und NJW 50, 766; *Wangemann* NJW 52, 1820 *Herminghausen* NJW 54, 667 f.; LG Aachen MDR 51, 751; LG Göttingen BB 52, 960 OLG Frankfurt NJW 54, 1083; OLG Nürnberg BayJMBl. 54, 16 und insbesondere BGHZ 15, 171 und 15, 241 sowie 19, 326 und grundsätzlich auch 22, 123. Vgl. näher nachstehend unter Anm. 124 ff.

10. Hauptstreitfrage ist heute immer noch die Frage, *in welchem Zeitpunkt* bei den einzelnen Vollstreckungshandlungen Wiederansichnahme i. S. des § 5 eintritt und welche Wirkungen sich dadurch ergeben. Darüber nachstehend unter III und IV.

III. Der Zeitpunkt der Wiederansichnahme bei der Forderungsvollstreckung des Verkäufers in die AbzSache

Anm. 124

Es ist festgestellt, daß die Pfändung eigener Sachen zulässig ist (oben Anm. 112) und daß die Zwangsvollstreckung trotz der Vorschriften des AbzG zulässig ist (oben Anm. 114). Es ist ferner festgestellt, daß aber solche Vollstreckung Wirkungen auf den Bestand des Vertrages im Hinblick auf die Anwendung des § 5 hat (oben Anm. 115 und 123 b). Deshalb erhebt sich nun die Frage, *wann* sich die Wirkung i. S. des § 5 ergibt, deren Möglichkeit bei der Forderungsvollstreckung insbesondere auch dadurch ins Auge springt, daß

§ 5 *auch* beim Vorgehen aus dem Eigentum den Rücktritt normieren will (oben Anm. 111 mit weiteren Verweisungen). Gerade daraus wird auch klar, daß man nicht, wie *Spiro* AcP 13, 331 und JW 32, 152 nach der Terminologie des Gesetzes *nur* privatrechtliche Tatbestände unter Wiederansichnahme verstehen und damit die Zwangsvollstreckung aus § 5 ausscheiden darf. Der Gedankengang des Gesetzes ist ein ganz anderer, der zum umgekehrten Ergebnis zwingt; s. aus den Zitaten bei Anm. 115 besonders *Alberty*, aus den Zitaten bei Anm. 5 besonders *Wangemann* und die amtliche Begründung, wiedergegeben bei *Samter* S. 109. Aus diesem gleichen Grunde geht auch *Rühl* S. 262 fehl, der § 5 ablehnt, weil infolge der besonderen Gestaltung des Vollstreckungsverfahrens die Gefahren nicht vorlägen, die zur Schaffung des § 5 führten. In gleicher Weise verfehlt und abzulehnen ist die Meinung des OLG Stuttgart Recht 05 Nr. 1393 und HRR 34 Nr. 1664, wobei erstere Entscheidung ein gesetzliches Verbot solchen Vorgehens vermißt und den Unterschied zwischen Vollstreckung und Rücktritt darin sieht, daß ersterenfalls der Verkäufer nicht die Sache, sondern nur den Erlös erhalte (s. aber oben Anm. 12 und 95 und unten Anm. 133) und bei Selbsteinsteigerung ebenfalls nicht Ware und Kaufpreis erhalte, weil er ja den Versteigerungserlös bezahlen und an der Kaufpreisforderung abrechnen müsse; so auch *Aubele* Anm. 25 zu § 5; s. zu diesem Gesichtspunkt unten Anm. 133. Im gleichen abzulehnenden Sinne auch noch *Herzstein* in Urteilbespr. JW 30, 3365, der meint, daß wegen der öffentlichen Rechtsgarantien der Vollstreckung es keinen Unterschied machen könne, ob der Gläubiger dem Schuldner gehörige Sachen oder die AbzSache pfände.

Die Versuche zu solchen Einschränkungen des § 5 in der Vollstreckung gehen wahrscheinlich von der Erwägung aus, daß der Schuldner in eine zu großartige Position komme, wenn Zwangsvollstreckung in die Kaufsache nur mit den Rücktrittsfolgen möglich sei. Damit hat sich BGHZ 15, 241 (247 f.) auseinandergesetzt mit dem Ergebnis, daß genug Lasten und Risiken für den Käufer bleiben, daß aber ihre Beschränkung i. S. des Gesetzeszweckes liege, den Käufer vor Verlusten großen Ausmaßes zu schützen.

Anm. 125

Wenn nun also § 5 auch bei der Zwangsvollstreckung zum Zuge kommen kann, ist bei den Erörterungen über den Zeitpunkt der Wiederansichnahme etwas nicht aus dem Auge zu verlieren, was sich für das Vollstreckungsverfahren ergeben wird: Der *Schuldner* muß hier *tätig* werden, um die Rechte aus dem AbzG sich zu verschaffen. Es geschieht das in diesem Stadium nicht mehr von Amts wegen, was für den wichtigen Fall des § 765 a ZPO schon ausgeführt ist (s. oben Anm. 108, 109 und 122 und unten Anm. 147).

Anm. 126

1. *Die Pfändung der AbzSache ist noch keine Wiederansichnahme.* Dabei ist es, entgegen der Ansicht der Vorauflage gleichgültig, ob der AbzKäufer den unmittelbaren Sachbesitz verliert oder nicht.

Behält er den unmittelbaren Sachbesitz nach § 808 II ZPO, so behält er auch die Möglichkeit der Nutzung. Damit liegt das entscheidende Moment für § 5 (Verlust des Besitzes und der Sachnutzung unter Bindung des Käufers an den Kaufvertrag) nicht vor. Daß der Gläubiger seinem Eigentum noch ein Pfändungspfandrecht hinzufügt, kann abzahlungsrechtlich nicht von Bedeutung sein. *Enneccerus-Lehmann*, Schuldrecht § 118 B I 1 (s. auch *Rühl* S. 262) meinen deshalb mit Recht, daß in diesem Stadium die Gefahren, von denen § 5 schützen will, infolge der besonderen Gestaltung des Vollstreckungsverfahrens nicht vorliegen.

Verliert der Käufer dabei den unmittelbaren Besitz, so vermag dies die Wirkung des § 5 ebenfalls nicht auszulösen, so mit Recht BGHZ 39/97 für den allg. Vollstreckungsauftrag; OLG Celle NJW 59, 1444; *Palandt-Putzo* Anm. 3 b zu § 5 AbzG; G. *Pauli* Diss. S. 61; *Petermann* DRpfl. 58, 169 (unter II 3 ff.); *Klauß* Anm. 414 zu § 5; *Furtner* MDR 63, 445; *Sebode* DGVZ 63, 147 — — — A. A. *Hörle* Gruch 55, 193, *Alberty* DR 39, 1779; LG Nürnberg-Fürth JW 33, 2168, LG Mönchen-Gladbach NJW 58, 66 und *Wangemann* NJW 52, 1320 sowie in Urt.Rspr. NJW 58, 66.

Die mit der Pfändung erfolgte Wegnahme der Sache schafft *noch keine endgültige Besitzentziehung*, vgl. Anm. 77 a. E. Mit der Erinnerung nach § 766 ZPO und der Vollstreckungsgegenklage nach § 767 ZPO kann auch nach Wegnahme immer noch die Aufhebung der Pfändung erreicht werden, so daß hinsichtlich der Zwangsvollstreckung die Ausgangslage wieder hergestellt ist. Würde man die Wirkung des § 5 bejahen, so würde die Aufhebung der Zwangsvollstreckung die einmal eingetretene Wirkung des § 5 nicht wieder beseitigen können. Der in ein Abwicklungsverhältnis umgestaltete Kaufvertrag ist ohne entsprechende Parteivereinbarung nicht mehr in einen Kaufvertrag zurückzuführen, vgl. Anm. 8. Damit der Käufer nicht durch einen unrechtmäßigen, aufgehobenen Hoheitsakt sein vertragliches

Recht auf die Kaufsache verliert, ist es gerechtfertigt, § 5 nur dann zu bejahen, wenn die Wegnahme endgültigen Besitzverlust bedeutet.

Es wird dabei nicht verkannt, daß der Begriff der „Wiederansichnahme" auch dann erfüllt ist, wenn der Verkäufer die Sache dem Käufer nur sicherungshalber wegnimmt, siehe Anm. 77. Aber für die rechtliche und wirtschaftliche Stellung des Käufers ist es ein bedeutender Unterschied, ob der Verkäufer selbst die Sache an sich nimmt oder ob dies durch staatliche Behörden und ein gesetzlich geregeltes Verfahren geschieht. Nimmt der Verkäufer die Sache sicherungshalber an sich, so liegt es meist in seinem Belieben, ob und wann er sie dem Käufer wieder zurückgibt. Es ist weder Gewähr dafür geboten, daß die Wegnahme rechtmäßig geschehen ist, noch, daß die Vorenthaltung des Besitzes immer noch rechtmäßig ist. Dies sind die Gründe dafür, daß auch nur vorläufige durch den Verkäufer erfolgende Besitzentziehung § 5 auslöst. Es soll der wirtschaftlichen Machtstellung des Verkäufers damit begegnet werden.

Anders, wenn der Besitzentzug auf staatlichen Maßnahmen beruht. Er erfolgt dann auf rechtlicher Grundlage. Die Dauer des Besitzentzugs hängt nicht mehr vom Willen des Verkäufers ab. Vielmehr sichern Verfahrensvorschriften wie §§ 766, 767 ZPO die Rechtmäßigkeit des Hoheitsaktes auch im weiteren Ablauf. Die Anwendung des § 5 ist zum Schutze des Käufers nicht erforderlich, da und solange staatliche Behörden und Gerichte in einem bestimmten Verfahren für diesen Schutz bürgen. Man erwiese im Gegenteil, wie oben schon erwähnt, dem Käufer unter Umständen einen schlechten Dienst, wenn auch der Besitzentzug durch den Staat in jedem Fall die Wirkung des § 5 auslöste.

Die Wegnahme ist auch deshalb noch nicht endgültig, weil damit keineswegs die Versteigerung der Sache feststeht. Der Verkäufer mag die Sache dem Käufer zurückgeben, um aus einer anderen, leichter zu versteigernden Sache seinen Anspruch zu befriedigen. Deshalb kann auch LG Lüneburg NJW 58, 1143 nicht darin gefolgt werden, daß es unerheblich sei, ob die Versteigerung gelingt oder nicht. Ein weiterer Grund für die Vorläufigkeit der Besitzentziehung ist die Tatsache, daß der Verkäufer mit der Wegnahme der Sache häufig nur Druck auf den Käufer auszuüben versucht, die Kaufpreisschuld alsbald zu bezahlen, s. auch Anm. 128.

Außerdem liefe die Anwendung des § 5 stets auf die Unzulässigkeit der Zwangsvollstreckung hinaus, da damit der im Titel ausgewiesene Anspruch des Verkäufers auf Zahlung des Kaufpreises erlischt und der Käufer die Zwangsvollstreckung des Verkäufers durch Vollstreckungsgegenklage vereiteln könnte; s. auch Anm. 152. Es muß aber auch das Interesse des Verkäufers an dem abgeschlossenen Geschäft im Auge behalten werden. Dies sehen richtig OLG Celle NJW 59, 1444 und BGHZ 39, 97.

Anm. 127

Zur Frage, wann die Besitzentziehung endgültig ist, s. bei der Versteigerung der AbzSache Anm. 132 ff., bei der Pfandverwertung nach § 825 ZPO Anm. 136.

Anm. 128

Nach den *Verhältnissen in der heutigen Praxis,* dient die Pfändung weitgehend zunächst nur als Druckmittel, ohne aber eine Pfändung dadurch gegen die guten Sitten verstößt, wie AG Berlin JW 37, 2790 meinte. Der Schuldner, dem der in den Lieferungsbedingungen stehende EV keinen besonderen Eindruck mehr macht, auf den ihn auch die Zahlungsklage nicht nachdrücklich hinweist, soll ernstlich zur Erfüllung des Vertrages angehalten werden. Diese Situation betonen ausdrücklich *Klauß* Anm. 414 zu § 5 (unrichtig einschränkend in Anm. 417; s. unten Anm. 131) und JZ 55, 70 (unter II 2); *Wangemann* NJW 52, 1318 (1320) unter 1 und *Hein* ZZP 69, 231 ff. (234) sowie *Crisolli* JW 34, 1817 ff. (1818) und G. *Pauli* Diss. S. 60 ff. Der Gläubiger denkt vielfach zunächst gar nicht an Verwertung; er hofft damit nur die weitere Erfüllung des Kaufvertrages zu erreichen.

Anm. 129

Ohne Bedeutung ist es dabei, ob die Pfändung der AbzSache *ohne oder mit Willen des Verkäufers* oder evtl. sogar in seinem ausdrücklichen Auftrag geschieht; vgl. RGZ 139, 206; *Plum* JW 33, 910; *Alberty* DR 39, 1776; *Wangemann* NJW 58, 1143; *Palandt-Putzo* Anm. 3 b und *Klauß* Anm. 441 zu § 5, der an dieser Stelle (im Widerspruch zu Anm. 414, die ausschließliche Bedeutung des objektiven Tatbestandes betont. Vgl. oben Anm. 2 u. 77. Auch *ein spezieller* auf die AbzSache selbst gerichteter *Vollstreckungsauftrag* würde nicht die Wirkung des § 5 auslösen, so mit Recht auch *Selb* JZ 59, 585. Zwar wird damit unmittelbare Veranlassung und mit Wissen und Wollen des Verkäufers die Sache weggenommen. Aber die Wegnahme hat ebenfalls nur vorläufigen Charakter, so daß die oben in Anm. 126 angeführten Erwägungen zutreffen. A. A. *Kleinknecht* JW 38, 3206, *Hörle* Gruch 55, 193, *Kubisch* NJW 57, 568 (II B am Ende) und LG Berlin JW 38, 2300 tun (vgl. *Wolff-Raiser,* Sachenrecht §159 IV „Auftakt zur Sachversilberung"). Unrichtig ist die Abstellung auf den Rücktrittswillen oder das Wiederansichnahmen-Wollen in LG Dortmund JW 38, 1830 und LG Berlin JW 37, 335 sowie bei *Häring* NJW 53, 974.

Anm. 130

c) Vgl. ferner *Crisolli* JW 34, 1817 (1818); *Wangemann* NJW 53, 1012 mit ausdrücklicher Unterscheidung zwischen Pfändung und nachfolgender Besitzwegnahme; BGHZ 15, 171 und 241 sowie BGHZ 22, 123, besonders klar auch in BGH WM 62, 1263.

Anm. 131

d) Dagegen sehen *bereits in der Pfändung* den fingierten *Rücktritt Lechner* Anm. 13 e zu § 5; LG Nürnberg JW 33, 2168; *Danielcik* JW 37, 290 und OLG Karlsruhe DGVZ 55, 118; s. auch LG Berlin JW 37, 335. Die ebenfalls in dieser Richtung ausgesprochene Meinung *Staudinger-Ostler* Anm. 62 zu § 455 wird nicht aufrechterhalten. *Ewald,* AbzG S. 111 möchte de lege ferenda diese Lösung.

Schon auf den Pfändungsauftrag stellt LG Berlin JW 38, 2300 ab. Eine Wiederansichnahme wird nach älterer Meinung wenigstens dann schon in der Pfändung gesehen, wenn der Verkäufer auf die *Umgehung des AbzG* hinzielt, indem er pfänden läßt, um die Sache durch Selbsteinsteigerung oder nach § 825 ZPO zu erwerben; so LG Berlin JW 37, 335; OLG Dresden JW 37, 2291; KG JW 38, 3059 und *Püschel* JW 38, 3207 sowie *Klauß* Anm. 417 zu § 5.

Anm. 132

2. Bei der Versteigerung der AbzSache liegt der in Anm. 126 geforderte, die Wirkung des § 5 auslösende, *endgültige Besitzverlust im Zeitpunkt* des Übergangs des Eigentums auf den Ersteher, also bei Übergabe der AbzSache an den Ersteigerer nach erfolgtem Zuschlag, so auch *Furtner* MDR 63, 445 und *Sebode* DGVZ 63, 147. Dies gilt ohne Rücksicht darauf, *ob* der Verkäufer als Gläubiger die Sache *an einen Dritten versteigern läßt oder selbst einsteigert,* so auch LG Köln MDR 63, 688.

a) Nach weitverbreiteter Meinung soll § 5 allerdings nur zur Anwendung kommen, *wenn der Verkäufer die Sache selbst einsteigert.*

So insbesondere *Crisolli* JW 34, 1817 (1818) nach Aufgabe seiner Meinung in Anm. 87 ff. seines Kommentars, wonach Pfändung und Versteigerung überhaupt keine Wiederansichnahme sein sollten; anscheinend auch *Püschel* JW 38, 3207 und sehr scharf LG Nürnberg JW 35, 1115 (Rücktritt nach § 5 liege dann nicht vor, wenn statt der Selbsteinsteigerung Versteigerung an einen Dritten erfolge und der Erlös ausgehändigt werde). S. auch *Sachweh* DGWR 39, 43.

Diese Meinung ist erklärlich, weil die Wiederansichnahme durch den Verkäufer bei der Selbsteinsteigerung ins Auge springt. Es ergibt sich aber daraus nicht, ob die Wiederansichnahme auf diesen Fall *zu beschränken* ist. Daß dies nicht geschehen kann, ergibt sich aus folgenden Erwägungen: Insbesondere daraus, daß nur der vom Verkäufer veranlaßte Besitzverlust des Käufers, nicht die Besitzerlangung des Verkäufers nötig ist; s. oben Anm. 76. Dazu kommt aber auch, daß § 5 — über seinen Wortlaut hinaus — bezweckt, jede Möglichkeit dem Verkäufer zu verschließen, daß der Käufer die Sache verlieren kann ohne von seiner Zahlungspflicht befreit zu werden; s. oben Anm. 4 und Anm. 111.

Anm. 133

b) Daraus ergibt sich also, daß auch die *Versteigerung an einen Dritten* (mit Empfangnahme des Erlöses) Wiederansichnahme nach § 5 ist. Dagegen wird geltend gemacht, daß der Erlös an die Stelle der Sache trete; mit der Empfangnahme des Erlöses werde der Gläubiger entsprechend befriedigt, und der wirtschaftliche Wert der Sache bleibe hier im Gegensatz zur wirklichen Zurücknahme der Sache dem Käufer erhalten. So besonders *Rühl* S. 262 f. und ihm folgend noch *Crisolli* 4. Aufl. Anm. 90 zu § 5; ferner *Aubele* Anm. 25 zu § 5 sowie *Kaufmann* Gruch 53, 347, *Sprio* AcP 133, 331 und *Letzgus* S. 64. Dieser theoretisch an sich richtige Gedanke ist jedoch im Bereiche der §§ 1 und 5 nicht zutreffend, was mit Recht *Alberty* DR 39, 1776 (1778) betont: Die Zuwendung des Surrogates ist nicht das, worauf der AbzKäufer nach dem AbzG bis zu einem Rücktritt Anspruch hat. Dieser Anspruch richtet sich auf den Sachbesitz zu ihrer Nutzung und Benutzung schon vor Bezahlung des Kaufpreises. Das Surrogat ist ein aliud, das bei der gesetzlichen Ausgestaltung des AbzGeschäftes nicht gleichbewertet werden kann.

Dieses Surrogat ist an sich schon erheblich geringwertiger und wird außerdem nicht in Natur, sondern nur in Verrechnung gewährt. Dabei erfolgt die Verringerung der Kaufpreisschuld noch dazu nicht dem objektiven Wert der AbzSache entsprechend im Hinblick auf den üblicherweise geringen Erlös bei Zwangsverkäufen und es würde dies hier zu Lasten des Käufers gehen, obwohl gemäß § 2 die Wertminderung aus Konjunkturrückgang zu Lasten des Verkäufers zu gehen hat. Zu letzterem auch *Crisolli* JW 34, 1817 (1819 unter I a. E.). Gleicher Meinung BGHZ 15, 241 (246 f.). *Hörle* Gruch 55, 194 weist gegen die oben behandelte Meinung mit Recht auch darauf hin, daß als Folge der Einwirkung des Verkäufers auf die Kaufsache nach § 5 den Käufer auch wegen seiner Ansprüche aus Verwendungen auf die Sache nach §§ 1—3 AbzG, §§ 320, 273, 1000 BGB die Einrede des nicht erfüllten Vertrages und ein Zurückbehaltungsrecht an der Sache entstehe. Ferner ist noch zu bedenken, daß für das Versteigerungsergebnis die Konjunkturschwankungen maßgeblich sind, daß aber diese Preisunterschiede nach dem klaren Wortlaut des § 2 der Abz-Verkäufer und nicht der Käufer tragen soll. Eingehend in dem hier vertretenen Sinn G. *Pauli* Diss. S. 41 ff.

Diese Erwägungen gelten auch, wenn der Erlös so hoch ist, daß der Gläubiger befriedigt wird. Dies ist übrigens gewöhnlich nur der Fall, wenn die Restforderung nicht mehr erheblich war und damit die Forderungen des Käufers, die sich aus §§ 1 und 2 ergeben, erhebliche sind.

OLG Nürnberg JW 35, 1115 verneint bei Versteigerung an einen Dritten (im Gegensatz zur Selbsteinsteigerung) einen Fall des § 5, weil es den oben in Anm. 76 hier behandelten Grundsatz verkennt.

Anm. 134

Dafür, daß jedenfalls in der Verwertung eine Wiederansichnahme liegt, haben sich auch ausgesprochen *Enneccerus-Lehmann*, Schuldrecht § 118 B II 1; *Klauß* Anm. 418—420 zu § 5 und in NJW 50, 765 (unter Anm. 6) sowie JZ 55, 70 (74); *Püschel* JW 38, 3207 und DR 39, 1044; *Alberty* DR 39, 1776 (1778); *Wangemann* NJW 52, 1318 (1321 unter Anm. 3); *Palandt-Putzo* Anm. 3 b zu § 5; OLG Celle MDR 52, 751; LG Berlin JW 37, 325 und (mit sehr mäßiger Begründung) auch LG Dresden JW 37, 2291; ferner LG Dortmund JW 38, 1830. BGHZ 15, 241 (249) hat die Frage an sich offen gelassen; aber aus S. 247 a.a.O. und BGHZ 15, 171 ergibt sich, daß *spätestens* in der Verwertung eine Wiederansichnahme gesehen wird; ebenso OLG Nürnberg BayJMBl. 54, 16. Ob dies auch bei der Versteigerung an einen Dritten gilt, bleibt nach BGHZ 22, 123 ff. (127) wieder offen.

Auch die Versteigerung an einen Dritten erkennen dabei ausdrücklich als Wiederansichnahme der Kaufsache an *Klauß* a.a.O.; *Wangemann* und *Palandt* a.a.O. sowie LG Gießen NJW 57, 348 (die allerdings in anderem Zusammenhang Kritik herausfordert, s. unten Anm. 158) und LG Köln MDR 63, 688. Im übrigen ist aber auch die Rechtsmeinung des BGH in diesem Sinne nicht mehr zweifelhaft, wie die Ausführungen BGHZ 22, 123 (127) und BGHZ 39, 97 deutlich zeigen; vgl. auch *Mormann* WM 65, 834 und *Ostler* JR 57, 252. Die logische Folge muß das hier vertretene Ergebnis übrigens auch für alle diejenigen sein, die schon in der Pfändung die Wiederansichnahme der Kaufsache sehen; s. oben Anm. 131.

Abgelehnt wird bei der Versteigerung an einen Dritten die Anwendung des § 5 (wegen stillschweigenden Eigentumsverzichtes) von OLG Stuttgart HRR 34 Nr. 1664.

Anm. 135

d) Es könnte noch erwogen werden, in der *Anberaumung des Versteigerungstermins* den Zeitpunkt der Wiederansichnahme zu sehen; so *Klauß* Anm. 433, aber in Widerspruch zu Anm. 418 bei § 5 und unrichtig aus subjektiven Gründen (s. oben Anm. 126); LG Berlin JW 38, 2300. Dies ist jedoch abzulehnen. Der Gerichtsvollzieher beraumt den Termin an und tut dies, wenn vom Gläubiger keine gegenteilige Weisung vorliegt. Es ist dies nur eine Folge der Pfändung und außerdem eine Maßnahme im Sinne des Druckes auf den Schuldner zur Kaufvertragserfüllung; s. oben Anm. 128. Wegen der Vollstreckungsgegenklage s. unten Anm. 145.

Anm. 135a

Verlangt der AbzVerkäufer *vorzugsweise Befriedigung* gem. § 805 ZPO, so liegt darin keine Wiederansichtnahme i. S. des § 5, BGHZ 39, 173. Der Verkäufer versucht dadurch lediglich seine Rechte am Erlös zu wahren. Ein dem § 771 ZPO entsprechendes Verfahren, das den AbzKäufer vor einer Zwangsvollstreckung in die AbzSache schützen kann, besteht hier nicht. Folglich gelten die Ausführungen bei Anm. 95 a. E. entsprechend (Unkenntnis des Verkäufers von der Pfändung durch einen Dritten).

Anm. 136

3. Auch in der *Pfandverwertung nach § 825 ZPO*, sei es Zwangsüberweisung *an den Gläubiger*, sei es aber auch *freihändiger Verkauf*

an einen Dritten, liegt *Wiederansichnahme nach* § 5, und zwar ab *Zeitpunkt der Antragstellung.*

Über diese Fragen ist besonders umfangreiche Literatur und Rechtsprechung gegeben. Aus der Literatur soll hier verwiesen werden auf *Crisolli* JW 34, 1817 ff.; *Etzold,* Die Zwangsvollstreckung des Verkäufers in die unter EV verkaufte Sache, Frankfurter Diss. 1928; *Püschel* JW 38, 3207 ff.; *Wangemann* NJW 52, 1318; *Herminghausen* NJW 54, 667 und BB 56, 864 mit zahlreichen Zitaten aus Literatur und Rechtsprechung der letzten Jahre. Über die Rechtsbehelfe gegen einen Beschluß im Verfahren nach § 825 ZPO s. *Gerstberger* JR 33, 269 ff. (auszugsweise auch JW 34, 332) und *Wangemann* NJW 53, 1012.

a) Bei diesem vollstreckungsweisen Vorgehen ist im besonderen zunächst unter Bezuonahme auf Anm. 114 nochmals die grundsätzliche *Zulässigkeit dieser Maßnahme,* insbesondere auch die Überweisung an den Verkäufer selbst, hervorzuheben (s. aber unten Anm. 137). Begründung für die Unzulässigkeit gerade dieser Maßnahme erscheint u. a. die Behauptung, daß ein nochmaliger Eigentumserwerb durch den Gläubiger widersinnig sei; so LG Düsseldorf JW 31, 2182 und LG Berlin JW 31, 3583 (eingehend); s. auch *Rosenberg,* Zivilprozeßrecht § 191 I 1 a. Dieser Gesichtspunkt ist verfehlt, einmal weil das Eigentum in der Zwangsvollstreckung nicht interessiert (s. oben Anm. 117) und weil außerdem im Laufe der Vollstreckung Verzicht auf Eigentum anzunehmen ist; s. oben Anm. 37 und Anm. 114. Außerdem ist ja EV überhaupt nicht Voraussetzung für das AbzGeschäft und für § 5; s. oben Anm. 111 und wegen dieser Frage im besonderen zu § 825 ZPO *Püschel* JW 38, 3207 sowie *Benkendorff* JW 33, 2754. Es handelt sich dabei um die allgemeine Frage der Zwangsvollstreckung in die eigene Sache; s. oben Anm. 112 und *Klauß* JZ 55, 70 (unter Anm. II 2).

Anm. 137

Diese Art der *Zwangsvollstreckung* ist jedoch *unzulässig, soweit sie eine Umgehung des AbzG* darstellt, indem § 3 nicht Beachtung findet; A. A. noch die Vorauflage. Gl. A. LG Düsseldorf JW 31, 2182; LG Berlin JW 31, 3583 (eingehend), LG Berlin JW 38, 2350; LG Göttingen BB 52, 960; LG Verden NJW 56, 668; LG Mönchen-Gladbach MDR 60, 680; LG Krefeld MDR 64, 1013, s. auch Anm. 139 Mitte. Zwar ist es richtig, daß das AbzG dem Verkäufer die Wiederansichnahme nicht verbietet. Daraus kann aber nicht gefolgert werden, wie

Klauß Anm. 425 zu § 5 es tut, daß dann auch § 825 ZPO ohne Bedenken anzuwenden sei und der Käufer seine Rechte über die Vollstreckungsgegenklage geltend machen müsse. Außerhalb des Zwangsvollstreckungsverfahrens braucht der Käufer den Besitz der AbzSache nur Zug um Zug gegen Rückzahlung der geleisteten Raten herauszugeben. Gibt er die AbzSache ohne Zug-um-Zug-Leistung heraus, so ist das Sache des Käufers. Das Gericht als hoheitliches Organ dagegen darf nicht die Rechte des Schuldners aus § 3 verkürzen. Es darf auch nicht dazu nur beitragen, selbst wenn dem Käufer der Weg über § 767 ZPO offensteht. Deshalb kommt eine Zwangsvollstreckung nach *§ 825 nur dann in Betracht, wenn der Herausgabeanspruch liquide ist,* vgl. dazu Anm. 118. Gl. A. *Furtner* MDR 63, 445; AG Bergheim JR 53, 145; *Arnold* TW 63, 190, wohl auch *Nöldeke* NJW 64, 2243; OLG München MDR 69, 60; LG Aachen NJW 58, 1003; LG Göttingen MDR 53, 370; LG Bielefeld MDR 56, 749; AG Delmenhorst BB 56, 864; die in Anm. 136 zitierten Entscheidungen des LG Düsseldorf u. Berlin sowie KG JW 38, 3059; LG Altona Recht 38 Nr. 2497; *Crisolli* JW 34, 1817 ff. (1820); G. *Pauli* Diss. S. 69—79. LG Essen Rpfl. 59, 281; LG Düsseldorf MDR 61, 696; LG Münster Rpfl. 62, 215; LG Hannover NdSRpfl. 61, 204; LG Krefeld MDR 66, 61; *Stein-Jonas* § 825 ZPO Anm. II 3; *Rosenberg,* Zivilprozeß § 191 IV 3 b; *Lent* JR 53, 145; *Kubisch* NJW 57, 568 — — — A. A. *Lüke* JZ 59, 114 LG Flensburg SchlHAnz. 65, 214.

Wird trotz des nicht liquiden Herausgabeanspruchs Pfandverwertung nach § 825 ZPO beantragt, so kann sich der Käufer mit der Vollstreckungsgegenklage zur Wehr setzen. *Furtner* MDR 63, 445 hält nur die Erinnerung, § 766 ZPO, für zulässig.

Mit dem LG Essen Rpfl. 59, 281 und LG Bonn NJW 65, 1387 ist die Ansicht des LG Köln MDR 63, 689 abzulehnen, daß die Rücknahme der Kaufsache *auf dem Urteil zu vermerken* sei. Der Käufer kann vielmehr die Herausgabe des Titels verlangen, da eine weitere Zwangsvollstreckung aus dem Kaufpreisanspruch auf die Klage des Käufers nach § 767 ZPO hin unzulässig wäre, so auch LG Stuttgart MDR 67, 54.

Anm. 138

Das Verfahren nach § 825 ZPO halten für zulässig weil keine Wiederansichnahme vorliege: die oben in Anm. 115 behandelt Autoren; *Stehle* Die Justiz 57, 95 ff. und AG Ulm MDR 57, 360; LG Hamburg JW 31, 1140 und *Benkendorff* JW 33, 2754.

Anm. 139

Für die grundsätzliche Zulässigkeit des Verfahrens nach § 825 ZPO: *Püschel* JW 38, 3207; *Wangemann* NJW 52, 1318; OLG Frankfurt NJW 54, 1083 (grundsätzlich außer bei erkennbarem Rechtsmißbrauch); KG JW 38, 3059; LG Altona Recht 38 Nr. 2497; AG Bergheim MDR 53, 51 mit Bespr. von *Lent* in JR 53, 145; LG Berlin JW 43, 1870 (Verkäufer könnte und müßte sonst Verwertung nach §§ 814 ff. ZPO fortsetzen); LG Hamburg JW 32, 1140; *Sachweh* DGWR 39, 42 ff. (unter III); *Herminghausen* NJW 54, 667 (allerdings mit abzulehnenden Einschränkungen, teilweise auf die Beurteilung der Person des Schuldners sogar abstellend); AG Hannover DGVZ 51, 182; AG Düsseldorf DGVZ 53, 26; LG Düsseldorf MDR 56, 546 (aber offenbar nur bei Ausgleich der Gesamtkaufpreisforderung und Feststellung, daß Ansprüche nach §§ 1, 2 nicht in Betracht kommen); LG Bielefeld MDR 56, 749 (wenn das Fehlen von Ansprüchen nach §§ 1, 2 leicht feststellbar ist); LG Bonn NJW 56, 753 und eine Reihe in diesem Sinne ergangener unveröffentlichter Entscheidungen, wiedergegeben bei *Herminghausen* NJW 54, 667 Anm. 4; LG Aachen NJW 58, 1003 (wenn unstreitig oder offensichtlich Käufer keine überwiegenden Gegenansprüche hat); besonders auch *Wangemann* NJW 56, 732 (aber auch mit Fällen möglicher Zurückweisung) und *Klauß* TW 57, 84 (unter besonderer Widerlegung derer, die ein fehlendes Rechtsschutzbedürfnis für die Unzulässigkeit des Verfahrens nach § 825 ZPO geltend machen wollen); ferner *Baumbach-Lauterbach* Anm. 2 A sowie *Zoeller* Anm. 2 je zu § 825 ZPO und schließlich besonders BGHZ 15, 241, welche Entscheidung zwar nicht die Überweisung an den Gläubiger gemäß § 825 ZPO betrifft (s. Sachverhalt S. 241 und *Wangemann* NJW 56, 732 Anm. 5), aber am Schluß nach § 825 ZPO überweisen läßt. In BGH BB 54, 14 ist inzwischen dies auch für einen Fall der Überweisung der Kaufsache an den Verkäufer selbst ausgesprochen. Über Behandlung bei Anerkennung der Ansprüche des Schuldners durch den Gläubiger (Verkäufer) s. Bull. DRiZ 57, 117.

Eine Zusammenfassung von Rechtsprechung und Lehre zur Frage der Zulässigkeit der Pfandverwertung nach § 825 ZPO bringen *Noak* JR 67, 46 und *Nöldeke* NJW 64, 2243.

Anm. 140

d) *Zeitpunkt* der Wiederansichnahme: Diese liegt noch nicht in der Pfändung (s. oben Anm. 126 ff.), aber auch nicht erst in der Zustellung des Gerichtsbeschlusses, sondern in der *Antragstellung durch den Gläubiger*. Sie bewirkt zwar noch nicht den Besitzverlust. Der Besitzverlust ist aber nicht der ausschließliche Fall des § 5, wie sich daraus zeigt, daß auch schon die Erhebung der Herausgabeklage und auch bereits das ernstliche außergerichtliche Herausgabeverlangen Fälle des § 5 darstellen (s. oben Anm. 83 und 86). Man darf nun zwar auch in diesem Stadium nicht vergessen, daß eine *Forderungsvoll*streckung in Frage steht. Mit dem Antrag des Gläubigers (Verkäufers) an das Vollstreckungsgericht auf *Überweisung der AbzKaufsache* (an sich selbst oder einen Dritten) ist aber bereits eine auf die Wegnahme der Sache aus dem Besitz des Käufers zielende Handlung gegeben, die viel ernstlicher ist als das ernsthafteste außergerichtliche Herausgabeverlangen, dem noch kein Vollstreckungstitel zugrunde liegt. Man muß deshalb schon in diesem Zeitpunkt die Wiederansichnahme bejahen; dies liegt auch im Sinne dessen, was in Anm. 125 über die frühzeitige Festsetzung der Wiederansichnahme innerhalb der Zwangsvollstreckung gesagt ist. Andererseits stört diese Annahme auch dann nicht, wenn der Antrag wirklich noch zurückgezogen wird, worin ohne weiteres der einseitig mögliche Widerruf dieses fiktiven Rücktritts liegt.

In diesem Sinne auch die herrschende Meinung, soweit Äußerungen über den Zeitpunkt der Wiederansichnahme im Falle des § 825 ZPO vorliegen: *van Dyck* Der Versicherungsnehmer 64, 25; *Hampel* JR 58, 401; *Klauß* Anm. 422 zu § 5 und NJW 50, 765 (unter 6) sowie JZ 55, 70 (unter II 2); *Crisolli* JW 34, 1817 (1820); LG Berlin JW 39, 2300; AG Düsseldorf NJW 56, 753 (das aber dann daraus die Unzulässigkeit des weiteren Verfahrens entnimmt); LG Bielefeld MDR 56, 749; LG Hannover NdSRpfl. 61, 204; LG Flensburg SchlHAnz. 65, 214; OLG Celle NJW 59, 1444; offenbar auch OLG Frankfurt NJW 54, 1083. Anders aber ausdrücklich *Wangemann* NJW 54, 1318 (1320) und NJW 56, 732 (734); *Püschel* DR 39, 1044 (1046); *Thölke* TW 61, 55 sowie LG Düsseldorf MDR 56, 546; AG Bergheim JR 53, 145 (wenn es das Verfahren für zulässig hält); LG Essen Rpfl. 59, 281 und schließlich G. *Pauli* Diss. 64 ff. sowie *Petermann* RDpfleger 58, 169 (unter II, 3).

Zu einer *anderen Auffassung* muß man jedoch bei folgerichtiger Weiterentwicklung der in BGHZ 39, 97 festgelegten Gesichtspunkte gelangen, vgl. Anm. 126. Hiernach wäre als Zeitpunkt der Wiederansichnahme erst die Übergabe der Sache an den neuen Erwerber anzusehen.

Anm. 141

e) Wie bei der Verwertung durch Versteigerung (s. oben Anm. 132 und 134) so ist auch bei der Verwertung nach § 825 ZPO *gleichgültig, ob Erwerber der Gläubiger* (Verkäufer) selbst *oder ein Dritter ist.* Für den Fall der freihändigen Veräußerung nach § 825 ZPO an einen Dritten hat BGHZ 15, 241 im Sinne der Anwendung des § 5 entschieden und dabei a. a. A. S. 249 allgemein erklärt, daß § 5 dann gegeben sei, wenn der Verkäufer die Sache sich überweisen läßt; s. oben Anm. 139. Die Überweisung an den Verkäufer selbst nach § 825 ZPO hat BGH BB 57, 14 in gleicher Weise behandelt, nachdem auch die Selbsteinsteigerung schon in BGHZ 15, 171 in diesem Sinne entschieden worden war.

Gleichgültig ist auch die *Höhe des Schätzwertes und des Übernahmepreises,* also unerheblich, ob dieser geringer, gleich oder größer als der Kaufpreisrest ist; letzterenfalls ist der überschießende Betrag an den Schuldner (Käufer) hinauszubezahlen; so ausdrücklich LG Bonn NJW 56, 753. Anders *Wangemann* NJW 56, 732 (733 unten) deshalb, weil er hier im Hinblick auf mögliche Umgehung des AbzG das Verfahren nach § 825 ZPO für unzulässig hält, während auch hier die Zulässigkeit und Durchführung dieses Vollstreckungsverfahrens unberührt bleibt, sofern nicht ein Fall des § 765 a ZPO gegeben ist oder nicht die Vollstreckungsgegenklage rechtzeitig erhoben wird; s. dazu unten Anm. 150 f.; s. ferner wegen Übernahmepreis Anm. 157.

Anm. 142

4. Auf Grund der in Anm. 126 vertretenen Ansicht kann auch in der *Vollziehung von Arrest und einstweiliger Verfügung* keine Wiederansichnahme liegen (a. A. zum Teil die Vorauflage). Es handelt sich dabei um hoheitliche Sicherungsmaßnahmen, die nach den §§ 917, 935 ZPO veranlaßt sind, weil eine Vereitelung der Rechte des Gläubigers zu besorgen ist. Im einzelnen gilt folgendes:

a) Die *Erwirkung eines Arrestes,* die ja der Sicherung eines Geldanspruchs dient (s. § 916 Abs. 1 ZPO), also überhaupt nicht auf die *Sache* bezüglich ist, erfüllt keinesfalls die Voraussetzungen der Wiederansichnahme der Kaufsache; genauso wenig wie die Erwirkung eines anderen Vollstreckungstitels wegen der Kaufpreisforderung.

Auch wenn auf Grund Arrestes, der die Kaufpreisforderung sichert, die AbzSache *gepfändet* wird, liegt nach dem schon ausgeführten kein Rücktritt gemäß § 5 vor, s. oben Anm. 126 ff.

Anm. 143

Nichts anderes hat zu gelten, wenn die Sache dem Käufer aufgrund der Arrestpfändung genommen wird und in den Gewahrsam des Gerichtsvollziehers gelangt. Dem Verkäufer steht ein Arrestpfandrecht an der Sache zu, das keine sachlichen Unterschiede zum Pfändungspfandrecht aufweist, in welches es sich gegebenenfalls umwandelt. Da Verwertung aufgrund des bloßen Arrestpfandrechts nicht erfolgen kann, stellt es sich gewissermaßen als Vorstufe des Pfändungspfandrechts dar. Löst aber die Wegnahme aufgrund des Pfändungspfandrechts § 5 nicht aus, so erst recht nicht die Wegnahme aufgrund des Arrestpfandrechts. Vgl. hierzu die Ausführungen bei Anm. 126. Ebenso *Klauß* Anm. 443 zu § 5 und OLG Celle NJW 59, 1444; in diese Richtung weist auch BGHZ 39, 97 — A. A. die Vorauflage und RGZ 139, 205 mit dessen Rechtsprechung der BGH a.a.O. faktisch gebrochen hat.

Anm. 144

b) Mit der *einstweiligen Verfügung* kann unter den Voraussetzungen des § 935 ZPO dem Schuldner die Verfügung über die AbzSache verboten werden. Diese den Besitz des Schuldners nicht berührende Maßnahme ist genauso wenig Wiederansichnahme, wie die Verstärkung der Gläubigerstellung durch Erwirkung eines Pfändungspfandrechts.

Wird die Herausgabe der Sache an den Gerichtsvollzieher auf Antrag angeordnet, so gilt das oben zu Anm. 143 Gesagte. Die Wirkung des § 5 tritt nicht ein. Ebenso OLG Braunschweig HHR 1936 Nr. 1211 — A. A. RGZ 139, 205 f. = JW 33, 909 (mit Bespr. *Plum*) sowie OLG Nürnberg JW 34, 2716; *Aubele* Anm. 25 zu § 5. Hier ebenso auch *Klauß* Anm. 446 zu § 5, ohne daß — gerade bei der gebotenen wirtschaftlichen Betrachtungsweise — ein Unterschied zur Arrestvollziehung dargetan wird.

Anm. 145

5. Auch bei durchgeführter *Vollstreckung eines Drittgläubigers* des Käufers kommt es zur Wiederansichnahme nach § 5, wenn der Verkäufer unter EV verkauft hat, aber die Intervention unterläßt *und* dann die Herausgabe des Erlöses verlangt. Vgl. dazu oben Anm. 38, 53, 94 und vor allem Anm. 95. So auch *Püschel* DR 39, 1044 (1046).

IV. Die Wirkungen der durch Forderungszwangsvollstreckung eintretenden Wiederansichnahme

Anm. 146

Nachdem die Zulässigkeit der Vollstreckung, insbesondere auch der Forderungsvollstreckung in die AbzSache oben unter II (Anm. 111 ff.) und III (Anm. 124 ff.) sich ergeben hat, sind die Wirkungen solcher Vollstreckung zu untersuchen. Über diese im Bereich des AbzG häufig übersehene Unterscheidung mit Recht *Benkendorff* JW 33, 2754.

Die Wiederansichnahme ergibt sich *unabhängig vom Willen des Verkäufers,* wie dies überhaupt für § 5 gilt (oben Anm. 92 f.), also auch ohne und sogar gegen seinen Willen. Er schafft nur einen Tatbestand, der den des § 5 erfüllt und damit durch die Rücktrittsfiktion den Kaufvertrag in ein Abwicklungsverhältnis umgestaltet, s. Anm. 162 zu § 1. Das ist eine Veränderung materiellrechtlicher Art, eine die den durch den Zahlungstitel festgestellten Anspruch betrifft.

Anm. 147

Nach allgemeinen Grundsätzen der Zwangsvollstreckung bleibt von einer solchen Veränderung materiellrechtlicher Art der *vorliegende Vollstreckungstitel unberührt.*

Es bleibt deshalb auch die Vollstreckung zulässig, wie sich oben Anm. 114, 124 ff und 137 schon ergeben hat. Der Schuldner muß handeln, gegen die Fortsetzung der Zwangsvollstreckung etwas unternehmen, um die ihm nunmehr gegebene Einwendung durchzusetzen. Diese, allerdings sehr bestrittene Meinung (s. oben Anm. 125 und unten Anm. 153) ist die unausweichliche Konsequenz aus zwingenden Grundsätzen des Vollstreckungsrechtes, insbesondere auch der abgegrenzten Zuständigkeit zwischen Prozeß- und Vollstreckungsgericht (s. oben Anm. 114 und 118 ff.) und der Tatsache, daß das AbzG nur ein materiellrechtliches, das bürgerliche Recht betreffendes Gesetz ist, aber kein Prozeßgesetz und auch keine prozessuale Vorschrift enthält. Das war schon oben Anm. 114 festzustellen gegenüber *Alberty* DR 39, 1776 (1779), der in § 3 des Gesetzes eine Prozeßvorschrift sieht; wie *Alberty* neuerdings auch LG Gießen NJW 57, 348, das den § 3 als Vorschrift gerade auch des Vollstreckungsverfahrens betrachtet. Im hier vertretenen Sinne *Klauß* JZ 55, 70 (75 unter III), wo er allerdings dann eine Kodifikation über den engen privatrechtlichen Rahmen unseres AbzG hinaus empfiehlt, und NJW 57, 348 bei der berechtigten Kritik am Urteil des AG Gießen.

In der Zwangsvollstreckung muß aber der Schuldner durchwegs seine Rechte *durch eigenes Handeln* verfolgen, unabhängig davon, wie das der Vollstreckung zugrunde liegende Rechtsverhältnis gestaltet ist; s. schon oben Anm. 125. Das Zutreffen dieser Meinung ergibt sich schon daraus, daß sogar die schwersten Vollstreckungsfehler, die gerade *auch* Vollstreckung entgegen materieller Berechtigung umfassen, nämlich der Vollstreckungsmißbrauch, nach dem Vollstreckungsmißbrauchgesetz und nach dem an seine Stelle getretenen § 765 a ZPO *nur auf Antrag* geprüft werden. Ein Handeln des Schuldners verlangt auch *Herminghausen* NJW 54, 667 a. E.

Anm. 148

1. Damit hat der Schuldner *keine Möglichkeit zur Klage* nach § 771 ZPO. Es könnte an ihre analoge Anwendung wegen des Rechtes des Schuldners zum Besitz und zur Nutzung der gepfändeten Abz-Sache gedacht werden. Dieses Recht hat es zwar, auch wenn der fiktive Rücktritt nach § 5 eingetreten ist, materiellrechtlich noch im Hinblick auf § 3; s. oben Anm. 62 ff. Aber der Vollstreckungsschuldner kann nicht Dritter i. S. der Widerspruchsklage sein (der Ausnahmefall nach *Rosenberg*, Zivilprozeßrecht § 185 III 2 b α kommt hier nicht in Betracht). So auch *Püschel* DR 39, 1044 (1046) und mit weiteren Zitaten vor allem *Stein-Jonas-Schönke* § 771 ZPO Anm. II 2; s. auch RG LZ 19, 384; OLG (Celle) 27, 173; *Rühl* S. 173.

Anm. 149

2. Dem Schuldner ist ferner für seine Behauptung, der Verkäufer sei vom Kaufvertrag zurückgetreten, keine Möglichkeit einer *Erinnerung* nach § 766 ZPO gegeben, a. A. *Furtner* MDR 63, 445, der über dieses Verfahren den Einwand treuwidrigen Handelns durch den Verkäufer zulassen will. Ebenso auch RGZ 79, 244 mit der Erwägung, daß die Pfändung das dem Schuldner zustehende Besitz- und Nutzungsrecht verletze. Ebenso LG Braunschweig JW 30, 1527 (es verneint hier nur das Besitzrecht), *Püschel* DR 39, 1044 (1046) sowie *Alberty* DR 39, 1776 (1779), der in § 3 eine prozessuale Vorschrift sieht, und schließlich G. *Pauli* Diss. S. 85 f., weil hiermit auch materiellrechtliche Gesetzwidrigkeiten beanstandet werden könnten. Ein Besitzrecht macht aber die Pfändung nicht fehlerhaft; denn das (materielle) Besitzrecht ist vom Gerichtsvollzieher genauso wenig zu prüfen wie das Eigentum (s. oben Anm. 111 und 112). Die Erinnerung ist aber nur möglich bei Verstößen gegen solche Verfahrensvor-

schriften, die zur Prüfung der Vollstreckungsorgane stehen und kann nur geltend machen, daß das Vollstreckungsorgan Vorschriften der Zwangsvollstreckung verletzt hat; so *Rosenberg*, Zivilprozeßrecht § 183 II 1 und OLG Frankfurt NJW 53, 1835 und oben Anm. 120. Deshalb wird ein Verfahren nach § 766 ZPO mit Recht versagt von *Rühl* S. 173 und JW 30, 3786 sowie *Klauß* Anm. 437 zu § 5.

Für den Fall, daß eine summarische Prüfung die Verletzung der Rechte nach §§ 1, 2 ergibt, hält *Wangemann* NJW 52, 1318 (1321) u. NJW 58, 67 eine Erinnerung nach § 766 ZPO für begründet; s. auch MDR 1953, 593 (unter III) und *Petermann* DRpfleger 1958, 169 (unter II, 2 u. 5). Damit wird bereits eine Anspruchsprüfung in ein Verfahren nach § 766 ZPO hineingenommen, was dem Verfahrensgegenstand dieses Verfahrens und der Zuständigkeitstrennung zwischen Prozeß- und Vollstreckungsgericht widerspricht. Darüber s. näher unten Anm. 156.

Anm. 150

3. Der Schuldner kann beim Prozeßgericht *Vollstreckungsgegenklage nach § 767 ZPO* erheben (jetzt auch Vollstreckungsabwehrklage genannt, s. *Baumbach-Lauterbach* Anm. 1 a zu § 767 ZPO). Denn die durch den fingierten Rücktritt geschaffene Einwendung ist eine i. S. dieser Vorschrift, da sie den festgestellten Anspruch betrifft und erst in einem Zeitpunkt entstanden ist, der ihrer Geltendmachung nach § 767 Abs. 2 ZPO nicht im Wege steht. Für den vom Verkäufer erklärten Rücktritt vom Vertrag hat RGZ 107, 113 dies erklärt; der fingierte Rücktritt aber steht gleich. Ihr Antrag hat dahin zu lauten, daß die Zwangsvollstreckung aus dem vorliegenden Vollstreckungsteil für unzulässig zu erklären ist oder auch, daß sie nur gegen Bezahlung der Summe, die bei Abrechnung nach §§ 1 und 2 sich ergibt, weiterhin zulässig ist; s. *Baumbach-Lauterbach* Anm. 3 E, F zu § 767 ZPO. Auch die *vorläufige Einstellung* der Zwangsvollstreckung nach § 769 ZPO kann der Schuldner herbeiführen, wobei die Einreichung der Klage nach § 767 ZPO erfolgt sein muß (*Baumbach-Lauterbach* Anm. 1 A zu § 769 ZPO). Aber auch sie erfordert einen *Antrag* des Schuldners.

Die *einstweilige Einstellung* nach § 755 ZPO ist auf die dort geregelten Tatbestände beschränkt, wird hierher keine Bedeutung haben und es ist die Einstellung nach Ziff. 3 und 4 nur eine vorläufige; s. *Stein-Jonas-Schönke* Anm. I 4 zu § 775 ZPO; ebenso LG Bonn MDR 62, 660.

Anm. 151

Die Vollstreckungsgegenklage ist der einzige Rechtsbehelf, der in der Zwangsvollstreckung gegen den Anspruch durchgreift; *Baumbach-Lauterbach* Anm. 1 B zu § 767 ZPO und Anm. 2 A zu § 825 ZPO. Wenn und insolange der Schuldner die Rechtsbehelfe nach §§ 767, 769 ZPO nicht ergreift, nimmt deshalb die Vollstreckung ihren Fortgang und es muß allenfalls der Käufer seine Ansprüche aus § 1 in besonderer Klage geltend machen (eine solche Klage betrifft BGHZ 19, 326), was auch ohne Zwangsvollstreckung dann nötig werden kann, wenn der Käufer auf außergerichtliches Verlangen die Sache zurückgegeben hat und dann erst, vielleicht erst auf Grund nachträglicher Unterrichtung seine Rechte verfolgt. So mit Recht auch *Püschel* JW 38, 3207; so auch *Klauß* Anm. 427—430 zu § 5 und NJW 57, 348; ferner *Palandt-Putzo* Anm. 3 b zu § 5; *Ewald* AbzG S. 112 sowie LG München II Beschl. vom 30. 1. 1956 1 b T 26/56; s. auch LG Lüneburg NJW 58, 1143.

Anm. 152

Die Klage ist begründet, wenn und sobald die Wiederansichnahme auf Grund der Rücktrittsfiktion des § 5 gegeben ist und solange die schwebende Vollstreckungsmaßnahme oder die Zwangsvollstreckung aus dem Urteil überhaupt noch nicht beendigt ist. Für die Frage, wann durch Zwangsvollstreckungsmaßnahmen die Wirkung des § 5 ausgelöst wird, siehe Anm. 126 ff. Sie kann also insbesondere ab Wegnahme der Sache durch den Gerichtsvollzieher (Einschaffung in die Pfandkammer, s. Anm. oben 127) und damit schon vor der Versteigerung Platz greifen so LG Mönchen-Gladbach NJW 58, 66 und *Wangemann* hierzu aber nicht nur im Falle dieses Besitzverlustes, wie *Püschel* DR 39, 1044 (1046) meint. So kann nach LG Berlin JW 38, 2300 auch schon erhoben werden, wenn der Gerichtsvollzieher Versteigerungstermin angeraumt hat; die Begründung hierfür, daß nämlich der Verkäufer damit erkennen lasse, er wolle den Vertrag nicht mehr erfüllen, geht zwar fehl, weil es auf den Willen des Verkäufers nicht ankommt. Der Gläubiger zeigt aber damit deutlich, daß er auf die Bsitzentziehung bezüglich der Kaufsache hinstrebt und gibt Veranlassung zur Klage, wenn auch der Rücktritt nach § 5 in diesem Zeitpunkt noch zu verneinen ist (s. oben Anm. 135), deren Kosten dann evtl. nach § 93 ZPO den Gläubiger (Verkäufer) treffen können; so auch *Baumbach-Lauterbach* Anm. 3 F zu § 767 ZPO. S. auch *Furtner* MDR 63, 445.

Die Klage kann auch noch nach der Versteigerung bis zur Ablieferung des Erlöses erhoben werden, der ja an die Stelle der Sache tritt; *Baumbach-Lauterbach* Anm. 3 zu § 817 und Anm. 1 zu § 819 ZPO.

Die Klage kann ferner von der Stellung eines Antrages nach § 825 ZPO an (oben Anm. 140) erhoben werden, während sie *Crisolli* JW 34, 1817 (1820) offenbar erst zulassen will, wenn er das Verfahren nach § 825 ZPO abschließende Beschluß vorliegt und der Gläubiger wegen der titulierten Forderung noch nicht befriedigt ist.

Auch wenn dem Verkäufer noch Rechte aus § zustehen, kann das Prozeßgericht nicht unter Vornahme der Auseinandersetzung nach dem AbzG die Vollstreckung insoweit für zulässig erklären, als dem Verkäufer solche Ansprüche zustehen. Die Entscheidung muß vielmehr die weitere Vollstreckung überhaupt für unzulässig erklären, und zwar deshalb, weil die noch bestehenden Rechte keine solchen aus dem Kaufpreisanspruch mehr sind, sondern eine Unterscheidung gegeben ist ähnlich der zwischen einem Erfüllungsanspruch und dem an seine Stelle getretenen Schadenersatzanspruch; so *Rosenberg*, Zivilprozeßrecht § 183 III 9 und G. *Pauli* Diss. S. 90 f.

Anm. 153

4. Die *Zwangsvollstreckung* ist also, auch wenn Einwendungen aus dem materiellen Abzahlungsrecht nicht in Betracht kommen, *in keiner Weise von Amts wegen* und, von der unter Anm. 159 erwähnten Ausnahme abgesehen, *auch* nicht anders als auf Grund der Klage nach § 767 ZPO aufzuhalten. Hiergegen wird, obwohl dabei eindeutig der Boden der gesetzlichen Bestimmungen verlassen wird, von Literatur und Rechtsprechung weitgehend gefehlt, wie sich das zum Teil schon aus den Ausführungen in Anm. 117 ff. und 136 ff. ergibt. *Klauß* bemerkt bei der Erörterung einer solchen Fehlentscheidung NJW 57, 348 (349): „Es ist bedauerlich, daß gerade auf dem Gebiete des AbzRechtes immer wieder Entscheidungen ergehen, die sich im Bestreben nach dem Schutz des wirtschaftlich schwächeren und unerfahrenen AbzKäufers aus Zweckmäßigkeitserwägungen über das Gesetz hinwegsetzen und dem Käufer damit unter Umständen doch mehr schaden als nützen". *Hein* ZZP 69, 231 (237) bemerkt zu der anderen Fehlerursache: „Die Anwendung dieser Formeln in der Praxis (OLG Hamburg MDR 53, 685 und MDR 54, 686) muß unwillkürlich den Eindruck hervorrufen, als wenn neue Wege erörtert würden, den im Erkenntnisverfahren beendeten Rechtsstreit in der Vollstreckungsinstanz fortzusetzen. Die rein prozeßwirtschaftlichen Erwägungen

sind keine geeignete Rechtsgrundlage, die sachliche Zuständigkeit des Vollstreckungsgerichts zu erweitern."

Zur Vermeidung dieser gerügten Fehler ist folgendes zu beachten:

Anm. 154

a) § 3 ist, wie das Gesetz überhaupt keine prozeß-, sondern nur eine materiellrechtliche Vorschrift; s. oben Anm. 143. Auch wenn damit materiellrechtlich die Berücksichtigung der Zug-um-Zug-Ansprüche *von Amts wegen* anzunehmen ist, ist dies für die vollstreckungsrechtliche Beurteilung ohne Belang. Es läßt sich deshalb zur Durchsetzung der Rechte aus §§ 1 und 2 *keine Abweichung* von dem Grundsatz des Vollstreckungsrechtes ableiten, daß Rechtsbehelfe nur auf Antrag gewährt werden; s. oben Anm. 147. Ebenso *Klauß* Anm. 428 zu § 5; a. A. *Kleinknecht* JW 38, 3206 und *Alberty* DR 39, 1779.

Anm. 155

b) § 766 ZPO hat einen *abgegrenzten Verfahrensgegenstand*; s. oben Anm. 149 und Anm. 120. Der Versuch, diesen Verfahrensgegenstand zu erweitern und Verletzungen des materiellen Rechtes nach § 766 ZPO zu prüfen, entbehrt jeder gesetzlichen Grundlage. Dabei ist es gleichgültig, ob man § 766 ZPO uneingeschränkt zur Geltendmachung der Folgen des Rücktritts nach § 5 gewähren will oder nur in einer eingeschränkten Weise. Auch die oben unter Anm. 149 a. E. erwähnte Meinung (die auch in anderem Zusammenhang immer wieder hervortritt, s. z. B. oben Anm. 119) will im Rahmen des § 766 ZPO materielle Fragen prüfen. Da diese aber überhaupt nicht in das Erinnerungsverfahren gehören, ist es unerheblich, ob sie (vorläufig) unbestritten oder (vermeintlich) offenkundig sind. Im hier vertretenen Sinne (zur Frage der Eigentumsprüfung) auch OLG Frankfurt NJW 53, 1835.

Anm. 156

c) Schließlich ist die *Zuständigkeitsabgrenzung zwischen Prozeß- und Vollstreckungsgericht* auch hier zu beachten (s. oben Anm. 120), die im Hinblick auf die Ausschließlichkeit der Gerichtsstände im 8. Buch der ZPO (§ 802 ZPO) von besonderer Bedeutung ist. Auf diese Zuständigkeitsgrenze berufen sich merkwürdigerweise allerdings hier auch diejenigen, die sie selbst in irgend einem Umfang dann mißachten, so z. B. für die Entscheidung nach § 825 ZPO *Herminghausen* NJW 54, 667 (S. 668 1. und dann 2. Spalte) und viele von denen, die von einer „Umgehung des AbzG“ sprechen und diese nicht (nicht bloß) materiellrechtliche verwenden, und in diesem Fall zusätzlich oder früher eine Wiederansichnahme zu bejahen (s. oben Anm. 131 und *Klauß* Anm. 417 zu § 5; nicht ganz unbedenklich aber Anm. 422 zu § 5), sondern in prozessualer Weise verwenden, um damit eine Berücksichtigung materiellrechtlicher Veränderungen im *Vollstreckungsverfahren und ohne Klage nach* § 767 ZPO oder eine Einschränkung der Vollstreckungsmöglichkeiten zu bejahen, s. insbesondere oben Anm. 137. Eine offene Verletzung dieses Grundsatzes stellt schließlich die Meinung von *Crisolli* JW 34, 1817 dar, die mit prozeßwirtschaftlichen Erwägungen begründet werden will und soweit geht, daß sie einen Antrag nach § 825 ZPO in einen Herausgabeantrag umdeuten will.

In dem hier vertretenen Sinne *Püschel* JW 39, 3207 f. (3208), der nachdrücklich hervorhebt, daß Zuständigkeitsfragen keine Fragen des Taktes oder des Ermessens sind; ferner OLG Karlsruhe HRR 40 Nr. 898 mit dem Hinweis, daß übrigens der Vollstreckungstitel nur für die Kaufpreisforderung gilt, nicht für die Ansprüche aus dem AbzG; ferner auch OLG Hamburg JW 38, 3257 und besonders nachdrücklich auch *Klauß* Anm. 427 ff. zu § 5 und NJW 40, 765 (unter 6.) sowie JZ 55, 70 (unter II 2) und auch in NJW 57, 348.

Anm. 157

d) Auch eine noch zu § 825 ZPO entstandene Streitfrage löst sich aus der Erkenntnis, daß die Änderung der materiellen Rechtslage, die sich aus der Anwendung des § 5 ergibt, nur im Wege des § 767 ZPO verfolgt werden kann. Es ist nämlich im Hinblick auf den materiell und unzweifelhaft mit dem fiktiven Rücktritt sich ergebenden Wegfall der Kaufpreisforderung die Annahme aufgetaucht, daß deshalb in einem eine AbzSache betreffenden Überweisungsbeschluß nach § 825 ZPO keine *Festsetzung des Übernahmepreises* zu erfolgen habe. So LG Siegen NJW 56, 1928. Zu diesem Ergebnis konnte das Gericht aber nur kommen, weil es die Bedeutung der Vollstreckungsgegenklage als einzigen Rechtsbehelf zur Beseitigung der Vollstreckbarkeit verkennt und aus irgendwelchen Billigkeitserwägungen für den Fall der aus Unkenntnis unterlassenen Vollstreckungsgegenklage vorbauen will. Anstatt zur Beseitigung einer evtl. solchen Unkenntnis im Beschluß von seiner Belehrungspflicht nach § 139 ZPO Gebrauch zu machen, kommt es zu der Lösung, die Rechtsfolge des § 5 auf dem Kaufpreistitel vermerken zu lassen, ohne die Folgen eines solchen Vermerks mit Sicherheit ermitteln zu können. Da aber mangels einer

Klage nach § 767 ZPO der Titel vollstreckbar bleibt, schafft *dieses* Verfahren nur Verwirrung, während das Gericht die Bestimmung des Überweisungspreises für unvorteilhaft hält. Daß dieser Wert keine besondere Bedeutung haben wird, wenn dann nach §§ 1, 2 abzurechnen ist, darf und kann bei der Betrachtung der prozeßrechtlichen Lage nicht davon abhalten, ihn zu bestimmen, zumal er mindestens im Hinblick auf § 367 Abs. 1 BGB eine gewisse Bedeutung hat deshalb, weil zunächst die damit eintretende Tilgung auf die Kosten anzurechnen ist; so mit Recht *Wangemann* a.a.O. bei der Urteilsbespr., der aber den Hauptverstoß des Urteils nicht rügt. Grundsätzlich im Sinne von LG Siegen auch Bull DRiZ 58, 117. Für Unterlassung der Feststellung des Übernahmepreises auch AG Delmenhorst, das aber ein Verfahren nach § 825 ZPO überhaupt nur zuläßt, wenn noch nichts vom Kaufpreis bezahlt ist, BB 1956, 864. Dagegen hat LG München II im Beschluß vom 30. 1. 56, 1 b T 26/56, die Notwendigkeit der Festsetzung eines Übernahmepreises auch in solchen Fällen bejaht, und zwar mit der ausdrücklichen Begründung, daß diese deshalb notwendig ist, weil der Wegfall des dem Vollstreckungstitel zugrundeliegenden Vertragsverhältnisses nicht ohne vollstreckbaren Anspruch laut Vollstreckungstitel berührt, der die Grundlage der Entscheidung des Vollstreckungsrichters ist, solange ihn nicht der Schuldner mit der Klage nach § 767 ZPO beseitigt.

Über die geringe Bedeutung des Übernahmepreises. s. auch *Wangemann* NJW56, 732 (733).

Anm. 158

e) Diese Grundsätze gelten auch im *Offenbarungseidsverfahren.* Auch hier besteht deshalb der Titel weiter mit der Folge, daß das Offenbarungseidverfahren vom Gläubiger betrieben werden kann, solange nicht im Wege der Klage nach § 767 ZPO die Zwangsvollstreckung für unzulässig erklärt oder nach § 769 ZPO vorläufig eingestellt ist. Dies verkennt die Entscheidung des LG Gießen NJW 57, 348, das nach Versteigerung der AbzSache bei Fortsetzung der Zwangsvollstreckung durch das Offenbarungseidsverfahren einen Widerspruch des Schuldners nach § 900 Abs. 3 ZPO für zulässig und begründet erklärt. Obwohl es davon ausgeht, daß Einwendungen, die sich gegen den Anspruch selbst richten, unstatthaft sind, meint das Gericht, es sei „nicht einzusehen“, warum der Schuldner nicht das Fehlen des materiellen Anspruchs als Unzulässigkei der Zwangsvollstreckung in einem solchen Offenbarungseidsverfahren sollte geltend machen können; er sei nicht auf §§ 767, 769 ZPO zu verweisen. Hiergegen mit vollem Recht *Klauß* in der Bespr. a.a.O.

Es ist hier aber auch auf OLG Celle DR 52, 751, hinzuweisen, wonach der Verkäufer als Gläubiger das Offenbarungseidsverfahren aus dem Forderungstitel betreiben kann, wenn bei unterlassener Pfändung der ihm gehörigen AbzSache die Mobiliarvollstreckung fruchtlos geblieben ist. Der Gläubiger darf also die Zwangsverwertung der Sache ablehnen, um seinen Erfüllungsanspruch nach § 5 nicht zu verlieren und wegen dieses Anspruchs weiter vorgehen zu können.

Andererseits interessiert die *materielle* Rechtslage im Offenbarungseidsverfahren des Schuldners, das von einem Dritten betrieben wird. Hier macht die unterlassene Angabe des Anwartschaftsrechtes im Vermögensverzeichnis das Verzeichnis nicht unrichtig, wenn ein Fall des § 5 gegeben ist und somit das Anwartschaftsrecht erloschen war; s. BGH LM Nr. 35 zu § 154 StGB = NJW 55, 638, vgl. auch BGH NJW 60, 205.

Anm. 159

5. Eine gewisse *Ausnahme* von den vorstehend dargelegten Grundsätzen bedeutet die Vorschrift des *§ 765a ZPO*. Vgl. darüber zunächst oben Anm. 108, 109 und 122. Auch hiernach ist ein *Antrag des Schuldners* erforderlich, der aber in einer Äußerung zum Verfahren nach § 825 ZPO oder in einem unzulässigen Antrag nach § 766 ZPO gesehen werden kann, weil der Schuldner nicht die richtige rechtliche Begründung zu geben braucht. Auch hier wird *nicht gegen den Anspruch selbst* beim Vollstreckungsgericht vorgegangen; s. *Baumbach-Lauterbach* Anm. 2 C und *Stein-Jonas-Schönke* Anm. III 4 zu § 765a ZPO. Dem Vollstreckungsgericht ist *hier* aber eine gewisse Mitprüfung der materiellrechtlichen Lage nicht verwehrt; die besonderen Umstände, die eine Härte bedeuten und den Verstoß gegen die guten Sitten ergeben, können durchaus auch Erwägungen aus der materiellen, nach § 5 entstandenen Rechtslage sein; sie müssen aber *besonders gewichtig* sein, um die Voraussetzungen dieser Ausnahmevorschrift zu schaffen; insbesondere kann hier feststellbaren subjektiven Umgehungsversuchen gesteuert werden (s. auch oben Anm. 152). Andererseits kann die Anwendung dieser Vorschrift auch in Betracht kommen, wenn die Voraussetzungen für § 5 noch nicht vorliegen, also etwa schon gegenüber einer Pfändung der AbzSache. Schließlich kann auch dann, wenn die Wiederansichnahme gegeben ist, im Rahmen dieser Vorschrift noch eine Zahlungsauflage in Betracht kommen, um etwa

eine Mietzahlung für eine im Augenblick besonders unentbehrliche Sache zu gewährleisten; s. *Stein-Jonas-Schönke* Anm. III 2 zu § 765a ZPO. Wesentlich zu leicht nimmt die Voraussetzungen des § 765a ZPO LG Gießen NJW 57, 348; s. dazu auch *Klauß* a. a. O.

§ 6

[Verhüllte Abzahlungsgeschäfte]

Die Vorschriften der §§ 1 bis 5 finden auf Verträge, welche darauf abzielen, die Zwecke eines Abzahlungsgeschäfts (§ 1) in einer anderen Rechtsform, insbesondere durch mietweise Überlassung der Sache zu erreichen, entsprechende Anwendung, gleichviel ob dem Empfänger der Sache ein Recht, später deren Eigentum zu erwerben, eingeräumt ist oder nicht.

Inhaltsübersicht

Besonderes Schrifttum zu § 6:

Arndt: Der Autokauf auf Kredit RdK 27, 17

Belke: Die Strafzinsen im Kreditgewerbe — ihre Begrenzung aus dem Zinseszinsverbot und ihr Verhältnis zu den gesetzlichen Verzugsfolgen BB 68, 1219

Bendix: Wie sind „Leihmöbel“ pfändbar? KGBl. 06, 69

Berlak-Felix: Das Teilzahlungsgeschäft, 28

Beuck, H.: Wechsel im Teilzahlungsgeschäft, Fragen der Finanzierung und Sicherung von Teilzahlungsgeschäften, Verlag Schmidt-Römhild Lübeck, 53

v. Brockdorf, Graf: Die Rechtsgültigkeit der üblichen Finanzierungsverträge im Automobilhandel, Eisenbahn- und verkehrsrechtliche Entscheidungen und Abhandlungen, herausgegeben von Eger 28, 29.

v. Brüneck: Über den sog. Möbelleihvertrag, Gruch 10, 339 ff.

Capeller: Gefahrengemeinschaft zwischen Kreditinstitut und Verkäufer bei der Teilzahlungsfinanzierung? BB 57, 204 ff.

Daum: Der Bundesgerichtshof zum finanzierten AbzKauf NJW 68, 372.

Donau: Probleme zum Kundenfinanzierungsvertrag NJW 55, 1660 f.

Ebert: Finanzierungsvertrag und Sachmängeleinreden NJW 54, 573.

Esser: Das Verhältnis von Kaufvertrag und Darlehensvertrag beim B-Geschäft des finanzierten Teilzahlungsgeschäfts in Tübinger Festschrift für E. Kern 1968.

Ewald: AbzVerkauf MDR 55, 69.

Ewald: Die „Einheit" zwischen Darlehensvertrag und Kaufvertrag beim „finanzierten" AbzKauf MDR 56, 583.

Ewald: Neues Teilzahlungsrecht, Arbeitskreis für Absatzfragen Heft 7 S. 18 ff.

Ewald: Teilzahlungsfinanzierungs-Institut und Händler MDR 60, 9.

Fromherz: Zwangsvollstreckung und Vermieterpfandrecht bei Leihmöbeln ZZP 39, 479.

Fromherz: Vollstreckungsarten bei Leihmöbeln JW 13, 574.

Frotz: Der Schutz des gewährleistungsberechtigten AbzKäufers beim B-Geschäft JZ 63, 532.

Furtner: Die Pfändung eigener Sachen des Gläubigers MDR 63, 445.

Giffhorn, H: Teilzahlungsgeschäfte und Finanzierungsbank MDR 54, 258.

Gorniak: Regelungen für den Verzugsfall in Kreditverträgen NJW 69, 2124

Grube: Keine Rechtsschöpfung durch ausdehnende Anwendung des § 6 AbzG, TW 58, 23 u. 54.

Handbuch: der Teilzahlungswirtschaft, Hrsg. Wirtschaftsverband Teilzahlungsbanken e. V., Frankfurt a. M. 1959.

Hein: AbzG und Kredithäuser 1910.

Hörter: Der fin. AbzKauf, Sammlung Gehlen 10, Verlag Gehlen 1969.

Horn: Die Pfändung sog. Leihmöbel KGBl. 04, 61.

Kaminsky: Die Teilzahlungsbanken (Fritz-Knapp-Verlag, Frankfurt a. M. 1962).

Klaas: Risikoverteilung bei neueren Finanzierungsmethoden NJW 68, 1502.

Klauß: Finanzierungsverträge und AbzG, kritische Betrachtung der Rechtsprechung des BGH, NJW 53, 6.

Klauß: Die vertauschten Teilzahlungsverträge TW 57, 184 f.

Klauß: Darlehen gezahlt, Ware nicht geliefert TW 58, 19.

Klauß: Aufklärungspflicht der Teilzahlungsbank TW 61, 51.

Korth: Die typischen Finanzierungsverträge im AbzGeschäft BB 48, 589 f.

Krauss: Das Rechtsverhältnis am Kaufvertrag und Darlehensvertrag beim sog. B-Geschäft Diss. Kiel 65.

Lehmann: Sicherung von Kundenkrediten, Schriftenreihe der juristischen Studiengesellschaft, Karlsruhe 56.

Lex: Zur Sicherung des Verkäufers bei AbzGeschäften, RWP Bl. Gr. II D AbzGeschäfte, Einzelfragen 1.

Lex: Verdeckte AbzGeschäfte, Zur Kundenfinanzierung beim AbzGeschäft, RWP Bl. Gr. II D AbzGeschäfte, Einzelfragen 3.

Lex: Verhüllte AbzGeschäfte bei Barverkauf durch Kundenfinanzierung, RWP Bl. Gr. II D Abzgeschäfte, Einzelfragen 3a.

Lex: Die neue Rechtsprechung zum Problem des verhüllten AbzGeschäftes, RWP Bl. Gr. II D AbzGeschäfte, Einzelfragen 3b.

Lex: Zum Mietkauf von Kraftfahrzeugen, RWP Bl. Gr. II D AbzGeschäfte, Einzelfragen 9.

Lindenkohl: Wann haftet ein Kreditinstitut im A-Geschäft für das Verhalten eines Verkäufers dem Käufer gegenüber? TW 64, 59.

Lüder-Witt: Teilnichtigkeit im B-Geschäft und § 139 BGB TW 64, 56.

Lutz: Der Konsumentenkredit, Heft 1 der Schriftenreihe des Arbeitskreises für Absatzfragen, Heymann-Verlag.

Marschall v. Bieberstein: Das AbzGeschäft und seine Finanzierung Berlin 1959

Marwitz: Über den Möbelleihvertrag, Gruch 35, 214 ff.

Medicus: Grenzen der Haftung für culpa in contrahendo Jus 65, 209.

Meyer-Ladewig: Das B- und C-Geschäft in der Rechtsprechung TW 62, 8.

Meyer-Ladewig: Trennungstheorie und Einheitstheorie beim finanzierten Abzahlungskauf MDR 62, 9.

Meyer-Ladewig: Die Stellung des Finanzierungsinstituts zum Verkäufer beim finanzierten Abzahlungskauf MDR 62, 446.

Meyer-Ladewig: Typische Darlehensbedingungen der Teilzahlungsbanken und ihre Rechtswirksamkeit BB 63, 170.

Meyer: Pfändung in Leihmöbel durch den Eigentümer KGBl. 14, 146.

Meyer: Abzahlungsgeschäft und Finanzierungsinstitute MDR 58, 79.

Mezger: Das Abzahlungsgeschäft DB 65, 315, 356.

Möllers: Probleme zum Kundenfinanzierungsvertrag NJW 54, 214 ff. und 1106 f.

Möllers: Probleme zum Kundenfinanzierungsvertrag: Die Einwendungen des Käufers, NJW 55, 1421.

Möllers: Probleme zum Kundenfinanzierungsvertrag: Anfechtung und Nichtigkeit des Kaufvertrages; was wird aus dem Darlehensvertrag? NJW 56, 1740 ff.

Möllers: Finanzierungsvertrag und Sachmängeleinreden NJW 57, 574.

Möllers: Teilzahlungsfinanzierung, Rechtsform und Rechtsfragen, Beck-Verlag 57.

Möllers: Probleme zum Kundenfinanzierungsvertrag, Vertragsverletzungen der Bank NJW 58, 207 ff.

Möllers: Der Mängeleinwand in der Teilzahlungsfinanzierung NJW 63, 470.

Möllers: Verwendungszwecke bei Krediten TW 63, 67 ff.

Möllers: Bundesgerichtshof zur Teilzahlungsfinanzierung NJW 67, 1782.

Möllers: Recht der Teilzahlung in HdTW S. 467 ff.

Mormann: Die neuere Rechtsprechung, insbesondere des BGH, zum AbzG WM 65, 834.

Mühlhäuser: Einkaufsfinanzierung, Verkaufsfinanzierung, MDR 55, 265.

Nußbaum: Die Pfändbarkeit der sog. Leihmöbel KGBl. 04, 53.

Petermann: AbzGeschäfte mit Zwischenfinanzierung DRpfleger 55, 148 ff.

Petermann: Probleme der Teilzahungsfinanzierung DRpfl. 58, 76

Pagendarm: Das finanzierte AbzGeschäft, Bemerkungen zu 8 neuen Urteilen des Bundesgerichtshofs WM 67, 434.

Petermann: Neues zur Teilzahlungsfinanzierung DRpfl. 61, 143.

Pikart: Die Rechtsprechung des BGH zum AbzGeschäft WM 61, 813.

Quardt: Lohnabtretung und AbzGesetz BB 67, 762.

Rautmann: Die Rechtsverhältnisse bei der Teilzahlungsfinanzierung, ZBlHR 31, 36.

Rautmann: Der AbzVerkehr, seine Finanzierung und Sicherung, 30.

Redemann: Die Abgrenzung des A-, B- und C-Geschäfts in der Literatur TW 61, 64.

Reinicke: Wechsel und AbzGeschäfte DB 59, 1103.

Reuschel: Der organisierte Teilzahlungskredit, Heft 7 der volkswirtschaftlichen Schriften Berlin 53.

Röder: Das Abz- und Finanzierungsgeschäft beim Kraftwagenverkauf, VerkR 33, 615.

Rühl: Eigentumsvorbehalt und AbzGeschäft, Berlin 1930 (Teil III: Die Finanzierung von AbzGeschäften, S. 277 bis 305).

Samoje: Die Zwangsvollstreckung in Leihmöbel, Rostocker Diss. 1907.

Schmucki, A.: Der Mietkaufvertrag. Seine Behandlung nach schweizerischem, französischem und italienischem Recht; Verlag Keller Winterthur 1956.

Schönle: Offene Fragen im Recht der Teilfinanzierung NJW 68, 473.

Scholten: Kredit und Verzugsgebühren im Prozeß TW 67, 92.

Scholten: Jetzt endlich Klarheit bei der Einklagung von Verzugsgebühren? TW 68, 205

Scholten: Die Kreditgebühren der Teilzahlungsbanken und das Zinseszinsverbot NJW 68, 385.

Scholz: Ist der Verkäufer im Verhältnis zur Bank noch Dritter? TW 60, 22.

Scholz: Finanzierungsinstitut = Abzahlungsverkäufer? TW 60, 53.

Scholz: Teilzahlungsfinanzierungsinstitut und Händler MDR 60, 968.

Scholz: Die Empfangsbestätigung in der neueren Rechtsprechung TW 63, 22.

Scholz: Endlich Klarheit bei der Einklagung von Verzugsgebühren TW 64, 190.

Scholz: Der Sicherungsschein in der Rechtsprechung TW 64, 194.

Scholz: Für eine klare Trennung von Kauf- und Darlehensvertrag TW 64, 228.

Scholz: Zahlungen an den Verkäufer sind der Bank gegenüber nicht schuldbefreiend TW 65, 147.

Scholz: Die Auseinandersetzung um die Verzugsgebühr lebt wieder auf TW 65, 149.

Scholz: Zum Umfang der Verkäuferhaftung gegenüber der Bank TW 66, 188.

Scholz: Probleme der Zusammenarbeit mit Vermittlern im Teilzahlungsgeschäft. TW 67, 148.

Schopp: Die Kundenfinanzierung im Teilzahlungsgeschäft DRpfl. 65, 217.

Schütz: Der Verwendungszweck bei Krediten WM 64, 38.

Seidel: Teilzahlungskredit und Geldschöpfung, Heft 4 der Schriftenreihe des Arbeitskreises für Absatzfragen, Heymann-Verlag.

Singer: Die Bedeutung des AbzG v. 16. 4. 1894 für die Regelung von AbzGeschäften u. allg. Geschäftsbedingungen, Diss. 1968 Münster.

Stein: Teilzahlungswirtschaft 55, 161 und 56, 29.

Strack: Die Rechtstellung des Kunden im Teilzahlungskreditgeschäft, Göttinger Diss. 1955.

Wanka: Finanzierungsgeschäft und Mängelhaftung TW 63, 188.

Weiß: Die Teilzahlungsbanken in „Europäische Wirtschaft in Einzeldarstellung“, Mushakesche Verlagsanstalt Mainz.

Weiss: Darlehensgeschäft und finanzierter Abzahlungskauf Zfk 67, 818.

Weitnauer: Neue Entscheidungen zum Abzahlungsgeschäft JZ 68, 201.

Wendt: Besprechung von Ewald AbzG, MDR 56, 704.

Wendt: AbzGeschäfte und Finanzierungsinstitute in der Rechtsprechung MDR 57, 390 ff. und 455.

Wendt: Umbruch in der Teilzahlungswirtschaft MDR 60, 88.

Wendt: Mängelrügen beim AbzKauf MDR 62, 943.

Werneburg: Zum Autofinanzierungsgeschäft RdK 39, 269.

Wild: AbzVerkäufer und Finanzierung im Autohandel DRiZ 33, 302.

Zeitlmann:	Finanzierung eines von einem Handelsvertreter erworbenen Personenkraftfahrzeuges durch den Unternehmer. Muß der Unternehmer bei Auflösung des Handelsvertretervertrages verrechnete Provisionen zurückbezahlen? Zeitschrift für Versicherungswesen 54, 274.

Einzelne Entscheidungsbesprechungen

Ascher:	zu BGH in LM Nr. 5 zu § 6 AbzG.
Baumann:	zu Lg Freiburg in JR 58, 180.
Benkard:	zu BGHZ 5, 373 in LM Nr. 3 zu § 6 AbzG.
Benkard:	zu BGH LM Nr. 4 zu § 6 AbzG.
Busch:	zu BGHZ 3, 257 in BB 52, 71.
Giffhorn II:	zu LG Braunschweig in MDR 54, 611.
Heymann:	zu RGZ 133, 234 ff. in NJW 32, 397 ff.
Klauß:	zu BGHZ 22, 90 in TW 57, 24.
Leonardy:	zu LG Stuttgart in NJW 66, 1816.
Marschall v. Bieberstein:	zu OLG Karlsruhe in MDR 58, 96.
Marschall v. Bieberstein:	zu OLG Düsseldorf in MDR 64, 756.
Meyer-Ladewig:	zu LG Freiburg in MDR 62, 446.
Möllers:	zu OLG München in NJW 56, 1202.
Möllers:	zu LG Stuttgart in NJW 66, 1078.
Plum:	zu RGZ 139, 205 in JW 33, 909.
Pohle:	zu BGH LM Nr. 5 zu § 6 AbzG in MDR 56, 598.
Rötelmann:	zu OLG Celle NJW 58, 502.
Rühl:	zu RGZ 131, 213 in JW 31, 1178.
Rühl:	zu KG in JW 31, 75.
Scholz:	zu LG Freiburg in TW 62, 10.
Scholz:	zu OLG Köln in TW 63, 22.
Scholz:	zu LG Hamburg in MDR 61, 936.
Schopp:	zu LG Essen in NJW 57, 1560.
Wendt:	zu BGHZ 20, 36 in MDR 56, 662.
Wendt:	zu BGHZ 22, 90 in MDR 57, 347.
Wendt:	zu LG Hamburg in MDR 58, 162.
Wilde:	zu BGHZ 3, 257 in LM Nr. 1 zu § 6.

A. Allgemeine Bemerkungen

I. Das Abzahlungsgeschäft als wirtschaftlicher Begriff

Anm. 1

1. Das Wesen des AbzGeschäfts überhaupt liegt in einer bestimmten Verbindung eines Güteraustauschgeschäftes mit einem Kreditgeschäft. Vgl. Einl. 1.

Der Zweck dieser Gestaltung ist nicht nur bei Kauf als Umsatzgeschäft, sondern auch bei Geschäften anderer Art möglich, z. B. bei einem Mietvertrag, wenn dieser auf Grund der Vertragsfreiheit die Ausgestaltung im Sinne eines Austauschgeschäftes erhält. Der Gesetzgeber trägt dem nun Rechnung, indem er durch die Vorschrift des § 6 den Schutz des AbzErwerbers auf alle Geschäfte ohne Rücksicht auf ihre äußere Rechtsform erstreckt, die die Zwecke eines AbzGeschäftes erreichen.

Anm. 2

2. Für die Auslegung des § 6 sind heute noch die *Motive des Gesetzes* von Bedeutung, die folgendes erklären: „Die wirtschaftlichen Zwecke eines Kaufs auf Abzahlung können auch mittels anderer Rechtsgeschäfte verfolgt werden. Die in der Praxis üblichste anderweitige Form ist die mietweise Überlassung der Gegenstände. Das Gesetz darf sich jedoch nicht auf bestimmte Arten von Rechtsgeschäften beschränken, da seine Absicht alsdann durch die Wahl einer anderen Art leicht umgangen werden könnte. Der Entwurf sieht deshalb in § 6 die entsprechende Anwendung seiner Bestimmungen auf alle Fälle vor, in denen die Zwecke eines AbzGeschäftes der in § 1 gekennzeichneten Art in einer anderen Rechtsform erreicht werden sollen. Hiernach ist es zunächst nicht erforderlich, daß demjenigen, der den Gegenstand erwerben will, ein festes Recht auf diesen Erwerb eingeräumt wird; es genügt, wenn nur nach der stillschweigenden Absicht der Parteien die Übertragung des Eigentums das Endziel des Geschäftes ist. Vorausgesetzt wird ferner, daß der Gegenstand zur Benutzung überlassen wird, bevor der in Teilzahlungen zu entrichtende Gegenwert geleistet ist. Endlich muß, wenn die Bestimmung des § 6 Platz greifen soll, dem Gläubiger für den Fall, daß der Schuldner seinen Verpflichtungen nicht nachkommt, das Recht zustehen, vom Vertrag zurückzutreten oder doch die überlassene Sache dem Schuldner wieder zu entziehen. Macht dann der Gläubiger von diesem Recht Gebrauch, so führt die entsprechende Anwendung der §§ 1—4 dahin, daß er die erhaltenen Gegenleistungen zurückzugewähren hat und nur

die in § 2 bestimmten Ansprüche erheben kann. Wo dagegen die vorbezeichneten Voraussetzungen nicht zusammentreffen, liegen auch die Besonderheiten des AbzG, welche eine gesetzliche Regelung fordern, nicht vor.“

II. Unvollkommenheiten in der Begriffsbildung

Anm. 3

1. Der Gesetzeswortlaut spricht von Erreichung des Zwecks eines „*Abzahlungsgeschäfts*“ in anderer Rechtsform. Er verwendet damit den Begriff des AbzGeschäftes eng im Sinne des § 1, also des Abz-*Kaufes*, dies, obwohl der Begriff des Abz*Geschäftes* nach der Gesetzesüberschrift, die sowohl § 1 wie auch § 6 umfaßt, schon ein weiterer ist.

Anm. 4

2. Die Praxis hat, beim weiten Begriff der Gesetzesüberschrift bleibend, das *verhüllte AbzGeschäft* dem unverhüllten gegenübergestellt. Auch vom verdeckten oder versteckten AbzGeschäft oder vom AbzGeschäft im weiteren Sinne wird gelegentlich gesprochen.

Die Vertragsform ist danach nur das rechtliche Kleid des wirtschaftlichen Geschäftes. Dabei ist der Kauf nur das typische rechtliche Kleid für das auf endgültigen Güterumsatz zielende Geschäft.

III. Der Sinn und Zweck des § 6

Anm. 5

1. Der *Sinn* des § 6 geht also dahin, alle Verträge, die wirtschaftlich auf das gleiche Ziel gerichtet sind, wie das unverhüllte AbzGeschäft, der entsprechenden Anwendung der §§ 1—5 des Gesetzes zu unterwerfen, ohne Rücksicht auf die Rechtsform, in der das Geschäft abgeschlossen ist. Es will damit den Besitzer einer Sache, der diese durch Teilzahlungen erwerben will, unter allen Umständen davor schützen, daß er die Sache ohne Rückgewähr seiner Leistungen herausgeben, kurz gesagt, also Ware und Geld verlieren oder ohne die Voraussetzungen des § 4 Abs. 2 sämtliche Raten auf einmal bezahlen muß.

Dieser Schutz erfolgt durch die Aufstellung eines Ergänzungstatbestandes zum Tatbestand des AbzKaufes im Sinne des § 1 des Gesetzes. Über den Begriff dieses Ergänzungstatbestandes vgl. unter B (unten Anm. 8 ff.) und über die Erscheinungsformen dieses Begriffes vgl. unter C (Anm. 26 ff.). Über die sinngemäße Anwendung der Vorschriften des §§ 1—5 auf solche Verträge vgl. unter D (Anm. 48 ff.)

Anm. 6

2. Der *Zweck* dieses § 6 ist die Schließung aller gesetzlichen Lücken zum Schutze des AbzErwerbers, die durch Beschränkung der Vorschriften der §§ 1—5 auf Kaufverträge zunächst offengeblieben sind.

Denn der Gesetzgeber war sich darüber im klaren, daß bei der höchst einschneidenden, die Rechte des AbzVerkäufers stark eindämmenden Einwirkung, die das AbzG mit seiner in der Rechtsgeschichte erstmaligen Sonderregelung (*Rühl* S. 222 f.) auf die Praxis der Abz-Verkäufe ausüben sollte, die Verkäufer nun soweit als möglich versuchen würden, durch Lücken des Gesetzes sich seinen Wirkungen zu entziehen. § 6 sollte deshalb in einem möglichst weit gespannten Rahmen auch alle Umgehungsgeschäfte treffen, durfte aber *nicht nur* Umgehungen, insbesondere nicht nur beabsichtigte Umgehungen erfassen, um wirklich alle Lücken zu schließen (s. darüber unten Anm. 9) und mußte Schutz bieten auch gegen alle neuen Rechtsnormen, die von der Wirtschaft immer wieder ihren Bedürfnissen entsprechend gefunden würden.

IV. Die Bedeutung der Vorschrift in der Gesetzespraxis

Anm. 7

Weil die vom Gesetzgeber erwarteten Umgehungsversuche eingetroffen sind, hat die Vorschrift seit dem Bestehen des Gesetzes größte Bedeutung erlangt. Über den Umfang der Umgehungsversuche und des Erfolges der Vorschrift des § 6 berichten schon *Hein* (1910) und *Lichtenthal* (1912).

Sie hat aber auch deshalb größte Bedeutung erlangt, weil zunächst für sie selbst und dann aus ihr für das ganze AbzG die *Auslegung unter wirtschaftlichen Gesichtspunkten* anerkannt worden ist.

Nach allgemeinen Grundsätzen wäre § 6 als eine die Vertragsfreiheit beschränkende Vorschrift eng auszulegen; aus Sinn und Zweck dieser Sonderbestimmung hat die Rechtsprechung aber mit Recht auf die Beurteilung unter wirtschaftlichen Gesichtspunkten abgestellt und aus dieser Regelung einen entscheidenden Auslegungsgesichtspunkt für das ganze Gesetz entnommen. So sagt das RG wiederholt in fast gleichem Wortlaut: „Denn, wie namentlich § 6 AbzG erkennen läßt, kommt es bei der Anwendung des Gesetzes in erster Linie auf den wirtschaftlichen Erfolg der jeweils gegebenen Sachlage", „auf den wirtschaftlichen Zweck des Geschäftes" an. So RGZ 639, 205 ff. und wieder 146, 182 ff. und für § 6 im besonderen RGZ 152, 283 ff. (286). Zu § 6 hat sich daran die Rechtsprechung und Rechtslehre über die Finanzierungsverträge entwickelt (vgl. unten im Anh. zu § 6 Anm. 56 ff.). Außerhalb des § 6 hat insbesondere die Rechtsprechung und Rechtslehre bei der Anwendbarkeit des § 5 in der Zwangsvollstreckung von der wirtschaftlichen Betrachtungsweise regen Gebrauch gemacht; vgl. dazu § 5 Anm. 101 ff.

B. Der Begriff des „verhüllten Abzahlungsgeschäftes"

I. Die Technik der Begriffsbildung des § 6

Anm. 8

§ 6 enthält keinen selbständigen Begriff des verhüllten AbzGeschäftes. Es wird vielmehr nur der Begriff des AbzKaufes im Sinne des § 1 durch das Weglassen des Begriffserfordernisses „Kauf" erweitert. Diese Erweiterung ergibt sich auch aus den Motiven. s. oben Anm. 2. Verhüllte AbzGeschäfte können daher nur solche Geschäfte sein, die unter den Begriff des § 1 fallen würden, wenn sie unverhüllt, d. i. in der Form des Kaufvertrages, abgeschlossen wären. Geschäfte, die von den Vorschriften der §§ 1—5 nicht erfaßt werden oder, wenn sie unverhüllt abgeschlossen wären, nicht von diesen erfaßt würden, will das Gesetz auch durch § 6 seinen Vorschriften nicht unterwerfen. Hieraus ergibt sich die positive Begriffsbestimmung; s. unten Anm. 14 ff.

II. Bedeutung des Wortes „Abzielen"

Anm. 9

§ 6 unterwirft dem AbzG alle Verträge, die darauf *abzielen*, die Zwecke eines AbzGeschäftes in einer anderen Rechtsform als Kauf zu erreichen.

1. Damit werden erfaßt die *Umgehungsgeschäfte*, auf deren Erfassung der Zweck des Gesetzes im besonderen abzielt; s. die Äußerung der Motive in Anm. 2 sowie oben Anm. 6. In erster Linie gilt das von den Fällen der *Absicht zur Umgehung*, also den Fällen, in denen die Vertragsteile den wirtschaftlichen Erfolg des AbzGeschäftes *wollen*, ihn aber außerhalb des Gesetzes zu erreichen suchen. Die Absicht geht hier dahin, wie sich § 6 des Steueranpassungsgesetzes ausdrückt, „durch Mißbrauch von Formen und Gestaltungsmöglichkeiten

des bürgerlichen Rechtes" die Verwirklichung des rechtlichen Tatbestandes eines AbzKaufes auszuschließen. Die vertraglichen Erklärungen sind rechtsgültig, sofern nicht im Einzelfall etwa die Voraussetzungen des § 138 BGB gegeben sind; aber wie nach dem Steueranpassungsgesetz bei Gestaltungsmißbrauch die Steuern zu erheben sind, wie sie „bei einer den wirtschaftlichen Vorgängen, Tatsachen und Verhältnissen angemessenen rechtlichen Gestaltung" zu erheben wären, so unterwirft § 6 solche wirtschaftlich auf die Zwecke des AbzGeschäftes hinzielende Verträge den Vorschriften des Gesetzes über die AbzGeschäfte, somit den Vorschriften der §§ 1—5 des Gesetzes.

Anm. 10

Unerheblich ist es, ob eine Willenseinigung zwischen den Parteien in diesem Sinne vorliegt. Es genügt auch, wenn sie unabhängig voneinander diesen Erfolg wollen, *Klauß* Anm. 473 zu § 6. Es verlangt aber *Lechner* Anm. 2 zu § 6, daß der *Wille* der Vertragsteile ausdrücklich oder nach den Umständen darauf gerichtet sein muß, dem Sacherwerber die wirtschaftliche Stellung eines Eigentümers zu verschaffen. Diese Voraussetzung ist jedoch überhaupt abzulehnen.

Anm. 11

2. Es ist erforderlich und ausreichend die *objektive Feststellung* der Merkmale des § 6. Das ergibt sich, wie *Klauß* Anm. 474 zu § 6 mit Recht bemerkt, aus dem Gesetz, das nicht verlangt, daß die *Vertragsteile* auf den Erfolg eines AbzGeschäftes abzielen, sondern es genügen läßt, wenn der *Vertrag* darauf abzielt. Damit wird deutlich auf die objektive Sachlage als entscheidend abgestellt und nur auf diese Weise kann auch der vom Gesetz erstrebte Zweck der Lückenschließung (s. oben Anm. 6) gewährleistet werden. Ebenso *Rühl* S. 294; RGZ 131, 225; KG JW 31, 75; OLG Braunschweig MDR 51, 677. A. A. *Rautmann* S. 24 und *Theinert* zu § 6, der den Nachweis vorsätzlicher Umgehung des AbzGesetzes verlangt; möglicherweise a. M. auch RG JW 08, 692.

Anm. 12

Es werden vom § 6 deshalb auch die Verträge erfaßt, die nur objektiv eine Umgehung des AbzG bedeuten; dies selbst dann, wenn die gewählte Rechtsform die dem wirtschaftlichen Ziel der Parteien zweckentsprechende Gestaltung bedeutet. Es genügt einzig und allein die Zwecksetzung im Sinne eines AbzGeschäftes, daß der Vertrag also auf ein solches *hinausläuft*, wie *Klauß* Anm. 474 zu § 6 sagt. Dabei sind „die *Zwecke des AbzGeschäftes*" dessen *wirtschaftliche* Zwecke; s. unten Anm. 16 ff.

Als Beispiel eines subjektiv nicht zur Umgehung bestimmten Geschäftes, sondern einer vielmehr dem wirklichen wirtschaftlichen Ziel entsprechenden Rechtsgestaltung nannte *Crisolli* 4. Aufl. Anm. 9 im Bereich der Landwirtschaft einen Tausch auf Abzahlung: Ein Landwirt erwirbt Maschinen oder sonstige Betriebsgegenstände gegen die Zusage, dafür nach der Ernte eine bestimmte Menge landwirtschaftlicher Erzeugnisse in bestimmten Teillieferungen zu leisten. Es kann solches Geschäft bei dem Zweck des AbzG und seines § 6 nicht anders beurteilt werden als ein AbzKauf.

Anm. 13

3. *Nicht* hierher gehören die *Scheingeschäfte*. Während beim Umgehungsgeschäft (s. oben Anm. 9; über den Unterschied zwischen beiden s. *Staudinger-Coing* Anm. 21 zu § 117 BGB) die Parteien das von ihnen erklärte ernstlich wollen, wird beim Scheingeschäft im beiderseitigen Einverständnis zum Schein eine Erklärung abgegeben, die ein anderes Rechtsgeschäft als abgeschlossen erscheinen lassen als das gewollte. In solchem Falle ist das simulierte Geschäft nichtig und das verdeckte Geschäft gültig. § 117 BGB. Ist etwa der Möbelleihvertrag (näheres s. unten Anm. 28 ff.) oder auch das Finanzierungsgeschäft mit einem Verkäufer als Strohmann ein solches Scheingeschäft und nach der Einigung der Parteien in Wahrheit ein Kaufvertrag gegeben, dann ist für § 6 kein Raum; über § 117 BGB kommen die §§ 1—5 unmittelbar zur Anwendung.

III. Begriffsbestimmung aus den Merkmalen des Abzahlungskaufes

Anm. 14

1. In *negativer* Beziehung ist nur bedeutsam, daß der Vertrag „*in einer anderen Rechtsform*" als der des Kaufvertrages geschlossen ist. In *positiver* Beziehung müssen folgende Voraussetzungen erfüllt sein:

Anm. 15

2. *Gleicher Gegenstand wie beim AbzKauf* muß gegeben sein. Sein Gegenstand muß also eine *bewegliche Sache* sein. Der unverhüllte Kauf eines Grundstücks oder eines Rechtes steht nicht unter dem besonderen Schutz des AbzG; vgl. Anm. 10—12 und Anm. 5 zu § 1.

Eine analoge Anwendung auf Verträge mit anderen Gegenständen als beweglichen Sachen ist ausgeschlossen; s. Anm. 9 zu § 1.

Über den *Begriff* der beweglichen Sache s. Anm. 10 ff. zu § 1.

Anm. 16

3. *Die gleichen Geschäftszwecke wie beim AbzKauf* müssen gegeben sein.

a) Der Vertrag muß also *auf endgültigen Güteraustausch gerichtet* sein, darauf, daß dem Empfänger der Sache die Stellung eines Eigentümers verschafft wird, daß er *wirtschaftlicher Eigentümer* sein soll, ein Begriff, der aus der Steuerrechtsprechung bekannt geworden ist. Die Einräumung dieser Stellung braucht nicht dem Willen oder gar der Absicht der Parteien zu entsprechen; s. dazu oben Anm. 11.

Diese wirtschaftliche Betrachtungsweise betont mit Recht auch *Asch* JR 33, 135 wie folgt: „Das wirtschaftliche Endziel des Vertrages muß der *wirtschaftliche Güteraustauch* sein ... In welche *Rechtsform* dieses Endziel gekleidet wird, ist *gleichgültig* ... Ein Güteraustausch liegt nicht nur dann vor, wenn Endziel des Vertrages die Übertragung des Eigentums im Rechtssinne ist, sondern auch dann, wenn der Vertrag darauf abzielt, dem Erwerber eine *dauernde, unentziehbare, dem Eigentümer gleiche oder ähnliche Stellung einzuräumen.*" So auch *Benke* BB 48, 590 (592); vgl. auch BGHZ 25, 174.

Aus diesem Vertragsziel des endgültigen Güteraustausches folgt:

Anm. 17

aa) Es fallen *nicht* unter § 6 alle *Fälle bloßer zeitlicher Gebrauchsüberlassung,* wenn durch sie der Substanzwert der Sache nicht erschöpft wird.

Es liegt deshalb kein Fall des § 6 vor, wenn zwar Teilleistungen erfolgen, diese aber *nach dem ernstlichen Willen der Parteien* nur das Entgelt für eine Überlassung zum Gebrauch und zur Nutzung auf Zeit darstellen. Es fällt ebenfalls nicht unter § 6 das von *Lazarus* S. 40 Anm. 1 gebildete Beispiel einer Abrede dahin, daß ein Vermieter dem Mieter verspricht, diesem auf Wunsch nach der vereinbarten Mietzeit die Mietsache gegen einen fest vereinbarten Preis unter Anrechnung des Mietzinses zu verkaufen, wenn er sie dann nicht selbst brauche und nicht besser anderweit verkaufen könne. Hier ist nur ein Mietvertrag und ein (potestativ) bedingter Kaufvertrag gegeben, der gerade nicht das Ziel hat, dem Empfänger der Sache schon jetzt den Sachbesitz für immer zu verschaffen (*Lazarus* erkennt allerdings nicht *diesen* Grund der Ablehnung des § 6 und will vielmehr daraus die Folgerung ableiten, daß die Übertragung des Eigentums Endziel des Geschäftes sein muß; s. dazu unten Anm. 18).

Andererseits liegt ein verhülltes AbzGeschäft nach § 6 vor, wenn die Parteien über eine erfahrungsgemäß in 10 Jahren bis zur Wertlosigkeit abgenutzte Sache auf 10 Jahre einen Mietvertrag gegen einen in Vierteljahresraten zu entrichtenden Mietzins abschließen; dies gilt selbst dann, wenn vertraglich eine Verpflichtung zur Rückgabe nach Ablauf der 10 Jahre vorgesehen wird. Die Summe des Mietzinses dient hier von vornherein der Bezahlung des Substanzwertes, der auch in der Vertragszeit aufgebraucht werden soll. Entgegen der äußeren Gestaltung liegt also hier eine Gebrauchsüberlassung auf die Dauer gegen Teilzahlungen vor. Daß die Sache dann ihre Benutzbarkeit verloren hat, ist gerade ein Argument für § 6 und die Anwendung des AbzG, ein Gesichtspunkt, der, wenn auch in ganz anderem Zusammenhang, die Unrichtigkeit von BGHZ 22, 123 ergibt; s. dazu Anm. 76 a und Anm. 123 a zu § 5. Wie hier offenbar auch *Klauß* Anm. 479 zu § 6.

Anm. 18

bb) Es ist aber für die Anwendbarkeit des § 6 *nicht erforderlich*, daß *ein Recht auf Eigentumserwerb* vereinbart ist.

Die Motive (s. oben Anm. 2) sprechen zwar davon, daß „die Übertragung des Eigentums das Endziel des Geschäftes" sein müsse. Dies ist aber zu eng, gerade weil es entscheidend auf die wirtschaftliche Seite ankommt. Gegen dieses Erfordernis spricht auch der Wortlaut des Gesetzes, wonach §§ 1—5 entsprechende Anwendung finden, „gleichviel, ob der Empfänger der Sache ein Recht, später deren Eigentum zu erwerben, eingeräumt ist oder nicht." Wenn es auf die tatsächliche Einräumung dieses Rechtes nicht ankommt, dann kann auch die Übertragung des Eigentums nicht als notwendiges Endziel des Geschäftes angesehen werden. Davon sprechen denn auch die Motive, wenn sie es als nicht erforderlich bezeichnen, daß „demjenigen, der den Gegenstand erwerben will, ein festes Recht auf diesen Erwerb eingeräumt wird". Gerade wirtschaftlich ist es ja auch von untergeordneter Bedeutung, ob der Empfänger der Sache rechtlich Eigentümer dieser Sache wird, wenn er nur tatsächlich das Recht hat, die Sache ungestört auf die Dauer zu besitzen und zu benutzen. Nur auf diesen wirtschaftlichen Zweck des Vertrages kommt es aber nach dem in Anm. 5 über den Sinn des Gesetzes Ausgeführten an. Abzulehnen ist deshalb die im Sinne der Motive zu enge Auffassung von *Samter* Anm. 2 a zu § 6 und *Lazarus* S. 40. S. auch *Veith* RWP-Bl. Gr. II D AbzGeschäfte.

Anm. 19

Aus Anm. 18 darf aber einerseits nicht der Schluß gezogen werden, daß unter § 6 auch ein Vertrag fallen könnte, bei dem die Parteien nach ihrem ernstlichen Willen einen Eigentumsübergang auch als *wirtschaftlichen* Endzweck nicht wollen; ebenso RG JW 11, 826 und *Recht* 13 Nr. 2324 (für Mietverträge) sowie *Aubele* Anm. 5 zu § 6. Andererseits ist es aber zu eng, wenn RG JW 11, 826; *Heinichen* in RGRKomm. zu HGB Anh. zu § 382 Anm. 94; *Lazarus* S. 40 und *Samter* Anm 2 a zu § 6 die Bestimmung dahin auslegen, daß nur eine *ausdrückliche* Einräumung des Rechtes zum Eigentumserwerb nicht erforderlich sei, daß seine Einräumung jedoch eine stillschweigende, eine aus den Umständen sich ergebende sein müsse. Die Bestimmung ist vielmehr dahin zu verstehen, daß es für die Entscheidung, ob ein verhülltes AbzGeschäft vorliegt oder nicht, nicht darauf ankommt, ob ein (klagbares) *Recht* auf die Eigentumsübertragung eingeräumt ist oder nicht; ebenso *Michaelis* HdR I S. 50. Es soll also ohne Einfluß sein, ob der Empfänger der Sache auf Grund des Vertrages einen Anspruch auf die *formelle* Übertragung des Eigentums hat. Maßgebend ist nur, wie die Motive sagen, daß „der Eigentumswechsel als in der Absicht der Parteien gelegen vom Richter angenommen werden kann". Die Motive stellen für die Entscheidung also offensichtlich, wie schon in Anm. 1 und 5 betont worden ist, mit Recht nicht auf die formalrechtliche, sondern auf die wirtschaftliche Bedeutung des Vertrages ab. Man wird den Sinn des Gesetzes am besten dahin verstehen können, daß ein verhülltes AbzGeschäft nicht erst dann vorliegt, wenn dem Empfänger der Sache ein Rechtsanspruch auf die Übertragung des Eigentumsrechtes zugebilligt ist, sondern schon dann, wenn er nach dem Vertrag nur wirtschaftlich so gestellt werden soll, daß er die Sache ungestört und auf die Dauer wie ein Eigentümer besitzen und nutzen kann.

Gleicher Meinung offenbar *Klauß* in Anm. 476—479 zu § 6, der dabei aber, auch wenn man von einem sinnstörenden Druckfehler in Anm. 476 absieht, nicht ganz widerspruchslos ist.

Anm. 20

b) Der Vertrag muß ferner eine *Kreditgewährung* zum Inhalt haben, wie sie beim unverhüllten AbzGeschäft als Kreditkauf gegeben ist. Für den Zeitpunkt des Ausgleichs der gegenseitigen Leistungen muß also vorliegen:

aa) *Vorleistung durch Gebrauchsüberlassung.* Damit wird, wie bei § 1, eine alsbaldige, nicht notwendig schon bei Vertragsschluß, immerhin aber vor der Fälligkeit der vollen Gegenleistung erfolgende Übergabe erforderlich. Der Zweck des AbzG geht gerade dahin, den Schuldner zu schützen, der sich wegen der Notwendigkeit der sofortigen Kreditverschaffung dem Gläubiger gegenüber in einer besonders schwachen Stellung befindet. Auch hier liegt eine Übergabe im Sinne des AbzG daher grundsätzlich nur bei der körperlichen Übergabe des § 929 Abs. 1 BGB und der brevi manu traditio des § 929 Abs. 2 BGB vor. Bei der Übertragung des mittleren Besitzes (§§ 930, 931 BGB) liegt sie nur dann vor, wenn trotzdem die Möglichkeit der Nutzung der Sache dem Käufre eingeräumt wird, andernfalls erst bei späterer Erlangung des unmittelbaren Besitzes. Vgl. § 1 Anm. 22 ff., besonders Anm. 26.

Anm. 21

bb) *Nachträgliche Leistung des Entgeltes für den vollen Sachwert* und zwar in *Teilleistungen.* Die Erfüllung der Gegenleistung in Teilbeträgen gehört zum Begriff des unverhüllten AbzGeschäftes und gehört deshalb auch zu den Erfordernissen bei § 6; s. Anm. 40 zu § 1. Teilleistungen müssen aber hier — im Gegensatz zu § 1; s. dort Anm. 3 und 6 — nicht Teil*zahlungen, also Leistungen in Geld sein.* Die Zwecke des AbzG können in gleicher Weise durch einen Vertrag erzielt werden, nach dem der Schuldner andere Leistungen als gerade Geld in Teilleistungen schuldet. Vgl. das Beispiel oben Anm. 12 über Erwerb landwirtschaftlicher Betriebsgegenstände gegen Lieferung von landwirtschaftlichen Erzeugnissen in Teilleistungen.

Zu unterscheiden davon aber ist das echte Mietverhältnis, bei dem die „Teilzahlungen" jeweils für die Teilnutzung gehören und übrigens auch eine Überlassung nur auf Zeit vorliegt; s. oben Anm. 17.

Anm. 22

4. Voraussetzung ist weiter auch irgendein *Recht zur Rücknahme.*

a) Allerdings ist — genau so wenig wie bei § 1 — *Begriffserfordernis nicht* die Vereinbarung eines *Rücktrittsrechtes* und auch *nicht* die eines EV, aus dem sich nach § 455 BGB ein Rücktrittsrecht ergeben würde. Vgl. dazu Anm. 60 und 61 zu § 1. Die §§ 1—3 regeln zwar das durch einen Rücktritt geschaffene Rücktrittsverhältnis. Für § 4 aber ist es unerheblich, ob außer Vertragsstrafe oder Verfallklausel noch ein Rücktrittsrecht vereinbart ist. Vor allem stellt § 5 nur auf die Rücknahme ab, ohne notwendig ein entsprechendes Rücktrittsrecht für die Rücktrittsfiktion zu verlangen; s. Anm. 79 zu § 5. Danach erfordert also der Begriff des AbzGeschäftes in engerem Sinne kein Rücktrittsrecht und es kann solches auch und erst recht nicht für § 6 verlangt werden.

Wie hier *Samter* Anm. 2 d zu § 6 und *Aubele* Anm. 2 zu § 6; a. M. *Klauß* Anm. 471 und möglicherweise auch RG JW 08, 692.

Anm. 23

Daß das Eigentum des Übergebers, wie *Samter* Anm. 2 d zu § 6 meint, tatsächlich stets vorbehalten bleiben muß, weil der verhüllte AbzVertrag eben ein Vertrag außerhalb der Rechtsform des Kaufes sei, ist nicht richtig. *Samter* übersieht, daß ein verhülltes AbzGeschäft auch in solchen Rechtsformen möglich ist, bei denen der Empfänger der Sachen nach dem Vertrage das Eigentum an ihnen erwirbt, wenn der Entäußerer sich nicht das Eigentum ausdrücklich bis zur Bezahlung vorbehält. Als solche Rechtsform kommt hauptsächlich der Tausch (§ 515 BGB) in Frage.

Anm. 24

b) Für das Recht der Rücknahme genügt bereits die *Möglichkeit der Sachpfändung* gegen den Sachbesitzer. Schon diese macht den Schutz des AbzG nötig, wie auch die Rechtsprechung zu § 5 des Gesetzes längst anerkannt hat. Deshalb sagen auch die Motive (s. oben Anm. 2), die häufig als zu eng oder hierzu verfehlt angegriffen werden, dem Gläubiger müsse „für den Fall, daß der Schuldner seinen Verpflichtungen nicht nachkommt, das Recht zustehen, vom Vertrag zurückzutreten *oder doch die überlassene Sache dem Schuldner wieder zu entziehen*".

IV. Ergebnis für den Begriff des verhüllten Abzahlungsgeschäftes

Anm. 25

Ein verhülltes AbzGeschäft ist also ein Vertrag, kraft dessen dem einen Vertragsteil gegen ein in Teilleistungen erst nach der Übergabe zu entrichtendes Entgelt die Möglichkeit gegeben wird, wirtschaftlich eine ihm übergebene bewegliche Sache auf die Dauer so zu besitzen und so zu nutzen, wie wenn er sie von dem anderen Teile auf Abzahlung gekauft hätte.

Dabei ist es nicht nötig, daß das AbzGeschäft den ausschließlichen Gegenstand des Vertrages bildet. § 6 greift auch Platz bei Vertragsverbindungen, wenn der abzahlungsgeschäftliche Teil rechtlich selbständig und von den anderen Vertragsteilen trennbar ist; so RG JW 08, 692 für eine Verbindung von Raummmietvertrag, Inventarmietvertrag und Bierlieferungsvertrag. S. auch Anm. 8 zu § 1.

C. Erscheinungsformen des verhüllten Abzahlungsgeschäftes

I. Keine Beschränkung auf bestimmte Vertragstypen

Anm. 26

Der AbzKauf steht außerhalb des § 6; s. oben Anm. 1, 3 und 8. Positiv aber sind die Möglichkeiten nach § 6 nicht auf bestimmte Vertragstypen beschränkt. und es ergibt sich Gegenteiliges insbesondere auch nicht aus dem als Beispiel im Gesetz genannten Mietvertrag.

Das verhüllte AbzGeschäft ist nach seiner Begriffsbestimmung (s. oben Anm. 8 ff.) „keine Abart eines bestimmten benannten Vertrages, sondern verschiedene Arten von Verträgen können den Charakter des AbzGeschäftes haben, ebenso wie Kauf-, Werklieferungs- und Kommissionsgeschäft den Charakter von Fixgeschäften haben können“ (*Lazarus* S. 39). Wann ein Vertrag als verhülltes AbzGeschäft anzusehen ist, kann daher nur aus den Verhältnissen des Einzelfalles beurteilt werden. Es bedarf in jedem Falle der tatsächlichen Feststellung, daß der Vertrag nach seinem wirtschaftlichen Endzweck den Empfänger der Sache tatsächlich so stellt, wie wenn er die Sache von seinem Vertragsgegner auf Abzahlung gekauft hätte; s. oben Anm. 5—7.

Anm. 27

Die Indizien, Anhaltspunkte für die Feststellung eines verhüllten AbzGeschäftes in der Praxis sind verschiedenartig:

Insbesondere gehört dazu das Fehlen eines bestimmten Zeitpunktes für die Beendigung des Vertrages, obwohl auch ein Vertrag auf bestimmte Zeitdauer, wenn die Zeitdauer nämlich offenbar bis zur völligen Abnutzung der Sache bemessen ist, auf ein Geschäft nach § 6 hinweisen kann; s. oben Anm. 17 gegen Ende. Auch aus der Bestimmung, daß die einzelnen Raten nur bis zu einer bestimmten Gesamthöhe zu entrichten oder nur in einem bestimmten Betrage beim Erwerber der Sachen auf den Erwerbspreis anzurechnen sind, werden sich Schlüsse auf ein verhülltes AbzGeschäft ziehen lassen. Schließlich werden Sicherungsklauseln für den Gläubiger, die für derartige Geschäfte nicht gewählt würden, wenn es nicht auf die Zwecke eines AbzGeschäftes abzielte, z. B. Vorbehalt des Rücktritts, Verfallklauseln u. dgl., vielfach ein verhülltes AbzGeschäft erkennen lassen. Vor allem ist aber immer die Prüfung wesentlich, ob durch das Geschäft wirtschaftlich ein dem AbzGeschäft gleicher Erfolg erzielt wird oder erzielt werden soll. Umgekehrt wird die Kürze der Vertragsdauer, die es ausschließt, daß der Wert der Sachen durch die Teilzahlungen abgezahlt wird, mitunter die Annahme eines verhüllten AbzGeschäftes verbieten.

II. Der vom Gesetz genannte Mietvertrag

Anm. 28

1. Seine gesetzliche Hervorhebung erklärt sich dadurch, daß zur Zeit der Entstehung des Gesetzes der Mietvertrag eine besonders beliebte Form für bestimmte AbzGeschäfte war, so besondders für die *Möbelleihverträge*. Unter der Herrschaft des AbzG sind sie, hauptsächlich wegen ihrer Unterstellung unter das AbzG, daneben aber auch wegen der gesetzlichen Gültigkeit des EV, selten geworden.

Eine gewisse Rolle haben sie aber ständig gespielt. Es gab sie in der Koppelung mit einem *Bierlieferungsvertrag* bezüglich des Wirtschaftsinventars (s. RG JW 08, 692 und oben Anm. 25) und als *Viehleihverträge*, bei denen Vieh gegen Getreidelieferungen aus der jährlichen Ernte erworben wird; s. auch oben Anm. 12 und 21. Heute wiederum tauchen sie auf als *„Radioleihverträge mit Kaufanrecht"* und als *„Kölner Mietkaufvertrag"*. Für Mietverträge s. auch oben Anm. 19!

Anm. 29

2. Danach ist es auch heute nicht unnötig, die früher häufig umstrittene Frage der *Rechtsnatur des Möbelleihvertrages* zu behandeln, wenn auch eingehende Behandlung nicht nötig ist; dies auch deshalb, weil die sich aus den Unterscheidungen an sich ergebenden Unterschiede für Gefahrtragung, Kündigung usw. meist im Einzelvertrag besonders geregelt sind.

Zunächst ist zu sagen, daß der *reine Sicherungskauf nicht* hierher gehört. Das ist ein reines Sicherungsgeschäft zugunsten einer Forderung des „Käufers" gegen den „Verkäufer", das in die Form des Sicherungskaufes gebracht wird und bei dem die Aufrechnung der Kaufpreisforderung gegen die gesicherte Forderung, die beim Kaufabschluß naheliegen würde, nicht erfolgt. Vgl. darüber RG JW 11, 181 und auch JW 10, 390. Sie bezwecken nicht den Güterumsatz, wie dies beim üblichen Möbelleihvertrag der Fall ist, und für ein Geschäft nach § 6 der Fall sein muß; s. oben Anm. 1. Die Darstellung in *Staudinger-Ostler* Anm. 65 zu § 455 ist deshalb insoweit nicht richtig; *Staudinger-Berg* Anm. 33 zu § 929 trennt zwar zwischen Sicherungskauf und Möbelleihvertrag, sieht aber — zu Unrecht — auch den Möbelleihvertrag regelmäßig nur als Sicherungsgeschäft an.

Anm. 30

Staub, Klage und Einrede im Interventionsprozeß JW 1898, 301, *Rühl* S. 231 u. a. halten den Möbelleihvertrag nur für einen Kaufvertrag. Dies ist zutreffend für die Fälle, in denen der Möbelleihvertrag nur ein Schein- oder Umgehungsgeschäft ist. Dann wollen nämlich die Parteien in Wahrheit einen Kaufvertrag; die „Mietzinsen" sind nur die Kaufpreisraten. Auch RGZ 83, 222 hat (in einer Stempelsteuersache) die Möbelleihverträge als Kaufverträge mit Vorbehalt des Eigentums bezeichnet.

Anm. 31

Brüneck, Gruch 10, 339 ff., *Hausmann*, Die Veräußerung beweglicher Sachen gegen Ratenzahlung (1891), *Dernburg*, Lehrbuch des preußischen Privatrechts II, 406, *Michaelis* HdR I, 51, *Heinichen* in RGRKomm. z. HGB (1943) Anh. zu § 382 Anm. 94 und *Aubele* Anm. 7 zu § 6 sehen im Möbelleihvertrag einen durch Zahlung eines bestimmten Betrages an Mietzinsraten auflösend bedingten Mietvertrag in Verbindung mit einem durch die gleiche Tatsache aufschiebend bedingten Kaufvertrag oder mit schuldrechtlicher Verpflichtung des Vermieters zur Eigentumsübertragung nach Zahlung der vereinbarten Summe der Mietzinsraten.

Soweit nicht Schein- oder Umgehungsgeschäfte vorliegen, ist diese Meinung zutreffend. Ihre Berechtigung zeigt sich dadurch, daß § 6 selbst den Möbelleihvertrag für ein in einer anderen Rechtsform als der des Kaufes abgeschlossenes Geschäft erklärt. Der hiergegen von *Rühl* S. 231 geltend gemachte Einwand, daß dieser Kaufvertrag sich (nur) durch das Fehlen eines Kaufpreises auszeichne, ist nicht berechtigt; denn die im Vertrag bestimmte Summe der Mietzinsen stellt den Kaufpreis dar, auf den die Mietzinsen angerechnet werden, ganz abgesehen davon, daß es einen Kaufvertrag ohne Kaufpreis nicht gibt; s. *Staudinger-Ostler* § 433 Anm. 32, 39 und 46.

Anm. 32

Die Ansicht *Samter* (S. 86), es handle sich bei dem Möbelleihvertrag um einen „Mietvertrag, verbunden mit einem abstrakten, aufschiebend bedingten, auf Eigentumserwerb der vermieteten Sache gerichteten Realvertrag", geht von einer irrigen Voraussetzung aus. Aus § 6 folgt nicht, daß das AbzG „eben durch seinen § 6" aus einem Mietvertrag zu AbzGeschäftszwecken jedwede Art der ‚Rechtsform des Kaufes' entfernte". Aus § 6 folgt nur, daß das Gesetz den Möbelleihvertrag nicht nur als einen Kaufvertrag ansieht. Ebenso *Rühl* S. 231.

Anm. 33

3. Über die *Unterscheidung von echten Mietverträgen*, auch wenn sie *mit Kaufmöglichkeit* verbunden sind, einerseits und *Mietverträgen, die verhüllte AbzGeschäfte* im Sinne des § 6 sind, andererseits, gilt auf Grund des Gesagten folgendes:

In der Praxis wird freilich der Möbelleihvertrag sehr häufig nur Scheinvertrag sein und deshalb nach dem oben in Anm. 16 Gesagten nur als Kaufvertrag anzusehen sein. Es gibt aber eben durchaus daneben den Vertrag, den man im Gegensatz zu dem eben genannten als *echten Möbelleihvertrag* bezeichnen kann, bei dem wirklich der unbedingte Mietvertrag mit bedingtem Kaufvertrag vorliegt. Ein solcher Fall liegt z. B. vor, wenn jemand nicht weiß, wie lange er eine bestimmte Sache brauchen wird, z. B. ein Kranker einen Rollstuhl. Er mietet deshalb den Rollstuhl zu einem bestimmten monatlichen Mietzins, vereinbart aber gleichzeitig mit dem Vermieter für den Fall, daß die Summe der Mietzinsen einen bestimmten Betrag erreichen sollte, daß der Rollstuhl dann ohne weiteres für den Betrag als gekauft gelten und in sein Eigentum übergehen solle. Hier liegt nicht ein bloßer Kaufvertrag mit EV vor, sondern ein aus Miete und Kauf zusammengesetzter Vertrag.

Anm. 34

Da dem Mieter bei den Möbelleihverträgen regelmäßig gegen ein in Teilleistungen zu entrichtendes Entgelt — die Mietzinsen — die Möglichkeit gegeben wird, die ihm übergebenen Sachen mit dem Ziel des Eigentumserwerbs zu besitzen, fallen die Möbelleihverträge in der Regel unter § 6. Hieraus ist jedoch nicht zu entnehmen, daß *jeder* dem äußeren Anschein nach als Möbelleihvertrag anzusprechende Vertrag als ein verhülltes AbzGeschäft angesehen werden müsse. Das RG hat in einer Entscheidung vom 20. 5. 1913 — III 538/12 — auf einen Vertrag mit Recht das AbzG nicht angewendet, weil sich aus den Umständen des Einzelfalles ergab, daß das Endziel der Verträge auch nach der nicht ausgesprochenen Absicht der Parteien nicht auf die Übertragung des Eigentums gerichtet war. Das RG hat daher den Vertrag in dem entschiedenen Fall als einen — übrigens auch nicht nach § 138 BGB nichtigen — Mietvertrag mit nachträglicher Einräumung eines Kaufrechtes angesehen. Ebenso können aber auch verhüllte AbzGeschäfte abgeschlossen werden, sobald das wirtschaftliche Endziel der Verträge darauf geht, dem Empfänger der Sachen deren Besitz und Nutzung auf immer zu verschaffen, wie wenn er sie von dem andern gekauft hätte.

Anm. 35

Dabei *haben Miete und AbzGeschäft gemeinsam* die Übergabe der Sache, und zwar zum Gebrauch, also zur wirtschaftlichen Nutzung, und die Bezahlung des Entgeltes in Teilbeträgen sowie die Vertragsbeendigung bei vertragswidrigem Verhalten des Sacherwerbers, insbesondere bei Zahlungsverzug (§§ 535), 551 BGB und §§ 433, 320 ff., 455 BGB).

Bei dieser starken Gleichheit ist die *Unterscheidung*, wie das Gesetz selbst sagt, *aus dem Ziel des Vertrages* zu gewinnen, wobei aber die objektive Untersuchung genügt und eine subjektive Absicht nicht genügt und nicht erforderlich ist; s. dazu oben Anm. 9—12. Als solche objektiven Merkmale kommen für die Unterscheidung — im wesentlichen nach *Klauß* Anm. 483 zu § 6 — in Betracht:

a) Die Bestimmungen über die *Mietzeit*. Beim wirklichen Mietvertrag ist Gebrauchsgewährung nur für die Dauer der Mietzeit gegeben, die freilich auch unbestimmt sein kann.

b) Die Bestimmungen über die *Höhe des Mietzinses*. Wenn dieser der Höhe nach nur Entschädigung für Gebrauchsüberlassung ist und seine Zahlung für die Dauer der Vertragszeit fortzusetzen ist ohne Rücksicht darauf, ob die Gesamtsumme den Verkaufswert der Sache übersteigt, so spricht das für echte Miete. Wenn der Mietzins aber offenbar eine Vergütung des Sachwertes darstellt und zeitlich auf dessen Abzahlung abzielt, also Mietzeit und Gesamtsumme der Zahlungen gekoppelt sind, dann spricht das für verhülltes AbzGeschäft. S. auch oben Anm. 17.

c) Die *Art der Verbuchung* durch den Verkäufer. Wie *Asch* JR 33, 133 mit Recht betont, bringt der Verkäufer, der bei der Warenübergabe Warenausgang und eine Forderung über ihren Wert als Eingang bucht, damit zum Ausdruck, daß er die Ware nicht mehr zu seinem Vermögen rechnet, worin ein gewichtiges Zeichen im Sinne eines Güteraustauschgeschäftes liegt; s. oben Anm. 16.

d) Die *persönlichen Verhältnisse der Beteiligten.* Wenn der Leistende Sachen gleicher Art gewerbsmäßig verkauft und auch an dieser weggegebenen Sache kein Interesse des Leistenden mehr sichtbar ist, sich den Sachwert dauernd zu erhalten, und der Warenempfänger schon bei Vertragsschluß das Interesse hat, die Sache auf die Dauer zu behalten, so spricht dies alles für verhülltes AbzGeschäft.

Über Abgrenzung zwischen Miete, Kauf oder stiller Gesellschaft s. auch unter Zitierung von RGZ 96, 296 *Veith* RWP-Bl. Gr II D AbzGeschäfte.

Anm. 36

4. Für die Rechtsverhältnisse bei diesen verbundenen Miet- und Kaufverträgen sei noch betont: Weil ein unter aufschiebender Bedingung abgeschlossener Kaufvertrag vorliegt und damit der Anspruch auf Übertragung des Eigentums bedingt, nämlich durch Zahlung des Restkaufpreises bedingt, gegeben ist, können Gläubiger des Käufers dessen Anspruch nach §§ 854, 829 ZPO pfänden und sodann den Verkäufer als AbzGläubiger durch Zahlung der noch ausstehenden Raten nach § 267 BGB befriedigen; OLG 23, 220; wegen des Widerspruchs des Schuldners s. Anm. 32 zu § 5. Ein Pfandrecht an der Sache kann der Pfändungsgläubiger nach § 808 ZPO erst erwerben, wenn er den AbzGläubiger befriedigt hat und er das Eigentum des AbzKäufers pfändet; OLG (Dresden) 35, 183. Der Gläubiger des (bedingten) Abz-Käufers kann aber auch nach § 844 ZPO das Anwartschaftsrecht des Käufers auf Eigentumsübertragung verwerten; OLG (Dresden) 35, 183 und *Frommherz* JW 13, 574. Im *Konkurs des Käufers* kommt § 19 KO zur Anwendung, weil er bis dahin nur die Rechte des Mieters hat; es kann also jeder Teil kündigen; RG JW 0606, 436; a. M. *Jaeger* KO § 19 Anm. 3. Wird nicht gekündigt, so läuft der Mietvertrag weiter und verhindert die Rücknahme des Eigentums. Wenn die Sache zum wesentlichen Bestandteil eines dem Mieter gehörigen unbeweglichen Sache wird, so wird trotz Eigentumserwerbs des Mieters der Vertrag nicht beendigt, wenn die Art der Verbindung eine bestimmungsgemäße war; RG JW 06, 436 für die Verbindung einer elektrischen Anlage mit einem Fabrikgrundstück nach § 94 BGB.

Über die wettbewerbsrechtliche Situation s. Gutachten in TW 57, 188.

III. Andere Vertragsarten

Anm. 37

Ein verhülltes AbzGeschäft können nach dessen Begriff oben Anm. 9 ff. insbesondere folgende Verträge darstellen:

1. Die *auf verhüllte Sachveräußerung gerichteten Verträge*, die nicht Kaufverträge sind, für die aber nach §§ 445, 493 BGB das Kaufrecht entsprechende Anwendung findet. Hierher hönnen gehören Vergleich, Trödlervertrag usw. Vgl. Beispiele bei *Staudinger-Ostler* Anm. 4 zu § 455.

Wenn bei der *gemischten Schenkung* der entgeltliche Teil des Vertrages, wie meist, ein Kaufvertrag ist, so gilt bei sonst gegebenen Voraussetzungen § 1 unmittelbar. Vgl. zur gemischten Schenkung *Staudinger-Ostler* § 516 Anm. 21—32.

Anm. 38

2. *Tauschverträge*. Für sie gilt ohnedies Kaufrecht, ohne daß sie Kaufverträge sind. Ein Beispiel eines solchen in die Form des Tauschvertrages gehüllten AbzGeschäftes ist oben Anm. 12 bereits gegeben worden.

Anm. 39

3. *Pachtverträge*. Es gilt für diese Verträge, insbesondere auch die sog. *Viehleihe*, was vom Mietvertrag oben Anm. 28 ff. ausgeführt ist.

Anm. 40

4. *Nießbrauchs- und Verwahrungsverträge*. Erstere liegen wegen der Gebrauchsüberlassung besonders nahe. Bei letzteren wird allerdings besondere Prüfung veranlaßt sein, weil eine Übergabe in Erfüllung eines Veräußerungsvertrages vorliegen muß. S. dazu oben Anm. 20 und die Verweisung auf Anm. 22 ff. und 36 f. zu § 1. Ferner aber auch deshalb, weil nur der entgeltliche Verwahrungsvertrag hierher gehören kann; s. unten Anm. 43.

Grundsätzlich aber kommen beide Vertragsarten auch für § 6 in Betracht; so auch *Aubele* Anm. 2 zu § 6 und *Samter* Anm. 3 zu § 6 und ferner KG JW 31, 75 mit Bezuonahme auf *Samter*.

Anm. 41

5. Auch bei den *Treuhandverhältnissen* können die Voraussetzungen des § 6 erfüllt sein; ebenso *Samter* Anm. 3 und *Klauß* Anm. 484 je zu § 6.

Anm. 42

6. Schließlich kann in die Form von *Darlehnsverträgen* ein Abz-Geschäft gehüllt werden; ebenso *Aubele* Anm. 2 zu § 6. Bei Darlehen über vertretbare Sachen kann es sich um Veräußerungsverträge handeln gleich den anderen behandelten Fällen; die unangemessene Höhe der „Zinsen" wird meist leicht erkennen lassen, daß es sich in Wahrheit um Kaufpreisraten handelt. Gewöhnliche Darlehensverträge, also solche über Geld, spielen für § 6 eine besondere Rolle bei den Finanzierzungsgeschäften, wobei das Element des Kreditgeschäftes aus dem Kaufvertrag herausgelöst, aber doch mit diesem eng verbunden wird. Vgl. hierwegen auch Anh. zu § 6 unter Anm. 56 f.

Anm. 42a

Etwa seit dem Beginn der 60er Jahre gewinnt das aus den USA stammende *Leasing-Geschäft* zunehmende wirtschaftliche Bedeutung. Die sich daran knüpfenden bürgerlichrechtlichen und steuerrechtlichen Folgen sind zum großen Teil noch ungeklärt. Ein umfassender Literaturhinweis findet sich in TW 65, 163 ff. Für die hier zu beantwortende Frage, ob das Leasing-Geschäft als Umgehungsgeschäft i. S. des § 6 angesehen werden muß, interessiert dessen Rechtsnatur nicht. § 6 stellt auf die Umgehung des AbzG und nicht auf die Rechtsnatur des Vertrages ab.

Das Leasing-Geschäft tritt in 3 Varianten auf, wobei die sog. *Grundmietzeit* allen gemeinsam ist. In dieser Zeit nimmt der Leasingnehmer das Wirtschaftsgut gegen meist weit über dem üblichen Mietzins liegende periodische Zahlungen in Gebrauch. Während der „Grundmietzeit" kann der Leasingnehmer das Vertragsverhältnis grundsätzlich nicht lösen. Nach Ablauf dieser Zeit hat er entweder die Sache wieder zurückzugeben oder er kann das ihm eingeräumte Optionsrecht auf Verlängerung des Vertrages zu stark herabgesetzten Zahlungen ausüben oder aber, die 3. Variante, er macht von seiner Kaufoption Gebrauch. Die beiden letzteren Fälle sind die weitaus häufigsten.

Das Leasing-Geschäft ist dann nach § 6 zu behandeln, wenn der Leasingnehmer während der unkündbaren Grundmietzeit verpflichtet ist, den wirtschaftlichen Sachwert einschließlich des Zinsanteils, Gewinns und sonstiger Kosten zu begleichen, wenn also die Summe seiner Zahlungen den Teilzahlungspreis i. S. des § 1 a Abs. 1 Satz 4 erreichen würde. Allerdings wird nach dem Zahlungsplan dieser Preis bei Ablauf der Grundmietzeit nur selten voll erreicht. Die Frage, wie weit die Summe der Einzelzahlungen unter dem mit dem Teilzahlungspreis vergleichbaren Betrage bleiben kann, ohne daß die Anwendung des § 6 dadurch ausgeschlossen wird, läßt sich nur im Einzelfall beantworten. Die Differenz beider Beträge wird um so größer sein dürfen, je länger die nach Ablauf der Grundmietzeit verbleibende Restnutzungsdauer der Sache ist. Sind z. B. 75 % der gesamten Kosten des Leasinggebers getilgt und ist die Ware erst zu 40 % ihrer Nutzungsdauer gebraucht, so wird § 6 auf das Geschäft anzuwenden sein. Dies besonders dann, wenn dem Leasingnehmer ein Kaufoptionsrecht eingeräumt ist. Eine derartige Vertragsgestaltung, die dem Leasingnehmer eine so hohe Zahllast aufbürdet, ist nur realistisch, wenn ihm dafür die Stellung eines wirtschaftlichen Eigentümers gewährt wird, die möglicherweise durch Ausübung des Kaufoptionsrechts zum rechtlichen Eigentum wird. Damit nähert sich das Geschäft jedenfalls wirtschaftlich einem Kauf mit Ratenzahlung. Vgl. auch das „Gasflaschenurteil" BFH v. 25. 10. 63, BB 64, 118.

IV. Fälle, in denen kein verhülltes Abzahlungsgeschäft vorliegt

Anm. 43

Fehlt es an einem der in Anm. 15—24 behandelten Begriffsmerkmale, so kann es sich um kein verhülltes AbzGeschäft handeln. Deshalb scheiden insbesondere folgende Verträge aus:

1. *Unentgeltliche Verträge.* Hier ist das Moment des Kreditgeschäftes unmöglich. Deshalb können wirkliche Leihverträge nicht nach § 6 zu behandeln sein, obwohl sie häufig unter den möglichen Beispielen zu § 6 erscheinen, so z. B. bei *Aubele* Anm. 2 zu § 6. RG JW 04, 154 hat offenbar deshalb, weil Leihe, ein verhülltes AbzGeschäft verneint; ebenso, wenn auch mit der Einschränkung „regelmäßig nicht" *Klauß* Anm. 484 zu § 6.

Ein unentgeltlicher Verwahrungsvertrag kommt also aus diesem Grunde für die Anwendung des § 6 nicht in Betracht; s. oben Anm. 40.

Anm. 44

2. Verträge, bei denen ein *Eigentumswechsel* auch im wirtschaftlichen Sinne von den Parteien *nicht beabsichtigt* ist. Ebenso RG JW 11, 826; s. auch oben Anm. 16, 18 und 19.

Anm. 45

3. Verträge, bei denen es sich *nicht* um eine *bewegliche Sache* handelt; s. oben Anm. 15.

Anm. 46

4. Verträge, bei denen *noch keine Übergabe* der Sache an den Schuldner erfolgt ist. S. oben Anm. 20.

Anm. 47

5. Verträge, bei denen *keine Teilleistungen des Schuldners* vereinbart sind. S. oben Anm. 21.

D. Die entsprechende Anwendung der §§ 1—5 Abzahlungsgesetz

Anm. 48

Die §§ 1—5 sind nur *entsprechend* anzuwenden, also nicht unmittelbar, sondern ihrem Sinn gemäß; vgl. auch BGHZ 47, 241 v. 20. 2. 67. Es ist daher zu untersuchen, inwieweit die positiven Vorschriften der §§ 1—5 eine über die Regelung der Rechtsbeziehungen beim unverhüllten AbzGeschäft hinausgehende allgemeine Bedeutung haben. Nur soweit dies der Fall ist, ist eine entsprechende Anwendung möglich. Danach gilt für die entsprechende Anwendung im einzelnen folgendes:

I. Die entsprechende Anwendung des § 4

Anm. 49

Sie bietet keine Schwierigkeiten. Denn der Inhalt des § 4 stellt sich als allgemeine Rechtsregel dar, die nicht nur für das unverhüllte AbzGeschäft getroffen sein kann.

1. Danach findet § 4 *Abs. 1,* die Vorschrift über die Ermäßigung der Vertragsstrafe, Anwendung für alle Arten der Vertragsstrafe des Käufers; vgl. im einzelnen § 4 Anm. 6 und 11.

Anm. 50

2. Die Verfallsklausel des § 4 *Abs. 2* ist ebenfalls bei allen verhüllten AbzGeschäften anzuwenden. Danach sind alle entgegenstehenden Abreden nichtig. Wegen der Besonderheiten bei den KundenFinVerträgen vgl. unten Anm. 141 ff.

II. Die entsprechende Anwendung der §§ 1—3 Abzahlungsgesetz

Anm. 51

1. Der Zweck der Bestimmungen ist der, die Rücknahme der auf Abzahlung verkauft gewesenen Sache von der gleichzeitigen Rück-

gabe der empfangenen Leistungen abhängig zu machen und die Entschädigungsansprüche des Verkäufers unabdingbar zu bestimmen. Diese Vorschriften können als *nur dort* eine entsprechende Anwendung finden, wo dem *Gläubiger* auf Grund des Rücktritts ein *Anspruch auf Rückgabe der Sache* zusteht. Ihre Anwendung ist dagegen in den Fällen ausgeschlossen, in denen sich aus dem Rücktrittsverhältnis ein solcher Anspruch nicht ergibt; es kann deshalb der Schuldner nicht seinerseits vom Gläubiger verlangen, daß dieser die Sache gegen Rückzahlung der um die Entschädigungsforderungen nach § 2 gekürzten Ratenzahlungen zurückgibt. Darüber, daß solches Recht nicht einmal aus § 5 erwächst, s. Anm. 80 zu § 5.

Zu Unrecht verneint *Klauß* Anm. 487 zu § 6 das Erfordernis des Rückgabeanspruchs des Gläubigers. Die Frage spielt bei auflösend bedingten AbzGeschäften, wenn sie mit Mietvertrag gekoppelt sind, eine Rolle.

Anm. 52

2. Gleichgültig ist, ob der Rücktritt des Veräußerers für den Fall der Nichterfüllung oder für einen anderen Fall vorbehalten ist. Gleichgültig ist auch, ob der Rücktritt sich aus Gesetz oder Vertrag ergibt; s. Anm. 74 zu § 1.

Anm. 53

3. Jede *rücktrittsähnliche* rechtsgestaltende *Erklärung*, auf Grund deren der Verkäufer den Vertrag aufheben kann, gehört hierher, insbesondere also auch die *Kündigung*. Denn es ist für die Rechtslage natürlich gleichgültig, ob der Vermieter bei Zahlungsverzug des Mieters von einem vertraglichen Rücktrittsrecht oder vom gesetzlichen Kündigungsrecht nach § 454 BGB Gebrauch macht. Übrigens ist ohnedies *wirtschaftlich* bei Anwendung des § 2 kein wesentlicher Unterschied mehr zwischen Kündigung und Rücktritt; s. oben Anm. 35.

Das ist wichtig für die Mietkaufverträge und Möbelleihverträge, soweit diese nicht nach § 117 Abs. 2 BGB als Scheinverträge ohnedies nach Kaufrecht zu behandeln sind. Es werden hierbei aber nach Kündigung in der Regel Rückforderungsansprüche des Käufers durch die Gegenansprüche des Verkäufers nach § 2 ausgeschlossen sein; dann nämlich, wenn der vereinbarte Mietzins dem verkehrsüblichen Mietzins entspricht und in ihm die volle Wertminderung bereits enthalten ist.

Wegen der Besonderheiten bei Kundenfinverträgen s. Anm. 136 ff.

III. Die entsprechende Anwendung des § 5 Abzahlungsgesetz

Anm. 54

Sie will verhindern, daß der Gläubiger die unter EV veräußerte Sache zurücknimmt, ohne gleichzeitig den Vertrag aufzulösen. Diese allgemeine Regel ist der entsprechenden Anwendung fähig auf Fälle

1. der Rücknahme vorbehaltenen Eigentums. Über das Problem bei der Kundenfin. vgl. Anm. 136 ff.

2. der Rücknahme auf Grund vertraglicher Regelungen, die das Vertragsverhältnis fortbestehen lassen, aber dem Veräußerer die Möglichkeit geben, Besitz und Nutzung der Sache dem Erwerber zu entziehen;

3. der Wiederansichnahme in der Zwangsvollstreckung wegen eines Geldanspruches aus dem verhüllten AbzGeschäft; s. § 5 Anm. 5 und 101 ff.

IV. Keine entsprechende Anwendung des Kaufrechts

Anm. 55

§ 6 beschränkt sich auf die Anwendung der §§ 1—5. Bei seiner Anwendung wird also nicht das verhüllte AbzGeschäft zum Kaufvertrag und wird auch nicht das Recht des Kaufvertrages anwendbar, sofern sich dies nicht aus einer anderen Gesetzesvorschrift, wie z. B. § 445 BGB (s. oben Anm. 37) oder daraus ergibt, daß nach dem *wirklichen Inhalt* des Schuldverhältnisses ein Kaufvertrag vorliegt; letzterenfalls handelt es sich aber nicht mehr um einen Fall des § 6, sondern des § 1.

Diese Beschränkung ist bedeutsam für verschiedene rechtliche Folgerungen, so besonders für die unterschiedliche Gefahrtragung bei Kauf und Miete. Ersterenfalls trägt der Käufer nach Übergabe gemäß §446 BGB die Gefahr des zufälligen Untergangs der Sache, während die Gefahrtragung für den Untergang der Mietsache nach §§ 323 f. BGB sich beimißt.

Anhang zu § 6

[Die Teilzahlungsfinanzierung durch Dritte]

Anm. 56

Diese TeilzFin. ist *das* Problem zu § 6 geworden, seitdem um das Jahr 1925 die Finanzierung von AbzGeschäften durch Dritte — Teilz-Institute, TeilzBanken — ihre Entwicklung begonnen und diese Entwicklung insbesondere nach dem zweiten Weltkrieg eine ungeheure

Ausweitung genommen hat. Am 31. 12. 1955 arbeiteten im Bundesgebiet (mit West-Berlin) bereits 137 Teilz*Banken*, nachdem deren Zahl sich allein im Jahre 1955 um 14 noch erhöht hat. Ende 1968 gab es schon 196 bei der Bundesbank berichtspflichtige Teilzahlungskreditinstitute, deren in diesem Jahr neu ausgegebene Teilzahlungskredite sich auf 5090 Mill. DM beliefen, vgl. TW 69, 76. Dabei soll sich nach der Statistik der überwiegende Teil der AbzGeschäfte unter Einschaltung eines Geldinstitutes abwickeln. Schon wegen dieser Bedeutung, aber auch wegen der schwierigen Probleme, die sich besonders aus der durch diese Institute betriebenen KundenFin. ergeben, ist eine besondere Darstellung geboten.

A. Zwecke, Begriff und Arten der Teilzahlungsfinanzierung

I. Zwecke und Begriff

Anm. 57

1. Das AbzGeschäft ist ein Kreditgeschäft; s. § 1 Anm. 23. Jedes einzelne solche Geschäft erfordert also Kreditmittel beim Kreditgeber. Der heutige große Umfang des Einkaufs auf Teilzahlung erfordert deshalb bei jedem Geschäftsinhaber, der auch oder gar nur mit TeilzGeschäften arbeitet, erhebliche Kreditmittel, so erhebliche, daß die Finanzkraft des einzelnen TeilzVerkäufers, die Möglichkeit der sog. *Eigenfinanzierung*, bei der Ausweitung des TeilzKaufes rasch erschöpft war einschließlich der Kreditbeschaffung gewöhnlichen Bankkredites bei seinem Kreditinstitut. Daraus und deshalb entstand das FinGeschäft als Kehrseite des AbzGeschäftes, wie *Klauß* Anm. 492 zu § 6 sich ausdrückt. Während in der ursprünglichen Form des AbzGeschäftes nur der *Käufer* zahlungsschwach war und an diesen im Wege des AbzKaufes trotzdem abgesetzt wurde, wird durch die Einschaltung des FinGeschäftes dem nich ausreichend kapitalkräftigen oder sogar kapitalarmen *Verkäufer* die Durchführung des AbzGeschäftes ermöglicht. Es ermöglicht also den Umsatz zwischen zahlungsschwachen Käufern *und* kapitalarmen Verkäufern. Es ermöglicht und *bezweckt* wohl auch die Ausweitung der TeilzFin., die damit auch verbunden war und weiter verbunden ist.

Wenn sich diese Situation, wie gesagt, auch schon ab 1925/26 anbahnte — damals wegen der Ausweitung der Einkäufe in wirtschaftlich günstigen Zeiten — so tat nach der Währungsreform des Jahres 1948 die Geldknappheit das ihre, die auch den Verkäufer traf, zumal die Ausweitung der Gewerbefreiheit damals eine „Gründerzeit" schuf, viele neue Unternehmen ohne nenneswerte Betriebsmittel ihre

Tätigkeit begannen. Auch sie wollten und konnten durch das FinGeschäft ins Geschäft kommen. Auf diese Gründe in der Zeit um 1948 weist mit Recht *Petermann* in DRpfleger 55, 148 ff. hin. Für Neugründungen und für spezielle AbzGeschäfte hat dies aber auch früher schon gegolten, worauf *Rühl* S. 277 verweist. Das FinGeschäft als die Beteiligung des Geldgebers am AbzGeschäft hilft Käufern und Verkäufern.

Anm. 58

2. Dem *Begriff* nach handelt es sich bei der TeilzFin. aber um Geschäfte, die den Zweck haben, AbzGeschäfte auch zwischen zahlungsschwachem Käufer und kapitalbedürftigem Verkäufer durch Beteiligung eines dritten Geldgebers an diesem Geschäft durchzuführen. Dabei entstehen zweiseitige Beziehungen des Kreditgebers (Bank) zum Käufer und zum Verkäufer oder auf dessen Seite stehendem Beteiligten; S. *Möllers* S. 17 f.

II. Die Arten

Anm. 59

Die Beteiligung des Dritten zur Finanzierung des AbzGeschäftes, meinst „ZwischenFin." genannt, geschieht in verschiedener Weise und zwar

entweder durch Zusammenwirken von Einzelhändler mit Großhändler und Fabrikanten, wobei letztere Kreditgeber sind und dazu im Wege der Arbeitsteilung evtl. eigene Organisationen oder aber auch eigene juristische Personen schaffen, oder durch Einschaltung eines meist bankmäßig betriebenen FinInstitutes, das nicht einem bestimmten Verkäufer (Verkäufergruppe) dient.

Mit dieser im wesentlichen nach dem Geldgeber bestimmten Zweiteilung deckt sich aber nicht diejenige Zweiteilung der FinGeschäfte, die schon alsbald nach ihrer Entstehung vorgenommen wurde und bis heute sich erhalten hat, nämlich die im wesentlichen nach der Person des Kreditnehmers bestimmte Teilung in AbsatzFin. und KundenFin. Diese zwei Arten, wirtschaftlich und rechtlich voneinander verschieden, unterscheidet schon *Rühl* S. 279 f., und diese Unterscheidung ist noch in den neusten Untersuchungen die maßgebliche; so z. B. BGH LM Nr. 2 zu § 6 AbzG; *Mühlhäuser* MDR 55, 265; *Möllers* NJW 56, 1202 (Urteilsbespr.) und *Ewald,* AbzG S. 122, 148 ff. Wenn *Wendt* MDR 56, 704 am Buch von *Ewald* die Aufgabe dieser plastischen Unterscheidung (erfreut) feststellt, so ist dies nicht richtig, veranlaßt aber wohl durch eine in Anm. 224 auf S. 136 bei *Ewald* dahin enthaltene Bemerkung, die ihrerseits zu Unrecht auf *Möllers* Bezug nimmt, der sich dagegen in TeilzFin. S. 2 Fußnote 6 auch ausdrücklich verwahrt und auf die rechtliche Konstruktion die Unterscheidung abstellt.

Die AbsatzFin. wird auch „VerkaufsFin." (s. *Mühlhäuser* MDR 55, 265 genannt und ist die etwas ältere FinArt. Die KundenFin. wird auch als „EinkaufsFin." oder auch als „KonsumFin." (*Rühl* S. 278) bezeichnet.

Über nicht das AbzRecht selbst berührende Rechtsfragen aus einer Einschaltung des Arbeitgebers des Käufers zur Finanzierung eines von letzterem geschlossenen Kaufvertrages s. LG Freiburg JR 58, 180 und *Baumann* a.a.O. Vgl. über Mitwirkung des Arbeitgebers auch BGH in Anm. 119 gegen Ende.

Anm. 60

1. Bei der *AbsatzFinanzierung* wird dem *Verkäufer* von einem Dritten Kapital gegeben, und zwar durch „Diskontierung" der Kaufpreisforderung aus dem AbzGeschäft. Der vom AbzKäufer in Raten dem Verkäufer geschuldete Kaufpreis oder ein großer Teil hiervon wird dem Verkäufer vom Geldgeber als Kredit gegeben. Es handelt sich also um Kreditgewährung an den Groß- oder (und) Einzelhandel. Sie erfolgt meist vom Erzeuger, besonders der Industrie, oder von einem mit ihm (und für ihn, nicht unbedingt nur für ihn) arbeitenden Geldgeber (Geldinstitut) her.

Im Verhältnis Käufer—Verkäufer bleibt es bei der für den AbzKauf typischen Verbindung von Güterumsatzgeschäft und Kreditgeschäft.

Anm. 61

2. Bei der *Kundenfinanzierung* wird dem *Käufer* von einem Dritten Kapital gegeben. Der Geldgeber stellt dem Käufer den in Raten zurückzuerstattenden Kaufpreis zur Verfügung, meist in der vollen nach Leistung der Anzahlung verbleibenden Höhe; die Bezahlung dieses vom Geldgeber zur Verfügung gestellten Kaufpreises erfolgt meist durch den Geldgeber unmittelbar an den Verkäufer. Die Geldgeber (FinInstitute) können auch hier eigens vom Verkäufer oder Erzeuger errichtete, mit ihm zusammenarbeitende oder sogar wirtschaftliche identische Gesellschaften oder juristische Personen, aber auch allgemeine TeilzBanken sein, die Einzelkredit oder Kollektivkredit ge-

ben; s. dazu unten Anm. 92. In der Praxis kann sich der Kauflustige zunächst die Zusage des Darlehens bei der Kundenkreditbank verschaffen, wobei der Kaufvertrag völlig unbestimmt und der Verkäufer meistens nur im Rahmen eines größeren Personenkreises bestimmt ist, aber die Kreditwürdigkeit des Kunden sofort geprüft wird, der, wenn er als kreditwürdig befunden wird, das Darlehen in Form von Gutscheinen erhält, mit denen er, wie mit barem Geld, bei irgendeinem Geschäft, das Vertragsfirma der TeilzBank ist, die gewünschte Ware kauft (Kollektivkredit). Der Kauflustige kann sich aber auch zu einem bestimmten Verkäufer begeben und dort für einen bestimmten Kaufvertrag durch diesen den Kredit bei der TeilzBank vermitteln lassen (Einzelkredit).

Hier ergibt sich eine völlig oder wenigstens eine mehr oder minder stark durchgeführte Aufspaltung des AbzGeschäftes in seine Bestandteile. Mit dem Verkäufer wird nur noch das Güterumsatzgeschäft geschlossen und durchgeführt, das häufig zum Barkauf wird. Das beim AbzKauf gegebene Kreditgeschäft wird in einen Darlehensvertrag mit dem Geldgeber verselbständigt.

Vgl. näher unten Anm. 92 ff.

Anm. 62

3. In der Praxis ist leider diese — wie sich zeigen wird — sehr wichtige Unterscheidung zwischen KundenFin. und AbsatzFin. nicht so klar und einfach, als dies nach den bisherigen Ausführungen angenommen werden könnte. Denn die Praxis zeigt weiterhin eine Koppelung oder *Mischung von Absatz- und KundenFinanzierung*; s. *Klauß* Anm. 493 zu § 6 und *Petermann* DRpfleger 55, 148 ff., ferner *Mühlhäuser* MDR 55, 265 und *Beuck* S. 11 sowie schon OLG Köln JW 32, 2044, ferner auch KG JW 32, 75 (77). Die häufige Schwierigkeit der Zuordnung zeigt sich aus den von *Ewald*, AbzG S. 137 ff., 148 ff. behandelten Verträgen, der dort aber auch hervorhebt, daß von der Zuordnung nicht bloß die hier nachstehend behandelten sachlichrechtlichen Folgerungen, sondern für den Prozeß auch die Schlüssigkeit der Klagebegründung und die Aktivlegitimation abhängen können.

Die Vermengung wird besonders deutlich, wenn nach den Verträgen *Käufer und Verkäufer* für den Kredit als Gesamtschuldner oder als Schuldner und Bürge *haften*. Dann will *Mühlhäuser* MDR 1955, 265 die auf die Person des Kreditnehmers gestellte Unterscheidung (s. oben Anm. 59) aus dem Blickpunkt des Geldgebers treffen, der üblicherweise nur einen Teil auf die Kreditwürdigkeit prüft (wenn er auch beide haften läßt), nämlich das Werk, das über Groß- und Einzelhandel vertreibt und einen bestimmten Kreditrahmen ausschöpfen kann, oder den Käufer; hieran wird nach seiner Meinung derjenige erkannt, der dem Geldgeber der eigentliche Kreditnehmer ist; es ist auf Grund Erfahrungen grundsätzlich nicht ein einzelner Händler, dessen Bonität dem Geldgeber für ein hohes Kreditvolumen aus einer Vielzahl von Geschäften nicht ausreicht. *Möllers* S. 2 und 39 f. will zwar bei unklarer Konstruktion hilfsweise aus dem *unmittelbaren* Interesse des Verkäufers an der Finanzierung diesen als Darlehensnehmer angesehen wissen, betont aber S. 18 ff. gegen *Strack*, daß beim B-Geschäft deutlich der Käufer Kreditnehmer ist und man den der Bankaufsicht unterstehenden FinInstituten nicht eine unjuristische Verwendung juristischer Formen und Begriffe unterstellen könnte. Ein solcher Gesichtspunkt mag irgendwo von entscheidendem Interesse sein; ein *rechtliches* Unterscheidungsmerkmal für die hier zu prüfende Frage kann darin aber nicht gefunden werden. Die rechtliche Unterscheidung muß vielmehr daran anknüpfen, daß man auf das alsbaldige Erlöschen der Kaufpreisforderung sieht; ist dieses gegeben, dann liegt KundenFin. vor; im anderen Fall aber AbsatzFin. Diese Unterscheidung ergibt sich auch aus *Möllers* NJW 54, 214 und seiner Urteilsbespr. NJW 56, 1202; s. auch *Rühl* S. 281 und unten Anm. 68. Deshalb ist ein Fall der Absatzfin. deutlich auch dann gegeben, wenn die Mithaftung des Käufers auf einem eigenen FinVertrag mit dem Kreditgeber beruht, der Ergänzungsverpflichtungen zum Kaufvertrag hinzuschafft, aber die Finanzierung des *Verkaufs* als das Wesentliche dadurch erscheint, daß die Verpflichtung des Käufers eben doch die Zahlung des Kaufpreises an den Kreditgeber, nicht die Rückzahlung eines Darlehns bleibt. Diesen Gesichtspunkt stellt mit Recht OLG Köln JW 32, 2044 heraus.

Anm. 63

4. *A-Geschäft, B-Geschäft und C-Geschäft.* Diese Ausdrücke erscheinen heute in der Wirtschaft immer wieder für die gängigsten FinFormen. Vgl. dazu *Ewald*, AbzG S. 154—157; *Weiß*, Die Teilzahlungsbanken S. 12 ff. und *Beuck* S. 14—16 sowie ganz knapp in der Fußnote 1 bei *Capeller* BB 57, 201. Über Kaufpreis und Darlehensschuld des Käufers s. unten Anm. 64.

a) *Das A-Geschäft*, auch *Königsberger System* (weil erstmalig von der in Königsberg 1926 gegründeten Kundenkredit GmbH verwendet) oder Scheck-, auch Anweisungs-System.

Es handelt sich dabei um das oben Anm. 61 genannte FinVerfahren der Kundenkreditbanken mit Gutscheinen, Warenschecks oder Kreditschecks genannt. Der Konsument, AbzKäufer, erhält vom Kreditgeber nach Prüfung und Bejahung der Kreditfähigkeit (die Prüfung erfolgt durch den Kreditgeber selbst) *direkt* den Anschaffungskredit, den er sich vor dem Abschluß des Kaufvertrages vertraglich zusagen läßt. Er stellt darüber eine Darlehensschuldurkunde aus und erhält über den Darlehensbetrag ein Anweisungsheft mit gestückelten „Schecks" oder eine besondere Verrechnungsanweisung. Die Kreditgewährung ist insbesondere nicht objektgebunden, d. h. der Darlehensnehmer verpflichtet sich gegenüber dem FinInst. nicht zum Kauf einer bestimmten Ware. Der Kredit ist allenfalls betriebsgebunden, so daß der Käufer ihn nur zum Ankauf von Waren bei den Verkäufern verwenden darf, die die Bank benennt. Würde dagegen jede Zusammenarbeit von Bank und Verkäufer fehlen, der Käufer also nach Kreditaufnahme bei jedem beliebigen Verkäufer einkaufen können, so läge ein Bargeschäft und damit ein fin. AbzKauf i. S. des § 6 nicht vor. Der anderen Ansicht von *Ewald*, Neues Teilzahlungsrecht S. 18 ff. kann nicht gefolgt werden, da es sich um reinen Personalkredit handeln, die „wirtschaftliche Einheit von Kauf- und Darlehensvertrag" fehlen würde, vgl. Anm. 119 a. Bezüglich der *Kreditverwendung* muß dem FinInst., soweit es ein eigenes Interesse daran haben kann, das Recht zugestanden werden, über die Einhaltung des vereinbarten Verwendungszwecks zu wachen. Eine Pflicht hierzu besteht nicht. Ein eigenes Interesse hat die Bank z. B., wenn sie Wechsel entgegennimmt, die nur als Warenwechsel bei der Bundesbank diskontfähig sind. Über weitere Beispiele siehe Schütz WM 64, 38.

Beim Einzelhändler, besonders dem kleinen Einzelhändler, ist dies ein sehr beliebtes Bargeschäft (s. *Ewald* AbzG S. 155 Fußnote 231), weil es ihn der Kreditgewährung durch Teilz. enthebt, wenn er auch als Vertragsfirma der Kundenkreditbank den Gegenwert nur mit einem Skontoabzug erhält. Zum A-Geschäft s. auch *Kaminsky* „Die Teilzahlungsbanken"; *Mezger* DR 65, 315; *Redemann* TW 61, 64 und *Lindenkohl* über Haftungsfragen TW 64, 59.

Vgl. auch unten Anm. 99 und außer den vor a) schon genannten Hinweisen hierzu *Lutz* S. 14 ff. und *Bley* s. 41 ff., die vom Standpunkt des den wirklichen Barkauf fordernden und TeilzGeschäfte ablehnenden Arbeitskreises für Absatzfragen her besonders volkswirtschaftliche Bedenken bei dieser Finanzierung sehen, die ihr aber, mindestens grundsätzlich, in keiner Weise anhaften. *Ewald* AbzG S. 145

behandelt einen hierher gehörigen WKG-Vertrag. Dies und die WKV-Verträge sind besonders gewichtige hierher gehörige Beispiele.

Nach den in Anm. 60—63 behandelten Klassifizierungsmerkmalen gehört diese Kreditgewährung zur KundenFin.; ja es handelt sich um eine hierfür typische Form, weil auch den „notleidenden Vertrag" der Kreditgeber mit dem Käufer als Kreditnehmer abwickelt. Der Kreditgeber zahlt im Auftrag des Käufers die Kaufpreisforderung. Bei dem schon genannten Kollektivkredit haftet übrigens dem Kreditgeber aus dem einzelnen Geschäft auch nur der Käufer. S. auch *Klauß* Anm. 494 unter b) zu § 6. Die zahlreichen Rechtsstreite beziehen sich kaum auf A-Geschäfte, die durch ihre Gestalt — saubere Trennung der Geschäfte, keine Bedingung usw. — eindeutig in ihren rechtlichen Folgen sind.

Anm. 64

b) *Das B-Geschäft,* auch *Berliner System* (weil erstmalig von der 1929 in Berlin gegründeten GEFI-Gesellschaft für Kundenkreditfinanzierung mbH durchgeführt) oder auch GEFI-System genannt.

Die Kreditgewährung der Bank erfolgt hier in Anlehnung an einen bestimmten Kaufvertrag. Die Krediterteilung erfolgt unter Einschaltung und Mitwirkung des Verkäufers und häufiger im Rahmen eines Kreditkontingentes des Verkäufers, das durch einen Händlervertrag zwischen Kreditgeber und Verkäufer bestimmt ist, der dann den primären Akt bei dieser Finanzierung darstellt. Der Kreditantrag erfolgt meist durch den Käufer auf einem *Formblatt,* das auch den Kaufvertrag enthält, wird aber vom Verkäufer (Händler) zum Kreditgeber *vermittelt* mit dem Auftrag des Käufers, das Darlehen dem Verkäufer für dessen Kaufpreisforderung zuzuführen, die mit der Darlehensauszahlung erlischt. Der Kreditbetrag umfaßt meist den nach Leistung der *Anzahlung* verbleibenden Kaufpreisrest. Etwa 80 % dieser Restsumme erhält der Verkäufer vom Kreditgeber ausgezahlt, während der Rest dem Verkäufer lediglich auf einem *Sperrkonto* gutgeschrieben wird, bis die letzte Rate (einschließlich geschuldeter Gebühren sowie evtl. Mahn- und Stundungskosten) des Käufers beim Kreditgeber eingegangen ist. Weil der Kreditgeber für die Kreditgewährung auf das Kreditkontingent des Verkäufers (Händlers) abstellt und dessen Kreditfähigkeit allein wirklich überprüfen kann — vom Käufer erhält er nur einige Angaben mit der Versicherung, daß sie wahr sind — läßt sich der Kreditgeber die Mithaftung des Verkäufers als Gesamtschuldner oder Bürge, vgl. Anm. 98 zu § 6, geben, gewöhnlich dadurch, daß der Verkäufer das Darlehen mit beantragt. Im einzelnen vgl. *Möllers* S. 7 ff. Das Risiko der Mithaftung sichert der Verkäufer häufig mit dem Abschluß einer Delkredereversicherung ab. Daneben sind jedoch noch andere Arten der Absicherung üblich, s. hierzu *Wendt* MDR 60, 88. Zum B-Geschäft s. ferner *Mezger* DB 65, 315 und *Redemann* TW 61, 64. Darüber, ob der Verkäufer tatsächlich als Bürge und nicht als Gesamtschuldner haftet, siehe Anm. 98.

Während *Ewald* AbzG S. 148 (s. auch MDR 55, 69) offenbar *immer dann*, wenn von Darlehen des Käufers die Rede ist, KundenFin. annimmt und auch *Weiß* a.a.O. beim B-Geschäft vom „Anschaffungskredit an Konsumenten" spricht, liegt nach dem oben Anm. 62 gegebenen Unterscheidungsmerkmal wegen der gegebenen Ablösung des Kaufvertrages durch den Darlehensvertrag, deshalb also, weil durch die Finanzierung die Kaufpreisforderung zum Erlöschen kommt, hier grundsätzlich eine Art der KundenFin. vor; ebenso *Möllers* NJW 56, 1202 (Urteilsbespr.) wozu nur zu sagen sein wird, daß dann, wenn wirklich neben der weiterbestehenden Kaufpreisschuld eine Darlehensverpflichtung des Käufers geschaffen werden sollte, die erste den Ausschlag zu geben hätte. So auch *Korth* BB 48, 598 f., s. dazu auch unten Anm. 68 a!

Eine Art der AbsatzFin, nehmen hier an, wozu übrigends die Abstellung auf das wirtschaftliche Element der Kreditprüfung (diese übt, wie schon gesagt, der Kreditgeber nur bezüglich des Verkäufers aus) führen würde (s. oben Anm. 62), *Lutz* a.a.O. S. 16, der sich dort mit den Arten des G-Geschäftes befaßt (ohne es so zu nennen) und *Strack*, Rechtsstellung des Kunden im TeilzKreditgeschäft. *Beuck* S. 14 hält für den Begriff des B-Geschäftes nur wesentlich Kreditgewährung und Kreditabwicklung durch den Kreditgeber, Kreditprüfung, Kreditherauslage und Verlustübernahme aber durch den Händler (Verkäufer), nicht aber die Darlehensantragstellung durch den Käufer *und* Verkäufer, wobei er letzterenfalls von gekoppelter Finanzierung spricht. Soweit zu sehen, ist aber heute beim B-Geschäft grundsätzlich die Haftung von Käufer und Verkäufer gegeben und es ist mit der Erkenntnis der Koppelung noch nichts für die Einordnung gewonnen, die aber notwendig wird. Gegen die im Schrifttum teilweise vertretene „Einheitstheorie", die durch fehlerhaften Rückschluß den Verkäufer zum Darlehensnehmer macht, und gegen *Strack*, der mit eigener Begründung dieses für das B-Geschäft annimmt, s. *Möllers* S. 18 ff. A-Geschäft und B-Geschäft sind also KundenFin. Sie unterscheiden sich, wie *Möllers* S. 28 ausführt, grundsätzlich nicht, sondern haben Unterschiede nur in Anlage und Durchführung.

Anm. 65

c) *Das C-Geschäft* ist nach der heute geltenden Terminologie ein Geschäft ähnlich dem B-Geschäft, das von vielen TeilzBanken in einer besonderen Abteilung C zur Finanzierung von Kraftfahrzeugen aller Art sowie zur Finanzierung gewerblicher Maschinen geführt wird. Wie beim B-Geschäft ist das primäre der Rahmenkreditvertrag zwischen Kreditgeber und Verkäufer (Händler), nach dessen Kreditkontingent Kredit an den Käufer in Anlehnung an einen bestimmten Kaufvertrag erteilt wird. Der Kredit wird aber hier auf der *Basis von Wechseln* gegeben, die vom Verkäufer auf den Käufer gezogen und von letzterem akzeptiert werden; ihr Verfall deckt sich mit den Ratenzahlungsterminen. So z. B. *Weiß* S. 15 und (ohne Bezeichnung) *Lutz* S. 16.

Zum C-Geschäft vgl. auch *Redemann* TW 61, 64 sowie *Mezger* DB 65, 315. *Meyer-Ladewig* TW 62, 8 befaßt sich mit der Frage, ob die Rechtsprechung zum B-Geschäft auf das C-Geschäft übertragen werden kann. Er sieht ein Problem darin, daß im C-Geschäft regelmäßig hochwertigere Ware verkauft wird, der Käufer also geschäftsgewandter und deshalb weniger schutzbedürftig sei. Es ist aber eine bloße Annahme, daß die Geschäftsgewandtheit bei steigendem Wert des Kaufgegenstandes zunehme. Außerdem stellt die Rechtsprechung nur mehr selten auf den Grad der Geschäftsgewandtheit ab, vgl. z. B. Anm. 94 b. Es ist *Meyer-Ladewig* aber darin zuzustimmen, daß nachweisbare Geschäftsgewandtheit ein das mitwirkende Verschulden des Käufers erschwerender Umstand ist.

Während also in diesem Sinne das C-Geschäft besonders hochwertige Güter betrifft, wird gelegentlich noch der Begriff identisch mit *ListenFinGeschäft* verwendet, das ist einem Geschäft zur Finanzierung von Ratenverkäufen bei geringwertigen, aber langlebigen Gegenständen, die meist mit Wochenraten abgezahlt werden. Bei dieser nicht mehr sonderlich verbreiteten Kreditierung werden vom Verkäufer die Verträge in Listen zusammengefaßt dem Kreditgeber eingereicht. Beziehungen des Kreditgebers zum Käufer entstehen für den Kreditgeber überhaupt nicht; zur Sicherung werden gewöhnlich nur die Kaufpreisforderungen abgetreten. So *Beuck* S. 14. Das Listenkreditgeschäft erwähnt auch *Rühl* S. 283 und *Korth* BB 1948, 589. Im Sinn von AbsatzFin erscheint die ListenFin. bei *Möllers* S. 31.

Das C-Geschäft nach dem hier dafür verwendeten Begriff macht den Käufer zum Darlehensnehmer, wobei mit dem Darlehen seine Kaufpreisschuld bezahlt wird. Es handelt sich also um KundenFin., dies auch dann, wenn (mindestens wechselmäßig) der Verkäufer für das Darlehen mithaftet; Darlehensnehmer ist aber nach dem Vertragsverhältnis zweifellos nur der Käufer. Das ListenFinGeschäft aber, bei dem die Kaufpreisforderung bestehen bleibt und der Verkäufer den Kredit erhält, ist AbsatzFin. Historisch ist aus dieser ListenFin. das B-Geschäft hervorgegangen, ohne seinerseits AbsatzFin. zu sein; *Möllers* S. 19 gegen *Strack*.

B. Die Absatzfinanzierung im einzelnen

I. Die rechtliche Gestaltung

Anm. 66

1. *Das Verhältnis Verkäufer—Käufer.* Es handelt sich dabei um einen Verkauf mit Ratenzahlungsvereinbarung, also um ein altgewohntes AbzGeschäft mit zahlungsschwachem Käufer, einen AbzKauf im Sinne des § 1, nicht des § 6; s. auch oben Anm. 60 a. E. Dieser Kaufvertrag wird nicht dadurch beseitigt, daß der Verkäufer die Kaufpreisforderung beim Kreditgeber diskontiert. Dieser Vertrag und damit die Kaufpreisforderung besteht, nur verändert durch bloße Abtretung der Verkäuferrechte (s. unten Anm. 68 u. 75) weiter, und zwar zwischen Verkäufer und Käufer, da ja nicht der ganze Kaufvertrag mit Rechten und Pflichten übertragen wird, was grundsätzlich in *einem* Akt gar nicht möglich wäre; s. *Palandt* Anm. 4 zu § 398 BGB. Allerdings ist die Abtretung der Käuferrechte im Verhältnis beider Kaufvertragsparteien von erheblicher Bedeutung:

Dem Verkäufer stehen nun die Rechte aus dem Kaufvertrag nicht mehr zu, so daß ein Vertrag darüber zwischen ihm und dem Käufer nicht mehr wirksam möglich ist, insbesondere nicht die vertragliche Aufhebung des Kaufvertrags; desgleichen kann deshalb der Käufer wirksam nicht mehr gegenüber dem Verkäufer erfüllen. Dabei ist freilich vorausgesetzt, daß von der Abtretung der Käufer Kenntnis erhalten hat, was aber meist — und zwar sogar schriftlich — grundsätzlich sofort in Verbindung mit dem Kaufvertragsabschluß gescheint, wobei er gewöhnlich, wenn auch rechtlich nicht erforderlich, *ausdrücklich* auf seine Leistungspflicht gegenüber dem Kreditgeber hingewiesen wird. Schließlich verbleiben aber dem Verkäufer die Vertragspflichten des Kaufvertrages gegenüber dem Käufer, so im besonderen die Erfüllungs- und Gewährleistungspflicht. So auch LG Waldshut NJW 55, 387, das zum richtigen Ergebnis kommt, aber durchweg fälschlich von KundenFin. spricht, während ein eindeutiger Fall der AbsatzFin. vorlag. Die Veröffentlichung dieser Entscheidung in der NJW enthält übrigens auch den wesentlichen Vertragsinhalt zwischen allen Beteiligten. Vgl. aber näher unten Anm. 74 ff. *Möllers* S. 32 f. ist bereit, zusammen mit der Abtretung eine Schuldumschaffung, Novation der Kaufpreisforderung anzunehmen. Dazu besteht keinerlei Veranlassung, auch nicht wegen der Nebenleistungen, die der Käufer noch zu erbringen und wegen der Abtretung ebenfalls an den Kreditgeber zu bezahlen hat. Im Hinblick auf die geplante Kreditierung *dieses* Betrages wird der Kaufvertrag gewöhnlich nicht sofort abgeschlossen; vielmehr unterzeichnet der Käufer den Bestellschein, stellt also den Kaufantrag, an den er sich — siehe §§ 147, 148 BGB — für eine bestimmte Frist, meist 60 Tage, gebunden erklärt; die Warenauslieferung erfolgt aber meistens sofort.

Erwähnt sei noch, daß dieser Kaufvertrag nur scheinbar für den Verkäufer zum Kassakauf wird, wie *Rühl* S. 282 betont. Der Kreditgeber bezahlt ihm zwar den Kaufpreisrest, aber aus dieser Zahlung entsteht in gleicher Höhe dem Verkäufer das Kreditrisiko; das sofort in Erscheinung tritt, wenn der AbzKäufer seine Kaufpreisraten nicht oder nicht pünktlich bezahlt; s. dazu auch unten Anm. 68.

Anm. 67

2. *Das Verhältnis Verkäufer—Kreditgeber.*

a) die Kapitalbeschaffung durch Diskontierung kann erfolgen im Rahmen eines *Forderungskaufvertrages.* Dabei würde vom Verkäufer die Kaufpreisforderung aus dem AbzGeschäft dem Geldgeber gegen die Kapitalzahlung gemäß §§ 433, 437 BGB verkauft. Damit wäre für den Verkäufer die Entlassung aus der Haftung seinem Forderungskäufer gegenüber gegeben, soweit nicht dieser Kaufvertrag Pflichten mit sich bringt. Dieser Forderungskauf, bei dem der AbzVerkäufer und jetzige Forderungsverkäufer nur für die Zahlungsfähigkeit des Schuldners *im Zeitpunkt der Abtretung* nach § 438 BGB zu haften hätte, erfolgt aber bei den AbsatzFinGeschäften praktisch nie und liegt den Parteien fern.

Anm. 68

Es wird vielmehr nach durchgängiger Übung ein *Darlehnsvertrag* zwischen Kreditgeber und AbzVerkäufer in Höhe des Restkaufpreises aus dem AbzKauf geschlossen. Dazu verwertet der AbzVerkäufer seine Kaufpreisforderung, das ist der Anspruch auf den nach Leistung der Anzahlung verbleibenden Restkaufpreis nebst Nebenforderungen durch Diskontierung. Dieses geschieht im Wege der *Sicherungsabtre-*

tung. Im Gegensatz zu der oben erwähnten Regelung des § 438 BGB trägt hierbei der Verkäufer und Kreditnehmer das Risiko auch für die *zukünftige* Bonität des AbzKäufers. Ebenso *Rühl* S. 281; *Rautmann* S. 14; *Klauß* Anm. 498 zu § 6.

Der Verkäufer trägt also weiterhin das Risiko der Erfüllung der Kaufpreisschuld, ist aber bei der Auswahl seiner Kunden völlig frei, beides Momente, die *Rühl* als das Wesen der AbsatzFin. hervorhebt. Freilich muß für die Finanzierung des Einzelvertrages dem Kreditgeber die „Bonität des Kunden" ausreichend sein. Daß er aber, wie *Rühl* weiter sagt, durch die selbständige Einziehung der Raten den Konnex mit dem Käufer behält, entspricht allerdings den heutigen Verhältnissen nur mehr zum Teil, bei denen die Kreditabwicklung meist nach der offenen Sicherungsabtretung der Kaufpreisforderung der Kreditgeber übernimmt; vgl. auch den Fall LG Waldshut NJW 55, 387.

Im Konkursverfahren über das Vermögen des Verkäufers bewirkt diese Sicherungsabtretung nach fester Rechtsprechung nur ein Absonderungsrecht nach §§ 48, 64 KO bis zur Deckung der Forderung des Kreditgebers; s. RGZ 133, 134 ff.

Anm. 68a

Bei einer gemischten FinForm, die aber AbsatzFin. ist, kann es vorkommen, daß der *Verkäufer nur Bürgschaft gegenüber dem Kreditgeber* leistet. Der Käufer kauft auf Abzahlung, so daß also die Kaufpreisforderung bestehenbleibt und deshalb AbsatzFin. vorliegt. Er unterzeichnet aber auch eine Darlehensverpflichtung für den Kreditgeber, für deren Rückzahlung der Verkäufer sich verbürgt. Diese Gestaltung ändert nichts daran, daß der Verkäufer das Risiko der Erfüllung der Kaufpreisschuld, ja überhaupt das Risiko aus dem Kaufgeschäft trägt. Es erlischt deshalb seine Bürgschaftsschuld gegenüber dem Kreditgeber nicht durch die Wandelung des Kaufvertrages; er kann sich auf dieses Erlöschen der Hauptverpflichtung trotz § 767 Abs. 1 Satz 1 BGB nicht berufen, weil er andernfalls nur durch die Einschaltung des dritten Kreditgebers jedem Risiko des Kaufgeschäftes enthoben wäre, das ihn aber ohne Rücksicht darauf, wie der Käufer das Geschäft finanziert, treffen muß. So LG Braunschweig DRsp I (138) Bl. 51 d. S. dazu auch oben Anm. 64.

Anm. 69

b) Wie in Anm. 66 schon gesagt, werden grundsätzlich die obligatorischen Verkäuferrechte aus dem Kaufvertrag durch Abtretung auf den Kreditgeber übertragen. Es geschieht dies gewöhnlich einschließlich des — dinglichen — Eigentumsrechtes des Verkäufers an der AbzSache im Wege der Abtretung des Herausgabeanspruches gegen den Besitzer gemäß § 931 BGB. So auch RGZ 133, 234 ff.

Als Verkäuferrecht wird auch grundsätzlich das gesetzliche und (oder) vertragliche *Rücktrittsrecht* des Verkäufers mit übertragen, das sehr wohl übertragbar ist. So auch *Staudinger-Werner* 9. Aufl. Vorbem. IV 5 vor § 346 BGB; a. M. *Räutmann* S. 50 ff.

Anm. 70

Für das Wesen eines Geschäftes als AbsatzFin. und für das Verhältnis Verkäufer—Kreditgeber ist es gleichgültig, ob die letzteren Beziehungen sich auf ein *einmaliges Darlehen* beschränken, also die Finanzierung eines bestimmten Kaufes betreffen, wie es in den Anfängen der Entwicklung der Fall war, *oder* ob ein *langfristiges Fin-Verhältnis* für eine Reihe von Kaufverträgen auf Grund eines Darlehensvorvertrages evtl. mit Mantelabtretung zwischen diesen beiden vorgesehen ist, wie dies der heutigen Entwicklung entspricht.

Anm. 71

d) Bei diesem Geschäft kann auch die *Kreditgeberfunktion* nochmals *gespalten* sein, indem der Kreditgeber und dessen Geldgeberin in Erscheinung treten. Der Verkäufer schließt den Vertrag auch hier mit dem Kreditgeber; die Sicherungsabtretung erfolgt aber, was zulässig ist, an den Geldgeber dessen, der als Kreditgeber gegenüber dem Verkäufer auftritt. So im Falle RGZ 133, 234 ff.

Die Einschaltung des Herstellers unter Abtretung vom Verkäufer her und Zahlung an den Hersteller brauchte überhaupt kein Fin-Geschäft sein, sondern kann eine bloße Verlagerung des AbzKaufes vom Verkäufer auf den Hersteller sein; dies auch dann, wenn vom Darlehen des Herstellers ausdrücklich die Rede ist. Die Folge ist die unmittelbare Anwendung des AbzG im Verhältnis Käufer—Hersteller. Vgl. *Möllers* S. 35 ff. (auch S. 53), der ersterenfalls unnötigerweise von einer Novation spricht; die AbzKaufpreisforderung nebst Nebenleistungen braucht aber, wenn der Hersteller abtretungsweise Gläubiger wird, in keiner Weise verändert zu sein in eine „Gesamtrestforderung", und nichts gibt Anlaß zu einer solchen unnötigen Konstruktion; s. auch oben Anm. 66 am Ende.

Anm. 72

e) Die *Zulässigkeit und Wirksamkeit solcher Diskontierung von Buchforderungen* ist gegeben. Vgl., allerdings mit vielen Bedenken, *Höniger*, Diskontierung von Buchforderungen 11; ferner *Michaelis* HdR Bd. II S. 67 f.; s. auch *Palandt* § 398 Anm. 1 c. Eingehend beschäftigte sich damit, und zwar gerade im Zusammenhang mit einer AbsFin., RGZ 133, 234 ff. = JW 1932, 397 ff. (mit Anm. *Haymann*). Es heißt dort: „Die sog. Diskontierung von Buchforderungen entspricht bei dem heutigen Mangel an Betriebskapital, bei der Schwierigkeit, solches zu beschaffen und bei dem durch die wirtschaftliche Notlage weiter Kreise gebotenen Zwange, die notwendigsten Gebrauchsgegenstände in Form des AbzGeschäftes zu erwerben, einem dringenden wirtschaftlichen Bedürfnis. Sie ermöglicht es, die durch die Kreditgewährung an die Verbraucher festgelegten Vermögenswerte beweglich zu machen und dadurch die Fortführung des Gewerbebetriebes des Verkäufers zu erleichtern. Sie kommt auch seinen Lieferern zugute, da er dadurch in die Lage versetzt wird, die von ihm auf Kredit gekauften Waren zu bezahlen oder Neuabschlüsse zu machen."

Das RG verneint dabei eine Sittenwidrigkeit unter den Vertragsparteien nach § 138 BGB, wobei es feststellte, daß der Verkäufer „keineswegs an Händen und Füßen gebunden" war, in dessen Ermessen es stand, wieviel von seinen Forderungen er für Kreditzwecke abtrat, der selbst die Kaufpreisforderung einzog, ohne daß sie Eigentum des Kreditgebers wurde und über sein Warenlager frei verfügen und im Geschäft frei disponieren konnte. Die gleiche Entscheidung verneint dann auch die Schadenersatzpflicht des Kreditgebers gegenüber Dritten nach §§ 823, 826 BGB unter Ablehnung eines Kredittäuschungs- oder Knebelungsvertrages (über die Einzeltatbestände für einen möglichen derartigen Schadenersatzanspruch s. RGZ 136, 247 ff.). Das RG sagt dazu: „Der Dritte, der seinerseits mit einem Geschäftsmann in Verbindung tritt, hat vielmehr die Pflicht, sich selbst über dessen Vermögenslage zu unterrichten. Er muß heute auch mit der Möglichkeit rechnen, daß der Kunde zum Zwecke der Kreditbeschaffung seine Außenstände ganz oder teilweise abgetreten hat. Dies gilt um so mehr, wenn der Dritte mit einem AbzGeschäft in Geschäftsverbindung tritt. Er muß sich dann vor Augen halten, daß kein solches Geschäft seinen Kunden langfristige Kredite geben kann, ohne sich selbst ihr Betriebskapital durch Verwertung der Außenstände zu verschaffen". Schließlich behandelt die Entscheidung die Wirksamkeit der Abtretung als Forderungsübertragung trotz des

Charakters einer stillen Zession und trotz der vorgesehenen „Verwaltung" der Rechte durch einen Nichtgläubiger mit dem Ergebnis, daß die Wirksamkeit des Abtretungsvertrages auch nicht durch berührt wird, daß der Schuldner (Verkäufer) und unter gewissen Umständen auch ein Dritter (Kreditgeber) zur Einziehung der abgetretenen Forderungen ermächtigt ist. Dabei handelt es sich aber grundsätzlich um Fragen zu § 398 BGB; s. JW 32, 397 mit Bespr.

Es kann aber kein Zweifel darüber bestehen, daß der Vertragsinhalt im Einzelfall sowohl nichtig sein wie Schadenersatzansprüche nach sich ziehen kann.

Anm. 73

3. *Das Verhältnis des Abzahlungskäufers zum Kreditgeber.*

a) Zwischen ihnen bestehen keine vertraglichen Beziehungen, wie das Gesagte ergibt. Die Rechtsbeziehungen ergeben sich erst auf dem Wege über die Abtretung. Zwar kann es bei verdeckter AbsatzFin. vorkommen, daß zusätzlich ein eigener Vertrag zwischen Käufer und Kreditgeber geschlossen wird, der eine Ergänzung zum Kaufvertrag bedeutet und dort nicht vorgesehene und nicht mögliche Verpflichtungen für den Käufer schafft (für Eigentumsübertragung und Sicherungsübereignung, Besitzverschaffungsrecht des Kreditgebers usw.). Wenn aber Kreditgewährung an den Verkäufer und dementsprechende Verpflichtung des Käufers zur Zahlung des Kaufpreises, nicht zur Rückzahlung des Darlehensvertrages wesentlich sind, dann bleibt das gesamte Geschäft AbsatzFin. und für die Stellung des Kreditgebers die Zession und deren Folgen das entscheidende Element, was dann für die Anwendung des AbzG im Verhältnis Käufer—Kreditgeber bedeutsam wird; s. dazu oben Anm. 62 gegen Ende, Anm. 64, 68 a und unten Anm. 78.

Anm. 74

b) *Verhältnis bei der Einziehung der Kaufpreisforderung.*

aa) Hierbei kann der Käufer dem Kreditgeber als dem Zessionar die Einwendungen des bürgerlichen Rechtes entgegensetzen, die *zur Zeit der Abtretung der Kaufpreisforderung* gegen den Verkäufer begründet waren; besser und schärfer: deren Begründung in die Zeit vor der Abtretung zurückreicht; § 404 BGB. Die Lage des Käufers (Schuldners) wird also durch die Abtretung nicht verschlechtert. Der Käufer kann sich also z. B. auf eine schon erfolgte Aufhebung des Kaufvertrages, auf ein ihm zustehendes und schon ausgeübtes Rücktrittsrecht sowie auf Rechte aus der Gewährleistung (§§ 459 ff. BGB) und die Einrede des nicht gehörig erfüllten Vertrages berufen, letzteres auch dann, wenn die mangelhafte Erfüllung erst nach Abtretung erfolgt ist, weil die Einrede nicht in der Erfüllung, sondern in dem gegenseitigen Vertrag ihren Grund hat; gleiches gilt für Anfechtung. Aus letzterem Grund ist übrigens auch die Geltendmachung von Schadenersatzansprüchen keine Aufrechnung und deshalb von den Voraussetzungen des § 406 BGB unabhängig; so *Enneccerus-Lehmann*, Schuldrecht § 79 II, *Palandt* zu § 404 sowie *Rühl* S. 292 oben. — S. aber auch unten Anm. 76.

Anm. 75

bb) Der Schutz des Kreditgebers (Zessionars) gegen Rechtsgeschäfte zwischen Käufer und Verkäufer nach der Abtretung hängt davon ab, ob sog. *stille oder offene Zession* vorliegt. Die stille Zession, das ist Abtretung ohne Nachricht an den Käufer (Schuldner), ist möglich und bereits wirksame Abtretung, da im Gegensatz etwa zu § 1280 BGB die zur Sicherung erfolgende Abtretung nicht der Anzeige an den Schuldner kraft Gesetzes bedarf. Gewählt wird die stille Zession dabei meist, um dem Käufer das Vertrauen zum Verkäufer nicht, jedenfalls nicht unnötig, zu erschüttern. Wenn und solange aber die Abtretung nur eine „stille" ist, wird der die Abtretung nicht kennende Käufer (Schuldner) bei Rechtsgeschäften mit dem Verkäufer (Altgläubiger) auch in der Zeit nach der Abtretung geschützt; § 407 BGB. In diesem Falle kann also eine Vertragsaufhebung zwischen Verkäufer und Käufer nach der Abtretung auch gegen den Kreditgeber wirken; desgleichen ein Rücktritt oder eine Aufrechnung; übrigens auch Mahnung und Angebot der Leistung. Diese Vorschrift *schützt* aber *nur* den Käufer als Schuldner und will ihn nicht benachteiligen, so daß er nicht von ihr Gebrauch machen muß, sondern nach einer solchen Leistung auch, wenn dies für ihn nach Lage vorteilhaft ist, vom Verkäufer rückfordern und an den Kreditgeber als Zessionar leisten kann; s. *Enneccerus-Lehmann*, Schuldrecht § 80 I, 1 und RGZ 111, 303; 125, 410 und 158, 317 sowie RG Warn. 1912 Nr. 202.

Anm. 76

cc) Nach dem in Anm. 74 Ausgeführten ist die Sicherung des Kreditgebers aus der Abtretung der Kaufpreisforderung auch bei der offenen Abtretung einigermaßen fragwürdig. Der Kreditgeber stellt zwar ohnedies grundsätzlich auf die Kreditfähigkeit des Verkäufers ab (s. oben Anm. 62 und 64), will aber trotzdem möglichst gute Sicherung. Zu diesem Zwecke läßt der Kreditgeber sich — auch in Vermittlung durch den Verkäufer — eine *„Bestätigung des Käufers“* geben, worin der Käufer die Zession „anerkennt“ oder „annimmt“ oder aber auch ausdrücklich die Forderung anerkennt. Die Bedeutung dieser Bestätigung muß nicht, wird aber meist im Wege der Auslegung ein *Verzicht auf solche Einreden* sein, die dem Käufer an sich nach § 404 BGB gegen den Kreditgeber zustehen würden; so RG JW 38, 1247 (mit Zitierung aller älteren Entscheidungen hierzu); RGZ 169, 324; BGH LM § 406 BGB Nr. 2, wonach eine Erklärung des Schuldners, er werde die Forderung begleichen, nach den Umständen des Einzelfalles nicht nur die Genehmigung der vertraglich ausgeschlossenen Abtretung, sondern auch Verzicht auf Einwendungen bedeuten kann und DRsp I (128) Bl. 31 b, letztere Entscheidung mit Betonung, daß die Unwiderruflichkeit einer Zahlungsanweisung bei der Auslegung nicht ohne weiteres für den Verzicht auf Einwendungen spreche, weil diese Unwiderruflichkeit den Inhalt und den Umfang der Leistung nicht berührt; ferner AG München DNotZ 54, 40 = DRsp I (128) Bl. 22 f., wonach die Erklärung des Schuldners, er werde bei Fälligkeit die einzelnen Raten zur Überweisung bringen, keinen Verzicht auf Einwendungen einschließt, weil die Erklärung nur besage, daß der Schuldner bei Fälligkeit an den Gläubiger so zahlen werde, wie es ihm aus dem (Darlehens-) Vertrag oblag; schließlich auch LG Waldshut NJW 55, 387, das in einer solchen „Betätigung“ in der Regel einen Verzicht auf die Einwendungen nach § 404 BGB sieht und deshalb eine dahingehende Vermutung erst widerlegt werden müßte. Der *Zulässigkeit des Verzichts* sind Grenzen durch die §§ 138, 242 und 276 II BGB gesetzt. Wann diese Grenzen überschritten sind, kann nur im Einzelfall entschieden werden. Vgl. z. B. RGZ 87, 335; 96, 268; 142, 353 und BGHZ 22, 90.

Anm. 77

Keinesfalls wird man aber im Wege der Auslegung einen Verzicht auf für den Käufer im Zeitpunkt der Bestätigung noch gar nicht erkennbare Einwendungen annehmen können, also etwa auf solche aus erst nach der Abtretung und Bestätigung erfolgender mangelhafter Lieferung, z. B. durch ein Versandhaus. An sich fallen auch solche Einwendungen unter § 404 BGB (s. oben Anm. 74) und sind verzichtbar. Die Auslegung der bloßen Bestätigung oder Annahme der Abtretung durch den Käufer, also einer Käufererklärung, vorgeschrieben vom Verkäufer oder Kreditgeber, kann aber nicht in dieser Weise erfolgen. Bei mangelhafter oder offenbarer Schundlieferung sind also dem Käufer trotz der Bestätigung diese Einwendungen nach § 404 BGB erhalten. Im übrigen kann in der Annahme oder Bestätigung auch ein abstraktes, konstitutives Schuldanerkenntnis nach § 781 BGB liegen; es wird dies aber in der Regel nicht der Fall sein, da der Käufer doch nur im Zusammenhang mit dem Kaufvertrag, nicht völlig losgelöst von ihm, die Verpflichtungserklärung abgeben will; s. JW 38, 1247; BGH LM § 406 BGB Nr. 2 und *Palandt* § 404 Anm. 2 d.

Bei dieser Bedeutung der Bestätigung oder Annahme als Rechtsgeschäft gelten dann die allgemeinen Vorschriften über Rechtsgeschäfte; es kann also bei gegebenen Voraussetzungen angefochten werden usw.

Anm. 78

dd) Der *Verzicht auf Einwendungen* aus § 404 BGB kann stillschweigend durch die Bestätigung oder Anerkennung oder Annahme der Abtretung oder durch konstitutives Schuldanerkenntnis nur erfolgen, wenn und soweit solcher Verzicht *zulässig* ist; s. *Palandt* § 404 Anm. 2 d. Er kann dann natürlich auch als *ausdrücklicher Verzicht* erfolgen, so z. B. besonders in den Vertragsbedingungen. Dieser Verzicht ist jedoch nicht möglich für Einwendungen aus dem AbzG; s. unten Anm. 81.

Vgl. aber auch bezüglich der BGB-Einwendungen unten Anm. 144 ff. Wenn und insoweit dort bei der KundenFin. etwa Einwendungen aus dem BGB zugelassen würden, müßte dies erst recht bei der AbsatzFin. geschehen, wo die Einheit der Verträge eine noch viel deutlichere ist.

Die Stellung des Kreditgebers ist auch dann aus der des Zedenten zu beurteilen, wenn der Zessionar einen eigenen Vertrag mit dem Käufer geschlossen hat, aber doch die Kreditgewährung an den Verkäufer sowie die Verpflichtung des Käufers *auf Zahlung des Kaufpreises* nicht auf Rückzahlung eines Darlehens vertragswesentlich ist und deshalb AbsatzFin. vorliegt; OLG Köln JW 1932, 2044 f. und oben Anm. 73. Auch dann ist nur ein AbzGeschäft gegeben (s. oben Anm. 60 und 66), das wohl schon nach § 1, mindestens aber nach § 6 auf Grund dieses Gesetzes zu beurteilen ist, so daß auch in diesem Fall die Einwendungen aus dem AbzG unverzichtbar sind. Über eine wichtige Erweiterung s. unten Anm. 84.

Anm. 79

c) Bei der *Geltendmachung des dinglichen Herausgabeanspruchs* durch den Kreditgeber kann der Käufer ein Recht zum Besitz einwenden, wenn und solange er nach dem Kaufvertrag zum Besitz berechtigt ist, insbesondere also, solange er seine Ratenzahlungen vertragsgemäß leistet. Dies ergibt § 986 Abs. 2 BGB. Vgl. auch § 5 Anm. 62 ff.

II. Der Schutz des Käufers nach dem Abzahlungsgesetz

Anm. 80

1. *Verhältnis zum Verkäufer.*

a) Wie schon oben Anm. 66 ausgeführt, liegt ein gewöhnlicher AbzKauf nach § 1 Vor. Das AbzG in seinen §§ 1—5 gilt also ohne Einschränkung. Der Käufer ist nach diesen Vorschriften unmittelbar geschützt.

Anm. 81

2. *Verhältnis zum Kreditgeber.* Der Kaufpreisforderung ist (sicherungshalber) dem Kreditgeber abgetreten; s. oben Anm. 68—73. § 404 BGB schützt den Käufer deshalb auch gegenüber dem Kreditgeber; s. oben Anm. 74 f. Ihm kann der Käufer also Einwendungen aus dem AbzKauf entgegenhalten. Während im Rahmen der Verzichtbarkeit dieser Schutz durch Verzicht, insbesondere „Bestätigung" der Abtretung verlorengehen kann (s. oben Anm. 76—78), sind die *Einwendungen aus dem AbzG vor dem Rücktritt unverzichtbar*; s. § 1 Anm. 171 und 193. Ebenso *Klauß* Anm. 498 zu § 6 und *Lechner* Anm. 7 b zu § 6. Dies gilt auch, wenn ein unmittelbarer Vertrag Käufer—Kreditgeber vorliegt, aber die Kaufpreisforderung geltend gemacht wird; s. oben Anm. 78 a. E. und ferner unten Anm. 84.

Anm. 82

b) Bedenken ergeben sich aber bezüglich der *Anwendbarkeit des § 5 AbzG. Rautmann* S. 50 hält das Rücktrittsrecht nicht für übertragbar (s. oben Anm. 69) und hält deshalb die Rücknahme der Kaufsache durch den Kreditgeber nicht für eine Ausübung des Rücktrittsrechtes, da der Kreditgeber nicht in das gesamte Schuldverhältnis eingetreten sei. Dazu ist in Anm. 69 schon gesagt, daß schon der Ausgangspunkt von *Rautmann* nicht richtig ist. Aber selbst vom Standpunkt *Rautmann* aus ist eine Folgerung unzutreffend. Die Rücknahme ist ja nach dem Sinn des § 5 nicht eine *Erklärung* des Rücktritts; vielmehr hat gemäß § 5 die Rücknahme die gleichen *Wirkungen* wie ein Rücktritt; s. § 5 Anm. 1—6. Aber auch wenn man mit *Rautmann* in der Rücknahme eine Rücktrittserklärung erblicken würde, so müßte aus einer Unübertragbarkeit des Rücktrittsrechts auch die Unübertragbarkeit des mit diesem identischen Rücknahmerechtes gefolgert werden, nicht aber die Einengung des — zwingenden — abzahlungsgesetzlichen Schutzes durch Wegfall des Schutzes des § 5.

Daß dem so ist, ist übrigens schon in RGZ 152, 283 ff. nicht bezweifelt worden, wo auf dem Weg über § 6 die Rücknahme der Kaufsache durch die finanzierende Herstellerfirma, der gegenüber der Verkäufer rechtlich selbständig war, nach §§ 1 und 2 beurteilt wurde, in selbstverständlicher Anwendung des § 5.

Anm. 83

c) Der Schutz des Käufers aus dem AbzG besteht gegenüber dem *Kreditgeber* weitgehend auch dann, wenn dieser *aus einem vom Käufer gegebenen Wechsel vorgeht.* Vgl. dazu § 4 Anm. 89 und besonders die dort behandelte Entscheidung RGZ 136, 137 ff. sowie *Beuck* S. 72 ff., 84 ff. Danach ist dem Käufer insbesondere die Einwendung aus § 4 Abs. 2 gegen den Wechselinhaber möglich, wenn der Kreditgeber am AbzGeschäft „beteiligt" ist, indem er den AbzBetrieb der Verkäuferin (Wechselaustellerin) kennt und seinerseits ständig gegen die ihm weitergegebenen Wechsel dem Verkäufer die Mittel zum Betrieb des AbzGeschäftes verschafft. RG a.a.O. gibt unter der erwähnten Voraussetzung mit Recht, aber allgemein, dem Käufer die Einwendungen aus dem AbzG gegenüber dem Wechselrecht des Kreditgebers. Vgl. auch OLG Köln JW 32, 2074 f., wo aber nicht ersichtlich ist, ob *Wechselklage* erhoben war. In gleicher Weise muß dies gelten bei wirtschaftlicher Identität zwischen Kreditgeber und Verkäufer; über diese Identität (allerdings nicht bei Wechselgeltendmachung) s. z. B. RGZ 152, 283 ff. So auch *Beuck* S. 85 f. Es findet in diesen Fällen das AbzG direkt Anwendung, wie die Ausführungen zur AbsatzFin. überhaupt, bei der die Kaufpreisforderung grundsätzlich mit übertragen ist, schon ergeben haben (oben Anm. 73 ff.), und Art 17 WG schließt insoweit die Geltendmachung nicht aus, weil, positiv ausgedrückt, danach die auf „unmittelbare Beziehung" gegründeten Einwendungen immer zugelassen sind, wenn sie dem Schuldner unmittelbar gegen den Inhaber der Wechselurkunde zustehen; s. *Beuck* S. 85 Fußnote 69. Darüber hinaus kommen aber Einwendungen aus dem Verhältnis zum Vormann des Wechselinhabers nur nach Art. 17 Halbs. 2 WG in Betracht. Hierdurch entsteht, besonders bei Annahme ungestückelter Wechsel, für den AbzKäufer eine erhebliche Gefährdung, möglicherweise Entäußerung des durch das AbzG gewährten Schutzes (so *Beuck* S. 87), auch wenn man die bloße Kenntnis vom Vorliegen irgendwelcher Einwendungen schon für die Annahme der Unredlichkeit des Wechselinhabers praktisch für ausreichend hält; *Beuck* S. 79—81.

Der Schutz des Käufers gegen den Wechsel gilt auch, wenn der Verkäufer vertragswidrig die Ware nicht geliefert hatte, da der Käufer dann nicht schlechter stehen darf, BGH vom 30. 1. 1956 (II ZR 206/54) TW 57, 25 = WM 56, 315.

Vgl. hierzu aber auch § 1 Anm. 183, wonach, soweit das AbzG unmittelbar Anwendung findet, auch der Anspruch auf Rückgabe des Wechsels besteht, und § 1 Anm. 180 über den auf alle Fälle gegebenen Anspruch gegen den Verkäufer auf Befreiung von den Wechselverbindlichkeiten.

Anm. 84

Zu a—c; Der in Anm. 81—83 behandelte Schutz gilt auch, wenn nicht reine AbsatzFin. vorliegt, sondern eine Mischung gegeben ist (s. oben Anm. 62), also Bestandteile der KundenFin. mitgegeben sind. Das ist insbesondere der Fall, wenn zwar eigener Vertrag Käufer—Kreditgeber geschlossen wird, aber der Käufer auch dem Kreditgeber gegenüber sich zur Zahlung der Kaufpreisforderung, nicht zur Darlehensrückzahlung verpflichtet. Es verbleiben dann auch gegenüber dem Kreditgeber dem Käufer alle Einwendungen, besonders auch die aus dem AbzG. Vgl. dazu die oben in Anm. 78 behandelte Entscheidung des OLG Köln und *Klauß* Anm. 499, der hier von versteckter AbsatzFin. spricht.

Es muß dies aber selbst dann gelten, wenn im Wege gemischter Finanzierung *neben der weiterbestehenden Kaufpreisforderung* der Kreditgeber eine Darlehensforderung gegen den Käufer besitzt (insbesondere Mithaftung des Käufers für die Darlehensschuld des Verkäufers) und zur Klagebegründung seine *Darlehens*forderung benützt. Der Käufer hat ja zweifellos auch in solchem Fall nur einmal zu bezahlen. Bei der KundenFin. wird sich nämlich zeigen (s. unten Anm. 144 ff.), daß der Käufer trotz *erloschener* Kaufpreisforderung dem Dritten (Kreditgeber) beim Vorgehen aus dem Darlehen seine Einwendungen aus dem AbzG gemäß § 6 entgegenhalten kann; dies muß dann erst recht bei der AbsatzFin. gelten, also bei noch bestehender Kaufpreisforderung und der dadurch viel deutlicher gegebenen „Einheit" von Kauf- und Kreditvertrag. Vgl. dazu im Gegensatz zu OLG Köln JW 32, 2044 die Entscheidung OLG München NJW 56, 1202, die freilich in ihrem Ausgangspunkt zweifelhaft ist; s. dazu *Möllers* a.a.O. Es ist dann allerdings eben ein Fall des § 6, nicht mehr des § 1 gegeben; aber durch die Anwendung des § 6 vermag bei der hier vorgeschriebenen wirtschaftlichen Betrachtungsweise der Kreditgeber des Käufers nicht durch Vertragsgestaltung und Klagebegründung sich den zwingenden Vorschriften des ABzG zu entziehen. OLG Stuttgart DJZ 33, 1380 = *Soergel* Rspr. 33 § 6 AbzG, stellte dabei auf Umgehung ab und erklärte: Beim Zusammenwirken von AbzVerkäufer, seiner Lieferfirma und einem FinInstitut kommt § 6 zur Anwendung, wenn durch den FinVertrag der Käufer der Vorteile des AbzG verlustig ginge, besonders wenn eine tatsächliche AbsatzFin. als scheinbare KundenFin. vorgenommen wird, um das AbzG zu umgehen.

Bei der heutigen Rechtsprechung zur KundenFin. ist das Ergebnis selbstverständlich, für das übrigens nicht auf die Umgehungs*absicht* abgestellt werden darf; s. oben Anm. 9—12 zu § 6.

III. Nichtigkeit von Absatzfinanzierungsgeschäften, insbesondere wegen Verstoßes gegen § 134 oder § 138 BGB

Anm. 85

1. Bei der Beurteilung der Nichtigkeit solcher FinVerträge, auch gemischter (s. gben Anm. 62 und 84), ist aus den vorstehenden Ausführungen folgendes im besonderen zu beachten:

a) Gewollte oder auch nur objektiv gegebene Umgehung des AbzG, besonders eine im Verhältnis zum Käufer, durch Einschaltung des Kreditgebers auf Nichtanwendbarkeit des AbzG hinzielende Vertragsgestaltung, kann Folgen nach § 134 BGB deshalb nich haben, weil nach der zwingenden Vorschrift des § 6 das AbzG Anwendung findet. Damit ist auch der „Verzicht des Käufers auf die Geltendmachung von Ansprüchen jeder Art" mindestens bezüglich der Einwendungen aus dem AbzG nichtig. Über diese Anwendbarkeit des AbzG s. RGZ 131, 213 ff. (225); ferner RGZ 136, 137 (141) und RGZ 152, 283 ff.

Anm. 86

b) Mit der Anwendbarkeit des AbzG sind nichtig auch alle einzelnen gegen zwingende Bestimmungen dieses Gesetzes verstoßenden Abreden

aa) insbesondere gegen § 4 Abs. 2 verstoßende Abreden und die dagegen verstoßende Hingabe eines nicht gestückelten Akzeptes; so RGZ 136, 137 (140);

bb) ferner besondere gegen § 5 verstoßende Abreden, wonach Rücknahme der Kaufsache durch den Kreditgeber den Vertrag, insbesondere auch den Darlehensvertrag nicht berühren soll; so OLG Königsberg LZ 32, 1336, wobei allerdings dort Einheit zwischen Verkäufer und Kreditgeber anzunehmen war;

cc) ferner Verstöße gegen § 2; s. z. B. RGZ 152, 283 (290 f.).

Anm. 87

Zu a und b: Die Nichtigkeit des Gesamtvertrages kommt nicht bloß bei den Fällen zu b) nicht in Betracht (s § 1 Anm. 194 und *Rühl* S. 248 sowie RGZ 136, 140; anders möglicherweise RGZ 131, 222 [224]), sondern grundsätzlich auch nicht bei den Fällen zu a). Wenn § 6 anwendbar ist, verändert er eben den bestehenbleibenden Vertrag, wie das auch die obenerwähnten RG-Entscheidungen zeigen. Darauf, daß der alte „alles-oder-nichts-Grundsatz" ohnedies verlassen ist (s. *Staudinger-Ostler* Einl. Anm. 3 vor § 433) braucht man also hier nicht erst zurückzugreifen.

Anm. 88

2. Nach Berücksichtigung der Erwägungen aus Anm. 85—87 wird aber in der heutigen Praxis nur noch selten die Nichtigkeit des Vertrages nach § 138 Abs. 1 oder Abs. 2 BGB gegeben sein. Vgl. auch Anm. 96 zu § 1 und *Klauß* Anm. 516 zu § 6.

a) Sie kann in Betracht kommen

aa) bei *Anhäufung drückender Abreden* zu Lasten des zahlungsschwachen Schuldners. So war es bei RGZ 128, 251 ff. = JW 29, 1380; s. auch *Rühl* S. 288 und S. 290, der dieses Urteil aber als nicht widerspruchsfrei kritisert. Vgl. ferner aber auch RGZ 131, 213 und Urteilsbespr. von *Rühl* JW 31, 1178. Es darf aber das große Risiko des Kreditgebers, das bis zu einem gewissen Grade strenge Bedingungen rechtfertigt, nicht übersehen werden, so daß dieser Gesichtspunkt weitgehend gegen Nichtigkeit in Betracht kommen wird; so auch *Rühl* a.a.O.; *Rautmann* S. 30 ff. und *von Brockdorff* in Eger 1928, 35 f. Vgl. auch oben Anm. 72.

Anm. 89

bb) bei einem Vertrag, der überhaupt und besonders durch seine Einzelbestimmungen über das *Leistungsvermögen dieses Käufers* dem Verkäufer erkennbar hinausgeht, in dem die Teilzahlungen aus den für diesen Käufer der Kaufsache zu erwartenden ordentlichen Erträgen und seinen sonstigen Mitteln nicht aufzubringen sein werden, so daß der Vertrag trotz seiner Wichtigkeit für den Käufer aller Voraussicht nach nicht zur Durchführung kommen kann; RGZ 128, 251 ff. und 147, 344 ff.

Anm. 90

cc) bei einem Vertrag, dessen effektive vom Käufer zu leistende Verzinsung („Spesen", „Provisionen", soweit diese nur verschleierte Zinsen sind, mit eingerechnet) nach § 138 Abs. 1 oder Abs. 2 BGB nicht mehr tragbar ist. S. dazu wieder RGZ 131, 213 ff.; *Rühl* erwähnt S. 289 solche Zinsen bis zu 53 %. *Lex* IV RWPBl Gr. II D AbzGeschäfte Einzelfragen 3 sieht mit Recht als nichtig an die Vereinbarung von Verzugszinsen von 1 % pro Monat in Verbindung mit Kreditkosten von 22 % jährlich. Dies bei herrschender Geldknappheit. So auch AG Frankfurt MDR 69, 47, das die Vereinbarung einer Verzugsgebühr von 1 % pro Monat neben der Kreditgebührenbelastung von 19,2 % p. a., also bei einer Gesamtverzinsung von 31,2 % für sittenwidrig hält. Vgl. hierzu OLG Karlsruhe MDR 51, 161 (mit weiteren Zitaten) und § 1 Anm. 96 f.

Unter Zins ist der Preis zu verstehen, den der Darlehensnehmer für die Überlassung des Kapitals zu zahlen hat. Eingehend erörtert *Belke* in BB 68, 1219 den Zinsbegriff und das Problem der Kreditgebühr als zusätzlich zu zahlenden Zins, das er mit der h. L. und der hier vertretenen Ansicht löst. Daß der Darlehensgeber einen Teil des Zinses zur Deckung seiner Unkosten verwendet ist selbstverständlich und entspricht jeder wirtschaftlichen Kalkulierung. Aus dem für den Darlehensgeber bestimmten Verwendungszweck des Zinses läßt sich demnach nichts ableiten. Vgl. im einzelnen sehr ausführlich OLG Köln NJW 66, 2217.

Der *Kreditgebühr kommt* also richtiger Ansicht nach *Zinscharakter zu,* so OLG Braunschweig BB 65, 837 u. BB 65, 1203; OLG Köln NJW 66, 2217; OLG München NJW 69, 53; LG Köln BB 64, 667; AG Hamburg MDR 65, 381; BFH BStBl 67 III, 607; FG Düsseldorf DB 67, 269; Gorniak NJW 69, 2124 und *Meyer-Ladewig* BB 63, 170 ff.; siehe auch *Scholz* Tw 65, 149 A. A. OLG Hamm v. 12. 12. 63 (8 U 205, 63) von *Scholz* in TW 64, 190 erörtert; *Scholten* TW 67, 92; TW 68, 205 und NJW 68, 385.

Folge ist, daß wegen § 248 BGB Zinsen, auch Verzugszinsen, auf die Kreditgebühr nicht erhoben werden dürfen, also nur von der Kreditsumme ausschließlich der Kreditgebühren zu berechnen sind. Folge ist weiter, daß bei vorzeitiger Rückzahlung des Kredits auch die Kreditgebühr vom Kreditgeber nur pro rata temporis beansprucht werden kann. Die Banken sichern sich aber häufig die volle Kreditgebühr in den Geschäftsbedingungen durch den Passus, daß eine Rückzahlung der Kreditgebühr nicht erfolgt. S. auch OLG Köln in NJW

68, 1933 mit zustimmender Anmerkung von *Scholten* und OLG Köln NJW 68, 1934.

Für die der Bankenaufsicht unterliegenden Teilzahlungsbanken gelten entweder die bankmäßigen Sollzinssätze; es kann aber auch eine Kreditgebühr bis zu 0,7 % je Monat aus dem ursprünglichen Kreditbetrag berechnet werden; *Consbruch-Müller* S. 115.

Anm. 91

b) Auch die Nichtigkeit nach § 138 BGB führt im allgemeinen nur zur *Teilnichtigkeit* nämlich dann, wenn sich die anstößigen Bestimmungen aus dem Vertrag lösen lassen. In dieser Richtung auch offenbar RGZ 131, 222. Völlige Nichtigkeit hat RG RdK 35, 68 angenommen in einem Fall, in dem der nicht anstößige Rest des Vertrages ein ganz anderes Bild ergeben hätte. Ebenso *Klauß* Anm. 517 zu § 6.

C. Die Kundenfinanzierung im einzelnen

I. Die rechtliche Gestalt

Anm. 92

Der Käufer erhält von einem Dritten ein in Raten rückzahlbares Darlehen, um gegen volle Bezahlung des Kaufpreises die Kaufsache sofort zu erhalten. Bei der KundenFin. (s. oben Anm. 61) wird das sonst im AbzGeschäft vereinigte Güterumsatz- und Kreditgeschäft aufgelöst. Unter Loslösung vom Güterumsatzgeschäft wird das Kreditgeschäft verselbständigt; s. auch unten Anm. 121 ff. und 144 ff. Während die Kaufpreisforderung durch Bezahlung oder alsbald erlischt, gelten nach den Vereinbarungen im Darlehensvertrag ähnliche Bestimmungen wie bei AbzKäufen. Dadurch entstehen die rechtlichen Probleme. Der Kredit wird dabei in der Praxis entweder für einen ganz bestimmten AbzKauf gegeben (Einzelkredit) oder zum Zwecke beliebiger Kaufverträge bei einem größeren Verkäuferkreis (Kollektivkredit). Vgl. auch oben Anm. 61 und unten Anm. 99 a. E.

Sind sich Käufer und Verkäufer darüber einig, daß der Kaufpreis von einem FinInst. finanziert werden soll, kommt aber ein solcher FinVertrag aus irgendwelchen Gründen nicht zustande, so ist *der Kaufvertrag* unwirksam. Er *steht* nämlich von Anfang an *unter der aufschiebenden Bedingung*, daß das Darlehen tatsächlich auch gewährt wird; vgl. ferner Anm. 102. Andernfalls mußte der Verkäufer den Kaufpreis aus eigenen Mitteln kreditieren (stunden) oder der Käufer den Kaufpreis bar entrichten, was jedoch gerade vermieden werden sollte; gl. A. auch OLG Stuttgart DB 61, 1451; OLG Celle BB 69, 558; *Möllers* HdTw S. 491.

Anm. 93

1. *Verhältnis zwischen Käufer und Kreditgeber.* In ihrem Verhältnis ergibt sich aus der rechtlichen Verselbständigung der Verträge ein *Darlehensvertrag.* Der Kreditgeber ist dabei nicht versteckter Verkäufer, der Verkäufer nicht nur Strohmann für den Kreditgeber; es sei denn, daß ausnahmsweise der „Verkäufer" nur im Auftrage und für Rechnung des Kreditgebers tatsächlich verkauft; s. RGZ 128, 251 ff. (254). Abgesehen von dieser Ausnahme aber erklärt schon *Rühl* S. 280 eine solche Annahme mit den Lebensverhältnissen und der Entstehungsgeschichte der FinInstitute nicht vereinbar. Vorteil und Risiko des Kaufgeschäftes treffen den Verkäufer, nicht den Kreditgeber. Vgl. aber auch unten Anm. 109, 146.

Anm. 94

Bei dem vom Käufer mit einem Dritten geschlossenen selbständigen Darlehensvertrag *handelt es sich um einen Realkontrakt* nach § 607 BGB; a. A. die Vorauflage. So auch die h. L, vgl. RGZ 86, 324; *Palandt* Einf. v. § 607 Anm. 1 a. Folglich kommt der Darlehensvertrag erst mit der Auszahlung der Valuta an den Darlehensnehmer oder an einen von ihm bestimmten Dritten zustande. Das ergibt sich aus der Formulierung des § 607 Abs. 1 BGB („empfangen hat"). Das bloße Darlehensversprechen ist ein Darlehensvorvertrag.

Dieser Meinung folgt auch BGH MDR 65, 557. Er vertritt mit Recht die Ansicht, daß die vereinbarungsgemäße Auszahlung der Valuta an einen Vermittler nur dann ein Darlehensverhältnis schafft, wenn die Summe in irgendeiner Form dem Vermögen des Darlehensnehmers zufließt und nicht der Verfügungsgewalt der Bank unterworfen bleibt.

Der Käufer kann den Darlehensantrag, den der Verkäufer für die Bank vermittelt hat, widerrufen, wenn er mit dem Verkäufer nachträglich vereinbart hat, den Kaufpreis aus eigenen Mitteln zu bezahlen und wenn die Bank den Antrag noch nicht angenommen hat. Teilt der Verkäufer den Widerruf der Bank nicht mit, so steht dem Rückzahlungsanspruch der Bank ein gleichhoher Schadensersatzanspruch des Käufers entgegen, so richtig OLG Saarbrücken vom 16. 6. 64 (2 U 215,643) Justizbl. Inn 65, 5.

Anm. 94a

Die Nebenpflichten des FinInst. gegenüber dem Käufer. Dies ist einer der bedeutendsten Fragenkreise innerhalb des gesamten finanzierten AbzKaufs.

Die Rechtsprechung hierzu ist sehr umfangreich, aber immer noch in der Entwicklung begriffen. Gefestigte Rechtsprechung gibt es nur über 2 wesentliche Nebenpflichten der Bank: Sie hat den Käufer *aufzuklären, welche Gefahren ihm drohen,* wenn er eine Warenempfangsbestätigung unterschreibt, obwohl ihm die Ware tatsächlich noch nicht ausgehändigt wurde, s. Anm. 94 b. Die Bank muß sich fernere grundsätzlich vor Auszahlung der Darlehensvaluta *vergewissern, ob die Ware dem Käufer auch übergeben wurde* vgl. Anm. 94 c. Zu weiteren Nebenpflichten siehe unten Anm. 94 d—h.

Rechtsgrundlage dieser Nebenpflichten ist § 242 BGB. Es ist eine bekannte Erfahrungstatsache, daß Käufer häufig den Empfang der Ware wahrheitswidrig bestätigen. Dadurch läuft der Käufer Gefahr, das von dem FinInst an den Verkäufer ausbezahlte Darlehen an die Bank zurückzahlen zu müssen, ohne jemals die Ware zu erhalten — etwa weil der Verkäufer in Konkurs geraten ist. Die Gefahr basiert auf der rechtlichen Trennung des Kauf- vom Darlehensvertrag, vgl. Anm. 107 ff., 146. Die Aufklärungspflicht des FinInst. ergibt sich deshalb aus folgendem:

Für den Käufer erscheinen die beiden Verträge als wirtschaftliche Einheit, da er faktisch den Kaufpreis an das FinInst. bezahlt, s. Anm. 119 a. Die rechtliche Trennung der Verträge ist dem Käufer regelmäßig. unbekannt. Daraus resultiert die oben erwähnte Gefahr für den Käufer. Dem FinInst. ist diese Gefahr auch bekannt oder muß ihm mindestens bekannt sein. Es würde deshalb Treu und Glauben widersprechen, wenn das FinInst. aus dem dem Käufer als wirtschaftliche Einheit erscheinenden Geschäft Gewinn erzielen will, es dabei aber unterließe, den Käufer auf die Gefahren aus der Selbständigkeit beider Verträge hinzuweisen.

Auf eine *dauernde Geschäftsverbindung* zwischen dem Verkäufer und der Bank *kommt es nicht an.* Für den Käufer besteht die Gefahr einer unwahren Empfangsbestätigung unabhängig davon. Die besondere Kenntnis des FinInst. von diesen Gefahren und die besondere Vertrauensstellung, welche Banken gegenüber ihren Kunden genießen, verlangen die Aufklärung des Käufers über besondere Rechtsfolgen. Die Erfüllung dieser Pflicht ist den Banken auch ohne weiteres zumutbar. S. hierzu BGH v. 17. 11 60 (II ZR 78, 60) = NJW

61, 164; BGHZ 47, 218 v. 20. 2. 67; BGHZ 47, 208 vä 20. 2. 67. Vgl. ferner OLG Celle NJW 58, 502; *Möllers* NJW 58, 207 ff. a. *Rötelmann* NJW 58, 502. Die genannten Pflichten erwachsen nicht erst aus dem abgeschlossenen Vertrag, sondern stellen eine Pflicht bei Abschluß des Vertrags dar.

Anm. 94b

Die Aufklärungspflicht:

Nach den Ausführungen oben Anm. 94 a ist das FinInst. verpflichtet, den AbzKäufer (= Darlehensnehmer) davor zu warnen, eine Empfangsbestätigung vor Erhalt der Ware zu erteilen. Es hat ihn darauf aufmerksam zu machen, daß er auch dann zur Rückzahlung des Darlehens verpflichtet ist, wenn er den Empfang der Ware wahrheitswidrig bestätigt. Dieser Hinweis auf die möglichen Rechtsfolgen einer unwahren Empfangsbestätigung ist unerläßlich. Die bloße Warnung genügt nicht, da sie erst mit dem Wissen um die Rechtsfolgen richtig verständlich wird.

Das Bestehen der Aufklärungspflicht:

Auch wenn das FinInst. nach dem Darlehensvertrag berechtigt sein soll, die Valuta an den Verkäufer auszubezahlen ohne vorher die Empfangsbestätigung des Käufers sich vorlegen lassen zu müssen, besteht die Aufklärungspflicht. Ebenso BGHZ 47, 208 vom 20. 2. 67. Diese Pflicht besteht dann erst recht, da das Geschäft für den Käufer noch gefährlicher wird und die Bank alle die Umstände zu offenbaren hat, die für die Entschließung des Käufers erkennbar von Bedeutung sind.

Die Aufklärungspflicht besteht ferner *unabhängig* von der *Art des Kaufgegenstandes.* Es spielt keine Rolle, ob Güter des täglichen Gebrauchs oder Luxusgegenstände gekauft werden. Das AbzG gilt für beide Arten gleichermaßen, vgl. Anm. 14 zu § 1, und das Schutzbedürfnis des Käufers besteht unabhängig von dieser Unterscheidung.

Dagegen ist es fraglich, *ob die Bank nur geschäftlich unerfahrene* Käufer aufzuklären hat oder ob Bildungsgrad und Geschäftserfahrung des Käufers völlig unbeachtlich sind. Die Antwort ist aus § 242 BGB zu geben. Danach sind es die Vertrauensstellung der Bank gegenüber dem Käufer, die Kenntnis der Bank von der Gefahr einer unwahren Empfangsbestätigung, das Bestreben der Bank durch Zusammenarbeit mit dem Verkäufer geschäftliche Gewinne zu erzielen, die die Aufklärung geboten erscheinen lassen. Diese Kriterien entfallen jedoch dann, wenn der Käufer selbst *positiv* um die Gefahren einer unwahren Empfangsbestätigung und der rechtlichen Trennung der beiden Verträge weiß und *zusätzlich* eigene geschäftliche Erfahrung auf dem Gebiet der TeilzFinGeschäfte besitzt. Eine Vertrauensstellung der Bank besteht dann insoweit nicht mehr. Sowohl Bank wie Käufer sind dann insoweit gleich erfahrene Vertragspartner. Fälle dieser Art werden aber selten sein. Vgl. OLG Köln MDR 62, 214, wo der Käufer längere Zeit bei einer Möbelfirma beschäftigt war und von dieser Tätigkeit her die Risiken und Gefahren des Teilzahlungsgeschäfts kannte. S. dazu auch die UrtBespr. von *Scholz* TW 63, 22.

BGHZ 47, 218 v. 10. 2. 67 lehnt eine Berücksichtigung der Geschäftserfahrung des Käufers ab. Falls der BGH dabeu auch eine einschlägige, also auf Teilzahlungsfinanzierung bezogene Geschäftserfahrung im Auge hatte, was der Entscheidung nicht mit Sicherheit zu entnehmen ist, so kann ihm aus obigen Gründen nicht gefolgt werden. Auf der anderen Seite war die ältere Rechtsprechung des BGH zu dieser Frage zu eng, wenn sie die Aufklärungspflicht nur gegenüber dem allgemein geschäftlich unerfahrenen Käufer bejahte, so BGH vom 17. 11. 60 (II ZR 78, 60) = NJW 61, 164 und ebenso auch OLG Köln DB 63, 371.

Eine Aufklärungspflicht gegenüber *geschäftlich erfahrenen Käufern verneinen* ausdrücklich OLG Köln NJW 58, 1237 und MDR 62, 214, wobei die letztgenannte Entscheidung wie hier auf einem speziell im Teilzahlungshandel erfahrenen Käufer abstellt, vgl. oben.

BGHZ 47, 218 v. 20. 2. 67 ist aber uneingeschränkt zuzustimmen, soweit der BGH dem *Bildungsstand des Käufers keine Bedeutung* beimißt. Auch ein hoher Bildungsgrad macht den Käufer in AbzSachen nicht zu einem der Bank gleich erfahrenen Partner. Das Vertrauensverhältnis zwischen Bank und Käufer bleibt bestehen.

Die Form der Aufklärung:

Mit Recht haben die Gerichte die Anforderungen an die Klarheit, Eindringlichkeit und Unübersehbarkeit der meist in Geschäftsbedingungen niedergelegten Aufklärung erheblich erhöht. Es ist eine viel gemachte Erfahrung, daß die meisten Käufer die schriftlich fixierten Geschäftsbedingungen des Vertragspartners nicht oder nur unzureichend zur Kenntnis nehmen, beim FinAbzKauf schon deshaib, weil Vertragspartner ein Geldinstitut ist, dem in geschäftlichen Dingen meist großes Vertrauen entgegengebracht wird.

Im Text des Vertragsformulars muß *deutlich davor gewarnt werden*, eine Empfangsbestätigung nicht vor Erhalt der Ware zu erteilen.

Ein kleingedruckter Text genügt dazu nicht, da ihn der Käufer nur allzu leicht unbeachtet läßt. Die Warnung muß *an unübersehbarer Stelle* im Formular angebracht sein, ohne daß vorher der gesamte übrige Text durchgelesen zu werden braucht, BGH v. 17. 11. 60 (II ZR 78, 60) = NJW 61, 164; ebenso BGHZ 47, 218 v. 20. 2. 67. Das AG Freiburg MDR 63, 757 schlägt deshalb vor, den warnenden Hinweis mit rotem Stempel über den Platz für die Unterschrift des Käufers zu drucken. Des weiteren ist darauf zu achten, daß aus der Formulierung der Warnung dem Käufer die Gefahren und Risiken des finanzierten AbzKaufs klar vor Augen gehalten werden. Die Formulierung muß *für „jedermann"* (so BGHZ 47, 218 v. 20. 2. 67) *unmißverständlich* sein. Als Formulierung schlägt der BGH BGHZ 47, 208 vor:

> „Achtung!
> Auch bei Nichterhalt oder Erhalt mangelhafter Ware hat der Käufer (Darlehensnehmer) das Darlehen voll zurückzuzahlen."

BGH a.a.O. betont ausdrücklich, daß der bloße Hinweis, die Bank werde die Valuta ohne Prüfung der ordnungsmäßigen Lieferung der Ware an den Verkäufer auszahlen, nicht genügt. Dies ist zutreffend, weil, wie schon oben bemerkt, dem Käufer auch die *Rechtsfolgen* klargemacht werden müssen.

Die Erfüllung der Aufklärungspflicht:

Die Bank kommt ihrer Aufklärungspflicht in der Regel dadurch nach, daß sie dem AbzVerkäufer die mit der entsprechenden Warnung versehenen Darlehensantragsformulare überläßt und dieser als Erfüllungsgehilfe der Bank (siehe unten Anm. 94 i) dem Käufer die Formulare vorlegt und ihn gegebenenfalls weiter aufklärt. So beim B- und C-Geschäft; beim A-Geschäft handelt die Bank selbst durch ihre Vertreter.

Die Verletzung der Aufklärungspflicht:

Die Aufklärungspflicht besteht ihrem Wesen entsprechend schon vor Abschluß des Darlehensvertrags, s. Anm. 94 a. Nach diesem Zeitpunkt kann zwar die Aufklärung noch sinnvoll sein, nämlich wenn eine Empfangsbestätigung noch nicht abgegeben ist. Da aber die Bank nicht im voraus weiß, wann die Ware tatsächlich übergeben wird, muß die Pflicht zur Aufklärung schon vor Abschluß des Darlehensvertrags bestehen. Dem Käufer muß auch bei sofortiger Unterzeichnung der Empfangsbestätigung (nach Abschluß des Kaufvertrags) die Gefahr vor Augen gehalten werden.

Diese Pflicht der Bank besteht also schon beim Vertragsschluß bzw. bei den Vertragsverhandlungen. Wird sie schuldhaft verletzt, so *haftet die Bank aus culpa in contrahendo* (vgl. dazu *Palandt* Anm. 6 zu § 276 BGB), deren Grundlage selbst wieder § 242 BGB ist, nämlich ein besonderes Vertrauensverhältnis der Vertragsparteien untereinander schon vor Vertragsabschluß. Gl. A. auch BGH v. 17. 11. 60 (II ZR 78, 60) = NJW 61, 164.

Medicus Jus 65, 209 (215) lehnt culpa in contrahendo (c. i. c.) als Anspruchsgrundlage ab, weil diese Haftung auf dispositivem Recht beruhe, die Haftung des FinInst. im Ergebnis aber dem erklärten Willen der Parteien widerspreche, folglich vertraglich ausgeschlossen sei. Dies ist unrichtig. *Medicus* verweist selbst auf § 276 Abs. 2 BGB, wonach die Haftung für Vorsatz nicht ausgeschlossen werden kann. Es ist aber auch allgemein anerkannt, daß auf einen Einwand aus § 242 BGB im voraus nicht wirksam verzichtet werden kann, vgl. *Palandt* Anm. 1 b zu § 242 BGB. Der Gedanke ist mit dem des § 276 Abs. 2 BGB eng verwandt. Ein Vertragspartner soll und darf nicht einen Freibrief für treuwidriges Handeln bekommen. Kann aber auf den Einwand aus § 242 BGB nicht wirksam im voraus verzichtet werden, so auch nicht auf die Rechtsfolge, die der Einwand auslöst.

Die Haftung aus c. i. c. wird *nur bei Verschulden* ausgelöst; so in Analogie zu den §§ 122, 179, 307 BGB. Dabei kommt einmal schuldhaftes Verhalten des Verkäufers in Betracht, insbesondere beim Ausfüllen der Vertragsformulare und der Empfangsbestätigung. Dieses Verschulden hat sich die Bank über § 278 BGB anrechnen zu lassen, denn der Verkäufer ist ihr Erfüllungsgehilfe (vgl. Anm. 94 i). *Zum mitwirkenden Verschulden des Käufers s. Anm. 94 d.* Es braucht auf ein Verschulden des Verkäufers nicht zurückgegriffen zu werden, wenn die Bank selbst schuldhaft gehandelt hat, nämlich die Formulare nicht mit der der oben dargestellten Form entsprechenden Warnung versehen hat.

Der Anspruch aus c. i. c. ist ein Schadenersatzanspruch, der den Vertrauensschaden (negatives Interesse) decken soll. Demzufolge muß der Käufer so gestellt werden, wie er stünde, wenn ein Darlehensvertrag niemals zustande gekommen wäre. Das bedeutet Freistellung vom Rückzahlungsanspruch der Bank.

Zur Geltendmachung dieses Anspruchs ist folgendes hervorzuheben: Erhebt die Bank Klage gegen den Käufer auf Rückzahlung der Darlehensvaluta, so setzt der Käufer ihr seinen Schadensersatzanspruch aus c i. c. entgegen. Eine Aufrechnung ist darin nicht zu erblicken. Vielmehr wendet der Käufer der Bank gegenüber arglistiges Verhalten ein, § 242 BGB. Es ist nämlich treuwidrig, wenn die Bank vom Käufer etwas (Rückzahlung der Valuta) verlangt, was sie ihm sogleich wieder zurückgeben muß („dolo agit, qui petit quod statim redditurus est"). Somit ist auch ein vertraglich vereinbarter Ausschluß einer Aufrechnung ohne Bedeutung hierfür. So auch *Meyer-Ladewig* BB 63, 170; *Möllers* NJW 58, 209 und *Petermann* Rpfl. 61, 143.

Anm. 94c

Die Verpflichtung des FinInst., vor Auszahlung der Valuta an den Verkäufer zu prüfen, *ob der Käufer die Ware erhalten hat (Erkundigungspflicht)* s. auch oben Anm. 34 a:

Das oben zur Aufklärungspflicht Gesagte (Anm. 94 b) gilt hier gleichermaßen, da beide Nebenpflichten der Bank den ihnen zukommenden Zweck erfüllen, nämlich den Käufer davor schützen, daß er auf der einen Seite das Darlehen an die Bank zurückzuzahlen hat, auf der anderen Seite aber die Ware nicht erhält. Die Erfüllung dieser Pflicht zerfällt in zwei zeitliche Handlungen. Hat das FinInst. seiner Aufklärungspflicht voll entsprochen, so besteht die Erkundigungspflicht nur mehr in der Pflicht, sich eine glaubwürdige Warenempfangsbestätigung vorlegen zu lassen. Deren Wahrheit braucht dann nicht mehr geprüft zu werden. Ist der Aufklärungspflicht nicht genüge getan, so muß das FinInst. im Rahmen seiner Erkundigungspflicht auch die Tatsache der Aushändigung der Ware an den Käufer nachprüfen.

Das Bestehen der Erkundigungspflicht:

Ist nichts anderes vereinbart, so hängt die Erkundigungspflicht von dem Bestehen der Aufklärungspflicht ab. Auf den Kaufgegenstand und den Bildungsgrad des Käufers kommt es somit nicht an, wohl aber auf die Erfahrung in TeilzGeschäften. Hierzu s. Anm. 94 b.

Die Erkundigungspflicht kann vertraglich nicht ausgeschlossen werden, da es sich um eine aus Treu und Glauben resultierende Pflicht handelt, auf die im voraus nicht verzichtet werden kann. Wegen der Besonderheit beim Verkauf eines gebrauchten Kraftfahrzeugs siehe Anm. 94 e.

S. ferner OLG Karlsruhe MDR 58, 96; OLG Celle NJW 58, 502; LG Hamburg MDR 58, 162 u. LG Hamburg vom 6. 2. 58 TW 58,

23 f. u. 54 ff.; LG Essen MDR 58, 33; *Möllers* NJW 58, 207 ff.; *Klauß* TW 58, 19 ff. u. *Petermann* DRpflg. 58, 76, 80.

Die glaubwürdige Empfangsbestätigung:

Es ist allgemein anerkannt, daß das FinInst. die Darlehenssumme nur auf Grund einer *glaubwürdigen* Empfangsbestätigung ausbezahlen darf. Wann eine Empfangsbestätigung glaubwürdig ist oder nicht, läßt sich allgemein nicht sagen. Es kommt stets auf den Einzelfall an, insbesondere auf die Art des Kaufgegenstands, die Geschäftsgepflogenheiten und Formulartexte. Einige Kriterien lassen sich jedoch aufstellen:

Die Empfangsbestätigung *darf keinen auffälligen Mangel aufweisen.* Dazu LG Mannheim MDR 66, 841. Beim Kauf eines Kfz. sah das Formular der Empfangsbestätigung eine Spalte mit Angaben über Motorblocknummer, polizeiliches Kennzeichen, Fahrgestellnummer vor. Diese Spalte war jedoch nicht ausgefüllt. Nur der Fahrzeugtyp und das Baujahr waren vermerkt. Mit Recht nahm das LG an, daß sich das FinInst. auf die Empfangsbestätigung nicht hätte verlassen dürfen. Dies hat immer dann zu gelten, wenn das Formular an solchen Stellen widersprüchlich oder überhaupt nicht ausgefüllt ist, deren richtige Ausfüllung zur Verhinderung von „unsauberen Machenschaften“ wichtig ist.

Auch der Zeitpunkt der Unterzeichnung der Empfangsbestätigung kann u. U. von Bedeutung für deren Glaubwürdigkeit sein. Ist die Empfangsbestätigung gleichzeitig mit dem Kaufvertrag unterzeichnet worden, so kann nach der Geschäftserfahrung zu folgern sein, daß eine sofortige Übergabe der Sache bei Kaufabschluß unwahrscheinlich ist. Häufig will der Verkäufer die Stellungnahme des FinInst. zum Darlehensantrag des Käufers abwarten oder den Kaufgegenstand aus Lagerbeständen erst bereitstellen; so insbesondere beim Möbel- und Kraftfahrzeugkauf. Soll die Übergabe der Kaufsache entgegen solcher Geschäftserfahrung nach Angaben des Käufers schon früher erfolgt sein, so hat sich die Bank beim Käufer über die Übergabe Gewißheit zu verschaffen, ehe sie dem Verkäufer das Darlehen auszahlt. In diesem Sinne auch OLG Köln JR 62, 180, das beim Möbelkauf einen Zeitraum von 3 Tagen nach Kaufvertragsabschluß genügen läßt, um Glaubwürdigkeit der Empfangsbestätigung annehmen zu können.

Ebenso auch OLG Karlsruhe MDR 58, 98; OLG Schleswig SchlHA 1966 Heft 2 S. 39 mit Anm. von *Medicus*; LG Köln BB 59, 829; LG

Dortmund MDR 62, 402; LG Düsseldorf MDR 60, 310; siehe auch *Scholz* TW 63, 22.

Für die Glaubwürdigkeit der Empfangsbestätigung ist es ohne Bedeutung, ob die Erklärung auf einem Vordruck abgegeben wird oder nicht. An eine bestimmte Form ist sie nicht gebunden, vgl. auch OLG Köln BB 61, 1070 = JR 62, 180; a. A. LG Bremen MDR 60, 759; s. auch MDR 61, 137. Wird das Darlehen *auf Betreiben des Käufers* vor Auslieferung der Ware dem Verkäufer *ausbezahlt*, so kann der Käufer dem Rückzahlungsanspruch der Bank nicht entgegenhalten, die Kaufsache sei ihm nicht geliefert worden, BGH MDR 58, 840, da er sich zu seinem eigenen Verhalten in Widerspruch setzen würde, § 242 BGB.

Die hinsichtlich der Glaubwürdigkeit der Empfangsbestätigung möglichen Schwierigkeiten ließen sich in der Praxis leicht dadurch vermeiden, daß die Bank die Formulare dieser Erklärung nicht dem Verkäufer, sondern unmittelbar dem Käufer aushändigt und ihn auffordert, bei Erhalt der Ware das Formular ausgefüllt und unterschrieben an die Bank zurückzuschicken. Damit würde erreicht, daß der Käufer nicht unter tatsächlichem oder vermeintlichem Druck eine unwahre Erklärung abgibt. Dieser Vorschlag findet sich auch in BGH WM 60, 1383.

Die Verletzung der Erkundigungspflicht:

S. oben Anm. 94 b unter Verletzung der Aufklärungspflicht. Da der Darlehensvertrag erst mit Auszahlung der Valuta entsteht, vgl. Anm. 94, ist auch die Erkundigungspflicht eine vorvertragliche Pflicht des FinInst. Wegen des mitwirkenden Verschuldens s. Anm. 94 d.

Anm. 94d

Allerdings ergibt sich häufig eine wichtige Einschränkung des Schadenersatzanspruchs. Wenn nämlich der Käufer eine unwahre Empfangsbestätigung unterzeichnet, hat er sich das *mitwirkende Verschulden* gem. § 254 BGB anrechnen zu lassen. Auch der AbzKäufer ist, wie jder andere am rechtsgeschäftlichen Leben Teilnehmende verpflichtet, durchzulesen, was er unterschreibt. Auf geschäftliche Erfahrung oder Unkenntnis kommt es nicht an, vgl. auch BGH NJW 61, 166; OLG Köln DB 63, 371. Unterschreibt er ungelesen oder bewußt unwahr, so setzt er u. U. selbst die Ursache für seinen späteren Schaden. Daß sich die Bank auf das mitwirkende Verschulden des Käufers berufen kann, ist unstreitig.

Pagendarm WM 67, 434 sieht zu Unrecht eine Tendenz der Rechtsprechung dahin, § 254 BGB in derartigen Fällen nur ausnahmsweise zu bejahen. § 254 BGB kommt stets zum Zug. Zu prüfen bleibt aber, wieweit die Folgen des mitwirkenden Verschuldens führen, ob der Rückzahlungsanspruch der Bank ganz oder nur teilweise bestehen bleibt. Dies kann nur im Einzelfall entschieden werden. Allgemein kann dazu gesagt werden: Ist die Bank ihrer Aufklärungspflicht nicht ordnungsgemäß nachgekommen, so wird man dem Käufer sein mitwirkendes Verschulden, wenn überhaupt, nur wenig anlasten können. Hat die Bank zwar ihre Aufklärungspflicht voll erfüllt, nicht aber ihre Erkundigungspflicht (etwa weil die Empfangsbestätigung nicht glaubhaft war), so kann eine Halbierung des Schadens zwischen Bank und Käufer angemessen sein. Der Käufer wird aber das Darlehen voll zurückzahlen müssen, wenn er wissentlich eine für die Bank nicht erkennbar unwahre Empfangsbestätigung abgegeben hat. In letzterem Fall hat die Bank alles ihr zumutbare getan, so daß sie am Schaden des Käufers kein Verschulden trifft. Es fehlt aber ferner auch an einer Haftungsgrundlage, denn die Bank hat keine ihrer Nebenpflichten verletzt; siehe auch OLG Köln JR 62, 180 und MDR 62, 214; AG Freiburg MDR 68, 148 (nur Leitsatz); LG Dortmund MDR 62, 402 und *Scholz* TW 63, 22 mit kritischer Bemerkung zu LG Hamburg MDR 61, 936, das den Schaden zwischen Käufer und Bank aufteilt. Zum mitwirkenden Verschulden entschied BGH NJW 64, 125, daß der Käufer den Schaden allein tragen müsse oder wenigstens nur zum geringen Teil auf die Bank abwälzen könne, wenn er die Abnahme der Kaufsache grundlos verweigert.

Anm. 94e

Besonderheiten hinsichtlich der Nebenpflichten der Bank ergeben sich beim Verkauf eines *gebrauchten Kraftfahrzeugs.* Hier ist regelmäßig der Verkäufer gegenüber der Bank verpflichtet, ihr den Kfz-Brief auszuhändigen. Damit soll erreicht werden, daß der Käufer nicht wirksam über das der Bank sicherungshalber übertragene Eigentum am Kfz verfügen kann. Denn es ist ständige Rechtsprechung (vgl. statt vieler BGH LM Nr. 12 zu § 932 BGB), daß ein gebrauchtes Kfz ohne Vorlage des Kfz-Briefes nicht gutgläubig erworben werden kann. Der Käufer würde stets grob fahrlässig handeln.

Aus dem Vorstehenden folgt: Auch der AbzKäufer muß sich den Kfz-Brief vorlegen lassen, will er gutgläubig Eigentum erwerben. Er ist aber geneigt davon abzusehen, wenn der Verkäufer darauf hinweist, daß der Brief vorhanden ist und der Bank vorzulegen ist, weil der Käufer dann auf geschäftlich einwandfreies Zusammenwirken von Bank und Verkäufer vertraut. Deshalb ist die Bank als Trägerin besonderen Vertrauens verpflichtet, den AbzKäufer darauf hinzuweisen, daß gutgläubiger Erwerb nur nach Einsicht des Kfz-Briefs möglich ist, so mit Recht BGHZ 47, 208 v. 20. 2. 67.

Die Klausel, wonach der Verkäufer den Kfz-Brief der Bank auszuhändigen hat, legt der BGH a.a.O. auch dahin aus, daß sich die Bank damit dem Käufer gegenüber verpflichtet, die Darlehensvaluta an den Verkäufer erst auszuzahlen, wenn sie im Besitz des Kfz-Briefs ist. Dem ist zuzustimmen, andernfalls liefe der Käufer Gefahr, das Darlehen zurückzahlen zu müssen, obwohl ein Dritter das Kfz gutgläubig erworben hat. Es gilt das oben zu Anm. 94 c Gesagte. So auch LG Flensburg VersR 66, 500, das entschied, daß der bei Auszahlung der Valuta vor Eingang des Kfz-Briefes bestehende Schadensersatzanspruch des Käufers gegen die Bank auch den Entgang der Nutzungsmöglichkeit umfaßt, wenn der Käufer das Fahrzeug mangels unmittelbaren Besitzes des Kfz-Briefes nicht auf sich umschreiben lassen konnte.

Auf der anderen Seite reicht die Vorlage des Kfz-Briefs an den Käufer nicht aus, um damit die Bank von ihrer Erkundigungspflicht (Anm. 94 c) zu befreien. Die Bank hat nach wie vor die Valuta erst auszuzahlen, wenn ihr eine glaubwürdige Empfangsbestätigung bezüglich des Kfz durch den Käufer vorgelegt wird; gl. A. OLG Hamburg MDR 59, 757.

Nach LG Mannheim MDR 65, 904 war Gegenstand des finAbz-Kaufs ein gebrauchtes Kfz und ein vom Verkäufer verschiedener Dritter trat als Mitantragsteller der Bank gegenüber auf. Entgegen seiner Verpflichtung händigte der Verkäufer den Kfz-Brief der Bank nicht aus. Die Bank ihrerseits verlangte den Brief nicht heraus. Das LG machte mit Recht die Bank für den Schaden verantwortlich, der dem Mitantragsteller dadurch entstand, daß der Verkäufer das Kfz an einen neuen Käufer übereignete. *Scholz* TW 66, 188 betont zu Recht, daß sich der mit dem Mitantragsteller identische Verkäufer nicht auf die Unterlassung der Bank berufen kann, denn er ist selbst verpflichtet, den Kfz-Brief der Bank zu übermitteln, so daß er sich mit seinem eigenen Verhalten in Widerspruch setzen würde, § 242 BGB.

Anm. 94f

Weitere Nebenverpflichtungen des FinInst. gegenüber dem Abz-Käufer leiten sich aus der *Sicherungsabrede* zwischen beiden Parteien her. Die Bank ist dem Käufer zur Rückgabe der ihr sicherungshalber übereigneten Kaufsache verpflichtet, wenn der Käufer das Darlehen zurückgezahlt hat. Als Treuhänder hat die Bank demnach alle Eingriffe Dritter auf die Kaufsache abzuwehren und sich selbst solcher Handlungen zu enthalten. Fällt der Verkäufer beispielsweise in Konkurs, dann ist das FinInst verpflichtet alle Maßnahmen zur Erhaltung der Kaufsache zu ergreifen, gegebenenfalls Klage auf ihre Freigabe zu erheben, so auch OLG Köln JR 60, 139.

Gegenüber Bürgen und anderen Mithaftenden hat die Bank keine derartigen Sorgfaltspflichten, doch können diese Einwendungen und Einreden des Käufers gegen den Darlehensanspruch im Rahmen der gesetzlichen Bestimmungen z. B. §§ 768, 422 ff. BGB erheben.

Anm. 94g

Eng mit der Aufklärungs- und Erkundigungspflicht hängt die *Pflicht der Bank* zusammen, *nur mit wirtschaftlich einwandfreien Verkäufern* zusammenzuarbeiten. Der AbzKäufer bringt der Bank besonderes Vertrauen hinsichtlich des gesamten finAbzKaufs entgegen. Er muß sich darauf verlassen können, daß durch die Einschaltung einer Bank eine ordnungsmäßige Abwicklung des Geschäfts gewährleistet ist, da Banken mit wirtschaftlich unzuverlässigen Personen in der Regel nicht geschäftliche Beziehungen aufnehmen, ohne selbst genügend abgesichert zu sein. Freilich übernimmt die Bank damit nicht das volle geschäftliche Risiko für den Käufer. Ist der Bank aber durch mehrere Vorfälle bekannt geworden, daß ein der mit ihr in Geschäftsverbindung stehender Verkäufer unzuverlässig ist, so ist sie kraft dieses besonderen Wissens und der Vertrauensstellung zur Offenbarung gegenüber dem Käufer verpflichtet. Für die Verletzung dieser Pflicht gilt das unter Anm. 94 b am Ende Gesagte entsprechend. S. dazu auch OLG Köln JR 62, 180.

Anm. 94h

Das LG Bielefeld, MDR 69, 219, hält das FinInst. für verpflichtet, den Darlehensnehmer vor Unterzeichnung des Darlehensantrags über seine Verpflichtungen und die Folgen des Rechtsgeschäfts aufzuklären. Insbesondere dürfe das FinInst. bzw. der Verkäufer als dessen Vertreter einen Darlehensantrag nicht entgegennehmen, wenn die *Zahlungsunfähigkeit des Käufers feststeht* und bekannt ist. Verletzt die Bank diese Verpflichtung, so stehe ihr auch nicht eine vereinbarte Schadensersatzpauschale zu. Im Ergebnis ist dieser Entscheidung zuzustimmen, doch läßt sich dieses meist unmittelbar aus § 138 BGB gewinnen, vgl. § 1 Anm. 96.

Anm. 94i

Für die Erfüllung der oben genannten Nebenpflichten der Bank ist der *Verkäufer Erfüllungsgehilfe* i. S. des § 278 BGB; die Bank muß sich also ein Verschulden des Verkäufers wie eigenes anrechnen lassen, soweit der Verkäufer Pflichten der Bank erfüllte oder hätte erfüllen sollen. Das FinInst. macht den Verkäufer schon rein äußerlich dadurch zum Erfüllungsgehilfen, daß es ihm die Formulare für den Darlehensantrag aushändigt und ihn damit betraut, Darlehensgesuche mit den Käufern zu besprechen und die unterzeichneten Anträge dem FinInst. zuzuleiten. Zu betonen ist, daß der Verkäufer nur hinsichtlich dieser Beratungs- und Belehrungspflicht Erfüllungsgehilfe der Bank ist, siehe dazu BGH v. 17. 11. 60 (VII ZR 115, 59) = NJW 61, 164; BGH v. 17. 11. 60 (II ZR 78, 60) = NJW 61, 164. Wo allein Pflichten des Verkäufers aus dem Kaufvertrag in Rede stehen, handelt der Verkäufer ausschließlich in seinem Verantwortungsbereich. Verschafft der AbzVerkäufer z. B. einen Kredit, der nur teilweise zur Finanzierung des AbzKaufs verwendet werden soll, so ist er nur soweit Erfüllungsgehilfe, als er im Rahmen des finanzierten AbzKaufs tätig geworden ist, BGH a.a.O. (VII ZR 115, 59); ferner LG Stuttgart MDR 60, 54 und LG Mannheim MDR 63, 498. Auf der anderen Seite ist der Verkäufer nicht Erfüllungsgehilfe bei der Abänderung und Aufhebung des einmal abgeschlossenen Darlehensvertrags, so auch OLG Hamburg MDR 63, 310 und BGHZ 47, 224 v. 20. 2. 67. Eine Abgrenzung zwischen der Tätigkeit des Verkäufers für die Bank und der für ihn bzw. den Käufer ist u. U. schwierig. So ist nach OLG Köln NJW 58, 1237 der Verkäufer im Interesse des Käufers und damit nicht als Erfüllungsgehilfe der Bank tätig geworden, wenn er die zur Finanzierung nötige Summe errechnete. Dieser Ansicht kann aber nicht zugestimmt werden, da die Höhe dieser Summe für den Entschluß des Käufers, den Darlehensantrag zu unterzeichnen, von ausschlaggebender Bedeutung ist; die Beratungspflicht des FinInst. umschließt deshalb auch diese Auskunft, so wohl auch LG Bielefeld MDR 69, 219. Tauscht der Käufer die AbzWare in eine andere um und unterzeichnet er auf Anraten des Verkäufers einen Darlehensantrag, so wird der Verkäufer erneut für das FinInst. tätig. Folglich hat er den Käufer darauf hinzuweisen, daß er nun aus 2 Darlehensverträgen hafte. Es handelt sich dabei um eine vorvertragliche Pflicht des FinInst., der der Verkäufer als Erfüllungsgehilfe des FinInst. nachkommt. So auch

LG Hamburg MDR 63, 310. A. A. OLG Hamburg MDR 63, 310, das nicht gebührend berücksichtigt, daß der Verkäufer *erneut* beim Abschluß eines Darlehensvertrags mitwirkt und nicht einen bestehenden ändert oder aufhebt. Für die Stellung als Erfüllungsgehilfe *spielt es keine Rolle*.

a) ob der Käufer den Namen des FinInst. bei Unterzeichnung des Darlehensantrags kannte oder nicht kannte. Es genügt, wenn der Käufer wußte, der Kredit werde nicht vom Verkäufer selbst, sondern von einer Bank gegeben, BGH v. 17. 11. 60 (VII ZR 115, 59) = NJW 61, 164.

b) ob der Käufer geschäftlich erfahren oder unerfahren ist. Dies folgt notwendig schon aus der oben Anm. 94 b vertretenen Auffassung. Ebenso BGH a.a.O. gegen OLG Köln NJW 58, 1237.

c) ob es sich um Gebrauchsgegenstände des täglichen Lebens handelt oder nicht. Es gilt das zu b) Gesagte.

d) ob zwischen der Bank und dem Verkäufer eine auf Dauer angelegte Geschäftsverbindung, vgl. Anm. 119 a a. E., besteht. Dieses Kriterium bleibt dem Käufer meist unbekannt, da er in die Rechtsbeziehungen zwischen Bank und Verkäufer keinen Einblick erhalten kann. Sein Vertrauen stützt sich vielmehr darauf, daß die Bank zur Erfüllung ihrer Verpflichtungen regelmäßig nur geschäftlich einwandfreie Personen beauftragt und der Verkäufer auch ersichtlich als Vertrauensperson der Bank auftritt. Ebenso BGH a.a.O.; LG Stuttgart NJW 66, 1078 mit zustimmenden Anmerkungen von *Möllers* NJW 66, 1078 und *Leonardy* NJW 66, 1816.

e) ob ein formularmäßiger Hinweis besteht, wonach der Verkäufer nicht als Erfüllungsgehilfe der Bank, sondern als Beauftragter des Käufers tätig werde, BGHZ 47, 233 v. 20. 2. 67. Ein solcher Hinweis steht im Widerspruch zu den tatsächlichen Verhältnissen, wenn die Bank dem Verkäufer die Formulare aushändigt, ihn zur Beratung und Belehrung des Käufers auffordert und sich die unterschriebenen Darlehensanträge wieder zurückgeben läßt. Diese Tatsachen kann auch eine rechtsgeschäftliche Vereinbarung nicht ungeschehen oder unbeachtlich werden lassen.

Allerdings ist der *Verkäufer dann nicht Erfüllungsgehilfe* der Bank, wenn er in *betrügerischer Absicht* zum Nachteil des FinInst. mit dem Käufer zusammenarbeitet. Hier liegt es für den Käufer offen zu Tage, daß der Verkäufer nicht für das FinInst. tätig wird und der Käufer würde arglistig handeln, wenn er sich auf einen Sachverhalt beruft, dessen Unwahrheit er selbst voll durchschaut hat. Ebenso BGH v. 17. 11. 60 (II ZR 78, 60) = NJW 61, 164.

Anm. 94k

Auch ein neben dem AbzVerkäufer auftretender *Vermittler (Provisionsvertreter)* ist Erfüllungsgehilfe der Bank, wenn er mit dem Käufer verhandelt, den Darlehensantrag ausstellt und den unterschriebenen Antrag an den Verkäufer bzw. die Bank zurückzugeben hat. Gleichgültig ist es, ob der Vermittler vom Verkäufer ständig mit dieser Tätigkeit beauftragt oder nur gelegentlich dessen Vertreter ist, vgl. LG Hamburg MDR 61, 936 und OLG Köln DB 63, 411. Ob neben einem vermittelnden selbständigen Kreditmakler auch noch der Verkäufer Erfüllungsgehilfe ist, richtet sich danach, ob der Darlehensvertrag auch unter Mitwirkung des Verkäufers zustande kam, vgl. LG Mannheim 64, 232, bespr. von *Scholz* TW 67, 148 ff.

Nach BGH MDR 63, 128 kann u. U. auch ein Makler dafür verantwortlich sein, daß die Valuta nicht vor Lieferung der Ware ausgezahlt wird. Um „eine künstliche und unsachgemäße Aufspaltung eines einheitlichen Lebenssachverhalts" zu vermeiden, ist auch die Ausführung des vermittelten FinVertrages Bestandteil des Maklervertrags. Zu einem durch einen Makler vermittelten finTeilzKauf vgl. ferner OLG Düsseldorf MDR 64, 756. Die kritische Anmerkung von *Marschall v. Bieberstein* dazu (MDR 64, 757) verdient Zustimmung und ist durch BGHZ 47, 241 v. 20. 2. 67 bestätigt. Auf eine auf die Dauer angelegte Geschäftsverbindung kommt es für die Anwendbarkeit des § 6 nicht an.

Anm. 95

Die Ausgestaltung des Darlehensvertrages ist etwa folgende:

a) Die *Darlehensauszahlung* geschieht regelmäßig im Auftrag des Käufers (Darlehensnehmers) an den Verkäufer, und zwar entweder

aa) auf Grund einer „unwiderruflichen Anweisung" des Käufers, die mangels Abstraktheit aber keine Anweisung nach § 783 ff. BGB, sondern ein Vertrag zugunsten Dritter ist (*Möllers* a.a.O.) Sie erfolgt dann durch Gutschrift auf dem Konto des Verkäufers bei laufender Geschäftsverbindung oder, wenn der Kreditgeber eine FinBank ist (letzteres im C-Geschäft meist der Fall). Bei Mithaftung des Verkäufers (besonders im B-Geschäft) bleibt dabei meist ein Betrag von etwa 20 % der Kreditsumme noch auf Sperrkonto des Verkäufers (s. oben Anm. 64).

bb) durch Annahme eines „Schecks“ bei einem zu den „angeschlossenen Firmen“ des Kreditgebers gehörenden Verkäufer und Einlösung dieses Schecks durch den Kreditgeber; so im A-Geschäft oder Königsberger Systems; s. oben Anm. 63, Hauptbeispiel etwa die Geschäfte der WKV-Banken.

Diese „Schecks“, auch „Kreditscheck“ oder „Kreditbrief“ genannt, sind gedruckte Zahlungsanweisungen, in festen Beträgen gestückelt und nicht übertragbar; sie enthalten ein (durch Perforation hergestelltes) Datum. Der Umschlag des Anweisungsheftes enthält den Namen des Käufers. Zu Rechtsnatur gilt, daß *kein Scheck im Sinne des Scheckgesetzes* vorliegt. Es fehlt in der Urkunde diese Bezeichnung; es fehlt an den Voraussetzungen der Guthabenklausel (Art. 3 ScheckG), wenn auch dieser Kredit heute weitgehend bankmäßig organisiert ist; es fehlt die Übertragbarkeit und die Transportfunktion. Es fehlt vor allem das Recht auf Auszahlung bei Sicht (Art. 28 ScheckG). Der Kreditbrief ist auch keine Anweisung nach §§ 783 ff. BGB.

Positiv handelt es sich um ein Wertpapier im Verhältnis Käufer—Verkäufer und Kreditgeber, weil zur Geltendmachung der Rechte die Urkunde erforderlich ist; im näheren um ein Legitimationspapier gem. § 808 BGB, also um hinkendes Inhaberpapier oder qualifiziertes Legitimationspapier: An den Inhaber kann befreiend geleistet werden. Nur an den berechtigten Inhaber muß geleistet werden. Das ergibt sich aus den allerdings nur innerbetrieblichen Charakter besitzenden „Bestimmungen für den Anweisungsverkehr“; so auch *Möllers* S. 27.

Regelmäßig ist der „Verfall“ der Gutscheine innerhalb bestimmter Frist vorgesehen; ihre Gültigkeitsdauer ist auf 1 bis 2 Monate begrenzt; diese Laufzeit kann auf Antrag des Kreditkunden (Käufers) aber verlängert werden. Je nach Gestaltung kann auch hier daraus die Nichtigkeit nach § 138 Abs. 1 BGB in Frage kommen, wenn dies auch praktisch der Zeit der Entwicklung angehört haben wird. S. *Lex* IV RWP-Bl Gr II D AbzGeschäfte, Einzelfragen 3.

Der Kreditgeber erhält einen Darlehensschuldschein über die Kreditsumme beim A-Geschäft, den Darlehensantrag (mit nachfolgender schriftlicher Annahme) beim B-Geschäft.

Das Darlehen ist in Teilbeträgen an den Kreditgeber rückzahlbar einschließlich verschiedener Nebenkosten, wie Zinsen, Kreditgebühr, Scheckbuchgebühr usw. Die Zahlungen an den Warenverkäufer berühren nicht die Forderungen des Kreditgebers. Es kommt oder kam dabei mindestens vor, daß die Zuschläge des Kreditgebers als das benannt wurden, was sie im wesentlichen sind, nämlich „Teilzahlungszuschläge". S. LG Hamburg MDR 1950, 220.

Anm. 96

b) *Sicherung des Darlehens.* Vorweg ist hierzu zu sagen, daß der Kreditgeber nicht in Höhe des vollen Kaufpreises Kredit gibt. Er verlangt vielmehr, wenigstens bei höheren Krediten, eine Anzahlung von meist 20 %, aber auch weniger, der beantragten Kreditsumme, die ja gewöhnlich dem Kaufpreis in etwa entspricht. Wenn der Kredit vom Verkäufer ermittelt wird, kann diese Anzahlung bei der Antragstellung auch an den Verkäufer erfolgen. Im übrigen prüft er den Teilzahlungskunden (Käufer) auch auf die Kreditwürdigkeit und verlangt dazu gewöhnlich Nachweis eines zuverlässig fließenden Einkommens. Zu diesen Maßnahmen, die wirtschaftlich schon zur Sicherung des Darlehens gehören, kommen Sicherungen im Rechtssinne wahlweise oder kumulativ wie folgt:

aa) Durch — zunächst meist stille — Gehalts- oder Lohnabtretungen und auch durch selbstschuldnerische Bürgschaften vom Käufer gestellter dritter Personen.

Anm. 97

bb) Fast allgemein durch dingliche Sicherung. Die entsprechende Anwendung des § 5 setzt sogar die (sicherungsweise) Übertragung des Eigentums der Kaufsache auf das FinInst. voraus, soweit im bloßen Herausgabeverlangen (§ 5 Anm. 75 a) bzw. in der Erhebung der Herausgabeklage (§ 5 Anm. 83) ein Rücktritt liegen kann, so auch OLG Stuttgart NJW 67, 2016. § 5 muß allerdings entsprechend des ihm zugrunde liegenden Schutzgedankens (§ 5 Anm. 1 ff.) auch Anwendung finden, wenn die Bank Eigentum am Kaufgegenstand nicht erworben hat, aber gleichwohl die Sache in unmittelbarem Besitz behält und dem Käufer nicht mehr zurückgibt, vgl. auch § 5 Anm. 4 ff. und § 5 Anm. 92 f.

Die dingliche Sicherung geschieht entweder durch Abtretung des Herausgabeanspruchs auf die Kaufsache (mit nachfolgendem Eigentumserwerb des Kreditgebers) oder durch Sicherungsübereignung, diese auch in der Form eines antizipierten Besitzkonstitutes. Der Eigentumsübergang an den Käufer ist dabei häufig von der Darlehensbewilligung abhängig gemacht. Darin sind zunächst keine besonderen abzahlungsrechtlichen Probleme gegeben. Die Sicherungsübereignung der Kaufsache bedarf in der Regel nicht der schriftlichen Annahme durch das FinInst. Die Annahmeerklärung wird vielmehr schlüssig durch die Auszahlung der Valuta an den Verkäufer abgegeben; so BGH WM 66, 113.

Um der Bank das Risiko des Untergangs oder der Beschädigung der Kaufsache abzunehmen, veranlaßt sie den AbzKäufer häufig eine Versicherung (Kaskoversicherung oder ähnliche) abzuschließen und ihr die Ansprüche daraus auf die Dauer des Kreditverhältnisses abzutreten. Die Versicherungsgesellschaft dokumentiert dann ihrerseits die Kenntnis von der Abtretung — auf die es wegen § 407 BGB entscheidend ankommt — durch den *Sicherungsschein* für die Bank. Dessen Bedeutung zeigen BGH NJW 64, 654 und NJW 63, 1052; s. auch *Scholz* TW 64, 194.

Geht die zur Sicherheit übergebene Kaufsache unter und weigert sich der Käufer, eine neue Sicherheit zu stellen, so kann das FinInst. das Darlehen vorzeitig kündigen. A. A. AG Mannheim NJW 60, 1863 dem mit Recht *Wangemann* a.a.O. widerspricht. Nur die Sicherheit ist der wirtschaftliche Hintergrund, vor dem eine längere Laufzeit des Darlehens bewilligt wird.

S. über die häufige Zerstörung der Sicherung des Herstellers bei der KundenFin. *Möllers* S. 71 ff. Über die Möglichkeit der Ansichnahme der Kaufsache durch den Kreditgeber s. aber unten Anm. 136 ff.

Über das Recht der Rücknahme überhaupt, insbesondere bei Zahlungsverzug (im Kaufvertrag) s. § 5 Anm. 62 ff.

cc) Durch *wechselmäßige Sicherung* im C-Geschäft, also für Kraftfahrzeuge und gewerbliche Maschinen; s. oben Anm. 65.

Anm. 98

dd) Auch durch *Mithaftung* des Einzelhändlers (Verkäufers), *Großhändlers* oder (und) *Herstellers* als Gesamtschuldner für das Darlehen oder als Bürge, insbesondere nach § 778 BGB. Diese Regelung ergibt sich gewöhnlich beim B-Geschäft, wenn die Gestaltung im Sinne der Ablösung des Kaufvertrages durch den Darlehensvertrag erfolgt, der Anstoß zum Kreditverhältnis aber von der Hersteller- oder Händler-Seite ausgeht. Je nach der Gestaltung kann bei Haftung von Verkäufer und Käufer aber auch AbsatzFin. gegeben sein (s. oben Anm. 62 und 84).

Ob der *Verkäufer als Gesamtschuldner oder als Bürge haften* soll, muß im Einzelfall festgestellt werden; vgl. auch Anm. 99 a. Meist wird aber Gesamtschuldnerschaft gewollt sein, da das FinInst. die Mithaftung des Verkäufers aus eigener und nicht aus fremder Schuld anstrebt; vgl. auch BGHZ 47, 248 v. 20. 2. 67. Einwendungen des Käufers sollen regelmäßig nicht auch dem Verkäufer zustehen, um die Sicherung des FinInst. gerade für solche Fälle wirksam zu gestalten. Es ist jedoch bei Annahme eines Gesamtschuldverhältnisses darauf zu achten, daß der Verkäufer als Schuldner dem FinInst. erst bei Ausfall des Käufers haftet. Diese dem Gesamtschuldbegriff des BGB an sich fremde Einschränkung ergibt sich aber aus einer zumindest stillschweigend getroffenen Vereinbarung zwischen FinInst. und Verkäufer. Würde nämlich der Verkäufer sofort neben dem Käufer zur Rückzahlung des Darlehens verpflichtet sein, so hätte er die Bank nicht erst einzuschalten brauchen, sondern dem Käufer selbst den Kredit einräumen können. Da der Verkäufer aber die Bank einschaltet, gibt er zu erkennen, daß er auf die Kreditgewährung durch die Bank Wert legt. Seine Haftung als Mitantragsteller erfolgt nur sicherungshalber, vgl. hierzu auch BGHZ 47, 248. v. 20. 2. 67.

Der als Gesamtschuldner oder Bürge haftende *Verkäufer kann sich nicht auf das AbzG berufen.* Es bezweckt allein den Schutz des Abz-Käufers, ist also auf seine Person beschränkt, so daß § 425 BGB eingreift. Da der Verkäufer weder rechtlich noch wirtschaftlich in die Stellung des Käufers eintritt, sind auch nicht mehrere i. S. des § 356 BGB beteiligt, denen gegenüber der Rücktritt erklärt werden müßte, so auch BGHZ 47, 248 v. 20. 2. 67; OLG Köln BB 62, 862 und OLG Stuttgart WM 63, 735 mit zustimmender Anmerkung von *Mormann* WM 65, 834, 840. Zum gesamten Fragenkomplex über die Haftung des Verkäufers als Gesamtschuldner bzw. als Bürge s. die sehr eingehenden Ausführungn von *Scholz* TW 66, 188 ff., denen voll zuzustimmen ist. *Scholz* weist u. a. auch darauf hin, daß der vom FinIst. in Anspruch genommene Verkäufer vom Käufer entgegen der Regelung des § 426 I BGB nicht nur zur Hälfte, sondern vollen Ausgleich verlangen kann, soweit dem Käufer keine Gegenrechte aus dem Abz-Vertrag zustehen, s. auch Anm. 134.

Der Verkäufer ist dem FinInst. gegenüber schadensersatzpflichtig, wenn er dem FinInst. eigene Erklärungen abgibt, denen es für den Abschluß des Darlehensvertrages erkennbar große Bedeutung beimißt und die sich als unrichtig herausstellen, so BGH BB 63, 1076.

Anm. 99

2. *Das Verhältnis zwischen Verkäufer und Kreditgeber.* Die Annahme der Gutscheine des Kreditgebers (Teilzahlungsbank) oder auch die Darlehensauszahlung an den Verkäufer (oben Anm. 95) erfolgt auf Grund eines zwischen diesem und dem Verkäufer geschlossenen

Rahmenvertrages (Händlervertrages), der mit vielen Geschäften der verschiedensten Warenbranchen besteht und an dem die Verkäufer im allgemeinen sehr interessiert sind. S. auch oben Anm. 63. *Beim A-Geschäft* legen die „angeschlossenen Firmen" an fest bestimmten Tagen, gewöhnlich 2 mal im Monat, die Schecks vor, zu deren Annahme der Kreditgeber hier verpflichtet ist und erhalten nach Prüfung und Abrechnung schnellstens den Betrag, der sich aus der Summe der Gutscheine ergibt, allerdings abzüglich eines vereinbarten Skontos von 1—4 %. Dieses Skonto gehört zum Teil der Bank als zusätzliche vom Verkäufer geleistete Kreditgebühr; der andere Teil haftet für evtl. eintretende Verluste. Letzterem Zweck dient auch die Übernahme einer Haftung durch die Vertragsfirmen, deretwegen in bestimmter Höhe (etwa 10 % des auf Kredit durchgeführten Jahresumsatzes) die angeschlossene Firma ein verzinsliches Guthaben bei der Teilzahlungsbank zu halten hat, das nach Beginn des Geschäftsverkehrs durch Kürzung der Barzahlungssummen geschaffen wird. Dabei tragen alle dem einzelnen Kreditgeber angeschlossenen Firmen „die Ausfallhaftung" (durch Umlegung) in einer Verlustgemeinschaft, an der der Kreditgeber selbst sich beteiligt. Es liegt aber keine Gesellschaft und keine Verbindung von Kreditgeber und Verkäufer zu gemeinsamen Zwecken vor; *Möllers* S. 25 f. Rechtsstreitigkeiten aus diesem Verhältnis sind offenbar selten.

Eine wichtige Veränderung ergibt sich vielfach dann, wenn nicht der Kredit des Käufers für beliebige Kaufverträge bei einem mehr oder weniger beschränkten Verkäuferkreis das primäre ist (so beim dargestellten Königsberger System), sondern ein bestimmter Kaufvertrag geschlossen und hierfür durch den Verkäufer der Kredit für den Käufer vermittelt wird. Hier wird gewöhnlich vom Kreditgeber die Mithaftung des Verkäufers verlangt, s. Anm. 98 u. *Lindenkohl* TW 64, 59.

Anm. 99a

Im B-Geschäft enthält der Vertrag zwischen Kreditgeber und Vertragsfirma (Verkäufer, s. aber auch a. E. dieser Anm.), wie von *Möllers* S. 13 f. rechtlich untersucht, zwei wesentliche Elemente, nämlich die Bereitschaft des Kreditgebers, dem Kunden des Verkäufers Anschaffungskredite im Rahmen eines bestimmten Kontingents zur Verfügung zu stellen und die selbstschuldnerische Bürgschaft des Verkäufers für diese seinem Kunden gewährten Kredite, s. auch Anm. 98. Letztere ist Kriditbürgschaft nach § 765 Abs. 2 BGB mit Haftung durch den Verkäufer nach § 767 Abs. 2 BGB und einer cessio legis nach

§ 777 BGB im Falle seiner „Rückbelastung"; s. unten Anm. 151. Erstere ist nicht Kredit- oder Krediteröffnungsvertrag zwischen Verkäufer und Kreditgeber, weil die Kunden (Käufer) den Kredit erhalten sollen; sie ist auch kein Kreditauftragsverhältnis nach § 778 BGB, weil die Bank sich im Vertrag nicht zur Annahme der Darlehensanträge (nur zur Prüfung) verpflichtet und andererseits sich aber längerfristig bindet. Es ist vielmehr ein Dauerschuldverhältnis eigener Art des Inhalts, die zweckgebundene Durchführung des Darlehensvertrages und die Sicherstellung der Bank zu gewährleisten. So mit Recht *Möllers* a.a.O., der diesen Vertrag als notwendigen Bestandteil des FinGeschäftes hervorhebt, weil erst durch ihn — trotz der Anweisung des Käufers an den Kreditgeber — der Verkäufer ein Recht auf das Darlehen bekommt und die *ausreichende* Sicherung des Kreditgebers erst geschaffen wird.

Ein Kreditauftragsverhältnis, § 778 BGB, ist nur dann anzunehmen, wenn der Verkäufer den rechtsgeschäftlichen Verpflichtungswillen, für die Darlehensschuld des Käufers einzustehen, erkennbar zum Ausdruck gebracht hat. Mit Recht läßt BGH BB 60, 842 das bloße wirtschaftliche Interesse des Verkäufers an der Kreditgewährung nicht genügen. In aller Regel ist ein Kreditauftragsverhältnis dann abzulehnen, wenn das FinInst. dem Verkäufer die vorgedruckten Darlehensanträge ausgehändigt und Richtlinien für die Durchführung der einzelnen Kreditgeschäfte gegeben hat. Hier geht der entscheidende Anstoß von FinInst. und nicht vom Verkäufer aus, BGH a.a.O.

Wie schon oben Anm. 64 gesagt, erfolgt beim B-Geschäft die Kreditgewährung „unter Vermittlung der Vertragsfirma", die entweder der Verkäufer selbst ist, oder, wenn ein Großhändler in die Handelsstufe eingebaut ist, von diesem bezieht. Diese „Vertragsfirma", mit der der eben besprochene Rahmenvertrag besteht, steht dann auch in einem *Auftragsverhältnis* zum Kreditgeber. Es betrifft die Überlassung von Antragsformularen an den Verkäufer, deren zweckentsprechende Verwendung und Ausfüllung durch diesen und deren Rückreichung an den Kreditgeber. Der Verkäufer wird aber nicht Vertreter und auch nicht Anscheinsbevollmächtigter des Kreditgebers, da der Vertragsinhalt auch letzteres gewöhnlich deutlich erkennbar ausschließt. Nur Empfangsbote der Bank ist der Verkäufer als Vertragsfirma. So auch *Möllers* S. 15 f., der aber — mit allen rechtlichen Folgen hieraus (S. 17 a.a.O.) — kraft Rechtsschein die Vertragsfirma ganz allgemein als Empfangsbote auch für Entgegennahme anderer Erklärungen als des Darlehensantrages (Anfechtung, Rücktritt) ansieht, was gerade wegen des von ihm betonten deutlich entgegenstehenden Vertragsinhaltes nicht angenommen werden kann. Dagegen ist richtig, daß der Anschein der Vertreterstellung *im Einzelfall* entstehen kann. Über die weitgehend gegenteilige Annahme in der Rechtsprechung s. unten Anm. 155, 162, 165 und 169.

Ist der Großhändler Vertragsfirma, dann wird der Verkäufer und Einzelhändler als sein Erfüllungsgehilfe tätig; *Möllers* a.a.O. S. 15.

Anm. 100

3. *Das Verhältnis zwischen Käufer und Verkäufer.* Es wird gekennzeichnet dadurch, daß kein Kreditkauf vorliegt. Beim A-Geschäft wird der Gutschein wie Bargeld bei der Übergabe der Kaufsache hingegeben und alsbald eingelöst; s. oben Anm. 99. Der Verkäufer stundet also nicht, auch nicht bis zur Einlösung des Gutscheins; es läßt sich damit nur etwas Zeit. Übrigens würde Stundung nach § 454 BGB schon deshalb nicht vorliegen, weil der Verkäufer ja im Hinblick auf den auch hier üblichen Eigentumsvorbehalt vor der Bezahlung der Ware durch Einlösung des Gutscheins seine Eigentumsverschaffungspflicht noch nicht erfüllt hat. Vgl. hierzu auch *Staudinger-Ostler* Anm. 5 und 14 zu § 454 sowie hier § 1 Anm. 42 und 58. Die nachfolgende Sicherungsübereignung an den Kreditgeber berührt freilich die Erfüllung der Eigentumsverschaffungspflicht des Verkäufers nicht mehr, sondern setzt diese voraus. *Möllers* S. 24 nimmt übrigens Erlöschen der Kaufpreisforderung schon bei Hingabe des Schecks an, weil er darin eine Leistung an Erfüllungs Statt sieht, was aber kaum angenommen werden kann und auch nicht angenommen zu werden braucht; es erlischt also die Kaufpreisforderung mit der Einlösung des Schecks, im B-Geschäft bei der Gutschrift auf dem Konto der Vertragsfirma (s. oben Anm. 94).

Es liegt deshalb kein Kreditkauf vor, wie es der AbzKauf grundsätzlich ist und wie er auch bei der AbsatzFin. gegeben ist; s. oben Anm. 66. Es ist nicht sehr wichtig, ob man positiv dann von Barkauf oder finanziertem Kauf spricht; letzteres betont *Möllers* S. 11 und 25 unter Hervorkehrung der Besonderheiten in der kaufvertraglichen Gestaltung. Für den Verkäufer bleibt es aber trotz dieser Besonderheiten ein Barkauf.

Ausnahmen dahin, daß doch ein gewöhnlicher AbzKauf vorliegt, können sich ergeben, wenn nur ein Teil des Kaufpreises durch das Darlehen beglichen wird und der Kaufpreisrest durch den Verkäufer geschuldete Raten zu bezahlen ist. S. hierzu unten Anm. 130.

Anm. 101

Im vorerwähnten Regelfall *erlischt* mit der im Auftrag und für Rechnung des Käufers durch den Kreditgeber an den Verkäufer erfolgenden *Darlehensauszahlung die Kaufpreisforderung.* Dies ist gerade ein wesentliches Moment bei der KundenFin. und scharf hervorgehoben von LG Hamburg MDR 50, 220, wobei allerdings wiederholt unrichtig vom „Erlöschen des Kaufvertrages durch Erfüllung" gesprochen wird. Es erlischt nur die Kaufpreisforderung durch Erfüllung (§ 362 BGB), nicht der Kaufvertrag, der in der Mängelgewähr u. a. seinen weiteren Bestand sehr deutlich machen kann, wovon übrigens auch das LG Hamburg spricht. Diese Kritik bringt mit Recht auch *Möllers* NJW 54, 214 (215), der in seiner Urteilskritik NJW 56, 1202 mit Recht von diesem Kriterium ausgeht. Über die Folgerung aus der Kaufpreiszahlung im Sinne eines für den Provisionsvertreter gemäß § 87 HGB ausgeführten Geschäftes s. LG Wuppertal NJW 58, 423.

Anm. 102

4. *Die rechtliche Verbindung zwischen Kaufvertrag und Darlehensvertrag.* Dabei interessiert bei der Darstellung an dieser Stelle nur die Art dieser Verbindung selbst, während die Folgen für den Käuferschutz nach dem AbzG nachstehend in Anm. 107 ff. eigens behandelt werden; s. auch unten Anm. 156. *Diese* Frage tritt immer schon dann auf, wenn *rechtlich* ein Dritter als Kreditgeber vorhanden ist, nicht etwa erst, wenn dieser wirtschaftlich vom Verkäufer sich unterscheidet; s. unten Anm. 109. Das nachfolgende gilt nur für das B-Geschäft; beim A-Geschäft ist der Vorgang ein einfacher: nach dem Abschluß eines unbedingten Darlehensvertrages wird ein unbedingter Kaufvertrag geschlossen.

a) *In sachlicher Hinsicht* wird der Kaufvertrag unter die Bedingung des Zustandekommens des Darlehensvertrages gestellt, so auch LG Essen NJW 58, 869. Dies wird in verschiedener Weise durchgeführt, wobei das Wort „Bedingung" auch heute in den Formularen durchwegs vermieden wird" so schon *Rühl* S. 281. Der Kaufvertrag, der durch Vermittlung des Verkäufers finanziert werden soll, bedarf z. B. „der Genehmigung der WKV ..." als Kreditgeber, die dann gleichzeitig die Annahme des Darlehensantrages bedeutet. Oder „der Kaufvertrag gilt als nicht getätigt, wenn ...", oder aber es behält sich der Verkäufer „die Annahme des Kaufvertrags" vor, wobei allenfalls die Absendung der Ware als Annahme gilt, die er dann erst nach Annahme des Darlehensantrags erklären kann; zusätzlich behält sich der Verkäufer evtl. auch noch ein Rücktrittsrecht bis zur Annahme des Darlehensantrages unter Ausschluß von Schadenersatzansprüchen des Käufers vor. Oder aber es bindet sich der Verkäufer an Kauf- und Darlehensvertrag für die Dauer eines Monats; nach der Empfangsbestätigung des Käufers über den Empfang der Ware im ordnungsgemäßen Zustand wird der Darlehensantrag dem Kreditgeber zugeleitet; Annahme durch ihn erfolgt mittels schriftlicher Erklärung des Kreditgebers an den Käufer (WKG des Hamburger Einzelhandels).

Anm. 103

Es erfolgt also, weil der Kaufvertrag nicht allein gewollt ist, zunächst eine einseitige Bindung des Käufers gegenüber Verkäufer und Kreditgeber sowie des Verkäufers gegenüber dem Kreditgeber, oder aber es wird ein aufschiebend oder auflösend bedingter Kaufvertrag geschlossen.

Die verschiedene Gestaltung führt zu verschiedenen rechtlichen Folgerungen. Wird der Kaufvertrag sofort abgeschlossen, aber unter der auflösenden Bedingung der Ablehnung des Darlehensantrages, vgl. Anm. 92, dann ist bis zum Zugang der Annahme des Darlehensantrages der Kaufvertrag durch Vereinbarung zwischen den Parteien durch Rücktritt auflösbar, wenn auch Ansprüche aus Verschulden bei Vertragsschluß gegenüber dem Kreditgeber für diesen in Betracht kommen können; es kann ferner in dieser Zeit mit befreiender Wirkung an den Verkäufer bezahlt werden, wenngleich auch hier Ansprüche der eben genannten Art in Betracht kommen können. So mit Recht *Möllers* NJW 54, 214 (215). Es wird freilich sorgfältig zu prüfen sein, ob überhaupt eine *auflösende* Bedingung gewollt war; *Rühl* S. 281 hält schon die Worte, daß „der Kaufvertrag als aufgelöst gilt, wenn der Kredit nicht bewilligt wird", für nach dem Parteiwillen unrichtig. *Möllers* S. 10 sieht diese auflösende Bedingung nach der heute üblichen Gestaltung im B-Geschäft als grundsätzlich gegeben an; s. aber auch a. a. O. S. 44 f. und unten Anm. 156. Die eben erwähnten Gefahren scheiden bei dem Beispiel des gleichzeitigen Wirksamwerdens von Kauf- und Darlehensvertrag durch die im Kaufvertrag vorbehaltene „Genehmigung" des Kreditgebers aus; diese Regelung verschließt aber die vor Annahme des Darlehensantrags erfolgende Warenabsendung, so daß die im Interesse des Kreditgebers liegende Erklärung des Käufers, „die Ware in ordnungsgemäßem Zustand erhalten zu haben", im Zeitpunkt der Bindung des Kreditgebers noch nicht vorliegen kann.

Es wird auch gelegentlich im Kaufvertrag vorgesehen, daß der Verkäufer im Interesse des Käufers den Darlehensantrag noch nicht weitergeben soll, etwa deshalb, weil der Käufer Aussicht hat, auch den Restkaufpreis demnächst aufzubringen und sich dann die Kreditunkosten sparen will. Wird in solchem Falle die Erklärung vorzeitig den Kreditgebern zugeleitet, so liegt vollmachtloses Handeln des Verkäufers vor; im Verhältnis zum Kreditgeber muß sich wegen der Beweisurkunde der Käufer aber nach Maßgabe des Vertrags behandeln lassen; §§ 170 bis 173 BGB. War der Verkäufer nur Bote bei der Weiterleitung, wird der Käufer anfechten können, aber nur mit der Folge eigener Schadenersatzpflicht, weil der Kreditgeber mit dem wirklich vorhandenen Willen des Käufers rechnen durfte; §§ 120, 122 BGB. So auch *Möllers* NJW 54, 214 (215) und *Möllers* S. 17, der mit Recht ein auftragsähnliches Vertragsverhältnis zwischen Verkäufer und Käufer betont.

Die Sicherungsübereignung wird nach § 930 BGB im Darlehensvertrag vom Käufer evtl. ausgesprochen, ohne daß er schon Eigentümer der Sache ist und ohne daß er also über diese verfügen kann. Sie wird aber dann durch Zustimmung des Verkäufers wirksam, die in schlüssigen Handlungen liegt, meist schon darin, daß der Verkäufer zum Abschluß des Darlehensvertrages mit dem ganz bestimmten Inhalt dem Kreditgeber zuführt, OLG Braunschweig MDR 51, 677.

Anm. 104

Die gewollte Verbindung der beiden Verträge, nur der beiden zusammen, ist wohl immer so deutlich, daß auch ohne ausdrückliche Bedingtheit der Käufer nicht am Kaufvertrag allein festgehalten werden kann; der Käufer kann sich also ohne eigenes „Rücktrittsrecht" befreien. Dies gilt deutlich für alle Geschäfte, bei denen Kauf und Darlehen auf *einem* Formular erscheinen, auch wenn nicht ausdrücklich, wie häufig der Fall, der Darlehensantrag mit den Worten beginnt: „Zur Finanzierung dieses TZ-Kaufvertrages ...". Dies gilt auch dann, wenn im Bestätigungsschreiben über den Kaufvertrag ausdrücklich die Finanzierung erwähnt wird (s. MDR 51, 677), ja immer dann, wenn der Verkäufer weiß, daß der Käufer nur mit Finanzierung kaufen kann. *Petermann* DRpfleger 58, 76 (unter II) nimmt nur Rücktrittsrecht des *Verkäufers* nach § 326 Abs. 2 BGB an; das ist *im Ergebnis* richtig, wenn nun der Verkäufer selbst finanzieren will, aber nur deshalb richtig, weil dann nach § 242 BGB der Käufer wegen der bleibenden Geschäftsgrundlage sich am Vertrag festhalten lassen muß. Umgekehrt wird jedoch beim B-Geschäft der FinVertrag nicht unter der Bedingung der Gültigkeit des Kaufvertrages stehen, der ja verselbständigt sein soll; s. *Möllers* S. 45. Wegen der Folgen bei Auflösung des Vertrages s. unten Anm. 156 und 163 f.

Wenn übrigens — in der Praxis wohl selten — ein zu finanzierender Kauf abgeschlossen wird ohne Einigung über die FinBedingungen, ist dieser Kaufvertrag noch nicht wirksam zustande gekommen, LG Essen NJW 58, 869.

Anm. 105

b) *In persönlicher Hinsicht* erfolgt die Verbindung von Kaufvertrag und Darlehensvertrag durch Bindungen, die schon vor diesen Verträgen bestehen. Beim Schecksystem hat der Kreditgeber seine bestimmten angeschlossenen Firmen (s. oben Anm. 99); hier ist der Kauf mit dem Scheck nur bei einem solchen Vertragspartner des Kreditgebers möglich. Beim B-Geschäft insbesondere erscheint der Käufer gewöhnlich gleich beim Verkäufer; hier kann er dann das Darlehen nur von einer „Vertragsfirma" seines Verkäufers erhalten, wobei meist die gleichen Teilzahlungsbanken, die nach dem Schecksystem Kredit geben, auch Mantelkreditgewährungsverträge für diese andere Art der Finanzierung schließen.

Diese Verbindungen sind *bürgerlich-rechtlich* grundsätzlich nicht erheblich. Dies gilt auch dann, wenn der rechtlich selbständige Kreditgeber eng mit dem Verkäufer zusammenarbeitet, vielleicht sogar wirtschaftlich von diesem abhängig oder mit ihm identisch ist und als Strohmann für den Verkäufer erscheinen kann. Dinge, die dann sich ergeben können, wenn ein Verkäufer nur für *seine* Zwecke eine eigene FinOrganisation schafft, wie es die großen Kraftfahrzeugwerke getan haben, oder Kauf- und Darlehensvertrag von mehreren im Warenabsatz Tätigen geschlossen werden, wie etwa dem Groß- und dem Einzelhändler. *Diese Verhältnisse* interessieren nur beim Schutz des Käufers nach dem AbzG; s. unten Anm. 107 ff., besonders 113., und oben Anm. 102; allerdings sind Ansätze in Rechtsprechung und Schrifttum vorhanden, die auch bürgerlich-rechtlich aus der Art der Verbindung zwischen Verkäufer und Kreditgeber Folgerungen ziehen; s. unten Anm. 144 ff.

Anm. 106

5. *Rechtswirksamkeit oder Nichtigkeit der Kundenfinanzierungsgeschäfte.* Weitgehend gilt hier, was oben Anm. 85—91 für die AbsatzFingeschäfte schon ausgeführt ist; eine etwaige Umgehung wird

durch § 6 korrigiert. Nur Teilnichtigkeit wird grundsätzlich in Betracht kommen.

Die Frage der Anwendbarkeit des AbzG und damit seines Schutzes wird nachstehend unter Anm. 107 ff. behandelt. Aus ihr können sich nur gesetzliche Abänderungen, nicht Nichtigkeit der Verträge ergeben.

Es verbleibt deshalb die Möglichkeit der Gesamtnichtigkeit besonders aus § 138 BGB bei Monopolmißbrauch oder besonders drückenden Bestimmungen, insbesondere bei der Häufung solcher Bestimmungen, die auch in dem vertraglichen Verzicht auf bestimmte Einwendungen liegen können. *Möllers* S. 47 f. erklärt mit Recht, daß die Kundenkreditbanken auch heute keine Monopolstellung einnehmen. Dem unerfahrenen Käufer kann zwar manche Gefahr aus seiner doppelten Rechtstellung erwachsen, während er möglicherweise nur den Verkäufer sieht und nur an diesen denkt. Die Formularverträge heben aber das Wesentliche, z. B. Zahlung nur an die genau angegebene Adresse des Kreditgebers meist scharf und in Fettdruck hervor. Aufmerksames Lesen des vom Käufer unterschriebenen Vertrages muß aber verlangt werden; so auch *Möllers* NJW 54, 214 (216). Insbesondere ist das Nichtlesen der Urkunde nicht einmal ein Anfechtungsgrund; *Staudinger-Coing* Anm. 48 zu § 119. Der Ausschluß der Einrede des nichterfüllten Vertrages und des Zurückbehaltungsrechtes, der im Darlehensvertrag üblich ist, ist rechtlich zulässig und stellt keine besondere Belastung des Käufers dar, der bei Annahme des Darlehensvertrages durch den Kreditgeber meist „den Empfang der Ware in ordnungsgemäßem Zustand“ schon bescheinigt hat; s. aber auch unten Anm. 149 und 150. Auch diese Beschränkung der Mängelgewährrechte auf Nachbesserung und Umtausch, also der Ausschluß von Wandelung und Rücktritt des Verkäufers im Interesse des Darlehensgebers ist zulässig (s. *Staudinger-Ostler* § 476 Anm. 4) und auch abzrechtlich nicht zu beanstanden. S. aber auch BGHZ 22, 90 ff. und die Besprechung dieser Entscheidung unten Anm. 149 und 150.

Vgl. allgemein *Klauß* Anm. 516 f. und *Möllers* NJW 54, 214 (216). Es ist auch nicht unsittlich, wenn der Kreditgeber bei der Gewährung des Darlehens den Verzicht des Käufers auf Einreden aus seinem Rechtsverhältnis zum Verkäufer vorsorglich ausdrücklich zur Bedingung macht; OLG Hamburg MDR 56, 31; s. auch unten Anm. 123 a. E. und die Ausführungen unter Anm. 144 ff.

Für die Häufung drückender Bestimmungen s. oben Anm. 72 und 88. Eine solche Häufung liegt nicht in der Sicherung des Kreditgebers durch Eigentum an der Kaufsache und Abtretung des Arbeitsverdienstes; dies ist gerechtfertigt zum Schutz des Kreditgebers vor Unredlichkeiten aus einem Zusammenwirken zwischen Verkäufer und Käufer, weiter aber auch deshalb, weil nur durch eine weitere Sicherheit der Kreditgeber gegebenenfalls der Notwendigkeit enthoben ist, auf die Sache zurückzugreifen; auf diese Weise wird mit solcher weiterer Sicherheit sogar auch die Käuferstellung im Endergebnis geschützt; OLG Hamburg MDR 56, 31 f.

II. Der Schutz des Käufers nach dem Abzahlungsgesetz

Anm. 107

In der Frage dieses Schutzes des Käufers, der sich gegenüber dem Kreditgeber auswirken muß, liegt das wichtigste Problem der Kunden-Finverträge. Der Kreditgeber ist, wie bei der rechtlichen Gestaltung (Anm. 92 ff.) schon ausgeführt, hier überall Darlehensgeber. Es ist zunächst die Frage, ob es einen solchen Schutz ihm gegenüber gibt (s. nachstehend) wenn ja, wie dieser im einzelnen ihm gegenüber funktioniert (unten Anm. 136 ff).

1. *Der Grundgedanke für die Lösung des Problems.*

a) Der Schutz des Käufers nach dem AbzG ist hier in der Regel nur gegenüber dem Darlehensgeber notwendig, insbesondere wegen der Gestaltung der Darlehensbedingungen, und denkbar. Nur in Ausnahmefällen kommt solcher Schutz auch gegenüber dem Verkäufer in Betracht, für den regelmäßig Barkauf vorliegt und der bei späterem Auftreten nur die Rechte des Darlehensgebers, nicht mehr eigene Rechte geltend macht. Die Ausnahmefälle können sich ergeben, wenn nicht der ganze Kaufpreisrest durch das Darlehen finanziert wird, oder auch, wenn nach dem Vertragsinhalt bei Rückbelastung des Verkäufers durch den Darlehensgeber ein AbzKauf auflebt. Darüber näher unten Anm. 129 ff.

Anm. 108

b) Die eigentliche Schwierigkeit für den *Schutz des Käufers gegenüber dem Darlehensgeber* liegt darin, daß, wie schon gesagt, regelmäßig kein Abz-Kauf vorliegt und außerdem im Verhältnis Darlehensgeber — Käufer ersterer im Gegensatz zur AbsatzFin. (oben Anm. 73 f. und 80 f.) *aus eigenem Recht* vorgeht. Deshalb liegt jedenfalls kein unverhülltes AbzGeschäft vor. Es *scheidet aber auch unmittelbare Anwendung des § 6 auf den Darlehensvertrag aus*: Denn dieser ist für sich betrachtet auch kein verhülltes AbzGeschäft, sondern *nur* Kreditgeschäft, da der Bestandteil des Güteraustausches im Darlehensvertrag fehlt; a. A. *Marschall v. Bieberstein* S. 128 ff.

Anm. 109

c) Bei der Frage dieses Schutzes des Käufers gegenüber dem Darlehensgeber als einem Dritten (s. oben Anm. 56 und 92) ist zunächst zu prüfen, ob der Darlehensgeber ein wirklicher Dritter ist (nachstehend unter aa) und erst wenn dies der Fall ist, *ob auch* in solchem Fall der Schutz in Betracht kommen kann (unten Anm. 110).

aa) In Anm. 92 ist schon gesagt, daß die Entstehungsgeschichte der FinInstitute und die hierzu heute gegebenen Verhältnisse es für gewöhnlich ausschließen, den Kreditgeber nur als versteckten Verkäufer oder den letzteren nur als Strohmann des Kreditgebers anzusehen. Da aber im ganzen AbzG die *wirtschaftliche Betrachtungsweise* gilt (s. Einleitung 20, § 5 Anm. 12 und 74 und bes. § 6 Anm. 7), darf sie gerade hier nicht übersehen werden. Schon *Rühl* S. 280 weist darauf hin, daß es Fälle gibt, in denen der Kreditgeber nur eine von dem Verkäufer vorgeschobene Person ist; dies insofern, als hinter den zwei verschiedenen Rechtspersönlichkeiten nur *eine* Organisation steht; so OLG Königsberg LZ 32, 1336 und RGZ 152, 283 (286 f.), wobei im letzteren Fall der „Dritte" der kreditierende Hersteller war, der sich einer wirtschaftlich abhängigen Zwischenstelle als Verkäufer bediente, selbst aber der wirtschaftliche Herr des Geschäfts auch dem Verkäufer gegenüber war. Vgl. auch RGZ 131, 213 ff. (a. E.), wo die Darlehensgeberin eine Gründung der Verkäuferin war und nur deren Zwecken diente, erstere nur Organ der Verkäuferin war. In solchen Fällen ergibt die wirtschaftliche Betrachtungsweise ein einheitliches Geschäft, kein wirtschaftlich verselbständigtes Darlehensgeschäft, wirtschaftlich *einen* selbstkreditierenden Verkäufer; ein Geschäft, das wirtschaftlich gar *keinen Dritten* aufweist und ohne weiteres über § 6 dem AbzG unterfällt. Ebenso *Möllers* S. 35 ff. und 62 mit dem Hinweis, daß das Geld nicht von außerhalb des Kaufgeschäftes komme, sondern von dem in der Handelskette stehenden Hersteller oder Großhändler. Es wird nur § 6 benötigt, um mit der wirtschaftlichen Betrachtungsweise den *einen* Partner des Käufers zu gewinnen. Es fehlt aber an einem auch wirtschaftlich als dritte Person anzuerkennenden Kreditgeber und damit an diesem Begriffselement der Absatz- *und* KundenFin. Schon *Rühl* S. 295 betont dabei, daß die Behandlung zweier Rechtspersonen als Einheit nichts Ungewöhnliches mehr sei. Im Gegensatz hierzu will *Klauß* Anm. 502 f. solche Fälle offenbar dem § 1 unmittelbar unterstellen; wie hier offenbar aber RGZ 131, 213 ff. a. E.

Anm. 110

bb) Der *gesetzliche Ausgangspunkt für die wirtschaftliche Betrachtungsweise im AbzG ist dessen § 6*; s. oben Anm. 7. Gerade deshalb durfte und mußte die Frage aufgeworfen werden, ob nicht auch dann, wenn Güterumsatz und Kreditgeschäft auf mehrere Personen auch wirtschaftlich verteilt sind, wie es bei der Einschaltung eines FinInstituts regelmäßig der Fall ist, also auch wirtschaftlich wirklich ein Dritter vorhanden und der Kreditgeber ist, über § 6 sich die Anwendung des AbzG ergibt, indem zwar ein kreditierender Verkäufer fehlt, aber doch durch gewisse immer gegebene Verbindungen dieser Kauf mit Kreditgeschäft *ein AbzGeschäft* in den zwei Verträgen darstellt. Es ist bekannt, daß diese Frage längst — im Grundsatz unstreitig — bejaht ist.

Dabei geht die rechtlich erste Frage dahin, ob *unter* § 6 auch Geschäfte fallen, die durch *Einschiebung eines Dritten* irgendwie aufgeteilt sind. An sich zielt § 6 zweifellos mindestens zunächst auf Verträge zwischen einem Gläubiger und einem Schuldner in einer anderen Rechtsform als der des Kaufes; s. oben Anm. 8 ff. und 26 ff. Das Gesetz und seine Motive haben die Einschiebung eines Dritten nicht berücksichtigt, wozu nach den wirtschaftlichen Verhältnissen zur Zeit der Entstehung des Gesetzes kein Anlaß war. Deshalb kann aus dem Schweigen des Gesetzes aber noch nicht ein Schluß gegen seine Anwendbarkeit auf solche Fälle hergeleitet werden; so schon *Rühl* S. 292 und KG JW 31, 75 ff. (76), das sich dann aber nur wegen der „starken wirtschaftlichen Interessenverknüpfung zwischen Verkäufer und Darlehensgeber" im Hinblick auf die vorliegende Organisation zugunsten der Produktionsfirma zur Anwendung des § 6 entschloß, bei „nur losem wirtschaftlichem Zusammenhang" zwischen den beiden Verträgen aber § 6 verneint hätte. Gegen die Anwendung des § 6 wegen der Person eines Dritten im Zeitpunkt der Entstehung dieser Fragen *Berlak-Felix* S. 40 und *Arndt* RdK 27, 17 ff. Ganz im Gegenteil ergibt aber der Sinn und der sozialpolitische Zweck des Gesetzes, daß seine Bestimmungen auch auf den Fall der Einschaltung eines Dritten ausgedehnt werden müssen. Denn das Gesetz bezweckt nicht Schmälerung der Rechte gerade des *Verkäufers*, beruht nicht etwa, wie *Rühl* S. 292 mit Recht betont, auf einer Abneigung *gegen den Verkäufer*, sondern bezweckt den Schutz des zahlungsschwachen Käufers; s. Einl. 20 und § 1 Anm. 25. Vom Standpunkt des Gesetzes aus ist es deshalb ohne Bedeutung, ob der Verkäufer oder ein Dritter sich die von dem Gesetz mißbilligten Rechte von dem schutzbedürftigen Käufer ausbedungen hat, vielfach übrigens dadurch (meist bei dem vom Verkäufer vermittelten Darlehensgeschäft), daß dieser *auch* in die Gläubigerrechte des Verkäufers eintritt. Der Zweck des § 6 geht gerade dahin, „dem kapitalschwachen Schuldner den Schutz des Gesetzes in weitestgehendem Maße zuteil werden zu lassen und dem Gesetz alle diejenigen Fälle zu unterwerfen, bei denen es sich wirtschaftlich um nichts anderes als um einen AbzKauf handelt"; so KG JW 31, 75 unten. *Deshalb ist § 6 grundsätzlich nicht auf das Rechtsverhältnis zwischen Verkäufer und Käufer beschränkt.* So schon RGZ 128, 254; RGZ 131, 213 ff.; KG JW 31, 75; *Rühl* S. 292; *Rautmann* S. 24 f.; *Brockdorff* in Eger 28, 32 f.; diese alle freilich immer mit mehr oder minder vorgenommenen Einschränkungen in Fällen, die mindestens teilweise noch unter die in Anm. 109 behandelte Gestaltung einzureihen sind; eindeutig in diesem Sinne aber BGHZ 3, 257 ff., wobei erklärt wird, daß § 6 allerdings wortlautmäßig zu eng gefaßt ist, aber auch Platz greift, wenn der AbzKauf mit einem Rechtsgeschäft anderer Art in der Weise verbunden wird, daß beide Verträge, mag daran auch ein Dritter beteiligt sein, „sich zu einer Einheit ergänzen". Die grundsätzliche Bedeutung der Entscheidung betont *Wilde* in LM Nr. 1 zu § 6 AbzG. Hier wie auch im Falle OLG Braunschweig MDR 51, 677 lag keine organisatorische Verknüpfung oder wirtschaftliche Abhängigkeit zwischen Verkäufer und Kreditgeber vor. Ebenso LG Hamburg MDR 50, 220 f. S. auch Anm. 119 a.

Anm. 111

Bei diesem Ergebnis ist es klar, daß nicht nur die Aufspaltung des Geschäftes in *drei* Personen, sondern auch eine solche in *vier Personen* der Anwendung des § 6 nicht entgegensteht. So schon *Rühl* in der Urteilssprechung, NJW 31, 75 und *Möllers* NJW 54, 214 f., der das häufige vierseitige Verhältnis erwähnt, das dann entsteht, wenn auf der Verkäuferseite Großhändler und Einzelhändler beteiligt sind.

Anm. 112

d) Es ist aber klar, daß *nicht jeder Darlehensgeber*, der zum Ankauf beweglicher Sachen ein in Teilbeträgen rückzahlbares Geld gibt, dem AbzG unterliegen kann, auch nicht, wenn die Darlehenssumme durch die damit erworbene Kaufsache gesichert wird" die Sicherung mit dem aus dem Darlehen erworbenen ist ja mangels anderer Sicherheiten wirtschaftlich durchaus natürlich. Zunächst handelt es sich um zwei voneinander unabhängige Geschäfte. Es ist eine *schwierige Grenzziehung* zwischen diesen Fällen und jenen, in denen das AbzG dem Darlehensgeber gegenüber zur Anwendung kommt. Für letzteres sind als Klammer zwischen den zwei Verträgen bestimmte Merkmale nötig.

Am weitesten geht dabei *Crisolli* 4. Aufl. Anm. 67, der immer dann das AbzG zur Anwendung kommen läßt, wenn das Darlehen *nur* zum Zwecke des Kaufes gewährt wird. Die übrige Literatur zog und zieht die Grenze enger. *Rühl* S. 292 erklärt ausdrücklich, daß insbesondere nicht jedes Zweckdarlehen für solche Anwendung des AbzG genüge. Die Rechtsprechung hat den Anwendungsbereich nur langsam auf den Bereich wirklicher dritter Darlehensgeber und dann innerhalb dieses Bereiches erweitert; s. zunächst oben Anm. 109 und 110. Der Anwendungsbereich des § 6 wird nach sachlichen und persönlichen Verbindungsmerkmalen vielfach kasuistisch abgegrenzt. Vgl. im einzelnen nachstehend.

2. *Die Voraussetzungen der Anwendung des Abzahlungsgesetzes im Verhältnis Käufer — Darlehensgeber.* Zunächst ein Überblick über Schrifttum und Rechtsprechung, den kurz als Rückblick auch *Möllers* S. 54 ff. bringt.

Anm. 113

a) *Die Meinungen in der Literatur.*

aa) Teilweise wird die Anwendung des AbzG aus einer *allgemeinen Interessenverbindung* zwischen Verkäufer und Kreditgeber als Voraussetzung gefolgert. Dabei wird von Fällen ausgegangen, die oben Anm. 109 als Fälle keiner Beteiligung eines wirklichen *Dritten* am AbzGeschäft erkannt sind, sondern *wirtschaftlich* ohnedies Verkäufer und Kreditgeber in *einer* Person haben, wie beim richtigen AbzKauf.

Von Brockdoff in Eger 28, 33, der die Frage wohl zuerst behandelt hat, verlangt *eine enge, ständige wirtschaftliche Interessenverknüpfung* zwischen dem Verkäufer und Kreditgeber, bei der es nicht genügt, daß das Darlehen zum Kauf der bestimmten Sache gegeben wird (vgl. auch *Rühl* S. 294). Ebenso *Lechner* Anm. 7 e zu § 6.

In ähnlicher Weise steckt *Rühl* S. 293 und JW 31, 75 und 1178 die Voraussetzungen für die Anwendung des AbzG ab, teilweise freilich mit Einschränkungen, vor allem aber mit weiteren Ausdehnungen: Er bejaht diese Anwendung, wenn entweder zwischen Verkäufer und Kreditgeber wirtschaftliche Identität besteht oder der Kreditgeber sich *dauernd* mit der Finanzierung von Einkäufen befaßt, wenn sein *Geschäftsbetrieb* ganz oder teilweise *darauf zugeschnitten* ist. Er betont dabei, daß nicht bloß (bewußte) Umgehungsgeschäfte also hierher gehören und daß die wirtschaftliche Identität begrifflich ein gewisser Unsicherheitsfaktor sei, der aber auch in anderen unbestimmten Rechtsbegriffen liegt. Gegenüber diesen Erweiterungen bringt er als Beschränkung das Erfordernis der dinglichen Sicherung des Darlehensgebers; ein Erfordernis, das sicher verfehlt ist, weil dingliche Sicherung kein Begriffsmerkmal des AbzGeschäftes ist; so auch *Klauß* Anm. 508 zu § 6.

Anm. 114

bb) Von anderen wird zur Abgrenzung auf die *konkret beim einzelnen Geschäft vorhandene Interessenlage* abgestellt. *Rautmann* S. 26 ff. wendet das AbzG auf die Fälle an, bei denen der Zweck des FinVertrages nicht auf den Erwerb einer gesicherten Darlehensforderung, sondern auf eine Unterstützung des mit dem Kreditgeber wirtschaftlich verbundenen Verkäufers gerichtet ist. Diese Voraussetzung sieht es als gegeben an, wenn der Kreditgeber eine vorgeschobene Person oder ein vom Verkäufer geschaffenes FinInstitut ist und diese Finanzierung seine gesamte Tätigkeit darstellt. Er geht dabei (S. 24) von der Umgehung des AbzG aus.

Crisolli 4. Aufl. Anm. 62—72 zu § 6 nimmt zum Ausgangspunkt die Frage, ob sich der Vertrag zwischen *Darlehensgeber und Käufer* wirtschaftlich so darstellt, als ob der Käufer vom Darlehensgeber auf Abzahlung gekauft hätte und kommt dabei zu dem Ergebnis, daß ein ratenweise zurückzuzahlendes Darlehen zum Zwecke des Ankaufes beweglicher Sachen stets ein verhülltes AbzGeschäft ist, wenn durch die Hingabe des Darlehens das gleiche Ergebnis herbeigeführt wird, wie wenn die Sachen auf Abzahlung gekauft wären. Über die Strohmannfälle und die Fälle gewerbsmäßiger Gewährung solcher Darlehen und über die Fälle wirtschaftlicher Identität von Verkäufer und Kreditgeber hinaus kommt er deshalb dazu, daß § 6 *in allen Fällen anwendbar ist, in denen das Darlehen* vertraglich nur *zu dem Zwecke eines Kaufes gewährt wird* (Anm. 67). Der Käufer sei dann nur Hilfsperson für die in der Praxis meist unmittelbar vom Darlehensgeber an den Verkäufer erfolgende Übertragung des Geldes. Das Darlehen verfolge den zum Vertragsinhalt erhobenen Zweck, dem Darlehensnehmer das Eigentum an den zu kaufenden Sachen zu verschaffen; es sei also wirtschaftlich nicht anders, als wenn der Darlehensgeber die Sachen von dem Verkäufer gekauft und um die Darlehenszinsen teuerer an den Käufer weiterverkauft hätte.

Klauß Anm. 507 zu § 6 kritisiert die Stellungnahme *Crisollis* als zu weitgehend und verlangt neben der Zweckgebundenheit des Darlehens für einen bestimmten Kauf ein eigenes, wenn auch nur mittelbares Interesse des Kreditgebers am Abschluß dieses Kaufes. Er weist dabei darauf hin, daß das in Raten rückzahlbare Darlehen des Freundes an den Käufer eines Fahrrades nicht darauf abzielt, die Zwecke eines AbzGeschäftes in anderer Rechtsform zu erreichen.

Anm. 115

cc) *Aubele* Anm. 8 zu § 6 trägt keinerlei Abgrenzung vor. Er sagt nur: „In allen diesen Fällen (offenbar sind alle Fälle der KundenFin, gemeint), insbesondere auch in solchen, in welchen der AbzVerkäufer wirtschaftlich eng mit dem FinInstitut verbunden ist, so daß eine starke wirtschaftliche Interessenverknüpfung zwischen dem FinInstitut und dem Verkäufer besteht, wird gegen eine Beurteilung des Geschäfts nach Maßgabe der Bestimmungen des AbzG in der Regel nichts einzuwenden sein."

Anm. 116

dd) In den letzten Jahren ist viel gerade zu dieser Frage geschrieben worden, woraus bei der Beschränkung auf die an dieser Stelle behandelte Frage folgendes erwähnt werden soll:

Klauß NJW 53, 6 erkennt die Rechtsprechung des BGH als eine dem § 6 durchaus entsprechende Fortbildung des Rechtes an, gegen die nicht mit Aussicht auf Erfolg anzukämpfen sei. Die Situation des Darlehensnehmers (Käufers) müsse tatsächlich entscheidend sein. Betont wird, daß der BGH aber die Bedeutung der Teilzahlungsbanken verkennt, wenn er deren Tätigkeit, auch nur in objektivem Sinne, mit einer Umgehung des AbzG in Zusammenhang bringe. *Klauß* bringt dann Gesetzesvorschläge, die die Gefährdung der Existenz der Teilzahlungsbanken durch die Rechtsprechung des BGH und einige andere Mängel bannen sollen.

Giffhorn MDR 54, 258 und 611 schließt sich den Vorschlägen von *Klauß* an und behandelt im übrigen besonders die Frage der Einwendungen des Käufers aus dem Kaufvertrag gegenüber dem Darlehensgeber.

Ewald MDR 55, 69 erklärt unter Anknüpfung an eine Bemerkung des BHG, nämlich, daß die neue Form der AbzGeschäfte nur eine entsprechende wirtschaftliche Situation wie beim echten AbzVertrag geschaffen habe, nur die Form, nicht die Sache habe sich geändert; es handle sich in Wahrheit nicht um Kunden-, sondern um AbsatzFin. Der Händler könne dem Kunden nicht mehr den gewünschten Kredit geben und müßte deshalb auf das Geschäft verzichten; es werde deshalb im Interesse des Händlers Kredit aufgenommen, den er dem Kunden weitergebe. In der Situation des Kunden habe sich nichts geändert. FinInstitut und Verkäufer könnten die Geschäfte nur machen, wenn sie sich zusammentun, und dies rechtfertige, sie als Einheit anzusehen, soweit der Zweck des AbzG das erfordere.

Mühlhäuser MDR 55, 265 kritisiert an *Ewald* insbesondere dessen Annahme, daß bei Einschaltung des FinInstituts grundsätzlich AbsatzFin. vorliege. Er hält das Käuferinteresse in der Praxis für überwiegend und unterscheidet Kunden- und AbsatzFin. so, wie oben Anm. 62 dargelegt.

Möller NJW 54, 214 und 1106, NJW 55, 1421 bespricht die im Radiohandel üblichen Verträge mit Einschaltung des Großhändlers. Er meint, die Einheitstheorie des BGH werde falsch verstanden, es sei darunter nur das Verhältnis von Darlehens- und Kaufvertrag gemeint, nicht aber, daß Bank, Großhändler und Einzelhändler sich zu gemeinsamem Zwecke, nämlich dem der AbzKäufe, verbunden hätten. Eine solche Gesellschaft des bürgerlichen Rechts würde der wirtschaftlichen Sachlage nicht entsprechen. Die Finanzierung werde im Interesse des Absatzes *und* des Käufers vorgenommen, so daß aus der Unterscheidung zwischen Absatz- und KundenFin. keine Rechtsfolgen abgeleitet werden können. Die Bank als AbzVerkäufer zu behandeln, möge gerechtfertigt sein, wenn sie an Stelle des Verkäufers den Tatbestand der §§ 1 und 5 setzt. Trotz wirtschaftlicher Betrachtungsweise dürfe aber die rechtliche Doppelexistenz von Bank und Verkäufer nicht geleugnet werden und nicht behauptet werden, daß vom Käufer her der Darlehensvertrag hinter dem Kaufvertrag ganz verschwinde. Die wirtschaftliche Einheit sei aber nicht zu verkennen in dem engen Zusammenhang von Kauf- und Darlehensvertrag, von denen grundsätzlich der eine ohne den anderen nicht denkbar sei (s. oben Anm. 102 und unten Anm. 156). Es werde aber bei Rückbelastung des Verkäufers oder Großhändlers durch die Bank diese Einheit insofern bedeutsam, als dann Personengleichheit zwischen Darlehensgläubiger und Verkäufer eintrete, was für die Einwendungen zwischen Käufer und Verkäufer nach § 774 Satz 3 und § 796 BGB bedeutsam werde.

Ewald MDR 56, 583 berichtet kritisch über Hamburger Urteile, die mindestens im Ergebnis bei der KundenFin, das AbzG im Rahmen seines Zweckgedankens nicht gegenüber dem FinInstitut zur Anwendung kommen lassen und dem letzteren ermöglichen würden, auf Herausgabe ohne Abrechnung nach §§ 2 und 3 zu klagen.

Lehmann, Sicherung von Kundenkrediten, unterstreicht die Selbständigkeit der beiden Verträge im Anschluß an BGH LM Nr. 5 zu § 6 AbzG und BGHZ 20, 41 und betont, daß nach dieser Rechtsprechung eine *bloße Verbindung* von Darlehensvertrag und Kaufvertrag, etwa durch gemeinsame Antragstellung beim Kreditgeber, noch nicht die entsprechende Anwendung des AbzG herbeiführt, sondern diese erst durch die heute übliche Verbindung dieser Verträge sowie durch die üblichen Bestimmungen des Darlehensvertrages oder durch Herstellung der Personenidentität zwischen Verkäufer und Darlehensgeber (bei Rückbelastung des ersteren) oder die nach außen undeutliche Trennung der beiden Geschäftspartner sich zeige. Die in der Besprechung von *Klauß* BB 56, 1112 betonte Kritik an der BGH-Rechtsprechung findet sich dabei die lege lata eigentlich nicht, wenn auch betont wird, daß die behördliche Aufsicht über die bankmäßig organisierten Teilzahlungsbanken eine allgemeine analoge Anwendung der AbzVorschriften nicht rechtfertigen würde.

Möllers S. 53 f. sieht die Verbindung der beiden Verträge als „andere Rechtsform" bei der wirtschaftlichen Betrachtungsweise schon darin, daß beide Geschäfte darauf gerichtet sind, die Kaufsache dem Käufer gegen Teilzahlung zu liefern und hier auf die Rechtsstellung des *Käufers* abzustellen ist; die beiden Verträge auch rechtlich als irgendeine Einheit zu begreifen, wie es die Rechtsprechung unternommen habe, sei gar nicht erst erforderlich und habe erst zu Unklarheiten und Mißverständnissen geführt.

Petermann DRpfleger 58, 78 sieht die Wahrheit in der Mitte zwischen Trennungs- und Einheitstheorie.

Marschall v. Bieberstein S. 128 ff. will § 6 nicht nur entsprechend, sondern unmittelbar anwenden. Weder der Wortlaut des Gesetzes noch der Wille des Gesetzgebers stünden einer unmittelbaren Anwendung entgegen.

Anm. 117

b) *Die Meinungen in der Rechtsprechung.*

aa) Die *Vorkriegsrechtsprechung:*

Eine ausführliche Zusammenstellung der Rechtsprechung bis zum 2. Weltkrieg findet sich bei *Marschall v. Bieberstein,* Das Abzahlungsgeschäft und seine Finanzierung, S. 40 ff. — Das RG zog die

Grenzen sehr eng. RGZ 128, 251 ff. (253 f.) = JW 29, 1380 lehnt kurzerhand die Anwendung des AbzG ab, obwohl es als richtig feststellt, daß Kaufvertrag und Darlehensvertrag „im engsten Zusammenhang miteinander stehen", gegenseitig in Bezug genommen sind und der Kaufvertrag nur im Hinblick auf den Darlehensvertrag geschlossen werden konnte. Es interessiert sich nicht für die zu wenig geklärten Beziehungen zwischen Käufer und Darlehensgeber und würde dann das AbzG anwenden, wenn der Darlehensvertrag verstecktes Kaufgeschäft wäre, der Darlehensgeber also Strohmann des Verkäufers wäre.

RGZ 131, 213 ff. = JW 31, 1178 bejaht ein verhülltes AbzGeschäft, weil der Darlehensgeber eine vom Verkäufer gegründete und ausschließlich den Zwecken des Verkäufers dienende Firma war, so daß nach wie vor der Verkäufer verdeckt dem Käufer gegenübersteht und nach § 6 trotz der Verschiedenheit der Rechtspersönlichkeit die Anwendung des AbzG sich ergebe. Die Entscheidung läßt dann offen, ob und unter welchen weiteren Voraussetzungen sonst FinVerträge unter § 6 fallen. Damit ist die sachlich durch *Rühl* verlangte wirtschaftliche Identität übernommen.

RGZ 136, 137 ff. (an sich ein Fall der AbsatzFin.; s. oben Anm. 83) erörtert die Beziehungen Käufer — Kreditgeber im Zusammenhang mit der Frage, ob dem Kreditgeber als Wechselinhaber die Einwendungen aus dem AbzGeschäft entgegengesetzt werden können. Es bejaht diese Frage, weil der Kreditgeber (Wechselinhaber) in ständiger Beziehung zum Verkäufer steht, dessen AbzBetrieb er kennt und dem er das Geld dafür beschafft, zur Erzielung eigenen Gewinns. Daraus entnimmt es ein gemeinsames Geschäft von Verkäufer und Kreditgeber mit dem Käufer und beruft sich ausdrücklich auf *Rühl* S. 295.

RGZ 152, 283 ff. wendet über § 6 das AbzG für den Käufer gegen den Hersteller an, obwohl der Käufer mit einer von ihm abhängigen Verkaufsgesellschaft abgeschlossen hat; dies deshalb, weil es dem Hersteller durch die Einschaltung der Gesellschaft gelungen ist, sich die Stellung eines AbzVerkäufers zu verschaffen, alle drei Beteiligten sich darüber klar waren, daß für den Käufer ein Erwerb nur gegen Teilzahlung in Betracht kommen kann und der Verkäufer mangels eigener ausreichender Mittel des Dritten (Kreditgebers) bedurfte, so daß der Vertrag im Ergebnis als AbzGeschäft gestaltet werden mußte, dessen wirtschaftliche Wirkungen auf der Käuferseite den Käufer selbst, auf der Verkäuferseite aber den Hersteller treffen, während der Verkäufer nur dessen Mittler war, zwar mit eigenem Verdienstinteresse, weshalb er gegenüber dem Hersteller für die Erfüllung einstand, diesem aber in seiner Sicherung gegenüber dem Käufer freie Bahn ließ; der Käufer stand hier wirtschaftlich so da, als habe er *vom Hersteller* auf Abzahlung gekauft. Bei diesem Geschäfte, an sich in das Gebiet des AbsatzFin. hineingehend, aber ohne Abtretung der Verkäuferrechte, also jedenfalls keine typische KundenFin. betreffend, finden sich viele Gedanken von *Crisolli* (s. oben Anm. 114).

Anm. 118

Die *Oberlandesgerichte,* besonders das KG, letzteres in JW 31, 75 ff., stellen ebenfalls auf die starke wirtschaftliche Interessenverknüpfung zwischen Verkäufer und Kreditgeber ab; so wenn Verkäufer die Muttergesellschaft des Kreditgebers ist oder ein von der Muttergesellschaft im Innenverhältnis völlig abhängiger Händler, dem durch Mithaftung für das Darlehen das Risiko des AbzVerkäufers verbleibt, und wenn bei allen klar ist, daß der Verkäufer nur „auf Abzahlung" kaufen kann. In einem ähnlich gelagerten Fall stellt OLG Königsberg LZ 32, 1336 auf die wirtschaftliche Einheit ab und OLG Köln JW 32, 2044 formuliert dahin, daß die Verträge wirtschaftlich in so engem Zusammenhang stehen, daß sie als Einheit betrachtet werden müssen; es betont dabei, daß in Wirklichkeit eine AbsatzFin. vorliegt, bei der aber der Käufer eigene und im Kaufvertrag nicht enthaltene Verpflichtungen übernommen hat und nicht aus Abtretung der Verkäuferrechte selbst Beziehungen zum Kreditgeber herrühren (s. auch oben Anm. 78). Schließlich betont das OLG Stuttgart DJZ 33, 1380, daß ein verstecktes AbzGeschäft beim Zusammenwirken von Verkäufer, seiner Lieferfirma und dem Fin.Institut gegeben ist, wobei der Käufer durch die Vertragsgestaltung die Vorteile des AbzKaufes verliert, aber nur scheinbare KundenFin., in Wirklichkeit dagegen AbsatzFin. vorliegt.

In diesen Entscheidungen von Köln und Stuttgart erscheint der Gedanke der *umgangenen Absatzfin.* zur Begründung für den Schutz des Käufers nach dem AbzG. Er ist letztlich nur der altbekannte Gedanke der Umgehung des AbzG selbst, aber doch, wie noch betont werden wird (unten Anm. 126) in dieser Form eine wichtige Erkenntnis.

Auch auf das selbständige FinInstitut, offenbar in einem Fall echter KundenFin., wendet KG VerkehrsrechtlRdsch. 32, 601 = *Soergel* Rspr. 32 § 1 AbzG Ziff. 2 dasAbzG an.

Anm. 119

bb) Die *Nachkriegsrechtsprechung:*

Die Rechtsprechung des BGH entwickelte sich wie folgt:

Sie beginnt mit BGHZ 3, 257 (1. Senat), Kaufgegenstand ein Lieferkraftwagen. Dort wird, wie schon in Anm. 110 behandelt, allerdings ohne Zitate, auch die Beteiligung eines Dritten im Rahmen eines FinVertrages der Vorschrift des § 6 unterstellt. Das Wesentliche hierfür wird darin gesehen, daß AbzKauf und FinGeschäft „sich zu einer Einheit ergänzen". Dies wird aus dem vertraglichen Zweck des Darlehens, aus der im FinVertrag vom Käufer (und trotz EV des Verkäufers) erklärten Eigentumsübertragung an den Kreditgeber und aus der für den Käufer wirtschaftlich gegebenen Situation wie bei einem echten AbzKauf entnommen. Im Leitsatz erscheint dabei als Voraussetzung die im Einverständnis der Beteiligten erfolgte (s. LM Nr. 2 zu § 6 AbzG) Ersetzung der Verpflichtung des Käufers zur Kaufpreiszahlung in Teilbeträgen durch die Verpflichtung zur Rückzahlung des Darlehens in Teilzahlungen und die vertragliche Gestaltung der Folgen der Nichterfüllung des Darlehensvertrages in einer Weise, wie sie nach dem AbzG für die Nichterfüllung des Kaufvertrages unzulässig ist (tatbestandsmäßig ist dazu Näheres aus MDR 51, 677 zu entnehmen, wo die vom BGH überprüfte Entscheidung des Berufungsgerichts veröffentlich ist).

BGH LM Nr. 2 zu § 6 AbzG (4. Senat) läßt offen, in welchem äußersten Rahmen FinVerträge dem AbzG unterworfen sind (Hinweis auf die Meinung von *Crisolli, Klauß* und *Rühl* sowie LG Hamburg MDR 50, 220). § 6 sei jedenfalls anwendbar, wenn die Verträge eine Einheit bilden und der Käufer infolge der Verträge wirtschaftlich in die gleiche Lage komme, wie ein gewöhnlicher AbzKäufer. Diese Voraussetzungen wurden entnommen aus der gegenseitigen Bezugnahme der beiden Verträge aufeinander sowie daraus, daß der Käufer den Kaufvertrag nur im Hinblick auf die Darlehensgewährung habe abschließen können; es seien dem Käufer statt *eines* Abz-Verkäufers auf diese Weise zwei Personen gemeinsam gegenübergestanden.

BGHZ 5, 373 (2. Senat), Kaufgegenstand ein Lkw, bestätigt die Entscheidung aus Bd. 3. Ein zwischen Verkäufer und FinInstitut über das FinGeschäft hinausgehendes wirtschaftliches Abhängigkeitsverhältnis ist weder hier noch in Bd. 3 herausgestellt, also dem BGH nicht wichtig gewesen.

BGH LM Nr. 4 zu § 6 AbzG (2. Senat), Kaufgegenstand Kfz., erklärt, daß in Schrifttum und Rechtsprechung kein Streit über die Anwendung des § 6 auf Fälle bestehe, bei denen in einem AbzKauf ein Dritter als Darlehensgeber eingeschoben sei, und erklärt für den Fall der KundenFin. unter Bezugnahme auf BGHZ 3, 257 die Voraussetzung dafür gegeben, wenn die beiden Verträge so gekoppelt sind, daß beide eine Einheit bilden und der Käufer infolge der Verträge wirtschaftlich in die gleiche Lage wie ein gewöhnlicher AbzKäufer kommt. Dabei wendet er § 6 auf eine Vertragsverbindung an, in der der Kreditgeber kein FinInstitut war, sondern der Geschäftsherr, für den der Käufer als (nicht im Handelsregister eingetragener) Handlungsagent tätig war, den Kaufpreis für den gekauften Pkw an den Verkäufer bezahlte und mit dem Handlungsagenten Vereinbarungen traf, wie sie beim Abschluß von AbzVerträgen üblicherweise getroffen werden: Sicherungsübereignung bei Besitzüberlassung, ratenweise Tilgung hier durch Verrechnung gegen Provisionen, allerdings ohne Festlegung nach Höhe und Termin. Entscheidend war, daß der Darlehensgeber (Geschäftsherr) ein eigenes wirtschaftliches Interesse an dem Kaufvertrag hatte, weil durch die Verpflichtung des Handlungsagenten, weitere für den Geschäftsherrn tätige Personen mitzunehmen, der Umsatz des Unternehmers gesteigert werden sollte. Wegen Mitwirkung des Arbeitsgebers s. auch oben Anm. 59 a. E.

BGH LM Nr. 5 zu § 6 AbzG (4. Senat), Kaufgegenstand Kfz., sowie BGHZ 20, 36 (4. Senat), Kaufgegenstand Möbel, und auch BGHZ 22, 91 (2. Senat), Kaufgegenstand Möbel, wiederholen die Rechtsgrundsätze aus BGHZ 3, 257, prüfen aber dann die Grenzen der wirtschaftlichen Betrachtungsweise bezüglich Einwendungen aus dem allgemeinen bürgerlichen Recht (s. darüber unten Anm. 144 ff.).

Anm. 119a

Die *höchstrichterliche Rechtsprechung* zur Anwendbarkeit des AbzG beim finanzierten AbzKauf *läßt sich wie folgt zusammenfassen:*

1. Es muß *zwischen Kauf- und Darlehensvertrag eine wirtschaftliche Einheit* bestehen oder wie dasselbe Tatbestandsmerkmal ab und zu genannt wird „Einheitlichkeit der wirtschaftlichen Situation" (BGHZ 3, 257, 259), „einheitlicher Lebensvorgang" (BGHZ 22, 90, 93), „wirtschaftlich einheitlicher geschäftlicher Vorgang" (BGHZ 37, 94, 99), andernfalls handelt es sich um einen Barkredit oder ein Anschaffungsdarlehen, wofür das AbzG keine Anwendung findet. Unter diesen Begriffen ist stets die gemeinsame Zielrichtung der beiden Verträge gemeint: der AbzKäufer soll Ware gegen Ratenzahlung kau-

fen können, d. h. für den Käufer erscheint wirtschaftlich kein Unterschied zwischen dem finanzierten und dem nicht finanzierten AbzKauf; BGHZ 47, 246 v. 20. 2. 67. Ihm gegenüber treten die Bank und der Verkäufer als Einheit auf, vgl. BGHZ 47, 241 v. 20. 2. 67.

Zu einer wirtschaftlichen Einheit ergänzen sich die Verträge dann, wenn keiner der beiden Verträge ohne das Zustandekommen des anderen Vertrags gültig sein soll oder anders ausgedrückt, wenn jeder Vertrag seinen Sinn erst im Zusammenhang mit dem anderen erhält. Eine ausdrückliche Bezugnahme des einen Vertrages auf den anderen ist dabei nicht erforderlich. Die Abhängigkeit der Verträge ist vielmehr sowohl aus der Sicht des Käufers wie des FinInst. zu ermitteln (das FinInst. will wegen des eigenen wirtschaftlichen Interesses am ganzen Geschäft dem Käufer auch *zur Kaufsache verhelfen, so* BGHZ 47, 241 v. 20. 2. 67). Beim reinen *Personalkredit* würde dieser Wille der Bank fehlen. Sie würde das Darlehen nicht für den Kauf bestimmter Gegenstände gewähren, sondern dem Käufer die Verwendung des Kredits vollkommen freistellen. Zur Abgrenzung zwischen Personalkredit und finAbzKauf s. BGH NJW 70, 701 und Stuttgart NJW 67, 2016 das für entscheidend hält, daß der Kredit mit Wissen des Kreditgebers für die Beschaffung eines bestimmten Gegenstandes gewährt wird. Siehe dazu auch *Weiss* ZGK 67, 818.

Die wirtschaftliche Einheit kommt nicht dadurch zu Fall, daß die Bank eine Finanzmaklerfirma zwischenschaltet, BGHZ 47, 246 v. 20. 2. 67. Entscheidend sind obige Gesichtspunkte wie sie sich hinsichtlich des Kauf- und Darlehensvertrages darstellen, andernfalls könnte das FinInst. durch eine besondere Vertragsgestaltung seiner Beziehungen zum Verkäufer dem AbzKäufer den (unverzichtbaren) Schutz des AbzG nehmen.

BGHZ 47, 253 v. 20. 2. 67 stellt *Kriterien* zusammen, *die für die wirtschaftliche Einheit* beider Verträge *sprechen*, nicht aber notwendig sind: Formularmäßige Ausgestaltung der Verträge; Berechnung der Zinsen und Kosten durch den Verkäufer; verabredetes Zusammenwirken aller drei Beteiligten; gegenseitige Bezugnahme der Verträge; eigenes Interesse des FinInst. am Abschluß beider Verträge und seine Mitwirkung am Abschluß des Kaufvertrages.

Gleichgültig ist ferner, in welchem Umfang der Käufer am Zustandekommen der Vertragsbeziehungen zwischen sich, dem Verkäufer und der Bank beteiligt war, da der innere Zusammenhang beider Verträge maßgebend ist. Allerdings wird dieser innere Zusammenhang fehlen, wenn der Käufer sich das Darlehen „auf eigene Faust“

beschafft, also das FinInst. selbst auswählte und den Darlehensvertrag völlig unabhängig vom Kaufvertrag (auf die Kaufabsicht kommt es nicht an) abschließt, BGHZ 47, 253 v. 20. 2. 67 und BGHZ 47, 246 v. 20. 2. 67.

Der Unterscheidung von *Schönle* NJW 68, 473 zwischen Kleinkredit (bis zu DM 2000,— und maximaler Laufzeit von 2 Jahren), für den das AbzG nicht gelte und dem „Anschaffungsdarlehen" (bis zu DM 10 000,— und maximaler Laufzeit von 4 Jahren, für den das AbzG. gelte, ist nicht zuzustimmen. Auch ein Kleinkredit kann Warenkredit sein. Auf die Höhe des Kredits kommt es nicht an, so daß diese Unterscheidung fehlgeht.

2. Ob zwischen Verkäufer und Bank *eine auf die Dauer angelegte Geschäftsverbindung* besteht oder nicht, *ist unerheblich.*

Eine auf die Dauer angelegte Geschäftsverbindung liegt vor, wenn der Verkäufer vom FinInst. damit betraut wird, laufend Finanzierungsaufträge seiner Kunden beizubringen, bestimmte Formulare erhalten hat und dem FinInst. Sicherheit für dessen Forderungen gestellt hat, für die der Verkäufer die Mitschuld hat übernehmen müssen, BGHZ 47, 233, v. 20. 2. 67. Seit wann die Geschäftsverbindung besteht, ist nicht maßgebend, BGH v. 17. 11. 60 BGHZ 33, 302.

Der Schutz des AbzKäufers kann nicht von der Intensität der Geschäftsbeziehungen zwischen Verkäufer und Bank abhängen, da sie mit der Zielsetzung des AbzG nichts zu tun hat und der Käufer weder Einblick in, noch Einfluß auf die Geschäftsverbindung von Verkäufer und Bank hat. Gl. A. BGHZ 47, 241, 246 und 253 jeweils v. 20. 2. 67 ferner OLG Köln MDR 60, 1013 und wohl auch LG Berlin NJW 59, 105.

3. Für die Frage der Anwendbarkeit des AbzG auf den finanzierten AbzKauf *ist ferner ohne Bedeutung das Vorhandensein eines Rahmenvertrages zwischen dem Verkäufer und FinInst.*, BGHZ 47, 246 und 253 jeweils v. 20. 2. 67, einer einheitlichen Vertragsurkunde für beide Verträge und gegenseitige Bezugnahme BGHZ 47, 253 v. 20. 2. 67 eine Absicherung des FinInst. durch eine Mithaftung des Verkäufers BGHZ 47, 253 und 246 jeweils v. 20. 2. 67 und schließlich die Auszahlung der Valuta statt an den Verkäufer an den Käufer BGHZ 47, 253 v. 20. 2. 67.

Anm. 120

Zeitlich war vor der Errichtung des BGH die Rechtsprechung der LG und OLG von Bedeutung (beim OGHBrZ sind Streitigkeiten hierzu offenbar nicht anhängig gewesen), wobei sich erst ab 1950 Rechtsprechung hierzu findet. Zunächst sind besonders Hamburg, Braunschweig und Bremen hervorgetreten. Insoweit kann für die Entwicklung auf *Ewald*, AbzG S. 122 ff. Bezug genommen werden, da hier nicht auf alle Entscheidungen eingegangen werden kann.

Auch die Rechtsprechung dieser Gerichte hat dabei die Anwendung des AbzG grundsätzlich anerkannt. Es tauchen dabei aber gelegentlich nochmals Erfordernisse auf, wie sie *Rühl* (s. oben Anm. 113) vertreten, der BGH aber nicht übernommen hat: So verlangt LG Hamburg MDR 50, 220 für die Berufung des Käufers auf das AbzG gegenüber dem Darlehensgeber, daß der Geschäftsbetrieb des FinInstituts auf Gewährung solcher Darlehen mindestens teilweise zugeschnitten ist. Ebenso OLG Bremen NJW 52, 347, das bei wirtschaftlicher Selbständigkeit des FinInstituts gegenüber dem Verkäufer des AbzG im Verhältnis Käufer — Darlehensgeber zur Anwendung kommen läßt, wenn im Zusammenwirken der Parteien ein Erfolg herbeigeführt wird, bei dem der Käufer wie ein normaler AbzKäufer da steht *und* das FinInstitut auf die Finanzierung solcher Geschäfte mit der Absicht der Gewinnerzielung ausgerichtet ist.

LG Bonn MDR 55, 415 spricht unter Berufung auf die herrschende Meinung und den BGH von *entsprechender* Anwendung des AbzG in solchen Fällen, meint dabei aber wohl nur die Anwendung des § 6.

Anm. 121

c) *Eigene Stellungnahme.*

Für die Anwendung des § 6 und damit des AbzG im Verhältnis Käufer — Darlehensgeber trotz der gegebenen rechtlichen Selbständigkeit des Kaufvertrages und des Darlehensvertrages (BGH zuletzt LM Nr. 5 zu § 6 und BGHZ 20, 41) ist Voraussetzung, daß der Käufer auch bei der gewählten Gestaltung wirtschaftlich in *der gleichen Lage ist wie ein gewöhnlicher AbzKäufer* (s. unten Anm. 122) und die allgemeinen Voraussetzungen der Anwendung des AbzG gegeben sind (s. unten Anm. 127). Dazu muß kommen: entweder eine Einheit der Verträge (Anm. 123 f.) oder eine Einheit im Interesse (Anm. 125 f.) oder eine Einheit in der Person (Anm. 126 f.).

Anm. 122

aa) Die Voraussetzung der *wirtschaftlich gleichen Lage des AbzKäufer* (s. oben) ist eine Selbstverständlichkeit. Der Schutz des AbzKäufers, der der eigentliche Gegenstand des AbzG ist, muß in Frage stehen. Diese gleiche Lage des Käufers ist gegeben, wenn an die Stelle der Rechtsverpflichtung zur Zahlung des Kaufpreises in Raten nach der sofortigen Kaufpreiszahlung, die durch Aufnahme eines hierzu bestimmten Darlehens ermöglicht wird, die Verpflichtung *zur Rückzahlung des Darlehens in Raten* tritt. Die wirtschaftliche Lage des Käufers ist von dieser geänderten rechtlichen Gestaltung nicht berührt. Betont wird diese Voraussetzung besonders in BGHZ 3, 257 und LM Nr. 2 zu § 6 AbzG. Nicht Voraussetzung ist, daß der Käufer nur auf Abzahlung kaufen könne oder gar, daß alle Beteiligten derartiges wissen. Es gilt ja auch der Schutz beim gewöhnlichen AbzKauf unabhängig davon. S. aber unten Anm. 128.

Anm. 123

bb) Die wirtschaftliche *Einheit in den Verträgen*, obwohl rechtlich Kaufvertrag und Darlehensvertrag gegeben sind, ist ein Erfordernis, das schon in der Vorkriegsrechtsprechung erschien (s. oben Anm. 118) und dann aber vom BGH übernommen wurde. Diese Einheit ist meist die Folge einer bestimmten Verbindung zwischen Verkäufer und Kreditgeber und tritt in Erscheinung sehr häufig durch den meist vom Kreditgeber entworfenen *Formularvertrag* dadurch, daß beide Verträge in *einer* Urkunde enthalten sind („Teilzahlungs- und Kaufvertrag", MDR 56, 292; auch „Teilzahlungs-Kaufvertrag", oder „Teilzahlungsbestellschein" oder auch oben „Bestellschein" und dann auf dem gleichen Blatt „Darlehensantrag") oder die beiden Verträge ausdrücklich aufeinander Bezug nehmen, daß ihre Wirksamkeit voneinander ausdrücklich oder den Umständen nach abhängt, weil der Zweck des Darlehens ein bestimmter Kauf ist, so daß deutliche Koppelung der beiden Verträge vorliegt (s. oben Anm. 102).

Bei allen B-Geschäften, bei denen der Verkäufer das Darlehen erst vermittelt, wird diese Voraussetzung gegeben sein. Die dabei auch vom Darlehensgeber gefühlte Einheit wird in den Verträgen vielfach dadurch deutlich, daß dort bestimmt wird, der Darlehensnehmer habe aus dem Kaufvertrag keine Einwendungen gegen den Darlehensgeber, was bei getrennten Verträgen an sich selbstverständlich ist und daß statt der Zinsen „Teilzahlungszuschläge" für das Darlehen erhoben werden; s. LG Hamburg MDR 50, 221 und *Rühl* S. 281. Wegen der Einwendungen s. unten Anm. 144 ff.

Anm. 124

Es kommt auch nicht darauf an, ob im Darlehensvertrag gegen das AbzG verstoßende Bestimmungen enthalten sind; so ungefähr erscheint es zwar im Leitsatz von BGHZ 3, 257. Das ist aber unzutreffend schon deshalb, weil solche Regelungen nicht nur dann nicht, wenigstens nicht wirksam, möglich sind, wenn über § 6 das AbzG anwendbar ist. Insofern formuliert auch *Lehmann,* Sicherung von Kundenkrediten S. 10, unzutreffend. Richtig aber ist es, wenn er S. 15 auf die „heute übliche Art und Weise der Verbindung des Darlehenskreditvertrages mit dem AbzKauf" die Gleichheit der Rechtsfolgen abstellt. Es erscheinen *im Darlehensvertrag* inhaltlich gleiche und ähnliche Regelungen, wie sie im AbzKauf üblich waren und sind. Das gilt von der Sicherheit des Kreditgebers in gleicher Weise, wie der des Verkäufers, wobei gelegentlich der wirklichen Eigentumslage erst durch Auslegung der *beiden* Verträge zusammen Rechnung getragen werden kann; s. BGHZ 3, 260. Das gilt von der Bestimmung, daß das Eigentum zum Zwecke der bloßen Sicherung vom Kreditgeber herausverlangt werden könne; das gilt weiter von der Regelung der Ratenzahlung und des Ratenverfalls. Auch im Falle LM Nr. 4 zu § 6 AbzG, wo keine *ständige* Verbindung zu solchen Geschäften und kein Formularvertrag gegeben war, erscheint bei der Darlehensregelung sehr vieles wie beim AbzKauf. *Lehmann* a.a.O. zeigt das auf und *Ewald* AbzG S. 137 macht sehr deutlich, wie die von *Lehmann* erwähnte „heute übliche Art und Weise der Verbindung" solcher Verträge aussieht. Sie ist ein Moment, ein sehr wesentliches Moment, für die *wirtschaftliche* Einheit der Verträge, bei denen nur rechtlich nach der vom Darlehensgeber erfolgten Zahlung das weitere in den Darlehensvertrag verlagert wird; s. auch *Busch* BB 52, 71. Darauf, ob der Geschäftsbetrieb des Kreditgebers auf die Gewährung solcher Darlehen ganz oder teilweise zugeschnitten ist, wie es *Rühl* erforderte, kommt es also nicht an. Diese Voraussetzung erscheint in der BGH-Rechtsprechung auch nicht mehr. Es werden allerdings bei einem auf solche Verträge zugeschnittenen Betrieb des Kreditgebers immer auch die beiden Verträge die entsprechende wirtschaftliche Einheit zeigen.

Die Einheit in den Verträgen wird beim sog. Scheck-Geschäft oder A-Geschäft meist nicht gegeben sein; s. *Ewald,* AbzG S. 155 und unten Anm. 127. Bei ihm trägt auch der Darlehensgeber wirklich das Risiko wenn keine Händlerhaftung besteht.

Anm. 125

cc) Die *Einheit im Interesse*: Darunter ist zu verstehen das einheitliche bei Verkäufer *und* Darlehensgeber vorhandene Interesse *am Kaufgeschäft.* Diese Voraussetzung ist bedeutsam, um nicht zu einer nicht mehr zu rechtfertigenden Ausdehnung in der Anwendung des

AbzG auf Darlehensgeschäfte zu kommen, wie sie sich z. B. aus *Crisolli*, 4. Aufl. Anm. 67 ergeben würde, dem hier die Hingabe des Darlehens zum ausschließlichen Zwecke des Kaufes genügt. Dem ist schon mit Recht *Rühl* (s. oben Anm. 112) und *Klauß* (s. oben Anm. 114 a. E.) entgegengetreten. Auch RGZ 136, 141 stellt auf das Gewinnstreben des Kreditgebers ab, der sich für Zwecke eigenen Gewinns am Geschäftsbetrieb des Verkäufers beteiligt. Schließlich hat BGH LM Nr. 4 zu § 6 AbzG bei einem Einzeldarlehen für die Anwendung des § 6 erklärt, daß der Darlehensgeber ein wirtschaftliches Interesse am Kaufvertrag hat (s. oben Anm. 119 gegen Ende). Damit wird eine notwendige Abgrenzung im Sinne von *Klauß* Anm. 507 zu § 6 und *Lehmann*, Sicherung von Kundenkrediten S. 7 geschaffen, wobei letzterer mit Recht sagt, daß die Anwendung des AbzG noch nicht in Betracht kommen kann, wenn der Kaufinteressent *von seiner Bank* sich Kredit geben läßt, um ein Auto zu kaufen und sofort zu bezahlen, er dieses Darlehen in Raten zurückbezahlt und das Kfz. sicherungsübereignet; ebenso KG JW 31, 75 (76); s. auch OLG Karlsruhe BB 55, 6 und LG Hamburg MDR 56, 293. Freilich hat die Bank hier, wie bei jedem Bankgeschäft, ein eigenes Interesse, aber an dem Kreditgeschäft mit ihrem Kunden, nicht am Kaufgeschäft. Daß das bloße Zweckdarlehen auch sonst nicht zu rechtlich veränderter Beurteilung führt, betont mit Recht *Capeller* BB 57, 206" s. auch *Ascher* zu LM Nr. 5 zu § 6 AbzG. Hier wird auch deutlich, daß *Möllers* mit seiner bloßen Abstellung auf den Zweck beider Geschäfte, dem Käufer den Kauf gegen Teilzahlung zu ermöglichen (oben Anm. 116 a. E.), ohne weiteres Eingehen auf die „Einheit der Verträge" für nötig zu halten, es doch zu einfach macht.

Anm. 126

dd) Die *Einheit in der Person*; Diese ist gegeben in vielen Fällen, die gar nicht hierher gehören, weil es bei der wirtschaftlichen Betrachtungsweise überhaupt an einem Dritten fehlt (s. dazu oben Anm. 109). Es sind die Fälle, die *Rühl* unter der einen Alternativvoraussetzung, nämlich der der wirtschaftlichen Identität, versteht.

Diese Einheit in der Person ist *hier* von Bedeutung in den Fällen, in denen die rechtlich unabhängigen Geschäftspartner nicht deutlich genug als solche in Erscheinung treten und dann nach den Grundstäzen des abzrechtlichen Käuferschutzes, die sich aber hier decken mit Grundstäzen der Anscheinsvollmacht und evtl. auch der Rechtsprechung zu § 123 Abs. 1 BGB, die rechtliche Trennung gegen den Käufer nicht geltend gemacht werden kann. Dazu ist auf BGHZ 20, 36 ff.

und *Lehmann* a.a.O. S. 15 zu verweisen; zur BGH-Entscheidung s. aber auch unten Anm. 164.

Schließlich ist diese Einheit hierher von Bedeutung, wenn sie vertraglich bei Rückbelastung des Verkäufers in Erscheinung tritt. Beim Fehlschlag des Geschäfts nimmt der Darlehensgeber häufig vertraglich gegen den für das Darlehen mithaftenden Verkäufer dessen Rückbelastung unter Abtretung der Rechte aus dem Darlehensvertrag vor und überläßt diesem das Vorgehen gegen den Käufer. Nach der Rückbelastung ist also Personenidentität zwischen Verkäufer und Darlehensgeber vorhanden, die das Bild des eigentlichen AbzGeschäftes ergibt. So auch *Möllers* NJW 55, 1423 und NJW 57, 574 sowie *Lehmann* a.a.O. S. 14 f. und OLG Braunschweig MDR 51, 677 (678) mit dem Hinweis, daß nach der Rückbelastung mit Abtretung der Rechte des Kreditgebers die Sachlage für den Käufer sich so darstellt, als sei es gar nicht zur Einschaltung des Kreditgebers gekommen und als mache der Käufer seine ursprüngliche Kaufpreisforderung geltend. S. auch *Ewald* MDR 56, 583 f. Diese hergestellte Identität wird übrigens auch noch in anderem Zusammenhang von Bedeutung, wozu auf unten Anm. 154 verwiesen wird. Schon die vertragliche *Möglichkeit einer solchen Personenidentität* wird aber für die hier behandelte Frage eine genügende Voraussetzung im Sinne der Untersuchung sein. An dieser Bestimmung wird nämlich das Element der *AbsatzFin.* deutlich, bei der, wie schon ausgeführt (s. oben Anm. 66) das AbzG ohnedies gilt. Der Kreditgeber hält sich an den *Verkäufer*, die oben in Anm. 118 genannten Urteile haben diesen Gesichtspunkt mit Recht erkannt. Daß für den letzten und vorletzten Punkt schon die Trennung der Verträge gewisse rechtliche Bedeutung haben könnte, betont *Giffhorn* MDR 54, 248.

Der Gesichtspunkt der AbsatzFin, ergibt noch eine Erweiterung dieser Voraussetzung der Einheit in der Person. Letztere liegt immer dann vor, wenn der Darlehensgeber *auf der Verkäuferseite* einen Mithaftenden hat, der also nicht der Verkäufer selbst, sondern auch der Großhändler oder Hersteller sein kann. S. dazu auch *Möllers* NJW 55, 1423 und auch schon BGZ 152, 283 ff. (oben Anm. 177).

Anm. 127

ee) Hinzutreten muß, wenn § 6 zur Anwendung kommen kann, daß die *allgemeinen Voraussetzungen der Anwendung des AbzG* gegeben sind. Dazu bedarf es besonders des Hinweises, daß die *Kaufsache übergeben* sein muß. Die fehlende Übergabe erscheint mit Recht in BGH LM Nr. 5 zu § 6 AbzG und in LG Waldshut NJW 55,

387. Ist die Kaufsache nicht übergeben, kann nur noch die Frage auftauchen, ob der Darlehensnehmer gerade diese fehlende Übergabe dem Darlehensgeber entgegenhalten kann; s. darüber unten Anm. 144 ff. und 160.

Anm. 128

Unter den Voraussetzungen, die neben der wirtschaftlichen Stellung des Käufers wie ein gewöhnlicher AbzKäufer wahlweise genügen (Einheit in den Verträgen oder im Interesse oder in der Person) werden häufig mehrere kumulativ, ja auch alle drei kumulativ vorliegen.

Das *Wissen der Beteiligten* um diese Voraussetzungen erscheint gelegentlich eigens betont, so schon RGZ 152, 283 ff. Es ist aber nicht erforderlich, weil immer die objektiven Merkmale des § 6 genügen, s. oben Anm. 11. Das Wissen kann also nur auf ein *gewolltes* Umgehungsgeschäft hindeuten, s. oben Anm. 9 und OLG Braunschweig MDR 51, 677. Daß der BGH mit Unrecht gelegentlich überhaupt die FinGeschäfte unter die Umgehung des AbzG einreiht und damit mit einem gewissen Makel behaftet (so BGHZ 3, 257 ff.), bemängelt mit Recht *Klauß* NJW 53, 6. Ebenso *Ewald*, AbzG S. 152.

Abschließend ist festzustellen, daß die übliche Gestaltung der Verträge durch die Kreditgeber zu der von ihnen meist beklagten Rechtsentwicklung, insbesondere der Rechtsprechung des BGH, führen mußte. Die einschlägigen Hinweise von *Lehmann*, Sicherung von Kundenkrediten, auf S. 11 und 15 f. sind richtig.

Anm. 129

3. *Die Voraussetzungen für die Berufung des Käufers auf das Abzahlungsgesetz gegenüber dem Verkäufer.* Diese Frage kann nur ausnahmsweise auftauchen. Das AbzG setzt ja einen mindestens vom Käufer her noch nicht erfüllten Vertrag voraus. Bei der KundenFin. aber wird grundsätzlich der Kaufvertrag durch die für Rechnung des Käufers an den Verkäufer erfolgende Zahlung der Darlehensvaluta von der Käuferseite her erfüllt. Auch der Verkäufer hat übrigens meist sogleich voll erfüllt, nämlich durch Besitzübertragung *und* Eigentumsübertragung (letztere infolge der Vollzahlung), wobei Besitzübertragung an den Käufer, Eigentumsübertragung meist entsprechend den Vereinbarungen an den Darlehensgeber erfolgt. Nur der Darlehensgeber hat also noch Rechte gegen den Käufer (Darlehensnehmer), die er in der Regel selbst oder auch durch ein Inkassoinstitut geltend macht; geschieht es durch den Verkäufer, so macht dieser nicht eigene, sondern Rechte des *Darlehensgebers* geltend. Es steht dann

grundsätzlich (s. aber oben Anm. 126 und unten Anm. 144 ff.) das Verhältnis Käufer — Kreditgeber und damit der schon oben Anm. 113 ff. behandelte Problemkreis in Frage.

Anm. 130

a) *Als Ausnahmefälle* einer Berufung des Käufers auf das AbzG gegenüber dem Verkäufer kommen in Betracht:

aa) Der Fall einer KundenFin., bei der der Kaufpreis durch Darlehen und evtl. Anzahlung nicht voll bezahlt und noch mindestens eine Rate außer der Anzahlung an den Verkäufer zu leisten ist; s. schon oben Anm. 100. *Rühl* S. 300 hat diese Fälle eigens erwähnt und behandelt. Dieser Fall zeigt übrigens, wie schon *Crisolli* Anm. 79 betont hatte, daß man die FinGeschäfte nicht einfach durchwegs überhaupt als verkappten AbzKauf abtun kann; sonst wäre es unverständlich, warum der Kreditgeber nicht den ganzen Kaufpreisrest übernehmen würde.

Anm. 131

bb) Der Fall einer KundenFin., bei der im Kaufvertrag vereinbart ist, daß der Käufer die Kaufsache *an den Verkäufer zurückgeben müsse*, wenn der Darlehensgeber vom Darlehensvertrag zurücktritt. Dann ist nämlich das Kaufgeschäft noch nicht erfüllt, insbesondere soll damit die Käuferverpflichtung *auch dem Verkäufer gegenüber* erst erfüllt sein, wenn der Käufer den Darlehensgeber voll befriedigt hat. Es lebt hier nach einer vom Darlehensgeber aus erfolgten Rückbelastung des Verkäufers, also ausdrücklich oder doch der Sache nach, zwischen Verkäufer und Käufer der AbzKauf wieder auf. Hier ist wirtschaftlich im Verhältnis Verkäufer — Käufer die Lage nicht anders, als wenn der Käufer ein gewöhnliches AbzGeschäft mit dem Verkäufer geschlossen hätte; s. auch oben Anm. 126.

Anm. 132

b) Keine solchen Ausnahmen sind gegeben:

aa) In den von *Rautmann* S. 30 behandelten Fällen. *Rautmann* bejaht dort die Anwendung des AbzG auf das Verhältnis zwischen dem Käufer und dem Verkäufer in allen Fällen, in denen der Verkäufer vertraglich für die Erfüllung der Verpflichtungen haftet, die dem Käufer dem Darlehensgeber gegenüber obliegen. Der Käufer habe zwar den Kaufpreis in voller Höhe an ihn bezahlt, er habe aber im Einverständnis und unter Haftung des Verkäufers zu diesem

Zwecke zuvor ein Darlehen aufgenommen. Daher habe sich nichts an der Tatsache geändert, daß der Käufer den Betrag, den er zum Erwerb der gekauften Sache aufwenden muß, in Raten leistet. Nur in der Person des Zahlungsempfängers sei ein Wechsel eingetreten. Die wirtschaftlichen Zwecke eines AbzGeschäftes würden also erreicht.

Anm. 133

bb) Keine Ausnahme ist auch gegeben in den von *Rühl* S. 297 behandelten Fällen. *Rühl* sieht dort den § 6 immer dann als gegeben an, wenn der Abschluß des Darlehensvertrages nach dem Inhalt des Kaufvertrages Bedingung für den Abschluß des Kaufes war. In diesem Falle führten Käufer und Verkäufer mit Hilfe des Darlehensgebers bewußt denselben Erfolg herbei, als ob ein Erwerb der Sache auf Grund eines AbzGeschäftes stattfände. Nach dem Willen der Parteien würden also die Zwecke eines AbzGeschäftes in einer anderen Rechtsform erreicht.

Anm. 134

Zu aa) und bb): Diese Meinungen gehen fehl. Zwar werden infolge der Einschaltung des Darlehensgebers die wirtschaftlichen Zwecke eines AbzKaufes erreicht. Das gilt aber nur für die Stellung des Käufers selber (s. oben Anm. 122), aber *nicht* für das Verhältnis zwischen Käufer und Verkäufer. Mit Hilfe des Darlehens des Kreditgebers wird ja der Kaufvertrag erfüllt (s. oben Anm. 129). Das Anwartschaftsrecht des Käufers auf Eigentumserwerb besteht — nach der immer erfolgenden Eigentumsübertragung an den Darlehensgeber — nicht gegenüber dem Verkäufer, sondern gegenüber dem Darlehensgeber. Bei dieser Sachlage ist das Verhältnis Verkäufer — Käufer wirtschaftlich nicht ebenso, wie wenn der Verkäufer sich das Darlehen hätte geben lassen und seinerseits auf Abzahlung verkauft hätte. Dazu wäre Voraussetzung, daß der Verkäufer trotz der Zahlung des Kaufpreises noch irgendwelche eigenen Rechte oder Pflichten gegen den Käufer hätte.

An diesem Ergebnis ändert sich auch nichts, wenn der Verkäufer dem Darlehensgeber gegenüber die Haftung für die Rückzahlung der Darlehensraten durch den Käufer übernommt hat (sofern nicht wirtschaftliche Identität vorliegt; s. oben Anm. 109, 113—126). Die Regreßansprüche des vom Darlehensgeber in Anspruch genommenen Verkäufer gegen den Käufer gründen sich ja, was auch *Rautmann* zugibt, nicht auf den Kaufvertrag, sondern auf die nach § 426 Abs. 2 oder nach § 774 Abs. 1 BGB auf den Verkäufer übergegangene Darlehensforderung des Kreditgebers. Diesen Regreßansprüchen des Verkäufers gegenüber kann sich der Käufer gemäß § 412 BGB auf das AbzG berufen insoweit, als er dies dem Kreditgeber gegenüber tun kann, da diese Regreßansprüche des Verkäufers aus § 426 Abs. 2 oder § 774 Abs. 1 BGB auf gesetzlicher Zession beruhen, vgl. auch Anm. 98.

Anm. 135

cc) Keine Ausnahme ergibt sich auch dann, wenn der Kreditgeber *Strohmann* des Verkäufers *oder* mit diesem *wirtschaftlich identisch* ist. Dann ist eben — jedenfalls wirtschaftlich — nur *eine* Person als Gläubiger des Güterumsatz- und Kreditgeschäftes gegeben. Dann fehlt es am Dritten; § 6 führt zum AbzG, ohne daß die Besonderheit der FinGeschäfte eine Rolle spielt und ohne daß man das Verhältnis des Käufers zum Verkäufer und zum Kreditgeber wirtschaftlich unterscheiden kann, wie dies oben bei Anm. 132 und 133 der Fall ist. Vgl. dazu oben Anm. 110.

Anm. 135a

4. *Nur Verhältnisse unter Beteiligung des Käufers* können zur Anwendung des AbzG überhaupt führen, weil nur mit ihm bestehende Beziehungen eine Gleichstellung mit dem AbzKauf ermöglichen. Es scheiden deshalb die Beziehungen zwischen Kreditgeber und Vertragsfirma sowie Beziehungen innerhalb der Handelskette für eine solche Berufung aus; so *Möllers* S. 57 f. mit Hinweis auf LG Braunschweig MDR 54, 611 und LG Hamburg MDR 55, 98.

Anm. 136

5. *Fallgestaltungen beim finAbzKauf und Abwicklungsprobleme.*

Es sind zwei Denkmöglichkeiten zu erörtern: a) das FinInst. tritt vom Darlehensvertrag zurück; b) das FinInst. nimmt den als Gesamtschuldner bzw. als Bürgen haftenden Verkäufer in Anspruch.

Zur Erläuterung folgendes Beispiel: Der AbzVerkäufer (V) verkauft an den AbzKäufer (K) eine Ware für DM 1000,—. K leistet an V eine Anzahlung von DM 100. Das eingeschaltete FinInst. gewährt dem K ein Darlehen von DM 900,—, zahlt DM 800,— an V aus und behält DM 100,— auf einem Sperrkonto. K hat DM 300,— an Raten an das FinInst. zurückgezahlt und leistet keine weitere Zahlung mehr.

Anm. 137

a) *Das FinInst. tritt vom Darlehensvertrag zurück*: Vorweg sei bemerkt, daß es sich hier um eine in der Praxis sehr seltene Fallgestaltung handelt. In der Regel kündigt das FinInst. das Darlehen. Darin liegt aber kein Rücktritt vom Darlehensvertrag. Die Kündigung des Darlehens hätte nämlich sofortige Fälligkeit der gesamten Darlehensforderung zur Folge. Der Vertragsanspruch bleibt also bei Kündigung bestehen und wird nicht wie beim Rücktritt in ein Abwicklungsverhältnis umgewandelt. Die Kündigung des Darlehens entspricht dem Inkraftsetzen einer Verfallklausel, also einer „Abrede, daß die Nichterfüllung der dem Käufer obliegenden Verpflichtungen die Fälligkeit der Restschuld zur Folge haben solle", vgl. § 4 Abs. 2 AbzG. Daraus folgt auch, daß die Kündigung des Darlehens nur unter den Voraussetzungen des § 4 Abs. 2 zulässig ist. Dem ist übrigens in den Geschäftsbedingungen der Banken Rechnung getragen, s. auch Anm. 141 ff.

Der Rücktritt vom Darlehensvertrag durch das FinInst. erfolgt vielmehr durch einseitige empfangsbedürftige Rücktrittserklärung, § 1 oder durch Ansichnahme der AbzSache gem. § 5. Das dadurch entstandene Abwicklungsverhältnis zwischen Bank und Käufer ist dann folgendermaßen zu lösen:

Die Parteien haben das einander Geleistete wieder zurückzugewähren, § 1 Abs. 1. Der Käufer hat vom FinInst. den unmittelbaren Fremdbesitz an der AbzSache erhalten. Rein formal gesehen, ist dies allerdings unrichtig, denn der Käufer ist Eigentümer geworden und hat durch Besitzkonstitut, § 930 BGB, das Eigentum an das FinInst. übertragen. Der Käufer könnte an sich als seine Leistung das Eigentum zurückfordern. Aber hier haben die Gedanken einzugreifen, die die Anwendung des § 6 und das AbzG rechtfertigen: die wirtschaftliche Einheit zwischen Kauf- und Darlehensvertrag, der einheitliche Lebensvorgang, die Lage des Käufers, für den das Auftreten der Bank wirtschaftlich ohne Bedeutung erscheint. Wenn der Käufer also das Eigentum an der AbzSache der Bank überträgt, so liegt darin nicht eine Leistung des Käufers. Er ist lediglich „Durchgangsperson". Ihm stand das Eigentum nur eine „logische Sekunde" zu. Seine Stellung gegenüber der Bank ist wirtschaftlich niemals anders gewesen, als gegenüber dem Verkäufer, nämlich die eines sich um den Eigentumserwerb bemühenden Besitzers. Folglich muß sich die Bank so behandeln lassen, als ob sie dem Käufer den Besitz überlassen hätte und dies ihre Leistung ist. Nur so kann der Siutzzweck des AbszG erreicht werden, daß nämlich die Bank mit der Ansichnahme der Kaufsache ihre Leistung zurückerhalten hat und der Käufer nicht mehr auf Rückzahlung des Darlehens haftet. Siehe auch BGHZ 47, 241 v. 20. 2. 67, wo der BGH feststellt, daß das FinInst. zwar nicht in die Rechtsposition des Verkäufers eintritt, aber dem Verkäufer in den wesentlichen Beziehungen gleichgestellt wird. Die Anwendung des AbzG kann nur eine entsprechende sein; § 5 habe zu gelten, auch wenn in der Wegnahme der Kaufsache durch das FinInst. keine „*Wiederansichnahme*" liegt. S. ferner OLG Hamburg SchHA 65, 236.

Während der Käufer dem FinInst. den unmittelbaren Besitz an der Kaufsache zu übertragen hat, steht ihm ein Zug um Zug zu erfüllender Gegenanspruch auf Zahlung der bereits auf die Darlehensschuld erbrachten Raten abzüglich des sich ggf. für das FinInst. ergebenden Anspruchs nach § 2 zu (im obigen Beispiel DM 300,—). Ferner hat der Käufer gegen das FinInst. einen Anspruch auf Rückgewähr der an den Verkäufer *geleisteten Anzahlung* (lt. Beispiel DM 100,—). Zwar ist diese Leistung nicht unmittelbar an das FinInst. erfolgt. Aber sie kommt dem FinInst. insofern zugute, als sich das von ihm zu gewährende Darlehen um diesen Betrag minderte, die dafür verlangte Sicherheit (AbzSache) dagegen ohne entsprechenden Abzug gegeben wurde. Hätte der Käufer keine Anzahlung geleistet, so hätte für die Bank in obigem Beispielsfall die AbzSache um DM 100,— weniger Wert. Mit anderen Worten: Der Wert der Anzahlung ist in der AbzSache enthalten.

Ebenfalls in der AbzSache enthalten ist der Wert der Valutazahlung an den Verkäufer. Sie ist eine Leistung des FinInst. an den Käufer, da sie ihn von seiner Kaufpreisschuld befreit, § 267 BGB vgl. Anm. 101. Um die Wirkung des AbzG zu erreichen, muß sich die Bank so behandeln lassen, als ob sie die mit der Auszahlung der Darlehensvaluta entstandene Vermögenseinbuße durch die Ansichnahme der Kaufsache ausgeglichen hätte. Andernfalls würde der Schutzzweck des AbzG vereitelt, weil der Käufer den unmittelbaren Sachbesitz verlieren würde und trotzdem Zahlungen zu leisten hätte. Es widerspricht auch nicht den tatsächlichen Verhältnissen, wenn beim Rücktritt an die Stelle der Valutaleistungen der Bank die Kaufsache gesetzt wird. Als Sicherheit soll sie die Bank gerade vor der durch die Auszahlung der Valuta entstandenen Vermögenseinbuße schützen. Infolgedessen ist die Prüfung lt. BGHZ 47, 241 v. 20. 2. 67, ob es zumutbar ist, dem FinInst. eine Leistung an den Verkäufer zuzurechnen entbehrlich. Im Ergebnis aber kommt er zu derselben Begründung, ebenso BGHZ 47, 246 v. 20. 2. 67.

Kaufpreisansprüche aus dem Kaufvertrag gegen den Käufer bestehen nicht, insbesondere nicht wegen des auf dem Sperrkonto liegenden Betrags (im obigen Beispiel DM 100,—). Dazu siehe unten Anm. 138.

Anm. 138

Das FinInst. nimmt den Verkäufer als Mithaftenden in Anspruch

Zur Art der Haftung des Verkäufers, ob als Gesamtschuldner oder als Bürge, s. Anm. 98.

Die Höhe des gegen den mithaftenden Verkäufer gerichteten Anspruchs ergibt sich aus der Höhe der Darlehenssumme abzüglich der vom Käufer an das FinInst. geleisteten Raten. Nicht davon abzusetzen ist der auf dem Sperrkonto verbleibende Betrag. Er wäre allerdings abzusetzen, wenn dadurch das Darlehen in Höhe dieses Betrages nicht valutiert wäre, denn nach der h. L. entsteht der Darlehensrückzahlungsanspruch erst mit der Auszahlung der Valuta an den Berechtigten, s. Anm. 94. Die Bank zahlt aber das Darlehen voll an den Verkäufer aus, während dieser einen bestimmten Geldbetrag als Sicherheit für die Bank erbringt. Dieser Vorgang wird dadurch vereinfacht, daß die Bank effektiv nur einen Teil des Darlehens auszahlt, den Rest aber mit der vom Verkäufer zu leistenden Sicherheit verrechnet. Damit ist das Darlehen voll in die Verfügungsgewalt des Verkäufers gelangt, der Kaufpreis übrigens auch voll bezahlt. Hat der Verkäufer das FinInst. befriedigt, dann geht kraft Gesetzes die Darlehensforderung insoweit auf ihn über, § 426 Abs. 2 BGB bei Gesamtschuld, § 774 Abs. 1 S. 1 BGB bei Bürgschaft. Mit diesem Forderungsübergang erhält der Verkäufer auch einen schuldrechtlichen Anspruch gegen das FinInst. auf Übertragung der sicherungshalber übereigneten Kaufsache, §§ 412, 401 BGB, wobei nach der h. L. § 401 BGB für das Sicherungseigentum nur in diesem Sinn entsprechend anwendbar ist, vgl. RGZ 89, 193 u. 31, 277. Den unmittelbaren Sachbesitz behält nach wie vor der Käufer. Dem Verkäufer steht es frei, den Darlehensanspruch gegen den Käufer geltend zu machen oder vom Darlehensvertrag zurückzutreten. Zahlt der Käufer das Darlehen zurück, so hat er aus der Sicherungsabrede einen Anspruch auf Freigabe (= Übereignung) der AbzSache. Das gesamte Geschäft ist vertraglich abgewickelt. Zahlt der Käufer nicht, dann wird der Verkäufer vom Darlehensvertrag zurücktreten, indem er die Kaufsache an sich nimmt, § 5. Für die entsprechende Anwendung des § 5 kommt es lediglich darauf an, daß die verkaufte Sache aufgrund des (ursprünglich dem FinInst.) gewährten Sicherungseigentums zurückgenommen wird. Ob die Zurücknahme durch das FinInst. oder dessen Rechtsnachfolger erfolgt, ist uneblich, so auch OLG Hamburg SchHA 65, 236. Es hat dann das oben unter a) Gesagte zu gelten. Der Käufer ist verpflichtet, dem Verkäufer den unmittelbaren Besitz einzuräumen. Der Verkäufer hat dem Käufer die auf das Darlehen gezahlten Raten zurückzuzahlen (da seine Mithaftung insoweit verringert wurde), ferner auch die DM 100,— Anzahlung, da auch sie seine Mithaftung, nämlich die Darlehenshöhe vermindert hat.

Anm. 139

Die Zurücknahme durch den Verkäufer ohne Zustimmung des Eigentümers (Darlehensgeber) fällt nicht unter § 5. Er hat sein Eigentum an das FinInst. verloren, so daß er schon deshalb nicht die Wirkung des § 5 auslösen kann. Der Verkäufer ist außerdem durch die Auszahlung der Valuta vollständig befriedigt. Es handelt sich nicht um eine Leistung erfüllungshalber oder um bedingte Erfüllung, wie OLG Wuppertal NJW 67, 1280 annimmt. Das kann insbesondere nicht aus der Mithaftung des Verkäufers gefolgert werden, denn diese betrifft allein das Verhältnis Bank — Verkäufer, ist also nur eine interne Vereinbarung zwischen diesen Parteien. Gl. A. *Möllers* NJW 54, 216.

Anm. 140

b) *Zur Anwendung des § 2 AbzG* kann die Frage entstehen, ob die „*Darlehensgebühr*" eine Ausgleichsforderung gegen den Käufer darstellt. S. hierzu Anm. 34 zu § 2; danach kann — teilweise entgegen LG Bonn MDR 55, 415 — die vor allem darin steckende Verzinsung des Darlehens nicht berücksichtigt werden, weil es sich um die Verzinsung des Kapitalwertes handelt, die ausschließlich bei der Gebrauchs- und Benutzungsüberlassung Berücksichtigung findet, während allerdings die Bearbeitungsgebühr für die einzelne Finanzierung auszugleichen ist.

Keine Aufwendung i. S. des § 2 ist die vom FinInst. an den Verkäufer gezahlte Darlehenssumme, so mit Recht BGHZ 47, 246 v. 20. 2. 67 s. auch § 2 Anm. 34 a. BGH lehnt hier auch die zeitlich nach der Ansichnahme der Kaufsache entstandenen Kosten (Unterstellkosten) als erstattungsfähige Aufwendungen ab. Das FinInst. müsse ähnlich wie der Verkäufer behandelt werden. Auch die Überführungskosten eines Kfz zum Zweck des Weiterverkaufs fallen nicht unter § 2, da sie erst nach dem Rücktritt, also nicht in Folge des Vertrags entstanden sind.

Ausdrücklich offen läßt BGH a.a.O., ob Verzugszinsen, Kosten der Kreditkündigung und Kosten der Lohnabtretungsanzeige Aufwendungen i. S. des § 2 sind. Der Zinsverlust ist keine Aufwendung, Anm. 16 zu § 2. Anders hingegen bei den Kosten der Kreditkündigung. Sie entstehen in Folge des Vertrags- wie die Mahnauslagen, so daß auf Anm. 37 des § 2 verwiesen werden kann. Ob die Kosten einer Lohnabtretungsanzeige unter § 2 fallen, hängt davon ab, ob eine Lohnabtretung erforderlich und üblich ist, vgl. Anm. 25 zu § 2.

Anm. 141

c) *Zur Anwendung des § 4 AbzG.* Auch seine Anwendung steht außer Zweifel, bietet aber kaum Schwierigkeiten, insbesondere nicht bezüglich des § 4 Abs. 1. Die Anwendung des § 4 Abs. 2 auf die FinVerträge ist gerade von erheblicher praktischer Bedeutung. Danach sind die häufig, insbesondere auch bei KundenFinVerträgen, anzutreffenden Abreden nichtig, daß das ganze Darlehen schon beim Ausbleiben nur *einer* Rückzahlungsrate fällig sein soll. Auch bei diesen kann die Fälligkeit rechtswirksam nur für den Fall getroffen werden, daß der Schuldner mit mindestens zwei aufeinanderfolgenden Teilzahlungen ganz oder teilweise im Verzug ist *und* der Betrag, mit dessen Zahlung er im Verzug ist, mindestens dem 10. Teil des Kaufpreises gleichkommt. So auch *Rühl* S. 301 und AG Hamburg MDR 55, 356.

Anm. 142

Zu letzterem Erfordernis wird bei entsprechender Anwendung des § 4 Abs. 2 — vgl. § 4 Anm. 72 — bei den FinVerträgen „Kaufpreis" nicht nur der Betrag des Darlehens sein; vielmehr muß die Summe der Anzahlung und des Darlehens in Betracht gezogen werden. Es mag vielleicht zweifelhaft sein, ob die Lage nicht wirtschaftlich so aufzufassen ist, als ob der Käufer die Sache um den Betrag des Darlehens von dem Kreditgeber auf Abzahlung gekauft hat. Das kann aber nicht ausschlaggebend sein. Maßgebend ist vielmehr der Wille des Gesetzes, daß die Fälligkeit nur beim Rückstand von mindestens $^1/_{10}$ der *Gesamtverpflichtungen* eintreten soll. Jedenfalls kommt als Kaufpreis im Sinne der Anwendung des § 4 Abs. 2 nicht der zwischen dem Käufer und dem Verkäufer vereinbarte Preis in Frage, da dieser ja voll bezahlt ist und das Verhältnis zwischen dem Käufer und dem Kreditgeber nicht berührt.

Anm. 143

Ohne die Voraussetzungen des § 4 Abs. 2 kann freilich die Fälligkeit aus einer anderen Vertragsbestimmung auch hier gerechtfertigt sein, dies z. B. dann, wenn die Fälligkeit des Darlehens an die Nichterfüllung anderer rechtlicher Verpflichtungen als der Zahlungspflicht geknüpft ist, so etwa die vereinbarte Eigentumsübertragung zur Sicherung des Kreditgebers nicht erfolgte. So AG Hamburg MDR 55, 356.

Anm. 143a

Für die *entsprechende Anwendung des § 5* siehe auch § 6 Anm. 97.

III. Einreden aus dem bürgerlichen Recht gegenüber dem Kreditgeber

Anm. 144

Es handelt sich dabei um die Frage nach den Grenzen der wirtschaftlichen Betrachtungsweise bei KundenFinVerträgen, darum, ob und gegebenenfalls inwieweit sich aus den Ergebnissen unter II 3 Anm. 113 ff. Folgen auf der bürgerlich-rechtlichen Ebene außerhalb des AbzG ergeben.

Die rechtliche Selbständigkeit der Verträge bei der KundenFin., des Kaufvertrages einerseits und des Darlehensvertrages andererseits, bestreitet an sich niemand; s. oben Anm. 92 und 121 a. A. sowie *Möllers* S. 46 f. und auch 49 f. Über § 6 ist ein Einbruch in diese Selbständigkeit erfolgt. Der durch das Gesetz bestimmte Einbruch hat aber auch die aus dem Gesetz sich ergebenden Grenzen: *Nur* § 6 schafft diesen Einbruch. Dieser beschränkt sich aber auf die entsprechende Anwendung der §§ 1—5. Er macht aber nicht das verhüllte Geschäft, hier das Darlehensgeschäft, zum Kaufvertrag und unterwirft es nicht dem Kaufvertragsrecht. Das war immer unstreitig; s. oben Anm. 55. Es ist auch hier der entscheidende Gesichtspunkt. Die wirtschaftliche Einheit der Verträge hat rechtliche Folgen grundsätzlich nur, *insoweit die Zwecke des AbzG in Frage stehen.* Im übrigen gilt das allgemeine bürgerliche Recht, so daß es eine Frage dieses Rechtes, des allgemeinen Teils des BGB und seines Schuldrechts und im besonderen des Kaufrechts ist, ob, wann und inwieweit Einreden im weiteren Sinne (so, also einschließlich Einwendung, wird der Ausdruck hier gebraucht), die dem Käufer gegen den Verkäufer zustehen, auch gegenüber dem Darlehensgeber geltend gemacht werden können. Danach kann der Käufer also solche Einreden aus dem Kaufvertrag grundsätzlich nicht und jedenfalls nicht ohne weiteres dem Kreditgeber entgegenhalten. Dies zeigt sich nach den bisher angestellten Untersuchungen und den allgemeinen Rechtsgrundsätzen als Ausgangspunkt für die noch zu klärende Frage. Es wird sich auch als notwendiges Ergebnis zu dieser Frage bestätigen.

Anm. 145

Das AbzG als Ausgangspunkt für die Betrachtung der beiden Verträge als einer wirtschaftlichen Einheit erscheint deutlich schon in BGHZ 3, 257. Auch *Ewald,* AbzG S. 133 und MDR 56, 583 betont diese Einheit, soweit der Zweck des AbzG es erfordert, und hält Einreden aus dem Kaufvertrag gegenüber dem Kreditgeber nach geltendem Recht nicht für zulässig (S. 157 f.). Er ist allerdings mit dieser Regelung nicht einverstanden, indem er an anderer Stelle (a.a.O. S. 134 und MDR 1955, 69, 71) von einer ratio legis im Sinne der Zulassung der Einreden gegen den Darlehensgeber und weitgehend von AbsatzFin. spricht und de lege ferenda volle Einheit anstreben will (MDR 56, 583). Der BGH hat dann aber in LM 5 zu § 6 AbzG ausdrücklich die Begrenzung betont und erklärt, daß die Grundsätze zum abzrechtlichen Schutz des Käufers nicht auf die sonstigen Einreden aus dem Kaufvertrag ausgedehnt werden können. Während z. B. AG Hamburg MDR 51, 675 und LG Braunschweig MDR 53, 744 und 55, 356 Einreden aus dem Kaufvertrag gegen den Kreditgeber zulassen, dort die Einrede des nichterfüllten Vertrages (Nichtlieferung der Ware) bzw. Aufhebung des Kaufvertrages, verneint LG Hamburg MDR 50, 220 und 52, 210 (Fußnote 4) sowie MDR 56, 292 f. unter Berufung auf weitere Rechtsprechung und Literatur diese Frage. Grundsätzlich dieser letzteren Meinung ist auch *Möllers* NJW 55, 1421 und *Donau* NJW 55, 1666. Vgl. auch die Übersicht bei *Ewald* AbzG S. 157 f.

Das zunächst zum groben Überblick über die auch hier herrschenden Meinungsverschiedenheiten. Im einzelnen folgendes, insbes. Anm. 149 a.

Anm. 146

1. Allgemeine Erwägungen hierzu.

a) Hier ist es zweckmäßig, die Entwicklung kurz zu verfolgen.

aa) Die *rechtliche Selbständigkeit* der Verträge, das Vorliegen eines Kauf- und eines Darlehensvertrages, bei den FinGeschäften war seit deren Entstehung klar. Der RG hat daran nicht gerüttelt und der

BGH hat von Anbeginn seiner Rechtsprechung an (BGHZ 3, 257) diese immer wieder betont und nachdrücklich wieder in BGHZ 20, 41; BGH MDR 61, 137; BGHZ 47, 224 u. a. Dies, obwohl er beginnend ebenfalls mit BGHZ 3, 257 ff. die *wirtschaftliche Einheit* dieser beiden rechtlich selbständigen Verträge im Sinne des § 6 ebenso eindeutig in Anspruch nahm. Über die Grenze zwischen der wirtschaftlichen Einheit und der rechtlichen Selbständigkeit war offenbar lange Jahre kein Zweifel; es gab weder Literatur noch Rechtsprechung darüber, offenbar deshalb, weil die wirtschaftliche Einheit, wie oben Anm. 144 schon als Ausgangspunkt herausgestellt, als Folge des § 6 nur für die Zwecke des abzgesetzlichen Schutzes angewendet wurde. *Rühl* S. 281, wohl die erste Äußerung hierzu, bestätigt dies, indem er nur kurz davon spricht, daß Sachmängelansprüche des Käufers gegen das FinInstitut „selbstverständlich nicht geltend gemacht werden können".

Anm. 147

bb) Nur vereinzelt erschien dann gegenteilige Rechtsprechung, nämlich des AG Hamburg MDR 51, 675 sowie des LG Braunschweig MDR 53, 744 und 55, 356 sowie des LG Siegen MDR 56, 292. Hamburg hat bei einem B-Geschäft (das Darlehen vermittelte der Verkäufer unter seiner Mithaftung als Gesamtschuldner, Möbelkauf) die Einrede des nichterfüllten Vertrages gegen den Darlehensgeber zugelassen, obwohl das AbzG aus formellen Gründen wegen Nichtübergabe der Kaufsache keine Anwendung finden konnte und obwohl in den Kreditbedingungen solche Einreden auch ausdrücklich ausgeschlossen waren; die formal-juristische Betrachtungsweise (der zwei getrennten Verträge) werde den *„wirklichen Lebensvorgängen"* nicht gerecht. Nach Treu und Glauben seien alle Partner eines einheitlichen Vertrages; es folgt schließlich in gehäufter Wiederholung die exceptio doli und der schlichte § 242 BGB. LG Braunschweig hat in der ersten Entscheidung in einem B-Geschäft über Rundfunkgeräte (Darlehenshaftung des Verkäufers und Großhändlers) nach Rückbelastung des Großhändlers und Abtretung der Rechte des Darlehensgebers die Einrede der Aufhebung des Kaufvertrags gegen letzteren zugelassen, weil die Verträge entgegen der formalen Lage „zu einem einheitlichen Geschäft zusammengefaßt" waren. Rechtliche Ausführungen dazu fehlen eigentlich; es wird nur von für Käufer einfachen Bildungsgrades nicht klaren Bestimmungen sowie vom unredlichen Verkäufer gesprochen und davon, daß der Käufer den Verkäufer auch zum Handeln für den Darlehensgeber als befugt ansehen mußte und daß deshalb die Aufhebung des Kaufvertrages das Zustandekommen (?) des Darlehensvertrages gehindert habe. Für seine Meinung beruft sich dabei das Gericht außer auf MDR 51, 675 auf BGHZ 3, 257 und zeigt damit, daß es rechtlich überhaupt die Probleme nicht genau gesehen hat. Richtig, aber bezeichnenderweise führt die Entscheidung bei der Veröffentlichung als Gesetzesüberschrift nur den § 242 BGB. Schließlich hat Braunschweig im 2. Fall wiederum im B-Geschäft über Möbel bei teilweiser Nichtlieferung diesen Einwand gegen den Kreditgeber zugelassen, dabei aber — im Gegensatz zu seinem ersten Urteil — den Unterschied zwischen der Anwendung des AbzG auf solche Verträge und der Zulassung der Einreden aus dem bürgerlichen Recht erkannt und die grundsätzliche Nichtzulassung der letzteren hervorgehoben, die Zulässigkeit der Vertragsgestaltung betont und die Einrede nur zugelassen, weil in den Vertragsbedingungen der Käufer auf Einreden aus dem Kauf gegen den Darlehensgeber nicht verzichtet hat (nach der Grundsatzhaltung der Entscheidung inkonsequent) und die Vertragsbestimmungen unklar seien. Gleicher Meinung wohl auch LG Braunschweig MDR 54, 611, wenn es auch für das Verhältnis Einzelhändler-Darlehensgeber wegen der Kaufmannseigenschaft des ersteren anders erkannt hat, auf die es aber bei wirklicher Einheit der Verträge wiederum nicht ankam. LG Siegen in MDR 1956, 292 hat auf Grund von Käufer an Verkäufer wegen Vertragswidrigkeit erfolgter Rückgabe der Kaufsache die Darlehensklage abgewiesen wegen nicht klarer Unterscheidung zwischen Kauf- und Darlehensvertrag sowie deshalb, weil sich die Rechtsstellung des Käufers aus dem AbzG ergebe (dies, obwohl der Käufer von sich aus zurückgegeben hatte).

Anm. 148

Die Literatur hat deutlich gegen diese Entscheidungen Stellung bezogen. Gegen Hamburg wendete sich *Busch* MDR 52, 210. Gegen die Braunschweiger Entscheidung haben sich gewandt *Giffhorn* MDR 54, 258 ff. und 611, *Möllers* NJW 54, 1106 ff.; auch *Ewald* MDR 55, 69 f. ist nach dem geltenden Gesetz der Meinung, daß der Einwand der an den Verkäufer geleisteten Zahlung oder der Mängeleinrede gegen den Darlehensgeber nicht möglich ist. *Petermann* DRpfleger 55, 148 (151) aber erklärt: *„Das konkrete Lebensverhältnis* erfordert aber im Interesse des insoweit schutzwürdigen Käufers die Erhaltung der hier in Rede stehenden Einreden aus dem Kauf auch gegenüber dem Darlehensanspruch. Positiv-rechtlich mögen die hier vertretenen Gedanken unter der Generalklausel des § 242 BGB zu subsumieren sein", womit er deutlich Hamburg MDR 51, 675 und Braunschweig MDR 53, 744 folgt.

Anm. 149

cc) Der BGH (4. Senat) hat sich mit dieser Frage erstmals in der Entscheidung LM Nr. 5 zu § 6 AbzG beschäftigt. Er sprach dabei eindeutig aus, daß die zum Schutz des Käufers gemäß dem AbzG entwickelten Grundsätze nicht auf die Einwendungen (sicherlich einschließlich der Einreden gemeint) des Käufers aus dem Kaufvertrag, insbesondere den Rücktritt ausgedehnt werden können. Der Käufer wurde hier trotz des von ihm wegen Nichtlieferung (des gekauften Kfz.) erfolgten Rücktritts vom Kaufvertrag zur Darlehensrückzahlung verurteilt. Die Entscheidung betont, daß das AbzG schon mangels Übergabe der Kaufsache nicht in Betracht komme und daß es sich deshalb nur darum handeln könne, ob aus sonstigen Rechtsgründen die Einwendungen aus dem bürgerlichen Recht dem Käufer gegen den Darlehensgeber möglich wären; dafür sei entscheidend, daß trotz des wirtschaftlichen Zusammenhangs zwei rechtlich selbständige Geschäfte vorliegen, wie dies auch die „Bedingungen“ für das Darlehen ausweisen, in denen insbesondere Aufrechnung, Zurückbehaltung und Mängelrüge für den Darlehensnehmer gegen die FinBank ausgeschlossen waren. Bemerkenswerterweise hat der BGH dabei die rechtliche Selbständigkeit besonders sinnfällig daraus entnommen, daß die Verkäuferin nicht Vertragsteil des Darlehensgeschäftes gewesen, sondern als zweiter Darlehensnehmer neben dem Käufer ein Gesellschafter des Verkäufers (oHG) persönlich aufgetreten ist, der auch zur Sicherung des Darlehens die Wechselhaftung als Aussteller der Wechsel mit übernahm. Es ist darauf hinzuweisen, daß diese Entscheidung in der amtlichen Sammlung nicht, in NJW ohne Gründe, in BB nur kurz und in MDR mit kurzer (zustimmender) Besprechung erschienen ist, ihr also im Hinblick auf das, was eigentlich immer allgemeine Meinung war, keine grundsätzliche Bedeutung beigemessen wurde.

BGHZ 20, 36 ff. (4. Senat) ist wenigstens zum gleichen Ausgangspunkt zu nennen, weil auch dort unter Bezugnahme auf LM Nr. 5 zu § 6 AbzG daran festgehalten wird, daß Kauf und Darlehen in solchen Fällen rechtlich selbständige Geschäfte sind. S. im übrigen aber zu der Entscheidung unten **Anm. 165**.

Sodann aber entschied der BGH (2. Senat), veröffentlicht in *BGHZ 22, 90 ff.* im gegenteiligen Sinne mit den (von ihm kaum begründeten) Bemerken, daß es sich um keine gegenteilige Meinung gegenüber BGH LM Nr. 5 zu § 6 AbzG handle. Käufer und Verkäufer hatten bei Möbelkauf formularmäßig durch den später klagenden Vermittler ein Darlehen aufgenommen, das nach einer vom Darlehensgeber an den

Kläger erfolgten Abtretung durch diesen eingeklagt wurde, als der Käufer wegen Sachmangel und mangels Nachbesserung Zahlung ablehnte. Der BGH hat im Gegensatz zum Berufungsgericht Verurteilung des Käufers zur Rückzahlung des Darlehens nicht gebilligt mit einer ebenso kurzen wie merkwürdigen Begründung: Gemäß BGHZ 3, 257 sei die rechtliche Selbständigkeit der beiden Verträge anzunehmen, die aber die Anwendung des AbzG nicht beeinträchtigen könne; der Gesichtspunkt für dessen Anwendung gelte aber nicht ohne weiteres für die Einwendungen aus dem Kaufvertrag. Maßgebend für die Frage, ob diese dem Darlehensgeber entgegen gehalten werden können, sei im vorliegenden Fall die Frage, ob es zulässig ist, in Formularverträgen die Haftung für jedweden Sachmangel gegenüber dem Käufer auszuschließen. Das könne für fabrikneue Möbel jedenfalls nicht zulässig sein. Deshalb erhalte die hier zu entscheidende Frage der Verteidigung gegenüber dem Anspruch des Darlehensgebers ein völlig anderes Gewicht. Dann erhält nämlich der auch schon für die Einwendung des § 6 maßgebliche Gesichtspunkt, daß dem Käufer nicht durch eine rechtliche *Aufspaltung eines einheitlichen Lebensvorganges* (AbzGeschäft) unentziehbare Rechte genommen werden können, auch hier entscheidende Bedeutung. Auch durch Aufspaltung dieses Vorganges sei eine Umgehung des eben gewonnenen zwingenden Rechtssatzes (völliger Verzicht auf Sachmängeleinwendungen unzulässig) ihrerseits nicht zulässig. Es könne keinen Unterschied machen, ob dem Käufer durch Formularbedingungen die Sachmängelansprüche gegenüber dem Verkäufer ausnahmslos genommen würden, oder er durch die Aufspaltung der Verträge vor der Nachbesserung zur Zahlung gezwungen werde. Die langen Ausführungen der Entscheidung gelten dabei nur der an sich kaum mehr zweifelhaften Frage über den völligen Ausschluß von Sachmängelrechten (S. 95 unten bis 100 Mitte). Die Begründung für die hier einschlägige Frage erschöpft sich im eben Vorgetragenen und enthält keinerlei Erwähnung von Literatur und Rechtsprechung hierzu, abgesehen von dem Hinweis auf BGHZ 3, 257 und LM Nr. 5 zu § 6 AbzG, die aber auch nur erwähnt und nicht gewürdigt werden.

Die Stellungnahme zu diesem Urteil war einhellig ablehnend, nämlich durch *Ebert* und *Möllers* in NJW 57, 573 f., ferner *Möllers* S. 48 Fußnote 75 und *Wendt* MDR 57, 350 und besonders durch *Capeller* in BB 57, 204 ff. Die Widersprüche innerhalb der BGH-Rspr. betont noch *Wendt* MDR 57, 390 f.

Anm. 149a

Die neuere Rechtsprechung des BGH zum Problem der Einreden aus dem Kaufvertrag gegenüber dem Darlehensgeber stellt sich folgendermaßen dar:

Der BGH geht von der rechtlichen Selbständigkeit von Kauf- und Darlehensvertrag aus, vgl. Anm. 146 und insbesondere die Entscheidungen BGHZ 47, 208 ff. vom 20. 2. 67. Wirtschaftlich gesehen sind (für den Käufer) beide Verträge jedoch eine Einheit, vgl. Anm. 119 a. Aus der rechtlichen Selbständigkeit folgt, daß Einreden und Einwendungen aus dem Kaufvertrag grundsätzlich nnicht dem Darlehensgeber entgegengehalten werden können. Ausnahme von diesem Grundsatz werden aber durch die wirtschaftliche Einheit der Verträge notwendig und von § 242 BGB rechtlich getragen, vgl. dazu auch Anm. 94. Es ist nicht richtig, wie *Möllers* NJW 67, 1782 ff. meint, daß der BGH die Einreden aus dem Kaufvertrag gegenüber dem FinInst. schlechthin zuläßt. Für den BGH ist die Überlegung entscheidend, daß der AbzVerkäufer nicht durch die rechtliche Trennung beider Verträge soll etwas erreichen können, was er ohne Einschaltung eines FinInst. nicht würde erreichen können, vglä.BGHZ 47, 233 v. 20.2. 67. Vom Käufer aus gesehen bedeutet dies, daß er durch die rechtliche Aufspaltung nicht schlechter gestellt sein darf als ohne diese. Das Übergreifen von Einreden und Einwendungen vom Kauf- auf den Darlehensvertrag hat der BGH deshalb bisher nur in 2 Fallgruppen zugelassen:

a) Der Verkäufer schließt vertraglich die Mängelgewährshaftung aus, eine Nachbesserung der tatsächlich fehlerhaften Kaufsache unterbleibt oder ist nicht möglich. Nach BGHZ 22, 90 (96 f.) leben für den Käufer in einem solchen Fall die Gewährleistungsrechte wieder auf — wenigstens bei fabrikneuen Gegenständen, s. dazu auch *Schmidt-Salzer* „Formularmäßige Gewährleistungsregeln" in NJW 69, 718. Diese Rechte kann der Käufer dann auch dem FinInst. entgegensetzen.

b) Der AbzVerkäufer hat die Mängelgewährshaftung nicht ausgeschlossen, aber der AbzKäufer kann seine Rechte aus §§ 459 ff. BGB nicht realisieren, weil der Verkäufer in Konkurs gefallen ist (vgl. BGH NJW 62, 1100) oder nicht greifbar ist. Beim Konkurs des Verkäufers kann der Käufer seine Gewährleistungsansprüche aber nur hinsichtlich des noch nicht bezahlten Teils des Darlehens geltend machen, vgl. *Mormann* WM 65, 834.

Für das Durchgreifen der Einrede hält der BGH für erforderlich eine *auf die Dauer angelegte Geschäftsverbindung* zwischen Bank und

Verkäufer, vgl. Anm. 119 a, BGHZ 47, 233 v. 20. 2. 67; BGH NJW 62, 1100. Hiergegen haben sich mit Recht ausgesprochen *Frotz* JZ 63, 532; *Wendt* MDR 62, 943 und *Rietschel* LM § 476 BGB Nr. 6. Der Käufer kann nicht wissen, in welcher geschäftlichen Verbindung seine beiden Vertragspartner zueinander stehen und für seinen aus Treu und Glauben begründeten Schutz kann die Ausgestaltung der Rechtsbeziehungen zwischen Bank und Verkäufer auch nicht Bedeutung haben.

Voraussetzung für das Übergreifen der kaufvertraglichen Einwendungen auf den Darlehensvertrag ist nach BGH schließlich, daß *der Käufer nicht als Kaufmann im Handelsregister eingetragen ist.* Dies wird aus entsprechender Anwendung des § 8 gefolgert BGH NJW 62, 1100 und BGHZ 47, 233 v. 20. 2. 67. Es könne nämlich keinem Käufer besonderer Schutz zukommen, wenn ihm das AbzG einen Schutz versagt. Im Interesse der Rechtssicherheit kommt es nicht auf die Geschäftserfahrung des Käufers im Einzelfall an, sondern nur auf die Eintragung als Kaufmann im Handelsregister.

Das Übergreifen der Mängelgewährsansprüche auf den Darlehensvertrag erfolgt durch die Geltendmachung der Minderung bzw. der Wandlung entsprechend den Kaufvorschriften. Eine Nachbesserung oder Neulieferung kann der Käufer von der Bank jedoch nicht begehren, da diese Ansprüche über eine bloße Verteidigung gegen den Zahlungsanspruch des Verkäufers (Bank) hinausgehen. S. auch *Möllers* HdTW S. 523.

Anm. 150

Auch *die Rechtsprechung* des BGH nach der Entscheidung BGHZ 22, 90 *ist auf Kritik gestoßen.* Larenz, Schuldrecht Besonderer Teil S. 97 sieht in BGH NJW 62, 1100 einen richterlichen Eingriff in die Privatautonomie, da die „eindeutige Privatvereinbarung" mit Hilfe des § 242 BGB zugunsten des Käufers „korrigiert" werde. Es bedürfe für einen solchen Eingriff einer gesetzlichen Regelung; § 242 BGB reiche als Grundlage dafür nicht aus. Vgl. ferner *Wendt* MDR 62, 943; *Krauss* „Das Rechtsverhältnis von Kaufvertrag und Darlehensvertrag beim sogenannten B-Geschäft" Diss. Kiel 65, S. 84 ff.; *Mayer-Ladewig* BB 63, 170; *Marschall von Bieberstein* S. 133 ff.; *Möllers* NJW 63, 470 und NJW 67, 1784: *Frotz* JZ 63, 532; *Wanka* TW 63, 188; *Möllers* TW 63, 67; *Mormann* WM 65, 834. Haupteinwand ist, daß der Käufer das Risiko des Konkurses und der Erfüllung der Gewährleistungspflichten des Verkäufers selbst zu tragen habe und es nicht auf die Bank abwälzen dürfe. Er stünde sonst besser als der „normale" Käufer. Außerdem will das AbzG den Käufer insoweit überhaupt nicht schützen. Diese Einwände sind jedoch nicht stichhaltig. Der Käufer beim finAbzKauf kann nicht mit dem Barkäufer verglichen werden. Seine rechtliche Stellung ist nur vergleichbar mit der des Käufers, dem der Kaufpreis gestundet ist, so richtig *Daum* NJW 68, 372. In einem solchen Fall kann der Käufer im Konkurs des Verkäufers die noch nicht entrichteten Zahlungen in Höhe der Minderungseinrede zurückhalten. Dieselbe Möglichkeit steht dem AbzKäufer beim nicht finanzierten AbzKauf zu. Beim finAbzKauf kann nichts anderes gelten, wenn man schon § 6 darauf entsprechend anwendet. Der AbzKäufer wird also nicht besser gestellt als der Käufer, dem der Kaufpreis gestundet wird. Das von der Bank übernommene Risiko des Konkurses des Verkäufers kann ihr zugemutet werden, da sie sich den Überblick über die wirtschaftlichen Verhältnisse der ihr angeschlossenen Verkäufer verschaffen kann und auch in der Auswahl dieser Personen völlig freie Hand hat. Vgl. auch Anm. 158.

Kritisch zur BGH-Rechtsprechung auch *Möllers* NJW 57, 574; *Capeller* BB 57, 204; *Giffhorn* MDR 54, 211; *Ebert* NJW 54, 574 und *Klauß* NJW 53, 6.

Anm. 151

aaa) *Einreden* und Einwendungen aus dem Kaufvertrag gegen den Darlehensanspruch *sind dagegen stets zulässig*, wenn der Darlehensgeber aus dem notleidend gewordenen Darlehensvertrag *den mithaftenden Verkäufer „rückbelastet"* und sich dadurch wirtschaftlich befriedigt, womit gleichzeitig die Darlehensforderung gemäß § 774 BGB durch cessio legis übergeht und übrigens (aber nur mehr deklaratorisch) auch abgetreten wird. Hier tritt *Personenidentität* ein. Gegen den Verkäufer sind dann nicht nur die Einreden aus dem Darlehensvertrag kraft Zession möglich, sondern auch die aus den persönlichen Beziehungen Käufer — Verkäufer, letzteres gemäß § 774 Satz 3 und § 796 BGB. So auch *Möllers* S. 14 und 62 sowie NJW 55, 1421 (1423 unter II 2), und *Lehmann*, Sicherung von Kundenkrediten S. 14; in der Sache ebenso, aber mit unzutreffender Begründung LG Siegen MDR 56, 292.

Anm. 152

bbb) Diese *Personenidentität wird auch dann noch zu gelten haben*, wenn die *Rückbelastung nicht auf den Verkäufer* (Einzelhändler), sondern auf den *Großhändler oder Hersteller* erfolgt ist, die ihrerseits zusammenwirken und deren laufende Geschäftsbeziehung nicht bloß bei der Warenlieferung, sondern auch bei der Mängelgewähr in Erscheinung tritt, insofern, als der in Anspruch genommene Verkäufer (Einzelhändler) dann auf diese zurückgreifen könnte. Hier ist nach § 242 BGB die zu aaa) gegebene rechtliche Situation noch anzuwenden. Dies begründet *Möllers* a.a.O. mit Billigung von *Lehmann* a.a.O. Vgl. auch unten Anm. 167.

Anm. 153

ccc) Bei *Unklarheit der Verträge kann* eine Ausnahme sich ergeben aus dem Grundsatz, daß derjenige, der den Vertrag, insbesondere Formularvertrag verfaßt hat (meist der Kreditgeber), ihn im Zweifel gegen sich auslegen lassen *muß. Insofern* kann dieser von Braunschweig MDR 55, 356 und auch 53, 744 (s. oben Anm. 147) erwähnte Gedanke Bedeutung bekommen. Es bedarf aber dann zunächst der wirklichen Feststellung, daß *für das hier in Frage stehende Problem* eine Vertragsunklarheit für den Käufer wirklich gegeben ist. Bei gesonderter Urkunde über den Darlehensvertrag, bei Fettdruck wesentlicher Bestimmungen usw. wird derartiges nicht in Betracht kommen; so *Möllers* NJW 55, 1421 (unter I a. E.). Vor allem ist aber das Fehlen einer Ausschließung von solchen Einwendungen aus dem Kaufvertrag gegenüber dem Darlehensgeber kein Grund für deren Zulassung; denn es gilt hier bei der rechtlichen Trennung der beiden Verträge immer noch, was *Rühl* S. 281 als selbstverständlich bezeichnet hat, daß nämlich eine solche Bestimmung nur die ausdrückliche Betonung der schon gegebenen Rechtslage ist.

Anm. 154

ddd) Die *Vertragsunklarheit* kann auch insofern in Betracht kommen, als *Verkäufer und Darlehensgeber überhaupt nicht deutlich genug als zwei selbständige, voneinander unabhängige Partner* für den Käufer in Erscheinung treten, so daß der in Anm. 153 erwähnte Grundsatz oder auch § 242 BGB schließlich die Zulassung der Einreden gegen den Darlehensgeber ergeben können. Dabei wird aber gerade hier der Grundsatz der rechtlichen Selbständigkeit der Verträge in den Vordergrund zu stellen sein, so daß die *wirtschaftliche Einheit in der Person*, wie sie in Anm. 126 für die Frage der Anwendung des AbzG herausgestellt wurde, *hier nicht genügt*. Das meint auch deutlich *Möllers* NJW 1955, 1423 (unter I 3), der die auch für den geschäftsungewandten Käufer meist deutliche Gestaltung des Vertragsinhaltes (Fettdruck u. a.) betont und deshalb im allgemeinen

Ausnahmen auch nach § 242 BGB verneint. Seine Auslegung durch *Donau* NJW 1955, 1666, daß eine solche Ausnahme etwa in Betracht komme, wenn das FinInstitut ausschließlich oder überwiegend die Verkäufe *einer* Firma finanziert, erscheint im Sinne *Möllers* kaum richtig; jedenfalls ist die Meinung *Donau* abzulehnen, die aber auch die Meinung von LG Hamburg MDR 56, 293 (unter II) zu sein scheint, das offenbar die Einreden aus dem Kaufvertrag gegen den Kreditgeber zulassen würde, wenn der Verkäufer Organ des FinInstituts gewesen wäre, wozu auf RGZ 131, 213 hingewiesen wird.

Anm. 155

Es braucht aber § 242 BGB nicht beansprucht zu werden, wenn nach der Gestaltung der Verträge im Einzelfall aus der *Tätigkeit des Verkäufers für die Stellung des Darlehensantrages* sich Weiterungen ergeben, insbesondere deshalb, weil ohne Lieferung der Kaufsache das Darlehen ausgezahlt wurde und die Lieferung dann durch Leistungsunfähigkeit des Verkäufers, insbesondere Konkurs, nicht mehr nachfolgt. BGHZ 20, 36 ff. hat hier eine Anfechtung des Kaufvertrages nach § 123 Abs. 2 Satz 1 BGB gegen den Darlehensgeber gelten lassen, weil für den Käufer „der Verkäufer als Vertrauensperson der Bank gelten mußte" (S. 41 und 43 a.a.O.), besonders deshalb, weil dem Verkäufer vom Darlehensgeber die Ausfüllung und Einreichung des Kreditantrages überlassen war und infolge dieser Handhabung Verkäufer und Darlehensgeber dem Käufer nicht deutlich genug als unabhängige Geschäftspartner in Erscheinung traten. Dem BGH genügte dies „jedenfalls im Rahmen des § 123 BGB" zur Verneinung der rechtlichen Selbständigkeit der Verträge. *Fikentscher* AcP 154, 10 f. spricht von „vertreterartigem Auftreten". *Möllers* S. 63 spricht hier von scheinbarer Personenidentität und begründet diesen Fall mit der Einzelvollmacht und Anwendung des § 164 BGB gegen den Kreditgeber, wenn der Käufer derartiges beweisen kann. Daß die Überlassung der Prüfung der Kreditwürdigkeit des Käufers an den Verkäufer hierzu keine maßgebliche Bedeutung hat, betont andererseits der BGH ausdrücklich. S. dazu näher unten Anm. 165, wonach ausreichende Voraussetzungen für eine solche Annahme in diesem Fall verneint werden.

Zum gleichen Ergebnis mit rechtlich einwandfreier Begründung führt aber die Vertragspflicht des Kreditgebers, die Auszahlung des Darlehens erst nach Warenlieferung vorzunehmen, sich in geeigneter Weise über die Lieferung zu unterrichten und bei einer Darlehenszahlung, die ohne solchen Nachweis erfolgen soll, den Käufer über die

Tragweite entsprechend zu belehren; dies alles in Verbindung damit, daß der Verkäufer, der auf den Formularen des Kreditgebers den Kreditantrag entgegennimmt, bei dieser Antragstellung Hilfsperson des Kreditgebers und damit dessen Erfüllungsgehilfe ist, für den der Kreditgeber nach § 278 BGB haftet. So *Möllers* NJW 1958, 207 ff. (s .auch schon NJW 55, 1423) und die von ihm erwähnte Rechtsprechung sowie ferner OLG Celle NJW 58, 502 mit eingehender Begründung der Vertragspflicht des Kreditgebers; vgl. auch oben Anm. 94 sowie unten Anm. 160 und 169.

Daß *allgemein* die in BGHZ 20, 36 gegebene Sachlage die Erhebung der Einreden aus dem Kaufvertrag gegen den Darlehensgeber nach § 242 BGB schon rechtfertigen würde, ist aber zu verneinen. Nach oben Anm. 154 und *Möllers* ist bei den B-Geschäften grundsätzlich gerade der rechtliche Unterschied zwischen Verkäufer und Kreditgeber durchaus klar, und er verschwindet nicht dadurch, daß, wie beim B-Geschäft sehr häufig, der Verkäufer den Darlehensantrag ausfüllt (und einreicht), wie auch beim Kauf oder anderem zweiseitigen Vertrag die zwei Parteien nicht dadurch verschwinden, daß der eine für den anderen den Vertrag ausfüllt und der andere nur zu unterschreiben hat. Normalerweise erscheint der Verkäufer keineswegs als Vertreter, auch nicht im Wege der Anscheinsvollmacht des Darlehensgebers. Deshalb verneint auch *Möllers* NJW 57, 574 *im Grundsatz* eine solche Begründung für die Zulassung der Einreden aus dem Kaufvertrag.

Anm. 156

eee) *Die Unwirksamkeit des Kaufvertrages* (nichtig oder durch Anfechtung vernichtet) kann zwar nicht unter dem Gesichtspunkt des § 139 BGB, wohl aber unter dem des Wegfalls der Geschäftsgrundlage zu Auswirkungen und Einreden im Darlehensverhältnis führen, wobei für die rechtliche Verbindung der Verträge bei der KundenFin. auf oben Anm. 102 ff. verwiesen wird.

BGHZ 47, 233 v. 20. 2. 67 scheint allerdings einen dritten Weg gehen zu wollen, indem er den Einwand der Nichtigkeit des Kaufvertrags unter denselben Voraussetzungen zuläßt, die er für den Einwand mangelhafter Lieferung aufgestellt hat, Anm. 158 und 146 ff. Dieser Auffassung ist nicht zuzustimmen, da ein argumentum a minore ad maius wegen der grundstäzlichen Verschiedenheit von Nichtigkeit des Kaufvertrags und Fehlerhaftigkeit der Ware nicht zwingend ist. Vgl. auch *Möllers* NJW 67, 1782 und *Daum* NJW 68,372.

§ 139 BGB scheidet aus, weil das einheitliche Rechtsgeschäft fehlt. Die bloße wirtschaftliche Einheit i. S. von Anm. 119 a reicht für § 139 BGB nicht aus. Zwar ist die Bank aus wirtschaftlichen Erwägungen am Abschluß des Kaufvertrags interessiert. Eine Abhängigkeit des Darlehensvertrags vom Kaufvertrag ist aber von der Bank niemals gewollt, meist sogar durch entsprechende Klauseln ausdrücklich ausgeschlossen. Vgl. auch Anm. 104 und *Staudinger-Coing* § 139 Anm. 4 a und 13. So auch *Wanka* TW 63, 188; *Krauss* Diss. Kiel 65, LG Hamburg MDR 58, 162 mit Anm. von *Wendt; Gru*be TW 58, 54; *Donau* NJW 55, 1666 (unter II), *Lehmann*, Sicherung von Kundenkrediten S. 15 und LG Hamburg MDR 56, 292 f. sowie *Meyer* MDR 58, 79; A. A. LG Bremen FamRZ 63, 658; AG Köln DB 66, 1388; OLG Frankfurt BB 58, 680; *Lüder Witt* TW 64, 56; OLG Karlsruhe MDR 57, 161 f. und *Möllers* NJW 55, 1423 (unter II 1), der sich aber in NJW 56, 1740 (1741) mit eingehender Begründung dem Standpunkt der Nichtanwendbarkeit des § 139 BGB angeschlossen hat; s. auch *Möllers* S. 47.

Dagegen wird der *Wegfall der Geschäftsgrundlage* bei der engen Verbindung der beiden Geschäfte im B-Geschäft für das Darlehensverhältnis bei Unwirksamkeit des Kaufvertrages in Betracht kommen, weil einerseits der Käufer ohne Darlehen nicht kaufen wollte, andererseits der Darlehensgeber dem Käufer nur ein Darlehen für einen bestimmten AbzKauf geben wollte und der Käufer ein Darlehen für den hohen FinZins ohne Gültigkeit des Kaufvertrages nicht haben wollte; so auch *Donau* NJW 55, 1666 (unter 3); grundsätzlich auch *Lehmann* a.a.O. S. 15 f. und LG Hamburg MDR 56, 292 f., *Meyer* MDR 58, 79; mit eingehender Begründung vor allem *Möllers* NJW 56, 1740 (1742) und *Möllers* TW 63, 67 — — — a. A. *Wanka* TW 63, 188; *Daum* NJW 68, 372; *Kraus* Diss. Kiel 56, 1740. Siehe auch *Esser*, Tübingen Festschrift für E. Kern 68 S. 87 ff. (109 ff.). Die weggefallene Geschäftsgrundlage (Unterfall der Zweckverfehlung oder Zweckvereitelung) gibt dem Käufer Ansprüche gegen den Darlehensnehmer nach § 812 Abs. 1 Satz 2 BGB, die nach § 821 BGB auch einredeweise gegenüber dem Darlehensanspruch geltend gemacht werden können, aber nur wenn und soweit der Darlehensgeber bereichert ist (was meist nicht der Fall ist, weil das Darlehen schon an Verkäufer ausbezahlt ist und eigene FinUnkosten entstanden sind); unrichtig insoweit OLG München NJW 56, 1202. Es entsteht hier kein Rückgewährschuldverhältnis des § 2; *Klauß* Anm. 297; s. aber hier Anm. 102 am Eingang. Die Zweckverfehlung, die auch rechtlicher Natur sein kann, vgl. *Palandt* § 812 Anm. 6 d. besteht darin, daß die Bank ein Geschäft finanzieren sollte, dieses aber nicht mehr besteht. Der Finanzierungszweck ist nicht nur Motiv für den Abschluß des Darlehensvertrags, sondern erklärter Vertragsinhalt. Aus diesem Grunde ist auch der Kaufvertrag unter der aufschiebenden Bedingung des Zustandekommens eines Darlehensvertrages geschlossen, siehe Anm. 92. Deshalb wird ferner die wirtschaftliche Einheit von Kauf- und Darlehensvertrag konstruiert, siehe Anm. 119 a.

Bezüglich der Bereicherungsabwicklung im Dreiecksverhältnis Käufer-Verkäufer-Bank ist mit *Esser* Schuldrecht § 190 S. 783; *Westermann* Jus. 68, 17 und wohl auch BGHZ 48, 70 davon auszugehen, daß eine „Durchgriffskondiktion" der Bank gegen den Verkäufer rechtlich nicht zulässig ist. Denn damit würden dem Verkäufer die ihm aus dem Rechtsverhältnis mit dem Käufer zustehenden Einreden und Gegenrechte (z. B. Zurückbehaltungsrechte) genommen. Demzufolge kann der Käufer von der Bank nach § 812 Abs. 1 Satz 2 2. Fall BGB die gezahlten Raten zurückverlangen soweit sie darum noch bereichert ist. Die Zahlung der Valuta kann die Bank ihrerseits nicht vom Käufer kondizieren, weil wegen Nichtbestehens der Kaufpreisschuld der Käufer durch die Zahlung nicht befreit wurde. Der Käufer hat aber wegen der Zahlung eines Dritten § 267 BGB gegen den Verkäufer einen Leistungskondiktionsanspruch, um den er der Bank gegenüber insoweit bereichert ist, als der Anspruch die geleisteten Anzahlungen und Tilgungsraten übersteigt. Diesen Anspruch des Käufers gegen den Verkäufer kann sich das FinInst. abtreten lassen. Vgl. auch *Esser* a.a.O. (Festschrift); s. ferner Urteilsbespr. *Möllers* NJW 56, 1202 und OLG Karlsruhe MDR 57, 161 f. Vgl. auch *Möllers* S. 64 ff. sowie *Möllers* NJW 58, 207 (unter II. 1). Über Finanzierung durch den Verkäufer an Stelle des FinInstituts s. oben Anm. 104. Gegen den Gedanken vom Wegfall der Geschäftsgrundlage *Petermann* DRpfleger 58, 76 (78).

Anm. 157

Zu aaa)—eee). Es verbleibt also dabei, daß es, insbesondere beim weiterbestehenden Kaufvertrag, ganz seltene Ausnahmefälle gibt, in denen Einreden aus diesem dem Darlehensgeber entgegengehalten werden können. Gerade beim weiterbestehenden Kaufvertrag sind es lauter Fälle, die der Darlehensgeber insofern in der Hand hat, als er die Gefahrenpunkte aus den Verträgen beseitigen kann; bezüglich der gefährlichen Personenidentität betont dies *Lehmann* a.a.O. ausdrücklich.

Ausnahmen ergeben sich jedenfalls nicht in der erweiternden Anwendung des AbzG auf weitere Tatbestände, sondern nur aus allgemeinen Rechtsgrundsätzen (z. B. Vertragsauslegung) und echten Fällen des § 242 BGB, so auch *Daum* NJW 68, 372 und *Pagendarm* WM 67, 434. Das FinInst. tritt nämlich nicht in den Kaufvertrag ein, vgl. BGHZ 47, 246 v. 20. 2. 67. Keine Ausnahme ist die bloße Tatsache der Mithaftung des Verkäufers neben dem Käufer (Darlehensnehmer) für das Darlehen; s. BGH LM Nr. 5 zu § 6 AbzG und auch BGHZ 20, 42. Keine Ausnahme ist der Zusammenhang zwischen Bank und Verkäufer, wie er im Mantelvertrag gewöhnlich seinen Niederschlag findet; für den Fall, daß kein engerer Zusammenhang besteht, als der zwischen jeder Bank und ihrem ständigen Kunden betont dies auch OLG Karlsruhe BB 55, 6 und BGH LM Nr. 5 zu § 6 AbzG (offenbar die Revisionsentscheidung zum ersteren Fall) und LG Hamburg MDR 56, 293. Beim A-Geschäft oder Schecksystem werden überhaupt keine derartigen Ausnahmefälle, die zu Einreden gegen den Darlehnsgeber führen, denkbar sein; so offenbar auch *Petermann* DRpfleger 55, 148 ff. (unter II).

Auch der Gesichtspunkt mag mitberücksichtigt werden, den *Ebert* NJW 57, 573 betont, nämlich in wessen Sphäre die Abwicklungsstörung eingetreten ist. Denn Störungen in der Sphäre des Käufers oder des Kreditgebers sind von diesen zu vertreten, die dann verbleibenden Fälle der Störungen in der Sphäre des Verkäufers, auf der die meisten hierzu zu entscheidenden Fälle beruhen, sind freilich damit noch nicht gelöst.

Aus dem *Schrifttum* zu dieser Frage im allgemeinen sei noch genannt *Mühlhäuser* MDR 55, 265, der auch die Trennung der Verträge und die Folgen daraus nachdrücklich unterstreicht; *Busch* MDR 52, 210, ebenfalls grundsätzlich im hier vertretenen Sinne; *Möllers* NJW 54, 214 und 1106 sowie NJW 55, 1421 und NJW 56, 1740 und *Petermann* DRpfleger 58, 78.

Anm. 158

2. Für die *Sachmängeleinreden des Käufers im besonderen* ergeben sich die Folgerungen aus den allg. Bemerkungen in Anm. 146 ff.

Dem BGH (s. Anm. 149, 149 a und 150) ist darin zu folgen, daß der Käufer dem FinInst. die Mangelhaftigkeit der Kaufsache in ganz bestimmten Fällen entgegenhalten kann; a. A. die Vorauflage. An Literatur zum Fragenkreis der Sachmängeleinreden vgl. neben der oben in den Anm. 149—150 zitierten *Möllers* H. d. TW S. 522 ff LG Hamburg lt. Fußnote 4 in MDR 52, 210 und MDR 56,

292 f. (bei Minderwertigkeit der gelieferten Möbel), LG Freiburg MDR 54, 610 (Wandelung des Käufers), LG Braunschweig MDR 54, 611 (wegen mangelhaften Rundfunkgerätes, aber für die Berufung des Einzelhändlers ausgesprochen) sowie AG Hamburg MDR 55, 477 und besonders BGH LM Nr. 5 zu § 6 AbzG. Im Schrifttum ist dieser Meinung *Rühl* S. 281, *Busch* MDR 52, 210 (ausdrücklich auch für die Wandelung und Minderung), *Ewald* MDR 55, 69 (71 f., de lege lata ausdrücklich auch für die Wandelung) und AbzG S. 157; offenbar auch *Klauß* NJW 53, 6; ferner *Möllers* NJW 54, 214 (unter II 3 a) und 1106 sowie besonders 55, 1421 und NJW 57, 574; *Giffhorn* MDR 54, 258 und 611, *Mühlhäuser* MDR 55, 265; *Pohle* MDR 56, 598 sowie *Ascher* zu BGH LM Nr. 5 zu § 6 AbzG und schließlich *Capeller* BB 57, 204.

Anm. 159

Hervorzuheben ist hier noch, daß der *Verzicht des Käufers auf Einwendungen* gegen den Darlehensgeber als wirksam anerkannt wird, und zwar als Selbstverständlichkeit von *Rühl* S. 281 und LG Hamburg MDR 50, 220, ferner OLG Hamburg MDR 56, 31 f. sowie LG Hannover MDR 55, 608; für den Fall klarer Bestimmungen auch von LG Braunschweig MDR 55, 356. Ebenso *Möllers* NJW 54, 214 (unter III 2).

Die Grenzen des zulässigen Verzichts werden durch die §§ 138, 242, 276 II BGB bestimmt. Ferner muß die Verzichtsklausel für jedermann klar und unmißverständlich sein, wenn sie Gültigkeit haben soll, vgl. LG Essen NJW 57, 1560 (Leitsatz) und RGZ 142, 353. Als Rechtsgeschäft kann der Verzicht angefochten und kondiziert werden.

Anm. 159a

Die Einrede der Verjährung des Kaufpreisanspruchs des Verkäufers kann der Käufer dem Darlehensanspruch der Bank nicht entgegensetzen, siehe Anm. 144 ff. A. A. LG Essen BB 61, 770, das aber die Einrede nur für den Fall zuläßt, daß das FinInst. zugleich der Großhändler ist.

Anm. 160

3. *Die Einrede des nicht erfüllten Vertrages* — die als peremtorische Einrede des Käufers *gegen das FinInst.* mit den §§ 320 ff. BGB nichts zu tun hat (der Käufer könnte weitere Zahlungen endgültig ablehnen, da eine Zug-um-Zugverpflichtung aus dem Darle-

hensvertrag nicht besht,s. auch *Weitnauer* JZ 68, 202) — kann der Käufer dem Darlehensgeber grundsätzlich nicht erfolgreich entgegensetzen. Dies ergibt sich aus Anm. 144 ff. Der BGH läßt die Einrede des nicht erfüllten Kaufvertrages jedoch unter den in Anm. 149 a erwähnten Voraussetzungen ebenso zu wie die Einrede der mangelhaften Vertragserfüllung, BGHZ 47, 224 ff. u. 233 vom 20. 2. 67 und BGH NJW 70, 701; insbesondere also, wenn der Käufer seine Rechte aus dem Kaufvertrag gegen den Verkäufer wegen dessen schlechter wirtschaftlichen Lage nicht durchzusetzen vermag. Dieser Auffassung ist aus den in Anm. 149a, 150 angeführten Gründen zuzustimmen.

Allerdings sind die Ausführungen bei Anm. 94 c von Bedeutung. Das FinInst. darf grundsätzlich die Valuta an den Verkäufer nicht auszahlen, bevor die Ware an den Käufer ausgeliefert ist. Bei Verstoß gegen diese Pflicht kann der Käufer dem Darlehensrückzahlungsanspruch der Bank den Einwand aus § 242 BGB entgegenhalten: dolo petet, qui petet quod statim redditures est, vgl. Anm. 94 b a. E. Vgl. ferner LG Hamburg MDR 56, 292; *Busch* MDR 52, 210 sowie die meisten der in Anm. 158 genannten Stimmen aus dem Schrifttum, insbesondere *Möllers* NJW 54, 214 und NJW 55, 1421; AG Hamburg MDR 55, 356; OLG Karlsruhe MDR 58, 96; *Möllers* NJW 58, 207 — — — a. A. LG Braunschweig MDR 55, 356 und AG Hamburg MDR 51, 675 die in Anm. 147 schon behandelt sind.

Anm. 161

4. Die *Einrede der an den Verkäufer geleisteten Darlehensrückzahlung* kann ebenfalls, wenigstens grundsätzlich, dem Darlehensgeber nicht entgegen gehalten werden. Bei getrenntem Kauf- und Darlehensvertrag ist dies eigentlich klar. Aber auch dann, wenn die beiden Verträge in einer Urkunde verbunden sind, wird die Ausnahme der unklaren Verträge zugunsten des Käufers selten in Betracht kommen. In Fettdruck wird gewöhnlich darauf hingewiesen, daß Käufer (Darlehensnehmer) ausschließlich an die Bank zu zahlen hat; so *Möllers* NJW 55, 1421 (unter I a. E.). Nur wirkliche Ausnahmefälle werden also zur Berufung des Käufers gegenüber dem Darlehensgeber im Sinne der Anm. 153 führen können; so wenn der Rechtsschein, den der Käufer dem Verkäufer beläßt, im Einzelfall eine Anscheinsinkassovollmacht schafft; so *Möllers* S. 63; *Scholz* TW 65, 147; AG Freiburg MDR 66, 49 und MDR 68, 148 (nur Leitsatz).

Niese Regel betont auch *Busch* MDR 52, 210 mit Hinweis darauf, daß die Berufung, Unterschriebenes nicht gelesen zu haben, ausgeschlossen ist und mit Nennung einer Entscheidung des AG Hamburg im gleichen Sinne; so auch LG Essen MDR 58, 33. Gl. M. *Ewald* MDR 55, 69 (allerdings mit dem Bemerken, daß es nur bei „formaler Betrachtungsweise" so sei) und AbzG S. 133 freilich mit der mindestens mißverständlichen Begründung, daß der Schutzgedanke des AbzG nicht verletzt werde, wenn der Käufer nochmals bezahlen müsse. So auch LG Braunschweig MDR 55, 356 mit dem Hinweis (gegen *Ewald*, den es teilweise mißversteht) darauf, daß es sich hier überhaupt nicht um einen der im AbzG geregelten Tatbestände handelt.

Wenn freilich vorherige oder nachträgliche Zustimmung, auch stillschweigende, des Darlehensgebers zu solchen Zahlungen an den Verkäufer erfolgt, dann gelten sie auch gegen ihn. Eine solche Genehmigung kann vorliegen, wenn in Kenntnis vorausgegangener Zahlungen an den Verkäufer der Darlehensgeber weitere Raten ohne Vorbehalt annimmt; so auch *Busch* MDR 52, 210.

Anm. 162

5. *Rücktritt, Anfechtung und anfängliche Nichtigkeit des Kaufvertrages.*

a) *Rücktritt* und Rücknahme des Verkäufers sowie Rücktritt und Rücknahme des Kreditgebers, der damit den abzrechtlichen Tatbestand der §§ 1, 5 seinerseits setzt, gehören nicht hierher; sie sind nach dem AbzG zu beurteilen; s. für Rücktritt und Rücknahme durch den Kreditgeber oben Anm. 113 ff., 121 ff.

Rücktritt *des Käufers*, der lediglich auf *freier Vereinbarung mit dem Verkäufer* beruht, kann ohne Zustimmung des Darlehensgebers diesem nicht entgegen gehalten werden. Es wirkt hier die doppelte Bindung des Käufers gegenüber Verkäufer *und* Darlehensgeber dahin, daß die Abänderung und vor allem die Aufhebung des Kaufvertrags der Zustimmung auch des Darlehensgebers bedarf; *Möllers* NJW 54, 214 (216 unter II 3 b; s. auch III 2); so auch LG Essen MDR 54, 416. Aus der Vereinbarung nur mit dem Verkäufer erwachsen auch nur Ansprüche gegen diesen, nämlich ein Anspruch auf Befreiung von der Darlehensverpflichtung, aber keine Befreiung von den Verpflichtungen gegen den Darlehensgeber selbst. So mit Recht *Giffhorn* MDR 54, 258 f. (auch 611), der darauf aufmerksam macht, daß der Kreditgeber sogar Schadenersatzansprüche gegen den Käufer hier besitzen kann, wenn und weil der Käufer im Zusammenhang mit dem Rücktritt die einzige Sicherheit des Kreditgebers, nämlich die Kaufsache, ohne Genehmigung des Kreditgebers aus der Hand gibt, in die Hand des Verkäufers, der sie gewöhnlich alsbald weiterveräußert. Ebenso *Mühlhäuser* MDR 55, 265 (unter C 2 a. E.), der darauf hinweist, daß es auch unbillig wäre, wenn Käufer und Verkäufer sich über Rücktritt und Rückgabe einigen könnten, ohne Genehmigung des Kreditgebers einzuholen, diese Umstände ihm aber dann entgegen gehalten werden könnten.

In diesem Sinn auch LG Hannover MDR 55, 608, das Berufung auf Rücktritt (mangels Lieferung) ausschließt, weil die Genehmigung des Darlehensgebers erforderlich wäre und dort sogar ausdrücklich in den Lieferungsbedingungen bestimmt war, daß Rückgabe und Umtausch ohne Genehmigung des Darlehensgebers den Käufer nicht befreit. Ebenso LG Essen MDR 54, 416 f. für einen ohne Zustimmung des Kreditgebers (wegen Nichtzahlung durch den Käufer) erfolgenden Rücktritts. OLG Karlsruhe BB 55, 6 schließt die Berufung des Käufers auf mit dem Verkäufer vereinbarten Rücktritt aus, obwohl in den Vertragsbedingungen nur Ausschluß von Aufrechnung, Zurückbehaltung und Mängelrügen gegenüber dem Kreditgeber erwähnt sind; das sei nur ein Hinweis für juristische Laien; auch andere Einwendungen sind aber bei der Selbständigkeit der Verträge ausgeschlossen.

Auch der BGH LM Nr. 5 zu § 6 AbzG hat bei einem im Einverständnis mit dem Verkäufer erfolgenden Rücktritt wegen Nichtlieferung die Einrede hieraus gegen den Darlehensgeber nicht zugelassen (s. oben Anm. 149; zustimmend *Ascher* a.a.O. und *Pohle* MDR 56, 598).

A. M. LG Braunschweig MDR 53, 744, das bei einer zwischen Käufer und Verkäufer vereinbarten Aufhebung des Vertrages erklärt, daß der Käufer nach der ganzen Stellung des Verkäufers bei den verbundenen Verträgen den Verkäufer hierzu als befugt ansehen und vertrauen durfte, daß Darlehensgeber seine Zustimmung nicht versagen werde; s. auch oben Anm. 147.

Anm. 163

b) Der berechtigte *Rücktritt des Käufers* z. B. wegen Nichtlieferung, mag ihm auch der Verkäufer dann zugestimmt haben, führt aber immerhin zum Wegfall der Geschäftsgrundlage und damit gegebenenfalls zur Bereicherungseinrede des Käufers gegenüber dem Darlehensgeber und besonders zum Anspruch des Käufers gegen den Verkäufer auf Befreiung von den Darlehensverpflichtungen; s. oben Anm. 156 und *Giffhorn* MDR 54, 258 f.

Anm. 164

c) Bei *Nichtigkeit des Kaufvertrages* etwa nach § 138 BGB oder auf Grund *Anfechtung*, insbesondere nach § 123 BGB spricht die Selbständigkeit der Verträge zunächst gegen eine Auswirkung auf das Darlehensverhältnis. Auch hier fällt aber die Geschäftsgrundlage für den Darlehensvertrag unter dem Gesichtspunkt der Zweckverfehlung weg. Es ergeben sich daraus möglicherweise Berufungen im Darlehensverhältnis; s. oben Anm. 156. Auch *Ascher* zu LM Nr. 5 zu § 6 AbzG betont, daß es vielfach dem Willen der Beteiligten und der Sachlage entsprechen wird, daß das Nichtzustandekommen des Kaufes von rechtlichem Einfluß auf das Darlehensverhältnis ist.

Anm. 165

Eine ganz andere Frage ist es, ob ein *arglistiges Verhalten des Verkäufers* im Verhältnis zum Darlehensgeber *das eines Dritten nach § 123 Abs. 2 BGB* ist, das nur bei Kenntnis oder fahrlässiger Unkenntnis Haftung des Darlehensgebers bedeutet, oder ob der Darlehensgeber nach § 123 Abs. 1 BGB sich das Verhalten des Verkäufers als eigenes zurechnen lassen muß. Wegen der damit verbundenen Wirkung aus dem Kaufvertrag auf den Darlehensvertrag gehört auch diese Frage hierher. Mit ihr haben sich beschäftigt: BGHZ 20, 36 ff. und *Wendt* hierzu in MDR 56, 662; BGHZ 33, 302; BGH NJW 62, 2195; BGH WM 63, 1276; BGHZ 47, 224; OLG Karlsruhe MDR 57, 161; OLG Frankfurt BB 58, 680; OLG Köln MDR 60, 580; OLG Köln MDR 61, 597; LG Bremen MDR 60, 223; LG Freiburg MDR 62, 51 und Bespr. von *Scholz* in TW 62, 10 und *Meyer-Ladewig* MDR 62, 446; ferner *Kegel* Sparkasse 56, 173; BGH Pressestelle MDR 67, 373; *Pagendarm* WM 67, 434; *Scholz* TW 60, 22, der den Verkäufer als „Dritten“ ansieht.

Der BGH hat mit Recht eine allgemeine Formulierung des Begriffs des „Dritten“ i. S. des § 123 Abs. 2 BGB als wenig sinnvoll und kaum möglich abgelehnt, vgl. BGH NJW 62, 2195. Es kommt vielmehr darauf an, „ob die Beziehungen des Täuschenden zum Erklärungsempfänger so eng sind, daß der Erklärungsempfänger die Täuschung wie eine eigene zu vertreten hat und den Getäuschten deshalb am Vertrag nicht festhalten darf“. Beim finAbzKauf hielt der BGH die Beziehungen zwischen Verkäufer und Bank nur dann für so eng, wenn beide in einer *auf die Dauer angelegten Geschäftsverbindung* (vgl. Anm. 119 a) standen, so BGHZ 33, 302 und BGH WM 63, 1276. Dieses Erfordernis ist aber zu Recht in BGHZ 47, 224 aufgegeben, weil es sonst weitgehend dem Zufall überlassen wäre, ob der Verkäufer „Dritter" ist oder nicht. Ferner hat der Käufer keinerlei Möglichkeit die Geschäftsbeziehungen seiner beiden Vertragspartner zu überprüfen. Entscheidend ist allein, daß der Verkäufer im Auftrag der Bank tätig werde. Wenn nämlich die Bank die Vorteile der Zusammenarbeit mit dem Verkäufer will, muß sie auch deren Nachteile in Kauf nehmen, ein Gedanke, der auch § 278 BGB zugrundeliegt. Der BGH weist mit Recht auch auf das Schutzbedürfnis des Käufers hin, das bei den Vertragsverhandlungen in dem vertragsähnlichen Vertrauensverhältnis begründet ist. Dabei spielt es keine Rolle, ob der Verkäufer selbst oder einer seiner Angestellten mit dem Käufer verhandelt, BGH WM 63, 1276, vgl. ferner LG Braunschweig MDR 53, 744 u. NJW 54, 1106; OLG Celle NJW 58, 502 mit Anm. *Rötelmann*; *Möllers* NJW 56, 1740 u. NJW 58, 207 zur Frage des Rechtsscheins und der Anscheinsvollmacht bei der Prüfung der Anwendbarkeit des § 123 II BGB.

Kommt der Darlehensvertrag unter Vermittlung eines selbständigen Kreditmaklers zustande, so scheidet der Verkäufer grundsätzlich als „Dritter" bzw. als „Erfüllungsgehilfe" i. S. der §§ 123 II, 278 BGB aus, so LG Mannheim MDR 64, 232, bespr. von *Scholz* TW 67, 148 ff., 154.

Auf den Intelligenzgrad des Käufers und dessen Geschäftsgewandtheit kann nicht abgestellt werden, vgl. Anm. 94 b, so auch BGH v. 17. 11. 60 BGHZ 33, 302 und *Meyer-Ladewig* MDR 62, 446 a. A. OLG Köln MDR 60, 580.

Abzulehnen ist LG Freiburg MDR 62, 51, wonach der formularmäßige Hinweis der Bank, der Verkäufer trete nicht als ihr Beauftragter auf, sondern handle für den Käufer, dazu führe, daß der Verkäufer „Dritter" ist. Wenn der Verkäufer tatsächlich für die Bank tätig wird, so kann eine andere Vereinbarung zwischen Bank und Käufer daran nichts ändern. Vgl. auch BGHZ 47, 208 ff. u. 233 ff. v. 20. 2. 67; *Pagendarm* WM 67, 439; A. A. *Scholz* TW 62, 10.

Anm. 166

6. Bisher sind die *Einreden des Käufers gegen den Kreditgeber* behandelt. Beim B-Geschäft haftet, wie schon wiederholt erwähnt, der Verkäufer gewöhnlich als Gesamtschuldner oder Bürge ebenfalls für das Darlehen, vgl. Anm. 98 zu § 6. Diesem mithaftenden *Verkäufer stehen gegen dem Kreditgeber keine Einreden aus dem Kaufverhältnis zu.* Das Vertragsverhältnis — Darlehen — steht an sich dagegen

und die oben für den Käufer erklärten Ausnahmemöglichkeiten (Anm. 151—155), kommen hier nicht in Betracht und schon bei der abzrechtlichen Berufung kann solche nur bei der Beteiligung des Käufers Platz greifen; s. oben Anm. 135 a. Der Verkäufer kann die eigene Verpflicht—ng aus seiner Unterschrift nicht verkennen, desgleichen nicht einen außerhalb des Kaufes stehenden anderen Vertragspartner. Eine echte Ausnahme aus § 242 BGB wäre allenfalls denkbar. Auch bei der Unwirksamkeit des Kaufvertrages kann sich für ihn, wenn er das Darlehen als Kaufpreiszahlung schon in Empfang genommen hat, keine Einwendung ergeben; der Ausgleich mit dem Käufer ist seine Sache; s. oben Anm. 157.

Die vom LG Braunschweig MDR 54, 611 gegebene Begründung, daß der Verkäufer nicht des Schutzes bedarf, wie meist der Käufer, ist abwegig; s. auch *Giffhorn* a.a.O. Auch bei Wandelung des Kaufvertrages läßt LG Braunschweig MDR 54, 739 die Haftung des Verkäufers als Bürgen weiterbestehen, und zwar trotz fehlender Akzessorietät unter Berufung auf RGZ 163, 99. *Mühlhäuser* MDR 55, 267 sagt mit Recht, auch unter Bezug auf den mitverpflichteten Händler (Verkäufer), daß Mängel im Kaufvertrag (das ist Mißerfolg bei der Verwendung des Kredtis) nicht auf den Kreditgeber abgewälzt werden können.

Anm. 167

7. Wenn der *Großhändler oder Hersteller* dem Käufer oder Verkäufer aus abgetretenem Recht des Kreditgebers gegenüberstehen, so gilt folgendes (s. auch oben Anm. 99 a, 109 und 152):

Wenn der Großhändler oder Hersteller Zahlung verlangt, so ist grundsätzlich die Stellung des abtretenden Kreditgebers maßgebend; es handelt sich um eine echte Darlehensforderung. Vertragliche Beziehungen zwischen Großhändler oder Hersteller und Käufer unmittelbar bestehen ja nicht. Gegebenenfalls kann über § 242 BGB eine Einwendung aus dem persönlichen Verhältnis Verkäufer — Käufer in Betracht kommen, etwa besonders wenn für die Ware, deretwegen Wandelung erklärt ist, der Großhändler oder Hersteller seinerseits einzustehen hat. Auch hier versagt aber eine solche Berufung auf Einwendungen aus dem persönlichen Rechtsverhältnis, die außerhalb der Wirkungssphäre des Großhändlers ihren Grund haben; so mit Recht *Möllers* NJW 54, 1106 (unter II) und 55, 1423. Vgl. auch *Petermann* DRPfleger 55, 148 (unter III, 3), ferner LG Freiburg MDR 54, 610 sowie schon RGZ 152, 283 ff. und oben Anm. 117; auch

Möllers NJW 54, 214 und NJW 55, 1421 (1423) und *Möllers* S. 62. Über Bereicherungsansprüche bei fehlender Zustimmung des Großhändlers s. auch LG Hamburg MDR 55, 97.

§ 6a

(1) Für Klagen aus Abzahlungsgeschäften ist das Gericht ausschließlich zuständig, in dessen Bezirk der Käufer zur Zeit der Klageerhebung seinen Wohnsitz, in Ermangelung eines solchen seinen gewöhnlichen Aufenthaltsort hat.

(2) Eine abweichende Vereinbarung ist jedoch zulässig für den Fall,

1. **daß der Käufer nach Vertragsschluß seinen Wohnsitz oder gewöhnlichen Aufenthaltsort aus dem Geltungsbereich dieses Gesetzes verlegt oder sein Wohnsitz oder gewöhnlicher Aufenthaltsort im Zeitpunkt der Klageerhebung nicht bekannt ist,**
2. **daß der Verkäufer Ansprüche gegen den Käufer im Wege des Mahnverfahrens (§§ 688 ff. Zivilprozeßordnung) anhängig macht.**

(3) Erhebt der Käufer im Falle des Absatzes 2 Nr. 2 gegen den Anspruch oder einen Teil des Anspruchs Widerspruch (§ 694 Zivilprozeßordnung), so verweist das Gericht von Amts wegen den Rechtsstreit ohne mündliche Verhandlung an das nach Absatz 1 zuständige Gericht, sofern nicht der Käufer beantragt hat, von der Verweisung abzusehen. Wird die Verweisung beschlossen, so gilt der Rechtsstreit mit der Zustellung des Beschlusses als bei dem im Beschluß bezeichneten Gericht anhängig. Im übrigen sind die Vorschriften des § 276 Abs. 2, Abs. 3 Satz 1 der Zivilprozeßordnung anzuwenden.

Inhaltsübersicht

Besonderes Schrifttum zu § 6a:

Gerlach: Änderung des AbzG NJW 69, 1939
Loebell: Die neuen Bestimmungen des AbzG MDR 69, 979
Petermann: Die Reform des AbzG RPfleger 70, 79
Scholten: Die Zuständigkeitsregelung des neuen AbzG TW 70, 16
Stoppok: Die Abfassung und Abwicklung von Darlehensverträgen nach dem Gesetz zur Änderung des AbzG v. 1. 9. 1969 TW 70, 25
Weidner: Der Gerichtsstand bei AbzGeschäften NJW 70, 1870

A. Sinn und Zweck des § 6a

Anm. 1

Die Vorschrift wurde eingefügt durch das Gesetz zur Änderung des AbzG vom 1. 9. 1969 (BGBl 69 Teil I S. 1541). Zur Vorgeschichte s. Einl. Anm. 24. Wegen des Inkrafttretens und der Überleitungsregelung s. Anm. 10.

Für Klagen aus dem AbzGeschäft bestimmte sich bisher der Gerichtsstand aus den §§ 12 ff. ZPO. Entscheidende Bedeutung kam dabei § 29 ZPO i. V. mit einer Vereinbarung der Parteien über den Erfüllungsort zu. Danach war durchwegs das Gericht des Ortes zuständig, an dem der Verkäufer seinen Sitz hatte. Für die Käufer brachte diese Regelung in zahlreichen Fällen Schwierigkeiten bei der Rechtsverfolgung mit sich. Vielen war die persönliche Wahrnehmung des Termins an dem oft weit entfernt gelegenen Gerichtsort wegen der langen Anreise oder wegen Gebrechlichkeit zu beschwerlich, die Beauftragung eines Rechtsanwalts und eines Korrespondenzanwalts zu kostspielig. Angesichts dieser Hemmnisse und der wirtschaftlich meist starken Position der Verkäufer resignierte eine große Zahl von Käufern, nachdem Klage gegen sie erhoben wurde. In 70 % aller Streitigkeiten aus AbzSachen ergingen Versäumnisurteile, obwohl die Käufer häufig triftige Argumente gegen den Klageanspruch hätten vorbringen können, was sich im Zwangsvollstreckungsverfahren (zu spät) oft herausgestellt hat, s. *Lipschitz* BB 63, 855 und *Bayer* in DBT 118. Sitzung vom 4. 3. 64 S 5493 A. Dem Käufer soll nun die Rechtsverfolgung dadurch erleichtert werden, daß grundsätzlich das Gericht ausschließlich zuständig ist, in dessen Bezirk *er* seinen Wohnsitz bzw. gewöhnlichen Aufenthalt hat.

B. Klagen aus AbzGeschäften

Anm. 2

Der ausschließliche Gerichtsstand des § 6a Abs. 1 *gilt für Klagen aus AbzGeschäften.* Damit sind sicherlich folgende Klagen erfaßt: Zahlungsklage des Verkäufers; Feststellungsklage über das Bestehen oder Nichtbestehen des AbzVertrages (wegen des finAbzKauf s. Anm. 3); Klage auf Schadenersatz wegen Nichterfüllung bzw. auf das negative Interesse; Klage des Käufers auf Vertragserfüllung.

Zweifelhaft ist, ob *Klagen aus dem Rücktrittsverhältnis* erfaßt werden. Dies ist zu bejahen. Einmal, weil der Rücktritt den Vertrag nicht beseitigt, sondern nur inhaltlich umgestaltet, vgl. oben § 1 Anm. 65. Zum andern, weil nach dem Sinn und Zweck des § 6a dem Abz-Käufer die Rechtsverfolgung nicht durch einen ihm ungünstigen Gerichtsstand erschwert werden soll. Diesem Sinn nach erstreckt sich der Schutz nicht nur auf die Ansprüche aus Vertrag, sondern auf alle aus dem Geschäft resultierenden Rechte und Pflichten. § 6a gilt folglich *auch für Klagen aus ungerechtfertigter Bereicherung,* nicht dagegen für Klagen *aus unerlaubter Handlung,* da Ansprüche hieraus nicht aus dem Geschäft, sondern aus einer bei Gelegenheit des Geschäfts erfolgten Handlung entstehen.

C. Anwendbarkeit des § 6a auf Fälle des § 6

Anm. 3

Problematisch erscheint die Anwendung des § 6a *auf Klagen aus fin AbzKauf* sowie aus allen unter § 6 fallenden Verträgen. § 6 verweist lediglich auf die §§ 1—5. § 6a ist nicht erwähnt. Daß § 6a in den Fällen des § 6 nicht gelten soll, kann nicht der Wille des Gesetzgebers gewesen sein. Denn die in Anm. 1 aufgezeigten Unzuträglichvor und müssen erst recht bei diesen Beachtung finden. A. A. Stoppok TW 70, 25 ff. mit der unrichtigen Begründung, daß das AbzG auf den Darlehensvertrag nur dann anwendbar sei, wenn „die Abwicklung des notleidend gewordenen Darlehensvertrages durch Rücknahme des finanzierten Gegenstandes gemäß § 2 Abs.G durchgeführt wird". Diese einschränkende entsprechende Anwendung des AbzG kann weder dem Wortlaut des § 6 entnommen werden, noch entspricht sie dem Sinn dieser Vorschrift, die dem Käufer auch bei Umgehungsgeschäften den vollen Schutz des AbzG sichern möchte, s. Anm 5 f zu § 6. Die rechtliche Selbständigkeit vom Kauf- und Darlehensvertrag, mit der Stoppok argumentiert, kann im Rahmen des § 6 (soweit es sich also um die Anwendbarkeit des AbzG handelt) keine Rolle spielen. Es entscheidet alleine die Umgehung des AbzG. nicht die Rechtsnatur bzw. rechtliche Gestltung der Verträge. Hier kann geholfen werden, indem man ein Versehen des Gesetzgebers, den § 6 entsprechend zu ändern, unterstellt. Besser erscheint eine Auslegung der Verweisung des § 6 auf die §§ 1—5. Als das AbzG geschaffen wurde, war es sinnvoll nur auf diese Vorschriften zu verweisen und nicht auf das ganze AbzG. § 7 kommt für die Fälle des § 6 nie in Betracht; § 8 bezieht sich ohnehin auf das ganze AbzG, so daß er auch für § 6 gilt. Dasselbe gilt auch für § 9. Daraus folgt, daß die Verweisung auf die §§ 1 bis 5 nicht anderes bedeutet, als daß das AbzG als ganzes anzuwenden ist. § 6a ist auch bei Umgehungsgeschäften anzuwenden. Für den fin AbzKauf bedeutet dies, daß auch Klagen aus dem Darlehensverhältnis dem ausschließlichen Gerichtsstand unterliegen.

D. Ausschließliche Zuständigkeit

Anm. 4

Das Gericht des Wohnsitzes oder gewöhnlichen Aufenthalts des Käufers *ist ausschließlich zuständig.* Mit der Ausnahme des § 6a Abs. 2 sind Gerichtsstandsvereinbarungen nicht mehr wirksam, § 40 Abs. 2 ZPO. Wegen der Übergangsregelung s. Anm. 10. Die sachliche Zuständigkeit unterliegt weiterhin der vertraglichen Regelung. Das Gericht hat seine örtliche Zuständigkeit *von Amts wegen* zu prüfen. Ein Versäumnisurteil gegen den beklagten Käufer bei örtlicher Unzuständigkeit darf nicht ergehen, da die Fiktion des § 331 Abs. 1 ZPO nicht zum Tragen kommt.

Die örtliche Zuständigkeit bestimmt sich primär nach dem *Wohnsitz des Käufers z. Z. der Klageerhebung.* Wohnsitz ist der Ort, den der Käufer mit rechtsgeschäftlichem Willen zum Mittelpunkt und Schwerpunkt seiner Lebensverhältnisse gemacht hat und nicht nur vorübergehend dort verweilen will, vgl. mit zahlreichen Fundstellen *Palandt, Staudinger* und RGRK zu § 7 BGB. Bei mehrfachen Wohnsitz besteht ein mehrfacher Gerichtsstand, vgl. *Baumbach-Lauterbach* § 13 ZPO. Werden auf der Käuferseite Gesamtschuldner mit verschiedenen Wohnsitzen verklagt (z. B. getrennt lebende Ehegatten), so richtet sich die Zuständigkeit für jeden einzelnen Prozeß nach § 6a, wenn nicht nach § 36 Ziff. 3 ZPO verfahren und ein für alle Prozesse zuständiges Gericht bestimmt wird. Fehlt bei Klageerhebung ein Wohnsitz, so ist der *gewöhnliche Aufenthaltsort des Käufers* maßgebend, vglä hierzu § 20 ZPO und die einschlägigen Kommentare. Der gewöhnliche Aufenthaltsort ist der Ort, an dem der Käufer längere Zeit lebt, ohne einen Wohnsitz begründen zu wollen. Es wird also mit einer Beendigung des Wohnens an diesem Ort gerechnet (z. B. Student, Kranker im Krankenhaus, Gefangener in Strafanstalt usw.). Wohnsitz oder gewöhnlicher Aufenthalt müssen *im Zeitpunkt der Klageerhebung* bekannt sein. Nach § 253 Abs. 1 ZPO erfolgt die Erhebung der Klage mit Zustellung der Klageschrift.

E. Gerichtsstandsvereinbarungen, § 6a Abs. 2

Anm. 5

In den Fällen des *§ 6a Abs. 2 ist eine Vereinbarung des Gerichtsstandes zulässig.* Diese Vorschrift will den Verkäufer nicht über Gebühr mit der Rechtsverfolgung belasten. Sie ist insbesondere bei Gastarbeitern von größerer Bedeutung, wenn sie in ihre Heimatstaaten zurückkehren. § 6a Abs. 2 stellt wohl ein zivilprozessuales Novum dar, wenn er einen durchlöcherten ausschließlichen Gerichtsstand schafft. Hier fragt sich, ob das Gericht die Voraussetzungen des Abs. 2 *von Amts wegen zu prüfen* hat, was z. B. von Bedeutung für die Zulässigkeit eines Versäumnisurteils nach § 331 ZPO sein kann. Genügt es für § 331 BGB, wenn der Verkäufer die von Abs. 2 verlangten Tatsachen vorgetragen, aber nicht bewiesen hat? Dies muß verneint werden. § 6 a Abs. 1 ist von Amts wegen zu prüfen. Parteidisposition über diese Regelung gibt es nicht. Würde die Behauptung der von Abs. 2 verlangten Tatsache genügen, käme dies einer Parteidisposition über den ausschließlichen Gerichtsstand gleich. Eine Vereinbarung nach Abs. 2 ist *nur* unter dessen Voraussetzung zulässig. Die Verinbarung wird also erst bei Vorliegen dieser Voraussetzungen bedeutsam, andernfalls gilt § 6 a Abs. 1. Man könnte sie als negative Tatbestandsmerkmale des ausschließlichen Gerichtsstands bezeichnen.

Anm. 6

I. *Zu Abs. 2 Ziff. 1:* Der Käufer hat seinen Wohnsitz oder gewöhnlichen Aufenthalt, vgl. Anm. 4, aus der Bundesrepublik Deutschland und dem Land Berlin, vgl. Art. 3 Änderungsgesetz, verlegt. Besteht noch einer der mehreren Wohnsitze innerhalb dieser Grenzen, so ist Abs. 1 anzuwenden.

Eine Gerichtsstandsvereinbarung ist auch zulässig, wenn der Aufenthaltsort des Käufers im Zeitpunkt der Klageerhebung unbekannt ist. Er muß allgemein, nicht nur dem Verkäufer unbekannt sein, vgl. auch *Baumbach-Lauterbach* § 203 ZPO. Der Verkäufer muß sich also vor Klageerhebung durch Nachfrage beim Einwohnermeldeamt des letzten bekannten Wohnsitzes (gewöhnl. Aufenthalts) des Käufers nach dem neuen Wohnsitz erkundigen. Eine negative schriftliche Auskunft ist dem Gericht vorzulegen und genügt als Beweis für das Vorliegen des Abs. 2, vgl. Anm. 5.

Der Wohnsitz oder gewöhnliche Aufenthaltsort muß *im Zeitpunkt der Klageerhebung* unbekannt sein. Das ist bei der öffentlichen Zustellung, §§ 203 ff. ZPO, der Eintritt der Zustellungsfiktion, § 206 ZPO.

Der nach Abs. 2 zulässig vereinbarte Gerichtsstand bleibt bestehen, wenn der Wohnsitz bzw. gewöhnliche Aufenthalt des Käufers bekannt wird. Dies folgt aus dem Grundsatz der perpetuatio fori, § 263 Abs. 2 Ziff. 2 ZPO.

Anm. 7

II. *Zu Abs. 2 Ziff. 2:* Sinn dieser Vorschrift ist, den Verkäufer nicht mit unnötigen Mehrkosten zu belasten, die dadurch entstünden, wenn das Mahnverfahren am Sitz des Käufers anhängig zu machen wäre und der Käufer kein Rechtsmittel einlegt. In diesem Fall braucht der Käufer nicht die Unterstützung des § 6 a Abs. 1, vgl. Anm. 1. Der Verkäufer kann z. B. die Kosten eines Korrespondenzanwaltes sparen. Legt der Käufer ein Rechtsmittel ein, so gilt Abs. 3, vgl. Anm. 8.

F. Besonderheiten beim Mahnverfahren, § 6a Abs. 3

Anm. 8

Erhebt der Käufer gegen den Zahlungsbefehl Widerspruch, bzw. gegen den Vollstreckungsbefehl Einspruch, so hat das Gericht *die Sache von Amts wegen an das nach § 6 a Abs. 1 zuständige Gericht zu verweisen.* Die Verweisung erfolgt stets durch den Rechtspfleger nicht durch den Amtsrichter, s. § 20 Nr. 1 RpflG nach seiner Änderung (BGBl. 70 I 911). Nach § 6a Abs. 3 S. 1 wird *ohne vorherige mündliche Verhandlung verwiesen* und zwar auch dann, wenn gegen den Vollstreckungsbefehl Einspruch eingelegt ist. Zwar wäre in diesem Fall nach § 700 S. 3 und § 700 S. 2, 2. Halbs. in Verb. mit § 508 Abs. 3 ZPO auch über die Zulässigkeit des Einspruchs zu entscheiden, was nur in mündlicher Verhandlung erfolgen könnte, vgl. Baumbach-Lauterbach Anm. 3 zu § 700. Da aber wegen der ausschließlichen Zuständigkeit eines anderen Gerichts ein Versäumnisurteil nicht ergehen kann, könnte der beklagte Käufer ohne Risiko einer angesetzten mündlichen Verhandlung fernbleiben. Das Gericht könnte nur entsprechend

§ 6 a verweisen. Folglich wäre es nicht sinnvoll gewesen, mündliche Verhandlung vorzuschreiben. Außerdem müßte der Käufer bei Unterliegen auch die Kosten dieses Teils der mündlichen Verhandlung tragen, was der Absicht des Gesetzgebers, dem Käufer das Gerichtsverfahren auch finanziell zu erleichtern, zuwiderliefe, vgl. Anm. 1 zu § 6 a. Die Zulässigkeit des Einspruchs hat das zuständige Gericht zu prüfen. S. auch Weidner NJW 70, 1870.

Der Käufer kann jedoch beantragen, daß von einer Verweisung nach dem AbzG abgesehen werde. Der ausschließliche Gerichtsstand unterliegt in diesem Fall der Disposition des Käufers. Neben Abs. 2, vgl. Anm. 5, ein zweites zivilprozessuales Novum. Der Grund dieser Regelung ist darin zu sehen, daß dem Verkäufer der ihm günstige Gerichtsstand nicht von Amts wegen genommen werden soll, wenn der Käufer damit einverstanden ist, *nachdem* er die tatsächlichen Auswirkungen und die Bedeutung des Gerichtsstandes erfahren hat.

Der Käufer wird auf dieses Antragsrecht nicht im Rahmen einer Rechtsmittelbelehrung hingewiesen. Aber eine Aufklärung durch das Gericht ist nach § 139 ZPO veranlaßt. Der *Antrag muß ausdrücklich gestellt werden.* Verhandeln zur Sache kann grundsätzlich nicht als stillschweigender Antrag auf Nichtverweisung angesehen werden. Das folgt schon aus § 274 Abs. 3 ZPO, wonach bei ausschließlichem Gerichtsstand auf die Einrede der Unzuständigkeit des Gerichts nicht verzichtet werden kann. Das Verhandeln zur Sache ist dafür bedeutungslos. Wenn § 6a Abs. 3 von § 274 Abs. 3 ZPO eine Ausnahme macht und dafür einen Antrag verlangt, muß dieser auch ausdrücklich gestellt werden. Anderes kann nur gelten, wenn der Käufer in erkennbarer Kenntnis seines Antragsrechts weiterverhandelt.

Anm. 9

Eine *Anfechtung des Verweisungsbeschlusses* findet nicht statt, § 6 a Abs. 3 Satz 3 i. V. mit § 276 Abs. 2 ZPO. Da § 276 Abs. 3 Satz 2 ZPO nicht in § 6a Abs. 3 Satz 3 erwähnt ist, ist über die *durch die Verweisung entstandenen Mehrkosten* nach den §§ 91 ff. ZPO zu entscheiden. Dem obsiegenden Kläger können sie nicht aufgebürdet werden, da ihm § 6a Abs. 2 Ziff. 2 die Klage der Vereinbarung entsprechend anhängig zu machen gestattete. Die Verweisung erfolgt im Rahmen eines gesetzlich geregelten Verfahrens, so daß die dadurch entstandenen Mehrkosten nicht schlechthin dem Kläger überbürdet werden können. Wird die Verweisung beschlossen, so gilt der Rechtstreit mit der Zustellung des Beschlusses als bei dem im Beschluß bezeichneten Gericht anhängig. Dieser Wortlaut des § 6a Abs. 3 Satz 2 weicht von § 276 Abs. 2 Satz 1 2. Halbs., der diese Fiktion an die Verkündung des Beschlusses knüpft, nur insoweit ab.

G. Inkrafttreten

Anm. 10

§ 6a tritt am 1. 1. 1970 in Kraft, Art. 4 des Änderungsgesetzes (Wortlaut s. nach § 9). Nach Art. 2 Abs. 2 des Änderungsgesetzes findet § 6 a auch Anwendung auf Klagen aus Abzahlungsgeschäften, die vor dem 1. 1. 1970 abgeschlossen wurden. Auf bereits rechtshängige Prozesse bleibt § 6 a ohne Einfluß. Gegenteiliges kann Art. 2 Abs. 2 nicht entnommen werden. Es bleibt bei § 263 Abs. 2 Ziff. 2 ZPO.

§ 7

[Verbotene Abzahlungsgeschäfte]

Wer Lotterielose, Inhaberpapiere mit Prämien (Gesetz vom 8. Juni 1871, Reichsgesetbl. S. 210) oder Bezugs- oder Anteilscheine auf solche Lose oder Inhaberpapiere gegen Teilzahlungen verkauft oder durch sonstige auf die gleichen Zwecke abzielende Verträge veräußert, wird mit Geldstrafe bestraft.

Es begründet keinen Unterschied, ob die Übergabe des Papiers vor oder nach der Zahlung des Preises erfolgt.

Inhaltsübersicht

Besonderes Schrifttum zu § 7:

Rönnberg: Lotterie-Strafrecht 07.
von Stenglein: Kommentar zu den strafrechtlichen Nebengesetzen des Deutschen Reiches, 5. Auflage.
Veith: in RWPBl., AbzGeschäfte — Allgemeines.

A. Systematische Stellung der Vorschrift

Anm. 1

Die Strafbestimmung des § 7 für das sogenannte „Ratenlosgeschäft" ist dem Regierungsentwurf erst durch die Reichstagskommission eingefügt worden. Die zweite Regierungsvorlage erhält hierzu folgende Begründung:

„Mißstände besonderer Art haben sich bei dem Handel auf Teilzahlung, welcher Lotterielose und Inhaberpapiere mit Prämien zum Gegenstand hat, sichtbar gemacht. Es wird namentlich darüber Klage geführt, daß durch den fraglichen Handel gerade bei dem geschäftlich unerfahrenen Publikum der *Anreiz zum Spiel absichtlich genährt wurde**), und zwar vielfach unter Verwendung von Bezugs- und Anteilscheinen, die schon durch ihre äußere Ausstattung bei dem Käufer den Irrtum hervorrufen mußten, daß er bereits durch den Empfang eines solchen Scheines einen sicheren Wert erworben habe. Auf der anderen Seite spricht keinerlei wirtschaftliches Bedürfnis gegen die Ausschließung von Geschäften der bezeichneten Art. Der Entwurf bedroht deshalb die Verabredung von Teilzahlungen bei der Veräußerung derartiger Papiere mit einer Geldstrafe bis zu 500,— Mark. *Dem Zwecke der Vorschrift entsprechend* muß dies auch gelten, wenn die Übergabe des *Papiers nicht erfolgt ist*)*, also ein *Abzahlungsgeschäft im Sinne des § 1 nicht vorliegt*).*

Anm. 2

Das Verbot des § 7 hängt mit den Vorschriften der §§ 1—6 innerlich nur lose zusammen. So sind durch Abs. 2 auch Veräußerungsgeschäfte unter Strafe gestellt, die weder AbzGeschäft i. S. des § 1 noch i. S. des § 6 sind, weil nicht alle vom § 7 umfaßten Papiere notwendig als bewegliche Sachen gehandelt werden und weil — im Gegensatz zum AbzG nach §§ 1 oder 6 — u. U. erst die Übergabe des Papiers nach vollständiger Entrichtung der Gegenleistung

*) Die Sperrungen stammen vom Verfasser des Kommentars.

erfolgt. S. § 1 Anm. 22 ff. und § 6 Anm. 20 f. § 7 dient auch nicht dem spezifisch sozialpolitischen Zweck des Schutzes des AbzKäufers. Die Strafbestimmung trägt vielmehr, wie aus der Begründung der zweiten Regierungsvorlage erhellt, *polizeilichen* Charakter.

Anm. 3

§ 7 enthält den Tatbestand eines Vergehens i. S. des § 1 Abs. 2 StGB. Daher gelten die Vorschriften des allgemeinen Teiles des StGB — ungeachtet des polizeilichen Charakters des Delikts — in vollem Umfang.

B. Der Straftatbestand des § 7

I. Der äußere Tatbestand

Anm. 4

1. *Gegenstand* eines strafbaren Ratenlosgeschäftes können nur die im Gesetz *erschöpfend* aufgezählten Wertpapiere sein:

a) *Lotterielose:* Das sind (regelmäßig, jedoch nicht notwendig) auf den Inhaber lautende Schuldverschreibungen (Begriff: § 793 Abs. 1 BGB), in denen der Veranstalter einer Lotterie die Auszahlung einer Geldsumme für den Fall verspricht, daß auf das Los ein Gewinn entfällt, der nach einem bestimmten, vorher aufgestellten Plane von einem ungewissen, wesentlich durch Zufall zu entscheidenden Ereignis abhängig ist (vgl. *Olshausen* Anm. 4 a zu § 286 StGB).

Ein Ratenlosgeschäft über Ausspielungslose (Gewinn besteht in anderen Gegenständen als Geld — Tombola!) ist nicht nach § 7 strafbar, da Ausspielungen weit weniger häufig als die Lotterien sind und der Gesetzgeber daher bei jenen keine Mißstände zu bekämpfen hatte. Die Anwendung des § 7 auf Aufsspielungslose ist daher entgegen der Auffassung *Crisollis,* 4. Auflage Anm. 21, durch „Sinn und Zweck des Gesetzes" nicht gerechtfertigt. Zu einer Anwendung von § 7 auf Ausspielungslose kann man auch nicht über § 286 Abs. 2 StGB kommen, wie *Stenglein* (5. Aufl. II S. 352) § 7 Anm. 5, *Aubele* § 7 Anm. 3 und *Samter* annehmen; denn hierin liegt eine verbotene Strafrechtsanalogie.

Anm. 5

Für die Strafbarkeit ist es ohne Bedeutung, ob die Lotterielose vom Staate oder von einer staatlich zugelassenen Rechtsperson oder von privaten, ob sie für das allgemeine Publikum oder einen bestimmten geschlossenen Personenkreis ausgegeben werden. Auch der Lotteriekollekteur der Staatslotterie darf die Lose nicht auf Abzahlung verkaufen. Andererseits verstößt auch der Verkauf von Losen einer nicht erlaubten Lotterie gegen das Verbot des § 7; gleicher Ansicht *Stenglein* (5. Aufl. II 352) Anm. 5 zu § 7; *Aubele* § 7 Anm. 3; a. A. *Rönnberg* S. 144; *Samter* S. 91 f. Ohne eine staatliche Genehmigung begründet der Lotterie- oder Ausspielungsvertrag zwar nach § 763 BGB keine klagbare Verbindlichkeit. Die Erklärungen sind aber nicht unverbindlich.

Anm. 6

b) *Inhaberpapiere mit Prämien:* Der Begriff der Inhaberpapiere mit Prämien ergibt sich aus §§ 793, 808 BGB und dem Gesetz vom 7. Juni 1871. Nach § 1 dieses Gesetzes sind Inhaberpapiere mit Prämien „auf den Inhaber lautende Schuldverschreibungen, in welchen allen Gläubigern oder einem Teil derselben außer der Zahlung der vorgeschriebenen Geldsumme eine Prämie dergestalt zugesichert wird, daß durch Auslosung oder durch eine andere auf den Zufall gestellte Art der Ermittlung die zu prämiierenden Schuldverschreibungen und die Höhe der ihm zufallenden Prämien bestimmt werden sollen. Die Inhaberpapiere mit Prämien *unterscheiden sich von den Lotterielosen* dadurch, daß bei der Lotterie der Einsatz verloren werden kann. Bei den Prämienpapieren handelt es sich dagegen um eine Schuldverschreibung über ein Darlehen, das der Gläubiger unter allen Umständen zurückerhalten muß; durch die Verlosung wird nur ermittelt, ob und in welcher Höhe der Gläubiger *neben* dem Nennbetrag des Darlehens noch eine Prämie erhält.

Anm. 7

Die Inhaberpapiere mit Prämien i. S. des G vom 7. Juni 1871 dürfen im Inlande nur auf Grund eines Bundesgesetzes und nur zum Zweck der Anleihe des Bundes oder eines Landes ausgegeben werden. Andere Inhaberpapiere mit Prämien dürfen nach § 2 des Gesetzes im Inlande überhaupt nicht weitergegeben oder börsenmäßig gehandelt werden. Für die Strafbarkeit nach § 7 ist es jedoch ohne Einfluß, ob die auf Abzahlung verkauften Inhaberpapiere überhaupt gehandelt werden dürfen. Gl. Ansicht *Stenglein* (5. Aufl. II 352) Anm. 6 zu § 7; a. M. *Rönnberg* S. 144. Deshalb würde auch der Verkauf eines, die Zusicherung von Prämienzahlungen enthaltenden Inhabergrundschuldbriefes (§ 1195 BGB) strafbar sein, wenn ein solcher dem Gesetze vom 7. Juni 1871 zuwider ausgegeben wäre.

Anm. 8

Werden die Prämieninhaberpapiere nach § 806 BGB oder Art. 101, 174 EGBGB auf den Namen umgeschrieben, so verlieren sie ihre Eigenschaft als Inhaberpapiere und können fortan nicht mehr Gegenstand eines strafbaren Ratenlosgeschäftes sein; gl. A. *Samter* S. 92.

Gewöhnliche Inhaberpapiere ohne Prämien dürfen, soweit landesrechtliche Vorschriften nicht entgegenstehen, gegen Teilzahlung verkauft werden.

Anm. 9

c) *Bezugs- oder Anteilscheine auf Lotterie- oder Inhaberpapiere mit Prämien:* Unter Bezugs- oder Anteilscheinen sind Urkunden zu verstehen, in denen der Veräußerer die Verpflichtung übernimmt, die Originalpapiere (Bezugsscheine) oder ideellen Anteile daran (Anteilscheine) zu verschaffen. Diese Bezugs- oder Anteilscheine müssen gerade der Gegenstand der Veräußerung sein, RGSt. 30, 166. Gegensatz: bloße Beweisurkunden; s. Anm. 12. Anteilscheine i. S. von § 7 sind auch Urkunden, welche nicht auf das Originalpapier, sondern nur auf einen Gewinnanteil gerichtet sind. A. A. RGSt. 4, 80; *Stenglein* (5. Aufl. II 352) Anm. 7 zu § 7. Ebenso sind Anteilscheine im Sinn des § 7 auch solche Urkunden, welche einen obligatorischen Anspruch gegen den Aussteller auf Auszahlung des auf das Lospapier entfallenden Gewinns oder Gewinnanteiles verbriefen; gl. A. *Rönnberg* S. 143, 165; *Samter* S. 92, A. A. *Stenglein* a.a.O. Anm. 7 zu § 7. Der entgegengesetzten Ansicht *Stengleins,* daß § 7 keine Anwendung zu finden habe, wenn der Veräußerer sich nur obligatorisch zur Auszahlung eines Gewinnes verpflichtet hat, kann nicht gefolgt werden. Wirtschaftlich ist das Verhältnis zwischen den Parteien ebenso, wie wenn der Aussteller dem Käufer versprochen hätte, ihm die Originalpapiere oder einen ideellen Anteil daran zu Eigentum zu verschaffen. Die Gefahr einer Anreizung des Spieltriebes ist in diesem Fall nicht geringer als bei jenen. Daher muß ein solcher Vertrag ebenfalls als Verkauf eines Bezugs- oder Anteilscheines angesehen werden.

Anm. 10

Ob der Veräußerer des Bezugs- oder Anteilscheines im *Besitz* des Originallospapieres ist oder nicht, ist für den Tatbestand des § 7 ohne Bedeutung; gl. A. *Stenglein* (5. Aufl. II 352) Anm. 7 zu § 7; *Samter* S. 92.

Anm. 11

Die Veräußerung von Anteilscheinen an Lotterielosen, welche kein Miteigentum am Originallos, sondern nur persönliche Ansprüche des Käufers gegen den Verkäufer begründen, ist als die Veranstaltung einer Lotterie durch den Verkäufer anzusehen; RGSt 4, 80; Goltd-Arch. 48, 111; *Stenglein* § 7 Anm. 7 a. E. Deshalb handelt es sich hier nicht um den Verkauf eines Anteilscheines, sondern um den Verkauf eines Lotterieloses.

Anm. 12

Urkunden, die nur zum Beweise des Verkaufs eines Lotterieloses oder einer Inhaberprämienschuldverschreibung oder des Erwerbes des ideellen Miteigentums an einem solchen Papiere ausgestellt worden sind, sind keine Bezugs- oder Anteilscheine i. S. des § 7. Hier ist schon die Veräußerung des Lospapieres oder des ideellen Miteigentums selbst strafbar; so RGSt. 30, 167; *Stenglein* § 7 Anm. 5; *Samter* S. 93. Die Bezugs- oder Anteilscheine müssen selbst Gegenstand der Veräußerung sein; so RGSt. 30, 167, *Stenglein* § 7 und oben Anm. 9.

Anm. 13

2. *Die tatbestandsmäßige Handlung* besteht im *Verkaufen* an einen Nichtkaufmann (§ 8) gegen Teilzahlungen oder im Abschließen sonstiger auf die gleichen Zwecke abzielender Verträge. Es ist daher nicht schon jede Veräußerung der vom Gesetz aufgezählten Papiere als solche strafbar, sondern es müssen besondere Umstände als weitere Tatbestandsmerkmale hinzutreten:

Anm. 14

a) *Erwerber* muß *ein Nichtkaufmann* sein. Nichtkaufmann ist hierbei nur der, der nicht im Handelsregister als Kaufmann eingetragen ist, § 8. Nichteingetragensein des Käufers als Kaufmann im Handelsregister ist echtes Tatbestandsmerkmal. Gl. A. *Stenglein* § 7 Anm. 11. Deshalb hat auch § 59 StGB Anwendung zu finden, wenn der Täter bei dem Verkauf irrtümlich angenommen hat, der Käufer sei ein eingetragener Kaufmann; gl. A. *Stenglein* a.a.O.; *Rönnberg* S. 146.

Anm. 15

Im übrigen ist die Person des Käufers ohne Bedeutung für den Tatbestand des § 7. Es ist daher gleichgültig, ob der Käufer geschäftsfähig ist oder nicht, oder ob er ein Inländer oder ein Ausländer ist.

Das Gesetz läßt nirgends erkennen, daß es etwa nur einen Schutz des deutschen Publikums bezwecke; so RGSt. 37, 288; *Aubele* § 7 Anm. 7. Ebenso ist es ohne Bedeutung, ob der Käufer eine physische oder juristische Person ist.

Anm. 16

b) Der Verkauf muß in der Weise erfolgen, daß der Käufer das volle *Entgelt nicht auf einmal zu bezahlen* braucht. Die Befugnis, die ganze Leistung auf einmal zu erfüllen, steht der Strafbarkeit nicht entgegen; die Festsetzung bestimmter regelmäßig wiederkehrender Zahlungsraten ist nicht notwendig; gl. A. *Recht* 07, 1416, 3612; DJZ Nr. 08, 11; BayObLGSt 8, 224; *Seuff*Bl. 73, 366; RGSt. 10, 423. Daher ist § 7 auch erfüllt, wenn der Erwerber die in eine Darlehensforderung umgewandelte Kaufpreisschuld in Raten tilgt; so BayObLG in Bankarchiv 08, 209; *Stenglein* § 7 Anm. 6; a. A. *Lazarus* S. 128. Ebenso ist § 7 erfüllt, wenn der Kaufpreis auf längere Zeit (z. B. 3 Jahre) gestundet wird unter Vereinbarung monatlicher Raten für die Stundung und Verwaltungskosten; gl. A. OLG Celle GoltdArch. 43, 427. Bei dem Verkauf mehrerer Papiere unter Bewilligung von jedesmal gleich hohen Ratenzahlungen ist regelmäßig anzunehmen, daß nicht mehrere Geschäfte bezüglich der einzelnen Papiere vorliegen, sondern die einzelnen Leistungen Ratenzahlungen auf den Gesamtpreis sind, so RGSt 30, 169; BayObLGSt 1, 233; 8, 156; DJZ 09, 115; WarnJahrb. 08, 402; 09, 389.

Anm. 17

Ein Verkaufen gegen „Teilzahlungen" i. S. des § 7 liegt nicht nur dann vor, wenn der Kaufpreis durch die Einräumung von Raten *kreditiert* wird. Nach *§ 7 Abs. 2* liegt ein strafbares Ratenlosgeschäft auch dann vor, wenn die Übergabe erst nach Entrichtung von Teilzahlungen zu erfolgen hat. Das strafbare Ratenlosgeschäft braucht daher nicht Warenkreditgeschäft zu sein, sondern kann auch als Anspargeschäft strafbar sein.

Anm. 18

Ob gegen Teilzahlung verkauft ist, bestimmt sich nur nach dem übereinstimmenden wahren Willen der Parteien, und zwar auch dort, wo der Kaufvertrag schriftlich oder formularmäßig geschlossen ist. Öffentliche Ankündigungen können Indizien sein, so RG *Seuff*Bl. 73, 367.

Anm. 19

Eine Ausgestaltung des Kaufvertrags durch besondere der Sicherung des Verkäufers dienende Vertragsklauseln setzt § 7 nicht voraus. Daher spielt ein Rücktritts- oder Eigentums-Vorbehalt keine Rolle.

Anm. 20

c) Durch *sonstige, auf die gleichen Zwecke abzielende Verträge* werden Lotterielose usw. veräußert, wenn dem Erwerber ein Recht auf Erwerb der im Papier verbrieften Gewinnchance oder eines Anteils daran in anderer Rechtsform als der des Kaufes des Papieres eingeräumt wird, jedoch nur dann, wenn die Einräumung der Gewinnchance dergestalt erfolgt, daß das Entgelt in Teilzahlungen erbracht werden kann.

Ähnlich der Regelung des § 6 (jedoch gemäß § 7 Abs. 2 dieser nicht völlig gleichgestaltet, was *Crisolli* 4. Aufl. Anm. 17 und *Samter* S. 93 übersehen) eröffnet das Gesetz hiermit die Möglichkeit einer wirtschaftlichen Betrachtungsweise. Es fallen daher unter § 7 Abs. 2 alle Verträge, die die Übertragung des Papiers gegen ein anderes in Teilleistungen entrichtbares Entgelt als Geld vorsehen; so z. B. Tausch nach § 515 BGB. Ferner gehören hierher alle Verträge, die nicht auf Übereignung des Papiers gerichtet sind, dem Erwerber jedoch den im Papier steckenden Wert, insbesondere die Gewinnchance zugänglich machen. Deshalb ist auch die Vermietung (besser Verpachtung) von Lospapieren zum Gewinnbezuge ein verbotenes AbzGeschäft; gl. M. *Rönnberg* S. 142; *Stenglein* § 7 Anm. 8 c. Ebenso liegt eine Veräußerung im Sinn des § 7 auch dann vor, wenn der Veräußerer nicht eine schon vorhandene Schuldverschreibung auf den Inhaber verkauft, sondern eine solche seinerseits ausstellt; gl. M. *Samter* S. 92.

Anm. 21

Ob der einzelne Käufer das Eigentum an den Originallosen ausschließlich oder nur zu ideellen Teilen erwirbt, ist für den Charakter des Rechtsgeschäfts als eine Veräußerung ohne Bedeutung. Dagegen fällt unter § 7 nicht der *Erwerb* von Lotterielosen usw. für mehrere Personen (eine sogenannte Serienlosgesellschaft) durch das leitende Bankbüro oder einen sonstigen Vertreter der Gesellschaft (§ 718 BGB!); so RG GoltdArch. 50, 126 = DJZ 03, 136 JW 03, 224; Recht 03, Nr. 84, 428; WarnJahrb. 04, 427; *Stenglein* § 7 Anm. 8 d (S. 353) *Aubele* § 7 Anm. 7. Es ist jedoch, wie das RG betont, möglich, daß sich unter der Form einer solchen Serienlosgesellschaft eine Ratenlosveräußerung des Bankiers verhüllt. Man wird ein zulässiges Rechtsgeschäft nur dann annehmen können, wenn der Bankier nicht wirtschaftlich selbst Veräußerer an die übrigen Mitglieder der Gesellschaft ist.

Anm. 22

d) *Nicht erforderlich* ist *gewerbsmäßiges Handeln.* Das Gesetz setzt ein gewerbsmäßiges Handeln als Form der strafrechtlichen Begehung nicht voraus. Daher ist auch jeder vereinzelte Fall eines Ratenlosverkaufs strafbar; gl. A. *Stenglein* Anm. 13 zu § 7; *Samter* S. 96.

Anm. 23

Vollendet ist das Delikt mit Zustandekommen des schuldrechtlichen Vertrags, der die Teilzahlungen vorsieht; bei Stundung eines zunächst im ganzen geschuldeten Entgelts also erst mit dieser. Nicht erforderlich ist die Übergabe des veräußerten Papiers, wie es überhaupt nicht notwendig ist, daß der schuldrechtliche Vertrag von irgendeiner Seite erfüllt wird.

II. Der innere Tatbestand

Anm. 24

Dieser verlangt *Vorsatz*; gl. A. *Lechner* § 7 Anm. 2; *Klauß* § 7 Anm. 520. Dagegen leitet *Crisolli*, 4. Aufl. Anm. 10 ff. aus dem polizeilichen Charakter des Deliktes ab, daß Fahrlässigkeit genüge. Diese Ansicht ist nicht haltbar. Vom Standpunkt der auch von BHGSt 2, 194 vertretenen Schuldtheorie steht neben dem nur auf die Tatbestandsmerkmale zu beziehenden Vorsatz das Unrechtsbewußtsein als selbständiges Schuldmerkmal. Daraus ergibt sich auch für die Behandlung des verbotenen Ratenlosgeschäftes eine klare Abgrenzung. Verkaufen oder Veräußern ist rechtsgeschäftliches Handeln, daher bei eigenhändigem Geschäftsabschluß schon begrifflich nur vorsätzlich möglich. Wird der Verkauf durch Stellvertreter getätigt, so ist begrifflich allerdings Raum für fahrlässiges Handeln des Geschäftsherrn, weil es Stellvertretung im Vorsatz nicht gibt. Daß hier Fahrlässigkeit genüge, kann aber nach heute herrschender Meinung nicht allein schon aus dem Charakter des Polizeidelikts hergeleitet werden. Vgl. RGSt. 48, 323. Da es auch hier auf den mit der Strafdrohung verfolgten Zweck ankommt, genügt fahrlässige Begehung nicht. Der Geschäftsherr, der den Verkauf allgemein durch Ladenangestellte oder Vertreter duldet, verkauft mit Eventualvorsatz und kann daher bestraft werden. Hinsichtlich des Vorliegens eines unter § 7 fallenden Papiers und der Nichtkaufmannseigenschaft des Erwerbers ist bedingter Vorsatz erforderlich und genügend. Wer in Unkenntnis, daß sich unter den bestellten Waren auch Lospapiere befinden, die von einem Lehrling entgegengenommene Bestellung auf Abzahlung annimmt, bleibt nach § 59 Abs. 1 StGB straffrei.

Anm. 25

Unkenntnis des Verbots des § 7 beurteilt sich nach den Grundsätzen des Verbotsirrtums. Näheres siehe bei *Schwarz*, Anhang zu § 59 StGB Kap. 2, 1 A. Darnach bleibt straflos, wer sich in unverschuldeter Unkenntnis des § 7 befindet. Bei verschuldeter Unkenntnis des § 7 ist das Ratenlosgeschäft strafbar, jedoch mit möglicher Strafmilderung. S. auch § 6 des Wirtschaftsstrafgesetzes i. d. F. vom 9. Juli 54 (BGBl. I 175), § 12 OWiG und § 395 RAO.

III. Täter und Teilnehmer

Anm. 26

Täter kann nur der Veräußerer sein. Der Käufer kann als notwendiger Teilnehmer nicht Mittäter sein. Wohl kann er aber als Anstifter strafbar sein, wenn er den Verkäufer vorsätzlich zu dem verbotenen AbzGeschäft überredet hat.

Anm. 27

Jede natürliche Person kann als Täter in Frage kommen, die den Tatbestand verwirklicht, nicht etwa nur ein Kaufmann oder ein Gewerbetreibender. Als Täter kommt übrigens nicht nur derjenige in Betracht, der zivilrechtlich als Vertragspartei des verbotenen Geschäftes anzusehen ist. Ist der Verkäufer eine jur. Person, etwa eine Aktiengesellschaft, so ist der Täter der strafbaren Handlung diejenige natürliche Person, die für die jur. Person die strafbare Handlung vorgenommen hat. Der Geschäftsinhaber, auf dessen Namen oder Firma ein verbotenes Ratenlosgeschäft abgeschlossen wird, wird in der Regel selbst als Täter anzusehen sein. Gl. A. RG GoltdArch. 51, 404; *Aubele* § 7 Anm. 2. Der Ladenangestellte oder der Handelsvertreter jedoch als Mit- oder Alleintäter oder auch als Gehilfe zu bestrafen sein. Ob er Täter oder Gehilfe ist, bestimmt sich darnach, ob er die Tat als eigene gewollt hat. Ein Indiz hierfür ist das eigene wirtschaftliche Interesse, das auch darin bestehen kann, daß er sich durch die Erzielung eines höheren Umsatzes durch Ratenlosgeschäfte dem Prinzipal gegenüber als besonders geschäftsgewandt erweisen will.

Hat der Agent im eigenen Namen Originalpapiere auf Abzahlung verkauft, die Papiere selbst übergeben und die Raten vollständig eingezogen, so ist er Alleintäter, während der Geschäftsherr als Anstifter in Frage kommt.

IV. Die Strafe

Anm. 28

Der in § 7 gegebene ursprüngliche Strafrahmen — Geldstrafe bis zu 500,— Mark — ist durch Art. III Abs. 1 Ziff. 1 der VO über Vermögensstrafen und Bußen vom 6. Februar 24 (RGBl. I 44) in der heute geltenden Fassung des Art. 7 des dritten Strafrechtsänderungsgesetzes vom 4. August 53 (BGBl. I 735) geändert. Hiernach beträgt die Mindeststrafe 5,— DM, die Höchststrafe 10 000,— DM. Beruht die Tat auf Gewinnsucht, so kann die Geldstrafe auf 100 000,— DM erhöht werden, § 27 a StGB. Ist die verhängte Geldstrafe uneinbringlich, so tritt an ihre Stelle gem. § 29 StGB Gefängnis oder nach § 29 Abs. 1 Satz 2 StGB Haft. Über die Bemessung der Geldstrafe s. § 27 c StGB, über die der Ersatzfreiheitsstrafe § 29 Abs. 2 und Abs. 3 StGB.

V. Konkurrenzen

Anm. 29

Idealkonkurrenz ist möglich mit einem Lotterievergehen nach § 286 StGB (so auch RG GoltdArch. 48, 11) und mit Begebung verbotener Prämieninhaberpapiere nach § 6 des Gesetzes vom 8. 6. 1871; gl. A. *Stenglein* (5. Aufl. II 354) Anm. 13 zu § 7; *Aubele* § 7 Anm. 20, a. A. *Rönnberg* S. 144, der die beiden zuletzt genannten Fälle als subsidiär und daher konsumiert betrachtet. Idealkonkurrenz ist schließlich auch möglich mit Betrug nach § 263 StGB; vgl. A. *Aubele* § 7 Anm. 10.

Anm. 30

Ein *fortgesetztes Vergehen* des verbotenen Ratenlosverkaufes ist möglich, wenn der Veräußerer den Verkauf von Lotterielosen oder Prämieninhaberpapieren oder Bezugs- oder Anteilscheinen gegen Teilzahlung geschäftsmäßig betreibt; gl. A. *Rönnberg* S. 145 und seit der 5. Aufl. auch *Stenglein* II 354 Anm. 13 zu § 7. Die gegenteilige Ansicht Crisollis 4. Aufl. Anm. 42 und *Stenglein*, 4. Aufl. Anm. 9, *Aubele* § 7 Anm. 10, beruht auf einer zu engen Fassung des Gesamtvorsatzes dahin, daß dieser schon dadurch ausgeschlossen sein soll, wenn die Personen der Vertragsgegner nicht von vorneherein feststehen.

VI. Sonstiges

Anm. 31

1. Umgehung des § 7 ist nicht dadurch möglich, daß das Ratenlosgeschäft vom Ausland oder ins Ausland abgeschlossen wird; so RGSt. 37, 288. Der Begehungsort liegt schon dann im Inland, wenn hier Handlungen vorgenommen sind, die der Vollendung der strafbaren Veräußerung irgendwie dienen. Das ist z. B. der Fall, wenn im Inland die Einigung mit dem Käufer getroffen und die Beschaffung des Papiers vollzogen ist. In diesem Falle ist es für die Strafbarkeit gleichgültig, ob die Veräußerung vom Ausland in das Inland oder vom Inland in das Ausland erfolgt. Da der ausländische Verkäufer schwer zu belangen sein wird, ist dies bezüglich der im Inland wohnenden und tätigen Gehilfen von besonderer Bedeutung. Vgl. RGSt. 39, 258 (262, 263); RGSt. 10, 420 (423) und *Stenglein* (II S. 253) § 7 Anm. 9; *Aubele*, § 7 Anm. 7. S. ferner die Kommentare zu § 3 StGB.

2. Die Verfolgung des strafbaren Ratenlosgeschäftes erfordert keinen Strafantrag.

3. Die Verjährungsfrist beträgt 3 Jahre, § 67 Abs. 2 StGB.

4. Zuständig zur Aburteilung ist das Amtsgericht und zwar der Einzelrichter. Vgl. §§ 24, 25 GVG.

C. Die zivilrechtliche Bedeutung der Vorschrift

Anm. 32

1. Die *Gültigkeit des Ratenlosgeschäftes* ist umstritten. Es werden hierbei folgende Ansichten vertreten:

a) Die h. M. hält das Ratenlosgeschäft für rechtswirksam, da sich das Verbot nur gegen den Verkäufer, nicht aber gegen beide Vertragsteile richtet; daher sei § 134 BGB unanwendbar. Diese Auffassung wird vertreten von *Klauß* § 7 Anm. 521, *Theinert* S. 22, *Gillmann-Jonas* S. 62, *Lazarus* S. 130, *Schmidt* S. 47, *Samter* S. 95, *Voigt* S. 44, RGRKomm z BGB § 134 Anm. A 2 a sowie *Staudinger-Ostler* Anm. 65 zu § 433.

b) Nichtigkeit des ganzen Geschäftes nach § 134 BGB nehmen dagegen an *Aubele* § 7 Anm. 11, *Lechner* § 7 Anm. 7, *Michaelis*, HdR I S. 52, RGRKomm z BGB § 433 A II 3 a, *Düringer-Hachenburg*

Anm. 300 a. E. und *Schlegelberger* 3. Aufl. 1956 Einl. vor § 373 HGB S. 1679.

c) Eine Mittelmeinung — vertreten von *Schmidt* S. 80, *Hausmann* S. 101, *Fuld* I S. 42, und in den früheren von *Hofmann-Wilke* besorgten Auflagen dieses Kommentars (S. 69) — geht dahin, daß zwar nicht der Verkäufer, wohl aber der Käufer einen Erfüllungsanspruch habe. Diese Ansicht stützt sich auf eine vor dem Inkrafttreten des BGB ergangene Entscheidung des RG vom 17. Mai 1887 RGZ 18, 219, nach der nur derjenige sich auf die Verbotswidrigkeit eines Rechtsgeschäfts berufen kann, gegen den sich das Verbot nicht richtet. Nach einer in DRZ 32, 298 f. vertretenen Meinung kann der Käufer die Erfüllung nach § 823 Abs. 2 mit § 249 BGB verweigern.

Anm. 33

Zu a—c: Abzulehnen sind zunächst die unter c dargestellten Auffassungen, da eine geteilte Wirksamkeit des Vertrags dem geltenden Recht fremd ist. Zwischen den beiden anderen Ansichten ist die rechte Meinung nicht ohne weiteres deutlich: Die Gültigkeit kann vielleicht nicht schon daraus hergeleitet werden, daß sich die Strafdrohung nur gegen den Veräußerer richtet. Es wird vielmehr auf den Zweck des Gesetzes ankommen. Vgl. RGZ 88, 251; JW 22, 89; JW 31, 2088 sowie BayZ 1922, 1 ff. Zweck des § 7 ist es, einen besonders starken und gefährlichen Reiz auf den Spieltrieb des Publikums auszuschalten. Wenn es auch viel für sich hat, das Anreizende und Gefährliche gerade in der Vertragsart selbst zu sehen und den Vertrag daher für nichtig zu halten, so liegt doch der Schwerpunkt der Mißbilligung nicht auf der Gestaltung des Vertragsinhalts, sondern auf *der üblen Geschäftstüchtigkeit* des Verkäufers. Die Lehre, welche die Gültigkeit des Vertrags bejaht, ist daher vorzuziehen.

Anm. 34

Die Nichtigkeit des schuldrechtlichen Vertrags kann sich allerdings im Einzelfall aus § 138 BGB ergeben. Außerdem liegt die Möglichkeit nahe, daß der Vertrag durch arglistige Täuschung zustande gekommen und daher nach § 123 BGB anfechtbar ist.

Anm. 35

2. Die Anwendung der abzahlungsrechtlichen Käuferschutzbestimmungen der §§ 1—5 (6) auf Ratenlosgeschäfte ist nur denkbar, wo es sich um Inhaberpapiere und damit um bewegliche Sachen handelt.

Vgl. § 1 Anm. 10 und § 6 Anm. 15. Hier finden die §§ 1—5 (6) jedoch auch nur dann Anwendung, wenn das Papier vor Fälligkeit des vollen Entgeltes übergeben ist. Vgl. § 1 Anm. 22 ff. und § 6 Anm. 20. Die Ansicht *Veiths* (RWPBl. Gr. II D AbzG — Allgemeines), wonach §§ 1—6 in jedem Fall unanwendbar seien, findet im Gesetz keine Stütze.

Anhang

[Das Teilzahlungswesen im Gewerberecht]

Die Anmerkungen hierzu entfallen, da die §§ 56a, 148 GewO, soweit sie das Teilzahlungsrecht betrafen, ersatzlos gestrichen wurden, vgl. Gesetz vom 5. 2. 1960 (BGBl. I, 61).

§ 8

[Sonderrechte der eingetragenen Kaufleute]

Die Bestimmungen dieses Gesetzes finden keine Anwendung, wenn der Empfänger der Ware als Kaufmann in das Handelsregister eingetragen ist.

Anm. 1

A. *Allgemeines.*

I. Über den *Zweck der* in § 8 enthaltenen *Einschränkung des Anwendungsbereichs* der §§ 1—7 sagen die Motive: „Einschränkungen, die der Entwurf in seinen vorgehenden Bestimmungen trifft, sind nur auf denjenigen Teil des Publikums berechnet, der eines gesetzlichen Schutzes gegen nachteilige Vertragsabschlüsse bedarf. Mit Rücksicht hierauf und im Interesse der Verkehrsfreiheit im Großhandel rechtfertigt es sich, jene Bestimmungen keine Anwendung finden zu lassen auf Geschäfte, die ein in das Handelsregister eingetragener Kaufmann als Käufer oder in den Fällen des § 6 in entsprechender Eigenschaft abschließt".

§ 8 ist heute Gegenstand verschiedener Reformbestrebungen. Hierüber *Ewald* AbzG S. 35 und 40 und Einl. Anm. 24.

A. Allgemeines

Anm. 2

II. § 8 enthält kein eigentliches zusätzliches Begriffsmerkmal der AbzGeschäfte i. S. der §§ 1 und 6, wie *Aubele* § 1 Anm. 17 irrtümlich annimmt. § 8 ist vielmehr so zu verstehen, daß Verträge über Abz-Geschäfte i. S. der §§ 1 und 6 den Einschränkungen der inhaltlichen Gestaltungsfreiheit der §§ 1—4 dann nicht unterliegen, wenn auf der Warenkreditnehmerseite ein eingetragener Kaufmann steht. Desgleichen greift auch die Fiktion des § 5 nicht zu dessen Gunsten Platz.

Anm. 3

§ 8 gilt auch für das Verbot der Ratenlosgeschäfte des § 7; dem Strafrechtstatbestand entsprechend wirkt sich das Nichteingetragensein im Handelsregister als strafrechtliches Tatbestandsmerkmal aus, welches daher vom Vorsatz umfaßt werden muß; vgl. § 7 Anm. 14 f.

Anm. 4

B. Die Voraussetzungen der Nichtanwendbarkeit des AbzG

Die Vorschriften des AbzG sind nicht anwendbar, wenn der Empfänger der Ware als Kaufmann in das Handelsregister eingetragen ist. *Nur* dieser Umstand entscheidet. Es ist daher insbesondere *nicht* erforderlich, daß das AbzGeschäft sich auf seiten des Käufers auch als ein Handelsgeschäft i. S. des § 443 HGB darstellt.

I. Empfänger der Ware

Anm. 5

Diese Ausdrucksweise des Gesetzes ist irreführend:

1. Der *Begriff des „Empfängers"* i. S. des § 8:

a) *Negativ* ist der Empfängerbegriff dahin zu bestimmen, daß es nicht darauf ankommt, wem die „Ware" nach dem AbzVertrag übergeben wird oder vertragsgemäß übergeben werden sollte.

Anm. 6

b) *Positiv* ist „Empfänger" i. S. des § 8 zu bestimmen:

aa) Empfänger ist nach einhelliger Ansicht des Schrifttums dem Gesetzeszweck entsprechend stets derjenige, der als Käufer — oder im Falle des § 6 als Schuldner des Entgelts für die AbzSache Vertragspartner des AbzGeschäftes ist. Bei einem AbzKauf zugunsten eines Dritten ist daher nicht der „Dritte", sondern der Käufer „Empfänger" i. S. des § 8.

Anm. 7

Strittig ist dagegen, ob das AbzG Anwendung finden soll, wenn zwar nicht der Käufer (oder im Fall des § 6 der Entgeltschuldner) im

Handelsregister als Kaufmann eingetragen ist, wohl aber die Person, deren sich dieser zum Abschluß des AbzGeschäftes bedient. Nach heute herrschender Ansicht soll in diesem Fall die Kaufmannseigenschaft des Vertreters dem „Empfänger der Ware zuzurechnen sein, so daß dann dem AbzKäufer der Schutz des AbzG versagt bliebe; so *Klauß* § 8 Anm. 523 *Lechner* § 8 Anm. 1, *Aubele* § 8 Anm. 3. Diese Lehre verdient jedoch keine Anerkennung. Ihre Anhänger übersehen, daß die hierdurch bewirkte Beschränkung des Anwendungsbereichs des AbzG eine nicht ungefährliche Umgehungsmöglichkeit eröffnet. Man denke dran, daß durch Kriege des AbzHandels rechtlich selbständige, jedoch gesteuerte Vertreterfirmen ins Leben gerufen werden; diese könnten dann namens des unerfahrenen Käufers Bestellungen zu den unmöglichsten Bedingungen den interessierten Warenversandhäusern zuleiten. Auch rechtlich läßt sich die Gleichstellung des Vertreters mit dem Vertretenen nicht begründen. Eine analoge Anwendung von § 166 Abs. 1 BGB scheidet schon deshalb aus, weil es sich nicht um die spezielle Kenntnis oder das Kennen-müssen irgendeines Umstandes handelt, sondern um eine perönliche Eigenschaft. Eine Anwendung von § 166 Abs. 1 BGB würde auch deshalb nicht passend sein, weil dann umgekehrt der Schutz des AbzG auch dem eingetragenen Kaufmann zugute kommen müßte, der sich durch einen Nichtkaufmann, z. B. einen Handlungsgehilfen vertreten ließe. Richtiger Ansicht nach kann es deshalb bei § 8 nur auf die Eigenschaft des *Vertretenen*, nicht des Vertreters, ankommen.

Anm. 8

2. *Ware* ist jede bewegliche Sache, die Gegenstand des AbzGeschäftes i. S. des vorliegenden Gesetzes sein kann. Der Ausdruck bedeutet keinen Gegensatz zu dem Begriff der beweglichen Sache i. S. des § 1. Der erste Entwurf verwendete selbst noch das Wort „Sache". Dieser Ausdruck ist von der Reichstagskommission lediglich aus redaktionellen Gründen in Anlehnung an den im HGB für das Wort „bewegliche Sache" gebrauchten technischen Ausdruck (vgl. § 1 Abs. 2 Ziff. 1 HGB) ersetzt worden.

II. Eintragung im Handelsregister als Kaufmann

Anm. 9

Als Kaufmann eingetragen ist, wer als Inhaber einer Handelsfirma im Handelsregister steht. Dabei kommt es nicht darauf an, ob ein Einzelkaufmann der Firma seines Geschäfts seinen eigenen Familien-

und Vornahmen geliehen hat (vgl. §§ 17, 18 HGB) oder ob er im Handelsregister nur als Inhaber einer fortgeführten Firma eingetragen ist (vgl. §§ 22, 31, 29 HGB). Als Kaufmann eingetragen ist auch, wer als Gesellschafter einer oHG eingetragen ist; ebenso KG JW 1930, 3778 mit zustimmender Anm. von *Bondi* und mit weiteren Literaturangaben. Gleiches gilt auch für den persönlich haftenden Gesellschafter einer Kommanditgesellschaft, so RGSt. 34, 379. *Nicht genügt* dagegen die Eintragung als Kommanditist, als Organ einer Kapitalgesellschaft oder als Prokurist; gl. A. *Klauß* § 8 Anm. 525, *Samter* § 8 Anm. 2; a. A. *Aubele* § 8 Anm. 5.

Anm. 10

2. *Maßgebend ist allein die Eintragung.* Nach heute einhelliger Auffassung genießt daher den Schutz des AbzG auf der zu Unrecht nicht eingetragene Vollkaufmann oder ein Minderkaufmann (§ 4 HGB) den Schutz des AbzG verliert, sobald er — wenn auch zu Unrecht — im Handelsregister eingetragen ist. Vgl. RGZ 131, 213 ff. (224): KG JW 30, 3778; *Palandt-Putzo* § 8 AbzG Anm. 1; *Aubele* § 8 Anm. 4; *Klauß* § 8 Anm. 524 und NJW 53, 9; *Veith* IV 3 RWBl. Gr. II D Abt. AbzGesch.: *Lechner* § 8 Anm. 2; *Rühl* S. 279; Betrieb 1949, 142; ferner *Schlegelberger* 3. Aufl. 56, Einl. vor § 373 HGB S. 1673; *Düringer-Hachenburg* Einl. vor § 373 HGB Anm. 299 und auch *Staub-Gadow* Anm. 32 zu § 348 HBG. Demgegenüber nahm *Staub* in früherer Auflage an, daß der im Handelsregister Eingetragene nur dann vom Schutz des AbzG. ausgeschlossen sei, wenn er die Eigenschaft des Vollkaufmannes i. S. der §§ 1—4 wirklich besitzt, während nach *Gareis Seuff* Bl. 59, 308 auch dem nicht eingetragenen Vollkaufmann der Schutz des AbzG versagt sein soll. Die beiden zuletzt genannten Ansichten stehen weder mit dem Wortlaut des Gesetzes im Einklang noch sind sie durch die Entstehungsgeschichte gerechtfertigt. Sie sind auch rechtspolitisch abzulehnen, da sie die Praktikabilität des Gesetzes vermindern würden.

Anm. 11

3. *Entscheidender Zeitpunkt:*

Für den Ausschluß der Anwendbarkeit der §§ 1—6 sind in der Regel die Verhältnisse z. Z. der Übergabe der Sache an den Käufer maßgebend, da ein AbzGeschäft i. S. der §§ 1 oder 6 erst mit der Sachübergabe zustande kommt. Ebenso RGZ 131, 213 ff. (224); *Rühl* S. 229; *Samter* S. 98; a. A. *Düringer-Hachenburg-Hoeninger* Einl. vor § 373 Anm. 299, der den Zeitpunkt des Kaufabschlusses für maßgebend hält. Werden die Teilzahlungen erst nach der Übergabe vereinbart, so kommt es auf den Zeitpunkt der Ratenzahlungsvereinbarung an, da erst dann der Tatbestand eines AbzGeschäftes i. S. des § 1 oder § 6 verwirklicht wird.

Anm. 12

Für die Anwendbarkeit des § 7 ist dagegen stets der Zeitpunkt des Vertragsschlusses maßgebend, da es nach § 7 Abs. 2 auf die Strafbarkeit der Tat ohne Einfluß ist, ob die Sache vor oder nach der Zahlung des Kaufpreises übergeben wird.

Anm. 13

4. *Das maßgebliche Handelsregister:* Die Frage, ob § 8 sinngemäß auch auf ausländische Kaufleute anzuwenden ist, ist bestritten. *Samter* S. 98 lehnt jede Anwendung ab, da als Handelsregister nur das deutsche in Betracht käme. *Lazarus* S. 34 und *Aubele* Anm. 5 zu § 8 wollen den in das deutsche Handelsregister eingetragenen Kaufleuten solchen Ausländern gleichstellen, die in ein dem deutschen Handelsregister ungefähr entsprechendem Register eingetragen sind. *Schmitt* Anm. 5 zu § 8 S. 82 f., *Heilbrun* S. 11 f. und *Vollrath* S. 25 folgern dagegen aus der ratio legis, daß ein ausländischer Kaufmann deshalb, weil er nach dem Gesetz seines Landes nicht eingetragen werden könne, nicht besser stehen dürfe, als ein entsprechender deutscher Kaufmann. Ebenso *Klauß* Anm. 526 zu § 8. Dieser Ansicht ist beizutreten. Eine eingehende Erörterung dürfte sich mit Rücksicht auf die geringe praktische Bedeutung der Frage erübrigen. Es sei nur zur Vermeidung von Mißverständnissen darauf hingewiesen, daß es bei der Frage nicht auf die Staatsangehörigkeit, sondern auf den Ort der Niederlassung des Käufers ankommt. Ein Deutscher oder ein Ausländer, der ein — in Deutschland zur Eintragung in das Handelsregister verpflichtendes — Bankgeschäft in einem Lande betreibt, das kein Handelsregister kennt, genießt daher den Schutz des AbzG nicht. Der Angehörige eines kein Handelsregister kennenden Staates ist dagegen geschützt, wenn er in Deutschland ein Handelsgewerbe betreibt und hier unzulässigerweise nicht in das Handelsregister eingetragen ist.

Anm. 14

C. *Umfang des Schutzentzugs.*

Ist der Käufer im Handelsregister als Kaufmann eingetragen, so findet das AbzG auch dann keine Anwendung, wenn er erklärt, das

Geschäft nicht für das Handelsgewerbe zu tätigen, KG JW 30, 3778. Eine Beschränkung des Anwendungsbereiches des AbzG auf AbzGeschäfte unter einer bestimmten Wertgrenze kennt das geltende AbzG nicht. S. hierzu und über Reformbestrebungen in dieser Richtung § 1 Anm. 64; ferner *Ewald*, AbzG S. 35 und 40 und Ein. 23 und 24.

Anm. 15

D. Enthält ein Urteil in einem Rechtsstreit aus einem AbzG keine Feststellung über die Kaufmannseigenschaft des Käufers i. S. von § 8, obwohl nach der Sachlage eine Feststellung hierüber geboten gewesen wäre, so führt dies in der Revisionsinstanz zur Aufhebung und Zurückverweisung, RG LZ 31, 173.

§ 9

[Inkrafttreten]

Verträge, welche vor dem Inkrafttreten dieses Gesetzes abgeschlossen worden sind, unterliegen den Vorschriften desselben nicht.

Gesetz zur Änderung des Abzahlungsgesetzes

Vom 1. September 1969 (BGBl. I, 1541)

Der Bundestag hat das folgende Gesetz beschlossen:

Artikel 1

Das Gesetz betreffend die Abzahlungsgeschäfte vom 16. Mai 1894 (Reichsgesetzbl. S. 450) wird wie folgt geändert:

1. Nach § 1 wird folgender § 1 a eingefügt:

„§ 1 a

Siehe Wortlaut bei der Kommentierung

„§ 6 a

Siehe Wortlaut bei der Kommentierung

Artikel 2

(1) Die Vorschriften des Artikels 1 Nr. 1 sind auf Abzahlungsgeschäfte, die vor dem Inkrafttreten dieses Gesetzes abgeschlossen worden sind, nicht anzuwenden.

(2) Die Vorschriften des Artikels 1 Nr. 2 finden auch Anwendung auf Klagen aus Abzahlungsgschäften, die vor dem Inkrafttreten dieses Gesetzes abgeschlossen worden sind.

Artikel 3

Dieses Gesetz gilt nach Maßgabe des § 13 Abs. 1 des Dritten Überleitungsgesetzes vom 4. Januar 1952 (Bundesgesetzbl. I S. 1) auch im Land Berlin.

Artikel 4

Dieses Gesetz tritt am 1. Januar 1970, Artikel 1 Nr. 1 am 1. Juli 1970 in Kraft.

Schlußanhang A

Die steuerliche Behandlung der Abzahlungsgeschäfte*)

Anm. 1

Die grundsätzlichen steuerlichen Probleme im Bereich der AbzGeschäfte liegen überwiegend auf dem Gebiete der Umsatzsteuer; die Fragen der Einkommen-(Körperschaft)-Steuer sind im wesentlichen nur bezüglich der Bewertung des ausstehenden und in Teilbeträgen zu berichtigenden Kaufpreises von Interesse, betreffen also die Probleme des Teilwertes für diese Ansprüche. Ungeachtet dessen sollen aber nachstehend auch die Fragen der allgemeinen steuerlichen Behandlung dieser Ansprüche, und zwar sowohl auf der Seite des AbzVerkäufers als auch auf der des AbzKäufers erörtert werden.

A. Die steuerliche Behandlung der Abzahlungsgeschäfte beim Abzahlungsverkäufer

I. Die einkommen-(körperschaft-)steuerliche Behandlung

Anm. 2

1. Unternehmen, die sich mit dem Abschluß von AbzGeschäften im Sinne des AbzG befassen, sind meist Kaufleute, die nach § 1 HGB

* Bearbeitet von StOI Erich Lux.

registerpflichtig sind. Sie haben daher ihren Gewinn nach § 5 EStG (§ 6 KStG) in der Form des Vermögensvergleiches (§ 4 Abs. 1 S. 1 EStG) auf Grund ihrer nach den handelsrechtlichen Grundsätzen ordnungsgemäß zu führenden Bücher zu ermitteln und auszuweisen (§ 5 S. 1 EStG). Das wirksam abgeschlossene AbzGeschäft tritt buchmäßig in Erscheinung

a) bei der Anzahlung durch einen gleichhohen Eingang in den flüssigen Mitteln,

b) bei der Lieferung des auf Abzahlung gekauften Gegenstandes durch einen Ausgang im Warenkonto,

b) bei der gestundeten und in Teilbeträgen zu tilgenden Kaufpreisrestforderung durch einen Zugang bei den Außenständen (Forderungen, Debitoren).

Anm. 2a

Bei der Verbuchung der AbzGeschäfte ist ein besonderes Augenmerk auch den Tz-zuschlägen (Kreditgebühren) zu widmen. Vor allem für die Tzbanken ist es von besonderer Bedeutung, daß der BFH durch Urteil vom 31. 5. 1967 BStBl. 1967 III S. 607 als die steuerlich allein anzuerkennende Methode der bilanzmäßigen Abgrenzung der Tz-Gebühren diejenigen nach der Zinsstaffel bezeichnet hat. Der BFH hat diese kapitalanteilige Abgrenzung auf § 152 Abs. 9 AktG 1965 einerseits gestützt und das Vorliegen eines passiven Rechnungsabgrenzungsposten schlechthin damit bejaht. Andererseits ist ausgeführt, daß die Kreditgebühren der Sache nach den Preis für die Gewährung eines Kredits darstellen; die Höhe dieses Preises wiederum bestimmt sich nach dem Maß des jeweils zur Verfügung stehenden Kapitals. Damit sind die bisher geübten Abgrenzungsmethoden (lineare Abgrenzung oder modifiziertes Verfahren) nicht mehr anwendbar. Wegen der nunmehr anzustellenden Berechnung hinsichtlich der bei der Zinsstaffelmethode erforderlich werdenden zusätzlichen Rückstellung für die nicht mehr gedeckten Abwicklungskosten der letzten Tz-Raten wird auf TW 68, 26 verwiesen.

Anm. 3

2. Ungeachtet des allgemeinen steuerlichen Grundsatzes, daß bei Forderungen Einzelabschreibungen erforderlich sind, werden Pauschalabschreibungen generell bei gleichartigen Warenforderungen anerkannt[1]). Bei der Zusammenfassung von Forderungen zum Zwecke

[1] *Littmann*, Einkommensteuerrecht, 8. Auflage, § 6 Randziffer 423.

einer pauschalen Abschreibung kommt es für die Frage der Zulässigkeit dieser besonderen Bewertungsform darauf an, ob sich die Forderungen, ohne dabei den Grundsatz der Einzelbewertung zu verletzten, zu einer organischen Einheit zusammenfassen lassen. Diese zusammengefaßten Forderungen müssen also durch ihre allgemeinen Eigenschaften gekennzeichnet sein. Eine Zusammenfassung scheidet daher bei allen denjenigen Forderungen aus, von denen die einen zum Anlage-, die anderen zum Umlaufvermögen gehören. In aller Regel sind die von einem AbzUnternehmen abgeschlossenen Teilzahlungsverträge durch die Gleichförmigkeit des Vertrages so hinreichend charakterisiert, daß sie als gleichartig angesprochen werden können. Geringfügige Abweichungen (z. B. verschieden lange Tilgungszeiten, Sicherstellung in Einzelfällen durch Abtretung von Lohn- oder Gehaltsteilen u. dgl.) berühren die Gleichartigkeit der Ansprüche für den Zweck dieser Zusammenfassung nicht; sie können lediglich für die Höhe des Abschreibungssatzes eine gewisse Rolle spielen. Auch der Eigentumsvorbehalt des AbzVerkäufers an den auf Abzahlung verkauften Gegenständen steht einer Zusammenfassung nicht entgegen.

Die pauschale Bewertung der Forderungen geht also von dem Grundgedanken aus, daß mehrere Forderungen, die sich nach ihrer Art im Hinblick auf den Kreis der Schuldner, auf ihre Laufzeit, auf ihre Sicherung und Tilgung usw. nicht wesentlich voneinander unterscheiden, zu einem einheitlichen Wirtschaftsgut zusammengefaßt werden. Die individuellen Merkmale der einzelnen Forderungen gehen ihrer selbständigen Beurteilung verlustig, ihr Gesamtbestand wird als Einheit bewertet.

Anm. 4

3. Durch die Zusammenfassung dieser gleichartigen Ansprüche des AbzVerkäufers und durch die damit zulässige pauschale Abschreibung entfällt die sonst vorgesehene Einzelbewertung und damit auch die direkte Abschreibungsmethode, d. h. die Abschreibung auf der Aktivseite der Bilanz; vielmehr wird dem geminderten Wert der Forderungen durch Bildung eines Delkrederepostens auf der Passivseite der Bilanz hinreichend Rechnung getragen. Das Delkredere ist — wie es vielfach nach seiner Bezeichnung („Delkredere-Rückstellung") den Anschein haben könnte — keine Rückstellung im betriebswirtschaftlichen oder steuerrechtlichen Sinne, sondern eine Teilwertabschreibung (§ 6 Abs. 1 Z. 2 S. 2 EStG) in Form eines pauschalierten Wertberichtigungspostens.

Anm. 5

4. Es gelten somit für die Bewertung der Ansprüche aus AbzGeschäften folgende Grundsätze:

a) Am Schluß eines jeden Geschäftsjahres (§ 39 Abs. 2 HGB) hat der AbzVerkäufer ein Inventar seiner gesamten Außenstände, also auch ein Inventar seiner sämtlichen Forderungen aus Teilzahlungsgeschäften aufzustellen (und zu unterzeichnen; § 41 Abs. 1 HGB). Die Aufstellung der AbzForderungen hat auf Grund einer Bestandsaufnahme zu erfolgen (Abschnitt 29 Abs. 2 Ziff. 3 und 4 EStR 1967). Dieses Inventar bildet einen Teil seiner Bilanzunterlagen.

Anm. 6

b) Aus dem festgetstellten Gesamtbestand der AbzForderungen sind vorab die „uneinbringlichen Forderungen abzuschreiben„ (§ 40 Abs. 3 HGB). Diese Abschreibung ist eine handelsrechtlich wie steuerrechtlich gebotene Verbuchung bereits eingetretener Geschäftsverluste, die allerdings erst erfolgen kann, wenn die Uneinbringlichkeit feststeht[1], der Forderungsverlust also endgültig ist[2].

Anm. 7

c) Aus dem nach Ausscheiden der uneinbringlichen Forderungen verbleibenden Restbetrag der AbzAußenstände ist das Delkredere zu bilden, d. h. derjenige Betrag, um den der Nennwert der Forderungen auf ihren Teilwert zu bemessen ist[3].

---

[1] *Bühler*, Bilanz und Steuer, 6. Auflage, S. 369. Der Nachweis der Uneinbringlichkeit setzt nicht erst erfolglose Zwangsvollstreckungsmaßnahmen voraus; vielmehr ist die Ausbuchung der uneinbringlichen Forderungen bereits dann statthaft, „wenn ihr Nichteingang nach der Gesamtlage der Verhältnisse zu erwarten ist. Eine tatsächliche vorhandene Zahlungsunfähigkeit des Kunden braucht aber die Forderung gegen ihn nicht ohne weiteres uneinbringlich zu machen". Nach dem Urteil des RFH vom 17. 10. 1934 — VI A 749/33 — in StW 1935 Nr. 16 sind Arbeitsfähigkeit, Arbeitswilligkeit und Zahlungswilligkeit des Kunden in Betracht zu ziehen; übereinstimmend Urteil des RFH vom 8. 1. 1936 — VI A 892/35 — in RFH Bd. 39, 58; RStBl. 36, 430.

[2] *Baier-Fähndrich*, Die steuerliche Betriebsprüfung, 55, 341.

[3] Urteile des RFH vom 17. 9. 1930 — VI A 2087/29 — in RStBl. 1931, 138 und vom 7. 4. 1936 — IA 291/34 — in RStBl. 36, 755: „Dem buchführenden Kaufmann ist in der Art, wie er beim Ansatz seiner Außenstände der Uneinbringlichkeit oder Zweifelhaftigkeit eines Teiles der Forderungen Rechnung tragen soll, nach Handelsrecht wie nach Steuerrecht ein weiter Spielraum gelassen. Forderungen, deren Ausfall am Bilanzstichtag zweifelsfrei feststeht, wird er allerdings stets voll abzuschreiben haben. Im übrigen

Anm. 8

5. Das Delkredere, also die auf der Passivseite der Bilanz ausgewiesene Wertberichtigung der Forderungen, hier derer aus AbzGeschäften, ist sonach derjenige Betrag, der die dubiosen Forderungen mit ihrem handelsrechtlich „wahrscheinlichen Werte“ (§ 40 Abs. 3 HGB) und damit zugleich mit ihrem steuerlichen Teilwert im Sinne des § 6 Abs. 1 Z. 2 S. 2 EStG zum Ausweis bringt[4].

Die Höhe der Delkrederebemessung ist eines der Hauptgebiete des freien kaufmännischen Ermessens, da naturgemäß bei der Art der hierbei durchzuführenden Schätzungen, bei den Verschiedenheiten der einzelnen Unternehmungen und der Vielfältigkeit der Beziehungen des Unternehmers zu seinen Schuldnern die persönliche Beurteilung des Unternehmers den Ausschlag gibt. Wenn der Teilwert im Sinne des Steuerrechts als derjenige Betrag bestimmt wird, „den ein Erwerber des ganzen Betriebes im Rahmen des Gesamtkaufpreises für die einzelnen Wirtschaftsgüter“ unter der Voraussetzung der Betriebsfortführung ansetzen würde (§ 6 Abs. 1 Z. 1 S. 3 EStG), so müssen hierbei alle diejenigen Erwägungen in Betracht gezogen werden, die ein sorgsam kalkulierender Kaufmann am jeweiligen Bilanzstichtag für die Forderungen bezahlen würde[1]). Neben den als schwer einbringlichen oder gefährdeten Forderungen sind also die überfälligen Forderungen ebenso zu berücksichtigen wie diejenigen, für die eine langfristige Stundung gewährt worden ist. Dem durch langsfristige Stundung eintretenden Zinsverlust[2]) wird bei Bemessung des Del-

---

steht es ihm aber frei, Forderungen, deren künftiger Ausfall ihm am Stichtag als wahrscheinlich oder möglich erscheint, zunächst noch mit dem Nennbetrag zu bewerten und die Ausfälle bei diesen Forderungen jeweils erst bei Eintritt der Verluste zu buchen oder jährlich ein den voraussichtlich eintretenden Verlusten entsprechendes Delkrederekonto zu bilden.“

[4] *Baier-Fähndrich* a.a.O. S. 341.

[1] Dabei ist auch auf die guten Außenstände eine Abschreibung in angemessenem Rahmen möglich, weil jeder Kaufmann bei Übernahme eines Unternehmens auch auf gute Außenstände einen Abschlag vom Nennwert vornimmt; *Bühler* a.a.O. S. 370, Fußnote 27.

[2] Nach dem Urteil des FG Düsseldorf vom 1. 7. 1953 (zitiert bei *Littmann* a.a.O. § 6 Dandziffer 444) müssen Vollkaufleute die Forderungen mit dem niedrigeren Teilwert ansetzen, wenn besondere Umstände ihren Wert mindern: „Als Wertberichtigung ist der innerbetriebliche Zinsverlust anzusetzen, der dadurch entsteht, daß der verspätete Geldeingang einen anderweiten nutzbringenden Kapitaleinsatz verhindert. Die Berechnung des Zinsverlustes (Schätzung) erfolgt nach dem durchschnittlichen außergewöhnlichen Schuldnerverzug ...“

kredere ebenso Rechnung zu tragen sein wie der Zusammensetzung der Käuferschicht und gegebenenfalls *auch* den besonders getroffenen Sicherungen (z. B. Abtretung von Gehaltsteilen für die laufend zu entrichtenden Abzraten). Eine Begebung von Wechseln für einzelne AbzRaten braucht den Wert der Forderung nicht zu erhöhen, da die Einlösung der Wechsel ebenso fragwürdig sein kann, wie der Eingang einer nicht wechselmäßig verbrieften Forderung[3]). Schließlich sind etwa zu befürchtende Mängelrügen sowie die auf die Forderungen noch zu entrichtende Umsatzsteuer[4]) ausreichend zu berücksichtigen.

Bei Würdigung dieser Unsicherheitsfaktoren lassen sich feste Hundertsätze weder generell noch für die einzelne Branche, in der mit AbzGeschäften gearbeitet wird, noch auch für die einzelnen AbzUnternehmungen bestimmen), vielmehr wird eine zutreffende Bewertung nur durch Ermittlung eines wahrscheinlichen Wertes, der der Nachprüfung im Rahmen objektiv gegebener Umstände unterliegt, gefunden werden können. Daß hierbei weitgehend die Erfahrungen, die sich aus dem Ausfall von Forderungen in den früheren Geschäftsjahren ergeben, verwertet werden können, ist ein insbesondere von den Finanzbehörden vielfach und nicht ohne Erfolg geübtes Verfahren. Die im Eingang der AbzForderungen liegenden Risiken entziehen sich einer mathematisch genauen Berechnung; jedoch wird der Kaufmann immer bestrebt sein (und auch bestrebt sein müssen), seine AbzAußenstände nicht zu hoch auszuweisen. Dieses Bestreben kann jedoch einen Argwohn der Finanzbehörden dahingehend erwecken, ob nicht mit der Bildung eines hohen Delkredere die Vorsicht des ordentlichen Kaufmanns übersteigert wird und in einer übermäßig hohen Bemessung eines solchen Delkredere die Bildung eines Reservekontos, das nicht mehr steuerfrei bleibt, liegt[6]). Es ist insbesondere nicht die Funktion des Delkredere-Kontos, in der Zukunft möglicherweise eintretende Verluste vorwegzunehmen.

---

[3] Vgl. hierzu Urteil des RFH vom 28. 10. 1931 — VI A 1483 bis 1485/30 — in RStBl. 32, 144.

[4] Die Umsatzsteuer jedoch nur insoweit, als die Versteuerung nach den vereinnahmten (sog. Istversteuerung), nicht nach den vereinbarten Entgelten (sog. Sollversteuerung) erfolgt; *Baier-Fähndrich* a.a.O. S. 341; Urteil des RFH vom 30. 11. 1927 — VI A 551/27 — in RStBl. 28, 48; StW 29, 33.

[5] *Baier-Fähndrich* a.a.O. S. 342.

[6] *Bühler* a.a.O. S. 371; Urteil des RFH vom 23. 3. 1927 — I A 298/26 — in RStBl. 1927 S. 125 und vom 20. 11. 1928 — I A 244/28 — in RStBl. 1929, 33.

Maßgebend für die im Schätzungswege (§ 169 AO) durchzuführende Bemessung des Delkredere ist das Ermessen des sorgfältigen, vernünftig urteilenden Kaufmanns unter Ausschluß jedweder Ermessenswillkür[1]). Die Höhe des Delkredere richtet sich nach der gesamten Geschäftslage und nach den danach am jeweiligen Bilanzstichtag zu erwartenden Ausfällen[2]).

Anm. 9

a) Die Maßgeblichkeit der Verhältnisse am jeweiligen Bilanzstichtag schließt nicht aus, daß etwaige wertmindernde oder werterhöhende Umstände, die zwar am Bilanzstichtag bereits eingetreten waren, aber erst in der Zeit zwischen Bilanzstichtag und Zeitpunkt der Bilanzerstellung bekannt geworden sind, berücksichtigt werden, wenn der Minderwert der Forderung am Bilanzstichtag objektiv bereits vorhanden war[3]). Der Kaufmann muß hier die sog. „bessere Erkenntnis" walten lassen.

Bei einem Streit zwischen dem AbzUnternehmen und der Finanzbehörde über die Höhe des Delkredere hat nicht der Kaufmann ihre Berechtigung nachzuweisen, sondern es muß umgekehrt das Finanzamt „Gründe dafür beibringen, daß die Höhe der Abschreibung nicht dem Brauche ordentlicher Geschäftsführung entspricht"[4]). Den öfteren Versuchen der Finanzverwaltung, insbesondere der Betriebsprüfungsstellen, aus einem nachträglichen Ablauf der Dinge Rückschlüsse auf eine frühere Schätzung (insbesondere aus dem Umfang der inzwischen, d. h. nach dem Bilanzstichtag eingetretenen Forderungsausfällen) zu ziehen, ist der Reichsfinanzhof wiederholt entgegengetreten[5]). Es sind daher für eine Nachprüfung des Delkredere nicht die spätere Entwicklung der Verhältnisse, sondern der Vergleich mit Geschäften des

---

[1] Diese würde übrigens zu einer Gewinnverlagerung führen. So auch *Baier-Fähndrich* a.a.O. S. 342.

[2] *Baier-Fähndrich* a.a.O. S. 342; *Blümlich-Klein-Steinbring*, Körperschaftssteuergesetz, 3. Auflage, S. 505.

[3] *Baier-Fähndrich* a.a.O. S. 342 unter Hinweis auf das Urteil des RFH vom 17. 6. 1931 — VI A 533/31 — in RStBl. 1931, 813 und vom 13. 6. 1933 — VI A 2025/32 — in RStBl. 33 S. 1014. Ferner Urteil des RFH vom 22. 10. 1941 — VI 281/41 — in RStBl. 41, 894.

[4] *Bühler* a.a.O. S. 371. Vgl. auch unten Anm. 12.

[5] *Bühler* a.a.O. S. 371 unter Hinweis auf die Urteile des RFH vom 10. 4. 1929 — VI A 539/29 — in StW 29 Nr. 512 und vom 13. 11. 1930 — VI A 1275/30 — in StW 31 Nr. 20.

gleichen Wirtschaftszweiges oder das Gutachten eines branchekundigen Sachverständigen (§ 206 Ao) heranzuziehen. Einen wesentlichen Anhaltspunkt bieten aber auch die Verhältnisse der jüngeren Vergangenheit. Werden AbzGeschäfte seit Jahren betrieben und haben sie bisher zu keinen oder nur zu relativ geringen Forderungsausfällen geführt, so muß diesem Umstand durch besonders vorsichtige Delkrederebemessung Rechnung getragen werden; BFH, BStBl. 62 Teil III S. 440. Andererseits sind die in der Schätzung des Kaufmanns zum Ausdruck gebrachten Unsicherheitsfaktoren einer Nachprüfung durch die Finanzbehörde nicht schlechthin entzogen, so daß sich möglicherweise bei einer objektiven Nachprüfung erheblich geringere als die geschätzten Risiken ergeben können[6]). Auf keinen Fall kann die Finanzbehörde dem AbzUnternehmen mit der Begründung, der Teilwert der abgeschriebenen Forderungen sei gestiegen, einen höheren Bilanzansatz für die Forderungen, also eine Herabsetzung des Delkredere nachträglich aufzwingen[7].

Anm. 10

b) Das AbzUnternehmen darf das von ihm gewählte Bewertungsverfahren (Pauschalbewertung) nicht „willkürlich" ändern oder wechseln; eine Änderung oder ein Wechsel (z. B. Übergang von der Pauschal- zur Einzelbewertung) ist nur statthaft, wenn sich die für die Wahl seinerzeit maßgeblichen Umstände entscheidend geändert haben[1].

Anm. 11

c) Der Grundsatz der speziellen Bilanzkontinuität[2], also das Prinzip der Gleichheit der Bewertungsmethode gebietet, daß unter der Voraussetzung gleichbleibender Verhältnisse eine Erhöhung des Delkredere oder dessen Neueinführung steuerlich selbst dann nicht zulässig ist, wenn sie handelsrechtlich erlaubt ist. Nach der Rechtsprechung des

---

[6] Urteil des RFH vom 12. 5. 1932 — I A 370/31 — in RStBl. 32, 641.

[7] Urteil des Obersten Finanzgerichtshofes vom 13. 9. 1947 — I 1/47 U — in StW 47 Nr. 35; Steuerrechtsprechung in Karteiform § 6 Satz 1 KStG (Allg.) Rechtsspruch 6.

[1] Urteile des RFH vom 29. 8. 1929 — I Aa 420/29 — in RStBl. 29, 543 und vom 7. 4. 1936 — I A 291/34 — in RStBl. 36, 755; *Baier-Fähndrich* a.a.O. S. 342.

[2] Einzelheiten bei *Bühler* a.a.O. S. 308, 373; ferner *Bühler*, Kommentar zum ESt.-, KSt- und GewSt, § 4 EStG Randziffer 3.

Reichsfinanzhofes hat „der Kaufmann eine gewisse Kontinuität in der Bilanzgebarung auch insofern zu beobachten, als er die Bewertung zweifelhafter Forderungen nach gleichmäßigen Grundsätzen und sogar, wenn sich die Verhältnisse nicht wesentlich geändert haben, nach gleichmäßigen Sätzen vornehmen muß"[3]). Hiernach ist nur ein willkürlicher, nicht aber auch ein durch die Veränderung der Verhältnisse bedingter, sachlich gerechtfertigter Wechsel in der Art der Bilanzierung unzulässig[4]). Die Rechtsprechung hat bisher an dem Grundsatz festgehalten, daß in der Bewertung der Außenstände durch Einführung oder Erhöhung des bisherigen Delkredere nur dann gewechselt werden darf, wenn entweder ganz neue Forderungen zu bewerten sind oder wenn sich die Verhältnisse geändert haben. Falls die Voraussetzungen zu einem Wechsel in der bisherigen Bewertungsmethode jedoch vorliegen (z. B. Einführung eines pauschalen Delkredere an der Stelle der bisherigen Einzelbewertung), kann der Unternehmer nicht gezwungen werden, als Folge der geänderten Bilanzierung einen Gewinn auszuweisen[5]).

Eine gewisse Einschränkung zeigt der Grundsatz des Verbotes eines Methodenwechsels aber dann, wenn sich die allgemeine Wirtschaftslage in aufsteigender Linie bewegt. In diesem Fall erhöht sich auch der Wert der Außenstände. Es besteht also kein Hindernis, in diesem Falle den pauschalen Delkrederesatz auf neu entstandene Forderungen zu vermindern[6].

---

[3] Urteile des RFH vom 29. 8. 1929 — I A 420/29 — in RStBl. 29, 543 und vom 7. 4. 1936 — I A 291/34 — in RStBl. 36, 755.

[4] Weitere Einzelheiten bei *Bühler*, Bilanz und Steuer, S. 373 unter Hinweis auf das Urteil des RFH vom 8. 1. 1936 — VI A 892/35 in RFH Bd. 39, S. 58; RStBl.36, 430.

[5] Urteil des RFH vom 7. 3. 1930 — I A 19/30 — in StW 30 Nr. 867 und des Obersten Finanzgerichtshofes vom 13. 9. 1947 — I 1/47 U — in StW 47, Nr. 35; Steuerrechtsprechung in Karteiform § 6 Satz 1 KStG (Allg.) Rechtsspruch 6.

[6] Urteil des RFH vom 13. 11. 1930 — VI A 1275/30 — in StW 31 Nr. 20. „Daß das Delkrederekonto dadurch in etwa seine Natur als Wertberichtigungsposten verliert und dem Konjunkturausgleich dient, ist vom wirtschaftlichen Standpunkt eine durchaus erwünschte Folge dieser Anschauung" (*Bühler* a.a.O. S. 375). Im übrigen darf bei Rückgängigmachung des pauschalen Delkredere deshalb, weil die hierin berichtigten Forderungen sich gebessert haben, nicht der absolute Besserungsbetrag berücksichtigt werden, sondern es kann nur eine verhältnismäßige Verringerung des Delkredere in Betracht kommen, da sonst eine zu hohe Bewertung der Forderungen entstehen würde (*Littmann* a.a.O. § 6 Randziffer 431).

Anm. 12

d) Entspricht die Bemessung des Delkredere den branchemäßigen Gepflogenheiten und den Grundsätzen einer ordnungsgemäßen Buchführung, so kann eine auf einer anderen Ebene aufgebaute (in aller Regel niedrigere) Schätzung der Finanzbehörde das Delkredere des Kaufmannes nicht ersetzen. Weder etwaige aus dem Ablauf des späteren Forderungseinganges gezogene Folgerungen noch eine etwa allzu vorsichtige Bewertung des Kaufmannes können, sofern die kaufmännischen Grundsätze für die Schätzung nicht verletzt und die Grenzen des kaufmännischen Ermessens nicht überschritten sind — die kaufmännische Bewertung sich also im Rahmen des Zulässigen und Möglichen hält — zu einer Änderung des Delkredere führen, da grundsätzlich auf die Verhältnisse am Bilanzstichtag abzustellen ist. Die Beweispflicht für eine unrichtige Bemessung des Delkredere trägt immer die Finanzbehörde[1].

Anm. 13

e) eine von Teilzahlungsunternehmen vielfach abgeschlossene Kreditversicherung ist entweder durch einen niedrigeren Ansatz des Delkredere oder durch eine Aktivierung der Prämie zu berücksichtigen[2], wobei aus Gründen der Bilanzklarheit der Prämienaktivierung der Vorzug zu geben wäre.

Anm. 14

f) Falls der zur Teilwertabschreibung führende Delkrederebetrag (der also den Gewinn des früheren Steuerabschnitts gemindert hat) später eingeht, ist dieser Posten wiederum über das Gewinn- und Verlustkonto (also gewinnerhöhend), nicht über das Kapitalkonto aufzulösen[3]. In gleicher Form ist zu verfahren, wenn der Delkredereposten zur Wertberichtigung nicht mehr erforderlich ist[4].

---

[1] Urteil des RFH vom 30. 4. 1930 — VI A 1624/29 — in StW 30 Nr. 1008 mit Besprechung in StW 30 Sp. 682. Vgl. auch oben Anm. 9. Ferner *Littmann* § 6 Rdr. 440, 441.

[2] So *Blümich* EStG 9. Auflage, S. 645; nach dem Urteil des RFH vom 28. 10. 1931 — VI A 1922/31 — in RStBl. 32, 308 jedoch nur durch Aktivierung der Prämien.

[3] Urteil des RFH vom 12. 2. 1930 — VI A 342/29 in RStBl. 30, 546.

[4] Urteil des RFH vom 18. 4. 1934 — I A 22/33 — in RStBl. 34, 1106.

Anm. 15

6. Im Falle eines nach den Bestimmungen der AbzG ausgeübten oder zwischen den Vertragsparteien vereinbarten *Rücktrittes* sind nach den allgemeinen Grundsätzen die Parteien so zu stellen, als sei der AbzVertrag nicht abgeschlossen worden. In einem solchen Falle ist der Warenverkauf zu stornieren und es sind von der ursprünglichen AbzForderung abzusetzen der noch nicht bezahlte Teil (also der ausstehende Restbetrag) sowie die Auslagen des Verkäufers (Porto-, Verpackungs-, Versand- usw. Kosten), die Benutzungsvergütung (unter Berücksichtigung der Wertminderung) und der Ersatz für etwaige Beschädigungen; der verbleibende Betrag, der aus den zwischenzeitlichen Abzahlungen zu decken ist, bildet schließlich die vom Verkäufer an den Käufer zu leistende Rückzahlung. Der Saldo des Warenkontos muß abschließend das Nutzungsentgelt als den aus diesem Geschäft übriggebliebenen Rohgewinn ausweisen. Der verkaufte Gegenstand erscheint auf dem Warenkonto, und zwar zum ursprünglichen Anschaffungswert, gemindert um den etwaigen Anrechnungsbetrag für die abgerechnete Benutzung und Beschädigung. Sollte die Minderung des Abschreibungsgegenstandes noch unter diesem Anrechnungsbetrag liegen, so ist eine weitere Abschreibung auf den Teilwert dieses Gegenstandes nach § 6 Abs. 1 Z. 2 EStG erfroderlich.

II. Die Abzahlungsforderungen im Rahmen der Einheitsbewertung

Anm. 16

Für die Einheitsbewertung des Betriebsvermögens der AbzUnternehmen gelten keine Besonderheiten oder Abweichungen von den allgemeinen Bewertungsvorschriften (§§ 95—109 BewG). Es ist jedoch folgendes zu beachten:

1. Das in der Steuerbilanz zur Ermittlung des einkommen(körperschaft-)steuerpflichetigen Gewinnes auf der Passivseite gebildete Delkredere, also der den Wert der ausgewiesenen Forderungen korrigierende Wertberichtigungsposten, ist in der für den einzelnen Bewertungsstichtag aufzustellenden Vermögensbilanz (Vermögensstatus, Vermögensaufstellung) bei dem Wertansatz der Forderungen unmittelbar zu berücksichtigen[1]. Der Delkredereansatz der Erfolgsbilanz ist also von der Passivseite in die Aktiven der Vermögensbilanz dergestalt zu übernehmen, daß er offen ausgewiesen von dem Bestande der Forderungen in der Vorspalte abgesetzt, mit diesem also erkenn-

[1] *Krekeler*, Bewertungsgesetz, 6. Auflage, § 62 Anm. XI.

bar saldiert und der Restbestand der Debitoren als Besitzposten ausgewiesen wird, s. Abschn. 28 Abs. 5 und Abschn. 44 VStR.

Anm. 17

2. Durch diesen nur für die Vermögensbilanz gültigen Vorgang wird in der Vermögensaufstellung der Teilwert der Forderungen zum Ausweis gebracht. Der Begriff des Teilwertes des Bewertungsrechts (§ 109 Abs. 1 in Verb. mit § 10 BewG) deckt sich mit demjenigen des Einkommensteuerrechtes (§ 6 EStG)[2]. Soweit also Wirtschaftsgüter bereits in der Steuerbilanz zutreffend mit dem richtigen Teilwert angesetzt sind, können diese Werte für die Einheitsbwertung, bei der stets der Teilwert maßgebend ist, ohne weiteres übernommen werden. Im übrigen vgl. bezüglich der Bewertungsgrundsätze Abschn. 42—54 der VStR.

Anm. 18

3. Der Saldo der Vermögensaufstellung ergibt das Betriebsvermögen des Unternehmens, das als Einheitswert einerseits der Vermögenssteuer, andererseits unter Zurechnung gewisser Schuldenteile (§ 12 Abs. 2 GewStG) und unter Berücksichtigung bestimmter Kürzungen (§ 12 Abs. 3 GewStG) als Gewerbekapital (§ 12 Abs. 1 GewStG) der Gewerbesteuer nach dem Gewerbesteuergesetz unterworfen wird.

III. Die Gewerbesteuer der Abzahlungsunternehmen

Anm. 19

Auch die gewerbesteuerliche Behandlung der AbzUnternehmen weist gegenüber anderen Gewerbebetrieben keinerlei Abweichungen auf. Hiernach sind zuzurechnen:

1. dem steuerbilanzmäßig ausgewiesenen gewerblichen *Gewinn* (§ 7 GewStG) zur Ermittlung des *Gewerbeertrages* — außer anderen Zurechnungsposten — die Zinsen für sog. Dauerschulden (§ 8 Z. 1 GewStG). Dauerschulden sind alle Schulden, die der dauernden Verstärkung des Betriebskapitals dienen[4]. Der Begriff der Dauerschuld ist nicht ohne Problematik und auch heute endgültig noch nicht klargestellt. Der 1. Senat des BVerfG stellte die Verfassungsmäßigkeit der gewerbesteuerlichen Behandlung der Dauerschulden fest, vgl. Beschluß

---

[2] *Krekeler* a.a.O. § 12 Anm. II 5; VStR 53 Abschn. 23 Abs. 2.

[3] *Blümich-Boyens-Steinbring*, Gewerbesteuergesetz 5. Auflage, § 8 Anm. 2.

v. 13. 5. 69 BStBl. 69, 424. Grundsätzlich sind als Dauerschulden alle Verpflichtungen anzusehen, die zur Beschaffung von Anlagewerten, Geschäftserweiterungen, Geschäftsverbesserungen usw. aufgenommen sind, nicht hingegen Schulden, die sich aus der laufenden Geschäftsführung ergeben, auf dem regelmäßigen Geschäftskredit beruhen und aus den regelmäßigen Geschäftseinnahmen gedeckt zu werden pflegen[1].

Der Begriff der Dauerschuld wird durch das zeitliche Moment bestimmt, so daß verwaltungsmäßig Schulden mit einer Laufzeit bis zu 3 Monaten als laufende Schulden, Schulden mit einer Laufzeit von mehr als 1 Jahr in aller Regel als Dauerschulden angesehen werden[2]. Bei den länger als 3 Monaten und kürzer als 12 Monaten bestehenden Verpflichtungen ist es Frage des Einzelfalles, ob sie als Dauerschulden anzusehen sind.

Die Frage der Dauerschulden spielt bei Unternehmen, die ihre Waren in Form von Teilzahlungsverträgen absetzen, eine ganz erhebliche Rolle, da diese Unternehmen vielfach mit erheblichem Fremdkapital, das ihnen die Anschaffung ihrer Warenbestände ermöglicht, arbeiten. Das Problem der gewerbesteuerlichen Behandlung dieser Betriebe ist in aller Regel davon abhängig, ob die von ihnen vertriebenen Artikel infolge ihres Preises größere Betriebsmittel (z. B. bei Autos, Möbeln usw.) auskommen sowie auch davon, ob die Laufzeit der Teilzahlungsverträge eine Betriebsmittelverstärkung auf längere Zeit bedingt;

Anm. 20

2. dem in der Vermögensaufstellung für die Einheitsbewertung (§ 12 Abs. 1 und 5 GewStG) ausgewiesenen Betriebs*vermögen* zur Ermittlung des Gewerbe*kapitals* — außer anderen Zurechnungsposten — diejenigen Verpflichtungen, die nach den Ausführungen unter 1 als Dauerschulden anzusehen sind (§ 12 Abs. 2 Z. 1 GewStG). Im Gegensatz zu der Zurechnung der Zinsen für Dauerschulden nach § 8 Z. 1 GewStG, deren Zurechnungsbetrag sich nach der Höhe der im Bemessungszeitraum tatsächlich gezahlten Zinsbeträge richtet, bestimmt sich die Höhe der zuzurechnenden Dauerschulden bei der Er-

[1] Vgl. „Lexikon der Dauerschulden" in *Müthling*, Gewerbesteuergesetz, § 12 Anm. 11 und *Pertz*, TW 58, 14.

[2] GewStR 66 Abschn. 47, bes. Abs. 3 und 4.

mittlung des Gewerbekapitals nach dem Stichtage der maßgeblichen Einheitsbewertung[3].

IV. Die umsatzsteuerliche Behandlung der Abzahlungsgeschäfte

Anm. 21

1. Die Frage der Umsatzsteuerpflicht der von den AbzGeschäften vereinnahmten Entgelte ist lange Zeit insoweit streitig gewesen, als die in den Teilzahlungsraten enthaltenen Zuschläge und Nebenkosten vielfach als durch den Kredit bedingte und daher als nach § 4 Z. 6 UStG 1967 umsatzsteuerfreie Entgelte angesehen worden sind[4]. Durch die Rechtsprechung des BFH und daran anschließende Erlasse des BdF ist diese Frage jedoch nunmehr geklärt. Zwar betreffen die folgende zitierten Urteile und Erlasse ausnahmslos die Zeit vor dem Inkrafttreten des UStG 1967 (Mehrwertsteuer). Da jedoch in der Beurteilungsweise immer auf den *Begriff des „Entgelts"* abgestellt ist und sich dieser gegenüber dem früheren UStG *durch das „Mehrwertsteuergesetz" nicht geändert* hat (vgl. die Entgeltsdefinition in § 10 UStDB 1951 und die — nahezu gleichlautende — in § 10 UStG 1967), gelten diese Grundstäze auch weiterhin. Soweit sich Besonderheiten infolge des aus dem Mehrwertsteuersystem unmittelbar abzuleitenden Grundsatzes ergeben, daß die Steuerschuld des Leistenden mit der Vorsteuer des Leistungsempfängers übereinstimmen muß, ist darauf hingewiesen.

Für die Abwicklung der sich aus den Teilzahlungsverträgen ergebenden Ansprüche sind umsatzsteuerrechtlich mehrere in Betracht kommende Abwicklungsmöglichkeiten zu unterscheiden[2]:

Anm. 22

Gewöhnlicher AbzKauf (ohne Einschaltung eines FinInst.):

a) Werden die zwischen dem AbzKäufer und AbzVerkäufer vereinbarten AbzRaten eines gewöhnlichen AbzGeschäftes von dem letzteren eingezogen, so ist für jede einzelne volle Rate bei deren Eingang (Vereinnahmung) vom Einzelhändler Umsatzsteuer zu entrichten, und zwar für alle Zahlungen des Kunden einschließlich der Finanzierungszuschläge des Verkäufers (BGH v. 3. 7. 28 Bd. 24 S. 4 u. USt-Kartei

---

[3] GewStR 66, Abschn. 76 Abs. 2.

[4] So auch die Auffassung des BFH in seinem zur Veröffentlichung nicht bestimmten Urteil vom 3. 8. 1951 — II 24/51 — in Betrieb 51, 911.

S. 4200 Karte 60, A I). Dies gilt auch ab 1. 1. 68 mit der Maßgabe, daß bei der Versteuerung nach vereinbarten Entgelten — Regelbesteuerungsart nach dem UStG 1967 — das volle Entgelt zunächst ohne Rücksicht auf den Zahlungsmodus der USt zu unterwerfen ist (§ 13 I Ziff. 1 a UStG 1967). Bei späteren Entgeltsänderungen (z. B. bei Uneinbringlichwerden einer Forderung) hat ggfs. Entgeltsberichtigung nach § 17 UStG 1967 zu erfolgen, damit das im voraus versteuerte Entgelt u. die bereits entrichtete Steuer nachträglich gemindert werden können.

Anm. 23

Einzelne Finanzierungsarten:

I. Läßt sich der Händler (AbzVerk.) von einem Kreditinstitut einen Kapitalkredit einräumen u. gewährt er dann seinerseits seinem Kunden (AbzKäufer) einen Warenkredit, so sind 3 Fälle zu unterscheiden:

1. Der Kunde zahlt an den Händler: Umsatzsteuerliche Behandlung wie unter Anm. 22 dargestellt.

2. Der Kunde zahlt — auf Anweisung des Händlers — die Kaufpreisraten unmittelbar an das Kreditinstitut des Händlers: Auch hier ist die umsatzsteuerliche Beurteilung dieselbe wie unter Anm. 22 dargestellt. Der Händler vereinnahmt Kaufpreis *und* Finanzierungszuschläge durch Schuldbefreiung.

(BFH v. 30. 10. 1958, BStBl. 1958 III S. 455 u. USt-Kartei S. 4200, Karte 60 A II/1 u. 2).

3. Der Händler stellt über die einzelnen Tzbeträge, die auf den Kaufpreis *und* die Finanzierungszuschläge zu leisten sind, Wechsel aus, die der Kunde akzeptiert; sog. C-Geschäft bei der Kundenfinanzierung vgl. Anm. 65 zu § 6. Dabei bestehen wiederum zwei Möglichkeiten:

a) Der Händler gibt die Wechsel dem FinInst. lediglich zahlungshalber weiter zur Sicherung des ihm eingeräumten Kapitalkredites: Die vom Kunden an das Kreditinstitut geleisteten Zahlungen werden auf den Kapitalkredit des Händlers angerechnet und dieser vereinnahmt damit seine Kaufpreisforderung nebst Finanzierungskosten. Er hat deshalb den ihm verrechneten Betrag in voller Höhe der USt. zu unterwerfen. Die im Verrechnungsbetrag enthaltenen Wechselvorzinsen gehörten bis 1967 allerdings nicht zum umsatzsteuerlichen Entgelt; sie konnten daher pauschal mit 75 % der Finanzierungsgebühren USt-frei gelassen werden (U-Kartei S. 4200 Karte 52 Ziff. 1). Mit dem Inkrafttreten des UStG 1967 (Mehrwertsteuer) ab 1. 1. 1968 jedoch ist hier unter Berücksichtigung des in Anm. 21 erwähnten Grundsatzes der Übereinstimmung von Steuerschuld und Vorsteuerabzug folgendes zu beachten:

Grundsätzlich mindern auch im Geltungsbereich der Mehrwertsteuer die bei *vorzeitiger* Einlösung eines Wechsels berechneten Vorzinsen (nicht Umlaufkosten!) das steuerliche Entgelt des Unternehmers für seine dem Wechsel zugrunde liegende Leistung. Wenngleich das UStG 1967 eine dem früheren § 51 UStDB entsprechende Regelung nicht ausdrücklich enthält, so folgt vorstehende Auffassung des BFM doch aus dem BFH-Urteil v. 27. 10 1967, BStBl. 68 Teil II S. 128. Durch die Minderung des Entgelts um den Wechseldiskontbetrag mindert sich aber auch die USt-Schuld entsprechend. Diese Minderung der Steuerschuld kann der Unternehmer allerdings nur geltend machen, wenn er den in seiner Rechnung ursprünglich ausgewiesenen Steuerbetrag seinem Abnehmer gegenüber ausdrücklich ebenfalls berichtigt und eine Steuergutschrift über den Steuerminderungsbetrag erteilt (§ 17 Abs. 1 Ziff. 1 UStG 1967). Der Abnehmer ist dann seinerseits zu einer gleichlautenden Minderung seines Vorsteuerabzugs verpflichtet (§ 17 Abs. 1 Ziff. 2 UStG 1967). Unterläßt es der Unternehmer, seine Rechnung zu berichtigen, dann bleibt seine Steuerschuld unverändert, d. h. ungemindert um den auf den Wechseldiskont entfallenden Steuerbetrag (§ 14 Abs. 2 UStG 1967).

Wird — was die Regel sein dürfte — dem Kunden vom Lieferer der Wechseldiskont und die Wechselspesen weiterbelastet, so ist der dem Abnehmer in Rechnung gestellte Betrag zusätzliches Entgelt für die Warenlieferung und unterliegt in voller Höhe ebenfalls der Umsatzsteuer. Um auf seine Kosten zu kommen, wird der Lieferer auch diese zusätzliche Steuer an seinen Abnehmer weitergeben und ihm eine Lastschrift über Diskont u. Spesen u. Mehrwertsteuer hieraus erteilen.

b) Der Händler verkauft die noch nicht fälligen Wechsel gegen Abzug des Zwischenzinses bis zur Fälligkeit an das Kreditinstitut (Diskontierung). Er hatte bis 1967 gem. § 51 UStDB nur den Betrag der USt zu unterwerfen, den er bei der Weitergabe (Diskontierung) der Wechsel vereinnahmte. Nach dem UStG 1967 (MWSt.) ab 1. 1. 1968 dagegen ist das gesamte *vereinbarte Entgelt ohne Kürzung um den* Diskont u. die Wechselspesen zur USt. heranzuziehen, es sei denn es erfolgt Entgelts- bzw. Steuerberichtigung wie unter a) dargestellt. (BFH-Urteil v. 30. 11. 1961, BStBl. 62 III S. 74 u. U-Kartei S. 4200, Karte 60 A II/ 3 a u. b).

II. Der Rückfluß der Darlehen ist beim FinInst. einschließlich der Zinsen nach § 4 Ziff. 8 UStG 1967 umsatzsteuerfrei.

Anm. 24

Falls der AbzVerkäufer nach Erhalt der Anzahlung *seine restliche Kaufpreisforderung gegen den Käufer* zu einem festen Preis *an das FinInstitut* kaufweise *abtritt* (s. § 6 Anm. 67), sind nur dieser Festbetrag, nicht auch etwaige, vom Käufer an das FinInstitut zu zahlende FinZuschläge umsatzsteuerpflichtig. Dies gilt aber nur dann, wenn das FinInstitut dem AbzVerkäufer den vereinbarten Festbetrag ohne Rücksicht darauf gutschreibt, ob die Forderung gegen den Käufer ganz oder nur zum Teil eingeht, d. h. also wenn der AbzVerkäufer keine echte Haftung für den Eingang der Kaufpreisraten nebst den FinZuschlägen übernommen hat. Abtretung ist dann an Zahlungs Statt erfolgt (RFH v. 26. 6. 1936 RStBl. 36/854 u. USt-Kartei S. 42 O Karte 60 A III/1).

Wird dagegen nur zahlungshalber, also vorbehaltlich des späteren Eingangs der Forderung abgetreten, so liegt kein Festkaufpreis vor, sondern eine Kreditgewährung des FinInst. an den AbzVerkäufer. Damit haftet letzterer für den Fall, daß der Kunde den Restkaufpreis samt Zinsen u. Kosten an den Kreditgeber nicht zahlt. Der AbzVerkäufer wird dadurch, daß sein Kunde infolge der Abtretung unmittelbar an das FinInst. zu zahlen hat, seinerseits von der Rückzahlungspflicht frei u. vereinnahmt aufgrund des darin zu erblickenden Leistungsaustausches i. S. des BFH-Urteils v. 30. 10. 1958 (BStBl. 58 III S. 455) das Entgelt für den Verkauf an den Kunden *nebst* den Teilzahlungszuschlägen. Er ist mithin mit dem Gesamtentgelt (Anzahlung u. Restkaufsumme u. Finanzierungszuschlägen) umsatzsteuerpflichtig (vgl. auch TW 2, 59 S. 51 zu III, 511 USt.-Kartei S. 4200 Karte 60 A III/2).

Die USt.-Pflicht der TzZuschläge bejahte in einem anderen, allerdings dem obengenannten Urteil nicht entsprechenden Fall der BFH ebenfalls: Bei TzVerträgen sind die vom Käufer zu zahlenden FinGebühren ein Teil des vom Händler vereinnahmten Entgelts, sofern auch hinsichtlich der FinKosten ein Leistungsaustausch zwischen Verkäufer u. Käufer festzustellen ist. Dies gilt auch dann, wenn der Verkäufer seine Rechte aus den TzVerträgen an eine Bank abgetreten hat (BGH v. 16. 9. 65 BStBl. 65 III S. 659). Entscheidend war dabei die Feststellung, daß hinsichtlich der Kreditgewährung *keine* Rechtsbeziehung zwischen der Bank u. dem Käufer begründet wurde, sondern nur zwischen Bank u. Händler (BFH v. 25. 11. 1965 BStBl. 66 III S. 160).

Anm. 25

Personalkredit:

Er liegt vor, wenn sich der AbzKäufer einen Kredit bei einem FinInstitut beschafft und er hieraus den Kaufpreis in voller Höhe an einen beliebigen AbzVerkäufer zahlt. In diesem Falle handelt es sich überhaupt nicht um einen Teilzahlungsvertrag zwischen Händler und Käufer, sondern um einen von dritter Seite finanzierten Kauf: Beim Händler ist der volle Kaufpreis umsatzsteuerpflichtig, die an die Bank zurückzuzahlenden Darlehensbeträge und Darlehenskosten sind bei dieser nach § 4 Z. 8 UStG umsatzsteuerfrei.

Anm. 26

A-Geschäft (vgl. Anm. 63 zu § 6)

Es erwirbt der AbzKäufer die Waren mit Hilfe von Warenbezugsscheinen (Schecks oder Kreditschecks genannt), die ihm von dem FinInstitut auf Grund eines besonderen Vertragsverhältnisses zur Verfügung gestellt werden. Der AbzVerkäufer löst die ihm beim Kauf der Gegenstände in Zahlung gegebenen Warenbezugsscheine beim FinInstitut ein, das vom Nennbetrag dieser Warenbezugsscheine einen bestimmten Hundertsatz als Inkassogebühr abzieht. Diese Inkassogebühr ist

aa) beim FinInstitut mit 11 % zu versteuern, weil sie das Entgelt für eine Leistung bildet und keinen Ausfluß des Finvertrages mit dem Abzahlungskäufer bildet (§ 4 Z. 8 UStG gilt also nicht);

bb) beim AbzVerkäufer voll zu versteuern. Der AbzVerkäufer hat die Anzahlung u. den Nennbetrag der Bezugsscheine zu versteuern. Die Inkassogebühren u. auch den Verkäuferbeitrag darf er nicht von Entgelten kürzen (USt.-Kartei S. 4200 Karte 60, Abschn. C).

Anm. 27

Das B-Geschäft (vgl. Anm. 64 zu § 6)

Während bisher die Fälle besprochen wurden, in denen der Händler bzw. der Kunde ohne Einschaltung des Händlers den Kreditvertrag mit dem FinInst. abschloß, sind nunmehr die Fälle zu erörtern, in denen der Kunde durch Vermittlung des Händlers oder gemeinsam mit diesem den Kreditvertrag über den Kaufpreis (Restkaufpreis) mit dem FinInst. abschließt. Folgende Vertragsgestaltungen sind dabei möglich:

1. *Der Händler übernimmt keine Haftung für den* Eingang der TzRaten (Restkaufpreis einschließlich Finanzierungsaufschläge):

Die TzZuschläge unterliegen beim Händler nicht der Umsatzsteuer, weil zwischen dem Händler und dem FinInst. einerseits keinerlei Rechtsbeziehungen entstehen u. andererseits bezüglich der FinZuschläge beim Händler auch kein Leistungsaustausch mit dem Kunden gegeben ist.

2. *Der Händler haftet dem FinInst.* für den Eingang der TzRaten, wobei wieder 2 Fälle zu unterscheiden sind:

a) Der Händler übernimmt wirtschaftlich *nur eine Delkrederehaftung oder Bürgschaft,* d. h. er kann vom FinInst. erst dann in Anspruch genommen werde, wenn dieses den Kunden selbst vergeblich zur Zahlung aufgefordert hat. Zwar übernimmt hier der Händler lt. Vertrag die selbstschuldnerische Bürgschaft oder er wird als „Mitantragsteller" oder gar als „Gesamtschuldner" bezeichnet. Dennoch aber ergibt sich bei diesen am häufigsten vorkommenden Abschlüssen von TzVerträgen aus den Kreditbedingungen oder aus dem Rahmenvertrag zwischen Händler u. FinInst., daß regelmäßig nur eine Delkrederehaftung des Händlers gewollt ist. Diese Gestaltung entspricht dem Sinn der Haftung bzw. dem gewollten Haftungsausschluß oder der doch zumindest erheblich eingeschränkten Haftung des Händlers, der ja ansonsten direkt als Kreditnehmer aufgetreten oder die Finanzierung selbst übernehmen könnte (vgl. Fall b).

In diesen Fällen unterliegen die TzZuschläge beim Händler nicht der USt., weil es insoweit an einem Leistungsaustausch zwischen ihm u. dem Kunden fehlt (BFH v. 30. 10. 1958, BStBl. 58 III S. 455).

Nach dem amtlich nicht veröffentlichten Urteil des BFH v. 29. 3. 1962 (HFR 62 S. 246) tritt die gleiche Beurteilung ein, wenn das FinInst. dem Händler ein Kreditkontingent einräumt, innerhalb dessen er TzVerkäufe vornehmen kann, wobei aber bei jedem Verkauf vom Händler u. Käufer gemeinsam ein Darlehensantrag gestellt wird. Nach Annahme des Darlehensantrages schreibt das FinInst. dem Händler den Restkaufpreis sowie die Kreditkosten gut u. belastet ihn bei jeder Teilazhlung des Käufers mit dem in der Tz enthaltenen Kreditkostenbetrag. Diese Kosten unterliegen beim Händler nicht der USt. Hat der Händler die Möglichkeit, seinem Kunden *höhere* FinKosten zu berechnen als das Finanzierungsunternehmen u. macht der Händler davon Gebrauch, so schuldet der Kunde dem

FinInst. die *vollen FinKosten. Der Händler braucht aber nur den* (höheren) Anteil der FinKosten, den das Kreditunternehmen nicht für sich in Anspruch nimmt u. ihm überläßt, als Provision des Fin-Unternehmens für die Vermittlung des Kreditgeschäfts zu versteuern.

b) *Es liegt ein echtes* auch die TzZuschläge mit einschließendes *Gesamtschuldverhältnis des Händlers mit dem Kunden vor,* d. h. das FinInst. kann nach Belieben ohne weitere Voraussetzungen die ganze Darlehenssumme einschl. der TzZuschläge von jedem Schuldner Händler, Kunde) verlangen. Ein solches echtes Gesamtschuldverhältnis liegt insbesondere dann vor, wenn der Händler von ihm ausgestellte u. girierte u. vom Kunden akzeptierte Wechsel, die über die einzelnen TzRaten laufen, dem FinInst. übergibt (vgl. BFH-Urteil v. 30. 11. 1961, BStBl. 62 III S. 74). In diesem Falle befreit jede Zahlung des Kunden an das FinInst. den Händler von seiner Zahlungsverpflichtung, die im Gesamtschuldverhältnis begründet ist. Der wirtschaftliche Vorgang ist so, als würde der Händler das Kaufgeschäft unter Vereinbarung von TzZuschlägen selbst finanzieren. Es liegt mithin ein echter Kreditkauf vor, bei dem Kauf- u. Kreditgeschäft eine Einheit bilden. Die TzZuschläge unterliegen beim Händler der USt. (s. auch U-Kartei S. 4200 Karte 18 Nr. 1 Abschn. 2). Wegen der Behandlung der Wechselvorzinsen s. Anm. 23 Nr. 3 a.

3. Werden in den unter 1. u. 2 geschilderten Fällen im Darlehensvertrag jeweils keine FinKosten ausgewiesen, so ist darauf zu schließen, daß der Kunde neben dem Kaufpreis keine weiteren Kosten zu entrichten hat; die FinKosten trägt der Händler. Der Händler hat daher neben der Anzahlung den vollen Darlehensbetrag (Restkaufpreis) zu versteuern u. kann die von ihm zu entrichtetenden FinKosten nicht vom Darlehensbetrag absetzen.

Anm. 27a

Zur steuerlichen Behandlung *des C-Geschäfts* (Anm. 65 zu § 6) siehe die Ausführungen bei Anm. 23.

Anm. 28

Die Ausführungen in *Anm. 23 ff. gelten beim Händler sinngemäß* auch dann, wenn Kreditgeber nicht ein FinInst., sondern der Hersteller oder ein Großhändler der auf TzBasis erworbenen Ware ist. Beim Großhändler oder Hersteller sind die FinAufschläge Teil des Entgelts für die Lieferung an den Einzelhändler, soweit es sich um den Verkauf von Gegenständen handelt, die der Einzelhändler von dem kreditgebenden Hersteller oder Großhändler erworben hat.

Übernimmt der Einzelhändler gegenüber dem Kreditgeber nur eine Delkrederehaftung, so bewirkt der Großhändler oder Hersteller mit der Kreditgewährung lediglich eine Leistung gegenüber dem Kunden des Einzelhändlers, die nach § 4 Ziff. 8 UStG 1951 u. § 4 Ziff. 8 UStG 1967 steuerfrei ist (vgl. auch U-Kartei S. 4200 Karte 62).

Leitet dagegen der Hersteller oder Großhändler den Kreditantrag an ein FinInst. weiter u. übernimmt er diesem gegenüber nur eine Delkrederehaftung, so sind auch bei ihm die TZ-Aufschläge nicht Teil des Entgelts für die über den Einzelhandel abgesetzten Gegenstände (BFH v. 22. 2. 1962 BStBl. 1962 III S. 228).

Anm. 29

Die Frage, *wann das Entgelt aus einem TzVerkauf dem Verkäufer zugeflossen* u. dementsprechend bei Ist-Versteuerung der USt zu unterwerfen ist, bereitet im allgemeinen keine Schwierigkeiten. Ist jedoch zwischen Händler u. Käufer ein Dritter als Kreditgeber eingeschaltet u. zahlt letzterer einen Teil des dem Kunden gewährten Darlehens nicht sofort an den Verkäufer aus, sondern überweist ihn auf ein Sperrkonto, um sich gegen Ausfälle durch Nichtzahlung seitens des Kreditkäufers zu sichern, so war zweifelhaft, wann der auf das Sperrkonto eingezahlte Betrag dem AbzVerkäufer zugeflossen ist. Nach BFH v. 27. 11. 1958 (BStBl. 59 III S. 64) gilt der auf das Sperrkonto eingezahlte Betrag als in dem Zeitpunkt bereits vom Verkäufer vereinnahmt, in dem ihm das Kreditinst. den übrigen Darlehensbetrag ausbezahlt hat.

Anm. 29a

Zu untersuchen ist in diesem Zusammenhang auch die Frage, wann und ob überhaupt An- oder Vorauszahlungen beim Lieferanten mehrwertsteuerpflichtig sind. Soweit Versteuerung nach vereinbarten Entgelten, also die sog. „Sollversteuerung" erfolgt, ergibt sich eine eindeutige Antwort auf § 13 Abs. 1 Ziff. 1 a UStG 1967. Danach entsteht in diesen Fällen eine Steuerschuld dann, wenn die Lieferung oder (uns) sontige Leistung ausgeführt worden ist. d. h. wenn der Verkäufer dem Kunden den Lieferungsgegenstand übergeben oder ihm auf sonstige Weise die Verfügungsmacht darüber verschafft hat. Eine Anzahlung ist daher umsatzsteuerlich so lange ohne Bedeutung, als ihr noch nicht die Bewirkung der Leistung gegenübersteht bzw. folgt.

Bei der Versteuerung der Umsätze nach vereinnahmten Entgelten hingegen könnte aus § 13 Abs. 1 Ziff. 1 b UStG 1967 zunächst geschlossen werden, daß mit der Vereinnahmung einer An- oder Vorauszahlung für eine künftige Leistung bereits Mehrwertsteuerpflicht für den Anzahlungsbetrag entstanden sei. Im alten USt-Recht jedenfalls war aufgrund der Rechtsprechung (RFH im RStBl. 37 S. 199) klar: Anzahlungen sind mit ihrer Vereinnahmung steuerpflichtig. Für den Bereich der „Mehrwertsteuer" jedoch, die überall und folgerichtig die Bewirkung einer Leistung fordert, bevor eine Steuerschuld bejaht und — dies vor allem! — ein Vorsteuerabzug zugelassen wird, können auch bei der Ist-Besteuerung die Anzahlungseinnahmen noch keine Mehrwertsteuer auslösen. Zum einen fehlt es nämlich bei einer Vorauszahlung an einem echten, konkretisierbaren „Entgelt" i. S. von § 13 Abs. 1 Nr. 1 a UStG, weil der Begriff des Entgelts voraussetzt, daß bereits eine Leistung vorausgegangen ist, die durch Zahlung entgolten wird; dies aber ist bei einer bloßen Anzahlung keineswegs gegeben. Zum anderen aber wäre für den Abnehmer der Leistung, falls dieser seinerseits Unternehmer ist, solange kein Vorsteuerabzug möglich, als ihm nicht durch eine Rechnung nach § 14 Abs. 1 UStG 1967 die gem. § 15 Abs. 1 Ziff. 1 UStG 1967 erforderliche Bezugsberechtigung ausdrücklich erteilt worden ist. Es würde dem System der Mehrwertsteuer widersprechen, wollteman auf der einen Seite USt erheben, ohne gleichzeitig auf der anderen Seite (die übrigen erforderlichen Voraussetzungen seien als gegeben unterstellt) den entsprechenden Vorsteuerabzug zuzulassen. Bei der Besteuerung von Anzahlungen aber würde dies geschehen, weil der Empfänger der Vorschüsse ja noch keine Rechnung ausstellen darf, solange er seinerseits keine Leistung bewirkt hat.

Anm. 30

2. Eine bedeutsame Rolle spielt die umsatzsteuerliche Behandlung bei der Rückgabe der auf Abzahlung gekauften Sache durch den Abz-Käufer im Falle der Ausübung eines vertraglichen oder gesetzlichen Rücktritts. Dem Verkäufer verbleiben alsdann die Vergütungen für Gebrauchsüberlassung, Wertminderungen und Aufwendungen; die über diese Werte hinausgehenden Entgelte hat er dem Käufer bei Rücknahme der Kaufsache zurückzuerstatten. Es liegt in diesem Falle kein Rückkauf, sondern nur eine zwangsläufige Umwandlung des ursprünglichen Kaufvertrages in ein mietähnliches Nutzungsverhältnis vor. Der Verkäufer hat also nur diejenigen Entgelte zu versteuern, die ihm aus diesem Rechtsverhältnis verbleiben; die von ihm an den Käufer zurückgewährten Entgelte kann er von denjenigen Entgelten, die er im Kalenderjahr der Rückgewähr vereinbart oder vereinnahmt hat, absetzen, wobei § 17 UStG 1967 zu beachten ist. Das an den

AbzKäufer zurückgewährte Entgelt bildet bei diesem, sofern er selbst umsatzsteuerpflichtiger Unternehmer ist (§ 1 UStG), *kein* steuerbares Hilfsgeschäft[1].

Anm. 30a

Weil heute bei AbzGeschäften die *„Sicherungsübereignung"* eine erhebliche Rolle spielt, sollen auch die umsatzsteuerlichen Konsequenzen aus Verwertung von sicherheitshalber übereigneten beweglichen Sachen durch den Kreditgeber (Sicherungsnehmer) behandelt werden. Wird die Forderung des Sicherungsnehmers (Kreditgebers) nicht erfüllt, so ist dieser berechtigt, sich durch Verwertung (Verkauf) der Sache zu befriedigen, vgl. *Palandt* BGB § 930 Anm. 4.

Im Zeitpunkt der Verwertung fallen dabei umsatzsteuerrechtlich gleichzeitig zwei Lieferungen an: Vom Sicherungsgeber (Schuldner) an seinen Gläubiger (Sicherungsnehmer) u. außerdem vom Gläubiger an den Erwerber des Gegenstandes (BFH v. 1 6. 1967 BStBl. 68, Teil II S. 68 mit Bezugnahme auf frühere Rechtsprechung des RFH v. 26. 5. 1939 RStBl. 39 S. 885). Ist sowohl der Gläubiger als auch der Schuldner Unternehmer (§ 2 UStG 1967), so unterliegt der Vorgang bei den Partnern der Umsatzbesteuerung; der Gläubiger kann die vom Schuldner entrichtete USt als Vorsteuer abziehen. Dabei ist der Sicherungsgeber (Schuldner) auch dann zur Umsatzversteuerung des Entgelts aus der Verwertung des sicherungsübereigneten Gegenstandes verpflichtet, wenn er selbst mit dem Verkauf nichts zu tun hat. Das ergibt sich daraus, daß die Sicherungsübereignung als solche noch keine Lieferung oder (Umsatzsteuer auslösende) Leistung ist, weil es an der Verschaffung der Verfügungsmacht fehlt. Wohl erfolgt eine zivilrechtlich wirksame Eigentumsübertragung an den Sicherungsnehmer, jedoch ist Zweck des Vertrages lediglich der der Sicherung und nicht der, dem Gläubiger die Möglichkeit zu geben, über den Sicherungsgegenstand uneingeschränkt wie ein wahrer Eigentümer zu verfügen. Dieses letztere Recht wird erst eröffnet, wenn die gesicherte Forderung durch den Schuldner nicht erfüllt wird (vgl. das oben zitierte Urteil des BFH).

Bemessungsgrundlage ist für beide Lieferungen das Entgelt, d. h. der Preis (ohne Umsatzsteuer), den der Erwerber des Gegenstandes zu zahlen hat (§ 10 Abs. 1 UStG 1967). Der Gläubiger erteilt dem Schuldner eine Gutschrift über den Erlös zuzüglich der darauf entfallenden Umsatzsteuer. Es kommt dabei *nicht* darauf an, ob der For-

[1] *Plückebaum,* UStG, 9. Auflage, Rdz. 5578.

derung des Gläubigers eine steuerfreie Leistung (Krediteinräumung — § 4 Ziff. 8 UStG 1967) oder eine steuerpflichtige zugrunde gelegen hat.

Der Sicherungsgeber (Schuldner) seinerseits hat in einer entsprechenden Abrechnung gegenüber dem Gläubiger (Sicherungsnehmer) die auf das Verwertungsgeschäft entfallende Umsatzsteuer ebenfalls gesondert auszuweisen (§ 14 Abs. 1 UStG 1967), damit der Gläubiger zum Vorsteuerabzug nach § 15 Abs. 1 Ziff. 1 UStG 1967 berechtigt wird. In der Regel werden sich bei einem solchen Vorgang die Steuerschuld des Gläubigers und der ihm zustehende Vorsteuerabzug aufheben, so daß für ihn eine echte Belastung mit USt nicht eintritt. Wird sogar ein Erlös erzielt, der den Forderungsbetrag übersteigt (nach Einrechnung der USt), so kommt der Mehrbetrag dem Schuldner zugute, der ja aber auch USt an das Finanzamt abzuführen hat. Bei einem etwaigen Mindererlös dagegen fällt nicht nur beim Gläubiger ein Teil seiner Forderung aus, sondern es hat sogar der Schuldner trotzdem die ihn für das Verwertungsgeschäft treffende USt an das Finanzamt abzuführen.

B. Die steuerliche Behandlung der Abzahlungsgeschäfte beim Abzahlungskäufer

I. Die einkommen-(körperschaft-)steuerliche Behandlung

Anm. 31

Ist der Abzkäufer ein buchführender Gewerbetreibender oder selbständiger Erwerbstätiger (z. B. Rechtsanwalt, Arzt) und bezieht sich das AbzGeschäft auf den Erwerb eines für das Betriebsvermögen bestimmten Gegenstandes, so findet es auch in den Geschäftsbüchern seinen entsprechenden Niederschlag. Es ist dabei steuerrechtlich ohne Belang, daß das AbzG dann keine Anwendung findet, wenn der Empfänger der Ware als Kaufmann im Handelsregister eingetragen ist, da das Steuerrecht ausschließlich die wirtschaftliche Auswirkung des AbzGeschäftes erfaßt.

Anm. 32

1. Gewerbetreibende, die ihren Gewinn nach § 4 Abs. 1 EStG durch jährlichen Bestandsvergleich ermitteln, haben den auf Abzahlung erworbenen Gegenstand zu aktivieren und die noch offene Teilzahlungsschuld zu passivieren. Der Passivposten ist entsprechend den laufend gezahlten Tilgungsbeträgen aufzulösen.

Über die Höhe der Aktivierung besteht keine endgültige Klarheit: *Zu den Anschaffungskosten des § 6 Abs. 1 Z. 1 EStG gehören grundsätzlich nicht die Geldbeschaffungskosten*[2]; sie belasten lediglich die Kreditaufnahme. Nach der derzeitigen Rechtsprechung des Bundesfinanzhofs[3] stehen die zur Anschaffung eines Wirtschaftsgutes aufgewendeten Mittel (Zinsen, Spesen usw.) mit der Anschaffung nur unmittelbar in wirtschaftlichem Zusammenhang: „... Wenn also jemand ein Darlehen aufnimmt, um ein Wirtschaftsgut anschaffen zu können, so gehören die Zinsen für dieses Darlehen nicht zu den Anschaffungskosten dieses Wirtschaftsgutes. Wer der Darlehensgeber ist, kann dabei keine Rolle spielen." Aus diesem Grunde sind daher auch Wechseldiskont- und Wechselspesen reine Finkosten, die also weder einen Teil des Kaufpreises noch einen Teil der Nebenkosten bilden[4], dafür aber in der Regel sofort voll als Betriebsausgaben abzugsfähig sind.

Es ist daher bei der Aktivierung des auf Raten gezahlten Wirtschaftsgutes zu unterscheiden, ob es sich um einen einheitlichen Kaufvertrag mit von vornherein höher festgesetztem Kaufpreis oder um einen Kaufvertrag und einen gleichzeitig abgeschlossenen und daneben selbständig stehenden Finvertrag handelt[1].

---

[2] *Blümich-Falk*, Einkommensteuergesetz, 9. Auflage, § 6, S. 558/559; *Littmann* a.a.O. § 6 Randziffer 39; Urteil des RFH vom 4. 6. 1940 — III 74/39 — in RFH Bd. 48, 330; RStBl. 40, 1067.

[3] Urteil des BFH vom 27. 8. 1953 — IV 34/53 — in BB 54, 830 und vom 13. 8. 1957 — I 18/57 U — in BStBl. 57 III, 349.

[4] Anders hinsichtlich der Wechselfinkosten die Verfügung der OFD Düsseldorf vom 30. 4. 1953 — S 2209 — in Betrieb 53, 454.

[1] Übereinstimmend Urteil des FG Hannover vom 10. 6. 1955 — III 9/55 — in EFG 56, 6 : Falls es sich also um einen durch die Ratenzahlung erhöhten Kaufpreis handeln sollte, ist die Summe dieser Raten als Anschaffungskosten unter dem Gesichtspunkt der erhöhten Kaufpreiszahlung zu aktivieren; dieser Betrag ist entsprechend der Nutzungsdauer des Wirtschaftsgutes abzuschreiben. Umfaßt hingegen die in gleichlautende monatliche Teilbeträge zerlegte Kaufsumme außer dem Kapitalbetrag des Darlehens nur die Zinsen (gegebenenfalls also auch die Wechselzinsen), so ist nur die Kaufsumme aktivierungspflichtig, die Ersatzleistungen sind hingegen als laufende Unkosten des betreffenden Geschäftsjahres abzugsfähig. Die Finanzierungskosten verteilen sich demgemäß auf die Dauer der Laufzeit des Kredites. Im wesentlichen übereinstimmend *Löblein*, Sind Finanzierungskosten aktivierungspflichtige Anschaffungskosten? in BB 54, 681, wobei aber zu beachten ist, daß das Urteil des BFH vom 27. 8. 1953 in dieser Abhandlung noch keine Berücksichtigung finden konnte.

Bei den häufig durch Katalog, Werbeschreiben, Inserate usw. mit unterschiedlichen Preisen angebotenen Waren — je nach Bar- oder Ratenzahlung — wird regelmäßig in dem höheren Kaufpreis bei Inanspruchnahme von Ratenzahlungen kein sofort abzugsfähiger Zinsbetrag zu erblicken sein[2].

Anm. 33

2. Für Gewerbetreibende, die ihren Gewinn nach der Überschußrechnung des § 4 Abs. 3 EStG ermitteln (das sind Gewerbetreibende mit einem Gewerbeertrag von weniger als 12 000 DM nach § 161 Abs. 1 Z. 1 d AO und freiberuflich Tätige mit einem Gesamtumsatz unter 250 000 DM oder einem Betriebsvermögen unter 50 000 DM nach § 161 Abs. 1 Z. 1a und b AO), besteht keine Aktivierungspflicht. Es ist bei diesem Verfahren an sich möglich, Mehrungen des Anlage- und des Umlaufvermögens unversteuert durchzuführen. Der Faktor Betriebsvermögen bleibt aber trotzdem nicht völlig unberücksichtigt: In § 4 Abs. 3 EStG ist ausdrücklich vorgesehen, daß die Vorschriften über Absetzungen für Abnutzung auch in diesem Falle nicht außer acht gelassen werden dürfen. Die Abschreibung ist dann ein einfacher Abzugsposten, der auf Grund des nach Abschnitt 31 EStG 1967 in Verbindung mit Abschnitt 13 EStR 67 zu führenden Bestandsverzeichnisses der Gegenstände des beweglichen Anlagevermögens zu ermitteln ist[3].

Anm. 34

3. Wirtschaftsgüter, deren Anschaffungskosten für das einzelne Wirtschaftsgut 800 DM nicht übersteigen und die zum Anlagevermögen gehören, können im Jahre der Anschaffung bei Steuerpflichtigen, die ihren Gewinn auf Grund ordnungsgemäßer Buchführung ermitteln, sofort über Unkosten abgesetzt werden, brauchen also nicht aktiviert zu werden (sog. geringwertige Wirtschaftsgüter).

Es darf in diesem Zusammenhang darauf hingewiesen werden, daß diese Aufspaltung in Kauf- und Kreditvertrag nur für den Bereich der Einkommen-(Körperschaft-)Steuer, nicht hingegen für die Umsatzsteuer Gültigkeit hat.

[2] So auch *Littmann* a. a. O. § 6 Randziffer 39.

[3] *Bühler*, Kommentar zum ESt.-, KSt.- und GewStGesetz § 4 EStG, Randziffer 14 und 15

Anm. 35

4. Steuerpflichtige, die Gegenstände auf Grund eines AbzVertrages für private (nicht gewerbliche) Zwecke erwerben, können aus diesem AbzGeschäft steuerliche Auswirkungen nur in ganz beschränktem Umfange geltend machen.

a) Die früher in § 10 Abs. 1 Z. 2 und Abs. 2 Z. 3 EStG 1950 enthaltene Bestimmung, wonach die Abzraten für angeschaffte Hausratgegenstände und für Kleidung bei Flüchtlingen, Kriegsgeschädigten usw. als Sonderausgaben abgesetzt werden durften, hat für das Einkommensteuerrecht vom Jahre 1955 ab keine Gültigkeit mehr. Die Zinsen hingegen sind als Sonderausgaben nach § 10 I Ziff. 1 EStG abzugsfähig (vgl. Abschn. 89 [1] EStR).

b) Die Geltendmachung der AbzRaten als außergewöhnliche Belastung im Sinne des § 33 EStG 1967 (also als außergewöhnlich belastende Schuldtilgung) ist nur in besonderen Ausnahmefällen möglich: Ausgaben zur Schuldtilgung sind dem Grunde nach eine außergewöhnliche Belastung *nur* dann, wenn die Schuldaufnahme durch Aufwendungen veranlaßt ist, die eine außergewöhnliche Belastung im Sinne des § 33 EStG selbst darstellen und für die eine Steuerermäßigung noch nicht gewährt werden konnte[1]. Für AbzGeschäfte gilt dieser Grundsatz im allgemeinen deshalb nicht, weil der Schuldaufnahme der Erwerb eines Wirtschaftsgutes gegenübersteht und diese Belastung keine „zwangsläufige" im Sinne des § 33 Abs. 1 S. 1 EStG bildet.

Im Verwaltungswege[2] wird die (auch mit Hilfe eines AbzVertrages erfolgte) Anschaffung von Gegenständen des Hausrates und von Kleidung dann als außergewöhnliche Belastung nach § 33 EStG anerkannt, wenn die Wiederbeschaffung durch ein unabwendbares Ereignis (Brand, Diebstahl, Hochwasser, Beschlagnahme durch Besatzungsmacht usw.) veranlaßt worden ist und es sich nicht um Ergänzungsanschaffungen handelt[3].

Anm. 36

5. Eine wesentliche wirtschaftliche Bedeutung haben in der Zwischenzeit die *sog. Miet-Kaufverträge* erlangt, vgl. auch oben Anm. 42a

[1] Urteil des BFH vom 30. 9. 1954 — IV 602/53 U — in BStBl. 54 III, S. 357; Abschnitt 189 a Abs. 1 EStR 1967.

[2] Abschnitt 189 EStR 1967.

[3] Die Bestimmungen des § 33 a EStG 1953 (Freibeträge für Vertriebene, politisch Verfolgte usw.) gelten gemäß § 52 Z 14 EStG 1967 weiterhin mit

zu § 6. Nach der Rechtsprechung des Bundesfinanzhofs liegt, wenn der Vermieter im Zusammenhang mit einem als Mitvertrag bezeichneten Vertrag dem Mieter ein unwiderrufliches Kaufangebot für die vermietete Sache macht, ein gemischter Vertrag vor, der Elemente eines Miet- und eines Kaufvertrages enthält. Soll ein derartiger Vertrag bis zur etwaigen Annahme des Kaufangebotes steuerlich als Mietvertrag angesehen werden (mit der Folge der Absetzung der Miete als Betriebsausgabe ohne Aktivierung des Mietgegenstandes), so dürfen Mietzins, Mietzeit und Mietbedingungen bei wirtschaftlicher Betrachtung nur mit der Gebrauchsüberlassung zusammenhängen und mit den Bestimmungen des künftigen Kaufvertrages nicht so eng verbunden sein, daß entweder der Mietvertrag ohne Kaufvertrag oder der Kaufvertrag ohne vorhergehenden Mietvertrag nicht verständlich ist. Von entscheidender Bedeutung für die Beurteilung eines solchen Vertrages ist die Bemessung und Entrichtung des Kaufpreises bei späterer Annahme des Kaufangebotes durch den Mieter. Wird der Kaufpreis nach dem bei Anschluß des „Miet"-Vertrages geltenden Lieferpreis bestimmt und werden die Mietzahlungen auf diesen Preis in voller Höhe in Anrechnung gebracht, so liegt in dieser engen Verbindung zwischen Miet- und Kaufvertrag eines der wichtigsten Merkmale dafür, daß es sich bei dem gesamten Vertrag in Wirklichkeit um einen Kaufvertrag mit gestundeten Kaufpreisraten handelt[1]. In diesem Falle muß der Mieter-Käufer die laufenden Mietzahlungen in voller Höhe als Anschaffungskosten aktivieren; der Mieter-Käufer ist als wirtschaftlicher Eigentümer nach § 11 Z. 4 StAnpG zu behandeln; es stehen ihm dann die Abschreibungen auf den aktivierten Betrag zu. Nach Ausübung der Annahme des Kaufangebotes hat der Mieter-Käufer zusätzlich die noch zu entrichtenden Kaufpreisrestraten zu aktivieren und gleichzeitig als Schuldposten zu passivieren[2].

---

der Maßgabe, daß sie bei einem Steuerpflichtigen jeweils für das Kalenderjahr, in dem bei ihm die Voraussetzungen für die Gewährung eines Freibetrages nach dieser Vorschrift eingetreten sind, und für die beiden folgenden Kalenderjahre anzuwenden sind.

[1] Urteil des BFH vom 5. 11. 1957 — I 221/56 U — in BStBl. 57 III, 445; BB 1957, 1263.

[2] *Littmann* a. a. O. § 4, 5 Randziffer 441 ff. und TW 57, 119.

II. Die Gewerbesteuer des Abzahlungskäufers

Anm. 37

Die Abzschuld kann beim Abzkäufer eine Dauerschuld im Sinne des Gewerbesteuerrechts (§ 12 Abs. 2 Z. 1 GewStG) dann bilden, wenn die Schuldaufnahme zur Verstärkung des Betriebskapitals erfolgt ist, also in aller Regel immer dann, wenn die Laufzeit der Abzschuld sich auf einen längeren Zeitraum als zwölf Monate erstreckt. In diesem Fall sind die Zinsen dem gewerblichen Gewinn und der Schuldsaldo dem Betriebsvermögen zuzurechnen. Es gelten insoweit die unter A III gemachten Ausführungen.

III. Die Umsatzsteuer des Abzahlungskäufers

Anm. 38

Umsatzsteuerrechtlich bildet, falls der Abzkäufer ein Gewerbetreibender ist, die Rückgewähr des Entgeltes bei Rücktritt vom Abzgeschäft *kein* steuerbares Hilfsgeschäft des Abzkäufers (vgl. oben A IV 2).

Schlußanhang B

Formularverträge über Abzahlungsgeschäfte

Zum Abdruck kommen verschiedene zur Zeit gebräuchliche Formulare, ohne daß mit ihrem Abdruck zur rechtlichen Zulässigkeit der Vertragsbedingungen oder zu deren Zweckmäßigkeit Stellung genommen wird.

B-Verfahren

Vertrag

zwischen

WKV Waren-Kredit-Bank GmbH., München 2, Neuhauser Straße 9
(nachstehend WKV genannt)

und

Firma .... in ....,
(nachstehend Vertragsfirma genannt)

1.

Die WKV erklärt sich entsprechend den Bestimmungen dieses Vertrages bereit, den Käufern, welche von der Vertragsfirma hergestellte oder vertriebene Gegenstände erwerben — sei es unmittelbar von der Vertragsfirma, sei es unter Einschaltung von Einzel- oder Großhändlern —, Darlehen auszureichen, durch welche der von den Käufern geschuldete Restkaufpreis getilgt wird.
Bei den von der Vertragsfirma vertriebenen Gegenständen handelt es sich um folgende:

....

....

2.

Der Verkauf durch die Vertragsfirma erfolgt unter Verwendung von Formularen (Bestellschein - Darlehensantrag), welche die WKV der Vertragsfirma zur Verfügung stellt. Ein Exemplar des Formulares „Bestellschein-Darlehensantrag" liegt diesem Vertrag als wesentlicher Bestandteil bei.
Beschafft die Vertragsfirma selbst die Formulare, so bedarf deren Inhalt der schriftlichen Genehmigung der WKV.
Bei jedem Verkauf sind für den Käufer, die WKV und die Vertragsfirma je ein Exemplar des Formulares „Bestellschein - Darlehensantrag" auszufertigen. Bedient sich die Vertragsfirma weiterer Firmen (Einzel- und Großhändler), so ist auch für diese je ein weiteres Formular auszufertigen.
Sowohl der Bestellschein als auch der Darlehensantrag sind von dem Käufer oder den Käufern zu unterzeichnen. Hat der Käufer das 21. Lebensjahr nicht vollendet, so muß das Formular „Bestellschein - Darlehensantrag" vom gesetzlichen Vertreter mitunterzeichnet werden. Ist der Käufer verheiratet, so muß grundsätzlich der Ehepartner mit unterzeichnen.

3.

Die Vertragsfirma achtet darauf und hält die etwa zwischengeschalteten Firmen (Einzel- oder Großhändler) an, darauf zu achten, daß der Verkauf an kreditwürdige Käufer erfolgt und der Käufer auch in der Lage ist, die in dem Darlehensantrag vereinbarten Rückzahlungsraten ohne wesentliche Beeinträchtigung seiner Lebenshaltung zu erfüllen. Es wird auf das als wesentlicher Bestandteil beigefügte Merkblatt Bezug genommen.
Der Käufer ist zu einer Baranzahlung, die spätestens bei Lieferung zu erfolgen hat, zu verpflichten. Die Anzahlung ist so festzusetzen, daß der Restkaufpreis auf volle DM 10.— endet. Sie hat zu betragen:

bei .... ca. %
bei .... ca. %
bei .... ca. %

4.

Die Vertragsfirma (bzw. die von ihr zwischengeschaltete Firma - Einzel- oder Großhändler -) füllt für den Käufer den Darlehensantrag unter Beachtung folgender Punkte aus:

a) sie setzt den Restkaufpreis ein, die von ihr zu errechnenden Kreditgebühren, eine etwa vereinbarte Inkassogebühr und den kreditierten Gesamtbetrag;

b) sie setzt die Höhe, die Anzahl und den Fälligkeitstag der monatlichen Raten fest. Nach Möglichkeit sind als Fälligkeitstermine der 1. oder 15. eines Monats zu wählen. Die 1. Rate ist spätestens 1 Monat nach Einreichung des Darlehensantrages bei der WKV fällig; die Raten sind in gleicher Höhe festzusetzen. Ein nicht aufteilbarer Restbetrag sowie Pfennigbeträge sind der ersten Rate zuzuschlagen. Die Raten sind in gleichen, monatlichen Abständen zu zahlen;

c) die Anzahl der Monatsraten darf betragen:

bei .... bis zu .... Monatsraten

bei .... bis zu .... Monatsraten

bei .... bis zu .... Monatsraten

d) an Kreditgebühren ist zu vereinbaren:

....

Dazu kommt die Bearbeitungsgebühr von DM 2.— für jeden Darlehensantrag;

....

e) sie fügt dem ausgefüllten Formular auf ihre Kosten eine Schufa-Auskunft über den Käufer bei. Bei Darlehen über DM 2.000.— ist eine erweiterte Schufa-Auskunft beizufügen;

f) der Restkaufpreis soll in jedem Falle mindestens DM 100.— betragen, die monatlichen Rückzahlungsraten sollen den Betrag von DM 10.— nicht unterschreiten;

g) sie achtet darauf, daß der Käufer die Selbstauskunft des Darlehensantrages vollständig ausfüllt.

5.

Die Vertragsfirma reicht die so ausgefüllten Formulare mit einer von der WKV zur Verfügung gestellten Einreichungsliste bei der WKV für den Käufer ein. Die Vertragsfirma verpflichtet sich, Darlehensanträge an die WKV nur dann weiterzuleiten, wenn die Auslieferung der Kaufgegenstände erfolgt und die vereinbarte Anzahlung vom Käufer geleistet ist.

Hat die Vertragsfirma die Kaufgegenstände dem Käufer noch nicht übergeben, so verwahrt sie die Gegenstände nunmehr für den Käufer und macht sie entsprechend kenntlich (siehe Ziffer 3 der Verkaufs- und Garantiebedingungen). Die WKV behält sich die Überprüfung des Darlehensantrages vor und entscheidet umgehend, ob sie den Darlehensantrag annimmt.

Die Annahme erfolgt durch Auszahlung des Darlehens an die Vertragsfirma zur Tilgung des Restkaufpreises; eine Ablehnung teilt die WKV der Vertragsfirma schriftlich mit. Die Ablehnung bedarf keiner Begründung; sie erfolgt insbesondere, wenn der Käufer nicht kreditwürdig erscheint. Die Vertragsfirma kann dann gegenüber dem Käufer von ihrem Recht gemäß Ziff. 2 Satz 2 der Verkaufs- und Garantiebedingungen des Bestellscheins Gebrauch machen.

6.

Die Vertragsfirma garantiert schon heute der WKV die Rückzahlung der Darlehen, welche die WKV an Käufer nach Maßgabe der Darlehensanträge gewährt, einschließlich Kreditgebühren und sonstiger Nebenkosten. Diese Garantiehaftung besteht auch dann, wenn die Vertragsfirma im Einzelfalle die Haftungserklärung auf dem Darlehensantrag des Käufers nicht unterzeichnet hat.

Die Vertragsfirma hat zu veranlassen, daß die von ihr etwa zwischengeschalteten Einzel- oder Großhändler die Garantieerklärung auf dem Darlehensantrag mitunterzeichnen.

Die WKV ist berechtigt, die Garantiehaftung in Anspruch zu nehmen, sobald die Fälligkeit des jeweiligen Darlehensrestes gegenüber dem Käufer eingetreten ist (siehe Ziffer 10 der Darlehensbedingungen) unabhängig davon, ob das Darlehen durch eine Bürgschaft gesichert ist oder nicht. Diese Inanspruchnahme kann auch erfolgen durch Verrechnung der geschuldeten Beträge gegen Auszahlungsguthaben auf Grund neuer Darlehensgewährungen an Käufer der Vertragsfirma oder durch Belastung des Sonderkontos (Ziff. 7).

Hat die Vertragsfirma ihre Garantieverpflichtung gegenüber der WKV erfüllt, so tritt die WKV ihre sämtlichen Rechte gegen den Käufer aus dem Darlehensvertrag an die Vertragsfirma ab.

Die Vertragsfirma und die anderen Garanten leiten keine Einwendung gegenüber der WKV daraus ab, wenn diese den Käufern nach Ermessen Stundungen gewährt.

7.

Die Auszahlung des Restkaufpreises durch die WKV für den Käufer an die Vertragsfirma auf Grund der Darlehensanträge erfolgt innerhalb 4 Werktagen ab Eingang des Darlehensantrages bei der WKV.

Die Vertragsfirma verfügt schon heute über je .... % des an sie zur Auszahlung gelangenden Restkaufpreises in der Weise, daß die Auszahlung dieser .... % auf ein zu ihren Gunsten bei der WKV zu errichtendes Sonderkonto erfolgt, über das die Vertragsfirma nur mit Zustimmung der WKV verfügen kann. Dieses Konto dient als Sicherung der WKV für die Garantiehaftung der Vertragsfirma gemäß Ziff. 6. Die Vertragsfirma erklärt ausdrücklich, daß diese .... % auf die ihr aus dem Verkauf der Ware zustehende Handels- bzw. Verdienstspanne entfallen.

Die auf diesem Sonderkonto zinslos gutgeschriebenen Beträge verbleiben dort solange, bis das Sonderkonto .... % der jeweiligen Gesamtaußenstände der WKV erreicht, die auf Darlehensgewährungen an Käufer der Vertragsfirma zurückgehen. Wird dieser Prozentsatz überschritten, so wird die WKV Verfügungen der Vertragsfirma über den überschießenden Betrag zustimmen,

sofern die durch die Garantie gesicherten Darlehensforderungen der WKV gegen die Käufer nicht ganz oder teilweise dubios sind;

sofern der vorliegende Vertrag nicht gekündigt ist;

sofern die Vertragsfirma fortlaufend neue Darlehensanträge ihrer Käufer bei der WKV einreicht.

Sollten sich die wirtschaftlichen Verhältnisse der Vertragsfirma verschlechtern, so ist die WKV berechtigt, die Auszahlungen aus dem Sonderkonto solange einzustellen, bis dessen Höhe in einem angemessenen Verhältnis zu den noch offenen Darlehensforderungen steht.

8.

Soweit die von der Vertragsfirma verkauften und gemäß Ziff. 3 der Verkaufs- und Garantiebedingungen laut Bestellschein den Käufern zu Eigentum übertragenen Gegenstände von der Vertragsfirma an ihre Lieferanten noch nicht bezahlt sind, verpflichtet sich die Vertragsfirma ausdrücklich dazu, die Anzahlung und den nicht auf das Sonderkonto gutgeschriebenen Teil des Restkaufpreises zur Bezahlung der einschlägigen Lieferantenrechnungen zu verwenden.

9.

Übersteigt die Summe sämtlicher Außenstände der WKV aus Darlehensgewährungen an Käufer der Vertragsfirma und übersteigt damit die Garantiehaftung der Vertragsfirma den Betrag von

DM .... (Garantiehaftsumme)

(i. W. ....)

so kann die WKV die Annahme weiterer Darlehensanträge ablehnen.

Die WKV kann auf Ansuchen der Vertragsfirma diese Garantiehaftsumme erhöhen. Die WKV ist auch berechtigt, die Garantiehaftsumme zu senken, insbesondere dann, wenn sich die wirtschaftlichen Verhältnisse der Vertragsfirma ändern. Für diesen Fall nimmt die WKV neue Darlehensanträge solange nicht an, bis die Summe der ausstehenden Darlehensforderungen die herabgesetzte Garantiehaftsumme unterschritten hat.

10.

Wird der Darlehensantrag auf Wunsch des Käufers und der Vertragsfirma und mit Einwilligung der WKV unter Entlassung des Käufers aus jeglicher Verbindlichkeit rückgängig gemacht, nachdem einerseits die Auszahlung des Restkaufpreises an die Vertragsfirma bereits erfolgt ist, während andererseits die erste Rückzahlungsrate auf das dem Käufer gewährte Darlehen noch nicht fällig war, so ist die WKV berechtigt, von der Vertragsfirma über den Restkaufpreis hinaus noch die Kreditgebühr für einen Monat nebst Bearbeitungsgebühr zu verlangen.

11.

Die Vertragsfirma ist nicht berechtigt, ohne Zustimmung der WKV ihre Ansprüche aus diesem Vertrag an Dritte abzutreten oder zu verpfänden.

12.

Die Vertragsfirma ist nicht berechtigt, von den Käufern Rückzahlungsraten auf das Darlehen der WKV zu kassieren. Die Vertragsfirma verpflichtet sich, die Käufer mit solchen Zahlungen an die WKV zu verweisen.

Es besteht Einigkeit darüber, daß dann, wenn trotzdem solche Rückzahlungsraten bei der Vertragsfirma eingehen, diese Beträge mit dem Eingang in das Eigentum der WKV übergehen, von der Vertragsfirma treuhänderisch für die WKV verwahrt und unverzüglich an diese weitergeleitet werden. Soweit eine Einzahlung auf ein Konto der Vertragsfirma erfolgt, wird schon heute im voraus die mit der Gutschrift entstehende Forderung der Vertragsfirma gegen die betreffende Bank (Postscheckamt) an die WKV abgetreten.

Schlußanhang B

13.

Jeder der Vertragschließenden ist berechtigt, diesen Vertrag unter Einhaltung einer Kündigungsfrist von drei Monaten zu kündigen. Hiervon unberührt bleibt das Recht zur Kündigung aus wichtigem Grund. Die WKV hat dieses Recht vor allem dann, wenn die Vertragsfirma gegen Vertragsbestimmungen gröblich verstößt, wie insbesondere fingierte Darlehensanträge einreicht. Die Vertragsfirma hat ein Verschulden der von ihr etwa zwischengeschalteten Einzel- oder Großhändler zu vertreten.

Die Kündigung hat durch eingeschriebenen Brief zu erfolgen. Zum Zeitpunkt der Kündigung bestehende Rechte und Verbindlichkeiten bleiben unberührt.

14.

Mündliche Nebenabreden neben diesem Vertrag bestehen nicht. Künftige Abänderungen oder Ergänzungen bedürfen schlechthin der Schriftform.

15.

Erfüllungsort und Gerichtsstand ist der Sitz der WKV.

München, den .... 195....

....

(Vertragsfirma)

WKV Waren-Kredit-Bank
Gesellschaft mit beschränkter Haftung

Bestellschein Nr. ....

Herr:
Frau: ....
Frl.: Vorname (Käufer genannt) Zuname

bestellt hiermit zu den umstehenden Verkaufs- und Garantiebedingungen bei der Firma

In .... (Wohnort)

(Post) (Bahnstation) ....

.... (Straße und Hausnummer)

Stück	Bezeichnung des Kaufgegenstandes	DM
....	....	....
....	....	....
....	....	....
....	....	....
....	....	....
....	....	....
		DM ....

zu einem Kaufpreis von DM ....

und leistet darauf eine Anzahlung von DM ....

Der Restkaufpreis von DM ....

soll mit einem WKV-Kredit lt. nachfolgendem Darlehensantrag beglichen werden.

.................................., den .... 19.....

Antragsteller ....

Ehegatte ....

Mitantragsteller ....

Darlehensantrag

Die Unterzeichneten beantragen unter Bezugnahme auf den vorstehenden Bestellschein bei der WKV Waren-Kredit-Bank GmbH., München ein Darlehen in Höhe des

Wir, die unterzeichneten Antrag- und Mitantragsteller bestätigen ausdrücklich, daß die im Bestellschein erwähnte Anzahlung in bar bezahlt wurde und beantworten nachstehende Fragen der Selbstauskunft nach bestem Wissen und Gewissen:

Selbstauskunft:

....
Name Vorname

....
geb. am in (Ort) (Nationalität)

led., verh., gesch., verw. Zahl der Kinder unter 21 Jahren: ......

Personalausweis / Paß Nr. .... (ausstell. Behörde)

Beruf .... ungekündigt

besch. bei .... (Arbeitgeber)

In: .... (genaue Anschrift)

Seit .... Nettoeinkommen wöchentl. / monatl. DM ....

Selbständig tätig als: ....

Zahl der Beschäftigten .... Nettoeinkommen DM .... (monatlich)

.................................., den .... 19.....
(Ort)

Die Antragsteller u. Mitantragsteller

Restkaufpreises von DM ....

und verpflichten sich, diesen Betrag zuzüglich ....% Kreditgebühren je Ratenmonat vom Darlehensbetrag DM ....

Bearbeitungsgebühr DM 2.50

Inkassogebühr DM ....

d. h. einen kreditierten Gesamtbetrag von DM ....

in einer 1. Rate von DM ....

und .... Raten von DM .... = DM ....

am .... eines Monats, beginnend

im Monat .... DM ....

unter ausdrücklicher Anerkennung umstehender Darlehensbedingungen ausschließlich an die WKV-München auf deren Postscheckkonto München 43 50 pünktlich und spesenfrei zurückzuzahlen. Die Kaufgegenstände sind bis zur Rückzahlung des kreditierten Gesamtbetrages der WKV-München sicherungsweise übereignet. (Vergl. Ziff. 2 und 3 der Darlehensbedingungen.)

Für den Fall der Annahme des Darlehensantrages durch die WKV weist bereits hiermit der Antragsteller die WKV unwiderruflich an, den Gegenwert des Darlehens an den Verkäufer zur Tilgung des Restkaufpreises auszuzahlen.

Antragsteller ....

Ehegatte ....

Mitantragsteller ....

Wir, die Unterzeichneten (Verkäufer, Großhändler, Hersteller) garantieren der WKV-München die Rückzahlung des vorbezeichneten kreditierten Gesamtbetrages. Die Darlehensbedingungen sind uns bekannt.

(Verkäufer)	(Großhändler)	(Hersteller)

Genehmigt:	WKV-Vermerke:	Geprüft:

Verkaufs- und Garantiebedingungen

1. An die umseitige Bestellung ist der Käufer vier Wochen nach Unterzeichnung gebunden, sofern nicht eine längere Bindung vereinbart ist. Die Bestellung wird durch Lieferung der Kaufgegenstände, spätestens jedoch durch Empfangnahme des Kaufpreises durch den Verkäufer angenommen. Mit der Absendung der Kaufgegenstände gilt die Lieferung in jedem Fall als erfolgt (auch wenn der Käufer am Sitz des Verkäufers wohnt).

2. Die Verpflichtung des Käufers zur Zahlung des Restkaufpreises wird dadurch erfüllt, daß auf Grund seines Darlehensantrages die WKV-München an den Verkäufer oder mit dessen Einverständnis an einen Dritten den Restkaufpreis bezahlt. Nimmt die WKV-München den Darlehensantrag des Käufers nicht an, so kann der Verkäufer innerhalb der in Ziffer 1 bestimmten Frist erklären, daß er dem Käufer die Bezahlung des Restkaufpreises entsprechend den Bestimmungen des Darlehensantrages gestattet.

3. Es besteht Einigkeit darüber, daß mit Auszahlung des Restkaufpreises durch die WKV-München an den Verkäufer oder den Dritten der Käufer Eigentum an den Kaufgegenständen erwirbt. Sind in diesem Zeitpunkt die Gegenstände vom Verkäufer noch nicht übergeben worden, so verwahrt der Verkäufer die Gegenstände nunmehr für den Käufer und macht sie entsprechend kenntlich.

4. Bei Radio- und Fernsehgeräten verpflichtet sich der Käufer, diese unverzüglich nach Empfang beim zuständigen Postamt anzumelden.

5. Irgendwelche Beanstandungen an den Kaufgegenständen sind dem Verkäufer unverzüglich vorzubringen. Die Gewährleistung beschränkt sich unter Ausschluß des Rechtes auf Wandelung, Minderung oder Schadenersatz nur auf kostenlose Instandsetzung der Kaufgegenstände in dem Umfang, als auch das betreffende Lieferwerk dem Verkäufer Ersatz leistet. Für die Nachbesserung sind auf Verlangen des Verkäufers die Kaufgegenstände zu ihm zu bringen.
Das Recht auf kostenlose Instandsetzung ist verwirkt, wenn die Beanstandungen auf Eingriffe oder Reparaturen dritter Personen zurückgehen.

6. Im Falle des Rücktritts vom Kaufvertrag wegen Zahlungsverzuges des Käufers kann der Verkäufer folgende Ansprüche geltend machen:
   a) Besondere Aufwendungen wie Transportkosten u. a. sowie Ersatz für Beschädigungen, die durch ein Verschulden des Käufers verursacht sind,
   b) handelsübliche Vergütung für die Gebrauchsüberlassung und dadurch eingetretene Wertminderung.

7. Erfüllungsort und Gerichtsstand für alle Ansprüche aus diesem Bestellschein ist der Ort der gewerblichen Niederlassung des Verkäufers oder — nach dessen Wahl — München.

8. Es gilt nur als vereinbart, was vom Verkäufer schriftlich bestätigt worden ist. Der Käufer bestätigt, Abschrift des Bestellscheines erhalten zu haben.

9. Sollte eine dieser Bedingungen ganz oder teilweise rechtsunwirksam sein, so wird dadurch die Wirksamkeit der übrigen Bedingungen nicht berührt.

10. Ergänzend gelten die besonderen Verkaufs- und Lieferungsbedingungen des Verkäufers, soweit diese im Einzelfall vereinbart werden. Bei Widersprüchen hat der Inhalt des Bestellscheines den Vorrang.

Darlehensbedingungen

1. **Zustandekommen des Darlehensvertrages:**
Der Darlehensantrag wird durch die WKV-München binnen zwei Wochen ab Eingang bei ihr dadurch angenommen, daß die WKV für den Antragsteller als Käufer den Restkaufpreis an den Verkäufer oder mit dessen Einverständnis an einen Dritten auszahlt. Die Annahme des Antrages teilt sie dem Antragsteller unverzüglich mit. Bei Erhalt dieser Mitteilung bereits fällig gewesene Raten sind binnen 10 Tagen an die WKV-München zu überweisen. Mitantragsteller verzichten auf schriftliche Bestätigung.

2. **Eigentumsübergang:**
Mit Auszahlung des Restkaufpreises an den Verkäufer oder mit dessen Einverständnis an einen Dritten durch die WKV-München hat der Antragsteller das Eigentum an den Kaufgegenständen erworben. Zur Sicherung der Darlehensforderung der WKV-München überträgt der Antragsteller das Eigentum an den Kaufgegenständen auf die WKV-München und ist mit dieser über den Eigentumsübergang einig. Anstelle der Übergabe an die WKV-München tritt die Vereinbarung, daß die Kaufgegenstände dem Antragsteller leihweise überlassen bleiben. Hat der Antragsteller die Kaufgegenstände noch nicht im Besitz, so wird die Übergabe an die WKV München dadurch ersetzt, daß er dieser hiermit seinen Herausgabeanspruch gegen den Verwahrer der Gegenstände abtritt.

3. **Verfügungsbeschränkungen:**
Der Antragsteller darf bis zur vollständigen Bezahlung aller Forderungen der WKV den Kaufgegenstand nicht verleihen, verpfänden, verschenken, veräußern oder ins Ausland bringen. Will der Antragsteller die Gegenstände zwecks Reperatur an einen anderen als den Verkäufer aushändigen, so bedarf er dazu der Genehmigung seitens der WKV. Im Falle eines Umtausches der Gegenstände treten die umgetauschten Gegenstände anstelle der ursprünglichen. Jedoch ist zum Umtausch die Genehmigung der WKV erforderlich.

4. **Pflicht zur pfleglichen Behandlung:**
Der Antragsteller haftet für verschuldete oder zufällige Beschädigung oder den Untergang der Kaufgegenstände. Die WKV hat während der Dauer des Darlehensvertrages das Recht, sich von dem ordnungsgemäßen Zustand der Kaufgegenstände jederzeit zu überzeugen. Sie kann zu diesem Zweck die Räume, in denen sich die Kaufgegenstände befinden, betreten.

5. **Wohnungswechsel und Pfändung:**
Der Antragsteller hat der WKV jeden Wohnungswechsel unverzüglich schriftlich anzuzeigen, desgleichen jede Beschädigung oder Vernichtung des Kaufgegenstandes. Im Falle der Pfändung ist der WKV unverzüglich Mitteilung zu machen und das Pfändungsprotokoll zu übersenden.
Sämtliche Interventionskosten auf Grund von Pfändungen und sonstigen Maßnahmen dritter Personen trägt der Antragsteller. Alle Mitteilungen an den Antragsteller gelten als ordnungsgemäß zugestellt, wenn sie durch die WKV an seine letztgenannte Adresse mittels einfachen Briefes versandt worden sind.

6. Zur Sicherung der Ansprüche der WKV tritt der Antragsteller hiermit an diese den jeweils pfändbaren Teil seiner Lohn-, Gehalts-, Pensions- und sonstigen Bezuge bei seinem jeweiligen Arbeitgeber ab. Die WKV beruft sich auf diese Abtretung aber erst dann, wenn die vorzeitige Fälligkeit der Restforderung gemäß Ziffer 10 eingetreten ist.

7 **Alle Rückzahlungen sind pünktlich und spesenfrei unter Angabe der Kreditnummer zu leisten an die WKV-München, Postscheckkonto München Nr. 43 50.** Schecks werden erst nach Einlösung gutgeschrieben. Zahlung durch Wechsel ist ausgeschlossen. Der Antragsteller erkennt an, daß er von seiner Zahlungsverpflichtung gegenüber der WKV erst dann befreit ist, wenn die fälligen Beträge tatsächlich bei dieser eingegangen sind. **Zahlungen an den Verkäufer oder an andere Personen sind der WKV gegenüber unwirksam.**
Durch fehlende oder unrichtige Angabe der Kontonummer entstehende Kosten einschließlich etwaiger Prozeßkosten hat der Kunde zu tragen.

8. Kommt der Antragsteller mit einer Rückzahlungsrate ganz oder teilweise länger als 8 Tage in Rückstand, so ist der WKV zur Anmahnung des rückständigen Betrages gegen Berechnung einer Unkostengebuhr von DM —.80, bei eingeschriebenen Anmahnungen von DM 1 50 berechtigt. Daneben ist die WKV berechtigt, für den rückständigen Betrag 1% Verzugsgebühr je angefangenen Monat bis zur Bezahlung zu berechnen. Alle Zahlungen werden zunächst auf rückständige Kosten und Gebühren und dann auf die jeweils am längsten rückständigen Raten verrechnet. Für eine Stundung der Ratenzahlungen, die nur bei rechtzeitigem Nachweis unverschuldeter Notlage gewährt werden kann, wird ein Teilzahlungszuschlag von 1% je Monat auf den offenstehenden Betrag erhoben.
Wird durch Zahlungsverzug die Übertragung eines Kontos in die Rechtsabteilung erforderlich, so muß hierfür dem Kunden ein Unkostenbetrag von 3% der Restforderung, mindestens DM 5 —, berechnet werden. Ferner werden dem Kunden alle sonstigen Kosten belastet, die durch den Zahlungsverzug oder eine erforderlich werdende Rechtsverfolgung anfallen.

9. **Zahlung vor Fälligkeit**
Bei vorzeitiger Rückzahlung des jeweiligen Darlehensrestes gewährt die WKV eine Gebührenrückvergütung, sofern
   1. die vorzeitig zurückgezahlte Summe mindestens zwei Monatsraten umfaßt,
   2 die vorzeitige Rückzahlung mindestens DM 200 — beträgt.
Die Kreditgebührenrückvergütung errechnet sich aus dem vorzeitig zurückgezahlten Nettokreditbetrag und der nicht in Anspruch genommenen Kreditlaufzeit unter Anwendung des ursprünglich berechneten Gebührensatzes.
Leistet der Darlehensnehmer nach Annahme des Darlehensvertrages durch die WKV, aber vor Fälligkeit der ersten Rate eine Rückzahlung des Restkaufpreises, so wird die Bearbeitungsgebühr und die Kreditgebühr für 1 Monat in Rechnung gestellt.
Bei vorzeitiger Rückzahlung einzelner Raten wird keine Rückvergütung gewährt.

10. **Vorzeitige Fälligkeit:**
Die gesamte Restforderung der WKV wird zur sofortigen Rückzahlung fällig, wenn der Antragsteller mit zwei Rückzahlungsraten ganz oder teilweise in Rückstand ist und der Rückstandsbetrag mindestens dem zehnten Teil des Kaufpreises entspricht.
Die sofortige Fälligkeit der Restschuld tritt ferner dann ein, wenn die Kaufgegenstände abhanden gekommen sind oder bestimmungswidrig benutzt oder zerstört wurden, wenn der Antragsteller seinen Wohnsitz ins Ausland verlegt, wenn gegen ihn das Offenbarungseids-, gerichtliche Vergleichs- oder Konkursverfahren eingeleitet oder Wechselprotest gegen ihn erhoben wird oder wenn sich ergibt, daß die von ihm in der Selbstauskunft gemachten Angaben unrichtig sind.
Im Falle der sofortigen Fälligkeit erlischt das Leihverhältnis über die Kaufgegenstände gemäß Ziffer 2. Die WKV kann dann die sofortige Herausgabe der Gegenstände verlangen und diese bestmöglich verwerten.

11. **Abtretung:**
Die WKV kann ihre Ansprüche aus dem Darlehensvertrag jederzeit an Dritte abtreten. Hierüber erhält der Antragsteller Mitteilung.

12. **Allgemeines:**
Der Antragsteller nimmt ausdrücklich davon Kenntnis, daß irgendwelche zwischen ihm und dem Verkäufer auftretende Differenzen aus dem Kaufvertrag ihn nicht von seiner Pflicht, das gewährte Darlehen an die WKV vertragsgemäß zurückzuzahlen, befreien. Ebenso können Änderungen der Rückzahlungsbedingungen nur durch den Antragsteller selbst mit der WKV vereinbart werden.
Der Antragsteller verzichtet gegenüber der WKV ausdrücklich auf den Einwand, er habe mit dem Verkäufer andere Vereinbarungen getroffen, als sie der dem Kauf zugrundeliegende Bestellschein ergibt.

13. Mehrere Antragsteller haften samtverbindlich der WKV gegenüber für die Rückzahlung des Gesamtbetrages.

14. Erfüllungsort für alle Ansprüche aus dem Darlehensvertrag ist für beide Teile Munchen. Gerichtsstand ist, unabhängig von der Höhe des Streitwertes, das Amtsgericht Munchen. Die WKV ist jedoch berechtigt, sich nach ihrer Wahl im Einzelfall auf die Zuständigkeit des Landgerichts München zu berufen.

15. Sollte eine der vorstehenden Bedingungen ganz oder teilweise unwirksam sein, so wird dadurch die Wirksamkeit der übrigen Bedingungen nicht beruhrt. Die unwirksame Bedingung ist im Wege der Auslegung durch eine rechtswirksame Regelung zu ersetzen, die in ihrem wirtschaftlichen Sinn der unwirksamen Bestimmung möglichst nahe kommt. Im übrigen gilt nur als vereinbart, was von der WKV schriftlich bestätigt worden ist. Der Antragsteller bestätigt, Abschrift des Darlehensantrages erhalten zu haben. Er erklärt ausdrücklich, daß er mit niemandem eine von diesem Antrag und von den vorstehenden Bedingungen abweichende Vereinbarung getroffen hat.

16. Die WKV ist berechtigt, die Kreditwürdigkeit des Kunden zu prüfen und sich einer Kreditschutzeinrichtung zu bedienen.

Merkblatt

Wir bitten um Beachtung folgender Hinweise:

A) Darlehensvoraussetzungen

1. **Darlehen erhalten:** Käufer in gesicherten Einkommensverhältnissen. Soweit Käufer und Mitkäufer persönlich nicht bekannt sind, ist es erforderlich, daß sie sich durch einwandfreie amtliche Personalpapiere ausweisen (siehe A Ziff. 5).

   Vorzulegen sind bei

   Angestellten und Arbeitern: Bescheinigung des Arbeitgebers jüngsten Datums über Dauer und Art der Beschäftigung. Höhe des monatlichen oder wöchentlichen Netto-Einkommens, sowie über die bestehende Kündigungsfrist;

   Beamten: Bestallungsurkunde oder Dienstausweis mit letztem Gehaltsstreifen;

   Pensionären: letzter Pensionsbescheid;

   Selbständigen und freien Berufen: letzter Einkommensteuer-Bescheid.

2. **Kein Darlehen erhalten:** Ausländer, Arbeitslose, Fürsorgeempfänger, Personen, deren Einkommen unter dem Existenzminimum liegt, Beschäftigte in gekündigter Stellung, Ehefrauen ohne Verdienst, Minderjährige.

   Ehefrauen ohne Verdienst können Darlehen erhalten nur mit Genehmigung und unter Mithaftung des Ehemannes, der zugleich über seine Einkommensverhältnisse Auskunft geben muß. (Gegenseitige Vollmacht). Minderjährige erhalten Darlehen nur mit Einwilligungserklärung und Mithaftung des gesetzlichen Vertreters.

3. Wird für den Darlehensantragsteller eine Bürgschaft gegeben, so hat der Bürge das der Vertragsfirma von der WKV zur Verfügung gestellte Formular „Bürgschaftsverpflichtung" auszufüllen und zu unterzeichnen. Das Formular ist dem Antrag beizufügen.

4. **Besondere Vorsicht:** Antragsteller mit häufigem Stellungs- und Wohnungswechsel und mit undurchsichtigen Einkommensverhältnissen.

5. **Prüfung der Ausweise:** Die Personalunterlagen sind sorgfältig zu prüfen, insbesondere auch die Übereinstimmung der Unterschrift auf dem Bestellschein-Darlehensantrag mit der des Personalausweises. Kreditschwindel (mit gefundenen oder gestohlenen Papieren) kann verhindert werden, wenn die Papiere vor Ausfüllung des Bestellschein-Darlehensantrages verlangt und die Fragen der Selbstauskunft durch den Antragsteller ohne diese Unterlagen beantwortet werden.

B) Ausfertigung der Formulare „Bestellschein-Darlehensantrag"

1. Die Formulare sind in allen Teilen sauber, lesbar und vollständig auszufüllen.

2. Besonders zu achten ist auf vollständige Anschrift des Antragstellers mit genauer postalischer Ortsbezeichnung.

3. Die Kaufgegenstände sind einzeln aufzuführen. Bei Angabe „lt. Rechnung" oder „lt. Lieferschein" ist dem Bestellschein-Darlehensantrag ein Rechnungs- bzw. Lieferscheindurchschlag beizufügen.

4. Die Anzahlung ist so festzusetzen, daß der Restkaufpreis auf volle DM 10.— endet. Z. B.

Kaufpreis	DM 467.65
Anzahlung	DM 117.65
Restkaufpreis	DM 350.—

5. Die Raten sind in gleicher Höhe festzusetzen. Ein nicht aufteilbarer Restbetrag sowie Pfennigbeträge sind der ersten Rate zuzuschlagen.

6. Bei Festsetzung der Ratenfälligkeit ist zu beachten, daß die WKV nur solche Darlehensanträge annimmt, deren erste Rate innerhalb eines Monats nach Einreichung bei der WKV fällig ist. Als Fälligkeitstermin ist nach Möglichkeit der 1. oder 15. eines Monats zu wählen. Die Raten sind in gleichen, monatlichen Abständen zahlbar zu stellen.

7. Die Selbstauskunft ist vom Antragsteller in allen Teilen vollständig und lesbar auszufüllen. Alle Fragen sind wörtlich zu beantworten. Bloße Striche genugen nicht.

8. Nummer und Art des Personalausweises sind in die hiefür vorgesehene Rubrik der Selbstauskunft einzutragen.

9. Die Unterschrift des Antragstellers sowie evtl. mitverpflichteter Personen (Ehegatten, Eltern, Verlobte, gesetzlicher Vertreter, Bürge) ist stets mit ausgeschriebenem Vor- und Familiennamen zu leisten. Die Unterschrift der Firma auf dem Darlehensantrag ist vom Geschäftsinhaber oder dessen Bevollmächtigten rechtsverbindlich zu vollziehen.

C) **Einreichung und Abrechnung der Darlehensanträge**

1. Die Darlehensanträge sind stets mit einer Einreichungsliste einzuliefern. Es dürfen nur Anträge eingereicht werden, für die die Ware ausgehändigt bzw. nach Vereinbarung geliefert wird.

2. Die Einreichungsliste ist mit Zweitschrift zu erstellen. Diese wird der Firma von der WKV nach Prüfung und Unterzeichnung als Empfangsbestätigung ausgehändigt oder mit der Abrechnung zugestellt.

3. Nach Prufung der Darlehensanträge erhält die Firma für alle von der WKV angenommenen Darlehensanträge Abrechnung innerhalb 4 Werktagen ab Eingang der Darlehensanträge bei der WKV. Von der WKV nicht angenommene Darlehensantrage werden der Firma zurückgereicht.

4. Jeder Antragsteller wird durch die WKV von der Annahme seines Darlehensantrages unter gleichzeitiger Mitteilung seiner Kontonummer schriftlich verständigt und erhält Zahlkarten zugesandt. Briefe, die mit dem Postvermerk „unbekannt", „unbekannt verzogen" oder dgl. zurückkommen, werden der Firma zur weiteren Veranlassung und schnellsten Wohnungsermittlung zugestellt.

Abh.-Nr. ....

Selbstauskunft und Kreditantrag

Konto-Nr. ....

Zur Errichtung eines Dauerkreditkontos mit einem Erstkredit in Höhe von DM .... bei der WKV-Teilzahlungsbank GmbH München gebe ich hiermit der WKV nach bestem Wissen und Gewissen folgende Selbstauskunft:

Bitte sämtliche Fragen beantworten und handschriftlich ausfüllen!
(Ihre Angaben werden streng vertraulich behandelt)

Vor- und **Familienname:** .... Geburtsdatum: ....

(Bei Frauen auch Geburtsname: ....) Staatsangeh.: .... Geburtsort: ....

Anschrift: .... seit: .... Tel.: ....
Postleitzahl

Wohnhaft in Eigenheim, in Hauptmiete, bei Eltern, in Untermiete, in Firmenunterkunft. Miete monatl. DM ....
(Zutreffendes unterstreichen)

Wenn bei Verwandten oder in Untermiete, bei wem: ....

Frühere Anschrift: .... ab wann dort: ....

Beruf: .... Familienstand: .... seit: .... Kinder unter 21 Jahren: ....

Vorname des Ehepartners: .... geborene: .... Geburtsdatum: ....

Staatsangeh.: .... Geburtsort: ....

Name des **Arbeitgebers:** ....

Anschrift des Arbeitgebers: ....

Beschäftigt dort seit: .... tätig als: ....

Unkündbar – in einem festen Angestellten- bzw. Arbeitsverhältnis – auf Probe – auf Zeit – zur Aushilfe
(Zutreffendes unterstreichen)

Ist Ihre Stellung von Ihnen oder vom Arbeitgeber gekündigt: .... Kündigungsfrist: ....

Einkommen: a) **Netto-Betrag** monatlich – wöchentlich: .... DM ....
b) **Andere Einkünfte** (wie Pension, Rente, Unterhaltsbeitrag,

Provision, Mieteinnahme, Zinsen): .... Netto DM ....

Von welchen Stellen: ....

Einkommen des **Ehepartners** monatlich – wöchentlich: .... Netto DM ....

Name und Anschrift des Arbeitgebers: ....

Beschäftigt dort seit: .... tätig als: ....

Haben Sie den Wehrdienst abgeleistet: .... Tauglichkeitsgrad: ....

Sind Ihre Bezüge abgetreten, gepfändet oder verpfändet: .... Gesamtbetrag DM .... mtl. DM ....

Welches sind Ihre Verbindlichkeiten aus Kreditraten: Gesamtbetrag DM .... mtl. DM ....

und Unterhaltsverpflichtungen: mtl. DM .... Läuft gegen Sie ein gerichtliches Verfahren: ....

Haben Sie den Offenbarungseid geleistet oder ist gegen Sie ein Offenbarungseidverfahren anhängig: ....

Haben Sie schon einmal einen Kredit von uns erhalten: ....

...., den .... 19 ....
Unterschrift
Vor- und Familienname

Allgemeine Bedingungen
der WKV-Teilzahlungsbank GmbH

1. **Die monatliche Festrate ist eine Bruttorate, in der die Kreditgebühren nach folgenden Monatssätzen eingerechnet sind:**

Bei einer Festrate bis zu	**DM**	**40.—**	**=**	**1 %**
" " " ab	**DM**	**50.—**	**=**	**0,9 %**
" " " ab	**DM**	**80.—**	**=**	**0,8 %**
" " " ab	**DM**	**150.—**	**=**	**0,7 %**
" " " ab	**DM**	**300.—**	**=**	**0,65%**
" " " ab	**DM**	**500.—**	**=**	**0,6 %**

2. Die Tilgungsraten sind an den in der Verpflichtungserklärung vorgesehenen Fälligkeitsterminen innerhalb von drei Tagen zu bezahlen. Bleibt der Kunde mit einer Rate ganz oder teilweise länger als 8 Tage im Rückstand, so ist die WKV zur Anmahnung des rückständigen Betrages gegen Berechnung einer Unkostengebühr von je DM 1.– (wiederholte Mahnung DM 2.–) sowie zur Berechnung von Verzugsgebühren berechtigt. Die Verzugsgebühr beträgt 1% des rückständigen Betrages je Monat.

3. Für eine Stundung der Ratenzahlungen, die nur bei rechtzeitigem Nachweis unverschuldeter Notlage gewährt werden kann, wird ein Teilzahlungszuschlag von 1% je Monat auf den offenstehenden Betrag erhoben.

4. Wird durch Zahlungsverzug die Übertragung eines Kontos in die Rechtsabteilung erforderlich, so muß hierfür dem Kunden ein Unkostenbetrag von 5% der Restforderung, mindestens DM 10.– berechnet werden. Ferner werden dem Kunden alle sonstigen Kosten belastet, die durch den Zahlungsverzug oder eine erforderlich werdende Rechtsverfolgung anfallen.

5. Im Falle vorzeitiger Rückzahlung des gesamten Kredites oder von Kreditrestbeträgen, jedoch nicht von einzelnen Raten, sind die unverbrauchten Kreditgebühren vom vorzeitig zurückgezahlten Restbetrag zurückzuerstatten, sofern die Rückzahlungssumme mindestens 2 Monatsraten umfaßt und wenigstens DM 200.– beträgt. Der Kunde erhält also den Anteil an Kreditgebühren zurück, der bei Aufnahme eines Neukredites in Höhe des Ablösungsbetrages ohne Kreditgebühren unter Zugrundelegung der Restlaufzeit und des ursprünglichen Gebührensatzes berechnet wurde.

6. Die WKV ist berechtigt, vom Kunden die sofortige Bezahlung der gesamten Schuld in ihrer jeweiligen Höhe zu verlangen, wenn er mit zwei aufeinanderfolgenden Raten ganz oder teilweise in Rückstand kommt. Das gleiche Recht steht der WKV zu, wenn der Kunde seine Stellung, gleichgültig aus welchem Grunde, aufgibt, seinen Wohnsitz in das Ausland verlegt oder wenn sich ergibt, daß die von ihm in der Selbstauskunft gemachten Angaben in irgendeinem Punkt unrichtig waren. Die Entgegennahme von Teilzahlungen durch die WKV nach Eintritt der Fälligkeit gilt nicht als Verzicht auf die Rechte aus der bereits eingetretenen Fälligkeit.

7. Die Abtretung des Arbeitsentgeltes und der damit im Zusammenhang stehenden sonstigen Bezüge gegenüber dem künftigen Arbeitgeber oder Dritten wird von der WKV dem Drittschuldner erst dann angezeigt, wenn die Fälligkeitsvoraussetzung gemäß Ziffer 6 der allgemeinen Bedingungen eingetreten ist. In diesem Fall hat die WKV Anspruch auf Abführung des pfändbaren Teils der abgetretenen Bezüge. Die WKV ist verpflichtet, auf die Rechte aus dieser Abtretung zu verzichten, sobald der Schuldsaldo abgedeckt ist.

8. Der Kunde hat Änderungen seiner Anschrift, seiner persönlichen Verhältnisse sowie seines Arbeitsplatzes der WKV sofort mitzuteilen.

9. Die WKV ist berechtigt, die Kreditwürdigkeit des Kunden zu prüfen und sich einer Kreditschutzeinrichtung zu bedienen.

10. **Mündliche Nebenabreden bestehen nicht.**

11. Erfüllungsort ist für beide Teile München. Gerichtsstand ist – ohne Rücksicht auf die Höhe des Streitwertes – das für den Erfüllungsort zuständige Amtsgericht. Die WKV ist jedoch berechtigt, sich nach ihrer Wahl im Einzelfall auf die sachliche Zuständigkeit des Landgerichtes zu berufen.

12. Sollten Bestimmungen dieses Vertrages ganz oder teilweise der Rechtswirksamkeit ermangeln oder nicht ausgeführt werden, so sollen die übrigen Bestimmungen wirksam bleiben.

Und dann noch wichtige Hinweise

- **Alle Zahlungen sind an unseren Kassenschaltern oder auf Postscheckkonto München 741 56 zu leisten. <u>Nur mit deutlicher Angabe der Kontonummer auf dem Zahlkartenabschnitt kann Ihre Einzahlung gutgeschrieben werden.</u> Durch fehlende oder unrichtige Angabe der Kontonummer entstehende Kosten einschließlich etwaiger Prozeßkosten hat der Kunde zu tragen.**
- **Auch bei Zuschriften bitte stets die Kontonummer und die genaue Anschrift angeben.**
- **Änderungen der Adresse oder des Arbeitsplatzes bitten wir unverzüglich mitzuteilen.**
- **Bei laufender Erfüllung der übernommenen Verpflichtungen stellen wir gern fortlaufend Kredite über Ihr Dauerkreditkonto zur Verfügung.**
- **Nach dem Münchner WKV Ratensystem richtet sich die jeweilige Kredithöhe nach der von Ihnen gewählten monatlichen Festrate. Gleichzeitig bestimmen Sie selbst mit der Festrate die Gebührenberechnung gemäß Ziffer 1 unserer allgemeinen Bedingungen.**
- **Wenn Sie aber schnell Geld brauchen und es schnell zurückzahlen wollen, dann erhalten Sie von uns auch einen WKV Kurzkredit.**

Unsere Anschriften: 8 München 2, Neuhauser Straße 9 · München 23, Ungererstraße 12 · München 90, Tegernseer Landstraße 44a
München 25, Plinganserstraße 59 · Tel -Sa -Nr 24 02 77

Unsere Filialen Augsburg, Karolinenstraße 28, Tel 2 73 53 · Regensburg Maximilianstraße 2, Tel 5 74 75

Geschäftszeit der Zentrale und der Filialen. Montag mit Freitag durchgehend von 8 15–18 00 Uhr, Samstag von 8.15–13 00 Uhr

Unsere Zweigstellen:
Altötting, Kapellplatz 20, Tel 66 15
Bad Reichenhall, Poststr. 24, Tel 35 00
Deggendorf, Luitpoldplatz 13, Tel 23 15
Dillingen, Kapuzinerstr 18, Tel 26 66
Donauwörth, Pflegstr 1, Tel 6 16
Erding, Bräuhausgasse 3, Tel 27 34
Garching, Max-Planck-Straße, Tel 36 94 51
Garm -Partenk , Prof -Sachs-Str 2, Tel 75 52
Ingolstadt, Sauerstr 2, Tel 55 52
Kaufbeuren, Salzmarkt 16, Tel 31 20
Kempten/Allg , Rathausplatz 19, Tel 2 47 59
Landsberg/Lech, Ludwigstr 159, Tel 24 78
Landshut, Neustadt 447, Tel 2 21 24
Lindau/I B , Storchengasse 2, Tel 57 76
Markt Schwaben, Zinngießerstr 34, Tel 35 60
Memmingen, Roßmarkt 1, Tel 48 75
Miesbach, Tölzer Straße 133 Tel 4 20
Mühldorf, Wertachstr 9, Tel 4 40
Passau, Ludwigstr. 14, Tel 24 73
Penzberg, Bahnhofstr 31, Tel. 7 83
Rosenheim, Rathausstr. 6, Tel 17 89
Schongau, Münzstr 17/I, Tel 46 35
Starnberg, Hauptstr 29, Tel 20 72
Straubing, Zollergasse 3, Tel. 79 09
Traunstein, Stadtplatz 10, Tel 35 32
Vilshofen, Stadtplatz 42, Tel 81 62
Weilheim, Münchner Str. 37/b, Tel 22 27
Wolfratshausen, Untermarkt 5, Tel. 86 66

Vollmacht und Haftungserklärung

WKV-Konto Nr. ....

An die **WKV-Teilzahlungsbank GmbH, München**
– nachstehend WKV genannt –

Die Unterzeichneten bevollmächtigen sich gegenseitig zur Einzelvertretung gegenüber der WKV derart, daß alle Willenserklärungen des einen oder gegenüber einem der Unterzeichneten auch für oder gegen den anderen gelten sollen. Insbesondere ist jeder der Unterzeichneten berechtigt, auch für beide als Gesamtschuldner Kreditverträge in rechtsverbindlicher Weise mit der WKV abzuschließen.

Die Unterzeichneten haften der WKV samtverbindlich für alle Verpflichtungen, die sie gemeinsam oder einer von ihnen gegenüber der WKV eingehen.

Zur Sicherung der Ansprüche der WKV treten die Unterzeichneten an diese den pfändbaren Teil ihrer – auch zukünftigen – Lohn-, Gehalts-, Pensions- und sonstigen Ansprüche gegen die jeweils Zahlungsverpflichteten ab. Die Unterzeichneten ermächtigen sich ferner, Sicherungsübereignungen und sonstige Sicherungsleistungen vorzunehmen und alle in Betracht kommenden Erklärungen auch für den anderen verbindlich abzugeben und zu unterzeichnen.

Vollmacht und Haftungserklärung gelten so lange, bis sie der WKV-Teilzahlungsbank GmbH, München, Neuhauser Straße 9 gegenüber schriftlich widerrufen werden. Der Widerruf der Vollmacht schließt den der Haftungserklärung ein und umgekehrt.

Vollmacht und Haftungserklärung gelten für Kredite bis zur Höhe von insgesamt

DM .... in Worten: ....
(zuzüglich Kreditgebühren und Kosten)

oder unbegrenzt.*)

Im übrigen gelten die auf der Rückseite abgedruckten Bedingungen der WKV, die wir hiermit ausdrücklich anerkennen.

...., den .... 19..........

	.... (Unterschrift)	.... (Unterschrift)
Geburtsdatum:		....
Mädchenname bei Ehefrauen:	....	....
Ausweis:		....
Nr.: / vom:	.... /	.... / ....
Ausst. Behörde:		
Beruf:		....
Anschrift:		

*) Nichtzutreffendes bitte streichen.

A	KK	Schu

Kred. 7

Allgemeine Bedingungen
der WKV-Teilzahlungsbank GmbH

1. **Die monatliche Festrate ist eine Bruttorate, in der die Kreditgebühren nach folgenden Monatssätzen eingerechnet sind:**

Bei einer Festrate bis	**zu DM**	**40.—**	**=**	**1 %**
" " "	**ab DM**	**50.—**	**=**	**0,9 %**
" " "	**ab DM**	**80.—**	**=**	**0,8 %**
" " "	**ab DM**	**150.—**	**=**	**0,7 %**
" " "	**ab DM**	**300.—**	**=**	**0,65%**
" " "	**ab DM**	**500.—**	**=**	**0,6 %**

2 Die Tilgungsraten sind an den in der Verpflichtungserklärung vorgesehenen Falligkeitsterminen innerhalb von drei Tagen zu bezahlen Bleibt der Kunde mit einer Rate ganz oder teilweise länger als 8 Tage im Ruckstand, so ist die WKV zur Anmahnung des ruckständigen Betrages gegen Berechnung einer Unkostengebuhr von je DM 1 - (wiederholte Mahnung DM 2 -) sowie zur Berechnung von Verzugsgebuhren berechtigt Die Verzugsgebuhr beträgt 1% des ruckständigen Betrages je Monat.

3 Für eine Stundung der Ratenzahlungen, die nur bei rechtzeitigem Nachweis unverschuldeter Notlage gewahrt werden kann, wird ein Teilzahlungszuschlag von 1% je Monat auf den offenstehenden Betrag erhoben

4 Wird durch Zahlungsverzug die Übertragung eines Kontos in die Rechtsabteilung erforderlich, so muß hierfur dem Kunden ein Unkostenbetrag von 5% der Restforderung, mindestens DM 10 - berechnet werden Ferner werden dem Kunden alle sonstigen Kosten belastet, die durch den Zahlungsverzug oder eine erforderlich werdende Rechtsverfolgung anfallen.

5 Im Falle vorzeitiger Ruckzahlung des gesamten Kredites oder von Kreditrestbeträgen, jedoch nicht von einzelnen Raten, sind die unverbrauchten Kreditgebuhren vom vorzeitig zuruckgezahlten Restbetrag zurückzuerstatten, sofern die Ruckzahlungssumme mindestens 2 Monatsraten umfaßt und wenigstens DM 200 - beträgt Der Kunde erhält also den Anteil an Kreditgebuhren zuruck, der bei Aufnahme eines Neukredites in Höhe des Ablösungsbetrages ohne Kreditgebuhren unter Zugrundelegung der Restlaufzeit und des ursprunglichen Gebuhrensatzes berechnet wurde.

6 Die WKV ist berechtigt, vom Kunden die sofortige Bezahlung der gesamten Schuld in ihrer jeweiligen Höhe zu verlangen, wenn er mit zwei aufeinanderfolgenden Raten ganz oder teilweise in Ruckstand kommt Das gleiche Recht steht der WKV zu, wenn der Kunde seine Stellung, gleichgultig aus welchem Grunde, aufgibt, seinen Wohnsitz in das Ausland verlegt oder wenn sich ergibt, daß die von ihm in der Selbstauskunft gemachten Angaben in irgendeinem Punkt unrichtig waren Die Entgegennahme von Teilzahlungen durch die WKV nach Eintritt der Fälligkeit gilt nicht als Verzicht auf die Rechte aus der bereits eingetretenen Falligkeit

7 Die Abtretung des Arbeitsentgeltes und der damit im Zusammenhang stehenden sonstigen Bezuge gegenuber dem kunftigen Arbeitgeber oder Dritten wird von der WKV dem Drittschuldner erst dann angezeigt, wenn die Falligkeitsvoraussetzung gemäß Ziffer 6 der allgemeinen Bedingungen eingetreten ist In diesem Fall hat die WKV Anspruch auf Abfuhrung des pfandbaren Teils der abgetretenen Bezuge Die WKV ist verpflichtet, auf die Rechte aus dieser Abtretung zu verzichten, sobald der Schuldsaldo abgedeckt ist

8 Der Kunde hat Änderungen seiner Anschrift, seiner persönlichen Verhaltnisse sowie seines Arbeitsplatzes der WKV sofort mitzuteilen

9 Die WKV ist berechtigt, die Kreditwurdigkeit des Kunden zu prufen und sich einer Kreditschutzeinrichtung zu bedienen

10 **Mündliche Nebenabreden bestehen nicht.**

11 Erfullungsort ist fur beide Teile Munchen Gerichtsstand ist - ohne Rucksicht auf die Hohe des Streitwertes - das fur den Erfullungsort zustandige Amtsgericht Die WKV ist jedoch berechtigt, sich nach ihrer Wahl im Einzelfall auf die sachliche Zustandigkeit des Landgerichtes zu berufen

12 Sollten Bestimmungen dieses Vertrages ganz oder teilweise der Rechtswirksamkeit ermangeln oder nicht ausgefuhrt werden, so sollen die ubrigen Bestimmungen wirksam bleiben

Und dann noch wichtige Hinweise

- **Alle Zahlungen sind an unseren Kassenschaltern oder auf Postscheckkonto Munchen 741 56 zu leisten. Nur mit deutlicher Angabe der Kontonummer auf dem Zahlkartenabschnitt kann Ihre Einzahlung gutgeschrieben werden. Durch fehlende oder unrichtige Angabe der Kontonummer entstehende Kosten einschließlich etwaiger Prozeßkosten hat der Kunde zu tragen.**
- **Auch bei Zuschriften bitte stets die Kontonummer und die genaue Anschrift angeben.**
- **Änderungen der Adresse oder des Arbeitsplatzes bitten wir unverzuglich mitzuteilen.**
- **Bei laufender Erfüllung der übernommenen Verpflichtungen stellen wir gern fortlaufend Kredite über Ihr Dauerkreditkonto zur Verfügung.**
- **Nach dem Münchner WKV Ratensystem richtet sich die jeweilige Kredithöhe nach der von Ihnen gewählten monatlichen Festrate Gleichzeitig bestimmen Sie selbst mit der Festrate die Gebuhrenberechnung gemaß Ziffer 1 unserer allgemeinen Bedingungen.**
- **Wenn Sie aber schnell Geld brauchen und es schnell zuruckzahlen wollen, dann erhalten Sie von uns auch einen WKV Kurzkredit.**

WKV-Teilzahlungsbank GmbH
8 München 2 · Neuhauser Straße 9

Ihre Konto-Nr.

VS

Münchner WKV Ratensystem
Verpflichtungserklärung

Ber.-Gr. ....

Br. ....

Netto-Kredit

Die WKV-Teilzahlungsbank GmbH München hat mir einen Kredit gewährt in Höhe von DM

In Worten Deutsche Mark ....

Ich verpflichte mich zur Rückzahlung obigen Betrages an die WKV zuzüglich Kreditgebühren gemäß Ziffer 1 der Allgemeinen Bedingungen der WKV (siehe Rückseite) in Höhe von DM ....

Die Rückzahlung erfolgt pünktlich zu den nebenstehend vereinbarten Terminen bar an Ihren Kassen bzw. auf das Postscheckkonto München 741 56.

Ich bin beschäftigt bei:

....

Zur Sicherung der Ansprüche der WKV aus diesem Vertrag trete ich an diese den jeweils pfändbaren Teil meiner – auch zukünftigen – Lohn-, Gehalts-, Pensions- und sonstigen Ansprüche gegenüber den jeweils Zahlungsverpflichteten ab.
Meine Vermögensverhältnisse haben sich seit der letzten Selbstauskunft nicht zu meinen Ungunsten verändert.

Der Gesamtbetrag von DM ....

ist in .... Raten von je DM ....

und der Restrate von DM ....

beginnend am ....

letzte Rate am ....

an die WKV-Teilzahlungsbank GmbH München zu bezahlen.

Beachten Sie bitte bei Ihren Einzahlungen durch die Post:

1. Postscheckkonto unserer Bank
   München 741 56
2. Auf den Zahlkarten Ihre rechts oben angegebene **Konto-Nr.** gut leserlich einzutragen, da sonst die Zahlung Ihrem Konto nicht gutgeschrieben werden kann.

Ablösung des noch vorhandenen Restkredites:

Alter Kontostand DM ....

abzügl. Gebühren-Rückverg. DM ....

= abzulösender Betrag DM ....

Auszahlungsbetrag DM ....
= Netto-Kredit abzüglich abzulösender Betrag

Ich habe eine Ausfertigung dieser Verpflichtungserklärung mit den auf der Rückseite abgedruckten Bedingungen der WKV – die ich hiermit ausdrücklich anerkenne – erhalten:

München, den ....

Unterschrift des Kontoinhabers | Postleitzahl Wohnort | Straße | Nr.

Unterschrift laut Vollmacht | Postleitzahl Wohnort | Straße | Nr.

Ich bestätige den ordnungsgemäßen Empfang obigen Kreditbetrages: Unterschrift

Ausgewiesen:

Kasse

Kred. 2

Allgemeine Bedingungen
der WKV-Teilzahlungsbank GmbH

1. **Die monatliche Festrate ist eine Bruttorate, in der die Kreditgebühren nach folgenden Monatssätzen eingerechnet sind:**

Bei einer Festrate bis zu	**DM**	**40.—**	**= 1 %**
„ „ „ ab	**DM**	**50.—**	**= 0,9 %**
„ „ „ ab	**DM**	**80.—**	**= 0,8 %**
„ „ „ ab	**DM**	**150.—**	**= 0,7 %**
„ „ „ ab	**DM**	**300.—**	**= 0,65%**
„ „ „ ab	**DM**	**500.—**	**= 0,6 %**

2. Die Tilgungsraten sind an den in der Verpflichtungserklärung vorgesehenen Fälligkeitsterminen innerhalb von drei Tagen zu bezahlen. Bleibt der Kunde mit einer Rate ganz oder teilweise länger als 8 Tage im Rückstand, so ist die WKV zur Anmahnung des rückständigen Betrages gegen Berechnung einer Unkostengebühr von je DM 1.– (wiederholte Mahnung DM 2.–) sowie zur Berechnung von Verzugsgebühren berechtigt. Die Verzugsgebühr beträgt 1% des rückständigen Betrages je Monat.

3. Für eine Stundung der Ratenzahlungen, die nur bei rechtzeitigem Nachweis unverschuldeter Notlage gewährt werden kann, wird ein Teilzahlungszuschlag von 1% je Monat auf den offenstehenden Betrag erhoben.

4. Wird durch Zahlungsverzug die Übertragung eines Kontos in die Rechtsabteilung erforderlich, so muß hierfür dem Kunden ein Unkostenbetrag von 5% der Restforderung, mindestens DM 10.– berechnet werden. Ferner werden dem Kunden alle sonstigen Kosten belastet, die durch den Zahlungsverzug oder eine erforderlich werdende Rechtsverfolgung anfallen.

5. Im Falle vorzeitiger Rückzahlung des gesamten Kredites oder von Kreditrestbeträgen, jedoch nicht von einzelnen Raten, sind die unverbrauchten Kreditgebühren vom vorzeitig zurückgezahlten Restbetrag zurückzuerstatten, sofern die Rückzahlungssumme mindestens 2 Monatsraten umfaßt und wenigstens DM 200.– beträgt. Der Kunde erhält also den Anteil an Kreditgebühren zurück, der bei Aufnahme eines Neukredites in Höhe des Ablösungsbetrages ohne Kreditgebühren unter Zugrundelegung der Restlaufzeit und des ursprünglichen Gebührensatzes berechnet wurde.

6. Die WKV ist berechtigt, vom Kunden die sofortige Bezahlung der gesamten Schuld in ihrer jeweiligen Höhe zu verlangen, wenn er mit zwei aufeinanderfolgenden Raten ganz oder teilweise in Rückstand kommt. Das gleiche Recht steht der WKV zu, wenn der Kunde seine Stellung, gleichgültig aus welchem Grunde, aufgibt, seinen Wohnsitz in das Ausland verlegt oder wenn sich ergibt, daß die von ihm in der Selbstauskunft gemachten Angaben in irgendeinem Punkt unrichtig waren. Die Entgegennahme von Teilzahlungen durch die WKV nach Eintritt der Fälligkeit gilt nicht als Verzicht auf die Rechte aus der bereits eingetretenen Fälligkeit.

7. Die Abtretung des Arbeitsentgeltes und der damit im Zusammenhang stehenden sonstigen Bezüge gegenüber dem künftigen Arbeitgeber oder Dritten wird von der WKV dem Drittschuldner erst dann angezeigt, wenn die Fälligkeitsvoraussetzung gemäß Ziffer 6 der allgemeinen Bedingungen eingetreten ist. In diesem Fall hat die WKV Anspruch auf Abführung des pfändbaren Teils der abgetretenen Bezüge. Die WKV ist verpflichtet, auf die Rechte aus dieser Abtretung zu verzichten, sobald der Schuldsaldo abgedeckt ist.

8. Der Kunde hat Änderungen seiner Anschrift, seiner persönlichen Verhältnisse sowie seines Arbeitsplatzes der WKV sofort mitzuteilen.

9. Die WKV ist berechtigt, die Kreditwürdigkeit des Kunden zu prüfen und sich einer Kreditschutzeinrichtung zu bedienen.

10. **Mündliche Nebenabreden bestehen nicht.**

11. Erfüllungsort ist für beide Teile München. Gerichtsstand ist – ohne Rücksicht auf die Höhe des Streitwertes – das für den Erfüllungsort zuständige Amtsgericht. Die WKV ist jedoch berechtigt, sich nach ihrer Wahl im Einzelfall auf die sachliche Zuständigkeit des Landgerichtes zu berufen.

12. Sollten Bestimmungen dieses Vertrages ganz oder teilweise der Rechtswirksamkeit ermangeln oder nicht ausgeführt werden, so sollen die übrigen Bestimmungen wirksam bleiben.

Und dann noch wichtige Hinweise

- **Alle Zahlungen sind an unseren Kassenschaltern oder auf Postscheckkonto München 741 56 zu leisten. Nur mit deutlicher Angabe der Kontonummer auf dem Zahlkartenabschnitt kann Ihre Einzahlung gutgeschrieben werden. Durch fehlende oder unrichtige Angabe der Kontonummer entstehende Kosten einschließlich etwaiger Prozeßkosten hat der Kunde zu tragen.**
- **Auch bei Zuschriften bitte stets die Kontonummer und die genaue Anschrift angeben.**
- **Änderungen der Adresse oder des Arbeitsplatzes bitten wir unverzüglich mitzuteilen.**
- **Bei laufender Erfüllung der übernommenen Verpflichtungen stellen wir gern fortlaufend Kredite über Ihr Dauerkreditkonto zur Verfügung.**
- **Nach dem Münchner WKV Ratensystem richtet sich die jeweilige Kredithöhe nach der von Ihnen gewählten monatlichen Festrate. Gleichzeitig bestimmen Sie selbst mit der Festrate die Gebührenberechnung gemäß Ziffer 1 unserer allgemeinen Bedingungen.**
- **Wenn Sie aber schnell Geld brauchen und es schnell zurückzahlen wollen, dann erhalten Sie von uns auch einen WKV Kurzkredit.**

Konto Nr. ______________________

Sicherungsübereignungs-Vertrag

zwischen

1) Firma WKV Waren-Kredit-Bank GmbH in München – nachstehend WKV

und

2) Herrn
Frau ....
Frl.

wohnhaft in .... — WKV-Kunde —

1.

Der WKV-Kunde übereignet hiermit an die WKV zur Sicherung aller Ansprüche, die ihr gegen ihn aus gegenwärtiger oder zukünftiger Kreditgewährung sowohl in Hauptsache, Gebühren, gerichtlichen und außergerichtlichen Kosten wie durch allenfallsigen Herausgabe- oder Widerspruchsprozeß anfallenden Kosten zustehen, folgende Gegenstände:

....

Diese Gegenstände haben einen Einkaufswert von DM ....

Ihr derzeitiger Wert DM ....

Die Gegenstände befinden sich ....

2.

Der WKV-Kunde versichert, daß diese Gegenstände in seinem alleinigen Eigentum stehen, weder ge- noch verpfändet, noch mit einem Eigentumsvorbehalt behaftet sind und daß auch der Vermieter für rückständige Miete noch kein Pfandrecht an ihnen geltend gemacht hat.

3.

WKV und der WKV-Kunde sind sich über den hiermit erfolgten Eigentumsübergang einig. Die Besitzübergabe wird dadurch ersetzt, daß die WKV dem WKV-Kunden die übereigneten Sachen leihweise und unentgeltlich in seiner Wohnung überläßt. Die Gegenstände dürfen ohne Genehmigung der WKV nicht vom Verwahrungsort weggeschafft werden.

Die WKV darf über die ihr übereigneten Gegenstände so lange nicht verfügen, als der WKV-Kunde seine mit ihr vereinbarten Zahlungsverpflichtungen pünktlich erfüllt. Nach restloser Befriedung der WKV in Hauptsache, Gebühren und allen Nebenkosten sowie nach Angabe eine Erklärung, daß der WKV-Kunde auf weitere Kreditnahme verzichtet, hat die WKV die Gegenstände an den WKV-Kunden rückzuübereignen.

4.

Der WKV-Kunde erklärt, daß die übereigneten Gegenstände sich in einem guten und gebrauchsfähigen Zustand befinden; er hat sie in diesem Zustand zu erhalten und haftet für jede Verschlechterung des Zustandes der Gegenstände sowie für deren Untergang.
Die WKV ist berechtigt, sich durch ihre Vertreter von dem Vorhandensein und dem Zustand der Gegenstände zu überzeugen und dieserhalb die Wohnung des WKV-Kunden zu betreten.

5.

Der WKV-Kunde ist verpflichtet, die WKV sofort und unverzüglich zu verständigen, sobald Eingriffe Dritter in die übereigneten Gegenstände erfolgen, insbesondere im Falle ihrer Pfändung Kosten eines allenfallsigen Widerspruchsprozesses, den die WKV bezüglich der übereigneten Gegenstände zu führen gezwungen werden sollte, trägt der WKV-Kunde.

6.

Kommt der WKV-Kunde mit seinen Zahlungsverpflichtungen in Rückstand, so ist die WKV nach Ablauf einer Frist von 3 Monaten und nach erfolgter Androhung berechtigt, die ihr übereigneten Gegenstände wegzunehmen und sie zwecks Befriedung ihrer Ansprüche wahlweise entweder öffentlich versteigern zu lassen oder freihändig zu verwerten. Dies darf sich aber nur auf so viele Sachen erstrecken, als zur vollständigen Befriedung der WKV erforderlich erscheint.
Ein etwaiger Mehrerlös ist dem WKV-Kunden herauszuzahlen.
Der WKV-Kunde hat den von der WKV mit der Abholung der Gegenstände beauftragten Personen den Zutritt zu den Räumen zu gestatten, in denen die Gegenstände sich befinden.

7.

Erfüllungsort und Gerichtsstand ist München, beziehungsweise das für den Sitz der Filiale zuständige Amtsgericht.

.................................., den .... 19 ......

WKV Waren-Kredit-Bank GmbH.

1) ....
Ehemann

2) ....
Ehefrau

die hiermit durch ihre Unterschrift dem vorstehenden Sicherungsübereignungs-Vertrag zustimmt

Wichtiger Hinweis:
Sie handeln schuldhaft, wenn Sie eine Empfangsbestätigung mit unrichtigen Angaben oder vor Erhalt der Ware unterschreiben!

Anlage zum KKB-Kreditvertrag Nr. .... / . ... — ... vom ....

EMPFANGS-BESTÄTIGUNG

Die Unterzeichneten bestätigen hiermit folgende Gegenstände vollständig und in ordnungsgemäßem Zustand erhalten zu haben:

Stempel der Vertragsfirma

Bezeichnung und Einzelpreise

Es ist uns bekannt, daß die Unterzeichnung dieser Empfangsbestätigung die Auszahlung des beantragten Kredites an die Vertragsfirma durch die

KUNDENKREDITBANK
KOMMANDITGESELLSCHAFT AUF AKTIEN

zur Folge hat.

......................................, den .... 19......

Unterschrift des Kreditnehmers I/II

HD B 06 07 2.65

ARBEITSBESCHEINIGUNG

Name: .... Vorname: .... geb. am: ....

Wohnung: ....

Beruf: ....

beschäftigt bei: .... seit: ....

Monats-Lohn / Gehalt der letzten drei Monate:	brutto DM .... DM .... DM	
	netto DM .... DM .... DM	
Sind zur Zeit Vorschüsse gegeben?	ja / nein	wenn ja, wie hoch? DM ....
Bestehen zur Zeit Pfändungen oder sonstige Verfügungen Dritter?	ja / nein	wenn ja, wie hoch? DM ....
Sind in den letzten 6 Monaten Pfändungen oder sonstige Verfügungen Dritter vorgekommen?	ja / nein	wenn ja, wie hoch? DM ....
Ist die Stellung voraussichtlich dauernd?	ja / nein	
Liegt Kündigung vor?	ja / nein	
Ist eine Abtretung von Lohn-/Gehaltsansprüchen durch Betriebsvereinbarung ausgeschlossen?	ja / nein	

....

Ort und Datum

....

Genaue Anschrift und Unterschrift des Arbeitgebers

Bitte alle Fragen beantworten

S 22 07 3.68

An die

WKV Waren-Kredit-Bank GmbH.

München 2

Neuhauser Straße 9

Empfangsbestätigung

Ich bestätige hiermit, daß ich die von der Firma ....

laut Bestellschein vom .... gekauften Gegenstände:

....

ordnungsgemäß erhalten und die im Bestellschein ausgewiesene Anzahlung in bar geleistet habe.

......................................, den ....

Unterschrift des Käufers

B 6

Schlußanhang B

Da Tzkredite auf Wechselbasis *(sog. C-Geschäft)* zu einer praktisch unbedeutenden Größe abgesunken sind, sind Formulare dafür meist nicht mehr vorgesehen.

Sachregister

Die halbfette Ziffer bezeichnet den Gesetzesparagraphen, die dünn gedruckte die Anmerkung zu dem betreffenden Paragraphen

F

Interventionsprozeßkosten, Ersatz nach § 2 2 41 f., 100

S

T

V

Z

Kolibri 360 GmbH
Ferdinand-Jühlke-Straße 7
99095 Erfurt, Deutschland
produktsicherheit@kolibri360.de